文运载道 博物会通

中国社会科学院研究生院文博专硕优秀学位论文集

2014—2017届 上册

黄晓勇 单霁翔 郑欣淼 ◎ 主编

中国社会科学出版社

图书在版编目（CIP）数据

文运载道 博物会通：中国社会科学院研究生院文博专硕
优秀学位论文集：2014—2017届：全二册/黄晓勇，单霁翔，
郑欣淼主编 . —北京：中国社会科学出版社，2018.9
ISBN 978 - 7 - 5203 - 2981 - 1

Ⅰ.①文… Ⅱ.①黄…②单…③郑… Ⅲ.①文物工作—
中国—文集②博物馆—工作—中国—文集 Ⅳ.①K870.4 - 53
②G269.2 - 53

中国版本图书馆 CIP 数据核字（2018）第 185100 号

出 版 人	赵剑英
责任编辑	宋燕鹏 巴 哲
责任校对	冯英爽
责任印制	李寡寡

出 版	中国社会科学出版社
社 址	北京鼓楼西大街甲 158 号
邮 编	100720
网 址	http://www.csspw.cn
发 行 部	010 - 84083685
门 市 部	010 - 84029450
经 销	新华书店及其他书店

印刷装订	北京君升印刷有限公司
版 次	2018 年 9 月第 1 版
印 次	2018 年 9 月第 1 次印刷

开 本	710×1000 1/16
印 张	74.25
字 数	1173 千字
定 价	298.00 元（全二册）

中国社会科学院研究生院文博专硕
优秀学位论文集（2014—2017）

序　言

"中华优秀传统文化是中华民族的精神命脉"。几千年来，伟大的中华民族在华夏大地上培养了自强不息的民族气质，孕育了博大精深的民族文化，发展了精美绝伦的艺术形式，保留了巧夺天工的文化瑰宝。这些深深镌刻着民族烙印的文化遗产和艺术作品，早已成为中华文明的象征，在世界各地展示着中华民族的悠久历史、深厚底蕴和"多元一体"中华文明的独特魅力。

以习近平同志为核心的党中央高度重视中华优秀传统文化的保护与传承。在刚刚闭幕的十九大上，习总书记提出了"文化兴国运兴，文化强民族强"和"青年兴则国家兴，青年强则国家强"的思想。身处教育和文化事业前线，我们深切感受到了党中央对弘扬中华优秀传统文化的殷切期望，同时也领悟到了建设社会主义文化强国的基本要领。

一　"文化兴国运兴，文化强民族强"

十八大以来，党中央高度重视社会主义文化建设。党的十九大报告在回顾过去五年的工作时讲到，我国"社会主义核心价值观和中华优秀传统文化广泛弘扬"，"文艺创作持续繁荣，文化事业和文化产业蓬勃发展"，这是习近平总书记对我们现阶段文化事业工作的肯定和褒奖。同时，总书记也对未来的文化工作提出了更高的要求：

第一，要坚定文化自信。

习总书记指出，"没有高度的文化自信，没有文化的繁荣兴盛，就没有中华民族伟大复兴。"文化自信是凝聚和引领一个国家、一个民族胜利前行的强大精神力量。增强文化自信，并非自傲自大、固步自封地坚守着固有的中国文化，而是兼收并蓄、博采世界各国文明之长，吸纳世界各国文化之精髓。因此，从这个意义上讲，这不仅会为古老的中华优秀传统文化注入强劲的新鲜活力，同时也是文化自信的重要体现。

第二，要繁荣文化事业。

十九大报告要求，"要坚持中国特色社会主义文化发展道路，激发全民族文化创新创造活力，建设社会主义文化强国。"指出"中华优秀传统文化是中华民族的突出优势，是我们最深厚的文化软实力"，强调"培育和弘扬社会主义核心价值观必须立足中华优秀传统文化"，强调"建设文化强国，必须立足于中国优秀传统文化的根基，汲取营养，获取力量，赋予时代精神"。去粗取精、去伪存真，充分发掘和弘扬传统文化中的精华，文化强国建设必然拥有深厚的文化底蕴和富有民族特色的魅力。

第三，要解决文化矛盾。

十九大指出，"中国特色社会主义进入新时代，我国社会主要矛盾已经转化为人民日益增长的美好生活需要和不平衡不充分的发展之间的矛盾。"在全面建成小康社会之际，人民对美好的物质文化生活提出了更高要求，而现阶段文化事业和产业发展不平衡、不充分也日益凸显出来。要解决这些矛盾问题，必须在坚持走中国特色社会主义文化发展道路的基础上，加快推动文化事业与文化产业的快速发展，用多元化的文化产品满足人民的文化需求。要不断推动中华优秀传统文化创造性转化、创新性发展。

坚定文化自信是繁荣中国特色社会主义文化的基础和前提；解决文化发展中矛盾，则需要繁荣中国特色社会主义文化为保障。因此，三者是相辅相成的。

党的十八以来，虽然中央在推动文化事业发展方面加大了力度但是我们距离高水平文化事业发展标准仍有较大差距。今后，国家将会继续大力完善公共文化服务体系、深入实施文化惠民工程、丰富群众性文化活动、加强文物保护利用和文化遗产保护传承的伟大事业，完善人文交流机制，创新人文交流方式，探索优秀文化普及的途径，多方展示中华传统文化的魅力。这就为"有理想、有本领、有担当"的青年一代提供了广阔舞台。

二　"青年兴则国家兴，青年强则国家强"

习总书记高度重视人才培养工作，强调"人才是事业发展最宝贵的财富，人才资源是党执政兴国的根本性资源"。建设社会主义文化强国，"必须造就一支规模宏大、素质优良、门类齐全、结构合理的人才队伍"。

随着近些年我国物质文化的极大发展，人们对于精神文化的需求越来越多，而传统人才培养模式下，对中国传统文化的研究越来越向着高、精、尖的方向发展。如何将晦涩难懂、诘屈聱牙的最新研究成果，以通俗易懂、喜闻乐见的方式普及给社会大众，感受中国传统文化的无尽魅力，已成为当代中国文化建设的重要课题。在这一背景下，为适应我国快速发展的文物与博物馆事业，兼具专业性和实践性的文物与博物馆专业硕士学位（以下简称"文博专硕"）应运而生。

文物、遗址、古籍和非物质文化遗产是中国传统文化的重要载体，博物馆、展览馆则不仅为中国传统文化提供了绝佳的展示和互动空间，而且更是滋养中华儿女心灵、传承历史文脉的殿堂。丰厚的文化遗存对于弘扬中华民族优秀文化、增强社会凝聚力和民族向心力，提高国家文化软实力等，具有不可替代的价值。其中，文物与博物馆专业领域的实践和教育则承担了"见证历史、以史鉴今、启迪后人"的重要社会意义。

中国社会科学院研究生院始终秉承"教育服务于社会"的理念，积极响应国家关于建设社会主义文化强国的号召，2010 年在全国首批获得文博专硕培养资格。

培养一流的人才需要一流的专业平台和培养制度。自成立以来，中国社会科学院研究生院对内依托中国社科院考古研究所、历史研究所等，对外与故宫博物院、国家博物馆、文化部恭王府博物馆、首都博物馆、南京博物院、浙江省博物馆签订了战略合作协议，与国家图书馆签订了专项合作协议，打造了全国层次最高、专业最全、师资最厚的文博专硕研究生培养平台，目前共设置有文物鉴定与修复、博物馆与文化遗产管理、故宫学三个专业方向，其中文物鉴定与修复方向又包含古陶瓷、古书画、古玉器、古青铜器、古代佛教艺术、古籍共六个子方向，博物馆与文化遗产管理方向包含博物馆管理、中国非物质文化遗产与传统技艺保护两个子方向。整合国内一流专业力量，组建了一支拥有 70 余名研究生导师、100 余名任课教师的文博专业队伍，全方位承担学科建设、课程讲授、实践带领、论文指导等工作，取得了丰硕成果。而这种人才培养平台的建设模式在全国也颇具示范性意义，得到了全国文博教指委的充分肯定。正是 2010 年 12 月 28 日与故宫博物院战略合作框架协议的签订奠定了这个平台的基础，而故宫博物院的专家学者也几乎扛起了这个平台的半壁江山。

从 2012 年起到 2018 年，中国社会科学院研究生院共招收了七届文博专硕，共计 323 人。目前已毕业四届研究生，共计 168 人，占全国的 1/10 以上。他们或进入故宫博物院、国家博物馆、国家图书馆、首都博物馆、上海博物馆等全国各类文化事业单位工作，或在各类文化企业工作，或考取博士以便将来继续从事文博工作，总之大都在用情怀和理想、知识和技能，努力践行习总书记"让收藏在博物馆里的文物、陈列在广阔大地上的遗产、书写在古籍里的文字都活起来"的指示，在新时代中国特色社会主义文化建设事业中各显神通，大展宏图。

学位论文是研究生培养的重要成果，也是衡量各校研究生培养水平的重要标尺。基于文博专硕的实践性要求和全国文博教指委的指导意见，学位论文的形式还可以包括调研报告、展陈大纲、修复方案等形式，要能够切实解决文博事业发展中已经遇到、或将来可能遇到的实际问题。基于标准衡量和领域分布，本论文集从已经产生的约 60 篇优秀学位论文中挑选出 24 篇加以编辑出版，作为中国社会科学院研究生院与以故宫博物院为代表的各战略合作伙伴单位向社会共同呈现的阶段性研究生培养成果。虽然其中有些观点或许还值得商榷，有些论证可能尚显单薄，但是他们都是在导师的指导下，通过自己的努力在文物与博物馆领域开展有益探索后得出的一些成果，需要鼓励。同时，这些成果也将成为我们今后文博专硕培养提供借鉴的标本。

推动中华文明创造性转化和创新性发展，激活传统文化的生命力，解决目前已经凸显的人民日益增长的美好生活需要和不平衡、不充分发展的文化产品之间的矛盾，是我们继续努力的方向。我们将不忘初心、牢记使命、砥砺前行。

目　录

海晏堂十二生肖铜兽首

——18 世纪中西文化的一次浪漫之旅

2014 届　李占洋

（导师：中国社会科学院研究生院　吴卫国教授）

第一章　18 世纪的中国与西方

　　圆明园十二生肖铜兽首将 18 世纪的中国和西方紧紧地联系在一起，在对其进行讨论之前，不得不对 18 世纪的中国和西方分别进行审视。回归到历史之中，中西间对话不过是两个文明在自我发展过程中的一条线索；它们各自的历史境遇实际暗地里已经为中西交流定了性，或是指明了一定的方向。这种交流最终都是归结于民族本体，例如西方传教士来中国传教是具有欧洲宗教权力的意志或是各国统治者的意志，而中国与他们交流的方式和手段也是基于皇帝的需要来调整，因而具有中国统治者的意志。虽然十二生肖铜兽首作为水法装置中的雕塑，但这种出于不同权力意志的目的建造出来的十二生肖铜兽首还有 18 世纪巴洛克艺术的影响，种种因素的汇集使它自然也就变得复杂起来。但也有另一个作用就在于，它包含了 18 世纪不同权力代表的意图，经过历史的发展而见证了历史——成为载体。

第一节　18 世纪的中国

　　一般而言，众多史学家都认为中国清王朝最鼎盛的时期是康熙至乾隆时期，时间上来说大约就是 18 世纪，尤其是到了乾隆年间达到了盛世最顶峰。18 世纪的清王朝人口增加，经济稳定，但在盛世繁荣背后是中央集权的趋势进一步发展，尤其是在康熙和乾隆的强行干预之下。可是在 18 世纪末，清王朝开始出现衰败的痕迹。十二生肖铜兽首恰好就是在清王朝盛世顶峰的乾隆时期造成的。它不仅仅浓缩了这一个盛世的缩影，同时也是王朝衰败的伏笔。着眼西方，十二生肖铜兽首的建造也是西方传教士在华传教事业的衰微，同时日益强盛的启蒙思想已经形成了不可逆转的革命。

18 世纪，西方传教士带来的视觉震撼，着实引起了中国人的好奇，不少中国人因为西方绘画运用透视技法表现出的真实感而慕名去教堂瞻仰壁画。康熙皇帝和士大夫们也被西方绘画中的透视技法所吸引，而命传教士郎世宁和年希尧合作绘制了《视学》供中国画家学习。① 且自康熙时期就出现了中—欧式绘画风格的折中画法，到乾隆时期更是达到鼎盛。② 正因如此，使得 18 世界的中国掀起了一股"西洋风"。

十二生肖铜兽首也是乾隆时期的产物。这一时期，从清王朝的统治来看是顶峰时期，从中西艺术交融来看，中西融合的艺术风格也是最鼎盛的时期，更重要的是乾隆以后这种风格就消失殆尽。如此，十二生肖铜兽首出现在乾隆时期是必然中的必然，深厚的历史原因和历史进程都促成了十二生肖铜兽首不可更改的历史。

第二节　18 世纪的西方

18 世纪的西方是欧洲自文艺复兴以后又一次思潮爆发的时代，一般被称为"启蒙时代"。这个时代的变动可以以法国来分割成三个时期：1715 年以前的路易十四时期、后来的路易十五时期和法国大革命以后。18 世纪的时候，法国还是欧洲的时尚中心，对于其他国家的影响可想而知。可就是这样一个具有影响力的国家在 1771 年至 1795 年爆发了法国大革命，拉开了新时代的帷幕。欧洲在 18 世纪的变化不仅在思想上，工业和科技也随着思想的改变而快速地进步着。其实这样变化的背后暗示的

---

① ［美］孟德卫（David E. Mungello）：《1500—1800：中西方的伟大相遇》，江文君等译，新星出版社 2007 年版，第 85 页。

② 同上书，第 88 页。

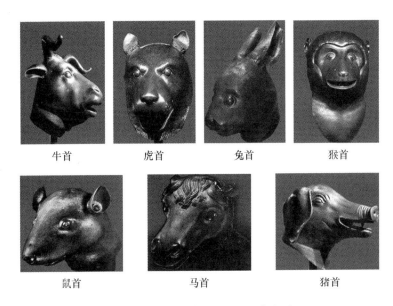

牛首　　　　虎首　　　　兔首　　　　猴首

鼠首　　　　　　马首　　　　　　猪首

图1—1　十二生肖铜兽首之回归部分

是一个时代的结束和另一个时代的到来。就是在两个时代连接的时候，"中国"进入了西方人的视线。

对于中国物质文明的欣赏也在欧洲掀起了时髦热潮，耶稣会传教士送回欧洲的书信起了很大的作用。当时英国女王安妮也喜欢穿着中国的丝绸和棉布出席活动，[①] 法国宫廷内也曾举办装扮成中国人的化装舞会。[②] 尤其是在路易十五时期，"中国热"达到了高潮。对于中国茶叶、瓷器、丝绸的需求日益扩大。一时之间"中国"成为谈话的内容、时髦的标榜和理想的化身，在艺术上也对18世纪早期的法国产生了一些影响。风靡一时的洛可可占领了支配地位，虽然它本身源自西方艺术，但是也受到了中国因素的一些影响。其可兼具高雅和低俗的柔弱风格，很快就受到了启蒙思想的抨击。后来以抗击洛可可而产生的"自然"品位，中国又在不知不觉中插了一脚，中国园林"师法自然"的造林手法很快又在欧洲掀起了新式园林热潮，"自然"品位又成为欧洲的另一种情趣。

---

　　① 张国刚、吴莉苇：《启蒙时代欧洲的中国观——一个历史的巡礼与反思》，上海古籍出版社2006年版，第356页。

　　② 同上书，第390—391页。

图1—2 法国 Cassan 的中国式凉亭　　　　图1—3 蒙维尔中国屋

图1—4 波茨坦皇宫中国屋

透过18世纪整个西方对中国文明的欣赏与批判，实则是西方封建制度的逐步瓦解，有如腐朽的建筑根基一般，正在泥土里一点点分解变质。在这样的环境下，两股力量开始相互挣扎对峙，一种是为了维护封建制度和教会权力的宗教势力，另一种是反对专制呼唤理性的知识分子。也正是因为在这充满矛盾的社会里，他们各自开始寻找所谓的"光明"和"方向"，恰好中国就被他们盯上了。与思想界不同的是，传教士对于中国发出的声音都是一致的赞美，对于中国的皇帝他们也是采用亲和的态度。在"友善"的交流中，18世纪的中国和西方产生了很多的融会之作。尤其是园林方面，西方有法国 Cassan 的中国式凉亭①、蒙维尔中国屋②和波茨坦皇宫中国屋③等，还有利玛窦、曾德昭、白乃心等对中国园林的论著。然而，在同一时期中西园林的交融，圆明园西洋楼毫无疑问是首当其冲的。由于历史原因西洋楼已被毁坏，至今遗留下来并且反响强烈的要数海晏堂前的水法装置——十二生肖铜兽首。从这一方面来看，圆明园十二生肖铜兽首有着较为重要的历史意义，好比是历史中的一小块，衔接着过去与现在。

与圆明园十二生肖铜兽首紧密联系的不仅是西方传教士和乾隆皇帝，其实是西方与中国的一种联系。只是西方传教士在这个过程中有意无意地成为穿针引线的核心人物。西方传教士在 18 世纪中西交流中的位置是任何人都不能替代的，他们扮演的"中间人"的角色也是中西之间必需的桥梁。不论那个世纪西方发生了怎样的变化，中国又扮演了怎样的角色，最终 18 世纪这股"热"保留到今天而且持续"热"的就只有十二生肖铜兽首。所以，今天不得不再从十二生肖铜兽首来回溯一下 18 世纪的极具异域风情的浪漫热流，而带领者却是一批虔诚的耶稣会会士。可是最终的目的地不是停靠在"18 世纪"的历史里，而是顺着历史的河流流向今天的"圆明园十二生肖铜兽首"。

图 1—5　让－巴蒂斯特·格勒兹，《乡村新娘》，1761 年，布面油画，91.5 厘米×118 厘米，卢浮宫，巴黎

《乡村新娘》以讲故事的方式叙述了简单幸福的乡村爱情故事，对 18 世纪很多中产阶级而言，这样的绘画趣味格外具有吸引力。狄德罗在回顾这幅画时说到，很难靠近这幅画，因为画的前面挤满了观众。

---

①　张国刚、吴莉苇：《启蒙时代欧洲的中国观——一个历史的巡礼与反思》，上海古籍出版社 2006 年版，第 381 页插图。

②　同上书，第 382 页插图。

③　同上书，第 383 页插图。

图1—6 让－巴蒂斯特－西梅翁·夏尔丹，《餐前祈祷》，1740 年，布面油画，48.3 厘米×38.1 厘米，卢浮宫，巴黎

"自然"品位的追随，伴随着反对洛可可艺术的呼声而产生，夏尔丹多描绘家庭生活的平静场景，赋予平凡事物细腻的情感，自然、真诚。

图1—7 弗朗索瓦·布歇，《爱神的诱惑》，1754 年，布面油画，约 168 厘米×86 厘米，华莱士收藏馆，伦敦

布歇是洛可可艺术的代表人物之一，他笔下的人物拥有粉嫩的皮肤，丰满的肉体，充满肉欲的诱惑。鲜艳明朗的色调和轻盈薄透表现都受到女性的喜爱。

图1—8 约瑟夫·赖特，《一位哲学家在太阳仪前的讲座》，约 1763—1765 年，布面油画，147 厘米×202 厘米，德比艺术博物馆，德比郡

18 世纪科学的进步促进了人们对宇宙的进一步探索，《一位哲学家在太阳仪前的讲座》不仅表现出艺术家对于这类主题的喜好，也表现出了这一时期人们对于自然现象的热衷，都揭示了这一时期世界科学发生的改变。

第二章　传教士与圆明园十二生肖铜兽首

自明末开始，就有西方传教士不远万里到中国传教，他们在中西文化交流中扮演了重要的角色。17—18 世纪，西画东渐的源头就在传教士那里，在这样的背景之下年希尧完成了他的《视学》，表达了对西画透视技法的肯定。同样，耶稣会大量描写中国的文献流入西方后，在 18 世纪也是兴起了"中国热"的狂潮，不仅体现在对中国瓷器与茶叶等的喜好，园林、艺术和政治体制都成为西方人争先热议的对象。正是如此，在此期间产生了很多中西融合的建筑和艺术。譬如凡尔赛的特里亚农宫是模仿中国南京的报恩寺修建而成的；英国的"丘园"是一座中国式的园林；中国圆明园的西洋楼是仿制了欧洲建筑和水法建成的。通过这些，都不难看出传教士在整个中西交流过程中的重要作用，虽说这种作用不是根本性的，却是至关重要和无法逾越的。正如圆明园西洋楼的建造，就与郎世宁和蒋友仁这批传教士脱不了干系。

第一节　西方传教士与圆明园的十二生肖

西方传教士早在 16 世纪就已有人到中国传教，但最活跃的时期主要还是集中在 17 世纪末。传教士中为中西交流提供了大量资料的主要还是耶稣会，且与圆明园西洋楼十二生肖铜兽首密切联系。不论他们是向中国介绍西方文化或宗教，还是向欧洲汇报中国文化境况，其根本目的还是在于遏制新教势力的扩张，拓展海外传教区，对于欧洲商业殖民势力来说，借助天主教传教势力向世界扩张也是绝佳机遇。所以传教士来中国传教的目的就有着双重性：一为扩展稳固天主教势力；二成为了欧洲殖民主义进入东方的敲门砖。从本质来讲西方传教士来中国传教的目的是带有殖民性质的宗教扩张。

十二生肖铜兽首并不是横空出世的，映射的不仅仅是传教士举步维艰的传教困境，也是整个过程中西方传教士心理和态度转变的体现。当谈及圆明园十二生肖时，始终离不开的是"两个人"。这"两个人"分别为郎世宁和蒋友仁，他们在服务清廷中做出的转变是西方传教士在中国遭遇的诘难的直接表现。郎世宁是意大利的耶稣会修士，于康熙五十四年（1715）8月来到中国，11月进京，以绘事供职内廷。① 而蒋友仁，这位来自法国的耶稣会修士背负的使命就不光是传教这么简单而已，还带着路易十四"学习科技"的使命而来。

两个人的工作转变揭示的是传教事业在中国的困顿，传教事业到了18世纪下半叶后，基本上已经接近尾声。耶稣会士卜文气神父在给耶稣会的戈纬里神父的信里就说明乾隆自登基以来就开始将传教士从各省驱逐到澳门，后来在广州更是被当地官府贴以告示命传教士在"三天期限"之内退回澳门，否则就将被当作罪犯处理。② 这封信在1752年12月11日写于澳门。可郎世宁和蒋友仁身上的使命与重责迫使他们不惜一切代价去尽可能地完成使命，顺从皇帝的意愿变成了缓和矛盾的一种可能。不然如何理解两个与建筑和水法丝毫不相干的行外人要担起这样的重任呢？关于蒋友仁和水法之间，不单单是他自己感到困难，其他教友在书信中也写道："如何把连自己都从未从事过，几乎也未研究过的技艺传授于人呢？……怎样指导水泵管子和各种形状各种尺寸的导管的铸造呢？"③ 的确，大家都毋庸置疑蒋友仁是一个天文学家、一个地理学家，可是这种水利机械的安装者和养护者根本不是他的本行。这些都说明了郎世宁和蒋友仁对建筑、水法和雕塑的一无所知，所以不难理解西洋楼的不足，更不难评价现今遗留下来的十二生肖铜兽首的艺术价值。可是十二生肖铜兽首直至今天的意义，仅单方面的从雕塑艺术的审美角度来评价是远远不够的，它的意义随着时代的变迁正在日益丰富。

十二生肖铜兽首的意义和实质开始慢慢呈现，不过是西方传教士在中国传教过程中安插的一枚棋子，以便传教事业顺利进行。但事实并非他们所愿，欧式水法建筑的修建没有使他们进一步迈向成功，反而成为他们最后失败的预示。西洋建筑和水法原本只是用来讨皇帝欢心而已，可它在后来造成的影响却超出了预想。这种影响一方面体现在十二生肖铜兽首成为中国18世纪与外来艺术文化交流的印证，另一方面也呼应

---

① 方豪：《中西交通史》下册，岳麓书社1987年版，第918页。

② ［法］杜赫德：《耶稣会中国书简集——中国回忆录Ⅳ》，耿昇译，大象出版社2005年版，第75页。

③ ［法］杜赫德：《耶稣会士中国书简集Ⅵ》，郑德弟译，《一位在华传教士的信》，大象出版社2005年版，第65页。

图2—1　原置于海晏堂前之喷水铜制十二生肖之一部分

（据有关资料翻拍，见《圆明园3》第34页）

图2—2　圆明园西洋楼海晏堂西面，铜版画，88厘米×51厘米，

圆明园西洋楼铜版画共有二十图，此为其中一幅

图2—3　圆明园西洋楼万花阵花园，铜版画，88厘米×51厘米

了西方 18 世纪的"中国热";作为两种不同民族文化的融合,十二生肖铜兽首本身的矛盾也反映出了中西思想上的差距,再加上十二生肖铜兽首后来的历史延续,有机地预示着中西两种文化矛盾的冲突。可以说十二生肖铜兽首的制作暗示着中西文化的正常交流,而丢失则显示了中西矛盾的激化,直到现在的逐步回归说明原本的矛盾与冲突正在逐步妥善处理。因而,圆明园十二生肖铜兽首的意义已不是"雕塑艺术品"这样简单,它的意义涵盖了文化、政治和艺术。传教士在这个过程中充当了有如"传话员"的重要角色,所以就会有误传、矛盾和冲突,十二生肖铜兽首其实就是一种浪漫的"误传"。

第二节　中式园林与西式建筑——欧式设计的由来

18 世纪,不论是欧洲还是中国都有一个热词——"园林"。乾隆时期花费在建造园林上的费用难以计数,乾隆皇帝曾数次下江南,游览了江南的名园胜景,就命令摹下图样,在圆明园内仿造。欧洲在 17 世纪就已经开始对中国园林感兴趣,直到 18 世纪下半叶中国园林在整个欧洲掀起了高潮。这股"中国园林风"与是画家的王志诚在 1749 年描述有关圆明园的书信有着直接的关系,在欧洲引起了强烈的反响,很快就被译成多种语言。这不仅让欧洲人认识到了中国园林的精妙,更是对欧洲人的审美具有刺激作用。到了 1757 年,英国人钱伯斯出版了《中国建筑、家具和服饰设计》,后又出版《论东方园林》(1770),都对欧洲园林产生了深远的影响。1762 年,钱伯斯为肯特公爵建成了一座中国式的园林"丘园",被法国人称作为"中—英合璧式"。这一时期的园林热潮在欧洲上流社会成为了一种时髦的情趣追求,在中国主要是乾隆皇帝个人较为突出的喜好。总之,不论是社会潮流还是个人喜好,这种审美的转移,满足了欧洲人想要挣脱神权束缚,追求自由随意的愿望,体现了欧洲人在18 世纪渴求能够找到解决民族发展的办法。中国就化身成了他们追求的理想与范本,所以只要是能够为他们所憧憬的,他们都赞扬,园林就是其中一点。

众所周知,圆明园西洋楼水法设计过程中有一个方案之争的小插曲。最初方案为郎世宁设计的 12 个裸体女性雕塑。虽然乾隆对于西洋物品感兴趣，但裸体的女性雕塑还是不能被接受，所以该方案随即被否定。最终的十二生肖方案，实际为蒋友仁所设计。蒋友仁精通天文地理，他知道中国人用 12 种动物象征一天中的 12 个时辰，便想利用动物造型建一座永不停歇的水钟，即让每个动物造型雕塑在各自象征的 2 个小时里喷出水来。① 两个方案一个被否定和一个被采用实际与郎世宁和蒋友仁个人的身份和使命相关联。

郎世宁的方案被否定，看似是审美上的差异，其实是中西两种思想观念的差异。欧洲喷泉以裸体形象出现的雕塑十分常见，凡尔赛宫内众多古典雕塑都为裸体，这是因为裸体在西方人的观念中具有理性美，而这一观点在中国是不存在的。这一方案的设计者郎世宁是一位西方画家，所以他在设计水法时，审美功能占主要地位。蒋友仁的方案之所以成功并不是因为他在艺术造诣上高于郎世宁，也不是因为他更了解中国的审美，而是因为他是一位天文和地理学家，他在思考和设计过程中实用意义是占主导地位的，正如一些教友书信中说蒋友仁设计水法时是在考虑"怎样指导水泵管子和各种形状各种尺寸的导管的铸造"，② 而审美的问题绝不是他考虑的重点。而且另一点在于法国派遣传教士来华最重视的还是学习中国的科学技术，所以派遣的传教士在素质修养上偏重科学，蒋友仁就是这样的人才。除此之外不可忽视的原因是因为蒋友仁来自法国，法国凡尔赛宫里的喷泉可以作为蒋友仁最直接的参照对象。在凡尔赛宫西花园里有一处动物喷泉（图 2—4、图 2—5），其中一处就是猎狗扑倒了麋鹿，猎狗踩踏着麋鹿，向天嚎叫；而麋鹿在猎狗脚下努力挣扎，极具动势；然后水花从动物嘴中喷射而出。这与圆明园十二生肖自然有很多相似之处，唯一的差异就是把激烈的动物追捕变成了兽首人身的十二生肖。凡此种种，最终决定了具有实用性、科学性和现实性的蒋友仁方案顺利通过。

与圆明园西洋楼海晏堂前的水法合为一体的是整个西洋楼，工程不仅浩大而且极其烦琐复杂。西洋楼占地 7 万平方米，东西长 860 米，西部

---

① ［法］杜赫德：《耶稣会士中国书简集Ⅵ》，郑德弟译，《一位在华传教士的信》，大象出版社 2005 年版，第 73—74 页。

② 同上。

图2—4　凡尔赛宫西花园喷泉（左）

图2—5　凡尔赛宫西花园喷泉（右）

南北宽300米，其余仅宽65米，[1] 以三面不同的围墙划分为三部分。第一面围墙中主要建筑为谐奇趣和它的附属部分养雀笼等；第二面围墙中主要建筑是万花阵的花园；第三面围墙围住了方外观、海晏堂、远瀛观、大水法、线法山、线法墙等其他所有建筑。海晏堂为中轴线对称式建筑，以正殿为中轴，左右两边翼楼各一，正殿楼前有弧形叠落楼级数十级，环抱楼下喷泉池，有如张开的双臂，将喷水池拥在怀中。在楼门前的左右石阶内外分别置以石鳌鱼和石狮一对，皆从口中喷水，然沿石阶流向地面于水池。① 王壬秋也曾在《圆明园宫词》② 中记载了关于海晏堂的描述："……老人陆纯元谓堂中水戏最多大概上下可流转也，今犹可见其水漕。"

池中心有座圆形铜喷水塔，共有 54 个喷水口同时喷水，池西左右各有座西式八角鼎炉，水池南北外侧还各建半圆形的内斜式泄水池。喷泉池的东沿正中高耸一尊巨型石雕贝壳形番花，内安涡轮喷水机③；在石贝前下方八字形高台上，分别陈列了 12 只兽首人身石铜像，俗称"十二生肖铜兽首"。它们呈"八"字排列在水池高台之上，仿佛饶有兴致地在高台之上观看水戏。圆明园十二生肖是以中国的十二生肖子鼠、丑牛、寅虎、卯兔、辰龙、巳蛇、午马、未羊、申猴、酉鸡、戌狗、亥猪为原型，兽首人身，铜像均着衣袍，坐于高台之上，衣袍宽松，自然垂落，姿态不一，服饰各异。丑牛手持拂尘，卯兔轻摇折扇，巳蛇拱手作揖，申猴手拿棍棒，亥猪拉弓持箭。④ 其中种种皆妙趣横生，而非庄严肃穆。十二生肖按照子丑寅卯辰巳午未申酉戌亥十二个时辰的顺序，轮流喷水一个时辰，到了正午时刻就一起喷水，日复一日，俗称"水力钟"。也正是因为这一特点，十二生肖铜兽首才成为西洋楼中最负盛名的喷泉。

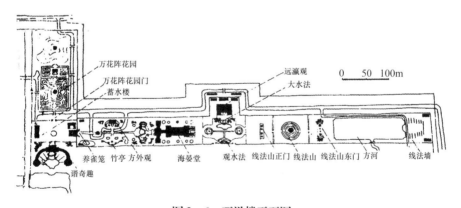

图 2—6 西洋楼平面图

---

① 圆明园管理处：《圆明园百景图志》，中国大百科全书出版社 2010 年版，第 402 页。

② 程演生：《圆明园考》，中华书局 1936 年版。

③ 圆明园管理处：《圆明园百景图志》，中国大百科全书出版社 2010 年版，第 402—403 页。

④ 秦昭：《圆明园十二生肖》，《科学大观园》2009 年第 12 期。

以上从较浅的方面说明十二生肖铜兽首方案的一些特点，既不够准确也不够全面，但却简明扼要的描绘出十二生肖铜兽首在中西方之间存在千丝万缕的关系。若要想将十二生肖摆放在一个准确的位置来进行严谨的讨论，势必需要放入中西方语境之中分别讨论后再联系起来研究，或许才恰当。

第三章　中西方语境中的十二生肖铜兽首

把圆明园十二生肖铜兽首放到 18 世纪整个中西文化和艺术中来看，只是众多中西艺术结合的其中一例，这一点在第一章里已有说明。这样的定性是从一个时代特定的共性表现来对其进行把握。从另一个方面来讲，在共性之下十二生肖铜兽首也有它自身的特殊性存在。从十二生肖铜兽首与传教士的关系以及它在圆明园中的特殊意义，都可以看出一些独特之处。特殊性中最特殊的地方源自十二生肖铜兽首是中西文化的浪漫衔接，具体的话需要从中西文化和艺术上来分别说明。就好比剥洋葱，首先要从众多洋葱里面选择一个，然后再一层层地剥开，最终到它的核心。中西语境中的十二生肖就是即将要触及它内部的外皮，所以只有将十二生肖铜兽首放置到中西语境中来研究观察，才能撕开它的层层外衣，直达内部核心。

第一节　中国语境中的生肖

毫无疑问，十二生肖原本是中国土生土长的文化。不论是从十二生肖的根源追溯还是从历史考古中验证，都可得知十二生肖在中国文化历史中经过了漫长的演变和传承。最早的十二生肖是与天文相关，后来发展成中国重要的干支纪年法，沿用至今。另外，十二生肖还出现在大量的器物上，不同时期形象有别。最后十二生肖在雕塑形制上还形成了一套固定的形象，兽首人身是其中较为典型的一种。圆明园中的十二生肖铜兽首自然也不是空穴来风，虽然其为中西雕塑的结合之物，可也不失中国的文化内涵。这只是单纯地从十二生肖铜兽首中十二生肖的形象来看，从它作为建筑中的一部分的实用意义来说与中国传统建筑中的动物模式的意义就相去甚远了。

一 十二生肖铜兽首的中国文化内涵

（一）生肖与天文

十二生肖铜兽首形象来自中国的生肖文化，据现有的文献考证，中国最早出现十二生肖的时期应该为西周。在《诗经·小雅·吉日》中即有"吉日庚午，既差我马"。① 当中的庚午马与今天的肖午马完全吻合。而生肖最早出现的考古实物资料是在湖北云梦睡虎地②和甘肃天水放马滩秦墓③发掘的简书，两批秦简均有关于十二生肖的记载记于《日书》④中。《日书》是古代民间选定日子凶吉的书。在湖北云梦睡虎地的《日书·盗者》⑤ 中，已经有七种生肖与今天所传的生肖一致。甘肃天水放马滩《日书·亡盗》⑥ 这一组生肖比睡虎地所记载的更接近流传至今的十二生肖。

在两批秦简中所记录的十二生肖虽然与今天的生肖有所出入，但可见十二生肖的配属在先秦时期已经基本成形。《日书》流行于民间生活，属于社会的大众文化，因而流行范围广，并且用来描述盗者面相，说明已经具备了面相占卜的作用。

十二生肖最完备的配属，是在东汉王充《论衡·物势》，⑦ "寅，木也，其禽虎也；戌，土也，其禽犬也；丑，其牛；水禽羊也；……亥，水也，其禽豕也；巳，火也，其禽蛇也；子，亦水也，其禽鼠也；午，

---

① 《诗经译注》卷五，中国书店 1982 年版，第 14 页。

② 睡虎地秦墓竹简，又称睡虎地秦简、云梦秦简，1975 年 12 月在湖北云梦县睡虎地秦墓中出土的大量竹简，其内容主要是秦朝时的法律制度、行政文书、医学著作以及关于吉凶的时日的占书。

③ 甘肃天水放马滩秦简，1986 年在放马滩古墓葬群中发掘出来。当中包含甲、乙两种《日书》，甲种中有《亡盗》一章。乙种《日书》前七章与甲种内容相同。

④ 《日书》指甘肃天水放马滩秦简中甲、乙两种。

⑤ 《睡虎地秦墓竹简》，文物出版社 1990 年版，参见唐静《考古材料中十二生肖形象的类型及演变》，第 1 页。

⑥ 何双全：《天水放马滩秦简综述》，《文物》1989 年第 2 期。

⑦ 《中国历史大辞典》上卷，上海辞书出版社 2000 年版，第 20 页。转引自唐静《考古材料中十二生肖形象的类型及演变》，硕士学位论文，吉林大学 2007 年，第 2 页。

亦火也,其禽马也;……酉,鸡也;卯,兔也;申,猴也。"《论衡》记生肖是为了反驳五行生克而举出的例子。直到东汉元和二年(公元85年)政府才正式下令,在全国范围内使用干支纪年法纪年,十二生肖纪年也就从那个时候开始。根据东汉王充的《论衡》,通常认为十二生肖起源于东汉,清赵翼所著《陔余丛考》①就认为其起源于东汉,"后汉时其说甚行,更推之汉以前未有言及者,窃意此本起于北俗,至汉时呼韩邪款塞入居中原,与齐名相杂,遂流入国耳。"其认为十二生肖是北方少数民族地区十二兽传入中原地区,与子丑寅卯十二地支相配合而成。但是根据睡虎地和放马滩所发掘的秦简来看,最早出现十二生肖应该不会比西周时期更晚。可见,生肖文化具有深厚的中国根基,这也造就了十二生肖铜兽首丰韵的中国味道。

(二) 生肖俑与十二生肖铜兽首

生肖作为一种中国文化,还表现在:生肖在现考古材料中以生肖墓志、生肖俑、生肖壁画和生肖镜等类型出现。其形象大致分为三种:写实动物形象、兽首人身形象、人物带生肖形象。在造型特点上主要表现为:浑然一体、古朴自然、生动形象,比较靠后出现的生肖在造型上更为写实。这无疑使得中国的生肖形象更为丰满和具体,十二生肖铜兽首在形制上也是采用的中国文化中的生肖形象——兽首人身。但是为更好分析十二生肖铜兽首,梳理一下中国生肖俑在整个历史过程中造型特点的变化是有必要的。

中国生肖俑在形象上分为写实动物形象、兽首人身形象、人物带生肖形象三种。相对而言写实动物形象,这种类型的生肖主要流行在北朝时期。有的带龛台或底座,有的仅手制,形制粗劣。山东临淄北朝崔氏墓M10②出土的生肖陶俑属于写实一类,蹲居于莲花形龛台之上。其形制粗劣,当中已蛇盘踞莲瓣之上,似人工手制而成。而兽首人身形象,可分为站姿和坐姿两式,坐式主要流行在隋至初唐。其特点在于生肖头

①　赵翼:《陔余丛考》,卷三四,转引自唐静《考古材料中十二生肖形象的类型及演变》,第3页。

②　山东临淄北朝崔氏墓是在考古发现中最早见的关于墓葬中成俑的十二生肖。卢昉:《隋至初唐南方墓葬中的生肖俑》,《南方文物》2006年第1期。

部与人像身体结合，组成半人半兽的形象。服饰为交领或圆领长袍，宽袖垂膝，昂首平视，身体微向前倾，双手拱于胸前。如湖南湘阴隋大业六年墓中丑牛即坐式。当中丑牛着交领长袍，袖长及地，双手交叉，若持有物，呈跪坐状；头为兽牛，牛角上扬。衣服纹理处理上运用了线刻的手法，整体呈现谦卑恭敬之态。站式，如陕西西安硫酸厂唐墓中辰龙一俑，服饰圆领，双手呈拱状，匿于宽袖中，龙头弯曲夸张，与身体大致构成"铁钩状"且往左偏转。衣纹处理柔和，龙头装饰简略。人物带生肖形象早在隋至初唐已有，从类型可以分为怀抱、头顶和足旁，每种类型又可分为坐站两式。怀抱生肖俑，通常表现为人物将生肖持在手中或双手成拱怀抱生肖于胸前。湖北武汉周家大湾241号隋墓中出土的俑就手持巳蛇，盘腿而坐。安徽望江北宋（1062）墓，发掘出一站立人物怀抱丑牛；人物手与动物的身体部分均匿藏服饰之中，基本浑然一体，稍有刻划的就是人物头部和牛首，两者均直视前方。头顶和足旁的类型相对较少。除此之外，生肖形象还出现在一些陶器上。但在造型特点上，基本如上所述。

以上从生肖俑的基本造型特点对十二生肖的形象进行了归纳。在我国十二生肖文化之所以范围广大，还因为墓葬中有大量的十二生肖陪葬俑，最早在南北朝时期出现，后在隋唐时期就渐成体系，尤以两湖一带为盛，一直沿用到宋元时期，成为当时颇具地方特色的镇墓明器。[①] 随着历史的迁移，各朝各代的审美情趣也有所差异，但在陪葬品中都可以体现出来。十二生肖作为俑的一种，以湘阴[②]和长沙[③]出土的十二生肖俑最具代表性。当中湘阴隋大业六年墓和长沙黄土岭唐墓在制作方法和造型上与十二生肖铜兽首有相似之处。

湘阴隋大业六年墓中出土了两套生肖俑。一套是人物带生肖，另一套是兽首人身结合。在兽首人身这一套十二生肖俑中，服饰为右衽大袖长袍，双手拱于胸前，盘坐，均高17厘米。不同在于俑均施以青釉且有脱落，俑首和身体是分开烧制，头部插入俑身，可活动。生肖俑中，狗、

---

① 卢昉：《隋至初唐南方墓葬中的生肖俑》，《南方文物》2006年第1期。
② 湘阴：隋大业六年墓、唐墓。
③ 长沙：黄土岭唐墓、咸嘉湖唐墓、牛角塘唐墓。

羊、鼠、牛、鸡、猴、兔保存完整，其余比较残破。① 在兽首人身这一套
俑中，最具特点的地方在于俑首和身体是分开烧制而成，头部是可活动
的。在十二生肖铜兽首中很少有人关注兽首和身体是否分开的问题。据
《圆明园资料集》记载，十二生肖在咸丰时期被孝全成皇后命人放到一个
库里，最后在 1860 年，英法联军劫掠而丢失。② 据此资料可推断出，十
二生肖在制作上很可能与湘阴隋大业六年墓相似，属于头部和身体分开
制作的类型。

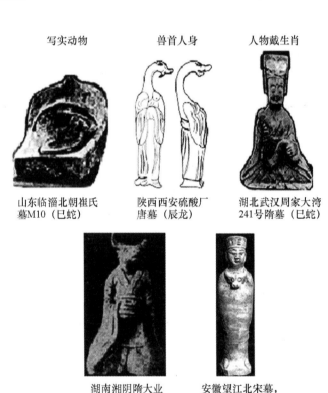

写实动物　　　　兽首人身　　　　人物戴生肖

山东临淄北朝崔氏　　陕西西安硫酸厂　　湖北武汉周家大湾
墓 M10（巳蛇）　　　唐墓（辰龙）　　　241 号隋墓（巳蛇）

湖南湘阴隋大业　　　安徽望江北宋墓，
六年墓（丑牛）　　　1062 年（丑牛）

图 3—1　生肖俑

① 廖丹：《湖南省博物馆藏隋唐生肖俑及其研究》，选自《湖南省博物馆馆刊 6》，2009
年。"生肖俑中一套为人身生肖俑，器形保存完整的有 7 件，即鼠、牛、兔、羊、猴、鸡、狗，
其它残。"
② 舒牧、申伟、贺乃贤编《圆明园资料集》，书目文献出版社 1984 年版，第 72 页。

图3—2　长沙黄土岭唐墓十二生肖陶俑，鼠、猴未被发现，其余保存完整

长沙黄土岭唐墓，发掘出一套兽首人身的十二生肖俑，除鼠、猴未发现以外，其余生肖保存完整。服饰为披胸长袍，宽袖垂膝，双手拱于胸前，中留一小孔可插物，身体略微向前倾斜，两膝就地盘坐，通高20—22厘米。① 兽首造型较为古朴但不失写实。与此相似的十二生肖俑还有很多，例如长沙牛角塘唐墓就与其相似。圆明园十二生肖在造型上也是兽首人身，盘坐高台，与长沙黄土岭这一类型的十二生肖俑在形式上相似，且均着长袍，宽袖垂地，手中持有物。不同在于，十二生肖铜兽首手中所持物各不相同，且手势不囿于拱于胸前，手势有异。次之，虽都着长袍，可服饰有异，黄土岭唐墓为披胸长袍，胸口露出部分，圆明园十二生肖均为圆领长袍，胸口无露出部分。这种差异的表现暗示的是时代的因素，圆明园十二生肖姿态出现变化，很大程度在于雕塑技术有了一定的革新；而服饰的变化，则是历史变迁的见证。

除此之外，清代还有三套玉质十二生肖，两套青玉十二辰像，一套白玉十二辰像，明代也各有一套。十二辰像实则为兽首人身的半兽半人俑，造像各有所不同，大多数左右手拿着不同物件。如原藏慈宁宫的十

---

① 　廖丹：《湖南省博物馆藏隋唐生肖俑及其研究》，选自《湖南省博物馆馆刊6》，2009年。"1956年在长沙市南门外黄土岭清理的一座唐墓中……俑通高20—22厘米，两膝就地盘坐式，身穿宽边披胸服，内无衬里，宽袖，两手拢于袖中并在胸前做拱礼状，中间留一可插物的方形小孔。"

二生肖辰像中生肖狗是人身狗首，着长袍而坐，左手扶膝，右手持剑；生肖猴，人身猴首，坐姿，左手执棒，右手拿环，表情怪异；生肖鸡，人身鸡首，坐姿，左手扶膝，右手持圆饼状物，上绘太极图案；等等。[①]由于制作时间上距离圆明园十二生肖铜兽首非常的接近，所以生肖在手势上较为相似，更加随性，而不拘泥。

图3—3　清代十二玉辰像

综上所述，可得知生肖形象在中国文化和历史中的演变，圆明园的十二生肖亦是对这种文化的继承。在形象上沿袭了兽首人身的原型，在造型特点上虽有浑厚这一特点，但又显得过于追求细节，而这主要是由当时的宫廷审美趋势所致，要求一丝不苟地还原对象，力求达到"再现"的效果（参见第四章）。除此之外，需要提出的一点是中国传统中的十二生肖俑在材质上一般都为陶俑或是玉质，不同于铜制的十二生肖铜兽首。所以十二生肖选材上面的特殊性，值得进一步讨论。正是扎根于中国文化之中，使得十二生肖铜兽首不同于西方喷泉装置中的其他雕塑了，而

---

① 赵桂玲：《宫廷生肖与民俗》，《艺术市场》（*Art Market*）2010 年第 9 期。

是富有异域文化的奇珍。

二 十二生肖铜兽首与中国传统雕塑的关系

(一) 建筑中的动物模式

除了上文所提及的生肖，中国古代建筑中也有不少的动物模式。最为突出的就是通常放置在府邸或宫门外的石狮子或麒麟。圆明园遗迹中就留下了安祐宫的石麒麟（图3—4）和长春园宫门前的铜麒麟（图3—5）。在比较十二生肖铜兽首与建筑中的动物模式时，首要前提是认识到它们都是作为建筑中的雕塑而存在，因而重视它们在整个建筑中的作用是很重要的。

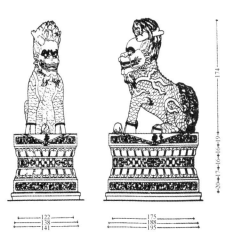

图3—4 安祐宫石麒麟线图 单位：厘米　　图3—5 长春园宫门前铜麒麟

安祐宫遗留下来的一对石麒麟原在圆明园大宫门前，后放置在安祐宫，今在北京大学西校门内主楼前。麒麟高174厘米，须弥座高98厘米，须弥座正面宽141厘米，侧面宽195厘米。① 麒麟造型敦实，神态顽皮可爱；毛发根根可见，线刻整齐且部分形似云纹。这对石麒麟面部饱满，身上的蛇鳞遍布，做工细致，蹄与腿之间有一圈细毛围绕，有柔软顺滑

---

① 李秋香：《圆明园安祐宫的石麒麟》，《圆明园3》，中国建筑工业出版社1984年版，第127页。

的质感又不缺乏饱满隆起的体积。在石麒麟移到安祐宫后，取而代之的是一对铜麒麟摆放在圆明园大宫门前，也就是今天所说的长春园宫门前铜麒麟，其高211厘米，身长160厘米，连同须弥座通高326厘米。① 铜麒麟因其材质不同于石麒麟，所以在整体感觉上大不同于石麒麟。

在比较十二生肖铜兽首和安祐宫石麒麟与长春园的铜麒麟时，需要认识到它们都作为建筑中的雕塑是同一的，但功能有着一定的差异。石麒麟和铜麒麟都属于中国传统建筑中的雕塑，它们具有的作用，大体表现在装饰或是象征意义上。比如说石麒麟之所以被后来的铜麒麟取代，原因就是因为皇帝觉得石麒麟的气势不够雄伟。所以像这样放置在宫门外的动物雕塑在作用上一般都是权势的象征，象征性的意味浓厚。又如中国传统建筑中瓦当上的动物形象，其象征性的作用就比较弱了，而装饰性的意味则更强一些。十二生肖铜兽首是建筑中水法装置中的雕塑，这种装饰水法的功能雕塑在中国传统中本来是没有的。这就造就了十二生肖铜兽首在中国传统建筑雕塑中的特殊意义——观赏性和实用性。它们不同于中国传统建筑中雕塑一般的装饰性作用，而是将水法的观赏性与"水力钟"的实用性融合为一体，不可分割。所以在讨论十二生肖铜兽首的时候，一顶"实用主义"的帽子必须先给他戴上。扣上这顶帽子的原因不仅因为十二生肖铜兽首具有"水力钟"的作用，更是因为它本身是作为水法这种机械装置中的一部分。

十二生肖铜兽首，身体是用石头制作而成，兽首是用红铜铸造的。为什么不用同一种材料来完成，而要分成两种制造呢？十二生肖是一个水法装置，上文曾提及法国凡尔赛宫内的动物喷泉就是用铜制成，所以认为选用"铜"这个材质是惯性思维的作用。可是十二生肖这个水法，只有兽首采用了红铜，身体还是石头雕刻而成的。其中缘由想必与技术有一定关系。十二生肖水法是运用各种机械原理运作，且要使得水花从生肖体内有规律喷射，生肖身体内部是需要安装各种机械的，所以选用"铜"不仅是因为受到法国喷泉的启发，也有着实际技术操作的原因。如果是用作石料的话，内部安装管道和喷头会很麻烦，而且喷头的装置大约在生肖头部的位置，所以选用笨重的石料来制作是非常不便的。可是

---

① 圆明园管理处：《圆明园百景图志》，中国大百科全书出版社2010年版，第298页。

为什么身体没有采用铜呢？众所周知，十二生肖铜兽首采用的是红铜铸造，清代没有很好地掌握这种技术，郎世宁和蒋友仁本来也是作为"外行"在修建西洋楼，所以很有可能考虑到现实条件而将身体用石料做成。相对于铜来说，中国在雕塑上对石料的运用是有着悠久的历史的，早在汉代神仙思想的驱使下，石头这种材质的地位就开始变得重要起来。不仅如此，中国古代雕塑中的马踏匈奴、云冈石窟、大足石刻等都见证了中国雕塑对石头这种材料的纯熟制作。所以十二生肖的身体用石料来做，完全是没有问题的，有问题的地方就在于头部，这使得兽首不得不用铜来铸造。

另外，从 18 世纪西方工业的发展来看，工业方面已经取得了不少的成就，且在中国人眼里西方人在天文科学方面具有优越性，要采用"铜"来铸造，作为西方传教士来讲，想要彰显西方人在科技和工业技术上的优越性的可能不是没有的。

（二）十二生肖铜兽首的中国特征

十二生肖铜兽首在建筑中的位置已经予以说明，并且结合它属于建筑雕塑的特性来分析了在意义和材料上的特殊表现。以下，就从雕塑的角度来分析十二生肖铜兽首具有的中国特色。

中国传统艺术中，对于绘画的手法表现都强调"神似"。顾恺之曾提出过"以形写神"，谢赫六法中也强调"气韵生动"。乾隆在承认西洋画技法"形似"的长处之时，也说更需要以"神全"来弥补。[①] 这些当然是对绘画的审美要求，但中国古代雕塑与绘画之间有着一脉相承的特点，所以在雕塑上会自然而然地表露出绘画中的审美倾向。如果要借用古人对绘画审美划分来说十二生肖铜兽首，自然谈不上是所谓的"神品"，称之为"能品"或许较为接近。十二生肖铜兽首最具有中国传统雕塑特点的地方就在于想要模仿传统雕塑的手法，或可以说成是想要以西方雕塑的基础来做出中国传统雕塑的感觉。

十二生肖铜兽首在第一印象下会觉得是较为"匠气"的中国古代传统雕塑。说之"匠"是因为缺乏所谓的"气"与"神"。以马首为例，

① 莫小也：《十七—十八世纪传教士与西画东渐》，中国美术学院出版社 2002 年版，第242 页。

整个面部精于细节，马首的鼻孔、眼睛和头顶上的毛都做得非常细致，正是这样的面面俱到，所以在观看马首的时候就失去了重点，马的气质就似乎全无了，或许会称赞马的鼻孔非常写实，眼睛炯炯有神，侧面与正面那条分界线甚至被做出了体积感和转折感。但达到如此高度写实的马首，也只能赞叹技艺了得，却看不出内在气质和神韵的表现。中国古代传统雕塑中，最有神韵的马要属汉代的马，马踏匈奴（图3—6）中的马气度不凡，虽然手法古朴但是一匹英勇战马的形象已经被表现得淋漓尽致。同样是西汉的跃马（图3—7）①，一块长约2.4米、高1.5米的大石块，仅用寥寥几刀就凿出一匹正在起身的马，刀刀精到。可见，气质与神韵的塑造并不在乎是否有精到的技巧。气韵的缺失也是致使十二生肖铜兽首只能落为较为"匠气"的根本原因。可是十二生肖铜兽首还是具有中国传统雕塑的特点。

在兽首里，马首、虎首、兔首和鼠首在整个头部造型都更为重视整体关系。马首在头顶至鼻子的地方呈现出一个明显的矩形地带（牛首也有此特点），有效地区分了顶面和侧面，使眼睛与顶面衔接得更妥帖。顶面和侧面的明显分割，让马的整个嘴呈现一个长方体，增加雕塑的稳定感。虎首的几大块面也分得很清楚：正面，侧面，顶面。这种块面的分割方法，与安祐宫的石麒麟（图3—8）以及长春宫的铜麒麟有异曲同工之似。尤其是虎首的额头，既有矩形的轮廓也平滑统一。而且还有一个非常中国式的标志——"王"字。嘴巴虽然方中略带圆，但宽度不够，中国传统雕塑中的兽头，如武则天母亲陵墓前的石狮子（图3—9），头部几乎呈一个方块体，整个雕塑雄浑健硕，气势恢宏。而圆明园的虎首自嘴巴到面部的空间被有意地拉伸了出来，显然制作者有意将中国表现手法与西方的进行了整合。兔首和鼠首在造型上有一定的相似性，主要因为它们大的形态相似——椭圆形。兔首头部块面较马首和虎首而言，更接近中国传统雕塑。四大块面清晰可见，却又浑然一体；嘴巴和鼻子也在同一个面——同汉代一绿釉陶狗的处理手法相似，整体统一。鼠首大体同兔首一致，但是其鼻子和嘴巴部分更尖，所谓"尖嘴猴腮"，"尖嘴"

---

① 跃马约创作于公元前117年（西汉时期），花岗岩，高150厘米，长240厘米，原立于陕西兴平县道常村西北霍去病墓前。

恐怕也有老鼠一份。鼠首不同于兔首的地方，还在于它过于强调腮部的体积，而显得过大，有点破坏侧面的整体统一。

图3—6 《马踏匈奴》，公元前117年（西汉时期），花岗岩，高168厘米，长190厘米。

图3—7 《跃马》约创作于公元前117年（西汉时期），花岗岩，高150厘米，长240厘米。

图3—8 安祐宫石麒麟

图3—9 武则天母亲杨氏陵墓石走狮

总体而言，十二生肖铜兽首塑造大形体的时候，所用的思路还是有点"传移模写"的感觉，但是到了具体五官和细节的地方的时候，就开始走向了西方的写实套路——强调结构、体积——使得十二生肖铜兽首具有饱满膨胀的感觉。而在一些诸如耳朵的细节上，有较强的中国味道，而这显然是被"误解"的方式。中国古代传统雕塑中，基本上任何一个时期的动物雕塑，在塑造耳朵和犄角的时候，一般是以简略的手法表现，有一些点到为止的意味。这样做的好处是让整个雕塑显得浑然一体，而不让眼睛、嘴巴或者耳朵成为视觉中心，而造成整体的没落。可这样的表现使这些局部因为不具备"写实性"，而被认为是"装饰性"的。所以在十二生肖铜兽首耳朵的造型大致分为两种：写实性和装饰性。牛、兔、猪的耳朵，属于写实性，着重表现结构和转折。牛耳大致呈月牙形（图3—10），有深度，弧形凹陷；耳朵转折明显，起伏有序，耳朵扎实硬朗。兔耳（图3—12）朝鼻梁反方向水平竖起，直立状，似受到惊吓或集中用力。耳朵周围甚至能看到细微的软骨结构，耳朵很薄，形状似鸭嘴，前后耳壁错开，前耳壁以弧线走向耳尖弧圈内后转向后耳壁，后耳壁一经起伏后转回耳根，后耳壁略宽。猪耳形状似绿萝①一般（图3—11），长及脖子，微厚；耳朵自头顶转折向下直至贴合腮部（未完全贴合）然后向外延伸翘起，耳朵厚实有韧性。从此三者的耳朵造型走势，可以看出其对耳朵软骨结构的表现达到淋漓尽致的境地，其中虽然略带夸张，但其制作手法应该是师从西方艺术。

虽然如此，可是也还有其他明显的中国传统雕塑手法的结合。猪首的造型基本上以中国古代雕塑中的猪为原型，显著特点在于眼睛和鼻子上的线刻。以线刻画，在中国传统雕塑技法中是习以为常的，例如大足石刻中观音的飘带和服饰褶皱常以线刻表现。其次是其造型，与汉代猪俑②（图3—17）的形象已经非常接近。但是其终究还是透露出一种外来文化的影响。在猪首的造型上，整体较圆，而且头顶中间高两边低，汉代的猪俑，在头顶和鼻子这个面上基本上呈一个矩形状，从而使顶面和侧面分开。关于线刻，汉代的猪俑是直接刻制，而猪首的线刻，在仔细观察后就会发现并非直接刻制，而是用体积变化模拟出来的线刻痕迹。

相比而言，鼠、虎、猴的耳朵则属于装饰性。鼠首的耳朵向上竖起（图3—13），耳朵侧面形状似水滴状，上面尖下面圆，耳朵里能看到耳蜗。因老鼠头部和耳朵的比例差距过大，耳朵因此显得很小，像是装饰一般。又因为耳朵坚硬的质感，而丧失了鼠耳本身透薄的特点。鼠首的

---

① 绿萝：又名黄金葛，藤本植物。

② 汉景帝阳陵中的陶猪。

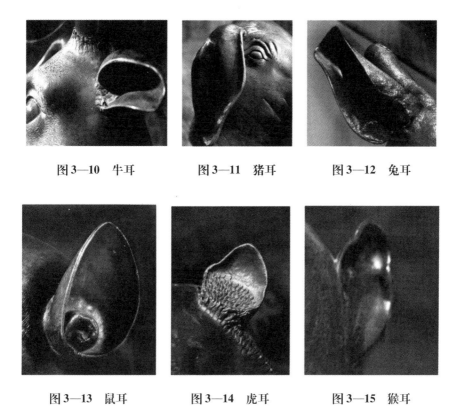

图 3—10　牛耳　　　　　图 3—11　猪耳　　　　　图 3—12　兔耳

图 3—13　鼠耳　　　　　图 3—14　虎耳　　　　　图 3—15　猴耳

耳朵以此而变得更具有装饰性意味。虎耳为三角形（图 3—14），耳内布满虎毛，由多变少，梯级增减。猴耳轮廓似人耳（图 3—15），耳洞位置有一缕猴毛挡住，无细致刻画；且耳朵位置略微偏高。因为做工简洁且样式化，所以鼠、虎、猴的耳朵偏向装饰性。这种装饰性在中国古代雕塑中常见，如长春园的铜麒麟、徐州狮子山楚王墓的石豹镇（图 3—18）① 以及汉景帝墓的陶狗（图 3—19）都是如此。这明显具有中国传统雕塑手法的痕迹，但是却把这种局部的塑造简单地理解为"装饰性"，最后没有使整个雕塑达到整体的效果，反而显得更突兀。这是因为对中国传统雕塑理解的不到位而造成。

　　十二生肖铜兽首的主要负责人之一就是郎世宁，作为西洋画家中最受皇帝青睐的宫廷画家，兽首的制作过程中形象的设计必定是由他亲自

① 石豹镇，西汉，1995 年江苏徐州狮子山楚王墓出土，徐州博物馆藏。

图3—16 汉景帝阳陵 陶牛局部　　　图3—17 汉景帝阳陵 陶猪局部

图3—18 石豹镇，西汉，1995年江苏徐州　　图3—19 汉景帝阳陵 绿釉陶狗
狮子山楚王墓出土，徐州博物馆藏

指导。这就更容易理解为什么十二生肖铜兽首会呈现出一些中国特点，但却又不那么自然。可在18世纪的欧洲，十二生肖铜兽首就未必是"不自然"的了。

第二节 西方语境中的生肖

18世纪的欧洲，经历了"中国热"的高潮和退潮两个过程。即使在18世纪末期，对于中国形而下者的喜爱也还未断绝，只不过已不是一种热潮了。18世纪中国墙纸曾经一度成为贵族阶级装饰室内的理想选择，中国锦缎和丝绸也是贵族名媛的喜爱品，大量进口的中国瓷器充斥在欧洲各国的王室贵族家中。这些都挂有"中国"二字的异域东方之物，实则早已不是原貌，而是被加工改造成了符合欧洲人品位的式样。但是，欧洲人却丝毫没有因为如此而觉得这些物品不具有"中国性"，反而觉得这样才更具有幻想的空间和自由——才是真正理想的"中国物品"。这样一来，把十二生肖放入西方这个语境之中，它会显得很自然，因为西方人眼中的中国性不是原原本本的照搬中国的模式，而是经过改造以后具有中国特点，但是又没有脱离西方审美范围之物。

图3—20 托马斯·庚斯博罗，《理查德·布林斯利·谢里登夫人》，1787年，布面油画，220厘米×166.7厘米，华盛顿国家美术馆

18世纪英国"自然"品位表现为一种庄重风格的肖像画法，将"自然主义"再现手法同洛可可背景戏剧性进行了有机结合。人物背后的风景被塑造的更具有田园趣味。庚斯博罗被视为是这一风格的领军人物。

一　具有中国风情的西式喷泉

十二生肖铜兽首本来就是作为水法装置中的一部分，而水法装置本就源自西方，所以从水法的角度来讲，它并不是稀奇之物。再者，以动物雕塑来装饰水法也不是新鲜的事情。凡尔赛西花园内的喷泉就是两组追逐的动物喷泉。况且凡尔赛宫内水法中的雕塑囊括了神话题材、动物题材等，已是包罗万象，所以这种形式并不新奇。但是这些对于18世纪中叶的中国来说是很稀奇的。令西方人惊奇的是十二生肖铜兽首的形象：兽首人身。这些动物身着中国人的服饰，这才是最奇特的。

中国作为一种影响巨大的介入因素是无法否定的。可是，却又必须承认，瓷器和戏剧又都不是完完全全是中国的。西方人有机地将中国因素融入其中，然后根据自身需要整合以后才呈现出来的。比如外销瓷的图案，葡萄藤、洛可可式的涡卷花纹都不是中国瓷器中应该出现的纹样，更何况还有些是欧洲人的形象。然后是戏剧，西方人根据自己的需要重新编写了《赵氏孤儿》这个故事，哈切特把这个剧本当作一种政治斗争工具，梅塔斯塔西奥则截取原剧本中的一小部分来满足奥地利皇后的要求，伏尔泰则把这个故事作为高尚道德的弘扬，可谓各有所需。《赵氏孤儿》在他们那里不过成为一个灵感的出发点，其中误解也很多，比如哈切特的剧本中孤儿的名字居然叫康熙，还出现了老子和一个杜撰出来叫吴三桂的人，所幸的是这出戏剧从未出演过，不然这个"中国误会"就太大了。从中可以看出的是，西方人对于中国文化的采用，完完全全是根据他们的需要而来，哪怕是断章取义或是无中生有，他们觉得这都不是问题。问题的关键是有一个大家都不清楚的"中国"在东方，它有很多地方与当时的西方不同，它能够为西方人提供反抗事物的"凭借"，其实就是一种借口。

所以，再把十二生肖铜兽首放入18世纪的西方，还有任何不自然吗？

二 西方动物模式与十二生肖铜兽首的联系

站在西方文化含义的角度来看十二生肖铜兽首，它产生在18世纪是自然而然的事情，而且会被在那样一个"中国热"的时代里认为是具有中国风情的水法，会受到西方大众的喜爱。这不仅是因为当时对于中国文化和物质的热衷，还在乎十二生肖铜兽首本身不是完全的中国之物，它是在西方审美的范畴之内的。十二生肖铜兽首在雕塑上具有一定的中国特征，但是它与西方艺术和18世纪巴洛克雕塑的联系也是显而易见的。

比如牛首在造型上就具有典型的欧洲特点，牛角沿水平方向向前生长，然后上扬翘起，整体呈现水平放置的"S"形。在欧洲众多绘画中也出现过牛，威登的（Rogier Van der Weyden）Altarpiece of Saint Columba①（图3—21），画中的牛角就和十二生肖铜兽首的牛首十分相似。而中国艺术中牛的形象则与此相距甚远，不论是绘画还是雕塑，都大大不同。在李迪的《风雨归牧图轴》②（图3—22）中的水牛，其牛角向上生长，呈月牙形。韩滉的《五牛图》③（图3—23）中的黄牛，牛角虽然也朝上勾起，但其牛角生长方向是朝上的走势。此外，在中国的雕塑中常出现的是水牛形象，如大足宝顶山第三十号摩崖牧牛图组雕（图3—24）中的牛就是水牛，月牙形上扬牛角。还有湖南岳阳桃花山初唐的瓷俑以及清代的玉质十二辰像，当中的牛角也是上扬的月牙形。纵观中国艺术中的牛角，都有润滑自然的特点，很难发现与圆明园牛首相同造型的牛角，而在欧洲的绘画中，此种强调扭转，具有力度的牛角还是十分常见。

图3—21　威登，Altarpiece of Saint Columba，1455年，木板油画，宽139.5厘米，长152.9厘米，现藏于慕尼黑古代雕塑展览馆

图3—22　李迪，《风雨归牧图轴》，宋代，绢本设色卷轴画，长120.7厘米，宽102.8厘米，台北故宫博物院藏

① 威登（Rogier Van der Weyden）：Altarpiece of Saint Columba，1455，木板油画，139.5 × 152.9厘米．现藏于慕尼黑古代雕塑展览馆（Alte Pinakothek，Munich）。

② 《风雨归牧图轴》，李迪，宋代，绢本设色卷轴画，纵120.7厘米，横102.8厘米，台北故宫博物院藏。

③ 《五牛图》，韩滉，唐代，麻纸本，纵20.8厘米，横139.8厘米，北京故宫博物院藏。

图3—23 韩滉，《五牛图》，唐代，麻纸本，宽20.8厘米，长139.8厘米，北京故宫博物馆藏　　图3—24 大足宝顶山第三十号摩崖牧牛图组雕局部图

　　另一个值得关注的是十二生肖铜兽首当中鼻孔的塑造。牛首和马首在鼻子的造型上极度强调结构，鼻子以隆起表现其体积，且有鼻腔厚度，整体强调的是鼻子的结构和体积的变化，观察入微，颇具有科学研究的成分。而在敦煌莫高窟第五号窟中龛前廊左侧的踏牛天王中（图3—26），牛的鼻子造型则是凹进去的，且没有鼻子厚度的表现。同样手法的还有湖南岳阳桃花山初唐瓷俑（图3—25），均强调"孔"的意味，此表现差异大抵可能与中国传统哲学思想紧密关联——虚虚实实，虚实相生。但是从中国兽首人身的十二生肖形象来看，十二生肖铜兽首之所以过分凸显动物本身的结构，比如鼻子结构，是为了表现他们作为动物的特征。同样是兽首人身的生肖俑还有西安出土的唐代彩绘生肖陶俑（图3—27），这一组为站立的兽首人身生肖俑，每个生肖神奇不一，且头部姿势各异，仿佛是在互相交谈。细微的头部转动，着实渲染了浓厚的人性，每个都彰显着彬彬有礼的气质和风雅有度的谈吐。再看十二生肖铜兽首，那种由内向外，由细入微的中国古代人气质的表达俨然全无。这也是为什么十二生肖铜兽首精神气质上更像动物，而不具人情。

　　除此之外，十二生肖铜兽首在神态上非常具有特色，每个雕塑都带有一种情绪和激情。鼠首耳朵直立，眼睛鼓起，好似在听声音，警惕是否被人发现一般。牛首如若受惊之状，嘴巴微张，眼球突出，惊恐万分。虎首皱紧眉头，龇牙咧嘴，睁大眼睛，如同马上就要发怒。兔首耳朵朝

图3—25　湖南岳阳桃花山初唐十二生肖瓷俑

图3—26　敦煌莫高窟第五号窟中龛
前廊左侧踏牛天王

图3—27　唐代彩绘生肖陶俑，西安
出土，现藏西安博物院

后竖起，瞪着眼睛，丝毫不敢懈怠，好像在等待时机的样子。猴子眼睛
直视前方，口微开，脸上透露出恐惧之情，又掺杂着更多的茫然无措。
对猪首而言，最为安逸，昂首直视，神情自在，更有得意扬扬之意，好
似将要开口大笑。

　　不同兽首有不同的情绪，但总体看来都有一种将要爆发的力隐藏在
里面，好似有一股激流即将从它们身体里喷射出来一样。这样爆发力的
表现主要通过各兽首块面之间的起伏与雕塑形体本身的角度来实现的。
唯有猪首没有呈现出恐惧和焦虑，主要是因为猪嘴整个形体与头部构成
一个略微上扬的角度，且嘴角上扬的微笑之态。换个角度想，又不得不
说这十二生肖铜兽首造得还真是妙。如果说中国兽首人身的十二生肖是
将人性融入了其中，那么圆明园的十二生肖把西方人常说的"激情"也
融入了其中。17—18世纪的巴洛克艺术，所重视的正是端庄严肃中的戏

剧性和内在的紧张气氛。十二生肖铜兽首整体而言在造型上都是很严谨的，上文说到牛首犄角具有的西方特点，另一点牛首向上的犄角和微微上扬的嘴巴，使得整体有一种上升感，使得原本笨重的雕塑变得轻盈。仔细观察以后会发现每个兽首上颚和下颚都形成一个锐角，由于嘴巴的张开而使面部肌肉处于紧张状态，从而营造出莫名的紧张感。加上十二生肖铜兽首在水法中呈"八"字排开，整齐对照，稳定的对称感之中又更具有气势。这些特点与流行在17世纪到18世纪初期的巴洛克艺术是分不开的。

第四章　18世纪中西艺术文化的交融碰撞

结合十二生肖铜兽首在中西语境中的分析，其自身所具有的或中或西的面貌已经有大致的呈现了。然后再回到两个语境的重叠与联系，十二生肖铜兽首实则是18世纪中国传统文化与西方工艺技术的一种契合。可以说，十二生肖铜兽首所表现出来的融合是完美的。其自身的艺术特点也是中国审美与西洋技法相遇以后的结果，工艺上面的差距也通过十二生肖铜兽首的铸造有所体现。某种意义而言，十二生肖铜兽首是这场中西文化碰撞后的浪漫结果。

第一节　精细表现与乾隆的品位

毛发根根可见，丝丝入微，这应该是十二生肖铜兽首制作精细，令人称赞的一点。在蒋友仁致某先生的信中，曾提及潘廷璋为乾隆画肖像时要求表现出皇上左边眉毛宽约1法分的空白，并对蒋友仁说："让他把这一缺陷画得使不知道它的人看不出来，而让事先知道它的人却能看得出来吧。"① 而且乾隆还强调他已经是60岁的人，肖像不能表现得比他自己年轻。在这封信后面，蒋友仁还写道："陛下还希望他的胡须和眉毛被

---

① 《北京传教士蒋友仁神父致某先生的信》，[法]杜赫德：《耶稣会士中国书简集——中国回忆录Ⅵ》，郑德弟译，大象出版社2005年版，第28页。

逐根画出来，以至靠近画面时人们可将其清楚地辨认出来……"① 可见，乾隆的艺术审美趣味在于求实，而且要完全的符合对象。这就不难理解，为何圆明园十二生肖铜兽首在毛发处理上都细致入微，且雕塑上所刻毛发均按照动物毛发生长方向排列，加上铜制的光泽，乍看之下各个兽首的毛发跟活物身上的一样。乾隆曾一再强调要符合对象，也难怪十二生肖铜兽首各个面部肌肉结构突出。与其说是传教士们投其所好，不如说是乾隆恰好就好西方艺术中写实表现"这一口"。过分细腻的手法在十二生肖铜兽首身上的表现是一致的，正是因为写实技法达到一种高度，使得整个兽首呈现出的"技巧性"大于了"艺术性"。

不单可以从十二生肖铜兽首中短毛的生动形象可见，也可以从一些毛发较长的生肖看出。十二生肖铜兽首中毛发表现最丰富的便是马首，毛发大致分为三组，左右两边各一组，中间一组。马背上的毛发基本也分为三组，沿马背的中轴线左、右两边各一组，最后中间部分为一组。这样毛发的分组方式，在西方绘画中也是常见的，例如汉斯·梅姆林（Hans Memling）的 The Presentation in the Temple② （图4—1）和格罗（Antoine-Jean Gros）《拿破仑在埃劳战场》（*Napoleon during the battle of Eylau*）（图4—2）③ 中的马在毛发分组时很接近生肖马首。中国在表现马背上的毛时，马头上的毛总是归结成一缕毛，背上的毛也处理成带状，或起伏的波浪状，如在《虢爵夫人游春图》④ （图4—3）中就是如此处理，在《照白夜》⑤ （图4—4）中也可以看到带状的处理手法——虽然表现手法也很细腻，但都是"示意"而已。两种表现比较之后，中国古代传统艺术中的马，更像是中国人的"心中之马"，画其大意，显其神韵。而西方艺术中的马更像是现实生活中活生生的马，好比是定格了一个瞬

---

① 《北京传教士蒋友仁神父致某先生的信》，［法］杜赫德：《耶稣会士中国书简集——中国回忆录Ⅵ》，郑德弟译，大象出版社2005年版，第28页。

② 汉斯·梅姆林（Hans Memling）：The Presentation in the Temple，木板油画，私人收藏。

③ 格罗（Antoine-Jean Gros）：《拿破仑在埃劳战场》（Napoleon during the battle of Eylau），1807，布面油画，卢浮宫藏。

④ 《虢爵夫人游春图》，张萱（宋摹本），唐代，绢本设色卷轴画，宽51.8厘米，长148厘米，辽宁省博物馆藏。

⑤ 《照白夜》，韩幹，唐代，纸本设色卷轴画，宽30.8厘米，长33.5厘米，美国大都会博物馆藏。

间的马。所以圆明园中的马首，根据其毛发的处理方式能够看出西方艺术痕迹，郎世宁本就是个画家，在师承上面自然承袭了西方古代大师的处理手法，最后再加上他一丝不苟的精工细作，最后就呈现出这样一匹连毛发都细腻到无可挑剔的地步——反而显得有些"匠气"的制作。

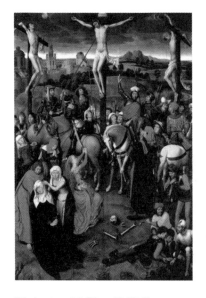

图4—1 汉斯·梅姆林（Hans Memling），The Presentation in the Temple，木板油画，私人收藏

图4—2 格罗（Antoine-Jean Gros），《拿破仑在埃劳战场》（Napoleon during the battle of Eylau），1807年，布面油画，卢浮宫藏

图4—3 张萱，《虢爵夫人游春图》，（宋摹本），唐代，绢本设色卷轴画，宽51.8厘米，长148厘米，辽宁省博物馆藏

图4—4　韩幹,《照白夜》,唐代,纸本设色卷轴画,宽30.8厘米,
长33.5厘米,美国大都会博物馆藏

即便如此,郎世宁却遇到了乾隆这个伯乐,恰好就看中了郎世宁能以细腻手法将对象表现得惟妙惟肖这一点。十二生肖铜兽首所呈现的,也是乾隆品位的呈现。可要是着眼乾隆作为统治者对所谓"泰西法"的认同来看,其影响又是不可忽视的,不仅表现在宫廷绘画上,瓷器中的仿生瓷也是这一认同的波及面。所以,十二生肖铜兽首在18世纪中,自然也是中国人在与西方文化艺术碰撞以后,审美情趣的刺激与拓展。

第二节　十二生肖铜兽首的工艺手法

前文已经大略分析过十二生肖铜兽首使用红铜这种特殊材料具有炫耀西方科学技术和工业进步的可能。因为十二生肖水法建造本来就是一门技术活,所以说西方传教士想要以此来炫耀西方科技,然后邀宠于乾隆的可能性是肯定的。可就是因为需要建造十二生肖这个水法,透露出了中西方在科技和工业上的差距,预示着新时代的来临。

十二生肖铜兽首在铸造技术上难度颇高。因为铸铜不同于其他技术,稍有闪失,几乎是没法修补的。这一方面,西欧在很久以前就擅长铸造技术。早在希腊时期,就有铸造的持矛裸体的青铜武士像,铸造之完美令今人折服。总体上,人物的重心、形体没有丝毫变形;细节上,细到每一根须发都铸得清晰透彻。文艺复兴时期,在铸造上更是大兴土木,有很多青铜铸像在此时期产生;如多纳泰罗的骑马像,在铸造技术上炉火纯青。想来当年蒋友仁一定掌握了当时欧洲的铸造技术及制作工艺，虽不一定亲自制作，但一定在他的指导下由工匠执行。

况且，更难的地方在于十二生肖铜兽首使用的都是红铜，即含铜量极高的铜，含铜量达到百分之九十，比青铜像铸造要难得多。事实证明，十二生肖铜兽首是经过多次铸造加工而成的。它基本的过程是先铸造成红铜胎，然后再用木槌击打铜胎表面，使之铜质紧密，便于在铜质上面錾毛发肌理。另外，从兔耳的分片组合可推论此像不是一次铸造，而是二次铸造。因为兔耳底部的毛卷是成片状盖在耳上（图4—5），这不是一次铸造所能完成的。这就更增进了十二生肖铜兽首的工艺难度。西方在使用金属方面有悠久的历史，加上西方18世纪启蒙运动的推动，在科学方面取得了很大的成就。显然他们掌握着高精度的技术，这技术是十二生肖铜兽首成为现实的最基本保障。

仅仅从铜这种材料和技术来讲，虽然中国早在夏、商、西周的时候，青铜冶铸就已经成为重要的手工业生产部门，且有"青铜时代"之称。从饕餮乳钉纹方鼎①到龙虎纹尊②，可以看到青铜技术日趋熟练和精细。到了春秋战国时期，青铜器的生产地位已有所下降，但还是有很多具有时代特色和突出水平的作品。例如战国至秦期间的青铜龙（图4—6）③就是一件水平突出的作品。两条青铜材质的龙相互交织在一起，虽为铜铸，但是却丝毫不缺乏身体扭动的曲线感，身上一片片的鳞片也没有矫揉造作的感觉。不论从艺术品质和技术含量来讲，都是非常好的一件青铜作品。青铜本身是纯铜加锡的合金，较纯铜而言具有熔点低和硬度大的特点，且青铜具有填充性好，气孔少，成器细腻而坚固耐用。但是在春秋战国以后，青铜这种材质的应用越来越少。这就使得古代很多技术开始失传，可能也是清代铸造不出十二生肖铜兽首的一个原因。

生肖铸造过程中显露出的技术差距，实际已经暗示了18世纪中国和

---

① 饕餮乳钉纹方鼎，商代早期，高100厘米，河南郑州杜岭张寨南街出土。造型规整庄重，器壁较薄，纹饰简洁舒朗。

② 龙虎纹尊，商代晚期，高50.5厘米，安徽阜南出土。形制凝重结实，纹饰繁丽雄奇。

③ 青铜龙，战国至秦代（公元前475—前207年），西安博物院藏。

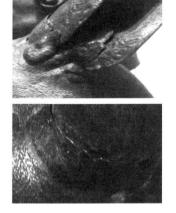

图4—5 兔首耳朵局部　　　图4—6 青铜龙局部图，战国至秦期（公元前
475—前207年），西安博物院藏

西方产生的距离。18世纪中叶的西方的启蒙运动已经开始举着"理性"
和"科学"的旗帜来观看世界，工业上已经向蒸汽时代转型。18世纪40
年代用于工业生产的蒸汽机就已经在英国问世。① 截止到1850年，英国
开始有了制造业经济。② 回头再看看东方这座古国，依然还是自给自足的
小农经济，当统治者看到西方科学技术进步的时候，也只是停留在一种
自娱自乐的状态，整个社会还是延续着根深蒂固的封建制度。

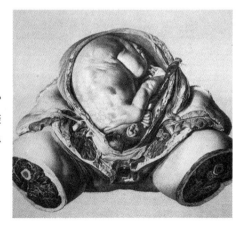

图4—7 威廉·亨特，《子宫中的小
孩》，一个怀孕九个月去世的孕妇腹腔
解剖图，《人类妊娠子宫解剖学》，1774
年，大不列颠图书馆

---

　　① ［美］弗雷德·S. 克雷纳克里斯汀·J. 马米亚：《加德纳艺术通史》（*Gardner's Art Through The Ages*），李建群等译，湖北美术出版社2013年版，第647页。

　　② 同上。

图4—8 英国煤溪谷大桥（塞文河上的第一座铸铁桥），
1776—1779 年，跨度约为30.5 米

结　语

十二生肖铜兽首所带来的中西碰撞其实远不止是18世纪中西文化艺术的撞击，不少人着眼其为郎世宁等西方传教士所作的"水龙头"，贬低其艺术价值；另一部分人又着眼它的历史价值认为是中国流失海外的文物，夸大至"国宝"的高度。其实都是不够理性的判断，都是狭隘的民族情感在作祟。十二生肖铜兽首当时建造的目的，对于西方传教士来说就是为了消除"礼仪之争"之后中西的间隙，想要进一步稳固传教士在中国的事业。而对于中国来说，这跟普通的平民百姓没有直接关系，而是乾隆皇帝为了满足个人喜好而建造出来自娱自乐的器物。但是就是这样一件欧式水法中的喷泉装置，涵盖的却是18世纪的缩影和即将到来的19世纪，甚至涉及今天。

从建造目的出发，传教士为了拓展天主教的事业以缓解天主教在欧洲遭遇的困境，于是派遣传教士到海外传教，中国这个偌大的古国成为他们的目标。可是谁能料及这中间发生了文化层面上的严重分歧，导致了在华传教事业的枯萎。十二生肖水法就成为他们解决困境的一个"锦囊"。所以十二生肖铜兽首不能说不是包含了当时西方内部矛盾的表现。

从当时乾隆皇帝的姿态来说，他在当时西方人的眼里依旧还是一个值得尊敬的国王，所以郎世宁等耶稣会传教士依然怀揣希望在中国传播宗教，并在宫廷内服务于他。这个时期的中国虽然在国力上面正在一点点走向衰退，但从世界范围来看仍然还处于顶峰。可是十二生肖水法的出现，就已经暗示了时局的逆转，西方正在一步步强大起来，且极具野心。水法建造过程中，技术层面上的问题，更是已经显露出了中西两者的差异。也就是从 18 世纪中叶开始，法国人对于中国的赞美日益减少，鲁尔认为 1748 年出版的乔治·安逊的《环球航行记》揭露了中国军事实力的虚弱，欧洲人就开始鄙视中国。郝德逊说："1789 年以后对于中国的崇拜几乎完全消失。"马嘎尔尼使团的访华报告则在很大程度上改变了中国在欧洲人心目中的形象，到了鸦片战争前夜，中国就已经失去了 18 世纪在欧洲曾有过的辉煌。即便是中国在整个 18 世纪的热潮中，并未真正的现身在西方文化中，可从西方人看待中国眼光的变化，包含的不单是整个西方思想的剧变，也包含了中国问题和现状的揭露。而十二生肖铜兽首就是在"中国热"退却的前夜，于 1747 年开始修建的。在整个"中国热"的过程中，中国都是缺席的状态，一直到鸦片战争中国才与西方建立起了最直接的联系。十二生肖铜兽首又成为这个时期中国与西方关系的连接者。

回望历史，再看十二生肖铜兽首，想说这场 18 世纪的浪漫之旅，实在妙！一环扣一环，环环相扣，可是中国从始至终都没有丝毫的察觉。西方友人 18 世纪馈赠中国的礼物，到了 19 世纪开始索要"回赠"。如今的十二生肖铜兽首，又处于怎样的境地呢？中国大致有两种声音：一种认为这是中国的东西，西方在 19 世纪侵略中国时掠夺走的，必须归还回来；另一种认为，十二生肖铜兽首在雕塑价值上不高，而且承载一段沉重的历史，所以不回归也罢。西方也充斥着一些批判的态度，雨果就称这是一种强盗行为①，瑞典学者奥斯瓦德·奚伦也指出这次远征是一种肆无忌惮的报复行径②。种种呼声之中，十二生肖铜兽首究竟该处于什么样

---

① ［法］雨果：《关于军事远征中国事 致巴特莱大尉》，程代熙译，《雨果全集》第 15 卷，书目文献出版社 1984 年版，第 302 页。

② ［瑞典］奥斯瓦德·奚伦：《中国花园》，韩宝山译，参见中国圆明园学会主编《圆明园 5》，中国建筑工业出版社 2007 年版，第 206 页。

的位置呢？

十二生肖铜兽首的价值其实很明确，一来作为 18 世纪中西文化艺术交流的遗物，二来作为 19 世纪英法联军火烧圆明园侵略中国的历史证据。总结成一条，它的价值就在于四个字：见证历史。所以，说它没有价值，是不对的；把它炒到天价，也是有大问题的。既然价值在于"见证历史"，那么它的意义就在于供后人借鉴。作为后人，对待十二生肖铜兽首的态度，首先是要了解它的整个历史脉络，然后吸取其中的经验和教训。所谓吸取经验，就是要研究历史，研究十二生肖铜兽首就要研究18 世纪的中国和西方，具体又可以从文化、艺术、政治等方向进行研究，这才是经验。所谓教训，就是要纵观历史以后避免重蹈覆辙。如果十二生肖铜兽首悉数回归中国，这样能让中国人去研究它；但要是不能悉数回归，那也好，正是因为十二生肖铜兽首的不完整，才能时时提醒中国人十二生肖铜兽首的存在，更能体现它的历史价值。今天对于十二生肖铜兽首的热议，其实还是对于这段历史的认识不清。正是因为这些原因才促使再研究十二生肖的目的，以此提供个人对十二生肖铜兽首的一些见解。虽然不见得有多高深，但也是对此做出一种自我态度的回应。

《石渠宝笈》中的徐渭

2015 届　张建华

（导师：故宫博物院　李文儒研究馆员）

绪　论

徐渭是继王维开创文人大写意画以来，晚明时期大写意画的巅峰代表，与陈淳并称"青藤白阳"，继后又影响了松江画派的董其昌、陈老莲、四僧里的八大山人、石涛，扬州八怪中的郑燮、晚清的吴昌硕以及黄宾虹、齐白石、张大千等直至当代的画家。明清以来，徐渭备受推崇，可以说是一个集中体现文人绘画才华和具有丰富精神世界的典型代表。

《石渠宝笈》是详尽著录清宫收藏书画作品的重要目录，由乾隆帝亲自下令编纂，初编成书于乾隆十年（1745），著录了清代内府所藏历代书画藏品，分书画卷、轴、册等九类，汇集了清皇室收藏最鼎盛时期的所有作品，其中就著录了大量徐渭书画作品。需要指出的是，《石渠宝笈》由于是乾隆帝本人下令编纂并督工编成的，不可避免地留下了帝王个人书画品位的浓重色彩，从《石渠宝笈》著录书画作品情况无疑也是一个管窥乾隆帝如何看待某一书画家或者书画作品的重要视窗。

本文选取《石渠宝笈》著录的徐渭书画作品作为个案，在故宫学的理论框架里，分析乾隆帝为代表的清代皇室在汉化过程中与徐渭进行的跨时空对话，及其蕴含的深刻内涵。本文通过《石渠宝笈》中徐渭的书画分析，乾隆帝跋文钤印以及乾隆御制诗文集中题写徐渭的二十首御制诗，再结合故宫陈设档案，分析乾隆与徐渭的书画渊源，不仅局限于技法，侧重于分析乾隆与徐渭人文精神层面的对话与共鸣，认为乾隆与徐渭通过诗书画印实现了精神世界的共通，承载了二人文人世界的情怀。

根据中国知网检索，徐渭研究相关期刊论文大约为 600 余篇，可谓汗牛充栋，但其内容大多都是针对徐渭生平、书画、戏剧以及古今中外的比较研究。与本文论述主题相关的文章并不多见。对徐渭书画研究较为深入的有徐邦达先生的《再论徐渭书〈青天歌卷〉的真伪》①，徐明安的《试论徐渭绘画之人文精神》②，汪沛的《离弃与戏谑：徐渭情感世界里的山人》③，赵松岩的《徐渭的水墨写意花鸟画研究》④ 等。文章从徐渭的书画辨伪、书画的精神世界角度立意，对本文的写作有一定的启发，但关于徐渭与《石渠宝笈》的关系则几无涉猎，留下了探讨的空间。

关于徐渭的生平研究，首先来自徐渭的《自为墓志铭》，自写《畸谱》，后来公安派袁宏道、陶望龄、沈德符各自为之作传，后来又有《明史》的《徐渭传》、《明史稿》的《徐渭传》、《明书》的《徐渭传》、《皇明词林人物考》卷的《徐渭传》。以及晚明汤显祖、董其昌、周亮工、陈老莲，至清石涛、八大山人、郑燮、金农、黄宗羲、吴昌硕，又到黄宾虹、齐白石、张大千等各有评传。近来又有刘正成先生《徐渭年表》，盛鸿郎编写的《徐文长先生年谱》，王俊先生的《徐渭年表》比较全面。现代文献中的徐渭研究有，王伯敏《中国绘画史》、朱良志《南画十六观》《中国书法全集·徐渭》《徐渭书画全集》、白寿彝《中国通史》徐渭部分、故宫 60 卷图录的徐渭部分、武英殿春秋书画展徐渭部分。国内学者中，徐邦达作为故宫学人的书画鉴定大家，通过徐渭"画家书法"与"书家书法"的比较，给了他诸多启示。单国强对徐渭虽然没有针对某一幅画来展开具体的论述，但对徐渭书画的整体风格有如下论述："他的作品代表着一个时代的呼声，而且是最强音，绝不同于一般文人画家

---

① 徐邦达：《再论徐渭书〈青天歌卷〉的真伪》，《故宫博物院院刊》1981 年第 4 期。

② 徐明安：《试论徐渭绘画之人文精神》，《绍兴文理学院学报》（哲学社会科学版）2003年第 1 期。

③ 汪沛：《离弃与戏谑：徐渭情感世界里的山人》，《浙江学刊》2008 年第 3 期。

④ 赵松岩：《徐渭的水墨写意花鸟画研究》，《书画世界》2011 年第 5 期。

的笔墨游戏。"在笔墨形式上，徐渭也进行了大胆的尝试和创新，他真正实践了倪瓒的"逸笔草草，不求形似，聊写胸中逸气"的理论，那放纵的笔墨，把他的感情直接抒写了出来，正如他自己所说，是"指天浩气响春雷"。单先生对于徐渭评价之高，从这些评语可见一斑。

国外学者中，高居翰对徐渭的生平研究视角与中国史家有不同之处。"其一，他认为徐渭的大泼墨写意花鸟画，首先是一种性的冲动，画家把创作当做排除心中苦恼的管道，因此绘画是一种治疗而非病兆的象征。其二，徐渭风格可能是中国绘画大胆放逸风格的极致，至少在本世纪以来仍然如此。以此，它也不断地启发着后世以大胆挥霍风格为主的画家。这种画可被视为现代抽象表现主义的先驱，并非没有道理，因为此一现代艺术运动的发展，乃是源于远东书画家所赋予的灵感。"①

关于乾隆的艺术品位，故宫博物院王子林先生的《在乾隆帝的星空下——乾隆皇帝的精神境界》②《正谊明道》、中国人民大学戴逸先生的《乾隆帝及其时代》③对乾隆帝的喜好和雅致有大量的记载与描述。根据他们的研究，乾隆帝在历史中，文治武功，自封"十全老人"，又是"文化巨人④"，可谓辉煌至极。以上论著启发笔者更多是从文化的角度，概括地阐释乾隆帝的伟大形象，以及与徐渭在精神上碰撞，来反映这两个本不相干的人在人文情怀的生命真性。

关于徐渭书画作品的著录，根据天津人民美术出版社《徐渭书画全集》收录的统计情况中徐渭作品情况：北京故宫藏画为 19 件，其中《石渠宝笈》中的徐渭画作为 6 件，1949 年之后进故宫的有 13 件；书法作品为 24 件，其中《石渠宝笈》中的书法作品 1 件。台北故宫博物院藏画为 5 件，其中《石渠宝笈》中徐渭画作 2 件；徐渭书法作品 2 件，《石渠宝笈》中的徐渭书法作品 1 件。

故宫博物院是收藏和研究徐渭书画作品的重要单位。故宫对徐渭作品的收藏梗概为：从地域概念分为北京故宫博物院与台北故宫博物院。

① ［美］高居翰：《江岸送别：明代初期与中期绘画（1368—1580）》，生活·读书·新知三联书店 2012 年版。

② 王子林：《在乾隆的星空下——乾隆皇帝的精神境界》，紫禁城出版社 2011 年版。

③ 戴逸：《乾隆帝及其时代》，中国人民大学出版社 2011 年版。

④ ［美］欧立德：《乾隆帝》，青石译，社会科学文献出版社 2014 年版，第 154 页。

从时间概念分为三部分：其一，乾嘉时期《石渠宝笈》中的徐渭作品。其二，乾嘉之后至 1949 年之前故宫收藏的徐渭作品。其三，1949 年之后故宫征收、购买、捐赠等徐渭作品。两岸故宫博物院共收藏书画 15 万件左右，其中北京故宫博物院是 14 万件左右，台北故宫博物院是 1 万件左右，明代书画 2000 件左右①。

以故宫博物院为代表的博物馆界对馆藏徐渭作品的出版展示概况如下：其一，1961 年，北京故宫博物院举办"中国古代十大画家作品展"，徐渭作为"中国古代十大画家"之一被展出。之后，从而迅速进入学术研究视野之中，学术界开始重视其绘画创作，对其绘画艺术加以肯定，并展开了相关的研讨。其二，2006 年澳门艺术博物馆举办的"乾坤清气——故宫、上博珍藏青藤白阳书画特展"，该展展出了徐渭与陈淳的大量精品画作，包括一部分极少露面的书札和成扇。同时，澳门博物馆也举办了"乾坤清气——青藤白阳书画学术研讨会"。其三，在武英殿春秋书画特展上，连续数年都有徐渭作品的展览。

综上，分析学界对徐渭的已有研究成果，我们可以看出，大多数徐渭的研究者与美术史家，有的在故宫学体系中进行研究，有的是在美术学中进行研究，对《石渠宝笈》中的徐渭进行的研究不多。因此从《石渠宝笈》中的徐渭这个角度切入探讨是一个较新的视角，而将故宫学与美术学较为有机地结合起来综合研究是本文的一个特色。

另外，在故宫学的框架中，本文不仅仅只局限于理论与技术、技法的研究，更注重于方法论与二者的生命真性、精神层面上的研究，在大的人文情怀下，在晚明与乾嘉时期的历史背景中的框架结构下进行比较研究。

可以说，本文的写作是一个大胆的尝试，前辈学者对《石渠宝笈》中的徐渭涉猎很少，很难找到更多的乾隆帝与徐渭"对话与共鸣"的事实论据。笔者挖掘出乾隆帝《御制诗文集》题写徐渭的二十首诗及注解，以及陈设档的记载，但《石渠宝笈》著录的徐渭书画作品，有一部分已看不到画作，作品的流传资料也是一个难题。本文的资料来源是从故宫

---

① 郑欣淼：《天府永藏：两岸故宫博物院文物藏品概述》，紫禁城出版社 2010 年版，第 147 页。

陈设档案,《清实录》《起居注》等清宫原始档案,以及历代徐渭传及评传、评论中及后代画家的画论中查找。另外在实践层面,本人发挥个人优势,从徐渭的书画原作中对其原作进行深入研究、临习,从而对乾隆帝对徐渭同渊源同脉络的书画家评论及临习的诸多作品中去寻找精神上的共同之处加以旁证。

本文拟在故宫学的框架中,通过《石渠宝笈》著录的徐渭书画进行分析、解构乾隆帝与徐渭这两个跨时空的人文精神碰撞,解析他们差异化的家国情怀及生命真性,并得出结论。总体而言,探讨乾隆帝与徐渭的跨时空的对话,在理论与实践上,既拓宽了故宫学的内涵,又拓宽了美术学的内涵。

第一章 《石渠宝笈》所著录的徐渭书画作品概况

第一节 乾隆帝与《石渠宝笈》的编撰

《石渠宝笈》是清宫编纂的中国历代书画著录书目,由乾隆帝命令大臣编纂。共有三编,初编成于乾隆十年(1745),共四十四卷;二编成于乾隆五十八年(1793),共四十册;三编成于嘉庆二十一年(1816),共二十八函。著录中所收录的均为清朝宫廷所藏之书画作品。《石渠宝笈》收录藏品计有数万件之多,分书画卷、轴、册等九类;每类又分为上下二等,真且精的为上等,记述详细;不佳或者多少存有问题的为次等,记述甚简;再根据其收藏之处,如乾清宫、养心殿、三希堂、重华宫、御书房等,各自成编。全书修编定稿后,即指定专人以精整的小楷缮写成朱丝栏抄本,各自分函加以保存。

第二节 《泼墨十二段》中的徐渭题画诗与乾隆帝十二首题诗及钤印

《泼墨十二段》中的徐渭题画诗与乾隆帝十二首跋文及钤印,是《石渠宝笈》中的徐渭与乾隆帝真正的一次思想交锋与生命真性交融的例子。

根据笔者的梳理，《石渠宝笈》著录文献与乾隆帝《御制诗文集》著录的乾隆帝题写徐渭十二首御制诗文献概况如下：泼墨十二段卷，长卷、纸本山水墨画，其中六张花鸟画，六张人物画。乾隆帝鉴藏章有早期的"重华宫鉴藏宝"、"乾隆御览之宝"、"石渠宝笈"、"乾隆鉴赏"、"三希堂精鉴玺"和"宜子孙"印。后期的"石渠定鉴"、"宝笈重编"、"太上皇帝"、"古稀天子之宝"和"八征耄念之宝"朱方大印。在《泼墨十二段》著录的徐渭书画作品的题诗及跋文处，乾隆与文人书画家一样，一般会钤印名章、斋号、闲章等，如"乾""隆""澄观""乾隆宸翰""得佳趣""几暇怡情""比德""朗润""会心不远""德充符"等等。徐渭印有孺子（白文）、徐渭之印（白文）、青藤道士（白文）、文长（朱文）等。

第三节　《石渠宝笈》著录的只有乾隆帝钤印的三幅　　　　　绘画和没有乾隆帝钤印的另外三幅绘画

《石渠宝笈》著录的徐渭书画作品，并不是每一幅画都有跋文或作诗。乾隆帝会根据他的喜好程度在不同的时期钤盖不同的印章，其中的《榴实图》、《梅花蕉叶图》和《花竹图》这三幅画就只有钤印而没有任何跋文。

根据故宫所藏陈设档案，《石渠宝笈》著录的没有钤印的三幅绘画作品分别为：第一幅著录为："明徐渭《写生牡丹》，贮养心殿，卷之七，列朝入书画目录，画卷次等。"第二幅著录为："明徐渭写生牡丹成一，素笺本，墨画。"第三幅著录为："徐渭《荷花》一轴。"①

第四节　《石渠宝笈》著录但至今没有发现原画作的　　　　　徐渭书画与乾隆帝题写徐渭的八首御制诗

一　《石渠宝笈》著录至今没有发现画作的徐渭书画

其一，明徐渭写生一卷，墨画，凡十一段。其二，明徐渭诗帖并书

---

① 《故宫博物院藏清宫陈设档案》，故宫出版社 2013 年版。

评，行书，五言古诗四首。其三，明徐渭画竹。两幅绘画与一幅书法，现有资料中未能找到原画作，但题写不同的同类墨画题材作品还有很多，如徐渭写生一卷，墨画，凡十一段，中间题诗，既有梅兰竹菊四君子，又有荷花、牡丹、石榴、黄甲等各种花卉，这些都是文人画中常见的题材。

二 《石渠宝笈》著录，但没有发现原画作的乾隆帝题写徐渭画作的八首御制诗

《乾隆御制诗文全集》卷十著录了乾隆帝题写徐渭写生卷八首诗，分别为题写鲤、荷、螺蚌、蒲、榴、蔷薇、芭蕉、梅，都属于文人花鸟画家经常画的题材。徐渭并没有局限于文人雅集里的梅兰竹菊四君子这些题材，他的视野更为宽泛，关注更多的是生命群体，恰恰这种题材更能表达徐渭的生命真性。这种情怀得到了乾隆帝的赞赏，题写了八首诗响应这种感受。这种超时空的对话只有在画与诗里展露无遗。在下面的章节里，笔者将具体分析这种生命真性的表达，这里先略为提及。

第二章　从钤印时段上窥见乾隆帝
对徐渭书画的关注

《乾隆宝薮》记录乾隆帝一生中总共有1000多枚印章，在不同时期，有不同的钤印印章。从时段上看，具体可分为和硕宝亲王时期、乾隆元年—十年时期、乾隆十年—五十八年时期、古稀天子时期、八征耄念时期、太上皇时期。但在《石渠宝笈》使用的大多是藏书章、鉴藏（赏）章、殿座章等，比如早期的"重华宫鉴藏宝"，"乾隆御览之宝"、"石渠宝笈"、"乾隆鉴赏"、"三希堂精鉴玺"和"宜子孙"印。后期的"石渠定鉴"、"宝笈重编"、"太上皇帝"、"古稀天子之宝"和"八征耄念之宝"朱方大印。

《石渠宝笈初编》，初编成于乾隆十年（1745），共四十四卷。著录的书画都钤有"乾隆御览之宝""石渠宝笈"和早期的"重华宫鉴藏宝"，如果是"乾隆御览之宝"被鉴定为"上等"的，则加钤"乾隆鉴赏"、

"三希堂精鉴玺"和"宜子孙"印。

《石渠宝笈重编》，重编成于乾隆五十八年（1793），共四十册。著录的应钤盖除以上诸印外，有"石渠定鉴"和"宝笈重编"，后经嘉庆庋藏的有"嘉庆御览"等玺；乾隆帝又命人在这些作品上又加盖了"太上皇帝"、"古稀天子之宝"和"八征耄念之宝"朱方大印。

《石渠宝笈三编》，三编成于嘉庆二十一年（1816），共二十八函。嘉庆则加钤"嘉庆御览之宝""宝笈三编"印。

下面笔者根据每一个具体的时期来分析《石渠宝笈》中的徐渭书画作品。

第一节　和硕宝亲王时期

乾隆帝在尚未登基的宝亲王时期就喜好收藏，《石渠宝笈》中的作品不少是他年轻时收藏的。另外，乾隆十几岁时，就已经开始书画的学习与创作，虽然最终并没有成为一个有很大成就的书画家，但已经具备足够的修养与鉴赏力，他个人的喜好，是编纂和整理宫廷收藏的直接诱因和精神基础。

这段时期，也可以称作"长春书屋"时期，乾隆帝对长春书屋情有独钟，从现有资料看，此时期内乾隆帝已经在翠云馆收藏了徐渭《泼墨十二种》①，比《泼墨十二种》被著录到《石渠宝笈》初编的乾隆十年还要早得多，乾隆与徐渭这两颗心在乾隆为宝亲王时期就已经交织在一起了。值得注意的是，从现有的《石渠宝笈》著录的徐渭作品中看，我们并没有找到"和硕宝亲王宝""宝亲王宝"等印章，或许因为《石渠宝笈》初编成书于乾隆十年，已经不需要盖这些章了。

第二节　乾隆元年—十年时期

重华宫的陈设档对徐渭书画的记载非常清楚：重华宫现设陈设，徐渭写生手卷一卷。

《石渠宝笈初编》成于乾隆十年（1745），所著录的徐渭《泼墨十二

---

① 《故宫博物院藏清宫陈设档案》，故宫出版社 2013 年版。

卷》《花竹图》《榴石图》《梅花蕉叶图》都有早期的印章，如"乾隆御览之宝""石渠宝笈"，并且"乾隆御览之宝"被鉴定为"上等"，加钤"乾隆鉴赏"、"三希堂精鉴玺"和"宜子孙"印。从大量的档案以及乾隆帝钤印，可以看出，乾隆帝初期，乾隆帝对徐渭作品已经欣赏有加了。

第三节　乾隆十年—五十八年时期

《石渠宝笈重编》成于乾隆五十八年（1793），共四十册。著录的钤印如"乾隆御览之宝"、"石渠宝笈"、"乾隆鉴赏"、"三希堂精鉴玺"和"宜子孙"等印，除以上诸印外，有"石渠定鉴"和"宝笈重编"。如徐渭《榴石图》《泼墨十二卷》，都钤有"石渠定鉴"和"宝笈重编"。在这个时期，乾隆帝仍在关注徐渭作品。陈设档案中有大量的档案为证，这里简要略举一二，如：

> 房/御书房/钦定石渠宝笈续编·三十九册·贮御书房，御笔，无尽藏观，钤宝一古稀天子之宝，后幅，臣工题诗，徐渭谓其苍洁旷迥，舍形悦影，此卷山雄水远，树樛石硬，布置邱壑，皆臻其妙，印以石渠宝笈所弄圭溪山清远秋江风雨诸卷，笔意吻合，其出圭手无疑，考严氏书画记。

> 宫/重华宫/钦定石渠宝笈续编·三十三册·贮重华宫，徐渭写生一卷本幅素笺本水墨画五幅，纵同九寸一分，一，横一尺二寸，画水波鲤鱼，自题，鲤鱼墨中神采多，赤尾银鳞古妇梭。二月桃花春水涨，一须万斛上天河。钤印二，徐渭印，酬字堂。二，横一尺二寸，画荷花，自题，一斗湖光不放宽，却（《陈设档》为"特"）于纸上空波澜。犀盘黑尽浑无蜜，捧出茅山女道冠。钤印二，徐渭之印，金云山人，三，横九。

> 殿/养心殿/钦定石渠宝笈续编·二十二册·贮养心殿，徐渭泼墨十二种一卷本幅宣德笺本十二幅，从七寸七分，横一尺二寸，水墨画。

正如《钦定石渠宝笈续编》二十二册档案所记，"谨按徐渭，字文

长，山阴人，知兵好奇计，游胡宗宪幕府，宗宪下狱，遂发狂，诗文绝
出伦，善草书，工写花鸟竹石，入明史文苑传。"

徐渭在乾隆帝眼中，知兵好奇计，诗文绝出伦。花鸟竹石草，明史
传混沌。乾隆帝为其画题御笔，"无尽藏观。"再看看乾隆鉴藏宝玺，八
玺，全。

第四节　古稀天子时期

我们先考证一下"古稀天子"及"古稀天子"之印的由来：乾隆四
十五年（1780），乾隆帝70岁整寿，工部尚书彭元瑞作了一篇《古稀天
子颂》，引用杜甫诗"人生七十古来稀"一句予以赞颂。乾隆帝认为这句
话"用意新而遣词雅"，十分赞赏，即命人刻成印章，此印章对乾隆帝而
言具有深厚的内涵。陈设档案中，乾隆帝通过在徐渭作品钤盖"古稀天
子之宝"，也进行了直接对话：

> 房/御书房/钦定石渠宝笈续编·三十九册·贮御书房，御笔，
> 无尽藏观，钤宝一古稀天子之宝，后幅，臣工题诗，徐渭谓其苍洁
> 旷迥，舍形悦影，此卷山雄水远，树樛石硬，布置邱壑，皆臻其妙，
> 印以石渠宝笈所弄圭溪山清远秋江风雨诸卷，笔意吻合，其出圭手
> 无疑，考严氏书画记。

此档案清楚地记载，钤宝一"古稀天子之宝"，并御笔"无尽藏观"，
并以臣工的口吻谬赞徐渭作品，"苍洁旷迥近，山雄水亦远。树樛石硬
去，邱壑臻妙善。弄圭溪山清，秋江风雨卷。古稀天子宝，无尽以
藏观。"

第五节　八征耄念与太上皇时期

八征耄念与太上皇时期，实际上乾隆帝已经退位，政事已交给了其
子嘉庆帝。了解这一时期的乾隆帝对徐渭书画作品的收藏和鉴赏情况，
首先要了解"八征耄念之宝"与"太上皇帝之宝"之由来。

"八征"即中国古代思想家列子所称"故、为、得、丧、哀、乐、

生、死",涵括人生一切。"耄念"即八十高龄的感念。在中国,历来有七十曰古稀,八十曰耄,九十曰耋的称谓。"八征耄念之宝记",按字面理解,就是八十岁老人对人生感念的记叙。

八十多岁的乾隆帝,在退位之后,虽然也管一些政事,他在思考什么呢?或许他对"故、为、得、丧、哀、乐、生、死"的人生思考会更多一些,寄情于诗文书画也许是最好的选择!

"太上皇帝之宝"制于乾隆六十年(1795)。当年,乾隆帝归政,仍住在养心殿训政,嘉庆帝则只能住皇子所居的毓庆宫。嗣皇帝年号嘉庆,只对外使用,宫中继续用乾隆年号,批阅奏折、任免官员等重要政务权力仍掌握于乾隆手中。

清代内府藏品多钤有皇家收藏印,一般说,入选《石渠宝笈》或《秘殿珠林》正编的钤五玺,即本幅右上"三希堂精鉴玺""宜子孙"二印,中上"乾隆御览之宝"(椭圆形)一印,左方"乾隆鉴赏"(圆形)、"石渠宝笈"(或"秘殿珠林")二印。选入重编的精品加钤二印,"秘殿新编""秘殿复位"(或"石渠定鉴""石渠重编"),称"七玺"。另外,藏于以下五处的再加钤一印,或"乾清宫鉴藏宝",或"养心殿鉴藏宝",或"重华殿鉴藏宝",或"御书房鉴藏宝",或"宁寿宫续入石渠宝笈",称"八玺"。

"乐寿堂鉴藏宝"表明此画原贮于紫禁城乐寿堂内。徐渭的《榴石图》就钤"乐寿堂鉴藏宝"与"宁寿宫续入石渠宝笈"鉴藏印,证明在这个时期,乾隆帝仍在关注徐渭作品。当然在宁寿宫的《钦定石渠宝笈续编》第五十九册的档案记载更为清楚。

"宫/宁寿宫/钦定石渠宝笈续编·五十九册·宁寿宫部分,徐渭画榴实一轴,本幅,素笺本,纵二尺九寸,横八寸九分,水墨画折枝榴实,自题,山深熟石榴,向日便开口,深山人少收,颗颗明珠走。文长,钤印三,徐渭印,文长,湘管斋,鉴藏宝玺,八玺,全,乐寿堂鉴藏宝。"档案也说得清楚,"鉴藏宝玺,八玺,全。"其中的一玺就有"宁寿宫续入石渠宝笈"。从《榴石图》的原画上我们也清楚的看到"乐寿堂鉴藏宝"与"宁寿宫续入石渠宝笈"两方印。

第六节　小结

综上所述，笔者认为，根据《石渠宝笈》初编、重编以及三编分别著录徐渭作品的时间顺序，再根据内府钤印方式与时间，既可以看出乾隆帝对徐渭书画作品的重视程度，也可以借以窥见乾隆帝一生中不断地欣赏把玩徐渭书画作品，在不同时期有自己独到的见解。具体而言：第一，徐渭的书画作品丰富了乾隆帝的艺术生活，对乾隆帝的品位提升产生了不可忽视的影响；第二，乾隆帝作为一国之君，虽然书画对他而言是一种休闲，但画工笔画较为费时费事，相比较而言，徐渭的大泼墨写意画是一种既方便又适合的方式；第三，乾隆帝虽然喜欢徐渭的书画，但其中也掺杂着惜才的成分，乾隆帝怜悯徐渭的大才，这是一种较为复杂的情感认同。

第三章　从陈设档案中徐渭书画的存放殿座看乾隆帝眼中徐渭的地位

《石渠宝笈》著录作为内府书画总账，是按书画所存放的地点登记的，如重华宫、养心殿、静寄山庄、御书房、乾清宫、学诗堂等，存放在各处的书画画心必定有以其所放宫殿名称专刻的"殿座章"，如徐渭《花竹图》中左侧一印"御书房鉴藏宝"。这种编写体例，是早在乾隆八年编纂《秘殿珠林初编》之《石渠宝笈》前就由乾隆帝亲自指定的，谕旨曰："内府所藏书画何者贮乾清宫，何者贮万寿殿、大高殿等处，分别部居，无相夺伦，俾后人披籍而知其所在。"而且，以后的《秘殿珠林》和《石渠宝笈》各编也都依此体例，并无更易。

陈设档案著录的徐渭作品文献概况，按殿座分，可分为阁、斋、房、馆、轩、宫、殿、其他八大板块，阁有东暖阁、延春阁，斋有敬胜斋，房有御书房，馆有翠云馆，轩有静怡轩，宫有景福宫、乾清宫、斋宫、重华宫、宁寿宫，殿有昭仁殿、养心殿，还有其他部分，没有详细的档案。

故宫博物院现存的陈设档案虽然留存下来的大多是嘉庆以后的，但经笔者比对，《石渠宝笈》书画著录文字不少是直接取自陈设档案的，因此我们可以说陈设档案也在很大程度上反映了乾隆时期的陈设状况。本章运用的最早的陈设档案是嘉庆七年十一月，按时间顺序先后分别为嘉庆七年、道光十八年、道光十九年六月、光绪二年，光绪十三年，宣统二年八月二十四日所立的陈设档案和故宫物品点查报告，这些档案虽然不是乾隆朝所立档案，因为乾隆朝还没有发现陈设档档案，但至少《石渠宝笈》著录档案中的徐渭作品是乾隆朝所存放陈设宫殿位置的证据，亦起到乾隆朝陈设档案的作用。在宫殿陈设上，乾隆帝独尊与专享的收藏思想对后来的嘉庆帝、道光帝、光绪帝都产生了一定的影响，也可以作为本章最有力的论据材料。

下面笔者将根据每个殿陈设的徐渭作品在乾隆帝心目中的地位与作用进行具体分析。

第一节　阁

据宣统二年八月二十四日所立的《乾清宫明间现设文件》档案记载，徐渭的书画作品著录情况如下："1. 阁/西暖阁/西暖阁卷轴册页档案，徐渭画榴实一轴；2. 宫/乾清宫/西暖阁珠林三编秘殿珠林档案，徐渭画榴实一轴。"这两条档案记载，清楚地看到，徐渭画榴实一轴实际上是陈列在乾清宫西暖阁。

乾清宫是明清时期的皇帝的寝宫，乾清宫东西暖阁是以藏皇帝的御制诗、文、书、画和御临书、画为主。乾清宫作为后宫的正殿，在陈设上注重表现帝王的文治武功。比如，陈设的《四库全书》和《御制金川平定告成太学碑文》《御制平定准噶尔告成太学碑文》等等。当然东西暖阁也陈设了大量的御笔、御临书画，比如《御临董其昌牡丹赋》一卷、《御临董其昌天马赋》一卷、《御临王羲之帖》一册、《御临苏轼后赤壁赋》一册等等。值得注意的是，这里陈设了徐渭的榴实一轴，与《西清续鉴》《淳化阁帖》等放在一起。徐渭的榴实一轴，能被乾隆帝放置此地，足见乾隆帝之重视。

根据陈设档案所载的："1. 阁/东暖阁/东暖阁新入书，御咏徐渭泼墨十二种一卷；2. 殿/养心殿/钦定石渠宝笈续编·二十二册·贮养心殿，徐渭泼墨十二种一卷本幅宣德笺本十二幅，从七寸七分，横一尺二寸，水墨画。"这两条档案记载，徐渭《泼墨十二卷》陈设在养心殿东暖阁内。

养心殿，取义于《孟子·尽心篇》："养心莫善于寡欲。"意思是思想修养的最高境界，就是克制各种欲念。养心殿真正成为制度上的皇帝的寝宫，是从雍正开始的。乾隆帝继位以后，尊皇考之意，继续居住养心殿，从此养心殿代替乾清宫而成为皇帝的寝宫，成为定例。养心殿西暖阁为理政、读书、礼佛的空间，分为前后"勤政亲贤"殿和三希堂两室。东暖阁为理政、休息、斋戒的空间。亦分为前后两室。养心殿里的陈设，根据嘉庆七年十一月所立《养心殿西暖阁陈设档》《养心殿东暖阁陈设文件》有关徐渭书画的记载如下：

> 养心殿东暖阁部分陈设，床上右边设：红雕漆小柜一件，内盛《御笔墨兰》手卷一卷、《御笔兰花》手卷一卷、《御制春雪春雨诗》手卷一卷。北门五福格顶上设：《宝薮》一册；雕紫檀木匣一件，内盛王翚《雪江图》一卷，王翚《燕文贵武夷迭嶂》一卷，徐渭《泼墨十二种》一卷。①

乾清宫，还有后来的养心殿东西暖阁，除了首要的理政功能，乾隆也在这里读书、休息，从陈设档案看，我们能得到大量的例证。徐渭的《榴石图》《泼墨十二种》，钤盖了乾隆帝全八玺印章，在《石渠宝笈》的初编、续编、三编不同的时期，都能看到这些印章。更为重要的是，在《泼墨十二种》卷中，还有乾隆帝的十二首御笔跋文，《四库全书》中的乾隆帝《御制诗文集》有著录。可见，乾隆一生中与徐渭的这种精神上的生命真性的碰撞对话都没有停止过。

陈设档案"阁"下，有八处有关徐渭书画的记载，分别为："阁/延春阁/延春阁上等次等石渠宝笈册页，徐渭诗帖并书评册页一册；阁/延春阁/延春阁上等次等石渠宝笈手卷，徐渭画竹手卷一卷；阁/延春阁/延春阁上等石渠宝笈挂轴，徐渭荷花挂轴一轴；阁/延春阁/延春阁上等石

---

① 王子林：《明清皇宫陈设》，紫禁城出版社 2011 年版，第 100 页。

渠宝笈挂轴，徐渭画竹挂轴一轴；阁/延春阁/延春阁上等石渠宝笈挂轴，徐渭画梅花蕉叶挂轴一轴；阁/延春阁/延春阁上等石渠宝笈挂轴，徐渭牡丹挂轴一轴（注：光绪六年三月初六日，总管李双喜要去送醇亲王福晋四十岁生辰，用宋刻丝瑶池献寿一轴）；阁/延春阁/钦定石渠宝笈三编·第十二函第二册·延春阁部分，徐渭草书在乾上文缺但至诚法自然盗天地寿造化攒五行会八卦水真水火真火水水火交永不老；阁/延春阁/钦定石渠宝笈三编·第十二函第二册·延春阁部分，句应，天池居士渭宝书于梅花馆，钤印二，徐渭印，天池漱仙，鉴藏宝玺，五玺，全，宝笈三编，谨案徐渭，字文长，山阴人，考见续编。"

从上面列举的延春阁的档案，所记载的徐渭的八幅作品，包括诗帖并书评册页、画竹手卷、荷花挂轴、画竹挂轴、画梅花蕉叶挂轴、牡丹挂轴以及徐渭草书、文献。

让我们回到延春阁的本义，或许能更好地去解读徐渭作品，可以更好地认识乾隆与徐渭的文人情怀，生命真性。乾隆二十九年《延春阁》诗云："春为四德仁，凤阁榜延春。登必思元善，职惟牧万民。高言谢容昔，切已在修身。韶景将条邑，吾怀与物新。"① 徐渭草书曰："至诚，法自然，盗天地，寿造化，攒五行，会八卦，水真水，火真火，水水火，交永不老。"对于乾隆帝与徐渭品位的异曲同工，笔者以诗赋曰："天有四德，春夏秋冬。万物生长，春为德仁。天性主善，施予万民。文长花草，正娱我心。几暇怡情，诗意延春。乾隆徐渭，家国天下。徐渭乾隆，情怀文人。生命真性，寄予精神。"

第二节　斋

根据道光十九年六月所立《敬胜斋现设陈设文件》的记载对徐渭作品收藏如下：

斋/敬胜斋/敬胜斋册页手卷挂轴，徐渭写生手卷一卷；斋/敬胜斋/敬胜斋册页手卷档，徐渭写生署一。

---

① 王子林：《明清皇宫陈设》，紫禁城出版社 2011 年版，第 171 页。

敬胜斋，被乾隆帝布置得诗情画意。匾额一"旰食宵衣"，联曰："看花生意蕊，听雨发言泉。"匾额二"性存"，联曰："致虚涵白室，式古凛丹书。"匾额三"德日新"，联曰："牙签披古鉴，向篆引澄怀。"在西三间，是《造办处活计档》所记载的通景画所在地，乾隆七年六月初二"建福宫敬胜斋西四间内，照半亩园糊绢，着郎世宁画藤萝"。乾隆三十七年，乾隆帝又于宁寿宫花园北仿敬胜斋建倦勤斋。

乾隆帝的诗情画意交织着徐渭的诗情画意，徐渭写生手卷，徐渭写生，既然陈设在敬胜斋，乾隆帝也应该沉寂其中，当然，乾隆帝的这种诗情画意也不仅仅是与徐渭一个人的交流，比如德日新仙楼下紫檀木嵌硝石罩盖匣一件，内盛《袁英揭钵图》一卷、《唐寅临刘松年》六册一卷、《沈周抚琴图》一卷、《文徵明仿梅道人山水》一卷。南漆炕案一张，上设《御题耕织图》二册。

第三节　房

历史上的御书房是皇帝读书藏书之所。"御书房"三字取自乾隆八玺之"御书房鉴藏宝"玺篆体真迹。"汇流澄鉴"四字匾额原为乾隆帝在《四库全书》存放地文渊阁的御笔亲书，意即汇集知识之源，洞悉古今之理。

乾隆帝从小就饱读诗书，不仅有文人的雅趣，而且还有深厚的儒释道文化功底，乾隆帝崇尚古人"文以载道"，有着深厚的儒家文化修养，所以御书房的陈设又承载了他的"文以载道"的理想。建寻沿书屋是为了实现年轻时"耽书是宿缘"的愿望；建三希堂是为了"希贤、希圣、希天"；建三友轩，是为了追求"品高韵逸"的精神。[1]

根据陈设档案记载，"房"一项收藏徐渭作品如下：

> 房/御书房/御书房交来次等手卷一档，徐渭竹一卷。房/御书房/御书房交来次等册页档，徐渭诗帖并书评一册。房/御书房/御书房交来上等挂轴档，徐渭花竹一轴。房/御书房/御书房交来上等挂轴

---

① 王子林：《明清皇宫陈设》，紫禁城出版社 2011 年版，第 177 页。

档，徐渭荷花一轴。房/御书房/御书房交来上等挂轴档，徐渭梅花蕉叶一轴。房/御书房/御书房交来上等挂轴档，徐渭牡丹一轴。房/御书房/钦定石渠宝笈·卷之一·贮御书房，徐渭诗帖并书评张一素笺本，行书，五言诗四首，又书评九则款识云，隆庆庚午元日，醉后呼管至，无他书，漫评古人，何足依据，徐渭，册计十四幅。房/御书房/钦定石渠宝笈·卷之四·贮御书房，徐渭书千文一卷次等云一贮御书房素笺本草书款云徐渭书。房/御书房/钦定石渠宝笈·卷之六·贮御书房，徐渭画竹一卷出一素笺本，墨画……。房/御书房/钦定石渠宝笈·卷之十下·贮御书房，徐渭花竹一轴上等巨一贮御书房素笺本墨画款题云……。房/御书房/钦定石渠宝笈·卷之十下·贮御书房，徐渭荷花一轴上等巨二贮御书房素笺本墨画款题云……下有鹏飞处人，天池山人，酬字堂，三印，前有文长一印，轴高四尺四寸，广一尺一寸五分。房/御书房/钦定石渠宝笈·卷之十一之十二·贮御书房，徐渭牡丹次等致一素笺本墨画款题云……。房/御书房/钦定石渠宝笈续编·三十九册·贮御书房，御笔，无尽藏观，钤宝一古稀天子之宝，后幅，臣工题诗，徐渭谓其苍洁旷迥，舍形悦影，此卷山雄水远，树樛石硬，布置邱壑，皆臻其妙，印以石渠宝笈所弄圭溪山清远秋江风雨诸卷，笔意吻合，其出圭手无疑，考严氏书画记。房/御书房/钦定石渠宝笈续编·四十一册·贮御书房，徐渭画梅花蕉叶一轴，本幅，宣德笺本，纵四尺一寸七分，横九寸七分，水墨画梅蕉卷石，自题，芭蕉伴梅花，此是王维画。天池，钤印一，幼文三昧，鉴藏宝玺，八玺，全。

在御书房，乾隆帝挂置的徐渭书画比比皆是：包括"徐渭竹一卷、徐渭诗帖并书评一册、徐渭花竹一轴、徐渭荷花一轴、徐渭梅花蕉叶一轴、徐渭牡丹一轴、徐渭画竹一卷、徐渭花竹一轴上等、徐渭荷花一轴上等、徐渭牡丹次等，御笔，无尽藏观"。御书房，读书、诗文、书画，在理政之后至闲情几暇，也算是作为皇帝的文人雅致与情结，作为家国天下忧思之后的调节。

第四节 馆

翠云馆：位于重华宫以北，为后院正殿，两侧带有耳房及东西配殿。翠云馆面阔五间，进深一间，黄琉璃瓦硬山顶，明间开门，其他都是槛窗。翠云馆内有黑漆描金装修，非常精美。东次间的匾曰"长春书屋"，是乾隆帝即位前的读书处。[1]

根据陈设档案，徐渭书画作品的记载如下："馆/翠云馆/翠云馆手卷册页，御咏徐渭泼墨十二种手一；馆/翠云馆/翠云馆手卷册页，御咏徐渭写生一。"

第五节 轩

静怡轩是乾隆帝的几暇临幸之所，建于乾隆七年，乾隆四十一年重建景福宫时就仿其形制。乾隆为静怡轩题过两首诗，其一，乾隆二十五年《题静怡轩》诗云："彤宫宴息处，清舒敞云媚。绎疏例弗却，珠缀奢厌施。琴书个中富，间亦陈鼎彝。穆然古与对，三代兴翘思。汉唐两文帝，尚未窥藩篱。三代躬诟易言，以此增忸怩。侧席恒不遑，奚曾静且怡。"静怡略施彩，安息绝佳地。几暇临憩所，琴书与鼎彝。汉唐又如何，我自窥藩篱。平日沉政务，哪能静与怡？其二，乾隆四十四年《题静怡轩》诗云："意境则身怡，文轩并得之。一时兹避暑，两岁未言诗。纱窗风轻送，石阶旭渐移。当年结构意，孤矣不堪思。""母后万年亲，静怡轩吾意。风清纱窗吹，阳光徐徐移。只恨母后去，留我悲凄凄。不堪回首日，再题轩静怡。"[2]

根据道光十九年六月所立《静怡轩现设陈设档》，其一，对徐渭作品的记载整理如下："轩/静怡轩/静怡轩挂轴帐，徐渭牡丹一轴，一千二百五十六号；轩/静怡轩/静怡轩挂轴帐，徐渭荷花一轴，一千二百九十五号；轩/静怡轩/静怡轩挂轴帐，徐渭牡丹一轴，一千五百七十五号；轩/静怡轩/静怡轩挂轴帐，徐渭花竹一轴，一千六百二十二号；轩/

---

[1] 王子林：《明清皇宫陈设》，紫禁城出版社 2011 年版，第 203 页。

[2] 同上。

静怡轩/静怡轩挂轴帐,徐渭画竹一卷,一百四十六号;轩/静怡轩/静怡轩挂轴帐,徐渭写生一卷,二百三十二号;轩/静怡轩/静怡轩挂轴帐,徐渭泼墨十二种一卷,五百五十五号;轩/静怡轩/静怡轩挂轴帐,徐渭写生一卷,七百五十九号;轩/静怡轩/静怡轩手卷挂轴档,徐渭牡丹成一。"其二,对御制或御绘的记载整理如下:"清玩阁上设:《御制诗初集》一部计四套,格顶上设,《御制诗集》一部计四套(此笔写),《御制诗初集》(清宁合撰全函)。面南宝座床:上设《御绘墨卉四种》一册。"其三,对列朝画家作品陈设如下:四美具插屏一座:头层内盛《李公麟九歌图》一卷,《御咏李公麟蜀船图》一卷,《御咏李公麟潇湘卧游图》一卷。面西宝座床:紫檀木套一件,《御题董诰画江宁名胜十帧》册页一册,《御题董诰画栖霞十景》册页一册,《颜真卿朱巨川诰》二卷,内盛《王翚临燕文贵武夷佚嶂图》一卷、《王翚雪江图》一卷。

从以上档案我们可以看出,徐渭与乾隆帝文人情怀的生命真性的精神的交织;乾隆帝自身的文人情怀的生命真性的精神的交织;乾隆帝与列朝画家的文人情怀的生命真性的精神的交织。

第六节　宫

根据道光十八年所立《景福宫》对徐渭书画作品记载整理如下:"宫/景福宫/景福宫手卷册页挂轴档,徐渭画榴实一轴"。景福宫,始建于清康熙二十八年,为康熙帝所赐殿名,为孝惠皇太后所居。景福出自《诗经》"寿考维祺,以介景福"和"君子万年,介尔景福"句,是说长寿万年,是神明赐给你的大福。乾隆三十七年,仿照建福宫后的静怡轩加以重建,以待乾隆帝归政后宴憩之用。《尚书·洪范》出五福,一曰寿,二曰富,三曰康宁,四曰攸好德,五月考终命。"五福五代堂",康熙至乾隆。长寿一万年,神明赐大福。归政后宴憩,介尔是景福。①

① 王子林:《明清皇宫陈设》,紫禁城出版社2011年版,第268页。

　　乾清宫东西暖阁是以藏皇帝的御制诗、文、书、画和御临书、画为主，在东西暖阁篇章已介绍过乾清宫的概况，下面以陈设档案对徐渭作品的记载来描述。

　　根据宣统二年八月二十四日所立《乾清宫明间现设文件》对徐渭作品的记载如下："宫/乾清宫/西暖阁珠林三编秘殿珠林档案，徐渭画榴实一轴；宫/乾清宫/乾清宫存书画档册（下册），徐渭花卉一卷；宫/乾清宫/乾清宫存书画档册（下册），徐渭榴实一轴；宫/乾清宫/乾清宫存书画档册（宸翰册），御笔仿徐渭霜荷巨蟹一轴。"《榴实图》所存放的宫殿与档案不止一处，比如《乾清宫/西暖阁珠林三编秘殿珠林档案》《乾清宫/乾清宫存书画档册（下册）》《斋宫/故宫物品点查报告，第二编第四册》，《钟粹宫部分、斋宫/故宫物品点查报告第二编第四册》，描述钟粹宫部分。可见《榴石图》伴随了乾隆帝的一生。

　　值得注意的是，乾隆帝与徐渭在绘画上真正意义上的精神交织是乾清宫存书画档册（宸翰册），《御笔仿徐渭霜荷巨蟹》一轴。现有的资料无法找到图录，但在故宫博物院能查阅到类似《霜荷巨蟹图》的《黄甲图》一幅。龟、鱼、虾、蟹等鳞介类动物在徐渭的画中极为常见。徐渭的《黄甲图》。此图为纸本水墨，长 114.6 厘米，宽 29.7 厘米，现藏于故宫博物院。题有七绝一首："兀然有物气豪粗，莫问年来珠有无。养就孤标人不识，时来黄甲独传胪。"署款"天池"。钤"徐渭私印"等二印。徐渭既嘲讽了横行霸道而无真才实学的黄（皇）甲（科）中榜之流，而且对自己的怀才不遇而抑郁不平，体现了他嬉笑怒骂皆成文章的才气。我们从《黄甲图》看到的嬉笑怒骂是否在《霜荷巨蟹图》也有同样的表达？我们也只能做一种猜测，只有乾隆帝从《霜荷巨蟹图》中似乎发现了什么？因为乾隆帝临习过。或许乾隆帝也感受到了身边大臣的腐败与百姓疾苦。乾隆帝具有"危机"意识，所以在乾清宫的陈设也注重"危机"意识。在乾隆帝众多的为宫殿或室内陈设品所写的记中，我们能深深体会到这种"危机"意识。他在《重华宫记》中说："必有所以救几兴事，知人安民，而其本则在于审危微之心，执精一之中。是以四十余年，惟日孜孜，宵衣旰食，虽未致陨越，而于熙世化民究无所成。"他在《五福五代堂记》中亦说："予以所以心皇祖皇考之心，朝干夕惕，不敢暇逸，以幸获五代同堂之庆，于万斯年恒保此福。奕叶云仍，可不勉乎！可不慎乎！"① 徐渭所处时代是盛世衰微，乾隆帝后期也同样是盛世衰微，徐渭表达了这种愤世嫉俗、嬉笑怒骂，乾隆帝临写中也似乎感受到了！

根据故宫物品点查报告和嘉庆七年所立《斋宫陈设账》，对徐渭作品的记载整理如下：

> 宫/斋宫/故宫物品点查报告，第二编第一册，斋宫部分，徐渭诗帖并书评一册。宫/斋宫/故宫物品点查报告，第二编第一册，斋宫部分，徐渭荷花一轴。宫/斋宫/故宫物品点查报告，第二编第一册，斋宫部分，徐渭牡丹一轴。宫/斋宫/故宫物品点查报告，第二编第一册，斋宫部分，徐渭画竹图一轴。宫/斋宫/故宫物品点查报告，第二编第一册，斋宫部分，徐渭牡丹一轴。宫/斋宫/故宫物品点查报告，第二编第四册，钟粹宫部分，徐渭画竹一卷。宫/斋宫/故宫物品点查报告，第二编第四册，钟粹宫部分，徐渭写生一卷。宫/斋宫/故宫物品点查报告，第二编第四册，钟粹宫部分，徐渭画榴实一卷。宫/斋宫/故宫物品点查报告，第二编第五册，景阳宫部分，徐渭水墨写生真迹一卷；宫/斋宫/故宫物品点查报告，第二编第四册，钟粹宫部分，徐渭画榴实一轴，本幅，素笺本，纵二尺九寸，横八寸九分，水墨画折枝榴实，自题，山深熟石榴，向日便开口，深山人少收，颗颗明珠走。文长，钤印三，徐渭印，文长，湘管斋，鉴藏宝玺，八玺，全，乐寿堂鉴藏宝。

不论是斋宫、钟粹宫还是景阳宫，都对徐渭的作品有大量的收藏，尤其是景阳宫，因为后院正殿为"御书房"，"御书房"本身就是乾隆帝收藏书籍与诗文书画的地方。钟粹宫是汇集诗文书画精华、精粹的地方。徐渭的大量书画作品被收藏在这三宫亦是情理之中，不论乾隆是在斋戒之余或是读书之余都有机会去欣赏玩味或临习徐渭作品。去体味徐渭《榴实图》诗意"山深熟石榴，向日便开口，深山人少收，颗颗明珠走"的意境。

---

① 王子林：《明清皇宫陈设》，紫禁城出版社 2011 年版。

　　重华宫对乾隆帝来说非常重要，其一，为自己的潜邸。其二，是他仿效大舜之为的宫殿。其三，是乾隆与大臣们进行茶宴联句之所。乾隆在执政四十余年之后，才决心写一篇《重华宫记》，正如乾隆自己所说："是以四十八年来，元旦除夕无不于此少坐，新正与诸臣茶宴联句，率为例典。异日归政，或时一来临，更为佳话。其能践斯言与否，则敬俟昊苍之春佑，今日之下，亦不敢预为侈谈也。"①

　　乾隆帝在"惟日孜孜""宵衣旰食"的理政之余，欣赏徐渭之画，看鱼赏荷。见《水波鲤鱼》之意境，"鲤鱼墨中神采多，赤尾银鳞古妇梭。二月桃花春水涨，一须万斛上天河。"又见《荷花》于湖光山色，"一斗湖光不放宽，却于纸上空波澜。犀盘黑尽浑无蜜，捧出茅山女道冠。"②

　　宁寿宫亦为乾隆帝的太上皇宫，为他日后归政之用。"宁寿"之意就是天下太平，百姓长寿。乾隆帝在《宁寿宫铭》曰："宁寿万国，寿先五福、寿同黔黎。"其意就是太上皇宫的思想，作为乾隆帝的寝宫与书堂的乐寿堂也体现了这种乐寿长寿思想。我们从宁寿宫陈设的细处着眼，比如倦勤斋、玉粹轩、养和精舍的粘贴的通景画来看，其内容也体现了乾隆帝的长寿思想。

　　书画是乾隆帝太上皇时期怡情长寿最重要的一部分，徐渭的《榴实图》从宝亲王时期至太上皇时期一直在乾隆身边，从第一节乾隆帝钤印的时间已论证。虽然乾隆帝在太上皇时期也会临写、御笔或者欣赏本朝与列朝书画家的作品，至少徐渭《榴实图》一直在他的视野里，乾隆帝与徐渭有异世同轨之感，正如徐渭与杜甫之间有异世同轨之感一样，跨时空的也感受到了徐渭《榴实图》所表达的诗意，"山深熟石榴，向日便开口，深山人少收，颗颗明珠走。"③ 徐渭在晚明时期的这种怀才不遇与悲哀，谁知道乾隆帝会不会想到到康乾盛世之象之后有没有衰亡迹象呢？谁也逃脱不了历史规律的惩罚。乾隆帝心目中的这种长寿思想，也是宁寿宫体现的这种长寿思想，或许永远只是一种乌

---

① 王子林：《明清皇宫陈设》，紫禁城出版社 2011 年版，第 204 页。

② 徐渭：《徐文长文集》，《钦定四库全书·集部·别集类》，（台湾）商务印书馆 1986 年版。

③ 同上。

托邦式的理想。

第七节　殿

乾隆朝，昭仁殿是皇帝读书的地方。根据《钦定天禄琳琅书目》卷六昭仁殿部分对徐渭文献的记载整理如下：

> 殿/昭仁殿/钦定天禄琳琅书目·卷六·昭仁殿部分，纸墨黯乃元抚宋椠而不工着元赵孟頫藏本明陈继儒徐渭；殿/昭仁殿/钦定天禄琳琅书目·卷六·昭仁殿部分，记载徐渭字文长号天池生山阴人为诸生盛名尝自言"吾书一，诗次之，文次之，画又次之"。

本档案只记载赵孟頫藏本明陈继儒徐渭与徐渭自言"吾书一，诗次之，文次之，画又次之"之文献，而不是徐渭书画作品。这些文献在徐渭论文学术回顾里已谈得很清楚，此处不多着墨。

根据《石渠宝笈》初编、重编的著录文献对徐渭作品的记载如下：

> 殿/养心殿/钦定石渠宝笈·卷之六·贮养心殿，徐渭写生署一；殿/养心殿/钦定石渠宝笈·卷之六·贮养心殿，徐渭写生一卷次等署一贮养心殿（题云略）。
>
> 款云：青藤道人徐渭画并题。
>
> 殿/养心殿/钦定石渠宝笈·卷之六·贮养心殿，徐渭写生牡丹一轴次等成一贮养心殿素笺本墨画款题云：五十八年贫贱身，何曾妄念洛阳春。不然岂少胭脂在，富贵花将墨写神。青藤。
>
> 殿/养心殿/钦定石渠宝笈续编·二十二册·贮养心殿，徐渭泼墨十二种一卷本幅宣德笺本十二幅从七寸七分，横一尺二寸，水墨画（徐渭题云与乾隆帝跋文略）。
>
> 殿/养心殿/钦定石渠宝笈续编·二十二册·贮养心殿，鉴藏宝玺，八玺，全，谨按徐渭，字文长，山阴人，知兵好奇计，游胡宗宪幕府，宗宪下狱，遂发狂，诗文绝出伦，善草书，工写花鸟竹石，入明史文苑传。

养心殿在雍正朝时已正式成为理政、读书、礼佛斋戒、诗文书画之中心，当然这里也收藏了徐渭最重要的作品，如《徐渭写生》一卷、《徐渭写生牡丹》一轴、《徐渭泼墨十二种》一卷。《徐渭写生》一卷又有十一段徐渭题云，又据乾隆帝《御制诗》四集卷十，乾隆帝题《徐渭写生卷》（现有资料不见原画作著录）八首御制诗。《徐渭泼墨十二种》（画作题诗如概况介绍）一卷，又据乾隆帝《御制诗》三集卷六十一，乾隆帝为徐渭又题写了十二首诗。乾隆帝从执政一直到太上皇时期都没有真正的离开养心殿，他有更多的机会与时间去细细地品味、赏玩、临写徐渭作品。

第八节 其他

对于其他这一栏《陈设档》档案，因为没有明确的殿座陈设，只是说明档案里有这些徐渭作品的记载，如下："其他/永字册页/永字册页账，徐渭诗帖并书评一册，一百三十三号；其他/东路/东路册页手卷挂轴册，徐渭画榴实一轴；其他/永字手卷/永字手卷账，徐渭书千文一卷，七十三号王。"

第九节 小结

本章利用陈设档案分析徐渭书画存放殿座，其目的是借以分析乾隆帝如何看待徐渭及徐渭作品。具体而言，徐渭的书画作品被乾隆帝陈设于阁、斋、房、馆、轩、宫、殿等宫廷处所，无论从陈设空间的广泛性，还是从陈设处所的重要性看，徐渭及其书画都置于显要地位。养心殿、重华宫、静怡轩等殿座是乾隆帝处理政务和休憩养生的重要场所，无一例外的陈设了徐渭的书画作品，数量不可谓不多。由此可见，乾隆帝希望随时随处鉴赏徐渭，加以品评。可以说，乾隆帝于各殿座陈设徐渭书画作品，恰是乾隆帝与徐渭书画作品生命真性碰撞的具体体现。

第四章　乾隆帝与徐渭:诗与画
生命真性的碰撞

乾隆帝一生酷爱写诗,而且成了一个习惯。他多次自言:"伊余有结习,对时耽属咏","笑予结习未忘诗",平生结习最于诗。乾隆帝所作诗篇,即位前有《乐善堂全集》(后删定为《乐善堂全集定本》),在位期间先后有御制诗初集、二集、三集、四集、五集,退位之后还有御制诗余集,合计43630首诗,按美国欧立德的统计时间分别为1749年、1760年、1771年、1783年、1795年、1800年。① 他的诗内容涉及政治、军事、经济、文化、社会等各个方面;历史价值大于文学价值,政治意义大于学术意义,对今人研究清代的历史和乾隆帝,具有极其重要的意义。一个写乾隆的传记作家这样描述:"世界上任何一个国家的皇帝都没有留下这么多的诗作,乾隆帝也许可作为最伟大的皇帝。"乾隆的诗,虽然后人评价不高,但他的诗的价值有他的纪实性,起到"诗以证史"的作用,数以万计的"御制诗"弥补了《清高宗实录》的不足,换一种说法,可以说是18世纪的一部史诗。②

乾隆帝题写徐渭书画的诗在《乾隆御制诗文集》总共有二十首,其中,乾隆帝题写徐渭《泼墨十二种》的十二首御制诗,《徐渭写生卷》八首,分别被著录在乾隆《御制诗三集》卷六十一题徐渭《泼墨十二种》与乾隆《御制诗四集》卷十。

我们首先结合徐渭《泼墨十二种》、题画诗句与图录来分析乾隆帝与徐渭的生命真性的交响。

第一节　《乾隆御制诗文集·初集·三集》中题写
徐渭《泼墨十二段》十二首诗

乾隆帝题写徐渭《泼墨十二段》十二首诗,被著录在乾隆帝《御制

---

① ［美］欧立德:《乾隆帝》,青石译,社会科学文献出版社2014年版。
② 郭成康:《乾隆正传》,中央编译出版社2006年版。

诗三集》卷六十一题徐渭《泼墨十二种》①，属于乾隆帝中青年时期的作品，时间为1760—1783年，是《石渠宝笈》中的徐渭与乾隆帝真正的一次思想交锋与生命真性的交融的例子。根据《石渠宝笈》著录文献与《乾隆御制诗文集》著录的乾隆帝题写徐渭十二首御制诗文献及《泼墨十二段》图录概况如下：其中六幅花鸟画，六幅人物画，钤印乾隆帝鉴赏章八玺，全，钤印乾隆帝名章、斋号、闲章，如"乾""隆""澄观""乾隆宸翰""得佳趣""几暇怡情""比德""朗润""会心不远""德充符"等等。②

陈设档对乾隆帝题写徐渭《泼墨十二段》记载如下：

> 馆/翠云馆/翠云馆手卷册页，御咏徐渭泼墨十二种。
> 殿/养心殿/钦定石渠宝笈续编·二十二册·贮养心殿，徐渭泼墨十二种一卷本幅宣德笺本十二幅从七寸七分，横一尺二寸，水墨画。第一，溪上老梅，落花游鱼，自题，梅花浸水处，无影但涵痕。虽能避雪压，恐未免鱼吞。第二，画王羲之换鹅故事，自题，右军本清真，潇洒出风尘。山阴过羽客，爱此好鹅宾。扫素写道经，笔精妙入神。书罢笼鹅去，何曾别主人。第三，画石际幽兰作三花，自题，醉抹醒涂总是春，百花枝上缀精神。自从画取湘兰后，更不闲题与别人。第四，自题，闲看数着烂樵柯，涧草山花一刹那。五百年来棋一局，仙家岁月也无多。第五，自题，若耶溪上好风光，无人折取献吴王。西施一病经三月，数问荷花几许长。第六，自题，玉林醉仙吾故人，画中醉仙无限春。今日欲见不可见，但见图画伤吾神。画中醉仙醉欲倒，我亦大醉不知晓。东方天白瓦露燥，犹恨归家何太早。第七，自题，身世浑如泊海舟，关门累月不梳头。东篱蝴蝶闲来往，看写黄花过一秋。第八，自题，瀑布挂江北，望者江南猜。雪花那不到，霹雳过江来。第九，画松石间坦腹，自题，眠松坦腹腹便便，个是高人松畔眠。子美诗中何句似？举觞白眼望青天。第十，画蕉竹各一，自题，红棘黄荆樵斧归，芭蕉学画指如

---

① 参阅（清）爱新觉罗·弘历《御制诗文集》，中国人民大学出版社2013年版。

② 《徐渭书画全集·绘画卷》，天津美术出版社2014年版，第6—17页。

椎。中间一叶浑相似，记得前生盖鹿来。第十一，自题，谁将画蟹托题诗，正是秋深稻熟时。饱却黄云归穴去，付君甲胄欲何为。第十二，画芦从渔艇，野凫群集，自题，野雀避罗船，江长起未高。眼拼一饷后，看到入云梢。无名款，每幅分钤印，孺子，徐渭之印，青藤居士，文长，湘管斋。

御笔，分题，行书，第一，淡沲春波时，上有横斜枝。落英贴波面，游鱼趋喋之。鳞类具卓识，爱此冰玉姿。胜点寿阳额，徒然污粉脂。第二，写经毕便持鹅返，书圣千秋熟与同。可笑献之太狂放，拟称跨灶胜斯翁。第三，一笔成一石，数笔成数兰。皆以不经意，并作如是观。第四，入山王质一人耳，或曰观棋或听琴，记载失真有若此，更何须向斧柯寻。（述异记载晋时王质至石室山伐木，见童子数人棋，而歌质，因听之。俄顷，童子促其去，起，视斧柯尽烂。水经注，则谓质入山，见童子弹琴，而歌同纪一人事，而二说互异。盖烂柯事本无稽，即此见纪载之不足信，琴棋更无容深辨耳。）第五，荷叶荷花照秋水，摇风无力还相倚。淡墨写意弗写形，却似野人不衫履。便饶十里锦霞香，圆镜归根皆若此。那见游鱼闯干游，应是波心啖莲子。第六，沈酣酒人之肆，颓荡天子之前，目无一世而何，有于高力士之威权，一坛在侧，置以鸬鹚之杓，将举觞白眼而望青天，非遇贺知章千载之下，又谁知此名传，适以自误，胁上楼船（二句即用白诗意）。是可悲也，呜呼谪仙（渭自跋，目其友为玉林醉仙，画意似有所属。但玉林之为人既无可考，即或醉乡疏放，亦何足称仙，故不若太白为可据，因咏白事以当之）。第七，落落一卷古，疏疏几朵新。尽得风流趣，菊石传其神。刻画丹青者，应非知菊人。第八，高人携手立江干，瀑水当前纵目观。泻出谁知本天上，落来惟见自云端。便教俗耳听犹静，那觅尘心浣以寒。一晌可亲仪表在，千秋欲识姓名难。第九，松下箕坐优游，飒沓松风上流。已得通明高致，三层那藉为楼。第十，两三绿蕉叶，几个翠竹梢。清风与之宜，窅映成萧骚。随缘作舒卷，相依为磕敲。焦墨一淡扫，寓意何超超。蕉心其中无，竹干惟外匀。可作枯禅参，那论先后凋。第十一，水乡稻熟时，始得有肥蟹。夜深出沙岸，啮稻彭亨乃。渔者善谋取，纬萧断以采。持向街

头鳌，煎寒佐盘醢。何如伏泥中，郭索常无悔。第十二，秋风入丛
芦，秋意顿清殊。独坐一轻舫，惊飞几野凫。

阁/东暖阁/东暖阁新入书，御咏徐渭泼墨十二种一卷。

轩/静怡轩/静怡轩挂轴账，徐渭泼墨十二种一卷，五百五十五号。

下面我们逐一分析之。

一　泼墨十二段卷之一

图4—1　泼墨十二段卷
长卷　纸本　墨画

《泼墨十二种》之一，是一幅花鸟画，如图：画左上角一只老梅枝，
几枝小梅杈，染老枝勾小枝，中锋横扫会面。右上角徐渭题诗，中上乾
隆小字跋文，鉴藏印齐全：石渠宝笈（朱文）、乾隆御览之宝（朱文）、
石渠定鉴（朱文）、宝笈重编（白文）、养心殿鉴藏宝（朱文）。梅花落
在水里，鱼儿游过来戏耍。本来这是常见的梅兰竹菊四君子之一"梅
花"，文人们常常借以表达自己的情怀，借物言志，梅花以清癯见长，象
征隐逸淡泊，坚贞自守，真诚正直。高标独秀，梅花的冷香色，含蕴着
道德精神与人格操守的价值。徐渭也把自己比作老梅树、老梅枝、老梅
花，乱世的心酸与沧桑，借以抒怀。正如徐渭以大草笔法题诗云："梅花
浸水处，无影但涵痕。虽能避雪压，恐未免鱼吞。"故宫博物院藏《花卉

八段卷》第六款《梅溪鱼戏》也有同样题云①。乾隆帝题《梅溪鱼戏》跋文曰："淡沲春波时，上有横斜枝。落英贴波面，游鱼趋嗫之。鳞类具卓识，爱此冰玉姿。胜点寿阳额，徒然污粉脂。"②春波荡漾，风光明净。杜甫曰："春光淡沲秦东亭，渚蒲芽白水荇青。"陆游诗："湖上风光犹淡沲，尊前怀抱颇清真。"美丽的春天啊！水上边有几枝横横斜斜老梅枝，落英紧贴着水面，鱼儿渐渐地过来想把它吃掉。即使是人间落英，都会被邪恶吞噬，是乾隆帝的悲悲切切，还是徐渭的淡淡忧伤；是乾隆帝爱民如子，还是徐渭忧国忧民。鳞类难道也具有这样的见识么？爱惜这冰洁的美丽的身姿。数数自己活了多少年寿啊！徒然的污染了甚至不识的粉脂啊！乾隆帝与徐渭一赋一和，惜这冰玉姿，叹阳寿，不识英，与其说文人雅意，不如说借诗歌忧思忧国。

按照乾隆帝《御制诗文集·初集·三集》的乾隆帝题写徐渭《泼墨十二段》时间，这首诗写成时间应在乾隆十三年至三十五年之间，乾隆帝正值青壮年，对国家、社会、人生已有很多感悟与体会，想象乾隆盛世，就真的是盛世吗？"十全武功"，十次边患，次序衰乱，人口众多，穿衣吃饭，民众福祉，地震灾旱，君臣派系，政治混变，和珅腐败，嘉庆是难，纷乱四起，苗人白莲。最后一幕，未居倦勤斋，仍住养心殿。虽天之骄子，思国家危难。

二 泼墨十二段卷之二

徐渭《泼墨十二种》卷之二是根据《山阴换鹅》的典故而作的墨画，画面大树为一大团淡墨渲染，树叶用焦墨点点，一张石桌，石桌上一砚台，一笔筒，四支笔，用焦墨勾勒，大树下地面用更淡的泼墨，王羲之与道士两人物呼应站立，也用焦墨勾勒，羲之写罢，道士抱鹅奉上。整个构图都在左下角，右上徐渭题款，中上乾隆帝题诗。徐渭钤印：徐渭之印（白文）、青藤道士（白文），乾隆帝钤印：乾（朱文）、隆（朱文），嘉庆帝鉴藏印：嘉庆御览之宝（朱文）。画面勾勒潇洒，泼洒淋漓，一曲墨戏出风尘。徐渭以潇洒大气娴熟的晋唐风格的书法题款："右军本

① 《徐渭书画全集》，天津美术出版社2014年版，第7页。

② 参阅（清）爱新觉罗·弘历《御制诗文集》，中国人民大学出版社2013年版。

图 4—2 徐渭《泼墨十二种》卷之二

清真，潇洒出风尘。山阴过羽客，爱此好鹅宾。扫素写道经，笔精妙入神。书罢笼鹅去，何曾别主人。"① 右军本来就是清纯真实，潇潇洒洒，风尘仆仆。山阴有一执扇的客人，是一个喜欢养鹅的人。优雅激情的写完一篇《道德经》，笔法精妙绝伦，出神入化，写完笼鹅就走了，好像主人不存在似的。文人雅士，衣带款款。欣然挥毫，风度翩翩。羲之如此，文长如此，乾隆帝如此。乾隆帝喜右军，独设"三希堂"。《山阴换鹅》图，来题徐文长。曰："写经毕便持鹅返，书圣千秋熟与同。可笑献之太狂放，拟称跨灶胜斯翁。"② 写完《道德经》立即持鹅笼就回家了，书圣几千年来就是不一样！可笑啊！儿子献之太过狂妄，竟然夸口超过老子。乾隆帝本身更偏爱右军，对王献之有点不以为然。徐渭钤了一方印："青藤道士（白文）"，因为曾经学道，以道士自居。中国文人向来都追求个性自由之文人理想，所以对释道自然、逍遥、心性、虚无、特别偏爱，潇洒出风尘，如伯夷叔齐、屈原、竹林七贤、梁楷、法常、宋四家、元四家、吴门四家、青藤白阳、陈老莲、四僧、金农等，宋明理学也崇尚心性之学，乾隆帝与徐渭又崇尚宋明理学，追求自我心性，他们的对话，实际上是文人心性的对话，右军与道士心性的对话，徐渭与右军心性的对话，乾隆帝与右军心性的对话，乾隆帝与徐渭心性的对话，文人与文人心性的对话，理学与理学心性的对话，心性与心性之心

---

① 《徐渭书画全集》，天津美术出版社 2014 年版，第 8 页。

② 参阅（清）爱新觉罗·弘历《御制诗文集》，中国人民大学出版社 2013 年版。

性的对话。

异世同轨又同心，儒释道中话文人。诗文书画胸中来，乾隆徐渭出风尘。孺子的风雅，道者的闲淡，佛家的出世超然。一切在画里，一切在诗里，一切在梦里。时空穿越，文人情调，生命真性，化作诗篇。

三　泼墨十二段卷之三

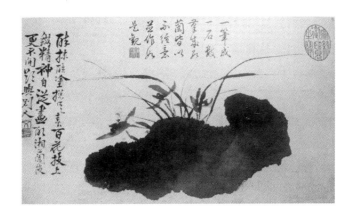

图4—3　徐渭《泼墨十二段》卷之三

这是徐渭花鸟画《石盆幽兰》，一笔饱蘸水墨，笔尖墨稍重，生宣纸自然渗透，充分体现了徐渭大泼墨写意之境界。石上兰花用剩余墨水中锋迅速扫出兰叶，叶尖有枯笔，花用淡墨，稍侧锋，整个作品言简意赅，用笔生动，淋漓酣畅。徐渭钤印：文长（朱文）。题诗曰："醉抹醒涂总是春，百花枝上缀精神。自从画取湘兰后，更不闲题与别人。"① 文人喜兰，爱兰，咏兰，画兰，兰之优雅、兰之高洁、兰之格调、兰之精神都为之所动、所感。

空谷生幽兰，兰最令人倾倒之处是"幽"，因其生长在深山野谷，才能洗净那种绮丽香泽的姿态，以清婉素淡的香气长葆本性之美。徐渭的兰花，或许更有特别之处，醉来涂抹，闲来涂抹，梦中涂抹，醒来涂抹，

① 《徐渭书画全集》，天津美术出版社2014年版，第8页。

皆为墨戏，水墨灵动，感情灵动，精神灵动，正如"醉抹醒涂总是春，百花枝上缀精神"。自从画了湘兰以后，再也不愿轻易地题写给别人来闲送，即使送，也未必有知音。但是在三百年后，文长找到了。乾隆题诗曰："一笔成一石，数笔成数兰。皆以不经意，并作如是观。"① 一笔就画了一块大石头，快哉快哉！数笔又画了数兰，畅快淋漓，如饮甘泉，如淑女翩翩，皆以不经意，皆以自然成，我都不知说什么？只能沉浸其中，享受其中美妙之动人，只是在那呆着，呆着，如痴如醉，忘了理政的辛苦与烦恼。况且乾隆帝还盖了一方印章，"乾隆宸翰（朱文）"，也就是乾隆墨迹的意思。

徐渭还有同类的兰花诗，如故宫博物院藏徐渭《山水人物花鸟册之十四》，画于万历十六年，徐渭已经六十八岁，住青藤书屋，穷困潦倒，只剩下心灵高洁了，题云："摹文与可九畹孤芳之一。"《杂花册》之二，诗云："秋水惟应漾白苹，胭脂只合点朱唇。自从画取湘兰后，更不闲题与别人。"② 湘兰是一种朴素之美，自然之美，不需要装点，不需要秋水，不需要胭脂做作，更不愿与一些闲人有任何关系与瓜葛。

四　泼墨十二段卷之四

图4—4　徐渭《泼墨十二段》卷之四

---

① 参阅（清）爱新觉罗·弘历《御制诗文集》，中国人民大学出版社2013年版。

② 《徐渭书画全集》，天津美术出版社2014年版，第9页。

徐渭《烂柯仙弈》墨画作品，首先是大面积饱蘸水分的墨水泼洒，大面积的地面，大面积的枝叶，只是树干、树枝勾勒，淋漓酣畅至极，如雷霆，如闪电，如千军万马奔腾，如长江黄河奔流，如团云在宇宙飘游，如阵阵之风凉，透人心脾，美哉！山河壮美！快哉！二位仙人，一石桌，一围棋，一对弈，一王质，转瞬间，斧柯烂，天上一盘棋，地下五百年。徐渭感，徐渭叹，"闲看数着烂樵柯，闲看数着一刹那。五百年来棋一局，仙家岁月也无多。"① 闲看数着，樵柯已烂，涧草山花一转眼，已消散。功名利禄，权势尊位，唏嘘一片。徐渭题款行草书，乾隆帝自是馆阁篇。潇洒风尘文人意，填满空白右上边。

乾隆帝题写："入山王质一人耳，或曰观棋或听琴，记载失真有若此，更何须向斧柯寻。"② 入山王质本来就一个人而已！或观棋，或听琴，记载失真就像这张画的传说，又何必太过于计较！更不需要寻找什么石室山的围棋之事了吧？乾隆不信神仙道，《烂柯仙弈》自来题。烂柯事来本无稽，《水经注》疏《述异记》。乾隆注解曰："《述异记》载晋时王质至石室山伐木，见童子数人棋，而歌质，因听之。俄顷，童子促其去，起，视斧柯尽烂。《水经注》则谓质入山，见童子弹琴，而歌同纪一人事，而二说互异。盖烂柯事本无稽，即此见纪载之不足信，琴棋更无容深辨耳。"

乾隆帝题《水经注》与《述异记》记王质入山，见童子弹琴下棋，而歌同纪一人事，而二说互异。盖烂柯事本无稽，即此见记载之不足信，琴棋更无容深辨耳。一说，烂柯事本来就是无稽之谈，即此见记载之不足可信。二说，琴棋之石室山传说更无容深辨耳。乾隆质疑，是他的态度，不信神仙道而信自己，与其说与徐渭讨论，不如说实际上并不同意徐渭之观点，徐渭钤印"孺子"，乾隆帝钤印"几暇怡情（白文）"，自娱自乐而已。或许徐渭也未必信此，只不过感叹人生而已，乾隆帝见徐渭之感叹，也随之，但又不信，或许他更喜欢徐渭的这种潇洒飘逸，也来一次文人之雅意，写写画画而已，又何必太认真？

---

① 《徐渭书画全集》，天津美术出版社 2014 年版，第 9 页。

② 参阅（清）爱新觉罗·弘历《御制诗文集》，中国人民大学出版社 2013 年版。

五 泼墨十二段卷之五

图4—5 徐渭《泼墨十二段》卷之五

与其说《风荷逸致》，不如说风荷忧残。一莲子，一残荷，一残叶，一朵荷花艳。三支茎，勾泼点染，浓淡干湿一片天。徐渭七言绝，乾隆七律篇。你说西施美，我道荷花残。徐渭忧郁恬淡，题诗曰："若耶溪上好风光，无人折取献吴王。西施一病经三月，数问荷花几许长。"[①] 又有《石渠宝笈》卷之十（第一册390）贮御书房，列朝人书画目录，画轴上等，徐渭荷花，巨二，素笺本，墨画，款题云，"茨菰叶碧蓼花白，菱子稍黄莲子青。最是秋深此时节，西施照影立娉婷。"渭下有"鹏飞处人、天池山人、酬字堂"三印。茨菰叶碧碧，蓼花白又白，菱子稍稍黄，莲子色青青。最是秋深时，西施照影立娉婷。为何只有病态美，大好风光又为谁？凄凄切切话风荷，生命真性有几回。上海博物馆藏徐渭万历二十年《花卉卷》第四款《荷花》题诗曰："西子睡起时，亭亭照秋水。若非翠袖扶，不见残妆美。"美丽之中总有一种悲壮，徐渭的泼洒，一直在映照自身，万历二十年，已七十二岁，生活悲悲惨惨，一画换食粮，拒于官家见，住青藤书屋，写戚戚美美荷花。西子刚睡醒，亭亭玉立照秋水，翠袖拂过，反而更见残妆美。

乾隆帝从徐渭画里看到了更多的雅意，丝丝缕缕之忧伤似乎少一些，

---

① 《徐渭书画全集》，天津美术出版社2014年版，第10页。

作为一个盛世的帝王或许有更多享乐的地方，理政虽然辛苦，还不至于凄凄惨惨的生活。徐渭的人生经历，才会更深刻地体会若耶溪上这种悲戚戚的美。

六　泼墨十二段卷之六

图 4—6　徐渭《泼墨十二段》卷之六

这张画叫《谪仙遗韵》，徐渭用中锋勾勒玉林醉仙，摇摇欲倒，一小童搀扶着，一坛在侧，置以鸬鹚之杓，将举觞白眼而望青天（乾隆帝跋文），大笔饱蘸水墨，笔尖浓墨，刷泼大地，由浓及淡，层次分明，右中上秃干笔焦墨点擦蹭大树，大地边缘也用此法，人物坛子留白，画面正上方乾隆帝跋文，左上徐渭题诗。徐渭惯用此技法，一气呵成，酣畅淋漓，如酒中仙人，如痴如醉，看似简笔大泼墨，意蕴悠长。

脱靴高力士，李白醉草殿。贵妃来研墨，大唐保江山。乾隆帝根据这段历史事实，对徐渭作品跋文曰："沈酣酒人之肆，颓荡天子之前，目无一世而何，有于高力士之威权，一坛在侧，置以鸬鹚之杓，将举觞白眼而望青天，非遇贺知章千载之下，又谁知此名传，适以自误，胁上楼船（二句即用白诗意）。是可悲也，呜呼谪仙！"① 说"沉酣酒人肆，颓荡天子前。目无一世何，高力士威权。非遇贺知章，白眼望青天。谁知此名传，自误上楼船。"

① 参阅（清）爱新觉罗·弘历《御制诗文集》，中国人民大学出版社 2013 年版。

　　乾隆帝根据这段历史事实，对徐渭作品跋文曰："沈酣酒人之肆，颓荡天子之前，目无一世而何，有于高力士之威权，一坛在侧，置以鸬鹚之杓，将举觞白眼而望青天，非遇贺知章千载之下，又谁知此名传，适以自误，胁上楼船（二句即用白诗意）。是可悲也。呜呼谪仙（渭自跋，目其友为玉林醉仙，画意似有所属。但玉林之为人既无可考，即或醉乡疏放，亦何足称仙，故不若太白为可据，因咏白事以当之）。①"说"沉酣酒人肆，颓荡天子前。目无一世何，高力士威权。非遇贺知章，白眼望青天。谁知此名传，自误上楼船。"徐渭当然也熟知此典故，但他不明写，非借玉林醉仙人，写文人意，画文人画，忆谪仙人。题诗曰："玉林醉仙吾故人，画中醉仙无限春。今日欲见不可见，但见图画伤吾神。画中醉仙醉欲倒，我亦大醉不知晓。东方天白瓦露燥，犹恨归家何太早。"玉林醉仙吾故人，玉林或许又作"御林"，当年之谪仙李白就是酒醉大草吓渤蛮，虽然有高力士脱靴，杨贵妃研墨，一切怎能忘怀，又怎能不事故人呢？画中醉仙永远激情四射，汹涌澎湃，诗情洋溢。今日想见却不能见到，见到图画已经有很多伤感，自然也伤我的精神元气。画中醉仙醉得要倒地了，童子赶紧上来抱住胳膊，我已经大醉，不知道天已经亮了。东方的天空已经白了，瓦上的露珠快干了，特别恨自己归家怎么那么早。徐渭这个现实的酒醉人来画画中的画中人，什么感觉呢？怀念谪仙李白？还是怀念列朝的同行文人画家们？但至少乾隆帝怀疑徐渭画中人为他自己的现实中的故人，由题跋文为证，"渭自跋，目其友为玉林醉仙，画意似有所属。但玉林之为人既无可考，即或醉乡疏放，亦何足称仙，故不若太白为可据，因咏白事以当之。"徐渭画中玉林醉仙，画意好像似有所属指，但玉林之人无法考证，即使喝醉了，在乡间自由放浪形骸，又怎么能够称得上仙人呢？因此，不是李白又是谁呢？有没有什么可以考据的。因为歌咏李白的事情而权且作之。

　　徐渭具体画什么？或许只有徐渭本人最清楚，乾隆帝也只能是猜测，或许更像乾隆帝钤印所传达的，评鉴徐渭书画，乾隆帝可以"得佳趣（白文）"也！

　　徐渭许多题画诗都是在纵酒大醉之后赏画而创作的，如："腊酒比时

---

①　参阅（清）爱新觉罗·弘历《御制诗文集》，中国人民大学出版社2013年版。

熟，老夫终岁忧。壶公能醉我，跳入画中休。"（《题雪景画》）

只醉酒，又何如？何时能够解千愁？这种愁闷，徐渭还有另外一首诗曰："求仙尚自隔蓬莱，仙子一双何事来？解佩人间托流水，吹箫去路上瑶台。望中海岛茫茫断，别后松花岁岁开。世事如斯浑不解，青山落日坐莓台。"①

七　泼墨十二段卷之七

图4—7　徐渭《泼墨十二段》卷之七

徐渭《卷石晚香》是画菊作品，画面一卷石，六朵菊花，六片菊叶，菊枝中锋勾勒，秃笔勾写石花，写表面，叶子勾叶筋染叶片，地面泼染。潇潇洒洒出风尘，解染忧民忧国身。为何寄托菊六朵，秋去冬来几轮回。题诗曰："身世浑如泊海舟，关门累月不梳头。东篱蝴蝶闲来往，看写黄花过一秋。"②钤印简洁平淡：文长（朱文）。徐渭哀叹身世浑浑浊浊，哀哀凄凄，如泊海小舟，飘飘零零，成年累月不开门不梳头，衣衫褴褛如乞者。

《明史·徐渭传》记载，徐渭天才超轶，诗文绝出伦辈。善草书，工写花草竹石。尝自言："吾书第一，诗次之，文次之，画又次之。"当嘉

---

① 参阅徐渭《徐文长文集》，《钦定四库全书·集部·别集类》，（台湾）商务印书馆1986年版。

② 《徐渭书画全集》，天津美术出版社2014年版，第12页。

靖帝时，王、李倡七子社，谢榛以布衣被摈。渭愤其以轩冕压韦布，誓不入二人党。后二十年，公安袁宏道游越中，得渭残帙以示祭酒陶望龄，相与激赏，刻其集行世。

徐渭曾借《菊赋》继续抒怀，"抗素秋而挺茂兮，终焉保其不衰。至乃微霜袭宇，惊飙振帷，萼绀紫而不起叶，比次而下垂阗闲宇兮，无人恍星月之悬辉。则有似乎贞女承绝乎，夫君放臣怀国而酸悲。尹子履霜于中野，苏武啮雪于沙陲，在颠沛而愈厉至九死其靡，违外容色之凋，伤实中心之永矢嗟。主人之怀抱，美材质之修嫮，逾盛年而云迈，稍凌夷乎末路。苟苍苍之尔私兮，又何病于迟莫。日中昃而弥烈兮，金粹精于融铸。直守贞而罔渝于兹英，其何负余假托以抒忱兮，信母必而毋固。"①

故宫博物院藏徐渭《花卉八段卷》第七款咏菊诗曰："经旬不食似蚕眠，更有何心问岁年。忽报街头糕五色，西风重九菊花天。"② 到一定年纪了，不想吃东西，就像蚕冬眠，哪有什么心思去问年岁几何？忽然街头有卖五色糕的，西风吹过，九九重阳，菊花满天。国家博物馆藏徐渭《杂画卷》第五款题诗曰："扶筇九日龙山颠，便倦归来一解眠。问酒偶然囊底涩，是将斑管取金钱。"③ 漂泊九日，在很远很远的山那边，归来疲惫不堪，多想好好地睡一觉啊！偶然想打壶酒，只是囊中羞涩，立即拿起毛笔画几张菊花换回一些钱来。无酒无粮又无钱，难倒大才英雄汉。拿笔墨戏写黄花，一醉一饱为酣眠。上海博物馆藏《花果卷》第九款题诗曰："人如饷酒月花酬，每扫菊花赴酒楼。昨日重阳风雨恶，酒中又过一年秋。"④ 又借酒，来浇愁，写黄花，赴酒楼，酒醉又过一年秋。日子总是朝不保夕，用菊花换酒肉粮食，解饥寒。徐渭一切全醉了，醉在诗文书画里。

再看看乾隆帝如何沉醉？题诗曰："落落一卷古，疏疏几朵新。尽得风流趣，菊石传其神。刻画丹青者，应非知菊人。"⑤ 钤印：乾隆宸翰（朱文）、菊水月在手（白文）。落落的一卷古画，稀稀疏疏就画了几朵新

---

① 参阅《徐渭集》第一册，中华书局 1983 年版。
② 《徐渭书画全集》，天津美术出版社 2014 年版，第 12 页。
③ 《徐渭书画全集》，天津美术出版社 2014 年版。
④ 同上。
⑤ 参阅（清）爱新觉罗·弘历《御制诗文集》，中国人民大学出版社 2013 年版。

花。虽然寥寥数笔，逸笔草草，随性而写，但是尽得菊花的风流意趣，菊石都画得非常的传神。乾隆帝谬赞了一番，不知为何，诗意一转，说这个画家啊！并不是真正地懂得菊花啊！不知何意？或许乾隆帝随随便便一题，所谓几暇怡情，如这张画的钤印之意捧水月在手中。不得深究？也不知如何深究？乾隆帝与徐渭，虽然文人雅意都在，但现实生活，一个天上，一个地下，一个温饱不保，一个撑破肚皮，山珍海味，猴头燕窝，奇珍异兽，无所不有，怎么可能有同样的感受呢？徐渭说自己，"几间东倒西歪屋，一个南腔北调人。"① 乾隆呢？紫禁城，八千余间房子，《诗经》曰："普天之下，莫非王土，率土之滨，莫非王臣。大夫不均，我从事独贤。"

八　泼墨十二段卷之八

图4—8　徐渭《泼墨十二段》卷之八

徐渭《江干观瀑》图，大团大团的泼墨，泼出脚下大石，远处大山。瀑布水流亦大片留白，两个高人携手望江北，用浓墨线中锋迅速勾勒简笔人物，画树干树枝，用蘸水浓一点中锋勾写，阴凉的大片树叶，用浓墨蘸水泼洒，整个画面用水淋漓，畅快之极。只是不知高人是谁？或许就是徐渭与朋友，难怪乾隆题诗曰："一响可亲仪表在，千秋欲识姓名难。"乾隆帝也觉得无可考证，一切自问徐渭吧！此图未见任何文献资

---

① 参阅徐渭《徐文长文集》，《钦定四库全书·集部·别集类》，（台湾）商务印书馆1986年版。

料，一切也只能就画论画了。这一切也可能与徐渭生活经历有关，徐渭的生活却显得异常的焦躁，起伏动荡；他无法融入自然。这种不安只能寄托于大山瀑布流水，树下遥望江北山，望者却疑是江南。还是看徐渭自题诗吧！"瀑布挂江北，望者江南猜。雪花那不到，霹雳过江来。"钤印：文长（朱文）。瀑布挂在江北，望者却猜以为是江南，望者是图画中人？还是现实中人？谁人知？雪花哪儿不能到啊！霹霹雳雳已经过江来。我们总以为只有北方下大雪，南方却少有。其实南方北方并不重要，关键是感受大自然的壮观，让内心的不平化解、消融。殊不知，为何有如此多的隐士都是如此，"达则兼济天下，穷则独善其身。"入道修佛，逍遥虚空。看乾隆帝，又何如？题诗曰："高人携手立江干，瀑水当前纵目观。泻出谁知本天上，落来惟见自云端。便教俗耳听犹静，那觅尘心浣以寒。一晌可亲仪表在，千秋欲识姓名难。"钤印：会心不远（白文）、德充符（朱文）。山中两高人，携手立江干。瀑水在当前，纵目如是观。泻出谁知何？原本自上天。落来惟见哪？遥遥自云端。便教俗耳撑，聆听听犹静。那觅尘心在，浣沙以气寒。一晌可亲处，仪容表情来。千秋欲识谁，要识姓名难。一张画，一场梦，如痴如醉又如花，又如花，又如画，高人携手，远离浮华。乾隆钤印，"领会慈心亦不远"，看看乾隆另一方印，"德充符"，倒有另一番意思，或许我们能够真正地理解老庄的逍遥出世思想。

九　泼墨十二段卷之九

图4—9　徐渭《泼墨十二段》卷之九

此画为徐渭《松阴高士》图，泼染松干松枝，枝干横斜伸向画面左侧，随意扫出些松针，地面淡墨泼洒，树下有一位隐士斜坐石坎。画家用简单几笔将这位老者的神态刻画得活灵活现，老者若有所思地望着远方，画面意境清幽，回味无穷。此图与《江干观瀑》图同属隐士题材，一为山幽瀑高，一为松下悠然。

至于松树，或许有更深寓意。据乾隆十二年《题三友轩》诗云："禁中三友轩，额为藏名迹。园中三友轩，窗外真培植。名实虽不同，要以取有益。寓意非玩物，向曾咏其德。"三友之名始自孔子，孔子说："益者三友，损者三友。友直、友谅、友多闻，益也。"禁中三友，园中三友，山中三友，松喻直，喻坚贞的洁操。①

正作为"岁寒三友"之一的松，曾为无数文人墨客歌咏，有不少值得一读的诗篇。有的着眼于松树的外形。诗人观察细致，刻画细腻，写得传神逼真。此图徐渭题诗曰："眠松坦腹腹便便，个是高人松畔眠。子美诗中何句似？举觞白眼望青天。"② 大腹便便一高士，天悠悠，地悠悠，松伴眠。却问子美诗中何句似？罢只罢，举杯白眼望青天。杜甫曰："落落出群非榉柳，青青不朽岂杨梅？欲存老盖千年意，为觅霜根数寸栽。"全诗未见一个"松"字，而句句写松，以衬托手法写出了松与榉、柳、杨、梅之不同。画面意境清幽，老盖千年，回味无穷，既为直，又为寿。

乾隆帝对诗篇题跋："松下箕坐优游，飒沓松风上流。已得通明高致，三层那藉为楼。"③ 钤印：会心不远（白文），德充符（朱文）。看高士，松下箕坐悠悠游，飒飒秋松风上流。

已得通明为高致，三层那藉为高楼。悠悠哉，飒飒风，松下坐，得上流，通明一片高士哉！何止三层是高楼？会心不远德充符，体会庄子逍遥游。

---

① 参阅王子林《明清皇宫陈设》，紫禁城出版社 2011 年版，第 178 页。

② 同上。

③ 参阅（清）爱新觉罗·弘历《御制诗文集》，中国人民大学出版社 2013 年版。

十　泼墨十二段卷之十

图4—10　徐渭《泼墨十二段》卷之十

徐渭《蕉竹含风》图，画芭蕉一大棵，主干用两笔淡墨，一笔浓墨侧锋扫出，叶筋用浓墨中锋速写，三片大叶子斜垂下来，似乎要折断，叶片用侧锋卧扫，中间靠下用浓墨干扫，有飞白，两侧水分较多，同样侧锋卧扫，先淡墨扫叶子，趁湿用浓墨画筋脉，浓淡干湿技法都用上了。像雨打芭蕉，像秋风扫落，向生命垂垂，斑斑驳驳。竹子则用浓墨中锋写出，虽然细小，但生命硬朗，一切皆脱相，只留精神在。一切皆易逝，生命却永恒。说写芭蕉，其实写人。

芭蕉是中国南方庭院常见的植物，中国画中多见其身影。徐渭非常喜欢芭蕉，也喜欢画芭蕉，像是自己的缩影。徐渭学表兄王畿（龙溪），深研王阳明学说思想，趋向于对传统思想、道德的否定。并拜于著名禅师玉芝（法聚）门下，学佛。徐渭从芭蕉的易坏之中看出不坏之理，芭蕉本来是脆弱的植物，却又成为永恒的隐喻物，不是芭蕉不坏，而是心无所挂，心无所念。王维在《袁安卧雪图》中，画雪中芭蕉，这是季节的混乱，所强调的就是大乘佛教的不坏之理，金农也说："王右丞雪中芭蕉，为画苑奇构，芭蕉乃商飙速朽之物，岂能凌冬不调乎。右丞深于禅理，故有是画，以喻沙门不坏之身，四时保其坚固也（《冬心题诗》）。"[1]

---

[1]　朱良志：《南画十六观》，北京大学出版社2014年版，第250页。

徐渭也画过几幅雪中芭蕉，如《雪蕉梅竹图》，题诗曰："冬烂芭蕉出一芽，雪中翻笑老梅花。世间好事谁兼得，吃厌鱼儿又捡虾。"① 《礁石梅花图》也同样题此诗句。故宫博物院藏徐渭《四时花卉卷》也画芭蕉，题诗曰："老夫游戏墨淋漓，花草都将杂四时。莫怪图画差两笔，近来天道较差池。"② 又逢衰败之时，埋怨天道也无用。又有《梅花蕉叶图》，题曰："芭蕉伴梅花，此是王维画。"③ 再曰《芭蕉梅石图》，题诗云："偶然蕉叶影窗纱，便想王维托雪加。斗酒醉余浑泼墨，豪尖不觉点梅花。"④ 雪中梅花一场梦，生命易逝几沉浮。世间哪有恁好事，近来世事皆虚无。又有两幅芭蕉画作，《芭蕉玉簪》："烂醉中秋睡起迟，苍蝇留墨研头池。合欢翠扇遮羞面，白玉搔头去嫁谁。"⑤ 《芭蕉鸡冠》："芭蕉叶下鸡冠花，一朵红鲜不可遮。老夫烂醉抹此幅，雨后西天忽晚霞。"⑥ 徐渭也通过芭蕉注入了对生命的咏叹，暗示着对物质执着的否定，对永恒寂静的肯定。郑燮诗曰："芭蕉叶叶为多情，一叶才舒一叶生。自是相思抽不尽，却教风雨怨秋声。"

　　这幅图虽然只有几片竹叶，不为主，但也见徐渭写竹诗几首，如《竹石》，如"片石苍苍映莽林，南宫如见拜难禁。牛车若使能移去，卖与侯家五百金"。"昨宵风雨折东园、那许从天乞一竿。数叶传神为不朽，儒寒道瘦任人看。""郡城去海不为遥，墨箨淋漓似郁蛟。莫遣风来吹一叶，恐于笺上作波涛。"⑦ 又一首《勾勒竹》，"自缘勾勒减松煤，非关白雪压枝低。梢似东坡碑上笔，路人才掘出深泥。"⑧ 《写倒竹答某饷》："胡麻绿菽两尖堆，回施无他写竹回。卷去忽开应怔叫，皁龙抽尾扫风雷。"⑨

---

① 参阅徐渭《徐文长文集》，《钦定四库全书·集部·别集类》，（台湾）商务印书馆1986年版。

② 《徐渭书画全集》，天津美术出版社2014年版，第15页。

③ 同上。

④ 参阅徐渭《徐文长文集》，《钦定四库全书·集部·别集类》，（台湾）商务印书馆1986年版。

⑤ 同上。

⑥ 同上。

⑦ 同上。

⑧ 同上。

⑨ 同上。

《画竹与吴镇》："聚干垂梢凡几重，只须用墨一分浓。即令小节无些用，也自成林一壑中。""东坡画竹多荆棘，却惹评论受俗嗔。自是俗人浑不识，东坡特写两般人。"①《竹石》："青虬拔尾向何天，紫石如鹰啄兔拳。醉里偶成豪健景，老夫终岁懒成眠。"②《初春未雷而笋有穿篱者醉中狂扫大幅》："脑尾春头试爆余，竹根惊笋两三株。却冯一匕硫黄末，竟夺雷州稳卧猪。"③《菊竹》："□□重阳贳一壶，那能了此菊花逋。竹梢墨色潮如此，试看明朝有雨无。"④

　　还是看乾隆帝如何评《蕉竹含风》？"两三绿蕉叶，几个翠竹梢。清风与之宜，睿映成萧骚。随缘作舒卷，相依为磕敲。焦墨一淡扫，寓意何超超。蕉心其中无，竹干惟外扃。可作枯禅参，那论先后凋。"⑤ 钤印：澄观（朱文）。两三片绿色的蕉叶，几个翠翠的竹梢，似乎如此随意涂抹，但清风吹过来，徐徐的，像拂脸面，与之相宜，竹子芭蕉相映成趣，像是萧风弄骚，在乾隆帝眼里，此图更是一种弄情。一切随缘而已，舒舒卷卷各相依依，磕磕敲敲。焦墨淡淡的一扫，可寓意却完全的不同，超凡脱俗。蕉叶子内里像是空的，竹子的干只往外包裹。虽然叶子易败枯，生命易逝几沉浮，姑且来做枯禅参吧！先后凋零有什么不同？乾隆帝、徐渭都参禅悟道，乾隆帝钤印"澄观"，唐澄观法师，名澄观，先后参究律宗、华严、天台、三论、禅宗各大宗派，大历十一年，坐镇五台山，宣扬华严，乃作《唐译华严经疏》二十卷，这张画应与泼墨十二段卷之一钤印"澄观"，都是乾隆帝礼佛的见证，也是乾隆帝的一种境界。易坏的芭蕉，小竹易飘摇，生命易逝，精神永遥遥。以酒为乐吧，以酒为逍遥，用生命去泼洒，亦黑亦白，墨戏人生，人生戏墨。一切似乎很平淡，一切又是如此的悲凉，悲凉中的参禅悟道，悲凉的生命永远妖娆。

---

① 参阅徐渭《徐文长文集》，《钦定四库全书·集部·别集类》，（台湾）商务印书馆1986年版。

② 同上。

③ 同上。

④ 同上。

⑤ 参阅（清）爱新觉罗·弘历《御制诗文集》，中国人民大学出版社2013年版。

十一　泼墨十二段卷之十一

图4—11　徐渭《泼墨十二段》卷之十一

　　明代画家徐渭擅长画蟹，在一生中画了不少的各种各样的蟹。只是乾隆与徐渭在《泼墨十二卷》中《水乡稻蟹》相遇、相知、相敬、相爱，看原图，一片稻草一片叶，浓淡干湿泼墨写。只知肥蟹黄云饱，郭索无悔常肥蟹。稻田稻草在画面左方，泼写潇洒痛快淋漓，只是稻蟹在中央，只有稻田长黄云，哪得人间有美味。只是人类太贪婪，却因肥美而断魂。徐渭题诗曰："谁将画蟹托题诗，正是秋深稻熟时。饱却黄云归穴去，付君甲胄欲何为。"① 谁将画只螃蟹还要题上寄托之诗，恰恰正是深秋稻子成熟的季节，一堆堆的黄云填饱肚子，君子啊！

　　徐渭的一首《题画蟹》诗写得明快传神："稻熟江村蟹正肥，双螯如戟挺青泥。若教纸上翻身看，应见团团董卓脐。"② 只是稻熟蟹肥，双螯如戟又何如？也只能在属于自己的那片青泥里挺立自在潇洒出风尘。若教纸上翻身看，应见团团的董卓、严嵩之流的邪恶。故宫博物院藏徐渭万历十九年《墨画十二段》第十一款题云："郭索郭索，不用草缚。秋月烟消，沙水叶落。"中国历史博物馆藏《花卉人物图册》之二云："郭索郭索，还用草缚。不敢横行，沙水叶落。"③ 郭索郭索，不用草缚？还用

---

① 《徐渭书画全集》，天津美术出版社 2014 年版，第 17 页。

② 徐渭：《徐文长文集》，《钦定四库全书·集部·别集类》，（台湾）商务印书馆 1986 年版。

③ 《徐渭书画全集》，天津美术出版社 2014 年版，第 18 页。

草缚？秋月烟消也好？不敢横行也好或敢横行也好？命运有时如草芥，文人知识分子，奈何天，天奈何！奈何奈何又若何？依然困惑。天津博物馆藏《鱼蟹图》："钳芦何处去，输与海中神。"① 钳子被芦苇草捆缚，又能去哪儿呢？怎么样能比得了海中的神仙呢？《鱼虾螺蟹》又写到，"鱼虾螺蟹藻萍鲜，一榼新醪一柳穿。不是老饕贪嚼甚，臂枯难举笔如椽。"② 甲胄硬，又能怎么样？还是因为邪恶而美味被吞噬掉！

回到乾隆的心境，回到与徐渭共同的感伤，"水乡稻熟时，始得有肥蟹。夜深出沙岸，啮稻彭亨乃。渔者善谋取，纬萧断以采。持向街头鬻，煎寒佐盘醢。何如伏泥中，郭索常无悔。"③ 秋季水乡，稻熟蟹肥，夜深深，出沙岸，还是捕鱼者有办法啊！砍断纬萧以便抓蟹。拿到街头熬成粥，美味极了，煎寒佐料成为盘醢，多美啊！只是美味有了，生命却消亡，谁惜谁怜。还是俯卧污泥中，即使被稻草缠住还不至于没命，成为锅中汤，盘中餐，生命有限，不过百年，为何有哀哀凄凄，缠缠绵绵。

十二　泼墨十二段卷之十二

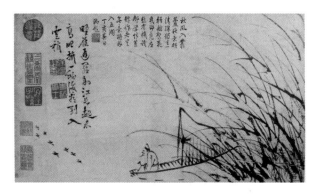

图 4—12　徐渭《泼墨十二段》卷之十二

---

① 《徐渭书画全集》，天津美术出版社 2014 年版，第 17 页。

② 参阅徐渭《徐文长文集》，《钦定四库全书·集部·别集类》，（台湾）商务印书馆 1986 年版。

③ （清）爱新觉罗·弘历：《御制诗文集》，中国人民大学出版社 2013 年版，第 17 页。

徐渭《芦汀秋泛》图，右下角，枯笔干写一片蒿草，蒿草江边一叶舟，一高士优哉游哉，远眺前方，野雀远飞，离篷罗船越来越远，越来越远，见徐渭题诗曰："野雁逢罗船，江长起未高。眼拼一饷后，看到入云梢。"① 江水长长，江岸长长，野雁渐远，飞得不高不低，着迷了，沉醉了，眼盯着，眼盯着，一饷过，渐渐远去，渐渐远去，入云霄。虽不是寒江独钓，却又胜似寒江独钓。寒江芦汀秋泛长，高士野雁来徜徉。远离尘嚣烦恼事，一叶篷罗几忧伤。青藤道士枯笔渴，我自我画上天堂。不知乾隆知几何？《石渠宝笈》御书房。乾隆曰："秋风入丛芦，秋意顿清殊。独坐一轻舫，惊飞几野凫。"② 秋风，秋意，丛芦飞扬，一切顿清爽。远离喧嚣尘俗地，自然独坐一轻舫。秋风秋意入从芦，野凫惊飞入云方。徐渭想静，因为世界太闹了，不知乾隆帝为何惊飞了野雁。

类似《芦汀秋泛》图，如故宫博物院藏徐渭《山水人物花鸟册》之三款识：得赵公麟渔舟破芦荻图述。天池漱者。③《山水人物花鸟册》之五款识：扁舟雨霁，忆而图此。漱者。《山水人物花鸟册》之七，青藤山人图镜湖渔者。④ 故宫博物院藏徐渭扇面《横江独钓图》款识：横江独钓，为钱伯兰作。⑤ 国家博物馆藏徐渭《花卉人物图册》之三诗曰："大海有鲸鳌，五岳额其鼻。任公钓不来，烦尔一丝雪。"⑥ 渔舟，芦荻，秋江或寒江，独钓或泛舟横江，扁舟雨霁或雪霁，都像梅花道人的水禅。大海有大海的力量，鲸鳌有鲸鳌的震荡，五岳怎么样？牵着你的鼻子。你是钓不来的，何必惹得自己自取烦恼？以致头发上都有一丝白雪了。入世的烦恼，出世的快乐。《芦汀鸣雁图》："芦洲无伴卖孤鸣，画者无情看有情。才与不才俱未免，九原难起问庄生。"⑦《渔画》："外看杨柳障渔汀，内必桃花闭武陵。曝网张鱼等闲事，且登岸上逐花行。"《渔鼓

---

① 《徐渭书画全集》，天津美术出版社 2014 年版，第 17 页。

② 参阅（清）爱新觉罗·弘历《御制诗文集》，中国人民大学出版社 2013 年版。

③ 《徐渭书画全集》，天津美术出版社 2014 年版，第 18 页。

④ 同上。

⑤ 同上。

⑥ 同上。

⑦ 参阅徐渭《徐文长文集》，《钦定四库全书·集部·别集类》，（台湾）商务印书馆 1986 年版。

词》："卢家双燕不双栖、南浦鹨□□□□。红绵如水单衾大，冷暖在郎归不归。""大唐自古谚鱼洲，百贾囊钱入海流。央杀主人寻翠羽，不知鹦鹉在高楼。""洞庭橘子凫茭菱，茨菰香芋落花生。娄唐九黄三白酒，此是老人骨董羹。"① 还是喜欢庄子的梦蝶与逍遥，忘却世俗事，求得独自行，无情或有情，才或不才宠与惊。看花开花落，看云卷云舒。杨柳，渔汀，桃花，武陵。曝网张鱼，优哉游哉等闲事，岸上逐花行。洞庭橘子，飘凫茭菱，茨菰，香芋，落花生。还是娄唐九黄、三白酒，还是老人骨董羹。一切水性，一切水法，皆为生命之觉解。超越江湖，超越隐者，超越风波，乐在风波，无路无藏，何必非渔父，只在水中央，只为终极道。江湖险恶，不如归家。人世江湖，不若江湖。还是乐在江湖吧！

第二节　《乾隆御制诗·四集》中题写的
《徐渭写生卷》的八首诗

乾隆帝御制诗四集卷十著录了乾隆所题《徐渭写生卷》的八首诗，分别题写鲤、荷、螺蚌、蒲、榴、蔷薇、芭蕉、梅，都属于文人花鸟画家经常画的题材。徐渭并没有局限于文人雅集里的梅兰竹菊四君子这些题材，而视野更为宽泛，关注更多的是生命群体，而恰恰这些更能表达徐渭的生命真性，乾隆因此题写了八首诗来响应这种感受，著录于御制诗初集、四集，其具体创作时间，按美国欧立德的统计时间为 1795 年，应该是乾隆帝八十岁以后的这段时间，在看《徐渭写生卷》中对徐渭一生的感慨全在其中。这种超时空的对话只有在画与诗里才真正体会得到。但是很可惜，根据陈设档案记载："宫/重华宫/钦定石渠宝笈续编·三十三册·贮重华宫，《徐渭写生一卷》本幅素笺本水墨画五幅，纵同九寸一分，一，横一尺二寸，画水波鲤鱼，自题，鲤鱼墨中神采多，赤尾银鳞古妇梭。二月桃花春水涨，一须万斛上天河。钤印二，徐渭印，酬字堂，二，横一尺二寸，画荷花，自题，一斗湖光不放宽，却（《陈设档》为

① 参阅徐渭《徐文长文集》，《钦定四库全书·集部·别集类》，（台湾）商务印书馆 1986年版。

'特')于纸上空波澜。犀盘黑尽浑无蜜，捧出茅山女道冠。钤印二，徐渭之印，金云山人，三，横九……"又根据陈设档案记载："馆/翠云馆/翠云馆手卷册页，御咏徐渭写生一。"我们现在只能根据乾隆御制诗四集卷十著录了题《徐渭写生卷》八首诗来分析，但已无法查索徐渭原画作，也只能查索部分题画诗，而且只有五幅作品，并不能确认与乾隆御制诗八首相对应，因为《徐渭写生卷》与《徐渭写生一卷》应该不是一卷作品，但可以作为解读乾隆帝与徐渭的辅助材料，只能通过乾隆帝题诗的诗文的解读与相关的文献资料来分析，下面我们来逐一分析之。

一　《鲤》

乾隆帝为徐渭《徐渭写生卷》题诗为："不羡千里身，都同丗六鳞。浊游还食浊，神到乃传神。意得何愁蚁，伪求应笑人。循名诠字义，也觉与相亲。"[1] 我们似乎只能从乾隆这一方单方面的去解读，至少我们先翻翻关于徐渭写画《鲤》的相关资料。

首先我们来解读《徐渭写生一卷》本幅素笺本水墨画五幅，一为画水波鲤鱼，自题，"鲤鱼墨中神采多，赤尾银鳞古妇梭。二月桃花春水涨，一须万斛上天河。"钤印二，徐渭印，酬字堂。徐渭写得清楚，名为《画水波鲤鱼》，顾名思义，水波中的鲤鱼，鲤鱼在水墨画中更加神采奕奕，红红的尾巴，像银子一样闪光的鳞片，更像妇女的织布梭子，其实是指鱼来回穿梭迅捷利索。二月桃花季节，春水涨，一只胡须，像万只斛一起倾倒上天河，画面既美又壮观，现实中根本没有，也只能在画里。

徐渭又在"梦里分明梦塞鸿，朝来便有鲤鱼通。话深白榻三人雨，冰断黄河一夜风。马惫岂堪重踥蹀，乌飞何苦辨雌雄。云天万里尝嫌窄，恰作庖鸡镇日笼"[2] 的诗中抒发了自己的情思。戊辰廿有四日，尚宾时中，宿于闉夜，大风雨，冰厚尺诘，朝得子甘北报，走笔遍诸友。梦里

---

① 参阅《乾隆御制诗文集》，中国人民大学出版社 2013 年版。

② 参阅徐渭《徐文长文集》卷七，七言律诗（九），《戊辰廿有四日尚宾时中宿于闉夜大风雨冰厚尺诘朝得子甘北报走笔遍诸友》，《钦定四库全书·集部·别集类》，（台湾）商务印书馆 1986 年版。

梦到了塞鸿，早上一定有活的鲤鱼来。白榻夜话深深处，三人兴奋之至泪雨绵绵，一夜风来黄河冰断。马儿疲惫，岂堪重负，走路已经慢慢悠悠，乌飞就飞飞吧，何苦辨什么雌雄。万里云天何尝还嫌窄，恰恰作了庖鸡，放于蒸笼，还是有酒有鱼有鸡，继续夜话三更。

还是回到乾隆帝的题跋。不去羡慕千里万里身，你我都是卅六鳞的漂亮缤纷。虽然深陷污浊，还得在污浊中行走，神形兼备自然传神。扬扬得意又何愁？虚伪的样子让人嘲笑。怎么去诠释意气相投呢？总觉得我们如此亲近！是与鱼近？还是与人近？虽然才华四溢，却深陷凌侮，污浊之世又何如！依然污浊中行走。虽然有时我们会成为别人的鱼肉，似乎有点凄凉，这个世界又有多少美好的事？只能借助我的诗文书画，我的泼洒，我的墨戏，潇洒出风尘，愤慨写真情，生命真性，不只是哀怨叹息，更要去行动。

通过以上的介绍，我们不难看出，《徐渭写生卷》中徐渭本人的题画诗由鲤及人，所表达的是清净的文人雅趣，乾隆再为《徐渭写生卷》题诗，某种程度上是附庸风雅，一方面认同徐渭的雅趣，但格调却没有了徐渭的深长悠远，二人相较，境界高下不言自明。

二 《荷》

乾隆帝为徐渭《徐渭写生卷》之《荷》题诗曰："了了挥数笔，超超见一花。出尘惟净直，照水亦横斜。那避初更月，荷花见月则。敛朵出梵经，休夸十里霞。不衫还好履，君子定无差。"①

徐渭咏荷的诗，丝丝体味其意。《徐文长文集》（2）有咏荷诗九首，其中之一为："五月五日热太烘、疾挥纨扇不能攻。欲呼小艇耶溪去，荷叶荷花十里风。"② 在《泼墨十二种》之五中，已经有过一首若耶溪的荷花诗，五月天太热，疾挥纨扇根本没有用，还是找一个小船划到耶溪去，哪里啊！荷叶荷花十里风。

"一斗湖光不放宽，却于纸上定波澜。犀盘墨尽浑无蜜，捧出茅山女

---

① 参阅（清）爱新觉罗·弘历《御制诗文集》，中国人民大学出版社2013年版。
② 参阅徐渭《徐文长文集》（2），《钦定四库全书·集部·别集类》，（台湾）商务印书馆1986年版。

道冠。"① 一湖波澜，跃于纸上，犀盘墨尽，泼洒淋漓，一朵莲花水上捧出。此诗与《石渠宝笈》著录的明《徐渭写生一卷》，贮养心殿，卷之六，列朝人书画目录，书轴次等，成一素笺本，墨画，凡十一段，第二段题云："一斗湖光不放宽，却于纸上定波澜。犀盘墨尽浑无蜜，捧出茅山女道冠"的题诗一模一样，但不能确定就是原幅画。陈设档案又记载："宫/重华宫/钦定石渠宝笈续编·三十三册·贮重华宫，《徐渭写生一卷》本幅素笺本水墨画五幅，二，横一尺二寸，画荷花，自题，一斗湖光不放宽，却（《陈设档》为'特'）于纸上空波澜。犀盘黑尽浑无蜜，捧出茅山女道冠。钤印二，徐渭之印，金云山人。"相吻合，但同样也不能确定就是原幅画。

徐渭早年科举不顺，说是为朋友滕中敬作《荷赋》，实际上自己也借夏荷冬梅抒怀寄情。徐渭晚年更惨烈，悲戚戚，若耶溪，西子影，婷婷立。一曲《荷赋》却为谁？《墨花》之五已说尽，这节《荷赋》化烟云。一杯浊酒与主人，道别离，悲戚戚，满纸荷香丝缕缕，入心脾。

且说乾隆帝又如何？寥寥数笔挥，一花超超群，说徐渭，还是道自身。虽说为技法，实为是谬赞。花如人，潇潇出风尘，虽世之凄凉，身心唯净直，照水亦横斜。无须那避初更月，荷花见月月月香。朵朵出梵经，莲花污泥生，洁自洁来自洁去，休夸十里烟霞景。虽然布衫履还好，心不被尘俗污染，君子定无差。

三 《螺蚌》

我们既没生活在徐渭的时代，也没生活在乾隆的时代，《石渠宝笈》虽然著录了《徐渭写生卷》之《螺蚌》，但看不到原作，徐渭的文献也没有留下多少资料，除了乾隆帝的这首御制诗，也就是《鱼虾螺蟹》之诗："鱼虾螺蟹藻萍鲜，一榼新醪一柳穿。不是老饕贪嚼甚，臂枯难举笔如椽。"② 这首诗实际上写了鱼、虾、螺、蟹四种海鲜，都是刚刚从海藻浮

---

① 参阅徐渭《徐文长文集》（2），《钦定四库全书·集部·别集类》，（台湾）商务印书馆1986 年版。

② 参阅徐渭《徐文长文集》（12），《钦定四库全书·集部·别集类》，（台湾）商务印书馆1986 年版。

萍中捞出，非常新鲜，一槌新鲜的醪糟，一柳枝穿着的一串鱼虾螺蟹。不是老饕贪食烂嚼这些东西啊！四肢无力身体虚，难举笔大如梁椽。鱼虾螺蟹新鲜，让人流口水，自然也营养丰富，何止老翁喜欢？

没见徐渭画，但见乾隆诗。娓娓来道来，恐众怨迟迟。乾隆帝题诗曰："实虚随望晦，沈伏隐泥沙。闭户公输仿，为厄汉武夸。味非鼎俎贵，文岂饰雕奢。设不明珠韫，谁将刀剖加。"① 螺蚌的虚实肥瘦是随着时辰不同，季节不同，自然肥美不同，沉沉浮浮中蚌壳里隐藏了一些泥沙。关起门来，公输公偷偷仿效，做成厄受到汉武帝的夸奖。螺蚌的鲜美并非因为煮器的贵重，正如文章写得好并非写得辞藻华丽。假设不是明珠藏在里面，谁又舍得用刀把他劈开呢！造型自然美，味美亦天成。刀凿来雕饰，总觉不生动。《螺蚌》一张画，虚伪与乾隆。

四 《蒲》

对于岸边的蒲草芦苇，其实徐渭画的很多，《渔者》《寒江独钓》《小舟高士》等图中似乎都能发现，但专门的《蒲》并不多见，即使有"蒲"字题画诗中，都与渔者，"单衾觉寒重"等，还是与人有关，如"十里空江一物无，青蓑曳雪老渔孤。酒筵正苦黄鱼热，对此寒生绿叶蒲"②。"中夜依水泽，羁愁不可控。远火澹冥壁，月与江波动。寂野闻籁微，单衾觉寒重。托踪蒲稗根，身共鸥凫梦。"③ 十里空江没有一个东西，只剩下在雪地中的青蓑老渔翁孤独的身影。酒筵正苦，锅里的黄鱼还是热的，只有孤独的一个寒生与绿绿的叶子的蒲草。寒境，是人间的寒境，还是自己的寒境，十里空江，青蓑渔翁，孤独寒冷，寒生绿蒲，只有黄鱼热，似乎还有一些文组温存，还有一点希望。又一景，中夜依依水泽岸，脸上羁愁不可控。远处篝火澹冥壁，明月伴随江波动。寂野悄闻天籁微，单衾总觉寒气重。托踪蒲草稗蒲根，寒身却共鸥凫梦。夜依依，眉上愁，篝火照明月，明亮伴江波，寂夜无人天籁静，单衣怎能

---

① 参阅（清）爱新觉罗·弘历《御制诗文集》，中国人民大学出版社 2013 年版。

② 参阅徐渭《徐文长文集》（12），《钦定四库全书·集部·别集类》，（台湾）商务印书馆 1986 年版。

③ 同上。

不寒冷，紧抱一捆蒲稗根，哆哆嗦嗦一寒身，哆哆嗦嗦鸥凫梦。

似乎更是文长公，乾隆帝梦里是暖梦。乾隆帝题诗词曰："春水溶溶绿，新蒲刺水青。映波潇，复洒度，籁摇去声停。李密鞯，勤读刘，宽鞭示刑宁同等，间草璧写赞明廷。"春水溶溶，绿新蒲，原来文长《蒲草》另一幅，现在文献不曾见。还是梦回乾隆宫，刺水青映，波潇复，波潇复，世外是秘境。洒度静籁摇摇去，声还却停在梦境中，李密鞯，勤读刘，宽鞭示刑，宁同等，间草璧写，赞明廷。赞明廷，还是替徐渭鸣不平，弄不懂，似做梦，异世同轨话生命。

五 《榴》

徐渭一生画过许多石榴，自然也有许多题写石榴的题画诗，我们首先来看一看《榴实图》，立轴，纸本，墨画，长91.4厘米、宽26.5厘米，《石渠宝笈》著录，台北故宫博物院藏。题款："山深熟石榴，向日笑开口。深山少人收，颗颗明珠走。文长。"这首诗明显地可看出徐渭入世的无奈与伤感，虽然表面笑口常开。深深的山里，石榴熟透了，没有污染的阳光，自然笑口常开，深山少人去，自然少人收，也自然洒落满地无人问。一生虽有大才，想报效国家，但又有怀才不遇的无奈。

《画石榴》题榴云："山深秋老得境异人。略着腂脂染一堆，蛟潭灏龉胰嗣忌。缴钋锢蛊无人摘，自进明珠打雀儿。"[1] 山深秋老，得境异人，石榴略着腂脂，染红一堆明珠，蛟潭灏龉，胰嗣忌。缴钋锢蛊，无人摘取，自个进出，明珠只为雀儿留美味。上海博物馆藏《花果卷》第六款，"各用胭脂染一堆，蛟潭锦蚌挂人眉。山秋深老无人摘，自进明珠打雀儿。"[2] 这首诗与上一首大同小异，石榴红了，个个像被胭脂染红了一堆，又是蛟潭锦蚌挂上人眉。山上的秋深深，石榴老成却无人摘去，还是颗颗明珠自进打雀儿吧！这两首诗同样表达对家国的忧思，对自身的怀才不遇的无奈，借诗抒怀，借画抒怀，是文人的一贯手法。

---

① 参阅徐渭《徐文长文集》（12），《钦定四库全书·集部·别集类》，（台湾）商务印书馆1986年版。

② 《徐渭书画全集》，天津美术出版社2014年版，第212页。

　　《徐文长文集》卷十二《画石榴》题榴诗，浙江省博物馆藏徐渭《花卉册》之八，题云："五寸珊瑚珠一囊，秋风吹老海榴黄。宵来渴酒真无奈，唤取金刀剖玉浆。"① 云南省博物馆藏徐渭《水墨花卉卷》第四款题云："五寸珊瑚珠一囊，秋风吹老海榴黄。宵来酒渴浑无奈，唤取金刀劈玉浆。"② 这两首诗几字之差，如"渴酒真无奈""酒渴浑无奈"，"剖玉浆""劈玉浆"，"渴酒""酒渴"，"真"与"浑"，反正想喝酒，对现实又着实无奈。秋风吹，石榴黄，五寸珊瑚珠一囊。宵来酒渴，浑无奈也好，真无奈也罢，唤人取一把金刀，抛开琼浆玉露，劈开玉露琼浆，以酒浇愁，饮尽玉露琼浆，岂不快哉！

　　上海博物馆藏徐渭《花卉卷》第七款题石榴云："闺染趋花色，衫裙尚正红。近来瓜子茜，贱杀石榴浓。"③ 闺中染红，渐趋花色，衫裙翩翩，尚是正红。近来瓜子脸的姑娘，贱用了浓浓的石榴红。谁还能真正的对待这熟熟的石榴呢？依然感叹！依然无奈！

　　故宫博物院藏徐渭《杂花册》之六题榴云："西施夜浴罢，吹火照梳头。"④ 西子在琼浆玉露里夜浴完毕，红红的玉浆可以当作镜子梳洗头发，美女翩翩，美轮美奂。这种感觉乾隆帝体会的最为真切，题诗徐渭《石榴》曰："榴花犹满枝，榴实已累垂。可口还娱目，秋甘映夏葳。玫瑰都得拟，鸟雀那容窥。谩议成欲速，纷哉奚啻斯。"⑤ 石榴花已经压满枝头，榴实已累累垂落矣。不但美味可口，而且赏心悦目，秋天的甘露，映照夏天的勃勃生机。玫瑰哪能比拟啊！鸟雀都容不得偷窥的时间，尽快啄食而去。谩议成欲速，粉粉的石榴红啊！不只是这么一点点啊！红红的石榴啊！徐渭似乎有更多的忧伤，满眼疮痍，而乾隆恰恰更多的是浪漫，即使政务繁忙，民事多忧，似乎鞭长莫及，不如短暂的陶醉，对于颗颗明珠，也只能尽量招贤纳才，多为国家，多为百姓谋福祉。

---

① 《徐渭书画全集》，天津美术出版社 2014 年版，第 213 页。

② 同上。

③ 同上。

④ 同上。

⑤ 参阅（清）爱新觉罗·弘历《御制诗文集》，中国人民大学出版社 2013 年版。

六 《蔷薇》

徐渭画《蔷薇》并不多见，徐渭之《黄蔷薇》，说黄蔷薇芳气欲流，诗云："蔷薇黄似月初华，难写芳香只写花。若使移生南海国，取将露水粉宫娃。"① 黄蔷薇像似月初的华美，很难甚至写出她的芳香，所以只能来写花的形状。若是把它移生到南海国去，应将取早晨的露水去粉饰这宫里漂亮的女娃。黄蔷薇华美动人，芳香四溢，不能只见其形，而忘其内在的精神，若移到南海国去，又何止宫里的美女，更是天上神仙下凡人间。

我们不知道乾隆是否看到的是徐渭的这幅画，但乾隆帝的诗，却与这个意境更贴切，乾隆帝诗云："应魄为圆缺，连春吐叶葩。风前真野客，月落是谁家。粉腻燕来远，香轻蝶掠斜。谰言佛见笑，迦叶转为差。"② 蔷薇花的魄力，妩媚漂亮，不只为简单的圆缺，连连的春天吐露叶子的美丽奇葩。春风吹来，自由自在，但命运却在荒野生长开花，晚上月落时，不知在谁家。粉粉腻腻，招得燕子从远方飞来，香气扑鼻而来，轻轻地，轻轻地，蝴蝶掠过，倾斜着身姿，美丽潇洒。

七 《芭蕉》

对于徐渭画的芭蕉，在《泼墨十二种》中之《蕉竹含风》已说得很多，对乾隆帝题写徐渭的芭蕉，我们并不知道是哪一幅，在佛家看来，芭蕉虽然身易坏，但心却永恒。我们只是简单分析之，如《芭蕉墨牡丹》公诗萧散绳墨家岂易识，"□□□家学不来，烂涂蕉叶倒莓苔。冯伊遮盖无盐墨，免作胭脂□□□。"③ 谁谁谁家墨芭蕉，严整工细学不来，烂写涂抹不知义，蕉叶横斜倒莓苔，凭你遮遮盖盖，我只是用墨泼泼洒洒，免作胭脂反而做作，不自然，远离我的内心世界。《芭蕉玉簪》巧喻天然，"烂醉中秋睡起迟，苍蝇留墨研头池。合欢翠扇遮羞面，白玉搔头

---

① 参阅徐渭《徐文长文集》(12)，《钦定四库全书·集部·别集类》，（台湾）商务印书馆 1986 年版。

② 参阅（清）爱新觉罗·弘历《御制诗文集》，中国人民大学出版社 2013 年版。

③ 参阅徐渭《徐文长文集》(12)，《钦定四库全书·集部·别集类》，（台湾）商务印书馆 1986 年版。

去嫁谁。"① 中秋烂醉，睡起迟迟，苍蝇留墨，研磨砚台头池。合欢翠扇，羞面半遮半掩，白玉插在头上，又去嫁谁呢。只有酒醉才能忘却烦恼，即使白玉插头，又有谁稀罕，空有合欢翠扇，到头来只有酒醉酣眠。

见乾隆，又何如？"蕉叶善鸣雨，窗前每种之。旱中欣听处，霖际厌闻时。愁喜原殊托，萧骚自不知。粗疏写数笔，说偈付伊谁。"雨打蕉叶，噼噼啪啪，每每总种在窗前。旱中欣然听此处，霖际厌闻时。愁愁喜喜原本是一种嘱托，萧骚自然不知道。粗粗犷犷，急急忙忙写就数笔，说写偈子又赋予你我他，还是谁谁谁？雨打蕉叶，本来就寄托文人一种哀思，噼噼啪啪，似乎又心烦意乱，哀哀凄凄，寄予芭蕉一种希望，至于骚人墨客，已经无所谓，酣畅淋漓，写尽我心中禅悟，生命易逝几沉浮，只有永恒在心中。

八 《梅》

据乾隆十二年《题三友轩》诗意："苍松自具直之性，梅传春信谅也宜。捣金敲玉时多闻，妙喻舍竹其复谁。奚待结契霜雪里，天然同德声应随。"② 梅花既传春信，又比喻谅解，既傲霜立雪，又天然同德。在《泼墨十二种》之一，对梅花的解读已经比较清晰，也分析了诸多题画诗，这里先从《徐文长文集》卷之十二开始。

其一，《梅桂谖草》："金陵梅桂酥肉蒸，北地黄花掺肉羹。一吸葡萄春五斗，旋移狂墨写刘伶。"③ 金陵梅桂，北地黄花，酥肉蒸也好，掺肉羹也罢，反正美味至极。一吸葡萄，春五斗，像刘伶一样狂饮，东旋西移，疯狂的泼墨挥洒。美味佳肴，葡萄美酒，淋漓尽致，写尽真情。

其二，《松竹梅》："朱碧娇啼二月莺，却都输与此三君。若添明月孤来鹤，踏乱松尖一片云。"④ 朱唇碧羽，娇娇啼啼，二月雏莺，与此三君，

---

① 参阅徐渭《徐文长文集》(12)，《钦定四库全书·集部·别集类》，（台湾）商务印书馆1986年版。

② 参阅王子林《明清皇宫陈设》，紫禁城出版社2011年版，第128页。

③ 参阅徐渭《徐文长文集》(12)，《钦定四库全书·集部·别集类》，（台湾）商务印书馆1986年版。

④ 同上。

三友相比啊！都输得干干净净。明月之中一只孤独的仙鹤飞来，却踏乱了松尖上的一片片白云。松直、竹舍、梅谅，一切立霜傲雪，洁身自好，非是千里娇娃，却愿做松竹梅三君。

其三，《王元章倒枝梅画》，文长公曰："题画诸诗，信手挥洒，无不趣绝。""皓态孤芳压俗姿，不堪复写拂云枝。从来万事嫌高格，莫怖梅花着地垂。"① 皓然姿态，孤自艳丽芳香，众压俗姿，超然物外，不堪复写，拂云枝头。万事从来讨嫌高尚品格，莫恐怖惧怕，梅花已经垂地。这话实际上从时间之久，到事情包罗之广，同情具有高尚风格的人，而对厌恶甚至迫害具有高尚风格的人的恶劣世俗加以抨击。正因为世俗不公，所以最后又回到王冕的画上来，不能责怪王冕把梅花的枝头画成下垂到地面了。垂垂老矣！仍然高格浩态，只求心安。诗通过评论王冕的倒枝梅花图，抒发自己对世道不公、仕途黑暗的愤慨之情。

其四，《画梅时正雪下》，"谁写孤山伴鹤枝，早春窗下索题诗。今朝风景偏相似，是我寻他雪下时。"② 又有谁写，孤山鹤枝，早春窗下，索题觅诗。今朝风景都如此相似，正是我寻找的雪下时节。孤山鹤枝，似乎天下同，只是下雪时节，正是我写之激动，正是我写之心境。

其五，《题画梅》，往往以诗句取胜。"凫牛两碟酒三卮，索写梅花四句诗。想见元章愁米日，不知几斗换冰枝。"③ 这首诗又提到王元章，王元章即王冕，他是元末明初诗人、画家，字符章，号竹斋，别号梅花屋主，浙江诸暨人。徐渭和王冕在经历和个性上有些共同点。王冕主要生活在元代，屡应进士试，都不中。也不屑做州县小官，只临死那年，朱元璋授以咨议参军之职。王冕的性格卓然不群。徐渭生活在明代，也是屡试不中，终身不得志于功名。只做过幕客，没有官职。徐渭生性放纵，不愿受传统礼法的束缚。他和王冕都喜欢游历，都会书画诗文。可能正是两人的这些共同点，使徐渭看到王冕的《画梅》有了写这首题画诗的灵感。两碟凫牛肉，酒三卮，题写元章梅花四句诗。想见元章，发愁无

---

① 参阅徐渭《徐文长文集》(12)，《钦定四库全书·集部·别集类》，(台湾) 商务印书馆1986年版。

② 同上。

③ 同上。

米无粮日，不知几斗才能换去冰玉枝。诗通过评论王冕的梅花图，抒发自己对世道不公、仕途黑暗的愤慨之情。

"从来不见梅花谱，信手拈来自有神。不信试看千万树，东风吹着便成春。"[1] 从来没有见过画梅花的画谱，信手涂抹，信手拈来，自有神韵。不信试试看这纸上的千万树梅花，东风吹来，春意盎然。只要心中有春，满纸自然有春，本来技艺一回事，何必非得强调谁是谁呢？

其六，《云门寺题画梅》，"浮桥流水雪潺潺，客子来游二月阑。蓓蕾已青酸满树，梅花只就画中看。"[2] 云门寺是粤北云门山下的一座千年名刹，是佛教禅宗"云门宗"的发源地——云门山大觉禅寺。据《韶州府志》记载，云门寺创建以后的一千多年间，历代住持高僧在宋代有绍资，明代有了偈、法浩、法传等。在徐渭生活的年代，云门寺佛事兴盛，因徐渭礼佛，游云门，景入幽，看眼前，浮桥，流水，雪潺潺，水潺潺，客子来游，二月阑。蓓蕾已青青，梅子酸酸，满树云烟，梅花只就，画中看观。现实总心酸，不如画中梅园。

再看乾隆题写梅园，"犹过杨家野还轻，罗氏荣罗隐秋风。桂诗长望一枝荣，籁香那论暗魄影。"[3] 犹过杨家野梅地，风轻轻地掠过，罗氏荣罗，深深地秋意隐藏。桂诗长望，一枝枯荣，天籁的芳香根本不论暗藏魂魄镜影。在同一时节，明朗直接写就绽放的梅花还不如不写，感谢得到梅花之神韵胜过只得到快乐的心情。应该嫌弃名声越来越污浊，不清不白，还是泼墨挥洒写梅花，寄予我幽幽的清白的品性。莲花本是污泥生，洁自洁来自洁去。梅传春信，含隐秋浓，寒梅映雪，籁香魄影，逃离污浊，只留清影。昨日和梅赋，今日写梅诗。昨日滕仲敬，今日是乾隆。梅花写几朵，异世同轨情。

第三节　小结

上文梳理和分析了徐渭书画及二十首诗与乾隆题诗之关系。就徐渭

---

① 参阅徐渭《徐文长文集》(12)，《钦定四库全书·集部·别集类》，（台湾）商务印书馆 1986 年版。

② 同上。

③ 参阅（清）爱新觉罗·弘历《御制诗文集》，中国人民大学出版社 2013 年版。

创作而言，突破了文人雅集梅兰竹菊的一般题材，活灵活现重塑了更多的生命群体，并予以歌颂和表彰，所表达的是徐渭的至真至纯，由物及人，抒发了对生命的透彻感悟，而此种感悟的获得无疑是创作者——徐渭经过生活的千锤百炼凝练而来，来之不易，却洞彻心扉。乾隆帝作为一个帝王评鉴者，虽然也能体会到徐渭书画、题诗的美感。但如果我们将乾隆帝题诗与徐渭题画诗仔细比较，乾隆帝的把玩只是理政之暇的一种放松休闲，他的鉴赏只能是"几暇怡情"与附庸风雅，根本无法完全体悟徐渭创作时的历史语境，因此其诗句内容是比较肤浅的。后人认为，乾隆帝的诗历史价值大于文学价值，政治意义大于学术意义，除了"诗以证史"的作用，境界并不太高明，正是这个道理。而徐渭的诗，格调更高，不仅书写出了自身的苦痛与宿命，也描摹了平民百姓的苦痛与宿命，为民请命，境界高远。徐渭的这种人格得到了后人袁宏道、汤显祖、黄宗羲等极高的评价与赞扬。这是我们在比较徐渭与乾隆帝题画诗时尤其值得注意的一点。

结　语

艺术史是一部精神史。《石渠宝笈》中的书画是一部帝王品位的书画史。李文儒先生在《皇家品味》书序中说："生活品质品味的外在形态往往表现于对生活的修饰装点。追求品位者讲究生活的艺术，讲究艺术的生活。皇家生活中的修饰装点不一定最具艺术品格，但毕竟有独尊与专享的权利，可以把那个时候所能找到的最好的材料，最好的工艺、艺术，甚至最好的工匠、艺术家集中服务于皇家生活的修饰装点。"①在艺术史中，徐渭是一座丰碑，《石渠宝笈》中的徐渭，无论在反映帝王品味还是在反映皇家品位上同样是一种精神丰碑。徐渭的一生，是悲剧的一生。徐渭的精神史，是带有悲剧色彩的精神史。正是这种悲剧色彩，才造就了"大泼墨"，才造就了徐渭精神史的辉煌，而恰恰是这种辉煌才赢得了帝王的青睐，而恰恰是这种帝王的青睐，才有《石渠宝

---

① 李文儒：《文化遗产的青春问题》，故宫出版社 2013 年版，第 41 页。

笈》大量著录徐渭书画作品，徐渭得以存乎其中。本文具体的观点可归纳如下。

一 徐渭诗文书画在乾隆帝文化生活中的地位

乾隆帝的一生，可以说所经眼和把玩的历代文人书画不可计数，比如当时的"四王吴恽"，乾隆帝产生了多少审美疲劳！文人画的创始人王维曾提出"诗中有画，画中有诗"的主张，原画不见，只能依靠想象。我们可以稍微看看徐渭时代前后花鸟画家的艺术轨迹。晚明宫廷小写意花鸟画家的林良，早年属于浙派画家，徐渭深受其影响。董其昌虽创立了松江画派，但毕竟在朝廷做官，仍然与宫廷画派有千丝万缕的关系。陈老莲善画人物，画面常出现太湖石、古器物、芭蕉等。陈道复与徐渭并称"青藤白阳"，早于徐渭，与徐渭风格比起来，便属于"小写意"了。乾隆帝为何看多了他们大量的花鸟画作，但还是对徐渭的书画情有独钟？徐渭书画又在乾隆艺术生活中占据何种地位？是徐渭的"泼墨大写意"，还是"墨戏"抑或徐渭的"脱相形色""生命真性"真正的感动了乾隆帝？这是本文所着力的一个重要方面。本文根据《石渠宝笈》初编、重编、三编的时间顺序，又根据内府印的钤印方式与时间，论证乾隆无论是在即位之前的宝亲王时期还是登基后的几十年间，都在把玩徐渭书画作品，在宫内各殿宇都有陈设以便随时欣赏，在不同的时期钤印不同的印章，很多作品都是八玺全。乾隆帝还身体力行，对徐渭书画作品亲自临摹，《御笔仿徐渭双荷巨蟹》就是其中一个典型例子。除此之外，乾隆帝为徐渭书画题写二十首诗。不难看出，徐渭书画的评鉴在乾隆帝文化生活中有不可替代的地位。值得指出的是，尽管乾隆帝常常以欣赏徐渭书画"得佳趣""几暇怡情"自娱，但正如李文儒先生所说的乾隆帝的欣赏"是集中服务于皇家生活的修饰装点"，是一种帝王的附庸风雅。实际上，养尊处优、锦衣玉食的乾隆帝无法真正进入徐渭的世界，徐渭诗文书画沦为乾隆帝艺术生活中的装饰品，帝王与文人的趣味在此分明，境界确有不同。

二 徐渭诗文书画在乾隆帝精神层面所起的作用

在中国艺术史中，徐渭可以说创造了大写意泼墨的"巅峰时代"，历来为后世所推崇。根据《石渠宝笈》著录档案与《故宫博物院现设陈设档》档案对徐渭作品的丰富著录，可以看出徐渭诗文书画在乾隆心目中的地位，进一步而言，徐渭书画在乾隆帝精神层面也起到了很大的作用。乾隆帝喜欢王羲之、董其昌、米芾、倪云林等人作品，临写过《倪瓒画谱》，并言"元四大家，独云林格韵尤超，世称逸品"。徐渭在乾隆帝眼中，和他们一样，都是丰富自己精神世界的一个依托。乾隆帝同样御笔仿徐渭双荷巨蟹图，并为之题写二十首诗。在此过程中，徐渭与乾隆帝在诗与诗、文与文、书与书、画与画上进行了碰撞和交流，无论是在书画的笔墨技法，还是文人脉络方面，都有了审美趣味上的共鸣。从乾隆帝的角度来说，徐渭淋漓尽致的大泼墨精神确有强大的吸引力，引发精神共振。我们也可以说，通过徐渭书画，乾隆帝与徐渭隔空建构起了一种抽象的精神纽带与链接。

三 乾隆与徐渭精神之对比

乾隆帝与徐渭，如何看待这种帝王和文人的书画渊源，李文儒先生一语道破，"皇家生活中的修饰装点不一定最具艺术品格，但毕竟有独尊与专享的权利。"《石渠宝笈》中的徐渭就是其中的一个典型例证。不管乾隆帝诗文书画的实际境界到底有多高，但作为掌握着至高无上的皇权者乾隆帝来说，他可以垄断和独享徐渭诗文书画作品，随意品评和议论，指指点点。举例而言，《泼墨十二种》乾隆帝题诗与题跋之《烂柯仙弈》，乾隆帝题"《水经注》与《述异记》王质入山，见童子弹琴下棋，而歌同纪一人事，而二说互异。盖烂柯事本无稽，即此见记载之不足信，琴棋更无容深辨耳"。乾隆帝否定了徐渭的观点，或许徐渭只不过感叹人生苦短而已，乾隆帝其实并没有真正的理解徐渭的苦闷，徐渭借神仙以自喻，在饥寒交迫下仍能葆有高风亮节。而乾隆帝则是锦衣玉食下的附庸风雅，境界高下自明。乾隆帝不会也不能像徐渭那样亲身体会底层疾苦，因此也无法理解徐渭饱受折磨后的文人情怀。徐渭晚年画画的目的只是为了一石米，一坛酒，最后悲惨的死在青藤书屋；而乾隆帝虽然自命"十全老人""文治武功""康乾盛世"，但从他题写的一些描写农村生活题材的御制诗里，也可以看出，乾隆帝并没有真正的看到或理解平民百姓的生活，对像徐渭这种穷困潦倒的底层非正统画派的艺术家，并没有从心底里发自肺腑的认同，但他惜才爱才，佩服徐渭的才华与精神。所以，徐渭的许多书画作品虽然在《石渠宝笈》著录里，但都被列为次等。当然，乾隆帝毕竟是浸润在汉文化之中，有一定文化修养的皇帝，他对徐渭书画的鉴赏和评论，即有错位，也无须过分苛责。

从坤宁宫的变化看清代统治者的
满族坚守与多元文化认同

2015 届　宋　文

（导师：故宫博物院　李文儒研究馆员）

第一章　清代坤宁宫改建的满族
风格与对明制的承袭

坤宁宫位于紫禁城中轴线北部，是紫禁城内廷后三宫（乾清宫、交泰殿、坤宁宫）之一，位处交泰殿之北，御花园之南，是皇后的正宫。《大清会典》记："坤宁宫，在乾清宫后，中宫所居。"① "坤宁"二字与"乾清"二字相对应，语出《道德经》第三十九章："天得一以清，地得一以宁。"② 其中"坤"字取自《周易》坤卦，象征地与顺承③，"宁"则是宁静、安宁的意思。"坤宁"二字意为：像大地一样宁静、顺承，意指皇后为后宫之主，母仪天下，应有大地般安忍、顺承的品质。

第一节　清代坤宁宫的变化

一　清代坤宁宫的改建

坤宁宫始建于明永乐十八年（1420），曾于正德九年（1514）、万历

---

① （清）康熙朝《大清会典》卷一三一，《大清会典（康熙朝）》，文海出版社 1993 年版，第 6494 页。

② 《道德经》，韩宏伟等注译，安徽人民出版社 2001 年版，第 88 页。

③ 《周易译注》，黄寿祺、张善文注译，上海古籍出版社 2007 年版，第 16 页。

二十四年（1596）两次毁于火，于万历三十三年（1605）重建。清朝建立后，于顺治十二年（1655）对坤宁宫进行改建，顺治十三年建成①。对此次改建工程，《清实录》有较为详细的记载：顺治十二年三月十七日（1655年4月23日），乾清宫、交泰殿、坤宁宫等竖柱②，四月初一日（5月6日）开始上梁③，五月十六日（6月19日）安吻，并举行了隆重的仪式，顺治十三年五月十二日（1656年7月3日）竣工④。此次改建奠定了现今坤宁宫的基本面貌与格局。此后，嘉庆二年（1797）乾清宫失火，由于火势较大而延烧坤宁宫前檐，嘉庆三年（1798）重修。

坤宁宫坐北面南，面阔连廊九间（室内七间，东西梢间为过道），进深连廊五间，黄琉璃瓦重檐庑殿顶。与明代旧制相较，重建后的坤宁宫变化很大。清代对坤宁宫的改建工程可分为外檐装修和室内布局两部分。

就外檐装修来看，主要是门、窗的位置和形制发生了改变。同明代前檐明间开门的旧制不同，改建后的坤宁宫将门设在了东一次间，正门不再居中，呈不对称布置，且将原菱花隔扇门改为双扇木板门。现交泰殿后的御路仍对着坤宁宫明间，挪建的痕迹十分明显。此外，改建后的坤宁宫还将明代原有的菱花隔扇门窗，⑤ 改为窗户纸糊在外的直棂吊搭式窗。坤宁宫的东西梢间为夹道，前后檐各设隔扇门两道。夹道的隔扇门仍为菱花形式，留下了一些原有建筑的痕迹。

就室内布局来看，改建后的坤宁宫改变了明代原有的中轴对称式格局，被分为三个单元。东一次间、明间、西一次间、西二次间通为一体，不设隔断墙，空间宽敞，室内北、西、南三面设有环形大炕，并在东一次间北部隔出一间灶间，灶间以西以窗棂隔出后夹道，夹道北为后隔扇

① "己未，乾清宫、乾清门、坤宁宫、坤宁门、交泰殿，及景仁、永寿、承乾、翊坤、钟粹、储秀等宫成。"《清世祖实录》卷一○一，顺治十三年五月至闰五月，《清实录》第3册，中华书局1985年版，第783页。

② 《清世祖实录》卷九○，顺治十二年三月，《清实录》第3册，中华书局1985年版，第711页。

③ 《清世祖实录》卷九一，顺治十二年四月至五月，《清实录》第3册，中华书局1985年版，第713页。

④ 《清世祖实录》卷一○一，顺治十三年五月至闰五月，《清实录》第3册，中华书局1985年版，第783页。

⑤ 于倬云编《紫禁城宫殿》，生活·读书·新知三联书店2006年版，第72页。

门，此区域为萨满祭祀的场所。东二次间、东三次间被隔出，通为一室，称东暖阁，作为皇帝大婚的洞房。东暖阁有东西二门，西门与祭祀区域相通，东门则通往东过道，且西门内和东门外均设有木影壁，并饰以金漆双喜大字。西三次间则单独隔为一室，为存放神亭、神像及祭祀用品之处，室内正中南向设木制大佛亭，前窗台里外均设活动的木阶梯，出入需走窗，以两扇窗棂为启闭门户。为此，其窗户也进行了改造，不同于其他上下开合的吊搭窗，西三次间的窗户改为了左右对开的形式。

二　清代坤宁宫使用功能的变化

坤宁宫在明代为皇后的寝宫，又称中宫。《明宫史》记载："再北曰坤宁宫，则皇后所居也。"[1] 表明坤宁宫在明代主要作为皇后的起居室而存在。此外，明代的皇后也在坤宁宫接受朝贺，《明史》记："其朝皇后，则于坤宁宫，略如朝皇帝仪。"[2]

虽然坤宁宫在清代仍然作为形式上的中宫，但改建后的坤宁宫的实际功用则发生了很大的变化。其作为皇后起居室的功能逐渐被其他礼仪性功能所取代。坤宁宫在清代作为皇后寝宫的时间实际上非常短暂。顺治帝两次大婚时坤宁宫还没有改建好，其皇后居住在坤宁宫的可能性不大。康熙帝的皇后或在坤宁宫居住过，康熙朝《大清会典》记："坤宁宫，在乾清宫后，中宫所居。"[3] 而根据《清实录》记载，康熙帝的孝诚仁皇后与孝昭仁皇后也均在坤宁宫去世[4]。自雍正帝将寝宫移至养心殿后，皇后也就不再居住在坤宁宫了，而是在东西六宫中选择一处居住。与康熙朝《大清会典》相较，雍正朝《大清会典》在同样的章节将对坤

---

① （明）刘若愚：《明宫史》卷一，中华书局 1991 年版，第 9 页。

② 《明史》卷五三，中华书局 1974 年版，第 1356 页。

③ （清）康熙朝《大清会典》卷一三一，《大清会典（康熙朝）》，文海出版社 1993 年版，第 6494 页。

④ "丙寅，上诣太皇太后宫，问安，皇子允礽生。申时，皇后崩于坤宁宫。"《清圣祖实录》卷四七，康熙十三年四月至五月，《清实录》第 4 册，第 619 页，中华书局，1985 年。"丁卯，巳时，皇后崩于坤宁宫。"《清圣祖实录》卷七一，康熙十七年正月至二月，《清实录》第 4 册，中华书局 1985 年版，第 917 页。

宁宫的叙述改为"坤宁宫，在交泰殿后正中"①，去掉了"中宫所居"四字。此后清代的皇后都不再在坤宁宫居住，坤宁宫仅为形式上的中宫。

清代坤宁宫主要作为宫内萨满教祭神的场所和皇帝大婚的洞房来使用。其东一次间及以西的三间通为一体，此四间形成的宽敞的空间主要作为萨满祭祀的场所；西三次间单独隔为一室，作为存贮佛亭的场所；东二次间与东三次间被隔出，称东暖阁，自康熙帝大婚时起开始作为清帝大婚的洞房，清代共有四位皇帝（包括退位后的溥仪）在此举行大婚典礼。此外，清代的皇后于元旦、冬至和她的生日时，在率领嫔妃等朝见太后与皇帝之后，会在坤宁宫稍事休息，然后再到交泰殿升座，接受嫔妃们的朝贺。② 可以说，坤宁宫的改建自顺治十二年（1655）开始到康熙四年（1665）康熙帝大婚举行，坤宁宫作为祭神场所和大婚洞房的基本格局在这时已经确定下来，自雍正以后，这里则主要以祭神为主。

第二节 清代坤宁宫改建的仿照对象

坤宁宫独特的建筑形式并非入关后首创，而是取法于盛京清宁宫，而清宁宫则又是按照满族民居的式样建造的，其沿革基本遵循了从满族民居到清宁宫再到坤宁宫的脉络。

一 满族民居

传统的满族民居多坐北朝南，其面阔大多为三间或五间，面阔三间的常在中间或最东侧的一间开门，面阔五间的则常在东次间开门，由于室内西侧的几间不设间壁墙，整个房屋就像从一端开口的口袋，故称为"口袋房"。这与汉族地区比较多见的中间开门式"一明两暗"的房屋格局有着显著的区别。

满族民居的布局通常进门为外屋，作为厨房，有锅台、炊具等；西侧（或东西两侧）为里屋，作为卧室；室内南、北、西三面筑有转角相连的火炕，成"匚"形，称为"万字炕"。其中南北两面炕较宽，供人起

---

① （清）雍正朝《大清会典》卷一九七，《大清会典（雍正朝）》，文海出版社 1995 年版，第 13262 页。

② 朱家溍：《坤宁宫原状陈列的布置》，《故宫博物院院刊》1960 年第 1 期。

居坐卧，西炕则较窄，因其上方的西墙是安设祭祀神位之处，故常用于摆放祭器等物品，不可随意坐卧。西炕同时还是连接南北两炕的水平烟道。为适应当地的严寒气候，满族人冬季采用火炕取暖，炕内设烟道与厨房内灶台相连，既可满足日常需求又可起到取暖的作用。

满族民居的窗户通常分为上、下两扇的吊搭窗，上扇可向里开，用棍支或用钩挂。窗户纸糊在外面，用高丽纸喷以盐水、酥油，这样既可以增大受阳面积，又可御雨，还能避免窗棂中积沙。

传统满族民居的烟囱，常建在屋侧距离山墙一米左右的地方，是从地面起建而不像汉族住宅那样建在屋顶。这种形状类似小塔的烟囱满语称作"呼兰"，数量常为一个或者两个，体积宽大。烟囱通过孔道与炕相通，过火量大，便于围炕烟火通畅，同时还有不倒烟、免漏雨等优点。"这种烟囱是典型的女真族住屋的烟囱，赫图阿拉出的'灶突'（即烟囱）即呈此形"①，成为区别满族建筑的主要特征之一。

满族民居的屋外院内常立有索伦杆，又称"梭罗杆"，由满语"somo i moo"音译而来，是满族萨满祭祀中祭天时用的"神杆"。杆上有锡斗，祭祀时将猪锁骨套在索伦杆顶上，将猪内脏放在锡斗里，让鸦、鹊来吃，称为"神享"。满族人采取立杆祭天的方式，或是因为在他们看来，高耸的神杆以及天上的鸟类与天神的距离更近，而通过将祭肉放在锡碗内由天上的乌鸦等鸟类叼去这种方式，则能够把自己的心意带给凡人无法接近的天神。

"'口袋房，万字炕，烟囱出在地面上'，为满族居室（满洲老屋）的三大特点"。② 此外，窗户纸糊在外的吊搭窗与院中的索伦杆也是满族民居的突出特点。这些特色在清宁宫与坤宁宫建筑中都得到了继承与发展。

二 盛京清宁宫

清宁宫位于盛京皇宫（今沈阳故宫）崇政殿后的高台上，在这个区

---

① 铁玉钦、王佩环：《关于沈阳清故宫早期建筑的考察》，中国建筑学会建筑历史学术委员会编《建筑历史与理论（第二辑）》，江苏人民出版社1982年版，第66页。

② 杜若：《满族的居室与建筑》，《满族研究》1992年第2期。

域里共有七座建筑，两侧是六座配宫，正面居中而建的是清宁宫，即清太宗皇太极和其皇后的寝宫。清宁宫坐北朝南，为硬山顶前后廊式建筑，廊柱为方形，面阔五间，进深连廊四间，四周绕以较低矮的围墙。除了殿顶的琉璃瓦和檐下的彩画，清宁宫并没有过多的外部装饰，风格朴素。其最大的特点，就是具有满族传统建筑的典型风格。

中国传统的帝王居室建筑及室内布局均采用对称的形式，在房屋中间开设正门，而清宁宫符合传统满族民居在东侧开门的习惯，将门开在东次间，室内西侧四间不设隔断墙，是典型的满族"口袋房"式建筑。这种将门开在一侧的做法增大了室内空间与使用面积，为祭祀、宴会等活动提供了一个宽阔的场所。

清宁宫正门以西四间为宽敞的堂屋，室内南、西、北有环绕着成"匚"形的"万字炕"。西墙上设有神架。万字炕之间有很大的空间，帝后在这里进行萨满祭祀、接见大臣、议政等。与传统的满族民居不同，清宁宫的南北炕已不再住人，而是在东侧单辟一间作为帝后的寝室，称暖阁。暖阁正中有一道间壁，把寝室分为南北二室。二室各有炕，北间作为卧室，南间则设炕座，用于日常活动。（图1）

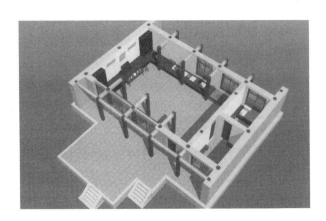

图1 沈阳故宫清宁宫室内空间示意①

清宁宫的窗户为南北对开的吊搭式直棂窗。窗户分上、下两扇，窗

---

① 图片引自赵雯雯、刘畅《从努尔哈赤的老宅到坤宁宫》，《紫禁城》2009年第1期。

户纸糊在外面（现已无窗纸）。清宁宫连接火炕烟道的烟囱建在房屋后西侧，由地面垒起，烟囱体积宽大，状似小塔，截面为方形，由下至顶逐级上收，是现今沈阳故宫内保留下来的唯一一座烟囱。清宁宫院内西南设有石座，上设用于祭天的索伦杆。皇太极时期祭天的场所主要有两处，一是盛京城东门外的"堂子"，另一处就是清宁宫前。

清宁宫的建造形式与满族传统民居做法一致，可以说清宁宫的平面布局和室内格局基本上是以满族传统民居为模板建造的，符合满族传统民居的典型特征。其特征可基本概括为：其门开在中间偏东，呈"口袋房"样式；室内北、西、南三面环炕，成"匚"形，俗称"万字炕"；窗户为窗纸糊在外的直棂式吊搭窗；烟囱由地面垒起而非出自屋顶，高耸宽大；院内竖有祭天神杆索伦杆。

第三节　清代坤宁宫建筑的满族特色

清朝入关后，顺治十二年（1655）对内廷的后三宫及东西六宫的部分建筑进行了修整，将部分建筑按照满族的生活居住习惯进行了改建，带有满族特点的居住建筑开始出现在紫禁城宫殿建筑中。坤宁宫是仿照盛京清宁宫进行改建的，于顺治十三年（1656）五月建成。其"改建的目的，一是为在宫中举行萨满教祭神的仪式提供场所，二是作为帝后的寝宫"[1]。较之明代旧制，重建后的坤宁宫变化很大，极具满族建筑特色。

一　口袋房

同明代于宫殿明间开门的旧制不同，坤宁宫的门不再居中，而是仿照清宁宫将门设在东一次间，呈不对称布置，且将原菱花隔扇门改为与清宁宫相同的无雕饰的红漆板门，形成了外观为旁开门的"口袋房"。（图2）

---

① 周苏琴：《"口袋房"与满族建筑》，清代宫史研究会编《清代宫史丛谈》，紫禁城出版社1996年版，第609页。

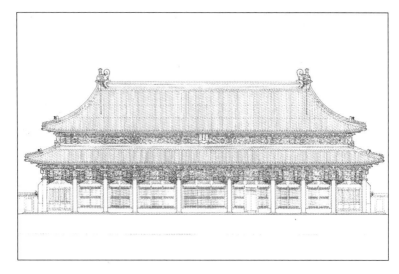

图 2　坤宁宫正立面①

二　窗纸糊在外的直棂窗

改建后的坤宁宫将前檐中部七间及后檐东二次间、东三次间的窗户按照满族习俗改为窗纸糊在外的直棂吊搭式窗。其前檐上部，后檐明间、东一次间、西一次间，以及东西梢间的走廊则保留了原有的明代菱花隔扇门、窗②。如今的坤宁宫已无窗纸，但根据小川一真于 1901 年拍摄的照片（图 3）来看，直至 20 世纪初，坤宁宫还保留着将窗纸糊在外的传统。

三　万字炕

坤宁宫的室内布局（图 4）几乎完全按照盛京清宁宫的格局进行布置。坤宁宫的门所在的东一次间与其西侧的三间（明间、西一次间、西二次间）连通为一体，不设隔断墙。此区域室内北、西、南三面有通连的环形大炕，成"匚"形，为典型的"万字炕"形式。由于坤宁宫采取的是减柱造的结构形式，门以西的四间又不设隔断墙而形成通间，加之三面大炕都是依墙、檐而设，因而室内空间宽敞，地面空敞的面积也较大，为在此进行的萨满祭祀提供了所需的空间。

---

① 图片引自《北京城中轴线古建筑实测图集》，故宫出版社 2016 年版。
② 于倬云编：《紫禁城宫殿》，生活·读书·新知三联书店 2006 年版，第 72 页。

图3　坤宁宫前檐（1901）①

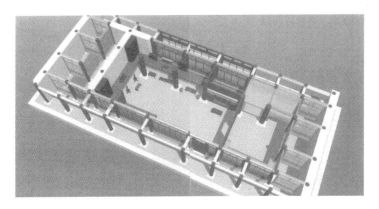

图4　坤宁宫建筑格局②

四　灶间

与清宁宫相同，坤宁宫东一次间与门相对的后檐设有炉灶，内设灶台，台上安设三口大锅，为萨满祭祀时煮肉之用。与清宁宫所不同的是，清宁宫的炉灶无任何遮拦，进门即可直接看到，而坤宁宫则在后檐单独

---

① 图片引自东京帝室博物馆编《清国北京皇城写真帖》，伊东忠太解说，小川一真摄影，1906年。

② 图片引自赵雯雯、刘畅《从努尔哈赤的老宅到坤宁宫》，《紫禁城》2009年第1期。

隔出一间小室，外设菱花隔扇门、浑金毗卢罩，成为一个装饰华丽的独立的灶间（图5）。

图5 坤宁宫灶间①

五 高耸的烟囱

与盛京清宁宫房后西侧矗立烟囱不同，坤宁宫的烟囱（图6）位于西侧西暖殿后，但就整体而言仍位于坤宁宫的西北角。烟囱主体由砖砌成，体积宽大，由地面垒起，截面为矩形，上置亭状金属顶，既美观又有防止雨水流入之功用。烟囱通过孔道与炕相通，作为祭祀时煮肉排烟之用。

六 索伦杆

坤宁宫前东南方立有祭天神杆——索伦杆（图7），杆为木制，插在固定的石座上，杆的顶端有一圆斗，祭祀时盛谷米和猪内脏以供奉鸦、鹊。如今则仅存石座（图8）。

---

① 图片引自故宫博物院网站，http：//www. dpm. org. cn/shtml/116/@ /17791. html？query = 坤宁宫。

图 6　坤宁宫后烟囱①

图 7　坤宁宫（20 世纪初）②

　　显然，重建后的坤宁宫在形制和功能上，已截然不同于明代。这次
对坤宁宫的改建改变了其明代时汉式宫室的式样，建筑被揉入了大量的
满族建筑要素。旁开门的口袋房、万字炕、高耸的烟囱、窗户纸糊在外
的直棂窗等满族建筑特点，使坤宁宫成为紫禁城内最具满族文化特色的
建筑。

---

① 图片引自王子林《紫禁城原状与原创》，紫禁城出版社 2007 年版。
② 图片引自单霁翔主编《故宫藏影——西洋镜里的皇家建筑》，故宫出版社 2014 年版。

图8　坤宁宫前神杆石座①

第四节　清代坤宁宫对明代制度的承袭所体现的汉文化认同

一　清代坤宁宫建筑汉族特色的保留与对明代坤宁宫象征意义的承袭

　　清代虽然按照满族传统对坤宁宫进行了改建，但坤宁宫整体上仍保留了汉族宫殿的建筑形式。清代主要对坤宁宫的外檐装修与室内格局进行了满族式的改建，而其宫殿的基本样貌与建筑结构则并未发生大的变化，承袭了柱廊式、大屋顶、飞檐、斗拱等汉族建筑特色，部分保留了明代原有的菱花隔扇门、窗，延续了红墙、金黄色琉璃瓦等明代宫殿的建筑特点，接受了明代的宫殿建筑等级制度，采用重檐庑殿顶。整座建筑与紫禁城建筑群整体协调统一，承袭了明代宫殿建筑的整体风格。

　　此外，清代也保留了坤宁宫的名称，并承袭了其象征意义，将之作为代表皇后的正宫。清代摒弃了入关前将盛京清宁宫作为帝后共同的象征的做法，接受了明代的"乾""坤"之分，表面上看是承袭了明代乾清

---

①　图片引自王子林《紫禁城原状与原创》，紫禁城出版社2007年版。

宫与坤宁宫分别代表帝、后的制度，实则更进一步地反映出其对强调乾坤之道、阴阳有别的儒家思想的认同与接受。

二 清代坤宁宫对明代帝后"分宫而居"制度的承袭

在中国古代宫廷中，一般称皇帝处理政务，举行国家典礼的建筑为"殿"，而称帝后居住的建筑为"宫"。盛京皇宫建立之初，满族人尚未有宫的概念，而是用与汉字"家"相同的满文词"boo"来命名。在《满文老档》中，清宁宫被写作"geng giyan elhe boode"，意为"清宁的家"。①清宁宫作为皇帝的家成为清太宗皇太极和其皇后共同居住之处。此外，清宁宫还有议事与举办宴会的功能。在非朝会日期，或有重要事情需要召集王公官员的场合，皇太极会传旨让他们进内廷于清宁宫议事，被召见者大都是深受信任的亲贵重臣，所商议的也往往是紧急或机密的事务。除议事外，清宁宫也被用于举办家宴。当时一般的宴会都在大政殿或崇政殿举行，对待特别身份的客人或重要的节日，皇帝则会在自己的"家"——清宁宫中摆酒席款待，以示亲近。皇太极的皇后和几个地位显赫的皇妃都出身于蒙古贵族之家，每当她们的父母兄弟来盛京时，皇帝除在殿里举行"国宴"外，一般都要在清宁宫中另外再举行一次家宴。有时皇帝和王公大臣也陪同男性的蒙古客人在崇政殿进宴，皇后和妃子们则在清宁宫设宴款待其女眷。此外，在春节时也会在清宁宫里举行家宴。

坤宁宫虽依照清宁宫改建而成，但除了保留了萨满祭祀的功能外，在其他使用功能上则有许多改变。首先，坤宁宫不再作为皇帝和皇后共同居住的家，而是仅作为皇后名义上的正宫。随着康熙帝由保和殿迁居乾清宫②，清代的皇帝、皇后不再居住在同一宫室，而是遵循了明朝的规制分宫而居。康熙帝与其皇后分别居住在代表皇帝的乾清宫与代表皇后的坤宁宫内，此后，雍正帝移居养心殿后，皇后也没有同皇帝一起居住，而是于东西六宫中择一居住。此外，清宁宫议事与举行宴会的功能也不

---

① 铁玉钦、王佩环：《关于沈阳清故宫早期建筑的考察》，中国建筑学会建筑历史学术委员会编《建筑历史与理论（第二辑）》，江苏人民出版社 1982 年版，第 60 页。

② 周苏琴：《清代顺治康熙两帝最初的寝宫》，《故宫博物院院刊》1995 年第 3 期。

再在坤宁宫进行，而主要由乾清宫所取代。

由上述坤宁宫与清宁宫使用功能发生的改变可以看出，清代帝王接受了儒家强调阴阳有别的礼制观念，改变了入关前帝后共居一宫的传统，逐渐采取了帝后分宫而居的做法。而清宁宫议事与宴会的功能主要由乾清宫所取代，也体现出汉文化强调男女有别的特点与入关后礼仪制度的细化。这些改变从一个侧面反映出清代统治者在入关后对明代的规制及其背后的以儒家礼制为代表的汉文化的部分认同与接受。

第五节 小结

清代在明代的基础上对坤宁宫进行了改建，将传统的中轴对称的汉族宫殿形制改为"口袋房、万字炕"的满族建筑形制。坤宁宫以盛京清宁宫为蓝本，按照清宁宫改建房屋形制与室内格局，使之符合满族住宅的习惯，成为满族住宅的再现。坤宁宫作为紫禁城内最能体现满族特色的代表性建筑，时刻提醒着人们这是一个与传统汉族王朝不同的异族王朝。它有自己独特的建筑形式与功能需求。

清代对于明代宫廷建筑的继承性掩饰了许多殿堂的用途的变化，而这些变化实际上反映了清朝的统治者与前朝统治者的观念的差异。利用原有的明代建筑改建成满族的萨满祭祀场所，是建筑满足使用需要的体现。萨满教祭祀，是满族家祭的一种形式，也是从盛京清宁宫延续下来的传统。为了保证这种祭祀传统在入关后得以延续，便要求紫禁城内要有相应的场地，因此在宫中开辟萨满教祭祀的场所是十分必要的。而对于作为祭祀场所的建筑及位置的选择是十分重要的。坤宁宫位于紫禁城中轴线上，是皇后的正宫，根据满族在正寝祭祀的习惯，选择坤宁宫应该说是十分恰当的。而它位于中轴线的重要位置则赋予了它更多的象征意义。顺治年间对坤宁宫的改建使坤宁宫在明代作为皇后寝宫的格局被彻底涤荡，清代统治者将满族自身的传统引入其中，使满族的原始宗教萨满教被列入到宗法体制之中，在满足实用功能的同时也宣示了其文化态度，表明清朝统治者在入关后保留满族特色的决心。

当然，坤宁宫除具有上述满族民居的建筑特点外，也保留了许多汉族的建筑形式，如柱廊式、大屋顶、飞檐、斗拱等，既体现了其满族的民族建筑风格，又将满、汉等建筑艺术融合，体现了清代统治者对其他文化的认同态度。这种态度同时也体现在坤宁宫与清宁宫相较使用功能的变化上，清代统治者不仅保留了坤宁宫在明代作为皇后正宫的地位，还改变了其入关前帝后共居一宫的传统，坤宁宫并没有像盛京清宁宫一样作为帝后共同居住的家，而是逐渐采取了帝后分宫而居的做法。而清宁宫议事与举行宴会的功能，也随着入关后宫室增多，其功能不断细化，而由代表皇帝的乾清宫所承担。这些变化均体现了清代统治者对汉族儒家文化的接受与认同。

第二章 清代坤宁宫室内陈设的满族特色与多元文化混合特色

随着清代改建后的坤宁宫的功用发生了转变，坤宁宫的陈设也随之发生了根本性的变化。明代作为皇后寝宫的仪典与居住空间被清代萨满教的祭祀空间与帝后大婚的洞房所取代，其祭祀空间的陈设充分体现了清代统治者的满族特色，而东暖阁大婚洞房的陈设则兼具满、汉和藏传佛教的特色，体现出了多元文化混合的特征。

第一节 明代坤宁宫的室内陈设

明代对坤宁宫的使用与清代不同，坤宁宫在明代为皇后的居所，而坤宁宫在清代则为萨满祭祀的场所与帝后大婚的洞房。清代的皇后大都不在坤宁宫居住，而只是在大婚时与皇帝在坤宁宫东暖阁暂居，之后便在东西六宫中某一宫居住，所以清代坤宁宫内的格局、陈设也与明代大不相同。

关于明代坤宁宫室内布局的材料较为有限，只能根据历史文献的蛛丝马迹揣摩其原貌。从现有资料来看，坤宁宫在明代主要有两种功能，一是作为皇后寝宫的居住功能，二是作为皇后所居之中宫的仪典功能。由于其居住功能具有较强的私密性，因而历史材料大多讳莫如深，而关于坤宁宫的仪典功能方面的记述则有助于间接推测明代坤宁宫的室内陈设。

《明集礼》记："国朝正旦、冬至、中宫寿诞，皇太子、亲王行礼，内使监设皇后御座于坤宁宫正中。"① 《明史》中也记载："凡中宫朝贺，内使监设皇后宝座于坤宁宫。"② 由此可知，元旦、冬至以及皇后的生日等节日时，嫔妃、皇太子等要到坤宁宫朝贺，届时，坤宁宫明间正中会设宝座。《大明会典》中关于坤宁宫仪典陈设的记述也较为类似，如皇太子朝谢皇后的仪式为："受册之日，内使监官陈设皇后御座于中宫殿上，皇太子拜位于殿庭正中。"③ 总之，凡遇到朝贺皇后的场合，内使监官便会在坤宁宫正中陈设皇后宝座。

除节日朝贺外，明代还有于坤宁宫宴请命妇的习惯。所谓命妇就是受有封号的妇女，一般多为官员的母、妻。宴会时，殿内要设宝座，《明史》记："凡宴命妇，坤宁宫设仪仗、女乐。皇后常服升座，皇妃、皇太子妃、王妃、公主亦常服随出合，入就位。"④

从上述坤宁宫所举行的礼仪性的陈设来看，当有重要典礼时，作为皇后正宫的坤宁宫会承担起礼仪方面的功用，届时会在明间陈设皇后御座，这表明坤宁宫内的御座并非固定的、永久性的陈设，而是在举行典礼时才专门陈设，具有临时性。这同时也反映出明代坤宁宫同时承担起居与礼仪两方面的功用，其陈设会随着不同的场合而变化调整。此外，将御座设于坤宁宫正中也可以看出其陈设整体遵循居中对称的原则，符合汉族宫殿陈设的传统布局。

而在清代，虽然坤宁宫仍为皇后名义上的正宫，但以皇后为主体的礼仪活动实际上则更多地由交泰殿分担了，如皇后的册宝礼、采桑礼均在交泰殿举行，这或许与清代改建后的坤宁宫不再对称，且没有适当的场所陈设御座有关。随着使用功能的转变，清代坤宁宫的陈设也随之发生了根本性的变化。

---

① （明）徐一夔：《大明集礼》卷一八上，《景印文渊阁四库全书》649 册，（台湾）商务印书馆 1986 年版，第 382—383 页。

② 《明史》卷五三，中华书局 1974 年版，第 1356 页。

③ 《大明会典》卷四七，广陵古籍刻印社 1989 年版，第 868 页。

④ 《明史》卷五三，中华书局 1974 年版，第 1356 页。

第二节 清代坤宁宫祭祀区域陈设的满族特色

清代坤宁宫的室内格局，基本仿照盛京故宫中清宁宫的样子，保存了较多满族本民族的风俗习惯。改建后的坤宁宫将东一次间及以西的三间通为一室，作为萨满教祭祀的活动区域。室内南、西、北三面设有环形大炕。其中北炕中间设竖柜，西炕南北两端各设有花梨木雕龙顶竖柜，前檐窗内设木座床，座床上设宝座，北向。这些和明代坤宁宫的室内陈设都截然不同。

一 萨满祭祀陈设

坤宁宫祭祀区域每日最常举行的活动便是朝祭与夕祭，其陈设也不尽相同。朝祭时，司香预先将镶红片金黄缎神幔，用黄棉线绳将其悬挂在西山墙所钉之雕龙头髹金红漆三脚架上，将各四折的净纸二张、镂钱四个挂于神幔两端。舁供佛的髹金小亭及其底座奉安于西炕最南端，开启亭门。接着在神幔上悬挂菩萨像，最北悬关帝神像，二者均面向东悬挂。再于神幔左、右炕上设低桌二张，桌上设香碟三个、净水三盏、方切洒糕十盘（九盘供于桌上，一盘供于桌下）。西炕前放置献案，案上设黄瓷碗二件，一碗空，一碗装净水，案前设彩毡。朝祭结束后，司祝把神像从神幔上取下，恭送出殿，放在坤宁宫西梢间大亭的黄筒中。[①]

夕祭时，司香预先将镶红片金青缎神幔系在北炕的黑漆架上，并用黄色皮条穿铃七枚，系于桦木杆梢，悬挂在架梁的西边。将穆哩罕神自西向东按顺序安奉于架上，画像神安奉于神幔正中，蒙古神座则设在最东边，皆面向南。神像前设低桌二张，上置香碟五个、净水五盏、洒糕十盘（九盘供于桌上，一盘供于桌下）。在进奉猪前还要于西梢间大亭里恭请佛、菩萨像，铺设油纸，陈设供案。此外，夕祭时的陈设还有腰铃、手鼓、花梨木拍板等祭祀用具。[②]

---

① 《钦定满洲祭神祭天典礼》卷二，《景印文渊阁四库全书》第 657 册，（台湾）商务印书馆 1986 年版，第 648—651 页。

② 同上书，第 651—654 页。

从现存故宫博物院文物和清宫文献看，坤宁宫祭祀区域的室内陈设除神位、供器、乐器外，还有一些极具满族民族特色的萨满祭祀用器，如神刀、神箭等。神刀是清宫萨满使用的重要神具，"神刀为铁制，又称'铁神刀'，刀长74.7厘米，刀上宽6.5厘米，把宽10.2厘米，把端呈圆形，无护手，上附铁连环六串，刀背上下附铁连环九串，每串四个环。"①祭祀时，萨满执神刀在神位前叩首，祝祷。祝祷时，神刀铁环撞击发出声响。神箭为清宫萨满祭祀坤宁宫求福的重要神具。求福时，将神箭立于西炕下所设酒樽之北，在箭上系一缕练麻，并将二条线索悬挂于神箭之上。神箭上所系的线索均由向无事故的满洲九家内攒取的各色棉线捻就。在萨满执神刀，拿神箭向柳枝举扬后，将练麻捧于皇帝、皇后，并将神箭上所系的二条线索，一条奉皇帝系挂，一条奉皇后系挂。

此外，坤宁宫祭祀区域还存放有弓矢，《故宫物品典查报告》对坤宁宫祭祀区域物品典查的记录中包括："二六八号：弓，一张，（外带黄绫套）。二六九号：箭，五支，（一缺箭头，共一套，装一木匣中）。"②

无论是萨满祭祀时使用的神刀、神箭，还是室内存放的弓矢，都与满族尚武、注重骑射的传统有着密切的联系。而坤宁宫围绕萨满祭祀进行的陈设布置则体现出清代统治者对其本民族自身宗教的坚守与支持。

二 灶间陈设

坤宁宫祭祀时用于煮肉、蒸糕的灶间位于东一次间（即对着门的一间）北部的隔扇内。隔扇贴北墙面南而建，内有大锅三口，两口用于煮祭肉，一口用于蒸糕。锅灶北边的窗棂上挂有煮肉用的铁勺、铁铲，窗台上则放有照明的铁板灯、木板蜡台，并在东墙上设有"东厨司命灶君之位"的木制牌位。灶间隔扇外靠东墙设有瓷缸两个，用于盛放净水，以备祭祀时使用。两缸之间还放有圆形的"打糕石"。此外，灶间前还置有锡面的杀猪案桌，案前设有盛装猪血用的两只锡里木槽。③

① 李军：《清代紫禁城坤宁宫仿沈阳清宁宫室内格局及陈设的意义》，中国紫禁城学会编：《中国紫禁城学会论文集 第八辑》，故宫出版社2014年版，第575页。
② 《故宫物品点查报告》第一编第二册卷一，坤宁宫，第8页，资料来源：故宫博物院清代档案文献数据库。
③ 朱家溍：《坤宁宫原状陈列的布置》，《故宫博物院院刊》1960年第1期。

以汉族传统观点来看，在皇后的正宫设置灶间并杀猪煮肉是难以想象的，本应庄严洁净的皇后寝宫在清代被满族统治者赋予了原始甚至有些血腥的新的宗教元素，这些用于杀猪、煮肉、进行萨满祭祀的陈设无不提醒着人们这是一个异于传统汉族王朝的异族王朝，它有着自己独特的传统与较为原始朴素的信仰，并且它对自己的独特之处并不掩饰，而是将之公然陈设于中轴线上的皇后正宫之中，可见其对自身的民族文化是有一定的自信的。

第三节　清代坤宁宫东暖阁陈设的多元文化混合特色

坤宁宫东暖阁为敞两间，其最主要的功用是帝后合卺，也就是皇帝大婚时的洞房。其前檐有通连的大炕一座，后檐西侧一间设有楠木透雕龙凤双喜缠蔓葫芦炕罩，内有木炕，为帝后大婚的喜床。东侧一间设有楠木透雕龙凤双喜缠蔓葫芦落地花罩，内有木炕一座，炕上设有宝座。东暖阁后檐上面有仙楼二间，内供佛像。东暖阁共有东西两门，其西门内与东门外均各立有一座大红底金色"囍"字木影壁，取"开门见喜"之意。

如今东暖阁中的室内格局及装修，为乾隆时期所为。[1] 根据档案记载，乾隆八年对坤宁宫室内装修及装饰进行了添建："奴才等遵旨将坤宁宫东暖阁添建仙楼、隔断、板墙，成做书格、坐褥等项，今俱修理完竣。"[2] 与内檐装修相同，朱家溍先生认为坤宁宫东暖阁的陈设也可上溯到乾隆时代："自道光至宣统，一直是这些摆设，它们都是乾隆年间制品，结合墙上乾隆的题诗，这个陈设形式可以上溯到乾隆时代，不过我们所能找到的档案依据，最早只能及于道光而已。"[3] 自道光十五年（1835）至宣统二年（1910），共有多册时期不同的坤宁宫东暖阁陈设档，从这些关于东暖阁陈设的记录中可以看出，坤宁宫东暖阁的陈设前后大

---

[1] 周苏琴：《"口袋房"与满族建筑》，清代宫史研究会编：《清代宫史丛谈》，紫禁城出版社1996年版，第610页。

[2] 奏销档210—265，内务府大臣海望等奏为坤宁宫东暖阁添建仙楼隔断支领银两事折，乾隆八年十二月二十六日，中国第一历史档案馆藏，资料来源：故宫博物院文档资源检索系统。

[3] 朱家溍：《坤宁宫原状陈列的布置》，《故宫博物院院刊》1960年第1期。

致没有发生特别大的变化。且陈设档上所记载的物品与清室善后委员会的《故宫物品点查报告》上的记录也大部分相符。以陈设档为依据，可以看出坤宁宫东暖阁的陈设同时包含满族、汉族与藏传佛教特色，具有明显的多元文化混合特征。

一 满族特色

坤宁宫东暖阁平日固定的陈设中有许多都极具满族特色，比如东暖阁中存有大量的刀便是其满族尚武特色的显著体现。据道光十五年（1835）七月十一日所立《坤宁宫东暖阁陈设档案》记载，坤宁宫东暖阁内存有楠木匣四件，匣内存有：

> 日字匣：第一铦锋大刀一、第二铦锋刀一、第三铦锋刀一（上刻清文，伊拉齐楞证，康熙年间内制，重三十六两）、第四莹花刀一、第五花雀刀一（上刻西洋花纹，康熙年间内制，重二十四两）。
>
> 月字匣：第一青电刀一（康熙年间内制，重三十一两）、第二粉练刀一（康熙年间内制，重二十三两）、第三银练刀一（康熙年间内制，重二十五两）、第四贯斗刀一（康熙年间内制，重三十六两）。
>
> 星字匣：第一蒙古篆金刀一、第二贺兰刀一（康熙年间，朝鲜国王进，重三十一两）、第三贺兰刀一（康熙年间，贺兰国王进，重三十两）、第四贺兰刀一（康熙年间，贺兰国王进，重二十二两）、第五贺兰刀一（两面刻番像番字，康熙年间，贺兰国王进，重二十两）。
>
> 辰字匣：第一神雀刀一（康熙年间，安亲王进，重三十七两）、第三赖图库梵字刀一（康熙年间进，重二十六两）、第四纳库尼素光刀一、第五耿昭忠金削倭刀一（康熙十九年平逆所获，重二十八两）。①

此外，陈设档还记载了同治六年（1867）二月十一日，小太监常禄交：

---

① 坤宁宫东暖阁陈设档案，清宫陈设档案，道光十五年七月十一日立，第6—7页，故宫博物院藏，资料来源：故宫博物院清代档案文献数据库。

叩鸣刀一把，重十七两；宝腾刀一把，重十七两；威服刀一把，重十七两；苍龙刀一把，重十七两；曜威刀一把，重十七两（木匣盛）；昆铭刀一把，重十七两；超阿刀一把，重十七两；鲤腹刀一把，重十七两；越砺刀一把，重十七两；飞鹊刀一把，重十七两（木匣盛）。①

同治十年（1871 年）八月十九日，奏事总管杨长春交：

腰刀大小二把（花锦袱套）、洋漆刀架一件（随绫子套）。②

由上述记载可知，仅陈设档记录的坤宁宫东暖阁藏刀就有三十把之多，这在传统的作为皇后正宫的汉族宫室的陈设中恐怕是难以想象的，将如此大量的宝刀存放于作为帝后大婚洞房的东暖阁内，足见清代统治者对其尚武民族特色的推崇与重视。

除陈设档所记载的众多藏刀外，东暖阁中还存有体现满族骑射传统的弓箭，据故宫物品点查报告中关于东暖阁部分的记载，东暖阁中存有："三九二号：弓，一张。三九三号：箭，九支，（带黑绒套）。"③ 此外，在东暖阁前檐大炕旁边的柱子上也十分醒目地挂有宝刀（图9）。

除了陈设有体现满族尚武传统的刀、弓箭，东暖阁还存有以满汉双语编写的，描绘满族入关前的都城的详细地图——盛京舆图，故宫物品点查报告东暖阁部分记录到："四〇三号：盛京舆图，四函（刻本，满汉文，有锦套，原排'源远流长'四字，'源'六册，'远''流''长'各七册）。"④ 其选用"源远流长"四字，既体现出其对自身历史的重视，同时也有告诫后世子孙勿忘本源之意。

---

① 坤宁宫东暖阁陈设档案，清宫陈设档案，道光十五年七月十一日立，第15—16页，故宫博物院藏，资料来源：故宫博物院清代档案文献数据库。

② 坤宁宫东暖阁陈设档案，清宫陈设档案，道光十五年七月十一日立，第16页，故宫博物院藏，资料来源：故宫博物院清代档案文献数据库。

③ 《故宫物品点查报告》第一编第二册卷一，坤宁宫，第13页，资料来源：故宫博物院清代档案文献数据库。

④ 同上。

坤宁宫东暖阁作为帝后大婚的洞房，却陈设着并无装饰作用与实际用途的众多宝刀、弓箭，自有它的用意。无论是彰显满族尚武传统的宝刀、弓箭，还是记载满族旧都历史的盛京舆图，都体现着浓郁的满族特色，提醒着清代的统治者勿忘本民族的传统。可见坤宁宫对于清代统治者来说不仅是祭祀场所与大婚洞房，更是宣扬满族旧俗与保持民族传统的精神象征。

图9　坤宁宫东暖阁内挂刀①

二　汉族特色

坤宁宫东暖阁除了陈设有满族特色的宝刀、弓箭外，同时也有许多汉族特色的陈设。陈设档记载，坤宁宫东暖阁内有楠木案一张，上设：

青花白地宝月瓶一件（紫檀木座）、周季兽罇一件（紫檀木座）、汉玉璧一件（紫檀木座）、周妇鼎一件（紫檀木盖、座，玉顶，盖内

①　图片引自故宫博物院网站，http：//www.dpm.org.cn/shtml/116/@/17791.html？query＝坤宁宫。

有"乾隆御赏"四字①）、填白磁拱花梅瓶一件（紫檀木座）、金薤留珍五洋漆匣（每匣六屉，装古铜图章，共计一千二百九十二方）、黑洋漆匣二件（内盛墨七十二块）。②

无论是作为传统玉礼器的玉璧，还是周妇鼎、梅瓶等青铜器、瓷器，都是承载着汉族传统文化的室内陈设，历来为各朝士大夫、文人所推崇，清代统治者将其陈设在坤宁宫东暖阁，可见他们对其所代表的汉族传统文化并不排斥，而是采取认同与欣赏的态度。

此外，根据故宫物品典查报告记载，坤宁宫东暖阁还陈设有："四〇二号：敬胜斋法帖，四套（拓本，已裱，锦套，每套十册）。四〇四号：御览经史讲义，四函（每函八册，带套已破）。"③ 这两套书均为乾隆时期所编，无论是乾隆御笔临摹古人书法的《敬胜斋法帖》，还是用于学习儒家经典的《御览经史讲义》，都体现出清代统治者对汉族传统儒家文化的学习与推崇。

不仅如此，坤宁宫东暖阁内还陈设有众多匾联，而这些匾联大都出自儒家经典。以东暖阁存乾隆帝题联为例："天惟纯佑命，俾尔戬谷，百禄是荷；民其敕懋和，绥以多福，万寿无疆。"其中"天惟纯佑命"出自《尚书·君奭》："天惟纯佑命，则商实百姓。""俾尔戬穀"出自《诗经·小雅·天保》："天保定尔，俾尔戬穀。""百禄是荷"出自《左传·隐公三年》："《商颂》曰：'殷受命咸宜，百禄是荷。'其是之谓乎！""民其敕懋和"出自《尚书·康诰》："封，有叙时，乃大明服，惟民其敕懋和。""绥以多福"语出《诗经·周颂·载见》："烈文辟公，绥以多福，俾缉熙于纯嘏。""万寿无疆"语出《诗经·小雅·南山有台》："南山有桑，北山有杨。乐只君子，邦家之光。乐只君子，

---

① 《故宫物品点查报告》第一编第二册卷一，坤宁宫，第11页，资料来源：故宫博物院清代档案文献数据库。

② 坤宁宫东暖阁陈设档案，清宫陈设档案，道光十五年七月十一日立，第9页，故宫博物院藏，资料来源：故宫博物院清代档案文献数据库。

③ 《故宫物品点查报告》第一编第二册卷一，坤宁宫，第13页，资料来源：故宫博物院清代档案文献数据库。

万寿无疆。"① 全联意为：上天只佑助有德之君，让他为政皆善，承负百多福气。人民服从有道之王，祝他平安多福，享受万年长寿。此联的全部语句皆取自儒家经典，虽为拼集却又浑似天然，可见作者乾隆帝儒学功底之深厚。而这些匾联也反映出清代统治者的儒学造诣与对儒家思想的接受与认同。

三　藏传佛教特色

除了有兼具满汉风格的陈设，坤宁宫东暖阁内还有具有藏传佛教特色的陈设。乾隆八年（1743）在东暖阁添建仙楼后，东暖阁二楼便成为佛堂（图10）。据道光十五年（1835）陈设档记载，坤宁宫东暖阁楼上设："红片金边画像佛一连七尊、金漆连三塔式龛一座（内供铜胎佛三尊）、银珐琅炉一件（重一百六十五两）、银珐琅蜡阡一对（重一百二十五两）、银珐琅花瓶一对（重一百七十两）、铜小塔二件、铜掐丝珐琅八吉祥一份、玻璃海灯一件（随玻璃盏二件）。"②

图10　坤宁宫东暖阁二楼佛堂③

---

① 李文君：《紫禁城八百楹联匾额通解》，紫禁城出版社 2011 年版，第 68—69 页。
② 坤宁宫东暖阁陈设档案，清宫陈设档案，道光十五年七月十一日立，第 11—12 页，故宫博物院藏，资料来源：故宫博物院清代档案文献数据库。
③ 图片引自《紫禁城》2006 年第 8 期。

由现存的东暖阁佛堂照片和陈设档的记载可以看出这是一座藏传佛教的佛堂。其中的"金漆连三塔式龛"即为清宫档案中大量提到的兼具汉藏风格的"三塔龛"。"所谓'三塔龛'和'五塔龛',其基本样式综合了汉藏两地的典型建筑:顶部排列三尊或五尊藏式喇嘛合欢塔,代表'三世佛'或'五佛五智'及长寿等意,中部则为毗卢帽下接三进或五进殿式或亭式龛,后接背板,下部是宫殿建筑中栏杆与须弥座。这种源自印度的顶部列塔下开数间供奉佛像的建筑形式在西藏各地较为流行。"①

东暖阁小佛堂的供器也为藏传佛教中常见的供器。按照传统方法进行种类划分,藏传佛教的法器、供器,大体可分为礼敬、称赞、供养、持验、护魔、劝导六大类。其中供养类可分为五供、七珍、八宝等。五供即:香炉一、蜡阡二、花瓶二。其摆放顺序为:"中间摆放香炉,蜡阡和花瓶分左右对称摆放在香炉两侧。"② 八宝即:法轮、白螺、宝伞、宝盖(胜利幢)、莲花、宝罐、双鱼、盘肠(吉祥结)。③ 显然,陈设档中所记的"银珐琅炉一件、银珐琅蜡阡一对、银珐琅花瓶一对"即为藏传佛教供器中的五供。而陈设档中记载的"八吉祥"则是八宝的别称,是根据藏传佛教中八种表示吉庆祥瑞之物制作的供器。此外,根据图 10 所示,陈设档中的"铜小塔二件"也均为藏式喇嘛合欢塔的造型。可见坤宁宫东暖阁小佛堂是一座典型的藏传佛教佛堂。

作为大婚洞房的坤宁宫东暖阁是相对而言具有较高私密性的场所,清代统治者在此设立藏传佛教佛堂,除安抚蒙藏的政治需要以外,想必更多的是出于信仰与认同。"在蒙古—满洲体系中,清朝第一个皇帝皇太极,从唐太宗李世民、成吉思汗和忽必烈汗那里继承了'转轮圣王'的合法地位。"④ 在藏传佛教体系中,转轮圣王意味着世俗世界和精神世界的主宰,肉身、灵魂、甚至时间都围绕着他转世轮回。这种身份使清代统治者在藏传佛教体系中获得了自己的地位,对赢得蒙、藏等信奉藏传佛教的群体的支持具有重要意义。清代统治者将藏传佛教元素引入坤宁

---

① 何芳:《18 世纪清宫佛堂供龛的样式及其艺术特征》,《故宫博物院院刊》2005 年第 4 期。

② 李中路:《清宫藏传佛教法器供器概述》,《文物世界》2014 年第 4 期。

③ 同上。

④ [美]柯娇燕:《清代皇权的多维性》,刘凤云、刘文鹏编:《清朝的国家认同——"新清史"研究与争鸣》,中国人民大学出版社 2010 年版,第 69 页。

宫这一象征其本民族传统文化的场所，一方面是出于对藏传佛教的认同与信仰，另一方面则是试图将藏传佛教文化与满族文化以及汉族文化相调和，使其共同服务于清代的政权与皇权。

第四节　小结

清代的改建使坤宁宫的建筑和功能发生了巨大的变化，明代皇后居住和进行礼仪活动的空间被清代进行萨满祭祀与大婚合卺礼的空间所取代，而坤宁宫的陈设亦随之产生了十分显著的变化。无论是环绕三面的万字炕还是上面陈设的萨满教神位、神像、供器以及祭祀煮肉用的锅灶、大缸等，无不体现着浓厚的满族文化特色，与传统的汉族宫室陈设截然不同。室内宽敞宏阔的布局与风格简单、厚重的陈设体现着关外游牧民族原始、质朴的气息。东暖阁的陈设则更为复杂、混合，既有体现满族尚武特色的刀、弓箭，又有充满汉族文化气息的鼎、樽、玉璧、匾联，还有藏传佛教的佛像、供器，坤宁宫东暖阁的陈设呈现出明显的多元文化混合的特征。

第三章　清代坤宁宫的萨满祭祀与
祭祀活动的多元性

坤宁宫在明清两朝都是象征皇后的宫殿，但实际上它在明清两朝的功能并不相同。坤宁宫在清代虽然名义上依然象征着皇后，但却并不专作皇后的寝宫，而是兼具萨满祭祀与帝后大婚洞房的功用。而随着雍正帝将寝宫移至养心殿，坤宁宫也不再作为皇后的寝宫，其日常最主要的功能即为宫廷内萨满祭祀的场所。选择坤宁宫作为萨满祭祀的场所，是对盛京清宁宫旧制的承袭。乾隆帝在《宁寿宫铭》中称："盛京大政殿后曰清宁宫，祖宗时祀神之所，祭毕，召王公大臣进内食祭肉。国初定鼎燕京，则于乾清宫后殿坤宁宫行祀神礼，一如清宁之制，至今遵循旧章。"[①]

---

① 故宫博物院编：《清高宗御制文》第二册，海南出版社 2000 年版，第 172 页。

第一节　坤宁宫祭祀活动概述

一　萨满教

萨满教是一种原始自然宗教，曾较为广泛地被世界高寒、亚寒地带的诸多民族信仰，生活在东北地区的满族人所信仰的萨满教，是其中一个重要的支派。萨满教产生于远古，没有统一的教义与经典，也没有统一的宗教组织和创始人，其基本的观念和信仰主要是万物有灵、自然崇拜、多神崇拜，其基本的组织单位和活动形式则是以氏族部落或一家一族为单位的祭祀活动。① 主持祭祀的人在满语中被称为"萨满"，由于音译不同，有时亦称为"萨玛""撒麻""珊蛮"等，萨满教即因此而得名。

宫廷中的萨满祭祀活动，并非仅清朝有之。"在七世纪时，萨满教即进入契丹、渤海国王室；十世纪初进入辽国宫廷；十二世纪初更成为满族直系先人女真人所建金朝宫廷中的权威宗教；十三世纪初，又步入蒙古帝国成吉思汗的金帐，甚至一度成为左右皇权的政治势力。"② 可见清代以前萨满教便已在宫廷中有着悠久的活动历史。此后，萨满教进入努尔哈赤、皇太极的宫廷，并逐步形成了宫廷化的祭祀礼制。

二　坤宁宫萨满祭祀类型与概况

盛京宫中内廷日常祭神多由皇后行礼，萨满祭神的场所就设在皇后居住的清宁宫。《满洲源流考》记载："我朝自发祥肇始，即恭设堂子，立杆以祀天；又于寝宫正殿，设位以祀神。其后定鼎中原，建立坛庙；礼文大备，而旧俗未尝或改。"③ 入关后，清代统治者在坤宁宫仿盛京清宁宫旧制进行萨满祭神活动。但坤宁宫的萨满祭祀并非由皇后主持，而是"设一女官代之，食三品俸，名曰萨满"④。主持祭祀的赞祀女官即萨

① 邹爱莲：《清宫萨满祭祀的兴衰与演变》，清代宫史研究会编：《清代宫史丛谈》，紫禁城出版社1996年版，第94页。

② 同上书，第95页。

③ 《满洲源流考》第18卷，辽宁民族出版社1988年版，第330页。

④ 章乃炜等编：《清宫述闻：初、续编合编本》，紫禁城出版社1990年版，第660页。

满太太，顺治初年定：设"赞祀女官长二人，赞祀女官十人，均于上三旗觉罗命妇内选取"。[①] 康熙二十年（1681）又将赞祀女官增加至十二人，每人"岁给官用缎二匹，纱绫、绌绢、杭细各一匹"[②]。

随着清代政权的稳定，其典章制度逐渐完备，内廷致祭也逐渐开始制度化。乾隆十二年（1747）修订了满族萨满教祭祀的专项典章——《钦定满洲祭神祭天典礼》。这部由清廷官方修订的萨满祭祀典章，将长期以来满洲各部族的萨满祭祀礼仪按照宫中的皇家祭祀仪式进行归纳汇总，形成典章 6 卷，对每项祭祀的祭品、祭器、祭祝神辞、祭祝程式乃至祭器的敲打方法、点数等无不做了细致的规定。根据《钦定满洲祭神祭天典礼》的记载，坤宁宫祀神活动可基本分为：常祭、月祭、祭神翌日祭天、大祭之前报祭、春秋大祭、大祭翌日祭天、四季献神、四季献鲜、求福、元旦行礼等。平时主要由司祝、司香、司俎等人进行祭祀，大祭等重要祭祀的日子皇帝、皇后则亲自参加。坤宁宫所祭的神包括佛、菩萨、关帝、穆哩罕神、画像神、蒙古神、天、佛立佛多鄂谟锡玛玛等，多至十几个。祭祀时要进水、进酒、进糕、杀猪、唱颂神歌，并有三弦、琵琶、拍板等乐器伴奏。

坤宁宫祭神是清宫中最频繁的祭祀活动，每年除"遇恭祭坛庙，皇帝斋戒，及忌辰清明等不宰牲之日，并每年十一月二十六日请神送堂子后，宫内停祭"[③] 外，其余每天均在这里进行朝祭和夕祭。

此外，坤宁宫还是祭神时宰猪、煮肉、做糕、酿酒和染织的场所。坤宁宫平时常祭时每天宰猪四口，祭神前将以酒灌耳的活猪抬至炕沿前，司祝致祷，奏乐，然后移至桌上宰杀，并接猪血供奉，司俎将断气后的猪去皮、节解，煮于坤宁宫灶间的大锅内。宫内炕前还置缸酿酒，每年仅制作糕、酒便需用红黏谷七百多石。[④] 此外，司香等还会在坤宁宫用槐子煎水染高丽布，裁为敬神布条，拧成敬神索绳。

---

① （清）乾隆朝《钦定大清会典则例》卷一六一，《景印文渊阁四库全书》第 625 册，（台湾）商务印书馆 1986 年版，第 240—241 页。

② 同上书，第 241 页。

③ （清）嘉庆朝《钦定大清会典事例》卷八九四，《钦定大清会典事例（嘉庆朝）》，文海出版社 1992 年版，第 6925—6926 页。

④ 于倬云编《紫禁城宫殿》，生活·读书·新知三联书店 2006 年版，第 82 页。

坤宁宫的祭祀活动保留了较多的原始气息，无论是在坤宁宫内跳神、宰猪、煮肉，还是做糕、酿酒、织染，都体现着对满族原始朴素遗风的保留与对满族传统信仰的传承。

第二节　清代统治者对坤宁宫萨满祭祀活动的重视

一　坤宁宫祭祀的持续时间

从努尔哈赤建立"后金"政权起，萨满祭祀活动就成为清朝早期宫廷中重要的典礼活动。清入关后，历代统治者将其奉为本族旧制，倍加崇祀，不仅祭祀形式隆重，且二百多年间除遇斋戒、丧事等特殊情况外，几乎每天均在坤宁宫举行朝祭、夕祭。《大清会典事例》记载："顺治初年定，大内每日祭神二次，晨以丑寅时，晚以未申时，均用猪二。"① 坤宁宫祭祀的持续情况从清宫奏销档的记载中也可以得到证实。从乾隆朝到咸丰朝都可以看到关于坤宁宫祭祀用苏拉数目的记录，如乾隆五十年（1785），奏销档记："掌仪司来文，八月初一日，由坤宁宫往堂子抬送祭品用苏拉六名。"② 道光③、咸丰④朝均有相同体例的记载，同治⑤、光绪⑥朝也均有关于坤宁宫祭祀的记载，甚至直到溥仪小朝廷时期，仍旧坚持每天于坤宁宫祭祀⑦，只是将所献猪改为了一头。坤宁宫的祭祀活动基本上从顺治朝一直持续到了溥仪退位后，可见清代统治者对于坤宁宫的祭祀是十分重视的，即便坤宁宫祭祀需要花费大量的人力物力，却还是

---

① （清）嘉庆朝《钦定大清会典事例》卷八九四，《钦定大清会典事例（嘉庆朝）》，文海出版社 1992 年版，第 6926 页。

② 奏销档 391 - 006 - 1，奏为五十年八月宫内外各处共享过苏拉数目事折，中国第一历史档案馆藏，资料来源：故宫博物院文档资源检索系统。

③ 奏销档 506 - 146，中国第一历史档案馆藏宫中档簿，资料来源：故宫博物院文档资源检索系统。

④ 奏销档 651 - 123，中国第一历史档案馆藏宫中档簿，资料来源：故宫博物院文档资源检索系统。

⑤ 奏销档 710 - 149，奏为坤宁宫开新神来年孟春敬神等事折，中国第一历史档案馆藏，资料来源：故宫博物院文档资源检索系统。

⑥ "甲申，上率皇后奉慈禧端佑康颐昭豫庄诚皇太后幸坤宁宫，行祈福礼。"《清德宗实录》卷二六六，光绪十五年二月上，《清实录》第 55 册，中华书局 1987 年版，第 569 页。

⑦ 《宣统政纪》卷一九，《清实录》第 60 册，中华书局 1987 年版，第 358 页。

在整个清代都保留延续下来了。

二　坤宁宫祭祀的参与情况

从乾隆元年起，清宫内务府档案中，每年都有关于萨满祭祀的奏报，清帝、后参加坤宁宫祭祀的情况，也开始见诸坤宁宫节次档。"根据内务府奏案档和坤宁宫节次档，仅对乾隆十三年（1748）至六十年（1795）宫中萨满祭祀活动的情况做了初步统计，大约平均每年乾隆亲自参加祭堂子2—3次。坤宁宫每天朝祭、夕祭外，每年纪录在档的例祭12次左右，祭祀期间，只要乾隆在宫中，必同后妃一起亲临致祭。如乾隆十四年（1749），坤宁宫常祭之外，大型的例祭10次20天，其中帝后亲自参加7次17天，只有3次因乾隆出巡，分别由亲王和萨满代为拈香行礼。"① 可见乾隆帝对于坤宁宫的祭祀活动十分重视，并积极参与其中。

坤宁宫吃祭神肉是坤宁宫祭祀活动的一项重要环节。在坤宁宫日常祭祀时，其早间所供的祭肉，例不准出殿门，由散秩大臣、侍卫等进内食之，以承不留神惠之意。而其晚间背灯祭所供的祭肉，则例交膳房散给各处。此外，坤宁宫大祭时，会例请王公大臣参加，赏吃祭神肉，而大祭翌日祭天时，则有皇家共同"吃小肉"的习俗。吃肉时，皇帝坐北床，参与吃肉的诸臣进入坤宁宫后，面西而列，先于坐垫上向皇帝叩首，内务府大臣将肉先进皇帝，然后分肉及神糕给诸臣。"据内务府膳底档记载，仅乾隆十六年至四十七年，在坤宁宫祭神吃肉就达111次，其中王公大臣参加88次，再加上'吃小肉'的次数，平均每年7—8次。"② 可见坤宁宫吃肉这一活动举行的还是较为频繁的。坤宁宫吃祭神肉这一活动不仅举行频繁，而且参加人数众多。"如光绪二十八年（1902），即拆迁堂子的当年，正月初二参加坤宁宫吃祭神肉王大臣45名，二月初一参加38名，十月初一参加34名。"③ 足见其祭祀之隆重与向众臣强调勿忘满洲旧俗之意。

---

① 邹爱莲：《清宫萨满祭祀的兴衰与演变》，清代宫史研究会编：《清代宫史丛谈》，紫禁城出版社1996年版，第101—102页。

② 同上书，第102页。

③ 杂录档第372、373号，中国第一历史档案馆藏宫中档簿，转引自邹爱莲《清宫萨满祭祀的兴衰与演变》，清代宫史研究会编：《清代宫史丛谈》，紫禁城出版社1996年版，第104页。

事实上，在清代参加坤宁宫萨满祭祀吃胙肉是一种资格和待遇，只有王、贝勒等以及一品大臣，才有资格列名被请（个别单独奉派例外），二品官及值南书房翰林有时也可能参与。参加者除满族王公高官外，地位较高的汉族大臣也被允许参加，并一向被汉大臣们视为殊荣。如曾国藩、李鸿章、翁同龢等汉族重臣均参加过坤宁宫吃肉。曾国藩曾在日记中记载了自己入坤宁宫吃肉的情形：同治九年（1870）十月初一日，"是日孟冬时享，奉派入坤宁宫吃肉。……三刻入，过交泰殿，至坤宁宫。皇帝坐西南隅榻上，背南窗北向而坐。各王大臣以次向西而坐，以南为上。第一排：南首为惇王、恭王，以次而北。第二排又自南而北，余坐第五排之南首第一位。初进钉盘小菜、酱瓜之类一碟，次进白肉一大银碟，次进肉丝泡饭一碗，次进酒一杯，次进奶茶一杯。约二刻许退出。"①此外，翁同龢也在日记中提到过自己与李鸿章参与过坤宁宫吃肉：光绪二十一年（1895）二月朔，"晴朗，午阴，旋又晴，微寒。是日坤宁宫吃肉，凡四十三人，李鸿章添入，在刚毅之次。卯正入，二刻毕。"② 由上述记载可知，坤宁宫吃肉虽为满洲旧俗，但并不排斥汉臣参与，而是将之作为一种赏赐与认可的方式授予汉族大臣。而汉族大臣也并不因其是满族仪式而抗拒排斥，反而将坤宁宫吃肉视为一种荣誉与地位的象征。

三 坤宁宫祭祀的严格管理

坤宁宫祭祀受到清代统治者的重视还表现在其对坤宁宫祭祀活动的管理较为严格。如乾隆五十年（1785）十月，乾隆帝就因致祭坤宁宫时，相关人员未按礼仪跪献祭肉而处罚了失察人员。③ 乾隆五十二年（1787），乾隆帝再次因坤宁宫祭祀之事而处罚了相关人员，谕旨称："旧制坤宁宫每日祀神祭肉，理应洁净熟暖，给散秩大臣及侍卫等分食。乃近来该首领太监等，每将整块好肉私行偷用，以冷肉及瘦瘠残剩皮骨，分给充数，以致散秩大臣、侍卫等进内食肉者渐少。满洲旧制，祭祀敬神祭肉晚间

① （清）曾国藩：《曾国藩全集》日记 3，岳麓书社 1989 年版，第 1788 页。
② （清）翁同龢：《翁同龢日记》卷 6，中西书局 2012 年版，第 2827 页。
③ 奏销档 393 - 134 - 2，奏为致祭坤宁宫拜唐阿未跪献祭肉应议处失察人员事折，乾隆五十年十月二十八日，中国第一历史档案馆藏，资料来源：故宫博物院文档资源检索系统。

背灯者，例交膳房散给各处，其早间所供者，例不准出殿门，原承不留神惠之意，乃风俗不古，散秩大臣、侍卫等或竟不以此为荣，反以为辱，固属非是，但太监等私藏好肉，以平常之肉给食，尤不可不严行查禁。嗣后祀神祭肉，着派总管太监刘成专管，每日吃肉之时，仍着派御前侍卫一员，乾清门侍卫二员，同吃肉之侍卫等进宫一体分食，并遍加查看，如有仍前弊端，即据实具奏。"① 由该谕旨可知，乾隆帝在处罚太监私藏好肉，滥竽充数的同时，也批评了违背满洲风俗，"不以为荣，反以为辱"的大臣、侍卫，并通过添派御前侍卫监管，震慑太监的私藏行为，以此来改变进内食肉者渐少的情况，维护满洲旧制。

此外，王大臣在重要祭祀时于坤宁宫食肉已发展成为固定的制度，并不具有随意性。道光十一年（1831）九月，道光帝曾发谕旨："仪亲王现年八十有六，虽精力如常，究竟年高不宜过劳，嗣后坤宁宫吃肉，毋庸进内，着管理膳房之内务府大臣，每届吃肉日期，颁给背灯肉一分，以示朕笃眷懿亲，体恤年高之至意。"② 可见若无特殊情况，除非皇帝特别下旨批准，王大臣在吃肉日期是固定要来坤宁宫吃肉的。

第三节 坤宁宫祭祀活动的多元性

一 萨满祭祀对象的多元性

坤宁宫所祭之神，据《钦定满洲祭神祭天典礼》记载，坤宁宫朝祭之神有释迦牟尼佛、观世音菩萨、关圣帝君；夕祭神有穆哩罕神、画像神、蒙古神。此外，求福时所祭对象还有佛立佛多鄂谟锡玛玛，每年还会固定举行祭天典礼。可以说，坤宁宫所祭祀的神的构成是非常多元的。释迦牟尼佛、观世音菩萨都是佛教中的神祇，在藏传佛教与汉传佛教中均具有崇高的地位。关帝则源于东汉末期名将关羽的形象，后逐渐从中原传播到汉族以外的地区。清军入关前，努尔哈赤和皇太极便极为尊崇

---

① 《清高宗实录》卷一二九四，乾隆五十二年十二月上，《清实录》第25册，中华书局1985年版，第367页。

② 《清宣宗实录》卷一九七，道光十一年九月下，《清实录》第35册，中华书局1986年版，第1109页。

关羽。在姚元之《竹叶亭杂记》中记："相传太祖在关外时，请神像于明……与以观音、伏魔画像。伏魔呵护我朝，灵异极多，国初称为'关玛法'。'玛法'者，国语谓祖之称也。"① 满族兴起时曾在赫图阿拉修建关庙，奉祀关羽。此后，皇太极在建都盛京时，也于地载门外修建关庙。② 而穆哩罕神、画像神、蒙古神则是满族传统的神明。据《钦定满洲祭神祭天典礼》所记载，坤宁宫夕祭诸神主要是满族的民族神，在祝词中所出现的神祇名称众多，如：阿珲年锡之神、安春阿雅喇、穆哩穆哩哈、纳丹岱珲、纳尔珲轩初、恩都哩僧固、拜满章京、纳丹威瑚哩、恩都蒙鄂乐、喀屯诺延等。其中，"唯纳丹岱珲为七星之神，喀屯诺延为蒙古神，以先世有德而祀，其余则均无可考。"③ 而根据对东北地区萨满的访问，"蒙古神最初是一位保护神（喀屯诺延神），是居住在松花江和牡丹江流域的女真人信奉的神；穆哩罕神似乎是居住在黑龙江以北的女真人祭拜的一位山神；画像神则是祖先的画像。"④ 可见，坤宁宫萨满祭祀所祭拜的神祇的构成是十分多元化的，既有佛教神，也有来自汉族传说中的神，还有蒙古神和满族自身的祖先神与自然神。这或许是由于萨满教本就是多神崇拜的宗教，而这同时也为清代统治者在信仰上的多元性提供了可能。

二 满汉祭天方式并行

清廷实行满汉祭祀并行之策："虽建立坛、庙，分祀天、佛暨神，而旧俗未敢或改，与祭祀之礼并行。"⑤ 清代统治者虽然遵循汉族传统，按儒家礼仪于天坛祭天，但同时也依然坚守满族传统，按萨满教仪式于堂子和坤宁宫祭天。在按照儒家礼仪于天坛祭天时，清帝作为天子代表人民与天沟通，完全是一位信奉儒学的君主，表现出汉族王朝传统的继承

---

① （清）姚元之：《竹叶亭杂记》卷三，李解民点校，中华书局 1982 年版，第 60 页。

② 李宏坤：《清代的关帝崇拜》，《历史档案》2004 年第 2 期。

③ 《钦定满洲祭神祭天典礼》卷四，《景印文渊阁四库全书》第 657 册，（台湾）商务印书馆 1986 年版，第 711 页。

④ ［美］罗友枝：《清代宫廷社会史》，周卫平译，中国人民大学出版社 2009 年版，第 295 页。

⑤ 《钦定满洲祭神祭天典礼》卷一，《景印文渊阁四库全书》第 657 册，（台湾）商务印书馆 1986 年版，第 626 页。

者的模样。而在按照萨满教仪式于坤宁宫祭天时，清代统治者则会遵循满族传统的立杆祭天的仪式，于坤宁宫庭内立祭天神杆，于神杆石前设案。祭祀时，司俎撒米，致祝，帝后行礼，然后进牲取血，将颈骨穿于神杆末端，并将精肉、胆及所撒米均储于神杆斗内，然后将神杆立起。祭祀时所供的小肉饭则由帝后及参加祭祀的人员分食。由此可见，虽然其所祭祀的对象均为天，但却采取了满汉礼俗并行的方式。可见清代统治者不仅祭祀的对象十分多元化，即便是相同的祭祀对象，其祭祀的礼仪也采取了多元化的方式。

三 祭祀灶神

根据清代道教典籍《敬灶全书》记载，灶神"乃东厨司命，受一家香火，保一家康泰，察一家善恶，奏一家功过。……每逢庚申日，上奏玉帝"。① 祭灶在民间家庭中十分普遍，清廷虽为帝王之家，却也不例外。《清史稿》记："逮圣祖厘礼典，再罢之，并停专祀。惟十二月二十三日，宫中祀灶以为常。"② 而清代宫中祭灶的地点，则在坤宁宫。每年十二月二十三日在坤宁宫设供案，奉神牌，备香烛、燎炉、拜褥，御茶房、御膳房设供献三十三品，黄羊一只。届时宫殿监奏请皇上到坤宁宫佛前、神前、灶君前拈香行礼，礼毕后再请皇后行礼，然后送燎，还宫。③ 坤宁宫灶间东壁上至今仍保留有"东厨司命灶君之位"的木质牌位④（图11）。《清稗类钞》则记："乾隆一朝，大内祀灶，在坤宁宫中行之。室内正炕，设鼓板，后先上至，驾临，坐炕，自击鼓板，唱访贤一曲，唱毕，送神，乃还宫。"⑤ 可见清代统治者对这位道教保家之神不仅按时祭祀，甚至还有可能亲自参与到祭祀活动中。

与民间相比，清宫祭祀灶神采取了更加复古的方式。《后汉书》记载："宣帝时，阴子方者，至孝有仁恩，腊日晨炊而灶神形见，子方再拜

---

① 《敬灶全书·东宫司命通天定福奏善真君劝善文》，板存云邑五都北溪叶宅溯源堂，光绪己丑冬刊本。
② 《清史稿》卷八四，中华书局1976年版，第2550页。
③ 《钦定宫中现行则例》卷二，文海出版社1994年版，第306—307页。
④ 傅连仲：《坤宁宫祭神祭天》，《紫禁城》2002年第2期。
⑤ 徐珂：《清稗类钞》，商务印书馆1917年版，第37页。

受庆。家有黄羊，因以祀之。自是以后，暴至巨富……子方常言'我子孙必将强大'，至识三世而遂繁昌，故后常以腊日祀灶，而荐黄羊焉。"①古代祭祀灶神时常以黄羊为祭品，而随着时间推移，民间家庭通常以更为简易的糖、酒等代替。清人富察敦崇的《燕京岁时记》记载："二十三日祭灶，古用黄羊，近闻内廷尚用之，民间不见用也。民间祭祀，惟用南糖、关东糖、糖饼及清水草豆而已。"② 而《清实录》中关于黄羊的记载也印证了富察敦崇的说法，"谕总管内务府大臣，嗣后每年十二月二十三日，致祭灶神，著用张家口进到黄羊，勿庸派员赴南苑打捕"③。由此可见，清廷的确遵循古礼，采取了更为复杂的以黄羊为祭品的祭祀方式，足见清代统治者对祭祀灶神的礼仪的重视。

图 11　坤宁宫锅灶及灶神神位④

---

① （宋）范晔：《后汉书》卷三二《阴识》，中华书局 2007 年版，第 336 页。

② （清）潘荣陛、富察敦崇：《帝京岁时纪胜　燕京岁时记》，北京古籍出版社 1981 年版，第 95 页。

③ 《清宣宗实录》卷二〇三，道光十一年十二月下，《清实录》第 35 册，中华书局 1986 年版，第 1183 页。

④ 图片引自故宫博物院网站，http：//www.dpm.org.cn/shtml/116/@/17791.html？query＝坤宁宫。

灶神作为监督与守护家庭的道教神祇受到清代统治者的祭祀与重视，表明清代统治者对其背后所代表的神系与民间信仰的接受与认同态度。而灶神祭祀与萨满祭祀均在坤宁宫同一空间内进行，也表明在清代统治者看来，这些神祇虽属不同宗教与神系，却并不相互冲突，反映出其多元的宗教观。

第四节　小结

坤宁宫萨满祭祀属于清代宫廷祭祀体系（大祀、中祀、群祀、家祀）中的家祀，[①] 与大祀、中祀等国家祭祀仪式相较，坤宁宫萨满祭祀更具私密性。这些于坤宁宫举行的频繁而复杂的萨满祭祀活动，体现了清代统治者的满族特色。而坤宁宫萨满祭祀活动的持续时间之久、参与程度之高及制度的严格都体现了清代统治者对萨满祭祀活动及其所代表的满族传统的重视与坚守。而萨满祭祀对象构成的多元性、祭天活动中满汉祭祀方式并行、祭祀灶神以及东暖阁二楼藏传佛教佛堂的设立，则体现出清代统治者在坚守本民族的宗教的同时，对其他宗教并不排斥，而是采取认同、吸纳的态度，并将之纳入自己的宗教体系。

这或许从雍正帝的宗教态度中也可以得到证实与解释。雍正帝主张三教同原论，认为："朕惟三教之觉民，理同出于一原，道并行而不悖。"[②] 对此，他进一步解释道："世言儒佛道三教各有所宗，究之三教之用虽殊，而其体则一，盖古近只此一理，其立教者大抵皆生知上哲超越等伦之人。如吾儒之五帝、三王、先圣、先师，如释道之佛老，皆性地通明，全体莹澈，皆洞瞩至理之精微元妙者，是以言性言心，曰中曰一，无不吻合，但各就所见，为之阐发流传，以牖民觉世。"[③] 在雍正帝看来，"三教虽各具治心、治身、治世之道，然各有所专，其各有所长各有不及处，亦显而易见。"[④] 雍正帝上述关于其宗教的态度的论述可以较好地解释清代统治者这种多元的宗教态度。在他看来，这些宗教虽属不

[①] 吴十洲：《乾隆一日》，山东画报出版社 2006 年版，第 50 页。

[②] 杨启樵：《雍正帝及其密折制度研究》，上海古籍出版社 2003 年版，第 22 页。

[③] 同上书，第 23 页。

[④] 同上书，第 22 页。

同的宗教类型，但它们的理是相同的，只是阐述与启发人的方式不同而已，均各有所长也各有所短，其实质上并不冲突。在这种思想的指导下，清廷用不同的方式祭祀多种宗教的神祇也就不足为奇了。

总之，清代统治者的宗教文化政策，是一个极为复杂的问题。他们对各种宗教，在不同时期、不同地域采取的政策也并非一成不变。但总体上，清代统治者对其本民族的萨满教与汉族的儒教、道教及蒙藏的藏传佛教等，基本上采取了兼蓄并收的态度。正如阎崇年先生所言："清廷尊崇萨满教为满洲本教，而未强令全民信仰；推尊喇嘛教，而未放弃萨满教；它采取既崇奉萨满文化，又汲取儒家文化，并兼容诸种宗教文化的政策，在'神界天国'保持着以萨满文化为满洲本教文化的全国多种宗教文化并存局面。这是清廷的高明之处，也是其鼎定中原长达268年之久的重要因素之一。"①

第四章　清代坤宁宫大婚礼仪的满族
特色与多元文化特色

婚礼是古今中外所有民族均有的一种礼仪，由于文化环境的差异，不同民族的婚礼形式区别很大。满族因其肇兴东北又入主中原的特殊经历，使它的文化兼具了满、蒙、汉、藏等多民族的特色，这在其婚礼上亦不例外。

清代入关后共有十位皇帝在紫禁城生活居住，其中雍正、乾隆、嘉庆、道光、咸丰五位皇帝均在即位前便已成婚，而逊帝溥仪的婚礼则在其退位后举行，因此在紫禁城中举行过大婚的皇帝，仅有幼年登基的顺治、康熙、同治、光绪四帝。由于坤宁宫于顺治十二年（1655）才进行改建，因而"顺治十二年改建前顺治帝的两次大婚都是在外朝位育宫（保和殿）举行的"②。清代康熙朝始将坤宁宫东侧两间（称坤宁宫东暖阁）用作皇帝大婚的洞房，年幼登基的康熙、同治、光绪三帝大婚以及

---

① 阎崇年：《清代宫廷与萨满文化》，《故宫博物院院刊》1993 年第 2 期。

② 周苏琴：《"口袋房"与满族建筑》，清代宫史研究会编：《清代宫史丛谈》，紫禁城出版社 1996 年版，第 609 页。

逊帝溥仪结婚时均先在此居住，再迁居别宫。清代的大婚礼仪在基本上沿袭历代传统婚礼的主流的基础上，融入了自身的民族特色。

第一节　清代大婚仪式对汉族传统婚仪的继承

纳采、问名、纳吉、纳征、请期、迎亲为汉族传统婚礼中的六礼，而清代皇帝的大婚礼仪主要有纳采、大征、册立、奉迎、合卺、庙见、朝见、颁诏、庆贺、筵宴等礼仪。除问名礼被清代的"选秀女"制度代替外，其余汉族传统婚礼中的六礼在清代的大婚仪式中均得到了继承。传统六礼中的纳采礼与纳征礼，在紫禁城举行大婚的顺治、康熙、同治、光绪四位皇帝都曾实行过，而入关前皇室成员的结婚程序中则无这两项礼仪①，可见此二项婚仪为清代入关后从汉族传统婚仪中承袭而来。实际上，清代皇帝大婚，皇后的选择是通过于八旗内选秀女的形式来进行的，并不存在民间的订婚程序，因而举行纳采礼主要是为了取其象征意义，表明清代统治者尊崇古礼的态度。此外，向皇后颁发册宝、举行合卺礼等仪式均为清代入关后对明朝婚仪的继承。

清帝的大婚仪式按照进行的时间可归纳为：婚前礼、成婚礼和婚后礼，而在坤宁宫进行的主要是成婚礼中的合卺礼。合卺礼在《礼记》中就已被确立为婚礼中的重要礼仪："妇至，婿揖妇以入，共牢而食，合卺而酳，所以合体同尊卑，以亲之也。"② 对此，孔颖达解释为："共一牲牢而同食，不异牲，合卺而酳者。酳，演也，谓食毕饮酒，演安其气也。卺为半瓢，以一瓠分为两瓢谓之卺。婿与妇各执一片以酳，故云合卺而酳。"③ 合卺礼象征夫妇一体，长期共同生活的开始。这一礼仪在中原流传至少已有二千多年，而对清代来说，关于合卺礼的记载则仅始见于康熙四年（1665），因而清代合卺礼的举行极有可能是在受中原婚俗的影响下所列入大婚仪式的。

---

① 刘潞：《清帝大婚礼的文化诠释》，《中国文化研究》1996 年第 4 期。
② 《礼记正义（十三经注疏）》，郑玄注，孔颖达疏，北京大学出版社 2000 年版，第1889 页。
③ 刘潞：《清帝大婚礼的文化诠释》，《中国文化研究》1996 年第 4 期。

第二节 大婚合卺礼地点选择体现的满汉文化差异

明代皇帝的正宫为乾清宫，皇后的正宫为坤宁宫，帝后大婚合卺礼在乾清宫中举行；清代帝、后的正宫虽袭明制不变，却将大婚合卺礼的地点改为了坤宁宫东暖阁，既不在代表皇帝的正宫，也不在宫室正中，与明代形成了显著的差异。

据《大明会典》记载，明代皇帝大婚之日，"内官先于正宫殿内设上座于东，皇后座于西，相向，置酒案于正中稍南，置四金爵、两卺于案上……女官以卺盏酌酒合以进。"① 在明代官文书中，"正宫"与"中宫"的指代是有区别的，二者分别指象征皇帝的乾清宫与象征皇后的坤宁宫。因而此处"正宫"所指即乾清宫。② 而且这也符合成婚时合卺礼要在丈夫的寝室举行的古制："共牢而食者，在夫之寝。"③ 与明制不同，清代将帝后大婚合卺礼的地点改为了象征皇后的坤宁宫。康熙四年（1665）玄烨大婚，孝庄文皇后（康熙帝即位后尊为太皇太后）指定其大婚合卺礼在坤宁宫举行，此后则形成定例："皇后由邸第升凤舆……由大清中门行御道，至乾清宫降舆。上礼服诣坤宁宫行合卺礼。"④ 清代在帝后大婚合卺礼地点的选择上与明代有显著的差别，这主要是因为沿袭了其关外盛京皇宫中清宁宫的传统。如前所述，改建后的坤宁宫几乎完全仿照了盛京清宁宫的室内格局。皇太极时曾将清宁宫东暖阁作为与皇后共同生活的寝宫，因而依照这一传统，曾为皇太极之妃的孝庄文皇后将康熙帝大婚合卺礼的地点选在依清宁宫而改建的坤宁宫，是遵照满族传统的顺理成章之事。

清代不仅没有遵循明代旧制将举行合卺礼的地点选在乾清宫，也没有将举行典礼的地方选在宫室正中，而是选择了位于坤宁宫东侧的东暖阁。关于这一地点的选择过程，清代档案中有详细的纪录。康熙四年

---

① 《大明会典》卷六七，广陵古籍刻印社 1989 年版，第 1105 页。

② 刘潞：《坤宁宫为清帝洞房原因论》，《故宫博物院院刊》1996 年第 3 期。

③ 《礼记正义（十三经注疏）》，郑玄注，孔颖达疏，北京大学出版社 2000 年版，第 1889 页。

④ 《清德宗实录》卷二六五，光绪十五年正月下，《清实录》第 55 册，中华书局 1987 年版，第 555 页。

（1665 年）玄烨大婚，太皇太后指定大婚合卺礼在坤宁宫举行，礼部为此就大婚合卺礼选在坤宁宫内的具体位置而奏请太皇太后懿旨。礼部认为："中宫七间北坐向南，本年均吉。既隔首间次间，于五间之中间合卺吉。"① 太皇太后则认为："宫之中间合卺，与神幔甚近，本朝从来所忌者。于宫之两旁间间隔不亦可乎？著传之礼部礼官。钦此。"② 最终，康熙帝大婚的合卺礼地点依太皇太后懿旨，选在了坤宁宫东暖阁内北炕："首间次间虽然间隔，尚是中宫之正间。内北炕吉。"③ 由上述礼部官员与太皇太后就合卺礼地点选择上的分歧可以看出，当时的礼部官员并不熟悉满族的文化背景，拘泥于汉族传统"执中"的观念，儒家传统观念认为"中也者，天下之大本也；和也者，天下之达道也"。④ 礼部官员遵循以中为本、为上的原则，而与坚守满族传统的太皇太后产生了分歧，最终则依太皇太后的旨意，遵照满族传统将合卺礼地点选在了偏东的东暖阁。这是继将坤宁宫正门改在偏东一侧之后，又一个在面对满族传统时，汉族"执中"观念作出让步的例子。

第三节　坤宁宫成婚礼中的满族特色

一　过火驱邪

坤宁宫的成婚仪式体现着清代独特的满族特色。据《大婚典礼红档》记载，成婚当日，皇后由娘家出发到达紫禁城后，于乾清宫前降舆，皇后下轿后由四位福晋挽扶。"内务府女官执灯前导，出后隔扇，由交泰殿至坤宁宫东暖阁。……内务府营造司预设火盆于乾清宫殿内，武备院预设马鞍于坤宁宫门槛上，马鞍下掌仪司预备苹果两个。"⑤ 新妇跨马鞍的习俗由来已久，因其音与"安"相同，于是常将马鞍作为祈祷平安的吉

---

① 顺康两朝大婚礼节成案单，中国第一历史档案馆藏军机处杂件，杂 67 号，转引自刘潞《坤宁宫为清帝洞房原因论》，《故宫博物院院刊》1996 年第 3 期。

② 同上。

③ 同上。

④ 《中庸》，杨洪、王刚注译，甘肃民族出版社 1997 年版，第 1 页。

⑤ 《大婚典礼红档》卷二三，中国第一历史档案馆藏，转引自刘潞《坤宁宫为清帝洞房原因论》，《故宫博物院院刊》1996 年第 3 期。

祥物品，在其下压有苹果则更合平安的寓意。跨火盆之仪则常被解释为取其"红火"的吉祥寓意，但实际上皇后跨过火盆在这里还有更深层次的含义，这与满族过火驱邪的传统有关。按照满族传统，不仅在结婚仪式中新娘需要跨越火盆才可进入夫家之中，在举办丧事时同样也需要跨火："满洲人等如本家遇有孝服者，必请出神位，暂安于洁净之室。……如无另室之家，则净面、洗目、焚草越火而过之，始入。"① 可见，跨火仪式的内涵，并非仅为新婚祝福取其"红火"之意，而是满族人常举行的一种除秽仪式。大婚时皇后于此跨过火盆，既包含祝福，也包含驱邪之意，同时也是满族传统信仰萨满教之火崇拜的一种反映②。

二 念交祝歌与捧柴

在皇后跨过马鞍进入坤宁宫到达东暖阁之后，福晋等会接过皇后手中的宝瓶与苹果，并从凤舆内请出龙字、如意，安设在案上。待帝后升龙凤喜床后，"内务府女官恭进宴桌，铺设坐褥于龙凤喜床沿下。皇上居左，皇后居右，相向坐，恭进皇上皇后交杯用合卺宴。派出结发侍卫夫妇在殿外念交祝歌"③。次日早上，皇上、皇后出东暖阁，"福晋等请皇后捧柴，仍由福晋等交结发萨满收存，预备祈福祭神应用"④。于帝后用合卺宴时派结发侍卫夫妇在殿外念交祝歌，以及次日请皇后捧柴都是传统汉族婚礼所没有的仪式，这些仪式均来源于满族民间婚礼。根据《满洲四礼集》记载，满族民间的相关婚仪如下："合卺时，将桌搭在院内东南隅察察立下，着结发如意吉祥老人诵合卺之词，告于天。"⑤ 次日，"女宾扶妇出，抱柴一捆，奉于神灶，行主中馈之礼也"⑥。可见念交祝歌与捧柴之礼均为满族本民族之传统在大婚礼仪中的体现。

---

① 《钦定满洲祭神祭天典礼》卷一，《景印文渊阁四库全书》第 657 册，（台湾）商务印书馆 1986 年版，第 623 页。

② 刘潞：《坤宁宫为清帝洞房原因论》，《故宫博物院院刊》1996 年第 3 期。

③ 《大婚典礼红档》卷二三，中国第一历史档案馆藏，转引自刘潞《坤宁宫为清帝洞房原因论》，《故宫博物院院刊》1996 年第 3 期。

④ 同上。

⑤ （清）索宁安：《满洲四礼集》卷二，《满洲婚礼仪注》，北京图书馆古籍出版编辑组编：《北京图书馆古籍珍本丛刊》59 册，书目文献出版社 1998 年版，第 592 页。

⑥ 同上书，第 593 页。

第四节 坤宁宫成婚礼中礼拜对象的多元性

捧柴仪式结束后,"掌仪司预设天地桌,陈如意,供香烛、香斗、苹果于坤宁宫明间内,北向;设喜神桌于殿内正南方喜神方位,如意等与天地桌同,俱铺设拜褥,福晋等伺候。皇上诣天地香案前上香……同皇后向天地香案前行三跪九叩礼,次诣喜神桌上香,同行三跪九叩礼。……内务府女官撤香案,另设灶君香供、香炉、案。萨满铺设皇上皇后拜褥于西案、北案、灶君前。福晋等请皇上皇后同诣西案、北案前,俱行三跪九叩礼,次同诣灶君前行三跪礼"①。帝后于合卺礼次日早上向天地桌、喜神桌、西案、北案、灶君前行礼均为明代大婚礼仪中所没有的。明帝大婚,对神灵的祭告仅体现为婚前遣官祭告天地。而清帝大婚则在坤宁宫增加了上述祭神仪式,其礼拜对象除天地、喜神、灶君外,西案与北案的礼拜对象则应为坤宁宫平常萨满祭祀时所祭拜的朝祭神与夕祭神。可见明代与清代在对待神灵的态度上有显著的差别,明帝虽私下对神灵的态度各有不同,但在大婚典礼这种官方仪式上还是坚持儒家"敬鬼神而远之"的态度,而清帝对此则较少避讳,在坤宁宫所进行的大婚诸礼中,弥漫着浓厚的满族萨满崇拜的气氛。

由此可见清代统治者信仰之杂糅。天地为满、汉等众多民族传统祭祀的对象,灶君为汉族道教中的神祇,喜神为汉族传统五行学说中的神祇,而萨满祭祀的朝祭神与夕祭神则又包括了满族、汉族、蒙古族和佛教中的众多神祇,清代统治者婚礼时祭祀对象的种类之多、来源之广,是其信仰杂糅、多元的集中体现。

第五节 小结

婚礼这一在不同文化中均具有重要意义的礼仪体现着不同民族的文化与宗教传统,同时也传达着其行为主体的文化与宗教态度。于坤宁宫东暖阁举行的大婚仪式,便充分体现出了清代统治者的宗教传统与文化

---

① 《大婚典礼红档》卷二三,中国第一历史档案馆藏,转引自刘潞《坤宁宫为清帝洞房原因论》,《故宫博物院院刊》1996 年第 3 期。

态度。在大婚合卺礼地点的选择问题上,孝庄太后所代表的满族传统与礼部官员所代表的儒家观念产生了冲突,最终,在面对满族传统时,汉族"执中"观念作出了让步。虽然皇帝大婚在某种意义上属于国家礼仪,但清代统治者并没有在如此重要的礼仪中放弃本民族的传统,而是在继承汉族传统婚仪的基础上,将其民族特色融入了其中,这不仅体现在合卺地点的选择上,也通过成婚礼中的过火祛邪、唱交祝歌、捧柴、拜神等众多满族特色的仪式得以体现。当然,清代统治者在坚守自身民族传统的同时,也表现出了其文化态度的多元性的一面。这在坤宁宫成婚礼中礼拜对象的构成问题上体现得尤为明显。在信仰问题上,清代统治者并不拘泥于本民族的宗教,也不限于单一的宗教,而是采取了十分多元的态度。成婚礼中众多的礼拜对象分属不同的神系,来自不同的宗教,却都在同一空间、同一时间受到祭祀,可见在清代统治者眼中,这些来自不同地区的不同的宗教之间并不冲突,均可同时信仰,足见其信仰的多元性,清代统治者的多元的文化态度也由此得到了充分地体现。

第五章 结论

坤宁宫位于紫禁城中轴线上,地位非常尊贵,明代为皇后的寝宫。清朝统治者入主紫禁城后,皇宫的整体格局基本上全部照收前朝,中轴线上唯一重大的改变就是坤宁宫。满族入关前,皇后的寝宫就是皇室进行萨满祭祀的场所,入关以后,他们把民族记忆搬进了紫禁城的坤宁宫,按照入关前盛京清宁宫的格局对坤宁宫进行了改建,于其中举行萨满教祭祀活动与大婚合卺礼。这些看似简单的改动,其实并不简单。坤宁宫这一小空间发生的变化,实际上反映出了与清代的政权、皇权、族权相关的许多重要问题。

第一节 清代坤宁宫的改造对清初政权的意义

在传统汉文化中,位于中轴线上的建筑会被纳入宗法体系当中,在地位和象征意义上均受到典章制度的约束。改造位于中轴线上的坤宁宫,意味着清皇室希望把满族的印记列入千年的宗法体制之中,以此使满族的传统与信仰成为正统，将满、汉两种不同文化传统进行调和。

坤宁宫的改造标志着一个作为征服者的新政权的强势地自我宣示。坤宁宫发生的一系列变化表明，作为紫禁城的新主人，面对紫禁城原有的建筑与制度，选择继承什么，改变什么，最终决定权都掌握在作为征服者的清统治者手中。将坤宁宫的建筑与用途按照自己的意志进行改变，无疑是新政权的一种权力的显示。此外，坤宁宫的变化也向满洲贵族集团表明了清帝对满洲旧制的尊崇，从而继续赢得他们的拥护和支持。作为一个入主中原的新兴政权，清代统治者通过对紫禁城的继承与改造，尤其是坤宁宫的改造，表明了其在处理满、汉不同文化传统时的坚守与调和的态度。

第二节 萨满信仰、尚武风俗的强调与满族的 族群凝聚与独特性保持

清代统治者的信仰较为多元，其中以萨满教信仰最具其本民族特色。萨满教属于信仰巫的宗教，这种巫的时代在汉文化中已逐渐淡化，但在满族等游牧民族中则保留了下来。清入关后将萨满信仰带进了紫禁城，在坤宁宫中进行萨满祭祀，将原始的宗教形态执着地保留在了较为成熟的汉文化的空间形态中，这样做一方面是为了将满族的信仰纳入汉文化的宗法体制中，另一方面则是为了通过强调满族本民族的信仰，从而加强满族的族群凝聚与认同。满族族群在入关前起源于一系列东北部族的联合，各部族通过战争逐渐统一于努尔哈赤建立的政权中，入关后这一群体摇身一变成为国家的统治阶层，因而加强这一群体的团结便变得尤为重要。与儒教、藏传佛教相比，萨满教对满族来说更具独特性，使之在信仰上区别于其他民族，因而在清代，萨满教几乎可以被视之为专属于满族人的宗教信仰。清代统治者将萨满教引入紫禁城，通过在坤宁宫举行萨满祭祀而赋予萨满教如此崇高的地位，既是借强调萨满教的地位而彰显满族群体的地位，更是借萨满信仰来团结满洲贵族，加强满族族群的凝聚力。

弓箭、刀是制服猛兽的利器，也是征服天下的武器。在坤宁宫萨满祭祀仪式与陈设中，刀、弓箭由对满民族至关重要的谋生工具与战争武

器，变为图腾崇拜的对象，成为满族文化的一种象征和符号。弓马骑射作为满族的传统习俗，体现了他们的尚武精神。通过对尚武风俗等可以将满族人与汉人区别开来的满洲旧俗的不断强调，清代统治者希望可以以此来保持满族族群的独特性，加强其凝聚力与战斗力。正如康熙帝所言："满洲若废此业，即成汉人，此岂为国家计久远者哉?"[1] 可见作为满族传统的尚武风俗对维持满族族群的独特性与清代国家政权的稳固起着至关重要的作用。

满族的族群凝聚与独特性的保持对清代政权而言意义重大，诚如欧立德先生所言："清王朝的功业取决于满洲人既能适应中原的政治传统，又能维持自身独特的认同的能力"（I believe that the Qing dynastic enterprise depend both on Manchu ability to adapt to Chinese political traditions and on their ability to maintain a separate identity.[2]）。在坤宁宫的萨满祭祀与充满尚武特色的陈设背后，是清代统治者需要利用萨满教信仰与尚武风俗等文化特性来维持满族的独特性，加强满族的族群凝聚的巨大动因。

第三节　祭祀、大婚仪式的调和与游牧地区同中原地区传统的融合

清朝拥有比明朝更为广阔的疆域，不仅包含以汉族为主的中原地区，也包括东北、蒙古、西藏、新疆等游牧地区。为了维持政权的稳定，便需要清代统治者将中原地区与游牧地区的传统相结合，在中原农业世界和其外的草原游牧世界间设法创造出一个连续的统一体。为此，清代统治者通过利用仪式，创造性地将游牧地区和中原的传统相结合，同时吸引两方面的臣民。也正是在寻求广泛性这一点上，清代的仪式与此前明代的仪式有所区别。明代的官方仪式以汉族儒家的礼仪为主，与清代相较较为单一。清代的仪式则将对汉族仪式的实践与游牧地区的传统相调和，以此来实现游牧地区同中原地区传统的融合，这在坤宁宫的祭祀与

---

① 郭成康：《也谈满族汉化》，刘凤云、刘文鹏编：《清朝的国家认同——"新清史"研究与争鸣》，中国人民大学出版社 2010 年版，第 74 页。

② Mark C. Elliott, *The Manchu Way: The Eight Banners and Ethnic Identity in Late Imperial China*, Stanford: Stanford University Press, 2001, p. 3.

大婚的仪式中体现得尤为明显。

　　诚如《左传》所云："国之大事，在祀与戎。""祭祀仪式完成了王权的象征性建构"①，对一个国家具有重要的象征意义。与明代不同，清代既在天坛祭天，又在堂子与坤宁宫祭天，将自身所特有的堂子祭祀与坤宁宫祭祀的萨满教仪式纳入了国家礼仪的层面，并请众臣参与其中。对于满族内部而言，坤宁宫萨满祭祀是对其民族信仰与传统的保留，有益于增强其民族的精神凝聚力，并将之纳入汉族宗法体系与国家礼仪中，使其在中原文化中获得自己的地位。对于汉族而言，随着众多汉族大臣参加坤宁宫祭祀分食胙肉等满族仪式，并以之为荣，汉臣对以萨满祭祀为代表的游牧文化传统逐渐接受并认可。这种更具广泛性的祭祀仪式无疑为消减游牧文化与中原文化的隔阂与冲突做出了贡献，对促进不同地区文化的融合发挥了重要作用。

　　由于传宗接代需要通过婚姻来实现，在"家天下"的父死子继的制度下，帝王的婚姻关系着权力的继承，意义重大。与明代遵循儒家礼仪的大婚仪式相较，清代的大婚仪式在尊崇汉族古礼的基础上融入了较多的满族特色，整个大婚仪式可以视为游牧文化与中原传统的调和产物。

　　不难发现，坤宁宫的祭祀与大婚仪式均带有明显的调和色彩，正是通过对这些仪式进行调和，清代统治者试图将游牧地区同中原地区的传统相互融合，消弭二者间长久以来存在的隔阂，以此来巩固清王朝这个多民族国家的政权。

第四节　坤宁宫的多元特色与清代皇权的多维性

　　坤宁宫整体继承了明代汉族宫殿的样貌，并继续作为皇后的正宫，以及其中众多的体现儒家思想的匾联，均为清代统治者接受汉族传统儒家文化的表现，并以此来确立中原地区所认同的仁君形象；萨满教祭祀与刀、箭等体现尚武习俗的陈设则体现了满族游牧民族的特色；东暖阁

---

　　① Zito Angela, *Of Body and Brush*: *Grand Sacrifice as Text/Performance in Eighteenth—Century China*, Chicago: University of Chicago Press, 1997, p. 12.

藏传佛教佛堂的设立则体现出清代皇权与藏传佛教间的密切关系。而融合了满汉等多种文化要素的祭祀与大婚仪式，更是体现出了清代统治者将游牧地区文化与中原传统相结合的努力。这些坤宁宫的多元特色反映出了清代皇权的多维性。

在清朝的皇权建构中，有不同于明朝的成分，其建构之皇权可说是引介自中原与亚洲内陆游牧地区两个不同政治秩序的混合体。清代皇权一部分源自东北的可汗制，另一部分则来自中原政权的王权体制。① 清代统治者将几种不同的统治方式糅入清代皇权之中，并将其本土化。各种不同类型的统治方式在不同的地域空间和价值体系中发挥着不同的作用，勾勒出清代皇权的多维性。清代统治者既是中原地区示人以仁君形象的皇帝，也是满蒙等游牧地区的可汗，同时还是蒙藏宗教体系中的"转轮圣王"。清朝的统治者能够意识到自己拥有不同的身份，同时又小心翼翼地去使用和表达它们，通过在不同群体面前展现符合其文化传统要求的不同形象，以此来最大限度地获得各个群体的拥护与支持。

第五节　以满族为核心，以实用性为准则的多元性

由坤宁宫的多元特色可以看出，清代统治者对不同文化持有多元认同的态度，但这种多元性并不是没有限制的，其实际上是以满族为核心，以实用性为准则的。清代统治者虽然对汉族儒家文化与蒙藏地区的藏传佛教文化均采取认同与吸纳的态度，但这种多元的认同是以满族本身的民族坚守为基础的。清代统治者在吸纳其他文化时，一再强调要保持满族自身的民族独特性与传统，并通过加强对尚武风俗的提倡、重视萨满教祭祀等方式，不断强化满族自身的民族凝聚力，保持满族文化在多元文化中的核心地位，以此来巩固满族作为统治民族在众多民族中的主导地位。

此外，清代统治者在文化认同方面的多元性是以实用性为准则的。

---

① ［美］柯娇燕：《清代皇权的多维性》，刘凤云、刘文鹏编：《清朝的国家认同——"新清史"研究与争鸣》，中国人民大学出版社2010年版，第69页。

只有奉行多元的文化政策，才可以弥合中原与游牧地区的隔阂，避免因文化传统的冲突而引发分裂，对保持清代政权的稳定具有重大作用。此外，多元的文化政策也为清代皇权的巩固做出了巨大的贡献。清代统治者在不同文化面前将自身打扮成不同的符合其文化传统的完美统治者形象，通过多重身份的展示，从而获得满、汉、蒙、藏等不同群体的支持，使整个清王朝的向心力集中在统治者身上。汉族皇帝的身份成为清代统治者对抗满族早期承袭自游牧民族传统的共议制的武器，使权力逐渐由满洲贵族集团集中至皇帝一人身上；而承袭自游牧民族的可汗身份，也为清代统治者与汉族传统官僚系统相抗衡提供了理由，以此来反对无为而治，反对"人君不当亲庶务"的便于官僚系统掌握国家治权的儒家思想。通过利用不同传统间的可选择性，清代统治者成为最终受益者，清代皇权得到了极大的加强。

清廷作为少数民族能够统治如此广阔的疆域长达268年，离不开其对满族自身独特性与优良传统的坚守以及其多元的文化政策。正是它的少数民族意识和背景，使清代能够采取较为多元的文化认同态度，从而能够避免中原王朝的许多弊病，也是其可以较为成功地处理边疆与民族问题的关键所在。在边疆与民族问题上，"清朝成功的关键在于，针对帝国内居住在亚洲腹地周边其他主要非汉民族，它有能力实行弹性的、特别的文化政策"（The key to Qing achievement lay in its ability to implement flexible culturally specific policies aimed at the major non-Han peoples inhabiting the Inner Asian peripheries in the empire. [1]）。然而，也正是清代晚期对于满族权力的过度坚守，使清廷的中枢权力转向封闭。面对各地汉族封疆大吏的潜在威胁与革命派的挑战，清廷选择将权力紧紧地握在皇族手中，清廷四大中枢机构中皇族比例无一例外的升至有清一代之顶峰[2]，最终加速了清王朝的没落与革命的爆发。

对于坤宁宫而言，无论是建筑本身的改变还是在建筑中所进行的活

---

① Evelyn S. Rawski, *The Last Emperors: A Social History of Qing Imperial Institutions*, Berkeley: University of California Press, 1998, p. 7.

② 薛伟强：《满汉矛盾与晚清政局（1884—1912）——以统治阶级上层为中心的考察》，河北师范大学2012年博士学位论文，第175页。

动，都体现着行为主体的观念。坤宁宫作为一面镜子，集中地反映了清代统治者自身的民族坚守，同时也折射出其对不同文化的多元认同态度，及由此观念和实际行为产生的对于清代政治统治的多种作用和多重意义。

（本文部分内容经修改后已分别发表于《故宫博物院院刊》2017 年第 4 期及《故宫学刊》2016 年第 16 辑）

明代宫廷饮食新探

2015 届　罗綮綦

（导师：中国社会科学院历史研究所　商传研究员）

有关明代宫廷饮食的研究，内容庞杂细致，在明代宫廷史研究中容易被忽视。事实上，从 20 世纪 90 年代至今，有很多学人对明代宫廷饮食进行了研究，成果颇丰，大致集中在四个方面：明代宫廷饮食文化研究；明代宫廷饮食制度研究；明代宫廷饮食机构研究；明代宫廷饮食思想研究。[①] 由于近年来有关明代宫廷饮食机构的研究将视角主要放在了光禄寺上面，而宫廷饮食的备办仍需宫内其他饮食机构相互配合，故本文尝试讨论光禄寺与宫内其他饮食机构的协作方式并阐明光禄寺在备办御膳中

[①]　饮食文化方面的研究成果主要有：王仁湘：《古代宫廷食官》（《中国典籍与文化》1995 年第 2 期）、滕新才：《明朝中后期饮食文化探赜》（《洛阳师范学院学报》1995 年第 4 期）、王学泰：《中国饮食文化史》（广西：广西师范大学出版社 2006 年版）、商传：《明代文化史》（上海：东方出版中心，2007 年）、赵荣光等：《中国饮食文化史（京津卷）》（北京：中国轻工业出版社 2013 年版）。饮食制度方面的研究成果主要有：邱仲麟：《皇帝的餐桌：明代的宫膳制度及其相关问题》（《台大历史学报》2004 年第 34 期）、陈依婷：《明代的宫廷宴享》（《故宫学刊》2008 年第 4 期）、吕雅莉：《明代宫廷音乐》（中央音乐学院 2006 年硕士学位论文）、王维琼：《明代的"赐宴"和"赐食"》（东北师范大学 2010 年硕士学位论文）。另邱仲麟：《〈宝日堂杂钞〉所载万历朝宫膳底帐考释》（《明代研究通讯》2003 年第 6 期），该文对明代宫廷现存的膳单进行考证，为明代宫廷饮食的后续研究提供了宝贵材料。明代宫廷饮食机构研究较为集中，主要成果有：李小琳、左丰力：《浅析明代光禄寺职能与管理》（《明长陵营建 600 周年学术研讨会论文集》，社会科学文献出版社 2010 年版）、张博：《明代光禄寺研究》（东北师范大学 2011 年硕士学位论文）、王瑞：《明朝光禄寺研究》（辽宁师范大学 2011 年硕士学位论文）、刘朴兵：《试论明代宫廷饮食机构与饮食特点》（《农业考古》2013 年第 4 期）。饮食思想方面如刘志琴：《明代饮食思想与文化思潮》（《史学集刊》1999 年第 4 期）、董萍：《论明人饮食思想的转化》（西北师范大学 2006 年硕士学位论文）。

的实际地位。此外，本文首创了饮食关系的概念，将宫廷饮食作为一种
政治和交往手段，探讨了三种饮食关系的实现形式。

第一章　明代光禄寺在宫中日常饮食的作用

我国古代宫廷饮食制度，早在周时便已确立。据《周礼》所载，当
时的周王宫内便已经形成了一套完整而又分工细致的饮食备办班子。其
主要工作人员有膳夫、庖人、食医等，膳夫为膳食机构的长官。周王对
这套班子的职能做了明确定义："掌王之食饮膳羞，以养王及后世子。"①
《周礼》还详细规定了掌王室饮食的范围，主要分为两类。一为日常饮食
类。庖人需要分辨食材的新鲜程度，对内为君王与王室成员提供饮食，
对外为宾客提供赐食。二为祭祀饮食类。王室进食前需要祭祀。供品由
王室厨房准备。由膳夫负责捧祭。除了准备和进呈食物两大基本功能之
外，这个机构的长官膳夫还需要在宴会中代表君王与宾客饮酒，以彰显
王室尊贵、周到而又体面的待客之风。这两大职能被后来出现的光禄寺
所保留和发展。

光禄寺兼有膳馐职能始于北齐。彼时光禄寺还掌有守卫宫殿门户之
事，未能专职膳馐之事。入隋以后，隋文帝依前代之法，仍设光禄寺，
扩九寺为十一寺。此时光禄寺的职能发生了变化。光禄寺成为专管膳食
的宫廷饮食机构，统"太官、肴藏、良酝、掌醢等署"。② 但光禄寺并非
宫中唯一饮食机构，门下省还设有尚食局。尚食局在北齐时便总管御膳
事宜。因此光禄寺和尚食局虽共同执掌宫廷饮食之事，却又分工明确。
唐袭隋制，光禄寺作为国家机关，负责祭祀、朝会、宴会等膳馐之事。
尚食局作为皇家私人机构，肩负起准备御膳的工作。自北齐至唐，光禄
寺执掌膳馐的功能得到了确立和发展，为光禄寺在以后朝代继续专职膳
馐打下良好基础。光禄寺历经隋、唐、宋、元的发展与积累经验，到明

---

① 林尹注译：《周礼今注今译》，天津古籍出版社 1988 年版，第 34 页。
② （唐）魏征等：《隋书》卷二八《百官志》，第 776 页。

代时已经相当成熟。其专司膳馐的地位已不可撼动。

光禄寺卿，从三品，是光禄寺最高长官。光禄寺一应事务，都由其全权负责。用一句话对光禄寺卿的职能概述，那便是"掌祭享、宴劳、酒醴、膳羞之事，率少卿、寺丞官属，辨其名数，会其出入，量其丰约，以听于礼部"。① 此句将光禄寺卿领导的光禄寺职能范围做了限定和分类。大致可分为祭享类、宴劳类、膳馐三类。本文所讨论的光禄寺在宫中日常饮食的作用，是光禄寺的膳馐职能。其服务对象为帝后、皇太后、嫔妃，宫中各殿宫女、太监，宫中当差的文武官员以及每日朝会的大臣们。

第一节　执掌御膳

御膳是宫廷饮食中最受人关注的部分。人们对皇帝的饮食总是充满着好奇。然而，光禄寺虽执掌御膳，但御膳并非光禄寺一家垄断。光禄寺作为一个国家的官方饮食机构，对御膳的制作起着宏观把控和监制的作用。首先，在光禄寺的职能定义中，并未特别地提到御膳的制作职能，而是以"膳羞"② 一词总括来表明光禄寺掌管饮食范围宽广。台湾暨南国际大学陈依婷女士在其文章《明代的宫廷宴享》③ 中引用《礼部志稿》"洪武二年，礼部言'光禄寺卿职御膳'"一句来表现御膳执掌职能是光禄寺最重要的职能之一。笔者在翻查洪武二年的《太祖实录》时也找到了同样一句话，但略有差别，其文如下：

> 礼部言："光禄寺卿职奉御膳，今宰相、儒臣侍食，亦卿供之，于礼未安。宜设直长四员，遇百官赐食御前者，则令供事。"④

从两部书记载的同一句话来看，《礼部志稿》的这句漏掉了一个"奉"字，意义却大不相同。从实录这句出发来分析，礼部首先给这句话设定了一个发生的背景，即在皇帝赐宴群臣的时候。"奉"字有恭敬的捧

---

① （清）张廷玉：《明史》卷七四《百官志》，中华书局 1974 年版，第 1798 页。
② 同上。
③ 陈依婷：《明代的宫廷宴享》，载于《故宫学刊》总第 4 辑，2008 年。
④ 《明太祖实录》卷四四，洪武二年八月庚寅，第 876 页。

着、拿着的意思，还有侍奉的意思。礼部此句话是为了表明设立直长的目的，是因为光禄寺卿在宴会的时候要负责为君主进行布菜斟酒等服务，如果再去给大臣们布菜斟酒，有损君威，于礼不符。因此，实录这句话只能表明光禄寺卿在宴会中的职责，是专奉御膳的，未能说明光禄寺在整个御膳的制作过程中起着很重要的作用。从成书时间来看，《太祖实录》历经三修，最后成书于永乐十六年。《礼部志稿》为明泰昌元年官修。一成书早，一成书晚。《礼部志稿》一句可能是漏抄了"奉"字。

其次，光禄寺不负责御膳的具体制作。光禄寺主要负责确定御膳的菜单和配菜工作。《宫廷睹记》就记载了光禄寺的工作："光禄寺进膳单，每样牲口若干、香料若干，某物该用某法、某味合配某料，呈内庖太监，随照单调和进御。"① 同时，在尚膳监的官方职责描述中，明确写有"掌御膳及宫内食用并筵宴诸事"② 一句。可见，在御膳的制作过程中，光禄寺和尚膳监是相互配合的。光禄寺负责确定菜单和菜品的配送，尚膳监负责菜品的具体制作。东北师范大学的张博曾在其硕士论文③中提出异议，认为在明太宗时期，光禄寺其实是负责御膳的具体制作的，只是到了太宗以后，才逐渐将御膳的制作交由尚膳监。为此，他引用了《明太宗实录》里的一段话来辅证："光禄寺卿张泌……于御膳必躬视精洁，然后以进。"④ 张博引用的这段话是明太宗官方给予已故光禄寺卿张泌的悼词，夸赞其生前工作做得到位。除了夸赞张泌在御膳备办方面十分注重食品卫生，对其负责的祭享和宴会也大加赞赏。但笔者认为引用此段话证明光禄寺在明代早期是制作御膳的有些站不住脚。第一，没有官方文件明确记载光禄寺制作御膳的情形。第二，普通人家的饮食都讲究色、香、味俱全，何况宫廷饮食？如果光禄寺早前有负责制作御膳，那么太宗为何不对饮食的味道加以赞赏而单单对御膳卫生方面做了点评。第三，需要引起大家注意的是光禄寺和尚膳监的关系。二者的配合关系是你中有我、我中有你的，而不是相互脱节的。光禄寺也并不是在向尚膳监呈

---

① （明）憨融上人：《宫廷睹记》，饮食，第2b页，转引自陈依婷《明代的宫廷宴享》，载于《故宫学刊》总第4辑，2008年。

② （清）张廷玉：《明史》卷七四《百官志》，中华书局1974年版，第1819页。

③ 张博：《明代光禄寺研究》，东北师范大学2011年硕士学位论文。

④ 《明太宗实录》卷二〇三，永乐十六年丙申，第2101页。

送完菜单后就撒手不管了。尚膳监设有提督光禄太监一员，与光禄寺的各署是相互沟通的。依照《酌中志》里描写的尚膳监的位置，尚膳监在光禄寺的正北面，紧邻光禄寺。光禄寺也设有监工无数确保御膳的制作质量。因此，一个光禄寺卿能做到亲自视察御膳的制作过程并保证御膳的菜品卫生是很正常的，只能说明光禄寺卿堪当此任。

第二节 备办宫中嫔妃饮食

光禄寺备办宫中妃嫔饮食的流程与办理御膳的流程类似。也是先由光禄寺确定菜单和制法，再交由专门的御厨烹饪。菜单上菜品的份例都是按照宫妃等级依次递减。以猪肉的份例为例，依照《宝日堂杂钞》①的膳单，居住坤宁宫的皇后每日分得的猪肉份例是五十五斤八两，而翊坤宫和景阳宫妃嫔每日共分得猪肉份例是五十斤八两。妃嫔用膳多在自己宫中，吃饭时要有音乐伴奏。负责上菜的宫人有着一套严格的卫生消毒系统。每上一道菜，上菜的内侍会"口兜绛纱袋，侧其面，防口鼻息出入触于馐也"②，每道菜的盘面会用金丝来笼罩以起到防尘和保温的功效。除了三餐以外，光禄寺还需"随处预备皇上、两宫皇太后、后妃御膳及酒饭供具"。足见光禄寺在宏观把控和细处监督所下功夫之深。宫妃们除了食用光禄寺上呈菜单做成的菜品，等级高的还有自己的私人小厨房。厨房掌勺的厨子也是有名的御厨，并且严格区分每名厨子的身份尊卑。至于所需厨料，则由光禄寺办进。光禄寺会记录每月每宫固定膳银和厨料银的花销。

第三节 备办宫中当差人员及内阁饮食

宫中的当差人员主要有宫女、太监和侍卫。宫女的饮食供给类似于宫妃。也是光禄寺严格按照宫女们的品级，确定其每月所食菜品耗银总量，根据用银总数分给等价的菜品份例。由光禄寺根据各宫女的份例，

---

① （明）张萱：《宝日堂杂钞》，《北京图书馆珍本丛刊》第 10 册，书目文献出版社 1988 年版，第 860 页。

② （清）宋起凤：《稗说》，收入《明史资料丛刊》第 2 辑，江苏人民出版社 1982 年版，第 119 页。

做成饭食。品级较高以及重要宫殿的宫女也会分得额外的厨料，可在日常三餐饮食外另行烹饪。如对一号殿宫女饮食的备办，以万历《宝日堂杂钞》所载宫膳底账为据，"一号殿后宫女魏锦等十六位饭，每月共银九十六两。翊坤宫婆婆于景科女、田仁女、田德女、王镇女、赵臣女、张莲花、尹梅女、田迎寿、杨钺女等，共二百三十一分。每分每日，猪肉二斤，面䭔二个，豆腐一连，每日共银七分九厘六毫，每月共银二两三钱八厘四毫。二百三十一分，共银五百三十三两二钱四分四毫"。[1] 以上是对一号殿宫女日餐的记载。除此之外还特别记载了分发给宫女们的厨料份数及耗银。"夫人彭金花厨料一分，任喜寿、田仁女、赵重金、田德女、赵臣女、恭奉女、张莲花、王镇女、赵寿女、田迎寿、张阳女、杨钺女等共二百九十六分。每分每日，银五钱四分九毫三丝七忽五微。二百九十六分，共银一百六十两一钱一分七厘五毫。"[2]

太监和侍卫的饭食是光禄寺根据吃饭人数确定桌数，按每桌每月耗银来计算成本。如御用监官匠栢迨等的餐标是饭食二桌，每桌供应"猪肉二十二斤，鸡二只，萫笋二斤，香油八两，花椒二钱，胡椒一钱。每桌每日，共银七钱一分六厘三毫七丝五忽。每月共银廿两七钱七分四厘八毫七丝五忽"。[3] 品级越高，餐标也越好。尚冠执事们每餐就有鸡二十只。

内阁饮食没有刻意强调备办的桌数，每日都有定量供给饭食。阁臣们都聚集在阁中，一起吃饭，但不允许饮酒。餐标中比其他官员多了一味核桃。可见内阁智囊的身份从饮食上就被重视起来。

第二章　光禄寺以外的宫廷饮食机构

第一节　尚膳监

尚膳监是除光禄寺外规模最大的饮食机构了。如果说光禄寺是国家

---

① （明）张鼐：《宝日堂杂钞》，北京图书馆珍本丛刊第 10 册，书目文献出版社 1988 年版，第 862 页。

② 同上书，第 863 页。

③ 同上书，第 864 页。

饮食总管，那么尚膳监则是皇家私人饮食总管。一个代表国，一个代表家。它需要"掌供奉先殿，并御膳与宫内食用之物，及督光禄司供奉宫内诸筵宴饮食之事"。① 一言以蔽之，尚膳监的工作核心是准备御膳。在准备御膳之余，还需要督促光禄寺办好筵宴饮食。尚膳监备办饮食的物料，皆从光禄寺处领取，严格执行取用制度。宣德时便规定不允许有内官内使混进光禄寺扰乱秩序。领取物料时需凭票证领取，不能夸大申报。"凡尚膳监取讨一应食物，景泰元年令，有印信票帖者，该署照数打发，如无不与。"② 嘉靖二十五年更明确了这一取用制度，题准"尚膳监刊刻花栏印票，遇取上用诸物，开写某日于光禄寺取某物若干，用印钤盖，照数支用。本寺仍置立文薄登记，岁终会计稽查，若有冒破情弊，该管官指实参奏"。③ 可见尚膳监取用物料也是受到严格监管的。

尚膳监也并非一直承办御膳。到了明世宗时，因"世宗久居西内，事玄设醮。不茹荤之日居多。光禄大烹之门既远，且所具不精，故以烹饪悉委之大珰辈。闻茹蔬之中，皆以荤血清汁和剂以进，上始甘之。所费不赀"。④ 自此，御膳的办理交由司礼掌印太监、秉笔太监、掌东厂者二三人轮流备办。万历时，御膳花费巨大。由于御膳是由内臣轮流办理，逐渐形成饮食竞豪奢之风，钱粮均不支取光禄寺，由内臣自掏腰包，甚是富奢。到了天启时，为节省耗银，曾经短暂的改回由尚膳监办理御膳。但天启十三年，随即改回由司礼监等轮月办膳。天启时还有很有名的"老太家膳"。即天启皇帝的饭食由其乳母客氏一人包办。崇祯时，厉行节俭，办理御膳的职责又交还尚膳监。

尚膳监虽不再负责为皇帝办膳，但于御膳主食以外的小吃还是有所上心。虽御膳由内臣承担费用轮流办理，小吃所用食材尚膳监仍定期从光禄寺处支取，所耗费巨大，常常使得光禄寺苦不堪言。万历十五年，光禄寺少卿谢杰曾上疏万历皇帝，奏明尚膳监的浪费行为。

---

① 《明太祖实录》卷二四一，洪武二十八年，第 3510 页。

② （明）申时行等修：万历朝重修本《明会典》卷二一七，《光禄寺》，中华书局 1989 年版，第 1082 页。

③ 同上书，第 1081 页。

④ （明）沈德符：《万历野获编》卷一，中华书局 1959 年版，第 27 页。

> 尚膳监传帖二次到臣东门，令行户每日进凉粉二百块、酪二十
> 瓶分进，旋传凉粉、乳酪一分不用，真菲饮食之盛心也。今行商纷
> 纷告苦，钱粮进而不用，无价可关，然犹朝而抬进，夕而回销，臣
> 知食之不可，卖之不能，徒有赔累而已。始苦于取，今又苦于取而
> 不用，计二项积至一员，费银七十二两有奇。贫民身家几何，堪此
> 破费？恐不出一月，彼之逃亡必所不免矣。①

食物不同于其他物品，保质期有限，尤其是在炎热夏日，凉粉和奶酪若保存不善，很容易过期。而尚膳监从光禄寺处索取食材凉粉和奶酪，却朝令夕改，索而不用尽数退回，真是伤透了民间提供食材者的心。

第二节 尚食局、甜食房、酒醋面局及御酒房

尚食局设立于隋，但渊源于秦。秦行三公九卿制，九卿中设少府。其属官便有尚食令、尚食丞，负责掌管皇帝的饮食。同时，少府之中还设有太官令负责饮食的制作。到了北魏，太官隶属光禄卿。同时从太官中划分一部分组成尚食和中尚食，隶属门下省，专管御膳。尚食和太官的职能被严格区分开，一个负责御膳，一个负责百官饮食，从此被固定下来。隋时，设立尚食局，隶属门下省。尚食局规模较小，只有定员两人和食医四人。其与太官署所在的光禄寺分工是：光禄寺负责饮食的制作，尚食局负责食品的试吃和进御。

洪武五年，设立尚食局。入明以后，尚食局的膳食职能和权力明显被削弱了。光禄寺的御膳制作交给了尚膳监，原本由光禄寺和尚食局两家共同完成的工作被尚膳监介入，尚食局的一些职能被尚膳监替代。试吃御膳成了尚食局最重要的职能。

甜食房是专门设立为皇帝制作甜食的机构。有"掌房内官一人，协同内官数十员"。② 甜食的制作和工具的选用全由甜食房内官自择。其甜食的配方隐秘，外间不可知。因而制作出来的甜食味道好品质优，常作

---

① 胡丹辑考：《明代宦官史料长编》，下册，凤凰出版社2014年版，第1783页。
② （明）刘若愚：《酌中志》，北京古籍出版社1994年版，第114页。

为赏赐各宫和阁臣的佳品。其中最负盛名的是丝窝虎眼糖。因民间不能买到，甚为珍贵。

酒醋面局是设立专掌宫内造办酒、醋、面、糖等酒饮及调料的管理局。其所办物料，皆备各宫宫眷及内官衙署享用。在机构设置上与御酒房并列，没有隶属关系。酒醋面局承办了后宫全年所用酒饮。京师的人将酒醋面局造办的酒称为内酒。内酒之中，另有两酒，专供进御。一为新酒，一为熟酒。新酒"味少薄，贮白磁盏，与之一色，不见酒痕，而清芬常溢喉齿"，熟酒"色如金蜡珀，少带微黄，其香甘更倍，醇美易入口"。① 足见此局造酒之功力。

御酒房是设立专掌御用酒的酒房。与酒醋面局不同，御酒房所酿造酒只供进御，且品种固定，"专造竹叶青等酒，并糟瓜茄"。②

内外廷饮食机构虽分属不同部门管辖，职能也不同，但其存在都是为备办宫廷饮食服务的。就御膳和后宫饮食来说，其制作流程有两种。常见是自下而上。由光禄寺上呈菜单，备好食材，交由尚膳监烹饪。其中有关酒的部分，选取御酒房或者酒醋面局所酿造酒饮呈上。甜食则交由甜食房备办好。菜肴和甜食、酒饮最后由尚膳监呈上，尚食局试吃，确认无毒，然后进御。另一种流程是自上而下。皇帝或后宫有想吃的甜食或者食物，下旨到尚膳监，由尚膳监拿着经过审批的领物票证到光禄寺领取备办所需食材，制作完成后呈上，由尚食局试吃后进御。

第三章 三种饮食关系研究

宫廷饮食因其被打上了深深的皇家烙印，与制度、礼仪、等级挂钩，饱腹功能便被多而奢华的饮食表面所掩盖。再奢华再珍贵的饮食，如果无人享用，被白白浪费掉，这饮食便没有实现其被创造出来的价值。因此，研究人在进食这个环节至关重要。选择什么样的人共用美食，吃饭的目的是什么，直接影响到吃饭的氛围和结果。坐下来一起吃饭，是一

---

① （清）宋起凤：《稗说》，收入《明史资料丛刊》第 2 辑，江苏人民出版社 1982 年版，第 118 页。

② （明）刘若愚：《酌中志》，北京古籍出版社 1994 年版，第 114 页。

种熟识关系的确定与巩固。如果吃饭双方是君主与大臣的关系，那便还有君主宣示权力的大小和大臣向君主效忠的含义在内。

第一节 君主与臣子的饮食关系

君主与臣子的饮食关系是一种上对下的关系，因此其表现形式多为君主在重大节日或者平时不定期的给予大臣们食物赏赐。赏赐方式有两种，一种是赐宴，君王与臣下共食共饮，更能体现君王宽广博大的胸怀和与臣同乐的豪情。此举很利于团结群臣，缓和君臣之间的矛盾。另一种是单纯的赐食。君王在节日或者大臣生病、丁忧、考满之期等对臣子很重要的一些日子里，赏赐臣子食物以示特别的照顾。同时彰显了君王对大臣的体恤之情和所拥有的仁爱之心。

赐宴又分一般仪式性宴会和特殊宴会。一般仪式性宴会如正旦、冬至、万寿节、郊祀庆成宴等，特殊宴会如特殊群体参加的进士恩荣宴和在户外举办的游宴。仪式性宴会中，程式感和等级性是其最大特点。首先，宴会宴请名单的确定是根据官员的品级拟定的，文官多于武官。品级较低以及未入流的官员没有资格参加宴会。其次，在有幸前来赴宴的官员中，座位也是严格按照官员品级排定的。洪武初年便对宴会各官员的座次安排提出了一个指导方针。将文武官员以四品为界，四品及以上坐殿内，五品及以下坐殿外。① 再次，文武官员宴会所用菜品均等级分明。宴会菜品除专门进御的外，分为三等。上桌、中桌和上中桌或者上桌、中桌和下桌。不同等级的饭桌菜肴的区别主要在酒的种类、果子的种类、茶食的有无、主食的种类上。上桌的酒、果子、茶食的提供比中桌和下桌都丰富得多。除此之外，饮食、饮酒也受到了诸多限制。一般宴会的乐趣莫过于开怀畅饮，及时行乐。而皇家宴会恰恰明确规定了宾客们饮酒的数量。进膳也是严格按照程式进行。举办一般的大宴、中宴、常宴所耗人力众多，物料消耗巨大。不仅宴会的工作人员很累，连赴宴的大臣们也很累，必须时刻严守宴会礼仪。宴会中无论饮酒还是进食都

---

① （明）申时行等修：万历朝重修本《明会典》卷七二《宴礼》，中华书局1989年版，第421—422页。

像是在表演，每一步都谨慎小心。所以仅靠花费巨资举办大宴、中宴、常宴这类级别的宴会不能很好地收到笼络官员的效果。因此还会有一些小型、面对小众或者皇帝想要特别笼络的大臣所举办的宴会。前文所提到的举办进士恩荣宴、游宴便是如此。以《礼部志稿》中记载的进士恩荣宴菜单为例①：由此可以看出从永乐到天顺，进士恩荣宴菜品不断丰富。弘治上桌的菜品远远超过永乐上桌的丰盛。值得一提的是弘治三年恩荣宴上桌的羊背皮这道菜，就是进献羊的整体。在元朝的时候是专门为优秀的人才所安排的，在明朝同样为上宾所用。因为一只羊，除了羊腿，肉都在羊背上了。羊背皮的制作也耗时耗材，所以上宾用羊背皮，其他的宾客则享用剩下的羊腿，以表示对上宾的尊敬。这道非常珍贵的菜肴在大宴中都没有出现，反而出现在了弘治年间的进士恩荣宴中，可见弘治帝本人对当时人才的关照和爱护。

表一 　　　　　　　　　　　　　进士恩荣宴菜单

永乐（十三年）恩荣宴	上桌 上桌按酒、烧炸四盘，宝妆茶食、果子五盘。软按酒五盘，菜四色，汤三品。双下大馒头，羊肉饭，酒五种
	上中桌 上中桌按酒、烧炸四盘，宝妆茶食、果子四盘。软按酒四盘，菜四色，汤三品。双下馒头、羊肉饭、酒五种
天顺（元年）恩荣宴	每桌炸鱼，大银锭，堆花，双棒子骨，宝妆，云子麻叶，甘露饼，大油酥，凤鸡，馈猪肉，馈羊肉，小银锭笑靥儿，椒醋猪肉，椒末牛、马，椒醋鸡并鱼，汤三品，果子五盘，小馒头，双下大馒头，牛、羊肉饭，酒五种
弘治（三年）恩荣宴	上桌 上桌按酒五盘、果子五盘，宝妆茶食五盘，风鸭一只，小馒头一碟，小银锭笑靥二碟，棒子骨二块，羊背皮一个，花头二个，汤五品，菜四色，大馒头一分，添换羊肉一碟，酒七种

① （明）俞汝楫编《礼部志稿》卷三九，第723页。

续表

中桌
弘治（三年）恩荣宴	中桌按酒、果子、茶食各五盘，甘露饼一碟，小馒头一碟，小银锭笑靥二碟，炸鱼二碟，牛肉饭二块，花头二个，汤三品，菜四色，大馒头二分，添换羊肉一碟，酒七种

游宴则更加特殊。这种宴会是同观赏风景结合起来的，君臣同游，君王放下了平日里高高在上的架子，与臣子一起寄情山水，闲话家常。它是文臣间交往的一种传统。君王宴请的对象也以阁臣为主。书生意气，文人风骨，在灿烂的春光里吟诗饮酒，乃文臣志趣所向。因此阁臣间也常常自发地组织赏花赋诗宴进行交流。大臣们设宴赏花赋诗，君主怎能不耳闻。因此，游宴的诞生，不是一种偶然，而是君王对大臣尤其是文臣们的刻意讨好。英宗时，就曾在南宫满植各地所贡奇花异木，"每春暖花开，命中贵陪内阁儒臣赏宴。"[①] 世宗时，也曾于端阳节于西苑，赏赐大臣乘龙舟游览西苑风光，"御龙舟，召勋等各登舟，给酒馔。命三臣舟近龙舟行，自蕉园迤里至澄碧亭登岸，复宴于无逸殿，尽欢而罢。"[②] "尽欢"二字足以显示游宴的魅力。

经常性地举办宴会，会对国家造成一定的财政压力，因此既能够显示君王施恩于臣，又能节约开支的赐食便能在平日里代替赐宴安抚着勋臣们的情绪。赐食的情形有很多，如召对赐食，节日赐食，病中赐食，考满赐食等。

第二节 宫廷与乡野的饮食关系

良好的饮食关系有利于稳定社会秩序。皇帝仅仅靠赐宴群臣和赐食大臣，所辐射面仍然有限。如何能使乡野小民也感受到皇帝高高在上的威严？如何能使为臣竭忠、为子尽孝的思想不断在百姓思想观念中得到巩固和强化？一个好的办法是定期把百姓聚集到一起，听候官员对其教

---

① （明）余继登：《典故纪闻》卷一三，中华书局1981年版，第237页。

② （清）高士奇：《金鳌退食笔记》卷上，北京古籍出版社1980年版，第127页。

育，而最能够为广大百姓所接受而无压力的交流方式是对坐饮食。在饮食交流中，百姓铭记皇恩浩荡，忠君爱国思想强化于无形。

在皇帝御赐的中央宴会上，皇帝一人独尊，臣子们行礼如仪。宴会尊崇绝对的等级性，整个宴会如仪式般进行。在皇帝的策划下，这样严苛的宴会礼仪也被搬到了乡饮酒礼中。这一次，代替皇帝位居高位的是各府州县长吏。宴会的等级性依然延续，仍然把宾客分三六九等。只不过中央宴会在向乡饮酒礼中迁移的时候又结合了地方的特点，完成了自身的特殊改造。所以有关宾客身份等级的划分不再以品级为标准，而是按照年龄划分。主宾是已经退休有德行的官员一人。余宾便以年高有德行者为尊，依年龄和德行依次递减。对于宾客的选择要经过考选、推荐等程序。为了让这种酒礼成定式，洪武皇帝特地昭告天下，每年正月十五、十月初一都要在儒学举行如此乡宴。里社亦行之。为了配合乡民们的教育程度，太祖还特地命人将乡饮酒礼绘画成图，让与宴宾客照图行之。① 其经费由政府开支。中央宴会上，官员们的一举一动都受到了纠仪御史的监督。到了乡宴，为了确保宴会所有来宾坚守皇帝颁布的宴会礼仪，特别设立扬觯官对到场的来宾的言行进行监督。与中央宴会不同的是，纠仪御史不会当场对违礼的官员进行责罚，扬觯官则会立即纠正宾客的言行。

如同中央宴会一样，乡饮酒礼也是程式感十足，有着固定的步骤。乡饮酒礼的参与者主要有四类人。一是宴会主人，多为各府州县长吏。需要负责迎宾工作以及与宾客的互动。二是司正，是整个宴会的礼官。对宴会的礼仪执行起到监督作用。宴会也是以司正扬觯拉开序幕的。三是赞礼。其职责相当于宴会主持人，负责每个程序的报幕工作，并宣读皇上的律令。赞礼的存在确保了宴会的每个环节都按照既定流程进行。四是宾客。宾客们在经过选荐后受邀至乡宴，都无比荣幸。政府挑选宾客赴宴意在表明有德行合礼法的百姓就可以参加政府的公宴，宾客们的典型示范作用，通过赴宴被扩大。

乡饮主要经过主人迎宾、客人升座、司正扬觯、司正饮酒、赞礼唱读律令、供馔、献宾、宾酬酒、饮酒、撤馔、送宾几个步骤。其中司正

---

① （清）张廷玉：《明史》卷五六《乡饮酒礼》，中华书局 1974 年版，第 1419 页。

饮酒是对整个宴会的预热，以引出赞礼下一步的唱读律令。有过错的人还需起立聆听。读罢律令，才开始供应饮食。但也不是自由取饮。如程式般主人会先向宾客敬酒，完毕后宾客又得酬谢主人一次。

乡饮酒礼也从政府公办被推广到里社。里社于每年春秋社祭之后举办乡饮酒礼。① 举办乡饮酒礼的目的是为了宣传忠君爱国的核心思想。这一主题始终贯穿整个乡宴。司正会在赞礼宣读律令前强化这一主题思想："恭惟朝廷，率由旧章。敦崇礼教，举行乡饮，非为饮食。凡我长幼，各相劝勉。为臣竭忠，为子尽孝，长幼有序，兄友弟恭。内睦宗族，外和乡里，无或废坠，以忝所生。"②

第三节　宫中以家为单位的饮食关系

一　小家的概念和饮食方式

汉时便有宫人和太监自相为配，对坐饮食。到明时，虽经太祖严令禁止太监娶妻，但是到了晚明，太监娶妻之风越来越盛行。"至于配耦宫人，则无人不然。凡宫人市一盐蔬，博一线帛，无不藉手。苟久而无匹，则女伴俱姗笑之，以为弃物。"③ 宫中没有与内官婚配的宫人都会受到同伴的嘲笑。内官与宫女成配也同样有媒妁之言，"唱随往还，如外人夫妇无异。其讲婚媾者，订定之后，星前月下，彼此誓盟，更无别遇"。因而在对宫廷饮食的记录中，刘若愚将这种关系称为家。言及宫眷食品的制作，更是称呼各家如何如何。成婚之后的内官被宫人唤作菜户。宫女每日可凭借分得的厨料自行做饭，内官则无此待遇。在魏忠贤改定规矩以前，他们的饮食都是"从河边等处做成，抬入宫，以炭火热食之，不敢煤灶也"④。内官婚配后，情形则大有不同。

婚配了的内官会自动脱离集体饮食队伍，回归到与宫人的二人之家。内官负责每日从宫外采购食材，宫人负责烹煮。宫人对食材的质量要求

① （明）申时行等修：万历朝重修本《明会典》卷七九《乡饮酒礼》，中华书局 1989 年版，第 456 页。

② （清）张廷玉：《明史》卷五六《乡饮酒礼》，中华书局 1974 年版，第 1419 页。

③ （明）沈德符：《万历野获编》卷六，中华书局 1959 年版，第 158 页。

④ （明）刘若愚：《酌中志》，北京古籍出版社 1994 年版，第 173 页。

非常高，所食大米必定十分洁净，因宫中饮食多厚味，对造办饮食的调料也要求甚高，香油、甜酱、豆豉、酱油、醋等一应俱全。但因宫人长居宫中，也受奢化之风影响，沾染上了懒惰之风，好多宫人不愿意亲自烹煮，但又对食物的味道极其挑剔。这时，宫中有烹饪之技又贫贱的内官便甘为宫人驱使，为之制作喜爱的饭食以获取酬资。

正是这种由宫人和内官组成的小家庭让宫中生活充满了温暖，虽常伴君侧有虎狼之险，但能饱食一日，得享一日夫妻之情也乐得折腾。他们对饮食极为上心，每遇逢年过节，更如外间夫妻一般准备节日饮食，宫廷节日气氛不输外间。每家皆吃，有时还相互馈赠。很利于内官宫人的交好。

二　大家的概念和饮食方式

与小家相对，宫中也有大家存在。从性质上来说，大家是一个严密的行政体系。有严格的组织机构和分工。那何为大家？明代内府十二监，分别是司礼监、御用监、内官监、御马监、司设监、尚宝监、神宫监、尚膳监、尚衣监、印绶监、直殿监、都知监。每一监，皆为一家。按照每监事务、财务管理、协调项目以及总管需要，除去官方所任命职务，另设立了一套各监内部事务管理人员。也就是每家的组织机构和分工。每家由掌家、管事、上房、掌班、司房、管帽、管衣靴、茶房、厨房、打听官、看宅人构成。

> 各家私臣曰掌家，职掌一家之事；曰管事，办理食物、出纳、银两；曰上房，职掌箱柜、锁钥；曰掌班、领班，钤东西班答应官人；曰司房，打发批文书、誊写应奏文书。其下则管帽、管衣靴、茶房、厨房、打听官、看庄宅各琐屑事务也。[1]

这样的大家与菜户组成的小家又有何关系呢？每个大家是由内官组成的行政机构，他们的饭食都由家里掌饭食者在宫外做好抬入宫，这是在大家内的每个成员没有与宫女结成对食前的情况。在太监娶妻盛行的

---

[1]　（明）刘若愚：《酌中志》，北京古籍出版社 1994 年版，第 93 页。

晚明，若有内官与宫女婚配，就会自动退出集体饮食行列。可以把大家暂时看作是内官们的单身集中营。但是脱离集体过小家生活的内官就与大家脱离联系了吗？当大家里每个内官都与宫女婚配，从大家中独立的每个小家就又成为一个大集体。其中，低品级的内官与其配偶还要接受掌印太监这样高品级内官及其配偶的领导。为了拉拢上司，在宫人和内官都喜追求口腹之欲的年代，最容易有效果又最好的方法便是饮食拉拢，经常相互宴请至各小家品味美食，或者几家相约一道美食集会。《酌中志》记载了宫眷内臣一起吃蟹的场景。"蟹始肥。凡宫眷、内臣吃蟹，活洗净蒸熟，五六成群，攒坐共食，嬉嬉笑笑……为盛会也"[1]。可见各家通过饮食聚会达到的维系人际关系的效果非常理想。

第四章　结语

以上对明代宫廷饮食的制作机构、饮食关系做了考察，重点得出了以下几点认识。

第一，入明以来，由光禄寺和尚食局掌管宫廷饮食的局面被打破，尚膳监的加入削弱了光禄寺和尚食局的权力和职能。在备办御膳方面，光禄寺没有人们想象中居于那么重要的地位。总的来说，光禄寺最大的作用就是提供尚膳监所需食材。在明代初期，光禄寺对尚膳监的约束力较大，御膳的菜单也由光禄寺综合考量后决定。到了晚明，皇帝所食菜单已不由光禄寺提供，尚膳监索取食材大都奉皇命所为，皇帝的主观愿望很大程度上决定了菜单的构成，光禄寺对尚膳监的约束力下降。对于光禄寺和尚膳监两者工作性质的定位，光禄寺则更像一个国家行政机构，不仅要负责提供大小宴会的饮食和文武百官以及宫中各当值人员饮食，外交饮食也由光禄寺负责。尚膳监则更像是皇家私人饮食机构。他的性质决定了它的工作重心是在御膳方面。但是在封建帝制时代，国与家从来分得没有那么清。前朝之内是国，后廷之内是家，千秋家国本一体。所以光禄寺和尚膳监的工作就有了很多的交集。

---

① （明）刘若愚：《酌中志》，北京古籍出版社1994年版，第181页。

第二，在君主与臣子这对饮食关系中，君主占有绝对优势，臣子的话语权取决于君主对其的态度。皇帝惯用赐宴和赐食来笼络臣子。但是赐宴多是程式化的宴会，目的不过是一而再，再而三的强调和巩固君主的权威，宴会中臣子们没有自由活动的权力，他们的一举一动都受到严密的监控和约束。非常规宴饮，如游宴等虽然可以抛却程式化的束缚，拉近君臣间距离。但是这样的宴会受到季节、天气的限制，不能经常举办。相比之下，使用赐食这种手段比赐宴要明智一些。首先，赐食较之赐宴，针对性明显。较之文武群臣一起举杯共饮，赐食能够突出皇恩浩荡的重点。其次，赐食更加的节约成本和时间。皇帝甚至都不用出现，受赐者自会感激涕零。典范效果明显。最后，可以避免因宴会中群臣争抢座位引发的不必要矛盾。宴会中的座次皆按照官员品级排定，等级性太强，就好似给一个班的学生按成绩从高到低排座位，这其中低品级官员的不情不愿，可想而知。

第三，太祖把宫中那套程式化体现君主绝对权威的宴会推广到各乡、里社，将忠君爱国的思想通过宴会传达到百姓中，教化深远，极好地控制了百姓的思想。

第四，明代宫廷饮食文化丰富多彩，明宫内形成了共饮共食的小家和经常进行饮食交流的大家。正是这种较稳定的饮食关系的形成，推动了宫内饮食文化的发展。

乾隆年间毓庆宫改建研究

2016 届　班晓悦

（导师：中国社会科学院研究生院　吴卫国教授）

绪　论

　　毓庆宫，是紫禁城内廷外东路的一组建筑，东依奉先殿，西临斋宫。宫区内包括前星门、祥旭门、毓庆宫、惇本殿等建筑。

　　此宫始建于清康熙十八年（1679）五月，建成于康熙十九年（1680）十二月。它是康熙帝为其子允礽建造的皇太子宫。康熙五十一年（1712）九月，康熙帝"二废太子"之后，在其有生之年未再立皇太子，毓庆宫也一直空缺。

　　雍正帝即位后，不再公开立太子，毓庆宫便降为普通皇子的居所，乾隆帝及其弟弘昼幼年皆曾居住于此。雍正九年（1731），雍正帝下旨将毓庆宫改为斋宫。此后十数年间，毓庆宫之名不见于官书。

　　至于乾隆帝即位后的第八年（1743），乾隆帝方下旨对毓庆宫及斋宫区域进行大规模的改建。改建后的毓庆宫亦作为普通皇子的居所，包括嘉庆帝在内的乾隆帝的诸多皇子幼年皆曾居住于此。

　　乾隆五十九年（1794）至六十年（1795），毓庆宫进行了修理及添建。改建后，毓庆宫已基本形成今日之格局，并且再次也是最后一次作为皇太子宫，供嗣君嘉庆帝居住。

　　本文拟对乾隆年间的这两次改建进行较为深入的研究，研究范围不仅限于工程之本身，还包括改建者乾隆帝本人之于此工程的影响。

第一章　乾隆年之前的毓庆宫

第一节　原为明代奉先区

由于毓庆宫在清雍正九年（1731）曾被改建为斋宫，故而在探究毓庆宫所在地于乾隆年之前的建制时，理应将文献中毓庆宫与斋宫的记载合并来看。

据《日下旧闻考》记载："前明宫室规制，本朝多仍其旧……其宏（弘）孝、神霄等殿今改建斋宫及毓庆宫。"① 而据《故宫志》所言，斋宫"在明代弘孝、神霄殿等殿旧址上建成"，毓庆宫的"原址为明代奉慈等殿"②。（"宏"与"弘"为同音异形字，"宏孝殿"与"弘孝殿"实为一处。《日下旧闻考》在提及此处时，多将两字混用，譬如同卷中引用《春明梦余录》时便有"万历中改东裕库曰弘孝殿"等语，故疑为抄写时笔误。笔者在下文提及时统一使用"弘孝"二字，特此说明。）

根据以上记载并对比毓庆宫现状图（图1—1）及明紫禁城图［图1—2（a）］可知，毓庆宫与斋宫所在的区域应为明代奉慈殿、弘孝殿及神霄殿的所在地。这一区域的建筑依附于其西侧的奉先殿，与之同属明代的奉先区，亦是明代帝王祭祀先人的区域。

据《大明会典》记载："成化二十三年（1487），孝宗（弘治帝）即位，追上母妃纪氏尊谥，曰孝穆慈慧恭恪庄僖崇天承圣皇太后，祔葬茂陵，别建奉慈殿于大内，奉安神主，一岁五享，四序荐新，忌祭，俱如奉先殿之仪。"③ 又据《春明梦余录》记载："孝宗生母孝肃（实为孝穆，作者笔误）纪皇后薨，礼不得祔庙殿，乃于奉先殿之右特建奉慈殿别祀之。"④ 由此可知，奉慈殿是弘治帝为祭祀自己的生母纪氏而建。

① （清）于敏中等编纂：《日下旧闻考》卷三三，北京古籍出版社1983年版，第507页。
② 《北京志·世界文化遗产卷·故宫志》，北京出版社2005年版，第79—80页。
③ （万历朝）《大明会典》卷八九，广陵书社2007年版，第7页。
④ （清）孙承泽：《春明梦余录》卷一八，北京出版社1992年版，第261页。

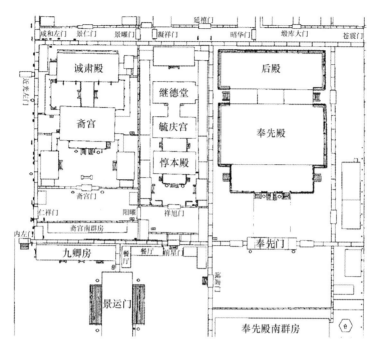

图1—1　毓庆宫及其相邻区域现状图①

图1—2（a）　明《紫禁城图》② 之奉先殿区域

① 转引自常欣《毓庆宫沿革略考》，见《中国紫禁城学会论文集》（第三辑），2010 年 9月，第 116 页。

② 侯仁之主编：《北京历史地图集》，北京出版社 1988 年版，此图标题为"明紫禁城图（天启七年）"。

　　明代礼法森严，只有皇帝的元后（即嫡妻）可以配享太庙及奉先殿①，而纪氏生前仅仅是成化帝的妃子，虽然"母凭子贵"被追封为成化帝之皇后，可于礼法上依然不得配享，故而弘治帝只得于奉先殿外为其另建供奉神主之殿宇。此殿建成后，又供奉了因同样原因而不得配享的孝肃（成化帝生母）、孝惠（嘉靖帝本生父兴献王之母）两位皇后的神主②。

　　隆庆帝仿弘治朝之先例，建弘孝殿与神霄殿，分别供奉自己的继母孝烈方皇后（嘉靖帝继后）及生母孝恪杜皇后的神主③。

　　不过至于明中后期，祭祀制度发生了较大的变革，"凡推尊为后者俱得祔享"④。孝肃、孝穆、孝惠三后之神主于嘉靖十五年（1536）并祭于奉先殿⑤，而嘉靖帝二后之神主亦于万历三年（1575）迁祔于奉先殿⑥，故而奉慈、弘孝及神霄三殿之享荐也随之停止。至于明末，紫禁城在农民战争中"强半被焚"⑦，此三殿也未能幸免。

第二节　圣祖循制建东宫

　　清代统治者入主中原后，对满目荒凉的紫禁城进行了复建。这些满

---

　　① （清）孙承泽：《春明梦余录》卷一八，第261页。原文为："（奉先殿）每室（供奉）一帝一后，如太庙寝殿。"

　　② （万历朝）《大明会典》，卷八九，第7页。原文为："弘治十七年，上圣慈仁寿太皇太后周氏尊谥，曰孝肃贞顺康懿光烈辅天成圣太皇太后。十八年，奉安于奉慈殿，居中。孝穆皇太后神主迁居于左。嘉靖二年，追上寿安皇太后邵氏尊谥，曰孝惠康肃温仁懿顺协天佑圣皇太后。本年，奉安于奉慈殿，居右。"

　　③ （万历朝）《大明会典》，卷八九，第9页。原文为："隆庆元年，孝洁皇后祔（奉先殿），乃迁孝烈神主于奉先殿之西夹室，改题曰孝烈端顺敏惠恭诚祇天卫圣皇后，奉安景云殿，更名曰弘孝。又于神霄殿奉孝恪皇太后神主。"

　　④ 《明神宗显皇帝实录》卷三四，中华书局2016年版，第16页，万历三年正月甲子条。

　　⑤ （清）孙承泽：《春明梦余录》，卷一八，第262页。原文为："嘉靖十五年，上谕礼官曰：'庙中帝配一后，陵祔葬乃有二三后，庙祀、陵祀礼本不同，奉慈三后主既不得祔庙，又不祔陵殿，似黜之，非亲之也。'礼官遂请奉孝肃于裕陵，孝穆、孝惠于茂陵，其罢奉慈享荐，而并祭于奉先殿，外廷莫知也。"

　　⑥ （万历朝）《大明会典》卷八九，第9页。原文为："万历三年，乃奉孝烈皇后及孝恪皇太后祔享奉先殿。"

　　⑦ 朱偰：《明清两代宫苑建置沿革图考》，北京古籍出版社1990年版，第85页。

族统治者不仅沿用了明之故宫，更积极学习汉族的典章制度①。清圣祖玄烨（康熙帝）效仿汉族政权，实行"嫡长子继承"的储君制度，作为皇太子宫的毓庆宫便是在这样的背景下兴建起来的。

康熙十四年（1675）十二月十三日，康熙帝昭告天下，宣布将其年仅两岁（虚岁）的嫡长子允礽立为皇太子，"正位东宫，以重万年之统，以系四海之心"②。而此时的东宫只是个虚名，紫禁城中并没有一座真正的宫殿可以供皇太子允礽居住。

明永乐帝肇建紫禁城时，曾仿南京故宫之旧制，在紫禁城外朝之东南侧修建文华殿作为皇太子宫。而在嘉靖年间，文华殿被改为皇帝斋居及经筵之所，不再作为东宫使用③。嘉靖后，太子寝宫为慈庆宫（崇祯时更名为端本宫）④。明皇太子宫区如图1—2（b）所示，此二处皆毁于明末大火。因此康熙帝需为允礽新建一座皇太子宫，但其宣布立储后并未急于营建东宫，究其原因，可能有以下两个方面：一是允礽尚且年幼，还无法独立居住；二是始于康熙十二年（1673）的三藩之乱还未平息，国家的人力物力皆为前方战事所牵制，康熙帝自然也无暇顾及宫室修建。

直至康熙十八年（1679）五月，康熙帝才下旨建造东宫。康熙朝的《大清会典》记载了毓庆宫的兴建始末："（康熙十八年）五月，改建奉先殿及建造皇太子宫，遣官各一员祭告天地、太庙、社稷，又遣工部堂官祭告后土、司工之神。八月，安奉先殿柱顶石，遣工部堂官祭告司工之神；又安皇太子宫柱顶石，遣工部堂官祭告司工之神；又以奉先殿及皇太子宫柱上梁，俱遣工部堂官祭告司工之神。十九年五月，迎奉先殿及皇太子宫吻，遣礼、工二部堂官各一员祭琉璃窑、正阳门、大清门、午门之神；奉先殿及皇太子宫安吻，遣工部堂官致祭司工之神。十二月，

---

① 参见拙作《从清代紫禁城的复建看统治者的汉化》，《紫禁城》2014 年 A1 期。

② 《清圣祖仁皇帝实录》卷五八，中华书局 2008 年版，第 21 页，康熙十四年十一月丁卯条。

③ 《日下旧闻考》卷三四，第 537 页引《野获编》曰："自嘉靖十五年改易黄瓦，仍为主上经筵之所。"又《明世宗肃皇帝实录》卷一六七，第 1 页载："（嘉靖十三年九月）丙寅初，上于文华殿后建九五斋恭默室为祭祀斋居之所。"

④ （清）于敏中等编纂：《日下旧闻考》卷三五，第 542 页。原文引《山书》曰："慈庆宫，光宗青宫时所居，张差挺击处也。上为信王时亦居此，名勖勤宫。崇祯十五年七月更名端本宫。"

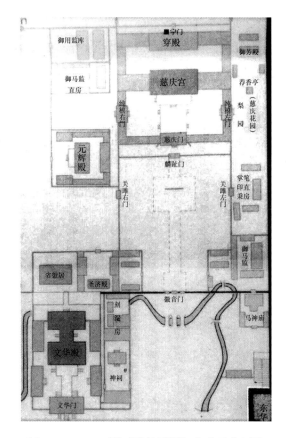

图1—2（b） 明《紫禁城图》之太子宫区域

奉先殿及皇太子宫工竣，遣工部堂官一员祭司工之神。"[1]

由上文不难看出，毓庆宫的修建工程是与奉先殿的改建工程一同进行的。其实明末毁于大火之奉先殿已于顺治十四年（1657）年复建，而康熙帝之所以要改建，正是为了兴建东宫。由清初之《皇城宫殿衙署图》（图1—3）可知，顺治十四年（1657）所建的奉先殿是在明代奉先殿原址以西，即在明代奉慈殿、弘孝殿及神霄殿的原址上。康熙十八年（1679）的改建工程恢复了其明代的位置，便为毓庆宫的营建腾出了空间。

---

① （康熙朝）《大清会典》卷六二，书同文古籍数据库版，第14—15页。

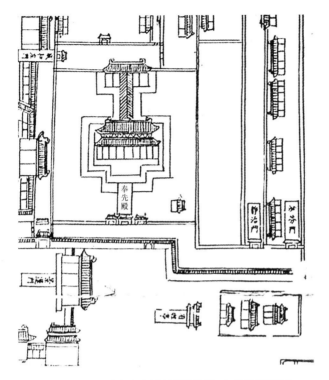

图1—3 清《皇城宫殿衙署图》① 之奉先殿区域

康熙帝将毓庆宫建于乾清宫与奉先殿之间，必是费了一番苦心。首先东宫必在大内东侧，这是先人根据风水学原理制定的法则，历朝无不遵循。康熙帝对允礽宠爱有加，在遵循这一定则的前提下，将毓庆宫修建在自己寝宫乾清宫的附近，方便其随时探视允礽。又此处毗邻祭祀先祖之奉先殿，可见其希望允礽感知宗庙社稷之重，法祖亲贤，成为合格的皇位接班人。

可惜天不遂人愿。康熙四十七年（1708）九月，康熙帝因允礽失德，在热河行宫宣布："太祖、太宗、世祖之缔造勤劳与朕治平之天下，断不可以付此人。"② 下旨废黜了允礽的皇太子之位，但次年（1709）七月又

---

① 笔者摄于故宫博物院古建筑馆。刘敦桢在《清皇城宫殿衙署图年代考》一文中考证此图绘于康熙十八年或十九年以前。参见《刘敦桢文集（二）》，中国建筑工业出版社1984年版，第251—256页。

② 《清圣祖仁皇帝实录》卷二三四，第3页，康熙四十七年九月丁丑条。

将其复立。康熙五十一年（1712）九月，父子二人矛盾再次激化，允礽再次被废。次月，康熙帝"命禁锢废皇太子允礽于咸安宫"①。此后，康熙帝在其有生之年未再立皇太子，毓庆宫也暂时结束了其作为东宫的使命。

第三节 世宗一朝多变更

康熙六十一年（1722）十一月十三日，康熙帝驾崩于畅春园，皇四子雍亲王胤禛继位，是为清世宗，次年改元雍正。

雍正帝有感于自己即位乃是父皇"仓卒之间一言而定大计"②，故在即位伊始便着手解决建储问题。他在雍正元年（1723）八月昭告群臣曰："当日圣祖因二阿哥之事身心忧悴，不可殚述。今朕诸子尚幼，建储一事，必须详慎，此时安可举行？然圣祖既将大事付托于朕，朕身为宗社之主，不得不预为之计。今朕特将此事亲写密封，藏于匣内，置之乾清宫正中，世祖章皇帝御书正大光明匾额之后，乃宫中最高之处，以备不虞。"③ 他吸取了前朝储位之争的教训，开创了清代的秘密建储制度。

由于雍正帝不再公开立皇太子，曾作为康熙朝之东宫的毓庆宫也降为了普通皇子的居所。乾隆帝（雍正帝第四子弘历）在其晚年所作之《新正重华宫》诗下有注云："予自十二岁入居毓庆宫，十七娶皇后始居此重华宫，逮今六十年矣。"④ 嘉庆帝（乾隆帝第十五子颙琰）在《毓庆宫记》中亦说："雍正年间，皇考（乾隆帝）同和恭亲王（雍正帝第五子弘昼）奉命居此宫。"⑤ 可见在雍正年间，毓庆宫确曾系皇子居所，不过在雍正九年（1731）以后，这一情况发生了变化。

雍正帝于当年二月初二日谕内务府总管海望："毓庆宫改为斋宫，不必将就盖造，另画样呈览过，重新盖造。"⑥ 将昔日的东宫改建为斋宫，雍正帝很可能是效仿了明嘉靖帝以文华殿为斋居之所的先例。但嘉靖后

① 《清圣祖仁皇帝实录》卷二五一，第16页，康熙五十一年十月己巳条。
② 《清世宗宪皇帝实录》卷十，中华书局2008年版，第16页，雍正元年八月甲子条。
③ 《清世宗宪皇帝实录》卷十，第16页，雍正元年八月甲子条。
④ 《清高宗御制诗·五集》卷一九，海南出版社2000年版，第9页。
⑤ （清）庆桂等编纂：《国朝宫史续编》卷六〇，北京古籍出版社1994年版，第498页。
⑥ 《清宫内务府造办处档案总汇》第5册，人民出版社2005年版，第42页。

之文华殿并非专为致斋之用，还兼经筵之所，故而明之大内始终未有斋宫之名。实际上，明之斋宫设于天坛和山川坛（清代改称先农坛）。清初承明制，沿用明之斋宫，故也未于大内设斋宫。至于雍正帝在紫禁城设立斋宫后，"凡南郊、北郊及祈谷、常雩大祀，皇帝致斋于此"①，遂为清代定制。

关于雍正朝毓庆宫改斋宫事，只遗下这一条档案。因改建之图样未得留存，故工程之细节也不得而知。不过根据乾隆八年（1743）之档案可知，乾隆帝对这一区域改建时，仅仅在"斋宫门外建造值房六间"②，并未触及斋宫主体建筑，故而现存之斋宫当基本如雍正年间样。但此斋宫系雍正年间"重新盖造"，所以也无法从中觅得康熙朝毓庆宫之形制了。

此外，终雍正一朝，官书中都未有关于毓庆宫的只言片语，更遑论雍正九年（1731）改建之事。胤禛并非康熙帝生前明立之皇太子，他自即位起便一直被质疑得位不正，以"雍正"为年号便是要昭告天下"雍亲王乃正当得位"。在这种情况下，他对本为前朝皇太子宫的毓庆宫尤为敏感倒也不足为奇了，这种心绪也延续到了其子乾隆帝的身上。

第二章　乾隆帝对毓庆宫之心态探微

第一节　避名毓庆圣恩渊

乾隆帝曾在毓庆宫中居住过五年，故而此地也可谓其之潜邸。但其一生所赋四万余首诗中，却未有一首是吟咏毓庆宫的。反观宫中的另一潜邸——重华宫，则在其御制诗中出现了二百余次。

在乾隆帝的两首《新正重华宫》诗中，笔者觅得了毓庆宫的踪迹。其一是乾隆五十一年（1786）所作，诗注中有"予自十二岁入居毓庆宫"等语，参见第一章，在此不赘言；其二便是乾隆五十五年（1790）所作，

---

① （清）于敏中等编纂：《日下旧闻考》卷一五，第200页。
② 《奏请修理毓庆宫大殿并斋宫添盖值房之料估银事》，中国第一历史档案馆藏，档号05-0058-007。

此诗首联即道："初咏关雎吉所迁，避名毓庆圣恩渊。"① 这是毓庆宫首次亦是唯一一次出现在乾隆帝御制诗的正文里，但"避名"二字似乎透露出某种难言之隐。

诗下的注释则更为耐人寻味，其注云："毓庆宫，本为皇太子宫也。地既不吉，且滋外间揣摩。恩赐西二所成昏（婚），圣意深远矣。予之不正东宫名号，亦用此意，子孙当世守之。"② 乾隆帝认为这座昔日的东宫并非吉地，昭示着前朝激烈的储位之争。他居于此是非之地，极易卷入朝野内外舆论之旋涡，故而雍正帝让他迁居"吉所"重华宫成婚，实则是对他的一种保护。他也要告诫后世子孙，当遵循乃父订立的"秘密建储"之家法。

乾隆帝的这段"法祖"论，看似冠冕堂皇，却也难掩其浓浓的"酸葡萄心理"。他说此地"不吉"，其子嘉庆帝却说这里是"福地"③，盖因嘉庆帝由此地而继承大统，而他本人却没有享受过一天皇太子的待遇。

雍正帝甫登大宝，便有立他为青宫（太子之别称）之意。乾隆帝晚年曾回忆道："雍正元年（1723）正月，皇考召予至养心殿，以肉一向赐食，而和亲王（即其弟弘昼）未与也。予尝之味纯美而不辨何肉，皇考亦未明谕。敬识之，弗敢忘。践祚后回忆，是日正祈谷礼成后，圣意必以初元郊祀，将予后日克承大宝上告于苍穹。付托之重，已定于此时矣。"④ 可见雍正帝对他的青睐异于其他皇子。

元年八月，雍正帝将弘历秘定为皇太子后，更多次让他代行各种祭祀之礼（详见表2—1）。"国之大事，在祀与戎"⑤，此中深意不言而喻。及至十一年（1733）二月，册封其为宝亲王⑥，欲命之"继承大宝"之意已是昭昭然也。

① 《清高宗御制诗·五集》卷五一，第7页。
② 同上。
③ （清）庆桂等编纂：《国朝宫史续编》卷六〇，第499页。嘉庆帝《丙辰新正毓庆宫诗》曰："福地承恩毓嘉庆，祯祥敷锡万方宁。"
④ 《清高宗御制诗·五集》卷九三，第14页。
⑤ 《左传·成公十三年》，转引自《春秋左传注》，中华书局2009年版，第861页。
⑥ 《清世宗宪皇帝实录》卷一二八，第3页，雍正十一年二月己未条。

表 2—1　　　　　　　雍正年间皇四子弘历代行祭礼情况表①

时间	祭祀内容
雍正元年十一月己丑	圣祖仁皇帝期年大祭，上命皇四子弘历祭景陵（康熙帝陵）
雍正二年十一月癸丑	圣祖仁皇帝再期忌辰，上命皇四子弘历祭景陵
雍正四年四月甲寅	孝恭仁皇后三周忌辰，命皇四子弘历前往（景陵）行礼
雍正四年十一月丁巳	命皇四子弘历祭景陵
雍正五年三月辛丑	清明节，上命皇四子弘历祭景陵
雍正九年八月辛亥	大学士忠达公抚远大将军马尔赛起程，上命皇四子弘历告祭奉先殿
雍正十年正月癸亥	孟春，享太庙，上命皇四子弘历行礼
雍正十一年二月癸酉	清明节，上命皇四子宝亲王弘历祭景陵
雍正十一年八月丁卯	上命皇四子宝亲王弘历祭先师孔子
雍正十一年十二月丙子	岁暮，命皇四子宝亲王弘历祭太岁之神
雍正十二年正月壬午	孟春，享太庙，上命皇四子宝亲王弘历行礼
雍正十二年四月丙午	享太庙，上命皇四子宝亲王弘历行礼
雍正十二年四月乙丑	上命皇四子宝亲王弘历祭关圣帝君
雍正十二年五月丙申	夏至，祭地于方泽，上命皇四子宝亲王弘历行礼
雍正十三年正月乙亥	孟春，上命皇四子宝亲王弘历祭太岁之神
雍正十三年三月癸未	清明节，上命皇四子宝亲王弘历祭景陵
雍正十三年四月辛丑	享太庙，上命皇四子宝亲王弘历行礼
雍正十三年五月辛丑	夏至，祭地于方泽，上命皇四子宝亲王弘历行礼
雍正十三年八月戊辰	祭大社大稷，上命皇四子宝亲王弘历行礼

　　雍正帝对这位宝亲王宠命优渥，朝野内外咸知。但有鉴于康熙末年惨烈的储位之争，雍正帝始终未明谕立储之事。正因如此，终雍正一朝，乾隆帝都是有实无名的皇太子。在雍正帝的悉心护航下，康熙末年的夺位之争没有再上演，乾隆帝得以顺利即位。虽然结果是令人欣喜的，但未能名正言顺地入主毓庆宫，始终是乾隆帝一生的隐痛。

---

① 此表系笔者根据《清世宗宪皇帝实录》中所记内容制成。

第二节 东宫故人诚可恨

乾隆四年（1739）发生的"弘晳案"，让乾隆帝的隐痛变成了愤怒。弘晳，康熙帝之嫡孙，废太子允礽之二子。由于允礽没有嫡子，长子又早卒，所以若是允礽没有被废，按照中国古代"无嫡立长"的原则，弘晳当是下一代皇位继承人无疑。

历史是没有如果的，随着其父允礽的被废，弘晳的人生轨迹也发生了转折。康熙末年，他受乃父牵连，被幽禁家中。雍正帝即位后，集中力量整治在康熙末年对他威胁最大的允禩（康熙帝第八子）一党，而对允礽父子则采取怀柔政策。他在即位伊始，便封弘晳为多罗理郡王①。至于雍正二年（1724）十二月，允礽去世，亦被追封为和硕理亲王②。雍正八年（1730）五月，雍正帝下旨将弘晳晋封为理亲王③。弘晳对这位优待他们父子二人的叔父，表现出极大的感激之情，奏折中皆以皇父相称，心里却对屈居亲王之位有所不甘④。

有惧于雍正帝的铁腕手段，他在雍正朝一直安分守己。至于乾隆改元，面对比自己年少十七岁的新君，他蠢蠢欲动，萌生了取而代之的想法。乾隆四年（1739）八月万寿节（皇帝生日）时，他制作了一乘鹅黄色的肩舆进献给乾隆帝作为寿礼，这令乾隆帝甚为不悦。乾隆帝事后说："朕若不受，伊即将留以自用矣。"⑤

鹅黄色为帝王专用，乾隆帝认为弘晳此举实乃居心叵测，但他当时并未言明。直至当年十月，弘晳被人告发与庄亲王允禄（康熙帝第十六子）及宗室弘升、弘昌、弘晈等人结党时，乾隆帝方明谕此事，并斥之曰"胸中自以为旧日东宫之嫡子（实为长子），居心甚不可问"⑥，下令

---

① 《宫中档雍正朝奏折》第28辑，（台北）故宫博物院1982年版，第240页。转引自杨珍《从咸安宫到郑家庄：皇太子允礽废黜之后》，《历史档案》2009年第4期，第44页。

② 《清世宗宪皇帝实录》卷二七，第12页，雍正二年十二月癸未条。

③ 《清世宗宪皇帝实录》卷九四，第26页，雍正八年五月乙未条。

④ 杨珍：《从咸安宫到郑家庄：皇太子允礽废黜之后》，《历史档案》2009年第4期，第45页。

⑤ 《清高宗纯皇帝实录》卷一〇三，中华书局2008年版，第3页，乾隆四年十月己丑条。

⑥ 同上。

革除其王爵并限制其活动自由①。

两个月后，又有巫师安泰指认道："弘晳曾问过'准噶尔能否到京，天下太平与否，皇上寿算如何，将来我还升腾与否'等语。"② 乾隆帝更加恼怒，认为其"妄以伊父系旧日东宫，心怀异志"③，命革除其宗籍（后于乾隆四十三年恢复），永远圈禁于景山东果园④。

在处理弘晳一案时，乾隆帝屡屡提及"旧日东宫"四字，可见对弘晳的身份颇为忌惮。他虽贵为九五之尊，却始终没有机会在即位前成为毓庆宫的主人，故而在面对这位昔日毓庆宫的少主人时，他也许还有几分妒恨。这种不良情绪伴随了乾隆帝的一生，所以他对毓庆宫之漠然也不足为怪了。

乾隆七年（1742）年九月二十八日，弘晳死于禁所⑤。至此，乾隆帝的恨意也许才稍有释怀。是年十一月，他又欲修《国朝宫史》⑥（上谕中为"本朝宫史"），下设宫殿一门，叙述清代入关以来的种种建置。可能由于以上缘故，才有了乾隆八年毓庆宫改建一事。

第三节　欲邀先人未获福

毓庆宫自乾隆八年（1743）十一月被下旨改建到乾隆十年（1745）十二月油饰完毕，历时两年左右。在此期间，宫中发生了一件大喜之事——皇后富察氏有孕了。

由《高宗实录》及乾隆帝的御制诗可知，乾隆十一年（1746）四月初八日，富察皇后为乾隆帝生下了皇七子永琮⑦。据此可以推测，富察皇后应是在十年（1745）六月前后怀上龙嗣的。由于他们的第一个儿子永

---

① 《清高宗纯皇帝实录》卷一〇三，第4页，乾隆四年十月己丑条。原文为："弘晳，着革去亲王，不必在高墙圈禁，仍准其郑家庄居住，不许出城。"

② 《清高宗纯皇帝实录》卷一〇六，第12页，乾隆四年十二月戊寅条。

③ 同上书，第13页，乾隆四年十二月戊寅条。

④ 同上。

⑤ 冯其利：《寻访京城清王府》，文化艺术出版社2006年版，第112页。转引自阎崇年《清郑各庄行宫、王府、城池与兵营考》，《北京社会科学》2010年第6期，第87页。

⑥ （清）鄂尔泰、张廷玉等编纂：《国朝宫史》，北京古籍出版社1987年版，卷首圣谕。

⑦ 《清高宗纯皇帝实录》卷二六四，第11页，乾隆十一年四月癸酉条。

琏已于乾隆三年（1738）十月十二日不幸病故①，所以之于这个即将到来的小生命，乾隆帝及皇后都充满了无限欣喜与期待。乾隆帝希望皇后能为他诞育麟儿，这样他便可以将这位嫡子立为储君，他的这一想法在毓庆宫的改建工程中也有所体现。

成书于康熙二十九年（1690）的康熙朝《大清会典》是这样描述毓庆宫区的："十八年，建皇太子宫。正殿曰惇本殿，殿之后曰毓庆宫，前曰祥旭门。"② 而在成书于乾隆二十九年（1764）的乾隆朝《大清会典》中，则变为了这样："斋宫之东为毓庆宫，殿曰惇本殿，前为祥旭门，外为前星门。"③

对比两者可知，"前星门"在康熙朝未被提及，而乾隆朝则出现了这座门。《汉书·五行志》曰："心，大星，天王也。其前星，太子；后星，庶子也。"④ 后世因此多以"前星"代指"太子"。"前星门"无载于康熙朝官书，但并不能因此断定它为乾隆朝所建，亦有可能是官书漏载但康熙朝实有之而乾隆帝沿用之。具体是哪一种情况并不重要，乾隆帝用或是依旧用"前星"二字命名宫门，皆可以说明他确实萌生过使毓庆宫再为东宫之意。

乾隆帝一生崇拜乃祖康熙帝，故而事事效仿之。康熙帝曾以嫡子为嗣君，乾隆帝亦有这个想法。乾隆元年（1736）年七月初二日，他仿照乃父雍正帝的做法，将嫡长子永琏之名亲书于密旨之上，藏于乾清宫"正大光明"匾额之后⑤。可惜乾隆三年（1738）十月十二日永琏因患寒疾而不幸去世，乾隆帝甚为悲悼，下旨将永琏按皇太子仪来安葬，并谥之曰端慧皇太子⑥。

乾隆十一年（1746）四月初八日，在痛失嫡子八年之后，乾隆帝终于又有了嫡子，这令人至中年的皇帝欣喜万分。是日乃浴佛日（即佛祖释迦牟尼诞辰日），又逢久旱后甘霖，乾隆帝喜不自胜，挥毫写道：

---

① 《清高宗纯皇帝实录》卷七八，第31页，乾隆三年十月辛卯条。

② （康熙朝）《大清会典》卷一三一，第5页。

③ （乾隆朝）《大清会典》卷七〇，书同文古籍数据库，2006年，第11页。

④ （东汉）班固：《汉书》卷二七，中华书局1962年版，第1513页。

⑤ 《清高宗纯皇帝实录》卷七八，第31页，乾隆三年十月辛卯条。

⑥ 《清高宗纯皇帝实录》卷七九，第3页，乾隆三年十月丁酉条。

九龙喷水梵函传，疑似今思信有焉。

已看黍田沾沃若，更欣椒壁庆居然。

人情静验咸和豫，天意钦承倍惕乾。

额手但知丰是瑞，颙祈岁岁结为缘。

他怕别人不解其意，还特意在额联下注明"是日中宫有弄璋之喜"①。"弄璋"出自《诗经》中的《斯干》一篇，其中曰："乃生男子，载寝之床，载衣之裳，载弄之璋。"② 因此后人便以"弄璋之喜"来表示家中添了男丁。

乾隆帝的喜悦并没有持续多久，乾隆十二年（1747）十二月二十九日，不足两岁的永琮因出痘而夭亡，乾隆帝以嫡子为嗣君的愿望再度破灭。他在悲痛的同时亦反思道："复念朕即位以来，敬天勤民，心殷继述，未敢稍有得罪天地、祖宗。而嫡嗣再殇，推求其故，得非本朝自世祖章皇帝以至朕躬，皆未有以元后正嫡绍承大统者。岂心有所不愿？亦遭遇使然耳，似此竟成家法。乃朕立意私庆，必欲以嫡子承统，行先人所未曾行之事，邀先人所不能获之福，此乃朕过耶。"③

永琮去世的两个多月后，即次年（1748）的三月十一日，富察皇后也在随驾东巡途中病逝④，乾隆帝万分哀恸，亲自定其谥号曰"孝贤"⑤。乾隆十五年（1750）八月初二日，乾隆帝在其母崇庆皇太后（即孝圣皇后）的一再要求下，册立那拉氏为继后。不过此后在乾隆帝心中的地位远不及孝贤后，他对其所生之皇子也不甚重视。况三十年（1765）此后因东巡时忤逆皇帝而被收回册宝，次年（1766）其去世时，仅被以皇贵妃礼下葬。乾隆帝虽未明谕将其废黜但也等于废之，其所生之皇十二子永璂及皇十三子永璟（早夭）自也算不得嫡子。

所以说，自孝贤皇后去世后，乾隆帝便再无以嫡子为嗣君的念想，

---

① 《清高宗御制诗·初集》卷三一，海南出版社2000年版，第16页，诗名为《浴佛日复雨因题》。

② 《诗经·小雅·斯干》，中华书局2015年版，第410页。

③ 《清高宗纯皇帝实录》卷三〇五，第34页，乾隆十二年十二月乙酉条。

④ 《清高宗纯皇帝实录》卷三一〇，第25页，乾隆十三年三月乙未条。

⑤ 《清高宗纯皇帝实录》卷三一一，第13页，乾隆十三年三月丙午条。

其原打算给永琮居住的毓庆宫也变成了其他皇子的居所。

第四节　毓成嘉庆禁垣东

嘉庆帝曾说："乾隆年间，予兄弟及侄辈自六岁入学，多有居于此宫（毓庆宫），至成婚时，始赐居邸第，此数十年之定则也。"① 由此推测，自乾隆十年（1745）毓庆宫竣工后，入居此处的皇子可能有皇三子永璋、皇四子永珹、皇五子永琪、皇六子永瑢、皇八子永璇、皇十一子永瑆、皇十二子永璂、皇十五子颙琰（即嘉庆帝）、皇十七子永璘这九位皇子。

这其中，皇三子永璋因在孝贤皇后的丧仪中不能克尽孝道，被乾隆帝明谕将其和皇长子永璜排除在储君人选之外②。而在其他皇子中，乾隆帝最初中意的是皇五子永琪。他在晚年时曾对诸臣说过："其时朕视皇五子，于诸子中觉贵重。且汉文、满洲（语）、蒙古语、（骑）马、步射及算法等事，并皆娴习。颇属意于彼，而未明言，乃复因病旋逝。"③ 乾隆三十一年（1766）三月初八，皇五子永琪因病逝世，痛失爱子的乾隆不得不再次另觅良储。经过前三次的立储失败，他对建储一事更加慎重，迟迟没有选定储君。

乾隆三十七年（1772）年十一月，乾隆帝首次向诸皇子表示，自己将在乾隆六十年（1795）归政④。盖因乃祖康熙帝享位六十一载，他不敢逾越之⑤。但欲归政，首当立储，他在一番比较后，选中了皇十五子颙

① （清）庆桂等编纂：《国朝宫史续编》卷六〇，第 499 页。

② 《清高宗纯皇帝实录》卷三一七，第 13 页，乾隆十三年六月甲戌条。原文为："朕降此旨，并非遇事恐吓伊等，日后将复游移。试思太庙祝版，以孝字冠首，朕已谓伊等为不孝，夫不孝之人，岂可以承大统？此二人断不能继之处，王大臣等，其共知之。"

③ 《清高宗纯皇帝实录》卷一一八九，第 24 页，乾隆四十八年九月戊午条。

④ 《清高宗纯皇帝实录》卷九二一，第 10 页，乾隆三十七年十一月庚戌条。原文为："皇子原与外间王公有间，一切服用，悉如亲王。现在皇子中，四阿哥、六阿哥，俱锡封郡王，其俸银及护卫官员，自应视其爵秩，而一应服用仍应照皇子之例。俟朕八旬开六归政时，再各按爵秩，方为允协。"

⑤ 《清高宗纯皇帝实录》卷一〇六七，第 19 页，乾隆四十三年九月丁未条。原文为："昔皇祖御极六十一年，予不敢相比。若邀穹苍眷佑，至乾隆六十年乙卯，予寿跻八十有五，即当传位皇子，归政退闲。"

琰，于乾隆三十八年（1773）将其秘立为皇太子。在当年的南郊祭天大典上，乾隆帝向上苍祷告曰：“若所定之子，克承堂构，则祈昊苍眷佑，俾得年命延长；倘非天意所属，则速夺其算，朕亦可另为选择，毋误我国家宗社生民重。”①

颙琰最终不负所望，至于乾隆五十九年（1794）依然康健。乾隆帝眼见归政之期将近，遂着手修缮东宫。他于当年三月下旨修缮毓庆宫，次年（1795）正月又对其进行了大规模的添建。乾隆六十年（1795）九月三日，乾隆帝在自己登基六十载之际，宣布册立皇十五子嘉亲王颙琰为皇太子，次年（1796）改元嘉庆，命之择日移居毓庆宫，其生母令懿皇贵妃追尊为孝仪皇后②。

颙琰于乾隆六十年（1795）十一月十八日奉命移居毓庆宫③，至此毓庆宫再次也是最后一次作为皇太子宫。但其为皇太子宫的时间很短，仅一月有余，因为改元嘉庆后，此处便算不得皇太子宫了。依制，嘉庆帝即位后应移居养心殿，但因乃父乾隆帝仍居养心殿，所以他不得不继续住在毓庆宫。

其实乾隆帝早在四十四年（1779）便为自己修建好了归政后颐养天年的宁寿宫④，六十年（1795）下旨添建毓庆宫时，他还同时让人给宁寿宫之养心殿添建了一座抱厦⑤。但他归政后却从未居此一日。盖因在他看来，养心殿方是权力中枢之所在。他名虽已归政，实不愿放权，又岂肯轻易迁出？

倘若他真心归政，大可在改元后让颙琰直接移居养心殿，又何必费事去添建毓庆宫？再者，其在禅位前夕大修毓庆宫时，命人更换的是黄

① 《清高宗纯皇帝实录》卷一一八九，第24页，乾隆四十八年九月戊午条。
② 《清高宗纯皇帝实录》卷一四八六，第5页，乾隆六十年九月辛亥条。
③ 《清高宗纯皇帝实录》卷一四九一，第7页，乾隆六十年十一月乙丑条。
④ （嘉庆朝）《大清会典事例》卷二四九，书同文古籍数据库版，第4页。原文为：“乾隆四十四年，谕：‘前经降旨，葺治宁寿宫，为朕将来归政后颐养之所。现今工届落成，实为吉祥庆事，宜敷惠泽，以昭锡福，所有管理工程大臣及在工人员，俱著加恩交部议叙。’”
⑤ 《奏为毓庆宫粘修添盖殿座用过工料银两数目事》，中国第一历史档案馆藏，档号05-0460-029。

色琉璃瓦①；而古制，东宫应为绿色琉璃瓦，因为在五行中东方属木，木色为青，故而东宫又被称为"青宫"。由此可见，他于五十九年（1794）下旨修缮毓庆宫时，便不仅仅是打算以毓庆宫为一两个月的东宫，而是打算让嗣皇帝颙琰长居于此。

在颙琰搬进毓庆宫后，乾隆帝曾赐颙琰一副匾联，命人悬挂在毓庆宫之正殿惇本殿。匾曰："笃祜繁禧。"联曰："祖德敬而承，仰思堂构；天恩引以翼，远逮云仍。"② 上联不难理解，他告诫颙琰要敬承祖业。下联的"天恩"二字则颇值得寻味，此乃一语双关，既指上天的恩德，又指他本人之于颙琰的恩德。在古代的纲常关系中，他与颙琰先是君臣，再是父子。无论哪一种，他都是颙琰的天。"引翼"是引导扶持之意，"云仍"则代指子孙③。可见乾隆帝不仅希望颙琰本人能遵循他的领导，更希望他的子孙们都能以他这个"十全老人"为榜样，敬天法祖，使大清国祚绵长。

嘉庆帝对乃父赐联中的深意心领神会，安居于毓庆宫"日聆训政"。而太上皇帝乾隆帝则在养心殿"孜孜不倦"地继续行使着他至高无上的的权力，直至嘉庆四年（1799）正月三日去世于斯④。

乾隆帝去世后，嘉庆帝才由毓庆宫移居到了养心殿。移居后，他效仿其父将乾西二所改建为重华宫之例，宣布将毓庆宫作为"几暇临幸之处"，还特意说明自己此举"非为游览消遣也"，而是"敬体考衷慎建储"之意⑤。原来乾隆帝在宣布禅位的同时，还写了一篇《慎建储贰论》，文中强调"秘密建储制"乃"万年无弊之法"，告诫后世子孙当遵行之⑥。嘉庆帝遵循乃父的教诲，终结了毓庆宫作为皇太子宫的使命并下令皇子们不再居住于此，使毓庆宫成为紫禁城中的第二座"潜龙邸"。

---

① 《呈为毓庆宫粘修并添盖殿座等项销算银两黄册》，中国第一历史档案馆藏，档号05-0460-030。

② （清）庆桂等编纂：《国朝宫史续编》卷六〇，第497页。

③ 李文君：《紫禁城八百楹联匾额通解》，紫禁城出版社2011年版，第119页。

④ 《清仁宗睿皇帝实录》卷三七，中华书局2008年版，第2页，嘉庆四年正月壬戌条。

⑤ （清）庆桂等编纂：《国朝宫史续编》卷六〇，第499页。嘉庆帝：《毓庆宫述事诗》。

⑥ 《清高宗御制诗文全集·御制文三集》卷三，（台北）故宫博物院1976年版，第6页。

第三章 乾隆八年至十年之改建

第一节 拆挪旧门盖新宫

由于雍正九年已将毓庆宫改建为斋宫，所以乾隆八年（1743）对毓庆宫及斋宫区域进行的改建实则是对毓庆宫的重建，在内务府大臣海望及三和上给乾隆帝的奏折中，用的也是"建造"二字。

当年十一月初九日，海望及三和给乾隆帝上折，请领修建毓庆宫之银两。折中首先说道："照依奏准式样，建造大殿五间、后殿五间、照殿五间、前东西配殿六间、琉璃宫门两座、转角露顶围房三十四间、宫门前值房十四间、后院净房一间，成砌宫门、大殿、后殿西边院墙，铺墁甬路、散水、丹墀、海墁地面，其殿宇房座俱照宫殿式样油饰、彩画、裱糊。"① 通过这段文字再结合始绘于乾隆十年的《乾隆京城全图》（图3—1），便可了解这次改建后的毓庆宫之规模形状。

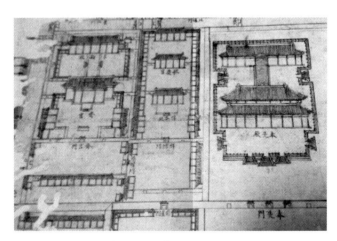

图3—1 清《乾隆京城全图》② 之斋宫、毓庆宫、奉先殿区域

---

① 《奏请修理毓庆宫大殿并斋宫添盖值房之料估银事》，中国第一历史档案馆藏，档号05－0058－007。

② 《清乾隆内府绘制京城全图》，紫禁城出版社2009年版。据杨乃济《〈乾隆京城全图〉考略》一文，此图始绘于乾隆十年，绘成于乾隆十五年。详见《故宫博物院院刊》1984年第3期，第8—24页。

据海望及三和初步估算，毓庆宫工程需用银两数目为五万四千九百七十两（54970 两），"请向广储司支领应用，以便今冬备料，明春兴修"。他二人将用银项目之清单（详见表3—1）另缮一纸附于折后，请乾隆帝审阅。乾隆帝批示道："原旧琉璃门自应拆挪盖造，不必估入。其斋宫琉璃门前值房用琉璃瓦料，毓庆宫琉璃门前值房用布筒瓦；至殿宇门座不用青白石，改为青砂石料；且原有旧料所估银两甚多，暂领银二万两（20000 两）办理，即照减定做法另行约估奏闻。钦此。"①

收到皇帝批复的海望及三和不敢懈怠，重估银两后，于当月二十一日再次上折，奏明遵照圣旨估算减银六千八百八十两（6880 两），还需用银四万八千九十两（48090 两），估减用银项目之清单（详见表3—1）附于折后。他二人还指出："其（毓庆宫及斋宫区域）南大墙门原系随墙门座，今因建造毓庆宫门，若仍照旧式恐难悬挂匾额，是以奴才等照琉璃宫门式样约入估内。"他二人认为如果要建成琉璃门的话，用青白石料更为合适，"如殿宇仍用青白石料，只减银五千九百九十两（5990 两），实约用银四万八千九百八十余两（48980 两）"。乾隆帝阅后批示道："照所请用青白石料，余依议。钦此。"② 故而最终估算总价为四万八千九百八十两（48980 两）。

表3—1　　　　乾隆八年毓庆宫修建工程预估银两数目清单③

项目	初始估计数目		因挪盖琉璃门估减银两数目	
木植银	七千九百七十两	（7970 两）	—	
石料银	三千三百六十两	（3360 两）	减银一千三百九十两	（－1390 两）
杂料银	二百五十两	（250 两）		
琉璃瓦料银	一万八千两	（18000 两）	减银三千两	（－3000 两）
灰斤红黄土银	二千七百两	（2700 两）	—	

①　《奏请修理毓庆宫大殿并斋宫添盖值房之料估银事》，中国第一历史档案馆藏，档号05－0058－007。

②　《奏为修理毓庆宫减用原估银两石料等用事》，中国第一历史档案馆藏，档号05－0058－020。

③　此表系笔者根据第一历史档案馆馆藏档案之《呈为毓庆宫等工程物料估银数目单》（档号05－0058－008）及《呈为毓庆宫工程约估减用银两数目单》（档号05－0058－021）而制成。

续表

项目	初始估计数目		因挪盖琉璃门估减银两数目	
钉铁银	三百三十两	（330 两）	—	
绳麻银	四百五十两	（450 两）	—	
砖瓦银	三千六百五十两	（3650 两）	—	
大木作工价银	一千三百两	（1300 两）	减银八百四十两	（-840 两）
楠木作工价银	九百六十两	（960 两）		
石作工价银	一千三百九十两	（1390 两）		
瓦作工价银	一千九百四十两	（1940 两）		
搭彩作工价银	二百九十两	（290 两）		
土作工价银	二千三百二十两	（2320 两）		
匠夫运夫工价银	二千五百两	（2500 两）		
锡作工料银	一百两	（100 两）	—	
铜作工料银	七百两	（700 两）	减银七百六十两	（-760 两）
镀银亮铁工料银	三百两	（300 两）		
油饰彩画工料银	四千一百四十两	（4140 两）		
内里装修工料银	八百两	（800 两）	—	
裱作工料银	一百两	（100 两）	—	
出运渣土银	一千四百两	（1400 两）	—	
其他（未知）	二十两	（20 两）	—	
合计	五万四千九百七十两	（54970 两）	减银五千九百九十两	（-5990 两）
最终估价总计	四万八千九百八十两（48980 两）			

此外，由上文中的"挪盖"二字并结合图1—3和图3—1可知，改建后的毓庆宫并斋宫区域是康熙年间的毓庆宫区域。故而此次重建的毓庆宫之轴线应较康熙年所建的偏东，并且规模形制应比康熙年所建之略小。

第二节　备料奏销油饰事

据海望及三和于乾隆八年（1743）十一月初九日所上之奏折可知，毓庆宫工程于当年冬季开始备料，除奏折上注明的"松木、架木、席、竿库贮，铜、锡、银、朱苎布、绫绢、纸张等项向部司（工部营缮司）

取用"① 外，其他材料并未具体注明。不过值得庆幸的是，五十九年
（1794）之修缮并六十年（1795）之添建工程的奏销清单中，对于用料一
事有着详尽记载，故而笔者拟在第五章中将两次改建之工料事一并探讨，
在此便不多赘言。

毓庆宫工程于乾隆九年（1744）春动工，其主体工程最迟完成于当
年八月二十三日，因为在当日，海望及三和以"（毓庆宫及慈宁宫）二处
工程俱经告竣"，向乾隆帝奏报"销算用过银两"之事。据海望及三和所
述："毓庆宫工程除地脚不打灰土净销算银三万六千九百二十九两三钱五
分四厘（36929.354 两），慈宁宫销算银八百二两八钱六分九厘（802.869
两），二处共实用银三万六千九百八两六钱六分四厘（36908.664 两）。"②
由此可推算，毓庆宫并慈宁宫工程总共支领银两数目为三万七千七百三
十二两二钱二分三厘（37732.223 两）。

在这份奏折之后，依旧附了一份清单（详见表3—2）。此清单共分三
个部分，一曰"毓庆宫等处分晰银两总数"（即表3—2 中"木植银"至
"激桶工料银"部分），二曰"景仁宫等处内里装修工料银"（即表3—2
中"内里装修"部分），三曰"绩添铜壶滴漏亭一座、孔雀房二座用过物
料银③。其中第三部分所述之银两虽系从毓庆宫工程存剩银两中动用，
但观图3—1 并无此三处建筑，另从其名称来看倒像是花园内建筑，故而
笔者推测其应为慈宁宫花园之添建，在此便不多探讨了。

至于前两部分，笔者初看时甚为不解。何谓"等处"？奏折中除了提
及毓庆宫及慈宁宫外，并未提及他处，何以又有"景仁宫"一说？笔者
将第一部分与第二部分所述之银两数目相加，算得其总数为三万七千七
百三十二两二钱二分三厘（37732.223 两），与奏折中所述毓庆宫并慈宁
宫工程支领银两总数无异，所以"景仁宫"三字实乃奏报者之笔误，清
单的第二部分应是"慈宁宫等处内里装修工料银"。由于前两部分实系你

---

① 《奏请修理毓庆宫大殿并斋宫添盖值房之料估银事》，中国第一历史档案馆藏，档号
05 - 0058 - 007。

② 《奏为销算修建毓庆宫慈宁宫等工程用银事》，中国第一历史档案馆藏，档号 05 -
0064 - 031。

③ 《奏为修建毓庆宫等处用物料银两清单》，中国第一历史档案馆藏，档号 05 - 0064 -
032。

中有我、我中有你而不可分割，故而笔者将其一并列入表3—2。虽然表3—2中，毓庆宫之工料银是与慈宁宫之工料银合并奏报的，但由于毓庆宫所占比例较大（约为98%），故此数据仍值得参考。

尽管表3—2为两处工程共销之清单，但其销算银两仍较八年之预估银两有大幅下降。前文已述，乾隆帝曾命人拆下琉璃门挪盖之以减少工程所需耗费之银两；除此之外，工程中还会将"本工拆下之旧木、石、砖瓦、拣选添用"①。此二项便为该工程节约了不少银两。但由于海望及三和并未将各项实用银两数目列成清单，所以具体节约了多少也难以得知。若是按奏折中所言之"二处共实用银三万六千九百八两六钱六分四厘（36908.664两）"②，再结合其所占比例约98%推算，毓庆宫工程之实用银两数目大概为三万六千一百二十三两三钱一分九厘（36123.319两）。

表3—2　　乾隆九年修建毓庆宫并粘修慈宁宫等处销算银两数目清单③

项目	奏销银两数目
木植银	五千四百三十八两四钱一分一厘（5438.411两）
石料银	一千二百六十五两九钱五分二厘（1265.952两）
砖瓦银	二千十五两一钱二分三厘（2015.123两）
灰斤红黄土银	一千六百八十七两六分三厘（1687.063两）
绳麻钉铁杂料银	一千五百九十九两一钱四分九厘（1599.149两）
颜料纸张银	二千二百九十七两五钱八分四厘（2297.584两）
琉璃瓦料银	一万二千八百十四两八钱三分七厘（12814.837两）
匠夫工价银	九千二十八两五分九厘（9028.059两）
铜锡作工料银	四百四十四两三钱六分八厘（444.368两）
镀银亮铁工料银	一百八十四两五钱二分（184.520两）
运价银	四百六十五两五钱六分二厘（465.562两）
激桶工料银	四十两（40.000两）

---

① 《奏请修理毓庆宫大殿并斋宫添盖值房之料估银事》，中国第一历史档案馆藏，档号05-0058-007。

② 《奏为销算修建毓庆宫慈宁宫等工程用银事》，中国第一历史档案馆藏，档号05-0064-031。

③ 《奏为修建毓庆宫等处用物料银两清单》，中国第一历史档案馆藏，档号05-0064-032。

项目	奏销银两数目
内里装修	四百五十一两五钱九分五厘（451.595 两）
总　　计	三万七千七百三十二两二钱二分三厘（37732.223 两）

此外，将表3—2与表3—1对比，不难发现两者之项目间存在细微差别。首先，表3—2中的"激桶工料银"是表3—1中未提及的。而笔者在列表3—1的过程中，发现清单中的各项银两数目相加后的总数为五万四千九百五十两（54950两），比奏折中所给出的五万四千九百七十两（54970两）少了二十两（20两）。故而笔者在列表时，写了"其他（未知）"一项，现在回看之，此项似应是"激桶工料银"。可能是奏报人在列举的时候算入过，但誊写时遗忘之，是以造成前后不符。

另表3—2中虽有"颜料纸张银"一项，但其仅能对应表3—1中"油饰彩画工料银"的"彩画工料银"部分，而并未包含"油饰工料银"，这是由于此时"毓庆宫油饰地面等项尚未办理完竣"，此项目至乾隆十年（1745）年底才完成。当年十二月初七日，海望及三和奏报曰："毓庆宫殿内地面油饰实用过工料银三十四两八钱三分九厘（34.839两）。"[1] 至此，耗时约两年、耗银约三万六千一百五十八两一钱五分八厘（36158.158 两）的毓庆宫重建工程全部告竣。

第四章　乾隆五十九年至六十年之改建

第一节　宫区各处之大修

乾隆五十九年（1794）三月初七日，乾隆帝面谕内务府主管和珅，命其查勘修理毓庆宫。次日，和珅便联合福长安、金简二位大臣上书，奏报查勘情况。他们派去查勘的官员发现，毓庆宫内各座之琉璃头停及祥旭门外值房上的布瓦头停多有渗漏；大墙及前后院之看墙、闸墙并门

---

① 《奏为油饰毓庆宫等处所用银两数目事》，中国第一历史档案馆藏，档号 05－0074－006。

口之木屏峰门、月台、丹陛等处应拆修；院内砖块多有残损；暗沟应拆修；各座多处应重新油饰。他三人核算后，预计修理这些项目大约需要工料银六千五百四十四两二钱九分一厘（6544.291 两）①。

表4—1　　乾隆五十九年毓庆宫修理工程部分预估银两数目清单②

项目	预估银两数目
木植银	一百十七两八钱六分四厘（117.864 两）
石料银	一百十四两六钱八分六厘（114.686 两）
砖瓦银	四百八十八两五钱四分八厘（488.548 两）
灰斤银	一千三百六十两一分九厘（1360.019 两）
绳麻杂料银	五百五十八两五钱三分六厘（558.536 两）
铁料银	一百五十一两六分七厘（151.067 两）
大木作银	九两六钱二分七厘（9.627 两）
楠木作银	十八两七钱二分九厘（18.729 两）
石作银	四百三十五两八钱一分（435.810 两）
瓦作银	一千一百六十八两一钱一分七厘（1168.117 两）
搭彩作银	一百二十七两一钱六厘（127.106 两）
土作银	一千十九两三钱一分四厘（1019.314 两）
油画工料银	七百六十五两九钱六分（765.906 两）
裱糊工料银	一百七两一钱一分（107.110 两）
内檐装修打色粘补暖床工料银	八十五两二钱五分二厘（85.252 两）
拉运架木车脚银	十六两六钱（16.600 两）
总计	六千五百四十四两二钱九分一厘（6544.291 两）

不过他三人紧接着奏报道："查此项工程各殿座椽、望、角、梁等项，木植外面虽间有糟朽，其不露明处所，有无残损碍难估计；并琉璃瓦料，请俟拆卸后，奴才等另行派员详查，据实添补，并案核销，合并

————————

① 《奏为修理毓庆宫殿座房间估需工料银两事》，中国第一历史档案馆藏，档号 05 - 0451 - 095。

② 《呈为修理毓庆宫殿座房间估需工料银两数目清单》，中国第一历史档案馆藏，档号 05 - 0451 - 096。

声明。"① 由此可知，上文所报之数目仅仅是整个修缮工程所需银两中的一部分，尚有部分木植银并琉璃瓦料银未被估算在内，其本次奏报的分析清单如表4—1所示。至于嗣后奏报之添补清单，并未留存下来。不过从和珅等人所上的另一份奏折中，笔者发现了五十九年之修缮工程的预估银两总数。

在和珅、福长安、盛住（此时金简已病故）三人上于乾隆六十年（1795）十二月二十日的关于销算毓庆宫用过银两一事的奏折中，明确写有"先后估需工料银一万五千五百七十九两七钱三分五厘（15579.735两）"② 等字样。其后所附之《毓庆宫粘修殿座并添盖殿座等项销算银两黄册》（以下简称《黄册》）详细说明了本次工程的修理内容并列出了其所用银两数目清单（详见表4—2）。

表4—2　　　　乾隆五十九年毓庆宫修理工程实用银两数目清单

项目	实用银两数目	备注
木植银	一千十二两九钱二分四厘（1012.924两）	含松木、楸木银
石料银	一百十七两四钱四厘（117.404两）	含青白石料银
砖瓦银	四百九两三钱一分（409.310两）	含方砖、新样城砖、旧样城砖、停滚砖、沙滚砖、头号筒瓦、罗锅、勾头、滴水、折腰、板瓦、十号筒瓦银
灰斤银	一千二百九十四两五钱七分六厘（1294.576两）	含南灰、北灰银
绳麻杂料银	四百六十七两九分（467.090两）	含扎缚绳、连二绳、麻刀、挂麻、鱼胶、头号红土、二号红土、包金土、桐油、白面、江米、白矾、椴木见方、榆木见方、竹竿、苇席、荆笆、撬棍、黄铜菱花钉银

① 《奏为修理毓庆宫殿座房间估需工料银两事》，中国第一历史档案馆藏，档号05 - 0451 - 095。

② 《奏为毓庆宫粘修添盖殿座用过工料银两数目事》，中国第一历史档案馆藏，档号05 - 0460 - 029。

续表

项目	实用银两数目	备注
铁料银	一百七十五两七钱（175.700 两）	含熟铁料、生铁料、钉、头号雨点钉、二号雨点钉、西稜叶、黄米条铁线银
大木作银	一百九十二两七钱八分八厘（192.788 两）	含大木匠、锯匠、壮夫工银
楠木作银	七十四两六钱八分二厘（74.682 两）	含楠木匠、锯匠、壮夫工银
石作银	五百五十一两四钱四分二厘（551.442 两）	含石匠、壮夫工银
瓦作银	一千三百八十三两五钱八分七厘（1383.587 两）	含砍砖匠、瓦匠、壮夫工银及黄土料银
搭彩作银	一百四十二两七钱六分（142.760 两）	含搭彩匠、壮夫工银
土作银	九百五十七两二钱七分七厘（957.277 两）	含大夯砣灰土、黄土、渣土料银及刨夫、壮夫工银
琉璃脊瓦料银	七千三百六十七两三钱五分七厘（7367.357 两）	—
油画工料银	七百九十一两七钱一厘（791.701 两）	—
裱糊工料银	一百三十两五钱六分二厘（130.562 两）	—
镀银槽活工料银	一百十八两七钱三分七厘（118.737 两）	—
拉运松杉架木车脚银	七十四两四钱（74.400 两）	—
总　　计	一万五千二百六十二两二钱九分七厘（15262.297 两）	

从《黄册》中所言可窥得此次修缮之具体内容："修理得毓庆宫内惇本殿五间、东西配殿六间、毓庆宫五间、后殿五间、两边转角围房三十

六间、露顶二间、净房一间，俱拆□黄色琉璃头停；添换槽朽椽、望、扶脊木。前星门一座，粘修里面头停，找砌大墙门腿；祥旭门一座，拆□头停，拆修门腿，添换槽朽过木；（前星门并祥旭门）俱添换残坏琉璃脊瓦料。又祥旭门外值房十三间、净房一间，俱头停拆□布筒板瓦；添换槽朽椽、望；粘补台帮。墙垣下肩剔补铲磨，上身找抹提浆；修理前后院看墙、闸墙，凑长十五丈九尺二寸。门口十一座，粘修木屏峰门二座；添修板墙二道；扁光见新灯座二分，添做铁海下石座四分；拆修月台一座、丹陛二道。拆墁院内海墁砖块；刨筑海墁下酥碱、灰土；拆修暗沟。"[1]

这次修缮规模庞大。所列之清单（详见表4—2）显示，此次工程总共耗资一万五千二百六十二两二钱九分七厘（15262.297两）。值得一提的是，这份清单较乾隆九年之销算清单详尽很多。不仅写明了各项内所含具体工料银（工价银），甚至连其单价都一一注明。如"石料银"一项包括"青白石折宽厚一尺、长二十二丈二分，每丈采运价银五两三钱三分六厘一毫（5.3361两）"；"搭材作银"一项包括"搭彩匠六百六十工，每工银一钱五分四厘（0.154两），计银一百一两六钱四分（101.64两）；壮夫五百十四名，每名银八分，计银四十一两一钱二分（41.12两）"等。

囿于篇幅，笔者仅在表4—2中"备注"一栏里注明其涵盖之具体内容，在第五章中对工料问题做进一步探讨时再行列举部分工料银（工价银）数目，特此说明。

第二节　毓庆宫前添大殿

尽管乾隆五十九年（1794）的修缮工程耗资甚多，但乾隆帝对这座翻新后的皇太子宫仍不甚满意，还欲提高其规制。六十年（1795）正月，他又命"将毓庆宫殿前添盖大殿一座，计五间；其惇本殿并配殿露顶、祥旭门俱往前挪盖；添盖围房六间，拆去值房十一间，改盖值房六间；

---

[1] 《呈为毓庆宫粘修殿座并添盖殿座等项销算银两黄册》，中国第一历史档案馆藏，档号05－0460－030。

后照殿前添盖东西游廊六间；照殿东山添盖抱厦一间"①。

和珅与福长安接旨后，于当年二月初三日上折奏报此项工程约需工料银两事，他二人估算本次工程"共需银一万七千七百四十八两六钱三分九厘（17748.639 两），除行取官厂松木抵银八百八十五两二钱六分九厘（885.269 两），净需银一万六千八百六十三两三钱七分（16863.370 两）"，其分析清单（详见表4—3）依旧附在折后②。

毓庆宫添建工程于乾隆六十年（1795）二月初六日黄道吉时动土，先期进行拆卸工作，春天冰雪融化后，方进行兴修③。在兴修过程中，似乎也出现了同五十九年修缮工程类似的情况，即在未动工前对某些项目的耗银数目无法进行较为准确的评估，所以后续不得不对预算银两进行添补。无独有偶，关于本次添补情况的材料亦没有留存下来。笔者也是从第三章提及过的六十年（1795）年底的奏折上获知，此次添建工程之预估银两数目实际为两万一千四百六十两五钱八分三厘（21460.583 两）④。

表4—3　　　　　乾隆六十年毓庆宫添建工程预估银两数目清单⑤

项目	预估银两数目	抵用银两数目
木植银	三千四百十两九钱四分二厘　　（3410.942 两）	行取官厂松木抵银八百八十五两二钱六分九厘（ -885.269 ）
石料银	五百十八两三钱六分六厘　　（518.366 两）	—
砖块银	六百七十两一钱二分三厘　　（670.123 两）	—
灰斤银	一千五百五十七两二钱七分五厘（1557.275 两）	—
杂料银	八百十八两八钱二分九厘　　（818.829 两）	—

① 《奏为毓庆宫添盖约需工料银两事》，中国第一历史档案馆藏，档号05 - 0455 - 075。

② 同上。

③ 同上。

④ 《奏为毓庆宫粘修添盖殿座用过工料银两数目事》，中国第一历史档案馆藏，档号05 - 0460 - 029。

⑤ 《呈为毓庆宫添盖约需工料银两数目清单》，中国第一历史档案馆藏，档号05 - 0455 - 076。

续表

项目	预估银两数目	抵用银两数目
铁料银	三百二十四两一钱四分五厘　　（324.145 两）	—
大木作银	七百十一两二钱九厘　　（711.209 两）	—
楠木作银	三百三十七两三钱　　（337.300 两）	—
石作银	六百九十两二钱七分二厘　　（690.272 两）	—
瓦作银	一千二百二十两七钱七分四厘　（1220.774 两）	—
搭彩作银	一百八十两五钱五分四厘　　（180.554 两）	—
土作银	一千四百二十七两二钱一厘　　（1427.201 两）	—
琉璃脊瓦料银	四千五十二两一钱六分七厘　　（4052.167 两）	—
内檐装修工料银	一千七两三钱一分五厘　　（1007.315 两）	—
锡作工料银	一两四钱八分　　（1.480 两）	—
油画工料银	七百十四两三钱三厘　　（714.303 两）	—
裱糊工料银	七十五两七钱八分四厘　　（75.784 两）	—
拉运杉木架木车脚银	三十两六钱　　（30.600 两）	—
合计	一万七千七百四十八两六钱三分九厘　（17748.639 两）	减八百八十五两二钱六分九厘　（ - 885.269）
最终估价总计	一万六千八百六十三两三钱七分（16863.370 两）	

　　除了前文中所述的"添盖、挪盖"等项，在施工中还进行了另外几项工作，即"成砌月台、丹陛、墙垣；拆墁甬路、海墁散水；挪安青白石灯座、缸座；添锭铜丝檐网；添安铜字匾额及油画裱糊、内里装修等项"，这些项目总共耗费工料银二万一千六百八十八两九钱七分六厘（21688.976）①。

　　此外，在这份奏折中，还汇报了第二章提及过的宁寿宫养心殿之添盖抱厦工程，这项工程耗银四千四百十七两七钱三分八厘（4417.738两），所以并毓庆宫之工程一共耗银二万六千一百六两七钱一分四厘

---

① 《奏为毓庆宫粘修添盖殿座用过工料银两数目事》，中国第一历史档案馆藏，档号05 - 0460 - 029。

（26106.714 两）。不过和珅派人查验工程时，发现这个数目尚有不符之处，两项共应核减银一千四百六十九两八钱一分三厘（1469.813 两），实应销算银两数目为二万四千六百三十六两九钱一厘（24636.901 两）①。

由前文已知，毓庆宫之添建工程最初奏报的工料银为二万一千六百八十八两九钱七分六厘（21688.976），最初奏报的并养心殿工程销算银两总数目为二万六千一百六两七钱一分四厘（26106.714 两），由此可推算出，毓庆宫工程之银两数目大概占到总银两数目的 83%。假设其在总实用银两数目中所占之比例亦是如此的话，毓庆宫之添建工程实用银两数目约为两万四百四十八两六钱二分八厘（20448.628 两）。再加上其五十九年之修缮工程所用的一万五千二百六十二两二钱九分七厘（15262.297 两），这次改建大约花费了三万五千七百十两九钱二分五厘（35710.925 两），近乎赶上八年（1743）重建所用之数目（约为36158.158 两），足以见得五十九年（1794）至六十年（1795）之改建的规模宏大。

在和珅等人于六十年（1795）所进呈之《黄册》中，亦有这两项工程的分析银两数目清单，不过由于此次毓庆宫工程所占比例仅为 83%，较第三章中毓庆宫工程所占比例为 98% 的这一数据为小，故而其参考价值不如九年（1744）的高；况其所列的工料银（工价银）之具体内容与表4—2 中大同小异，仅"石料银"一项的"花斑石、青沙（砂）石、豆渣石"并"绳麻杂料"一项的"南柏木、北柏木、秋木、包金土、黄蜡、锉草、白布、黑炭、赭石"等项为表4—2 之未有，但也不能确定这些材料便为毓庆宫所用，亦有可能是为宁寿宫所用，故在此处，便不一一枚举了，特此说明。

毓庆宫改建后之形制如图4—1 所示。显而易见的是，其轴线上较之乾隆十年（1745）多了一座建筑——继德堂。不过图4—1 中的"继德堂"并非此次工程所添盖的大殿，真正添盖的大殿是本图中的"毓庆宫"。因为乾隆帝的谕旨中要求在毓庆宫前添盖大殿一座，将惇本殿等建筑向前挪盖，由此可知，新添之大殿应位于原有之毓庆宫和挪盖后之惇

---

① 《奏为毓庆宫粘修添盖殿座用过工料银两数目事》，中国第一历史档案馆藏，档号 05 – 0460 – 029。

本殿之间，是以现在的继德堂应为原先毓庆宫的位置。

经过乾隆年间的这次改建，毓庆宫已基本形成今日之格局。嘉庆年间又修建穿堂使毓庆宫与惇本殿相连，最终形成了今日之"工"字殿的布局（如图4—1所示）。至于其后在咸丰、同治、光绪年间，亦对此地多有修缮，但其建筑格局不再发生改变。故而乾隆年间之改建实可谓毓庆宫修建篇章中的奠基之笔。

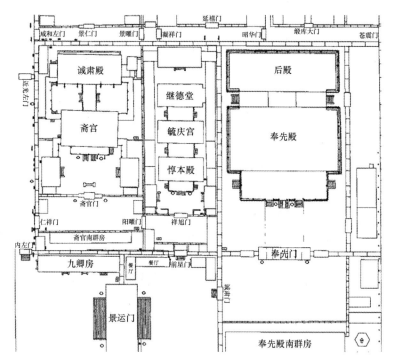

图4—1 乾隆六十年改建后毓庆宫区域示意图①

第五章 两次改建中物价并工价等问题

第一节 主要工料之来源

由表4—2可知，毓庆宫工程所需之工料繁多，兹择要分述其来源。

---

① 此图系笔者根据图1—1改绘而成。

一 木料

木植是中国古代最常用的建筑材料之一。据《黄册》可知，乾隆年间毓庆宫的这两次改建所用之木料主要有杉木、架木、松木及橄木。

这其中的杉木、架木两项木料主要为长江中下游地区的"岁解木料"。康熙二十六年（1687），康熙帝规定江南、江西、湖南、浙江四地区每年动支正项（即使用税收），采办一定数量的松木、架木等木料，押解至京，之后遂为定制①。乾隆年间仍遵此成例，兹照乾隆朝之《大清会典则例》（以下简称《会典则例》）中各省岁解之杉木、架木之数额制成表5—1。由此表可知，各省每年运送至京的杉木共1140根，架木共6600根，二者总计7740根。

表5—1　　　　　　　　各省岁解杉木、架木数量②

省份　　木植种类	杉木	架木
江南	380 根	2400 根
江西	380 根	1400 根
湖南	380 根	1400 根
浙江	——	1400 根
合计	1140 根	6600 根
总计	7740 根	

至于松木、橄木这两项木料应该来自于塞外地区。塞外即长城以北，其范围大致涵盖今日之内蒙古、甘肃全省及宁夏、河北两省之北部。康熙二十五年（1686）二月，四川省官员王骘觐见康熙帝的时候，向其奏禀四川楠木采运一事甚为艰难。康熙帝当即下旨："今塞外松木，材大可用者甚多。若取充殿材，即数百年可支，何必楠木。着停止川省采运。"③

---

① （乾隆朝）《大清会典则例》卷一二八，书同文古籍数据库版，第9页。
② 此表系笔者根据（乾隆朝）《大清会典则例》而制成。详见此书卷一二八，第9页。
③ 《清圣祖仁皇帝实录》卷一二四，第14页，康熙二十五二月辛亥条。

此后，宫室营建开始大量采用塞外松木。乾隆年间，是塞外采木的高峰时期，据现存档案统计，乾隆年间塞外采木总量高达 833175 件①，这其中很大一部分是松木。至于楠木，虽然《大清会典》中不曾记载其产地，但笔者在查阅档案的过程中，发现在乾隆年间修缮并添建塞外之避暑山庄时，曾大量使用楠木②，故而笔者推测此举为就地取材，楠木也应产于塞外。

二　石料及石灰

石料及石灰亦是中国古代营建中常用的物材。据《会典则例》记载："顺治初年定，大工需用石、灰，委本部官开采烧造。于大石窝采白玉石、青白石；马鞍山采青砂石、紫石；白虎涧采豆渣石；牛栏山采青砂石；石景山采青砂石、青砂柱顶阶条等石。其青白石灰于马鞍山、磁家务、周口、怀柔等处，置厂烧造，运京应用。"③

乾隆年间的石料采集地较顺治年间并无变化。故而，毓庆宫工程所用之青白石料应是采自北京房山的大石窝，其石灰则可能源自房山的磁家务。

三　琉璃瓦料

琉璃瓦料，是紫禁城中广为使用的建材之一，亦是皇家尊贵之象征。康熙二十七年（1688），康熙帝下令："官民房屋、墙垣，不许擅用琉璃瓦、城砖，如违严行治罪，其该管官一并议处。"④ 故而在清代，只有宫殿、王府、坛庙等建筑才可以使用琉璃瓦料，而毓庆宫及紫禁城中大部分宫殿所使用的黄色琉璃瓦料则是帝王专用。这是因为土色为黄，而在五行中土居中央，暗合天子正位、统御四方之意。

这些大内建筑所用之琉璃瓦料都是由皇家琉璃厂烧造而成。清初，承明制，将琉璃厂设立在和平门外，至今此地仍沿用"琉璃厂"之地名。

---

① 周林、张法瑞：《清代的皇木采办及其特点》，《农业考古》2012 年第 1 期，第 230 页。
② 参见书同文古籍数据库之《清宫避暑山庄档案》。
③ （乾隆朝）《大清会典则例》卷一二八，第 11 页。
④ 同上书，第 46 页。

乾隆三十五年（1770），琉璃厂奉旨西迁到门头沟区的琉璃渠①。故而，乾隆年间毓庆宫的这两次改建中所用之琉璃瓦料，其烧造地点并非一处。

第二节　物价工价之比较

虽然乾隆九年（1744）之销算清单（详见表3—2）对每项下的具体物料及其单价并未记载，但笔者查阅康、雍两朝之《大清会典》，发现六十年（1795）之《黄册》（参见表4—2）上所载之具体物料在康、雍之际便有应用，故而笔者大胆推测，乾隆年间两次改建所用之工料应大体相同。

另乾隆九年（1744）之单价虽无记载，但可参看《会典则例》中乾隆元年（1736）所定之物价。笔者查阅此书发现，乾隆元年（1736）核准部分物料单价后，其后未有价钱变动之记载，故而九年（1744）之物价亦当如此书所载。

现假设两次之改建所用物料相同，将《黄册》中所列的部分项目单价列出，将之与《会典则例》中乾隆元年所定之物价做出对比，制成表5—2。

表5—2　　　乾隆元年与六十年部分物价及工价之单价对比②

年份 项目	乾隆元年		乾隆六十年	
青白石	五两三钱三分六厘一毫	（5.3661 两）	五两三钱三分六厘一毫	（5.3661 两）
新样城砖	三分五厘	（0.0350 两）	三分五厘	（0.0350 两）
旧样城砖	二分一厘	（0.0210 两）	二分五厘	（0.0250 两）
尺七方砖	七分八厘	（0.0780 两）	七分八厘	（0.0780 两）
尺四方砖	三分三厘	（0.0330 两）	三分三厘	（0.0330 两）
尺二方砖	一分七厘一毫	（0.0171 两）	一分七厘一毫	（0.0171 两）
停滚砖	七厘	（0.0070 两）	七厘	（0.0070 两）

① 《北京市门头沟区志》，北京出版社2006年版，第345页。

② 此表系笔者根据（乾隆朝）《大清会典则例》及《毓庆宫粘修殿座并添盖殿座等项销算银两黄册》中相关数据制成。

项目　　　　年份	乾隆元年		乾隆六十年	
沙滚砖	三厘三毫	（0.0033 两）	三厘一毫	（0.0031 两）
头号筒瓦	四厘	（0.0040 两）	四厘	（0.0040 两）
头号板瓦	一厘六毫	（0.0016 两）	一厘六毫	（0.0016 两）
头号折腰瓦	一厘九毫	（0.0019 两）	一厘九毫	（0.0019 两）
头号勾头、滴水	五厘	（0.0050 两）	五厘	（0.0050 两）
十号筒瓦	一厘五毫	（0.0015 两）	一厘五毫	（0.0015 两）
十号板瓦	一厘	（0.0010 两）	一厘	（0.0010 两）
十号勾头、滴水	二厘	（0.0020 两）	二厘	（0.0020 两）
椴木见方	一钱一分八厘	（0.1180 两）	二钱	（0.2000 两）
榆木见方	五钱八分五厘	（0.5850 两）	六钱四分	（0.6400 两）
工匠	一钱五分四厘	（0.1540 两）	一钱五分四厘	（0.1540 两）
壮夫	七分五厘	（0.0750 两）	八分	（0.0800 两）

关于表5—2，还需做几点说明。

其一，虽然据《黄册》可知，工程所用之木植种类为杉木、架木、松木及椴木。但杉、架木是直接从工部下属之木仓领用，不算在销算银两内，故而清单木植一项未列其名。松木部分也为木仓所贮，部分系临时采买，采买部分虽列举了其径长及单价，但并未注明是红松木还是黄松木，而《会典则例》所载之红、黄松木单价不同，故而无法对比此项。至于椴木一项，因其未载入《会典则例》，故而也无法比较。不过值得一提的是，表5—2中的椴木见方与榆木见方银虽在表4—2中被列入"绳麻杂料银"一项，但此项原料为木材无疑，故而在《会典则例》中也是将这两项列入"木价"一章的。管中窥豹，笔者认为乾隆初年至乾隆末年间，木价应该是有涨幅的。据《会典则例》记载："康熙二十四年定，木植随时低昂，若豫行减定，有累商民，着照时价估。"可见清代内廷采买的木价基本是受市场调节的，故而六十年之木价照元年之略高亦是常理之中的事。

其二，据第三章和第四章可知，两次改建中共同用到的石料是青白石料。据《会典则例》记载，雍正元年（1723）所定的青白石采运价为每丈五两九钱二分九厘（5.929 两）①，而乾隆元年（1736）则命将每丈减银五钱九分二厘九毫（0.5929 两）②。据此，笔者算得乾隆元年（1736）青白石每丈为五两三钱三分六厘一毫（5.3361 两），与乾隆六十年无异，可见乾隆年间石料价格是基本稳定的。

其三，表5—2 中基本涵盖了表4—2 中所列举的"砖瓦银"各项，对比乾隆元年（1736）与六十年（1795）之价格，除了旧样城砖涨钱四厘（0.004 两）及沙滚砖降价二毫（0.0002 两）外，其他项目均无变动，可见砖瓦价格在乾隆年间亦是基本稳定。

其四，据《会典则例》可知，在乾隆年之前，工匠、壮夫之每日工价是根据做工时间长短制定的。而乾隆元年（1736）统一调整为工匠给银百五十四文，壮夫给银七十五文③。一文即一厘，故而可知乾隆元年，工匠之工价为一钱五分四厘、壮夫工价为七分五厘。与《黄册》对比可知，乾隆六十年（1795）工匠之工价没有变化，而壮夫之工价有所增长。据《会典则例》记载："（康熙）五年，题准，嗣后凡有工程，工匠夫役均照时价给发。"④ 故而工价同木价一样，也是受市场调节的。

其五，表4—2 中所给出的"灰斤银"一项包含"南灰银"和"北灰银"，但笔者竭尽全力查找资料，尚未发现任何典籍档案中有关此二者的记载，故而至今未解何谓"南灰""北灰"。囿于见识，此项存疑，希望来日能有见识渊博之学者解此疑惑。

其六，《会典则例》中虽亦有绳麻、杂料并铁料等项之定价，但并未载其具体核定年份。对比康、雍两朝之《大清会典》后，仅能确定此项确系乾隆年间所定。《会典则例》始修于乾隆十二年（1747），定稿于乾隆二十九年（1764）。若此价格为二十九年（1764）所定，那么与九年的物价便相差二十年之久，故而笔者不敢贸然用此数据。现在表5—2 中所呈现的数据，都是笔者精挑细选后，确定其为乾隆元年（1736）所定，

① （乾隆朝）《大清会典则例》卷一二八，第38 页。
② 同上书，第39 页。
③ （乾隆朝）《钦定大清会典则例》卷一三七，第61 页。
④ 同上。

方将其列入。其余无法确定的，便不列入，特此说明。

由表5—2不难发现，在物料采买，匠夫征用的过程中，虽然主体上是由清政府定价，但亦有部分是受市场机制调节。故而从乾隆朝对毓庆宫的这两次改建中，亦可窥得清代商品经济发展之蓬勃，其由下至上，已逐步渗透到上层社会。此外，对比第三章及第四章中的表格，不难发现乾隆五十九年（1794）并六十年（1795）之改建工程的预估清单较之乾隆八年（1743）至十年（1745）的更加精准细化。前者精确到毫厘，而后者则还是整两；前者在每一大项之下还列出了各个小项的名称及单价，而后者仅给出了总的项目名称且各个项目总和还不能与总价完全对应。这也从侧面反映出了乾隆年间内廷工程的管理制度的逐步完善。

结　论

本文第一章，叙述了乾隆年之前毓庆宫的建制。笔者认为，康熙年之毓庆宫的所在地为明代奉先区无疑，其范围应涵盖了明代的奉慈、弘孝及神霄三殿之遗址，而并非是具体的某一处宫殿。此三殿皆毁于明末战火，顺治年间在其原址上重建了奉先殿，而康熙帝为了探视允礽方便，将顺治年所建之奉先殿整体向西迁移重建，从而腾出了其寝宫乾清宫与奉先殿之间的空地，修建了毓庆宫。毓庆宫作为储权之所在，其命运便与储君之命运息息相关，随着允礽的最终被废，其也暂时结束了作为东宫的使命。雍正帝采用"秘密建储制"，不明立皇太子，故而这座康熙修的皇太子宫自也无甚用处，先是被降为普通皇子的居所，后又被改建为斋宫。雍正帝本身并非乃父康熙帝生前所明立的皇太子，是以对毓庆宫尤为敏感。这也导致了终雍正一朝，毓庆宫都未被载于官书，所以关于这次改建的具体情况，后世也很难获知。

本文第二章，探究了乾隆帝本人对于毓庆宫的心态。笔者认为，乾隆帝对于毓庆宫怀有一种"酸葡萄"心理。作为清代"秘密建储制"实施后的第一位储君，他在雍正朝一直是一位有实无名的皇太子。他虽然享受了乃父雍正帝赐予的种种殊荣，却始终没有享受过一天东宫太子的待遇，这不能不说是他一生的隐痛，这也导致他对昔日东宫的少主人，即自己的堂兄弘晳的身份十分敏感。他发现弘晳有谋逆之心后，将其削籍幽禁，颇似乃父雍正帝初登大宝时整治手足的手段。"弘晳案"也可算是康熙末年诸皇子夺位之战的延续，随着乾隆七年弘晳的亡故，这场夺位大战才算最终落幕，稳坐江山的乾隆帝对于毓庆宫之恨意似乎才有所消减，兼之他当年欲修《国朝宫史》的缘故，可能有一些恢复康熙朝建制的打算，进而有了乾隆八年毓庆宫改建一事。在毓庆宫初次改建的过程中，他最为宠爱的富察皇后喜怀龙嗣，一心想以嫡子为嗣君的他似乎也萌生了令毓庆宫再为东宫之意。可惜富察皇后所生之皇七子早夭，不久皇后亦去世，使他立嫡子为储的愿望最终破灭。乾隆六十年，他因不敢超越乃祖康熙帝的在位年限，决定禅位给皇十五子颙琰，并命其移居毓庆宫。而在改元嘉庆后，他依然让嘉庆帝住在毓庆宫，自己则继续在养心殿行使着至高无上的太上皇帝的权力，故而这一时期毓庆宫的存在也正是乾隆帝"恋权不放"之心理的充分体现。

本文的第三、四、五章，则结合现存的档案文献，详细说明了乾隆八年至十年及乾隆五十九年至六十年这两次大规模改建工程的实施过程。毋庸置疑，乾隆年间的改建工程实可谓毓庆宫修建篇章中的奠基之笔。对比两次改建工程的档案，可以窥得乾隆年间的工程管理制度在逐步完善。再观其中涉及物价及工价，不难发现商品经济对于清政府采买工作的影响。不过以乾隆帝为代表的清代统治者虽然意识到市场调节之作用，却依然故步自封、坚持小农经济，甚至在乾隆五十九年英使马戛尔尼访华之后，他都没有意识到西方资本主义之优势，致使中国错过了绝佳的变革机会，在近代社会落后于西方。

乾隆朝御用洋漆初步研究

2017 届　彭潜心

（导师：故宫博物院　陈丽华研究馆员）

绪　　论

一　研究缘起

洋漆是清代特有的产物，在宫廷中十分盛行。故宫博物院现藏洋漆约有四千余件，在漆器种类中仅次于雕漆的数量。但与雕漆的研究情况相比，洋漆的相关著作较少，已发表的学术论文仅有几篇，对于洋漆定义的解释也没有得到相关学者一致认同的定论，尤其是乾隆朝的洋漆尚无人对其进行系统性的研究。

为此，笔者梳理了《清宫内务府造办处档案总汇》中乾隆朝洋漆的相关记录，在六百余条洋漆档案的基础上进行了数据统计和分类汇总，较为全面地分析了乾隆朝洋漆的基本情况，并在前人研究的基础上有了新的认识。

二　研究史回顾

目前国内外针对洋漆的专门研究相对较少，相关研究如下：

朱家溍先生在《清代造办处漆器制作考》中提到，"洋漆"是指在单色漆地上描金加彩的器物，雍正时期便受到皇帝青睐。① 台北故宫博物院

---

① 朱家溍：《清代漆器概述》，《故宫退食录》，故宫出版社 2009 年版，第 98 页。

的陈慧霞女士在《雍正朝的洋漆与仿洋漆》中描述了雍正朝洋漆的发展情况，并认为洋漆代表一种风格技法，凡是和日本莳绘风格相同的漆器，都被称为洋漆。① 夏更起先生的《故宫博物院藏"洋漆"与"仿洋漆"器探源》一文介绍了日本莳绘漆器进入中国的途径，界定了清宫洋漆制作的时间为康熙朝晚期，概述了仿洋漆的制作情况和工艺来源，并从胎骨与造型、种类与形制、装饰纹样、装饰技法四个方面讨论了仿洋漆的内容。② 故宫博物院黄剑老师从造办处活计档的库票整理出发，分析了洋漆的制作材料，并提出洋漆的得名可能来源于其使用了洋生漆这种材料。③

第一章 洋漆概论

第一节 洋漆的来源

我国已知最早出现洋漆称谓的史料来源于《圣祖仁皇帝庭训格言》，其中有一段康熙对洋漆的评论："漆器之中，洋漆最佳，故人皆以洋人为巧，所做为佳，却不知漆之为物，宜潮湿不宜干燥。中国地爆尘多，所以漆器之色最暗，观之似粗鄙；洋漆在海中，潮湿无尘，漆器之色极其华美，此各处水土使然，并非洋人所作之佳、中国人所做不及也。"④ 由于日本为仅有的生产漆器的海中岛国，此处康熙提到的洋漆制作之地在海中，应指日本。

洋漆是从我国描金漆器的基础上发展而来的，隋唐时期我国描金漆工艺传入日本，日本匠人通过实践，在其基础上增添了独特的民族风格，并将这类漆器称为"莳绘"。宋代，日本便将莳绘作为珍贵礼物送

---

① 陈慧霞：《雍正朝的洋漆与仿洋漆》，《台北故宫学术季刊》第 28 卷第 1 期，第 149—152 页。

② 夏更起：《故宫博物院藏"洋漆"与"仿洋漆"器探源》，《故宫博物院院刊》2015 年第 6 期，第 136 页。

③ 黄剑：《清宫洋漆装修等项活计用料管窥》，《中国生漆》2015 年第 2 期。

④ （清）康熙：《圣祖仁皇帝庭训格言》，中州古籍出版社 2005 年版，第 91 页。

给中国。① 到了明代，莳绘通过朝贡贸易进入中国宫廷②，被称为"倭漆"，宣德帝还曾派遣漆工到日本学习倭漆制作方法③。晚明，倭漆更是成为比较普遍的产品，由于其质轻与精巧，还得到江南文人墨客的喜爱。④ 清代康熙二十三年开放了福建沿海地区的海禁，促进了中日贸易交流，中国商船从日本带回了各种莳绘。⑤ 康熙三十二年苏州织造李煦向康熙奏报苏州的雨水米价情况，附有漆器进单，其中进贡洋漆十余件⑥，说明洋漆已进入清代宫廷。

第二节　洋漆的称谓

洋漆来源于日本，但清宫又有仿制，因此关于洋漆名称的界定，学界说法不一：朱家溍先生指出，"洋漆"是指在单色漆地上描金加彩的器物，由于当时工匠们认为描金、泥金制法来自东洋，称之为"洋漆"，并且档案记录都记作"洋金""洋漆"。⑦ 陈慧霞女士在其文中提到，洋漆

① 入宋日本僧人奝然在端拱元年（988）派遣其弟子喜因和宋僧祈乾等赴宋，向宋太宗进献了一些物品："……金银莳绘笥一合，纳法蠡二头……金银莳绘笥一合，纳法砚一、鹿毛笔、松烟墨、金桐水瓶、铁刀；金银莳绘笥一合，纳桧扇二十枚、蝙蝠扇二枚……金银莳绘手笥一合，纳白细布五匹……"（《宋史·外国传》，中华书局1985年版，第14136页。）

② 永乐二年明廷发勘合时，确立的法定贸易品有："马、铠、硫磺、贴金扇、牛皮、枪、盔、苏木、涂金妆彩屏风、剑、洒金手箱、洒金木铫角盥、腰刀、洒金文台、描金粉匣、描金笔匣、水晶数珠、抹金提铜铫。"［（明）胡宗宪：《筹海图编》卷二，四库全书，中华书局。］

③ "近世泥金画漆之法本出倭国。宣德间尝遣漆工杨某至倭国，传其法以归。"（陈霖著：《两山墨谈》，中华书局1985年版，第十八卷，第155页。）

④ 高濂《遵生八笺·燕闲清赏》中《论剔红倭漆雕刻嵌器皿》条写到"书案头所置小几，漆器惟倭为最，而胎胚式亦佳。如圆盒以三子小盒嵌内，至有五子盒、七子盒、九子盒，而外圆寸半许。五子盒，肖莲子壳，盖口描金，毫忽不苟，小盒等重三分，此何法制。……"［（明）高濂：《遵生八笺》卷十四，人民卫生出版社2009年版，第208页］

⑤ 《唐蛮货物账》（内阁文库，1970年）记载"1709至1714年，唐船自日本输出的货物账中有莳绘香箱、莳绘书棚、莳绘节箱等等。"（转引自陈慧霞《清宫旧藏日本莳绘的若干问题——以国立故宫博物院的收藏为中心》，《台北故宫学术季刊》，第20卷第4期，2008年，第206页）

⑥ "洋漆木匣一件、洋漆金银片圆盒一件、洋漆幢盒一件、洋漆鼓式盒一件、洋漆香匰一件、洋漆桃式盒一件、洋漆小香盒一件、洋漆箸十双、洋漆方匣一件、洋漆香盘一件、洋漆八角香盘一件、洋漆管毫笔六枝"。同年月再进"洋漆方盒一件、洋漆香盘一件、洋漆八角香盘一件、洋漆管毫笔六枝"。（《苏州雨水米价并漆器折》《进元旦龙袍并漆器折》《苏州织造李煦奏折》，《康熙朝汉文朱批奏折汇编》，中国第一历史档案馆，1984年，第1册，第8页。）

⑦ 朱家溍：《清代漆器概述》，《故宫退食录》，故宫出版社2009年版，第96页。

这个名词代表一种风格技法，凡是与日本莳绘风格相同的漆器，无论日本外销到中国的莳绘还是中国制作的仿品都被称为洋漆。① 夏更起先生将日本制作的莳绘称为洋漆，而将清宫仿造莳绘风格的漆器称为仿洋漆，并将器名中带有"洋"字的如"洋金""洋漆"等作为仿洋漆认定。②

为此，笔者系统地搜集了清宫造办处活计档以及相关洋漆资料，由清宫档案记载而得出"洋漆"包括以下三种情况。

一　日本莳绘

由前文《庭训格言》中康熙所称的"洋漆"可知，此处"洋漆"应指由日本匠人制作的莳绘。因此，清宫所称的"洋漆"应包含日本制作的莳绘类漆器。

同时，清宫也称日本莳绘为"东洋漆"。例如：

> 乾隆二十六年十一月初九日　杂录档　总督杨应琚进贡奉旨驳出紫檀宝座一尊、紫檀缂丝五屏一座、玛瑙三多瓶一件、东洋漆器四对、竹根彩盒十个、春绸一百匹、唵叭五匣。本日交来千总段武勇领去讫。③

> 乾隆三十四年六月二十五日　杂录档　总督李侍尧进贡内奉旨驳出仿景泰珐琅瓶一对、东洋漆炕桌一对、东洋漆文具一件……本日交与差来把总陈奇璧领去讫。④

档案中出现的"东洋漆"均为地方官员进贡，如乾隆三十四年六月二十五日总督李侍尧的进贡，李侍尧在乾隆三十四年时为两广总督，广州作为当时海上的贸易中心之一，必然有莳绘的输入。而东洋或东瀛在

---

① 陈慧霞：《雍正朝的洋漆与仿洋漆》，《台北故宫学术季刊》，第 28 卷第 1 期，第 152 页。

② 夏更起：《故宫博物院藏"洋漆"与"仿洋漆"器探源》，《故宫博物院刊》2015 年第 6 期，第 136 页。

③ 中国第一历史档案馆、香港中文大学文物馆：《清宫内务府造办处档案总汇》，人民出版社 2005 年版，第 26 册，第 789 页。

④ 同上书，第 33 册，第 186 页。

汉语中表示日本，由此便不难理解"东洋漆"应为日本莳绘的一种称谓。

二　中国制作的"仿洋漆"

清宫造办处档案记载中，不仅日本制作的莳绘漆器被称为洋漆，造办处制作的仿品也被称为洋漆，而且造办处的洋漆制作还被称为"洋漆活计"。例如：

> 雍正八年五月十九日　记事录　内务府大臣海望奉上谕：造办处所做洋漆活计甚好，著将洋漆活计之人赏给银十两。①

> 雍正十年正月二十八日　油漆作　内大臣海望谕：着做备用楠木胎洋漆银口盒，遵此，交油漆作柏唐阿六连塞。于八月十四日做得。②

此外，清宫又将这类漆器称为"仿洋漆"，如乾隆二年闰九月初三日，乾隆下旨"照仿洋漆金钱花拱花玻璃片容镜多做几件"，十月二十四日做得"茜绿牙边仿洋漆金钱花拱花玻璃容镜二面"。③

值得注意的是，清宫并没有刻意区分"洋漆"与"仿洋漆"。从档案记载来看，日本输入中国的莳绘漆器与造办处制作的仿品都被称为"洋漆"。甚至乾隆朝很少使用"仿洋漆"这个称谓，在乾隆朝活计档中与洋漆相关的六百多条记录里，使用"仿洋漆"称谓的仅有不足二十条，分别出现在乾隆二年④到乾隆二十五年⑤之间。或许是随着制作技巧的提高与仿制洋漆在日常生活中的普及，清宫直接将其简称为"洋漆"。

---

①　中国第一历史档案馆、香港中文大学文物馆：《清宫内务府造办处档案总汇》，人民出版社2005年版，第4册，第533页。

②　同上书，第5册，第213页。

③　同上书，第7册，第821页。

④　例如乾隆二年闰九月初三日，司库刘山久来说太监憨格传旨："照仿洋漆金钱花拱花玻璃片容镜多做几件。钦此。"（中国第一历史档案馆、香港中文大学文物馆：《清宫内务府造办处档案总汇》，人民出版社2005年版，第7册，第821页。）

⑤　例如乾隆二十五年七月十六日，巡抚刘藻进贡内奉旨驳出脂玉一统尊成座、白玉双鹿笔山成座……仿洋漆炕书格成对等。（中国第一历史档案馆、香港中文大学文物馆：《清宫内务府造办处档案总汇》，人民出版社2005年版，第25册，第822页。）

三 "洋漆""洋金"等相关漆器

除了"洋漆"与"仿洋漆",清宫对其制作的洋漆还有其他诸多称谓。在档案中常常会出现前后文记载的为同一器物,称呼却不同的情况,这些不同的称呼很有可能指代的为同一种工艺。如雍正元年正月五日,怡亲王交了一件"银线套金线带火镰包洋漆套",雍正帝命仿其再做几件时称之为"仿洋漆罩盖火镰包",做成上交时又记录为"退光漆罩盖火镰包"。① 这里同时使用了三种称呼,说明此处"洋漆""仿洋漆""退光漆"应指同一种工艺。

这样的情况也出现在"黑漆洋金"与"黑洋漆"中。乾隆八年五月二十三日,乾隆下旨将两件彩漆扇匣改做成洋漆匣,同年十月做好后呈览时称为"黑漆洋金扇匣",但十一月按旨意添写字样呈览时又记录为"黑洋漆金扇匣"。② 陈慧霞女士认为,"黑漆洋金"与"洋漆"是两个不同的概念③,但鉴于档案中有将"黑漆洋金"与"黑洋漆"同时记录的情况,笔者将"黑漆洋金"计入"洋漆"中。

乾隆十九年三月二十八日,乾隆下旨将重华宫翠云馆殿内明间、西次间、稍间称作"仿洋漆落地罩"三槽,同年闰四月初七日持样呈览时称其为"仿黑洋漆画洋金落地罩"。④ 由此可见"画洋金"也应为"洋漆"的一种。

有时档案中也会出现对物品名称简化的情况。例如,乾隆二十年太监鄂鲁里交了一件黑洋漆抽屉,前文中明确记载为"黑洋漆抽屉",后文中配册页呈览的时候称为"黑漆抽屉"⑤;乾隆二十二年要求将交来的一件"金洋漆圆盒"配白绫纳绸垫,配好后称为"金漆圆盒"⑥。整体来

---

① 中国第一历史档案馆、香港中文大学文物馆:《清宫内务府造办处档案总汇》,人民出版社 2005 年版,第 1 册,第 3—4 页。

② 同上书,第 11 册,第 622—624 页。

③ 陈慧霞:《雍正朝的洋漆与仿洋漆》,《台北故宫学术季刊》,第 28 卷第 1 期,第 149—152 页。

④ 中国第一历史档案馆、香港中文大学文物馆:《清宫内务府造办处档案总汇》,人民出版社 2005 年版,第 20 册,第 453 页。

⑤ 同上书,第 21 册,第 19 页。

⑥ 同上书,第 19—20 页。

看，乾隆早期的称谓较为复杂；乾隆二十年以后称谓逐渐走向统一，同一器物前后文称谓不同的情况基本只有被简称为"黑漆"或"金漆"。具体统计参见表1—1：

表1—1 《清宫内务府造办处档案总汇》所见乾隆朝洋漆称谓比较

时间	前文	后文	来源
乾隆二年	洋金黑漆罩盖匣	黑漆画洋金花表套	第7册，第678页
乾隆四年	描金黑漆高香几	洋漆描金高香几	第9册，第159页
乾隆五年	楠木胎漆洋漆画洋金花彩漆案	洋漆案	第9册，第465页
乾隆五年	黑漆罩盖有屉箱、黑漆印盖有屉箱	洋漆画金龙罩盖屉箱、洋漆画金龙折盖印箱	第9册，第460页
乾隆六年	彩漆描金菊花瓣盘、彩漆钩金红洋漆小圆盘、紫洋漆彩洋金花长方八角盘、香色漆彩漆钩金花长方八角小盘	彩漆描金盘	第9册，第692页
乾隆七年	洋漆双圆式盒	洋金双圆式盒	第10册，第666页
乾隆八年	黑漆洋金扇匣	黑洋漆金扇匣	第11册，第622页
乾隆十年	黑洋漆画洋金盆景	黑漆画洋金盆景	第14册，第37页
乾隆十九年	仿洋漆落地罩	仿黑洋漆画洋金落地罩	第20册，第453页
乾隆二十年	黑洋漆抽屉	黑漆抽屉	第21册，第19页
乾隆二十年	黑漆插屏架子	黑洋漆插屏	第21册，第380页
乾隆二十年	金洋漆圆盒	金漆圆盒	第21册，第19—20页
乾隆二十年	金洋漆包袱式盒	金漆盒	第21册，第18页
乾隆二十年	金洋漆八角方盒	金漆八角方盒	第21册，第2页
乾隆二十年	金洋漆方盒	金漆方盒	第21册，第20页
乾隆二十六年	黑洋漆格	黑漆格子	第26册，第589页
乾隆四十三年	黑漆抽屉、黑洋漆小盒	黑漆抽屉、盒	第41册，第645页
乾隆四十四年	金漆长方盒、金漆琴式盒	金洋漆有屉长方盒、金洋漆琴式盒	第43册，第34页
乾隆四十四年	金洋漆三元盒	金漆三元盒	第43册，第37页

续表

时间	前文	后文	来源
乾隆四十四年	金洋漆圆盒、金洋漆二层有屉双圆盒	金漆圆盒、金漆双圆盒	第 43 册，第 103 页
乾隆四十四年	金漆圆盒、金漆长方盒	金洋漆圆盒、金洋漆长方盒	第 43 册，第 39 页
乾隆四十六年	金漆长方盒	洋漆长方盒	第 44 册，第 685 页
乾隆四十六年	金洋漆扇式盒	金漆扇式盒	第 44 册，第 704 页
乾隆四十九年	金漆盒	洋漆盒	第 47 册，第 723 页
乾隆五十一年	金漆长方三层盒	洋漆三层盒	第 49 册，第 312 页
乾隆五十二年	金洋漆桃式盒、金洋漆双圆盒、金洋漆扇式盒、金洋漆双扇式盒、金洋漆葵瓣盒	金漆盒五件	第 50 册，第 324 页
乾隆五十八年	金漆八角长方盒	金洋漆长方盒	第 53 册，第 715 页
乾隆五十九年	金洋漆方盒	金漆盒	第 54 册，第 282 页
乾隆五十九年	金洋漆八角长方盒	金漆长方八角盒	第 54 册，第 285 页

除了以上"黑漆洋金""画洋金"等称谓，造办处活计档中与洋漆相关的称谓还有"洋漆金花"①"洋金漆"②"黑漆地洋金"③"黑退光漆画

---

① 例如乾隆二十年正月初三日，太监鄂鲁里交黑洋漆长方盒一件，这件黑洋漆长方盒奉在旨将内盛玉器七件配得屉样、册页呈览时记录为"黑洋漆长方盒"。（中国第一历史档案馆、香港中文大学文物馆：《清宫内务府造办处档案总汇》，人民出版社 2005 年版，第 21 册，第 3 页。）

② 例如乾隆四十五年八月初十日，江苏巡抚吴坛进贡内奉旨驳出……洋金漆天香几一对、洋金漆炕桌一对、洋漆炕桌一对、洋金漆圆几一对等。（中国第一历史档案馆、香港中文大学文物馆：《清宫内务府造办处档案总汇》，人民出版社 2005 年版，第 44 册，第 452—453 页。）

③ 例如乾隆三年正月二十五日，太监胡世杰、高玉交御笔绢字对一副，传旨："着做黑漆地洋金字瓦笔式挂对一副。钦此。"（中国第一历史档案馆、香港中文大学文物馆：《清宫内务府造办处档案总汇》，人民出版社 2005 年版，第 8 册，第 106 页。）

洋金"① "彩漆画洋金"② 等,这些称谓可能都与造办处洋漆仿制活计相关。夏更起先生在其文中便将器名带有"洋"字如"洋漆""洋金"等作为仿洋漆认定③。值得注意的是,据统计这些称谓均出现于乾隆十一年以前,仅有数次。其中"黑漆地洋金"和"洋漆彩洋金花"各一次,"黑退光漆画洋金"与"黑洋漆地画洋金"在库票中各两次,"黑漆画洋金"三次,"黑漆洋金"共计六次。笔者有两种猜测,可能是乾隆早期造办处制作的洋漆较多,会用制作材料和制作技法来称呼;也可能是随着制作技巧的提高与仿洋漆在日常生活中的普及,洋漆的称谓趋于统一。

综上所述,根据造办处档案的记载,笔者将日本销往中国的莳绘;中国制作的莳绘类仿品(即仿洋漆);以及使用东洋技法的"洋漆""洋金"相关漆器,此三类漆器统称为"洋漆"。

第二章 乾隆朝御用洋漆制作

第一节 乾隆朝造办处御用洋漆制作

由于康熙朝造办处档案的缺失,造办处的洋漆制作最早见于雍正元年。雍正元年一月五日,雍正帝让造办处仿做几件洋漆罩盖火镰包④,二月十三日又让做八件洋漆小圆盘⑤,可见当时清宫中洋漆的制作已经十分娴熟,据此推测康熙朝晚期清宫中已有洋漆的制作。

---

① 例如乾隆元年四月十一日,油作为(雍正)十三年九月二十九日内大臣海望传做黑退光漆画洋金皮盘大小一百二十件,用棉子六两,白粗布五尺,生黄绢五尺。十二日六达子领粗布五尺、生绢五尺、绵子六两,石柱、官保发。(中国第一历史档案馆、香港中文大学文物馆:《清宫内务府造办处档案总汇》,人民出版社2005年版,第7册,第296页。)

② 例如乾隆六年八月初五日,漆作为漆画彩漆画洋金洋金小式吉言活计,用外雇彩漆匠做过八十三工,每工银一钱五分四厘,六达子领银十二两七钱八分二厘。(中国第一历史档案馆、香港中文大学文物馆:《清宫内务府造办处档案总汇》,人民出版社2005年版,第10册,第395页。)

③ 夏更起:《故宫博物院藏"洋漆"与"仿洋漆"器探源》,《故宫博物院院刊》2015年第6期,第139页。

④ 中国第一历史档案馆、香港中文大学文物馆:《清宫内务府造办处档案总汇》,人民出版社2005年版,第1册,第3—4页。

⑤ 同上书,第227页。

雍正帝偏好洋漆，宫中多使用洋漆制品，洋漆在雍正朝迅速发展。这张《雍正便装读书像》（图2—1）便可看出，雍正帝所处的房间里，家具、随身物品均为洋漆。雍正帝也经常关注造办处洋漆的制作情况，雍正四年①、九年②均有对洋漆工匠进行嘉奖。雍正七年时修造了做仿洋漆的窨室③，使洋漆的制作数量迅速提高，促进了洋漆的发展。

图2—1

因此造办处的洋漆制作在雍正朝已经有了较为完善的制作体系，并受到皇帝的重视，为乾隆朝的洋漆制作奠定了良好的基础。

---

① 例如雍正四年二月二十二日，员外郎海望呈进奉方洋漆彩金罩盖盒两对，素退光漆罩盖盒三个。上曰："洋漆方盒做得甚好着赏彩漆匠秦景贤银十两。钦此。"（中国第一历史档案馆、香港中文大学文物馆：《清宫内务府造办处档案总汇》，人民出版社2005年版，第2册，第319页。）

② 例如雍正九年五月十九日，内务府大臣海望上谕："做办处所做洋漆活计甚好，著将洋漆活计之每人赏给银十两。"（中国第一历史档案馆、香港中文大学文物馆：《清宫内务府造办处档案总汇》，人民出版社2005年版，第5册，第49页。）

③ 中国第一历史档案馆、香港中文大学文物馆：《清宫内务府造办处档案总汇》，人民出版社2005年版，第3册，第693页。

一　制作状况

据笔者统计，乾隆朝清宫内务府造办处档案涉及洋漆数量近两千七百件。这两千余件洋漆包括了乾隆帝旨令造办处与地方所做的洋漆活计；造办处配作、改作、收拾见新以及购买而来的洋漆；部分进贡的洋漆等，但年活的洋漆制作以及其他的洋漆的买办、贡档中的洋漆数量并未记录在内，因此实际上乾隆朝御用洋漆的数量肯定不止两千余件。具体统计情况参见表2—1：

表2—1　　　　　　《清宫内务府造办处档案总汇》所见乾隆朝
每年涉及洋漆数量

年份	数量（件）	年份	数量（件）	年份	数量（件）
乾隆元年	168	乾隆二十一年	6	乾隆四十一年	2
乾隆二年	24	乾隆二十二年	5	乾隆四十二年	11
乾隆三年	106	乾隆二十三年	19	乾隆四十三年	13
乾隆四年	69	乾隆二十四年	109	乾隆四十四年	28
乾隆五年	207	乾隆二十五年	3	乾隆四十五年	32
乾隆六年	57	乾隆二十六年	6	乾隆四十六年	30
乾隆七年	131	乾隆二十七年	4	乾隆四十七年	47
乾隆八年	143	乾隆二十八年	2	乾隆四十八年	101
乾隆九年	47	乾隆二十九年	2	乾隆四十九年	46
乾隆十年	65	乾隆三十年	7	乾隆五十年	7
乾隆十一年	46	乾隆三十一年	10	乾隆五十一年	22
乾隆十二年	34	乾隆三十二年	12	乾隆五十二年	23
乾隆十三年	44	乾隆三十三年	12	乾隆五十三年	6
乾隆十四年	7	乾隆三十四年	10	乾隆五十四年	3
乾隆十五年	44	乾隆三十五年	21	乾隆五十五年	9
乾隆十六年	12	乾隆三十六年	5	乾隆五十六年	—
乾隆十七年	22	乾隆三十七年	5	乾隆五十七年	4
乾隆十八年	22	乾隆三十八年	7	乾隆五十八年	3
乾隆十九年	716	乾隆三十九年	15	乾隆五十九年	7
乾隆二十年	73	乾隆四十年	3	乾隆六十年	2
				总计	2696

除了个别年份特殊情况使当年的洋漆数量较多，洋漆数量的整体趋势为乾隆八年以前呈现高峰期，之后逐渐减少，没有明显的阶段划分。乾隆元年至乾隆八年年均百件，乾隆八年至乾隆二十年期间年均数十件，到了乾隆三十年以后基本每年仅有十几件甚至几件，整体呈递减趋势。其制作物品多为痰盂、茶具、梳子、灯具等小件日用品，也有书格、宝座、案几等家具（具体见附表1）。

特殊的年份如乾隆十九年，洋漆数量突增至七百余件，究其原因主要是乾隆帝为了怀柔蒙藏，将洋漆作为赏赐用器使用。乾隆早期便有每年赏赐达赖喇嘛的记录，其中赏赐用品中常有洋漆，如乾隆十年①、乾隆十一年②均有将洋漆赏赐达赖喇嘛的记录。乾隆十八年蒙古杜尔伯特部归顺清朝，为统一准噶尔部做准备，十九年四月乾隆帝分别赏赐了蒙古王台吉和准噶尔来使一系列物品，并于该年五月在承德避暑山庄亲自接见蒙古杜尔伯特部的首领。在这些怀柔的物品中，赏蒙古王台吉的物品中有洋漆盒、盘一百一十八件，赏准噶尔来使的一系列物品中也有洋漆盒两件。③ 同年十月，乾隆要求将一系列物品送往热河备赏，其中有洋漆鼻烟箱两件以及各类洋漆盒、盘、碗、葫芦等五百五十七件。④ 这使得该年档案中有关洋漆的记载数量多达七百余件。但这些作为赏赐用品的洋漆并没有记载具体的制作时间，备赏的五百件洋漆也只记载为圆明园陆续交出的。鉴于雍正时期便在圆明园修窨室制作洋漆⑤，乾隆早年也有修缮圆明园洋漆窨室的记录⑥，这些漆器应系造办处制作。但由于文献的缺

---

① 例如乾隆十年正月十八日，太监胡世杰交绣迎手靠背坐褥一分……洋漆双圆盒一对、黄瓣大荷包一对、小荷包四个，传旨："着海望赏达赖喇嘛。钦此。"（中国第一历史档案馆、香港中文大学文物馆：《清宫内务府造办处档案总汇》，人民出版社2005年版，第14册，第55页）

② 例如乾隆十一年十二月二十八日，"军机处尚书班第那烟泰交赏达赖喇嘛呆白套红玻璃盖碗一对、三色玻璃瓶一对、洋彩瓷瓶一对、土玛瑙双环扁瓶一件、玻璃鼻烟壶四件、洋漆长方盒一对……"（中国第一历史档案馆、香港中文大学文物馆：《清宫内务府造办处档案总汇》，人民出版社2005年版，第14册，第559页）

③ 中国第一历史档案馆、香港中文大学文物馆：《清宫内务府造办处档案总汇》，人民出版社2005年版，第20册，第275—279页。

④ 同上书，第288页。

⑤ 中国第一历史档案馆、香港中文大学文物馆：《清宫内务府造办处档案总汇》，人民出版社2005年版，第3册，第693页。

⑥ 同上书，第7册，第198页。

失，除活计档以外暂时没有其他相关记录，这些洋漆具体为何时制作，有待进一步的研究。

事实上，活计档中上交的大部分洋漆并未提供具体制作地点，如：

> 乾隆十一年二月十八日 匣作 司库白世秀来说太监胡世杰交洋漆盒一件（内盛白玉卧蚕璧一件、玻璃容镜一件），传旨：将卧蚕璧做背面，另做玻璃容镜一件。先做样呈览，准时配一宋锦囊，仍在洋漆盒内盛装。钦此。

也可以部分明确为皇帝命造办处制作的洋漆活计，如：

> 乾隆二年闰九月初三日 牙作 司库刘山久来说太监憨格传旨：照仿洋漆金钱花拱花玻璃片容镜多做几件。钦此。于本年十月二十四日司库刘山久、七品首领萨木哈将做得茜绿牙边仿洋漆金钱花拱花玻璃容镜二面交太监毛团、胡世杰、高玉呈进讫。①

造办处制作的洋漆多是由皇帝诏令的。首先是皇帝下达指令，之后由造办处画样呈览，经过皇帝批准后，奉旨制作，其中反复修改后，得到成品。例如乾隆五年五月便要求做洋漆案八对，先由乾隆下旨确定了楠木材料以及花样，并要求造办处画样，六月造办处交来纸样十张，乾隆帝在其中挑出八张并要求每张各做一对，同年九月做得两对洋漆案上交，次年十一月最终完成另外六对洋漆案。② 但也并不能因此而断定只有皇帝命做的洋漆才是造办处制作，因为在洋漆库票中也有显示皇帝命做洋漆的情况，如荒字六十三号库票记载"油作为奉旨着做黑洋漆画洋金云龙开减拱金道盛宝数插盖匣一件"③，依此买办库票，该黑洋漆盖匣也应为皇帝命做，但并未出现在活计档上交的洋漆中。

---

① 中国第一历史档案馆、香港中文大学文物馆：《清宫内务府造办处档案总汇》，人民出版社2005年版，第7册，第821页。
② 同上书，第9册，第465页。
③ 同上书，第7册，第496页。

关于造办处洋漆制作的时间节点，夏更起先生认为除了养心殿安放戏台以及乾隆十九年重修翠云馆，乾隆十年后便无皇帝或造办处官员命做洋漆的记录。① 从活计档来看，除乾隆十一年二月初四命做两件洋漆楠木落堂贴画面板插屏②，三月要求为新改做的雕龙宝座配做一件洋漆描金痰盂③，此后确实不再有皇帝命做的记录（具体数量统计详见表2—2）。虽然不见皇帝命做，但可以肯定的是造办处仍然有洋漆制作，如乾隆三十三年有为做洋漆金字抱月对而领买办银两和物资的记录。④ 由于库票的缺失，不能完全统计出造办处洋漆制作的起止时间，但制作逐渐减少的情况是肯定的。

表2—2　　　　《清宫内务府造办处档案总汇》所见乾隆朝
每年皇帝诏令制作数量

年份	制作数量
乾隆元年	7
乾隆二年	10
乾隆三年	41
乾隆四年	24
乾隆五年	15
乾隆六年	42
乾隆七年	81
乾隆八年	89
乾隆九年	16
乾隆十年	27
乾隆十一年	3

---

① 夏更起：《故宫博物院藏"洋漆"与"仿洋漆"器探源》，《故宫博物院院刊》2015年第6期，第140页。
② 中国第一历史档案馆、香港中文大学文物馆：《清宫内务府造办处档案总汇》，人民出版社2005年版，第14册，第494页。
③ 同上书，第504页。
④ 同上书，第33册，第51页。

二 胎骨及制作材料

（一）胎骨

从造办处档案和现存的十余张洋漆相关库票来看，乾隆朝御用洋漆的胎骨多为木胎。由于楠木柔韧不易变形①，较为常见的即为楠木胎。例如乾隆元年四月初一日的买办库票中，油作为做楠木胎洋漆盒匣，领楠木一百斤②；乾隆二十年二月初七日，和硕果亲王也为翠云馆西间柜内的洋漆箱上奏讨用楠木③。此外也有用过杉木④、紫檀木⑤等木料，如瀛台丰泽园澄观堂的仿洋漆飞罩便是杉木胎骨⑥。木胎不耐蛀，经常有洋漆受虫蛀后更换木胎的情况，乾隆六年三月，便要求为一件洋漆镶象牙烫巴尔萨木香玻璃盆景罩更换木胎，重新为其配底座，并将虫蛀座子等配件焚化。⑦ 因此也有过使用银胎⑧的情况，但较为少见。

乾隆帝对洋漆的胎骨也比较重视，在制作时会对胎骨有所要求，如乾隆三年四月二十八日，乾隆帝认为"今日所进红黑洋漆盒子漆水、花

---

① 夏更起：《故宫博物院藏"洋漆"与"仿洋漆"器探源》，《故宫博物院院刊》2015 年第 6 期，第 144 页。

② 中国第一历史档案馆、香港中文大学文物馆：《清宫内务府造办处档案总汇》，人民出版社 2005 年版，第 10 册，第 82—84 页。

③ 同上书，第 21 册，第 455 页。

④ 例如乾隆七年十月二十一日，太监高玉传旨："着做杉木胎漆洋漆几腿案十对，先画样呈览，准时再做。"（中国第一历史档案馆、香港中文大学文物馆：《清宫内务府造办处档案总汇》，人民出版社 2005 年版，第 11 册，第 456 页）

⑤ 例如乾隆七年十二月三十日，太监高玉等交紫檀木洋漆描金花椅子六张，传旨："着送往圆明园，安设在奉三无私，将奉三无私现陈设的椅子换下，着人取三张来京。其剩三张椅子着本地方总管收贮。钦此。"（中国第一历史档案馆、香港中文大学文物馆：《清宫内务府造办处档案总汇》，人民出版社 2005 年版，第 1 册，第 171 页）

⑥ 中国第一历史档案馆、香港中文大学文物馆：《清宫内务府造办处档案总汇》，人民出版社 2005 年版，第 20 册，第 453 页。

⑦ 同上书，第 10 册，第 89 页。

⑧ 例如乾隆八年十一月十二日，太监胡世杰交洋漆圆盒二件（内盛小盒十四件）……洋漆银胎撒盘一对……传旨："着配匣，入乾清宫次等古玩内。钦此。"（中国第一历史档案馆、香港中文大学文物馆：《清宫内务府造办处档案总汇》，人民出版社 2005 年版，第 11 册，第 813—814 页）

样俱好，此盒胎子蠢些，嗣后再做时要比此胎子秀气些"。①

（二）制作材料

从洋漆相关的库票来看，一种为买办物料，主要为各种漆料、灰料与金银箔等材料②；另一种情况为领用物料，主要为布、绢等织物。③ 由于库票中记载的物料多是根据洋漆制作的工艺程序来进行排列，书写较为严谨，与相关记录清宫工匠则例的《圆明园漆活彩漆飏金定例》④ 相比较，可以得出洋漆制作的基本材料为金银箔（红飞金、黄飞金、飞银）、漆料（严生漆、笼罩漆、退光漆、洋生漆等）和其他材料（如织物：高丽夏布、生绢、粗布等；调色用料：桐油、潮脑、双料红花水等；灰料：土子、白面等）三类。

这些洋漆相关的材料中，洋生漆是一种特殊的材料，未见于其他漆器的库票中。它是揩光时使用的一种特殊漆，应为退光漆的一种，如乾隆三年正月十九日，由于造办处做的两张黑漆圆腿高桌漆水不亮，后来

① 中国第一历史档案馆、香港中文大学文物馆：《清宫内务府造办处档案总汇》，人民出版社 2005 年版，第 8 册，第 116 页。

② 例如乾隆十九年六月十三日 买办库票（绿字六十号） 广木作十七年十一月十一日传做洋漆盒四件，用买办鱼鳔六两（银一钱一分二厘）、锉草四两（银一分三厘）、黄蜡三两（银三分七厘）、高白面二厘五钱（银三厘），共用买办银一钱六分五厘。（中国第一历史档案馆、香港中文大学文物馆：《清宫内务府造办处档案总汇》，人民出版社 2005 年版，第 20 册，第 626 页）

③ 例如乾隆八年又四月二十八日 杂项库票（让字二百三十号） 作为漆黑洋漆地画洋金穿花凤高桌一张，用高丽夏布二丈六尺五寸、棉子六两、生黄绢二尺、白粗布四尺，用外雇彩漆匠做过三十二工，每工银一钱五分四厘，共工银四两九钱二分八厘。二十九日六达子领钢四两九钱二分八厘，官保发。五月二十四日强涌领棉子二两、生绢二尺、粗布四尺，四达子、马清阿发。五月二十六日强涌领高丽夏布二丈六尺五寸，明保、扎尔泰发。（中国第一历史档案馆、香港中文大学文物馆：《清宫内务府造办处档案总汇》，人民出版社 2005 年版，第 12 册，第 104 页）

④ 《圆明园漆活彩漆飏金定例》："每十二尺漆匠一工，以上如漆，粘做一遍每尺外加退光漆二两四钱，土子面四两八钱，彩漆匠半工拧退光漆、笼罩漆洋漆每斤外加棉二钱四分，笼罩漆、生漆、折漆每两外加石潭四张，每张银五厘。漆匠每百工外加折晒盘漆，窨放风办料漆匠六工，桐油每千斤外加黄丹六十二斤八两，土子六十二斤八两，白子五百斤，砖二十七石，木柴五百斤，白煎油糙油光每千斤外加白六斤四两。"（王世襄主编：《清代匠作则例》第 1 卷，大象出版社 2000 年版，第 361 页）

另漆了洋漆①。洋生漆应与日本莳绘所使用的摺漆用的生正味漆②类似，能使洋漆漆地具有沉稳古朴的独特风格③。从买办的价格来看，洋生漆购买一斤十两，用银一两九钱五分，退光漆八两，用银五钱（参见库票有字一百三十八号④），洋生漆每斤用银一两二钱，退光漆每斤用银一两，洋生漆的价格与退光漆差距不大，基本排除了外来进口的可能。这说明在乾隆年间，由于对洋漆技术的成熟把握，原料的制作已经十分普遍。具体漆料使用情况见表2—3：

表2—3　　　　　　　《清宫内务府造办处档案总汇》库票所见
乾隆朝洋漆制作漆料

物品	数量（件）	时间	白退光漆	严生漆	洋生漆	笼罩漆	退光漆
黑退光漆画洋金皮盘	120	乾隆元年	一斤四两	—	—	—	四斤十一两
黑洋漆画洋金盛百什件箱	1	乾隆元年	六两七钱	三斤十两	十一斤十四两	十三两七钱	七斤四两
黑洋漆地扫金雕花罩漆马栅宝座	1	乾隆八年	—	十斤三两	五斤二两	二斤五两	三斤十五两
洋漆镜支	10	乾隆八年	一两五钱	一斤十三两	二斤	—	九两
洋漆痰盂	60	乾隆八年	二两	—	五斤十四两	—	一斤十三两

---

① 中国第一历史档案馆、香港中文大学文物馆：《清宫内务府造办处档案总汇》，人民出版社2005年版，第8册，第106页。

② ［日］荒川浩和：《描金画》，至文堂（东京）1969年版，第11页。

③ 陈慧霞：《雍正朝的洋漆与仿洋漆》，《台北故宫学术季刊》，第28卷第1期，第152页。

④ 中国第一历史档案馆、香港中文大学文物馆：《清宫内务府造办处档案总汇》，人民出版社2005年版，第12册，第149页。

物品	数量（件）	时间	白退光漆	严生漆	洋生漆	笼罩漆	退光漆
黑洋漆地画洋金穿花凤高桌	1	乾隆八年	—	三斤	三斤三两	—	一斤六两
画洋金盒匣龙舡	—	乾隆八年	三两	四斤十五两	四斤十一两	—	一斤十两
黑洋漆画洋金遮灯	10	乾隆八年	一两	—	一斤十两	—	八两
黑洋漆地扫金雕花圆香几	1	乾隆八年	—	一斤十三两	二斤五两	一两	一斤一两

第二节　乾隆朝各地的御用洋漆制作

一　扬州地区的御用洋漆制作

一直以来扬州便是漆器的重要产地，清代扬州城内出现"大描金巷""小描金巷"的街名，可以得知当时金漆制作的盛况。[1] 清宫中许多洋漆匠也来自扬州，雍正七年淮安关务年希尧选送来京漆匠两名，分别是吴云章和李贤。[2] 雍正九年受雍正帝嘉奖的匠人中便有此二人，并明确记载"洋漆匠李贤、洋金匠吴云章"[3]。之后乾隆三年，由于宫中南匠有年老病故者，乾隆帝为宫中补充南匠，又要求当时作为淮关监督的唐英送来两名漆匠。[4] 此外一个工匠服役年限在二十年左右，那么以此推断康熙晚

---

① 夏更起：《故宫博物院藏"洋漆"与"仿洋漆"器探源》，《故宫博物院院刊》2015 年第 6 期，第 143 页。

② 中国第一历史档案馆、香港中文大学文物馆：《清宫内务府造办处档案总汇》，人民出版社 2005 年版，第 4 册，第 198—199 页。

③ 同上书，第 5 册，第 49 页。

④ 同上书，第 8 册，第 255—256 页。

期造办处的洋漆漆匠可能也是扬州送来的。由此可见，扬州地区持续为清宫造办处的洋漆制作提供技术支持。

据记载，雍正、乾隆朝都有传命扬州制作、修补的情况。如乾隆三十年四月交两淮盐政御笔字一副，命做洋漆匾对①；乾隆四十二年将四十八对盆景分别交由各地收拾见新，其中将静怡轩洋漆镶象牙长方盆牙花盆景一对交两淮盐政收拾见新②。

造办处档案中的杂录档以及贡档中也经常有扬州两淮盐政进贡洋漆的记录：乾隆十六年十二月十七日，沧州、曹进孝交来两淮盐政吉庆进玻璃灯十对、洋漆灯十对，着伊差人送至圆明园，交与总管查收③；乾隆三十六年十一月，两淮盐政李质颖进洋漆描花装箱成对④；伊龄阿进贡锦绣长春、诸仙祝寿洋漆盆花成对，眉寿如山、福海长生洋漆花盆成对⑤。这些都说明扬州是御用洋漆的重要产地。

二 苏州地区的御用洋漆制作

苏州也是洋漆的产地之一，明晚期便有记载吴中的蒋回回⑥为倭漆制作高手，更有苏州书画家文震亨称赞倭漆："天然几，倭几下有拖尾者更奇。"⑦ 到了清代，康熙三十二年苏州织造李煦向康熙进贡洋漆："洋漆木匣一件、洋漆金银片圆盒一件……洋漆管毫笔六枝。"⑧ 雍正七年，

① 中国第一历史档案馆、香港中文大学文物馆：《清宫内务府造办处档案总汇》，人民出版社 2005 年版，第 29 册，第 494 页。

② 同上书，第 40 册，第 184—186 页。

③ 同上书，第 19 册，第 163 页。

④ 扬州市工艺美术工业局：《扬州工艺美术志》，江苏科学技术出版社 1993 年版，第 208 页。

⑤ 同上书，第 210 页。

⑥ 高濂在《遵生八笺》中称蒋回回"制度造法极善模拟，用铅因口，金银花片，甸欠树石，泥金，描彩，种种克肖，人亦称佳。"〔（明）高濂：《遵生八笺·燕闲清笺上》，人民卫生出版社 2009 年版，第 210 页〕

⑦ （明）文震亨：《长物志》，浙江人民美术出版社 2016 年版，卷六。

⑧ "洋漆木匣一件、洋漆金银片圆盒一件、洋漆幢盒一件、洋漆鼓式盒一件、洋漆香圆一件、洋漆桃式盒一件、洋漆小香盒一件、洋漆箸十双、洋漆方匣一件、洋漆香盘一件、洋漆八角香盘一件、洋漆管毫笔六枝。"同年月再进"洋漆方盒一件，洋漆香盘一件、洋漆八角香盘一件、洋漆管毫笔六枝"《苏州雨水米价并漆器折》《进元旦龙袍并漆器折》《苏州织造李煦奏折》（《康熙朝汉文朱批奏折汇编》，中国第一历史档案馆 1984 年版，第 1 册，第 8 页）

苏州布政使高斌在皇帝寿辰时进贡过苏作洋漆："苏作洋漆香几十二对、苏作洋漆盒十对、苏作洋漆捧盒二十四圆。"① 清宫旧藏中有一件黑漆描金山水图菱花式香几（见图2—2），底部带旧黄签两张，其一为"乾隆四年八月初十日，李英进苏漆菱花式香几一对"。夏更起先生认为由于进贡人李英当时为江宁织造，这件菱花式香几应为江宁织造制作。② 笔者认为，首先，个人进贡不一定会进贡当地产物；其次，在雍正朝苏州布政使也有苏作洋漆的进贡；此外，苏州洋漆制作水平高超，清宫也常有将洋漆发往苏州制作的情况。因此，此件洋漆应如黄签所写为苏州制作。

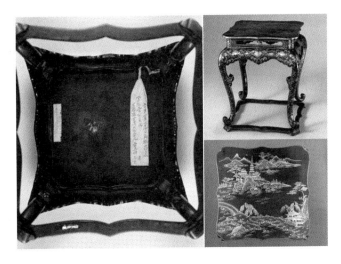

图2—2　黑漆描金山水图菱花式香几

清宫档案记载中有多次苏州成做洋漆的记录，其任务分别为制作、改作、配作三方面。

（一）制作

苏作御用洋漆一般先由造办处设计纸样，经皇帝批准，并进行修改，最后发往苏州依样而作。乾隆帝经常将自己的御笔交由苏州制作为屏风、

---

① 夏更起：《故宫博物院藏"洋漆"与"仿洋漆"器探源》，《故宫博物院院刊》2015年第6期，第149页。

② 同上书，第150页。

匾额、对联等，如乾隆五十三年二月初四日，为热河依的清旷殿做一件洋漆屏风，交由造办处按御笔藏经纸字对和字条制作纸样呈览，反复修改后，并按乾隆帝"文雅朴实"的要求，最终发往苏州做得"黑漆地银母字紫檀木边搭脑座子三屏风一座"。

（二）改作

乾隆四十一年，将三件螺钿漆钟架发往苏州改作为洋漆：

> 乾隆四十一年二月十五日　行文　库掌五德、福庆来说太监胡世杰交一面玻璃螺钿漆钟架一座（万寿山）、二面玻璃螺钿漆钟架二座（圆明园），传旨：着发苏州，将螺钿漆刮去，用旧胎骨另漆黑漆画金花，要仿洋漆做法。钦此。于十一月十九日将苏州送到钟架三座另漆见新呈进讫。①

（三）配作

同时苏州也承接为宫廷中部分洋漆盒、匣、碗、瓶、罐等配底座，为洋漆匣配屉等活计，有时甚至为缺损的洋漆补配部件。如乾隆四十八年二月初八，便要求将一件洋漆扇式提梁盒发往苏州配做盒盖："乾隆四十八年二月初八日　行文　员外郎五德、催长大达色等来说太监厄勒里交洋漆扇式二层提梁盒一件（少盒盖一件），传旨：着发往苏州配做盒盖一件送来。钦此。"②

造办处多次的命做，说明苏州是有实力承担御用洋漆制作活计的。尤其是乾隆四十八年乾隆要求将洋漆盒发往苏州配做盒盖，能够为缺失盖的洋漆盒配盒盖，更体现出苏州具有较高的洋漆制作水平。③

第三章　乾隆朝洋漆进贡概况

乾隆朝的进贡主要有三种形式：朝贡；地方的常贡和例贡；个人向

---

① 中国第一历史档案馆、香港中文大学文物馆：《清宫内务府造办处档案总汇》，人民出版社2005年版，第39册，第491页。

② 同上书，第46册，第633—634页。

③ 同上。

皇帝的进贡。可以进贡的人员主要有：亲王、郡王、贝勒等皇室成员；大学士、尚书、左都御史、都统等中央官员；总督、巡抚、将军、提督等地方官员；各方织造、盐政和关监等。① 由于中国第一历史档案馆对于清宫贡档的出版还在编辑整理中，笔者暂时无法接触贡档的一手档案，对于进贡状况的统计来源于清宫活计档杂录档和记事录。杂录档也被称为宫中档簿，其中记载有一些中央、地方个人向皇帝的进贡。这类进贡的条目中有官员们进贡的物品种类、数量，查收情况，以及进贡物品最后的去处等。

前文提到，早在康熙三十二年苏州织造李煦便向康熙进贡过洋漆。雍正时期南京江宁织造隋赫德也进贡过洋漆物品："仿洋漆甜香炕椅靠背一座、仿洋漆云台香几两张、仿洋漆百步灯四架等。"② 乾隆时期的洋漆进贡更为频繁，仅杂录档中洋漆的进贡次数便为六十九次，从乾隆十六年开始，至乾隆六十年持续有进贡（具体数据参见表3—1）。由于杂录档和记事录应仅记载了部分进贡情况，因此乾隆时期，各地的洋漆进贡应远大于该项统计。各地的持续进贡说明了乾隆帝对洋漆的态度是积极和肯定的。尤其是到了乾隆六十年依然有洋漆盒、洋漆盘、洋漆文具的进贡，说明乾隆帝对于洋漆的热度持续未减。仅从杂录档来看，乾隆六十年就有十次洋漆的进贡。进贡的主要来源有两淮盐政、长芦盐政、浙江、

① "（乾隆五十五年八月初二日）臣等将现备贡物呈进之王公大臣等名单呈览恭，钦定俟发下后将进者再行分日呈进，谨奏。乾隆五十五年八月初二日奉旨。礼亲王永恩、怡亲王永琅、庄亲王绵课、克勤郡王雅朗阿、顺承郡王伦住、郡王亮焕、和郡王绵循；贝勒永鋆、永鋆、绵誉、绵从；大学士嵇璜；尚书巴延三、常青、纪昀、刘莪、喀宁阿、胡季堂、留保住；左都御史舒常、李绶；总督梁肯堂、孙士毅、保宁、伍拉纳、毕沅、勒保、富纲、兰第锡、李奉翰、管干珍；巡抚福崧、朱珪、姚棻、琅玕、徐嗣曾、穆和兰、长麟、海宁、秦承恩、惠龄、浦霖、郭世勋、陈用敷、谭尚忠、额勒春；将军嵩春、都尔嘉、魁伦、图桑阿、恒秀、鄂辉、麟宁、永庆、宝琳、兴兆、恒瑞、乌鲁木、齐都统、尚安；提督闫正祥、陈大用、哈当阿、海禄、陈杰、俞金鳌、王彙、苏灵、成德、高璨、梁朝桂、乌大经、彭廷栋；两淮盐政全德、长芦盐政穆腾额、杭州织造基厚、苏州织造征瑞、江宁织造同德、淮关监督董椿、凤阳关监督述德、九江关监督善泰、粤海关监督额尔登布；都统昕予告、大学士蔡新、原任尚书李世杰、衍圣公孔宪培，以上人员俱奉旨准其进贡。"（中国第一历史档案馆：《乾隆朝上谕档》，广西师范大学出版社2008年版，第15册，第207—209页）

② 中国第一历史档案馆、香港中文大学文物馆：《清宫内务府造办处档案总汇》，人民出版社2005年版，第4册，第199—200页。

福建、江苏、福建、广西、山东、陕西、安徽、河南等地的巡抚总督
（具体数据参见表3—2）。

表3—1 《清宫内务府造办处档案总汇》杂录档所见
乾隆朝每年洋漆进贡数量

年份	次数（次）	数量（件）
乾隆十六年	1	20
乾隆十九年	2	21
乾隆二十二年	1	2
乾隆三十五年	1	2
乾隆三十九年	2	5
乾隆四十年	1	4
乾隆四十二年	1	11
乾隆四十四年	1	2
乾隆四十五年	8	49
乾隆四十八年	2	2
乾隆四十九年	3	4
乾隆五十一年	1	1
乾隆五十九年	7	43
乾隆六十年	10	27

表3—2 《清宫内务府造办处档案总汇》杂录档所见
乾隆朝洋漆进贡地区

进贡	次数	进贡	次数
两淮盐政	4	闽浙	3
长芦盐政	3	福建	1
河东盐政	1	云贵	3
直隶总督	1	广东	1
江苏	3	山东	2
两广	1	两江	5
浙江	5	西洋人	1

与进贡相对应，进贡物品驳出的情况也十分常见。由于杂录档仅记录驳出物品，并没有附明原因，物品被驳出的原因仅限于推测。地方进贡为自发性的洋漆制作，物品可能不符合皇帝的喜好。但贡品被驳出是伴随着进贡而产生的，也可以从另一方面反映进贡情况。（贡驳出的数量及地区详见附表2—1、附表2—2）

这些洋漆的进贡除了反映出皇帝的喜好外，还能从侧面反映出地方上的洋漆制作。清代地方官员有向皇帝进贡地方产物的制度，如果某地同类物品经常进贡，说明它应是当地产物。① 笔者在清宫档案中的杂录档所得，除了苏州、扬州、南京地区，两广、两江、闽浙等都常有洋漆的进贡。因此福建、浙江、广州等地应均有洋漆的制作。

第四章　乾隆帝对洋漆的喜爱

乾隆朝巨大的洋漆制作数量和每年持续的进贡，都促进了洋漆的迅速发展，使其工艺达到很高的水平，这些在封建统治王朝都离不开帝王的喜好。

第一节　扩大洋漆作坊

雍正十分喜爱洋漆，如前文所提，雍正八年曾经在圆明园修窨室制作洋漆，雍正年间洋漆更是在各种漆器制品中占有很大的比重②。乾隆继承了雍正对洋漆的喜爱，元年时便对漆作损坏的房间进行了修补，并要求收拾好后用来做洋漆活计：

> 乾隆元年四月十九日　记事录　栢唐阿六达子来说为漆作做洋漆活计，并画洋金无有做活之处，今漆作西边有小正房四间糙旧破坏，欲收拾做洋漆活计等语回明监察御史沈崳、员外郎三音保，准

---

①　夏更起：《故宫博物院藏"洋漆"与"仿洋漆"器探源》，《故宫博物院院刊》2015年第6期，第143页。

②　朱家溍：《清雍正年的漆器制造考》，《故宫退食录》，故宫出版社2009年版，第119页。

行。记此。于本月二十日栢唐阿六达子将漆作小正房四间收拾完讫。①

洋漆作坊的扩建，说明乾隆帝对洋漆十分重视，并希望提高洋漆的制作量，为日后大量生产洋漆做了铺垫。

第二节　大量使用洋漆装饰和陈设

乾隆对洋漆的痴迷以至于乾隆二年时养心殿的洋漆宝座尚未做好，乾隆要求将黑色的缎子包在宝座上使用，直到洋漆宝座做好后，才将黑缎子包的宝座替换下来。② 除了洋漆宝座外，清宫中也大量使用洋漆装饰和陈设，如作为乾隆潜龙邸的重华宫区域内便有诸多洋漆陈设，乾隆元年便有将洋漆陈设置于重华宫的记录③，十九年重修重华宫后院正殿翠云馆，也基本全部采用了洋漆装修和陈设。

乾隆对洋漆陈设相当重视，翠云馆殿内的洋漆隔扇便有反复命做的情况。首先是乾隆十九年三月十四日，乾隆要求在翠云馆明间添做两槽仿洋漆落地罩，次日又下旨不做了。④ 但同月二十八日乾隆重新下旨命做落地罩三槽分别安放在翠云馆明间、西次间和西稍间，以及仿洋漆床罩二槽安放于东次间和西次间。乾隆对该次制作十分的关心，在造办处做得木样呈览后，还对制作提出了点缀镶嵌金银片的要求。⑤ 由于整个重华宫在乾隆之后没有进行大的改造，翠云馆也基本保留了乾隆时期的装修样式，档案记载中的这几槽落地罩以及床罩我们至今能看见实物，见图4—1、图4—2、图4—3。道光十七年对重华宫浴德殿抑斋的洋漆进

---

① 中国第一历史档案馆、香港中文大学文物馆：《清宫内务府造办处档案总汇》，人民出版社2005年版，第7册，第198页。

② 同上书，第680页。

③ 例如乾隆元年七月二十三日，太监憨格传旨："将此洋漆柜百什件一对陈设在重华宫乐善堂后西配殿内，俟驾幸圆明园时再着造办处人员做软硬套盛装。钦此。"（中国第一历史档案馆、香港中文大学文物馆：《清宫内务府造办处档案总汇》，人民出版社2005年版，第7册，第44页）

④ 中国第一历史档案馆、香港中文大学文物馆：《清宫内务府造办处档案总汇》，人民出版社2005年版，第20册，第268页。

⑤ 同上书，第453页。

行了点查，专门统计出了抑斋洋漆档，可见重华宫中洋漆的重要。① 除了重华宫的洋漆装修外，乾隆十九年还在瀛台丰泽园做了洋漆飞罩。② 且对于宫殿的修缮是持续的，乾隆二十年时仍然也有对翠云馆的洋漆装修。③ 宫殿内大量使用洋漆装修以及洋漆陈设，足以见乾隆的喜爱之情。

图4—1　翠云馆西稍间　　图4—2　翠云馆东次间　　图4—3　翠云馆明间
　　落地罩左侧　　　　　　落地罩隔扇裙板　　　　　落地罩隔扇裙板

---

① 例如"（道光十四年六月立）重华宫浴德殿北间洋漆双圆盘一对，洋漆萝卜腰圆子母盒一对，香几座一件金洋漆鼓墙盒大小二对，金洋漆锡口圆角方盒大小二对，金洋漆竹篓式盒一对，洋漆二层长方盒一对，洋漆方罐一对，洋漆方胜盒一对，洋漆菊花式盒一对，洋漆二层长方圆角盒一对……"（《清宫陈设档》，《抑斋洋漆档》，陈398，故宫博物院图书馆藏）

② 例如乾隆十九年四月初四日，太监胡世杰传旨："瀛台丰泽园澄观堂现安踢脚落地罩俱着照洋漆罩做法、花样一样成做洋漆落地罩一槽，按踢脚尺寸做洋漆踢脚一分。钦此。"（中国第一历史档案馆、香港中文大学文物馆：《清宫内务府造办处档案总汇》，人民出版社2005年版，第20册，第453页）

③ 例如乾隆二十年二月初七日，和硕果亲王臣等谨奏为讨用楠木事，今为配做翠云馆西间柜内百什件抽屉十件，洋漆箱内百什件抽屉六件，安古镜假顶页八册，所需楠木尺寸数目缮写折片一件，员外郎白世秀持进交太监胡世杰呈览，奉旨："知道了。钦此。"（中国第一历史档案馆、香港中文大学文物馆：《清宫内务府造办处档案总汇》，人民出版社2005年版，第21册，第455页）

第三节　每年安放洋漆戏台

从乾隆七年①开始一直持续到乾隆五十八年②每年年节时造办处都奉旨在养心殿搭盖洋漆戏台。除年节外，还根据皇帝喜好在万寿节搭盖，如乾隆二十五年乾隆传旨于万寿节搭盖洋漆戏台。③ 戏台搭建的位置多为养心殿，但乾隆中期以后在寿康宫④、宁寿宫⑤也有搭建，甚至乾隆四十六年要求每年在寿康宫搭建洋漆戏台："宁寿宫新搭盖洋漆戏台每年俱于十二月十六日搭盖，俟次年驾幸圆明园后拆收。钦此。"⑥

洋漆戏台的最高规格是使用天保九如顶子，使用时需经皇帝批准⑦，

---

① 例如乾隆七年十二月十三日，司库白世秀、副催总达子将按天香亭搭盖洋漆戏台日期缮写折片一件，持进交太监高玉等奏闻，奉旨："准于二十六日安设。其洋漆戏台着用天保九如顶子。钦此。"（中国第一历史档案馆、香港中文大学文物馆：《清宫内务府造办处档案总汇》，人民出版社2005年版，第11册，第162页）

② 例如乾隆五十年十二月十四日，为年例十二月二十六日养心殿搭盖天地香亭洋漆戏台，并十二月十六日宁寿宫养性殿搭盖洋漆戏台，缮写折片二件，持进交太监厄勒里具奏，奉旨："宁寿宫洋漆戏台不必搭盖，其养心殿戏台、天地香亭仍照年例搭盖。钦此。"（中国第一历史档案馆、香港中文大学文物馆：《清宫内务府造办处档案总汇》，人民出版社2005年版，第48册，第370页）

③ 中国第一历史档案馆、香港中文大学文物馆：《清宫内务府造办处档案总汇》，人民出版社2005年版，第25册，第427页。

④ 例如乾隆三十六年十月二十一日　记事录　奉总管内务府大臣英廉奉旨："着在寿康宫永康右门搭盖洋漆戏台。钦此。"中国第一历史档案馆、香港中文大学文物馆：《清宫内务府造办处档案总汇》，人民出版社2005年版，第34册，第328页。

⑤ 例如乾隆四十七年十二月十一日，为年例十二月十六日宁寿宫养性殿搭盖洋漆戏台，十二月二十六日养心殿搭盖天地香亭洋漆戏台，缮写折片二件，持进交太监厄勒里具奏，奉旨："知道了。钦此。"（中国第一历史档案馆、香港中文大学文物馆：《清宫内务府造办处档案总汇》，人民出版社2005年版，第45册，第492页）

⑥ 中国第一历史档案馆、香港中文大学文物馆：《清宫内务府造办处档案总汇》，人民出版社2005年版，第44册，第642页。

⑦ 例如乾隆九年十二月十八日，七品首领萨木哈将年例十二月十六日搭盖天地香亭洋漆戏台并天保九如顶子殿式亭子缮写折片一件，持进交太监张玉、胡世杰转奏，奉旨："知道了，其洋漆戏台顶子准用天保九如顶子。钦此。"（中国第一历史档案馆、香港中文大学文物馆：《清宫内务府造办处档案总汇》，人民出版社2005年版，第12册，第321页）

其他还有五脊六兽①、四平八稳顶子②、昆卢帽顶子③、平台顶子④、殿式顶子⑤等。乾隆四十四年时特意询问宫中库存洋漆顶子的数量，得知有"怡亲王所进洋漆戏台一座随天保九如、四平八稳顶子二件，并圆明园交来顶子二件"，要求将这四件顶子依次呈览。⑥ 同时乾隆对待戏台也十分仔细，漆水迸裂要求修补⑦；搭盖时怕天气炎热磕损，叮嘱造办处"用心收贮"⑧；玻璃作为比较珍贵的物品在洋漆戏台上损坏后也有配换⑨。虽然洋漆戏台仅为皇家活动的用具，但可以看得出乾隆帝对洋漆戏台相当重视以及对洋漆的热爱。

第四节　对洋漆的改做、修复、配做

乾隆常有下旨将其他漆器改作为洋漆的情况，并在洋漆的使用的过

---

①　例如乾隆四十四年十二月初八日，员外郎四德、五德等来说太监厄勒里传旨："着问舒文，年节搭盖洋漆戏台上现有几个顶子？查明回奏。钦此。"……于初十日安设五脊六兽顶子一分……（中国第一历史档案馆、香港中文大学文物馆：《清宫内务府造办处档案总汇》，人民出版社 2005 年版，第 42 册，第 357—360 页）

②　例如乾隆十六年十二月十六日，七品首领萨木哈为年例十二月二十六日搭盖天香亭洋漆戏台并天保九如、四平八稳顶子，缮折持进交太监胡世杰转奏，奉旨："知道了，准用天保九如顶子。钦此。"（中国第一历史档案馆、香港中文大学文物馆：《清宫内务府造办处档案总汇》，人民出版社 2005 年版，第 18 册，第 404 页）

③　例如乾隆八年十二月二十四日，七品首领萨木哈为搭盖洋漆戏台上顶子，缮写红折片，持进交太监胡世杰转奏，奉旨："准搭盖天保九如顶子。再将平台上昆卢帽取来。钦此。"（中国第一历史档案馆、香港中文大学文物馆：《清宫内务府造办处档案总汇》，人民出版社 2005 年版，第 11 册，第 538 页）

④　例如乾隆七年十二月十三日，司库白世秀、副催总达子来说太监高玉传旨："将洋漆戏台上昆卢帽顶子、平台顶子并踏跺伺候呈览。钦此。"（中国第一历史档案馆、香港中文大学文物馆：《清宫内务府造办处档案总汇》，人民出版社 2005 年版，第 11 册，第 163 页）

⑤　例如乾隆十一年八月初二日，司库白世秀为年例初十日搭盖洋漆戏台天保九如顶子、殿式顶子，缮写红折片二件，持进交太监胡世杰等转奏，奉旨："着初六日搭盖，用天保九如顶子。钦此。"（中国第一历史档案馆、香港中文大学文物馆：《清宫内务府造办处档案总汇》，人民出版社 2005 年版，第 14 册，第 393 页）

⑥　中国第一历史档案馆、香港中文大学文物馆：《清宫内务府造办处档案总汇》，人民出版社 2005 年版，第 42 册，第 357—360 页。

⑦　同上书，第 32 册，第 438 页。

⑧　同上书，第 13 册，第 557 页。

⑨　同上书，第 9 册，第 752 页。

程中更换花纹、重组形式以赋予其更多用途。造办处对于洋漆破损的情况也及时的修复见新。在装配上更是依洋漆匣的形制匹配合适的古玩等。

一 改作

洋漆的改作有三种情况，第一种是利用原有的胎骨将其他漆器改为洋漆，前文中便有将螺钿漆钟架发往苏州改为洋漆钟架的记录。又如乾隆八年五月二十三日，乾隆帝下旨用两件彩漆扇匣的旧胎骨改做洋漆匣，并按其要求做成了两件香草夔龙式样黑洋漆金扇匣。[①] 第二种是将洋漆自身重新组合，用于新用途，如乾隆十二年八月五日，依旨将两件洋漆描金亭台书架改组为洋漆佛龛[②]。第三种是改作花纹。如乾隆四年十月初五日将六张洋漆矮桌收拾见新后，乾隆认为"此桌款式还好，但花样不好，着交造办处另漆改换花样"，最终改作了西番花样。[③]

二 修复

对于破损洋漆的修复，清宫中称之为收拾见新。较基础和常见的为擦抹[④]、刷洗[⑤]和打磨[⑥]；其次为漆水迸裂的时候需要重新上漆[⑦]；工艺

[①] 中国第一历史档案馆、香港中文大学文物馆：《清宫内务府造办处档案总汇》，人民出版社 2005 年版，第 11 册，第 622 页。

[②] 同上书，第 15 册，第 722 页。

[③] 同上书，第 9 册，第 158 页。

[④] 例如乾隆二十年三月二十二日，太监鄂鲁里交金洋漆小圆盒二件，传旨："擦抹好呈览。钦此。"（中国第一历史档案馆、香港中文大学文物馆：《清宫内务府造办处档案总汇》，人民出版社 2005 年版，第 21 册，第 127 页）

[⑤] 例如乾隆八年十一月二十八日，太监胡世杰交洋漆嵌玉六方龛一座（内供佛一尊），传旨："着配软垫一件，龛刷洗。钦此。"（中国第一历史档案馆、香港中文大学文物馆：《清宫内务府造办处档案总汇》，人民出版社 2005 年版，第 11 册，第 677 页）

[⑥] 例如乾隆二十年正月初七日，太监鄂鲁里交……金洋漆竹式盒一件，传旨："俱打磨好，其金洋漆竹式盒入百什件。钦此。"（中国第一历史档案馆、香港中文大学文物馆：《清宫内务府造办处档案总汇》，人民出版社 2005 年版，第 21 册，第 8 页）

[⑦] 例如乾隆七年三月二十日，太监高玉等交洋漆桌一张（漆水迸裂），传旨："着从漆。钦此。"于本年七月初七日司库白世秀将收拾得洋漆桌一张持进交太监胡世杰呈进讫。（中国第一历史档案馆、香港中文大学文物馆：《清宫内务府造办处档案总汇》，人民出版社 2005 年版，第 11 册，第 196 页）

水平要求最高的为粘补损坏的漆器①，如乾隆二十三年六月二十四日对要求将一件洋漆海棠春格破损处进行粘补收拾，"将磕处粘补收拾，其提梁两边里外照糙样配做铜插"②。有的漆水迸裂的器物也要求粘补修复：乾隆二十六年三月二十四日，乾隆帝奉和亲王、内务府大臣吉庆粘补收拾雍和宫永佑殿内二张漆水迸裂的洋漆供桌，并于四月二十一日催长六达子交讫。③

三　配作

配作主要包括配部件（如配盖④），配零件（如银钉、络子⑤、锁钥⑥等），为方便陈设还会为盒、匣、碗、瓶、罐等配底座。同时造办处交来的洋漆盒还会根据皇帝的要求配上屉板盛放玉器⑦、鼻烟壶⑧、

---

① 杨勇：《乾隆朝苏州织造成做宫廷御用漆器的初步研究》，《故宫博物院院刊》2011年第4期，第119页。

② 中国第一历史档案馆、香港中文大学文物馆：《清宫内务府造办处档案总汇》，人民出版社2005年版，第23册，第300页。

③ 同上书，第26册，第300页。

④ 例如乾隆三年四月十九日，太监憨格交洋漆罩盖小盒二件（内一件有盖），传旨："着照有盖小盒样式，将无盖小盒配一盖。"（中国第一历史档案馆、香港中文大学文物馆：《清宫内务府造办处档案总汇》，人民出版社2005年版，第8册，第115页）

⑤ 例如乾隆五年三月十三日，太监毛团交洋漆春盛一件等，传旨："着将春盛背壶顶落矮些，提梁上两边银钉子有不全漆处，随配钉子遮盖，外配黄络子。"（中国第一历史档案馆、香港中文大学文物馆：《清宫内务府造办处档案总汇》，人民出版社2005年版，第9册，第485页）

⑥ 例如乾隆元年三月十一日，太监憨格交铜镀金提梁洋漆壮盒一件、洋漆壮盒二件，传旨："将洋漆壮盒二件着照铜镀金提梁洋漆壮盒样式配铜镀金提梁锁钥二分。"（中国第一历史档案馆、香港中文大学文物馆：《清宫内务府造办处档案总汇》，人民出版社2005年版，第6册，第224页）

⑦ 例如乾隆三年十一月十五日，太监毛团交汉玉卧蚕斧佩一件，传旨："着入多宝格洋漆匣内，钦此。"（中国第一历史档案馆、香港中文大学文物馆：《清宫内务府造办处档案总汇》，人民出版社2005年版，第8册，第348页）

⑧ 例如乾隆六年十月初八日，太监高玉等交呆白玻璃画珐琅鼻烟壶一件，传旨："着入在先交装洋漆箱六十三件之内。钦此。"（中国第一历史档案馆、香港中文大学文物馆：《清宫内务府造办处档案总汇》，人民出版社2005年版，第10册，第106页）

图章①、扇②、砚③、墨④等古玩以及匣内古玩绫垫⑤等，并附上相应的册页⑥、手卷⑦。

　　乾隆帝对洋漆匣的装配十分用心，乾隆元年七月二十八日，曾对一件洋漆箱明确提出"此箱内应装配何物，装配如呈进时声明缘故"。⑧ 此外还常为某件洋漆盒而诏令造办处做出与之相匹配的装配，如乾隆元年四月初一日，太监毛团、胡世杰交洋漆盒四件，二件内盛绿石砚二方，

---

　　① 例如乾隆七年五月十九日，司库白世秀、副催总达子将洋漆画金龙东壁图章府箱五件（内盛古铜图章）持进交太监高玉等呈览，奉旨："交造办处好生收贮。钦此。"（中国第一历史档案馆、香港中文大学文物馆：《清宫内务府造办处档案总汇》，人民出版社2005年版，第11册，第138页）

　　② 例如乾隆元年八月初一日，太监憨格交洋漆箱一件、旧扇一百十一件，传旨："着将此扇子照先配做盛扇子屉样配做，盛在洋漆箱内。钦此。"（中国第一历史档案馆、香港中文大学文物馆：《清宫内务府造办处档案总汇》，人民出版社2005年版，第7册，第236页）

　　③ 例如乾隆八年十二月初八，太监胡世杰交洋漆罩盖匣二件，传旨："将每上一屉添配做砚一方、砚山一件、水承一件、仿圈、镇纸、黑红墨折子，先做样呈览，准时再做。钦此。"（中国第一历史档案馆、香港中文大学文物馆：《清宫内务府造办处档案总汇》，人民出版社2005年版，第11册，第655页）

　　④ 例如乾隆二十年十一月二十二日，太监鄂鲁里交金洋漆匣一对，内盛黑圆墨二十四锭、黑腰圆龙墨二十锭，传旨："将墨在匣内配做四屉盛装，其黑腰圆龙墨内用二锭，照画金龙墨八锭一样画金，共成十锭，方在上屉。钦此。"（中国第一历史档案馆、香港中文大学文物馆：《清宫内务府造办处档案总汇》，人民出版社2005年版，第21册，第110—111页）

　　⑤ 例如乾隆四十三年六月二十三日，太监厄勒里交紫檀木百什件屉一件（奉三无私，内盛金漆长方盒一件，盒内装西洋玻璃犬二件、鹿一件）等，传旨："将圆盒内玻璃犬一件、金漆长方盒内犬二件、鹿一件俱配白绫垫，其黑漆抽屉内腰圆盒、汉玉鱼、玻璃笔俱配屉下槽。钦此。"（中国第一历史档案馆、香港中文大学文物馆：《清宫内务府造办处档案总汇》，人民出版社2005年版，第41册，第640—641页）

　　⑥ 例如乾隆五十二年二月十八日，太监厄勒里交金洋漆三层罩盖匣一对（淳化轩，内上层各随长方盘屉一件），一匣上层盛汉玉乳钉昭文带四件等，传旨："将屉内白玉昭文带配檀香木屉板，小盒内玉器并玉璧俱配白绫垫，其上层盘内各配册页样一册，伺候上写画。钦此。"（中国第一历史档案馆、香港中文大学文物馆：《清宫内务府造办处档案总汇》，人民出版社2005年版，第50册，第235页）

　　⑦ 例如乾隆十七年正月三十日，太监胡世杰交洋漆有屉箱一件（随锁钥、黄绫套、黄布外套），传旨："将下一层隔断内俱配装匣子，其上层屉子中间着装册页二本，两边各装手卷三卷，俱先做样呈览。钦此。"（中国第一历史档案馆、香港中文大学文物馆：《清宫内务府造办处档案总汇》，人民出版社2005年版，第19册，第97页）

　　⑧ 中国第一历史档案馆、香港中文大学文物馆：《清宫内务府造办处档案总汇》，人民出版社2005年版，第7册，第187页。

乾隆传旨"洋漆盒内原有之砚大了，着另配做小些砚，其空匣内亦配合砚"。① 乾隆八年十二月初八日也要求将两件洋漆罩盖匣"每上一屉添配做砚一方、砚山一件、水丞一件、仿圈、镇纸、黑红墨折子，先做样呈览，准时再做"。② 除了装配要先呈览后再进行制作，乾隆还会提出一些具体的要求，如乾隆六年七月二十一日要求将一件洋漆笔砚匣"着配装笔、砚、水丞，不可俗气"。③

乾隆朝对于洋漆的改做、修复、配做的次数是非常多的。（具体数据参见附表3）洋漆的改作，尤其是其他漆器制品改为洋漆表现了乾隆对洋漆的喜好；对破损洋漆的小心修复，对于装配内容的详细叮嘱，以及特意制作与之相匹配的装配，这些足以显示出乾隆对洋漆的喜爱。

第五章　乾隆朝造办处洋漆制作
减少的原因试析

在乾隆帝对于洋漆持续喜爱以及重视的情况下，造办处档案中涉及洋漆的数量却减少了，尤其是乾隆十一年以后几乎不见皇帝命造办处制作洋漆，笔者通过爬梳相关史料对此进行了以下几点推测。

第一节　国力衰退无力制作洋漆

乾隆帝即位之初，国力强盛，国库储蓄丰盈。而中期以后贪污腐败之风气盛行，加之南巡北猎，国库逐渐空虚，政治经济开始走下坡路。尤其是晚期实行的"议罪银"制度，采用上缴银两的方式免除官员的刑罚，更加助长了官员们违法乱纪的行为和贪污腐败的风气。由于内部官员的集体腐败、皇权过度膨胀④以及频繁的自然灾害⑤，使国家财政

---

① 中国第一历史档案馆、香港中文大学文物馆：《清宫内务府造办处档案总汇》，人民出版社2005年版，第7册，第223页。

② 同上书，第11册，第655页。

③ 同上书，第10册，第69页。

④ 郭成康：《康乾盛世的历史报告》，中国言实出版社2002年版，第41—78页。

⑤ 张瑞稳：《天灾视角下的乾隆盛世衰落原由探究》，《中国农业》2016年第3期，第58页。

的负担加重，乾隆晚期的政治经济情况已经由康雍乾盛世的局面走向尾声。

造办处的制作也受到了经济下滑的影响，如乾隆晚期铜原料的匮乏使造办处暂时关闭了珐琅作。而洋漆使用泥金的独特制作技法，制作材料较为昂贵。髹金的术语中有"一贴三上九泥金"之说，意思是在同等面积下，贴金只需要一张金箔，而泥金需要九张金箔。"泥金"的做法要比"贴金""上金"方法费多倍的材料，相关做漆的师傅称，泥金较华美的情况下，一单位面积的泥金实际用金量远大于九张金箔。如乾隆元年为了做一件黑洋漆画洋金盛百什件箱，使用了金家三寸一分红飞金三千九百七十九张、黄飞金九百零九张、飞银七百五十七张，制作该件洋漆箱仅买办材料便花费了六十二两一钱五分三厘八毫银。① 而清代一品官员一年的俸禄为一百八十两银②，可见洋漆漆器的造价昂贵。（洋漆用金状况见附表4）在国力衰退的情况下，造办处洋漆制作的逐渐减少也是情理之中的。

第二节 地方的成作代替了造办处的制作

造办处档案中乾隆十一年后中虽不见皇帝对造办处的洋漆命作，但依然有对地方的命作，因此造办处洋漆制作的减少应与地方洋漆的成作有相应关系。

---

① "乾隆元年十一月十七日　买办库票（盈字一百四十二号）　油作为做黑洋漆画洋金盛百什件箱一件，买严生桐油八斤二两（银八钱七分）、白面十八斤二两（银二钱一分七厘五毫）、黄丹一斤一两（银七分四厘三毫七丝五毫）、土子一斤一两（银五厘三毫一丝二忽）、严生漆三斤十两（银二两一钱七分五厘）、退光漆七斤四两（银八两三钱三分七厘五毫）、洋生漆十一斤十四两（银十四两二钱五分）、笼罩漆十三两七钱（银五钱九分九厘三毫七丝五忽）、金家三寸一分红飞金三千九百七十九张（银二十六两八钱五分三厘）、黄飞金九百零九张（银五两四钱五分四厘）、飞银七百五十七张（银四钱五分四厘二毫）、白退光画洋漆六两七钱（银六钱二分八厘一毫二丝五毫）、潮脑六两七钱（银二钱九分三厘一毫二丝五忽）、时单纸六十五张（银九分七厘五毫）、砖灰十七斗六升（银八钱四分四厘八毫），共银六十二两一钱五分三厘八毫一丝二忽。本月十九日六达子领银六十二两一钱五分三厘八毫一丝二忽，石柱、马清阿发。"（中国第一历史档案馆、香港中文大学文物馆：《清宫内务府造办处档案总汇》，人民出版社2005年版，第7册，第547页）

② 《大清会典》卷二一"文职官之俸"条："一品岁支银一百八十两……"［（清）昆冈、吴树梅：《大清会典·文职官之俸》卷二十一，上海古籍出版社1995年版］

在乾隆朝各织造、盐政本身便承担着御用漆器的部分制作任务，这些漆器经造办处做样，由地方成作。如苏州织造便成做了大量乾隆朝御用漆器的工作，尤其是乾隆三十年以后宫中缺乏专业的雕漆匠役，雕漆均由造办处画样后陆续发往苏州完成，苏州成为造办处外最大的宫廷御用漆器生产及维护中心。① 苏州制作的漆器十分精细，毫不逊于造办处，乾隆本人也曾在御制诗中写道"吴下髹工巧莫比，仿为或比旧还过。"② 且苏州工匠的工费远低于北京工匠，乾隆三十三年制作《甘珠尔经》时曾明确提到"造办处成做，所需钱粮较费，且活计不及苏州漆饰精细节省"，要求将雕朱漆填金经板交苏州成做③。

同其他漆器一样，造办处多次命地方成做洋漆的，如乾隆三十四年四月二十九日交两淮盐政御笔字一副，命做成洋漆匾；④ 乾隆五十三年二月初四日，由造办处画样交苏州制作洋漆屏风一座；⑤ 尤其是乾隆四十八年乾隆要求将洋漆盒发往苏州配作盒盖⑥，说明地方的洋漆制作是十分高超的。乾隆晚期甚至交由地方对洋漆收拾见新，如乾隆四十二年正月初三日将四十八对盆景分别交由各地收拾见新，其中将静怡轩洋漆镶象牙长方盆牙花盆景一对、洋漆长方盆各式牙花盆景九座交两淮盐政收拾见新；将咸福宫洋漆长方盆牙花盆景一座交淮关监督伊龄阿收拾见新。⑦ 因地方制作工艺甚好，有时甚至赶超京内，且制作成本更低，因此地方部门的承做有可能是造办处洋漆制作减少的一部分原因。

---

① 杨勇：《乾隆朝苏州织造成做宫廷御用漆器的初步研究》，《故宫博物院院刊》2011 年第 4 期，第 124 页。

② （清）弘历：《咏仿永乐朱漆菊花盘》，《清高宗御制诗文全集》，中国人民大学出版社 1993 年版，第 6 册，第 646 页。

③ 中国第一历史档案馆、香港中文大学文物馆：《清宫内务府造办处档案总汇》，人民出版社 2005 年版，第 30 册，第 581—590 页。

④ 同上书，第 29 册，第 494 页。

⑤ 同上书，第 50 册，第 581—582 页。

⑥ 同上书，第 46 册，第 633—634 页。

⑦ 同上书，第 40 册，第 184—186 页。

第三节　进贡较多已满足宫廷需求

乾隆早期政治清明，注重民生，乾隆帝自身对贪腐现象十分严厉，并拒绝进贡。而晚期甚至采用"议罪银"制度来满足一己用度。乾隆时期有确切记载的个人进单进贡总数为二万余件，而清一代总数为四万余件，乾隆一朝占总量的一半之多。① 对于洋漆的进贡，乾隆四十七年曾明确下旨命粤海关监督李质颖进贡洋漆陈设：

> 乾隆四十七年十二月二十六日　行文　太监厄勒里传旨：着舒文传与粤海关监督李质颖，嗣后贡内不必呈进大地平，着找寻洋漆陈设、西洋珐琅器皿陈设并玻璃镜等项呈进。钦此。②

清代规制中进贡时间基本为冬至、元旦、万寿节三大节以及端午节等，但到了乾隆晚期上元节、中秋节、重阳节都可以进贡。各巡抚常不定期的进贡远大于每年三次。乾隆五十九年，闽浙总督伍拉那便进贡十一次③，其中也有洋漆的进贡：

> 乾隆五十九年四月十九日　贡档（宫中档簿）　浙闽总督伍拉那差把总毛翼朗进贡……雕漆茶具一对……洋漆书格一对、洋漆盒二对。④
>
> 乾隆五十九年七月十九日　贡档（宫中档簿）　浙闽总督伍拉那差把总王正央进贡……洋漆果盒二对、雕漆梅花盒二对。⑤

---

① 董建中：《清乾隆朝王公大臣官员进贡问题初探》，《清史研究》1996 年第 1 期，第 40 页。

② 中国第一历史档案馆、香港中文大学文物馆：《清宫内务府造办处档案总汇》，人民出版社 2005 年版，第 45 册，第 421 页。

③ 董建中：《清乾隆朝王公大臣官员进贡问题初探》，《清史研究》1996 年第 1 期，第 42 页。

④ 中国第一历史档案馆、香港中文大学文物馆：《清宫内务府造办处档案总汇》，人民出版社 2005 年版，第 55 册，第 85 页。

⑤ 同上书，第 106 页。

前文已交代过清代个人进贡是有定制的，非规定的进贡人员是没有资格进贡的，只能通过其他人代为进贡或转奏。到了乾隆晚期这些规矩被打破，不仅督抚，上至大小官员下至普通百姓都可以进贡。规制中，中央官员只有大学士、尚书、左都御史、都统可以进贡，侍郎是不包括在内的，而乾隆晚期便有侍郎的个人进贡，比如乾隆四十七年八月，便有仓场侍郎蒋赐棨和工部侍郎汪承沛的进贡均有洋漆：

> 乾隆四十七年八月初二日　杂录档　仓场侍郎蒋赐棨进贡内奉旨驳出……雕漆如意盒双件（贮旧玉文玩四件）、旧雕漆花鸟盘一件、洋漆文奁一件、洋漆香盒二件……本日交伊差来之人领去讫。①
> 乾隆四十七年八月初四日　杂录档　工部侍郎汪承沛进贡内奉旨驳出……镶玉洋漆盒双件（贮旧玉文玩二件，贮玉图书六方）……本日交伊差来家人领去讫。②

这些官员个人的进贡在乾隆中晚期十分普遍。官员分内办贡的地方的例贡中多为取材于当地的当地产物，而个人进贡中就很多并非当地产物。这些非方物多在苏州、广州等地买办③，这些地点也恰恰是洋漆的交易中心。

另外从造办处档案涉及洋漆的数量来看，从乾隆早期（乾隆元年至乾隆二十年）平均每年近八十件，到乾隆中期以后（乾隆二十一年至乾隆六十年）平均每年十六件，与乾隆中期以后进贡总量增多在数量上互补；从器物种类来看，乾隆早期的器型种类较多，而中期以后较为单一，造办处的洋漆活计也多仅为箱匣配屉。因此乾隆中期以后造办处洋漆制作的减少很有可能是由于各官员进贡时已有大量洋漆日常用品的进贡，满足了御用洋漆的需求，而造办处仅仅负责为洋漆箱匣制作屉板配绸垫。因此笔者推断，洋漆制作量的减少很有可能是因为进贡数量之

---

① 中国第一历史档案馆、香港中文大学文物馆：《清宫内务府造办处档案总汇》，人民出版社 2005 年版，第 46 册，第 403 页。
② 同上书，第 408 页。
③ 董建中：《清乾隆朝王公大臣官员进贡问题初探》，《清史研究》1996 年第 1 期。

多已满足了宫廷需求。

结　论

综上所述，洋漆作为中日文化交流的成果，在康熙朝引入中国宫廷，在雍正朝得到了长足的发展，更是在乾隆朝走向巅峰。洋漆的称谓也逐渐趋向统一，乾隆朝中期以后无论是日本制作的莳绘漆器和中国制作的仿品，以及与洋漆相关的"洋金"等产物都被称为洋漆。基于乾隆帝对于洋漆的喜爱，清宫中洋漆的数量巨大，制作水平精湛。制作地点上，除了清宫造办处外，地方上如苏州、扬州等都有御用洋漆的制作。但在乾隆帝对于洋漆持续喜爱的情况下造办处洋漆制作的数量却减少了，笔者为此做出了大胆的猜测：乾隆晚期国力衰退，无力制作洋漆；地方洋漆的成做取代了宫廷造办处的制作；进贡的数量已经满足皇室需求，无须再做洋漆，这些都是值得人深入思考的问题。

本文也存在许多不足之处，如第四章"乾隆朝洋漆进贡概况"，由于第一历史档案馆的贡档资料正在编辑中，本章资料收集不全面，仅从造办处杂录档中的进贡情况的概述，不能够完整的体现出乾隆朝的进贡情况。同时由于贡档资料不足，第六章对于造办处洋漆减少的原因中进贡一节也仅限于猜测分析。笔者相信在以后贡档可以查阅后会补充这一部分的内容。

最后，由于目前学者们的焦点大都集中于存世数量最多的雕漆器，很少涉及清宫收藏的其他漆器工艺品种。笔者希望这篇论文能够拓展明清宫廷御用漆器的研究领域，为日后档案与故宫收藏洋漆器互证，打下了坚实基础。

附 录

附表1 《清宫内务府造办处档案总汇》所见乾隆朝
每年涉及洋漆器物种类数量

年份	箱匣类	器皿类			家具类				其他
		盛盘	小型器皿	文具、茶具	桌几类	椅类	柜架类	屏风类	
乾隆元年	149	1	7	—	1	—	3	2	5
乾隆二年	10	—	—	1	1	—	1	—	11
乾隆三年	66	—	5	—	15	2	4	3	11
乾隆四年	20	—	—	—	16	5	17	1	10
乾隆五年	94	1	18	—	62	1	13	1	17
乾隆六年	18	4	4	1	—	—	2	1	27
乾隆七年	22	1	1	3	42	8	15	3	36
乾隆八年	16	4	62	—	12	—	6	25	18
乾隆九年	24	1	1	2	3	—	2	—	14
乾隆十年	36	4	—	2	8	1	10	—	4
乾隆十一年	8	—	1	—	10	2	4	1	20
乾隆十二年	12	2	—	—	6	—	5	—	9
乾隆十三年	7	—	1	—	6	—	—	—	30
乾隆十四年	5	—	—	—	—	—	—	—	2
乾隆十五年	38	—	—	—	—	—	2	2	2
乾隆十六年	12	—	—	—	—	—	—	—	—
乾隆十七年	21	—	—	—	—	—	—	—	1
乾隆十八年	17	—	1	—	—	—	1	1	2
乾隆十九年	134	557	—	—	—	—	1	—	24
乾隆二十年	70	—	1	2	—	—	—	—	—
乾隆二十一年	2	2	—	—	—	—	1	—	—
乾隆二十二年	5	—	—	—	—	—	—	—	—
乾隆二十三年	11	4	—	—	1	—	3	—	—
乾隆二十四年	92	5	4	—	5	—	1	1	1
乾隆二十五年	3	—	—	—	—	—	—	—	—

续表

年份	箱匣类	器皿类			家具类				其他
		盛盘	小型器皿	文具、茶具	桌几类	椅类	柜架类	屏风类	
乾隆二十六年	4	—	—	—	—	—	2	—	—
乾隆二十七年	2	2	—	—	—	—	—	—	—
乾隆二十八年	2	—	—	—	—	—	—	—	—
乾隆二十九年	2	—	—	—	—	—	—	—	—
乾隆三十年	7	—	—	—	—	—	—	—	—
乾隆三十一年	7	2	1	—	—	—	—	—	—
乾隆三十二年	4	—	—	4	—	—	—	—	4
乾隆三十三年	7	—	—	—	—	—	4	—	1
乾隆三十四年	7	1	—	—	—	—	2	—	—
乾隆三十五年	9	1	—	—	—	—	4	2	5
乾隆三十六年	5	—	—	—	—	—	—	—	—
乾隆三十七年	3	—	—	—	—	—	2	—	—
乾隆三十八年	7	—	—	—	—	—	—	—	—
乾隆三十九年	14	—	—	—	—	—	1	—	—
乾隆四十年	1	—	—	—	—	—	—	2	—
乾隆四十一年	2	—	—	—	—	—	—	—	—
乾隆四十二年	11	—	—	—	—	—	—	—	—
乾隆四十三年	11	—	—	—	—	—	2	—	—
乾隆四十四年	28	—	—	—	—	—	—	—	—
乾隆四十五年	27	—	—	1	—	—	4	—	—
乾隆四十六年	28	—	—	2	—	—	—	—	—
乾隆四十七年	44	—	—	1	—	—	2	—	—
乾隆四十八年	81	—	—	2	8	—	8	—	2
乾隆四十九年	43	—	—	3	—	—	—	—	—
乾隆五十年	7	—	—	—	—	—	—	—	—
乾隆五十一年	17	—	5	—	—	—	—	—	—
乾隆五十二年	21	—	—	2	—	—	—	—	—
乾隆五十三年	6	—	—	—	—	—	—	—	—
乾隆五十四年	2	—	—	—	—	—	—	—	1

续表

年份	箱匣类	器皿类			家具类				其他
		盛盘	小型器皿	文具、茶具	桌几类	椅类	柜架类	屏风类	
乾隆五十五年	9	—	—	—	—	—	—	—	—
乾隆五十六年	—	—	—	—	—	—	—	—	—
乾隆五十七年	2	—	—	2	—	—	—	—	—
乾隆五十八年	3	—	—	—	—	—	—	—	—
乾隆五十九年	7	—	—	—	—	—	—	—	—
乾隆六十年	2	—	—	—	—	—	—	—	—

附表2（a） 　　　　《清宫内务府造办处档案总汇》杂录档所见

乾隆朝每年洋漆进贡驳出数量

年份	次数	数量
乾隆二十四年	1	1
乾隆二十五年	3	44
乾隆二十六年	7	44
乾隆二十七年	1	2
乾隆二十八年	2	4
乾隆二十九年	2	14
乾隆三十年	1	2
乾隆三十一年	1	2
乾隆三十二年	1	2
乾隆三十四年	1	3
乾隆三十五年	2	22
乾隆三十六年	2	4
乾隆三十九年	4	17
乾隆四十年	3	15
乾隆四十一年	4	10
乾隆四十三年	5	11
乾隆四十四年	4	24
乾隆四十五年	7	32
乾隆四十六年	7	40

年份	次数	数量
乾隆四十七年	11	21
乾隆五十六年	4	35

附表 2（b）　　　《清宫内务府造办处档案总汇》杂录档所见
乾隆朝洋漆进贡驳出地区

进贡	次数	进贡	次数
浙闽	22	河东	2
福建	3	河南	3
浙江	5	湖广	2
两淮盐政	1	湖北	5
两广	2	湖南	1
广西	4	陕西	1
广东	2	山西	1
两江	2	山东	2
江南	2	云贵总	3
江苏	3	仓场侍郎	1
江西	2	工部侍郎	1
安徽	1	总河	1

附表 3　　　《清宫内务府造办处档案总汇》所见乾隆朝每年洋漆
改作、修复、配作、配古玩数量

年份	改作	修复	配作	配古玩
乾隆元年	1	4	13	14
乾隆二年	—	4	1	2
乾隆三年	4	3	7	15
乾隆四年	3	11	1	—
乾隆五年	7	9	14	—
乾隆六年	8	2	14	8
乾隆七年	1	13	2	3
乾隆八年	2	7	13	—

续表

年份	改作	修复	配作	配古玩
乾隆九年	—	2	3	
乾隆十年	—	10	16	7
乾隆十一年	1	5	1	—
乾隆十二年	4	3	6	—
乾隆十三年	1	2	1	2
乾隆十四年	—	1	2	—
乾隆十五年	—	1	2	—
乾隆十六年	4	—	6	—
乾隆十七年	—	—	3	5
乾隆十八年	—	—	3	
乾隆十九年	—	1	—	1
乾隆二十年	1	4	30	2
乾隆二十一年	—	1	—	—
乾隆二十二年	—	—	1	4
乾隆二十三年	2	1	—	1
乾隆二十四年	1	6	5	—
乾隆二十五年	—	1	2	—
乾隆二十六年	—	4	1	—
乾隆二十七年	—	—	—	—
乾隆二十八年	—	—	—	—
乾隆二十九年	—	—	1	—
乾隆三十年	—	—	4	3
乾隆三十一年	—	—	4	—
乾隆三十二年	—	—	1	—
乾隆三十三年	—	2	3	—
乾隆三十四年	—	—	9	—
乾隆三十五年	—	—	14	3
乾隆三十六年	—	—	3	—
乾隆三十七年	—	—	1	—
乾隆三十八年	—	1	2	—
乾隆三十九年	—	—	1	—

续表

年份	改作	修复	配作	配古玩
乾隆四十年	—	—	1	—
乾隆四十一年	—	—	2	—
乾隆四十二年	—	—	9	—
乾隆四十三年	—	1	1	2
乾隆四十四年	—	—	12	—
乾隆四十五年	—	4	11	—
乾隆四十六年	—	—	9	—
乾隆四十七年	—	7	9	—
乾隆四十八年	1	20	23	—
乾隆四十九年	—	3	16	4
乾隆五十年	—	—	4	1
乾隆五十一年	—	3	20	—
乾隆五十二年	—	—	15	—
乾隆五十三年	—	—	3	—
乾隆五十四年	—	—	2	—
乾隆五十五年	—	9	—	—
乾隆五十六年	—	—	—	—
乾隆五十七年	—	—	4	—
乾隆五十八年	—	—	3	—
乾隆五十九年	—	—	7	—
乾隆六十年	—	—	—	—

**附表4 《清宫内务府造办处档案总汇》库票所见
乾隆朝洋漆金料使用**

物品	数量	时间	金家见方三寸一分红飞金	黄飞金	飞银
黑退光漆画洋金皮盘	120	乾隆元年	一万五百九十三张	三千九十一张	三千三百五十二张
楠木胎黑洋漆画洋金包袱式盒	1	乾隆元年	八十张	十张	—

续表

物品	数量	时间	金家见方三寸一分红飞金	黄飞金	飞银
黑洋漆画洋金盛百什件箱	1	乾隆元年	三千九百七十九张	九百零九张	七百五十七张
黑洋漆地扫金雕花罩漆马栅宝座	1	乾隆八年	二千一百三十五张	—	—
洋漆镜支	10	乾隆八年	一千三十九张	—	一百七十三张
洋漆痰盂	60	乾隆八年	一千四百二十七张	一百十六张	九十一张
黑洋漆地画洋金穿花凤高桌	1	乾隆八年	二千六百二十四张	二百九十一张	四百八十六张
画洋金盒匣龙缸	1	乾隆八年	二千二百十四张	二百四十七张	四百十张
黑洋漆画洋金遮灯	10	乾隆八年	六百二十六张	—	一百零三张
黑洋漆地扫金雕花圆香几	1	乾隆八年	三百零六张	—	—
紫洋漆喷金圆香几	2	乾隆八年	二百二十二张	—	十张

博物馆,中国城市转型的文化推手

——以大同建设世界博物馆文化旅游之都为例

2015 届　卢　欣

(导师:中国社会科学院研究生院　阎志教授)

绪　论

一　选题背景及意义

中国当前社会,转型刻不容缓,时不我待。与全国整体转型相一致,中国城市正处于一个总体转型的历史阶段,这一阶段既是战略机遇期,也是矛盾凸显期。如何在复杂的社会条件和多变的时代背景下瞄准城市发展的路径,及早引导城市减少衰落期影响寻找新的增长点,是新时期我们工作的重中之重。

每一个城市都是独一无二的,有着专属于自己的历史文化,有着区别于其他城市的独特记忆与传统、特色与精神,这些记忆积淀在人们的脑海之中、行为习惯中、传媒介质之中、建筑实体之中,也深藏在博物馆里。博物馆对于城市发展,特别是文化的继往开来和创新繁衍,功能与作用不可忽视。他像一位长者阅尽城市沧桑巨变,心中藏着许多故事,也等待人们来开采发掘这些故事。博物馆在城市集聚演进过程中的角色无可比拟,如何担任好城市战略转型发展中的文化推手,这是一个理论和现实意义兼备的课题,也是当今中国以至世界的热点问题。

面对新情况、新问题,本文以大同市为剖析对象,采用文献研究法、调查法、深度访谈法、描述性研究方法等,分别从三个层面论述,挖掘存在的问题并给出相应的建议，以期为中国城市转型和博物馆事业的和谐发展提供理论参考，并为同类型区域提供一定的借鉴。

二 研究方法

本文主要使用了以下几种研究方法。

（一）文献研究法

文献研究法在多种学科研究中都有所体现，此法是根据研究的对象、研究的目的、在研究或课题进程中，广泛搜集相关文献资料，图表文字，符号、数字、画面等多种相关信息，加以归纳分析整合，最终促使我们形成对研究对象全面客观了解的方法。

本文中文献研究起到的作用有：第一，对文本和非统计数据的分析，以便获得现实资料的比较资料；第二，对研究对象的认识结果全面客观，中肯不偏颇，有后续利用价值；第三，了解大同市的历史沿革和现实情况，探究该研究课题产生的背景和缘由，帮助确定研究课题。

（二）调查法

调查法既是常用的也是行之有效的一种研究方法。在确立了研究目标或目的之后，有针对性地进行抽样调查，问卷调查，观察访谈，案例研究等，对事物可实现厘清脉络，摸清根系的目标，这种对事物规律性的认识可以为研究者提供扎实的基础，本文涉及其中的谈话、案例研究、观察法等内容。

（三）深度访谈法

该法可以贯穿于研究的全过程，随时随地根据研究进展跟进研究效果，深度访谈具有定性研究的性质，研究样本少，目标精确，目的性强，信息保有量大，每位受访者提供的信息将为后续研究提供一定假设、支撑等。被访者一般与课题直接相关，他们是访谈成败"关键的信息提供者"。

本文对大同市文博产业发展的相关人员进行了深度访谈。访谈对象主要包括大同市旅游局主要负责人、大同城市建设专家组成员、职能部门成员、各行业有较长从业经历的经营管理者以及部分大同市民。

（四）描述性研究法

描述性研究是对已有的事物现象、理论、成果、规律等，结合自己的理解与体察，进行二次描述与阐释，它经常说明解释他人的论断，提出问题、寻找对策，有对实际问题的说明；也有对某些现状的看法等。

三 论文主要特色与创新点

（一）实践导向性——中国城镇化实践决定中国博物馆方向与作用

十八大以来，中国经济空间治理格局正在进行新的战略重构。谈论中国博物馆自身特色及其发展规律，必须认识到经济基础决定上层建筑，中国博物馆作为文化现象和文化最高范式，带有明显的时代特征和中国气质，受现实社会的牵绊与制约。

社会主义核心价值观的形成，核心价值体系的建立，需要博物馆的鼎力相助。文以载道，作为中国传统文化的核心载体，中国博物馆承担着继往开来的作用，如习近平总书记所说的"我们只能沿着我们民族的血脉开拓前进"。

从博物馆现象及人类社会演进过程看，中国博物馆未来前进发展的方向，其主导方向就是社会化，中国城镇化问题和需求决定了中国博物馆发展方向。

（二）理论融合性——将博物馆传统理论向外延拓展，同城市集聚理论融合

城市是怎样诞生最终形成的？城市的功能与价值包含着怎样的内涵？城市形成与人类的集群性有何关联？城市规划学科、经济学科，种种问题学科间争论不休没有定论，但都不否认城市是为人服务的。只有博物馆，见证了每个城市的盛衰兴废，才能回答人类的终极问题：我是谁？我从哪儿来？我要到哪儿去？每个城市，又都是一个发展过程，从博物馆角度讲，将文化遗产、自然遗产、工业遗产、民俗、村落这些系统构建起来并将原有的结构放大，就使得城市发展有了根基，博物馆更大空间结构的布局也有了依据。

（三）案例示范性——用大同的案例做中国城市转型的典型

地球正在日益变成一个村，全球化是一把双刃剑，一方面使得所有资源、产品冲破时间空间的阻碍流通到世界的每一个角落，另一方面也使得城市千城一面，民族文化、各地域文化消失，大同现在的转型发展也面临着同质化的挑战，去个性化的挑战。"十二五"亟待圆满收官，

"十三五"开局在即，产业结构调整势在必行，资源型城市综合配套改革下一步去向何方，从全球化角度，城市发展路径角度，结构调整的角度，大同都处在历史节点。

世界的高度就是大同的高度，与世界接轨才是大同的出路，才能在激烈的国际竞争中有立锥之地，脱颖而出，抢占跨越式发展高地；才能不断前进和创新，在历史洪流中获得经验财富；也才能在城市原有功能载体、基础设施的根基上继续建设。

本文为大同量身打造的依靠博物馆转型战略，就是传统文脉唤醒战略、差异化战略、全球布局战略，是大同的文化顶层战略。大同的资源禀赋决定他必须在全球结构调整，我们不停地寻找大同，是在全球范围找大同的根茎脉络而并非仅在这片地面上找大同，我们不是把国家的事限制到大同来做，而是把大同的战略做成放眼四海的事情。

第一章 城市转型研究分析

第一节 浅析城市集聚理论与城市转型

简单说来，城市就是个分布区域与空间范围，在这个自然区划内人类进行农业活动，经济活动，物质文化交流等以完善自身的生存状态。这些行为与活动都伴有着集聚的性质，带有着趋利避害的色彩，地区的大量需求会引发生产者在此集聚，集聚经济随距离而递变衰减，知识流动、劳动力市场和共享产品等都受其影响。通过对以上现象、心理、效果的系统分析，就产生了城市集聚理论，即为城市的演化路径寻找可依循的理论支撑。

在现实社会中，城市正像同心圆般支配和影响着相关部门和产业。其作为中枢神经的作用越来越被广泛地认识到，城市是现代社会的信息集散中心，物流吞吐枢纽中心，人才聚集与分配中心，政策发出站，大型资源转换中心，以及经济增长极，市场指挥棒，资金配置点等等。带动周转协调着相关区域的功能和布局，实现着多方的效益。

城市发展像滚雪球一样规模不断扩大，原有城市扩建或新的卫星城建立，卫星城周围兴建小城镇，一级一级下放，由点成线，由线连成面，最终形成了城市圈城市带，相互影响交融最终实现城乡一体化。第一，城市聚集程度越高，初级产品供应需求量越大，供应链越完善，触须探的越长，辐射范围农林牧副渔等就越广。第二，城市聚集程度越高，生活节奏消费水平等多项指标都会上扬，土地价格看涨，原料成本增高，劳动力价格上涨，劳资矛盾尖锐，一部分不适应市场化竞争的企业就会退居中小城镇。这种现象被称作"工业外溢"。第三，"城市集聚地带富裕水平越高，税收丰厚，政府可将其中一部分税收财政进行二次分配或再分配，用来开发或辅助经济落后地区，即'转移开支'"①。为了能在竞争中立于不败之地，城市转型需要渐渐萌芽，为了提升城市发展后续力而不断转变经济增长方式，实行新型城市发展模式。

第二节 中国城市转型机遇与挑战

一 中国城市转型拥有的机遇

（一）党和政府高度重视，已升级为国家战略

中国经济社会、城市转型问题不仅是学术界热烈讨论的问题，也是党和国家高度关注的问题，尤以资源型城市最为迫切和典型。"十二五"期间依然是我国经济快速平稳增长，人民生活水平提高，全面建设和发展的绝佳孵化期，是改革开放继续深入、加强党建、提高城市综合竞争力，迅速转变经济增长方式攻坚克难阶段。

（二）后发优势明显，城市转型成本较低

后发优势指的是"在先进国家或地区与后进国家或地区并存的情况下，后进国家或地区所具有的内在的、客观的有利条件，能使发展中国家或地区比发达国家或地区实现更快的发展速度，表现为一种势能优势"②。我国当前就是厚积薄发，利用后发势能，通过对发达国家成果及经验教训的总结，借鉴经验，提高转型效率，避免不必要的错误，平稳实现转型。

---

① 张希君：《城市集聚理论与中国城市化战略调整》，《甘肃理论学刊》2004 年第 6 期。

② 何国勇、徐长生：《比较优势、后发优势与中国新型工业化道路》，《经济学家》2004 年第 5 期。

（三）全球产业转移，促进城市产业升级

全球产业转移已经经历了很长时间并且在新的历史条件和时代背景下还有更长的路要走，集中表现为转移规模更大、技术更先进、自主性更高，也就是说除传统国家和产业外，新兴经济体和同盟也积极加入转移行列，互惠互利，他们吸引产业，同时也将投资过剩的生产能力，向外转移、释放产业。

改革开放以来，我国东部地区既是先遣队，也是最早的受益者，通过开放、承接劳动密集型产业，打造全球工厂，成为我国人口稠密、城市化水平最高、城市功能完善，经济最为发达的区域。而今，全面富裕起来的目标考虑到人口、成本、资源要素等问题，这一区域的劳动密集型产业逐渐向内陆地区或者第三世界国家渗透，形成批次递进关系。一方面东部转型向更高技术含量更高效的产业挺进，由中国制造奔赴中国创造，另一方面中西部地区继续消化初级产业，拉动 GDP 增长，优先提高人民收入和生活水平。

二 中国城市转型面临的挑战

（一）缺乏全球化战略眼光

中国许多城市治理和转型缺乏走出去的勇气和意识，更没有拿到国际舞台横向比较分析的觉悟和行动，目光短浅可想而知，更不用提加入全球循环体系。城市建设理念落后，仍然片面追求土地的扩张，人口规模的控制，经济指标的增速，这种短视非理性行为使得经济增长方式依然以粗放增长为倚重，忽视能源损耗和环境污染，自然生态遭到破坏，贫富差距等社会矛盾日益显现激烈，高速不可持续的城市机器随时可能崩盘；城市治理理念落后，官僚主义严重，推诿扯皮，不作为不负责，对建设服务型城市认识有限；在倡导走出去的今天仍然缺少区域合作，故步自封闭门造车，地方保护主义严重。

（二）工业增长方式知识贡献率低

大量资源的浪费，势必造成劳动生产率低下，效率低下，拖慢城市转型速度。而生产率低下的重要因素，就是知识含量不够，没有弘扬人才强国战略，以知识为主导的经济形式发挥不出强势的力量拉动城市转型与发展。

（三）城乡二元体系矛盾突出，统筹任务艰巨

固有的城乡二元社会体系，政策不平等，劳动分工、资源利用与贸易条件均有差别对待和歧视，"国民待遇不一致，为城市利用不平等的经济、政治关系对农村进行剥削确立了基础，即人为地确立和强化了城市相对于农村的优势地位"①。不破除二元体系，必将阻碍城市成功转型。

（四）道德素质滑坡，人文精神缺失

在全社会紧锣密鼓的追求经济发展，城市社会时代建设的同时，一个悄然滋长的社会毒瘤就是民众道德品质的下降，人文关怀的缺失，社会不良风气的蔓延。人际关系冷漠、社会总体信任下降、社会道德体系失守，会严重影响和谐社会的建设，阻碍中国梦的顺利实现。必须尽快解救濒临倒塌的信任危机，营造诚信舆论环境，从公权力入手加强行为社会监督，合力打造文明社会，创道德新风。

第三节　城市转型借鉴模式举例

一　德国鲁尔区政府主导、系统治理转型模式

该转型模式亦称"整体转换模式"，多适用于资源枯竭型城市，通常在转型起始阶段就脱离了原有的资源及经营模式，进行企业转制，培养和鼓励新的替代产业。德国的鲁尔、美国的匹兹堡等是可以借鉴的案例。该模式城市转型，新发展思路与原有产业体系无依托关系或密切关联性，通过产业变革力量改变经济格局，新产业发展的基础薄弱，成功的关键很大程度上在于产业选择的正确性以及如何有效推动产业发展，由于难度巨大代价无可估量，转型周期通常以30年为下限，且会并发经济衰退、失业率激增、人口大量流失等转型阵痛。

德国的鲁尔从"煤钢中心"前后历时30年转型成为混合动力新经济区，改变了单纯依赖煤炭的生产结构，发展起汽车制造、信息等现代产业。还启动了"煤炭补贴税"这种转型模式，政策引导与政策倾斜，政府力量的强制介入与战略性规划是硬性保证。

---

① 李成贵：《国家、利益集团与"三农"困境》，《经济社会体制比较》2004年第5期。

二 美国休斯敦的产业多元化发展模式

1929 年，休斯敦作为美国南部首屈一指的城市开始崭露头角，崛起之机就是东得克萨斯大油田的开掘及美国各大石油公司的争抢。"20 世纪 60 年代后，石油开采业整体下滑，休斯顿为扶持矿业城市转型，及时制定相关政策法规，加速石油科研的开发。配套的机械、钢铁、电力、水泥、造纸交通运输等产业相应发展"①，并利用城市的区位优势，吸引和培训了电子、精密机械、仪器仪表等行业的多家高新技术企业，布点了宇航中心，有效带动了科研、教育、金融、贸易、医疗等的迅猛发展，使其到 20 世纪 80 年代以后，实现了智力、资金、技术密集发展。

这种类型，充分肯定城市原有产业优势，采用资源与产品深加工，延伸产业链和扩大产业维度，发展前后及周边关联的产业，提高资源附加值，淘汰落后产能，优化产业结构，以延长它的服务期，提升产业的核心竞争力。优点在于能够基于本地内生动力发挥原有优势，迅速启动转型并降低转型难度，可以利用关联企业、配套服务空间聚集所带来的集约高效生产，降低交易费用、运输成本，提高要素配置效率。但此种方法最大的缺陷在于容易陷入"路径依赖"，即长久施行下原来的利益既得群体容易形成惰性，不思进取而阻碍技术革新或拒绝转变思维行动模式，转型终究冲不破制度层面的阻挡，被迫沦为延续原有生命周期残喘。

三 英国伦敦泰特现代艺术馆——创意之都转型模式

（一）伦敦城发展绝佳案例

英国泰特现代艺术馆的真身，实际上是 1982 年关闭的发电厂。早在创立之初，老建筑再利用的创意设计就吸引了全世界艺术圈和建筑界目光，对于城市中有历史文化价值旧工业建筑进行现代意义上的"再利用"，无异于城市建设的创举。使伦敦市民有了创意文化的承载体，创意产业时尚中心和艺术工作室。

---

① 高峰：《资源型城市经济转型的路径与基本经验》，《中国科技成果》2012 年第 21 期。

（二）惊人之作留下的记忆

体积庞大的装置艺术作品，人群喧闹声与原来工厂车间钢结构走廊两边奏响音乐的行为艺术作品所发出的声音混杂在一起，大概是艺术馆最别有滋味的体验了。每年用涡轮大厅来展示大型装置作品不得不谓一项空间利用的完美案例。巨型蜘蛛张牙舞爪，巨型地缝仿佛要把人吸到地下，比照三层楼高的旋转滑梯像是激流勇进一般，都令人印象深刻。

艺术馆的陈列展览方式也别具心思，打破了惯常的时间顺序或断代史规律，将同一创作主题的展品布置在一起，或按内容及艺术形式分门别类展示，新潮的展示方式使得艺术创作理念超越时空正面碰撞，观众自然而然的受到启发，别有一番体验和经历。

（三）让观众做些喜欢的事

泰特现代艺术馆真心迎接每一位来宾，无论你是否有艺术修养。其服务理念就是鼓励每一个个人、家庭、团体都到艺术馆里来，根据自己的年龄层次和欣赏水平，结合自己的经验体会，收获不一样的观展体验。它同样鼓励大家高效利用馆内的配套服务设施和活动场所，书店、咖啡座、创意产品纪念品店、休闲餐吧等都是惬意的公共开放空间，每一项服务都是人性化、多样化的。

第二章 博物馆发展状况研究

第一节 博物馆的诞生与发展

一 从寻找博物馆开始

历史的长河奔腾不息，湮没了无数辉煌灿烂的人类文明，如何保护人类文明与智慧的结晶不被岁月所磨损遗弃？博物馆，一个肩负着使命的社会文化教育机构应运而生，它让历史在此刻生动形象的凝固，让人类文明以物质化的逼真形态重现，更贯穿了一条博古通今的时空隧道。

博物馆自诞生到今后何去何从，一直交互着两种声音：恪守传统与开拓创新。"一条是以博物馆功能为基础的专业化路线，另一条是以博物馆职能为基础的社会化路线。当前，这两条思想路线正在全球化的潮流和新整合理论的融合下进行新的探索和实践"①。

就中国社会而言，博物馆更大层面上是工业文明的产物，是城市文明的精华。中国的博物馆发展至今已经历百年风风雨雨。百年风云变幻中尤其是后五十年，博物馆伴随着人类社会的演变应运而生，发展壮大，昭示了其朝阳般的生命力。

二 传统博物馆理论批判

全球社会已进入从以提供私人物品为主导，向以提供公共物品为主导的战略转型时期，其本质是社会利益再分配，其价值是社会公平正义，均衡发展。殿堂橱柜式博物馆或由政府确认式博物馆的传统说教早已被历史所批判。

传统博物馆理论批判，还包括博物馆主体、路径、功能、传播、管理、教育等经典理念的颠覆。例如传统博物馆文献、定义、教科书，把博物馆建筑排斥在博物馆学之外，认为建筑是固有的条件，是无所作为被动和凝固的，和博物馆及文物没有必然的联系，漠视博物馆建筑。而现代理论发展重视边缘性、重构性、生态性，构建开放的博物馆理论，涉及多学科复杂系统架构，打破了传统博物馆学的局限性，认为任何理论的不变形态是永远在路上。

第二节 未来博物馆发展趋势

未来世界博物馆大趋势，总的说来就是走社会化路径，即经典博物馆向泛博物馆、去博物馆化的演绎。

1851 年，英国伦敦水晶宫第一届世博会，开启了近现代功能主义建筑，和新古典主义的先河，开创了论坛式博物馆先例——未来意义泛博物馆化。

博物馆未来发展路径，并非研究博物馆内部的问题，而是研究博物

---

① 杨春霞：《博物馆的职能整合与拓展》，《科技创业家》2013 年第 2 期。

馆在城市演进过程中，城市转型、城市战略的再定位。放眼未来博物馆，其一是原有的结构要放大，文化遗产、自然遗产、工业遗产、民俗、村落，这些系统要构建起来；其二，泛博物馆化、去围墙化；其三，潜在博物馆的开发创建，发挥着传统博物馆根本不具备的能力。

中国一直是传统计划经济模式，是官方管制的博物馆模式，但是现在讲博物馆规划和设计，更重要的是将博物馆理解为一个过程，是个大家可以广泛参与的场所。现在博物馆的空间越发宏大，英国20世纪初已申报工业遗产，日本及世界上30多个国家申报了工业遗产。传统历史博物馆，兴起的生态博物馆，湿地博物馆，社区博物馆，博物馆已经成为一个宏大的战略，是历史上或未来的最高战略。

德国柏林的博物馆岛中有六大机构，以整个岛为单位申报了世界遗产；美国上世纪就成立林荫大道博物馆研究组织，包括林肯艺术中心等场馆。在世界博物馆发源历史演进过程中，植物园、动物园、雕塑公园等都已算博物馆范畴。

泛博物馆组团建设的意义在于深入挖掘和高标准利用现有自然和人文资源，通过巧妙独创的规划构思，构筑合理的区域空间结构和土地开发利用模式，营造富有特色的区域物质空间环境，塑造鲜明的地域文化特征，形成市场的指挥棒和号角，为政府打造新的战略要素平台，为城市构建新的可持续发展路径。

第三节 中国博物馆发展动力探究

近年来，我国的博物馆事业取得了长足发展，这主要得益于国家各部门，各级单位的高度重视和协同配合。"截至2013年底，全国共有博物馆4165家，其中国有博物馆仍占绝大比重，共3354家，民办博物馆快速发展，已达811家。"[①] 国有博物馆在政策扶持下不断建立，民办博物馆也如雨后春笋般茁壮成长。

传统博物馆理论认为，文物是博物馆的基石，博物馆的发展是由文物和博物馆学家决定的，是收藏、科研、陈列推动博物馆进步，其理论

---

① 陆敏洁：《非文物系统博物馆登记注册体系设计研究》，复旦大学2012年硕士学位论文。

主要围绕博物馆内部规定性进行，即理论和实践重在对博物馆自身的认识探讨和研究。把博物馆的命运和前途，博物馆的未来动力寄托在文物的增加和博物馆学家的研究上。

其实，外部社会条件而非内部规律才是博物馆发展的根本动力。以国际博物馆运动为例，真正推动博物馆发展的是社会和观众，尤以博物馆建筑为例。几千年人类博物馆实践和历程都证明，是社会变革和观众的参与成就了博物馆的可持续发展。观众对于博物馆的创造及其参与，具有不可忽略的历史推动意义。

作为文化本位的博物馆，和任何作品一样，通过观众的对象化阅读和批评，而成为今天的博物馆。作为文化本位的博物馆，永远只存在于对象的阅读和批评之中，从而使之成为一个开放结构，博物馆通过与其发生有意义的观众感知去影响对象，同时对象也通过一定的感知塑造了博物馆。博物馆加工创造了对象，对象也通过阅读和批评加工和创造了博物馆，其中特别重要的意义是，在这其中只要有一方走失，双方都不能成为其本体和自身。在传播或接受过程中，双方互为副本，交换信息，才能展开自身的历程。

人类认识的构成既不是外在客体的简单复制，也不是主体的内部先天预定，而是自身主体与外部世界不断往复，交换信息和质量逐步形成的。我们对博物馆的认识，也是一个不断组织认识结构和丰富空间形态的过程。博物馆在历史和当下的阅读及批判中，也同步实现了历史和当下的博物馆，博物馆通过对象的阅读和批评实现了完整的开放结构，有了一个恒新的发展。博物馆同接受者之间的不确定性距离提供了场所的空间，同时阅读和批评也无不带着主体的情感、范畴与尺度介入作品，通过博物馆内容的点拨塑造自己的空间结构和思想路径，这正是来自对象的创造和意义。

中国博物馆发展动力主要基于中国社会发展。从辛亥革命故宫开始开放，到现代中国政府主导博物馆建设，博物馆的根本动力来自中国社会变革。改革开放以来随着中国城镇化建设进程的加快，博物馆收集城市繁荣的证据，也进入了全面建设时期。当今中国城镇化或新型城镇化建设，是今天中国博物馆发展的根本动力，中国社会转型需要博物馆作为文化载体。中国博物馆向社区化转型应该纳入中国社会转型和结构调整总体战略规划，特别是中国城镇化建设发展规划。

第三章　博物馆对城市转型的意义与作用

第一节　城市转型与博物馆事业相互促进

博物馆总是置于一定的时代和城市环境背景下，是使用者和参与决策的政治家相互博弈的产物，可以说城市发展到一定阶段博物馆才诞生。中国社会发展进入新的历史时期，政府职能从主要提供商品向主要提供公共服务、交易市场和公共物品转型。博物馆作为公共物品，是中国社会发展中的一分子。

博物馆含有重要意义价值：是历史经典文化载体、代表核心价值文化，是一定文化要素重新配置的结果。博物馆集中反映了各方面对文化公共物品的发展诉求，与城市根本价值与方向、可持续思想相吻合。"当前我国城市转型应该发挥博物馆文化资源的优势，促进城市公共文化服务体系的建设和增强市民的归属感及城市认同感"[①]。

"随着社会的发展，在社会主义市场经济条件下，我国博物馆已逐渐摆脱长期计划经济的束缚，开始注重经济效益和社会效益的共同发挥"[②]。博物馆与城市发展的关系越来越密切，许多城市都将博物馆作为城市之眼来对待，把博物馆的建设作为城市的形象工程。

博物馆与城市发展有着显而易见的促进关系。博物馆作为为公众服务的文化机构和城市文化教育的导师已在很大程度上被认可，博物馆未来发展，一定要置身于城市演变进程之中，通过社区开展活动，不断扩大自身影响力，飞进百姓的日常生活和精神世界。

---

① 欧阳国辉、王轶：《博物馆：城市发展的动力》，《长沙理工大学学报》（社会科学版）2011 年第 5 期。

② 徐湖平：《博物馆与城市形象》，《南通大学学报：哲学社会科学版》2005 年第 4 期。

第二节 博物馆与城市文化

一 博物馆代表城市文化水平

每个城市都有与之相应的文化素质来支撑和烘托,一定的文化内涵是城市最本质机理的东西。文化映射每个人的精神世界,也是城市的精髓和灵魂。任何城市的现代化进程都不敢也不能丢失"文化"这一城市的"灵魂"。

博物馆文化是文化事业的奠基石,标志着人类文明走向成熟,博物馆文化传播广泛深刻,任重道远。爱国主义教育基地、革命纪念馆、公共教育性质博物馆使博物馆教育从幕后走到台前,对于道德修养和精神品质的提高,增加知识储备,丰满人文气息,扩宽城市发展格局,改变地方形象增加影响力发挥着日益明显的作用。

城市公共文化服务体系,千头万绪,牵涉范围广泛,在文化服务机制、内容、主体、场地、方法,投资建设等方面都有所体现。博物馆凭借着其对文化资源整合的优势,可以最大限度地提升土地价值,在公共文化服务体系中起着中流砥柱的作用。代表着一个地区、一座城市的文化核心和缩影,避免转型期城市化进程中的千城一面和同质化。

二 博物馆教育职能

在当今知识源不断更新,信息大爆炸的背景下,博物馆对市民的教育、引导与启迪,使其被看作正规教育机构之外最有力的教育手段和教育场所。它不仅为成人自主学习教育提供场所和资源,也为科研部门展示科学成果,带来科技突破,它更是辅助学校教育的第二课堂。

从2004年起,国家不断出台博物馆方面的通知公告等,对其宣传教育,社会服务工作提出建议意见与指示,建设开放、展成内容与形式、经营与运行等也都以文件形式给予批示,由此看出,博物馆在社会生活和文化环境中的教育职责再不能被忽视。

"博物馆可以提供多种精神文化需要,例如科学的发展观、历史观、人文精神、文化知识、艺术的鉴赏和美的享受,提高人的综合素质,促进人的全面发展"①。博物馆文化顺应着时代的主流价值体系，宣扬真善美的品质，不负其教育使命。

知识的涉猎已经突破了传统简单的填鸭式单向输入，观众已经有主动性去获取知识技能，积极与主办单位展开交流与沟通，由传统的审美、教育、科研丰富至现代的参与、体验、娱乐。中国国家博物馆副馆长董琦认为，博物馆必须要不断提升服务水平，致力于提高民众的文化素质和道德修养。2002 年起国博就招募志愿者协助进行讲解等工作，通过在博物馆社会教育工作中引入义工、志愿者等形式，不仅形成了一个关爱博物馆的群体，更使公众与博物馆的心贴得更近，实现了"取之社会，服务社会"目的。

三 博物馆是城市现代化文化建设的桥梁

当博物馆成为一个城市市民的一种生活方式时，它作为城市文化风向标的作用是显而易见的。城市的文化、情趣、品位也将在全民博物精神的指引下理所当然的走向高端。

今天我们建设现代文化，究其根本仍是继承和创新两大历史使命，变相讲就是融贯古今，在历史及文化积淀上升华创新，建设当代文化。博物馆在塑造先进文化、创设地域文化的过程中自然担纲重任。

探寻一个城市的多样性、多元化文化，主要渠道不外乎几种，口耳相传于世，内化到人们生活行为中的；集中显现、雕刻在时代建筑实物中的；还有收集摆放，留存于城市多样博物馆中的。

第三节 博物馆与城市公共空间

一 博物馆调整城市公共空间和功能结构

"城市公共空间是存在于城市中建筑实体之间的开放空间，它具有空间的功能、界面、围合、比例等方面的空间体形态特征，是一个多层次、多功能的实体空间，它集观演、娱乐、休息、健身、餐饮、文化等为一体，是为城市广大阶层的社会公众提供生活服务和社会交往的公共场所，

---

① 林毅红：《博物馆艺术陈列设计中的"人文精神"》，《黑龙江史志》2009 年第 12 期。

是人们公共生活的舞台和发生器。"① 博物馆作为教育辅助机构和公共文化建设中流砥柱，散布着浑厚的文化底蕴，在新时期因政府职能的变化，市场调度作用的增加，更加成为市民交流与陶冶情操的平台，优化和调整了城市的空间结构。

博物馆见证着城市的兴衰荣辱，可以集休闲娱乐场所、教育机构研究单位、广场公园等建筑功能于一体，巧妙设计场景，以一带多，既凝聚又分散，实际上已成为城市多功能的文化中心，处于公共空间的主导地位。

二 博物馆给城市公共空间注入活力

毕尔巴鄂古根海姆博物馆，一个带给城市无限创意与生机的博物馆，我们惊呼它为一个奇迹，它更像是从神话中走出来的美丽建筑，或者说是窥探未来的诗篇，独创新颖的设计，崭新的材料建成奇巧的结构，造型独树一帜，吸引了无数人的目光与赞叹。

1991 年，毕尔巴鄂市的古根海姆博物馆由盖里进行建筑设计。毕尔巴鄂市早期因优良的港口在建成之初蒸蒸日上，伴随着西班牙称雄海上，往来贸易频繁，是重要的海港城市，17 世纪起日暮西沉。因为铁矿的发现，19 世纪这座城市曾短暂的苏醒过来，但好景不长，城市复苏只维持到 20 世纪中叶，1983 年，一场摧枯拉朽似的洪水更使得这座城市风雨飘零。转而发展旅游业的毕市并未取得成果，旅游资源乏善可陈，自然风光不佳，人文景观匮乏，如何吸引游客成为老大难问题。好在欧洲众多的背包客和文人雅士们贯爱在山水风物间探求人生真谛，适逢纽约古根海姆博物馆基金会也早有向欧洲扩张之意，合力之下，展现文化灵魂的艺术博物馆拔地而起，当代艺术奇迹终于得以示人。

盖里更加关注非正式性，非机构化，放松于环境，充满激情，把未来的建筑呈现给今天。这座伟大建筑终于使毕尔巴鄂城因它的揭幕而再度雄起。

---

① 欧阳国辉、王轶：《博物馆：城市发展的动力》，《长沙理工大学学报》（社会科学版）2011 年第 5 期。

第四节　博物馆与城市旅游

进入 21 世纪后，旅游为城市带来的经济效益越来越受到追捧，我国博物馆也瞅准时机与休闲旅游文化挂钩，与古遗址保护紧密结合，传统文化的展示与休闲娱乐结合在一起，为人文旅游的发展提供了有利条件，呈现出新的发展特点。在博物馆的设计规划中，更加适应城市需求，更加有利于城市功能的高效发挥。文博游，参与了城市文化旅游及现代服务业创新。

"博物馆是一个提升城市形象、透视城市厚重文化，展现城市魅力的重要窗口。新建的博物馆在最初设计时都有一个将其作为城市标志性建筑的基本目标，并以此来体现城市的特点"①。通俗地说，博物馆被人们作为城市的门面，时髦的话叫作"城市的名片"。人们重视博物馆的外形和它所体现的文化内涵，从本质上讲，是注重它彰显的城市精神，关注博物馆对城市品位与形象的提升。

博物馆与城市旅游业的伴随关系，在许多历史文化遗存比较丰富的城市中表现得非常突出。在发达国家也受到重视，例如：1990 年东西德重新统一以后，一阵博物馆热潮在柏林掀起，以往柏林围墙是人们争相目睹的景观，如今则大部分是为了感知文化。博物馆也从旅游业中获益颇丰，柏林"博物馆之夜"活动一鸣惊人。一年两次，此期间还提供丰富的特别节目，一个夜晚吸引游览人数可达 24 万人。

博物馆发挥旅游功能过程中仍要注意加强学术研究，打造陈列展览精品，博物馆既是历史文物的收藏机构，又是文化旅游的重要设施，可以馆藏文物为基础，设计文创产品，博物馆文创如今的境地很是尴尬，高大上的作品只能是小众品牌，普通产品又只能沦落为新意全无的旅游纪念品，如何把博物馆文创做精做强又不失与博物馆受众的亲密关系，也是值得深究的课题。

---

① 纪玉莲：《试论博物馆与城市建设发展》，《科技致富向导》2011 年第 6 期。

第四章 博物馆参与城市转型路径与对策

中国博物馆从"传统的庙堂说教或计划经济的围墙机构"向现代城镇化进程中的公共开放场所和大众可参与的过程转型，应当以制度设计为引领（制度设计包括：正在讨论的博物馆法、文物法）；创新体制机制；走泛博物馆发展新路径，融合大发展。

第一节 以制度设计为引领，纳入城市发展总体规划

依据国家《文物法》，中国政府国家名下的博物馆和机构，在中国领土领海内发掘、征集、持有文物，并对文物进行收藏、研究、开放。而开放是博物馆的最高形式，只有通过博物馆开放、文物陈列展出等传播形式，社会和观众才可能获得文物信息，即习近平总书记说的：要让文物活起来。

2015年3月国务院颁布的《博物馆条例》，是博物馆行业全国性法规文件，也是我国首个正式出台的文博系统文件，纠正了之前错误的甚至阻碍文博事业发展的规章条例。在整个文博行业刮过一阵新风，促进博物馆事业整体发展，在法律层面第一次明确了非国有博物馆的地位和属性，使得私人博物馆等的建立更加有法可依。"其核心内容要求加强藏品尤其是文物藏品的保护和管理，针对藏品的取得、安全保护、使用管理等分别作出规定，弥补了原有法规的不足"[1]；对于涉及文物或古生物化石的藏品，不仅与其他相关领域政策法规形成衔接互为依托，也在某种意义和层面上规范了文物市场的秩序。同时支持博物馆事业发展，鼓励博物馆借鉴外国发展模式，通过多种渠道筹措资金发展自身，鼓励博物馆向社会免费开放，强化服务教育、科研、文化建设等社会功能，与旅游等文化创意产业协同发展，开发相关文化创意衍生产品，丰富人民群众精神文化生活的同时提高博物馆适应性，提升博物馆社会服务水平。

---

[1] 《国务院公布〈博物馆条例〉鼓励博物馆免费开放（全文）》，新华网，2015年3月2日，凤凰资讯（http://news.ifeng.com/a/20150302/43248721_1.shtml）。

"《条例》明确了设立博物馆应当具备的条件，并对相关设立、变更、终止程序作出明确规定"①。由此，城市应将博物馆的发展纳入整个城市的发展规划当中，对博物馆的建设和发展给予政策性的扶持与指导。《条例》对博物馆发挥社会功能、开放时间、陈列展览主题和内容设计等方面也作出要求；对如何更好地发挥博物馆在青少年中的教育研究作用，如何有效组织讲解，适应不同年龄层次，教育水平、受众的理解能力也做了相应规范，规定寒暑假期间增设适合学生特点的陈列展览项目，这样更可以增加青年一代对博物馆的理解和利用率，对科学研究工作及相关专业领域创新发展提供了沃土。

第二节 关键路径是机制创新，由包办向开放转变

中国博物馆推动城市转型的关键路径是机制创新，从传统博物馆由政府包办或垄断，向机构、企业、团体、个人和一切非政府组织开放。中国博物馆承办与管理，政府始终高压管控，自导自演，社会参与程度低、积极性差，形式单调、管理僵化的局面一直得不到改善。"政事不分"严重阻碍了博物馆产业发展，博物馆非营利性，为社会和人类发展服务的性质无从体现。

新的时期应该实施无门槛自由备案制度，备案主体可为国家、省市、区县或街道等任何一级政府。政府必须简政放权，尊重博物馆的市场主体地位，维护经营者的权益，所有博物馆凡利用公共资源或收藏国家文物，包括教育机构、研究机构、企事业单位、国家机关团体等所拥有的非公共性博物馆，都必须在《文物法》的框架下向社会开放。开放是博物馆第一使命，可以督促经营者行使权力履行义务，也可彻底解决"管办不分"的问题。

未来的博物馆将更加社会化。它不再由政府包办，借鉴国外的市场调节模式，社会各界和私人办博物馆的热情和主动性将更高，强化社会参加，形成体制多元化的格局。无论是文物来源还是陈列展示都将遵循

---

① 《李克强签署国务院令 公布〈博物馆条例〉》，2015 年 3 月 2 日，东方网（http：//china. eastday. com/c/20150302/u1a8600394. html）。

市场规律，将由市场调节，呈现百花齐放的繁荣景象。

第三节　突破传统概念，鼓励博物馆创新之路

想要推动博物馆创新，中国城市转型进程中的博物馆必须突破传统博物馆围墙和玻璃柜。博物馆新趋势是结合文化、休闲和都市风格，在向公众开放的绿色环保的环境中表现政治上的正确。

一　博物馆形式创新

生态博物馆；文化遗产博物馆，包括古遗址、古村落、古民居、古街区；工业遗产；专题博物馆；民俗博物馆；植物园；水族馆；动物园；非物质文化遗产街坊；文化创意展览；美术馆；雕塑公园；主题公园；民俗美食街；古玩市场、各种临时展览等，都可以划归到博物馆概念范畴。

二　博物馆传播创新

过去博物馆在传播与教育交流中，宣教的色彩过重，呈现单向的交流，而当前社会的发展变化，包括信息量与信息源的迅速扩展、人们生活节奏的加快、人们兴趣爱好的变异、人们居住形式与交往方式的变化等引发了博物馆传播的变化。博物馆本着以人为本的宗旨，传播内容应更贴近大众心灵，使人们享受生命的每一分钟。博物馆无法直接从物质上解决人们的难题，但博物馆有能力净化人们的心灵，缓解人们紧张的神经，给予人们消除困惑与痛苦的信心。

三　博物馆建筑创新

中国煤炭博物馆坐落于中国煤炭之乡山西省。主体建筑以三层错台矿山形象作为主馆外形，连廊曲折，建筑楼群错落有致，好比设施完备的现代矿区微缩景观，通过博物馆建筑，仿佛就看到了煤炭大省的精神和文化内涵。

1996 年 10 月建成开放的新上海博物馆，圆形屋顶加拱门的上部弧线，象征"天圆地方"的圆顶方体基座使其视觉效果非同一般，宛如一

尊中国古代的青铜器，传统与现代合理交融，寓意上海博物馆是一件国家重器，彰显着其博物馆界的重要地位，就是上海的代言。

中国文字博物馆有着自己独特的后现代设计理念，"将殷商时期的高级宫殿建筑形象元素融入设计方案和造型，饕餮纹、蟠螭纹图案或在浮雕金顶，或在其他建筑构件上都有所体现，使人拾起殷商宫殿'四阿重屋'的联想，红黑图案的雕墙和雕柱，华贵雍容，将殷商文化辉煌的装饰艺术效果展示出来"①，古老文明的底蕴一览无余。

可见在多元化时代，每一座博物馆在外形、体量、规模、组合上可以推陈出新，立足于本城市的历史文化环境、地域自然环境、空间环境，独到地反映一个城市的外部张力和内驱力文化底蕴，打造一个城市的视觉符号。

第四节　走融合发展路径，挣脱传统计划经济藩篱

未来博物馆，应走现代社会融合发展新路径，实施同文化旅游、休闲健身、养生养老、文化娱乐、教育传播、现代高端服务业、创意产业、教育培训、社区公益等融合发展。它将成为城市文化与城市经济中最有活力和最主要的成分。将会采用企业管理方式，运用产品营销手段，占取更大市场份额，成为旅游服务业的支柱。

未来博物馆在信息化高度发达的时代，在大数据和网络的支持下，将利用网络突破传统计划经济行业樊篱、超越国界，在虚拟与现实的广阔空间更加充分的展示城市魅力，使城市的影响更加深远。

博物馆融合发展，专业类型会更齐全，体系更加完善，涉及人类生活的各个领域，其功能设施越发合理，在教育休闲娱乐之外，更注重感知和体验，将更具个性化与特色优势。

在社区居民心中，博物馆不仅是一个能够满足求知、咨询、休闲娱乐等需要的教育与服务机构，还是一个安全可靠，值得信赖，环境优雅，氛围和谐，文化气息浓厚，有助于提升个人品质的场所。

大型景观式的复原展览具有类似于公园的效果；至于科技展览馆，

---

① 《外国建筑缘何长寿》，《中州建设》2012 年第 11 期。

植物园等这样的博物馆本身就是一种休闲娱乐场所，博物馆附属休闲娱乐设施的完善与环境的美化，是博物馆主题的延伸，是服从并服务于博物馆的内容与主题的。文化气息浓厚的咖啡馆、书店、画廊、模型俱乐部、花店等，这些设施和场所都可与博物馆的内容与主题相互辉映，相得益彰。

第五章　大同资源型城市转型分析

山西是国家第一个全域综合性资源型经济转型综合配套改革实验区，任务艰巨意义重大，也是中国经济转型内涵最为复杂的地区。鉴于大同作为中国煤都的历史地位，已成为此次综合配套改革实验区的地标性城市。大同转型一直备受国内外关注。

大同转型成功与否意义十分重大，对新一轮结构调整，特别是对200多个资源型城市转型发展具有中国地标性意义和国家重大示范作用。在全球金融危机继续演化，中国经济下行压力空前的情况下更具有重要的导向性意义。

第一节　大同城市转型的必然性

根据大同经济下行压力现状综述及原因分析，大同目前仍处于建设和发展的攻坚阶段。

一　矿产资源日益枯竭，经济增长的压力和转型发展的要求并存

大同产业发展程度偏低，倚重采掘业，加工项目供过于求，技术档次低，产业结构调整动力不足，资源综合利用率低，农业组织形式落后，产品结构单一，亟须注入新的竞争动力。影响经济社会发展的主要矛盾和根本问题没有得到彻底解决，负重踽踽前行，历史的惯性使得我们步履维艰，可持续发展的内生动力和制度机制还没有形成。

大同煤炭产业所占比重大、影响大，煤炭行业面临的风险需予以高度关注，炭贱伤城，煤炭市场未来前景如何，对大同市生态环境将有怎样的持续影响以及大同市在国家能源战略布局中的地位将发生怎样的变

化，仍需组织专门团队及力量进行分析研究。推动前进的力量与困扰发展的矛盾同在，当前的经济下行压力和宏观经济形势，使得各种问题更加交错而棘手。

二　自然环境脆弱，经济落后并行

大同市属典型的干旱半干旱气候，地处黄土高原，土质疏松，风沙较大，植被脆弱降水少，不仅是塞外煤都，而且是重工业城市，矿区余煤燃烧释放的污染物以及煤炭运输车辆尾气中的二氧化碳、二氧化硫等有害气体便都直接排放到市区上空，严重污染了大气环境。长期先污染后治理错误方针行为已将宜人环境破坏殆尽，加上大同处于多震动带，地震频繁，经济发展相对落后、欠账多，使得文化遗产保护步履维艰。

三　名城保护任务艰巨

大同市基础设施不够完备，公共设施利用率低，城市服务功能不完善，规模效应无从谈起，第三产业和城市总体功能配置难度明显加大。

大同城市文化遗产保护，拆迁与建设、营销与管理、保护与开发等要作为一个有机的整体，统筹兼顾，站在全局角度思考问题，着力打造城市的文化身份和高贵价值，让人民群众长期共享社会共同财富。名城保护是一个统筹概念，凝聚文化，传承历史，记录现实，文明大同任重道远。

四　文化内涵挖掘浅薄，内容单调

大同的文化遗产多数经过千年历史的积淀，底蕴深厚，然而现如今的大多数景点很少对遗产义理和遗产故事的内涵进行挖掘，仅停留于走马观花式的快餐文化体验，关于更深层次的介绍很少涉及，文化遗产的吸引力得不到体现，也起不到陶冶情操增长见闻的作用；景点内的导游人员没有经过系统培训或深入学习，本身对历史遗产的人文精神和艺术内涵积累不足，讲解时只能照本宣科浮皮潦草，严重影响了游客体验，起不到文化沟通与传承者的作用。

产业转型是必由之路，正当其时。

第二节　大同城市转型关键

一　顶层制度设计

十八大以来大同的发展战略面临挑战，顶层规划缺失，对市场要素具有覆盖能力和号召力的大战略缺失。还没有有效地参与大区域一体化战略格局和中国创新。大同的产业结构与资源禀赋不对称，结构过重。没有构建大同战略资源走向中国或世界的开放平台。

在经济全球化、区域一体化的发展格局下，大同战略转型成功的关键在顶层制度设计，国家跨区域战略统筹规划对地方经济影响深远。

二　创新题材

中国改革正在从传统的规模经济走向效率经济，进而向价值经济转型，中国房地产及全行业产能过剩，投资产品匮乏，股市防御困局主导，归根到底是中国发展题材短缺，而题材决定结构，并对要素配置具有引领作用。创新中国价值题材，讲好中国故事对中国预期乃至全球预期至关重要。

重新寻找和发现中国已成中国转型当务之急。其坐标是站在时间的制高点上，在历史与未来之间进行深入思考；站在空间的制高点上，俯视全球进行客观比较，研发和释放中国战略题材，以中国题材赢得中国未来。因此市委提出的标本兼治，社会事业全面推进，加快转型步伐是迎接未来，攻坚克难，造福子孙的明智选择。

第三节　大同城市转型的路径选择

党的十八大报告指出："文化是民族的血脉，是人民的精神家园，全面建成小康社会，实现中华民族的伟大复兴，必须推动社会主义文化大发展大繁荣。"[1]

大同面对丰厚的文化资源，如何选择新的发展战略，掌握打好文化

---

[1]　刘彬：《关于社会主义文化强国建设的思考》，《新农村（黑龙江）》2013 年第 16 期。

牌的先机，以文化的发展推动建设中部明星城市，无愧历史文化名城和古都荣誉，我们需要通过文化创新去推动文化强市的新思维。

一 以博物馆为切入点的文化战略的提出和实施具有不可替代的战略意义

首先，大同城市集聚已经到了一个历史节点，规模误区和粗放式增长已经显现，大同的城市定位、城市功能、城市形态及城市差异化竞争力亟待重构，迫切需要博物馆战略这样的可持续发展顶层战略；从资源型城市讲，大同是国家级综合配套改革试验区，处在结构调整战略转型的大格局下，必须走生态为根，文化为本，结构调整，绿色发展转型之路。

其次，从时间节点和中国梦的角度来讲，现在正值"十二五"即将收官、"十三五"开局之时，距离 2020 年实现第一个中国梦，时间已经不多。地方政府正面临新一轮大考，其内涵包括：城市定位、核心理念、发展战略、产业结构、路径设计、对策研究、空间布局、制度安排、机制创新、综合方案、重大项目等。总之，当今的大同亟待构建顶层战略，以应对复杂挑战，以实现对各方面诉求的价值再覆盖，以引领大同向更高的战略层面进发。

再次，大同的战略平台在外部，市场在外部，人才和创新在外部。博物馆是文化战略皇冠上的明珠，是基于战略下的城市资源重置，旨在全球和中国更大背景下重新发掘大同资源禀赋的潜力，在更大的范围内配置要素和发现市场，构建大同战略资源走向中国或世界的开放平台。

最后，大同博物馆战略是基于全面创新和内生式发展动力，依据大同资源禀赋的差异性发展战略，其重点在于塑造注意力经济、事件经济，发挥区域优势，创新制度设计，促进大同有效参与大区域一体化战略格局和中国创新。

实施博物馆战略，对大同而言，是历史和人民的最终选择，不可替代。

二 博物馆文化旅游战略可行性分析

（一）大同文博资源调查统计

"大同市现有各级文物保护单位346处，其中，全国重点文物保护单位22处（云冈石窟被列入世界文化遗产名录），省级文物保护单位20处，市、县文物保护单位300余处。这些文物保护单位中有古建筑188处，古墓葬38处，古遗址66处，石窟寺9处，近现代重要史迹及代表性建筑23处（其中革命文物18处），石刻及其他22处。我市共有馆藏文物9.7万余件，许多文物在国内外享有很高的声誉"①。

大同要素鲜明的地域文化展现艺术光华：史前文化；恢宏大气的云冈石窟、巧夺天工的悬空寺是北魏文化的典型代表；内有东方维纳斯的华严寺、有辽金木构建筑的善化寺等可以窥探辽金文化内涵；边塞长城让无数游人魂牵梦绕、兵堡见证了苍凉的边塞诗歌、龙壁、明代大同府城是明清文化的主要特征，以及传统的工艺、戏曲、饮食、风俗民情。

大同是民族融合的大熔炉，北魏王朝的汉化政策、太和改制更加速了融合的进程和深度；北魏平城的城市建设颇具特色，都城建设独树一帜，是国际性的大都会；灵岩秀岳，草丰林茂；平城丝路贡市往来；太武灭佛文成复法，盛唐时三教倡明，都是这座城市的历史文化遗产。

（二）政府政策倾向

大同市的"十二五"政府工作报告中明确指出，未来要加快发展博物馆及文化会展业，建设中国雕塑馆、中国名人名家收藏馆、中国美术馆大同分馆、世界时装博物馆等新馆。政府提供公共物品、购买博物馆服务。

地方政府为了城市转型，必须将政策用好，将国家的投资支持与地方的好项目结合起来，双管齐下，同时注重企业与民间资本。融资的措施可以从两个方面考虑。一是财政。财政方面可以拿出转型专项资金，

---

① 杜一博：《大同文物保护话你知》，2010年11月，大同新闻网，http://zt.dtnews.cn/gcbh/。

通过对支出结构的调整重点投入优势项目，财政倾斜，事半而功倍。或是在项目银行贷款时给予相应优惠政策，进行贴息。财政还可以介入资金引导，对环保效益好、增效快、收益水平高，大力增加就业机会的项目重点扶持，鼓励发展。二是经营城市资产。城市是一笔宝贵而巨额的资产，如何盘活这笔资产，运转好整座城市而收取长久良性的利益，已经成为所有城市思索与探究的问题，也是城市自身发展获取资金的重要途径，在这中间，政府是城市资产的最直接占有者和支配者，拥有城市的经营权，城市空间、城市土地流转、有偿转让、出卖经营权，都可能取得巨大的收益。

（三）金融及投资支撑

改革开放后，大同作为"好好城市"的典范，以低廉的价格为首都和沿海开放地区奉献了23亿吨优质煤炭。彼时，"炭贱伤城"，这座建城2300余年、曾经是百年帝都的城市，几乎遗失了祖宗留下的文化遗产。在老工业基地及资源型城市转型面临困境时，国家应采取特殊的支援手段及扶助。"这些资金的支持包括：采煤塌陷区的治理、基础设施建设的改造、重大污染的治理、对国有企业破产支付破产成本、历史欠税的豁免、对转型项目的资金投入，以及在一些特定范围内税收的优惠政策"①。通过一系列直接、间接的投入，将一系列措施转变为地方发展的助力或减轻地方压力负担，帮助地方经济社会快速转型。

就旅游业的投融资办法与平台而言，国家旅游局，各部委以及有关部门，地方旅游促进部门，可以会同银行、金融机构、文化旅游企业等联合举办旅游文创项目推介大会，根据市场需要多方商定投融资优选项目，布置具有范例性质的试点项目。目前我国旅游行业的势头与前景已可以设立专项旅游基金，为大型项目的启动提供便利条件，这便解了一些未来综合效益好但是工程量大，几期投资需求高项目的困顿局面。这也使得大同的博物馆文化旅游战略融资方式变得多样化，可以利用国家制度红利，也可以采用债务转移，编资产负债表、以新债换旧债，自主发债等，提出诉求。

---

① 曹春雨：《对大同市经济转型的思考》，2006年12月，山西统计信息网，www. stats - sx. gov. cn。

第六章　大同博物馆文化旅游转型战略

第一节　大同博物馆文化旅游战略与对策

一　整合资源，保护与扩充遗产性博物馆

大同是一个历史悠久的文化名城，不仅有大量的物质文化遗产，而且有丰富的非物质文化遗产和文化空间（兼具空间性和时间性）。其中物质类有："古遗址、古墓葬、古建筑、石窟寺、石刻、壁画等不可移动文物，历史上重要实物、艺术品、文献、手稿等可移动文物；以及历史文化名城、名村落、巷舍街区等。"① 非物质类包括：民俗活动、乐舞戏曲、表演艺术、风土人情、传统知识和技能以及与之相关的器具、实物、手工制品等②。

边塞文化与军旅文化：军旅文化有题材、有特色大有可为。大同的长城古堡和烽火台曾经是抵御外辱的屏障。新荣区的边墙五堡，左云摩天岭长城，新平、得胜、宁鲁诸堡都经历过历史和硝烟的沧桑洗礼。北方边陲重镇，兵家必争之地。"大同士马甲天下"，固若金汤。白登山战役，平型关大捷，远近闻名。平型关已率先建起了纪念馆，全息场景复原战场刀光火影。

宗教文化：宗教将人对生命、对生活伦理，对政治的关注上升为信仰，用社会强制力使其神圣化并转化为社会意识形态，口耳相传流传至今，大同地区三教的冲突和融合，由拓跋鲜卑的盛乐时代和平成时代起，一直向下影响到整个北朝乃至盛唐时代。成为北方儒释道三教由剧烈冲突到和谐共存的典范，开创了三教融合的先河。

风俗，是人类社会相袭的礼仪，风尚和约定。节日庆典，婚丧嫁娶，衣食起居，独特的风俗习惯是流淌在身上的乡情。

当前，具有大同性格的古城修复正低调而持续地进行着。我们需要

---

①　王云霞：《文化遗产的概念与分类探析》，《理论月刊》2010 年第 11 期。

②　唐翼：《一种"记忆工程"的启动》，《中国社会导刊》2006 年第 12 期。

用博物馆人的思路整理配置这些原汁原味的文化资源，解决好土地复垦问题，树立保护与利用辩证统一的理念，用遗产性博物馆的形式将这些文化存留下来。

二 建设大同博物馆城

1707 年，圆明园——万园之园，被公认为世界最大的博物馆，一座世界博物馆城。其政治经济，人文历史，建筑工艺，文化艺术，科学技术，文物收藏，规模成就，评价影响等居世界之最。

现代，大同市应该在省委、省政府的大力支持下率先提出"博物馆集群"的发展理念，以泛博物馆战略覆盖历史文化遗产、自然遗产、工业文化遗产、大同历史名城复兴工程，及"十三五"规划、资源型经济综合配套改革等多元诉求。将分散在各地的各类博物馆资源聚集起来，将散落的明珠串成大地博物馆，投资建设"国际博物馆城"。保有乡愁，留住文脉，重返最辉煌灿烂的历史巅峰。通过加强与国际博物馆合作，学习埃及大博物馆经验，形成先进的理念，清晰的思路，对文博资源原真性强，如此壮观的世界文物大市，保有其鲜活的个性和特点，科学规划打造最有特色的博物馆城。

国际博物馆城项目，覆盖了旅游、文化产业，向下又可带动现代服务、科技产业、物流等第三产业。强调大众的可参与性，核心服务区具有华夏百工厂的性质，在配套设施和服务功能完善之后，将成为我省的首要爱国主义宣传教育基地、青少年社会教育实践基地、学术文化交流基地，物质与非物质文化遗产学习传承基地，达到国际前所未有的高度，类别最多、规模最大、设施最先进、景观最多样，信息最饱满，这种国际化的"博物馆集群"更有利于推动大同建设成为具有历史文化特色的国际化大都市，扩展国际交流渠道，促进实现山西创建文化强省的战略目标。

三 工业遗址的博物馆改造

英格兰铁桥谷，作为工业革命的发源地而闻名于世，后 1986 年，又成为世界上第一例以工业革命为主题的世界文化遗产。

乔治铁桥，年久失修，斑驳陆离，毫不起眼，却是世界上第一座铁桥，预示了影响人类历史和世界面目的一场工业革命的开端。这里保存完好的遗物，铁桥和鼓风炉最为有名，大多数散落在一个露天博物馆中。采矿区、关税房、铸造厂、生产车间、工人住房、教堂和交通设施罕见汇集，都可以追溯至工业革命时期。密布着由巷道、轨道、坡路、铁路及运河交织而成的运输网络，一时间，不列颠的科尔布鲁克代尔享有了"世界车间"或"世界作坊"的美誉。对比之下，中国城市普遍对工业遗产不重视，与世界差距很大。

2013 年，以工业背景为题材，大同市"转型发展、绿色崛起"发展战略和名城复兴工程结出又一硕果，借鉴北京 798 艺术园区经验，超前谋划区域管控，留住现代工业的历史记忆，制定土地利用和流转方案，在大同煤气厂工业遗址上注入文化灵魂，突出高端项目带动作用，建设文化创意产业园。一方面保留原有厂房和机械设备，一方面利用废旧设备，零件搞创作，自成一派完整的休闲娱乐组团建筑。包括工业遗址公园、演艺广场、艺术博物馆和艺术中心、创意产品消费区，艺术工作室生活区，之后进行商业和住宅开发、教育用地开发等。

大同晋华宫也创办了国家矿山公园、煤炭博物馆等寓教于乐的场所，将人文景观、地域特色、绿色矿山、煤炭沿革和工业遗址有机结合为一体，寻找到新的出路。

除以上发展方向外，大同社区博物馆的发展，生态博物馆的建设，古民居、古村落博物馆的兴起，都是未来博物馆战略所要囊括的内容。

第二节　大同博物馆文化旅游战略延伸

一　成立丝绸之路博物馆——融入"一带一路"倡议

大同历史上曾经是丝绸之路原创城市，北丝绸之路起点和终点。丝绸之路经济带，是不能割舍的少数民族大格局，丝绸之路既是大汉民族开创的，也是少数民族开创的。大同作为北丝绸之路的起点，有着一个绝对不可忽视的意义，她以气势恢宏的变革精神铸就的东西方文化大融合，华夏多民族大融合已成为人类历史最高范式，并一直代表着人类共同价值的最高发展方向。北魏时期由鲜卑等马上少数民族开创和经营的北丝绸之路，对我们今天实现更高层次的中华民族大融合，实现中国梦具有不可磨灭的意义。

它是少数民族所开辟的，贯通中亚、西亚、南亚和东北亚，前承两汉，后起隋唐的大文化形成之路。是经贸交流之路，是对外交往之路，是包容和合、美美与共之路。云冈石窟，就是丝路见证以及丝路产物。

大同必须毫不犹豫坚决参与丝绸之路经济带建设，成立丝绸之路博物馆，构建丝绸之路经济带战略节点。实施与丝绸之路经济带一体化战略，构建全球性大物流枢纽，丝绸之路经济带京津冀桥头堡，区域性综合保税陆路干港，丝绸之路经济带全球呼叫中心，新型装备制造业基地，现代服务业、高端服务业、创新型服务业、生产性服务业基地等。

二　加入京津冀城市圈，申请国家示范项目

不久前，省委书记袁纯清来大同市调研时，提出大同要发挥京津地区的夏都功能，打造避暑胜地。这一思路，对我市旅游产业跨越式大发展注入了一剂强心针。

自现代以来，从孙中山《建国方略》"第一计划"中就将大同与京津冀作为一个整体规划铁路港口建设。

战争年代晋察冀是一个整体。和平解放后，大同煤炭产业发展成立了煤矿筹备处，隶属于华北人民政府公营企业部。1949年8月30日，大同煤矿筹备处改称大同矿务局，仍隶属于华北人民政府燃料工业部，后逐步发展起来。

由大同周边城市群空间结构布局图，大同周边跨区域城市群交通未来发展规划，国家交通发展规划可见，解除交通桎梏，将大同加入京津冀城市圈，与其整合，构建其长寿之乡、夏都、陪都的旅游、休闲地产，将会发挥莫大的区位优势。

由于大同市与京津冀地区纬度相似，禀赋资源集群性好，产业结构、经济模式趋同，通过比较几方的优势互为供给、互为市场，共同营造特色氛围，坚持首都意识，形成梯次明显、优势互补的体系，将对整体资源配置大有裨益。

将大同世界博物馆文化旅游之都的规划，申请"十三五"国家示范项目，由国家政策支持大同综合配套改革顶层设计的实施，会促进其做最具世界影响力的文化旅游城市，实现3—5年，目标收入1000亿元。

三 世界遗产申报与课题研究

社会转型，项目终归是基础和龙头，要发挥优势高端项目的带动作用，将制度政策红利或资源优势做成落地项目，顺应市场和时代需求。鉴于大同当前正处在发展战略抉择的历史新节点，关键性遗产申报和课题项目就显得特别重要，关乎大同的未来走向。

（一）世界遗产申报计划

1. 加入长城系列。除北京之外大同是塞北最主要的一段明长城，得胜堡、镇羌堡等整个一带都为大的屯兵要塞，遗落的烽火台，这些都可以加入主力项目中成为子系列。

2. 丝路申遗大同拟申报点。北岳悬空寺；方山永固陵；沙岭壁画墓；灵丘觉山寺；北魏古城；平城1、2、3号遗址；城墙遗址；二侯疙瘩遗址；北魏明堂遗址；武州山石窟群—青磁窑石窟、吴官屯石窟、鲁班窑石窟、焦山寺石窟、鹿野苑石窟；左云北魏皇陵墓群。

3. 煤矿遗址、矿井申报世界遗产。全国性工业遗址需做登记普查，在中国率先启动工业遗产申报战略。改变传统思路，从资源环境的保护、从竖井的开采等各个方面来申报世界遗产。

4. 大同火山群遗址。可以建设运动场，创办滑草、滑翔伞、汽车拉力赛等国际赛事。

（二）《世界遗产课题研究》

包括：《丝绸之路世界文化遗产扩展项目课题研究》，其工作包括：将组织由联合国教科文组织参加的全球合作项目《寻找北丝绸之路起点全球论坛》《丝绸之路博物馆》《北魏平城历史博物馆》《北魏平城建都1616年——丝绸之路全球文化大融合发展论坛》《云冈石窟开凿1555年——世界佛教大会课题研究》《大同明长城及要塞世界文化遗产扩展项目》《煤炭工业遗址世界文化遗产申报项目》《大同火山群世界自然遗产申报项目》，全面启动大同世界遗产新战略。

结　论

随着中国经济进入结构调整和战略转型新时期，无论从博物馆内在规律还是外部动力来说，中国博物馆都要随着中国社会转型进入新的历史转型期。

本文首先从制度设计的高度，着眼中国城市发展进程中的结构调整，引入泛博物馆理论及实践，参与中国城市变革与创新，具有重要的建设性意义和实践价值。对作为应用学科的博物馆理论的发展方向、发展动力、发展路径与对策等作出的新鲜阐释也具有积极意义。

论文主要研究的路径是实践导向性，即中国城镇化实践决定中国博物馆发展方向，是博物馆发展的核心动力；理论融合性，即博物馆内在传统理论向外延拓展，推动博物馆理论与城市集聚理论、产业演进理论在融合中创新，从而探索更为广阔的发展空间；案例示范性，即以中国文化古都大同城市战略转型为例，并在顶层进行谋划，为中国资源枯竭型城市综合配套改革提供可咨询的发展路径。

对提升和认识博物馆学科与边缘学科的融合创新，博物馆在中国创新发展中的实践等具有重要的方向性意义。

文化艺术与经济实体融合
互动的多种可能

——对一个融博物馆、美术馆、艺术酒店
于一体的新业态个案的调查研究

2017 届　堵佳艺

（导师：故宫博物院　李文儒研究馆员）

绪　论

一　研究背景

近年来，发展文化产业已经成为政府部署动员、社会公众参与、学术理论研究的重大社会热点。

2014 年 3 月国务院发布《关于推进文化创意和设计服务与相关产业融合发展的若干意见》，对文化创意与实体经济深度融合作了系统部署，把文化产业发展提升到一个新的阶段。

2016 年是国家制定的国民经济和社会发展"十三五"规划的开局之年。"十三五"规划明确提出"文化产业成为国民经济支柱性产业"的要求。

2016 年 5 月，国务院转发文化部、国家发展改革委、财政部、国家文物局《关于推动文化文物单位文化创意产品开发的若干意见》，《意见》提出了充分调动文化文物单位积极性、发挥各类市场主体作用、加强文化资源梳理与共享、提升文化创意产品开发水平、完善文化创意产品营销体系、加强文化创意品牌建设和保护、促进文化创意产品开发的跨界

融合等七项主要任务。

2016 年 6 月，文化部召开全国文化产业工作会议，会议要求以更大力度推动文化产业创新发展，实现文化产业成为国民经济支柱性产业。文化产业要以创新、协调、绿色、开放、共享的新理念为引领，推动文化产业供给侧结构性改革，提升质量效益。会议阐明"十三五"时期文化产业发展的主要任务是要进一步完善文化产业政策法规体系，推动文化产业结构优化升级、优化区域文化产业发展布局，发展壮大文化市场主体，扩大和引导文化消费，鼓励和引导社会资本进入文化领域，加强对外贸易，优化文化市场环境，强化人才培养和扶持。

由以上所述可见，我国文化产业发展到今天，已从国家政策层面提升到一个新的高度，为文化产业发展制定了新的定位、新的要求、新的视野。文化产业必将由此而出现新的业态、新的格局与新的面貌。其中最重要的是文化创意与实体经济的深度融合、跨界融合。

文化产业进入一个新的阶段，也给博物馆、美术馆等文化艺术机构，尤其是与产业实体有着天然联系的民营博物馆、美术馆提出了新的要求，指明了新的努力与探索的方向。

二　研究对象、目的和意义

本论文正是基于上述背景，选择了一个由多种实体构成，融博物馆、美术馆、艺术酒店为一体的新业态个案，展开深入具体的调查、分析、研究，以国家政策为导向，以国内外关于文化产业发展的研究理论为参考借鉴，研究探讨艺术产业化、产业艺术化、文化艺术与产业实体融合的新业态以及两者互动的种种可能，探讨文化艺术资源与文化产业、与经济实体跨界融合的种种可能与实际效果。

期望本论文的研究在文化创意、文化产业与实体经济的深度融合、跨界融合方面既有理论探讨的意义，又有实践探索、实际操作的意义。

三　国内外研究现状

（一）国外研究现状

国外文化产业概念与我国文化产业概念虽然有差异，但在某些方面对我的研究还是很有参考价值的。

目前国外文化产业的研究范畴主要分为以下三类：

第一，文化产业的基础理论研究及宏观发展趋势研究；

第二，文化产业的发展政策及战略研究；

第三，文化产业的市场化运作及管理策略研究。

从研究主题来看，文化产业的政策体制、市场运作及管理等研究主题受到国外学者的普遍关注，并且西方学者更注重对具体个案进行调查研究，国内则多采取宏观理论的视角进行论述。

就研究方法而言，国外相关研究成果偏重于实证研究，通过建构理论框架和定量分析进行具体考察和案例研究，研究切入点较小，提出的策略建议较为具体和富有针对性。[1]

其中，对博物馆这类文化艺术机构与旅游业相结合的研究，是比较常见的文化产业与实体经济结合的例子，但这仍然是少数。

除此以外，国外很早便出现了艺术酒店或博物馆酒店，它们以小而精巧著称，多分布于英国、法国、意大利等国，如法国尼斯的内格雷斯科博物馆酒店。由于酒店的装饰设计、艺术品陈列富有艺术气质而得名。或是由于酒店具有博物馆性质，例如酒店的建筑本身就是一座文化遗产，同时又有收藏展示，且又作为酒店来经营，因而被叫作博物馆酒店。

然而，对于博物馆与酒店的融合，即文化艺术机构融入产业实体的研究，尤其是对于二者相互关系的研究并不多见。但博物馆、美术馆与旅游、与酒店，知名企业与自建的博物馆、艺术馆，著名品牌与博物馆、美术馆资源的关系等，仍然是笔者关注与参考的重点。

（二）国内研究现状

我国文化产业的理论研究、规模化发展和学科建设是从 20 世纪 90 年代逐步兴起的。文化产业从无到有、从萌芽到全面发展，对拉动经济发挥着越来越重要的作用。"十三五"规划中已经把文化产业列为国民经济支柱性产业。文化产业学术研究也经历了从无到有、从形成到发展的过程。

各地政府、高校也纷纷成立研究机构，影响较大的有中国社会科学

---

[1] 刘心一：《近十年文化产业国外研究进展及相关启示》，《贵州师范大学学报》2013 年第 6 期。

院文化研究中心，相关研究成果问世较多。但国内对于文化产业的研究总体上仍不完善。首先体现在学科建设和理论体系的完整性不足：在基础研究上，文化产业的概念、范畴、标准和要素的不统一，使研究难以进行横向比较。在研究方法上，文化产业研究的定向分析较多，定量研究不足，难以将理论研究、实践探索和经验判断有机结合起来。①

由于文化产业发展中文化创意、设计服务与经济实体深度融合，文化创意产品开发的跨界融合等新理念提出不久，这方面的研究远没有充分展开。以往的关于文化产业发展的研究中最大的短板是缺少对经济实体与文化创意关系的研究、缺少经济实体与博物馆、美术馆及其资源关系的研究。文化艺术部门，如博物馆、美术馆对文化产业的研究局限于利用自己的资源开发旅游参观纪念品，同样很少展开文创产品研发、文化创意、文化产业与经济实体跨界融合的研究。

因此，本论文主要的研究参考将集中于近三年来与笔者的论文密切相关的国家政策文件，研究机构的研究报告，以及专家学者与此相关的研究成果。

四　研究内容和方法

研究内容主要集中在对一个集博物馆、美术馆、艺术酒店三位一体的个案作深入、具体、细致的调查研究。调查研究的重点在三个方面：一是详细了解这个融博物馆、美术馆、艺术酒店于一体的新型业态的形成过程，多种资源、跨界资源的组合过程，及其产生的实际效益；二是分析研究此间文化艺术与产业实体、经济实体融合互动的新业态模式继续发展的种种可能，本部分内容不限于这个实体自身的规划，而以研究指向下的可能性发展创新为主，更多一些从个案出发的主观想象延伸；三是在此基础上由个案到一般，探讨总结文化艺术与经济实体融合互动的价值、意义及前景。

研究方法主要是把实习与调查研究结合起来，以近年来国内外文化产业研究成果为文献参考，以政府政策文件为导向，以一个具体的博物馆、美术馆、艺术酒店三合一的产业实体为个案，在已有理论研究的引

---

① 王骏飞：《当代文化产业理论研究现状和发展趋势》，《社会科学研究》2011 年第 4 期。

导下，在政策的导向下，深入调查个案，详细分析个案，坚持从活态的个案实际出发，理论紧密联系实际，由实际个案导出理论总结，从而有效地达到研究目的。

五　研究的创新点

（一）研究内容的创新

在现有的文化产业的研究方面，与博物馆、美术馆关系密切的，不论是公共文化机构还是机构外的企业，较多集中在利用文化艺术机构的藏品资源，做开发文创产品的研究，而较少关注文化艺术机构与文化产业实体及与文化产业之外的经济实体相结合的研究，较少关注文化艺术机构的优势资源与经济实体资源相结合的研究。本论文通过对一个集博物馆、美术馆、艺术酒店于一体的产业实体个案的调查研究，探索文化艺术机构、文化艺术资源与产业实体、经济实体互动融合的新业态模式。这是本论文的内容特色与创新之处。

（二）研究方法的创新

本论文以文化产业的相关理论作为参考，以国家发布的政策文件为导向，以文化艺术机构与产业实体的结合为个案，既不是纯粹的理论研究，也不是单纯的政策解读，而是理论、政策与实际案例三个方面相互结合的研究。在研究方法上，有鲜明的创新之处。

（三）具有的现实意义

国家的文化产业发展到一个新的阶段，"十三五"规划纲要中将文化产业列为国民经济支柱性产业，对文化产业的发展又提出了新的要求。本论文着重于对文化艺术机构、文化艺术资源与产业实体、经济实体互动的新业态研究，探索文化产业发展新模式，在理论和实践方面都有很强的现实意义。

六　需要说明的问题

由于目前对于文化艺术机构与产业实体、经济实体结合的相关研究不多，可参考的文献资料、研究成果较少，本文的撰写以具体的个案调查研究为主，文献引用较少。

本论文只选择一个新型业态个案作为研究对象，难以在更大的范围内做更广泛的调查研究，在代表性方面会有较大的缺陷，说服力不够，会影响论证的严密与深度。

第一章 文化艺术与经济实体融合互动新业态的积极探索——以奥加美术馆酒店为例

第一节 奥加美术馆酒店概况

位于北京东直门外大街中段的奥加美术馆酒店，作为酒店，其地理位置具有独特的优势。既处于北京市的核心区域，又紧临外国驻中国使馆聚集区。奥加美术馆酒店的前身是北京服装大厦，后更名为奥加饭店。酒店更名时，由于对面是澳大利亚驻华大使馆和加拿大驻华大使馆，从中各取一个字，便是"奥加"的由来。又因为那年正好是 2008 奥运年，也暗含了"为奥运加油"的意思。

酒店的前身服装大厦，本来是与服装设计制造业连为一体的。在服装业、服装市场的激烈竞争中，在国企改革的浪潮中，在服装类国企不改革就没有任何出路的情况下，原服装大厦负责人李英杰被推上了带头改制的第一线。

改制后的服装大厦，同样面临着激烈的市场竞争。在改革探索中，李英杰逐渐明确了把服装大厦改造成一座具有鲜明个性、鲜明艺术特色，具有强大吸引力的艺术酒店的目标。这一改革方向的逐渐确立，是由以下几个方面的因素促成的——

第一，是市场竞争、生存需求的倒逼。随着国企体制的改革，随着服装行业的结构性分化与重组，服装大厦原有的为本行业会议、活动、住宿服务的优先性与垄断性通通消失，由原来基本上无须考虑开拓市场的状态一下子进入与所有酒店同等竞争的市场领域，而服装大厦在各个方面都处于竞争劣势。服装大厦的生存与发展，必须找到与一般酒店业同质化相区别的差异化、个性化特色之路。

第二，服装大厦在计划经济时期不仅是服装业，同时也是轻工业领域的设计重镇。服装大厦一直为轻工业设计协会提供办公、会议场地，并出资承办《设计》杂志，服装大厦董事长李英杰兼任设计杂志社社长，在设计领域具有一定的影响力。

第三，董事长李英杰不仅是一位必须挑起改革重担的企业家，同时也是一位极具艺术情怀的艺术设计师。主持和组织过不少设计、生产项目。

第四，李英杰为原中央工艺美术学院，清华大学美术学院研究生班毕业，多年来与母校关系密切，热心积极地参与母校的艺术活动，在同学师生中有着良好的口碑，艺术人脉资源深厚丰富。

第五，李英杰酷爱艺术品收藏，个人和企业均有一定量的艺术藏品。

第六，服装大厦具备独特的区位优势——地处使馆区，如果建成一座特色鲜明的艺术酒店，必然会满足、引导各驻华使馆对艺术酒店的长期需求。

综合分析以上劣势处境与潜在资源优势，董事长李英杰锁定了把服装大厦打造成北京地区具有领先水平，至少是率先探索的特色艺术酒店。由于面临困境必须改革，由于主要决策人李英杰在混合型经济实体中是最大股东，更由于李英杰的特殊资源和个人魅力，全体股东一致同意并放手支持李英杰创造新型酒店业态的选择。

大方向、大目标确定之后，把服装大厦转变为艺术酒店的条件并不具备，而且，也不可能在短时间内创造和集聚足够的条件。

李英杰用了将近十年的时间，才基本完成了从服装大厦到艺术酒店的华丽转身。

第二节　以实体经济为依托的文化艺术资源的积累

李英杰十分清楚，要实现把服装大厦改造成艺术酒店的目标，最重要的是充足的艺术资源的积累。而艺术资源的积累，又离不开实体经济的支撑。原服装大厦虽无特色，但毕竟是一家正常运营的酒店，加之区位优势，经营虽不理想，却也有着比较稳定的收益。李英杰不断地说服股东们，把服装大厦打造成艺术酒店，为的是以特色经营，以差异化经营，以文化艺术与实体经济的融合，创造新的酒店业态，从而获得更大的社会效益与经济效益。围绕这一目标，任何有利于这一目标实现的投资，尤其是为积累艺术资源的投资，是必需的，也是值得的。而且，这样的投资，大多属于固定资产保值增值的无风险投资。

以这样的共识为前提，多年来服装大厦的经营利润，几乎通通投入在艺术资源的积累上。艺术积累主要体现在以下四个方面。

第一，艺术空间资源的积累。更名为奥加饭店以来的将近十年时间里，属于基本建设的饭店局部的改造施工几乎从未停止过。由于饭店的前身是既有接待功能，又有办公功能，还与服装设计、车间连在一起的综合体。在改制转型过程中，随着使用功能的断断续续的调整，空间格局也在断断续续地改造。并且由于城市改造，多种旧设备的更换，空间格局也在断断续续地调整。对于酒店来说，总的变化是不断地腾挪出一些可以利用的空间。这些空间的使用可以有两个选择，一是用作酒店接待，一是用作艺术空间。由于转型为艺术酒店的目标明确，这些不断腾挪出的空间不断地被改造为艺术空间，总计建筑面积超过 3500 平方米。这些大体量的艺术空间的积累，为奥加饭店向艺术酒店的转型奠定了坚实的基础。

第二，艺术创作资源的积累。也就是艺术家人脉资源及与艺术家相关的人脉资源。可分为两个方面。一是重视建立与重要的有巨大影响力的艺术机构及其艺术家的密切关系。如与清华大学美术学院，即原中央工艺美术学院的关系，与在清华大学美术学院学习时的同学、老师保持较为密切的联系。李英杰一直积极参与清华大学美术学院的艺术活动，并热心资助艺术教育、艺术研究项目。如设立面向学生的奖学金，出资赞助清华大学吴冠中艺术研究中心、张仃艺术研究中心的成立，为清华大学美术学院的老师们举办艺术展，特别是为已经退休的但还没有举办过较大个人艺术展的老教师们举办个人艺术展。二是重视来自民间的草根艺术家及其艺术作品。主要采取邀请选定的艺术家进驻酒店的办法，酒店提供工作室，艺术家自由创作，自由参加各类感兴趣的艺术活动，并为艺术家举办至少一次的作品展。

第三，海外艺术交流资源的积累。李英杰利用出国考察交流的机会，致力于与自己爱好、创作、收藏关系紧密的海外艺术家建立密切的交流关系。如他本人爱好并热衷于硬石艺术的创作与收藏，当他在佛罗伦萨见到为美第奇宫殿做硬石艺术创作装饰的世家传人艺术家后，便邀请其到北京自己的酒店做客访问，切磋技艺，做讲座，创作作品，并邀请艺术家到清华大学美术学院作专题讲座，现场创作作品，与清华美院的老师学生现场交流。

第四，艺术品收藏资源的积累。李英杰及酒店的艺术收藏一开始比较杂，后逐渐过渡到相对集中。主要有硬石平面艺术作品，石质、铜质、木质雕塑艺术作品，瓷艺术作品，油画、中国画等。除不定期展览外，部分收藏品陆续布置在酒店公共空间和艺术空间，而此举也受到入住者的一致好评，更加激发了李英杰和酒店的收藏热情与收藏力度。

第三节 文化艺术内容的选择定位

围绕打造艺术酒店的明确目标，在众多的艺术内容选项中，逐渐聚焦于英杰硬石艺术博物馆与奥加美术馆两项。

在李英杰和奥加酒店的艺术收藏中，李英杰最钟情、耗时最长、花费最多、特色最鲜明的是硬石艺术的创作与收藏。

应该说，李英杰是硬石艺术的原创者和命名者。李英杰创作的硬石艺术，特指李英杰从具有亿万年历史的岩石剖面纹理中选择构图、精心设计、经机器切割打磨而成的岩石画。30多年"淘石"生涯，历经千辛万苦，走遍东西南北矿石区，李英杰创作出800余幅岩石画。边创作，边展示。2005年，建成"石园艺馆"，初始面积为150平方米；2009年，扩建成"原生态艺术馆"，面积800平方米；直至2015年改造最终完成，展出面积达到1300平方米；由此特向北京市文物局申请成立英杰硬石艺术博物馆。北京市文物局认为李英杰的硬石艺术填补了北京市博物馆种类的空白，批准其成为一家正式注册的具有专业特色的非国有民办博物馆——北京英杰硬石艺术博物馆，正式向社会公众开放。

李英杰硬石艺术是一门非常独特的艺术门类。天然石画大多选自因地壳变迁及火山活动成岩于一亿两千万年前的岩石剖面，这些剖面纹理与色彩构成的图案迹象，似国画、似油画，但又有别于一般的绘画，似画非画，鬼斧神工，变幻莫测。每幅作品都具有唯一性和不可复制性，综合起来看，极富传统性、当代性、抽象性、印象性、写意性……绘画史所涉几乎无所不包，具有极高的艺术价值、科学价值与收藏价值。李英杰的老师，当代伟大艺术家吴冠中看后题词："无粉本，作者消失尽。"李文儒在《天地人：发现＋选择＝创造》中评价道："李英杰经历和享受着的创造之苦、之乐、之喜，不是我们能体会到的；但亿万年的天地造化，亿万年的熔炼与沉默，却因此被赋予了无限丰富的美学价值——万分奇特的东方意象之美与西方印象之美——呈现在我们面前。"[1]

奥加饭店在艺术积累基础上的第二项重要内容是组建奥加美术馆。李英杰在创作、收藏、展示他的硬石艺术的同时，特别关注并不断收藏与硬石艺术相关的艺术作品。如意大利硬石画，石质雕塑，石质建筑构件。另有陶瓷板画，陶瓷雕塑，木雕，青铜雕塑和其他金属雕塑。还有中西方油画，中国画等。李英杰的目标是建立一座与英杰硬石博物馆并列的奥加美术馆。原因有三：一是除他的硬石艺术之外的收藏需要展示的空间；二是奥加饭店需要一个经常举办艺术展览、艺术活动的空间；更重要的，三是他在努力树立酒店的艺术形象，如果说英杰硬石艺术博物馆是酒店的固定形象，那么，奥加美术馆就是一个更加倾向于动态的、富于弹性的艺术形象，一旦条件成熟，奥加饭店就会更名为奥加美术馆酒店。

第四节　文化艺术活动

事实上，李英杰在千方百计建造两个文化艺术实体，营造尽可能大的艺术空间的同时，奥加饭店的艺术活动一直持续不断。影响大的有以下几个方面：

一是艺术展览。英杰硬石艺术博物馆硬石艺术品出国展，先后赴意大利、法国、马耳他、德国、日本、韩国等国展出；为以清华大学美术学院老教授为主，包括其他学校的老教授举办个人艺术展；引进意大利、德国、韩国等国艺术家的作品展；为民间艺术家举办个人艺术展。平均每年举办6个以上的展览，总计已举办展览40余次。

二是艺术研讨。有为配合展览举办的学术研讨，有为某个艺术活动、

---

[1]　李文儒：《天地人：发现＋选择＝创造》，《岩魂：李英杰原生态艺术》，2013年。

艺术项目举办的研讨论证，特别有为政府部门的文化艺术交流展览项目作出国前的预展和征求意见的讨论。

三是艺术交流。主要是接待国内外艺术界人士住店创作，相互对话，结合创作举办讲座；为从事中外文化艺术交流的机构提供办公和活动空间，并参与相关活动。

四是艺术聚会。主要是发挥区位优势和文化艺术特色优势，接待周边驻华使馆的文化艺术活动，文化艺术人士的聚会活动，以民间文化艺术交流为主。

以上这些文化艺术活动，日积月累，在文化艺术界和酒店业界逐渐产生了特色品牌效应。

第五节　艺术空间、艺术机构的形成与艺术酒店的诞生

经过持续不断的努力，不惜工本的硬件投入改造，坚持不懈的文化艺术资源积累，从服装大厦到奥加酒店，本来是以接待旅客住宿的普通酒店，逐渐脱胎换骨，以两馆一店的全新的面貌出现在人们面前。

两馆即英杰硬石艺术博物馆和奥加美术馆，一店即奥加酒店，酒店还包含奥加公寓。两馆为酒店内向社会公众开放的公共文化艺术空间。公共艺术空间不限于两馆，包括为酒店配套服务的其他公共文化艺术空间。酒店客房与公寓为经营服务空间。

一　公共艺术空间

（一）英杰硬石艺术博物馆

英杰硬石艺术博物馆总面积 1300 平方米，包括工作间，序厅，接待厅，展厅，展厅兼会议厅、宴会厅。位于地下二层，全部高档硬石材装饰，与展品材质协调。全封闭，布人工光，展示效果绝佳。长年固定展出硬石艺术作品 100 余件，藏品 800 余件，可定期轮换展出。

（二）奥加美术馆

奥加美术馆总面积 800 平方米，包括固定展厅，专题机动展厅。位于地上一层，与酒店大堂连通，出入方便，便于各种展览的举办和活动的开展。

（三）其他公共艺术空间

奥加艺术多功能厅，400平方米；奥加空中艺术花园2处，400平方米；奥加国际艺术家驻留中心，300平方米；奥加艺术与产业研发中心，100平方米；奥加艺术酒店大堂，500平方米，包括接待前台，百味书屋，百味书屋兼咖啡、茶餐饮。

二 酒店经营服务空间

（一）酒店客房

共90套。将原普通客房改造成特色精品艺术间。特色之处在于每一层的走廊、客房都是一个主题鲜明的原作艺术品展示空间。入住宾客既可随时随地欣赏公共空间艺术，亦可随时随地欣赏走廊与居住房间内的艺术品。

（二）奥加艺术公寓

共40套单独公寓房，个性化、定制化艺术需求空间。可适应与公共艺术空间配套的不同需求者需要。

（三）奥加南戴河海滨艺术创意创作基地

10栋别墅，每栋建筑面积220平方米；40个标准间客房。均临海，距海滩不到百米。

苦心经营至此，可以挖掘、可以利用、可以整合的硬件资源基本完成，从服装大厦到奥加酒店再到艺术酒店的硬件转型条件已经具备，文化艺术资源软实力积累基本奠定，水到渠成，奥加美术馆酒店正式挂牌。

第六节 文化艺术与经济实体融合互动的明显效应

如此类型的软硬件资源优势组合，再辅以使馆区区位优势，在中国，在北京，几乎为唯一。

创新性的业态构成与相应的文化艺术活动，取得了极大的品牌效应，特别是在与对外文化艺术交流及与使馆联系密切的海内外文化艺术机构人士中产生了极大影响，为奥加饭店赢得了广泛的国内外文化艺术声誉，聚集了国内外文化艺术人气，扩大了影响，增加了知名度，更为这一酒店业界新型特色品牌有效地增加着品牌含金量。单从酒店的出租率看，由原来年平均 70% 达到 90% 以上，外宾入住率由 20% 上升到 30% 以上。其他收益，如多种活动带来的空间利用率的收益更是直线上升。

更为有价值的是，这一文化艺术与酒店融合互动的新业态的出现，建立了其在文化艺术界，博物馆界，中外文化艺术交流界，驻华使领馆界，酒店及旅游业界的影响力与美誉度率先领跑的地位，保持这一优势继续发挥，由此可能产生的持久效应是难以估量的。

第二章　文化艺术与经济实体融合互动的多种可能——仍以奥加美术馆酒店为例

第一节　文化艺术与产业实体融合互动新业态探索、积累的意义与价值

李英杰数十年来致力于产业实体、经济实体与文化艺术融合互动的积极探索过程，是一个朝着既定方向，以实际效应为标杆不断调整、不断聚焦的过程，更是一个为着经济实体转型而不断积累资源的过程。

在这个过程中，起初经济效益并不明显。在一般的情况下，如果像大多数以经济效益为衡量标准的企业那样，必然会陷入止步不前、半途而废的困境。而李英杰则目标明确，坚持不懈。作为一个决策者，意志力固然是很重要的，而更重要的支撑，是李英杰的追求目标，李英杰的方向道路，暗合了时代的发展变化带来的市场需求、消费需求的变化。

在这个变化中，李英杰的实践，具有引导消费的意义。经济效益虽然不太明显，但明显的社会效益无疑是对李英杰的极大鼓励。

更为重要的是，多年来努力的方向，当下已经具备的基本条件，正与当前及今后相当长时期内国家产业转型，强化文化艺术建设，强化文化艺术与实体产业建立新型关系的明确要求与大力推动相契合。

渐进的量的积累，必然会迎来质的突变。这是李英杰多年探索所产生的最大价值。而此种价值的实现，仍然取决于李英杰未来的发展理念与采取的实际行动。因此，作为研究论文，本部分内容，更多的是建立

在李英杰探索和已经具备的条件的基础上，按照其自身发展逻辑展开研究性合理推导，并非都是实际状况，如本部分题目所示，大多属于研究性的"种种可能"。

第二节 文化艺术与实体产业建立新型关系的基本条件已经具备，产业转型、二次创业的新阶段已经到来

建立产业实体与文化艺术互动双赢的新业态，是实业家又是艺术家的李英杰董事长及其同人的创业目标。历经数十年的不懈努力，建立艺术与产业互动双赢新业态预期目标的基本条件——包括硬件条件和经验积累——已经具备。

一 硬件设施设备优势

在硬件设施设备完善的前提下，可组合可划分的文化艺术空间形成了规模效应。

现在任何一个人走过北京市核心街区的著名大道东直门外大街，就会看到大街南侧一座很有风格的建筑入口处，挂着的三块牌匾和一大块数十平方米的艺术展览广告牌。三块牌匾分别是英杰硬石艺术博物馆、奥加美术馆、奥加美术馆酒店。广告牌上是正在展出的和即将展出的艺术展宣传画。

酒店大堂门口和大堂接待空间，映入眼帘的不是雕塑就是油画、国画。雕塑环绕着的是情调特殊的咖啡吧，排列各类书籍的是和咖啡吧连通的咖啡、茶饮、简餐通用的百味书屋。值得一提的是，百味书屋牌匾为鲁迅手迹制成。大堂总面积500平方米。大堂另一侧是有600平方米展厅的奥加美术馆，展览开幕式均在大堂举行。大堂地下一层是面积达1300平方米的英杰硬石艺术博物馆。进入酒店客房的通道、电梯间陈列雕塑，悬挂绘画。酒店每一层的通道和本层的客房，均为某一位艺术家的作品展示空间。酒店二层设有400平方米的奥加艺术多功能厅，本身就装饰为一个艺术品大展厅，可以根据需求，组合分割布置成不同需求的艺术空间。酒店与公寓的楼顶是两个面积各200平方米的奥加空中艺术花园。另有奥加艺术大师工作室，奥加国际艺术家驻留中心，奥加艺术与

产业研发中心。

以上属于公共艺术空间部分总计 3800 平方米。可分别单独使用，亦可组合统一使用。适合于艺术展览展演、多种文化艺术活动、学术研讨、中小型会议等多样化需求。空间充裕，设施完备，艺术特色鲜明，为一般酒店所稀缺。

作为住宿接待空间的有奥加艺术酒店（90 套分类客房），奥加艺术公寓（40 套单独公寓房），奥加南戴河海滨艺术创意创作基地（10 栋别墅，每栋建筑面积 220 平方米；40 个标准间客房。均临海，距海滩不到百米），均已形成鲜明的艺术酒店特色。可供不同的需求者，不同的活动，不同的时段，自主自由地去选择、去调配。

尤其难能可贵的是，艺术酒店住宿空间与公共艺术空间可以组合使用。空间充足、设施齐全的公共艺术空间，均可与大多数大小活动的需求相匹配。这样的空间利用优势，是大多数酒店难以具备的。

二　软实力聚集优势

英杰硬石艺术博物馆基本展展出原生态硬石艺术作品 400 件，常年对社会公众开放。已挑选部分作品赴意大利、法国、日本等国巡回展 8 次。国内外参观者无不对英杰硬石艺术的独特与魅力惊叹不已。李英杰硬石艺术，英杰硬石艺术博物馆，在艺术界，在博物馆界，已经具有了较大的知名度。

奥加美术馆基本展厅长年展出李英杰收藏的中外艺术品 80 多件。专题展厅已经陆续展出国内外艺术家个人展 40 多场，其中一些展览配合组织学术讨论会，现场演示等。这些展览和相应的活动，积累了一定的艺术家资源，聚集了文化艺术爱好者人气。利用公共文化艺术空间，连续不断地组织了不同类型的文化艺术活动 30 余次。其中尤其以与国家对外文化交流机构，文化艺术基金会，艺术院校，外国驻华使馆等合作举办的文化艺术活动影响较大，已经显示出英杰硬石艺术博物馆、奥加美术馆、奥加美术馆酒店的独特组合，取得了作为对外文化艺术交流窗口的特殊地位。

如此类型的软硬件资源优势组合，再辅以使馆区区位优势，在中国，在北京，几乎为唯一。

完备的硬件建设与软实力的累积，相互叠加，在一定范围内形成的品牌效应，特别是在与对外文化艺术交流及与使馆联系密切的海内外文化艺术机构与人士中产生极大影响，奠定了将品牌做大做强的扎实基础。

英杰硬石艺术博物馆、奥加美术馆、奥加艺术酒店艺术与产业相互融合、互动运营的新业态、新模式架构基本形成，实现产业转型，进行二次创业的新阶段已经到来。

第三节   坚持既定方向，整合优质资源，力推品牌营销

各方面的基本条件已经具备，可以说万事俱备，只待东风，只待顺势而上。所谓顺势而上，即不忘初心，坚定信念，牢固树立、继续强化创造文化艺术与产业实体、经济实体融合互动新业态的新理念，在不断完善的新理念指导下，全力以赴，努力践行。

一   主导思路

有了明确的目标和方向，在实际行动中，必须要有一个越来越清晰的主导思路。回顾十多年走过的道路，把自己走过的道路，与国家经济社会的发展，与文化艺术与经济实体发展变化中出现的新局面、大环境结合起来总结分析，可以整理出如下的主导思路：

历经十多年苦心经营积累的上述新型资源优势来之不易；

新型资源优势与当下国家产业转型、充分发掘文化艺术力量的导向机缘巧合；

通过文化艺术提升商务活动、旅游品质是所有有关者的潜在需求；

博物馆、美术馆以自身的品牌，以展览、活动、艺术产品、艺术衍生品为满足社会消费需求，为国家经济新常态做贡献，越来越成为社会共识与时代要求。

把多年积累的优质独特的新资源与新的发展机遇结合起来，就是企业发展的方向：

——建立文化艺术与实体产业的新型关系，全面推进文化艺术与企业、与产业互动运营的二次创业；

——让新型优质资源创造出新的价值；

——精雕细刻，不追求短期效益，重在品牌建设，持续发展。

二 确立新的经营理念

清晰的主导思路，要落实为新的经营理念。从已经具备的条件出发，新经营理念的核心与要点可确定为：

——发力供给侧，以好的资源，新的理念，做出好的产品，好的服务；

——树立专、精、特、深的服务企业新形象；

——让传统酒店概念与经营方式脱胎换骨，焕然一新；

——让商务、旅游成为欣赏、消费文化艺术之旅；

——发挥区位优势，不断创新国际文化艺术交流专项活动，在中外文化艺术交流、中国文化"走出去"的国家行动中发挥民间的力量，做出民间的贡献；

——充分利用公共艺术空间策划设计艺术行动，推动高雅文化艺术融入社会，融入生活，走向公众；

——为民俗民情活动注入丰富的文化艺术含量，提升公众文化艺术素质，打造文化艺术型婚庆、寿诞、聚会等新品牌；

——在实践中努力探索公益文化艺术活动与商业运行的互动双赢模式。

三 整合资源优势

新业态的产生，是以创造和增加新的资源为支撑的。原有的资源优势加新的资源优势，产生更大的资源优势。资源优势的放大效应，在于善于整合。

自身优质资源的整合：让博物馆、美术馆、艺术酒店、艺术欣赏、学术研讨、中外文化艺术交流、文化艺术新产品发布等文化艺术行动之间产生互动效应。

区位优势资源整合：首都中心区、使馆群核心区与活动组织、中外交流、人气聚集、交通快捷、住宿方便等优势整合。

作为一个可以接待外宾的涉外酒店，与涉外酒店之间的行业资源整合。

不同类型的艺术家、艺术作品、艺术创作、艺术批评的艺术资源整合。

博物馆、美术馆、学术研究、艺术培训与艺术教育机构的资源整合。

整合与整合之间的再整合。

四　强化品牌战略意识，强化品牌形象，统一标识设计

未来的时代是品牌的时代，未来的市场是品牌的市场。品牌意识的核心是产品质量与服务。

统一命名，统一标识，统一设计是树立形象的重要部分。从大环境大形象到小局部小形象；从物到人；从名片到纪念品——博物馆、美术馆、艺术酒店所有用品的所有标识设计均以博物馆所藏硬石艺术作品为元素。

第四节　文化艺术与产业实体融合互动的功能与目标定位

一　核心价值

文化艺术与产业实体融合互动的核心价值是创造艺术与产业互动运营新业态，新价值。

二　目标定位

文化艺术与产业实体融合互动的目标是实现博物馆、美术馆、艺术酒店三位一体六大功能——

1. 北京市中心使馆区最具特色的艺术酒店
2. 中外文化艺术交流培训基地
3. 中外艺术家创作、展览、研讨基地
4. 中外艺术品交流基地
5. 中外文化艺术机构与个人个性化定制服务中心
6. 中外人士主题性聚会活动情境化艺术化优选场所

第五节 文化艺术与产业实体融合互动的
主要内容与运营模式

文化艺术与产业实体融合互动的新业态产生了，新业态的方向，路径，理念，目标也明确了，接下来就是设计新业态的运营内容与运营模式。新业态最大的特色是资源的跨界组合，优质资源产生优质效应，优质资源跨界组合产生更大的跨界优质效应。

运营内容与运营模式设计的核心要义一定是与此相应的跨界、融合、互动，在跨界、融合、互动中创造、产生新的价值，产生新的社会效益与经济效益。

充分利用和发掘已有的资源优势，并在实际运营中不断创造新的优势资源，在综合、整合资源的跨界、融合、互动中产生新的资源的跨界、融合、互动，最终形成良性循环体系。

因此，运营内容与运营模式一定是多元的、开放的、动态的，所以一定有"多种可能"。试罗列如下。

一 做强做大奥加美术馆酒店品牌，以品牌特色、品牌内涵提升固定资产含金量，确保固定资产保值增值

做强做大博物馆、美术馆、艺术酒店三位一体的奥加美术馆酒店品牌，品牌越大，内涵越丰富，知名度越高，保值增值潜力越大。

固定资产由两大块组成。一块是建筑房产，即酒店，公寓，博物馆，美术馆，其他公共文化艺术空间的增值，包括地价房价本体的不断增值及功能、品牌等附加值的增值。另一大块是艺术品资产的保值增值。随着文化艺术活动的越来越多，水平的越来越高，如艺术家入驻大师工作室，入驻国际艺术家驻留中心，举办艺术家个人展、中西艺术交流展等，艺术品收藏也会越来越多，收藏品的艺术价值也会越来越高，保值增值空间难以估量。

二 追求社会效益与经济效益齐头并进

稳定、巩固、提高艺术酒店、艺术公寓的档次、价位、利用率、管

理水平。既追求社会效益，也追求经济效益。社会效益与经济效益并重并进。

以日渐成熟的艺术酒店品牌即管理逐步实现客房住宿、公共艺术空间使用、文化商务活动预约制，尽快实现住客、活动、公共空间利用的结构性改变，即由中高端向高端迈进。客户、活动越高端，带来的综合效益就越大。

三　与艺术教育机构合作

如进一步加强和深化与清华大学美术学院师生的合作。在原有的基础上，使合作常态化，规范化，不断创新合作方式。如创办艺术创新学院，设立文化、艺术、工艺、科技、产业研究院，设立文化、艺术、工艺、科技、产业创新论坛，以主题培训、作品展示、项目竞赛等方式，承担将老师与学生的艺术作品及设计向社会、公众推广的职责，承担社会相关群体及人员的艺术培训与鉴赏引导职责。定期举办艺术展览、讲座、学术研讨、作品产品发布、文化艺术交流、文化艺术沙龙酒会等，建立新形态公共文化艺术鉴赏空间，开展海峡两岸及东西方文化艺术、文化创意产业研究、交流、培训活动，持续营造具有品牌标识意义的文化艺术氛围，建立具有品牌意义的文化艺术交流鉴赏平台。

四　创新公共艺术空间、服务空间的管理运营方式

以创新管理、运营来提升服务水平，提升文化艺术影响力，渗透力，为不同需求的消费者提供合适的满意的文化艺术空间和文化艺术消费服务。

以位于酒店大堂的咖啡吧、百味书屋为例，以跨界、融合、互动为理念，打通服务、创业、展示、经营多维功能，选用具有创业愿望、服务精神、人脉资源、艺术水平、经营能力的复合型人才。如聘用清华大学美术学院的毕业生组成核心团队，既能做好咖啡、茶饮、简餐服务，又能营造文化艺术氛围。还可以组织利用清华美院的丰富艺术设计资源，选用老师和学生的作品，或向他们订制作品，把服务空间同时巧妙地做成既服务又展示，还能展开交流定制的经营活动。如咖啡具、茶具，如空间装饰，如服饰、饰品、摆件，既供消费者使用，又在使用中起到示

范、展示、欣赏、试用的作用，在这样非常自然的消费过程中，服务者经营者与消费者的讨论沟通也就自然而然地开始了，由消费咖啡、茶、餐转化为消费艺术品了，喝过咖啡和茶，还买走了喜欢的咖啡具、茶具等。或与经营者饶有兴趣地讨论之后，决定委托定制了。

还可以更进一步，在多维服务的过程中，筛选消费对象，筛选消费产品，进而组织产品，重点发布，扩大到利用 400 平方米的奥加艺术大厅，在更大范围内推广营销。通过诸如此类的运作，在具体经营活动中便会产生跨界、融合、互动的滚动放大效应，艺术的社会效益和经营的经济效益同时产生，并同时放大。

五 搭建中外文化艺术交流平台，疏通中外文化艺术交流渠道

充分发挥使馆区区位优势和高端文化艺术环境优势，主要通过外国使馆和自建渠道，提供场地与服务，吸引驻华使馆在艺术酒店举办各类文化艺术交流活动，吸引国外艺术家、艺术品到奥加美术馆展览交流。

为政府文化"走出去"项目举办行前预展及征求各方意见会，重点征求外国使馆文化参赞及其他使馆人员的意见，有效提高文化"走出去"的质量和效果。

中国在历史上曾经创造出影响全世界的文化艺术及文化艺术内涵极为丰富的商贸世界品牌，并成为世界认知中国、尊重中国的标志。精选中国文化艺术走出去的合适项目，定期举办面向外国使馆人员的文化艺术鉴赏活动，如中国书画、陶瓷、青铜、玉石、家具、丝绸、服饰、茶叶、非物质文化遗产、设计、当代艺术等。利用多样化多种形态的公共艺术空间，以讲座、演示、培训等方式开展。通过这些活动，尽心尽力培育出政府导向下的、政府需要的对外文化交流、中国文化走出去的好项目、好产品、好服务，提供给政府，供政府选择购买文化走出去优质服务项目。以此形成服务国家大局的优势，与当前国家发展规划，政策层面关于文化建设、文化创新、文化复兴、中国文化走出去、建设文化强国的总体要求相一致，相信可以做出特殊的贡献。

六 建立与艺术家的合作机制

充分发挥优越的公共文化艺术空间的作用，深化与艺术家的合作，

与艺术家建立新的合作机制。

利用艺术酒店、公寓、大师工作室、艺术家驻留空间、海滨创作基地的优越条件，选择邀请适合的知名艺术家及高端艺术品，开展深度合作，形成品牌叠加效应，扩大品牌影响力、凝聚力、营销力。同应邀的艺术家制定立足长远的合作规划，以签订合作协议书的方式，规定双方创作、展览、研究、宣传、推广、营销的权、责、利。让已经具有的艺术空间优势进一步发挥出特色著名画廊的功能，吸引高水平艺术家接踵而来。艺术空间设施设备的硬实力条件与艺术家、艺术作品软实力资源积累的互动互生，互相促进，一定会有力推动提升品牌效益，促使文化艺术与经济产业实体的融合互动新业态走上更快、更高、更强的发展道路。

七 引入艺术品拍卖机制

在品牌效应和优质资源不断积累的基础上，适时引入艺术品拍卖经营机制。

在赋予美术馆兼具艺术画廊功能的基础上，当优秀艺术家资源，优秀艺术品资源积累到一定数量和质量高度的时候，则可以适时引入拍卖经营方式，建立当代艺术品拍卖公司，扩展文化艺术与经济产业实体融合互动的更大空间。如果发展顺利，这样的在硬件设施条件和软实力积累基础上生长出来的与经济产业实体并行的新的文化产业经济实体，不仅与原有的经济实体并驾齐驱，甚至具有超越原有经济实体的后发优势。

八 大力推进针对机构与个人的个性化定制服务

已有的从数十平方米到400平方米的、可容纳几十人到几百人不等的公用空间，具有高雅浓厚的文化艺术氛围，加上高端创意设计人才资源，完全有条件有能力增加服务内容，延伸服务空间，提升服务质量。如婚庆、寿诞、聚会、主题会议、信息发布等。但一定要与一般的此类服务拉开鲜明的距离，从设计到操办，从主题确定、整体环境氛围营造、程序安排到服饰、礼品、纪念品、餐饮的设计，全程全方位创造以服务对象为本，凸显服务对象个性，以高雅文化艺术为特色的品牌效应，达到在同类服务中脱颖而出，供不应求，必须提前数月预订的目标效果。

九 建立特色餐饮品牌

在公共艺术空间与住宿环境达到较高特色水准的同时，加大餐饮品牌特色创新力度。

餐饮品牌创新以博物馆、美术馆、艺术酒店三合一新业态为依据，以主要文化艺术活动和主要服务对象为导向，以中餐西吃、西餐中吃、重点突出、特色鲜明为理念，创造中西餐饮文化融合的新品牌。创造文化艺术、酒店、餐饮跨界融合新的服务展示经营模式。逐渐探索提炼形成若干套特色系列餐饮。不在多而在精，可供不同需求者选择，搭配。以专业精到的设计，使各个系列的餐品饮品，包括桌布、座套、餐具、餐巾与博物馆、美术馆展品，与公共文化艺术空间，与酒店环境装饰布置风格相互协调，相映生辉。中华特色餐饮、外来特色餐饮、中外互补特色餐饮融合互动。吃什么很重要，怎么吃、在什么环境中吃更重要。在文化艺术空间分享餐饮文化艺术，文化感受、艺术欣赏、口味实惠兼而有之。

十 创新酒店管理运行体制机制

根据创造文化艺术与经济实体融合互动新业态的需求，不断创新完善新业态的治理结构和管理运营体制机制。

吸收、储备、培养文化艺术与产业运营兼通的管理人才，引进和培养筹划文化艺术活动、策划展览、策划商务活动人才，引进外语人才。

创立公共文化艺术与商业经营互动的新型互联网平台，畅通企业宣传推广通路，提高管理运营水平与效率。

根据艺术与产业互动运营需求，加强董事长直管下的艺术总监、运营总监的管理协调力度。明确规定定期协调会议制度，做到各部门职责分工明确，总统筹协调及时到位，保证总体运营流畅。

从博物馆、艺术馆、艺术酒店三位一体新业态所形成的特色优势出发，列出以上文化艺术与经济实体融合互动的完全有可能进行的运营内容共十项。当然，作为具有跨界融合、开放多元特性的新的业态，作为动态的具有很大的可持续发展空间的新的业态，其创新选择的多维向度与多种可能肯定不止以上十个方面。以上所列研究型实施项目，只是想证明文化艺术与经济实体融合互动，亦即文化产业创意与产业文化创意能够开创多大的发展空间。

第三章　文化艺术与经济实体融合互动的意义与前景

通过对奥加美术馆酒店这样一个融博物馆、美术馆、艺术酒店于一体的新业态的形成过程的详细深入的调查研究，以及对这样一个新业态今后发展的多种可能的研究预测，充分认识到这样一个文化艺术与经济实体融合互动的新业态，的确是一个很有研究价值和富有启迪意义的个案。

虽然只是一个小小的案例，也可以充分印证本论文研究背景部分所引的，即国家从宏观政策层面作出的对文化创意与实体经济深度融合的系统部署，以及这一部署对于把文化产业发展提升到一个新的阶段，促使文化产业尽快成为国家经济支柱产业，具有多么重要的政策导向意义和实践意义。

以 2014 年 3 月国务院发布《关于推进文化创意和设计服务与相关产业融合发展的若干意见》为标志，指明创新发展、融合发展和协调发展是今后文化产业发展的主要趋势。

2015 年 4 月，北京市发布《北京市推进文化创意和设计服务与相关产业融合发展行动计划（2015—2020）》，围绕首都经济转型升级要求和构建"高精尖"产业结构的目标，提出了文化创意产业"十大融合发展行动"，积极构建"文化创意＋"经济发展新模式，推动文化创意和设计服务成为蓄积和增强实体经济发展能量的强大动力，促进相关产业转型升级。①

2016 年 12 月，中央经济工作会议对实体经济提出明确要求：要坚持以提高质量和核心竞争力为中心，坚持创新驱动发展，扩大高质量产品

---

① 北京市国有文化资产监督管理办公室：《北京文化创意产业发展白皮书（2016）》，2016 年 11 月。

和服务供给。要树立质量第一的强烈意识，开展质量提升行动，提高质量标准，加强全面质量管理。引导企业形成自己独有的比较优势，发扬"工匠精神"，加强品牌建设，培育更多"百年老店"，增强产品竞争力。实施创新驱动发展战略，既要推动战略性新兴产业蓬勃发展，也要注重用新技术新业态全面改造提升传统产业。

2016 年底《光明日报》年终盘点文化产业发展状况，指出在宏观经济下行压力加大时，中国文化产业逆势增长，不仅发展速度保持快速增长，而且以"文化＋"融入相关产业，提升经济发展质量，促进经济转型升级。

应该说，奥加美术馆酒店多年来所探索建立的文化艺术与经济实体融合互动的新业态，在大的方向上是和国家制定的经济文化发展政策相一致的。在酒店行业中，在探索文化艺术＋酒店业、酒店业＋文化艺术的创新发展方面是走在前面的。而且，奥加美术馆酒店创造的新业态虽然只是初具规模，彻底转型才刚刚开始，但是，"小荷才露尖尖角"的社会效益、经济效益已经令人鼓舞，其可持续发展的旺盛生命力，其充满活力的市场竞争力，已经明显地表现出来。仅此足以说明，国家政策的导向与一个小小的实体企业的探索实践共同指向创造跨界融合互动的新业态之路。

本个案的研究虽然局限在酒店行业，但在经济实体与文化艺术的融合互动方面，具有普遍意义。酒店可以有多种酒店文化、酒店艺术特色，各以自己的特色创新发展，各以自己的特色取胜。酒店业如此，其他行业亦如此。

但是，不可否认，在更大范围内的文化与经济实体之间，融合发展的问题远未获得解决。

问题突出表现在三个方面。

一是文化产业自身的问题。这些年发展文化产业叫得很响亮，但是，比较多的是局限在文化领域范围内部谈文化产业。文化本来具有公共性、公益性、政府供给优质文化的特点，当然也具有市场消费导向的特点。如果只局限在文化领域讲文化产业化，同时既要求文化产业的社会效益，又要求文化产业的经济效益，则会给文化事业和文化产业造成两难的压力。事实上，对于公共性文化事业，如图书馆、博物馆、美术馆等，主要职责是无偿地向社会公众提供优质文化享受，以这类文化资源开发面向大市场的文化产品，只是文化事业的补充部分，如果仅仅局限在自我内部发展文化产业，是很难做大做强的。即便是市场化程度很高的影视业，如果一味强调产业特点，也会出现文化价值导向的偏差。让文化优质资源真正发挥社会、经济双效益，真正的出路在于跨界融合互动式的发展。

二是实体经济产业的问题。似乎实体经济产业与文化，与文化产业没什么关系。文化产业喊得再响，与我实体经济何干？实体经济不讲文化，许多问题就难以克服。比如产品质量问题，比如产品诚信问题，比如以人为本问题，比如知识产权问题，比如原创问题，比如加大研发投入问题，比如产业企业长远发展问题，百年大计问题，等等。几乎所有问题都与各类经济实体中文化价值的失落有关。

由以上两个问题直接导致第三个问题，即文化、文化产业与经济实体、经济实体产业文化之间没有建立起应有的密切关系，即文化、文化产业，与经济实体，与经济实体产业文化，没有全面清晰地建立起跨界、融合、互补互动的密切关系。

从这个意义上着眼，应该说，融博物馆、美术馆、艺术酒店于一体的奥加美术馆酒店这一新业态，是一个成功的个案，且具有某种层面上的普遍意义。因为明显的事实是，文化与产业，文化产业与非文化产业，仍然面临从分离到跨界融合互动的艰巨任务。如文化与旅游，文化与设计服务，文化与制造业，文化与房地产业，文化与知识产权业，文化与医疗健康业，文化与互联网业，文化与城镇化发展，文化与特色小镇建设，等等。如果这些关系国计民生，关系国家软硬实力，关系国际竞争力的方方面面，认识不到，处理不好，解决不了，解决不好"文化艺术＋"的问题，也就不能从根本上解决发展问题，竞争问题。

从更开阔的视野考量，无论何种行业，无论何种特色，只要服务的对象是以人为本，以丰富和满足人的需求为终极目标，那么，文化艺术永远是需求的灵魂，文化的需求，艺术的需求，是永恒的需求。文化艺术的影响力，是永恒的影响力。

文化艺术生活化，生活文化艺术化，是每一个人向往的生活境界。像奥加美术馆酒店那样，只要是为人服务的，为满足人的需求服务的行业，产业，产品，都应该和文化艺术融合互动发展创新，通过融合互动适应需求，提升需求。反过来，再通过市场需求，促进文化艺术与经济实体融合互动，发展创新。朝着这样的方向，各行各业的人们，从不自觉到自觉，从不自信到自信；各行各业，从新业态到新常态——社会经济的发展，文化艺术的发展，人的发展融为一体，和谐共处，共同前进，那么，呈现在我们面前的，将会是非常美妙的前景。

明代皇权及其影响
在瓷器上的反映

2014 届 程 珮

（导师：故宫博物院 吕成龙研究馆员）

第一章 皇权与瓷器的发展

瓷器在中国古代不仅是重要的日常生活必需品，而且在祭祀、陪葬、建筑装饰中都占重要地位。在皇权日益强化中，瓷器生产受到皇权影响也日益加深。

第一节 中国古代皇权发展与强化

皇权在中国历史上占重要地位。秦统一六国，建立中国历史上第一个专制主义中央集权王朝，并确立以君主专制为核心的专制主义中央集权制度[①]。中央集权的君主专制下皇权是至高无上的权力，皇权对政治、经济、文化、科技、艺术等各方面都产生或多或少的影响。

专制主义中央集权制在中国实行了两千余年，经历了汉代巩固、隋唐完善、北宋加强、元代发展、明代强化，最终在清代达到巅峰。君主专制是专制主义中央集权制的核心，专制主义中央集权制发展强大的过

---

① （西汉）司马迁：《史记》卷六《秦始皇本纪》提及关于"皇帝"一词的来源：寡人以眇眇之身……今名号不更，无以称成功，传后世……王曰："去'泰'，著'皇'，采上古'帝'位号，号曰'皇帝'，他如议。"制曰："可。"中华书局1982年版，第236页。

程中，皇权也不断发展。唐宋前，贵族在政治势力中还有相当重的分量，时常形成与皇帝分庭抗礼之势。比如东晋门阀士族掌权，东晋初，有"王与马，共天下"①的说法。北宋，宋太祖赵匡胤吸取前代教训，"杯酒释兵权"②，消除了武将拥兵自重的隐患，并分散军权、相权、地方权力，基本消除威胁皇权的因素，皇权进入绝对强大期。明代皇权达到新高峰。自明代建立，朱元璋就采取一系列手段加强皇权，根本目的是根除一切可能威胁他统治的因素，维护皇帝独一无二、至高无上、不可侵犯的地位。在朱元璋雷厉风行的手段、对制度翻天覆地的改革下，明代皇权达到巅峰。皇帝独一无二、至高无上的地位被再次强调，并提升到新的高度。

第二节　皇权对制瓷业发展的影响

瓷器是中国古代重要发明。随着时间推移和制瓷技术提高，瓷器在日常生活中占越来越重的地位。三国两晋南北朝后，瓷器逐渐取代陶器、漆器、金银器成为主要生活用器。随着专制主义中央集权制度发展完善，皇权不断加强，皇权触及、影响的领域越来越多。皇室对瓷器的需求、对高档瓷器的垄断程度随皇权加强、瓷器质量提高日益提升。唐代，皇室开始垄断高档瓷器。最典型的是"秘色瓷"。秘色瓷供皇室专用，烧造工艺秘不外传。五代，秘色瓷继续为皇室垄断。《侯鲭录》言："今之秘色瓷器，世言钱氏有国，越州烧进为供奉之物，不得臣庶用之，故云秘色。"③宋代，皇室对高档瓷器的垄断程度继续加深，出现专为皇帝烧造瓷器的官窑，皇帝的审美及爱好对瓷器产生影响。如，汝窑天青釉香灰胎瓷。其赏心悦目的釉色与宋徽宗对含蓄自然美的推崇及道教信仰都有关。北宋晚期"官样"在官窑瓷器烧造中就起到很大作用。南宋延续北宋的官窑制度。南宋官窑仿古造型颇多和宋徽宗提倡复古的影响有关。宋代官窑虽还未形成明清官窑严格的管理制度，但已具备了明清御窑的

---

① （宋）司马光：《资治通鉴》卷九一，中华书局 1976 年版，第 2884 页。
② （明）陈邦瞻：《宋史纪事本末》卷二，三民书局 1974 年再版，第 6—7 页。
③ （宋）赵令畤：《侯鲭录》卷六，中华书局 2002 年影印本，第 149 页。

某些特征①，也为开设专为皇家烧造器物的窑厂开了头。元代皇权对制瓷业影响已十分明显。官府设立浮梁瓷局，主导了诸多官用产品生产，垄断了最好的瓷土。到了明代，皇权几乎影响到制瓷业的方方面面。

第二章　明代皇权专制在瓷器上的体现

朱元璋建立明朝就采取一系列手段加强皇权，维护皇帝独一无二、至高无上、权力不可侵犯的地位。在朱元璋雷厉风行的手段、对政治制度翻天覆地的改革下，皇帝至高无上、独一无二的地位被多次强调并提升到新高度。使用普通官窑瓷器，并不能体现皇帝独一无二的地位，御器厂应运而生。皇权对瓷器的影响越来越大。

第一节　明代皇权极度强化与御窑厂设立

明代皇权空前强化，不得不从明太祖朱元璋及他对制度的改变说起。朱元璋经历特殊，个性强烈。明朝体制，可谓深深打上了朱元璋个性的烙印。

朱元璋出身贫寒，曾长期过着朝不保夕的生活。这样的经历使朱元璋有很重的自卑感，权力欲极其旺盛，严苛、多疑、深谋远虑、危机意识极强。他希望他的统治长治久安，使用一切方法来消除威胁他统治的因素。因此，他采取许多极端手段加强皇权。此外，"元灭实未灭"，北元虎视眈眈，加上元朝几十年的腐朽统治及元末战乱对社会经济造成了严重损害，造成民族矛盾、阶级矛盾尖锐，明初可谓内忧外患。在这种境况下，急需一个强有力的统治者及制度来攘外安内②。

朱元璋对制度的改变，是将整个政治制度完全改变。如果汉承秦制，唐承隋制是对一座建筑的装修，那么朱元璋就是将建筑拆除重建，建立一个"天下之权收归一人所有"的极端专制主义中央集权体制，有人称之为"皇权极端化"。

---

① 王光尧：《明代宫廷陶瓷史》，紫禁城出版社 2010 年版，第 16 页。
② 张岂之：《中国历史·元明清卷》，高等教育出版社 2001 年版，第 113—126 页。

官窑由来已久，广义上由朝廷专设或由朝廷控制的瓷窑都可称官窑。历史上某些时期，官窑不仅为皇帝烧制器物，也烧制官府用器，官窑产品也有出售的。皇帝使用官窑器物，并不能体现皇帝至高无上、独一无二的地位。生活必需品无法和皇帝身份匹配，在皇权极端化的背景下，必然出现某种改变，这种改变便是出现专为皇帝烧造瓷器的机构，将御用器物与一般官用器物分开。王光尧认为："皇帝与皇权上升到极度神圣而不得有丝毫冒犯之地位，并得到了社会意识形态的认同。基于这样的社会环境与思想意识，从官用物资中细分出御用器物以突出皇帝特殊的身份便不仅有其政治、思想基础，也成为时代的必然产物。"① 御器厂出现时间尚存争议。《景德镇陶录》载："洪武二年，设厂于镇之珠山麓，制陶供上方，称官窑，以别民窑。设大龙缸窑、青窑、色窑、风火窑、匣窑、大小横窑六种共二十座。"② 学术界大多认为御器厂于洪武二年建立。御器厂建立时间还有洪武末年说、洪武三十五年说、宣德元年说几种。但无论御器厂何时建立，它都是皇权极端化的产物。

第二节　皇帝个人因素在瓷器制造中的表现及影响

明代御器厂建立，御用瓷器烧制有了严格规范：品种、造型、纹饰、规格等，都由专门机构设计完成。《大明会典》载："洪武二十六年定、凡烧造供用器皿等物、须要定夺样制。计算人工物料。"③ 明早期，"定夺样制"的工作大部分由工部完成。宣德后，这项工作几乎落到宦官手中了。宦官完全依附皇帝，他们通常千方百计迎合讨好皇帝，以期提高自己的地位。皇帝的个性、品行、施政方针或多或少表现在瓷器上。

一　雄才大略的明成祖与青花瓷、甜白瓷

永乐宣德青花历来受人称道，被称为"青花之冠"。苏麻离青浓艳深沉、略晕散的发色与肥厚细润的釉质，制作规整、风格各异的造型，画

---

① 王光尧：《明代御器厂的建立》，《故宫博物院刊》2001 年第 2 期，第 82 页。

② （清）蓝浦：《景德镇陶录》卷一《图说》，江西人民出版社 1996 年 9 月校注本，第 1 页。

③ （明）李东阳等：《大明会典》卷一九四《陶器》，广陵书社 2007 年版，第 2631 页。

工精湛的纹饰相结合，可谓美不胜收。永乐、宣德青花名扬天下离不开明成祖推动。

成熟的青花瓷出现在元代，绘画青花的钴料是苏麻离青，青花呈现出鲜艳的蓝色并自然晕散，艺术趣味十足。洪武时，青花突然变成了暗淡的灰蓝色，发色鲜艳的很少。通过对洪武和元青花、永乐宣德青花的釉及钴料的化学成分分析①，洪武青花用的钴料和元青花、永乐宣德青花一样是高铁低锰的进口料，但洪武青花氧化钴含量低，铁钴比高，这是下等钴料的特点。探其原因，不难推测，是战乱造成苏麻离青断绝，只能用元代剩的次等料。永乐时期，郑和下西洋带回苏麻离青，青花得以重新使用上等苏麻离青料绘画。成书于明初的《格古要论》言："青花及五色花者，俗甚。"②说明青花在元明之际并不为人们喜爱。青花在成化后成为无论贵贱通用的产品，明成祖起到很大作用。公元1405年，成祖令郑和下西洋。二十八年间，郑和先后七下西洋。郑和下西洋带回的香料、宝石、染料等贡品不计其数，其中就包括苏麻离青。朝廷本着"厚往薄来"的原则，赐给各朝贡国大量丝绸、瓷器等物。当时东南亚诸国大多信仰伊斯兰教，据推测，大量伊斯兰风格的青花瓷是成祖为朝贡往来，令御器厂按伊斯兰习俗烧造。也许出于精美新奇，这些青花瓷皇宫中也有使用。所谓"上有所好，下必盛焉"，宫廷使用青花瓷，百姓必受其影响。永乐后，青花瓷在国内逐渐推广，宣德时青花数量已十分可观，成化后，青花成为无论贵贱都通用的产品。在此后几百年间，青花对朝鲜、越南、日本、中西亚甚至欧洲都产生了深远影响。

永乐时期另一著名品种是甜白瓷。《明太宗实录》载："回回结牙思进玉碗，上不受，命礼部赐砂遣还。谓尚书郑赐曰：'朕朝夕所用中国瓷器，洁素莹然，甚适于心，不必此也。况此物今府库亦有之，但朕自不用'。"③"洁素莹然"就是指白瓷，从"甚适于心"，尤其是"甚"字可

---

① 《中国科学技术史·陶瓷卷》，科学出版社2007年版，第370—376页。
② （明）曹昭：《格古要论》，"古饶器"条，中华书局2012年版，第231页。
③ 《明太宗实录》，永乐四年十月丁未条，（台湾）"中央研究院"历史语言研究所校勘本，1982年，第879页。

看出成祖非常喜欢白瓷。图 1 永乐甜
白瓷碗，现藏于北京故宫博物院，应
是成祖朝夕所用之物。这件白釉碗造
型规整，胎体非常轻薄，几乎达到半
脱胎的地步，釉白度高，温润似玉，
肥厚如脂。大致可反映永乐白瓷的突
出成就。永乐白瓷为后世彩瓷发展尤
其是精美的成化斗彩创造了有利
条件。

图 1　明永乐白釉暗花葵口碗
（故宫博物院藏）

二　德才兼备的明宣宗

明宣宗是历史上著名的守成之君，他在位期间政治清明，国家强盛。
《明史》赋予宣宗很高的评价①，谷应泰认为仁宗、宣宗的成就能和周成
王、康王，汉文帝、景帝媲美②。

宣宗不仅有杰出的政治才能，也具有很高的艺术才能，他对诗、书、
画都颇为喜爱，而且有一定成就。宣宗对艺术的兴趣促进了艺术事业发
展。宣宗在位期间，瓷器、铜器、珐琅器、雕漆、织绣、绘画等都有很
大发展。《景德镇陶录》评价宣德瓷器："诸料悉精，青花最贵。"③《清
秘藏》："我朝宣庙窑器，质料细厚，隐隐橘皮纹起，冰裂鳝血纹者，几
与官、汝窑敌。即暗花者、红花者、青花者皆发古未有，为一代绝品。"④

宣德青花是宣德瓷器最著名的品种，虽有"永宣不分"的说法，但
仔细观察还是可以分出永乐宣德的差别。整体风格永乐更秀美而宣德更
洒脱，尤其纹饰，宣德瓷不那么注重细节，但却更具中国水墨画的韵味，

---

①　（清）张廷玉等：《明史》卷九宣宗本纪，"仁宗为太子失爱于成祖，其危而复安，太孙
盖有力焉……帝之英姿睿略庶几克绳祖武者欤。"中华书局 1974 年版，第 125—126 页。

②　（明）谷应泰：《明史纪事本末》卷二八，"明有仁、宣，犹周有成、康，汉有文、景，
庶几三代之风焉。"中华书局 1977 年标点本，第 440 页。

③　（清）蓝浦：《景德镇陶录》卷四《陶务方略》，江西人民出版社 1996 年校注本，第 62
页。

④　（明）张应文：《清秘藏》卷上《论窑器》，《美术丛书本》，北京古籍出版社 1998 年
版，第 198—199 页。

这应该和宣宗对书画的爱好有一定关系。

宣宗除诗书画，还有一项突出爱好，就是斗蟋蟀。据传，宣德时有大量各式蟋蟀罐。但张太后在宣宗死后下令毁去一切玩好之物①，宣德蟋蟀罐成谜。1993 年春，景德镇瓷器考古研究所在明代御器厂东门遗址附近开探沟时，发现一窝状堆积青花瓷片，经复原全部为蟋蟀罐，圈足与盖内底书"大明宣德年制"单行青花楷书款②，据刘新园考证为明代著名书法家沈度所写或宣宗御笔③。如今市面上出现各式"宣德"蟋蟀罐，但因张太后的旨意，宫中蟋蟀罐被尽数销毁，目前已知宣德蟋蟀罐传世品仅 3 件。大多见到的都是御器厂遗址出土，由碎片修复的。若熟知这段历史，判断那些所谓"宣德"蟋蟀罐真伪就不难了。

三 性格软弱的明宪宗

1464 年，朱见深即位。明宪宗因童年曲折经历，性格软弱，喜欢柔美的工艺品。因而成化器物大多是小件器，胎薄体轻，纹饰秀丽柔美，和明初豪放洒脱的风格已完全不同。成化时期内忧外患局面有所好转，社会比较太平，民族矛盾、社会矛盾有所缓和。成化一朝没有大的疫病灾荒，农民起义也只在小范围发生，并且很快被镇压。但"晏安则易耽怠玩，富盛则渐启骄奢"④。成化之际，奢侈之风却越来越盛行。逐渐改变了明代早期崇尚节俭优良风气。《明史》载："成化间，遣中官之于浮梁景德镇，烧造御用瓷器，最多且久，费不赀。"⑤ 就瓷器淡雅脱俗的风格和精湛的质量而言，有"明看成化，清看雍正"的说法。但雍正御窑厂每年花费却远少于成化时期⑥。

成化时最出名的品种是斗彩。相传，宪宗特别喜欢斗彩（也有说法是宪宗宠妃万贵妃喜爱斗彩，待考）。成化斗彩质量极高，数量也不多，

---

① （明）李贤：《天顺日录》，"将宫中一切好玩之物，不及之物，悉数皆去"，中华书局 1985 年版。

② 赵月汀：《明代宣德官窑蟋蟀罐》，《新民晚报》2010 年 9 月 18 日。

③ 刘新园：《景德镇中华路上层出土青花虫罐》，江西美术出版社 2002 年版，第 34 页。

④ （清）张廷玉等：《明史》卷一五《孝宗本纪》，中华书局 1974 年版，183 页。

⑤ （清）张廷玉等：《明史》卷八二《食货志》，中华书局 1974 年版，第 1999 页。

⑥ （清）唐英：《陶成纪事碑》，选自《唐英集》，辽沈书社 1991 年版。

因而极珍贵。《万历野获编》载："本朝窑器，用白地青花间装五色，为古今之冠，如宣窑品最贵，近日又贵成窑，出宣窑之上。"① "至于窑器最贵成化，次则宣德。杯盏之属，初不过数金……顷来京师，则成窑酒杯每对博银百金，予为吐舌不能下。"② 考古工作者对御器厂明代部分官窑遗址清理与发掘过程中，出土大量成化瓷残片。从复原情况看，除小部分烧造变形、变色外，大部分瓷器，尤其斗彩，有些仅有很小瑕疵，有些甚至无法找出缺陷。如此高要求，必然建立在花费大量金钱的基础上。大量难以发现瑕疵的斗彩半成品、成品被作为残次品打碎掩埋，其原因可能是皇帝特别喜爱斗彩，对斗彩质量要求极高。

宪宗笃信藏传佛教，他刚即位，就陆续在北京建寺修塔，封授、供养藏传佛教僧侣、频繁举行法事，自即位到去世二十三年未间断。由于宪宗对藏传佛教的重视以及对藏僧的优待，成化元年，就有大量藏僧行童进入北京及周边地区，不少汉人也加入藏僧队伍。成化二十二年，据统计，藏僧行童数量竟达二十二万四千五百余人③。佛教法事、佛前供器需大量瓷器，宪宗的个人用品也常出现绘佛教纹饰的，因此，成化官窑多见梵文、八宝等纹饰。当时，藏传佛教已风靡民间，民窑瓷器带有藏传佛教含义的纹饰也非常常见。

四 躬行节俭的"中兴之主"明孝宗

明孝宗自幼经历坎坷，在万贵妃一手遮天的后宫中险些活不下来。在太监张敏、废后吴氏、周太后的保护下，度过重重危险，十八岁登基为帝。即位后，他勤于朝政，革除宪宗时期的弊政，倡导节约，大幅减少皇家日常开销，一定程度上改变了成化时期奢靡的风气。从孝宗时期日常开销、生活用品，包括丝绸、织绣、瓷器等物品的制造、使用都能看出孝宗躬行节俭的成效。《明史》有言："能恭俭有制，勤政爱民，就

---

① （明）沈德符：《万历野获编》卷二六《瓷器》，杨万里校点，上海古籍出版社2012年版，第551页。

② （明）沈德符：《万历野获编》卷二四《庙市日期》，上海古籍出版社2012年版，第514—515页。

③ （明）倪岳：《青溪漫稿》卷一三《止给度一》，上海古籍出版社1991年版，第1250—1251页。

兢于保泰持盈之道，用使朝序清宁，民物康阜。"《易》曰："无平不陂，无往不复，艰贞无咎。""知此道者，其惟孝宗乎！"①

孝宗在位十八年，时间不短，但弘治官窑器传世较少，造型品种也少，大多是日常用瓷和祭祀用瓷，几乎没有玩乐的器物和费时费力费钱的奇巧之器。这不仅和孝宗一朝多天灾有关，和孝宗以身作则倡导节俭有很大关系。孝宗批准大臣上奏的关于减少、停烧瓷器、防止内官扰民的请求以及孝宗下旨减烧、停烧的旨意几乎贯穿了十八年始终②。

频繁的停烧、减烧和孝宗躬行节俭、体恤百姓有不可分割的关系，这也正是皇帝的品行、习惯以及当朝的政治风气对瓷器影响的突出表现。

五 怪异少年明武宗的宗教情节

1505 年，年仅 15 岁的正德皇帝即位。正德皇帝个性怪异，他各类怪诞行为可谓数不胜数。

武宗的宗教信仰一直存在争议。从记载看，明武宗对藏传佛教非常狂热，与极崇信藏传佛教的宪宗比有过之而无不及："帝好习番语，引入豹房，由是番僧复盛。"③"太监李荣传旨：'大慈恩寺禅师领占竹升灌顶大国师，大能仁寺禅师麻的室哩……给与诰命'……上颇习番教后，乃造新寺于内，群聚诵经，日与之狎昵矣。"④"上佛经梵语无不通晓宠臣诱以事佛。"⑤

---

① （清）张廷玉等：《明史》卷一五《孝宗本纪》，中华书局 1974 年版，第 196 页。

② 《明孝宗实录》卷四五，"弘治三年十一月甲辰"条："甲辰内阁大学士刘吉等…又如江西磁器内府所收计亦足用今又无故差内官烧造，未免扰人……烧造磁器内官停止不差……上曰灾变，叠见朕深忧惧……及烧造内官骚扰地方，诚宜停止……江西烧造磁器，内官不必差，庶副朕畏天恤民之意。"卷二〇一，"弘治十六年七月丙戌"条："江西按察司金事任汉上地方事宜……景德镇烧造磁器所费不赀……其军需颜料并磁器之类亦暂停免二三年……命下具奏于所司。""中央"研究院历史语言研究所校勘本，1982 年，第 914—916、3738 页；（明）李东阳等：《大明会典》卷一九四《陶器》："弘治十八年诏、江西饶州府烧造瓷器、自本年以后、暂停三年。""弘治十五年奏准、光禄寺岁用瓶罈缸、自本年为止。已造完者、解用。未完者、量减三分之一。本寺该管人员轻易毁失者、科道官查送问赔偿。"广陵书社 2007 年版。

③ （清）张廷玉等：《明史》卷三三一《西域传三》，中华书局 1974 年版，第 8578 页。

④ 《明武宗实录》，卷二四，"正德二年三月癸亥"条，（台湾）"中研院"语言研究所校勘本，1982 年，第 658—659 页。

⑤ 《明武宗实录》，卷六四，"正德五年六月壬辰"条，（台湾）"中研院"语言研究所校勘本，1982 年，第 1397 页。

他还自扮高僧，为太监宫女们"讲论佛经"①，或令宫女扮作尼姑，自己扮作高僧给"尼姑"剃度。还自封"大庆法王"。此外，他对道教也很热衷，扩大了道士度牒的发放数额，明初定下的对道教既优宠又抑制的政策被破坏殆尽。

武宗又对伊斯兰教有浓厚兴趣。中国正史没有关于武宗信仰伊斯兰教的记载，但从外国文献分析，武宗对伊斯兰教的态度确实非比寻常：《中国纪行》是中亚学者阿里·阿克巴尔（Seid Ali Akbar Khatai）所著，记录其在弘治、正德年间在中国游历的见闻。书中详细记载了一位皇帝建造清真寺，祈祷、礼拜的场景及颁布诏书宣布其信仰伊斯兰教。但他的叙述可能由于他对本民族信仰的偏袒有些夸张。《李朝实录·中宗大王实录》载："奏闻使成希颜、申用溉还自京师，启曰：'臣三度赴京……宫中多作儿戏之事。闻回回人不食他人所杀之肉，必手宰乃食，且有善心、读经等事，迎入阙内师事之。'"②"恩使金克愊至自燕京，书启曰：'帝又屡幸会同馆，与鞑子、回回等诸酋相戏，使回回具馔物，帝自尝之。或著夷服，以习其俗。出幸无常，太监小宦等轮次递宿于此。'"③

图2（a）　明正德青花阿拉伯文碗　　　　图2（b）　明正德青花阿拉伯
　　　　（故宫博物院藏）　　　　　　　　　　　　文碗内心

① 《明武宗实录》，卷一二一，"正德十年二月戊戌"条："上诵习番经，崇尚其教，常被服如番僧演法内厂。"（台湾）"中研院"语言研究所校勘本，1982年，第2435页。

② 《李朝实录·中宗大王实录》卷五，"戊辰三年二月辛未"条，国家图书馆出版社2011年版，第158页。

③ 《李朝实录·中宗大王实录》卷三六，"乙卯十四年九月乙巳"条，国家图书馆出版社2011年版，第432页。

武宗对宗教的狂热必然影响瓷器烧造。故宫博物院藏正德时绘阿拉伯文、波斯文的瓷器20多件。瓷器上的阿拉伯文、波斯文，大多已无从考证，可释读的多为古兰经语句，也有些为日常用语或书写器物本身名称。图2正德青花阿拉伯文碗，外壁阿拉伯文词汇译为"政权君王永恒，兴盛每日俱增"①。碗心阿拉伯文译为"感谢他（真主）的恩惠"②。至于武宗崇信佛教对瓷器烧造的影响，可以从武宗让御器厂制作大量各式香炉供器的旨意发现端倪。有学者通过正德时瓷器上的波斯文、阿拉伯文考证武宗的宗教信仰为伊斯兰教。至于武宗信仰什么宗教非本书讨论的议题，但正德瓷器上各式波斯文及阿拉伯文从侧面反映武宗对伊斯兰文化的喜爱，也是从瓷器上考证历史的典型例子。

六　虔诚的道教信徒明世宗

明世宗笃信道教，几乎到了走火入魔的地步。孟森《明史讲义》说其"终身事鬼而不事人"③。他沉迷道教修仙、斋醮、炼丹等，还颠覆了明代开国来历代佛、道并重的局面，转而打击佛教。他下令拆毁宫中佛寺佛像、销毁佛骨佛头等，还多次颁旨禁止民间建造佛寺，拆毁佛寺、强制僧尼还俗、严禁僧人传教，驱逐藏僧等，对明代此后政治及社会产生广泛影响。《明史讲义》言："世宗因祷祀而土木，靡费无限，遂开危亡之渐。"④

除沉迷于道教修仙炼丹，世宗还喜好祥瑞，喜以"祥瑞"粉饰太平，大有讳疾忌医之态。因此向世宗献"祥瑞"者众多，所献之物有白兔、白龟、白鹿、灵芝等。

世宗的行为对社会造成广泛影响。在瓷器上表现尤为明显。第一，瓷器上出现大量道教含义的纹饰、造型，有"仙风道骨"之感：八仙、仙鹤、符箓等纹饰等极为常见；造型喜用天圆地方、斗形、四方、六方、八方等。最典型的是葫芦瓶。葫芦瓶富含道教色彩和吉祥之意，最早出

---

① 耿宝昌：《故宫博物院文物珍品大系·青花釉里红》（中），"正德青花阿拉伯文碗"，上海科学技术出版社、商务印书馆2000年版，第84页。
② 同上。
③ 孟森：《明史讲义》第二编第四章，中华书局2009年版，第203页。
④ 同上书，第204页。

现在唐朝，一般是采用上圆下圆的形式，早期葫芦瓶上圆较小，下圆较大。唐朝后期开始，葫芦瓶的样式基本和现实的葫芦相似，一直延续到明朝。嘉靖时期大量出现"异形"葫芦瓶，有四方、六方、上圆下方、上圆下圆等造型。第二，世宗好祥瑞、求长生，瓷器上也有大量象征长生、祥瑞的纹饰，如寿桃、寿字、福字、灵芝、三阳开泰等。还常见道教和祥瑞纹饰合用的情况，图3嘉靖青花灵芝飞鹤符箓纹盘即为灵芝、符箓仙鹤等祥瑞道教纹饰合一的典型例子。第三，佛教纹饰几乎销声匿迹。由于世宗对其他宗教采取打压态度，嘉靖瓷器，除嘉靖元年及二年，终嘉靖一朝，再无其他宗教内容。不仅官窑如此，民窑也一样，原本在瓷器上常见的梵文、十字杵等佛教题材的纹饰消失了。

图3（a）　明嘉靖青花灵芝飞鹤符箓
纹盘（故宫博物院藏）

图3（b）　明嘉靖青花灵芝飞鹤
符箓纹盘内心

　　无论世宗笃信道教、喜爱祥瑞还是对佛教的打压都可作为鉴定及断代方法。嘉靖中期到万历中期瓷器风格相似，无款器物断代不易。但世宗崇信道教、打压佛教，而穆宗、神宗都崇信佛教。如果看到绘符箓等明显含道教风格的纹饰，尤其是将道教和祥瑞纹饰绘于同一器物上的可大致判断属嘉靖时期。如果看到绘佛教含义纹饰的瓷器，基本可以确定不是嘉靖的。

七　劳民伤财的明神宗

明神宗朱翊钧在位48年，是明代在位时间最长的皇帝。万历前期，由于张居正的改革措施，万历早期的财政情况有所好转。万历十年，张居正去世，神宗亲政。亲政前期，神宗尚能勤于政事，但万历十四年开始，神宗就经常不上朝，万历二十年后，神宗开始了"醉梦之期"。神宗不理政事，但特别关心一件事，就是敛财。不仅将查抄的冯保和张居正的家财全部搬入大内，还派"矿监税使"到各地敛财。万历后期，神宗不理政事，大多奏折都压下不批，但有关矿监税使的奏折却几乎都批阅。万历二十五年到三十四年矿税太监向内库进奉银5690088.60两，金12437.53两①。实际上矿监税使在民间横征暴敛，首先中饱私囊，剩下的才进献给皇帝②。明后期，奢靡之风日盛。神宗敛财可能由于日益拮据的财政无法满足皇室奢侈的生活需求，不得不大量搜刮"私房钱"。神宗对财富的渴望、奢侈的生活状态也在瓷器上表现得淋漓尽致：烧造数量庞大，极力追求鲜艳、华丽、精巧。图4万历五彩镂空云凤纹瓶形象地表现出万历瓷繁复、奇巧的风格。该瓶造型有些僵硬，但绘画、工艺却极尽华丽繁缛：纹饰繁密，几乎不留白，仅颈部蕉叶纹，就使用红、黄、蓝、绿、孔雀绿等多种颜色绘画，并使用镂空、贴塑、绘画等多种装饰手法。因太过繁缛，不仔细辨认，甚至无法看出纹饰是何物。万历五彩特别有名，且数量巨大，也和皇帝爱好、奢靡之风盛行有深刻关系。神宗喜欢奇巧的瓷器，如屏风、棋盘之类，这类造型奇特的器物不易烧成，不仅花费大量金钱，而且是施加在景德镇窑户、窑工身上的沉重负担。大臣多次上疏，请求神宗减少或停止烧造这类瓷器，神宗有时不同意，有时虽同意了，没过多久又反悔了。

当时景德镇督陶官是矿税使潘相，为了逼迫窑工烧出龙缸，潘相对窑工、窑户鞭打、苛责，朝廷拨给窑户的钱连造龙缸的材料费都不够，

① 樊树志：《晚明史》上卷，第五章第558页附表"万历二十五年至三十四年矿税太监向内库进奉金银数量"，复旦大学出版社2003年版，第558页。

② 《明神宗实录》卷四一五，"万历三十三年四月壬子"条曰："山东巡抚黄克缵言，税监马堂每年抽取各项税银不下二十五六万两，而一岁所进才七万八千两耳，约计七年之内所隐匿税银一百三十余万。"（台湾）"中研院"历史语言研究所校勘本，1982年，第7829页。

图4　明万历五彩镂空云凤纹瓶（故宫博物院藏）

潘相还经常对窑工窑户"例外苛索"，最终激起了窑工窑户长达四年的反抗。最后，窑工烧毁了御器厂，赶走了潘相。对原本就苟延残喘的御器厂，这次浩劫几乎是灭顶之灾。虽然御器厂得以重建，但是没几年便"役亦渐寝"。这次事件看似是潘相压迫导致，深究起来，罪魁祸首是神宗。万历时财政已非常拮据，万历中后期，甚至连皇室宗亲的俸禄也无钱发放，可御用瓷器的烧造数量却有增无减，朝廷只能把沉重的负担转嫁到普通百姓身上，最终引起百姓的反抗。

　　神宗的敛财、奢靡、不理政事，不仅导致御器厂的灾难，也让明代最终陷入病入膏肓的境地。《明史》言："明之亡，实亡于神宗，岂不欹欤。"①

第三节　皇权专制思想在瓷器上的体现

　　中国古代封建社会，皇帝的地位独一无二、至高无上。明代，不仅象征皇权的"龙""凤"禁止民间使用，瓷器、服饰、建筑、装饰等各方

---

① （清）张廷玉等：《明史》卷二一《神宗本纪》，中华书局1974年版，第294—295页。

面都有等级划分。皇帝可以垄断任何物产中最精良的部分。

一 龙纹及凤纹的使用与专用

龙与凤是中国传统神话形象。在古人的"阴""阳"观中，龙属阴，凤属阳，"阴阳调和"的观点使龙、凤逐渐搭配使用。仰韶文化北首岭遗址出土了一件龙凤纹彩陶罐。说明在新石器时代，龙、凤已经搭配使用。春秋战国也有大量龙凤纹饰或龙凤造型的器物。汉高祖刘邦用龙神化自己，龙逐渐成为皇帝的象征，和龙搭配使用的凤，逐渐成为后妃的象征。唐代以后龙成为皇室贵族的专用纹饰。元代民间被禁止使用五爪龙，只能使用四爪龙和三爪龙，也不能随便使用凤纹。明代，皇室对龙、凤的控制更加严格，可以说明代是中国历史上对龙纹控制最严格的朝代。明代，三爪龙和四爪龙也不允许普通百姓使用，凤同样不允许普通百姓使用[1]。从大量传世及出土瓷器看，明早期、中期民窑瓷器几乎不见龙纹，仅在明后期出现带龙纹的瓷器。民间大量使用"螭龙"等类似龙的纹饰来代替龙纹。凤纹在普通民窑中比龙纹略多，在管理严厉的明早期、中期也有少量发现，在皇权衰微时大量出现。可见，凤纹虽也禁止百姓使用，但实际管理却比对龙纹宽松许多。

二 "官样"以及颜色釉瓷器的垄断

明代御器厂的瓷器样式设计包括品种、造型、纹饰、规格等，都由指定部门设计完成。御器厂按照固定的样式烧造，不得随意改变。这些样式就是所谓的"官样"。为了保证皇帝独一无二的地位，不仅御器厂产品不得流入民间，民间也不允许制造和御用瓷器一样的款式。

《明英宗实录》载："命都查院出榜，禁江西瓷器窑场烧造官样青花白地瓷器于各处货卖，及馈送官员之家。违者正犯处死，全家谪戍口外。"[2] "禁江西饶州府私造黄、紫、红、绿、青、蓝、白地青花等瓷器，

---

① 《明太祖实录》卷二百九，"洪武二十四年六月己未"条，（台湾）"中研院"历史语言研究所校勘本，1982年，第3110—3111页。

② 《明英宗实录》卷四九，"正统三年十二月丙寅"条，（台湾）"中研院"历史语言研究所校勘本，1982年，第946页。

命督察院榜谕其处，有敢仍冒前禁者，首犯凌迟处死，籍其家资，丁男充军边卫，知而不告者，连坐。"① 从《明英宗实录》的记载可对当时政府对官样的控制窥探一二。

御器厂产品不仅烧造有严格规范，拣选、处理同样严格。御用瓷质量要求严格，任何瑕疵品都不能运送进京给皇帝使用。但即使科学技术发达的今天，烛台、笔管一类造型奇特或祭红一类较难烧成的颜色釉，废品率都不低，更别说明代了。因此，御器厂在生产中产生了许多残次品。御器厂建立的目的是保证皇帝至高无上的地位，把皇帝用的器物和一般官僚、百姓区分开来，因此，御用瓷器绝不能流入民间。《明宣宗实录》载："（宣德二年）内官张善伏诛，善往饶州监造磁器，贪黩酷虐，下人不堪，所造御用器多以分馈其同列，事闻，上命斩于都市枭首以徇。"② 张善的罪名虽有"贪渎酷虐"，但他最大的罪名应是"将御用器分馈其同列"。洪武、永乐时期，落选瓷器已打碎掩埋处理。之所以打碎掩埋，而不是仅掩埋或打碎，是为防止御用瓷器流入民间。据权奎山《景德镇明清御窑遗址的考古发现和研究》，2002—2004 年明御器厂遗址共发掘掩埋落选瓷器碎片的小坑 29 个、小堆 2 个、片状堆积 10 个。29 个小坑全为宣德时所挖，1 个坑掩埋洪武落选瓷器，22 个坑掩埋永乐落选瓷器，6 个坑掩埋宣德落选瓷器。很可能是张善将御用瓷器馈赠同列的行为促使宣宗下令将存于库房的洪武、永乐未处理的落选瓷器都打碎掩埋。据权奎山《景德镇御器厂落选御用瓷器处理的考察》，1982—1994 年，御器厂遗址发掘洪武到嘉靖御用瓷器碎片数十亿吨、若干亿片。可见被打碎掩埋的瓷器数量多么巨大。

三　优质制瓷原料的垄断

丰富的优质制瓷原料，是景德镇崛起不可或缺的条件之一。宋末元初，瓷胎开始使用瓷石加高岭土的二元配方，这种二元配方做出的瓷胎

---

① 《明英宗实录》卷一六一，"正统十二年十二月甲戌"条，（台湾）"中研院"历史语言研究所校勘本，1982 年，第 3132 页。

② 《明宣宗实录》卷九，"洪熙元年九月己酉"条，（台湾）"中研院"历史语言研究所校勘本，1982 年，第 231 页。

不仅光滑细腻，而且机械强度高，不易变形。但优质高岭土蕴藏量不大，元代政府为保障官用瓷器原料需求，就开始垄断这种优质瓷土。《静斋至正直记》载："饶州'御土'，其色白如粉垩，每岁差官监造器皿以贡，谓之'御土窑'。烧罢即封，土不敢私也①。"明代，优质瓷土继续为政府所垄断。《江西省大志》载："陶土出新正都麻仓山，曰千户坑、龙坑坞、高路坡、低路坡，为官土。"② 因此，官窑瓷器从原料上就胜民窑一筹。

除瓷土，被垄断的还有钴料。永乐宣德时苏麻离青被政府严格控制，因此永乐宣德民窑青花呈色多灰暗，和官窑相差甚远，只有少量民窑高档产品，使用国产、进口料混合，呈色比较鲜艳。正德时开始使用回青。《窥天外乘》载："回青者，出外国。正德间，大铛镇云南，得之，以炼石为伪宝。其价，初倍黄金，已知其可烧窑器，用之果佳③。"从"初倍黄金"可知，回青非常珍贵。政府对回青的管理非常严格。为防止偷盗，接触回青的窑工都要严格检查④。置放回青的地方都要上锁，使用时"当众用钥"，平时有专人巡逻，防止偷窃⑤。

原料垄断直至"官搭民烧"大量使用才稍有改变。明末御器厂衰败，明王朝风雨飘摇，政府对原材料垄断才被彻底打破。

第三章　明代皇权对制瓷业的作用力

明代，瓷器作为不可或缺的生活用品，在各阶层人民生活中扮演重要角色。御用、祭祀、官方贸易及赏赐都需要大量瓷器，政府对制瓷业非常重视，超过任何时期，推动了制瓷业发展。但中国是传统农业国，封建王朝国力强弱、社会经济发展与耕地人口有密切关系。重农抑商是

---

① （元）孔齐：《至正直记》，《宋元古籍丛书》本，上海古籍出版社1993年版，第80页。
② （明）王宗沐、陆万垓：《江西省大志》卷七《陶书》，国家图书馆出版社2012年版，据南京图书馆藏稀见方志丛刊（明万历二十五年刻本）影印本，第293页。
③ （明）王世懋：《窥天外乘》，中华书局1985年版，第21页。
④ （明）王宗沐、陆万垓：《江西省大志》卷七《陶书》，国家图书馆出版社2012年版，据南京图书馆藏稀见方志丛刊（明万历二十五年刻本）影印本，第308—309页。
⑤ 同上书，第310页。

中国延续千年的政策。朱元璋贫农出身，深知土地对人民的重要性，他心中的大同社会是家家户户有小块田地，男耕女织，安居乐业的"农本社会"。他对工商业虽没像元朝一般严酷打压，但"抑商"政策十分明显。明初延续元朝某些落后制度，如匠籍制度，加上不完善的货币政策，阻碍了工商业发展。明后期，又有贪官污吏压迫、矿监税使剥削、朝廷掠夺等诸多不利因素。制瓷业作为手工业的重要行业，也深受这些不利因素影响。

第一节 皇室大量瓷器需求对制瓷业的推动

明代，瓷器不仅是主要生活用品，还用于祭祀、供奉、贸易、外交。各皇帝都对瓷器十分重视。供御瓷器高品质的要求，促使制瓷工匠们不得不提高生产效率及制瓷技术。

在皇权影响与推动下，御器厂产品质量不断提高。中国自古就是"上有所好，下必盛焉"。皇帝使用的精美器物，贵族官僚乃至地主富商必争相效仿。官僚、富商定烧的器物，质量要求也很高。大量需求也促进了民窑质量提高，宣德时期，高档民窑瓷器质量已很高。在皇权推动下，制瓷业不断发展。

一 精美的御用瓷器

明代制瓷业自洪武开始就不断发展，不仅出现许多创新品种，而且名品辈出。无论是永乐甜白瓷、宣德青花、永乐宣德鲜红釉、还是成化斗彩，都在陶瓷史上留下灿烂一笔，成为后世争相效仿、收藏的对象。

明代早中期，御器厂十分繁荣，规模不断扩大，烧造数量庞大，对产品质量要求也很严格。图5宣德鲜红釉卤壶，通体刻莲瓣纹，造型精美，发色鲜艳。红釉高温流淌的特性，使莲瓣呈现

图5 明宣德鲜红釉卤壶
（台北故宫博物院藏）

小块留白，犹如莲花盛开一般，美艳又不失高雅，自然又不失活泼。这种自然色彩及其高雅神韵即使最著名的画家也难以展现。在科技高度发达的今天，仿古瓷制作者对这样神奇的艺术品也只能望而却步。

御器厂能烧出如此精美的瓷器，少不了皇权推动。永乐时创烧了甜白、翠青釉等，宣德时创烧仿哥釉、仿汝釉等，成化时斗彩技术最终成熟。御用瓷制作可谓精益求精，成型、修坯、上釉、烧造，都很细致。因此才出现宣德时如婴儿肌肤一般细腻的砂底，成化薄如蝉翼的瓷胎。随着御器厂发展，制瓷技术成熟，分工也不断细化。御器厂宣德时规模迅速扩大，窑炉从 28 座上升到 56 座。分工细化，工匠专注一种技术，又促进技术提高。所谓"上行下效"，御用瓷精雕细琢的工艺，严格的质量要求也影响到民窑。不仅官窑产品质量迅速提高，民窑产品质量也在不断向前发展。

二 数量庞大的祭祀、宗教瓷

祭祀是一项古老的礼仪，新石器时代已出现原始祭祀，商代祭祀典礼已十分成熟。此后，祭祀逐渐发展为儒家礼制中最重要的部分。朱元璋极重视礼仪，作为礼仪中最重要的祭祀，他自然不会忽略。《明史》记载，大祀、中祀、小祀每年都有数次到数十次不等[1]，这意味着祭祀所需用品数量庞大。《明太祖实录》载："礼部奏，按《礼记·郊特牲》曰，郊之祭也，器用陶匏，尚质也。《周礼·笾人》，凡祭祀供簠簋之实，《疏》曰，外祀用瓦簠。今祭祀用瓷，合古意。惟盘盂之属，与古簠瑚簋登铏异制。今拟凡祭器皆用瓷，其式皆仿古簠簋登豆，惟笾以竹诏从之。"[2] 据《大明会典》圜丘第一陈设图正位[3]粗略统计，大约需要瓷碗、盘、爵、罐、尊、烛台、香炉等四十多个。按此计算，每年祭祀所需瓷器不计其数。

① （清）张廷玉等：《明史》卷四七《礼志》，中华书局 1974 年版，第 1225—1226 页。

② 《明太祖实录》卷四四，"洪武二年八月丁亥"条，（台湾）"中央研究院"历史语言研究所校勘本，1982 年，第 872 页。

③ （明）李东阳等：《大明会典》卷八二《郊祀二》，广陵书社 2007 年版，第 1298—1300 页。

《大明会典》载："嘉靖九年定四郊各陵瓷器：圜丘青色，方丘黄色，日坛赤色，月坛白色，行江西饶州府如式烧解。"① 祭祀所需红、蓝、黄、白釉瓷器。祭红、祭蓝均不易烧造，尤其是祭红，窑炉温度、气氛，一点掌握不好，就无法烧出。但祭祀关系社稷，祭祀用瓷必不可少，为了生产数量庞大又不易烧造的瓷器，御器厂不得不想尽方法提高生产技术与效率，推动了明代制瓷业发展进步。

此外，明代皇帝大多信奉宗教，宫中寺庙、皇家寺院都需要供器和法器。明代传世最著名法器是宣德青花蓝查体梵文法轮盖罐。在西藏萨迦寺发现大量官窑器物也是例证，尤其著名的宣德五彩高足碗，为我们解开了明代五彩和斗彩起源之谜。

三　大量的外交、赏赐用瓷

朝贡体系（宗藩体系）是中国与东亚、东南亚、中亚地区，以中国为中心的等级制网状政治秩序体系。存在于公元前 3 世纪到 19 世纪末。朝贡体系经历了先秦的畿服制度、秦汉的册封制度、隋唐宋的羁縻制度，到明朝正式成为东方世界通行的国际关系体制。在朝贡体系中，中国作为宗主国，接受藩属国"称藩纳贡"。朱元璋确立了"厚往薄来"的朝贡原则②。永乐年间朝贡体系达到巅峰，向明朝政府朝贡的国家最多达 65 个。基于"厚往薄来"的原则，明朝政府一般会给朝贡者大量赏赐。由于"海禁"，东南亚诸国无法通过私人贸易和中国贸易往来，只能通过朝贡来获取所需的瓷器、丝绸等，中国也通过这种方式获取东南亚各国的香料、宝石等产品。这种朝贡体系，实际逐渐演变成中国和周边国家的官方贸易往来。明朝政府为维持这种贸易关系，通常在"藩属国"停止朝贡时派遣使者游说他们继续朝贡。因此，除中国实际控制范围内的藩属国，中国与东南亚诸国以朝贡为表现形式的国与国间的贸易也得以延续。

---

① （明）李东阳等：《大明会典》卷八二《郊祀二》，广陵书社 2007 年版，第 1298—1300 页。

② 《明太祖实录》卷七一，"洪武五年春正月壬子"条曰："朝贡无论疏数，厚往而薄来可也。"（台湾）"中央"研究院历史语言研究所校勘本，1982 年，第 1314 页。

　　瓷器是中国传统产品，其独特、实用、美观，受到世界各国喜爱。中国对各朝贡国的赏赐少不了瓷器。《明史》中有大量"赏赐"瓷器的记载："琉球居东南大海中……九年夏，泰期随浩入贡，得马四十四。浩言其国不贵纨绮，惟贵磁器、铁釜，自是赏赍多用诸物。"① "真腊，在占城南，顺风三昼夜可至……十六年……复遣使赐织金文绮三十二、磁器万九千。其王遣使来贡。十九年遣行人刘敏、唐敬偕中官赍磁器往赐。"② "失剌思……（永乐）十七年遣使偕亦思弗罕诸部贡狮子、文豹、名马，辞还。复命安等送之，赐其酋绒锦、文绮、纱罗、玉系腰、磁器诸物。"③ 据统计，明代接受瓷器赏赐的国家主要分布在东亚、东南亚、中亚，有朝鲜、暹罗、琉球、真腊、失剌思、哈密、撒马尔罕、日落国等④。这些赏赐瓷大多由御器厂烧制，也有龙泉窑产品。我们熟知，永乐、宣德青花久负盛名，不仅发色浓艳，而且出现大量带中西亚风格的新造型、纹饰，如天球瓶、鱼篓尊、八方烛台等；又如锦纹、宝相花等，对后世产生深远影响。无论大量新造型、新纹饰出现，还是永乐宣德青花瓷的杰出成就都和朝贡体系繁荣有关。其一，郑和下西洋带回"苏麻离青"，这是永乐宣德青花瓷高成就的必要条件之一。其二，永乐宣德时期朝贡体系繁荣，是推动波斯、阿拉伯艺术和我国艺术融合的因素之一。吴仁敬、辛安潮著《中国陶瓷史》评论："明人对于瓷业，无论在意匠上，形式上，其技术均渐臻至完成之顶点，而永乐以降，因波斯、阿拉伯艺术之东渐，与我国原有之艺术相融和，于瓷业上，更发生一种异样之精彩。"⑤ 据《瀛涯胜览》，东南亚诸国大多信仰

　　① （清）张廷玉等：《明史》卷三二三《外国传四》，中华书局 1974 年版，第 8361 页。

　　② （清）张廷玉等：《明史》卷三二四《外国传五》，中华书局 1974 年版，第 8394 页。

　　③ （清）张廷玉等：《明史》卷三三二《西域传四》，中华书局 1974 年版，第 8615 页。

　　④ （清）张廷玉等：《明史》卷三二三—卷三三二，中华书局 1974 年版，第 8361—8627 页。

　　⑤ 吴仁敬、辛安潮：《中国陶瓷史》第 11 章，团结出版社 2011 年版，第 59 页。

伊斯兰教①。《瀛涯胜览》中也有"爪哇国人最喜青花磁器"②的记载。符合东南亚国家审美带有伊斯兰风格的青花瓷自然成了赏赐这些国家的重要品种，御器厂大量生产此类瓷器，促进了阿拉伯艺术和中国艺术融合。其三，这类赏赐、外交用瓷需求量巨大，推动了制瓷业发展，不仅促使御器厂扩大规模，增加窑炉的数量，也促进瓷器质量、制瓷效率提高。

第二节　民窑自由发展的枷锁

皇权是一把双刃剑。御器厂繁重的烧造任务和对瓷器质量的严格要求，推动了制瓷业发展进步，但皇权专制也像一把枷锁束缚了制瓷业、阻碍了制瓷业自由发展的步伐。

一　"禁烧令"和"上行下效"

正统三年和正统十二年朝廷颁布的"禁烧令"，在上文"'官样'以及颜色釉瓷器的垄断"一节中已提到：为了维护皇帝独一无二、至高无上的地位，民间被严令禁止使用"官样"瓷器。但官样瓷品种繁多，如正统十二年的"禁烧令"，黄、紫、绿、青、蓝、白等色釉全部被禁。正统时景德镇的民窑还处成长期，民窑在某些品种烧造上处探索阶段，禁烧令一出，民窑被允许烧造的品种少之又少，更别提品种创新了。

受中国自古以来"上行下效"习惯驱使，上至贵族、官僚，下至普通百姓，都热衷于对皇帝的喜好加以效仿。所谓"上有政策，下有对策"，朝廷严禁烧造"官样"瓷器，民窑便不完全模仿，而是对"官样"稍加修改后模仿，这样，既不违反禁令，又迎合了消费者需要。许多纹饰，乍一看无法分辨官民窑区别，只有细细端详，才能发现细微差别。

---

① （明）马欢：《瀛涯胜览》曰："（爪哇）多有从回回教门受戒持斋者""（满剌加）国王国人皆从回回教门持斋受戒。""（南浡泥国）边还人民止有千家之余，皆是回回人……国王亦是回回人。""（古里国）大头目是回回人。""（溜山国）国王头目民众皆是回回人，风俗纯美，所行悉遵教门规矩。""（祖法儿国）国王国人皆奉回回教门。""（榜葛剌）举国皆是回回人。""（忽鲁谟厮国）国王国人皆奉回回教门。""（天方国）王居之城名默伽国，奉回回教门。"中华书局 1985 年影印本，第 20、33、44、57、66、75、80、87 页。

② （明）马欢：《瀛涯胜览》，中华书局 1985 年影印本，第 24 页。

如明初流行的风带如意云及如意云头纹，民窑多有模仿。官窑云脚一般朝左（图7），而民窑云脚则朝右（图6），品质精良、绘画精美的民窑产品，除云脚方向，几乎看不出和官窑的差别。图8明成化官窑青花梵文盘，图9明中期民窑青花梵文盘，从盘心莲瓣纹画法到梵文字体、写法，除画工民窑没官窑细致，边饰略有不同，几乎看不出差别。

图6　明早期风带如意云纹盘残器
（源浩艺术馆藏）

图7　明永乐风带如意云纹碗
残器（源浩艺术馆藏）

图8　明成化青花梵文盘
（故宫博物院藏）

图9　明中期青花梵文盘残器
（源浩艺术馆藏）

民窑模仿官窑，严重限制了民窑发展。"官样"多为花鸟等较风雅的纹饰或龙凤等代表皇权的纹饰。虽然画工精湛，栩栩如生，但大多较程式化，缺少现实生活的趣味，无法表现百姓生活及社会发展状况。民窑"照猫画虎"的状态，不仅无法展现自身特点，也失去了创新能力。可以说民窑对官窑模仿，是官窑无心但却实实在在施加在民窑上的巨大枷锁。

二　匠籍制度

匠籍制度始于元代，元代统治者为便于征调工匠服役，将工匠编入专门的户籍中，称为"匠户"，匠户的子孙必须世代承袭，不得改业。

明代沿袭元代的"匠籍制度"。洪武二年，明政府下令："凡军、民、医、匠、阴阳诸色户，许各以原报抄籍为定，不许妄行变乱①。"明代律例规定："凡军民驿灶医卜工乐诸色人户、并以籍为定。若诈冒脱免、避重就轻者、杖八十。其官司妄准脱免、及变乱版籍者、罪同。"② 这里"原报抄籍""以籍为定"指元代户籍。政府以政治手段迫使元代匠户继续为政府服务。工匠分轮班匠和住作匠。住作匠每月服役10天。轮班匠每几年为一班，一次三个月。洪武十九年，明政府又规定，（轮班匠）以三年为班，更番赴京轮作三月③。轮班匠要自负路费赴京服役，服役时工作辛苦，除官府发放的盐粮外，没任何收入，有时还要遭贪官污吏层层盘剥，生活比较困苦。住作匠服役时，全家都需随工匠迁往服役地区，他们居无定所，常年奔波劳苦。景泰五年六科给事中林聪等曾上奏："天下各色轮班人匠，多是灾伤之民，富足者百无一二，艰难者十常八九。及赴京轮班之时，典卖田地子女，揭借钱物、绢布。及至到京，或买嘱作头人等而即时批工放回者，或私下占使而办纳月钱者，甚至无钱使用，与人佣工乞食者。求其着实上工者，百无二三。有当班之名，无当班之实。"④ 政府压迫、繁重劳动加上困苦的生活，这些工匠的工作积极性不高。宣德以前，匠籍制度尚能维持。随着时间的推移，朝廷对工匠盘剥

---

① （明）李东阳等：《大明会典》卷一九《户口一》，广陵书社2007年版，第350页。

② 《大明律》，《户律》，法律出版社1999年版，第46页。

③ （明）李东阳：《大明会典》卷一八九《工匠二》，广陵书社2007年版，第2567页。

④ 《明英宗实录》卷二三九，"景泰五年三月乙丑"条，（台湾）"中研院"历史语言研究所校勘本，1982年，第5215页。

越来越重，有些工匠不仅超期服役，应得的盐粮也被贪官剥削得所剩无几，若"造作不得法"，还要遭受笞刑①。宣德时就出现工匠逃亡现象②。宣德元年，逃亡工匠有5000人左右③。景泰元年，逃匠总数达三万四千八百余人④。除逃亡，工匠还使用怠工、隐冒和失班等抗争形式。

明代御器厂共有官匠300余人，分工非常细，明后期御器厂分23作、6种窑炉⑤。但由于匠籍制度衰落，虽然朝廷规定每次服役三个月，但由于工匠逃亡严重，御器厂工匠严重不足，有些工匠甚至连续多年服役。嘉靖八年，御器厂官匠服役"二十余年，未得停止，身服庸役，又纳班银⑥"。越来越多工匠逃亡，剩下工匠承担的劳役就更重，这又加剧了工匠逃亡，造成恶性循环。明中后期，许多工匠为躲避庸役，花钱雇佣技术低下的"市井无赖"代替服役。因此，明中后期御器厂产品质量严重下降，常常"粗鄙不成器"。大量优秀工匠逃亡躲避，导致工匠不仅不能为御器厂服务，也无法成为民窑的劳动力，严重影响正常生产，阻碍了制瓷业发展。最终，时间证明这种落后的制度不符合生产力发展。明后期，朝廷不得不以银代役，匠籍制度名存实亡。

三 海禁政策

唐代瓷器就是出口的主要产品之一，唐代到元代基本没有中断。黑

---

① （明）李东阳等：《大明会典》卷一七二《工律》，"凡造作不如法者，笞四十"，广陵书社2007年版，第2393页。

② 《明宣宗实录》卷六三，"宣德五年二月癸巳"条："近年在京工匠人多有逃者。盖因管工官及作头等不能抚恤，又私纵其强壮者不令赴工，俾办纳月钱入己，并冒关其粮赏，止令贫难者做工，又逼索其财物，受害不已，是致在逃。及差人勾取，差去之人，又逼取财物，工匠受害，弊非一端。"（台湾）"中研院"历史语言研究所校勘本，1982年，第1490页。

③ 《明宣宗实录》卷十三，"宣德元年春正月庚申"条曰："行在工部尚书吴中奏工匠逃者五千余人不惩治之无以警后来请遣官并其家属取赴京。"（台湾）"中央研究院"历史语言研究所校勘本，1982年，第366页。

④ 《明英宗实录》卷一九九，"景泰元年十二月甲申"条曰："命有司逮逃匠三万四千八百有奇。"（台湾）"中研院"历史语言研究所校勘本，1982年，第4229页。

⑤ （明）王宗沐、陆万垓：《江西省大志》卷七《陶书》，国家图书馆出版社，据南京图书馆藏稀见方志丛刊（明万历二十五年刻本）影印本，第319页。

⑥ （明）王宗沐、陆万垓：《江西省大志》卷七《陶书》曰："正班各匠服役今二十余年未得停止，告部缴查，又因烧造未完，未造册缴部。身服庸役，又纳班银，无所控诉。"国家图书馆出版社，据南京图书馆藏稀见方志丛刊（明万历二十五年刻本）影印本，第328页。

石号唐代沉船上，中国瓷器达六万七千多件①。南海一号南宋沉船，发掘完整器2000多件②。新安号元代沉船发现两万多件瓷器，多为龙泉窑产品。南海、东南亚诸岛附近海域发现的宋元沉船，经中国水下考古中心初步统计不少于2000艘③，许多沉船都发现大量瓷器。《夷岛志略》载元瓷器外销目的国家和地区包括日本、马来西亚、印度尼西亚、菲律宾、越南、印度、孟加拉国、斯里兰卡、泰国、柬埔寨、缅甸、伊朗、沙特阿拉伯、埃及等④。日本、韩国、东南亚、中亚、西亚、北非、东非、中南非都存世、出土大量中国瓷器，包括唐三彩、景德镇窑、磁州窑及福建、浙江、广东等沿海省份大小窑口的产品，数量之多，品种之复杂，令人叹为观止。

瓷器出口为中国创造了大量财富，也刺激了制瓷业的发展。但随着封建社会衰弱，统治者逐渐故步自封。《明史纪事本末》载："张士城、方国珍余党导倭寇出没海上，焚民居，掠货财，北自辽海、山东，南抵闽、浙、东粤，滨海之区无岁不被其害。"⑤朱元璋以此为名，洪武三年罢太仓黄渡市舶司⑥。洪武七年罢福建泉州、浙江明州、广东广州三市舶司⑦。至此，合法对外贸易断绝。洪武十四年，朱元璋以倭寇仍不稍敛足迹，又下令禁濒海民私通海外诸国⑧，明朝与东南亚诸国往来中断。洪武二十三年："诏户部申严交通外藩之禁。"⑨ 洪武二十七年："禁民间用番

---

① 杜文：《永恒的黑石号——黑石号沉船打捞长沙窑珍瓷》，《收藏》2010年第2期。

② 张景华、吴春燕：《南海一号整体打捞开创水下考古新时代》，《光明日报》2007年12月24日。

③ 《中国水下考古中心：南海沉船不少于2000艘》，《人民日报海外版》2007年6月13日。

④ （元）汪大渊：《夷岛志略》，中华书局1981年版。

⑤ （清）谷应泰：《明史纪事本末》卷五五，中华书局1977年版，第843页。

⑥ 《明太祖实录》卷四九，"洪武三年二月甲戌"条，（台湾）"中研院"历史语言研究所校勘本，1982年，第969页。

⑦ 《明太祖实录》卷九三，"洪武七年九月辛未"条，（台湾）"中研院"历史语言研究所校勘本，1982年，第1620—1621页。

⑧ 《明太祖实录》卷一三九，"洪武十四年九月乙巳"条，（台湾）"中研院"历史语言研究所校勘本，1982年，第2197页。

⑨ 《明太祖实录》卷二〇五，"洪武二十三年十月乙酉"条，（台湾）"中研院"历史语言研究所校勘本，1982年，第3067页。

香番货。"① 洪武三十年，再次申明，人民不得擅自出海与外国互市②。
伴随海禁而来的是严酷的刑罚："若奸豪势要及军民人等，擅造三桅以
上违式大船，将带违禁货物下海，前往番国买卖，潜通海贼，同谋结
聚，及为向导劫掠良民者，正犯比照已行律处斩，仍枭首示众，全家发
边卫充军。其打造前项海船，卖与夷人图利者，比照将应禁军器下海
者，因而走泄军情律，为首者处斩，为从者发边充军。"③ 严酷的海禁
并不能断绝海上贼寇的谋生之路，反而使沿海百姓生活、出口贸易受到
严重影响。据泰国学者 Roxanna Maude Brown 统计，菲律宾、泰国、文
莱等地遗址 14、15 世纪，即明代早期到中期瓷器数量极少，某些遗址
中国 15 世纪瓷器资料完全缺乏。Roxanna Maude Brown 还统计了东南亚
及附近海域的沉船资料。资料表明，1368 年到 1487 年间中国沉船数量
突然减少，原在东南亚地区占垄断地位的中国瓷器被越南、泰国等地陶
瓷取代④。虽然明早期"朝贡贸易"较繁荣，民间也存在走私贸易，但
官方贸易和走私出口的瓷器数量有限。明代中后期，随着"朝贡体系"
衰弱、朝廷管理松懈和世界对陶瓷需求增大，走私规模越来越大，瓷器
出口数量逐渐增大，海禁政策虽没被废除，但也成了一纸空文。15、16
世纪，新航路开辟后，欧洲各国也逐渐加入购买中国瓷器的行列。世界
上对瓷器的需求与日俱增。《十六世纪中国南部行纪》记载了葡萄牙和
西班牙人 1550 年到 1575 年到中国贸易的情况，其中描述了 1498 年葡
萄牙人打开了好望角到印度的航线以后的强烈贸易需求。书中描写葡萄
牙人对中国某些省份的认识，提到了生产瓷器的江西浮梁及大量出售瓷

---

① 《明太祖实录》卷二三一，"洪武二十七年甲寅"条，（台湾）"中研院"历史语言研究
所校勘本，1982 年，第 3373 页。

② 《明太祖实录》，卷二五二，"洪武三十年四月乙酉"条，（台湾）"中研院"历史语言
研究所校勘本，1982 年，第 3640 页。

③ 《大明律》附录，问刑条例，"私出外境及违禁下海条例"，怀效锋点校，法律出版社
1999 年版，399 页。

④ ［泰］Roxanna Maude Brown，*The Ming Ban – Ming Gap: Southeast Asian Shipwreck Evidence for Shortage of Chinese Ceramics*，《十二至十五世纪中国外销瓷与海外贸易国际学术研讨会论文
集》，（香港）中华书局 2005 年版。

器的浙江宁波①。但随着明朝衰弱，海上倭寇越来越猖獗，明朝政府认为倭患起于市舶，嘉靖元年，再次下令断绝海上交通，销毁出海船只，禁止海上贸易。1522 年海禁政策实施后，葡萄牙人被逐出广州。隆庆开关后，中国才逐渐跟各国恢复正常贸易往来。据估计，自隆庆开关到明代灭亡 70 多年间，流入中国的白银保守估计为 3.53 亿两，占全球生产白银总量的三分之一，全世界三分之二贸易与中国有关。中国贸易货物主要为丝绸、瓷器、茶叶。据 T. 沃尔克编著的《瓷器与荷兰东印度公司》，公元 1602 年至 1682 年，即明末清初的八十年间，仅荷兰人贩运中国瓷器就达 1600 万件以上②。

假如没有海禁政策，瓷器不仅能创造更多的财富，制瓷技术也有可能更上一层楼。

第三节　"官搭民烧"制度对民窑的影响

《明英宗实录》载："江西浮梁县民陆子顺进磁器五万余件，上令送光禄寺充用，赐钞偿其直。"③ 说明正统时期已使用"官搭民烧"制造御用瓷器。景泰、天顺时期由于朝廷混乱，御器厂几乎处于停烧状态，御用瓷器大量使用"官搭民烧"来完成。御器厂恢复后，"官搭民烧"很少被使用。但御器厂是由政府财政支持、非营利性的，它的所有花费都由江西布政使司公帑支出。正德开始，明王朝逐渐衰落，这笔费用成为江西布政使司的沉重负担。随着时间推移和政治状况持续恶化，财政越来越困难，奢靡之风却越来越盛行，烧造费用有增无减，本就无法负担庞大烧造费用的江西布政使司更加捉襟见肘。再者，"匠籍制度"衰弱，大量工匠逃亡，代之以滥竽充数的技艺低劣之人。技艺精湛的工匠，由于大多被逼迫，生计无法维持，也以消极怠工反抗。御器厂人力紧缺、效率低下，根本无法完成朝廷分派的任务，各类难以烧成的"奇巧之器"

---

① ［英］C. R. 博克舍：《十六世纪中国南部行纪》导言，中华书局 1990 年版，第 2—15 页。

② T. Volker, "*Porcelain and the Dutch East India Company 1602 - 1682*", Leiden, E. J. Brill, 1954。

③ 《明英宗实录》卷二二，"正统元年九月乙卯"条，（台湾）"中研院"历史语言研究所校勘本，1982 年，第 444 页。

使御器厂的处境雪上加霜，御器厂不得不采用其他方式完成朝廷分派的沉重烧造任务。

嘉靖开始，"官搭民烧"成为制度。御器厂仅烧造"部限"瓷，而将工期紧的"钦限"瓷交由民窑烧造，偿以银钱。"官搭民烧"是政府对窑户的残酷掠夺。"钦限"瓷多为御用瓷，质量要求高，因此，"官搭民烧"选取的窑户都是民窑中的佼佼者，但即使废品率为零，朝廷支付给窑户的钱银也不够烧造成本[1]，更何况这些"钦限"瓷中有大量"奇巧之器"，废品率极高。窑户为完成烧造任务，不得不垫付大量费用，若没按期完成，还要从御器厂购买。这严重阻碍了窑户正常生产秩序，有些窑户甚至因此破产，对景德镇制瓷业造成巨大伤害。

任何事情都有两面性，官搭民烧虽是明政府对民窑的掠夺，但也有其积极作用。第一，"钦限"瓷器质量要求高，而且有很多"奇巧之器"，窑户不得不采用各种手段提高生产技术，来完成这沉重任务，这也客观上促进了民窑发展。第二，官搭民烧打破了"官样"垄断。民窑选取精品"上贡"，略次等的可作商品出售，民窑有了更大发展空间。第三，打破了御器厂原料垄断。自御器厂建造开始，政府就垄断了优质原料。但"官搭民烧"打破了这种垄断。从传世品看，嘉靖到万历时期，大量民窑瓷器使用回青。正如《江西省大志》言"青色狼藉，其制无复分[2]"。

第四节　景德镇"瓷都"地位确立与龙泉窑衰落

景德镇崛起离不开皇权推动。宋代景德年间景德镇已奉命烧造贡瓷，景德镇之名也来源于此[3]。这也推动了景德镇制瓷业发展。元代政府在景德镇设立"浮梁瓷局"。正是由于浮梁瓷局的设立，景德镇在制瓷业中地位显著提升。大量优秀制瓷工匠，包括中、西亚的工匠

---

[1]　（明）王宗沐、陆万垓：《江西省大志》卷七《陶书》，国家图书出版社，据南京图书馆藏稀见方志丛刊（明万历二十五年刻本）影印本，第311—319页。

[2]　同上书，第386页。

[3]　（清）蓝浦：《景德镇陶录》卷一《图说》："景德镇属浮梁之兴西乡……至宋景德年始置镇，奉御董造，因改名景德镇。"江西人民出版社1996年校注本，第1页。

涌向景德镇，在政府干预下，景德镇成功烧出许多新的品种如釉里红、蓝釉，为此后景德镇"瓷都"地位确立奠定了基础。明代，政府在景德镇设立御器厂，景德镇的地位更加稳固，明代中后期，景德镇成为全国制瓷中心，"瓷都"地位完全确立。无论景德镇兴起、繁荣与最后瓷都地位确立都和皇权有关。景德镇"瓷都"地位形成，固然和景德镇优越的地理环境及优质的制瓷原料有关，但若没有元代皇权干预，景德镇不可能迅速成为耀眼的明星，若明代政府没有在景德镇设立御器厂，恐怕景德镇的发展并不会那么顺利，"瓷都"的地位并没有那么容易坐稳。

宋代，景德镇的产品主要销往南方，从生产规模及影响看，景德镇都不如龙泉窑。龙泉窑自北宋后期迅猛发展，并逐渐成为南方最重要的窑口之一。元代景德镇的地位虽大幅提升，但龙泉窑的影响力依然很大，绝不逊于景德镇。龙泉县安福窑址是宋到明代窑址群，分布着六十几处古窑址，大多是民办窑场。宋代窑炉最长，窑室内可置1666个铺底匣钵，每窑能烧瓷4万件。元代窑炉比宋代略短，但也可置1000个铺底匣钵[1]，因窑炉保存不完好，无法详细计算烧造数量，大致估计每窑可烧三万余件瓷器。从瓷器遗存看，元代中后期工艺开始变化，没有南宋精细，但品种比宋代有所增加。龙泉青瓷也是外销最主要品种，新安沉船上60%为龙泉窑产品[2]。东南亚诸国南宋到明早期瓷器遗存也以龙泉窑最多。元故宫遗址、哈拉和林古城遗址、阿里麻里古城遗址均有出土龙泉窑器物，其中阿里麻里古城出土龙泉窑花口双凤纹大碗、云龙纹大碗、海水龙纹大盘[3]。《元史》载："器皿（谓茶酒器）除钑造龙凤文不得使用外，一品至三品许用金玉，四品、五品惟台盏用金，六品以下台盏用镀金，余并用银。"[4] 元代不许民间使用龙、凤纹（龙谓五爪二角），这批器物肯定和元代皇家有关。《元史》载："中统以来，杂金宋祭器而用之，至始

① 沈岳明：《中国青瓷史上的最后一个亮点——大窑枫洞岩明代龙泉窑址考古新发现》，《紫禁城》2007年第5期。

② ［韩］高美京：《新安船出水陶瓷器研究述论》，《故宫博物院院刊》2013年第5期。

③ 项坤鹏：《龙泉青瓷在中国古代宫廷中使用的相关问题》，《华夏考古》2013年第3期。

④ （明）宋濂等：《元史》卷七八《舆服志》，中华书局1976年标点本，第1942页。

初，始造新器于浙江行省，其旧器悉置几阁。"① 从龙泉窑址出土的和"枢府瓷"造型、纹饰类似的器物分析，"始造新器于浙江行省"应指在龙泉窑生产祭器。由此看，龙泉窑元代虽不为皇家喜爱，但依然是为皇家烧造瓷器的窑场之一，应该也是龙泉窑具有强大实力的体现。明代，龙泉窑依然是生产御用瓷器的窑场之一，从出土及传世器物看，都发现和景德镇御器厂产品纹饰、造型相似的。图10明洪武龙纹大盘，盘心绘五爪龙纹，内壁绘缠枝花卉纹，龙纹及缠枝花卉纹的形态都和景德镇御器厂产品如出一辙，显然出自"官样"。从《大明会典》也可找到龙泉窑为官府烧造瓷器的证据②。龙泉窑影响广泛经久不衰却在明中后期急剧衰弱，似乎令人难以理解。据出土和文献资料分析，北宋龙泉窑兴起应和"贡瓷"有关。明中后期，龙泉窑突然衰落，恰好也是明政府停止在龙泉窑生产官用瓷器之时。龙泉窑衰落，很可能是政府突然停止在龙泉窑烧造御用瓷器，龙泉窑的生产规模突然下降，大批优秀的窑工流失，社会审美也已经改变，海禁又造成无法外销，龙泉青瓷最终失去了市场。

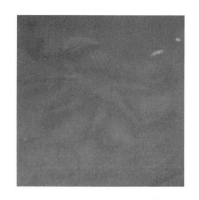

图10（a）　明洪武龙泉窑龙纹盘南宋官窑博物馆藏

图10（b）　明洪武龙泉窑龙纹盘局部放大

① （明）宋濂等：《元史》卷七四《祭礼志》，中华书局1976年标点本，第1846—1847页。

② （明）李东阳等：《大明会典》卷一九四《陶器》曰："洪武二十六年（1393年）定，凡烧造供用器皿等物，须要定夺制样，计算人工物料。如果数多，起取匠人赴京，置窑兴工或数少，行移饶、处（龙泉）等府烧造。"广陵书社2007年版，第2631页。

第四章 明代皇权兴衰与瓷器发展

明代瓷器发展打上了深深的皇权烙印。皇权强盛时期，政府对制瓷业的影响及干涉非常明显。一旦皇权衰败，皇权不再具强有力威慑之后，基于制瓷业正常发展和社会正常需求，人们便会想方设法冲破皇权的干涉。

第一节 明代皇权兴衰与瓷器质量的关系

明代皇权兴衰对瓷器产生了深远影响。从传世、出土实物及文献资料分析，很容易发现皇权兴衰对瓷器质量、纹饰、数量、绘画工艺的影响。其中瓷器质量跟皇权兴衰的关系尤为密切。

一 明早期——上升期

明初朱元璋采取一系列手段加强皇权，明代皇权迅速强盛，朱元璋加强皇权的措施使皇权达到了高峰。此后一段时间，几个皇帝都采取措施继续加强皇权。由于中央集权及皇权加强，永乐时期，朝廷对各方面都保持着强有力的控制。仁宗、宣宗时期，内阁制度得以确立，政治清明，社会经济快速发展，统治稳固。

洪武到宣德时期是明代皇权快速上升期。与此相比，制瓷业也处稳定上升阶段。洪武后期官窑瓷器质量已较好，胎釉质量都已达一定水平，纹饰也很精美，基本没有生烧、变形的情况出现。永乐宣德时期瓷器质量显著攀升。永乐中期，官窑瓷器就非常精细了。胎体细白坚致，釉面莹润，纹饰画工精美、栩栩如生。宣德时期，瓷器不仅制作精细而且品种繁多，名品辈出。台北故宫藏品中有一批宣德瓷器，为清宫旧藏，常年存放库房，只是偶尔被皇帝拿出把玩欣赏，这些东西在台北故宫展出，如新的一般，如若没有详细清宫档案记载，恐怕真会认为是现代工艺品了。

二　正统、景泰、天顺时期——动荡时期

宣德十年，宣宗去世，年仅九岁的朱祁镇即位。虽有太皇太后张氏及"三杨"主持政务，但英宗年龄小，判断力差，宦官王振又颇有心机，王振表面对英宗十分忠心，暗地却勾结党羽，窃取权力。正统七年，太皇太后张氏及杨荣先后去世，杨士奇隐退，杨溥虽还在朝，但已年老，其势力已无法和王振抗衡，王振已无法无天。他不仅广植党羽，甚至还除去太祖时立下的"内臣不得干政"的碑。王振开了明代宦官专权的先例，明代宦官专权越来越严重，逐步达到无法控制的局面。王振不仅卖官鬻爵、贪污受贿，还左右朝政，胡乱用兵。正统十四年，王振蛊惑英宗亲征。由于准备不善加军事部署错误，导致土木之变，英宗被俘。明朝开始了长达十多年的动荡局面，皇权突然衰弱。

随着皇权衰弱，官窑瓷器制造也突然衰弱。陶瓷史称正统、景泰、天顺时期为"空白期"，"空白期"没发现带官窑款式的瓷器，一度被认为没有官窑瓷器。但景德镇御器厂考古发掘发现了正统地层的器物。从出土、传世"空白期"瓷器看，这些器物虽有少量制作精细的，质量和宣德时期相差不远，但大部分质量不好，和宣德时相差甚远。有些产品甚至连当时民窑精品也比不上。《明史》载："宫殿告成，命造九龙九凤膳案诸器，既又造青龙白地花缸。王振以为有璺，遣锦衣指挥仗提督官，敕中官往督更造。"① 《明英宗实录》载："江西饶州府造青龙白地花插，暇璺不堪，太监王振言于上，遣锦衣卫指挥往，仗其提督官，仍敕内官赉样，赴饶州更造之。"② 社会动荡也影响了中下层百姓的生活，民窑中粗糙品种的质量也突然下降，不仅胎釉质量差，制作工艺也差，底足多不施釉或施釉不全，而且多粘砂，有些甚至比洪武时期还粗糙。

天顺后期，虽有"曹石之变"等变故，但毕竟"纲纪未弛"，国家逐渐从战乱及帝位更替中稳定下来。随着国家经济的恢复，瓷器制造也开

---

① （清）张廷玉等：《明史》卷八二《食货志》，中华书局1974年版，第1998—1999页。
② 《明英宗实录》卷一一六，"正统九年五月丁卯"条，（台湾）"中研院"历史语言研究所校勘本，1982年，第2344页。

始缓慢恢复，天顺后期，一些质量较高的器物，虽无款识，但质量已较好，已带有成化釉质肥腻滋润，纹饰规整柔和、发色浅淡优雅的特点。

三 成化、弘治时期——平稳发展时期

成化时，政治、经济发展已重新走上正轨。政权稳定，社会平稳发展，皇权也从正统、景泰时的低谷开始向上发展。明宪宗被称为"太平天子"。国家安定，宪宗对瓷器的喜爱及明代前期制瓷业工艺、技术的积累，制瓷业继续向前发展。此时，官窑瓷器制作非常精细，釉质超越永乐宣德时期成为明代之冠，成化斗彩精美绝伦，成为一代名品。民窑受官窑影响，制作也很精细。弘治时，孝宗勤政爱民，国家平稳发展，但由于弘治时期多天灾，多次下令减烧，加之孝宗奉行节俭，不喜欢精巧、奢华的东西，因此瓷器数量较少，制作没有成化时期那么严格，质量稍不及成化，但依然很精细，造型规整，胎体轻薄，釉质莹润，工艺精湛，小件器物多可透光，还出现了"娇黄"等著名品种。

四 正德时期——转折期

1505 年，明武宗登基。《明通鉴》卷四十载："孝宗在弥留之际，对内阁大学士刘健、李东阳、谢迁说：'东宫年幼，好逸乐，卿等当教之读书，辅导成德。'"① 但武宗刚登基，就在刘瑾为首的"八虎"的引导下大肆玩乐，不理政务，致使明孝宗勤政节俭创造的"中兴"局面被破坏殆尽，明代走向衰败。随着刘瑾等人权势扩大，刘健、马文升、刘大夏等正直大臣逐渐被排挤，代替他们的大多是和刘瑾狼狈为奸之人。为巩固权势，刘瑾等人千方百计引诱武宗取乐。长期挥霍造成财政拮据。为缓解财政困难，朝廷开始加大对百姓的掠夺，致社会矛盾越来越尖锐。后来刘瑾虽被除，但宦官专权的局面没有改变，吏治依然腐朽，武宗又在江彬等人的撺掇下不断巡游，劳民伤财更胜在京城玩乐之时。正德时吏治腐败，土地兼并严重，社会矛盾尖锐，农民起义不断。许多学者将正德时期作为明代由盛转衰的转折点。

---

① （清）夏燮：《明通鉴》卷四〇，"孝宗弘治十八年"，中华书局 2009 年版，第 1531 页。

正德时期是明代由盛转衰的转折点，也是瓷器由精转粗的转折点。正德瓷器虽还有成化、弘治遗风，但质量已呈下降趋势，胎体变厚，接痕日趋明显，大器底足粗糙，造型也开始不规整。图 11 正德青花净水碗托，为佛前供器，底心书"大明正德年制"六字双行楷书双圈款。此器虽为御器厂产品，但制作并不精细，口沿变形，釉面见多处缩釉点和杂质（如图 11（b）），画工也略显粗糙，个别部位纹饰模糊。如果在永乐宣德成化时期，这样的东西应会作为残次品处理。

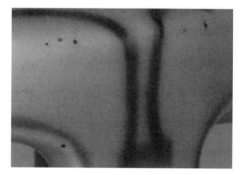

图 11（a）　　明正德青花净水碗托　　图 11（b）　　明正德青花净水碗托局部放大
　　　　　　（故宫博物院藏）

五　嘉靖到万历时期——衰退期

明世宗是个颇有争议的皇帝，他早年采取了很多积极政策，如抑制宦官、革除弊政、整顿朝纲、还地与民，整顿边防等①，明朝的政治状况有所好转。但随时间推移，一成不变的生活、"大礼议"事件和朝臣矛盾激化及对道教痴迷，世宗逐渐怠政。世宗在位达 45 年之久。45 年中，世宗二十多年未上朝，导致佞臣当权，政治腐败，党派倾轧，财政

---

①　汤纲、南炳文：《明史》第九章，上海人民出版社 1981 年版，第 362—364 页。

危机严重。嘉靖早期出现的"中兴"局面如昙花一现。到嘉靖后期，已是国库空虚，朝政情况每况愈下。

万历时期情况则更糟。早期张居正辅政时朝政有所好转，但没几年就跌落谷底。张居正死后，神宗逐渐怠政，致使许多重要职位空缺，政府职能无法实施。且万历时奢靡之风盛行，各类开销巨大，财政捉襟见肘。神宗派出的"矿监税使"弄得百姓怨声载道，民不聊生。明朝情况每况愈下，政权风雨飘摇。

嘉靖到万历时期，由于奢靡之风盛行，官窑瓷器数量十分庞大，但大多制作粗糙，特别是大件器物，胎体厚重，胎质粗糙，釉面不平整，常见杂质和缩釉点，造型也不太规整，画工也越来越差。纹饰呆板稚拙、比例失调，器底、器里处理也十分草率，有些接痕甚至比明初还明显。如图12嘉靖青花穿花龙纹梅瓶，造型线条僵硬，胎体不平整，可见修胎不精细。釉面质量也很差，缩釉点、杂质很多，纹饰呆板，质量甚至还不如成化民窑。

图12（a）　明嘉靖青花穿花龙纹
　　　　　　梅瓶（故宫博物院藏）　　　　图12（b）　明嘉靖青花穿花龙纹梅瓶及
　　　　　　　　　　　　　　　　　　　　　　　　　　　　局部放大

六　明末——更替期

明末政治状况每况愈下，所谓"明亡不亡于崇祯，而亡于万历"①，万历弊政已注定明朝灭亡的命运。崇祯并非昏君，但在明末群豪并起、政治腐败、内忧外患的情况下，即使再圣明的君主，也无法拯救明朝。

明末情况比较特殊。御器厂基本停烧，民窑质量分两类。第一类是民窑高档产品，这类产品多为达官贵人、富商大贾或外国定烧的高档瓷。御器厂停烧和外销刺激，给了这些瓷窑发展契机，这类产品质量处于上升状态。具体原因在第五章第三节分析。第二类是中下层百姓用瓷。社会动乱导致百姓生活下降，这类瓷的质量也越来越差。修胎不规整，釉质含铁量高，釉色发灰，釉面缩釉点、杂质明显，纹饰草率，工艺也很粗糙，器底跳刀痕明显，有些还大量粘砂，部分器物器底不施釉或施釉不全。

七　明代皇权兴衰与瓷器质量变化趋势对比

图 I 是根据明代皇权发展趋势画的曲线图，明代皇权的发展趋势大致是洪武开始显著攀升，永乐宣德时继续上升，宣德时到达整个明代的顶峰。正统、景泰、天顺急剧下降，天顺后期开始缓慢上升，成化至弘治继续上升，弘治到达一个小高点。正德开始下降，嘉靖早期略回升，嘉靖中晚期到隆庆继续下降，经过万历早期略微回升后，万历后期开始急剧下降，直到崇祯时接近零点。

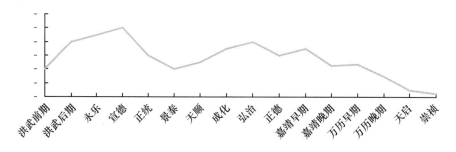

图 I　明代皇权的发展趋势曲线

---

① （清）赵翼：《廿二史札记》卷三五，中华书局 2013 年版，第 838 页。

　　图Ⅱ是根据明代瓷器质量发展制作的曲线图。实线反映御用瓷质量；短虚线表示民窑高档瓷器质量，主要反映社会上层用瓷质量；长虚线表示民窑大宗产品质量走向，反映社会中下层百姓用瓷质量。官窑瓷器质量大致从永乐宣德开始显著攀升，空白期突然下降，成化突然攀升，弘治平稳发展略有下降，正德开始显著下降，直至万历晚期御器厂停烧。民窑高档瓷器质量发展大致从永乐开始上升，此后一直平稳攀升，空白期质量略有下降，但民窑高档瓷器受朝廷动荡影响不强烈，且有"官搭民烧"出现，导致官窑和高档民窑瓷器几乎处于同一水平。经过空白期的平稳发展，民窑精品的质量在成化到达顶峰，弘治平稳发展略有下降，正德开始显著下降，直到天启时质量才开始上升。民窑大宗产品质量发展趋势大致是，永乐时开始缓慢上升，空白期显著下降，成化显著攀升并到达顶峰，弘治平稳发展，正德时期开始直到明朝灭亡，一直处于下降趋势。

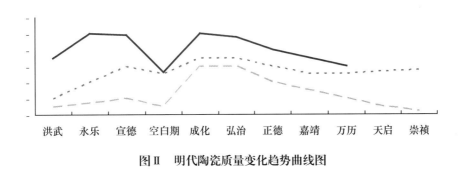

图Ⅱ　明代陶瓷质量变化趋势曲线图

　　两图对比可发现，明代皇权兴衰和瓷器质量发展基本成正相关关系。即皇权强盛，瓷器质量高，皇权衰弱，瓷器质量也随着皇权衰弱而下降。

第二节　明代皇权兴衰对瓷器纹饰及绘画风格的影响

　　明代瓷器可分为早期、中期、晚期、末期。通过实物对比，几个时期的风格差距一目了然。以常见的缠枝莲纹为例，图13明宣德青花缠枝莲纹钵，图14明成化青花缠枝莲纹葫芦瓶，图15明万历青花缠枝莲纹梵文碗，三件器物都是御用器物，主题纹饰都是缠枝莲纹。但三件器物的缠枝莲纹风格完全不同。宣德缠枝莲纹钵，画工娴熟、画风洒脱，无论莲瓣还是枝叶形态都十分精细传神。明代早期官窑纹饰大多写实，画工精湛。其率性的笔画、豪迈的风格总能令人感受到明代早期强盛、自信之态和四方来朝的盛世。成化缠枝莲纹葫芦瓶，画工仍很精细，但却少了洒脱，多了几分程式化的呆板和柔美。明代中期官窑瓷器质量虽好，画工虽精，但整体风格已没有明代早期的洒脱自信之态，而变成柔美妩媚之感。纹饰多见规矩、图案化的团花等，写实的纹饰减少。民窑受官窑影响明显，风格也和官窑相似。万历缠枝莲纹碗，构图和宣德缠枝莲纹钵十分相似，整体效果却天差地别。万历缠枝莲画工拙劣呆板，比例失调，十分别扭。明代后期，官窑瓷器整体质量下降，没有明代早期以及中期画工的娴熟之感，反而如初学的工匠，呆板稚拙，即使精细的小件器物，画工也大不如前。且纹饰布局繁密，几乎无一丝空白，杂乱无章，毫无美感可言。此时由于"官搭民烧"，高档民窑瓷器几乎和官窑如出一辙。

图13 明宣德青花缠枝莲纹钵
（故宫博物院藏）

图15 明万历青花缠枝莲纹梵文碗
（故宫博物院藏）

图14 明成化青花缠枝莲纹葫芦瓶
（故宫博物院藏）

　　龙是皇权的象征。明代瓷器上龙纹的变化明显反映明代皇权兴衰。明代早期的龙（图16），张嘴或闭嘴，竖发，龙身粗壮，给人"肌肉发达""力大无穷"之感，龙爪雄健有力，五爪尖利，龙身与龙头上鬃毛似火焰，鳞片清晰细致，常游于海中或翱翔于天空，有一股雄壮威武凶悍之气，如青壮年一般。明代中期的龙（图17）多游于花丛之中，即使翱翔于天空或游于海中，也已没了明代早期的凶悍。龙的样貌也带几分柔美、妖媚。龙爪五爪距离相等，像风车一般，没有明早期的尖利、雄健感，龙身也失去"肌肉发达"之感，显得有些纤弱。龙这种和皇权密切相关、传说中的神兽，一直以凶猛著名，神话中的龙大多翻手为云覆手为雨。龙以柔美、妖媚的形象出现，显得有些格格不入。这与当权者的喜好有关，但与整个明代不复明代早期的强盛也有一定的关系。

　　明代晚期的龙（图18），呆滞无力。画工变粗，龙身鳞片常以网格表示，龙爪比明代中期还无力，有些已露苍老之态，犹如五六十岁的老年人。崇祯的龙（图19），毛发向两侧披散，两眼无神，胡须杂乱，好似一个蓬头垢面、胡子拉碴，垂死的老者，特别能反映皇权衰微，明王朝将要灭亡之态。

图16（a） 　明宣德青花海水龙纹钵
（故宫博物院藏）

图16（b） 　明宣德青花海水云龙
纹钵局部

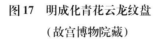

图17　明成化青花云龙纹盘
（故宫博物院藏）

图18 明万历青花云龙纹梅瓶　　　　　图19 明崇祯五彩云龙纹盘
（局部）（故宫博物院藏）　　　　　（中国国家博物馆藏）

第三节 民间对禁令的冲击

明代，政府不许民间烧造"官样"及带皇权标志的如龙、凤等纹饰，至于御器厂烧造的器物，更严厉禁止在民间售卖。但随着明朝衰弱，明朝政府逐渐失去维持这些禁令、纠察违反禁令情况的能力。受利益驱使，明代中期开始，就不断有人铤而走险。

早年北京出土一块正德五彩盘残片（图20），盘外底书大明正德年制六字双圈款。盘底款识、纹饰、工艺均表明这是御器厂产品，但盘底款识却用绿中带黑的彩绘以月华纹覆盖。但该盘外底的绿彩在土中被腐蚀，露出了盘底款识。正德时期，"官搭民烧"还未成为定制，御用瓷器由御器厂烧造，景德镇御器厂遗址也出土一定数量正德时期被打碎掩埋的不合格瓷器①，说明正德时期御器厂残次品依然打碎掩埋处理。但从盘底月华纹的画工、样式及不规整的形态看，该纹饰绝不可能出自御器厂，从这件残盘故意掩盖款识推断，这件盘可能是从御器厂非法流出的。将此盘偷出御器厂或卖这件盘的人为掩盖盘子是御器厂产品的事实，故意用

———————

① 刘新园等：《江西景德镇明清御窑遗址发掘简报》，《文物》2007年第5期，第4—47页。

浓厚的绿彩将款识盖住。正德时由于吏治腐败，朝纲紊乱，明政府对御器厂的管理已松懈，因而有人铤而走险，将御器厂产品偷出。否则，很难找到理由解释草率的月华纹和规整的"官样"处于同一器物，更无法解释盘底官窑款识被覆盖的原因。

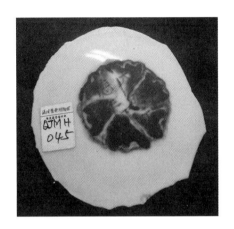

图20　明正德五彩十字杵纹残器（源浩艺术馆藏）

民间对禁令的冲击却不是仅此，如果说这个盘子流出是铤而走险的行为，那么随着政府继续衰落，"铤而走险"逐渐变成"明目张胆"。明代后期，残次品已不像明代早中期那样打碎掩埋，而是存储在府库中。《江西省大志》载："按逐年存储器皿，堆积日多，库役皂快乘机盗窃，董事者且拣择馈送，是以公家之物，徒济贪鄙之私。"① 万历时库役肆无忌惮盗窃，行为和张善相似，甚至更过分，但政府已无暇管理这些了，为节省开销，甚至将御器厂残次品变卖②，"官搭民烧"产品，除精品进献皇帝外，剩余产品也允许民窑自行处理。此前那些为保障皇权独一无二地位的禁令早已成了一纸空文，甚至连象征皇权的五爪龙纹都在民间流通。

① （明）王宗沐、陆万垓：《江西省大志》，卷七《陶书》，国家图书馆出版社，据南京图书馆藏稀见方志丛刊（明万历二十五年刻本）影印本，第350页。

② （明）陈有年：《为钦奉圣旨事疏》曰："万历十年（1582），钦限烧造瓷器96624件。其后又命：内屏风、棋盘、烛台、花瓶、新样大缸，烧成有好的，着拣进；不堪的，听彼变卖；未烧的停止，以省费息民。"选自（明）陈子龙等《明经世文编》，中华书局1962年版。

第四节　御器厂衰败与民窑发展

明中后期，御器厂开始走下坡路，烧造效率降低，质量下降，产品和明早、中期已不可同日而语。万历二十七年，由于"矿税使"潘相的压迫，御器厂窑工童宾跳窑自焚，引起窑工们长达四年的反抗。愤怒的窑工们于万历三十年焚毁了御器厂①。万历后期，明代政权风雨飘摇，财政入不敷出，经历浩劫的御器厂虽得以重建，但也只是苟延残喘。万历三十八年后役亦渐寝。

前文提过，皇权对民窑产生很多消极影响。但明末皇权衰弱使这些阻碍民窑发展的因素烟消云散。民窑，特别是生产高档产品的窑场，此时有机会获得更优秀的制瓷工匠、优质制瓷原料。摆脱一成不变"官样"的民窑表现出更强的创造力，并以此为契机迅速发展。

"隆庆开关"后，私人海外贸易获得合法地位，瓷器大量外销。明末，民窑摆脱皇权诸多消极影响后，获得更大的发展空间。大量外销订单涌入，进一步促进了民窑发展。从出土及存世实物资料分析，万历晚期开始民窑高档瓷器的质量显著提高。胎中高岭土比例提高，机械强度更高、更加细腻。釉面含铁量降低，透明度更高。明亮的浙料，浓淡相宜的纹饰、丰富的人物故事，传神的画工，完全摆脱了明晚期釉面灰暗、画工呆板稚拙、繁缛纹饰的影响。图21、图22是明末高档民窑的代表作，图21天启青花花卉纹方觚，口沿下书"天启年米石隐制"。米石隐是明末书画家，这件方觚是其定制之物，不仅造型优美，比例协调，完全摆脱了明后期死板不规整的毛病，绘画生动、传神，纹饰丰富又不繁杂，和谐又不单调，颇具书卷气，摆脱了程式化"官样"和繁复杂乱的风格。图22崇祯三国故事图缸是明末人物故事题材代表作之一，画工精美，栩栩如生，浓淡相宜，是明晚期兴起的瓷器上"墨分五色"实物表现。

---

① 《明神宗实录》卷三六八，"万历三十年二月甲申"条曰："江西税监潘相、舍人王四等于饶州横恣激变，致毁器厂"，（台湾）"中央研究院"历史语言研究所校勘本，1982年，第6886页。

图21 天启青花花卉纹方觚（天启年
米石隐制款）（故宫博物院藏）

图22 明崇祯青花三国故事图缸
（故宫博物院藏）

明末皇权衰微，皇权对制瓷业影响减弱及外销瓷刺激等因素，造就
了明末清初民窑的繁荣，为瓷器风格转变、多样化及清代制瓷业恢复与
繁荣奠定了基础。

结　论

本文在文献及实物资料的基础上，对明代皇权和瓷器的关系进行深
入分析，探讨了明代皇权及皇权强大影响力对明代瓷器、制瓷业的影响，
并得出以下结论。

第一，瓷器虽然自古就受皇权影响，但纵观历史，没有一个王朝或
时期，皇权对瓷器的影响达到明代那样强烈、深刻、广泛。明代所处封
建社会末期、少数民族王朝后的特殊时代背景及开国皇帝朱元璋的个性、
明代皇权"极端化"都赋予它极大的特殊性。

第二，皇家对某一地区制瓷业发展起到很大作用。明代，景德镇地位由于御器厂建立得到进一步提升，各大窑系逐渐衰弱。皇家"弃用"又进一步加剧了某些传统窑厂的衰弱，如龙泉窑。

第三，由于景德镇地位提升，御用瓷器的风格对全社会瓷器风格起到主导作用。

第四，皇权"极端化"，催生了为维护皇权"独一无二、至高无上"地位的一系列政策，如"官样"垄断、制瓷原料垄断、海禁政策等，对制瓷业都产生深远影响。

第五，明朝皇权"极端化"对制瓷业产生深远影响。明代制瓷业随皇权发展而发展，尤其是瓷器质量，明代早期呈上升趋势而自明代中后期开始，随着皇权的衰微，瓷器质量也显著下降。

第六，随着皇权衰微，皇权对制瓷业的负面影响逐渐减弱，明末民窑借海禁解除、御器厂衰微等有利因素迅速发展，为清代制瓷业蓬勃发展奠定了基础。

明代皇权对瓷器的影响涉及各方面，除本文仅探讨的几方面外，还有一些细节及更深入的层面需要探讨、研究。

定窑纹饰及其印花与缂丝相关问题初探

2014 届　王鹤洋

（导师：故宫博物院　冯小琦研究馆员）

　　定窑是我国五大名窑之一，是宋代北方著名民间窑场之一，窑址在今河北省曲阳县涧磁村及东、西燕川村一带。这里自北魏至唐代隶属定州，按照我国古瓷窑以州冠名的惯例，曲阳县境内的窑场被称为"定窑"。

　　从 20 世纪 30 年代叶麟趾先生发现定窑遗址至今，定窑经历了多次的调查与发掘。其烧瓷始于唐，宋、金时期是其发展的重要阶段，衰于元，历时 700 余年。定窑在宋代曾烧造宫廷御用瓷，并在宋、金时期得到民间的青睐，制品远销南北各地，其造型、装饰、烧造方法为各地瓷窑所仿效，逐渐形成庞大的定窑系，主要包括河北井陉、北京龙泉务、山西平定、江西景德镇、吉州窑等，对我国后世的制瓷业产生了深远的影响。

第一章　定窑纹饰

　　宋代以文治天下，是理学思想特别发达的社会，瓷器纹饰就是在这一大背景下发展成熟。宋代的纹饰比之前更加倾向理性的含蓄美，既重视士大夫的审美观念，又兼顾市民阶层的民间情趣。作为当时五大名窑之一的定窑，想要在众多瓷窑中脱颖而出，瓷器的装饰成为当时制瓷工匠的重中之重，技法也多种多样。

第一节　装饰技法概述

定窑的装饰技法十分丰富，刻花、印花技法最为常见，基本贯穿定窑的各个时期。此外，还有剔花、贴花、镂空、描金等。

一　刻花

刻花是指在已干或半干的陶瓷坯体表面上，用竹制或铁制工具来刻画出各种深浅、面积不同的纹饰。

定窑早、中期刻花的风格技法主要是受越窑和耀州窑影响，采用偏刀深挖，刀法犀利，具有浅浮雕的效果。也有学者认为，定窑的刻花、划花是受当地石刻的影响[1]。纹饰以莲瓣和大朵的缠枝花卉为主，主要装饰在瓶、罐类器皿的肩、腹部。定窑刻花最突出的特点就是清晰流畅，刀法极为娴熟。窑工根据不同风格的图案选择不同的刀法，灵活掌握运刀时的轻重缓急，线条变化极为丰富。

北宋中期之后定窑创烧覆烧工艺，胎体变薄，提高产量的同时，也变化了装饰的技法。工匠根据胎质的特点，将刻与划相结合，这样装饰出来的器物纹饰深浅有致，疏密得当，充分体现了定窑工匠熟练的技巧和出色的艺术表现力。

二　印花

印花是用刻有纹饰的印模在未干的胚体上印出凹凸的花纹，然后施釉入窑烧成。印花工艺操作简单，生产效率高，产品规格一致，是定窑传统的装饰技法，晚唐时期就有一些简单的印花装饰，主要在海棠杯、长方形盘等采用模制成型的器皿上。

到了北宋时期，定窑将印花工艺进行了大胆改进，适合大规模批量生产。但是关于成熟的印花工艺创始于何时，目前没有定论。北宋晚期到金代，定窑印花瓷器的装饰达到了前所未有的高度，题材也空前丰富，

---

[1]　方李莉：《中国陶瓷史》，齐鲁书社2013年版，第334页。

出现了反映现实生活内容的植物纹、动物纹以及人物纹，精美细致的印花工艺让冯先铭先生在《中国陶瓷史》中推论"定窑印花装饰看不出由简到繁，由低级向高级的发展过程，有可能受定州缂丝影响，制瓷匠师采用缂丝纹样粉本刻模，因此一开始就显得比较成熟"。①

三　剔花

剔花技法始于北宋磁州窑，定窑剔花工艺学习磁州窑，但其主要以白地剔花为主，有少量白地褐彩剔花和绿釉剔花。造型以瓷枕最为多见，有少量的瓶、罐器物。

四　贴花

模印贴花工艺主要流行于南北朝及隋唐时期，定窑瓷器中并不常见。在河北定州静志寺塔基曾出土白釉双耳贴像炉。可见，定窑贴花工艺主要见于北宋早期的一些佛教特殊器皿上。

五　镂空

镂空，又称"镂雕"。在器物坯体未干时，用刀具把胎体预定的装饰部位雕透，使之具有透空的效果。镂空在定窑瓷器中也不常用，在定州静志寺塔基出土的白釉五足熏炉，是仿金银器制作。

六　描金

关于定窑瓷器的描金装饰，宋代周密在《志雅堂杂钞》中有这样一段描述："金花定碗用大蒜汁调金描画，然后再入窑烧，永不复脱。"②带有描金装饰的定瓷极少，传世品中见有白釉描金、酱釉描金和黑釉描金三种，大多收藏在日本的博物馆中，其中以日本东京国立博物馆收藏最丰。

---

① 冯先铭：《中国陶瓷史》（修订版），上海古籍出版社 2001 年版，第 378 页。
② （宋）周密：《癸辛杂识》，《学津讨原》续集上，第 9 页。

第二节　定窑典型纹饰

一　动物类纹饰

（一）凤纹

凤纹在唐宋时期广泛出现于陶瓷器上，定窑顺应了这种潮流，采用刻画花、印花等技法，图案主要是单凤衔牡丹、双凤穿花等，寓意吉祥幸福、幸福多子，也有与龙纹、螭纹一起组成的图案。英国大维德基金会藏有一件大定二十四年（1184年）缠枝菊花飞凤纹盘模。

金定窑印花莲花飞凤双鱼纹碗（图1—1）将双鱼与凤莲相结合，双凤展翅翱翔在莲花中，碗心双鱼在水浪中自由游动，外围饰回纹一周。纹饰清晰，为定窑佳作。

图1—1　金　定窑印花莲花飞凤双鱼纹碗　辽宁省博物馆藏

（二）龙纹

龙纹器物在定窑产品中占有一定比例，这与定窑在北宋后期为宫廷烧造瓷器有关①。器型以盘、洗为主，装饰技法有刻花和印花，有一些带

---

① 冯小琦：《历代陶瓷器上龙纹的演变系列专稿之二——宋代瓷器上的龙纹装饰》，《艺术市场》2004年第4期，第57页。

有铭文，如出土于定窑窑址的"尚食局"的龙纹残片。北宋早期定州净众院塔基出土的白釉莲纹龙首大净瓶（图1—2），为定窑净瓶之最，其以龙首作流，龙头高昂、怒目、张口、露齿，下饰龙须，为定窑的精品之作。

定窑的龙纹形象威武，象征皇帝的权威，给人以至高无上的感觉。龙体盘曲成"S"形，昂首挺胸，神采飞扬，龙爪有三爪、四爪等，在云中穿梭，画面充满了动感。有刻花与印花两种。北宋定窑白釉印花云龙纹盘（图1—3），盘内满印云龙纹，龙矫捷、挺拔、三爪，神采飞扬。这件应为宋代宫廷所用。

图1—2　北宋　定窑白釉莲纹龙首大净瓶　　图1—3　北宋　定窑白釉印花云
河北省定州市博物馆藏　　　　　　　　龙纹盘　故宫博物院藏

（三）蟠螭纹

蟠螭纹在定窑有两种形态，一种为头小而长、侧面状的，另一种为头稍大形似牛首，呈正面状的。

图1—4中北宋定窑白釉刻蟠螭纹洗，其蟠螭形象为头硕大，其上生两角，眼珠突出，颌下带须，颈部瘦小，整个身子细长，尾部卷曲，形

象生动。曾在曲阳县北镇村出土蟠螭纹印花模具。

图1—4 北宋 定窑白釉刻蟠螭纹洗
故宫博物院藏

图1—5 北宋 定窑莲瓣划花荷叶蟠
螭盘 台北故宫博物院藏

（四）鱼纹

定窑将鱼纹以刻画花、印花、剔花等技法应用于装饰中，并且在印花纹饰中多为同向并排的双鱼，鱼纹写实，皆闭口，器壁饰一周折枝莲荷，荷花与荷叶间次布局，左右两游鸭、鸳鸯或昂头或顾首回望，神态悠闲自得，外饰一周回纹做边饰。另一种印花纹饰少见，也是以双鱼纹为中心饰两条形象写实的鱼，睁目闭口、鱼鳞、鱼尾生动，周围饰以层层波浪纹，外围饰江崖，以回纹做边饰。金代晚期，

图1—6 北宋 定窑刻花双鱼纹莲瓣碗 故宫博物院藏

出现内壁满刻水波鱼纹的大钵。有一条大鱼居中，周围简单刻画水草和水波纹；有两条鱼动态游向前方或两只鱼在相互嬉戏或对望，周围刻画水草和水波纹；有的则在中心刻画两条模糊不清的鱼及水波纹，周围分以六格。

图 1—7　金　定窑莲塘水禽纹印花盘纹样　台北故宫博物院藏

（五）鹿纹

鹿纹在定窑中以印花和刻画花为主，有奔鹿形象，也有卧鹿或者成双的鹿纹。奔鹿经常在枕上装饰，一只体态雍容的梅花鹿似作奔跑状（图 1—8），腿细，足有三趾，周身配以花草做饰。有的枕面饰以卧鹿形象（图 1—9），嘴尖、眼睛平视前方，神态安详。在台北故宫博物院藏有两件金代定窑印花鹿纹盘，一件装饰奔鹿和缠枝花卉；另一件装饰口衔花卉的卧鹿，"造型不仅见于一件传世的北宋缂丝紫天鹿，也分别见于河南省武陟县金墓或四川省彭山县南宋虞公著夫妇墓的所谓仙鹿衔花雕砖或壁刻，是当时流行的题材之一。"①

①　谢明良：《定窑白瓷概说》，载自《定窑白瓷特展图录》，台北故宫博物院 1992 年版，第 17 页。

图1—8 金 定窑白釉褐彩驰鹿纹腰圆　　图1—9 金 定窑白釉褐彩卧鹿纹如意
　　形枕 河北定州市博物馆藏　　　　　　　形枕 河北定州市博物馆藏

（六）狮纹

定窑的狮纹以狮子戏球较为多见，中心一头狮子全神贯注地嬉戏一只绣球，须微上扬，尾起翘，后肢跃起，前肢一足抓握绣球的飘带。印花图案中狮子的形态不同，如图1—10中所示狮子较威猛丰硕，而图1—11中的狮子则已经形象化，重在表现狮子的戏化。

图1—10 北宋—金 定窑狮球印　　图1—11 北宋 定窑白釉印花狮子滚绣球
　　花盘纹样 台北故宫博物院藏　　　　纹盘 河北省曲阳县文物保管所藏

（七）龟鹤纹

龟鹤纹是以印花技法装饰，常见的图案（图1—12）是一只仙鹤低头曲颈，凝视着地上的乌龟，后面配以洞石和竹枝，足下配以草丛，主题图案之外环以菊瓣纹和重莲纹两周。藏于故宫博物院的金代定窑白釉印龟鹤仙人图菊瓣盘（图1—13）则将仙人与龟鹤组合在一起，写意与写实相结合，体现了定窑工匠的智慧。

图1—12　金　定窑白釉印花龟鹤纹盘　　　图1—13　金　定窑白釉印龟鹤仙人图
河北省曲阳县文物保管所藏　　　　　　　菊瓣盘　故宫博物院藏

（八）莲塘水禽纹

莲塘水禽图案由各种水禽、游鱼和荷花组成，这类纹饰在定窑中是常见的，多以陶模制作，在定窑纹饰中占有很大比例。

其中刻画花水草游鸭多为北宋时期的题材，而印花莲塘水禽在金代十分流行，包括鸳鸯、鸭、大雁等。鸭纹以梳篦状工具刻画出的成对水鸭纹较多见，也有与水波莲花、游鱼等组合构图，中心或饰一折枝荷花，或饰双鱼纹，画面多讲求对称，丰富多彩，令人目不暇接（图1—14）。鸳鸯多以成对形式出现，鸳鸯戏莲、鸳鸯戏石榴、鸳鸯戏游鸭、单鸳戏双鸭等比较常见（图1—15）；大雁通常与花卉组合在一起，大雁嘴衔缠枝花卉，构图饱满，不留空隙。

（九）犀牛望月图

定窑发现的"犀牛望月"纹样的瓷片最早年代为北宋[①]，是以月亮、牛或星星组成的图案（图1—16）。此纹饰产生于13世纪初[②]，过去认

①　河北省文化局文物工作队：《河北曲阳县涧磁村定窑遗址调查与试掘》，《考古》1965年第8期，第398页。

②　中国陶瓷编辑委员会（冯先铭）编：《中国陶瓷·定窑》，上海人民美术出版社1983年版，第5页。

图1—14 南宋 定窑印花莲鸭双鱼
纹碗 南京博物院藏

图1—15 金 定窑白釉印莲池鸳鸯图折
沿盘 故宫博物院藏

为这种图案是金代所特有，是饱受金人蹂躏的工匠们的一种情感倾泻和抗议①。根据多位学者考证，认为该纹饰可能只是一种祥瑞图案，代表着一般民众祈福禳灾、辟邪纳祥的普遍心态。②

图1—16 金 定窑犀牛望月纹印花盘纹样

---

① 杨静荣：《陶瓷装饰纹样——"吴牛喘月"考》，《故宫博物院院刊》1984 年第 2 期，第 63 页。

② 彭善国：《"犀牛望月"和"吴牛喘月"——瓷器纹样小考》，《宋辽金陶瓷考古文集》，科学出版社，第 288 页。

二 植物类纹饰

(一) 牡丹纹

牡丹作为一种常见的纹样，几乎遍及宋代各个窑口的各种器型，装饰方法以刻画花、印花、镂雕和白地绘黑花为常见。宋瓷牡丹的花瓣比较讲究对称布局，有层层重叠的楼台式，有双层多瓣式，还有单层多瓣式等花形。在构图和表现形态上也可谓争奇斗艳，有折枝、缠枝、交枝、分格排列等，纹饰构图从适合器型出发，多为圆形图，瓶类构图装饰有二方连续式、四方连续式等。刻画的牡丹纹花朵线条流畅、刀法自如，花朵肥硕盛开、枝繁叶茂，叶面填刻篦纹，整体纹饰比较繁复粗放，动感很强，十分优美，韵味无穷。

定窑牡丹纹最早见于北宋早期，主要为刻花与印花两种。刻画牡丹纹大都在花瓣里加饰复线梳纹，工艺讲究（图1—17）。而印花以缠枝形式为主，较多的为花纹中心一朵多层花瓣的牡丹花（有的也是缠枝形成），外围一圈四朵缠枝牡丹，牡丹花姿态妖娆，似随风而动，叶子都是三叉形，纹饰留白较多，写实性较强；有的缠枝牡丹则是花朵和叶子缠绕在一起（图1—18），牡丹花多以双层牡丹为主，不留空隙，布局饱满，这种形式的缠枝牡丹多围绕主题纹饰一圈，写意性较强。

图1—17 北宋 定窑刻花牡丹纹龙口双系壶 河北省定州市博物馆藏

图1—18 北宋 定窑白釉印花荷莲牡丹纹盘 故宫博物院藏

（二）莲花

莲花在定窑纹饰中相当普遍。北宋早期，主要以莲瓣纹、用浅浮雕的效果来装饰器物，例如河北定州净众院塔基出土的白釉刻莲瓣纹龙首大净瓶（图1—2），瓶身自上而下采用刻画莲瓣纹装饰，刀法犀利，具有很强的立体感。另外，用刻画技法装饰的莲瓣纹比较写意，笔画不多，但也表现了莲花的姿态。北宋后期至金代，以刻画技法来表现莲瓣纹最常见的是在一张舒展的荷叶上面托起一朵盛开的莲花（图1—19），或是两朵莲花相互交叉面向两边盛开，有的周围空白地方以篦划的形式划出海水纹；另一种是在中心刻画一朵盛开的折枝莲花，花头占据中央，下部点缀几片象征性的枝叶，主次分明，线条流畅，寥寥几笔就把一朵盛开的莲花刻画得栩栩如生。以印花技法来装饰莲花纹与牡丹纹相似，将是莲花和荷叶缠绕在一起（图1—20），莲花写实，荷叶似在飘动，布局饱满，不留空隙。

图1—19　金　定窑刻莲花葵瓣洗
首都博物馆藏

图1—20　金　定窑白釉印花莲纹碗
河北省曲阳县文物保管所藏

（三）菊花

定窑的菊花纹主要以印花和刻画花为主，刻画花的菊花花头较小，花朵有正、侧两面，叶子卷曲，呈长三角状。印花则有为波状二方连续图案，花头均为四到六个，花朵为叶茎环绕，依次在波峰谷底等距离出现，花朵随形或正立或侧视，花朵呈圆形，叶子趋于细碎，中心均饰有一团菊，刻画手法工整细密，整体性较强，突出了花朵；也有菊花花朵呈三角形，花心有花蕊，叶子仿真，布局满密，呈满花式，但是花朵的整体性减弱，有细碎之感。如图1—21定窑印花缠枝菊纹碗四朵花呈十字配置，半圆形的花心已经不见，叶子逐渐呈三角形，互相缠绕，填满空地。另一种菊花的表现形式就是以菊瓣的形式作为整个画面的图案（图1—22），菊瓣弯曲扭转，层层叠叠，中心刻画一个花蕊似的图案。

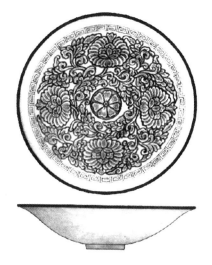

图1—21　金定窑　印花缠枝菊纹碗
　　　　　故宫博物院藏

图1—22　北宋后期　刻花菊瓣纹碗
　　　　　故宫博物院藏

（四）萱草

萱草是我国古代的母亲花，它是多年生宿根草本花卉。我国众多古籍对其有记载，主要对其寄予了以下几个意思。第一，忘忧草，《说文》记载为"令人忘忧草也"[1]，《本草纲目》名之为"疗愁"[2]。最早的诗歌《诗经·卫风·伯兮》："焉得援草，言树之背。"[3]唐代李娇在《萱》诗中写道："屡步寻芳草，忘忧自结丛。黄英开养性，绿叶正依笼。色湛仙人

---

① （汉）许慎撰，（宋）徐铉校定：《说文解字》，中华书局2004年版，第20页。
② （明）李时珍：《本草纲目》，江苏人民出版社2011年版，第268页。
③ 王秀梅译注：《诗经——中华经典藏书》，中华书局2006年版，第68页。

露，香传少女风。还依北堂下，曹植动文雄。"① 该诗中就是将其作为"忘忧草"来描述的。《太平广记》中记载"萱草一名紫萱又名忘忧草"。② 这些古籍诗歌中都有描写人们把萱草比作可以忘记忧愁的花草。第二，象征母亲，最早见于《诗经·卫风》："北堂幽暗，可以种萱"③，这里北堂为古代士大夫的主妇长居之处，后来专指母亲居室，用其来代表母亲。宋代词人叶梦得《遣模归按视石林》诗中："白发萱堂上，孩儿更共怀"④ 中的"萱堂"就代母亲。可见，在我国古代萱草是母亲的象征，也是思念母亲的信物。第三，宜男草，相传我国古代民间有妇女怀孕时在胸前佩戴萱草花就会生男孩之说，因此萱草又有"宜男草"之称。《吴谱》中记载："小院闲阶玉砌，墙隈半簇兰芽。一庭萱草石榴，多子宜男爱插。"⑤ 体现了当时民间"萱草宜男"的习俗。唐代宫廷内外也流行该求子习俗。玄宗时，兴庆宫中栽种的萱草多种多样，有人作诗："清萱到处碧翾翾，兴庆宫前色倍含。借问皇家何种此，太平天子要宜男。"⑥ 在定州地方志中记载："萱花：有黄红紫各色，叶似金簪而大，一名宜男。"⑦ 因此，萱草在我国古代是忘忧草、母亲花以及宜男草的象征，在北宋时期开始在瓷器上流行。

北宋后期到金的定窑器物以萱草为主题纹饰的数量很多，装饰技法主要是刻画花为主。北京通州区金代石宗璧墓、辽宁省朝阳金代马令夫妇墓，和北京先农坛、内蒙古巴林左旗、黑龙江绥滨等地金墓，浙江绍兴南宋井与四川成都南宋窖藏中，出土了有带萱草纹装饰的折沿盘、折腰盘、洗、碟等器物，可知是北宋中期以来至金代定窑盛行的装饰题材之一。明谷应泰《博物要览》和清代唐秉钧《文房肆考》中都提到定窑纹饰以牡丹、萱草、飞凤最为常见。1941 年，小山富士夫先生到取样定

① （清）彭定求：《全唐诗》卷六〇。

② （宋）李昉：《太平广记》卷四八《草木三》。

③ 王秀梅译注：《诗经——中华经典藏书》，中华书局 2006 年版，第 43 页。

④ 吕明涛、谷学彝注：《宋词三百首——中华经典藏书》，中华书局 2009 年版，第 89 页。

⑤ （三国魏）曹植著，赵幼文校注：《曹植集校注》，人民文学出版社 1998 年版，第 128 页。

⑥ （清）钱谦益编：《列朝诗集》，乾集之下。

⑦ 《中国方志丛书·华北地区·第 204 号：河北省·定县志（一）》，台北成文出版社 1934 年刊本，第 114 页。

窑遗址所采集的 802 片划花瓷片中，饰以莲花纹（包括萱草纹）的有 715 片，约占全部标本的 89%①。

刻画花形式的萱草给人以风姿妖艳的感觉，花瓣细长，多做五瓣式，叶子多为卷曲式。画面饱满，线条极为流利，经常是一朵萱草就占满整个画面（图 1—23），器型主要以盘、碗类为主。北宋定窑白釉内外刻萱草纹温碗（图 1—24）就是萱草纹内外画划，花朵饱满，花叶舒展。此碗的图案布局堪称定窑碗类装饰的一个突破，因为定窑碗内装饰一般仅在内底或内壁，而此碗的内部装饰图案内外壁皆有，效果更显潇洒自然。

图 1—23　北宋　定窑刻花萱草纹折沿葵口盘　辽宁省博物馆藏

图 1—24　北宋　定窑白釉内外刻萱草纹温碗　故宫博物院藏

（五）四季花卉纹

《老学庵笔记》载，宋代将四时花卉，桃、杏、荷、菊、梅等并共一景的图案，称为"一年景"。定窑仿照宋代漆器将莲花、牡丹、月季、山茶等折枝四季花卉装饰在一起，以六格碗的形式来呈现。六格面内各饰一折枝花卉，随形分布。中心或留白或饰一团花纹样，主题纹饰外有的

---

① 谢明良：《定窑白瓷概说》，载《定窑白瓷特展图录》，台北故宫博物院 1992 年版。

还有一周波浪纹边饰，有的六格线与其花口参差对应。花叶刻画细腻精致，构图严谨简明，几种花卉的组合给人一种姹嫣红繁茂景象，极富生机。此类装饰在金代定窑十分流行。

此件（图1—26）在河北曲阳县北镇村窖藏出土的金代花卉纹印花碗模，刻有"泰和六年"款的四季花卉纹碗模，碗壁用六条竖线分成六格，格内分别刻牡丹、莲花、菊花、桃花等不同的花卉，碗心刻石榴花。这种大胆"突破客观物象的生态规律和物理的天然结构的束缚，而按照艺术家自己的主观的诗意之情来组合画面"[①] 的创新作品，不仅具有极好的视觉效果，同时也寓含着人们企望风调雨顺、四季平安的情感和愿望，具有强烈的主观色彩。

图1—25　金　定窑印花四季花卉纹碗

图1—26　金　定窑花卉纹印花碗模
河北省博物馆藏

（六）石榴纹

宋金时期的定窑瓷器上常见石榴纹饰，有刻画和印花两种表现形式。

---

① 熊廖：《陶瓷美学与中国陶瓷审美的民族特征》，浙江美术学院出版社1989年版，第146页。

这件藏于北京故宫博物院的定窑白釉刻花缠枝石榴纹碗（图1—27），纹饰刻在碗的外壁，大花大叶，布局疏朗。缠枝石榴"一面果实业已成熟，石榴子外露，另一面为石榴花，这种构图实际上是不存在的，由开花到结果要经过相当长的一段时间，两者是不可能同时出现的，但匠师们却把它们展现在一个画面上，富有浪漫主义色彩"。①

图1—27　北宋后期　定窑白釉刻花缠枝石榴纹碗　故宫博物院藏

三　婴戏纹饰

宋代定窑瓷器中的人物图案相对较少，常见的多为各种形式的婴戏图。定窑瓷器中的婴戏图大多为"攀枝娃娃"，一群天真可爱的婴儿在茂盛的枝叶、藤蔓间嬉戏玩耍。常见的有婴戏石榴、婴戏瓜脸以及充满生活情趣的赶鸭图、庭院嬉戏图等。定窑五代至北宋早期就出现了攀枝娃娃图案，定州博物馆收藏的一件白釉镂空枕，其束腰形枕座就是用模印的攀枝娃娃图案围成的。北宋后期至金代，这类图案主要用于盘、碗类印花瓷器上。北宋定窑印花婴戏碗（图1—28），其壁印有三童子戏耍于牡丹中。孩童手舞足蹈，活泼可爱；牡丹多层花瓣，布局严谨，显得丰富多彩，逗人喜爱，是难得的珍品。

定窑最著名的是藏于故宫博物院的定窑孩儿枕，将瓷枕塑造成一个天真、活泼可爱的男孩儿形象。另一件藏于故宫瓷器资料观摩室中的残损的定窑孩儿枕其上有墨书"元祐九年"（1094年），为定窑孩儿枕的研究提供了确切的纪念资料。图1—29为收藏于美国旧金山艺术博物馆的金代定窑童子擎荷枕将枕座设计成一童子侧卧于榻上，双手紧抱巨叶莲梗，莲叶正好作为睡卧用的枕面，构思巧妙。

---

① 冯先铭：《定窑》，《中国陶瓷·定窑》，《定窑瓷器分期及特征》，上海人民美术出版社1983年版。

图1—28 北宋 定窑印花婴戏碗
台北故宫博物院藏

图1—29 金 定窑童子擎荷枕 美国
旧金山艺术博物馆藏

四 博古图

定窑采用博古图装饰器物，多见于印花瓷器上，且多见于金代，制作精细，纹饰清晰、构图新颖，从制作工艺、装饰技法上保持了北宋后期印花工艺技术特点和装饰艺术风格（图1—30）。图案的主体是一件描绘精细的双耳三足炉，炉内"插"有牡丹、莲花等花卉。博古图寄予了人们的美好意愿和向往，双耳三足炉与牡丹、莲花一起象征富贵、平安与吉祥如意。定窑纹样中的博古图案，所表现的物体形象逼真、立体感强，古色古香，反映了当时的尚古之风。

图1—30 金 定窑白釉印花博古图
菊瓣盘 故宫博物院藏

第二章 定窑印花纹饰与缂丝的关系

定窑瓷器的装饰自北宋后期开始表现出高度的成熟，不仅内容丰富，在纹饰布局，刻、划、印花技法等方面也都表现出极高的水平。定窑此时发达的装饰艺术除了自身的发展与进步外，善于学习与借鉴也是非常重要的因素。"我国陶瓷装饰不但善于吸收外来文化，尤其善于学习和吸收姊妹艺术的特长，它与各种工艺美术品，无论在时代风格上或地方风格上，以及题材、形式、表现技法等，都有千丝万缕的联系。历来我国工艺美术特别发达，各代都有很多著名精美的工艺品，同样是劳动人民的伟大创造。这正好给陶瓷装饰提供了有利的条件，可以旁收博取，相互学习，共同前进。其中如青铜工艺、漆器、刺绣、丝织、金银细工以及建筑彩画、玉雕、版画、年画等，无一不是陶瓷学习和吸收的对象。由于能够虚心地广泛吸收各种姊妹艺术的特长，显然对陶瓷装饰艺术的提高起着很大作用。"①

定窑自开始有印花纹饰，就显得特别成熟，在标本或者实物中看不出印花纹饰由低级向高级的发展过程，诸多专家学者都认为，宋、金时期定窑的印花工艺与同时期的定州缂丝有着不可分割的关系，甚至认为定窑直接取材于缂丝。比如冯先铭先生在《中国陶瓷史》中推论"定窑印花装饰看不出由简到繁，由低级向高级的发展过程，有可能受定州缂丝影响，制瓷匠师采用缂丝纹样粉本刻模，因此一开始就显得比较成熟"。② 方李莉先生在《中国陶瓷史》中"其装饰纹样以牡丹、莲花、石榴花等为主，多数取材于定州缂丝，是把缂丝纹样局部地移植于瓷器。同时，定窑的装饰也有金银器装饰的影响。因此，定窑印花装饰一开始就显得比较成熟，有很高的艺术水准，对南北窑有较大的影响"。③ 谢明良先生认为"定窑纹饰取材丰富，不但有与金银器图案或风格相近似者，而且也有与当时的缂丝纹样相类似的"。④ 在《定窑瓷鉴定与鉴赏》中提到"对定窑纹饰影响较大的还有著名的定州缂丝，定州作为全国的丝织业中心，其缂丝产品对定窑纹饰的影响不言而喻……促使

① 邓白：《略谈我国古代陶瓷的装饰艺术》，《中国古陶瓷论文集》，文物出版社1982年版，第168页。

② 冯先铭：《中国陶瓷史》（修订版），上海古籍出版社2001年版，第378页。

③ 方李莉：《中国陶瓷史》，齐鲁书社2013年版，第333页。

④ 谢明良：《定窑白瓷概说》，《定窑白瓷特展图录》，台北故宫博物院1992年版。

定窑装饰艺术在北宋后期迅速走向成熟，成为享誉中外的一代名窑"。①
在关于缂丝的文章中，也有学者认为"事实上，河北定州下辖的曲阳
县是宋代五大名窑之一的定窑所在地，其所产瓷器的装饰图案与丝绸
的装饰图案有着密切的联系。如北宋时期的曲阳县定窑出土的白釉盘
的瓷器上，就可以看到当时流行的狮子舞绣球纹饰，而在缂丝上也能
见到此类装饰图案。如英国伦敦 Spink & Son 公司就收藏有一件宋代
的缂丝狮子舞绣球纹残片，二者在装饰图案上应存在墓冢相互影响的
联系"。②

　　基于以上专家学者的推论，很有必要将定窑印花纹饰与宋代缂丝纹
饰进行对比分析，以求得到证实。

第一节　何为缂丝

　　缂丝是我国古老的丝织工艺，它以本色经丝，挣于木机之上；以手工
把各色纬线按花纹轮廓，一小块一小块地织成平纹的花样③。缂丝起源于古
埃及和西亚地区的缂毛，在西汉时期缂毛技术通过丝绸之路传播到今新疆
地区④。缂丝出现于唐，以后逐渐向东、向南传播。东部路线为回鹘—西
夏—辽，南部路线为西安或回鹘—北宋—南宋⑤。其缂织的技法⑥主要有

　　① 王莉英、穆青：《定窑瓷鉴定与鉴赏》，江西美术出版社 2003 年版，第71—72 页。
　　② 严勇：《夺天孙之巧，极机杼之工——宋代缂丝艺术的特点及成就》，《故宫文物月刊》
第 313 期。
　　③ 陈娟娟：《缂丝》，故宫博物院学术文库《中国织绣服饰论集》，紫禁城出版社 2005 年
版，第 139 页。
　　④ 对此观点存在不同看法，一为魏松卿先生在《略谈中国缂丝的起源》与陈娟娟先生
《缂丝》一文中都认为缂丝起源于西亚地区的缂毛，依据为新疆出土的缂毛残片为"通经断纬"
的织物，其与宋以前的缂丝织造方法相同；一为张振林先生认为缂丝工艺远在战国中期，中原一
带就已产生，不是魏晋，更非隋唐两宋时由西域而输入，依据为信阳长台关、江陵望山出土的战
国楚竹简中八简出现"緙"字认为此字为"缂"字。
　　⑤ 朴文英：《中华锦绣·缂丝》，苏州大学出版社 2009 年版，第 15 页。
　　⑥ 朴文英《中华锦绣·缂丝》："缂丝是平纹织物，织造方法上不存在技法，所谓技法指
的是色彩的表现方法。"苏州大学出版社 2009 年版，第 53 页。

搭梭①、勾缂②、戗色法③等。

一 唐以前的缂毛考古发现

通过我国考古资料的发现，在新疆地区发现缂毛织物源于英国探险家斯坦因在19世纪初期在楼兰的发现④，斯坦因发现用"通经断纬"⑤的方法织成的毛织物，一片为希腊罗马作风的赫尔姆斯头像，一片为北朝作风的横条蔓草动物纹毛织物。之后，在1980年发现东汉缂毛。我国考古工作者于1959年在新疆巴楚西南脱库孜沙来古城⑥（丝绸之路上的重要城址）大约北朝遗址中，发现一块红地宝相花缂毛。之后又在该城址中出土缂毛织物7件，6件为唐代缂毛，1件为宋代缂毛。在且末县扎滚鲁克⑦（西域国家且末国的中心）地区1985年发现缂毛织物8件，大约为西汉初期。在洛浦县山普拉⑧（西域国家于阗属地）地区1983年以来出土缂毛织物26年，时代大约为战国至南北朝。新疆地区出土缂毛大都是在城址或者墓葬中，时代大都在唐之前。"已知最早的缂丝为唐时的作品，它们基本发现在中国的西北，应当主要出自当地少数民族织工的

---

① 陈娟娟：《缂丝》"搭梭：在两种不同颜色的花纹边缘碰到垂直线的时候，由于两色小梭互不相接，因而留有断痕。搭梭就是为了弥补这样断痕裂缝的补救方法。在断缝每隔一定的距离，将断缝两边的小梭相互来回一搭，绕过对方纹区内的一根警衔，以免竖缝过长，形成破口。"故宫博物院学术文库《中国织绣服饰论集》，紫禁城出版社2005年版，第143页。

② 朴文英《中华锦绣·缂丝》："勾缂技法出现于唐代，宋、元、明、清时期一直使用。如花、叶等边缘用另一种色纬缂织出勾边线，使花纹界限清楚。"苏州大学出版社2009年版，第54页。

③ 陈娟娟《缂丝》："两种或两种以上色彩的配织，成为戗色。戗色又有长短戗、木梳戗、包心戗、参和戗、凤尾戗、'掼'戗、'结'戗之分"。故宫博物院学术文库《中国织绣服饰论集》，紫禁城出版社2005年版，第143页。

④ ［英］斯坦因：《斯坦因西域考古记》，向达译，上海书店、中华书局1987年版。

⑤ 陈娟娟：《缂丝》"缂丝是用小梭子按花纹轮廓分块制织的，纬线并不贯穿整个幅面，当花纹轮廓碰到垂直线的时候，就留有断痕，承空而看，像似尖刀刻镂一般"。故宫博物院学术文库《中国织绣服饰论集》，紫禁城出版社2005年版，第139页。

⑥ 李遇春、贾应逸：《新疆脱库孜沙来遗址出土毛织品初步研究》，《中国考古学会第一次年会论文集》，文物出版社1979年版。

⑦ 新疆博物馆工作队：《且末扎滚鲁克五座墓葬发掘简报》，《新疆文物》1998年第3期。

⑧ 新疆维吾尔自治区博物馆：《洛浦县山普拉古墓发掘报告》，《新疆文物》1989年第2期。

梭下，其花纹配色往往很'洋'，西方缂毛的影响依稀可辨……"① 斯坦因在新疆发现一些属于唐代图案作风的缂丝残片。日本在新疆发掘了唐代的葡萄卷草纹缂丝残片以及日本正仓院也保存着从奈良时代传下来的唐代缂丝残片。

二　缂丝的出现

西亚地区的缂毛技术在唐代已经成熟并流行，并且唐代丝绸产量提高、外来文化的输入以及佛教的兴盛，使得缂丝这种贵重物品在唐代得到兴起和发展。新疆高昌（吐鲁番西交河故城）在唐代初期开始生产缂丝，1973 年在阿斯塔那张雄夫妇合葬墓②出土了几何纹缂丝带，是目前发现最早、最可靠的缂丝织物（公元前 688 年）③。辽代之后缂丝空前繁盛，大型辽墓几乎都有缂丝出土，并大量用金。

文献中提到缂丝已经晚到南宋初年，主要是两部宋人笔记，一为洪皓《松漠纪闻》记载："回鹘，自唐末浸微，本朝盛时有入居秦川为熟户着，女真破陕，悉徙之燕山。甘、凉、瓜、沙旧皆有族帐，后悉羁縻于西夏，唯居四郡外地者颇自为国，有君长。其人卷发，深目，眉修而浓，自眼睫而下多虬髯。土多瑟瑟珠玉。……妇人类男子，白皙，着青衣，如中国道服，然以薄青纱幂首尔见其面。其居秦川时，女未嫁者，先与汉人通。有生数子、年近三十始能配其种类。媒妁来议着，父母则曰：吾女尝与某人某人昵。以多为胜，风俗皆然。其在燕者，皆久居业成。能以金相瑟瑟为首饰，如钗头形而曲一二寸，如古之笄状。又善结金线，相瑟瑟为珥及巾环。织熟锦、熟绫、注丝、线罗等物。又以五色线织成袍，名曰克丝，甚华丽。有善撚金线，别作一等背织花树，用粉缴，经岁则不佳，唯以打换达靼。"④ 二为庄绰《鸡肋编》中谈道："定州织刻丝，不用大机，以熟色丝经于木挣上，随所欲作花草禽兽状，以小梭织纬时，先留其处，方以杂色线缀于经纬之上，合以成纹，

---

① 尚刚：《元代工艺美术史》，辽宁教育出版社 1999 年版，第 102 页。
② 新疆维吾尔自治区博物馆、西北大学历史系考古专业：《1973 年吐鲁番阿斯塔那古墓群发掘简报》，《文物》1975 年第 7 期。
③ 朴文英：《中华锦绣·缂丝》，苏州大学出版社 2009 年版，第 16 页。
④ 李澍田编：《松漠纪闻》，《长白丛书》，吉林文史出版社 1986 年版，第 13—14 页。

若不相连，承空视之，如雕镂之象，故名刻丝。如妇人一衣，终岁可就，虽作百花使不相类亦可，盖纬线非通梭所织也。"① 关于庄绰的里籍大概有两种说法：庄绰在《鸡肋编序言》里自署为"清源庄季裕"②，清源在历史上有两处，一在山西，一在福建。《全宋诗》著录庄绰时称其为山西清徐人③。余嘉锡《四库提要辩证》考庄绰为福建惠安人（惠安旧属于清源郡）④。目前综合多本古籍及论文来看，福建地方志、诗集选、私人家谱皆录庄公岳、庄绰为福建人，庄绰应为福建清源人确为事实⑤。

由洪皓《松漠纪闻》和庄绰《鸡肋编》可知，北宋、南宋期间河北燕山地区和定州地区缂丝已经受到了重视。但是，庄绰《鸡肋编》所记述之定州目前有两种说法：一为河北地区的定州⑥，二为甘肃武威县西北前凉所置之定州⑦。而庄绰一生为官经历丰富，曾仕宦于襄阳（湖北）、临泾（甘肃汉置镇原县）、洪州（甘肃镇番县西）、沣州（湖南）、筠州（江西高安或四川）、鄂州（湖北）和南雄州（广东省）等地。据唐杜佑的《通典》记载河北定州说："大唐为定州，或为博陵郡。"⑧ 当时定州以贡"两窠绫"著名，回鹘人在北宋已迁徙燕山与汉人杂居，把缂丝技术带入华北，并能在定州这样有丝织工艺基础的手工艺地区发展，是很自然的事情。而王云五的文章认为，定州不在河北的原因有二，一为洪皓与庄绰所记载的时间几乎相同，缂丝已由陕甘地区传播到了河北，洪皓不应当惊讶为初见。二为庄绰是记载的缂丝织法颇为详细，是因为当时缂丝织法尚未知，也是初见的特征。因此他认为定州应为甘肃武威县西北前凉所置之定州。

基于以上分析，本文将采用大陆学者的观点认为定州应为河北定州。

---

① （宋）庄绰：《唐宋史料笔记：鸡肋编》，中华书局1983年版，第33页。

② 庄绰著，鲁萧阳校：《鸡肋编·庄绰生平资料考辨》，中华书局1983年版，第10页。

③ 北京大学古文献研究所编：《全宋诗》，北京大学出版社1993年版，第12册，第7845页。

④ 余嘉锡：《四库提要辩证》，中华书局1980年版，第1104页。

⑤ 李珏坤：《〈鸡肋编〉研究》，四川师范大学硕士学位论文，2012年，第16页。

⑥ 陈娟娟：《缂丝》，故宫博物院学术文库《中国织绣服饰论集》，紫禁城出版社2005年版，第140页。

⑦ 台北故宫博物院：《"国立"故宫博物院缂丝》，日本学习研究社1983年版，王云五序。

⑧ （唐）杜佑：《通典》卷一七八·州郡八，中华书局1988年版，第9页。

一为定州自唐代就盛产丝织品；二为靖康二年（1127）徽宗被金人俘虏时，金人一下就得到"河北尅丝六千八百匹"[①]；三为庄绰处在民族矛盾与阶级矛盾激化的战乱年代，去甘肃了解缂丝工艺大可不必；四为正因为北宋时期我国缂丝技艺已在定州生根，才能出现南宋缂丝发展的高峰；五为当时信息交流并不发达，洪皓不知缂丝也是有可能的，因此他初见比较惊讶是情理之事。

三　各大博物馆所藏宋代缂丝

缂丝本属丝织物品，而宋代距今已有千年历史，故能保存下来已属不易。其主要收藏于各大博物馆中，其中以台北故宫博物院收藏最多，约有七十件[②]。其中沈子蕃缂丝《山水》《花鸟》，朱克柔《鹡鸰红蓼》、宋代缂丝《山果寒禽》《富贵长春》《孔雀图》《仙山楼阁》等；故宫博物院藏有北宋缂丝《紫天鹿》，沈子蕃的《梅花寒鹊图》《青碧山水图》等；辽宁省博物馆藏有北宋缂丝《紫鸾鹊谱》、朱克柔《山茶蛱蝶图》《牡丹图》《蟠桃花卉》；上海博物馆藏《莲塘乳鸭图》；南京博物馆藏南宋缂丝《佛像图》《踏踏歌行图》；首都博物馆藏《缂丝紫汤荷花》；西藏布达拉宫藏南宋缂丝唐卡；美国大都会艺术博物馆藏南宋缂丝《莲塘双鸟及兔》《紫地花鸟》；英国伦敦 Spink & Son 公司藏宋缂丝《狮子舞绣球》《莲塘荷花兔》《花树飞雁》等。

四　宋代缂丝以及缂丝名家介绍

缂丝逐渐向中原、江南地区发展，与高度发展的绘画艺术融合，发展为纯艺术性缂丝。这是两宋缂丝的特点，也是缂丝对艺术的最大贡献。以唐代雄厚的实力为基础，宋代科学、经济和文化艺术迅猛发展，各种手工业都取得了前所未有的成就。官府设立专门机构管理手工业生产，规模庞大，组织严密。少府监下辖文思院、绫锦院、染院、裁造院、文

---

① （宋）徐梦莘：《三朝被盟会编》卷七八，上海古籍出版社 1987 年版，第 588 页。

② 严勇：《夺天孙之巧，极机杼之工——宋代缂丝艺术的特点及成就》，《故宫文物月刊》第 313 期，第 35 页。

绣院等。文思院有 42 个作坊，其中就有"克丝作"①。另外，内侍省后的后苑造作所有 81 个作坊，其中也有"克丝作"②。民间丝织手工业异常活跃，城市和农村的家庭作坊从数量、规模上远远超过前代，品种空前增加，织造技术显著提高。

（一）北宋缂丝

北宋时期缂丝的生产规模不大，宫廷作坊应该是其主要的生产地。北宋时期主要以装裱用缂丝为主，"克丝作盛于唐贞观开元间，人主崇尚文雅，书画皆以为标帙，今所谓包首锦者是也。宋仍之③"。装饰花纹表现出图案化、对称化的风格，与当时的装饰艺术相符合。宋代宫廷把唐、五代以及以前的书画作品收集起来精心装裱，最珍贵的作品用缂丝，装饰纹样有花卉、鸟兽、山水楼阁等图案，形式上对称或交错排列。当时以花鸟为题材的装裱用缂丝相当流行，尤其多见"紫鸾鹊"图案。辽宁省博物馆、美国大都会博物馆等都有缂丝紫鸾鹊谱。北宋后期缂丝受当时写实绘画风格的影响开始出现了精工摹缂绘画作品的观赏性缂丝。

（二）南宋缂丝

南宋缂丝生产的中心集中在临安（今杭州）地区，主要以实用品为主，并且已经成为商品出售。这一时期的缂丝主要以观赏性缂丝为主，有少量的装裱性缂丝。南宋时期的装裱用缂丝使用比较严格。宋人周密《齐东野语》"绍兴御符书画式"中记载"出等真迹法书两汉三国二王六朝隋唐君臣墨迹用克丝作楼台锦裱……④"，元人记载宋代缂丝装裱纹样有："克丝作楼阁，克丝作龙水，克丝作百花攒龙，克丝作龙凤……⑤"等都在世界各大博物馆中得到了验证。

---

① 《宋会要辑稿》职官二十九之一。
② 朴文英：《中华锦绣·缂丝》，苏州大学出版社 2009 年版，第 25 页。
③ 辽宁省博物馆藏朱克柔：《缂丝牡丹》对幅跋文。
④ （宋）周密：《齐东野语》卷六。
⑤ （元）陶宗仪：《辍耕录》卷二三。

（三）南宋缂丝名家介绍

1. 朱克柔

朱克柔，名刚，南宋高宗时（1127—1162 年）云间（今上海市松江县）人，所制缂丝最负盛名，专以花鸟画为稿本精工缂织，明代苏州人文从简给予极高的评价："人物、树石、花鸟，精巧疑鬼工，品价高一时，流传至今，尤成罕购。此尺幅古澹清雅，有胜国诸名家风韵，洗去脂粉，至其运丝如运笔，是绝技，非今人所得梦见也，宜宝之。雁门文从简书。[1]"朱克柔的作品现存七件，分别收藏于台北故宫博物院、辽宁省博物馆和上海博物馆，每件作品都有其印款。现存作品大都以黄筌的富贵风格的花鸟画为蓝本缂织而成，以小尺寸册页或扇面为主，构图简洁，色彩富丽。

朱克柔非常推崇画院里流行的富贵端庄、格调高雅的花鸟画，精心选择构图和色彩上适合缂丝，又能充分表现缂丝技巧的稿本。同时，喜好静中有动的画样。如图 2—1 中的《山茶蛱蝶图》以折枝山茶为主题，构图简洁，主题突出，色彩表现力强，左下角缂织"朱克柔印"。此幅作品的特点是用合花线[2]表现自然的和色效果，以高超的缂织工艺再现了原画的精神。

朱克柔的另一个特点是在技术上主要使用难度大、表现效果好的长短戗[3]，花鸟晕色自然。如图 2—2 现藏于辽宁省博物馆的《牡丹图》中就是长短戗技法的应用，此幅作品中花瓣用长短不同的纬线织出花瓣的层次和反转的变化，由里向外逐渐变淡，两色相会处晕散开来，看不出痕迹，如同笔墨晕染一般。

---

① 辽宁省博物馆藏朱克柔《山茶蛱蝶图》对幅跋文。

② 辽宁省博物馆编：《华彩若英——中国古代缂丝刺绣精品集》，朴文英著概论；"合花线是把两种不同色彩的丝线合成一股丝线，用于表现自然的色泽，北宋时期已经出现，南宋时开始在摹缂作品中巧妙使用。"辽宁人民出版社 2009 年版，第 14 页。

③ 辽宁省博物馆编：《华彩若英——中国古代缂丝刺绣精品集》，朴文英著概论；"长短戗技法是利用织梭伸展的长短变化在阴面到阳面之间或深色到浅色之间，用两种色线缂织不同的线条，使深色纬与浅色纬互相穿插，表现色彩过渡的变化，也是一种晕色方法。"辽宁人民出版社 2009 年版，第 14 页。

图 2—1　朱克柔《山茶蛱蝶图》
辽宁省博物馆藏

图 2—2　朱克柔《牡丹图》
辽宁省博物馆藏

2. 沈子蕃

沈子蕃（生卒年不详）南宋有名的缂丝名家，其花鸟缂丝以野逸浅淡的大尺寸花鸟为特点，与朱克柔富贵绚丽的小幅花鸟呈现出不同的特点。他的缂丝色彩主要以蓝、白、灰色为主，构图简洁，主题突出，主要表现出安详宁静的意境。在织造技法上则以木梳戗①、包心戗②、凤尾戗③见长，表现出了与朱克柔不同的非凡技艺。并且沈子蕃善于山水题材的作品，场面大、景物复杂，层次繁多。

沈子蕃的作品主要收藏于故宫博物院和台北故宫博物院。藏于台北故宫博物院的《桃花双鸟立轴》（图 2—3）表现了盛开的一株素白地缂织桃花，或含苞或怒放，粉绿嫩叶，相映似锦，两只斑鸠栖于枝头，神态写实生动，手法一丝不苟，右下方缂织名款"子蕃"完美表现了原画

---

① 朴文英《中华锦绣·缂丝》："木梳戗，以深浅不同的各色长短丝线从左向右或从右向左排列成整齐的形如木梳的影光条，具有色彩渐渐过渡、色条规整的装饰效果。"苏州大学出版社 2009 年版，第 57 页。

② 朴文英《中华锦绣·缂丝》："包心戗，以长短戗的原理从四周同时向中心戗色，使颜色产生深浅不同的层次变化，使图案富有立体感。"苏州大学出版社 2009 年版，第 58 页。

③ 朴文英《中华锦绣·缂丝》："凤尾戗，与木梳戗的原理相同，只是织出的形状不同。凤尾戗形状如凤凰的尾巴，用来表现鸟类的羽毛或山石的阴影。"苏州大学出版社 2009 年版，第 58 页。

的写实精神，为纯欣赏性缂丝。藏于台北故宫博物院的《沈子蕃缂丝秋山诗意立轴》，远山白云，小舟内一人仰卧船头，山石远近层次有别，近大远小，沟壑分明，右下方有其款识"子蕃""沈氏"。此图经清梁清标收藏；图经《石渠宝笈续编》著录；载在朱启钤缂丝书画录。收藏印记：苍岩。棠村审定。清乾隆、嘉庆、宣统诸玺①。

图2—3　沈子番《桃花双鸟立轴》　台北故宫博物院藏

第二节　缂丝图案与定窑印花的关系分析

通过将动物类纹饰与植物类纹饰对比分析，说明定窑印花纹饰与缂丝之间的关系。

---

① 台北故宫博物院：《"国立"故宫博物院缂丝》，日本学习研究社1983年版，第15页。

一 动物纹饰对比分析

（一）凤纹图案

1. 凤穿花

宋、金时期的定窑出现大量印花单凤衔牡丹、双凤穿花等图案。这与宋代缂丝有着千丝万缕的联系。宋代缂丝作品中的凤纹大多以凤穿花的形象出现，头顶有明显的顶羽，尾羽也已分开并加长，中间两根长长的尾羽特别突出，而且经常以口衔花枝的图案出现，周围满布牡丹、菊花等，姿态优雅。在宋金定窑印花瓷器中凤穿花的图案也比较多，例如金代定窑白釉印花碗，就是以双凤穿花来布局，以满花作地，双凤的形态已成熟并固定下来。

如图2—4中，藏于美国大都会博物馆的宋代缂丝《黄莺鹊谱》，以黄色为地，大雁与文鸾被连续不断的枝叶、牡丹、莲花等缠绕，禽鸟口衔如意云，在花丛中以对称形式排列。鸟的形态比唐代写实，整体透出庄重与典雅。该幅缂丝原为书画包首，应经过裁剪。

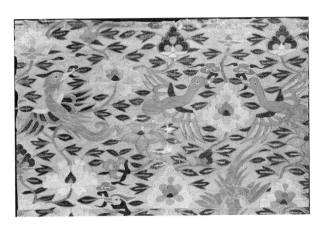

图2—4 宋 缂丝《黄莺鹊谱》 美国大都会艺术博物馆藏

这幅美国大都会博物馆馆藏宋代缂丝《黄莺鹊谱》（局部）（图2—5），图中文鸾（凤鸟）被群花围绕，旁边为牡丹花，口衔灵芝，头顶有明显的顶羽，尾羽也已分开并加长，中间两根长长的尾羽特别突出，双翅欲飞、尾羽飘逸，口衔灵芝，飘然跃动。

同样在北宋定窑印花凤衔花纹样线图（图2—6）中发现文鸾被牡丹、菊花和枝叶围绕，与缂丝《黄莺鹊谱》的布局、纹样大致一样。两者都以凤与花为主题纹饰，凤纹神态、姿态相似，给人以安逸、端庄的感觉。

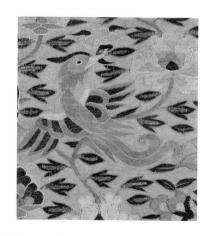

图2—5　宋　缂丝《黄莺鹊谱》（局部）　美国大都会艺术博物馆藏

图2—6　北宋　定窑白釉印花凤衔花纹斗笠碗纹样　故宫博物院藏

2. 舞凤

这幅宋缂丝《和鸣鸾凤》（图2—7）浅褐色地，一只凤凰站在湖石之上，仰望飞翔在天空中的同伴，芙蓉盛开，设色富丽。在定窑印花纹饰中，此类两只凤凰相互呼应的布局的形式较多，周围有饰云或花卉两种。如图2—8定窑白瓷印花舞凤折沿盘，此盘中印一只凤凰飞舞在花卉间，双翅展开，姿态如缂丝《和鸣鸾凤》中飞翔的凤纹。图2—9的定窑印花凤纹碗，碗壁饰一对凤，周围满绘云纹，将一个整体破为两个对立互补的布局方式。

缂丝在宋代属于皇室贵族之物，在《南村辍耕录》"锦褾"中"克丝作龙凤"，其中龙凤是等级较高的花纹，这样的花纹用缂丝制作，用来装裱最高等级的书画。同样，定窑曾在北宋末期作为贡瓷，台湾学者蔡玫芬先生认为定窑的印花器可能与有司降样需索有关①，因此两者的等级

① 蔡玫芬：《论"定州白瓷器，有芒不堪用"句的真确性及十二世纪官方瓷器之诸问题》，《故宫学术季刊》第15卷，1998年。

较高，都为皇室用品，在花纹、布局上的相似应不是偶然现象。

图2—8　北宋—金　定窑白瓷印花舞
凤折沿盘

图2—7　宋　缂丝《和鸣鸾凤》
台北故宫博物院藏

图2—9　北宋—金　定窑印花凤纹碗

（二）龙纹

此幅宋缂丝《花间行龙》（图2—10）为《缂绘集锦册》中的一幅，缂织五爪金龙遨游在百花丛中，百花灿烂，金龙姿态矫健，神采飞扬，张口伸舌，眼睛炯炯有神，将金龙嬉戏顽皮的神情表现得生动活泼。画面层次丰富而清晰，变化有致。不留空隙、满地纹饰的装饰效果与藏于台北故宫博物院的金（年代不确定）定窑印花龙纹盘（图2—11）相似，盘中心饰矫健的龙，四壁满饰花卉，花朵繁茂，蕴含无限生机。收藏印记：清乾隆诸玺。乐善堂图画记①。

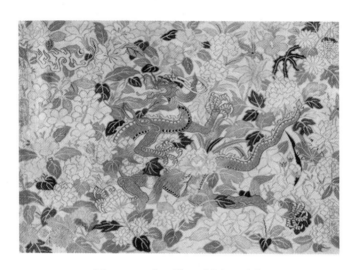

图2—10 宋 缂丝《花间行龙》

《齐东野语》中"克丝作百花攒龙"，龙纹象征皇权，装裱皇帝书法的有"紫百花龙锦"，其名称与"百花攒龙"仅一字之差，不排除是后来为装裱帝王御笔提高品格，换用缂丝做出纹样②。出自《镂绘集锦册》的这幅宋缂丝《花间行龙》与"百花攒龙"的意思极类似，以金龙为中心，周围陪衬牡丹、海棠等花卉。"百花攒龙"在南宋还可能被叫作"金龙装花"，淳熙三年（1176年）太上皇赵构过寿，曾赏赐孝宗"克丝作仅龙装花软套合子一副"③，由此可见，龙纹缂丝确属皇帝御用之物。

无独有偶，在定窑遗址中发现金代定窑白釉"东宫"款刻花龙纹残片（图2—12），足内刻"东宫"款字样；带"尚食局"铭文的印花摩羯纹定瓷。这些当与定窑曾为宫廷提供日常瓷器的生产有关。

因此，定窑与缂丝中出现的龙纹与凤纹纹样相类似，并且二者又为同时期的宫廷用品，是否存在把宫廷喜爱的缂丝纹样直接派送给定窑纹

① 台北故宫博物院：《"国立"故宫博物院缂丝》，日本学习研究社1983年版，第15页。

② 陈彦姝：《宋辽夏金的丝绸》，清华大学2007年博士学位论文，第69页。

③ （元）周密：《武林旧事》卷七，浙江人民出版社1984年版，第142—152页。

样的关系或者其他可能性还有待进一步研究。

 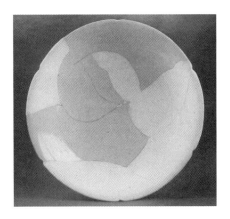

图 2—11　金　定窑印花龙纹盘　　　图 2—12　金　定窑白釉"东宫"款刻花龙纹
台北故宫博物院藏　　　　　　　残片　河北省文物研究所藏

　　宋缂丝《万寿图李谞颂》（图 2—13）缂织设色加金双龙向日葵，中嵌《万万寿》三字，下方题织"万寿图恭记并颂"七字篆书，款为"景祐二年（1035 年）春，户部侍郎知枢密院事臣李谞缂织"，图经《石渠宝笈三编》著录；载在朱启钤缂丝书画录。收藏印记：清乾隆、嘉庆、宣统诸玺①。

　　宋缂丝《万寿图李谞颂》（局部）（图 2—14）中，龙纹头大颈细，头部上昂，张口露齿，头角分叉明显，耳际有细长的须饭，下颌带须，足部关节处有肘毛，龙身作盘曲状，背有鳍，且后足多与龙尾相交，龙鳞细密，或为网格纹或为层层细波浪状。

　　尽管所举例子中上海博物馆所藏北宋后期印花云龙纹盘（图 2—15）与台北故宫博物院所藏宋代缂丝《万寿图李谞颂》中龙纹形态不一样，但是图案所表现的龙的细节都相似，盘踞于厚厚的云层中间，给人以矫健、腾飞的感觉。

---

①　台北故宫博物院：《"国立"故宫博物院缂丝》，日本学习研究社 1983 年版，第 15 页。

图 2—13　宋　缂丝《万寿图李谘颂》　台北故宫博物院藏

图 2—14　宋　缂丝《万寿图李谘颂》　　　图 2—15　北宋后期　印花云龙纹盘
（局部）　台北故宫博物院藏　　　　纹样　上海博物馆藏

（三）鹿纹

故宫博物院藏缂丝《紫天鹿》（图 2—16）在遍地密花中，间饰天鹿、月兔等动物。对花叶层次的处理不单借助于渲晕及色彩的配置，而且采用不同的纬线密度来表现，即心部纬线细密，向外逐渐粗疏。织物遍地密花的布局以及花枝纹样的造型、用色都极富时代特征。此件缂丝原为书画包首，应经过裁剪。

缂丝《紫天鹿》（局部）（图2—17）缂织了梅花鹿在花草中的奔跑、跃动，鹿回头望去，似有不舍之情。形象生动，十分传神。

金代定窑印花鹿纹盘（图2—18）同样表现了鹿奔跑于花间、回头望去的神态，形象与故宫博物院所藏缂丝《紫天鹿》相似，并且遍地密花的运用与缂丝也十分相似。

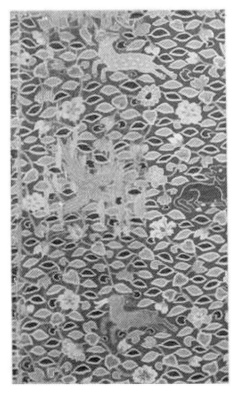

图2—16　宋　缂丝《紫天鹿》
故宫博物院藏

图2-17　宋　缂丝《紫天鹿》（局部）
故宫博物院藏

图2—18　金　定窑印花鹿纹盘
台北故宫博物院藏

（四）鸳鸯

这幅台北故宫博物馆藏宋缂丝《花鸟》（图2—19）缂织白地秋塘荷

花，以荷花和鸳鸯为主题，荷花或盛开、或凋谢，并有莲蓬，双鸳嬉戏于中，左方蜻蜓欲作点水状。图经《石渠宝笈三编》著录；载在朱启钤缂丝书法录。收藏印记：清乾隆、嘉庆、宣统诸玺①。

图2—19　宋　缂丝《花鸟》　台北故宫博物院藏

宋缂丝《花鸟》（局部）（图2—20）作品中鸳鸯的表现手法十分细腻，用黄色、绿色、蓝色以及红色将分别装饰鸳鸯的各个部位，生动写实，并且鸳和鸯之间的神态自然，正处于情深意浓之境，全然不顾旁边盛开的荷花和一旁的蜻蜓。池塘河水波纹自然，随鸳鸯游动之态。

这件鸳鸯纹碟（图2—21）以鸳鸯荷莲为主题，中间印一对鸳鸯，四周填以莲荷图案，与此相同的发现于定窑遗址的印花模子（图2—22）虽以定窑常用纹饰双鱼作为主题纹饰，鸳鸯荷莲作为了边饰，但是依然可以清晰地看出对于鸳鸯的刻画细腻，与台北故宫博物馆藏宋缂丝花鸟中所缂织的鸳鸯神态十分相似。

---

① 台北故宫博物院：《"国立"故宫博物院缂丝》，日本学习研究社1983年版，第14页。

图2—20 宋 缂丝《花鸟》（局部） 台北故宫博物院藏

图2—21 金 定窑印花鸳鸯纹碟
台北故宫博物院藏

图2—22 金 定窑"刘家模子"
"何"字款水禽游鱼纹印花盘模纹样
河北省曲阳县文物保管所藏

（五）鸭纹

此幅宋缂丝《鸭》（图2—23）为《镂绘集锦册》中的一幅，构图简单、背景空白，以淡绿色的水纹来表现河水，鸭纹形象写实。

从定窑莲花游鸭纹印花盘纹样（图2—24）中也可以看到类似的纹样，小鸭子游于荷花水草间，头上昂，尾尖卷翘，似引颈高歌，身旁的几组飘然若带状的水波，配以鸭前上方的两枝莲花和身后的一簇水草，将鸭子的闲适之态刻画得栩栩如生。

图2—23 宋 缂丝《鸭》 台北故宫博物院藏

图2—24 金 定窑印花莲鸭纹双鱼纹碗纹样及局部 南京博物院藏

（六）孔雀

台北故宫博物院所藏这幅宋缂丝《孔雀图》（图2—25）用白色作地缂织二孔雀嬉戏于牡丹、芙蓉、洞石之间，燕子、蝴蝶、蜜蜂飞翔于上方。通幅设色富丽，左上方织"孔雀图"三字，图经《石渠宝笈初编》

著录；载在朱启钤缂丝书画录。收藏印记：清乾隆、嘉庆、宣统诸玺①。

图2—25　宋　缂丝《孔雀图》　台北故宫博物院藏

图2—26　北宋—金　定窑印花孔雀　　图2—27　宋　缂丝《孔雀图》（局部）
牡丹盘　台北故宫博物院藏　　　　　台北故宫博物院藏

---

① 台北故宫博物院：《"国立"故宫博物院缂丝》，日本学习研究社1983年版，第13页。

这件定窑孔雀纹印花盘纹样（图2—26），孔雀在花间飞舞，双翅展开、尾羽层层绽开，似把边上盛开的牡丹花都带动飞舞。

相比两幅孔雀为主题的图案，虽孔雀形态不一，一个在漫步鸣叫（图2—27），一个在花间飞舞，但是孔雀的形象都非常写实，尖嘴、细颈、翅膀包括其上的羽毛、尾羽以及孔雀的神情都描绘得栩栩如生。

（七）大雁图案

美国大都会博物馆所藏这幅宋缂丝《紫地花卉鸟兽》（图2—28）与宋缂丝《黄莺鹊谱》（见图2—5）和故宫博物院藏缂丝《紫天鹿》（见图2—16）都属于一致的题材，将花、鸟、兽缂织在一幅作品中，每组由横排花鸟组成，连续不断的枝叶把牡丹、莲花等花卉连在一起，文鸾、大雁、鹿等鸟兽在花丛中飞翔、奔跑。

图2—28　宋　缂丝《紫地花卉鸟兽》　美国大都会博物馆藏

缂丝《紫地花卉鸟兽》（局部）（图2—29）中的大雁被群花围绕，双翅展开，似在享受与周围的花香融为一体。在定窑大雁花卉印花纹样中（图2—30），大雁与花的布局与缂丝《紫地花卉鸟兽》一致，只是花卉更加写实，莲花、荷叶和层层的慈姑把大雁层层包围，象征威仪端正。

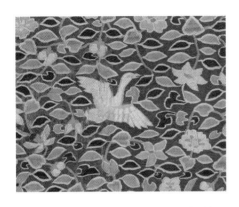 

图2—29　宋　缂丝《紫地花卉鸟兽》　　　图2—30　定窑大雁花卉印花纹样
（局部）　　　　　　　　　美国大都会博物馆藏

二　植物纹饰对比分析

（一）牡丹花图案

宋缂丝《牡丹纹包首》（图2—31）为韩幹《神骏图》之包首，韩幹是唐代著名的画家，玄宗天宝年间被召入朝廷，擅长画马，此幅为五代人摹绘，宋人用缂丝装裱。

牡丹是中国绘画中传统的题材，寓意吉祥富贵，深得人们喜爱。此幅包首以蓝色丝线为地，缂织牡丹花，线条流畅，色彩淡雅。花瓣层次分明。对比缂丝牡丹纹包首（图2—32）和金代定窑牡丹纹盘样线图（图2—33），会发现叶子都以三叉形或四叉形来表现，牡丹花瓣层次分明。

此幅为台北故宫博物院所藏宋缂丝《富贵长春》（图2—34），此幅缂丝与辽宁省博物馆所藏缂丝《牡丹纹包首》内容、构图和技法非常相似，但这幅缂丝织造更加细腻，以蓝色为地，以娇艳盛开的牡丹为主体，山茶、菊花、芙蓉玫瑰陪衬其间，花蕊繁复，枝叶错综，色彩鲜丽、明亮，画面充实，极富装饰效果，牡丹与蔷薇、长春花组合成为"富贵长春"。图经《石渠宝笈初编》著录；载在朱启钤缂丝书画录。收藏印记：清乾隆、嘉庆、宣统诸玺[1]。

---

[1]　台北故宫博物院：《"国立"故宫博物院缂丝》，日本学习研究社1983年版，第14页。

图2—31 宋 缂丝《牡丹纹包首》 辽宁省博物馆藏

图2—32 宋 缂丝《牡丹纹包首》
（局部） 辽宁省博物馆藏

图2—33 金 白釉印花花卉纹盘纹样
河北省曲阳县文物保管所藏
（实物图片1—3）

　　两幅不同的缂丝牡丹纹与定窑印花牡丹纹纹样图（图2—35、2—36），不难发现两者构图都是以满绘缠枝花卉、不留空隙的方式，花叶纷披，丝毫不觉烦冗，相互间的距离都有着不一样的布置，俯仰有致，给人以欣欣向荣之感。牡丹花纹写实，花瓣多重呈塔形。定窑印花花瓣均采用成排的短小篦纹填充其间，叶脉有篦划，也有单线条的刻画线条，花叶翻卷。

图2—34　宋　缂丝《富贵长春》
台北故宫博物院藏

图2—35　金　定窑"大定己酉岁"
（大定二十九年）印花缠枝牡丹纹
盘纹样　英国大英博物馆藏

图2—36　金　定窑印花牡丹纹盘纹样

（二）荷莲图案

此幅台北故宫博物院藏宋缂丝《荷花》（图2—37）为深蓝色地缂织池塘荷花，几株种植在池塘的荷花，花、叶挺出水面，临风摇曳，姿态万千，仿佛可闻到芬芳高雅的花香。此幅缂丝缂织细腻匀整，在宋代缂丝作品中较为少见。图经《石渠宝笈三编》著录；载在朱启钤缂丝书画录。收藏印记：清乾隆、嘉庆、宣统诸玺①。

图 2—37 宋 缂丝《荷花》 台北故宫博物院藏

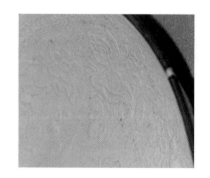

图 2—38 宋 缂丝《荷花》（局部） 图 2—39 金 定窑白釉刻"尚食局"款印摩
台北故宫博物院藏 羯花卉纹盘（局部） 故宫博物院藏

① 台北故宫博物院：《"国立"故宫博物院缂丝》，日本学习研究社 1983 年版，第 14 页。

荷莲在定窑印花纹饰中很普遍，这件金代定窑白釉刻"尚食局"款印摩羯花卉纹盘（图2—39），内外施牙白色釉，口沿无釉，镶铜扣。盘内印花装饰，内底为摩羯纹，外围牡丹、荷花纹二层纹饰，口沿下印一周云头纹饰。外底竖刻行书体"尚食局"三字。外围荷花纹饰与台北故宫博物院藏宋缂丝《荷花》（局部）（图2—38）相似，荷花、叶出于水面，随风摇曳。这件定窑器物将各种纹饰融于一体，虽与宋缂丝《荷花》布局不一，但却与辽宁省博物馆、美国大都会博物馆藏几件缂丝花卉鸟兽布局相似，将神兽与花卉组合在一起，用花卉包围神兽的方式。

宋缂丝《芙蓉双雁》（图2—40）浅蓝色地，池畔双雁栖息，一只展翅警戒，另一只低头觅食，造型古拙，旁有湖石，芙蓉、芦草旁生，池塘上荷莲盛开，上有桂枝垂挂，天空布满云彩画面，虽双雁羽毛与水波纹皆图案化，但花叶生动自然，极富野趣。同时，具有吉祥寓意，芙蓉是荣华富贵的象征，桂花和莲子是早生贵子的寓意，此幅缂丝应是祝贺结婚之用。图经《石渠宝笈初编》著录；载在朱启钤缂丝书画录。收藏印记：清乾隆、嘉庆、宣统诸玺。清耿昭忠收藏印十一①。

图2—40　宋　缂丝《芙蓉双雁》　台北故宫博物院藏

① 台北故宫博物院：《"国立"故宫博物院缂丝》，日本学习研究社1983年版，第13页。

这幅缂丝局部的荷莲（图2—41）与定窑莲花纹印花纹样（图2—42）颇为相似，表现手法与台北故宫博物院藏宋缂丝《荷花》相同。

图2—41　宋　缂丝《芙蓉双雁》（局部）　　　图2—42　定窑莲花纹印花纹样
　　　　台北故宫博物院藏　　　　　　　　　河北省曲阳县文物保管所藏

辽宁省博物馆藏《紫鸾鹊谱图轴》（图2—43）为紫色地，完整地保存了两组图案。每组由五横排花鸟组成，连续不断的枝叶把牡丹、莲花等花卉连在一起，文鸾、仙鹤、锦鸡、孔雀等禽鸟在花丛中展翅飞翔。该图轴紫色地，使用蓝、绿、白、黄等深浅不同的色彩表现花鸟的线条和层次，使用亮色勾勒边线突出了轮廓。紫色地自南北朝以来，就为贵官公服，"在如此高贵颜色的地经上，结织最细部分用两根经丝，粗则五根，技艺不凡，所以此作应为官手工业所制，可能为宋朝官府文思院中的'克丝作'所制"①。

这幅作品中的花卉都比较图案化，如图2—44中的莲花花瓣层次化、左右对称但又显自然，既不同于唐代纯对称的图案装饰效果，也不同于南宋纯写生的艺术欣赏效果，是承上启下的代表。金代定窑印花莲花茶碗中心饰一朵莲花，碗内壁饰四朵缠枝莲花，衬托出莲花花瓣的对称感。这样的装饰手法于《紫鸾鹊谱图轴》中莲花的装饰形式相似，应有一定的关联。

―――――――――

① 钟军：《北宋缂丝〈紫鸾鹊谱〉》，（辽宁省博物馆），辽海文物学刊。

图2—43　宋　缂丝《紫鸾鹊谱图轴》
　　　　辽宁省博物馆藏

图2—44　宋　缂丝《紫鸾鹊谱图轴》
　　　　（局部）　辽宁省博物馆藏

图2—45　金　定窑莲花茶碗（局部）
　　　　河北省曲阳县文物保管所

图2—46　金　定窑莲花茶碗
　　　　河北省曲阳县文物保管所

（三）菊花

宋缂丝《菊花》（图2—47）缂织折枝菊花一枝，两朵复杂花卉参差相伴，花形硕大，姿态优美。菊花造型饱满，花片层次丰富，用色柔和淡雅，衬托出菊花的高雅气质，整体构图简单，象征高风亮节、清雅洁身。本幅缂丝为《镂绘集锦册》第四幅。

定窑菊花纹印花纹样（图2—48），用缠枝菊花的形式，一个翻转、一个正面参差相伴的六朵菊花纹样，菊花造型饱满，花片层次丰富，花形硕大。虽与台北故宫博物院藏宋缂丝《菊花》的折枝菊花的表现形式不一样，但都能传达出菊花的高雅气质。

图2—47 宋 缂丝《菊花》
台北故宫博物院藏

图2—48 定窑菊花纹印花纹样

三 关于所引用缂丝的年代问题

本文所引用缂丝均为宋代①缂丝作品，但是对于其中的缂丝"紫鸾鹊"图案类的年代，有些学者②有异议，原因主要有以下几个方面：一是"紫鸾鹊"一名的出处问题，出自《齐东野语》和《南村辍耕录》中的"锦"的条目下，可能会有张冠李戴的嫌隙；二是文献难以证实这些缂丝

① 年代主要参考《缂丝风华》、《"国立"故宫博物院缂丝》以及《华彩若英——中国古代缂丝刺绣精品展》。

② 陈彦姝：《宋辽夏金的丝绸》，清华大学2007年博士学位论文，第71—74页。

为宋代原裱；三是紫鸾鹊这类图案花、叶均程式化、叶子形态单一，与宋代丝绸上的植物纹相差较大；四为故宫博物院所藏"缂丝红花树"是元赵孟頫《水村图》的裱首，该画卷自题为元大德六年（1302 年）一月后裱成，把这件缂丝定为北宋令人难以信服；五为紫鸾鹊图案中飞翔的孔雀、文鸾等禽鸟，在宋代出土丝绸中极少，宋代花卉纹发达而动物纹尤其是兽类相对衰落是学术界共识等诸多原因，作者又结合出土丝绸的相关例证，说明这类缂丝与元代缂丝有明显的亲缘关系。对于此争议问题，朴文英认为"紫鸾鹊图案流行的时间很长，数量也相当客观。而且后世，尤其是元代继续制作这种图案。因此，学术界仍旧采用宋代的观点"①。

基于此，本文在引用缂丝时采用传统观点。

结　语

全文围绕定窑纹饰以及其印花与缂丝的关系问题进行了分析与对比，可以得出以下几个方面的认识和收获。

一、定窑在宋代得到飞速发展，不仅与当时的社会经济有关，也与其定窑自身的发展密不可分，其装饰纹样与技法的多样化使得定窑在社会上广受欢迎。通过对纹饰的观察可以发现定窑纹饰技法主要是刻花、印花两大类，纹饰图案可以分为植物类、动物类、婴戏类以及博古图四大类。这些纹饰都来源于社会生活、历史传统观念以及富有吉祥寓意的题材，制瓷工匠把这些融入定瓷的制作中，使定窑瓷器蕴含了当时的时代气息、人文气息，带给了我们现代人美的享受。

二、关于定窑的印花纹饰与宋代缂丝的关系，通过本文的大量图片对比，已然可以证实定窑印花纹样确实受到缂丝的影响，主要表现在整体和细节两个方面。

1. 整体布局相似：宋缂丝"紫鸾鹊"一类、牡丹纹等图案布局与定窑的满绘花卉与鸟兽的图案布局一致，不留空白是其布局的特点。比如

---

① 朴文英口述。

风穿花图案、大雁图案、牡丹纹、鹿纹图案都为这一类型。

2. 细节风格相似：由于缂丝与定窑的材质、造型皆不相同，因此两类图案的局部不可能完全一致，在一些图案中则表现为细节的相似。比如动物类的龙纹、鸳鸯纹、鸭纹、孔雀纹以及植物类的菊花以及荷莲图案都为局部花纹或者形态相似。

三、关于定窑印花纹饰中龙、凤纹与缂丝龙、凤纹的关系，本文认为两者都应与宋代宫廷密不可分。通过窑址调查与考古发掘，发现印花龙凤纹带款的器物可以说明其贡瓷的性质，缂丝也有相关文献记载为宫廷专用，而两者图案的相似度也很高。是否存在直接宫廷派画样，或者定窑贡瓷直接从缂丝上移植图案的关系还有待进一步的研究。

四、关于缂丝的年代问题，虽不是本文的主要研究问题，但是通过定窑印花与缂丝的图案对比分析，是否可以佐证缂丝的年代，为其断代提供一个参考。

明永乐、宣德时期景德镇御窑瓷器比较研究初探

2015 届　马　林

（导师：故宫博物院　冯小琦研究馆员）

绪　论

　　瓷器作为土与火的艺术，在我国以东汉青釉瓷器为滥觞，三国两晋而至南北朝时期，青瓷普及而白瓷逐兴，器形增多，纹饰渐丰；至唐一代，"南青北白"① 之瓷业格局形成，既见得"类银类雪"②、"月魂云魄"③，亦可见"如冰似玉"④、"千峰翠色"⑤，更有釉下彩出现，瓷器的装饰随着唐人之审美又上一新的境界；瓷器至宋，而境界愈加开朗，如登山之见天地，"五大名窑"——定、汝、官、哥、钧震古烁今，千载之下，依然为之倾倒，余者如"磁州窑""耀州窑""龙泉窑""建阳窑""景德镇窑"等"百花齐放"，或生动自然、大巧若拙，或技艺精妙、敢夺天工，或以沉静素雅、青莹温润而举世闻明，或以灿若晚霞、"兔褐金丝"而为人称道；其后瓷器经金、元而至明、清，历经战乱而终归一统，江西景德镇因其得天独厚之区位优势亦逐渐成为皇室御器厂所在，其时，

　　① 中国硅酸盐学会主编：《中国陶瓷史》，文物出版社 1982 年版，第 181 页。
　　② （唐）陆羽：《茶经》卷下，宋百川学海本。
　　③ （明）高元濬：《茶乘》卷五文苑，明天启刻本。
　　④ （唐）陆羽：《茶经》卷下，宋百川学海本。
　　⑤ （清）曹寅：《全唐诗》卷六二九，文渊阁《四库全书》本。

各个民族、各个国家和地区之间的文化、艺术、工艺交流越加频繁，相互影响更加深刻，工艺越精而造型越丰。若将瓷器的造型纹饰工艺比作"文"，瓷器的文化艺术内涵比作"质"，那么金、元时期的瓷器便是"质胜于文"①，虽神采幽蓝，极富韵味，令人着迷，却不免失之于"野"，而清代瓷器则"文胜于质"，过多的追求工艺之精，文化内涵却鲜有新意，谓之"史"，而唯以明代永乐、宣德时期御窑瓷器为代表的明代瓷器，工艺之精与艺术之美结合得恰到好处，大有"增之一分则显太长，减之一分则显太短"② 之感，是以"文质彬彬"，可称"君子"。

明成祖朱棣为太祖朱元璋之四子，明朝第三位皇帝，经 4 年"靖难之役"以武力废黜其侄建文帝朱允炆，终登大统，年号永乐，在位 22 年（1403—1424 年）。其行虽不合与儒家礼法，从后世来看却不可不谓一代雄才大略之君，从永乐御窑瓷器之大气便可见一斑。明宣宗朱瞻基为成祖朱棣之孙，其父明仁宗朱高炽享国日浅，在位仅 10 个月（1424 年 8 月至 1425 年 5 月）便病逝，故明宣宗于 1425 年即洪熙元年 6 月即位，成为明朝第五位皇帝，年号宣德，在位 10 年（1426—1435 年）。据史料来看，宣德皇帝颇喜宋人意趣，其对艺术的喜好也深深影响了明初的宫廷艺术，也势必推动景德镇御窑瓷器之发展。

明代永乐、宣德时期景德镇御窑瓷器因其皇家所属之性质，主要用于皇室日常餐饮、宫廷祭祀以及皇帝赏赉之用，严禁民间享有和买卖。故流散到民间的数量不多，文人阶层的文献记载亦少，且多以感性认识为主。而官方文献所涉亦极为有限，盖因"嘉靖七年之前案毁不可考"③。

明代关于永乐、宣德时期御窑瓷器所载之文献，最早可见于成书天顺三年（1459）由曹昭所撰，王佐增补的《新增格古要论》，其后由陈策纂修，明正德六年（1511）刻本的《饶州府志》中有关于景德镇御器厂零星之记载，而由嘉靖朝进士王世懋所纂《窥天外乘》《二酉委谭》中则对明代御窑的烧制情境多有所述，包括嘉靖时因战乱而停火三月之记载。而真正对明代陶瓷御窑手工业进行系统记录的文献则是由嘉靖后期江西

---

① （三国）何晏：《论语》卷三，四部业刊景日本正平本。
② （南北朝）萧统：《文选》卷一九，胡刻本。
③ （清）孙岳颁：《佩文斋书画谱》卷一三"论画三"，文渊阁《四库全书》本。

提学副史王宗沐纂、万历二十五年（1597 年）陆万垓增修的《江西省大志·陶书》，此书对于研究景德镇御窑瓷器极富史料价值。此后，如张应文（1524—1585 年）所撰《清秘藏》，王世贞所撰，约成于万历十四年（1586 年）的《觚不觚录》，高濂所撰，万历十九年（1591 年）刊行的《遵生八笺》、黄一正所编，成书于万历十九年的《事物绀珠》、谢肇淛纂，最早可见于万历四十四年（1616 年）刻本的《五杂俎》、沈德符（1578—1642 年）所编《敝帚轩剩语》、田艺蘅撰，现存万历四十二年（1614 年）刻本的《留青日札》、谷泰撰，天启年间（1621—1627 年）刊行的《博物要览》等文献对于永乐、宣德时期御窑瓷器皆有所记，毫不吝啬赞美之言。而《明实录》《大明会典》《明史》《天工开物》等为研究永乐、宣德时期御窑厂之制度、背景、工艺等提供了可资参考的珍贵史料。

至清代，亦可见关于明代永乐、宣德时期御窑瓷器之著录，明末清初人孙承泽（1593—1676 年）撰《砚山斋杂记》，对永窑、宣窑多有品评。清初人吴允嘉（1655—? 年）著《浮梁陶政志》一卷，记录了江西景德镇官窑之始末，后附录景德镇旧事十四条，而"昊十九"一条重出。而对于景德镇窑瓷器的烧造及历代沿革，清代有不少地方的记载较全且被保存下来，使后人能了解到许多有关明代景德镇御窑瓷器的烧造情况，如康熙二十二年（1683 年）王泽洪所修《饶州府志》、程哲撰，康熙五十年刻本（1711 年）《蓉槎蠡说》《窑器说》，刘廷玑著，成书于康熙五十四年（1715 年）的《在园杂记》、谢旻等修，雍正十年（1732 年）刻本《江西通志》、刊刻于乾隆初期佚名的《南窑笔记》、成书于乾隆八年（1743 年）唐英所撰之《陶冶图说》、初刻于乾隆三十九年（1774 年）朱琰所著《陶说》、程廷济修、凌汝锦纂，清乾隆四十八年（1783 年）所刻《浮梁县志》，以及由景德镇人蓝浦所撰、其门人郑廷桂补辑，于嘉庆二十年（1815 年）由异经堂刻印刷出版的《景德镇陶录图说》等著录，对于研究明代永乐、宣德时期景德镇御窑瓷器的烧造以及分期均有很好的史料价值。

时至清末民国，北京琉璃厂古玩行业兴起，大规模地模仿制作中国古代瓷器在景德镇及其他地区均可见到，这也促使一些业内人士和文人去了解甚至研究古玩文物，但对于瓷器，多是站在古玩商角度的庞杂浅论。其中清末陈浏（寂园叟）撰，刊于清末宣统二年（1910 年）的《陶雅》，民国早年（1912 年）刊行的许之衡的《饮流斋说瓷》，1937 年商务印书馆出版，吴仁敬、辛安潮的《中国陶瓷史》等书籍较多议论到了明代景德镇御窑瓷器。此外，还有一些涉及明代景德镇御窑瓷器的著作，如张斐然的《江西陶瓷沿革》、黄矗的《瓷史》、邵蛰民的《增补古今瓷器源流考》、赵汝珍的《古玩指南》等。这些著作，大多在当时有一定的参考价值，使人们或多或少地了解到一些景德镇瓷器的烧造情况以及历史沿革，但尚且缺乏学术研究的系统性和规范性。

进入 20 世纪以来，西方学者对于明代永乐、宣德时期御窑瓷器亦有较多的研究。其中的代表性人物就是英国人布兰克森（A. D. Brankston），其所著《明初景德镇窑器》一书于 1938 年在英国出版，1942 年由日本人薮野道子译为日文，此书分为两个部分，上半部分叙述明代永乐、宣德等时期传世器物的研究，下半部分则主要以"浮梁地方的窑器"为研究对象，亦包括其之前在景德镇的窑址调查记录。这本书不仅对于欧洲研究中国陶瓷的学者有着深远影响，同时对于中国研究明代御窑瓷器的学者亦有着重要的参考价值。

这一时期日本人也开始对中国景德镇明代御窑瓷器有着较多研究，其中当首推 1909 年日本农商务省商工局出版的北村弥一郎的《清国窑业调查报告书》，其后还有 1920 年小森忍的《陶雅堂谈甫》、龟井明德所著《中国陶瓷史研究》，1942 年雄山阁出版、尾崎洵盛的《明代陶瓷》，1943 年宝云社刊行的由日本陶瓷史家久志卓真编著《支那明初陶瓷图鉴》等著作都或多或少涉及中国景德镇明代御窑瓷器的研究，富有一定的参考价值。此外还有小山富士夫、长谷部乐而、山上次男、弓场纪知、佐久间重男等日本陶瓷研究学者亦对中国陶瓷研究多有论著。

新中国成立后，中国陶瓷研究也迈上了一个新的台阶，故宫博物院的陈万里、冯先铭先生开始了中国古窑址的系统调查和研究，在国内开始将陶瓷古文献记载与窑址考古调查研究相结合，推进了中国陶瓷研究的科学性和系统性，尤其是 1982 年由冯先铭先生主编、文物出版社出版的《中国陶瓷史》，是新中国成立后第一本系统性的陶瓷史专著，其中包含了文物考古、科学技术、工艺美术等各个方面，其科学性与参考性至今无可取代。其第九章"明代的陶瓷"对于明代景德镇御器厂以及永乐、宣德御窑瓷器具有系统而深入的分析，至今仍深具参考价值。其后 20 世纪80年代以来，随着景德镇考古发掘的不断深入，对于永乐、宣德时期御窑瓷器的研究又提升到了一个新的高度，其中当以景德镇考古研究所的刘新园、江建新先生，北京大学考古文博学院的权奎山教授、故宫博物院的王光尧先生等为代表。此外，很多老一辈中国陶瓷研究学者的著录对于我们研究明代永乐、宣德时期景德镇御窑瓷器的分期当是不可不看的，譬如傅振伦先生的《明代瓷器工艺》《中国伟大的发明——瓷器》，孙瀛洲先生的《元明清瓷器的鉴定》《谈明代永乐宣德景德镇官窑年款》，耿宝昌先生的《明清瓷器鉴定》等皆从不同角度为我们研究永乐、宣德时期御窑瓷器，尤其是辨别其分期提供了宝贵的经验和思路。

目前对于永乐、宣德时期御窑瓷器的研究，必首推故宫博物院与台北故宫博物院的研究学者，如故宫博物院冯小琦老师的《明永乐、宣德时期瓷器的外来因素》《明初伊斯兰风格的景德镇官窑瓷器》等，王键华老师的《郑和与永宣青花瓷》《明初青花瓷发展的原因及特点》，苗建民老师的《EDXRF对宣德官窑青花瓷器色料的无损分析研究》《EDXRF方法对景德镇明代官窑青花瓷器的无损分析研究》，吕成龙老师的《明永乐、宣德时期景德镇御窑瓷器概述》《宫廷用瓷品牌的树立，永宣御窑之火》，以及陈润民老师的《永宣青花：笔墨晕染出文人情怀》《明代宣德青花瓷器赏鉴》等，台北故宫博物院的廖宝秀老师的《宣德官窑精华展导论》、余佩谨老师关于永乐、宣德御窑瓷器的研究等。

另外还有一些基础性的陶瓷专著亦不可忽略，如2011年生活·读书·新知三联书店出版的叶喆民教授的《中国陶瓷史》、2014年齐鲁书社出版的方李莉研究员的《中国陶瓷史》，相较于1982年冯先生所主编之陶瓷史，这两本著作加入了不少20世纪80年代以后的学术研究成果和研究方法，如前者侧重于工艺美术与陶瓷考古相结合，而后者更侧重于以人类学方法研究中国陶瓷史，这些对于我们研究永乐、宣德时期御窑瓷器的分期从宏观陶瓷史的角度更易于我们把握宏观以更好的着眼于微观。

再者，瓷器作为一种工艺造型艺术，单纯的文字研究必有其局限性，不及图片的直观性，对于我们研究陶瓷，尤其是现阶段研究明代永乐、宣德时期御窑瓷器时，实际接触的实物资料十分之有限，所以陶瓷前辈们的研究与经验的总结、故宫博物院与台北故宫博物院、大英博物馆等几大博物馆历年的馆藏和展览的图录、景德镇御窑厂的考古发掘报告及展览等就显得十分重要。

本文的研究对象主要分为两个方面：其一是以目前世界上所藏永乐、宣德时期御窑瓷器传世品最多的两个地方——故宫博物院与台北故宫博物院所藏为研究对象，兼顾其他一些藏有永乐、宣德时期代表性御窑瓷器传世品的地方，如大英博物馆、伊朗的阿迪比尔寺、土耳其伊斯坦布尔的托普卡普宫等。二是以景德镇御窑厂历年考古发掘所得，这部分主要以历年所举办之展览的出土器为研究对象。

在对于永乐、宣德时期瓷器的成分分析方面，则主要依据1988年由上海科学技术出版社出版的李国桢、郭演仪先生所著《中国名瓷工艺基础》，李虎侯先生分别于2004年编著的《古陶瓷辨识》、2009年编著的《年代学发凡》，由北京大学考古文博学院胡东波教授2011年主编的《景德镇明代御窑遗址出土瓷器分析研究》，以及以周仁、吴隽、李家治、张福康等先生为主体的中国科学院上海硅酸盐研究所的科学家研究群体，对于明代景德镇御窑瓷器的成分分析所取得的重要研究成果，其主要可见于《中国古陶瓷研究论文集》《中国古代科学技术史·陶瓷卷》与1982年以来该所的历次学术研讨会论文集——《中国古陶瓷科学技术》及该所所编的其他书籍及论文集当中。

本文所述瓷器的纹饰研究则主要参考1982年冯先铭主编之《中国陶瓷史》中插图、1993年耿宝昌先生所编《明清瓷器鉴定》当中插图以及1994年刘兰华老师所著《中国古代陶瓷纹饰》等著录。

通过以上文献综述我们可以发现，整体来说，清末以前对于明代永乐、宣德时期景德镇御窑瓷器的研究有着不可超越的时代局限性，多为文人或官员直观感觉之描述与笔记之记叙，主要具有参考史料价值。民国时期的研究则多站在古玩商的角度入手，侧重于真伪之鉴定、经验之总结，而缺乏以陶瓷科学作为研究对象的系统之研究。国内外学术界真正对于明代永乐、宣德时期景德镇御窑瓷器的系统分析和研究则主要开始于20世纪以后，而这一时期亦可分为两个阶段：以辛亥革命之后到中华人民共和国之成立为第一阶段，由于这一阶段的社会历史较为动荡，战乱频繁，从事陶瓷研究的学者条件资源有限，对于明代永乐、宣德时期景德镇御窑的研究则如蜻蜓点水，浅尝辄止，缺乏深度。虽然也有一些基于实践经验的高水平的研究专家，但是在大的动荡的社会环境中亦无可能进行深入之研究。第二阶段则以新中国成立至今，尤其集中于20世纪80年代之后，稳定的社会环境，开放的学术研究，考古发掘资料与科学仪器检测数据不断丰富的今天，历史上许多关于永乐、宣德时期御窑瓷器的疑难问题都有了重大的研究成果，例如景德镇御窑的性质、成立时间、发展沿革、遗址范围、胎釉成分，器形研究，文献与实物之比较等各种研究日益深入。

本文主要以大量流传有序的永、宣御窑瓷器传世品以及历年景德镇御窑厂永乐地层和宣德地层所出土之御窑瓷器为研究对象，应用逻辑推理，对比分析，定量统计分析等研究方法，在总结前人经验与研究成果的基础上对于明代永乐、宣德御窑瓷器的造型、釉色、纹饰以及永乐、宣德皇帝个人作为封建王朝的最高统治者对于艺术与生活品位之不同在永、宣御窑瓷器上的体现等做一个比较研究，同时兼顾了永乐、宣德时期同时代的其他材质皇家工艺品之比较，力图从宏观上对于永、宣时代御窑瓷器做一个比较研究，希冀在日后对于明代永乐、宣德瓷器之研究中能够起到一些有益的借鉴。

第一章　明永乐、宣德时期御窑
传世器之比较研究

"整体大于它的各部分的总和。"亚里士多德如是说。一般系统论的创立者贝塔朗菲在阐述系统论的整体性原则时，对亚里士多德的这句名言给予了充分的肯定。他这样写道："亚里士多德的世界观及其固有的整体论和目的论的观点就是这种宇宙秩序的一种表达方式。亚里士多德的论点'整体大于它的各部分的总和'是基本的系统问题的一种表述，至今仍然正确。"① 由此，"整体大于部分之和"便成了现代系统科学中的一条著名定理。

"不谋全局者，不足以谋一域"②，是故我们应当首先对明代永乐、

---

① 中国社会科学院信息情报研究院编：《科学学译文集》，科学出版社1980年版，第305—306页。

② （清）陈澹然：《寤言二迁都建藩议》。

宣德时期御窑瓷器有一个全面的概念。目前学界所公认的明代永乐、宣德时期御窑瓷器主要可分为两大方面：其一为流传有序之传世品，其二为确切地层之出土器。传世品中尤以故宫博物院、台北故宫博物院、大英博物馆、土耳其伊斯坦布尔的托普卡普宫博物馆、伊朗的阿迪比尔寺之所藏为主，可占永乐、宣德御窑瓷器传品之多半，出土器则以景德镇珠山御窑厂永乐地层与宣德地层历年考古发掘出土瓷器修复器物为主。

第一节 明永乐、宣德御窑传世器概况统计

一 故宫博物院藏永、宣御窑瓷器概况

（一）故宫博物院藏永乐御窑瓷器概况

根据故宫博物院 2013 年所公布的《故宫博物院藏品总目》，故宫博物院目前所藏陶瓷器共计 371897 件（套），其中包含陶瓷标本计 7577 件。笔者经过统计分析，故宫博物院目前所藏永乐御窑瓷器 369 件，其中"故"字号文物 323 件，"新"字号文物 40 件，"资陶瓷"5 件，"资新"1 件（"故"字号指清宫的旧藏文物，而"新"字号指 1949 年后新增加的文物，"资"字号指作为参考资料所用之陶瓷器）从釉色看：青花瓷器 102 件，白釉 244 件，红釉 7 件，影青釉 5 件，翠青釉 3 件，仿龙泉釉 2 件，豆青釉 1 件，粉青釉 1 件，青釉 1 件，黑釉 1 件，青花描金 2 件。

（二）故宫博物院藏宣德御窑瓷器概况

宣德御窑瓷器 1350 件，其中"故"字号文物 1146 件，"新"字号文物 179 件，"资陶瓷"8 件，"资新"15 件。从釉色看：青花瓷器 787 件，白釉 476 件，红釉 35 件，霁蓝釉 7 件，宝石蓝釉 1 件，酱釉 2 件，冬青釉 1 件，釉里红 1 件，青花红彩 6 件，白地红彩 1 件，白地酱彩 2 件，蓝釉白花 5 件，仿龙泉釉 10 件，仿汝釉 3 件，仿哥釉 5 件，红釉描金 3 件。

二 台北故宫博物院藏永乐、宣德御窑瓷器概况

目前台北故宫博物院现收藏瓷器 25310 件[1]，其中 23780 件为故宫及

原属中央博物院保管的古物陈列所之瓷器，迁台瓷器99%来自清宫旧藏，均属南迁文物中的精品。台北博物院收藏有明代御窑瓷器6788件①，其所藏永乐、宣德时期御窑瓷器主要可从1962年1月由台北"国立""中央"博物院、故宫博物院联合管理处所编《故宫瓷器录》②第二辑 明（甲）上、下编中辑录，另根据台北故宫博物院历年来所出永、宣瓷器之图录或研究文章中可将《故宫瓷器录》中未收录之永乐、宣德御窑瓷器亦辑录出来，以此便不难窥得台北故宫永、宣瓷器之全貌。

（一）台北故宫博物院藏永乐御窑瓷器概况

据笔者统计，《故宫瓷器录》第二辑 明（甲）上编中收录永乐瓷器232件，后另有青花花卉纹镂空花熏、青花人物纹扁壶、青花牡丹花纹带盖梅瓶、青花云龙扁壶、青花四季花卉莲瓣大盘、青花缠枝花卉圆洗6件，其时《故宫瓷器录》第二辑 明（甲）中定为宣德时期，现已归为永乐时期。

《也可以清心：茶器·茶事·茶画》③中收录永乐青花凤凰纹三系茶壶（57页）甜白暗花菱花式茶盏（59页）青花折枝灵芝菱花式茶钟（60页）青花转枝月季花茶钟（61页）4件为《故宫瓷器录》中未收录。

另外，还有《故宫文物月刊》189期（赴法展）中收录的永乐青花龙纹天球瓶、青花描金卷草莲塘碗、甜白半脱胎锥拱双龙高足碗、青花朵莲梵文勺4件为《故宫瓷器录》中未收录。

《故宫文物月刊》246期（赴德展）中收录永乐青花龙纹天球瓶、青花山茶花纹扁壶2件为《故宫瓷器录》中所未收录。

《"国立"故宫博物院藏品选目》（55页）永乐青花花卉纹大扁壶1件为《故宫瓷器录》中所未收录。

故台北故宫博物院目前所见永乐御窑之传世品约有249件。

（二）台北故宫博物院藏宣德御窑瓷器概况

台北故宫博物院所藏宣德之御窑瓷器主要可从《故宫瓷器录》第二

---

① 郑欣森：《天府永藏》，紫禁城出版社2008年第1版，第179页。

② 台北故宫博物院联合管理处编辑：《故宫瓷器录》，1964年。

③ 廖宝秀：《也可以清心：茶器·茶事·茶画》，台北故宫博物院2002年6月第一版。

辑 明（甲）（上编），《故宫瓷器录》第二辑 明（甲）（下编）中辑录出1886 件，其中青花花卉纹镂空花熏、青花人物纹扁壶等 6 件现已定为永乐，另有《故宫瓷器录》第二辑 明（甲）（下编）中有青花方胜瓶 4 件、青花棒槌瓶 1 件现定为清仿宣德款，故从此二书中共辑录宣德瓷器1875 件。

《故宫藏瓷大系：宣德之部》① 中收录宣德款青花松竹梅三友纹碗、宣德款青花转枝莲纹碗、无款青花团龙葵式碗 4 件，《故宫瓷器录》未收录之宣德瓷器。

《明代宣德官窑菁华特展图录》② 中有宣德孔雀绿釉弦纹三足炉等 22 件，《故宫瓷器录》未收录之宣德瓷器。

故台北故宫博物院所藏宣德之御窑瓷器共计 1901 件。

三　大英博物馆藏永乐、宣德御窑瓷器概况

根据故宫出版社 2014 年 6 月出版的《大英博物馆藏中国明代陶瓷》③，其中共收录了 36 件永乐御窑瓷器，包括青花 23 件、釉里红 1 件、白釉10 件、红釉 2 件。器型包括花浇 1 件，僧帽壶 1 件，不同样式执壶 2 件，瓶 3 件，罐 2 件，器座（无挡尊）1 件，瓷碗 9 件，高足碗 2 件，不同制式盘 13 件，扁壶 2 件。

此书收录宣德御窑瓷器共计 45 件，以釉色分：包括青花 33 件，白釉4 件，红釉 1 件，仿哥釉 1 件，孔雀蓝釉 1 件，黄地青花 2 件，釉里红 1件，蓝地白花 1 件，白地铁锈花 1 件。

以器型分：包括高足碗（杯）11 件，盘 12 件，碗 11 件，罐 2 件，壶 3 件，瓶 2 件，渣斗 1 件，瓷砖 2 件，鸟食罐 1 件。

四　阿迪比尔寺藏永乐、宣德御窑瓷器概况

伊朗的阿迪比尔寺内曾建有一座"中国屋"，为伊朗萨法维王朝阿拔斯大帝（1588—1629 年）于 1611 年所建，以保存其收藏的 1162 件中国

---

① 廖宝秀：《故宫藏瓷大系：宣德之部》，台北故宫博物院 2000 年第 1 版。
② 台北故宫博物院编辑：《明代宣德官窑菁华特展图录》，1998 年版。
③ ［英］霍吉淑：《大英博物馆藏中国明代陶瓷》，2014 年 6 月。

元、明瓷器，现存805件。根据美国陶瓷学者波普对阿迪比尔寺所藏中国元、明瓷器的断代，其中青花器618件中15世纪早期，即明初青花瓷有183件，这之中"除5件可能属于洪武时期以外，绝大部分是永乐时期的，仅有个别可能属于宣德"。① 即阿迪比尔寺所藏永、宣瓷器约为178件。

五　托普卡普宫藏永、宣御窑瓷器概况

土耳其伊斯坦布尔托普卡普宫博物馆收藏有中国元、明、清瓷器10351件，其中"明早期瓷器约有54件，之中5件应属洪武之外，49件为永、宣时期瓷器"②。

六　小结

根据国内外各大博物馆所藏之永乐、宣德御窑瓷器，以及历年大型拍卖行永乐、宣德瓷器的拍卖数据，加上可能尚未发现的一些传世品，例如尚有10万件南迁文物暂存南京（《天府永藏》182页）等综合考量，这部分瓷器估计在2000件左右。

综上，明代永乐、宣德御窑瓷器传世品应该在6200件左右。其中永乐瓷器约占15%，宣德瓷器约占85%。

统计列表如下：

表1—1

			明代永乐、宣德御窑瓷器传世品概况分析			
	故宫博物院	台北故宫	大英博物馆	阿迪比尔寺	托普卡普宫	其他
永乐	369	249	36	178 件青花瓷	49 件青花瓷	
宣德	1350	1901	45		30 件白瓷	
合计	1719	2150	81	178	79	约2000

① J. A. Pope, *Chinese Porcelain from the Ardebil Shrine*, second edition, pl. 48, London, New Jersey, 1981.

② Regina. Krahl：*Chinese Ceramics in the Topkapi Saray Museum*, 1986, Sotheby' sublications, London.

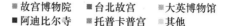

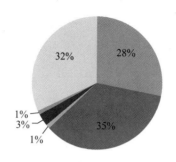

图1—1 永乐、宣德御窑瓷器传世品概况分析

第二节 明永乐、宣德御窑传世品特点统计分析

——以故宫博物院与台北故宫博物院所藏为例

一 故宫博物院藏永乐御窑瓷器统计（见附表1）

二 故宫博物院藏宣德御窑瓷器统计（见附表2）

三 台北故宫博物院藏永乐御窑瓷器统计（见附表3）

四 台北故宫博物院藏宣德御窑瓷器统计（见附表4）

五 景德镇御窑厂永乐地层历年出土瓷器统计（见附表5）

六 景德镇御窑厂宣德地层历年出土瓷器统计（见附表6）

统计说明：因不同时代，不同地区，不同学者对于陶瓷器之理解略有不同，故命名亦不同，这对于我们今天做一个宏观的统计分析是不利的，故本文在参考我国传统陶瓷器命名方式的基础上主要以《故宫博物院藏文物珍品大系》中陶瓷器的命名方式为主。例如：甜白釉、白釉统称白釉，宝石红、鲜红、祭红统称为红釉，紫金釉、酱釉统称为酱釉，靶盏、高足碗统称为高足碗，靶杯、高足盅、高足杯统为高足杯计（经笔者比对发现，一般口径小于或等于10厘米的称靶杯或高足杯，口径在10—15厘米的称高足盅，口径15厘米以上的称高足碗）。

虽然笔者竭尽所能收集，并多方请教两岸故宫的陶瓷名家，但囿于能力与时间，不可避免有着自身的局限性，以两岸故宫藏品之博大，定有不少吾未能听闻之物，未见于发表之物，然笔者相信，虽不免遗漏，上表所收之瓷器仍可为两岸故宫所藏永乐、宣德御窑瓷器之大部，具有一定的研究性与参考价值。

五 故宫博物院藏永乐、宣德瓷器比较分析

（一）器型比较

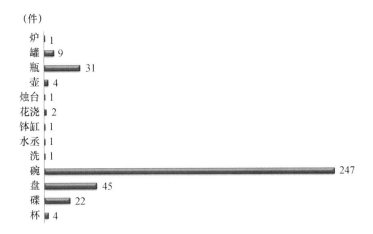

图1—2　故宫博物院藏永乐御窑瓷器器型统计分析

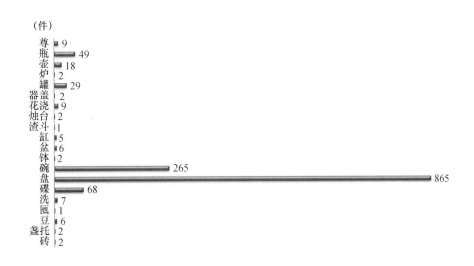

图1—3　故宫博物院藏宣德御窑瓷器器型统计分析

通过图1—2与图1—3比较分析可知：

故宫博物院藏永乐御窑瓷器器型以各种不同形制的碗最多，约占故宫藏永乐御瓷总数的66.9%，其次盘约占12.2%，瓶约占8.4%。宣德御窑瓷器则以各种不同形制的盘最多，约占故宫藏宣德御瓷总数的64.1%，其次碗约占19.6%，碟约占5%。

故宫博物院藏宣德器型较永乐更为丰富，出现了故宫永乐御窑瓷器中未有的尊、渣斗、缸、盆、匜、豆、盏托、砖等器型。同时永乐时期的水丞未在故宫宣德瓷器中出现。

（二）釉色比较

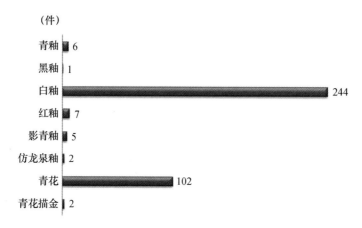

图1—4 故宫博物院藏永乐御窑瓷器釉色统计分析

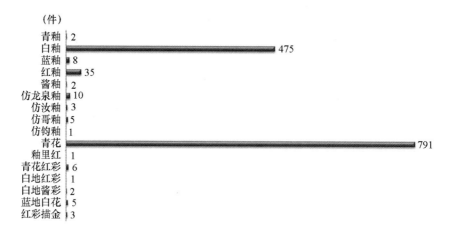

图1—5 故宫博物院藏宣德御窑瓷器釉色统计分析

通过图 1—4 与图 1—5 比较分析可知：

故宫博物院藏永乐御窑瓷器釉色以白釉居多，约占故宫藏永乐御瓷总数的 66.1%，其次青花约占 27.6%。宣德御窑瓷器则以青花最多，约占故宫藏宣德御瓷总数的 58.6%，其次白釉约占 35.2%。

故宫博物院藏宣德釉色较永乐更为丰富，出现了故宫永乐御窑瓷器中未有的蓝釉、酱釉、仿汝釉、仿哥釉、仿钧釉、青花红彩、白地红彩、白地酱彩、蓝地白花、红彩描金等釉色，同时永乐时期的黑釉、影青釉等釉色未在故宫宣德瓷器中出现。

（三）纹饰比较

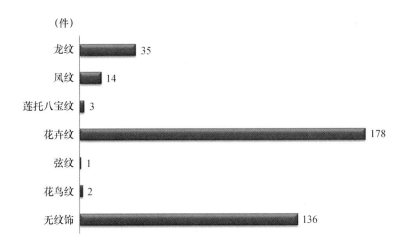

图 1—6　故宫博物院藏永乐御窑瓷器纹饰统计分析

通过图 1—6 与图 1—7 比较分析可知：

故宫博物院藏永乐御窑瓷器纹饰以花卉纹饰为最多，约占故宫藏永乐御瓷总数的 48.2%，其次无纹饰约占故宫藏永乐御瓷总数的 36.9%，龙凤纹饰（包括龙纹、凤纹、龙凤纹）约占 13.3%。宣德御窑瓷器亦以花卉纹饰最多，约占故宫藏宣德御瓷总数的 72.1%，其次无纹饰约占 15.3%，龙凤纹饰（包括龙纹、凤纹、龙凤纹）约占 4.6%。

故宫博物院藏宣德御窑瓷器纹饰较永乐纹饰更为丰富，出现了故宫永乐御窑瓷器中未有的文字几何纹饰、人物纹、异兽纹、鱼纹等纹饰。

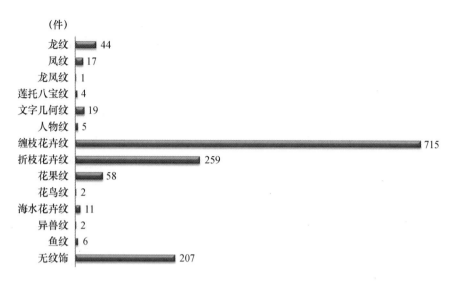

(件)

龙纹 44
凤纹 17
龙凤纹 1
莲托八宝纹 4
文字几何纹 19
人物纹 5
缠枝花卉纹 715
折枝花卉纹 259
花果纹 58
花鸟纹 2
海水花卉纹 11
异兽纹 2
鱼纹 6
无纹饰 207

图1—7　故宫博物院藏宣德御窑瓷器纹饰统计分析

六　台北故宫博物院藏永乐、宣德瓷器比较分析

（一）器型比较

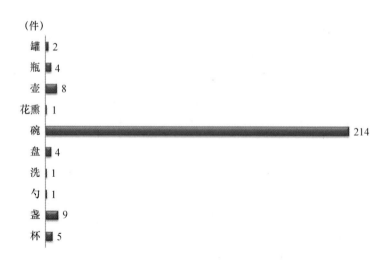

(件)

罐 2
瓶 4
壶 8
花熏 1
碗 214
盘 4
洗 1
勺 1
盏 9
杯 5

图1—8　台北故宫博物院藏永乐御窑瓷器器型统计分析

通过图1—8与图1—9比较分析可知：

台北故宫博物院藏永乐御窑瓷器器型以各种不同形制的碗为最多，

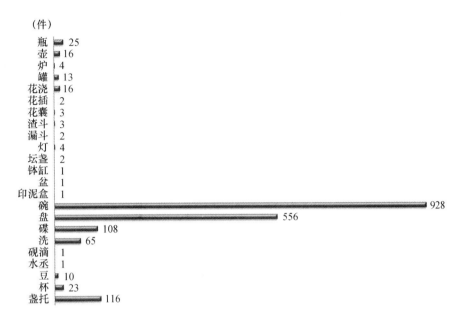

图1—9 台北故宫博物院藏宣德御窑瓷器器型统计分析

约占台北故宫博物院藏永乐御瓷总数的85.9%。宣德御窑瓷器亦以各种不同形制的碗最多，约占台北故宫博物院藏宣德御瓷总数的48.8%，其次盘约占29.2%，盏托约占6.1%。

台北故宫博物院藏宣德御瓷器型较永乐更为丰富，出现了台北故宫博物院永乐御窑瓷器中未有的炉、花浇、花囊、花插、渣斗、漏斗、灯、坛盏、钵缸、盆、印泥盒、砚滴、水丞、豆等器型，同时永乐时期的花熏、勺等器型未在台北故宫博物院宣德瓷器中出现。

（二）釉色比较

通过图1—10与图1—11比较分析可知：

台北故宫博物院藏永乐御窑瓷器釉色以白釉为最多，约占台北故宫博物院藏永乐御瓷总数的90%。宣德御窑瓷器以青花最多，约占台北故宫博物院藏宣德御瓷总数的48.3%，其次白釉约占16.1%，青釉约占16%，红釉约占14.3%。

台北故宫博物院藏宣德御瓷釉色较永乐更为丰富，出现了台北故宫博物院永乐御窑瓷器中未有的蓝釉、黄釉、酱釉、仿哥釉、仿钧釉、釉

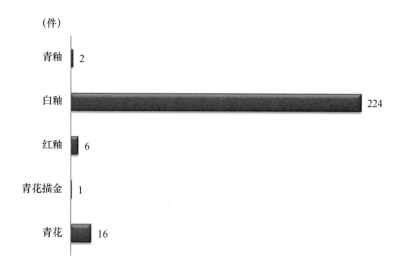

图1—10　台北故宫博物院藏永乐御窑瓷器釉色统计分析

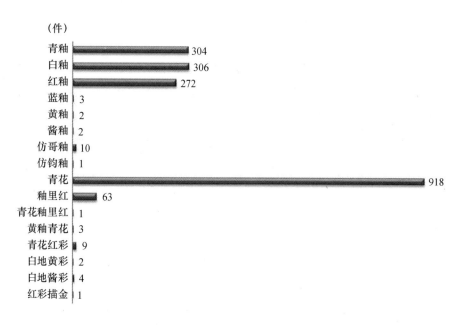

图1—11　台北故宫博物院藏宣德御窑瓷器釉色统计分析

里红、青花釉里红、黄釉青花、青花红彩、白地黄彩、白地酱彩、红釉
描金等釉色，同时永乐时期的青花描金等釉色未在台北故宫博物院宣德

瓷器中出现。

（三）纹饰比较

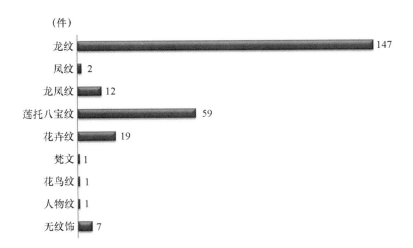

图1—12　台北故宫博物院藏永乐御窑瓷器纹饰统计分析

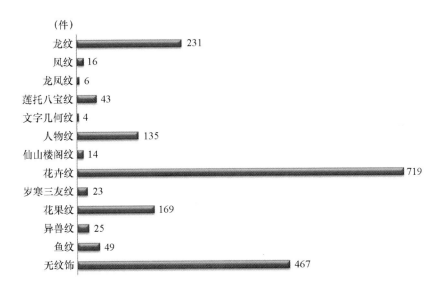

图1—13　台北故宫博物院藏宣德御窑瓷器纹饰统计分析

通过图1—12与图1—13比较分析可知：

台北故宫博物院藏永乐御窑瓷器纹饰以龙凤纹（包括龙纹、凤纹、龙凤纹）为最多，约占台北故宫博物院藏永乐御瓷总数的64.7%，其次莲托八宝纹约占23.7%，花卉纹约占7.6%。宣德御窑瓷器纹饰以花卉纹为最多，约占台北故宫藏宣德御瓷总数的37.8%，其次无纹饰约占24.6%，龙凤纹（包括龙纹、凤纹、龙凤纹）约占13.3%，人物纹饰约占7.1%。

台北故宫博物院藏宣德御瓷纹饰较永乐更为丰富，出现了台北故宫博物院永乐御窑瓷器中未有的阿拉伯文字、几何纹饰、仙山楼阁、异兽纹、鱼纹等纹饰，人物纹饰大大增加。

七　小结

综上，通过以上比较分析，亦可从中发现故宫博物院与台北故宫博物院所藏永乐、宣德时期御窑瓷器之不同。

从总量上看，故宫博物院藏有永乐、宣德御窑瓷器共计1719件，其中永乐御瓷369件，宣德御瓷1350件。

台北故宫博物院藏有永乐、宣德御窑瓷器共计2150件，较故宫博物院藏瓷多431件，其中永乐御瓷249件，比故宫博物院少120件，宣德御瓷1901件，较故宫博物院多551件。

从器型上看，故宫博物院所藏永乐、宣德御窑瓷器大件器物为多，以尊、瓶、炉、缸为例，故宫博物院藏有永、宣御瓷尊、瓶、炉、缸共计97件，台北故宫博物院所藏共计33件。

台北故宫博物院所藏永乐、宣德御窑瓷器以小件器物为多，以碟、洗、盏、杯为例，故宫博物院藏有永、宣御瓷碟、洗、盏、杯共计104件，台北故宫博物院则藏有327件。

从釉色上看，故宫博物院与台北故宫博物院所藏永乐御瓷釉色皆以白釉为主，而故宫永乐青花瓷器远远多于台北故宫博物院。

故宫博物院与台北故宫博物院所藏宣德瓷器釉色皆以青花为主，其次为白釉瓷器，而台北故宫博物院宣德单色釉瓷器，如青釉、红釉瓷器则多于故宫博物院，另外釉里红瓷器也较故宫博物院为多。

从纹饰上看，故宫博物院所藏永乐御瓷纹饰花卉纹为主，有178件，龙凤纹只有49件，而台北故宫博物院所藏永乐御瓷则以龙凤纹为主，有

161 件，其次为莲托八宝纹，有 59 件。

故宫博物院与台北故宫博物院所藏宣德御窑瓷器纹饰皆以花卉纹为主，故宫有 1034 件，台北故宫博物院有 954 件。而故宫博物院藏有龙凤纹饰 62 件，莲托八宝纹饰 4 件，台北故宫博物院则有龙凤纹饰 253 件，莲托八宝纹饰 43 件，远多于故宫博物院。龙凤纹饰历来为皇家之象征，莲托八宝纹饰与宗教祭祀相关，单从这一点来看，台北故宫博物院藏永乐、宣德部分御窑瓷器品级或高于故宫博物院之所藏。

第二章　明永乐、宣德时期御窑
出土器之比较研究

第一节　明代永乐、宣德时期御窑厂概况

明代永乐、宣德时期御窑瓷器的研究离不开江西景德镇的出土发掘。明代烧造御窑瓷器的御厂位于今江西省景德镇以珠山为中心的地区，这一地区远在北宋时期已出现发达之窑业，至元代，设"浮梁磁局，秩正九品。至元十五年立。掌烧造磁器，并漆造马尾棕藤笠帽等事。大使、副大使各一员"。① 浮梁，"以溪水时泛，民多伐木为梁也"② 之意，地处赣、皖二省之交界处，历史上景德镇长期属于浮梁县管辖。明清两代沿袭宋元设立官窑之做法，以景德镇珠山为中心设御窑，专烧宫廷用瓷。于明洪武二年（1369 年）设陶厂③，永乐皇帝朱棣即位后于洪武三十五年（1401 年）（六月至十二月）改陶厂为御厂④，至此，景德镇御厂便深深地打上了皇家御用之烙印，1642 年明王朝灭亡，其遂为清朝所有，并改称"御窑厂"⑤，其后直至 1911 年辛亥革命，御窑厂制度结束，前后共延续 542 年。

---

① （明）宋濂：《元史》卷八八，志第三十八，清乾隆武英殿刻本。
② （清）谢旻：《（雍正）江西通志》卷三，文渊阁《四库全书》本。
③ （清）谢旻：《（雍正）江西通志》卷二七，文渊阁《四库全书》本。
④ 同上。
⑤ （清）蓝浦：《景德镇陶録》卷一，清嘉庆刻同治补修本。

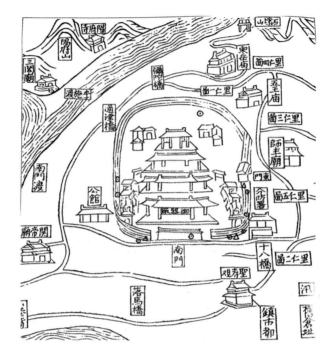

图2—1 清乾隆浮梁县志景德镇御器厂图

第二节 景德镇御窑厂永乐、宣德地层
出土器研究概况

新中国成立后对于景德镇的考古发掘主要有两个阶段，第一阶段从1982年至1994年，为配合市政建设，景德镇市考古所对其进行多次发掘，出土了明初御窑瓷器碎片"有数十吨，若干亿片"①，修复了许多明代永乐、宣德时期落选的御用瓷器。主要收录在1989年由香港市政局出版，香港艺术馆编制《景德镇珠山出土永乐宣德官窑瓷器展览》（其中收录永乐地层出土瓷44件，宣德地层出土瓷器54件），与1999年由文物出版社出版，炎黄艺术馆所编《景德镇出土元明官窑瓷器》（收录明代永乐地层出土御窑瓷70件，其中有26件《景德镇珠山出土永乐宣德官窑瓷器展览》已收录，44件未收录；宣德地层出土瓷器163件，其中有

① 炎黄艺术馆编：《景德镇出土元明官窑瓷器》序（刘新园），文物出版社1999年版。

46 件《景德镇珠山出土永乐宣德官窑瓷器展览》已收录，117 件未收录）。

第二阶段则从 2002 年到 2004 年，此次发掘发现了明代御窑的围墙、院墙、窑炉、落选瓷器掩埋坑等遗址，同时亦修复了不少永乐、宣德时期落选的御用瓷器，为我们进行永乐、宣德御窑瓷器的比较研究提供了宝贵的出土资料。其修复瓷器主要收录在 2007 年由文物出版社出版，首都博物馆编《景德镇珠山出土永乐官窑瓷器》与 2009 年由文物出版社出版，景德镇市陶瓷考古研究所编著的《景德镇出土明代御窑瓷器》。

首都博物馆所编的《景德镇珠山出土永乐官窑瓷器》中收录永乐地层出土瓷器 118 件，这是目前所见收录景德镇御窑厂出土永乐瓷器最全的一本图录，收录了 1980 年至 2004 年间历年出土修复后的永乐御窑瓷器。（其中《景德镇珠山出土永乐宣德官窑瓷器展览》中收录 32 件）

或许由于编写匆忙，书中存在不少问题值得商榷：

其一，断代问题。第 42 页之底心印十字宝杵的白釉印花碗，考古出土器物编号 02JYⅠT0501⑤：1，根据国家文物局 2009 年 4 月所编《田野考古工作规程》可知：02 为 2002 年，J 为考古地点景德镇首字母缩写，Y 代表窑址，罗马数字Ⅰ表示遗址分区号，T0501 为探方号（南北向 + 东西向），⑤为地层第 5 层，而根据《江西景德镇明清御窑遗址发掘简报》，第⑤层是出土有明代宣德御窑瓷器和瓷片及一些窑具。瓷片主要为白釉，表明这一地层为明宣德时期御窑的原生堆积地层，故应为宣德御窑瓷器，而非永乐御窑瓷器。

其二，出土时间问题。此书所收录 18 件注明 2003 年出土之瓷器，应为 2002 年出土。

第 62 页，红釉梅瓶，考古出土器物编号：02JYⅠK8：3，

第 64 页，红釉刻花云龙纹梅瓶，考古出土器物编号：02JYⅠK8：4，

第 66 页，红釉刻花云龙纹梨形壶，考古出土器物编号：02JYⅠK5：1，

第 68 页，红釉盘，考古出土器物编号：02JYⅠK4：4

第 68 页，红釉盘，考古出土器物编号：02JYⅠK8：5

第 68 页，红釉盘，考古出土器物编号：02JYⅠK6：6

第 70 页，红釉碗，考古出土器物编号：02JYⅠK1：1

第 70 页，红釉碗，考古出土器物编号：02JYⅠK6：5

第 74 页，红釉高足碗，考古出土器物编号：02JYⅠK6：4

第 76 页，红釉印花折枝瑞果纹盖盒，考古出土器物编号：02JYⅠK6：2

第 80 页，紫金釉盘，考古出土器物编号：02JYⅠK2：5

第 80 页，紫金釉碗，考古出土器物编号：02JYⅠK2：4

第 80 页，紫金釉高足碗，考古出土器物编号：02JYⅠK2：6

第 82 页，黑釉碗，考古出土器物编号：02JYⅠK2：2

第 188 页，青花釉里红云龙纹梅瓶，考古出土器物编号：02JYⅠK8：1

第 198 页，内红釉外釉里红赶珠龙纹碗，考古出土器物编号：02JYⅠK6：1

第 202 页，釉里红折枝花卉纹碗，考古出土器物编号：02JYⅠK4：2

其三，尺寸问题。

第 202 页，釉里红折枝花卉纹碗口径注明 13.1 厘米，而据《景德镇出土明代御窑瓷器》第 64 页，同一件器物口径标注为 10.2 厘米。

其四，图片问题。

第 71 页红釉碗（下），图片与文字描述差别较大，或为图片提取有误。

而 2009 年出版的《景德镇出土明代御窑瓷器》中主要收录了 2002 至 2004 年景德镇考古发掘出土御窑瓷器，其中永乐地层出土瓷器 37 件，其中有 25 件《景德镇珠山出土永乐官窑瓷器》中已收录，12 件未收录，分别是：釉里红云龙纹梅瓶，釉里红赶珠龙纹高足靶盏（里心单圈内印"永乐年制"四字篆书款），内红釉外釉里红赶珠龙纹碗（内底无款识），内白釉外釉里红赶珠龙纹碗，釉里红折枝花卉纹小碗（里心为折枝莲纹），釉里红折枝花卉纹碗（足底出脐），红釉僧帽壶（壶身缩釉严重），红釉印花花卉瑞果纹盖盒（2004 年出土），红釉盘（2004 年出土），黑釉划花鼎式香炉，黑釉靶盏，青花云龙纹执壶，铁绘花纹莲子碗。宣德地层出土瓷器 44 件。

所不足之处在于部分图片与文字描述有出入，例如第 68—69 页红釉刻花云龙纹梅瓶（考古出土器物编号：02JYⅠK8：3）与第 70—71 页之红釉梅瓶（考古出土器物编号：02JYⅠK8：4）图片与文字描述不对应。

图 2—2　1979—1988 年明御厂故址与永乐宣德遗物出土地点示意

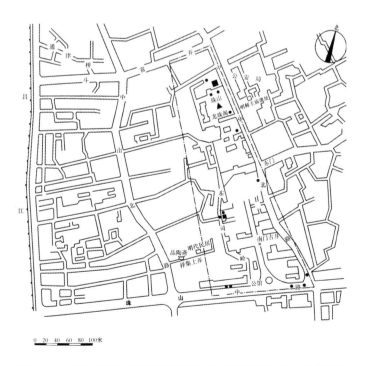

图 2—3　2002—2004 年明御厂故址与永乐宣德遗物出土地点示意

第三节 景德镇御窑厂永乐、宣德地层
出土器统计分析

笔者将目前出版物所见景德镇珠山御窑厂历年考古发掘修复之瓷器整理如下。

一 景德镇御窑厂永乐地层历年出土瓷器统计分析（见附表5）

整理附表5统计分析如下（见图2—4）：

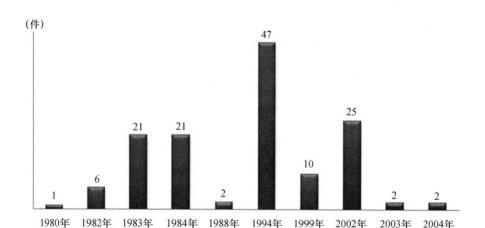

图2—4 景德镇珠山御窑厂历年出土永乐瓷器（1980—2004）

（一）永乐地层出土瓷器分期

1. 永乐前期

目前出版物中所见景德镇珠山御窑厂历年出土永乐瓷器共计137件，其中确定为永乐前期地层出土的有18件，皆出于景德镇珠山明御厂南院东侧，均为白釉器，其中1件带"永乐年制"4字篆书款，器型有高足碗、爵、长颈瓶、八方烛台、方流直径执壶、鸡心扁壶、军持、花浇、豆、梨形壶、梅瓶、盂、小碗、四系矮壶、折肩深腹执壶、折沿菱花口碟、鸡心扁壶、敛口钵。

从纹饰看，除1件印龙纹之外，余者皆光素无纹饰。

2. 永乐中前期

确定为永乐中前期地层出土的共计47件，皆出于明御厂东院。

从釉色看，白釉1件，白釉金彩2件，白釉绿彩1件，青釉1件，青花42件。

从器型看，炉1件，罐类4件，盖皿1件，瓶类3件，壶类7件，盆1件，器托1件，钵1件，盘16件，碗10件，杯1件，杯托1件。

从纹饰看，龙纹6件，海浪仙山纹1件，花卉植物纹40件。

3. 永乐中后期

确定为永乐中后期地层出土的共计10件，皆出于明御厂故址西南侧。

从釉色看，白釉1件，黑釉1件，青花7件，蓝釉釉里红1件。

从器型看，镈1件，三足炉1件，梅瓶3件，爵1件，歃爵山盘1件，高足碗2件，执壶1件。

从纹饰看，龙凤纹8件，光素无纹饰2件。

4. 永乐后期

确定为永乐后期地层出土的共计23件，皆出于明御厂南院西侧。

从釉色看，白釉2件，黑釉1件，红釉3件，矾红釉1件，青花7件，釉里红2件，青花釉里红2件，红地绿彩1件，红地白1件，黄地绿彩2件，绿地酱彩1件。

从器型看，三壶连通器1件，盖皿1件，壶类3件，玉壶春瓶1件，笔盒1件，方盒1件，碗11件，小盘2件，高足杯1件，大勺1件。

从纹饰看，龙凤纹11件，光素无纹饰5件，海兽纹2件，海水三鱼纹1件，梵文1件，花卉植物纹3件。

另外出土地层不明确的有39件。

统计如表2—1。

表2—1　　　景德镇珠山御窑厂出土永乐不同时期器物统计

	器型	釉色	纹饰
永乐前期地层出土（18件）	高足碗、爵、长颈瓶、八方烛台、方流直径执壶、鸡心扁壶、军持、花浇、豆、梨形壶、梅瓶、盂、小碗、四系矮壶、折肩深腹执壶、折沿菱花口碟、鸡心扁壶、敛口钵	白釉18件	1件锥印龙纹 17件光素无纹饰

续表

	器型	釉色	纹饰
永乐中前期地层出土（47件）	炉1件，罐类4件，盖皿1件，瓶类3件，壶类7件，盆1件，器托1件，钵1件，盘16件，碗10件，杯1件，杯托1件	白釉1件，白釉金彩2件，白釉绿彩1件，青釉1件，青花42件	龙纹6件，海浪仙山纹1件，花卉植物纹40件
永乐中后期地层出土（10件）	镈1件，三足炉1件，梅瓶3件，爵1件，歇爵山盘1件，高足碗2件，执壶1件。	白釉1件，黑釉1件，青花7件，蓝釉釉里红1件	龙凤纹8件，光素无纹饰2件
永乐后期地层出土（23件）	三壶连通器1件，盖皿1件，壶类3件，玉壶春瓶1件，笔盒1件，方盒1件，碗11件，小盘2件，高足杯1件，大勺1件	白釉2件，黑釉1件，红釉3件，矾红釉1件，青花7件，釉里红2件，青花釉里红2件，红地绿彩1件，红地白1件，黄地绿彩2件，绿地酱彩1件	龙凤纹11件，光素无纹饰5件，海兽纹2件，海水三鱼纹1件，梵文1件，花卉植物纹3件

（二）结合文献看永乐地层出土瓷器分期

通过上表分析，对照文献史实，我们大致可以将永乐各个时期御窑瓷器的特点做一个总结。

1. 永乐前期

成书于宣德五年（1430）正月的《明太宗实录》永乐四年十月丁未条记中载："回回结牙思进玉枕（碗），上不受，命礼部赐砂遣还。谓尚书郑赐曰：'朕朝夕所用中国瓷器，洁素莹然，甚适于心，不必此也。况此物今府库亦有之，但朕自不用。'"① 所谓"洁素莹然"者，便是明永乐时期景德镇御厂所出之永乐白釉，称"甜白"，深得永乐帝之喜爱，故永乐早期御厂瓷器生产以白釉为主便不难理解。另外，从出土资料看，除少数锥印龙纹之外，大部分光素无纹饰，这也印证了增补于明景泰七

① （明）徐学聚：《国朝典汇》国朝典汇卷一百七礼部，明天启四年徐与参刻本。

年（1456）至天顺三年（1459）间《新增格古要论》中"古饶器，出今江西饶州府浮梁县……有青色及五色花者，且俗甚"① 之说。（后世常有人引此句曰："有青花及五色花者，且俗甚。"或为误用）。即明初时人尚喜宋人意趣，以素洁为雅，青花为俗。而龙纹为明代皇家之独有，故可见明初可见少量龙纹御瓷。明万历进士徐学聚所编《国朝典汇》中载："永乐元年，上谕礼部曰：太祖时，诸番国遣使来朝，一皆遇之以诚，其以土物来市易，悉听其便，或有不知避忌而误干宪条，皆宽宥之，以怀远人。今四海一家，正当广示无外，诸国有输诚来项者，听尔其谕之，使明知朕意。"② 可见永乐早期便有了一种"锐意通四夷"③ 之思想，结合事实，永乐元年（1403）朱棣所倚重之近臣郑和已经开始前往东西洋各国进行小规模考察活动。④ 永乐三年（1405）6 月，郑和第一次开始远航。由是可知，永乐皇帝是以一种开放的心态鼓励对外交流，故此时御厂所烧瓷器器型除了中国传统的高足碗、爵、梅瓶、盂、小碗等之外，尚有八方烛台、方流直径执壶、军持、花浇、折肩深腹执壶、折沿菱花口碟、敛口钵等深受外来因素影响之器型。⑤ 同时，"永乐年制"四字双行篆书款的出现，为明、清两代御窑瓷器书写年款之先河。

2. 永乐中前期

此期地层御窑出土瓷器较多，足见当时烧造规模之巨大，其中尤以青花大盘与执壶为多，纹饰则以缠枝莲纹、缠枝菊纹、折枝茶花纹、开光葡萄纹、伊斯兰花纹等花卉植物纹为主。这种明显带有文化交流性质青花瓷器至今在土耳其伊斯坦布尔的托普卡普宫、伊朗的阿迪比尔寺中仍可见到。《明太宗实录》卷六五中载："永乐七年（1409）二月丙子，榜葛剌（今孟加拉国附近）国王霭亚思丁—马哈耶等二百三十四人贡方物，赐钞及袭衣，文绮有差，赐其王绮罗、纱罗、销金伞盖、瓷器等物"

① （明）曹昭：《新增格古要论》卷八，清惜阴轩丛书本。

② （明）徐学聚：《国朝典汇》国朝典汇卷一百七礼部，明天启四年徐与参刻本。

③ （清）夏燮：《明通鉴》卷一四，清同治刻本。

④ 王健华：《郑和与永宣青花瓷》，故宫博物院编：《永宣时代及其影响》，故宫出版社2010 年版，第 173 页。

⑤ 冯小琦：《明永乐、宣德时期瓷器的外来因素》，故宫博物院编：《永宣时代及其影响》，故宫出版社 2010 年版，第 205—225 页。

"七月丁酉，古里国王沙米的遣使哈背乃那等贡方物，赐之钞锦。乃赐沙米的纱罗、绮锦、销金幔帐、瓷器等物"，说明此时瓷器已成为对外交往重要赏赉之物，同时结合史实可知，永乐七年为郑和第三次下西洋之际，正是明代航海壮举鼎盛之期，故所需赏赉之瓷不仅量大，而且器型、纹饰亦多受外来因素影响，这一时期海浪纹饰也开始出现。

3. 永乐中后期

这一时期大约为永乐十七年（1419 年）前后，即郑和第五次远下西洋回京复命过后，此时对外交往已不如中前期频繁，且时有战乱，故这一时期出土器物不多，器型以中国传统器型为主，例如镈、爵、梅瓶、三足炉等。釉色仍以青花为主，并蓝釉釉里红出现。纹饰则以皇室所用龙纹为主。

4. 永乐后期

这一时期经过前期的积累，明御厂烧造技术进入了一个新台阶，各种器型与釉色层出不穷，文化交流与融合的痕迹越加明显。以器型看，既有典型外来风格的三壶连通器、笔盒等，亦有中国传统器型玉壶春瓶等。其中 1984 年出土的一件长 33.5 厘米的梵文大勺尤为特殊，勺柄以青花书梵文横向排列，勺背青花绘散点式莲花，中国古代多金银器勺，早期瓷勺极少，直到清代嘉庆以后方才流行，此件器物既有着中国传统器型的形制，同时有满饰典型的外来纹饰，明显是文化交流的产物，应与皇室的宗教活动有关。这一时期御瓷釉色除了永乐朝一直延续的白釉、红釉、青花等，大量的釉上彩瓷出现，这应是对金元以来釉上彩绘技术的继承，而高温釉和低温彩的综合运用则为后来宣德五彩瓷器的出现提供了有益的启示。此时瓷器上的纹饰除了象征皇家的龙凤纹之外，又较多地出现了海兽纹、海水鱼纹等，应是与郑和几次下西洋之壮举相关，同时，青花缠枝莲纹等花卉植物纹仍旧在延续烧制，表明这一时期缠枝莲纹等带有伊斯兰风格的纹饰已经不仅仅受异域人们的喜爱，同时也在渐渐为国人所接受。

（三）小结

根据考古地层发掘出土瓷器与文献记载，永乐时期御窑瓷器大致可分为四个阶段。

永乐前期，从永乐元年（1403 年）至永乐六年（1408 年），主要以烧造白釉宫廷用瓷为主。

永乐中前期，从永乐七年（1409年）至永乐十五年（1417年），这一阶段景德镇大量烧造用于赏赉的青花瓷器，尤其以各种形制的青花大盘为标志。

永乐中后期，从永乐十六年（1418年）至永乐十九年（1421年），这一时期出现了仿古的趋势，釉色上仍以青花延续。

永乐后期，从永乐二十年（1422年）至永乐二十二年（1424年），经过前期的积累，这一时期景德镇御厂烧制工艺越加成熟，各种器型层出不穷，各种釉色不断创新，纹饰亦不再拘泥于龙凤纹与植物花卉纹，而出现了海兽、梵文等从前未出现过的纹饰。

总的来说，从出土瓷器看，永乐时期景德镇御厂白釉持续烧造，器型不断吸收外来文化，创新陶瓷工艺，越加精细。永乐中前期以后，青花渐渐成为生产主流，与这一时期对外经济文化交流频繁有关，尤其是受郑和下西洋壮举之影响。永乐后期，烧瓷工艺愈加成熟，器型、纹饰、釉色不断翻新，不拘于古，不泥于今，"仁宣之治"之势已开始显现。

按照此分期从传世品中亦可印证，目前所见故宫博物院所藏永乐御窑瓷器共计369件，其中青花102件，盘类45件，纹饰以花卉植物纹最多，为178件，可以看出故宫目前所藏永乐御窑瓷器不少为永乐前中期烧制，因赏赉之瓷甚多，故纹饰少龙凤纹而多花卉纹，这一点在土耳其伊斯坦布尔的托普卡普宫与伊朗的阿迪比尔寺所藏的明早期瓷器中亦可得到验证。

目前所知台北故宫所藏永乐御窑瓷器共计249件，其中白釉224件，约占台北故宫藏永乐御瓷总数的90%，纹饰以龙凤纹为主，有161件，器型盘类只有4件，由是可知，台北故宫所藏多为永乐前期及中后期所烧制，主要用于宫廷日用或祭祀。

二 景德镇御窑厂宣德地层历年出土瓷器统计分析（见附表六）

整理附表6统计分析如下图：

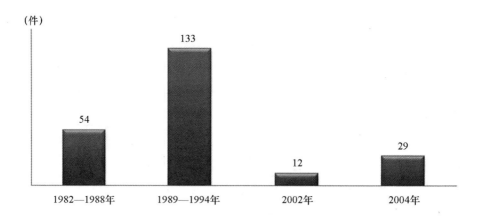

图 2—5　景德镇珠山御窑厂历年出土宣德瓷器（修复后）

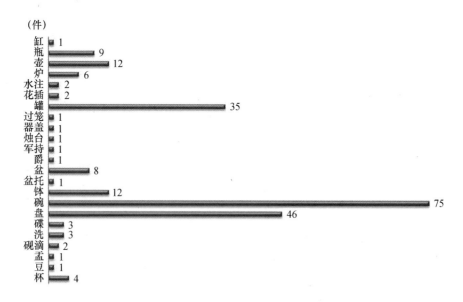

图 2—6　景德镇御窑厂宣德瓷器器型统计分析

目前所见明代景德镇御厂出土宣德瓷器共计 228 件，从器型来看，以碗、盘、罐居多，包括一些宣德御窑传世品较少见之物，例如过笼、爵、盆托等。从釉色来看，仍以青花为主流，约占宣德御窑出土器的 33%，而五彩、黑釉、孔雀绿釉青花等传世品见之较少（宣德五彩除此件出土器之外，传世品仅见于萨迦寺所藏，一件五彩莲池鸳鸯纹碗，一件五彩

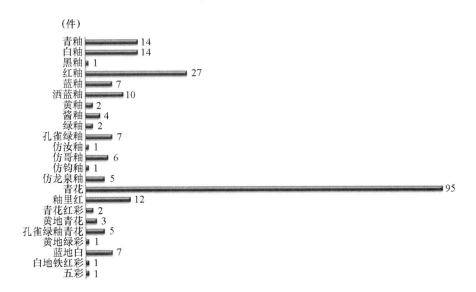

图2—7　景德镇御窑厂宣德瓷器釉色统计分析

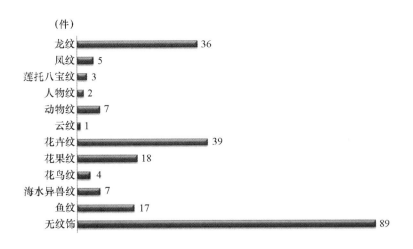

图2—8　景德镇御窑厂宣德瓷器纹饰统计分析

莲池鸳鸯纹高足碗）。从纹饰来看，出土器纹饰以光素无纹饰最多，其次
为花卉植物纹及龙凤纹。

第三章 明永乐、宣德传世器与出土器综合比较研究

以故宫博物院、台北故宫博物院所藏明代永乐、宣德时期御窑瓷器传世品与景德镇珠山御窑厂历年出土之永、宣瓷器综合统计分析如下：

表3—1　　　　　　　　　永、宣御窑瓷器数据分析　　　　　数量：件

	传世品		出土器	
	故宫博物院	台北故宫	景德镇御窑厂	总计
永乐	369	249	137	755
宣德	1350	1901	228	3479
合计	1719	2150	365	4234

第一节　永、宣御窑瓷器器型统计比较

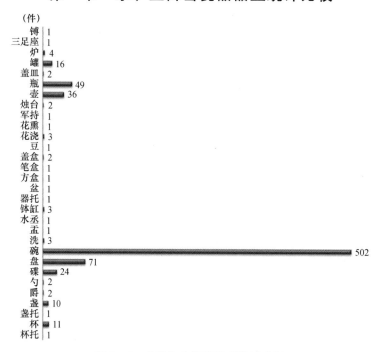

图3—1　永乐御窑瓷器器型统计分析

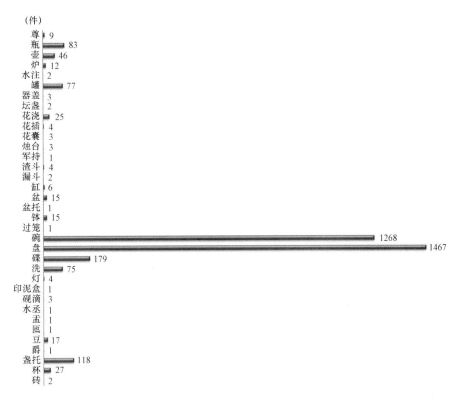

图3—2 宣德御窑瓷器器型统计分析

通过图3—1与图3—2分析可知：

从器型看，明代永乐御窑瓷器以各种不同形制的碗占绝对多数，约占永乐御瓷总数的66.5%；其次为各种不同形制的盘，约占9.4%；各种不同形制的瓶，约占6.5%；各种不同形制的壶，约占4.8%。另有铸、三足座、花熏、盖盒、笔盒、方盒、勺等宣德御瓷未见之器型。

明代宣德御窑瓷器以各种不同形制的盘与碗为多，大约各占42.2%与36.4%；其次为各种不同形制的碟，约占5.1%；各种不同形制的盏托，约占3.4%。另有尊类、坛盏、花插、花囊、渣斗、漏斗、过笼、灯、印泥盒、砚滴、匜等永乐御瓷之未见器型。

综合比较，明代永乐、宣德时期御窑整体以烧造各种不同形制的碗、盘、碟为大量，瓶、壶类的琢器在永乐御瓷中占的比例相对比宣窑高，宣德御瓷则以碗、盘、碟等圆器所占比例较高。

第二节 永、宣御窑瓷器釉色统计比较

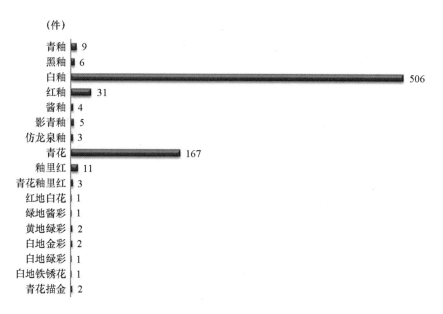

（件）

图3—3 永乐御窑瓷器釉色统计分析

通过图3—3与图3—4分析可知：

从釉色看，明代永乐御瓷以白釉占绝对多数，约占67%；其次为青花，约占22.1%；红釉约占4.1%。另有红地白花、绿地酱彩、白地金彩、白地绿彩等宣窑未见之釉色。

宣德御瓷釉色则以青花为主，约占51.9%；其次为白釉，约占22.9%，红釉约占9.6%，青釉约占9.2%。釉色种类之丰富大大超过永乐，有永乐御瓷未见之蓝釉、洒蓝釉、黄釉、绿釉、孔雀绿釉、仿汝釉、仿哥釉、仿钧釉、黄釉青花、孔雀绿釉青花、青花红彩、蓝地白花、白地红彩、白地黄彩、白地酱彩、红彩描金、五彩等釉色。

综合比较，明代永乐、宣德时期御窑整体以烧造白釉与青花为主，永乐喜白釉，宣德好青花，红釉在永、宣御窑中都占有一定比例，宣德青釉与仿五大名窑之釉色大量烧造正显示了明宣宗对宋人之意趣的喜好与模仿。宣德釉色种类较永乐丰富许多，既显示了宣德烧制工艺之进步，

同时也说明了宣窑重釉色纹饰而造型工艺比之永乐就稍显不足。

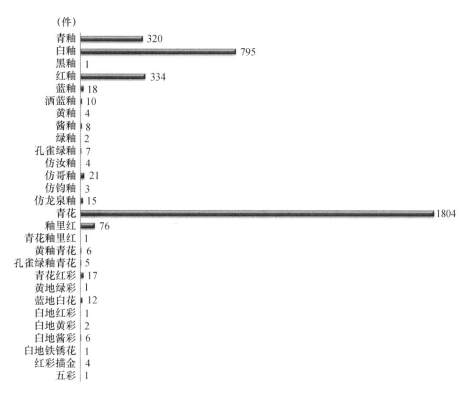

图3—4 宣德御窑瓷器釉色统计分析

第三节 永、宣御窑瓷器纹饰统计比较

通过图3—5与图3—6分析可知：

从纹饰看，明代永乐御瓷以花卉植物纹与龙凤纹为主，大约各占33%和32.6%；其次光素无纹饰约占24.6%，莲托八宝纹约占8.2%。宣德御瓷纹饰则以花卉植物纹为主，约占54%；其次光素无纹饰约占21.9%，龙凤纹约占10.2%，人物纹约占4.1%。纹饰种类比之永乐更加多种多样，尤其永乐御瓷很少见到的人物纹饰，在宣德大量出现，尤以仕女纹饰为多，如仕女琴棋书画、仕女乘车、赏月、扑流萤等，另外还有仙人驾鹤、婴戏等题材。

综合比较，明代永乐、宣德时期御窑整体以烧造花卉植物纹与龙凤

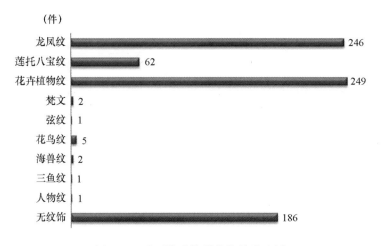

图3—5 永乐御窑瓷器纹饰统计分析

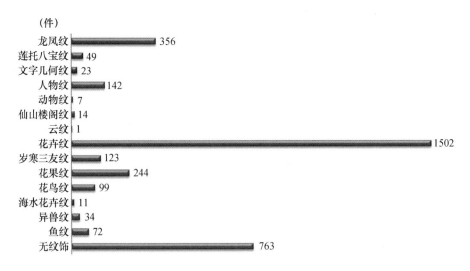

图3—6 宣德御窑瓷器纹饰统计分析

纹为多，永乐时期龙凤纹所占比例相对较多，宣德时以花卉植物纹为主流，单色釉无纹饰在永、宣御窑中都占有相当的比例。

第四节 小结

本章主要将故宫博物院、台北故宫博物院所藏之永、宣器与景德镇御窑厂历年之出土器综合比较分析。可以看出，明代永乐、宣德御窑以生产各种不同形制的盘与碗为最多，除了满足皇室宫廷日常之用，还有很大一部分用于赏赉或与祭祀相关。其釉色整体以烧造白釉与青花为主，永乐喜白釉，宣德好青花，而红釉在永、宣御窑中都占有一定比例。以纹饰而论，永、宣御窑整体皆以烧造花卉植物纹与龙凤纹为多，永乐时期龙凤纹所占比例相对较多，而宣德时则以花卉植物纹为主流，单色釉无纹饰在永、宣御窑中都占有相当的比例。

总体来看，宣德御窑瓷器对于永乐御瓷无论从器型、釉色、纹饰方面皆多有继承，烧瓷技术不断进步，除了器型的发展，其釉色及纹饰种类之丰富远远超过永乐，为明代之冠，更有"深厚堆垛"宣德五彩器的出现，而对于釉色与纹饰的过于注重令宣窑器在造型上往往不如永乐之精细，细节之处可见不同，宣德重纹饰，永乐重造型。

第四章　从永、宣其人与其物中看 御窑瓷器之比较

第一节　从永、宣其人看御窑瓷器之比较

每一件手工艺品皆有其特定之工艺，都会不可避免地带上其时代之印记，作为当时社会生活与习惯、审美标准与思想、工艺水平与技术的物化反映，如同一面镜子，带我们窥见历史。同时，于历史之中，我们方才能认识其本质。瓷器亦然，尤其是作为与皇室密切关联的明代永乐、宣德御窑瓷器。

明代早期作为封建集权的高峰期，皇权之强化达到了顶峰，"昔太祖高皇帝罢丞相，散其权于诸司"①。太祖朱元璋诛胡惟庸，遂罢承相制度，集权力于皇帝一人，以此至少从形式上解决了我国封建社会长期以来存在君权与相权之争，令皇帝的权力达到了顶峰。真正实现了皇帝"代天理

---

① （清）万斯同：《明史》卷三〇六，清钞本。

物"①"威柄自操"②。罢中书省，废丞相，升六部铁以分相权，"事皆朝廷总之"③，而明初政治权力的高度集中对于御窑瓷器之生产至少带来了两个影响。其一，为御窑瓷器之生产奠定了物质基础。元朝末年，战乱频繁，民不聊生，明洪武天下大定之后，朱元璋废除了在中国存在了1500多年的丞相制度，从而集皇权与相权于一身，为其一方面施行休养生息政策，另一方面严整吏治、安定天下铺平了道路，于是，至"永乐中……是时，宇内富庶，赋入盈羡，米粟自输京师数百万石外，府县仓廪蓄积甚丰，至红腐不可食"④，有此物质基础才有可能出现永乐、宣德御瓷之盛。其二，皇权的集中也令御窑瓷器之生产严格地贯彻了皇帝的个人意愿，故永乐、宣德之御瓷一定不可避免地带有这两个皇帝个人之风格。

一　永乐皇帝的黑与白

永乐御瓷釉色以白釉为最，时有黑釉发现，虽数量不多，但其出现比例大大超过宣德。以造型而论，永、宣时期御瓷受外来文化因素影响之造型亦多在永乐时期已经出现。而这些皆与永乐帝之性格是分不开的。永乐帝为洪武之第四子，生就伟岸，历来骁勇，洪武十三年，就藩于北平，称燕王。建文元年（1399年）发靖难之役，历四年，废建文，以藩王入承大统，徙都北平。

对于永乐帝之评价，历史上多有分歧，一如黑色与白色。黑与白是自然界的两种基本色，两种颜色相辅相成又相互对立，正如永乐之性格。

言其"黑"，举兵谋反、弑君、篡位、杀侄，以致诛人十族，历来为儒家所诟病。况建文帝以儒家"仁""孝"治国，实无大过。

言其"白"，五次北征，驱鞑靼，降瓦剌，平边患，定明疆，威震朔漠。徙都北平，修紫禁城，建天坛，疏通大运河，为今日北京之格局建立了雏形。命郑和六下西洋，开中国大航海之壮举，远交异域，诸国咸

① （明）明太祖：《明太祖文集》卷十五，清文渊阁《四库全书》本。
② （清）张廷玉：《明史》卷二四〇，清乾隆武英殿刻本。
③ （明）申时行：《大明会典》卷二吏部二，明万历内府刻本。
④ （清）张廷玉：《明史》卷七八志第五十四，清乾隆武英殿刻本。

服。成《永乐大典》，辑录历代流传之典籍，卷帙浩繁，前无古人，遂为文化之大盛。

"黑"与"白"又非完全对立。永乐四年三月初一，永乐帝亲到太学祭祀儒圣孔子。其亲撰碑文："朕惟帝王之兴，必首举学校之政，以崇道德，弘教化，正人心，成天下之才，致天下之治。"① 在政治上，"敬天法祖"②，用法"宽猛适中，礼乐刑政有其序"③，亦以儒家思想治国。这些都为后来的"仁宣之治"打下了坚实的基础。

"黑"与"白"相辅相成。成就永乐帝大统之业的一个重要人物即"黑衣宰相"姚广孝。其与燕王甚为相得，曾语燕王："大王骨相非常，英武冠世，今皇图初造，东宫仁柔，愿厚自爱。大王诚能用臣，愿奉大王一白帽子。"④ 此为一隐语，"王"字上加"白"字，即为"皇"。后永乐帝起兵于北平，长驱南京，终成帝业，后迁都北上，于紫禁城中轴线上修唯一一座供奉神像之宫殿，称钦安殿，以供北方之神，玄天上帝，即真武神。永乐起兵于北，定都于北，朱棣信其为真武神所庇佑，"北方谓之黑"⑤，故万历人王世贞作《武当歌》以成祖比真武神，歌云："黑帝不卧玄冥宫，再佐真人燕蓟中。"⑥ 永乐十年，于南京修建被誉为中世纪七大奇迹之一的大报恩寺塔，被称为"中国之大古董，永乐之大窑器"⑦，塔制宏大，装饰华丽，为前世所未见，尤其值得注意的是，塔的表面甃以白色琉璃砖。

永乐帝崇尚基本色"黑"与"白"，由此可见一斑，而目前所见永乐白釉御瓷数量远远超过黑釉，盖因"白"在中国古代尚有"孝""衰"之意，而《周易》泰卦有云："内君子而外小人"⑧，永乐帝并不过于执着于"黑""白"，为树立其仁义之君的形象，选择这种易于为世人所接

---

① （明）黄佐：《南雝志》卷七规制考，民国景明嘉靖二十三年刻增修本。
② （明）陈子龙：《明经世文编》卷三八，明崇祯平露堂刻本。
③ （明）何乔远：《名山藏》卷六典谟记，明崇祯刻本。
④ （清）庄廷铙：《明史钞略》开国以后释教之传姚广孝条，四部丛刊三编景旧钞本。
⑤ （汉）郑玄：《周礼》周礼卷十一，四部丛刊明翻宋岳氏本。
⑥ （明）王世贞：《弇州四部稿》卷二十二诗部，明万历刻本。
⑦ （清）张岱：《陶庵梦忆》卷一报恩塔条，清乾隆五十九年王文诰刻本。
⑧ （汉）郑玄：《周易郑注》上经泰传第二，清湖海楼丛书本。

受的颜色亦可谓用心良苦。

目前所见，受外来文化因素影响之永、宣御窑瓷器造型共计24种①。包括执壶、绶带耳瓶、扁平大壶、鱼篓尊、盘座（无挡尊）、花浇、折沿盆、藏草壶、壮罐、罐、烛台、三联器、鸡心碗（莲子碗）、菊瓣纹碗、卧足碗、钵、大盘、带盖豆、天球瓶、四方委角双耳瓶、葫芦形双耳扁瓶、长颈扁瓶、双耳扁瓶、文具盒。其中除三联器为永乐所仅见之外，余者皆为两个时代同有。虽同有，细辨之，仍可见个体之差异，永乐器型一般釉色更为细腻，宣德则以橘皮纹为特点。执壶类永乐器流较细而宣德流下部较粗。花浇、绶带耳瓶等永乐器外轮廓线更为圆润，而宣德器外轮廓线则略显生硬，不够圆活。烛台类永乐一般高度较高，显的细长，而宣德器较为粗短。盖豆区别则在腰上，永乐细而宣德较粗。相同器型的碗类，永乐器要比宣德器轻，宣德碗底较厚，更为实用。总的来看，永乐器多偏向伊斯兰器之原器型，更加注重器型秀丽之美，宣德器则趋于实用，胎壁、底足多有加厚。

二 宣德皇帝的治与戏

宣德御窑瓷器釉色以青花为主，以彩瓷之多样有别于永乐。器型更加丰富，除继续发展永乐时期御窑器型之外，还出现了一些很有特点的器型，例如蟋蟀罐、鸟食罐等。其纹饰亦更加多样，尤以花卉植物、岁寒三友、亭台仕女最为特色。

明宣宗朱瞻基于洪熙元年（1425年）六月登基，宣德十年（1435年）元月病逝于乾清宫中，在位尚不足十年，但这十年却是明代宫廷工艺大放光彩的十年，这与宣德皇帝本人之喜好是分不开的。明史赞曰宣宗："仁宗为太子，失爱于成友祖。其危而复安，太孙盖有力焉。即位以后，吏称其职，政得其平，纲纪修明，仓庾充羡，闾阎乐业。岁不能灾。"②

明人何乔远评宣宗曰："庶几不忘俭德，未尝一日去书，下笔蜂

---

① 冯小琦：《明永乐、宣德时期瓷器的外来因素》，故宫博物院编：《永宣时代及其影响》，故宫出版社2010年版，第205—225页。

② （清）张廷玉：《明史》卷一〇，清乾隆武英殿刻本。

涌，皆传其治平之道。翰墨图书，随意所在，皆极尽精妙。岁秋冬巡边阅武，亲橐鞬骑射，威震乎殊俗，休矣哉，文武恭俭之主也。"① 成书于正德十四年（1519）韩昂所著的《图绘宝鉴续编》中亦言其"宣庙御笔有山水、人物，有花果、翎毛，有草虫，上有年月及赐臣名"。② 据乾隆时所编《石渠宝笈》《秘殿珠林》中记载包括《三阳开泰图》《三鼠图》《子母鸡图》《武侯高卧图》等宣庙墨迹共计31件。画中所绘之花卉、瓜果、山水、人物化为纹饰，于大量宣庙瓷器传世品以及出土器上皆有所见。

另外，彩饰丰富的蟋蟀罐、鸟食罐等器物则反映了这位"太平天子"③ 逗鸟玩虫的另一面。

第二节　从永、宣其物看御窑瓷器之比较

一代人有一代人之风貌，一代物亦有一代物之品格。

"他山之石，可以攻玉。"④

在皇帝本人的影响下，永乐、宣德时期的宫廷文化艺术之花异常绚丽，这种绚丽不仅表现在基于五大名窑所匹的御窑瓷器，还表现在各类宫廷艺术之中，有台阁体书法之"婉丽飘逸，雍容矩度"⑤，亦有明代"院体"绘画之笔墨工谨，精细入微，有以"隐起圆滑，纤细精致"⑥ 而著称的雕漆艺术，亦有"世之争尚者久矣"⑦，而一直未成定论的宣庙铜器，余者诸如竹木牙角器、佛教造像、珐琅、玉器等皆有可观，不一而足。

御瓷、书画、漆木以及铜器造像，虽其类相异，造型亦殊，然时代之印记，艺术之品味必有相通，一代之物必不可逾越其所处之时代。

---

① （明）何乔远：《名山藏》卷一一典谟记，明崇祯刻本。

② （清）卞永誉：《式古堂书画汇考》卷五四《画二十四》，文渊阁《四库全书》本。

③ （清）张廷玉：《明史》卷九本纪第九，清乾隆武英殿刻本。

④ （汉）郑玄：《周礼疏》附释音周礼注疏卷第一，清嘉庆二十年南昌府学重刊宋本十三经注疏本。

⑤ （明）何乔远：《名山藏》卷一〇〇"艺妙记"，明崇祯刻本。

⑥ （明）黄成：《髹饰录》卷二坤集，民国朱启钤刻本。

⑦ （清）许起：《珊瑚舌雕谈初笔》卷二，清光绪十一年木活字印本。

"经济基础决定上层建筑"①，明代永乐、宣德时期，其政治、经济、文化虽多有相承，然毕竟为两个朝代，且中间尚隔洪熙一朝，虽时日不长，但若细细留意，永乐、宣德两朝所异者亦不难分辨。故宫廷艺术之类的"上层建筑"之异则亦可分辨。所不同者，唯难易耳。永乐、宣德时期的瓷器、珐琅器因其产地、工艺相类（瓷器同为御窑厂所烧，珐琅器同为"御用监"所制，其原料多有相同），款识不易分辨（瓷器、珐琅器上永乐款识少，而宣德款识多有所扰，后世多仿），文献记载亦较少等原因较难分辨。而书画、漆器、铜器等，多数因时代风格明显，款识易辨，工艺有所不同，文献多有记载等因素而较为易辨。是故，不妨借易辨之石，攻难辨之玉，或有所得。本文试举例一、二。

一 从书法中看永、宣御窑瓷器之比较

在我国书法艺术源远流长的发展史中，明代永乐、宣德时期当以台阁体书法为主流，其雍容平和，温厚安雅之风既合当时"朝廷穆清，海宇宁谧"② 之天下大势，同时在明初统治专制集权之高压下符合了最高统治者对于文书缮写之要求与心理预期。故台阁体书法与作为当时主要文学流派的"台阁体"盛行于明初，其时文人学子多有所效。直至明代中期，方才随着封建专制统治对于文化高压政策的松弛而没落，方有吴门书派渐兴，而台阁体书法趋衰。单从书法艺术而论，台阁体书法因其单调姿媚，缺乏艺术个性而多为书论家所弊病，然其作为对于永乐、宣德时代的一种书法阐释却毫无争议的在中国书法艺术史上占有一席之地。

假如说作为文学流派的"台阁体"是以永乐、宣德年间的三位殿阁重臣"三杨"（杨士奇、杨荣、杨溥）之文风为代表，那么台阁体书法就当以其时的中书舍人"二沈"（沈度、沈粲），尤其是沈度之楷书为代表。

---

① 中共中央马克思恩格斯列宁斯大林著作编译局编译：《马克思恩格斯全集》第3卷，人民出版社1995年版，第41页。

② （明）张居正：《张太岳先生文集》卷二四，明万历四十年唐国达刻本。

明史载："沈度，字民则，华亭人，幼嗜学，博涉经史，以善书名"①，
尝为永乐皇帝朱棣誉为"我朝王羲之"②，"旧侍便殿，凡金版玉册，用
之朝廷，藏秘府，颁属国，从命之书"③，故有学者提出永乐、宣德时期
御窑瓷器上所署年款之蓝本应为沈度所书，而目前所见沈度书法存世作
品较少，有《四箴》《敬斋箴》《谦益斋铭》《不自弃说》《张桓墓碣铭
稿》《宝绩经》等数种，对比宣德御窑瓷器款识（图4—1、图4—2）与
《谦益斋铭》（图4—3）中文字，不难发现，二者明显属于同一书法风
格。笔者以为，正如铸于明永乐年间的青铜大钟上的铭文（图4—4）一
样，虽然都没有直接证据表明大钟上之铭文与永乐、宣德时期御窑瓷器
款识为沈度所书，然明初以沈度楷书为代表的台阁体书法盛行，而深受
统治者个人意志所影响的青铜大钟与御窑瓷器，其铭文与款识以台阁体
书法所写就印刻或阴文刻范便应是自然之事。

永乐、宣德时期御窑瓷器款识为台阁体书法所写，所不同仅在永乐
御窑瓷器款识目前所见较少，且皆为篆书，而目前所见宣德御窑瓷器款
识多为四字或六字楷书款，四字篆书款极少，书法不仅能够帮助我们从
款识上为永乐和宣德御窑瓷器分期提供依据，而且有助于甄别后世所仿
之永乐、宣德御窑瓷器。

图4—1 青花鸾凤纹葵瓣式洗

图4—2 青花云龙纹碗

① （清）张廷玉：《明史》卷二八六，清乾隆武英殿刻本。
② （清）朱国标：《明鉴会纂》卷四明纪，清乾隆二十七年刻本。
③ （清）张廷玉：《明史》卷二八六，清乾隆武英殿刻本。

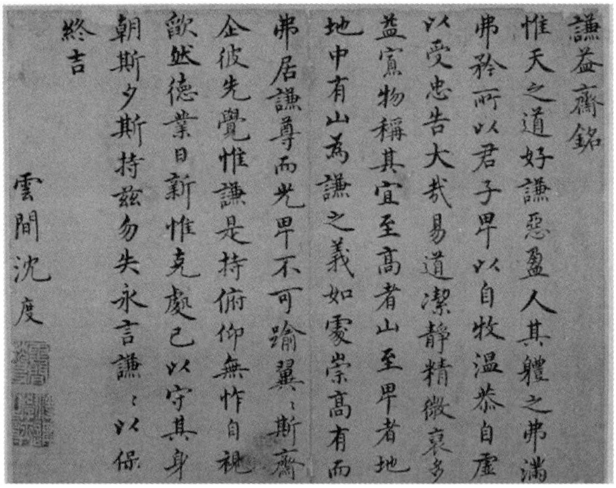

謙益齋銘
惟天之道好謙惡盈人其體之弗滿
弗矜所以君子卑以自牧溫恭自虛
以受忠告大哉易道潔靜精微裒多
益寡物稱其宜至高者山至卑者地
地中有山為謙之義如彼崇高有而
弗居謙尊而光卑不可踰翼翼斯齋
企彼先覺惟謙是持俯仰無怍自視
欿然德業日新惟克處己以守其身
朝斯夕斯持茲勿失永言謙謙以保
終吉
雲間沈度

图 4—3 《谦益斋铭》

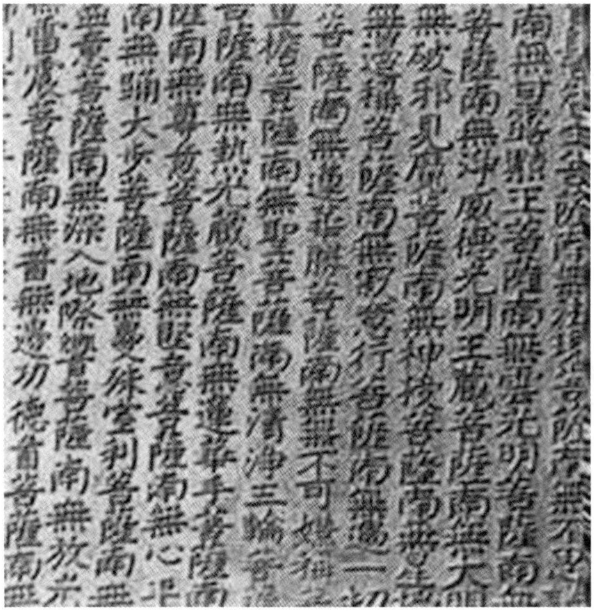

图 4—4

二　从金、银器中看永、宣御窑瓷器之比较

2001 年考古工作者对位于湖北钟祥的明代梁庄王朱瞻垍之墓进行了发掘，出土金、玉之器繁多，其中有两件金壶尤为值得注意。

金壶一（图4—5）：通高 26.4 厘米，口径 6.4 厘米，盘口细颈，垂腹平底，可见矮圈足。壶底外刻一竖行楷体铭文曰："银作局洪熙元年正月内成造捌成五色金贰拾叁两盖嘴攀索全外焊壹分。"[①] 共 30 个字。单看铭文"洪熙元年正月"即 1425 年初，此时距离永乐皇帝去世已有 6 个月，距离宣德皇帝即位亦还剩 6 个月，正处于永、宣之间，对比永乐与宣德时期同类型之执壶造型可以发现，此器恰恰具备永、宣执壶过渡时期的一些特征。永乐执壶偏于秀丽（图4—6），而宣德执壶（图4—7）偏于敦厚，二者形制极为相似，而以连接其流与颈之云形横板差异较大，永乐器之横板明显细长，而宣德器较粗，偏于实用，永乐流口细平，开口自然，宣德流口较小，微向下倾。此壶介于永、宣之间，其壶身之修似永乐，而其壶流，尤其是流口则明显具有宣德之特征。

图4—5　金壶及铭文

---

① 梁柱：《明梁庄王墓金银容器与用具略说 梁庄王墓出土文物赏析之一》，《收藏家》2007 年第 7 期，第 75—76 页。

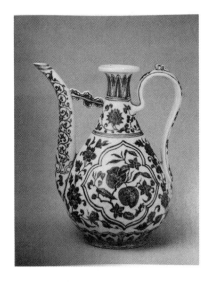

图4—6　永乐青花折枝花果纹执壶

图4—7　宣德青花折枝花果纹执壶

　　另一件金壶（图4—8）通高24.2厘米，口径8.6厘米，壶作方流扁腹式，两侧各有一鸡心状凸起，无圈足，足底外刻一竖行楷体铭文曰："重贰拾肆两伍钱捌分。"此壶之形制与1983年出土于景德镇珠山御窑厂永乐前期地层的一件白釉方流鸡心扁壶（图4—10）极类，尺寸亦相似，此种造型永乐之前罕见，永乐之后嘉靖时期有见，但其形已相去甚远。
此墓还出土了一件银壶（图4—9），除尺寸稍小之外（其通高21.6厘米，
口径7.6厘米）形制别无二致，等级较金壶低，应为梁庄王继妃魏氏之
所用。

图4—8

图4—9

明神宗万历皇帝之定陵中曾出土
过一件"金托玉爵"（图4—11），其
形制与1999年景德镇珠山御窑遗址
永乐出土的一套青花龙纹爵与歇爵山
盘极为相似，当为明代皇室之酒器。
梁庄王墓中出土了一套镀金银托金银
爵，托盘口沿饰变形云纹一周，盘内
底以海水纹为地饰两条腾龙纹分别绕
托柱，托柱外壁饰山峰纹，造型、纹
饰与瓷爵和山盘极类，按金银等级之
分，此件器物或为梁庄王与其继妃魏

图4—10

氏合用之酒器。从中不难看出金银器与瓷器相互影响之关系。

图 4—11   图 4—12

图 4—13

三　从铜器中看永、宣御窑瓷器之比较

据《宣德鼎彝谱》中言，宣德三年，皇帝以"郊坛、太庙、内廷，所在陈设鼎彝式范鄙陋、殊乖古制"① 故，诏命礼部与太常寺司礼监一起，会同办理冶铸之事，限期铸成。所铸器物之"款式、巨细，悉仿《宣和博古图录》及《考古》诸书"② 这类器物用料丰富，色泽莹润，造型精致，既代表了宣德时期的冶炼和铸造工艺发展水平，又体现了当时明代宫廷对中国古代宫廷典制文化的特殊追求。

直到现藏于青海省博物馆的一件铜香炉（图 4—14）被发现，其口沿

---

① （明）吕震：《宣德鼎彝谱》卷一，文渊阁《四库全书》本。
② 同上。

下刻铭文曰："大明永乐年施"六字横款楷书与藏文双款（图4—15），其形制与现藏于故宫博物院的一件青花海水江崖纹三足炉（图4—16）造型极为一致，故可断此件三足炉为永乐年制。而1994年出土于景德镇永乐地层的一件相同形制的三足炉（图4—18）更证明了此三足炉为永乐年制无疑。而现藏于南京博物院的另一件青花海水江崖纹三足炉（图4—17）仍定为宣德时期，或值得商榷。相同形制的此炉已出三件，如此之重器即使是御窑亦不容易烧造，故其功用必然十分重要，多半为祭祀之用，而是否为佛前"五供"之一，仍值得进一步研究。

图4—14

图4—15

图4—16　故宫博物院藏青花海水
江崖纹三足炉

图4—17　南京博物院藏青花海水
江崖纹三足炉

图4—18 景德镇御窑厂永乐地层出土
青花海水江崖纹三足炉

四 从明初官造漆器中看永、宣御窑瓷器之比较

明初官造漆器兴盛，据文献载，永乐朝皇家漆器作坊设于北京的果园厂，故亦称"厂器"。宣德时沿用，而宣德之后，直至嘉靖时期官造漆器之制作则中断了八十余年。

从现存实物来看，宣德漆器在工艺、手法上较永乐时期都有一定的创新，永乐以前有剔红、剔黄、戗金漆等，宣德时期新出现了剔彩和填彩漆。官造漆器之款识同御窑瓷器一样亦始于永乐朝，多在器底一侧以针划"大明永乐年制"六字单行楷书竖款。而宣德之款识则多为刀刻填金"大明宣德年制"六字单行楷书竖款或横款。

明代高濂在《遵生八笺》中谓："永乐年果园厂制漆盒，漆朱三十六遍为足，时用锡、木胎，雕以细锦者多，底用墨漆针刻永乐年制，宣德时制同永乐而红则鲜妍过之。"① 而同为明人的刘侗所著《帝京景物略》中则言："（宣德时）厂器终不逮前，工屡被罪，因私购内藏盘盒，款而进之，故宣款皆永器也。"②

从现存实物来看，的确存在宣德时工匠改永乐年款为本朝款之现象（图4—19宣德款下隐约可见"大明永乐年制"针划款），但尚不至于

① （明）高濂：《遵生八笺》雅尚斋遵生八笺卷之十四，燕闲清赏笺上卷，明万历刻本。
② （明）刘侗：《帝京景物略》卷四，明崇祯刻本。

"宣款皆永器"。不过可以肯定的是，永乐、宣德时期仍可谓官造漆器之黄金时代，宣德朝对于永乐朝宫廷之审美有一定的传承性，虽然宣德器比之永乐器更为鲜艳，其器型与纹饰亦更为丰富，但是宣德时期漆器部分之工艺仍不如永乐时精细，此一点与永、宣之御窑瓷器又何其之相似？

图4—19

结 语

本文主要对于现存流传有序以及学界公认的明代永乐、宣德时期御窑瓷器器型、釉色、纹饰进行了比较研究。

笔者首先通过大量国内外数据收集分析推理可知，目前所见存世之明永乐、宣德时期御窑瓷器传世品应在6200件左右，这之中永乐瓷器约占15%，宣德瓷器约占85%，宣德之传世品远远超于永乐一朝。

文章重点以故宫博物院所藏之1719件永、宣时期御窑瓷器（包括永乐御瓷369件、宣德御瓷1350件）和台北故宫所藏之2150件永、宣时期御窑瓷器（包括永乐御瓷249件、宣德御瓷1901件）以及见之于出版物的江西景德镇珠山御窑厂历年所出土之永、宣时期御窑瓷器（修复后）365件，（包括永乐御瓷137件、宣德御瓷228件）为比较研究对象。运用数据定量分析之方法，分别从器型、釉色、纹饰三个大的方面对于永乐御瓷与宣德御瓷作了一个对比分析，并以统计图表之方式展现了二者之异同，同时结合史料对产生异同之原因作了一定的分析。总的来说，明代永乐、宣德御窑以生产各种不同形制的盘与碗为最多，除了满足皇室宫廷日常之用，还有很大一部分用于赏赉或与祭祀相关。其釉色整体以烧造白釉与青花为主，永乐喜白釉，宣德好青花，而红釉在永、宣御窑中都占有一定比例。以纹饰而论，永、宣御窑整体皆以烧造花卉植物纹与龙凤纹为多，永乐时期龙凤纹所占比例相对较多，而宣德时则以花卉植物纹为主流，单色釉无纹饰在永、宣御窑中都占有相当的比例。可以看出，宣德御窑瓷器对于永乐御瓷无论从器型、釉色还是纹饰方面皆多有继承，烧瓷技术不断进步，除了器型的发展，其釉色及纹饰种类之丰富远远超过永乐，为明代之冠，更有"深厚堆垛"宣德五彩器的出现，而对于釉色与纹饰的过于注重令宣窑器在造型上往往不如永乐之精细，细节之处可见不同，可知宣德重纹饰，永乐重造型。

论文最后一章笔者比较分析了作为当时封建最高统治者的永乐、宣德皇帝其不同的艺术品位对于永、宣御窑瓷器烧造之影响，以及书法、金银器、铜器、漆器等同时期其他皇家工艺与御窑瓷器之类比，其在造型、纹饰、款识等方面多有相通。

论文不足之处：虽然笔者竭尽所能收集，并多方请教两岸故宫陶瓷名家，但囿于本人能力与时间，不可避免地有着自身之局限性，其主要表现在：一、以两岸故宫藏品之博大，定有不少笔者未能听闻之物，未见于发表之物，笔者之统计尚不完满，仍需继续收集数据。二、笔者所做数据分析尚有待进一步深入细化研究。三、关于统治者个人之审美品位对于皇家工艺包括御窑瓷器之影响与同时期其他工艺品之类比研究仍需继续研究。但笔者相信，凡此种种不足，虽数据不免遗漏，研究尚待深入，然本文所收之瓷器仍可为两岸故宫所藏永、宣御窑瓷器之大部，所做之比较研究仍具有一定的研究性与参考价值。

附表1　　　　　　故宫博物院藏永乐御窑瓷器统计

故宫博物院藏永乐御窑瓷器统计（总表）			
序号	名称	数量（件）	参考出处
1	青花缠枝莲纹卧足碗	1	《故宫博物院藏品总目》
2	青花折枝月季纹碗	3	《故宫博物院藏品总目》

故宫博物院藏永乐御窑瓷器统计（总表）

序号	名称	数量（件）	参考出处
3	永乐款青花缠枝莲纹压手杯	4	《故宫博物院藏品总目》
4	青花折枝花纹碗	1	《故宫博物院藏品总目》
5	青花缠枝莲纹钵缸	1	《故宫博物院藏品总目》
6	青花云龙纹盘	5	《故宫博物院藏品总目》
7	青花里暗刻外云龙纹盘	1	《故宫博物院藏品总目》
8	青花云龙暗划龙纹盘	2	《故宫博物院藏品总目》
9	青花缠枝莲纹碗	34	《故宫博物院藏品总目》
10	青花云龙纹碟	1	《故宫博物院藏品总目》
11	青花松竹梅图碗	1	《故宫博物院藏品总目》
12	青花荷莲纹碗	1	《故宫博物院藏品总目》
13	青花菊莲纹碗	1	《故宫博物院藏品总目》
14	青花云龙暗划龙纹碟	1	《故宫博物院藏品总目》
15	青花灵芝纹碗	2	《故宫博物院藏品总目》
16	青花菊瓣纹碗	7	《故宫博物院藏品总目》
17	青花缠枝莲纹双系盖罐	1	《故宫博物院藏品总目》
18	青花缠枝花纹碗	2	《故宫博物院藏品总目》
19	白釉暗划宝相花纹盘	5	《故宫博物院藏品总目》
20	永乐款甜白釉半脱胎八吉祥纹盘	1	《故宫博物院藏品总目》
21	白釉盘	4	《故宫博物院藏品总目》
22	白釉暗划云龙纹盘	2	《故宫博物院藏品总目》
23	甜白釉暗划双凤纹盘	4	《故宫博物院藏品总目》
24	甜白釉暗划缠枝莲八吉祥纹盘	2	《故宫博物院藏品总目》
25	永乐款甜白釉半脱胎云龙纹盘	1	《故宫博物院藏品总目》
26	甜白釉暗划龙纹盘	2	《故宫博物院藏品总目》
27	甜白釉暗划云龙纹碟	6	《故宫博物院藏品总目》
28	甜白釉暗划双凤纹碟	3	《故宫博物院藏品总目》
29	甜白釉暗划龙纹碟	3	《故宫博物院藏品总目》
30	白釉暗划缠枝牡丹纹碟	1	《故宫博物院藏品总目》
31	白釉暗划云凤纹碟	6	《故宫博物院藏品总目》
32	甜白釉暗划缠枝牡丹纹盘	2	《故宫博物院藏品总目》

故宫博物院藏永乐御窑瓷器统计（总表）

序号	名称	数量（件）	参考出处
33	白釉暗划花纹碗	34	《故宫博物院藏品总目》
34	甜白釉暗划花卉纹碗	9	《故宫博物院藏品总目》
35	白釉暗划宝相花纹盘	5	《故宫博物院藏品总目》
36	甜白釉铜坠环水丞	1	《故宫博物院藏品总目》
37	甜白釉锥花缠枝莲纹梅瓶	1	《故宫博物院藏品总目》
38	甜白釉印花龙纹碗	1	《故宫博物院藏品总目》
39	甜白釉暗划龙纹高足碗	1	《故宫博物院藏品总目》
40	甜白釉梅瓶	1	《故宫博物院藏品总目》
41	甜白釉壶	1	《故宫博物院藏品总目》
42	甜白釉里印花飞凤纹外暗刻莲瓣纹碗	1	《故宫博物院藏品总目》
43	白釉里暗划缠枝花卉纹外暗划菊瓣纹碗	7	《故宫博物院藏品总目》
44	甜白釉暗刻菊瓣纹鸡心碗	1	《故宫博物院藏品总目》
45	甜白釉玉壶春瓶	20	《故宫博物院藏品总目》
46	白釉三系罐	1	《故宫博物院藏品总目》
47	甜白釉暗划海水龙纹盘	1	《故宫博物院藏品总目》
48	永乐款鲜红釉高足碗	1	《故宫博物院藏品总目》
49	仿龙泉釉暗划缠枝莲纹碗	2	《故宫博物院藏品总目》
50	青釉划花纹碗	1	《故宫博物院藏品总目》
51	粉青釉暗划缠枝莲纹碗	1	《故宫博物院藏品总目》
52	永乐款甜白釉暗划龙纹盘	1	《故宫博物院藏品总目》
53	鲜红釉盘	3	《故宫博物院藏品总目》
54	豆青釉高足碗	1	《故宫博物院藏品总目》
55	青花海水纹双耳三足炉	1	《故宫博物院藏品总目》
56	青花缠枝牡丹纹壶	1	《故宫博物院藏品总目》
57	青花缠枝莲纹花浇	1	《故宫博物院藏品总目》
58	青花锦地折枝花卉纹双系活环背壶	1	《故宫博物院藏品总目》
59	青花缠枝莲纹双系活环背壶	1	《故宫博物院藏品总目》
60	白釉双耳扁瓶	1	《故宫博物院藏品总目》
61	青花缠枝莲纹玉壶春瓶	1	《故宫博物院藏品总目》
62	里白釉暗划龙纹外青花云龙纹盘	1	《故宫博物院藏品总目》

续表

故宫博物院藏永乐御窑瓷器统计（总表）

序号	名称	数量（件）	参考出处
63	青花鹊梅纹高足碗	2	《故宫博物院藏品总目》
64	青花桃竹纹梅瓶	1	《故宫博物院藏品总目》
65	甜白釉划花葵瓣式碗	1	《故宫博物院藏品总目》
66	永乐款甜白釉暗划龙纹碟	1	《故宫博物院藏品总目》
67	影青釉划花缠枝莲纹碗	4	《故宫博物院藏品总目》
68	翠青釉三系盖罐	1	《故宫博物院藏品总目》
69	翠青釉盘	1	《故宫博物院藏品总目》
70	影青釉划花花卉纹碗	1	《故宫博物院藏品总目》
71	鲜红釉印花龙纹高足碗	1	《故宫博物院藏品总目》
72	青花缠枝菊纹碗	1	《故宫博物院藏品总目》
73	青花葡萄纹高足碗	1	《故宫博物院藏品总目》
74	青花缠枝花纹花浇	1	《故宫博物院藏品总目》
75	鲜红釉高足碗	1	《故宫博物院藏品总目》
76	祭红釉暗刻龙纹盘	1	《故宫博物院藏品总目》
77	白釉刻花碗	5	《故宫博物院藏品总目》
78	白釉碗	98	《故宫博物院藏品总目》
79	甜白釉四系罐	1	《故宫博物院藏品总目》
80	甜白釉暗划缠枝莲纹碗	2	《故宫博物院藏品总目》
81	甜白釉暗划菊瓣纹碗	1	《故宫博物院藏品总目》
82	永乐款甜白釉暗花云龙纹碗	1	《故宫博物院藏品总目》
83	白釉弦纹盘	1	《故宫博物院藏品总目》
84	甜白釉暗划花卉纹梅瓶	1	《故宫博物院藏品总目》
85	青花折枝花果纹梅瓶	2	《故宫博物院藏品总目》
86	甜白釉罐	1	《故宫博物院藏品总目》
87	青花竹石芭蕉图碗	1	《故宫博物院藏品总目》
88	青花芭蕉佛草纹鸡心式碗	2	《故宫博物院藏品总目》
89	青花折枝牡丹石榴纹碗	1	《故宫博物院藏品总目》
90	青花缠枝莲枇杷纹菊瓣碗	1	《故宫博物院藏品总目》
91	青花描金莲花纹碗	1	《故宫博物院藏品总目》
92	青花荷花描金缠枝莲纹碗	1	《故宫博物院藏品总目》

续表

故宫博物院藏永乐御窑瓷器统计（总表）

序号	名称	数量（件）	参考出处
93	青花折枝花纹双系盖罐	1	《故宫博物院藏品总目》
94	青花缠枝莲纹圆洗	1	《故宫博物院藏品总目》
95	青花菊瓣碗	1	《故宫博物院藏品总目》
96	青花菊瓣小碗	1	《故宫博物院藏品总目》
97	青花缠枝莲纹梅瓶	1	《故宫博物院藏品总目》
98	青花折枝桃花纹梅瓶	1	《故宫博物院藏品总目》
99	青花花卉纹卧足碗	1	《故宫博物院藏品总目》
100	青花浅碗	1	《故宫博物院藏品总目》
101	青花缠枝莲纹双系罐	1	《故宫博物院藏品总目》
102	白釉暗划龙纹碗	1	《故宫博物院藏品总目》
103	青花缠枝莲纹八方烛台	1	《故宫博物院藏品总目》
104	青花缠枝莲纹罐	1	《故宫博物院藏品总目》
105	永乐二年款黑釉划花题字梅瓶	1	《故宫博物院藏品总目》
106	白釉锥拱缠枝花卉纹碗	1	《故宫博物院藏品总目》
107	青花云龙纹碗	1	《故宫博物院藏品总目》
108	翠青釉罐	1	《故宫博物院藏品总目》
109	青花鸡心碗	1	《故宫博物院藏品总目》

附表2　　故宫博物院藏宣德御窑瓷器统计

故宫博物院藏宣德御窑瓷器统计（总表）

序号	名称	数量（件）	参考出处
1	青花团花龙凤纹洗	1	《故宫博物院藏品总目》
2	宣德款青花缠枝莲纹花浇	7	《故宫博物院藏品总目》
3	宣德款青花缠枝莲纹高足碗	1	《故宫博物院藏品总目》
4	宣德款青花缠枝莲纹钵缸	1	《故宫博物院藏品总目》
5	宣德款青花缠枝莲纹碗	48	《故宫博物院藏品总目》
6	青花折枝花果纹盖罐	1	《故宫博物院藏品总目》
7	宣德款青花折枝花卉纹碗	2	《故宫博物院藏品总目》
8	宣德款青花缠枝莲纹盖罐	2	《故宫博物院藏品总目》
9	宣德款青花缠枝蕉叶纹渣斗	1	《故宫博物院藏品总目》

续表

故宫博物院藏宣德御窑瓷器统计（总表）

序号	名称	数量（件）	参考出处
10	青花缠枝莲纹折沿盆	3	《故宫博物院藏品总目》
11	宣德款青花缠枝莲纹卧足碗	19	《故宫博物院藏品总目》
12	宣德款青花缠枝石榴纹梅瓶	1	《故宫博物院藏品总目》
13	青花弦纹匜	1	《故宫博物院藏品总目》
14	青花缠枝莲纹绶带耳瓶	1	《故宫博物院藏品总目》
15	宣德款青花里暗划花外缠枝莲纹碗	2	《故宫博物院藏品总目》
16	宣德款青花凤凰莲花纹高足碗	1	《故宫博物院藏品总目》
17	宣德款青花缠枝莲纹炉	1	《故宫博物院藏品总目》
18	宣德款青花缠枝花纹盖罐	1	《故宫博物院藏品总目》
19	宣德款青花缠枝花纹盖豆	1	《故宫博物院藏品总目》
20	青花四季花卉纹碗	2	《故宫博物院藏品总目》
21	青花缠枝莲葡萄纹盘	5	《故宫博物院藏品总目》
22	青花葡萄纹盘	7	《故宫博物院藏品总目》
23	青花缠枝花纹盘	2	《故宫博物院藏品总目》
24	青花把莲纹盘	298	《故宫博物院藏品总目》
25	青花松竹梅图盘	6	《故宫博物院藏品总目》
26	青花缠枝莲纹盘	26	《故宫博物院藏品总目》
27	青花缠枝莲纹菱花式盘	4	《故宫博物院藏品总目》
28	青花缠枝月季莲花纹菱花口盘	1	《故宫博物院藏品总目》
29	青花缠枝月季纹菱花式盘	2	《故宫博物院藏品总目》
30	青花缠枝月季纹菱花口折沿盘	1	《故宫博物院藏品总目》
31	青花花卉纹菱花式盘	1	《故宫博物院藏品总目》
32	宣德款青花折枝六果纹碗	1	《故宫博物院藏品总目》
33	宣德款青花花果纹碗	1	《故宫博物院藏品总目》
34	宣德款青花折枝花果纹碗	2	《故宫博物院藏品总目》
35	宣德款青花缠枝月季纹碗	1	《故宫博物院藏品总目》
36	宣德款青花云龙纹碗	2	《故宫博物院藏品总目》
37	宣德款青花缠枝莲纹鸡心碗	6	《故宫博物院藏品总目》
38	宣德款青花莲瓣纹鸡心碗	1	《故宫博物院藏品总目》
39	宣德款青花折枝花果纹葵瓣口碗	25	《故宫博物院藏品总目》

续表

故宫博物院藏宣德御窑瓷器统计（总表）

序号	名称	数量（件）	参考出处
40	宣德款青花折枝花卉纹葵瓣口碗	1	《故宫博物院藏品总目》
41	宣德款青花灵芝纹碗	2	《故宫博物院藏品总目》
42	青花缠枝莲纹碗	4	《故宫博物院藏品总目》
43	青花四季花纹碗	1	《故宫博物院藏品总目》
44	青花缠枝花卉纹碗	1	《故宫博物院藏品总目》
45	青花花果纹墩式碗	1	《故宫博物院藏品总目》
46	宣德款青花缠枝莲纹盘	1	《故宫博物院藏品总目》
47	宣德款青花缠枝莲纹合碗	1	《故宫博物院藏品总目》
48	宣德款青花莲花纹菱花式盘	1	《故宫博物院藏品总目》
49	宣德款青花缠枝西番莲纹卧足碗	1	《故宫博物院藏品总目》
50	宣德款青花地拔白葡萄纹盘	1	《故宫博物院藏品总目》
51	青花花卉纹盘	1	《故宫博物院藏品总目》
52	宣德款青花双凤莲花纹高足碗	6	《故宫博物院藏品总目》
53	宣德款青花缠枝花卉纹高足碗	1	《故宫博物院藏品总目》
54	宣德款青花双凤纹高足碗	1	《故宫博物院藏品总目》
55	宣德款青花花卉纹高足碗	1	《故宫博物院藏品总目》
56	青花花果纹带盖梅瓶	1	《故宫博物院藏品总目》
57	青花缠枝莲纹钵式罐	1	《故宫博物院藏品总目》
58	青花缠枝莲纹宝月壶	3	《故宫博物院藏品总目》
59	青花轮花纹绶带耳葫芦扁瓶	5	《故宫博物院藏品总目》
60	青花折枝三果纹梅瓶	2	《故宫博物院藏品总目》
61	青花折枝三果纹带盖梅瓶	7	《故宫博物院藏品总目》
62	青花折枝三果纹带盖梅瓶	1	《故宫博物院藏品总目》
63	宣德款青花缠枝莲纹豆	3	《故宫博物院藏品总目》
64	宣德款青花灵芝石榴纹尊	1	《故宫博物院藏品总目》
65	青花缠枝莲纹钵式缸	1	《故宫博物院藏品总目》
66	宣德款青花缠枝花纹豆	2	《故宫博物院藏品总目》
67	宣德款青花灵芝纹石榴尊	1	《故宫博物院藏品总目》
68	青花茶花纹背壶	1	《故宫博物院藏品总目》
69	宣德款青花云龙纹瓜棱执壶	1	《故宫博物院藏品总目》

故宫博物院藏宣德御窑瓷器统计（总表）

序号	名称	数量（件）	参考出处
70	青花缠枝莲纹钵	1	《故宫博物院藏品总目》
71	青花缠枝莲纹菱花式花盆	1	《故宫博物院藏品总目》
72	青花书阿拉伯文缠枝花卉纹无当尊	1	《故宫博物院藏品总目》
73	青花缠枝莲纹天球瓶	3	《故宫博物院藏品总目》
74	青花轮花纹绶带耳葫芦扁壶	1	《故宫博物院藏品总目》
75	青花烛台	2	《故宫博物院藏品总目》
76	青花园景花卉纹盘	1	《故宫博物院藏品总目》
77	青花缠枝莲纹扁瓶	2	《故宫博物院藏品总目》
78	宣德款青花云龙纹高足碗	2	《故宫博物院藏品总目》
79	宣德款青花缠枝灵芝纹碗	2	《故宫博物院藏品总目》
80	宣德款青花缠枝石榴纹碗	1	《故宫博物院藏品总目》
81	青花缠枝莲里折枝花果纹碗	1	《故宫博物院藏品总目》
82	青花折枝花纹菱花口折沿盘	1	《故宫博物院藏品总目》
83	青花三果纹带盖执壶	1	《故宫博物院藏品总目》
84	宣德款青花团凤纹葵瓣口洗	1	《故宫博物院藏品总目》
85	青花缠枝菊纹折沿盘	1	《故宫博物院藏品总目》
86	青花缠枝莲纹折沿盘	51	《故宫博物院藏品总目》
87	青花葡萄海水纹折沿盘	6	《故宫博物院藏品总目》
88	青花葡萄纹折沿盘	32	《故宫博物院藏品总目》
89	宣德款青花暗花缠枝莲纹碗	2	《故宫博物院藏品总目》
90	青花回纹边把莲纹盘	1	《故宫博物院藏品总目》
91	青花缠枝莲纹盏托	2	《故宫博物院藏品总目》
92	宣德款青花龙纹钵缸	1	《故宫博物院藏品总目》
93	宣德款白釉高足碗	6	《故宫博物院藏品总目》
94	宣德款白釉暗划花纹高足碗	13	《故宫博物院藏品总目》
95	宣德暗款白釉暗划花纹高足碗	3	《故宫博物院藏品总目》
96	宣德款白釉划花高足碗	2	《故宫博物院藏品总目》
97	宣德款白釉刻划异兽纹高足碗	1	《故宫博物院藏品总目》
98	宣德款白釉暗划缠枝莲八吉祥纹高足碗	1	《故宫博物院藏品总目》
99	宣德款白釉碗	5	《故宫博物院藏品总目》

续表

故宫博物院藏宣德御窑瓷器统计（总表）

序号	名称	数量（件）	参考出处
100	宣德款白釉暗划花纹碗	3	《故宫博物院藏品总目》
101	宣德款白釉碟	37	《故宫博物院藏品总目》
102	宣德暗款白釉碟	11	《故宫博物院藏品总目》
103	宣德款白釉盘	19	《故宫博物院藏品总目》
104	白釉暗划缠枝莲纹盘	1	《故宫博物院藏品总目》
105	宣德款白釉暗划花纹盘	1	《故宫博物院藏品总目》
106	白釉盘	197	《故宫博物院藏品总目》
107	白釉刻划花果纹盘	1	《故宫博物院藏品总目》
108	宣德款白釉暗划把莲纹盘	1	《故宫博物院藏品总目》
109	白釉刻划折枝花果纹盘	1	《故宫博物院藏品总目》
110	白釉暗划折枝花果纹盘	1	《故宫博物院藏品总目》
111	白釉葵口盘	1	《故宫博物院藏品总目》
112	宣德暗款白釉高足碗	1	《故宫博物院藏品总目》
113	白釉暗划花纹碗	1	《故宫博物院藏品总目》
114	宣德款白釉刻划花缠枝莲托八吉祥纹高足碗	1	《故宫博物院藏品总目》
115	白釉碟	10	《故宫博物院藏品总目》
116	宣德款红釉盘	20	《故宫博物院藏品总目》
117	红釉高足碗	1	《故宫博物院藏品总目》
118	宣德款红釉碗	6	《故宫博物院藏品总目》
119	宣德款祭蓝釉盘	1	《故宫博物院藏品总目》
120	宣德款仿龙泉釉划花碟	2	《故宫博物院藏品总目》
121	宣德款仿龙泉釉暗刻花纹碟	8	《故宫博物院藏品总目》
122	宣德款仿汝釉盘	1	《故宫博物院藏品总目》
123	仿钧玫瑰紫釉盘	1	《故宫博物院藏品总目》
124	宣德款宝石红釉盘	1	《故宫博物院藏品总目》
125	青花穿花龙纹扁瓶	1	《故宫博物院藏品总目》
126	青花缠枝莲纹盖罐	1	《故宫博物院藏品总目》
127	青花锦纹盖罐	1	《故宫博物院藏品总目》
128	青花灵芝纹石榴尊	1	《故宫博物院藏品总目》

故宫博物院藏宣德御窑瓷器统计（总表）

序号	名称	数量（件）	参考出处
129	青花矾红彩海水龙纹碗	1	《故宫博物院藏品总目》
130	青花三果纹带盖梅瓶	1	《故宫博物院藏品总目》
131	白釉玉壶春瓶	1	《故宫博物院藏品总目》
132	青花松竹梅图碗	2	《故宫博物院藏品总目》
133	青花缠枝莲纹卧足碗	2	《故宫博物院藏品总目》
134	宣德款青花龙凤纹高足碗	1	《故宫博物院藏品总目》
135	青花地拔白云龙纹高足碗	1	《故宫博物院藏品总目》
136	宣德款青花仕女图高足碗	2	《故宫博物院藏品总目》
137	宣德款青花海水云龙纹高足碗	2	《故宫博物院藏品总目》
138	宣德款青花行龙莲花纹尊	1	《故宫博物院藏品总目》
139	宣德款青花海水蕉叶纹尊	1	《故宫博物院藏品总目》
140	青花葡萄纹菱花式盘	2	《故宫博物院藏品总目》
141	青花枇杷绶带鸟图盘	1	《故宫博物院藏品总目》
142	宣德款青花团云凤纹葵花式洗	1	《故宫博物院藏品总目》
143	青花海水行龙纹扁壶	1	《故宫博物院藏品总目》
144	宣德款青花缠枝莲纹执壶	2	《故宫博物院藏品总目》
145	青花缠枝莲纹执壶	2	《故宫博物院藏品总目》
146	青花花果纹执壶	2	《故宫博物院藏品总目》
147	青花竹石芭蕉纹玉壶春瓶	1	《故宫博物院藏品总目》
148	宣德款青花缠枝莲纹天球瓶	1	《故宫博物院藏品总目》
149	宣德款青花缠枝莲纹大梅瓶	1	《故宫博物院藏品总目》
150	青花云龙纹天球瓶	5	《故宫博物院藏品总目》
151	青花阿拉伯花纹绶带耳葫芦扁瓶	1	《故宫博物院藏品总目》
152	青花海水白龙纹扁瓶	1	《故宫博物院藏品总目》
153	青花云龙纹扁瓶	1	《故宫博物院藏品总目》
154	青花折枝花卉纹菱花口盘	1	《故宫博物院藏品总目》
155	宣德款青花缠枝灵芝纹瓶	1	《故宫博物院藏品总目》
156	青花折枝花卉纹双耳扁瓶	1	《故宫博物院藏品总目》
157	宣德款青花宝相花纹双耳扁瓶	1	《故宫博物院藏品总目》
158	青花锦纹双耳扁瓶	1	《故宫博物院藏品总目》

续表

故宫博物院藏宣德御窑瓷器统计（总表）

序号	名称	数量（件）	参考出处
159	青花缠枝花卉纹双系带盖扁壶	1	《故宫博物院藏品总目》
160	青花蓝查体梵文出戟法轮盖罐	1	《故宫博物院藏品总目》
161	青花矾红彩海水龙纹盘	2	《故宫博物院藏品总目》
162	宣德款祭蓝地白花鱼莲纹盘	2	《故宫博物院藏品总目》
163	红釉葵花式洗	1	《故宫博物院藏品总目》
164	红釉描金云龙纹盘	2	《故宫博物院藏品总目》
165	红釉僧帽壶	1	《故宫博物院藏品总目》
166	宣德款白地酱彩折枝花果纹盘	2	《故宫博物院藏品总目》
167	仿汝釉盘	2	《故宫博物院藏品总目》
168	青花锦地花卉纹壮罐	1	《故宫博物院藏品总目》
169	宣德款里白釉外祭蓝釉盘	1	《故宫博物院藏品总目》
170	青花缠枝莲纹罐	3	《故宫博物院藏品总目》
171	白釉碗	28	《故宫博物院藏品总目》
172	白釉暗花缠枝莲纹盘	14	《故宫博物院藏品总目》
173	白釉暗花缠枝莲纹大盘	2	《故宫博物院藏品总目》
174	白釉暗花把莲纹盘	31	《故宫博物院藏品总目》
175	白釉大盘	57	《故宫博物院藏品总目》
176	白釉大碗	3	《故宫博物院藏品总目》
177	白釉刻花高足碗	1	《故宫博物院藏品总目》
178	白釉小碗	1	《故宫博物院藏品总目》
179	白釉暗花莲花纹盘	1	《故宫博物院藏品总目》
180	红釉盘	3	《故宫博物院藏品总目》
181	青花莲花纹菱花式盆	1	《故宫博物院藏品总目》
182	宣德款青白釉划花莲子碗	1	《故宫博物院藏品总目》
183	青花缠枝莲纹双耳环扁壶	1	《故宫博物院藏品总目》
184	宣德款青花缠枝花纹罐	1	《故宫博物院藏品总目》
185	宣德款青花缠枝花纹碗	1	《故宫博物院藏品总目》
186	青花缠枝牡丹纹菱花式盘	1	《故宫博物院藏品总目》
187	青花折枝花卉纹方流执壶	1	《故宫博物院藏品总目》
188	宣德暗款白釉盘	1	《故宫博物院藏品总目》

故宫博物院藏宣德御窑瓷器统计（总表）

序号	名称	数量（件）	参考出处
189	宣德款里白釉外祭蓝釉暗划云龙纹盘	1	《故宫博物院藏品总目》
190	白釉暗龙纹盘	1	《故宫博物院藏品总目》
191	青花折枝花纹八方花盆	1	《故宫博物院藏品总目》
192	宣德款仿哥釉鸡心碗	1	《故宫博物院藏品总目》
193	白釉凸花纹绶带耳葫芦扁瓶	1	《故宫博物院藏品总目》
194	宣德款青花缠枝莲托八吉祥纹碗	1	《故宫博物院藏品总目》
195	青花缠枝花卉纹盘	1	《故宫博物院藏品总目》
196	宣德款青花缠枝花卉纹瓶	1	《故宫博物院藏品总目》
197	青花海水云龙纹盘	2	《故宫博物院藏品总目》
198	宣德款青花海水矾红彩双龙纹折腰碗	2	《故宫博物院藏品总目》
199	青花花果纹梅瓶	1	《故宫博物院藏品总目》
200	青花藤萝花纹罐	1	《故宫博物院藏品总目》
201	青花人物图碗	1	《故宫博物院藏品总目》
202	宣德款青花海水矾红彩异兽纹高足碗	1	《故宫博物院藏品总目》
203	宣德款青花缠枝莲双凤纹盘	1	《故宫博物院藏品总目》
204	宣德款青花缠枝莲海石榴纹盘	1	《故宫博物院藏品总目》
205	青花缠枝莲海水纹盘	1	《故宫博物院藏品总目》
206	宣德款青花云龙戏珠纹撇口碗	1	《故宫博物院藏品总目》
207	宣德款青花开光灵芝纹石榴尊	1	《故宫博物院藏品总目》
208	青花梵文海水纹器盖	1	《故宫博物院藏品总目》
209	宣德款宝石蓝釉暗划花纹盘	1	《故宫博物院藏品总目》
210	宣德款青花缠枝花卉纹花浇	1	《故宫博物院藏品总目》
211	青花缠枝花卉纹双耳葫芦扁瓶	1	《故宫博物院藏品总目》
212	青花四季花果纹碗	1	《故宫博物院藏品总目》
213	宣德款仿哥釉菊瓣碗	1	《故宫博物院藏品总目》
214	宣德款仿哥釉碗	3	《故宫博物院藏品总目》
215	红釉描金云龙纹碗	1	《故宫博物院藏品总目》
216	宣德款祭蓝地白花鱼藻纹盘	1	《故宫博物院藏品总目》
217	里白釉外祭蓝釉暗划花卉纹盘	1	《故宫博物院藏品总目》
218	宣德款青花牵牛花纹四方委角瓶	1	《故宫博物院藏品总目》

续表

故宫博物院藏宣德御窑瓷器统计（总表）

序号	名称	数量（件）	参考出处
219	青花双凤纹葵花式洗	1	《故宫博物院藏品总目》
220	青花缠枝莲纹卧足碗	2	《故宫博物院藏品总目》
221	青花缠枝莲纹花口盘	2	《故宫博物院藏品总目》
222	宣德款青花云龙纹缸	1	《故宫博物院藏品总目》
223	宣德款仿汝釉蟋蟀罐	1	《故宫博物院藏品总目》
224	白釉钵缸	1	《故宫博物院藏品总目》
225	宣德款白釉划花碗	2	《故宫博物院藏品总目》
226	青花折枝双花纹盘	1	《故宫博物院藏品总目》
227	青花法轮纹罐	1	《故宫博物院藏品总目》
228	白釉刻花菊瓣纹碗	1	《故宫博物院藏品总目》
229	青花折枝花纹盖罐	1	《故宫博物院藏品总目》
230	宣德款酱釉盘	2	《故宫博物院藏品总目》
231	宣德款青花人物图盘	1	《故宫博物院藏品总目》
232	青花牡丹纹盘	2	《故宫博物院藏品总目》
233	青花缠枝菊莲纹折沿盘	1	《故宫博物院藏品总目》
234	青花把莲纹碗	1	《故宫博物院藏品总目》
235	宣德款白釉暗划缠枝莲纹高足碗	1	《故宫博物院藏品总目》
236	宣德款白釉暗划花纹莲子碗	1	《故宫博物院藏品总目》
237	宣德款青花开光双凤纹葵瓣高足碗	1	《故宫博物院藏品总目》
238	青花莲瓣纹碗	1	《故宫博物院藏品总目》
239	宣德款青花鱼莲纹盘	1	《故宫博物院藏品总目》
240	青花折枝石榴纹菱花口洗	1	《故宫博物院藏品总目》
241	青花葡萄纹莲瓣口盘	1	《故宫博物院藏品总目》
242	白釉暗划云凤纹盘	1	《故宫博物院藏品总目》
243	青花缠枝莲纹大碗	1	《故宫博物院藏品总目》
244	宣德款祭蓝釉印云龙纹盘	1	《故宫博物院藏品总目》
245	宣德款祭蓝釉暗龙盘	1	《故宫博物院藏品总目》
246	青花桃果缠枝莲纹盘	1	《故宫博物院藏品总目》
247	宣德款青花缠枝牡丹纹罐	1	《故宫博物院藏品总目》
248	青花缠枝莲纹葵瓣口盘	1	《故宫博物院藏品总目》

故宫博物院藏宣德御窑瓷器统计（总表）

序号	名称	数量（件）	参考出处
249	青花缠枝花纹葵口盘	1	《故宫博物院藏品总目》
250	青花缠枝灵芝纹花口盘	1	《故宫博物院藏品总目》
251	青花折枝花卉纹菱花口折沿盘	1	《故宫博物院藏品总目》
252	宣德款白釉大碗	1	《故宫博物院藏品总目》
253	红釉模印云龙纹高足碗	1	《故宫博物院藏品总目》
254	宣德款青花蛐蛐罐	1	《故宫博物院藏品总目》
255	青花蛐蛐罐	1	《故宫博物院藏品总目》
256	白釉暗划宝象花纹葫芦式扁瓶	1	《故宫博物院藏品总目》
257	宣德款冬青釉葵花式盘	1	《故宫博物院藏品总目》
258	宣德款青花开光双凤纹长方炉	1	《故宫博物院藏品总目》
259	青花海水蕉叶纹尊	1	《故宫博物院藏品总目》
260	宣德款祭红釉盘	1	《故宫博物院藏品总目》
261	青花缠枝莲纹花浇	1	《故宫博物院藏品总目》
262	宣德款青花双凤纹罐	1	《故宫博物院藏品总目》
263	宣德款青花葡萄纹罐	1	《故宫博物院藏品总目》
264	宣德款青花夔龙纹罐	1	《故宫博物院藏品总目》
265	青花缠枝花卉纹折沿盘	1	《故宫博物院藏品总目》
266	青花双荷纹盘	1	《故宫博物院藏品总目》
267	青花海水白龙纹天球瓶	1	《故宫博物院藏品总目》
268	青花折枝瓜果纹盘	1	《故宫博物院藏品总目》
269	青花锦纹瓷砖	2	《故宫博物院藏品总目》
270	宣德款青花缠枝莲托八吉祥纹罐	1	《故宫博物院藏品总目》
271	宣德款青花开光云龙纹十瓣菱花式高足碗	1	《故宫博物院藏品总目》
272	宣德款白地矾红彩云龙纹碗	1	《故宫博物院藏品总目》
273	宣德款蓝地白花花果纹盘	1	《故宫博物院藏品总目》
274	宣德款青釉葵口盘	1	《故宫博物院藏品总目》
275	青花葡萄纹花口盘	1	《故宫博物院藏品总目》
276	青花折枝花卉纹罐	1	《故宫博物院藏品总目》
277	宣德款祭蓝釉白鱼藻纹盘	1	《故宫博物院藏品总目》
278	宣德款釉里红三鱼纹高足碗	1	《故宫博物院藏品总目》

续表

故宫博物院藏宣德御窑瓷器统计（总表）

序号	名称	数量（件）	参考出处
279	青花仕女图罐	1	《故宫博物院藏品总目》
280	青花鹭莲纹梅瓶	1	《故宫博物院藏品总目》
281	青花网纹钵	1	《故宫博物院藏品总目》
282	青花缠枝花纹碗	1	《故宫博物院藏品总目》
283	青花云龙纹大盘	1	《故宫博物院藏品总目》
284	白釉铁锈花折枝花纹盘	1	《故宫博物院藏品总目》
285	青花高足碗	1	《故宫博物院藏品总目》
286	祭蓝地白花纹盘	1	《故宫博物院藏品总目》
287	青花缠枝花卉纹罐	1	《故宫博物院藏品总目》
288	白釉暗划龙穿花纹大碗	1	《故宫博物院藏品总目》
289	青花瓜纹大盘	1	《故宫博物院藏品总目》
290	青花花卉纹罐	1	《故宫博物院藏品总目》
291	青花云龙纹葵花式洗	1	《故宫博物院藏品总目》
292	青花海水纹尊	1	《故宫博物院藏品总目》
293	青花缠枝花纹罐	1	《故宫博物院藏品总目》
294	青花花纹罐盖	1	《故宫博物院藏品总目》

附表3　　　台北故宫博物院藏永乐御窑瓷器统计

台北故宫博物院藏永乐御窑瓷器统计（总表）

序号	名称	数量（件）	参考出处
1	甜白釉莲花纹梅瓶	1	《故宫瓷器录》第二辑 明（甲）上编（永乐窑）
2	甜白釉三系把壶	1	《故宫瓷器录》第二辑 明（甲）上编（永乐窑）
3	甜白釉双龙纹葵瓣口碗	22	《故宫瓷器录》第二辑 明（甲）上编（永乐窑）
4	甜白釉半脱胎五龙纹葵瓣口碗	37	《故宫瓷器录》第二辑 明（甲）上编（永乐窑）
5	甜白釉半脱胎团龙纹葵瓣口碗	10	《故宫瓷器录》第二辑 明（甲）上编（永乐窑）
6	甜白釉半脱胎龙凤纹葵瓣口碗	12	《故宫瓷器录》第二辑 明（甲）上编（永乐窑）
7	甜白釉半脱胎番莲纹八宝葵瓣口碗	47	《故宫瓷器录》第二辑 明（甲）上编（永乐窑）

续表

台北故宫博物院藏永乐御窑瓷器统计（总表）

序号	名称	数量（件）	参考出处
8	甜白釉半脱胎碗	2	《故宫瓷器录》第二辑 明（甲）上编（永乐窑）
9	甜白釉半脱胎云龙纹高足碗	8	《故宫瓷器录》第二辑 明（甲）上编（永乐窑）
10	甜白釉半脱胎双龙纹高足碗	32	《故宫瓷器录》第二辑 明（甲）上编（永乐窑）
11	甜白釉半脱胎五龙纹高足碗	8	《故宫瓷器录》第二辑 明（甲）上编（永乐窑）
12	甜白釉半脱胎云凤纹高足碗	1	《故宫瓷器录》第二辑 明（甲）上编（永乐窑）
13	甜白釉半脱胎番莲纹高足碗	1	《故宫瓷器录》第二辑 明（甲）上编（永乐窑）
14	甜白釉番莲纹八宝高足碗	3	《故宫瓷器录》第二辑 明（甲）上编（永乐窑）
15	甜白釉划花高足碗	1	《故宫瓷器录》第二辑 明（甲）上编（永乐窑）
16	甜白釉半脱胎高足碗	1	《故宫瓷器录》第二辑 明（甲）上编（永乐窑）
17	甜白釉半脱胎双龙纹小碗	17	《故宫瓷器录》第二辑 明（甲）上编（永乐窑）
18	甜白釉半脱胎番莲纹八宝小碗	4	《故宫瓷器录》第二辑 明（甲）上编（永乐窑）
19	甜白釉葵花盏	6	《故宫瓷器录》第二辑 明（甲）上编（永乐窑）
20	甜白釉半脱胎番莲纹八宝葵瓣口杯	5	《故宫瓷器录》第二辑 明（甲）上编（永乐窑）
21	甜白釉半脱胎五龙纹盘	3	《故宫瓷器录》第二辑 明（甲）上编（永乐窑）
22	祭红釉双龙戏珠纹高足碗	6	《故宫瓷器录》第二辑 明（甲）上编（永乐窑）
23	翠青釉三系盖罐	2	《故宫瓷器录》第二辑 明（甲）上编（永乐窑）
24	青花花鸟扁壶	1	《故宫瓷器录》第二辑 明（甲）上编（永乐窑）
25	青花花卉扁壶	1	《故宫瓷器录》第二辑 明（甲）上编（永乐窑）
26	青花花卉纹镂空花熏	1	《故宫瓷器录》第二辑 明（甲）上编（宣德窑）
27	青花人物纹扁壶	1	《故宫瓷器录》第二辑 明（甲）上编（宣德窑）
28	青花牡丹花纹带盖梅瓶	1	《故宫瓷器录》第二辑 明（甲）上编（宣德窑）
29	青花云龙扁壶	1	《故宫瓷器录》第二辑 明（甲）上编（宣德窑）
30	青花四季花卉莲瓣大盘	1	《故宫瓷器录》第二辑 明（甲）上编（宣德窑）
31	青花缠枝花卉圆洗	1	《故宫瓷器录》第二辑 明（甲）上编（宣德窑）
32	青花凤凰纹三系茶壶	1	《也可以清心：茶器·茶事·茶画》P57
33	甜白暗花菱花式茶盅	1	《也可以清心：茶器·茶事·茶画》P59
34	青花折枝灵芝菱花式茶盅	1	《也可以清心：茶器·茶事·茶画》P60
35	青花转枝月季花茶盅	1	《也可以清心：茶器·茶事·茶画》P61

续表

台北故宫博物院藏永乐御窑瓷器统计（总表）

序号	名称	数量（件）	参考出处
36	青花花卉纹大扁壶	1	《国立故宫博物院藏品选目》第55页
37	青花龙纹天球瓶	1	《故宫文物月刊》189期《帝国的回忆》
38	青花描金卷草莲塘碗	1	《故宫义物月刊》189期《帝国的回忆》
39	甜白半脱胎锥拱双龙高足碗	1	《故宫文物月刊》189期《帝国的回忆》
40	青花朵莲梵文勺	1	《故宫文物月刊》189期《帝国的回忆》
41	青花山茶花纹扁壶	1	《故宫文物月刊》246期《天子之宝》
42	青花龙纹天球瓶	1	《故宫文物月刊》246期《天子之宝》

附表4　　台北故宫博物院藏宣德御窑瓷器统计

台北故宫博物院藏宣德御窑瓷器统计（总表）

序号	名称	数量（件）	参考出处
1	白釉划花碗	3	《故宫瓷器录》第二辑 明（甲）上编（宣德窑）
2	白釉莲瓣纹碗	12	《故宫瓷器录》第二辑 明（甲）上编（宣德窑）
3	白釉碗	22	《故宫瓷器录》第二辑 明（甲）上编（宣德窑）
4	白釉凤凰纹仰钟式碗	1	《故宫瓷器录》第二辑 明（甲）上编（宣德窑）
5	白釉云龙纹高足碗	4	《故宫瓷器录》第二辑 明（甲）上编（宣德窑）
6	白釉双龙纹高足碗	4	《故宫瓷器录》第二辑 明（甲）上编（宣德窑）
7	白釉番莲纹高足碗	4	《故宫瓷器录》第二辑 明（甲）上编（宣德窑）
8	白釉高足碗	10	《故宫瓷器录》第二辑 明（甲）上编（宣德窑）
9	白釉云龙纹高足碗	2	《故宫瓷器录》第二辑 明（甲）上编（宣德窑）
10	白釉双龙纹高足碗	1	《故宫瓷器录》第二辑 明（甲）上编（宣德窑）
11	白釉凤凰纹高足碗	2	《故宫瓷器录》第二辑 明（甲）上编（宣德窑）
12	白釉花卉纹高足碗	3	《故宫瓷器录》第二辑 明（甲）上编（宣德窑）
13	白釉高足碗	25	《故宫瓷器录》第二辑 明（甲）上编（宣德窑）
14	白釉莲托八吉祥纹高足碗	14	《故宫瓷器录》第二辑 明（甲）上编（宣德窑）
15	白釉四季花卉高足碗	10	《故宫瓷器录》第二辑 明（甲）上编（宣德窑）
16	白釉划花盅	3	《故宫瓷器录》第二辑 明（甲）上编（宣德窑）
17	白釉盅	3	《故宫瓷器录》第二辑 明（甲）上编（宣德窑）

台北故宫博物院藏宣德御窑瓷器统计（总表）

序号	名称	数量（件）	参考出处
18	白釉坛盏	2	《故宫瓷器录》第二辑 明（甲）上编（宣德窑）
19	白釉划花杯	2	《故宫瓷器录》第二辑 明（甲）上编（宣德窑）
20	白釉杯	5	《故宫瓷器录》第二辑 明（甲）上编（宣德窑）
21	白釉小杯	8	《故宫瓷器录》第二辑 明（甲）上编（宣德窑）
22	白釉云龙纹盘	2	《故宫瓷器录》第二辑 明（甲）上编（宣德窑）
23	白釉双龙纹盘	5	《故宫瓷器录》第二辑 明（甲）上编（宣德窑）
24	白釉云龙纹盘	2	《故宫瓷器录》第二辑 明（甲）上编（宣德窑）
25	白釉双龙纹盘	1	《故宫瓷器录》第二辑 明（甲）上编（宣德窑）
26	白釉盘	6	《故宫瓷器录》第二辑 明（甲）上编（宣德窑）
27	白釉碟	51	《故宫瓷器录》第二辑 明（甲）上编（宣德窑）
28	宝石红釉僧帽壶	2	《故宫瓷器录》第二辑 明（甲）上编（宣德窑）
29	宝石红釉纸槌瓶	1	《故宫瓷器录》第二辑 明（甲）上编（宣德窑）
30	宝石红釉爆竹式花插	1	《故宫瓷器录》第二辑 明（甲）上编（宣德窑）
31	宝石红釉菊瓣碗	1	《故宫瓷器录》第二辑 明（甲）上编（宣德窑）
32	宝石红釉碗	17	《故宫瓷器录》第二辑 明（甲）上编（宣德窑）
33	宝石红釉八方碗	1	《故宫瓷器录》第二辑 明（甲）上编（宣德窑）
34	宝石红釉小碗	2	《故宫瓷器录》第二辑 明（甲）上编（宣德窑）
35	宝石红釉杯	2	《故宫瓷器录》第二辑 明（甲）上编（宣德窑）
36	宝石红釉双龙纹盘	1	《故宫瓷器录》第二辑 明（甲）上编（宣德窑）
37	宝石红釉盘	52	《故宫瓷器录》第二辑 明（甲）上编（宣德窑）
38	祭红釉莲瓣纹卤壶	1	《故宫瓷器录》第二辑 明（甲）上编（宣德窑）
39	祭红釉双龙碗	1	《故宫瓷器录》第二辑 明（甲）上编（宣德窑）
40	祭红釉碗	30	《故宫瓷器录》第二辑 明（甲）上编（宣德窑）
41	里白釉外祭红釉碗	3	《故宫瓷器录》第二辑 明（甲）上编（宣德窑）
42	祭红釉双龙纹高足碗	1	《故宫瓷器录》第二辑 明（甲）上编（宣德窑）
43	祭红釉白鱼纹高足碗	1	《故宫瓷器录》第二辑 明（甲）上编（宣德窑）
44	祭红釉高足碗	2	《故宫瓷器录》第二辑 明（甲）上编（宣德窑）
45	祭红釉杯	4	《故宫瓷器录》第二辑 明（甲）上编（宣德窑）
46	祭红釉云龙纹盘	1	《故宫瓷器录》第二辑 明（甲）上编（宣德窑）

台北故宫博物院藏宣德御窑瓷器统计（总表）

序号	名称	数量（件）	参考出处
47	祭红釉云纹盘	2	《故宫瓷器录》第二辑 明（甲）上编（宣德窑）
48	祭红釉盘	140	《故宫瓷器录》第二辑 明（甲）上编（宣德窑）
49	里白釉外祭红釉双龙纹盘	4	《故宫瓷器录》第二辑 明（甲）上编（宣德窑）
50	里白釉外祭红釉盘	1	《故宫瓷器录》第二辑 明（甲）上编（宣德窑）
51	霁青釉莲瓣纹卤壶	1	《故宫瓷器录》第二辑 明（甲）上编（宣德窑）
52	霁青釉双龙纹碗	4	《故宫瓷器录》第二辑 明（甲）上编（宣德窑）
53	里白釉外霁青釉双龙纹碗	4	《故宫瓷器录》第二辑 明（甲）上编（宣德窑）
54	霁青釉莲塘鱼藻纹碗	1	《故宫瓷器录》第二辑 明（甲）上编（宣德窑）
55	霁青釉碗	11	《故宫瓷器录》第二辑 明（甲）上编（宣德窑）
56	里白釉外霁青釉碗	2	《故宫瓷器录》第二辑 明（甲）上编（宣德窑）
57	里白釉外霁青釉仰钟式碗	1	《故宫瓷器录》第二辑 明（甲）上编（宣德窑）
58	里白釉外霁青釉高足碗	1	《故宫瓷器录》第二辑 明（甲）上编（宣德窑）
59	霁青釉双龙纹盘	20	《故宫瓷器录》第二辑 明（甲）上编（宣德窑）
60	里白釉外霁青釉双龙纹盘	57	《故宫瓷器录》第二辑 明（甲）上编（宣德窑）
61	霁青釉莲塘鱼藻纹盘	1	《故宫瓷器录》第二辑 明（甲）上编（宣德窑）
62	霁青釉花果盘	14	《故宫瓷器录》第二辑 明（甲）上编（宣德窑）
63	霁青釉盘	82	《故宫瓷器录》第二辑 明（甲）上编（宣德窑）
64	里白釉外霁青釉盘	22	《故宫瓷器录》第二辑 明（甲）上编（宣德窑）
65	娇黄盘	2	《故宫瓷器录》第二辑 明（甲）上编（宣德窑）
66	翠青釉牡丹花式碗	5	《故宫瓷器录》第二辑 明（甲）上编（宣德窑）
67	翠青釉番莲纹碗	2	《故宫瓷器录》第二辑 明（甲）上编（宣德窑）
68	里白釉外翠青釉双龙纹碗	1	《故宫瓷器录》第二辑 明（甲）上编（宣德窑）
69	翠青釉牡丹花式盘	20	《故宫瓷器录》第二辑 明（甲）上编（宣德窑）
70	翠青釉莲花式小碟	52	《故宫瓷器录》第二辑 明（甲）上编（宣德窑）
71	里白釉外翡翠釉双龙纹盘	2	《故宫瓷器录》第二辑 明（甲）上编（宣德窑）
72	里白釉外翡翠釉划花盘	1	《故宫瓷器录》第二辑 明（甲）上编（宣德窑）
73	紫金釉瓜式把壶	1	《故宫瓷器录》第二辑 明（甲）上编（宣德窑）
74	紫金釉碗	1	《故宫瓷器录》第二辑 明（甲）上编（宣德窑）
75	仿钧玫瑰紫釉弦纹三足炉	1	《故宫瓷器录》第二辑 明（甲）上编（宣德窑）

台北故宫博物院藏宣德御窑瓷器统计（总表）

序号	名称	数量（件）	参考出处
76	仿哥釉灰青菊瓣盘	8	《故宫瓷器录》第二辑 明（甲）上编（宣德窑）
77	仿哥釉月白盘	2	《故宫瓷器录》第二辑 明（甲）上编（宣德窑）
78	青花番莲纹壶	1	《故宫瓷器录》第二辑 明（甲）上编（宣德窑）
79	青花人物纹扁壶	1	《故宫瓷器录》第二辑 明（甲）上编（宣德窑）
80	青花番莲纹扁壶	1	《故宫瓷器录》第二辑 明（甲）上编（宣德窑）
81	青花花卉纹扁壶	4	《故宫瓷器录》第二辑 明（甲）上编（宣德窑）
82	青花花卉纹执壶	1	《故宫瓷器录》第二辑 明（甲）上编（宣德窑）
83	青花龙纹僧帽壶	1	《故宫瓷器录》第二辑 明（甲）上编（宣德窑）
84	青花蟠龙纹天球瓶	1	《故宫瓷器录》第二辑 明（甲）上编（宣德窑）
85	青花番莲纹天球瓶	1	《故宫瓷器录》第二辑 明（甲）上编（宣德窑）
86	青花莲花纹梅瓶	1	《故宫瓷器录》第二辑 明（甲）上编（宣德窑）
87	青花四季花果纹梅瓶	1	《故宫瓷器录》第二辑 明（甲）上编（宣德窑）
88	青花龙凤纹兽耳环瓶	1	《故宫瓷器录》第二辑 明（甲）上编（宣德窑）
89	青花龙耳折方瓶	4	《故宫瓷器录》第二辑 明（甲）上编（宣德窑）
90	青花花卉纹贯耳瓶	1	《故宫瓷器录》第二辑 明（甲）上编（宣德窑）
91	青花凤凰纹瓶	4	《故宫瓷器录》第二辑 明（甲）上编（宣德窑）
92	青花番莲纹瓶	1	《故宫瓷器录》第二辑 明（甲）上编（宣德窑）
93	青花牡丹纹瓶	1	《故宫瓷器录》第二辑 明（甲）上编（宣德窑）
94	青花花果纹瓶	1	《故宫瓷器录》第二辑 明（甲）上编（宣德窑）
95	青花牡丹纹盖罐	1	《故宫瓷器录》第二辑 明（甲）上编（宣德窑）
96	青花四季花卉纹盖罐	2	《故宫瓷器录》第二辑 明（甲）上编（宣德窑）
97	青花花卉纹盖罐	4	《故宫瓷器录》第二辑 明（甲）上编（宣德窑）
98	青花梅花纹小盖罐	1	《故宫瓷器录》第二辑 明（甲）上编（宣德窑）
99	青花四季花卉纹罐	1	《故宫瓷器录》第二辑 明（甲）上编（宣德窑）
100	青花花卉纹豆	10	《故宫瓷器录》第二辑 明（甲）上编（宣德窑）
101	青花蕉叶纹渣斗	2	《故宫瓷器录》第二辑 明（甲）上编（宣德窑）
102	青花花卉纹印泥盒	1	《故宫瓷器录》第二辑 明（甲）上编（宣德窑）
103	青花牡丹纹水丞	1	《故宫瓷器录》第二辑 明（甲）上编（宣德窑）

续表

台北故宫博物院藏宣德御窑瓷器统计（总表）

序号	名称	数量（件）	参考出处
104	青花鸟形砚滴	1	《故宫瓷器录》第二辑 明（甲）上编（宣德窑）
105	青花牡丹纹花插	1	《故宫瓷器录》第二辑 明（甲）上编（宣德窑）
106	青花牡丹纹花浇	4	《故宫瓷器录》第二辑 明（甲）上编（宣德窑）
107	青花花浇	1	《故宫瓷器录》第二辑 明（甲）上编（宣德窑）
108	青花番莲纹弦纹三足炉	1	《故宫瓷器录》第二辑 明（甲）上编（宣德窑）
109	青花花卉纹灯	4	《故宫瓷器录》第二辑 明（甲）上编（宣德窑）
110	青花花卉纹漏斗	2	《故宫瓷器录》第二辑 明（甲）上编（宣德窑）
111	青花牡丹纹鸟食罐	1	《故宫瓷器录》第二辑 明（甲）上编（宣德窑）
112	青花莲花纹钵式缸	1	《故宫瓷器录》第二辑 明（甲）上编（宣德窑）
113	青花云龙牡丹纹花式洗	4	《故宫瓷器录》第二辑 明（甲）上编（宣德窑）
114	青花龙凤牡丹纹花式洗	1	《故宫瓷器录》第二辑 明（甲）上编（宣德窑）
115	青花云龙纹圆洗	2	《故宫瓷器录》第二辑 明（甲）上编（宣德窑）
116	青花双龙纹圆洗	1	《故宫瓷器录》第二辑 明（甲）上编（宣德窑）
117	青花岁寒三友纹圆洗	3	《故宫瓷器录》第二辑 明（甲）上编（宣德窑）
118	青花灵芝纹圆洗	5	《故宫瓷器录》第二辑 明（甲）上编（宣德窑）
119	青花牡丹纹圆洗	14	《故宫瓷器录》第二辑 明（甲）上编（宣德窑）
120	青花番莲纹圆洗	9	《故宫瓷器录》第二辑 明（甲）上编（宣德窑）
121	青花莲托八吉祥纹圆洗	1	《故宫瓷器录》第二辑 明（甲）上编（宣德窑）
122	青花四季花卉纹圆洗	8	《故宫瓷器录》第二辑 明（甲）上编（宣德窑）
123	青花花果纹圆洗	11	《故宫瓷器录》第二辑 明（甲）上编（宣德窑）
124	青花莲花纹合碗	4	《故宫瓷器录》第二辑 明（甲）上编（宣德窑）
125	青花番莲纹合碗	8	《故宫瓷器录》第二辑 明（甲）上编（宣德窑）
126	青花莲托八吉祥纹合碗	13	《故宫瓷器录》第二辑 明（甲）上编（宣德窑）
127	青花四季花卉纹合碗	2	《故宫瓷器录》第二辑 明（甲）上编（宣德窑）
128	青花双龙纹碗	1	《故宫瓷器录》第二辑 明（甲）上编（宣德窑）
129	青花番莲纹碗	1	《故宫瓷器录》第二辑 明（甲）上编（宣德窑）
130	青花四季花卉纹碗	1	《故宫瓷器录》第二辑 明（甲）上编（宣德窑）
131	青花莲塘游鱼牡丹纹花式大碗	1	《故宫瓷器录》第二辑 明（甲）上编（宣德窑）
132	青花莲塘游鱼牡丹纹花式碗	2	《故宫瓷器录》第二辑 明（甲）上编（宣德窑）

台北故宫博物院藏宣德御窑瓷器统计（总表）

序号	名称	数量（件）	参考出处
133	青花四季花果纹葵瓣口碗	100	《故宫瓷器录》第二辑 明（甲）上编（宣德窑）
134	青花番莲纹	18	《故宫瓷器录》第二辑 明（甲）上编（宣德窑）
135	青花四季花卉纹碗	1	《故宫瓷器录》第二辑 明（甲）上编（宣德窑）
136	青花花卉纹碗	35	《故宫瓷器录》第二辑 明（甲）上编（宣德窑）
137	青花花卉纹浅碗	10	《故宫瓷器录》第二辑 明（甲）上编（宣德窑）
138	青花仙山楼阁纹碗	14	《故宫瓷器录》第二辑 明（甲）上编（宣德窑）
139	青花山水仕女纹碗	97	《故宫瓷器录》第二辑 明（甲）上编（宣德窑）
140	青花婴戏图纹碗	10	《故宫瓷器录》第二辑 明（甲）上编（宣德窑）
141	青花龙纹大碗	2	《故宫瓷器录》第二辑 明（甲）上编（宣德窑）
142	青花双龙纹大碗	1	《故宫瓷器录》第二辑 明（甲）上编（宣德窑）
143	青花九龙纹大碗	1	《故宫瓷器录》第二辑 明（甲）上编（宣德窑）
144	青花双龙纹碗	23	《故宫瓷器录》第二辑 明（甲）上编（宣德窑）
145	青花五龙纹碗	1	《故宫瓷器录》第二辑 明（甲）上编（宣德窑）
146	青花凤凰纹碗	1	《故宫瓷器录》第二辑 明（甲）上编（宣德窑）
147	青花龙凤纹碗	1	《故宫瓷器录》第二辑 明（甲）上编（宣德窑）
148	青花海兽纹碗	2	《故宫瓷器录》第二辑 明（甲）上编（宣德窑）
149	青花牡丹纹大碗	1	《故宫瓷器录》第二辑 明（甲）上编（宣德窑）
150	青花牡丹纹碗	1	《故宫瓷器录》第二辑 明（甲）上编（宣德窑）
151	青花莲花纹碗	2	《故宫瓷器录》第二辑 明（甲）上编（宣德窑）
152	青花番莲纹碗	133	《故宫瓷器录》第二辑 明（甲）上编（宣德窑）
153	青花岁寒三友纹大碗	1	《故宫瓷器录》第二辑 明（甲）上编（宣德窑）
154	青花岁寒三友纹碗	3	《故宫瓷器录》第二辑 明（甲）上编（宣德窑）
155	青花四季花卉纹碗	101	《故宫瓷器录》第二辑 明（甲）上编（宣德窑）
156	青花花果纹碗	2	《故宫瓷器录》第二辑 明（甲）上编（宣德窑）
157	青花莲托八吉祥纹小碗	3	《故宫瓷器录》第二辑 明（甲）上编（宣德窑）
158	青花莲托八吉祥纹高足盖碗	2	《故宫瓷器录》第二辑 明（甲）上编（宣德窑）
159	青花云龙牡丹纹花式高足碗	1	《故宫瓷器录》第二辑 明（甲）上编（宣德窑）
160	青花团龙牡丹纹花式高足碗	2	《故宫瓷器录》第二辑 明（甲）上编（宣德窑）
161	青花凤凰牡丹纹花式高足碗	1	《故宫瓷器录》第二辑 明（甲）上编（宣德窑）

续表

台北故宫博物院藏宣德御窑瓷器统计（总表）

序号	名称	数量（件）	参考出处
162	青花团花牡丹纹花式高足碗	1	《故宫瓷器录》第二辑 明（甲）上编（宣德窑）
163	青花团花果牡丹纹花式高足碗	3	《故宫瓷器录》第二辑 明（甲）上编（宣德窑）
164	青花山水仕女纹高足碗	1	《故宫瓷器录》第二辑 明（甲）上编（宣德窑）
165	青花藏文高足碗	1	《故宫瓷器录》第二辑 明（甲）上编（宣德窑）
166	青花双龙藏文高足碗	1	《故宫瓷器录》第二辑 明（甲）上编（宣德窑）
167	青花双龙纹高足碗	12	《故宫瓷器录》第二辑 明（甲）上编（宣德窑）
168	青花五龙纹高足碗	11	《故宫瓷器录》第二辑 明（甲）上编（宣德窑）
169	青花九龙纹高足碗	3	《故宫瓷器录》第二辑 明（甲）上编（宣德窑）
170	青花凤凰纹高足碗	1	《故宫瓷器录》第二辑 明（甲）上编（宣德窑）
171	青花海兽纹高足碗	3	《故宫瓷器录》第二辑 明（甲）上编（宣德窑）
172	青花牡丹纹高足碗	1	《故宫瓷器录》第二辑 明（甲）上编（宣德窑）
173	青花牡丹番莲纹高足碗	1	《故宫瓷器录》第二辑 明（甲）上编（宣德窑）
174	青花灵芝葡萄纹高足碗	1	《故宫瓷器录》第二辑 明（甲）上编（宣德窑）
175	青花岁寒三友纹高足碗	1	《故宫瓷器录》第二辑 明（甲）上编（宣德窑）
176	青花莲托八吉祥纹高足碗	8	《故宫瓷器录》第二辑 明（甲）上编（宣德窑）
177	青花四季花卉纹高足碗	8	《故宫瓷器录》第二辑 明（甲）上编（宣德窑）
178	青花花卉纹盅	2	《故宫瓷器录》第二辑 明（甲）上编（宣德窑）
179	青花山水人物纹高足盅	6	《故宫瓷器录》第二辑 明（甲）上编（宣德窑）
180	青花山水仕女纹高足盅	2	《故宫瓷器录》第二辑 明（甲）上编（宣德窑）
181	青花云龙纹高足盅	8	《故宫瓷器录》第二辑 明（甲）上编（宣德窑）
182	青花双龙纹高足盅	8	《故宫瓷器录》第二辑 明（甲）上编（宣德窑）
183	青花五龙纹高足盅	7	《故宫瓷器录》第二辑 明（甲）上编（宣德窑）
184	青花海兽纹高足盅	15	《故宫瓷器录》第二辑 明（甲）上编（宣德窑）
185	青花灵芝纹高足盅	2	《故宫瓷器录》第二辑 明（甲）上编（宣德窑）
186	青花岁寒三友纹高足盅	10	《故宫瓷器录》第二辑 明（甲）上编（宣德窑）
187	青花番莲纹高足盅	18	《故宫瓷器录》第二辑 明（甲）上编（宣德窑）
188	青花四季花卉纹高足盅	2	《故宫瓷器录》第二辑 明（甲）上编（宣德窑）
189	青花三友人物纹盘	3	《故宫瓷器录》第二辑 明（甲）上编（宣德窑）
190	青花三友仕女纹盘	15	《故宫瓷器录》第二辑 明（甲）上编（宣德窑）

台北故宫博物院藏宣德御窑瓷器统计（总表）

序号	名称	数量（件）	参考出处
191	青花龙纹盘	1	《故宫瓷器录》第二辑 明（甲）上编（宣德窑）
192	青花四龙纹盘	1	《故宫瓷器录》第二辑 明（甲）上编（宣德窑）
193	青花五龙纹盘	2	《故宫瓷器录》第二辑 明（甲）上编（宣德窑）
194	青花龙凤纹盘	3	《故宫瓷器录》第二辑 明（甲）上编（宣德窑）
195	青花云凤纹盘	1	《故宫瓷器录》第二辑 明（甲）上编（宣德窑）
196	青花凤凰纹盘	15	《故宫瓷器录》第二辑 明（甲）上编（宣德窑）
197	青花狮子纹盘	3	《故宫瓷器录》第二辑 明（甲）上编（宣德窑）
198	青花海兽纹盘	1	《故宫瓷器录》第二辑 明（甲）上编（宣德窑）
199	青花莲塘游鱼纹盘	2	《故宫瓷器录》第二辑 明（甲）上编（宣德窑）
200	青花莲塘纹盘	2	《故宫瓷器录》第二辑 明（甲）上编（宣德窑）
201	青花牡丹纹盘	1	《故宫瓷器录》第二辑 明（甲）上编（宣德窑）
202	青花番莲纹盘	28	《故宫瓷器录》第二辑 明（甲）上编（宣德窑）
203	青花莲托八吉祥纹盘	1	《故宫瓷器录》第二辑 明（甲）上编（宣德窑）
204	青花岁寒三友纹盘	5	《故宫瓷器录》第二辑 明（甲）上编（宣德窑）
205	青花花果纹盘	3	《故宫瓷器录》第二辑 明（甲）上编（宣德窑）
206	青花团花果盘	1	《故宫瓷器录》第二辑 明（甲）上编（宣德窑）
207	青花番莲纹碟	2	《故宫瓷器录》第二辑 明（甲）上编（宣德窑）
208	釉里红三友壶	1	《故宫瓷器录》第二辑 明（甲）上编（宣德窑）
209	釉里红白泽神兽贯耳壶	1	《故宫瓷器录》第二辑 明（甲）上编（宣德窑）
210	釉里红蟠龙纹梅瓶	1	《故宫瓷器录》第二辑 明（甲）上编（宣德窑）
211	釉里红石榴瓶	1	《故宫瓷器录》第二辑 明（甲）上编（宣德窑）
212	釉里红双鱼洗	1	《故宫瓷器录》第二辑 明（甲）上编（宣德窑）
213	釉里红二龙戏珠纹碗	2	《故宫瓷器录》第二辑 明（甲）上编（宣德窑）
214	釉里红三果碗	1	《故宫瓷器录》第二辑 明（甲）上编（宣德窑）
215	釉里红三鱼高足碗	10	《故宫瓷器录》第二辑 明（甲）上编（宣德窑）
216	釉里红三果高足碗	20	《故宫瓷器录》第二辑 明（甲）上编（宣德窑）
217	釉里红三鱼高足盅	20	《故宫瓷器录》第二辑 明（甲）上编（宣德窑）
218	釉里红三果高足盅	2	《故宫瓷器录》第二辑 明（甲）上编（宣德窑）
219	釉里红三果盘	3	《故宫瓷器录》第二辑 明（甲）上编（宣德窑）

续表

台北故宫博物院藏宣德御窑瓷器统计（总表）

序号	名称	数量（件）	参考出处
220	青花釉里红赶珠龙合碗	1	《故宫瓷器录》第二辑 明（甲）上编（宣德窑）
221	宣德款青花红彩云龙纹合碗	2	《故宫瓷器录》第二辑 明（甲）上编（宣德窑）
222	宣德款青花红彩海兽纹高足盅	3	《故宫瓷器录》第二辑 明（甲）上编（宣德窑）
223	宣德款青花红彩花卉纹高足盅	4	《故宫瓷器录》第二辑 明（甲）上编（宣德窑）
224	宣德款白地紫金釉花果纹盘	4	《故宫瓷器录》第二辑 明（甲）上编（宣德窑）
225	宣德款白地黄釉花果纹盘	1	《故宫瓷器录》第二辑 明（甲）上编（宣德窑）
226	宣德款黄釉青花八吉祥纹盘	1	《故宫瓷器录》第二辑 明（甲）上编（宣德窑）
227	宣德款黄釉青花花果纹盘	2	《故宫瓷器录》第二辑 明（甲）上编（宣德窑）
228	宣德款雾青釉绿彩莲塘游鱼盘	2	《故宫瓷器录》第二辑 明（甲）上编（宣德窑）
229	宣德款青花加彩游鱼盘	5	《故宫瓷器录》第二辑 明（甲）上编（宣德窑）
230	青花大碗	12	《故宫瓷器录》第二辑 明（甲）下编（宣德窑）
231	青花花浇	11	《故宫瓷器录》第二辑 明（甲）下编（宣德窑）
232	青花罐	1	《故宫瓷器录》第二辑 明（甲）下编（宣德窑）
233	青花花囊	3	《故宫瓷器录》第二辑 明（甲）下编（宣德窑）
234	青花葵瓣纹龙纹洗	4	《故宫瓷器录》第二辑 明（甲）下编（宣德窑）
235	青花葵瓣双鱼纹洗	1	《故宫瓷器录》第二辑 明（甲）下编（宣德窑）
236	漆面刻花描金龙纹盘	1	《故宫瓷器录》第二辑 明（甲）下编（宣德窑）
237	青花盖罐	2	《故宫瓷器录》第二辑 明（甲）下编（宣德窑）
238	雾青釉葫芦瓶	1	《故宫瓷器录》第二辑 明（甲）下编（宣德窑）
239	青花松竹梅三友纹碗	1	《故宫藏瓷大系：宣德之部》
240	青花转枝莲纹碗	1	《故宫藏瓷大系：宣德之部》
241	青花转枝莲纹碗	1	《故宫藏瓷大系：宣德之部》
242	青花团龙葵式碗	1	《故宫藏瓷大系：宣德之部》
243	青花三友纹大碗	1	《明代宣德官窑菁华特展图录》
244	青花转枝莲纹碗	1	《明代宣德官窑菁华特展图录》
245	青花花卉纹碗	1	《明代宣德官窑菁华特展图录》
246	青花花卉纹莲子碗	1	《明代宣德官窑菁华特展图录》
247	青花把莲纹盘	1	《明代宣德官窑菁华特展图录》
248	青花波涛龙纹渣斗	1	《明代宣德官窑菁华特展图录》
249	青花卷草纹鸟食瓶	1	《明代宣德官窑菁华特展图录》
250	青花灵芝纹尊式瓶	1	《明代宣德官窑菁华特展图录》

续表

台北故宫博物院藏宣德御窑瓷器统计（总表）

序号	名称	数量（件）	参考出处
251	青花牵牛花纹折方瓶	1	《明代宣德官窑菁华特展图录》
252	孔雀绿釉弦纹三足炉	1	《明代宣德官窑菁华特展图录》
253	紫红釉弦纹三足炉	1	《明代宣德官窑菁华特展图录》
254	青花桃实花卉纹梅瓶	1	《明代宣德官窑菁华特展图录》
255	霁青水仙盆	1	《明代宣德官窑菁华特展图录》
256	天蓝釉碗	1	《明代宣德官窑菁华特展图录》
257	天蓝釉撇口碗	1	《明代宣德官窑菁华特展图录》
258	矾红三鱼纹高足杯	1	《明代宣德官窑菁华特展图录》
259	红釉金彩双龙赶珠纹碗	1	《明代宣德官窑菁华特展图录》
260	霁青碟	1	《明代宣德官窑菁华特展图录》
261	宝石红碟	1	《明代宣德官窑菁华特展图录》
262	洒蓝刻花莲塘鱼藻纹碗	1	《明代宣德官窑菁华特展图录》
263	甜白暗花双龙纹高足盅	1	《明代宣德官窑菁华特展图录》
264	甜白碟	1	《明代宣德官窑菁华特展图录》

附表5　景德镇御窑厂永乐地层历年出土瓷器统计

1980 年景德镇御窑厂永乐地层出土瓷器（修复后）

序号	名称	地层	尺寸（厘米）	参考出处	发掘地点
1	酱彩云龙纹碗	永乐地层	口径20.8	《景德镇珠山出土永乐官窑瓷》第90页	珠山周围

1982 年景德镇御窑厂永乐地层出土瓷器（修复后）

序号	名称	地层	尺寸（厘米）	参考出处	发掘地点
1	永乐款白釉印花高足碗	永乐前期地层	口径15.1	《景德镇珠山出土永乐宣德官窑瓷器展览》第85页《景德镇珠山出土永乐官窑瓷器》第46页	明御厂南院东侧

序号	名称	地层	尺寸（厘米）	参考出处	发掘地点
2	白釉爵	永乐前期地层	口径17.9×7.5，高16.1	《景德镇珠山出土永乐宣德官窑瓷器展览》第116页 《景德镇出土元明官窑瓷器》第155页 《景德镇珠山出土永乐官窑瓷器》第48页	明御厂南院东侧
3	白釉盘口兽耳长颈瓶	永乐前期地层	高78	《景德镇珠山出土永乐宣德官窑瓷器展览》第85页 《景德镇出土元明官窑瓷器》第145页 《景德镇珠山出土永乐官窑瓷器》第28页	明御厂南院东侧
4	白釉花口洗	永乐地层	口径16.3	《景德镇珠山出土永乐官窑瓷器》第40页	明御厂南院
5	白釉双环珠顶盖皿	永乐后期地层	高19.4盖径28.2	《景德镇珠山出土永乐宣德官窑瓷器展览》第85页 《景德镇出土元明官窑瓷器》第147页 《景德镇珠山出土永乐官窑瓷器》第50页	明御厂南院西侧
6	仿龙泉青釉净瓶	永乐地层	高27	《景德镇出土元明官窑瓷器》第144页 《景德镇珠山出土永乐官窑瓷器》第78页	明御厂南院

1983 年景德镇御窑厂永乐地层出土瓷器（修复后）

序号	名称	地层	尺寸（厘米）	参考出处	发掘地点
1	白釉八方烛台	永乐前期地层	高29	《景德镇珠山出土永乐宣德官窑瓷器展览》第90页 《景德镇出土元明官窑瓷器》第149页 《景德镇珠山出土永乐官窑瓷器》第60页	明御厂南院东侧

序号	名称	地层	尺寸（厘米）	参考出处	发掘地点
2	白釉方流直径执壶	永乐前期地层	高 32.6	《景德镇珠山出土永乐宣德官窑瓷器展览》第 94 页 《景德镇珠山出土永乐官窑瓷器》第 56 页	明御厂南院东侧
3	白釉方流鸡心扁壶	永乐前期地层	高 20.3 足径 10.9×10	《景德镇珠山出土永乐宣德官窑瓷器展览》第 96 页 《景德镇出土元明官窑瓷器》第 154 页 《景德镇珠山出土永乐官窑瓷器》第 33 页	明御厂南院东侧
4	白釉军持	永乐前期地层	高 29	《景德镇珠山出土永乐宣德官窑瓷器展览》第 100 页 《景德镇出土元明官窑瓷器》第 150 页 《景德镇珠山出土永乐官窑瓷器》第 36 页	明御厂南院东侧
5	白釉花浇	永乐前期地层	高 13.5	《景德镇珠山出土永乐宣德官窑瓷器展览》第 104 页 《景德镇珠山出土永乐官窑瓷器》第 54 页	明御厂南院东侧
6	白釉带盖豆	永乐前期地层	口径 7.4 通高 13.2	《景德镇珠山出土永乐宣德官窑瓷器展览》第 106 页 《景德镇珠山出土永乐官窑瓷器》第 47 页	明御厂南院东侧
7	白釉锥花云龙纹梨形壶	永乐前期地层	口径 3.8 通高 12.5	《景德镇珠山出土永乐宣德官窑瓷器展览》第 110 页 《景德镇出土元明官窑瓷器》第 153 页 《景德镇珠山出土永乐官窑瓷器》第 36 页	明御厂南院东侧

续表

序号	名称	地层	尺寸 （厘米）	参考出处	发掘地点
8	白釉梅瓶	永乐前期地层	高 33.9	《景德镇珠山出土永乐宣德官窑瓷器展览》第 112 页 《景德镇珠山出土永乐官窑瓷器》第 30 页 《景德镇出土明代御窑瓷器》第 92—93 页	明御厂南院东侧
9	白釉鼓腹环底盂	永乐前期地层	口径 10.9 高 7.7	《景德镇珠山出土永乐宣德官窑瓷器展览》第 108 页	明御厂南院东侧
10	白釉小碗	永乐前期地层	口径 9.9 足径 4.1	《景德镇珠山出土永乐宣德官窑瓷器展览》第 114 页	明御厂南院东侧
11	白釉四系矮壶	永乐前期地层	高 17.8	《景德镇珠山出土永乐宣德官窑瓷器展览》第 120 页 《景德镇出土元明官窑瓷器》第 153 页 《景德镇珠山出土永乐官窑瓷器》第 34 页	明御厂南院东侧
12	白釉折肩深腹执壶	永乐前期地层	高 29.4	《景德镇珠山出土永乐宣德官窑瓷器展览》第 88 页 《景德镇出土元明官窑瓷器》第 152 页 《景德镇珠山出土永乐官窑瓷器》第 34 页	明御厂南院东侧
13	白釉折沿菱花口碟	永乐前期地层	口径 19.8 高 2.7	《景德镇珠山出土永乐宣德官窑瓷器展览》第 128 页 《景德镇珠山出土永乐官窑瓷器》第 41 页	明御厂南院东侧
14	白釉双耳扁壶	永乐地层	高 30.1	《景德镇珠山出土永乐宣德官窑瓷器展览》第 92 页 《景德镇珠山出土永乐官窑瓷器》第 54 页	明御厂南院

序号	名称	地层	尺寸（厘米）	参考出处	发掘地点
15	白釉锥花僧帽壶	永乐地层	通高 19.3	《景德镇珠山出土永乐宣德官窑瓷器展览》第 98 页 《景德镇出土元明官窑瓷器》第 151 页 《景德镇珠山出土永乐官窑瓷器》第 38 页	明御厂南院
16	白釉浮雕莲瓣纹束腰三足座	永乐地层	高 19.3	《景德镇珠山出土永乐宣德官窑瓷器展览》第 86 页 《景德镇出土元明官窑瓷器》第 156 页 《景德镇珠山出土永乐官窑瓷器》第 52 页	明御厂南院
17	白釉三壶连通器	永乐后期地层	高 31.2	《景德镇珠山出土永乐宣德官窑瓷器展览》第 126 页 《景德镇出土元明官窑瓷器》第 148 页 《景德镇珠山出土永乐官窑瓷器》第 58 页	明御厂南院西侧
18	黄地锥绿龙纹梨形壶	永乐后期地层	通高 12.4 壶身 9.9	《景德镇珠山出土永乐宣德官窑瓷器展览》第 138 页 《景德镇出土元明官窑瓷器》第 159 页 《景德镇珠山出土永乐官窑瓷器》第 92 页	明御厂南院西侧
19	红釉小碗	永乐后期地层	口径 10.3	《景德镇珠山出土永乐宣德官窑瓷器展览》第 144 页	明御厂南院西侧
20	红釉碗	永乐后期地层	口径 20.7	《景德镇珠山出土永乐宣德官窑瓷器展览》第 146 页 《景德镇出土元明官窑瓷器》第 141 页 《景德镇珠山出土永乐官窑瓷器》第 70 页	明御厂南院西侧

序号	名称	地层	尺寸（厘米）	参考出处	发掘地点
21	红釉白云龙纹碗	永乐后期地层	口径25.8	《景德镇珠山出土永乐宣德官窑瓷器展览》第154页 《景德镇出土元明官窑瓷器》第142页 《景德镇珠山出土永乐官窑瓷器》第72页	明御厂南院西侧

1984年景德镇御窑厂永乐地层出土瓷器（修复后）

序号	名称	地层	尺寸（厘米）	参考出处	发掘地点
1	白釉鸡心扁瓶	永乐前期地层	高19	《景德镇珠山出土永乐宣德官窑瓷器展览》第102页 《景德镇珠山出土永乐官窑瓷器》第32页	明御厂南院东侧
2	白釉敛口钵	永乐前期地层	口径21.6	《景德镇珠山出土永乐宣德官窑瓷器展览》第108页	明御厂南院东侧
3	白釉斗笠盏	永乐地层	口径11.4	《景德镇珠山出土永乐官窑瓷器》第44页	明御厂南院
4	白釉盏托	永乐地层	高9.6	《景德镇珠山出土永乐官窑瓷器》第44页	明御厂南院
5	绿地酱彩龙纹小碗	永乐后期地层	口径10.2	《景德镇珠山出土永乐宣德官窑瓷器展览》第130页 《景德镇出土元明官窑瓷器》第159页 《景德镇珠山出土永乐官窑瓷器》第93页	明御厂南院西侧
6	黑褐釉方盒	永乐后期地层	高9.9 宽7.9	《景德镇珠山出土永乐宣德官窑瓷器展览》第122页 《景德镇出土元明官窑瓷器》第143页 《景德镇珠山出土永乐官窑瓷器》第83页	明御厂南院西侧

续表

序号	名称	地层	尺寸（厘米）	参考出处	发掘地点
7	矾红云凤纹碗	永乐后期地层	口径 13.2	《景德镇珠山出土永乐宣德官窑瓷器展览》第 134 页《景德镇出土元明官窑瓷器》第 139 页《景德镇珠山出土永乐官窑瓷器》第 91 页	明御厂南院西侧
8	釉里红梅竹纹笔盒	永乐后期地层	长 31.4	《景德镇珠山出土永乐宣德官窑瓷器展览》第 136 页《景德镇出土元明官窑瓷器》第 134 页《景德镇珠山出土永乐官窑瓷器》第 204 页	明御厂南院西侧
9	黄地锥绿龙纹小盘	永乐后期地层	口径 14.7	《景德镇珠山出土永乐宣德官窑瓷器展览》第 140 页《景德镇出土元明官窑瓷器》第 158 页	明御厂南院西侧
10	矾红地锥绿龙纹小盘	永乐后期地层	口径 14.8	《景德镇珠山出土永乐宣德官窑瓷器展览》第 142 页	明御厂南院西侧
11	青花海兽纹高足碗	永乐后期地层	口径 15.4 高 10.2	《景德镇珠山出土永乐宣德官窑瓷器展览》第 148 页	明御厂南院西侧
12	釉里红云龙纹梨形壶	永乐后期地层	高 9.9 足径 5.6	《景德镇珠山出土永乐宣德官窑瓷器展览》第 150 页《景德镇出土元明官窑瓷器》第 153 页《景德镇珠山出土永乐官窑瓷器》第 192 页	明御厂南院西侧
13	红地白云龙纹梨形壶	永乐后期地层	通高 12.6 壶身 9.9	《景德镇珠山出土永乐宣德官窑瓷器展览》第 152 页《景德镇出土元明官窑瓷器》第 134 页《景德镇珠山出土永乐官窑瓷器》第 67 页	明御厂南院西侧

序号	名称	地层	尺寸（厘米）	参考出处	发掘地点
14	青花釉里红海兽纹高足碗	永乐后期地层	口径 15.2 高 10.3	《景德镇珠山出土永乐宣德官窑瓷器展览》第 156 页 《景德镇出土元明官窑瓷器》第 136 页 《景德镇珠山出土永乐官窑瓷器》第 194 页	明御厂南院西侧
15	青花釉里红海浪三鱼纹高足杯	永乐后期地层	口径 8 高 7.2 足径 3.9	《景德镇珠山出土永乐宣德官窑瓷器展览》第 158 页 《景德镇出土元明官窑瓷器》第 136 页 《景德镇珠山出土永乐官窑瓷器》第 196 页	明御厂南院西侧
16	青花云凤纹高足碗	永乐后期地层	口径 14 高 11.6	《景德镇珠山出土永乐宣德官窑瓷器展览》第 160 页 《景德镇出土元明官窑瓷器》第 168 页	明御厂南院西侧
17	青花缠枝莲纹小碗	永乐后期地层	口径 13	《景德镇珠山出土永乐宣德官窑瓷器展览》第 162 页	明御厂南院西侧
18	青花梵文大勺	永乐后期地层	长 33.5 宽 9.4	《景德镇珠山出土永乐宣德官窑瓷器展览》第 164 页 《景德镇出土元明官窑瓷器》第 133 页 《景德镇珠山出土永乐官窑瓷器》第 170 页	明御厂南院西侧
19	青花海水龙纹碗	永乐后期地层	口径 20.5	《景德镇珠山出土永乐宣德官窑瓷器展览》第 166 页	明御厂南院西侧
20	青花五龙纹玉壶春瓶	永乐后期地层	高 26.9	《景德镇珠山出土永乐宣德官窑瓷器展览》第 168 页 《景德镇珠山出土永乐官窑瓷器》第 108 页	明御厂南院西侧
21	青花缠枝莲纹碗	永乐后期地层	口径 21	《景德镇珠山出土永乐宣德官窑瓷器展览》第 170 页	明御厂南院西侧

序号	名称	地层	尺寸（厘米）	参考出处	发掘地点
1988 年景德镇御窑厂永乐地层出土瓷器（修复后）					
1	红地白云龙纹高足碗	永乐前期地层	口径 10.3	《景德镇珠山出土永乐官窑瓷器》第 73 页	明御厂东门
2	青花牡丹纹折沿盘	永乐前期地层	口径 43.5	《景德镇出土元明官窑瓷器》第 129 页《景德镇珠山出土永乐官窑瓷器》第 130 页	明御厂东门

序号	名称	地层	尺寸（厘米）	参考出处	发掘地点
1994 年景德镇御窑厂永乐地层出土瓷器（修复后）					
1	白釉荷叶盖罐	永乐中前期地层	通高 38	《景德镇珠山出土永乐官窑瓷器》第 26 页	明御厂东院
2	金彩花口折沿盘	永乐中前期地层	口径 36	《景德镇出土元明官窑瓷器》第 138 页《景德镇珠山出土永乐官窑瓷器》第 86 页	明御厂东院
3	金彩花卉纹敛口钵	永乐中前期地层	口径 24.5	《景德镇出土元明官窑瓷器》第 137 页《景德镇珠山出土永乐官窑瓷器》第 88 页	明御厂东院
4	绿彩灵芝竹叶纹器托	永乐中前期地层	口径 25	《景德镇出土元明官窑瓷器》第 140 页《景德镇珠山出土永乐官窑瓷器》第 89 页	明御厂东院
5	影青刻海浪青花龙纹罐	永乐中前期地层	高 34	《景德镇出土元明官窑瓷器》第 105 页《景德镇珠山出土永乐官窑瓷器》第 94 页	明御厂东院
6	青花龙纹盖罐	永乐中前期地层	通高 31.5	《景德镇出土元明官窑瓷器》第 106 页《景德镇珠山出土永乐官窑瓷器》第 96 页	明御厂东院

序号	名称	地层	尺寸（厘米）	参考出处	发掘地点
7	青花缠枝莲纹盖罐	永乐中前期地层	通高 21.3	《景德镇出土元明官窑瓷器》第 107 页《景德镇珠山出土永乐官窑瓷器》第 98 页	明御厂东院
8	青花海浪白龙纹撇足梅瓶	永乐中前期地层	高 40	《景德镇出土元明官窑瓷器》第 98 页《景德镇珠山出土永乐官窑瓷器》第 100 页	明御厂东院
9	青花缠枝莲纹玉壶春瓶	永乐中前期地层	高 32	《景德镇出土元明官窑瓷器》第 99 页《景德镇珠山出土永乐官窑瓷器》第 110 页	明御厂东院
10	青花折枝秋葵纹玉壶春瓶	永乐中前期地层	高 34	《景德镇出土元明官窑瓷器》第 100 页《景德镇珠山出土永乐官窑瓷器》第 112 页	明御厂东院
11	青花开光双桃纹执壶	永乐中前期地层	高 29.4	《景德镇出土元明官窑瓷器》第 110 页《景德镇珠山出土永乐官窑瓷器》第 114 页	明御厂东院
12	青花开光花果纹执壶	永乐中前期地层	高 30.6	《景德镇出土元明官窑瓷器》第 111 页《景德镇珠山出土永乐官窑瓷器》第 116 页	明御厂东院
13	青花菊纹执壶	永乐中前期地层	高 33	《景德镇出土元明官窑瓷器》第 109 页《景德镇珠山出土永乐官窑瓷器》第 118 页	明御厂东院
14	青花六出开光莲纹花口折沿盘	永乐中前期地层	口径 40.5	《景德镇出土元明官窑瓷器》第 131 页《景德镇珠山出土永乐官窑瓷器》第 120 页	明御厂东院
15	青花瓜瓞纹折沿盘	永乐中前期地层	口径 33.6	《景德镇出土元明官窑瓷器》第 126 页《景德镇珠山出土永乐官窑瓷器》第 122 页	明御厂东院

续表

序号	名称	地层	尺寸 （厘米）	参考出处	发掘地点
16	青花并蒂莲纹折沿盆	永乐中前期地层	口径 40.4	《景德镇出土元明官窑瓷器》第 127 页 《景德镇珠山出土永乐官窑瓷器》第 124 页	明御厂东院
17	青花八出开光葡萄纹折沿盘	永乐中前期地层	口径 40.5	《景德镇出土元明官窑瓷器》第 130 页 《景德镇珠山出土永乐官窑瓷器》第 126 页	明御厂东院
18	青花缠枝茶花牡丹纹折沿盘	永乐中前期地层	口径 41.3	《景德镇珠山出土永乐官窑瓷器》第 128 页	明御厂东院
19	青花折枝莲纹折沿盘	永乐中前期地层	口径 43.5	《景德镇出土元明官窑瓷器》第 129 页 《景德镇珠山出土永乐官窑瓷器》第 132 页	明御厂东院
20	青花海浪白龙纹窝盘	永乐中前期地层	口径 28	《景德镇珠山出土永乐官窑瓷器》第 134 页	明御厂东院
21	青花荔枝纹窝盘	永乐中前期地层	口径 29	《景德镇出土元明官窑瓷器》第 124 页 《景德镇珠山出土永乐官窑瓷器》第 136 页	明御厂东院
22	青花把莲纹窝盘	永乐中前期地层	口径 32	《景德镇珠山出土永乐官窑瓷器》第 138 页	明御厂东院
23	青花双桃纹窝盘	永乐中前期地层	口径 32	《景德镇出土元明官窑瓷器》第 125 页 《景德镇珠山出土永乐官窑瓷器》第 140 页	明御厂东院
24	青花松树小景窝盘	永乐中前期地层	口径 41	《景德镇出土元明官窑瓷器》第 123 页 《景德镇珠山出土永乐官窑瓷器》第 142 页	明御厂东院
25	青花葡萄纹窝盘	永乐中前期地层	口径 41	《景德镇出土元明官窑瓷器》第 125 页 《景德镇珠山出土永乐官窑瓷器》第 144 页	明御厂东院

序号	名称	地层	尺寸（厘米）	参考出处	发掘地点
26	青花松竹梅纹大窝盘	永乐中前期地层	口径65.5	《景德镇出土元明官窑瓷器》第122页《景德镇珠山出土永乐官窑瓷器》第146页	明御厂东院
27	青花缠枝牡丹纹大窝盘	永乐中前期地层	口径66	《景德镇出土元明官窑瓷器》第120页《景德镇珠山出土永乐官窑瓷器》第148页	明御厂东院
28	青花湖石鸡冠花纹大窝盘	永乐中前期地层	口径68.3	《景德镇出土元明官窑瓷器》第121页《景德镇珠山出土永乐官窑瓷器》第150页	明御厂东院
29	青花云龙纹直口碗	永乐中前期地层	口径34.7	《景德镇出土元明官窑瓷器》第114页《景德镇珠山出土永乐官窑瓷器》第152页	明御厂东院
30	青花折枝花纹直口碗	永乐中前期地层	口径34	《景德镇出土元明官窑瓷器》第145页《景德镇珠山出土永乐官窑瓷器》第154页	明御厂东院
31	青花莲瓣纹鸡心碗	永乐中前期地层	口径21.5	《景德镇珠山出土永乐官窑瓷器》第158页	明御厂东院
32	青花折枝茶花纹小碗	永乐中前期地层	口径10.9	《景德镇珠山出土永乐官窑瓷器》第160页	明御厂东院
33	青花缠枝菊纹小碗	永乐中前期地层	口径11.4	《景德镇出土元明官窑瓷器》第117页《景德镇珠山出土永乐官窑瓷器》第161页	明御厂东院
34	青花缠枝菊纹小碗	永乐中前期地层	口径11.3	《景德镇珠山出土永乐官窑瓷器》第162页	明御厂东院
35	青花缠枝莲纹小碗	永乐中前期地层	口径11.2	《景德镇出土元明官窑瓷器》第118页《景德镇珠山出土永乐官窑瓷器》第163页	明御厂东院

序号	名称	地层	尺寸（厘米）	参考出处	发掘地点
36	青花缠枝莲纹小碗	永乐中前期地层	口径11.3	《景德镇珠山出土永乐官窑瓷器》第164页	明御厂东院
37	青花双桃纹小碗	永乐中前期地层	口径11	《景德镇出土元明官窑瓷器》第116页《景德镇珠山出土永乐官窑瓷器》第165页	明御厂东院
38	青花折枝灵芝纹花口杯	永乐中前期地层	口径9	《景德镇出土元明官窑瓷器》第119页《景德镇珠山出土永乐官窑瓷器》第166页	明御厂东院
39	青花开光葡萄纹花口折沿杯托	永乐中前期地层	口径9.3	《景德镇出土元明官窑瓷器》第119页《景德镇珠山出土永乐官窑瓷器》第166页	明御厂东院
40	青花海浪仙山双耳三足炉	永乐中前期地层	通高60	《景德镇出土元明官窑瓷器》第112页《景德镇珠山出土永乐官窑瓷器》第174页	明御厂东院
41	青花缠枝莲纹双系小罐	永乐中前期地层	高6	《景德镇珠山出土永乐官窑瓷器》第176页	明御厂东院
42	青花折枝花卉纹盖皿	永乐中前期地层	腹径25.8	《景德镇出土元明官窑瓷器》第108页《景德镇珠山出土永乐官窑瓷器》第177页	明御厂东院
43	青花伊斯兰花纹卧足碗	永乐中前期地层	口径15.4	《景德镇珠山出土永乐官窑瓷器》第178页	明御厂东院
44	青花伊斯兰花纹双耳扁壶	永乐中前期地层	高32.2	《景德镇出土元明官窑瓷器》第101页《景德镇珠山出土永乐官窑瓷器》第180页	明御厂东院
45	青花折枝茶花纹双耳扁壶	永乐中前期地层	高28.5	《景德镇出土元明官窑瓷器》第102页《景德镇珠山出土永乐官窑瓷器》第182页	明御厂东院

序号	名称	地层	尺寸（厘米）	参考出处	发掘地点
46	青花缠枝花卉纹扁壶	永乐中前期地层	高44.7	《景德镇出土元明官窑瓷器》第104页 《景德镇珠山出土永乐官窑瓷器》第184页	明御厂东院
47	青花海浪刻白龙纹扁壶	永乐中前期地层	高45	《景德镇出土元明官窑瓷器》第103页 《景德镇珠山出土永乐官窑瓷器》第186页	明御厂东院

1999年景德镇御窑厂永乐地层出土瓷器（修复后）

序号	名称	地层	尺寸（厘米）	参考出处	发掘地点
1	白釉镈	永乐中后期地层	通高19.5	《景德镇珠山出土永乐官窑瓷器》第49页 《景德镇出土明代御窑瓷器》第38页	明御厂故址西南侧
2	黑釉双耳三足炉	永乐中后期地层	高11.6	《景德镇珠山出土永乐官窑瓷器》第84页	明御厂故址西南侧
3	青花刻白云龙纹梅瓶	永乐中后期地层	高41	《景德镇珠山出土永乐官窑瓷器》第102页 《景德镇出土明代御窑瓷器》第96页	明御厂故址西南侧
4	青花地刻白龙凤纹梅瓶	永乐中后期地层	高43	《景德镇珠山出土永乐官窑瓷器》第60页	明御厂故址西南侧
5	青花凤穿缠枝花纹梅瓶	永乐中后期地层	高38.1	《景德镇珠山出土永乐官窑瓷器》第106页	明御厂故址西南侧
6	青花海水龙纹爵	永乐中后期地层	通高16.8	《景德镇珠山出土永乐官窑瓷器》第172页 《景德镇出土明代御窑瓷器》第100页	明御厂故址西南侧
7	青花海水龙纹歇爵山盘	永乐中后期地层	口径21	《景德镇珠山出土永乐官窑瓷器》第172页 《景德镇出土明代御窑瓷器》第100页	明御厂故址西南侧

续表

序号	名称	地层	尺寸（厘米）	参考出处	发掘地点
8	釉里红龙纹高足碗	永乐中后期地层	高 10.5	《景德镇珠山出土永乐官窑瓷器》第195页	明御厂故址西南侧
9	蓝釉釉里红龙纹高足碗	永乐中后期地层	高 10.6	《景德镇珠山出土永乐官窑瓷器》第196页	明御厂故址西南侧
10	青花云龙纹执壶	永乐中后期地层	高 22 口径 6.8	《景德镇出土明代御窑瓷器》第98页	明御厂故址西南侧

2002 年景德镇御窑厂永乐地层出土瓷器（修复后）

序号	名称	地层	尺寸（厘米）	参考出处	发掘地点
1	青花釉里红云龙纹梅瓶	02JYIK8：1	高 34.1 口径 6.7	《景德镇出土明代御窑瓷器》第46页	珠山北麓
2	釉里红赶珠龙纹高足碗	02JYIK2：7	高 10.4 口径 16.2	《景德镇出土明代御窑瓷器》第54页	珠山北麓
3	内红釉外釉里红赶珠龙纹碗	02JYIK6：7	高 7 口径 19.7	《景德镇出土明代御窑瓷器》第58页	珠山北麓
4	内白釉外釉里红赶珠龙纹碗	02JYIK6：8	高 7.2 口径 20	《景德镇出土明代御窑瓷器》第60页	珠山北麓
5	釉里红折枝莲纹小碗	02JYIK4：1	高 6.5 口径 13	《景德镇出土明代御窑瓷器》第62页	珠山北麓
6	釉里红折枝茶花纹小碗	02JYIK4：2	高 6.4 口径 10.2	《景德镇出土明代御窑瓷器》第64页	珠山北麓
7	釉里红折枝花卉纹碗	02JYIK4：3	高 6.8 口径 10.2	《景德镇出土明代御窑瓷器》第66页	珠山北麓
8	红釉刻花云龙纹梅瓶	02JYIK8：3	高 33.7 口径 6.8	《景德镇出土明代御窑瓷器》第68页	珠山北麓

序号	名称	地层	尺寸（厘米）	参考出处	发掘地点
9	红釉梅瓶	02JYIK8：4	高33.9 口径6.8	《景德镇出土明代御窑瓷器》第70页	珠山北麓
10	红釉刻花云龙纹梨形壶	02JYIK5：1	通高12.6 口径3.9	《景德镇出土明代御窑瓷器》第72页	珠山北麓
11	红釉僧帽壶	02JYIK6：3	高19 口径11.2	《景德镇出土明代御窑瓷器》第72页	珠山北麓
12	红釉印花折枝瑞果纹盖盒	02JYIK6：2	高10.3 口径18.9	《景德镇出土明代御窑瓷器》第74页	珠山北麓
13	永乐款红釉高足碗	02JYIK6：4	高10.1 口径15.8	《景德镇出土明代御窑瓷器》第78页	珠山北麓
14	红釉碗	02JYIK1：1	高8.1 口径18.5	《景德镇出土明代御窑瓷器》第80页	珠山北麓
15	红釉小碗	02JYIK6：5	高5 口径10.3	《景德镇出土明代御窑瓷器》第80页	珠山北麓
16	红釉盘	02JYIK4：4	高3.9 口径19.5	《景德镇出土明代御窑瓷器》第82页	珠山北麓
17	红釉盘	02JYIK8：5	高3.6 口径17	《景德镇出土明代御窑瓷器》第82页	珠山北麓
18	红釉碟	02JYIK6：6	高3.2 口径14.8	《景德镇出土明代御窑瓷器》第84页	珠山北麓
19	黑釉划花鼎式香炉	02JYIK2：1	高21.2 口径14.5	《景德镇出土明代御窑瓷器》第86页	珠山北麓

续表

序号	名称	地层	尺寸（厘米）	参考出处	发掘地点
20	黑釉高足碗	02JYIK2：3	高10.4 口径15.8	《景德镇出土明代御窑瓷器》第86页	珠山北麓
21	黑釉碗	02JYIK2：2	高8.1 口径16.8	《景德镇出土明代御窑瓷器》第88页	珠山北麓
22	紫金釉高足碗	02JYIK2：6	高10.6 口径15.2	《景德镇出土明代御窑瓷器》第88页	珠山北麓
23	紫金釉小碗	02JYIK2：4	高5.1 口径10.2	《景德镇出土明代御窑瓷器》第90页	珠山北麓
24	紫金釉盘	02JYIK2：5	高4.1 口径19.2	《景德镇出土明代御窑瓷器》第90页	珠山北麓
25	铁绘宝相花纹莲子碗	02JYIK4：5	高6.8 口径10.4	《景德镇出土明代御窑瓷器》第102页	珠山北麓

2003 年景德镇御窑厂永乐地层出土瓷器（修复后）

序号	名称	地层	尺寸（厘米）	参考出处	发掘地点
1	釉里红云龙纹梅瓶	03JYIK12：1	高33.6 口径6.6	《景德镇出土明代御窑瓷器》第50页	珠山北麓
2	釉里红云龙纹梅瓶	03JYIK12：2	高34.2 口径6.6	《景德镇出土明代御窑瓷器》第52页	珠山北麓

2004 年景德镇御窑厂永乐地层出土瓷器（修复后）

序号	名称	地层	尺寸（厘米）	参考出处	发掘地点
1	红釉印花花卉瑞果纹盖盒	04JYIVK26：1	高9.7 口径19	《景德镇出土明代御窑瓷器》第76页	珠山北麓
2	红釉盘	04JYIVK31：4	高4 口径20.6	《景德镇出土明代御窑瓷器》第84页	珠山北麓

附表6　　　景德镇御窑厂宣德地层历年出土瓷器统计

1982—1988 年景德镇御窑厂宣德地层出土瓷器（修复后）

序号	名称	尺寸（厘米）	参考出处	备注
1	青花螭龙纹砚滴	通高 10.9	《景德镇珠山出土永乐宣德窑瓷器展览》第 172 页《景德镇出土元明官窑瓷器》第 200 页	
2	青花缠枝茶花纹小罐	高 5.1	《景德镇珠山出土永乐宣德窑瓷器展览》第 174 页	
3	青花花口蝶耳杯	口径 8.6	《景德镇珠山出土永乐宣德窑瓷器展览》第 176 页	
4	青花折枝花堆花鸟食罐	高 4.4	《景德镇珠山出土永乐宣德窑瓷器展览》第 178 页	
5	青花地印花螭龙纹鸟食罐	高 3.7	《景德镇珠山出土永乐宣德窑瓷器展览》第 180 页	
6	青花缠枝花纹高足碗	口径 9.9	《景德镇珠山出土永乐宣德窑瓷器展览》第 182 页	
7	蓝地白花萱草纹大盘	口径 35	《景德镇珠山出土永乐宣德窑瓷器展览》第 184 页	
8	铁红牡丹纹白釉大盘	口径 38.7	《景德镇珠山出土永乐宣德窑瓷器展览》第 186 页《景德镇出土元明官窑瓷器》第 219 页	
9	青花海水龙纹梵文高足杯	口径 7.7	《景德镇珠山出土永乐宣德窑瓷器展览》第 188 页	
10	青花柿纹大盘	口径 41.7	《景德镇珠山出土永乐宣德窑瓷器展览》第 190 页《景德镇出土元明官窑瓷器》第 195 页	

续表

序号	名称	尺寸（厘米）	参考出处	备注
11	釉里红三果纹高足碗	口径11.8	《景德镇珠山出土永乐宣德窑瓷器展览》第192页	
12	釉里红缠枝花纹冲耳三足炉	口径29.2 高38.3	《景德镇珠山出土永乐宣德窑瓷器展览》第194页	1984年出于明御厂故址前院宣德文化层
13	釉里红海兽纹锥花莲子碗	口径11.9	《景德镇珠山出土永乐宣德窑瓷器展览》第196页	
14	红釉梨形壶	通高13.1 壶身10	《景德镇珠山出土永乐宣德窑瓷器展览》第198页 《景德镇出土元明官窑瓷器》第230页	
15	红釉碗	口径15.5	《景德镇珠山出土永乐宣德窑瓷器展览》第200页 《景德镇出土元明官窑瓷器》第233页	
16	仿龙泉釉折腰碗	口径12.5	《景德镇珠山出土永乐宣德窑瓷器展览》第202页	无款，1984年出土于宣德地层
17	仿龙泉釉刻莲瓣纹洗	口径27.8	《景德镇珠山出土永乐宣德窑瓷器展览》第204页	
18	白釉冲耳三足炉	高33.5	《景德镇珠山出土永乐宣德窑瓷器展览》第206页	无款，1983年出土于宣德地层
19	白釉花口钵	口径36.4	《景德镇珠山出土永乐宣德窑瓷器展览》第208页	
20	白釉折沿花盆	口径31.7	《景德镇珠山出土永乐宣德窑瓷器展览》第210页	无款，1983年出土于宣德地层
21	白釉大盖罐	通高61.9 罐高44.9	《景德镇珠山出土永乐宣德窑瓷器展览》第212页	无款，1983年出土于宣德地层
22	仿龙泉釉三足盆托	口径32.4 高10.4	《景德镇珠山出土永乐宣德窑瓷器展览》第214页	

续表

序号	名称	尺寸（厘米）	参考出处	备注
23	仿龙泉釉葵口折腰碟	口径8.7	《景德镇珠山出土永乐宣德窑瓷器展览》第216页	
24	红釉海水云龙纹梅瓶	通高38.8	《景德镇珠山出土永乐宣德窑瓷器展览》第218页	
25	红釉盘	口径22	《景德镇珠山出土永乐宣德窑瓷器展览》第220页	
26	红釉小盘	口径15.1	《景德镇珠山出土永乐宣德窑瓷器展览》第222页	
27	红釉水仙盆	口径15.1	《景德镇珠山出土永乐宣德窑瓷器展览》第224页《景德镇出土元明官窑瓷器》第231页	
28	红釉鼓腹盖钵	口径16.5通高18.2	《景德镇珠山出土永乐宣德窑瓷器展览》第226页	
29	红釉金钟碗	口径15.3高10	《景德镇珠山出土永乐宣德窑瓷器展览》第228页《景德镇出土元明官窑瓷器》第229页	
30	釉里红云龙纹莲子碗	口径11.6	《景德镇珠山出土永乐宣德窑瓷器展览》第230页	
31	釉里红三鱼纹莲子碗	口径11.9	《景德镇珠山出土永乐宣德窑瓷器展览》第232页《景德镇出土元明官窑瓷器》第216页	
32	釉里红海兽纹纹高足碗	口径15.7	《景德镇珠山出土永乐宣德窑瓷器展览》第234页	
33	釉里红三鱼纹高足碗	口径10	《景德镇珠山出土永乐宣德窑瓷器展览》第236页《景德镇出土元明官窑瓷器》第213页	

续表

序号	名称	尺寸（厘米）	参考出处	备注
34	青花灵芝纹四方花盆	高 19.7	《景德镇珠山出土永乐宣德窑瓷器展览》第 238 页	
35	青花方流直颈水壶	高 33.5	《景德镇珠山出土永乐宣德窑瓷器展览》第 240 页 《景德镇出土元明官窑瓷器》第 166 页 《景德镇出土明代御窑瓷器》第 142 页	1984 年出土
36	青花开光瑞果纹执壶	高 27.1	《景德镇珠山出土永乐宣德窑瓷器展览》第 242 页	无款，1982 年出土于宣德地层
37	青花八方烛台	高 26.1	《景德镇珠山出土永乐宣德窑瓷器展览》第 244 页 《景德镇出土元明官窑瓷器》第 164 页	
38	青花龙纹僧帽壶	高 23.4	《景德镇珠山出土永乐宣德窑瓷器展览》第 246 页 《景德镇出土元明官窑瓷器》第 167 页	
39	青花七棱折沿花口钵	口径 24.7 高 12.4	《景德镇珠山出土永乐宣德窑瓷器展览》第 248 页 《景德镇出土元明官窑瓷器》第 173 页	
40	青花五爪龙纹钵	口径 26.2	《景德镇珠山出土永乐宣德窑瓷器展览》第 250 页	
41	青花葡萄纹大碗	口径 27.9	《景德镇珠山出土永乐宣德窑瓷器展览》第 252 页	
42	青花灵芝纹小罐	高 8.3	《景德镇珠山出土永乐宣德窑瓷器展览》第 254 页 《景德镇出土元明官窑瓷器》第 199 页	
43	青花花卉纹梅瓶	高 55.3	《景德镇珠山出土永乐宣德窑瓷器展览》第 256 页 《景德镇出土元明官窑瓷器》第 161 页	

序号	名称	尺寸（厘米）	参考出处	备注
44	青花螭龙纹梅瓶	高54.4	《景德镇珠山出土永乐宣德窑瓷器展览》第258页 《景德镇出土元明官窑瓷器》第160页 《景德镇出土明代御窑瓷器》第140页	1984年出土
45	五彩鸳鸯莲池纹盘	口径21.5	《景德镇珠山出土永乐宣德窑瓷器展览》第260页 《景德镇出土元明官窑瓷器》第227页 《景德镇出土明代御窑瓷器》第148页	1988年出土于明御厂西墙一巷道
46	青花葡萄纹菱口大盘	口径39	《景德镇珠山出土永乐宣德窑瓷器展览》第262页 《景德镇出土元明官窑瓷器》第198页	
47	青花萱草纹大盘	口径35.5	《景德镇珠山出土永乐宣德窑瓷器展览》第264页	
48	青花应龙纹大缸	口径59.6	《景德镇珠山出土永乐宣德窑瓷器展览》第266页 《景德镇出土元明官窑瓷器》第171页	
49	青花螭龙纹大盖罐	通高60.5 罐高44.2	《景德镇珠山出土永乐宣德窑瓷器展览》第268页	
50	洒蓝龙纹钵	口径27	《景德镇珠山出土永乐宣德窑瓷器展览》第270页 《景德镇出土元明官窑瓷器》第245页	
51	蓝釉直口碗	口径13.8	《景德镇珠山出土永乐宣德窑瓷器展览》第272页 《景德镇出土元明官窑瓷器》第241页	
52	紫金釉碗	口径15.3	《景德镇珠山出土永乐宣德窑瓷器展览》第274页 《景德镇出土元明官窑瓷器》第247页	

续表

序号	名称	尺寸（厘米）	参考出处	备注
53	仿汝釉敛口小底盂	口径11.3	《景德镇珠山出土永乐宣德窑瓷器展览》第276页	无款，1984年出土于宣德地层
54	黄地青花牡丹纹盘	口径38.8	《景德镇珠山出土永乐宣德窑瓷器展览》第278页《景德镇出土元明官窑瓷器》第223页	

1989—1994年景德镇御窑厂宣德地层出土瓷器（修复后）

序号	名称	参考出处
1	青花夔龙纹罐	《景德镇出土元明官窑瓷器》第162页
2	青花龙纹鼓腹钵（罐）	《景德镇出土元明官窑瓷器》第163页
3	青花网格纹鼓腹钵（罐）	《景德镇出土元明官窑瓷器》第163页
4	青花缠枝牡丹纹军持	《景德镇出土元明官窑瓷器》第165页
5	青花莲托八宝纹僧帽壶	《景德镇出土元明官窑瓷器》第167页
6	青花龙穿花纹梨形壶	《景德镇出土元明官窑瓷器》第168页
7	青花松竹梅纹梨形壶	《景德镇出土元明官窑瓷器》第169页
8	青花莲托八宝纹梨形壶	《景德镇出土元明官窑瓷器》第169页
9	青花花卉纹盖豆	《景德镇出土元明官窑瓷器》第170页
11	青花花卉纹六边形花盆	《景德镇出土元明官窑瓷器》第172页
12	青花灵芝纹四方花盆	《景德镇出土元明官窑瓷器》第173页
13	青花龙穿花纹高足碗	《景德镇出土元明官窑瓷器》第174页
14	青花卷草纹高足碗	《景德镇出土元明官窑瓷器》第175页
15	青花龙穿花纹大碗	《景德镇出土元明官窑瓷器》第176页
16	青花龙穿花纹碗	《景德镇出土元明官窑瓷器》第177页
17	青花凤穿花纹碗	《景德镇出土元明官窑瓷器》第178页
18	青花莲池鱼藻纹碗	《景德镇出土元明官窑瓷器》第179页
19	青花牡丹纹碗	《景德镇出土元明官窑瓷器》第180页
20	青花葡萄纹大碗	《景德镇出土元明官窑瓷器》第181页
21	青花缠枝苜蓿纹碗	《景德镇出土元明官窑瓷器》第182页
22	青花松竹梅纹碗	《景德镇出土元明官窑瓷器》第183页
23	青花人物纹碗	《景德镇出土元明官窑瓷器》第184页
24	青花松竹梅纹大碗	《景德镇出土元明官窑瓷器》第184页

序号	名称	参考出处
25	青花鱼藻纹金钟碗	《景德镇出土元明官窑瓷器》第 185 页
26	青花鱼藻纹多棱金钟碗	《景德镇出土元明官窑瓷器》第 185 页
27	青花花卉纹莲子碗	《景德镇出土元明官窑瓷器》第 186 页
28	青花莲托八宝纹折腰碗	《景德镇出土元明官窑瓷器》第 187 页
29	青花海怪纹高足杯	《景德镇出土元明官窑瓷器》第 188 页
30	青花卷草纹高足杯	《景德镇出土元明官窑瓷器》第 188 页
31	青花海怪纹大盘	《景德镇出土元明官窑瓷器》第 189 页
32	青花龙纹盘	《景德镇出土元明官窑瓷器》第 190 页
33	青花闹潮龙纹窝盘	《景德镇出土元明官窑瓷器》第 191 页
34	青花鱼藻纹盘	《景德镇出土元明官窑瓷器》第 192 页
35	青花鹦鹉寿桃纹大盘	《景德镇出土元明官窑瓷器》第 193 页
36	青花双桃纹盘	《景德镇出土元明官窑瓷器》第 194 页
37	青花枇杷纹盘	《景德镇出土元明官窑瓷器》第 195 页
38	青花萱草纹盘	《景德镇出土元明官窑瓷器》第 196 页
39	青花宝相花纹小盘	《景德镇出土元明官窑瓷器》第 196 页
40	青花牡丹纹盘	《景德镇出土元明官窑瓷器》第 197 页
41	青花鱼藻纹花口洗	《景德镇出土元明官窑瓷器》第 198 页
42	青花缠枝桃花纹小盖罐	《景德镇出土元明官窑瓷器》第 199 页
43	青花石榴形双联鸟食罐	《景德镇出土元明官窑瓷器》第 200 页
44	青花鸳鸯形砚滴	《景德镇出土元明官窑瓷器》第 201 页
45	青花蟾形五毒鸟食罐	《景德镇出土元明官窑瓷器》第 201 页
46	青花剔枇杷纹鸟食罐	《景德镇出土元明官窑瓷器》第 202 页
47	青花塑人物鸟食罐	《景德镇出土元明官窑瓷器》第 202 页
48	青花瓜形鸟食罐	《景德镇出土元明官窑瓷器》第 202 页
49	青花竹节形海水纹鸟笼花插	《景德镇出土元明官窑瓷器》第 202 页
50	青花贯耳瓶式鸟笼花插	《景德镇出土元明官窑瓷器》第 202 页
51	青花行龙纹蟋蟀罐	《景德镇出土元明官窑瓷器》第 203 页
52	青花螭龙纹蟋蟀罐	《景德镇出土元明官窑瓷器》第 203 页
53	青花海怪纹蟋蟀罐	《景德镇出土元明官窑瓷器》第 204 页
54	青花瑞兽纹蟋蟀罐	《景德镇出土元明官窑瓷器》第 204 页
55	青花凤纹蟋蟀罐	《景德镇出土元明官窑瓷器》第 205 页

续表

序号	名称	参考出处
56	青花凤穿花纹蟋蟀罐	《景德镇出土元明官窑瓷器》第 205 页
57	青花翠鸟鸳鸯纹蟋蟀罐	《景德镇出土元明官窑瓷器》第 206 页
58	青花白鹭黄鹏纹蟋蟀罐	《景德镇出土元明官窑瓷器》第 206 页
59	青花鹰雁纹蟋蟀罐	《景德镇出土元明官窑瓷器》第 207 页
60	青花汀州鸳鸯纹蟋蟀罐	《景德镇出土元明官窑瓷器》第 207 页
61	青花樱桃小鸟纹蟋蟀罐	《景德镇出土元明官窑瓷器》第 208 页
62	青花樱桃小鸟纹蟋蟀罐	《景德镇出土元明官窑瓷器》第 208 页
63	青花瓜瓞纹蟋蟀罐	《景德镇出土元明官窑瓷器》第 209 页
64	青花牡丹纹蟋蟀罐	《景德镇出土元明官窑瓷器》第 210 页
65	青花松竹梅纹蟋蟀罐	《景德镇出土元明官窑瓷器》第 210 页
66	青花花卉纹过笼	《景德镇出土元明官窑瓷器》第 210 页
67	青花卷草纹器盖	《景德镇出土元明官窑瓷器》第 211 页
68	青花试料盘	《景德镇出土元明官窑瓷器》第 211 页
69	釉里红龙纹高足碗	《景德镇出土元明官窑瓷器》第 212 页
70	釉里红三果纹高足碗	《景德镇出土元明官窑瓷器》第 214 页
71	釉里红三果纹高足碗	《景德镇出土元明官窑瓷器》第 214 页
72	釉里红龙纹莲子碗	《景德镇出土元明官窑瓷器》第 215 页
73	釉里红海怪纹莲子碗	《景德镇出土元明官窑瓷器》第 215 页
74	铁红三鱼纹高足碗	《景德镇出土元明官窑瓷器》第 217 页
75	铁红三果纹高足碗	《景德镇出土元明官窑瓷器》第 217 页
76	铁红折枝花卉纹盘	《景德镇出土元明官窑瓷器》第 218 页
77	青花填红八边形花钵	《景德镇出土元明官窑瓷器》第 220 页
78	青花填红花卉纹花口大钵	《景德镇出土元明官窑瓷器》第 221 页
79	黄地青花葡萄纹盘	《景德镇出土元明官窑瓷器》第 222 页
80	黄地青花萱草纹盘	《景德镇出土元明官窑瓷器》第 223 页
81	黄地青花花卉纹盘	《景德镇出土元明官窑瓷器》第 224 页
82	矾红龙纹高足碗	《景德镇出土元明官窑瓷器》第 225 页
83	矾红三鱼纹高足碗	《景德镇出土元明官窑瓷器》第 226 页
84	红釉刻海水龙纹梅瓶	《景德镇出土元明官窑瓷器》第 228 页
85	红釉凤首注	《景德镇出土元明官窑瓷器》第 230 页

续表

序号	名称	参考出处
86	红釉高足碗	《景德镇出土元明官窑瓷器》第 232 页
87	红釉小碗	《景德镇出土元明官窑瓷器》第 234 页
88	红釉铁红款碗	《景德镇出土元明官窑瓷器》第 234 页
89	红釉直壁碗	《景德镇出土元明官窑瓷器》第 236 页
90	红釉窝式碗	《景德镇出土元明官窑瓷器》第 237 页
91	铁红花釉碗	《景德镇出土元明官窑瓷器》第 238 页
92	宝石蓝釉僧帽壶	《景德镇出土元明官窑瓷器》第 239 页
93	宝石蓝釉高足碗	《景德镇出土元明官窑瓷器》第 240 页
94	蓝釉盘	《景德镇出土元明官窑瓷器》第 241 页
95	蓝地白龟藻纹高足碗	《景德镇出土元明官窑瓷器》第 242 页
96	蓝地白鱼藻纹碗	《景德镇出土元明官窑瓷器》第 243 页
97	蓝地白鱼藻纹盘	《景德镇出土元明官窑瓷器》第 243 页
98	蓝地白萱草纹盘	《景德镇出土元明官窑瓷器》第 244 页
99	蓝地白石榴花纹盘	《景德镇出土元明官窑瓷器》第 244 页
100	洒蓝碗	《景德镇出土元明官窑瓷器》第 245 页
101	紫金釉水仙盆	《景德镇出土元明官窑瓷器》第 246 页
102	紫金釉小碗	《景德镇出土元明官窑瓷器》第 247 页
103	紫金釉窝盘	《景德镇出土元明官窑瓷器》第 248 页
104	黑釉碗	《景德镇出土元明官窑瓷器》第 248 页
105	青釉敛腹梅瓶	《景德镇出土元明官窑瓷器》第 249 页
106	青釉带座梅瓶	《景德镇出土元明官窑瓷器》第 249 页
107	青釉僧帽壶	《景德镇出土元明官窑瓷器》第 250 页
108	青釉小足敛口钵	《景德镇出土元明官窑瓷器》第 251 页
109	青釉仰钟式花钵	《景德镇出土元明官窑瓷器》第 252 页
110	青釉鼓钉三足钵	《景德镇出土元明官窑瓷器》第 253 页
111	青釉刻花唇口洗	《景德镇出土元明官窑瓷器》第 254 页
112	青釉花口碗	《景德镇出土元明官窑瓷器》第 255 页
113	青釉折腰碗	《景德镇出土元明官窑瓷器》第 255 页
114	青釉蟋蟀罐	《景德镇出土元明官窑瓷器》第 255 页
115	天青釉高足碗	《景德镇出土元明官窑瓷器》第 256 页
116	天青釉四字篆款高足碗	《景德镇出土元明官窑瓷器》第 256 页

续表

序号	名称	参考出处
117	天青釉碗	《景德镇出土元明官窑瓷器》第 257 页
118	天青釉斗笠碗	《景德镇出土元明官窑瓷器》第 257 页
119	白釉带座梅瓶	《景德镇出土元明官窑瓷器》第 258 页
120	白釉三足炉	《景德镇出土元明官窑瓷器》第 259 页
121	白釉刻品字云纹盘	《景德镇出土元明官窑瓷器》第 260 页
122	黄釉梨形壶	《景德镇出土元明官窑瓷器》第 261 页
123	黄釉直壁碗	《景德镇出土元明官窑瓷器》第 261 页
124	黄地堆绿龙纹盘	《景德镇出土元明官窑瓷器》第 262 页
125	瓜皮绿釉刻龙纹梅瓶	《景德镇出土元明官窑瓷器》第 263 页
126	绿釉凤首注	《景德镇出土元明官窑瓷器》第 264 页
127	孔雀绿釉高足碗	《景德镇出土元明官窑瓷器》第 265 页
128	孔雀绿釉碗	《景德镇出土元明官窑瓷器》第 266 页
129	孔雀绿釉小碗	《景德镇出土元明官窑瓷器》第 266 页
130	孔雀绿釉盘	《景德镇出土元明官窑瓷器》第 267 页
131	孔雀绿釉青花鱼藻纹碗	《景德镇出土元明官窑瓷器》第 268 页
132	孔雀绿釉青花鱼藻纹盘	《景德镇出土元明官窑瓷器》第 269 页

2002 年景德镇御窑厂永乐地层出土瓷器（修复后）

序号	名称	编号	尺寸（厘米）	参考出处	发掘地点
1	红釉弦纹炉	02JYIT0602③a：1	高 12.8 口径 14.5 足径 14.1	《景德镇出土明代御窑瓷器》第 106 页	珠山北麓
2	红釉高足碗	02JYIH2：1	高 10.2 口径 15.2 足径 4.4	《景德镇出土明代御窑瓷器》第 108 页	珠山北麓
3	红釉碗	02JYIH2：2	高 9.1 口径 20 足径 8.8	《景德镇出土明代御窑瓷器》第 108 页	珠山北麓
4	红釉小碗	02JYIH2：3	高 5.1 口径 10.3 足径 4.2	《景德镇出土明代御窑瓷器》第 110 页	珠山北麓

序号	名称	编号	尺寸（厘米）	参考出处	发掘地点
5	红釉盘	02JYIH2：4	高3.5 口径20 足径13.1	《景德镇出土明代御窑瓷器》第110页	珠山北麓
6	白釉卧足碗	02JYIT0503③a：1	高4.5 口径13.9 足径3.5	《景德镇出土明代御窑瓷器》第114页	珠山北麓
7	白釉印花碗	02JYIT0501⑤：1	高6 口径17 足径6.7	《景德镇出土明代御窑瓷器》第116页	珠山北麓
8	仿哥釉多棱小罐	02JYIH2：6	高11 口径6.5 足径8	《景德镇出土明代御窑瓷器》第152页	珠山北麓
9	仿哥釉瓜棱小罐	02JYIH2：8	高10.5 口径6.5 足径7.8	《景德镇出土明代御窑瓷器》第152页	珠山北麓
10	仿哥釉六边形小罐	02JYIH2：9	高11 口径6.4 足径6.8	《景德镇出土明代御窑瓷器》第154页	珠山北麓
11	仿哥釉小罐	02JYIH2：5	高10.7 口径6.7 足径7.6	《景德镇出土明代御窑瓷器》第154页	珠山北麓
12	暗刻篆款仿哥釉大盘	02JYIT0602③a：2	高8.2 口径40.8 足径24.8	《景德镇出土明代御窑瓷器》第158页	珠山北麓

2004年景德镇御窑厂永乐地层出土瓷器

序号	名称	编号	尺寸（厘米）	参考出处	发掘地点
1	红釉斗笠碗	04JYⅡD1：17	高6.5 口径15.4 足径5.3	《景德镇出土明代御窑瓷器》第106页	珠山北麓

续表

序号	名称	编号	尺寸（厘米）	参考出处	发掘地点
2	"局"铭白釉碗（残片）	04JTIVT0501⑤c：5	残高3.4 足径8.2	《景德镇出土明代御窑瓷器》第112页	珠山北麓
3	白釉爵（残）	04JYIT0401⑥e：1	高7.7	《景德镇出土明代御窑瓷器》第112页	珠山北麓
4	白釉樽式炉（残片）	04JTIVT0501⑤c：44	残高7.8	《景德镇出土明代御窑瓷器》第112页	珠山北麓
5	白釉鼎式香炉（残片）	04JTIVT0501③：1	残高6.6 足径14.3	《景德镇出土明代御窑瓷器》第112页	珠山北麓
6	白釉碟	04JTIVT0501⑤c：11	高3.7 口径14.8 足径9	《景德镇出土明代御窑瓷器》第118页	珠山北麓
7	蓝釉白鱼藻纹碗	04JYⅡD3：1	高10.2 口径15.6 足径7.8	《景德镇出土明代御窑瓷器》第118页	珠山北麓
8	蓝釉碗	04JYⅡD1：5	高8.6 口径18.8 足径8.1	《景德镇出土明代御窑瓷器》第120页	珠山北麓
9	蓝釉盘	04JYⅡD1：11	高3.8 口径15.2 足径9	《景德镇出土明代御窑瓷器》第120页	珠山北麓
10	蓝釉盘	04JYⅡD1：4	高4.2 口径18.8 足径12.1	《景德镇出土明代御窑瓷器》第122页	珠山北麓
11	洒蓝釉刻花龙纹大罐	04JYⅡD1：2	高30.5 口径22.2 足径21.4	《景德镇出土明代御窑瓷器》第122页	珠山北麓

续表

序号	名称	编号	尺寸（厘米）	参考出处	发掘地点
12	洒蓝釉刻花龙纹碗	04JYⅡD3：3	高10 口径15.4 足径7.8	《景德镇出土明代御窑瓷器》第124页	珠山北麓
13	洒蓝釉刻花龙纹碗	04JYⅡD1：6	高7.6 口径17.7 足径7.4	《景德镇出土明代御窑瓷器》第124页	珠山北麓
14	洒蓝釉刻花龙纹小碗	04JYⅡD1：7	高5.3 口径10 足径4.1	《景德镇出土明代御窑瓷器》第126页	珠山北麓
15	洒蓝釉刻花龙纹盘	04JYⅡD3：2	高4.5 口径22 足径14.3	《景德镇出土明代御窑瓷器》第126页	珠山北麓
16	洒蓝釉刻花龙纹盘	04JYⅡD1：10	高3.9 口径19 足径12.5	《景德镇出土明代御窑瓷器》第128页	珠山北麓
17	洒蓝釉刻花龙纹盘	04JYⅡD1：8	高4.3 口径18.6 足径11.3	《景德镇出土明代御窑瓷器》第130页	珠山北麓
18	洒蓝釉刻花龙纹碟	04JYⅡD1：9	高3.7 口径15.2 足径9	《景德镇出土明代御窑瓷器》第130页	珠山北麓
19	孔雀绿釉青花鱼藻纹梅瓶	04JYⅡD1：1	通高39 口径6.5 足径15.3	《景德镇出土明代御窑瓷器》第132页	珠山北麓
20	孔雀绿釉青花鱼藻纹梨形壶	04JYⅡD1：3	通高14.6 口径4.1 足径6	《景德镇出土明代御窑瓷器》第134页	珠山北麓

续表

序号	名称	编号	尺寸 （厘米）	参考出处	发掘地点
21	孔雀绿釉碗	04JYⅡD1：14	高9.5 口径21.5 足径9.1	《景德镇出土明代御窑瓷器》第136页	珠山北麓
22	孔雀绿釉碗	04JYⅡD1：13	高10.1 口径15.5 足径7.1	《景德镇出土明代御窑瓷器》第136页	珠山北麓
23	孔雀绿釉盘	04JYⅡD1：15	高4 口径15.2 足径9	《景德镇出土明代御窑瓷器》第138页	珠山北麓
24	孔雀绿釉青花鱼藻纹盘	04JYⅡD1：16	高5 口径23.4 足径16	《景德镇出土明代御窑瓷器》第138页	珠山北麓
25	青花折枝花卉纹果盘	04JYIVK20：1	高3.4 口径22.8 足径17.4	《景德镇出土明代御窑瓷器》第144页	珠山北麓
26	青花花果纹果盘	04JYIVK18：1	高3.8 口径22.7 足径17.4	《景德镇出土明代御窑瓷器》第146页	珠山北麓
27	青花应龙纹方盆（残片）	04JYITO0402⑨：1	高31 残长20 残宽18.4	《景德镇出土明代御窑瓷器》第146页	珠山北麓
28	仿龙泉青釉盘	04JYITO0401⑥f：1	高3.7 口径14.8 足径9	《景德镇出土明代御窑瓷器》第150页	珠山北麓
29	仿哥釉方形菱花口盆	04JYIK19：1	高5.8 口径15×13.5 足径7.8×6.18	《景德镇出土明代御窑瓷器》第156页	珠山北麓

四种典型古陶瓷釉气泡特征的观察与分析

2016 届　刘依然

（导师：故宫博物院　苗建民　研究馆员）

第一章　古陶瓷釉的产生与发展

第一节　古陶瓷釉的产生

一　原始瓷釉的产生

我国古陶器的历史源远流长，在江西万年仙人洞遗址发现有距今两万年的陶器，这是目前世界上发现的最古老的陶器。陶器出现以后，烧窑技术不断提高。商代以前的先民们先是采用平地堆烧的方法烧制陶器，后在地上挖穴建窑。仰韶文化时期多采用横穴窑，后龙山文化时期横穴窑被更加先进的竖穴窑所取代。但无论是横穴窑或是竖穴窑，最高烧成温度都不超过 1000℃。直到商代，我国南方出现了小型龙窑和带有烟囱的室形窑。窑炉结构的不断改进使得烧成温度首次提高到了 1200℃，这为釉的出现提供了工艺保障。

"釉"即是附着于陶瓷坯体表面的玻璃质薄层，有与玻璃相类似的某些物理、化学性质。一般以石英、长石、黏土等为原料。化学组成为 SiO_2、Al_2O_3、Fe_2O_3、TiO_2、CaO、MgO、Na_2O、K_2O 等。经加工成釉浆，用浸、喷、浇等方法施于坯体表面焙烧而成[①]。李家治先生将我国陶器在1000℃烧成到1200℃烧成原始瓷的转变以及从陶器无釉到原始瓷器有釉的转变并称为我国古陶瓷技术史的第二个里程碑[②]。

釉的产生是由陶转变为瓷的一个重要条件，是中国陶瓷史上一个重要的技术突破。关于原始瓷的出现以及釉的起源等问题，目前得到较多数学者认同的观点主要有：（1）古代使用草木、树杈等作为燃料烧窑，燃烧后的草木灰落在坯体上，和坯体产生共熔形成一层很薄的光亮层。釉的形成或许是受到了这一现象的启发。（2）燃烧后的草木灰落在窑炉内壁上，经长期高温，内壁上会形成一层玻璃态的物质，称为"窑汗"。釉的形成是古代窑工们受到了窑汗的启发并加以创造而成的。（3）釉的产生是当时的窑工受到陶器上用于装饰的陶衣的启发。

"窑汗"的形成是由于古代烧窑所使用的草木燃烧后的草木灰会飘落窑壁上，这些草木灰含有较多的熔剂元素氧化物，在高温下与窑壁产生共熔，会形成一层玻璃态物质。同理，当草木灰落在器物上时，也会和器物表面发生共熔，而在器物表面形成一层光亮的玻璃态物质。"窑汗"的主要成分除了较高的熔剂元素氧化物外，MnO_2 与 P_2O_5 的含量也较高。引用张福康在《中国传统高温釉的起源》[③] 一书中对"陶衣"与"窑汗"成分的研究数据，见表1—1。与窑汗原理相似，印文硬陶表面常有一层光亮的玻璃态物质。工匠在日常的实践中，很有可能受到这一现象的启发从而发明了"釉"。

表1—1　　　我国湖北、江西、浙江等地部分"陶衣"和
"窑汗"标本的化学组成

	样品数		Na_2O	MgO	Al_2O_3	SiO_2	K_2O	CaO	TiO_2	Fe_2O_3	MnO_2	P_2O_5
陶衣	14	平均值（Wt%）	0.48	0.95	17.99	69.84	1.82	0.92	0.72	7.08	0.1	0.19
		标准差	0.33	0.42	1.13	2.34	0.77	0.47	0.57	2.73	0.12	0.07

① 汪庆正：《简明陶瓷词典》，上海辞书出版社1989年版，第167页。
② 李家治：《中国科学技术史·陶瓷卷》，科学出版社1998年版，第4页。
③ 张福康：《中国传统高温釉的起源》，科学出版社1987年版，第41—46页。

续表

	样品数		Na$_2$O	MgO	Al$_2$O$_3$	SiO$_2$	K$_2$O	CaO	TiO$_2$	Fe$_2$O$_3$	MnO$_2$	P$_2$O$_5$
原始瓷釉	9	平均值（Wt%）	0.87	1.44	21.47	59.67	4.36	1.73	1.32	6.66	0.09	0.08
		标准差	0.28	0.83	4.37	7.75	0.29	1.49	0.23	3.08	0.06	0.16
窑汗	5	平均值（Wt%）	0.28	3.05	13.13	65.88	5.35	6.24	0.75	3.35	1.32	0.91
		标准差	0.1	1.45	2.43	9.31	1.4	4.95	0.33	0.96	1.12	0.63

　　古代陶器表面粗糙并且吸水率高，所以窑工会在陶器表面施一层涂层，这就是陶衣。陶衣是用来装饰陶器的，以白、红最为普遍，有的还会在陶衣上进一步彩绘进行装饰。可以说陶衣的工艺形式与陶瓷的釉是一样的，都是选用某种原料，通过进一步的加工，在胎体表面加一层覆盖，以达到美观与完善使用功能的目的。陶衣所选用原料与胎体相似，但是通过对胎体原料进一步的挑选和加工，比胎体更加细腻、易于成形。就化学成分而言，陶衣中含有较多的 Fe$_2$O$_3$，但碱金属氧化物如 K$_2$O 和 Na$_2$O 以及碱土金属氧化物 CaO、MgO 含量较低。正是因为陶衣中助熔剂含量低，加上陶器烧成温度一般在 800℃ 左右，在这样的条件下陶衣还不能熔化成釉。在商代前后，我国浙江、福建一带还发现了一种泥釉黑陶。浙江省考古所和浙江省江山县文管会曾对江山县南区一古遗址做了调查试掘，发现了相当数量的"泥釉黑陶"和"原始青瓷"。这些泥釉黑陶在器表内外都浸荡有一层泥料。泥釉黑陶与陶衣相比，助熔剂成分提高，但不超过 15%；烧成温度亦有所提高，这时可达 1100℃；同时有较多玻璃态物质生成[1]，但这层外表呈黑色、粗糙、无光、吸水、极易剥落的涂层，化学成分和胎体极为相似，与原始瓷还是存在差别。如果将这种泥釉黑陶片重新加热到 1250℃，这层泥釉就熔成光滑、黑褐色的釉了。

　　上述三种观点，从形式功用上看，"陶衣"与后期釉已非常接近，二者均是进行精细的原料处理以在胎体表面覆盖一层非常薄的物质，用

---

[1] 李家治：《中国科学技术史·陶瓷卷》，科学出版社 1998 年版，第 95 页。

以提高器物的实用价值和观赏价值。而"窑汗"和草木灰在陶器表面形成共熔的现象则是从表观上，已形成一层可供借鉴的玻璃态物质①。可以想象在窑工长期劳作实践中，在一次又一次观察到这种现象后，从这些现象中得到启发，并加以改良。终于在商代，原始瓷出现了。自此从根本上改变了陶器的表面质量，吸水率降低，易于清洗，并且美观实用②。商周时期，助熔剂含量继续增加，原始瓷釉中 CaO 含量已经从商代以前的小于 5% 增加到了 10% 左右③。助熔剂的增加以及窑炉结构改进使烧窑温度从商代以前的 800℃ 增加到 1200℃④，为原始瓷的出现提供了工艺保障。原始瓷出现于商代，这一时期的原始瓷釉层较薄，胎釉结合不好，易剥落，釉色浅黄或者灰中泛青，有少量小气泡。所以原始瓷的釉是在陶衣、泥釉黑陶的基础上得益于烧制工艺的改进而发展起来的。

二 原始瓷釉的化学组成

了解了原始瓷釉的产生过程后，就要进一步了解原始瓷釉所使用的助熔剂及其化学组成。张福康先生在《中国传统高温釉的起源》一文中认为："商周高温釉的主要原料是草木灰或草木灰配以适量粘土。草木灰是商周高温釉中所需助熔剂的主要来源，而易熔粘土、窑汗、石灰石以及贝壳灰等，虽在后世的制瓷业中有着广泛的应用，但在商周时期，它们被用作主要助熔剂来源的可能性是极为微小的⑤。"其原因是通过比较原始瓷釉的化学组成，发现原始瓷釉中 CaO、P_2O_5、MnO_2 含量高，这与草木灰有相似之处，但与易熔粘土、窑汗及贝壳则相差很大。

然而在《科学技术史陶瓷卷》一书中，作者提出了不同的观点。书中比对了各地原始瓷釉样品 28 件，这里引用其中部分数据⑥见表 1—2。

---

① 吴隽、张茂林：《中国陶瓷釉的多元化起源与初步发展探析》，《中国科学：技术科学》2011 年第 2 期。

② 张福康：《中国传统高温釉的起源》，科学出版社 1987 年版，第 41—46 页。

③ 李家治：《中国科学技术史·陶瓷卷》，科学出版社 1998 年版，第 96 页。

④ 张福康：《中国传统高温釉的起源》，科学出版社 1987 年版，第 41—46 页。

⑤ 同上。

⑥ 李家治：《中国科学技术史·陶瓷卷》，科学出版社 1998 年版，第 95 页。

表1—2　　　　　　　　　各地原始瓷釉化学组成（Wt%）

时代、出土地点	SiO_2	Al_2O_3	Fe_2O_3	TiO_2	CaO	MgO	K_2O	Na_2O	MnO_2	P_2O_5
河南郑州商	58.94	15.47	1.66	0.62	13.06	2.01	4.75	1.07	0.44	—
江西清江吴城 商代晚期	60.09	18.12	3.51	1.86	9.68	2.26	3.64	0.36	0.16	0.31
江西鹰潭角山 商代晚期	61.81	17.51	3.24	1.92	8.45	1.69	4.63	0.34	0.09	0.32
江西清江樊城堆 商至周	68.49	12.16	8.97	1.25	0.91	1.76	5.09	0.77	0.48	—
江西安义县台山 西周中晚期	50.00	12.07	1.74	0.47	25.20	3.52	3.21	0.53	0.73	2.03
浙江江山地山岗 西周	66.26	15.05	1.84	0.97	10.07	1.62	3.74	0.42	0.52	0.82
浙江上林湖战国	65.43	11.41	3.21	1.09	9.38	2.09	1.86	2.42	0.3	0.76

根据数据可将原始瓷釉样品分成两类。第一类 CaO 含量较高，最高达25.33%，而 Fe_2O_3 含量较低，最低仅为1.7%。这类高钙低铁原始瓷釉约占总数的29%。第二类原始瓷釉所占比例较大，特点是 Fe_2O_3、K_2O 含量提高，一般都高于5%，而 CaO 含量降低至5%，这一类的原始瓷釉的主要助熔剂为 Fe_2O_3 和 K_2O。第二类的原始瓷釉化学组成与一些陶器的陶衣非常相似，这类样品主要来自浙江和江西，这可能和当地长期使用高铁的易熔粘土作为陶衣有关[1]，可见至少在浙江和江西的部分地区，曾用易熔粘土作为原始瓷釉的主要原料。第二类釉中还有一部分，CaO 的含量也达到了10%，Fe_2O_3 含量亦低于3%。这类样品与第一类样品一道，它们所用的原料可能是草木灰或粘土配以草木灰或其他含有 CaO 的矿石。根据李家治先生的进一步研究显示，这一类样品也可分为两类，第一类样品为江西清江吴城原始瓷釉样品以及江西安义县台山原始瓷釉样品，这两个样品 P_2O_5 含量较高，一般的高钙矿石如石灰石无法提高釉

---

① 李家治：《中国科学技术史·陶瓷卷》，科学出版社1998年版，第97页。

的 P_2O_5 含量。而比对发现，江西清江吴城原始瓷釉样品其化学组成与来自景德镇的松树枝叶灰和狼鸡草灰化学组成比较接近；江西安义县台山原始瓷釉样品化学组成与景德镇松树叶灰和橡树灰比较接近。这说明在江西某些地区生产的原始瓷釉是以草木灰为主要原料的。而另外一类绝大多数草木灰样品的化学组成或是含有较高的 SiO_2 或是 SiO_2，Al_2O_3 含量较低，无法单独作为制釉原料，而绝大部分原始瓷釉样品的 P_2O_5 含量非常低，说明这些样品的主要制釉原料并不是草木灰而是粘土配以草木灰或其他高钙矿石[1]。

第二节　古陶瓷釉的发展

一　青釉

原始瓷经过1000多年的发展，工艺更为成熟。从汉代开始釉中 RO 的含量不断增加，而 R_2O 含量不断减少，Fe_2O_3 含量也比较低，这可能是因为釉料配方改良，石灰石的加入使得粘土用量减少[2]。同时南方龙窑的结构亦在不断完善，烧成温度已经达到1300℃。助熔剂增加，烧成温度提高，在这样的条件下至迟在东汉晚期的浙江省上虞小仙坛越窑窑址中成熟的瓷器出现了。冯先铭先生评价小仙坛窑址的制品"具有瓷质光泽，透光性较好，吸水率低，在1260℃—1310℃的高温下烧成。器表通体施釉，其釉层比原始瓷显著增厚，而且有着较强的光泽度，胎釉结合紧密牢固。釉料中含氧化钙15%以上，并在还原气氛中烧成，所以釉层透明，表面有光泽，釉面淡雅清澈，犹如一碗清水[3]"。

此时越窑青瓷的釉料与原始瓷相似，以 CaO 为主要助熔剂，CaO 含量绝大多数在14%—16%，个别可到20%；MgO 和 K_2O 含量一般在2%左右[4]，属于 CaO（MgO）- K_2O（Na_2O）- Al_2O_3 - SiO_2 系高钙釉。同时釉中还含有2%左右的 Fe_2O_3 与小于1%的 TiO_2，在弱还原气氛中烧成，

---

①　李家治：《中国科学技术史·陶瓷卷》，科学出版社1998年版，第97页。
②　李家治：《浙江青瓷的形成和发展》，《硅酸盐学报》1983年第1期。
③　冯先铭：《中国陶瓷史》，文物出版社1982年版，第127—128页。
④　李家治：《中国科学技术史·陶瓷卷》，科学出版社1998年版，第116—123页。

釉色青中带黄或黄灰色。

自东汉开始，以南方越窑青瓷为代表的钙釉系统一直在不断地发展。助熔剂 RO（CaO + MgO）含量自东汉开始逐渐增加，三国时期略有下降，之后继续增加。到唐代又开始减少，见图1—1。

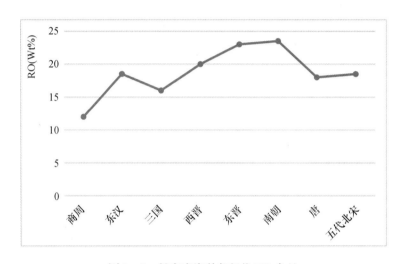

图1—1　越窑青瓷釉各朝代 RO 含量

越窑青瓷从东汉末年发展到宋代，釉的化学组成变化基本不大，均属于典型的钙釉。直至南宋龙泉窑的崛起，钙釉一统天下的局面方被打破。龙泉窑烧造历史悠久，南朝时已有烧造。但在南宋以前，龙泉窑的造型与装饰风格基本模仿越窑，还没有形成自己的独特风格，生产规模不大，发展缓慢。南宋是龙泉窑的鼎盛时期，龙泉窑开始采用钙‐碱釉体系大量生产釉质似玉的高品质青瓷。相比于钙釉体系，钙‐碱釉中 RO 含量减少，R_2O 含量上升。由于钙—碱釉高温黏度大，所以高温下气泡不易逸出，釉层中有较多小气泡，釉层较厚，有较强的玉质感。

二　铅釉

铅釉陶是以铅作为助熔剂，在 800℃下一次烧成的低温铅釉陶器。低温铅釉陶器出现于西汉，最早兴起于陕西关中地区，汉宣帝以后铅釉大量流行，几乎在北起长城、南至江南、东到山东、西达甘肃的广大地区都有汉代铅釉陶出土。低温铅釉陶器顾名思义属于铅釉系统，以东汉铅釉陶为例，釉中 PbO 含量可高达 46.89%①。铅釉的配制过程不能直接使用地质中的矿物材料，而需要通过冶炼技术所提纯的铅的氧化物或它的盐类，也就是说铅釉是在冶炼技术发展到了一定阶段才出现的产物，所以铅釉的出现比钙釉要晚得多②。铅釉陶釉色多呈红褐色、黄褐色、绿色等。在汉代，铅釉陶采用的着色元素为铁和铜，在氧化气氛中烧成，铁呈黄褐色或棕红色；铜呈绿色，因含量和温度的不同，又有深绿、浅绿、翠绿等不同色调。汉代的铅釉陶器大多仅限于一件器物施一种釉，这可能与当时朴素的民风有关，也有可能是因为当时色釉品质不高限制了人们的创作。但是也发现有少部分铅釉陶施复色釉，在器物的不同部位施不同色釉。目前发现的复色釉铅釉陶主要集中在关中和河南济源地区。

低温铅釉自汉代出现以来一直在不断发展，经过唐三彩的辉煌到了宋代开始出现了釉上彩瓷器。釉上彩瓷器即是在白瓷的基础上加以各色的低温铅釉的装饰，制成各式各样的彩瓷，釉上彩瓷器的出现大大丰富了我国的瓷器品种，尤其是在明、清两代，各式釉上彩瓷器争奇斗艳。

釉上彩瓷器根据着色元素的不同可以分为五种：黄、绿、蓝、红、紫。它们的着色元素分别为铁、铜、钴、锰、铁。除此之外，还有各色的低温色釉瓷器。在各种色釉中，黄釉瓷器由于在明、清时为皇家所专用，被赋予了森严的等级象征，所以具有了特殊的历史内涵。本文选用明清时期景德镇产的黄釉瓷器以研究低温铅釉的釉料组成对瓷器釉层中气泡的特征的影响。

第二章　四种典型古陶瓷釉瓷

关于钙系釉的划分，至今尚无统一标准，《硅酸盐辞典》中以 CaO 的重量百分比为 8 作为划分钙釉与钙－碱釉的标准③。我国陶瓷史的发展规律是南方青瓷以越窑为代表的钙釉发展到以龙泉窑为代表的钙－碱釉，

---

①　王熠、田卫丽：《汉代铅釉陶发展综述》，《文博》2012 年第 2 期。

②　平友舜：《铅釉的历程》，《陶瓷研究》1998 年第 1 期。

③　中国硅酸盐学会编：《硅酸盐辞典》，中国建筑工业出版社 1984 年版，第 812 页。

其中龙泉窑白胎青瓷是我国南方生产钙－碱釉规模最大的[①]一个瓷器品种。

除了以钙系釉为代表的高温釉，我国陶瓷史中还有着悠久的低温釉传统。低温铅釉始烧于西汉年间，铅的加入，目的是降低釉的熔点。我国传统低温色釉品种有很多，均属于 $PbO-SiO_2$ 二元系统。铅釉中的着色元素在西汉时仅有铁和铜，在氧化气氛中烧成，铜会呈现不同色调的绿色，铁则呈褐色。到了唐，工匠们在铅釉中加入铜、铁、锰、钴作着色剂创作出绚丽多彩的唐三彩铅釉陶。之后低温铅釉的装饰手段大大丰富起来了。

下面将对本研究所涉及的古陶瓷釉的典型瓷器品种作简要介绍。

第一节　越窑青瓷

越窑作为我国古陶瓷史上创烧最早的窑口，从商代开始烧造原始青瓷。至迟在东汉末年，成熟的瓷器已经在浙江上虞的越窑窑址中烧制成功。此时的越窑制品透光性好，吸水率低，胎釉结合紧密，釉面有较强的光泽感，叩之有金石声，质量与原始瓷已不可同日而语。越窑以 CaO 为主要助熔剂，较之原始青瓷，此时的助熔剂含量已有明显提高，CaO 含量多在14%—16%，个别可达20%，属于 $CaO（MgO）-K_2O（Na_2O）-Al_2O_3-SiO_2$ 系高钙釉。同时釉中还含有 2% 左右的 Fe_2O_3 与小于 1% 的 TiO_2。

越窑在三国、两晋时期得到了极大的发展。同时这一时期龙窑的结构也在不断完善。浙江上虞帐子山曾清理过一座西晋时期的龙窑遗存，窑床上保存有大量窑具，这些窑具纵横成行，排列有序。窑室上部两侧设"投柴孔"，这说明在当时有可能已采用"分段烧成"的技术[②]。

唐代制瓷业呈现出了一派百花齐放的繁荣景象。越窑的生产中心集中在浙江省慈溪上林湖一带，越窑瓷场迅速扩张，形成了一个庞大的瓷业体系，在唐代，越窑开始采用匣钵装烧技术，此举大大地提供了越窑

---

① 罗宏杰、李家治：《中国古瓷中钙系釉类型划分标准及其在瓷釉研究中的作用》，《硅酸盐通报》1995 年第 2 期。

② 冯先铭：《中国陶瓷史》，文物出版社 1982 年版，第 492 页。

产品的质量。在晚唐时，更是出现了一批被称为"秘色瓷"的越窑精品贡瓷。1988 年，陕西扶风法门寺地宫开始发掘，出土了一座《应从重真寺随真身供养道具及恩赐金银器物宝函等并新恩赐到金银宝器衣物》帐碑，在帐碑上明确记载了地宫中所藏"秘色瓷"13 件（实际应为 14件）。这批秘色瓷均为碗、盘等实用器，器形作葵口或花瓣口。底足釉面光洁，大多呈湖绿色，只有两件釉色泛黄①。这批秘色瓷代表了当时越窑最高的工艺水平。

越窑青瓷在唐五代时期达到了空前的繁荣，在北宋中期开始逐渐走向没落。从北宋中期开始，越窑的生产规模急剧缩小，这点从考古资料上反映的尤为明显。上林湖地区发现的北宋早、中期遗址有 30 处，龙窑47 座；到了北宋晚期窑址遗存仅发现 14 处，龙窑遗址 27 座②。另外，越窑产品的品质也是急速下降。这一时期的产品胎质粗糙；釉已不见早期的青绿色，而多呈青黄、青灰色，釉面光泽感差；装饰手法粗糙，纹样简单；工艺上放弃了唐代流行的匣钵装烧，而是多采用比较落后的明火叠烧法，倒塌、变形现象常见③。延续了一千多年的越窑到了宋代气数已尽。

越窑作为我国南方青瓷钙釉的代表，在各个历史时期釉的化学组成变化不大。引用李家治先生在《中国科学技术史陶瓷卷》中对绍兴、上虞、慈溪（上林湖）三地各朝代青瓷样品的釉的化学成分结果绘制图 2—1。

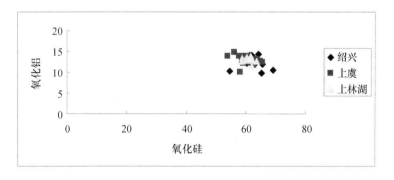

图 2—1　历代越窑青瓷釉化学组成分布图

---

① 郑嘉励：《越窑秘色瓷及相关问题》，《华夏考古》2011 年第 3 期。
② 慈溪市博物馆：《上林湖越窑》，科学出版社 2002 年版。
③ 权奎山：《试论越窑的衰落》，《故宫博物院院刊》2003 年第 5 期。

从图 2—1 中可以看出，三地越窑样品釉的化学组成较为接近，也就是说越窑青瓷在整个历史时期釉的化学组成变化不大。

越窑青瓷作为南方青瓷钙釉的代表，其在古陶瓷史上的地位与影响不容小觑。因此本研究选用越窑瓷器以研究钙釉釉料对釉中气泡特征的影响。

第二节 龙泉窑青瓷

在今浙江省龙泉县，水陆交通便利、瓷土资源丰富，早在三国时期已经开始建窑烧造瓷器。龙泉窑正式创烧于北宋。北宋时期的龙泉窑深受越窑、婺窑和瓯窑影响，产品多是模仿三窑，没有形成自己的风格。北宋时期的龙泉窑产品，釉色绿中带黄，常有开裂，釉层较薄。此时的龙泉窑采用钙釉，釉中 RO 含量高。南宋以后，龙泉窑开始生产一种施以黏稠的钙－碱釉为特征的仿官窑瓷器，并获成功。南宋中晚期，龙泉窑达到鼎盛时期，窑场众多，除今龙泉县境内外，在庆元、遂昌、元和等县也设窑场。

与钙釉相比，钙－碱釉高温黏稠度大，不易流釉，因而釉层较厚，有较强的玉质感，高温下气泡不易逸出，釉中有较多小气泡。

釉色以粉青、梅子青为最佳。粉青釉的釉层中有大量的小气泡和未完全熔化的石英颗粒，当光线照入时会发生强烈的反射，使釉色呈现一种如冰似玉的艺术效果。梅子青的烧成温度高于粉青，故釉的玻化程度高于粉青，釉面光泽感较强，烧成难度也大于粉青。为了釉色的完美，龙泉窑的胎中会加入适量的紫金土，以对釉色有更好的衬托作用。不同釉色对胎色的要求不同，粉青釉胎白中带灰，梅子青釉要求胎的白度高一些①，但粉青、梅子青都属于白胎瓷器。龙泉窑在大量生产白胎瓷器的同时，也生产仿官窑的黑胎瓷器。

龙泉窑虽然兴起的时间较晚，但得益于南宋政府大力发展海外贸易的国策，龙泉窑瓷器大量出口到东亚、东非及阿拉伯地区，发展迅猛。

元代以后，龙泉窑产品质量大不如前，釉色也不如南宋时期。但烧制工艺有进一步发展，大件器物如：大瓶、大盘等大量生产。釉中 RO 含

---

① 冯先铭：《中国陶瓷史》，文物出版社 1982 年版，第 276 页。

量进一步减少，R$_2$O 含量进一步增加。明代龙泉窑青瓷釉的玻化程度较高，表面光泽感强。釉色绿中带棕，或黄中带灰，已无昔日风采。但龙泉窑外销势头依然不减，龙泉窑诸系仍然大量生产[1]。龙泉窑是我国陶瓷史上延续时间最久的窑口，从三国时期一直延续到清代。

龙泉窑属于南方青瓷系统，但不同于越窑，它从南宋开始采用钙－碱釉系统生成瓷器。龙泉窑在南宋中后期达到鼎盛，元代以后产品质量逐渐下滑。但凭借着数目巨大的外销瓷销量，龙泉窑的影响遍布东南亚及阿拉伯地区。

我国自原始瓷产生伊始采用的是钙釉系统，至东汉末年成熟瓷器产生，以越窑为代表的南方青瓷系统一直沿用钙釉，并且碱土金属氧化物（CaO、MgO）含量不断增加，到唐代开始有所下降。至南宋以后由于钙－碱釉的使用，RO 在熔剂中的比例开始不断下降，并且碱金属氧化物（K$_2$O、Na$_2$O）含量不断增加。龙泉窑作为我国最大规模生产钙－碱釉系统瓷器的窑口，故本文选用龙泉窑样品以研究钙－碱釉的釉料组成对釉中气泡特征的影响。

第三节　景德镇窑红釉瓷

铜红釉是指以铜为着色剂，在高温还原气氛中烧制而成的瓷器品种。铜在还原气氛下为红色，在氧化气氛下则是绿色。我国最早出现的铜红制品发现于唐代长沙窑。但是这个时候还不能称之为铜红釉，而是以铜红斑作为器物的装饰，属于彩装饰。长沙窑的烧成温度为 1150℃—1200℃，烧成温度不高直接导致了铜红发色不够鲜亮，同时由于釉中 K$_2$O 含量低，釉的高温流动性大，器物有明显的流釉现象。

钧窑釉色千变万化，素来享有"入窑一色，出窑万彩"的美称，其中所谓的"玫瑰红""海棠紫"就是利用铜红釉的技术烧造而成的。钧窑所采用的是一种乳浊釉，铜在釉中呈悬浮状态，近似胶体。

元代在景德镇设立浮梁瓷局，景德镇正式成为制瓷业的中心，进入大发展的时期。在这一时期，景德镇创烧了许多新品种。青花、釉里红

---

[1]　周仁、张福康：《龙泉历代青瓷烧制工艺的科学总结》，《考古学报》1973 年第 1 期。

就是元代景德镇创烧的优秀品种。釉里红顾名思义是以铜红釉在胎上直接绘画纹饰后，再上透明釉，在高温还原气氛下一次烧成，呈现釉下红色纹饰的瓷器。釉里红的烧成对气氛要求严格，烧成难度大，成品率低。除了釉里红，元代景德镇已开始烧制铜红釉瓷器。由于还是初创阶段，再加上铜红釉对着色剂的含量，基础釉的配比以及温度、气氛等都十分敏感，稍有偏差则无法得到鲜艳的红色，技术难度非常大①，所以元代的红釉器成品率低，红色往往不够纯正②。

明朝建立后，洪武二年正式在景德镇设立官窑，景德镇的制瓷技术更加精益求精。"色窑烧颜色，圆而狭，每座只容小器三百余件。"③ 明永乐年间，鲜红釉正式烧制成功。在这以前，由于铜红釉的烧制难度，还没有出现过色调纯正的红釉瓷器。所以鲜红釉的烧制成功是明代景德镇工匠对红釉瓷器的一项重要贡献。鲜红釉拥有像宝石一样的美丽色泽，又称"宝石红"，此外还可称"祭红""霁红""积红"。由于铜红釉烧制技术上的难度，永宣年间的铜红釉成品率只有 10% 左右。铜在 800℃ 以上易挥发，此时开始需要用强还原焰。到 1200℃ 时铜挥发浸透至上层且被还原，这时需要短暂的氧化焰作用于铁、锡，保证铜变成胶体散布于釉中，之后铜红釉的烧成温度 1300℃ 需维持 12—13 个小时④。明代鲜红釉制品，采用的是钙—碱釉体系烧制，一般 CaO 含量在 6%—10%，K_2O 含量多在 4%—6%，Na_2O 含量通常在 1%—3%，由于钙–碱釉高温黏度大，不易于气泡逸出釉层，所以釉层中有较多小气泡。鲜红釉瓷器釉层较厚，宣德时期较之永乐更甚。这是因为宣德时期以增加釉的厚度来减弱光亮度而增强温润感⑤。宣德以后，红釉器就很少烧造了。成化、正德年间偶有成功制品传世。嘉靖开始使用矾红釉代替鲜红釉。

明末清初时局动荡，景德镇几乎全面停产，直到康熙年间，景德镇才完全恢复它昔日的繁华。康熙年间祭红釉瓷器恢复烧造，康熙祭红发色深沉，釉面常有橘皮纹，不流不裂。之后历代官窑也将祭红釉瓷器作

① 冯先铭：《中国陶瓷史》，文物出版社 1982 年版，第 261 页。
② 同上书，第 345 页。
③ 朱琰：《陶说》，黄宾虹等：《美术丛书第二册》，江苏古籍出版社 1986 年版。
④ 钟凤文：《中国传统铜红釉的发展与分类》，《东方博物》2008 年第 2 期。
⑤ 同上。

为一个重要品种多有烧造。康熙朝虽极力推崇永宣时期鲜红釉瓷器，但实际上永宣时期的鲜红釉配方已失传。康熙年间的祭红釉中 RO 含量增加，通常在11%—15%；R_2O 含量减少，K_2O 含量多在 2%—4%，Na_2O 多在 2%—3%，已属于钙釉范畴。

铜红釉瓷器烧造难度大，成品率低，在祭红釉瓷器之前没有任何一个瓷器品种可以使铜红釉发色艳丽。同时作为祭器，明清两代以来都比较重视祭红釉瓷器的烧制。但由于永宣鲜红釉瓷器的配方失传，致使明、清两代祭红釉瓷器釉料以几乎突变的形式，由明代的钙—碱釉系统转变为了清代的钙釉系统。本研究希望借此分析钙釉与钙—碱釉系统的釉料组成的不同对瓷器釉层气泡特征的不同影响。

第四节 景德镇窑黄釉瓷

铅釉是一种低温釉，创烧于汉代。首先出现于陕西关中地区，汉宣帝之后流行至全国大部分地区。汉代铅釉陶以铅为助熔剂，以铁、铜为着色元素。铅的作用是降低釉的熔点，故铅釉陶的釉在700℃下就能达到熔融状态①。汉代的铅釉陶已发现有复色釉，在器物的不同部位施不同色釉。目前发现的复色釉铅釉陶主要集中在关中和河南济源。铅釉陶几乎没有实用器，绝大部分被用作明器。到了两晋时期，由于厚葬之风盛行，铅釉陶继续在全国大量流行，主要被做成谷仓、家畜、灶、井、亭台楼阁等建筑模型。

低温铅釉的又一个高峰是绚丽多彩的唐三彩铅釉陶器。唐三彩采用二次烧成法，首先将素胎在 1000℃—1100℃ 的温度下煅烧，冷却后，再施釉入窑在 850℃—950℃ 的温度下二次烧成。唐三彩的着色元素为铁、铜、锰、钴，它们的氧化物熔于铅釉中向四处扩散流动，各种颜色相互浸润，绚烂多彩。

宋代开始铅釉技术转向了建筑材料，特别是元、明、清三代陶胎琉璃器发展迅猛。明、清两代统治者多次大兴土木，色彩绚丽的琉璃构件

---

① 陈彦堂：《关于汉代低温铅釉陶器研究的几个问题》，《古代文明》第 4 卷，文物出版社 2005 年版。

也被大量应用于宫廷建筑之中。除建筑上的大量应用以外，明、清时期兴起的五彩、斗彩、粉彩等釉上彩绘瓷器，都是在低温铅釉的基础上发展起来的。除此之外，利用铅釉制成的各种色釉瓷器，如：黄釉、绿釉瓷器等也是明、清时期重要的瓷器品种。特别是黄釉瓷器，在皇权高度集中的明、清两朝，黄釉成为被皇家所专用的瓷器品种，它的使用有着严格的等级制度。正是因为这一特殊的文化背景，本研究选择明、清黄釉瓷器作为研究低温铅釉对于古陶瓷釉中气泡特征的影响的样品。

第三章　釉中气泡的形成机理

第一节　坯釉组成对气泡形成的影响

坯釉自身会因高温分解或者发生化学反应而产生气体。坯釉中存在着许多可溶盐，例如碳酸盐、硫酸盐、硝酸盐，还有一些化合物如 Pb_3O_4、Fe_2O_3，它们在高温下会分解放出气体；玻璃相中的水分会因为高温而放出，一些矿物在高温下也会排出结晶水[①]；长石熔融时会产生 N_2；釉料调和物中的有机物腐烂时放出气体。这些气体在釉层中如不能及时排出就会形成气泡。

坯釉还可发生反应。在坯釉中间层有时可以观察到大小分布均匀的气泡就是来自坯釉之间的反应，由于化学反应使得化学溶解的气体溶解度下降而逸出气体，在表面张力的作用下形成气泡，由于气体的溶解度相差不大，故所产生的气泡大小相差不大[②]。同时，在酸性溶液中三价铁易于变成二价铁并释放出氧气。

第二节　烧制工艺对气泡形成的影响

一　工艺因素

在烧成过程中操作不当容易形成气泡缺陷。

---

① 盛振宏、赵达峰：《国内外日用瓷釉中气泡的研究》，《中国陶瓷》2000 年第 5 期。

② 张佳宏：《论古陶瓷的气泡》，《收藏界》2012 年第 12 期。

烘烧干燥期：窑内水蒸气过多时容易使碳素沉积在坯体表面，碳素氧化生成 CO_2 留在釉层会形成气泡。气体保温期：若氧化保温的温度过高，由于坯釉已经部分玻化，则不利于 CO_2、CO、硫酸盐分解产物等排出釉层。强还原期：若还原气氛不够强，则不能使硫酸盐完全还原为亚硫酸盐，而当剩余的硫酸盐在高温下再分解时，此时产生的气体则无法排出而留在釉层。玻化开始期：若升温过快，则使封闭的碳素不易排出[1]。

二 烧成气氛

在氧化气氛下，由于坯体中含有一定量的氧化铁，被釉层所封闭的氧化铁会与氧化硅发生反应放出氧气并生成铁橄榄石，反应残留的氧化铁会使坯体呈黄色，而氧气则会形成气泡留在釉面[2]。上文提到的碳酸盐的分解反应也受到烧成气氛的影响。在低温阶段，当氧化气氛足够时碳酸盐的分解速度快且进行的更完全；反之，反应速度慢且进行的不完全。但是，碳酸盐和氧化铁在氧化气氛中要在 1300℃ 以上才能进行分解，所以在低温状态下无法将坯体内的气体成分全部氧化分解。而在高温阶段，坯体已经出现液相，反应所放出的气体无法完全排出留在釉层内形成气泡[3]。

还原气氛下，CO 会分解产生 C 与 CO_2。而这些碳会沉积在坯、釉表面，若再继续升温，则继续氧化生成 CO_2 留在釉层形成气泡[4]。

同时，由于窑内气氛的改变，Fe、Cu 等变价元素容易因化学价态的改变而发生反应放出气体。如在高温还原阶段会发生的反应有[5]：

（1） $Fe_2O_3 + CO \rightarrow 2FeO + CO_2 \uparrow$

（2） $2CuO + CO \rightarrow Cu_2O + CO_2 \uparrow$

（3） $Cu_2O + CO \rightarrow 2Cu + CO \uparrow$

① 张佳宏：《论古陶瓷的气泡》，《收藏界》2012 年第 12 期。
② 杨峥：《试说瓷器釉泡及针孔眼》，《文物春秋》1992 年第 2 期。
③ 秦祥：《简析陶瓷窑炉烧成气氛的影响及控制》，《内蒙古科技与经济》2007 年第 8 期。
④ 同上。
⑤ 张福康：《古陶瓷的科学》，上海人民美术出版社 2000 年版。

第四章　实验仪器与方法

第一节　化学组成分析

一　元素分析方法

（一）湿化学法

湿化学法是最早得到应用的成分分析方法，在20世纪20年代末，台北"中央"研究院工程研究所（上海硅酸盐研究所前身）已经开始了利用湿化学法对古陶瓷化学成分的分析工作。20世纪30年代，周仁院士对杭州郊坛下南宋官窑遗址出土瓷片的化学组成的分析，为研究我国南宋官窑制作工艺提供了科学依据[①]。

湿化学法就是利用滴定分析等重量分析方法对物质体系的主次量化学元素进行定量分析的一种方法。在古陶瓷研究领域主要用于测量 Na、Fe、Ti、Mn、P、Si、Al、Ca、Mg、K 等元素，并且测量准确度高。但是这种方法的灵敏度不高，测量要求被测元素的氧化物含量在 0.2% 以上，所以主要用于分析古陶瓷中的常量元素，而对于微量元素和痕量元素的灵敏度不高。并且湿化学法是一种破坏性的分析方法，无法用于比较珍贵的样品的研究。近几年随着科学技术的不断发展，湿化学法已经逐渐被新的方法所取代，不被使用了。

（二）中子活化分析（INNA）

中子活化分析是由匈牙利放射化学家 Hevers 和 Levi 在 1936 年提出的。20 世纪 70—80 年代是中子活化分析成熟时期。我国在 20 世纪 80 年代由中国科学院考古研究所的李虎侯首次引进中子活化分析方法。李虎侯院士在对龙泉窑样品进行的中子活化分析研究中，测定了宋、元、明三朝的微量元素含量，确证了龙泉窑瓷器的地域特性元素，并确定了龙

---

① 周仁：《发掘杭州南宋官窑报告书》，《国立中央研究院总报告》第 4 册，国立中央研究院，1931 年，第 1931—1932 页。

泉窑古瓷的组成真实性①。

中子活化分析就是用中子源所提供的具有一定能量分布和通量的中子束轰击样品，使之活化生成放射性核素。然后通过测定放射性核素的半衰期和它所释放的伽马射线即可进行定性分析；通过测定放射性的强度就可以对所含元素进行定量分析。

中子活化分析在测定化学组成上有许多优点：（1）无须大量取样，一般只需 50—100 毫克的样品；（2）可多元素同时分析，在同一件样品中可同时测量大约 30 种元素；（3）灵敏度高，中子活化分析对 80 余种元素的分析灵敏度可达 ppm 级或更低；（4）分析速度快；（5）准确度高，中子活化分析技术在痕量元素分析方法中准确度相当高，精度一般在 ±5% 左右，最高可到 ±1%；（6）可作非破坏性分析。缺点则是：存在干扰反映；当测试时的辐射和测量时间间隔超过几分钟时，古陶瓷的一些主次量元素，如：Si、Al、Ti、Mg、Mn 等由于辐射产生的放射性核素的半衰期太短而无法测量，对于 K、Ca 的误差也较大。中子活化分析在古陶瓷的研究中主要用于对古陶瓷具有地域特征的指纹元素的分析，推断古陶瓷的烧制地点。

（三）电感耦合等离子体发射光谱（ICP – AES）

发射光谱的分析历史已有近百年，1960 年，工程物理学家 Reed 设计了环形放电感耦等离子体矩。此后有学者将之作为激发光源建立了首台电感耦合等离子原子发射光谱仪。从 20 世纪 70 年代开始，ICP – AES 得到了广泛的应用。

等离子体就是一种同时含有中性原子、分子、电子、离子的电离的气体，它是一种电的良导体。ICP – AES 的工作原理就是在石英炬管中充入氩气，同时在石英炬管外套有高频感应线圈。当工作气体氩气通过炬管时，交变电磁场使其电离，形成等离子体。通过测定不同元素的原子在电离时所发出的特征光谱可进行定性分析。同时特征光谱的强度与样品中原子浓度有关，通过与标准溶液进行比较对所含元素进行定量分析。

---

① 李虎侯、梅屹、孙景信等：《龙泉青瓷中微量元素的活化分析》，《硅酸盐学报》1984 年第 3 期。

ICP - AES 的优点很多：（1）灵敏度高、检出限低，一般可达 0.1ppm；（2）精密度高；（3）基体效应小；（4）可多元素同时测定。电感耦合等离子体发射光谱可以测定 70 余种元素，几乎囊括了古陶瓷所包含的所有常见元素，可用来分析古陶瓷中的常量、微量、恒量元素，以判定产地、制作工艺等信息。但是由于 ICP - AES 对样品具有破坏性，不能用于一些较珍贵的样品的分析。

（四）电感耦合等离子体质谱（ICP - MS）

电感耦合等离子体质谱仪出现的时间较晚。在我国直到 2000 年才有学者使用电感耦合等离子体质谱仪测定了古陶瓷中的稀土元素①。它的原理是：通过雾化器将样品送入等离子体光源，在高温下气化，产生等离子体。通过取样锥收集等离子体，在低真空下形成分子束，分子束进入四级质谱分析器后，经质量分离进入离子探测器，根据探测器的计数和浓度的比例关系，得出元素的含量②。

ICP - MS 的优点有很多，电感耦合等离子体质谱仪分析准确度高，检测限低，取样量少，可以快速地测定 40 多种微量元素，在古陶瓷的研究中，ICP - MS 是研究痕量元素最先进的方法之一。但同时也有一些限制，ICP - MS 不是无损分析，会对样品造成破坏，对于比较珍贵的样品无法进行取样分析。同时对于古陶瓷中比较重要的两种元素：Si 和 Ca 的含量难以分析。

（五）X 射线荧光光谱分析

1895 年 Roentgen 发现了 X 射线；1896 年法国人 Georges 发现了 X 射线荧光；1912 年劳厄证明了 X 射线荧光的波动性；1913—1914 年，莫塞莱发现了元素的特征 X 射线的波长和原子序数之间存在着一定的关系，以此建立了 X 射线光谱分析法，但由于科技水平的限制而未能在实际工作中得到应用。直到 20 世纪 40 年代末，Friedman 和 Birks 应用 Geiger 计数器建成了第一台波长色散 X 射线荧光光谱仪。60 年代，电子技术、超

---

① 李虎侯、梅屹、孙景信等：《龙泉青瓷中微量元素的活化分析》，《硅酸盐学报》1984 年第 3 期。

② 古丽冰、邵宏翔、陈铁梅：《感耦等离子体质谱仪测定商代原始瓷中的稀土》，《岩矿测试》2000 年第 1 期。

高真空及 X 射线强度测量方法的发展，X 射线荧光分析技术得到了较快的发展。在我国 20 世纪 70 年代开始，我国的科学院以及冶金部、地质部都曾组织研制过国产的 X 射线光谱仪。70 年代由于半导体探测器的出现，开始出现了能量色散 X 射线光谱仪。

X 射线荧光光谱分析是利用 X 射线管作为激发源。X 射线管通过加热钨灯丝发射电子，电子经过高电压的加速而高速撞击金属靶面产生 X 射线。原级 X 射线谱即 X 射线管产生的 X 射线光谱可分为连续谱和特征谱两类。

X 射线管产生的连续谱具有一个短波限，它的强度大小只与加速电压有关，它相当于加速电子与阳极碰撞一次就将全部能量以 X 射线的形式释放出来。短波限（λmin）与加速电压（V）的关系如下所示：

$$\lambda min = hc/ev$$

h：普朗克常数；c：光速；v：频率；e：电子电荷。

然而实际情况通常并非如此，而是带电粒子通过多次碰撞逐渐失去能量，每一次电子的能量仅释放部分，这时所产生的 X 射线光子波长要大于短波限，能量要小于短波限时所释放的能量。连续光谱的最大强度对应的波长约等于 1.5 倍的短波限。连续光谱的总强度与加速电压的平方、电流、靶材原子序数成正比。

当将加速电压增高直至超过待测元素的激发电压时，就会产生特征光谱。研究发现各系谱线的特征 X 射线的波长与原子序数成反比，其关系为：

$$1/\lambda = KR (Z - \delta)^2$$

R：里德伯常数；

在 Kα 系谱线中 δ = 1，K = 3/4；在 Lα 系谱线中 δ = 7.4，K = 5/36。

当 X 射线管发出 X 射线照射样品时，样品中原子的 K、L 层电子被逐出，原子变为激发态，原子从激发态恢复到稳定态的过程中，辐射出特征 X 射线，如图 4—1 所示。

K 系原子特征 X 射线的波长为：

$$\lambda K = hc/ (En - EK)$$

EK：K 层电子能量；En：L、M、N……层电子能量；h：普朗克常数；c：光速。

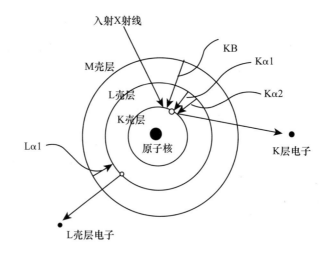

图4—1 特征X射线产生机理

特征 X 射线的产生遵守电子跃迁规律，只有满足以下条件，才可能发生跃迁：

$$\Delta n \neq 0 \quad \Delta l = \pm 1 \quad \Delta j = 0, \pm 1$$

X 射线管作为激发源产生的 X 射线照射样品，所产生的特征 X 射线进入 Si 固体探测器。通过测定不同元素的特征 X 射线来定性分析被测样品中所含元素。同时 X 射线强度与被测样品中被测元素的含量成正比，故测量这些谱线的强度可定量分析待测元素的含量。

X 射线荧光光谱仪，又可以分为能量色散 X 射线荧光光谱仪（EDS）和波长色散 X 射线荧光光谱仪（WDS）。能谱仪以 X 射线强度为纵坐标，以能量为横坐标。通过特征能量所对应的谱峰的位置确定样品中的元素种类，通过谱峰的数值根据标准曲线得到元素含量。而波谱是以 X 射线强度为纵坐标，以波长为横坐标。

能谱仪与波谱仪相比各有特点：首先能谱仪是一种无损分析方法，并且由于超大真空样品室的使用，能谱仪可满足对大样品的无损分析。操作简便，分析速度快，用一个半导体探测器就可以同时测定多种元素。准确度高，绝对探测极限达到 1—0.1ng。另外，能谱仪是一种表面分析技术，它主要检测样品外表面，所以可以用于古陶瓷的釉的测定。但同时也有一些劣势：由于能量分辨率的限制，能谱谱峰会有重叠，一些元素像 S、Mo、Pb 的峰无法区分。同时为了防止锂的热扩散产生热噪声，半导体探测器需要使用液氮冷却。

二　研究要求

由于上述几种元素分析方法各有特点，本研究需根据自身要求以及古陶瓷研究的总特点选择最合适的方法进行元素分析。

本研究所使用样品越窑、龙泉窑、景德镇窑红釉、黄釉瓷片均十分珍贵，不允许进行取样，在对仪器的选择上需要选择可以进行无损分析的仪器。上述元素分析方法，只有能量色散 X 射线荧光光谱仪和中子活化分析可对样品进行非破坏性分析。

由于本研究所涉及窑口釉层厚度较小，尤其是越窑、景德镇窑黄釉瓷器，胎釉分离比较困难，所以也无法进行制样观察，这也要求本研究选择可以进行无损分析的仪器。能谱仪作为表面分析方法，适用于对样品外表面进行分析，故可对古陶瓷的釉进行分析。

由于本研究的研究对象为古陶瓷，所以要求所选仪器对古陶瓷的常量元素、主要微量元素灵敏度高。中子活化分析的灵敏度随元素不同而有差异，对 Ca 的灵敏度不高，同时无法测定 Si。而 Ca、Si 均属陶瓷中的大量元素，同时 CaO 含量是判断釉料组成分类的一个重要标准，所以中子活化分析无法运用于本实验。

三　方法选择

综合考虑以上各因素，本研究选择能量色散 X 射线荧光光谱仪进行古陶瓷的元素分析。能谱仪具有不破坏样品、分析速度快、能适用于古陶瓷的常量元素和微量元素的测量并且测量灵敏度高等优点。本研究所使用的是美国 EDAX 公司生产的 Eagle Ⅲ XXL 型能量色散 X 射线荧光光谱分析仪。其特点是使用圆柱状毛细管对 X 射线光源进行聚焦，单级毛细管产生的 X 射线束斑 FWHM 直径可为 $100\mu m$—$300\mu m$，采用马达驱动三维样品台，样品室体积 $700mm \times 700mm \times 700mm$，样品台可在 $300mm \times 300mm \times 300mm$ 之内自由移动。

第二节 显微结构分析

一 显微结构分析方法

（一）放大镜

放大镜的工作原理是利用了凸透镜对光线的会聚作用。当一束平行光通过凸透镜时会聚到一点，这点被称为焦点，焦点到凸透镜中心的距离称为焦距。当物体在凸透镜焦距以内时呈一个正立的放大的虚像。放大镜就是利用这一原理制成的，放大镜使用焦距比人眼的明视距离小得多的汇聚透镜。使用放大镜时，将物体放在它的焦距之内，呈一正立的放大的虚像。但放大倍数较低且无法确定。

（二）实体显微镜

实体显微镜是一种具有正像立体感的目视仪器。显微镜的发明可以追溯到 1610 年，荷兰人 Zachrias Jannssen 将两个凸透镜放在两个可以任意改变距离的铁筒里，制成了第一架原始显微镜。1965 年英国人 Hooke 在显微镜中加入了粗动和微动调焦装置以及放置标本的工作台。在我国 20 世纪 70 年代，上海硅酸盐研究所的李家治、陈显求和张福康等人就开始使用光学显微镜对早期砂制陶器进行显微结构的研究。实体显微镜根据光路系统设计原理的不同可以分为两大类：

1. 格雷诺系统

此类实体显微镜采用两组独立的物镜，两物镜之间有 7°的夹角，它们分别用来观察物体的两个侧面。这个设计的原理与人眼观察物体时由于两眼分别观察不同侧面会形成一定夹角的原理相同。使用格雷诺系统的实体显微镜具有许多优点：第一，结构简单；第二，观察效果清晰；第三，成像视域宽广；第四，分辨率较高。但同时也有一定的局限性：首先，采用会聚光路使得任意插入光学部件扩展用途比较困难；其次，无法加载显微照相设备。

2. 望远镜系统

由于格雷诺系统实体显微镜具有种种局限性，后发明了一种望远镜系统的实体显微镜。它的原理是只使用一个主物镜观察物体，但是将主光轴两旁的旁轴光线分别使用两组透镜来成像，透镜之间具有一定的夹角。两组透镜在某一段光路上形成一束平行光，再使用会聚透镜在目镜前方成像，这样就可以在平行的成像光路中任意插入各种光学部件，从而扩展实体显微镜的功能。

（三）扫描电子显微镜

扫描电子显微镜的工作原理是用阴极射线管内的电子束与样品表面的电子束同步扫描，用探测器接收在样品上激发出的各种信号，并根据信号调制显像管中扫描电子束的强度，以此得到相应衬度的扫描电子显微像。扫描电镜的基本工作过程见图4—2。

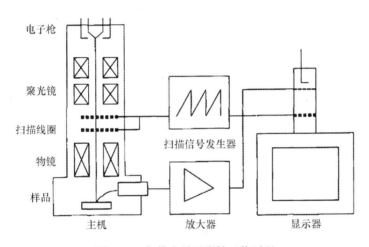

图4—2　扫描电子显微镜工作原理

电子束与样品发生的相互作用不同，产生的信号也不同，主要有以下两种。

1. 二次电子

二次电子是扫描电镜中最基本的一种信号。在电子束的激发下样品中原子的核外电子会离开该原子从而形成二次电子。二次电子的能量一般小于50eV并且只能在约10nm量级内被接收器接受并成像。在近表面，入射电子刚刚与样品产生相互作用，束斑直径还来不及有过多变化，与原入射电子束直径相差不大，发射的二次电子范围小，有利于得到分辨率较高的图像。二次电子产生的显微像被称为形貌衬度像。扫描电镜虽然分辨率高，有的已经达到了1nm，比较容易获得立体感强、分辨率高的显微图像。但是也有一定的弊端。形貌衬度像只与样品的表面形状有关而无法反映颜色与光反射的差别。在观察瓷片样品的断层结构时，由于无法反映颜色与光反射的区别也就无法观察到清晰的断层结构。

2. 特征 X 射线

当电子束扫描样品时，将样品原子的内层电子激发，变成激发态，激发态不稳定，外层电子跃迁到内层填补内层电子空缺，并释放能量，形成特征 X 射线。扫描电镜利用特征 X 射线在得到显微图像的同时可进行微区成分分析。具体的方法可以分为能量色散谱和波长色散谱，原理在上文已有介绍。

二　研究要求

由于本研究的实验对象为瓷器样品中的气泡，气泡直径大多在10μm—500μm，需要一定的放大倍数才可观察到清晰的气泡显微结构。放大镜的放大倍数无法到达此要求。

针对古陶瓷研究的特点，不但需要研究釉面显微结构同时釉层结构也是反映瓷器显微特征的重要一点，釉层厚度的不同可以反映出釉料组成、烧制工艺的不同。同时能否清楚反映瓷器样品的不同釉色也是在选择研究方法时需要考虑的一点。扫描电子显微镜虽然分辨率高，但是无法反映不同色釉的气泡的颜色差别，也无法清晰反映瓷片断层的显微结构，故不能应用于本研究中对气泡显微结构的观察。但本研究在测量黄釉断面釉层与胎体微区成分时应用了扫描电镜。

实体显微镜可以观察到具有立体感的样品显微结构，同时可以真实地反映样品的颜色等信息。

本研究的研究对象为越窑、龙泉窑、景德镇明清时期红釉、黄釉瓷器的气泡特征，不仅需要观察气泡的特征，同时需要拍照记录，并测量气泡直径大小、气泡分布密度、釉层厚度等信息。所以本研究需要选择一种可以对实验结果进行拍照的实验仪器。使用格雷诺系统的实体显微镜由于使用会聚光路使得任意插入光学部件扩展用途比较困难而望远镜系统的实体显微镜则可任意插入光学部件，扩展拍照功能。

三 方法选择

本实验选择望远镜系统的实体显微镜观察瓷器样品气泡显微特征。实体显微镜所观察的样品不但具有真实的立体感，在色彩等方面可与肉眼所见无异，同时实体显微镜放大倍数在 1—100 倍，可以满足观察瓷器气泡的需要，并且可结合 analy SIS 软件对显微照片中各项数据进行测量和统计。

第五章 越窑青瓷釉气泡结构观察及分析

第一节 样品基本信息及实验方法介绍

本研究使用德国 Leica 公司生产的 MZ16A 实体显微镜进行显微结构分析。利用 analy SIS 软件对显微照片中各项数据进行测量和统计：通过对显微照片中单位面积的气泡直径进行测量和统计，得到气泡的直径分布；通过对单位面积内气泡个数的计数，得到气泡密度的统计值，从而了解越窑瓷器的显微结构特征。样品照片见表 5—1。

表 5—1　　　　　　　　　越窑样品基本信息

样品编号	样品基本信息	样品图片	样品编号	样品基本信息	样品图片
HY6 - a	上虞小仙坛东汉		WY10	窑寺前窑青瓷五代	
HY6 - b	上虞小仙坛东汉		SY - 11	窑寺前窑青瓷五代、宋	

续表

样品编号	样品基本信息	样品图片	样品编号	样品基本信息	样品图片
HY7 – a	上虞小仙坛 东汉		Y – 1	上林湖越窑	
HY7 – b	上虞小仙坛 东汉		Y – 2	上林湖越窑	
JY18 – a	帐子山 西晋		Y – 3	上林湖越窑	
Y18 – b	帐子山		Y – 4	上林湖越窑	
Y19	帐子山		Y – 5	上林湖越窑	
SY21 – a	窑寺前 五代、宋		Y – 6	上林湖越窑	

样品编号	样品基本信息	样品图片	样品编号	样品基本信息	样品图片
SY21 - b	窑寺前 五代、宋		Y - 1105	上林湖越窑	
SY22 - a	窑寺前 五代、宋		Y - 1106	上林湖越窑	
SY22 - b	窑寺前 五代、宋		Y - 1107	上林湖越窑	
SY22 - c	窑寺前 五代、宋		Y - 1110	上林湖越窑	
SY22 - d	窑寺前窑 五代、宋		Y - 1111	上林湖越窑	
SY22 - e	窑寺前 五代、宋		Y - 1113	上林湖越窑	

第二节　结果与分析

一　光学显微镜结果分析

使用实体显微镜在放大 60 倍条件下观察样品。显微图片见图 5—1 至图 5—28。

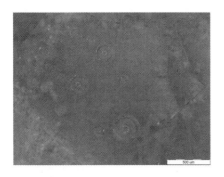

图 5—1　HY6 – a 样品气泡显微照片

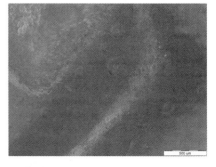

图 5—2　HY6 – b 样品气泡显微照片

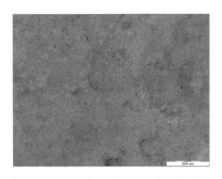

图 5—3　HY7 – a 样品气泡显微照片

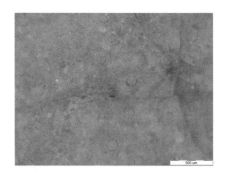

图 5—4　HY7 – b 样品气泡显微照片

图 5—5　JY18 – a 样品气泡显微照片

图 5—6　Y18 – b 样品气泡显微照片

图5—7　Y19样品气泡显微照片

图5—8　SY21－a样品气泡显微照片

图5—9　SY21－b样品气泡显微照片

图5—10　SY22－a样品气泡显微照片

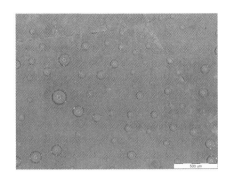

图5—11　SY22－b样品气泡显微照片

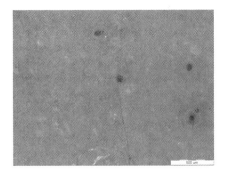

图5—12　SY22－c样品气泡显微照片

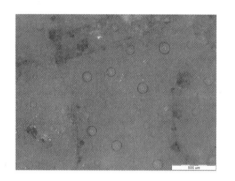

图5—13 SY22–d 样品气泡显微照片

图5—14 SY22–e 样品气泡显微照片

图5—15 WY–10 样品气泡显微照片

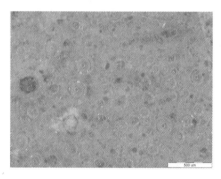

图5—16 SY–11 样品气泡显微照片

图5—17 Y–1 样品气泡显微照片

图5—18 Y–2 样品气泡显微照片

图5—19 Y-3样品气泡显微照片

图5—20 Y-4样品气泡显微照片

图5—21 Y-5样品气泡显微照片

图5—22 Y-6样品气泡显微照片

图5—23 Y-1105样品气泡显微照片

图5—24 Y-1106样品气泡显微照片

图5—25 Y-1107样品气泡显微照片

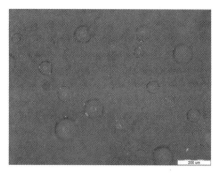

图5—26 Y-1110样品气泡显微照片

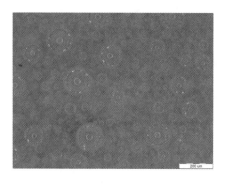

图5—27 Y-1111样品气泡显微照片

图5—28 Y-1113样品气泡显微照片

从上述越窑青瓷釉的显微结构照片可以看到，越窑青瓷釉气泡清澈，分布稀疏，大小分布不均匀，只有HY7-a气泡内填充黄色物质，可能受到污染。气泡边缘有一圈青色的边界，有的附着有少量小气泡。气泡形态主要分三种：气泡边缘有一条清晰的青色边界并向外晕染，如样品HY6-a、HY6-b、SY11、Y-1、Y-2、Y-3、Y-4、Y-5、Y-1105、Y-1106、Y-1111；气泡边缘为一条清晰的青色线没有向外晕染，如HY7-b、JY18-a、Y19、SY21-b、SY22-b、SY22-d、Y-1107、Y-1110、Y-1113；气泡边缘没有清晰的分界，气泡颜色较淡几乎与釉色一致，边缘较宽，如Y18-b、SY21-a（且SY21-a样品气泡与其他样品相比小且密）、SY2-a、SY22-c、SY22-e、WY-10、Y-6。

表 5—2   越窑样品显微结构

样品编号	最小直径 （μm）	最大直径 （μm）	平均直径 （μm）	气泡密度 （个/mm²）	平均釉层厚度 （μm）
HY6 - a	99.35	344.03	181.11	4	—
HY6 - b	86.44	214.37	163.13	5	—
HY7 - a	36.86	80.55	58.91	14	—
HY7 - b	70.06	147.70	107.27	8	—
JY18 - a	88.26	151.95	121.18	16	—
Y18 - b	58.23	102.82	80.41	11	—
Y19	59.14	137.39	88.32	16	—
SY21 - a	40.03	98.27	64.92	41	—
SY21 - b	60.96	102.82	83.42	15	—
SY22 - a	72.79	144.67	102.08	14	—
SY22 - b	50.95	151.95	82.21	15	—
SY22 - c	44.58	128.29	88.66	16	—
SY22 - d	54.61	108.53	72.60	11	—
SY22 - e	34.58	100.09	70.06	12	—
WY10	60.96	174.70	102.65	13	—
SY11	67.33	179.25	112.2	15	—
YY - 1	45.39	120.43	75.35	32	160.62
YY - 2	27.37	87.38	60.76	20	157.76
YY - 3	44.17	104.67	71.86	15	165.21
YY - 4	27.37	89.78	49.77	23	80.31
YY - 5	34.57	88.34	53.60	22	105.55
YY - 6	33.13	102.27	52.06	14	127.16
Y - 1105	36.75	105.49	70.03	14	124.37
Y - 1106	74.61	140.12	103.42	9	166.58
Y - 1107	30.03	114.64	73.25	10	127.69
Y - 1110	37.31	137.39	92.2	15	132.28
Y - 1111	62.78	132.84	107.73	15	181.89
Y - 1113	53.96	89.93	67.54	9	104.17
平均值	53.31	131.45	87.74	14	140.07

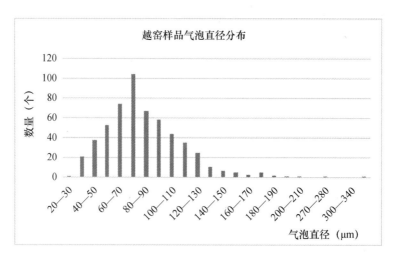

图 5—29 越窑样品气泡直径分布

本实验中越窑样品气泡直径分布在 $20\mu m$—$350\mu m$ 范围内，平均直径 $73.17\mu m$，从图 5—29 可以看出，本研究中越窑样品气泡直径最主要集中在 $30\mu m$—$130\mu m$ 范围内，其中直径在 $70\mu m$—$80\mu m$ 范围内的气泡数量最多。平均气泡分布密度 14 个/mm^2，大部分样品平均气泡分布密度在 10 个/mm^2—25 个/mm^2。东汉时期样品 HY6 – a、HY6 – b 气泡密度明显大于其他样品，气泡分布密度也小于其他样品。宋代样品 SY21 – a 气泡平均分布密度 41 个/mm^2 明显高于其他样品，气泡平均直径也低于平均水平。釉层厚度 80—185μm，平均釉层厚度 140.07μm。

二 能量色散 X 射线荧光光谱数据结果分析

引用《中国科学技术史》中关于历代越窑瓷片元素组成的结果[1]以说明越窑样品气泡特征与越窑釉的元素组成之间的关系。

表 5—3 历代越窑瓷片元素组成 （Wt%）

年代	出土地点	SiO_2	Al_2O_3	Fe_2O_3	TiO_2	CaO	MgO	K_2O	Na_2O	MnO_2	P_2O_5
东汉	绍兴车水岭	64.31	14.18	2.13	0.77	12.8	1.89	1.94	0.95	0.24	0.67

---

[1] 李家治：《中国科学技术史·陶瓷卷》，科学出版社 1998 年版，第 117—122 页。

续表

年代	出土地点	SiO$_2$	Al$_2$O$_3$	Fe$_2$O$_3$	TiO$_2$	CaO	MgO	K$_2$O	Na$_2$O	MnO$_2$	P$_2$O$_5$
东汉	绍兴车水岭	59.81	13.19	2.46	0.74	16.32	2.78	1.79	0.85	0.39	0.87
东汉	上虞小仙坛	59.66	13.70	1.84	0	18.20	1.55	1.85	0.49	0.45	—
东汉	上虞小仙坛	57.87	13.73	1.60	0.59	19.74	2.39	2.05	0.69	—	0.89
三国	绍兴陶官山	65.47	11.97	1.85	0.71	13.53	1.56	2.37	0.72	0.32	0.62
三国	上虞小仙坛	62.60	11.64	3.34	0.71	14.14	2.61	3.21	0.77	0.54	0.44
三国	上林湖桃园山	58.89	12.67	1.53	0.65	19.08	1.94	1.80	0.72	0.38	0.92
西晋	上虞帐子山	60.94	13.84	2.04	0.49	16.91	2.23	1.86	0.80	0.31	0.85
西晋	上虞龙泉塘	59.55	13.12	2.61	1.06	16.09	1.84	2.08	0.97	0.18	—
西晋	上虞小仙坛	56.33	14.74	2.75	0.70	17.85	3.27	2.28	0.69	0.58	0.80
东晋	绍兴馒头山	65.11	9.68	1.74	0.76	18.6	1.61	1.37	0.49	0.33	0.75
东晋	上虞小仙坛	53.96	13.78	2.65	0.63	20.85	3.77	2.19	0.63	0.62	0.94
东晋	上林湖翁家坟头	61.94	11.36	1.57	0.61	16.74	1.90	2.74	1.04	0.35	0.71
南朝	绍兴凤凰山	59.37	13.11	2.63	0.71	19.58	2.20	1.17	0.51	0.29	0.82
南朝	上虞小仙坛	58.02	9.99	2.72	0.69	20.85	3.77	2.19	0.63	0.62	0.94
唐	绍兴羊山	61.88	14.14	2.20	0.66	15.25	2.78	1.35	0.55	0.35	0.94
唐	上林湖	58.95	13.27	2.06	0.72	14.67	5.29	1.48	0.81	0.80	1.97
唐（晚）	上林湖黄鳝山	61.57	12.88	1.76	0.64	14.04	3.16	1.63	0.95	0.38	1.52
五代宋初	绍兴官山	61.51	14.01	2.83	0.68	16.49	2.46	1.17	0.57	0.17	0.70
五代宋初	上林湖竹园山	62.08	13.18	2.17	0.62	15.00	2.46	1.59	0.89	0.31	1.3

由表5—3中可以看出所测越窑样品中 CaO 在 12%—21%，K$_2$O、Na$_2$O 的含量分别为 1.17%—3.21% 以及 0.49%—1.04%，属于钙釉。钙釉的主要助熔剂为 RO，CaO、MgO 含量高，而 K$_2$O、Na$_2$O 含量较低，高温黏稠度小，气泡易于逸出釉层，所以越窑样品气泡密度较小，釉层较薄。

第三节　小结

1. 本研究共观察历代越窑样品 28 件。样品气泡直径分布在 20μm—350μm 范围内，平均直径 73.17μm，气泡直径最主要集中在 30μm—130μm 范围内，其中直径在 70μm—80μm 范围内的气泡数量最多。平均气泡分布密度 14 个/mm²，大部分样品平均气泡分布密度在 10 个/mm²—25 个/mm²。

2. 越窑青瓷属于钙釉系统，CaO 含量各朝代变化不大。钙釉的主要助熔剂为 RO，RO 含量高、而 R_2O 含量较低，高温黏稠度小，易于形成较大气泡，同时气泡易于在高温条件下从釉层中逸出，所以越窑样品气泡密度较小，并且釉层较薄。

第六章 龙泉窑青瓷釉气泡特征观察及分析

第一节 样品基本信息及实验方法介绍

本研究使用德国 Leica 公司生产的 MZ16A 实体显微镜进行显微结构分析。利用 analy SIS 软件对显微照片中各项数据进行测量和统计：通过对显微照片中单位面积的气泡直径进行测量和统计，得到气泡的直径分布；通过对单位面积内气泡个数的计数，得到气泡密度的统计值，从而了解龙泉窑瓷器的显微结构特征。样品基本信息见表 6—1。ST 代表山头城龙泉窑样品。

表 6—1 　　　　　　　　龙泉窑样品基本信息

样品编号	样品照片	样品编号	样品照片
LQ – 1		LQ – 11	
LQ – 2		LQ – 12	
LQ – 3		LQ – 13	

样品编号	样品照片	样品编号	样品照片
LQ – 4		LQ – 1444	
LQ – 5		LQ – 1445	
LQ – 6		LQ – 1450	
LQ – 7		ST – 1	
LQ – 8		ST – 2	
LQ – 9		ST – 3	
LQ – 10			

第二节 结果与分析

一 光学显微镜结果分析

显微图片见图6—1至图6—18。

图6—1 LQ-1样品气泡显微照片

图6—2 LQ-2样品气泡显微照片

图6—3 LQ-3样品气泡显微照片

图6—4 LQ-4样品气泡显微照片

图6—5 LQ-5样品气泡显微照片

图6—6 LQ-6样品气泡显微照片

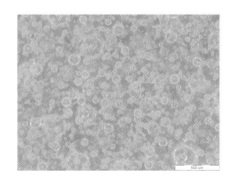

图6—7　LQ – 1445 样品气泡显微照片

图6—8　LQ – 1450 样品气泡显微照

图6—9　ST – 1 样品气泡显微照片

图6—10　ST – 2 样品气泡显微照片

图6—11　ST – 3 样品气泡显微照片

图6—12　LQ – 7 样品气泡显微照片

图6—13 LQ-8样品气泡显微照片

图6—14 LQ-9样品气泡显微照片

图6—15 LQ-10样品气泡显微照片

图6—16 LQ-11样品气泡显微照片

图6—17 LQ-12样品气泡显微照片

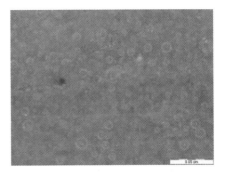

图6—18 LQ-13样品气泡显微照片

从上述龙泉窑青瓷样品显微照片可以看出，龙泉窑青瓷样品气泡直径小且气泡密度大。气泡边缘为浅色偏白的外圈，边缘较厚。LQ-8、LQ-14气泡直径较大，且分布密度较小，外圈为青色且边缘较薄，为青色边缘线而不像其他样品。

表6—2 龙泉窑样品显微结构

样品编号	最小直径（μm）	最大直径（μm）	平均直径（μm）	气泡密度（个/mm²）	釉层厚度（μm）
LQ－1	30.57	277.15	158.46	48	783.90
LQ－2	16.67	89.86	38.46	89	1045.61
LQ－3	21.31	127.84	52.99	73	1420.48
LQ－4	21.31	115.80	55.94	67	989.18
LQ－5	16.67	127.29	44.37	121	1123.75
LQ－6	19.45	90.78	43.56	89	962.45
LQ－7	27.21	111.69	46.21	73	605.08
LQ－8	46.40	203.81	92.95	24	624.08
LQ－9	21.00	134.61	49.47	60	754.33
LQ－10	16.71	89.26	43.58	51	973.19
LQ－11	30.55	167.54	74.49	54	675.12
LQ－12	25.78	129.83	56.93	79	912.28
LQ－13	18.62	100.24	53.09	52	974.08
LQ－1445	16.38	135.57	63.05	67	884.03
LQ－1444	27.56	148.82	78.67	31	522.70
LQ－1450	14.32	104.06	35.74	49	682.78
ST－1	22.91	83.05	59.59	57	896.24
ST－2	28.21	168.99	79.11	31	865.04
ST－3	11.99	46.78	26.44	42	854.62
平均值	22.82	127.00	60.69	61	870.99

本实验中龙泉窑样品气泡直径分布在11μm—278μm范围内，平均直径60.69μm，气泡直径分布图见图6—19，从图中可以看出本研究中的龙泉窑样品气泡直径主要分布范围为10μm—80μm。平均气泡分布密度61个/mm²。平均釉层厚度870.99μm。

与前文的越窑样品数据相比（越窑样品气泡直径分布在20μm—350μm范围内，平均直径73.17μm，平均气泡分布密度14个/mm²，平均釉层厚度140.07μm），气泡直径小于越窑，气泡密度远大于越窑样品，釉层厚度也远大于越窑样品。

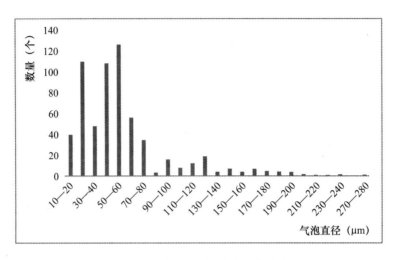

图6—19　龙泉窑样品气泡直径分布

二　能量色散 X 射线荧光光谱分析结果

为比较越窑与龙泉窑瓷器釉的化学组成的不同，以及釉的化学组成对釉中气泡的显微结构的影响，引用《中国科学技术史》中对于南宋时期龙泉窑瓷片釉的元素组成的结果①。

表6—3　　　　　　　　南宋时期龙泉窑瓷片样品釉的化学组成

SiO_2	Al_2O_3	Fe_2O_3	TiO_2	CaO	MgO	K_2O	Na_2O	MnO_2	P_2O_5
63.25	16.82	1.42	0.23	13	1.09	3.26	0.57	0.43	—
69.16	15.40	0.95	痕量	8.39	0.61	4.87	0.32	痕量	—
67.15	12.74	1.38	<0.01	13.14	1.17	3.64	0.12	0.26	0.64
67.76	12.50	0.96	<0.01	12.17	1.15	4.10	0.25	0.39	0.73
64.14	12.00	1.79	0.31	15.72	2.05	2.07	0.14	0.57	1.07
67.99	14.51	1.32	少量	9.05	少量	5.36	1.41	—	—
68.02	147.14	0.91	少量	9.88	0.77	4.41	1.54	—	—
65.31	16.61	0.83	痕量	12.24	0.82	3.75	0.45	0.08	—
66.33	14.28	0.99	0.03	11.34	1.17	4.35	0.99	0.36	—
65.73	14.58	2.30	0.1	9.74	0.92	4.94	1.27	0.2	—

---

① 李家治：《中国科学技术史·陶瓷卷》，科学出版社1998年版，第297页。

由表 6—3 中可知，南宋时期的龙泉窑样品 CaO 含量在 8.39%—15.72% 范围内，K_2O 与 Na_2O 含量分别在 2.07%—5.36% 与 0.12%—1.54% 范围内，相比之前文提到的历代越窑样品的数据（CaO 在 12%—21% 范围内，K_2O、Na_2O 的含量分别为 1.17%—3.21% 以及 0.49%—1.04%），CaO 含量减少，$K_2O + Na_2O$ 含量增加，南宋开始龙泉窑已开始生产采用钙—碱釉体系的青瓷。

表 6—4　　　　　　　　越窑青瓷与龙泉窑青瓷对比

	平均直径（μm）	气泡密度（个/mm²）	平均釉层厚度（μm）	CaO 平均含量（Wt%）	Na₂O 平均含量（Wt%）	K₂O 平均含量（Wt%）
越窑	87.74	14	140.07	16.84	0.74	1.91
龙泉窑	60.69	61	870.99	11.14	0.74	4.19

根据表 6—4 可知，越窑青瓷 CaO 平均含量 16.84%，高于龙泉窑青瓷平均值 11.14%，而越窑青瓷 R_2O（$Na_2O + K_2O$）含量 2.65%，低于龙泉窑青瓷，龙泉窑青瓷 R_2O（$Na_2O + K_2O$）含量为 4.93%。越窑为典型的钙釉系统，而龙泉窑自南宋开始采用钙碱釉体系。

钙–碱釉与钙釉相比，RO 含量减少，R_2O 含量增加，高温黏度增加，气泡不易逸出釉层，釉中存在大量小气泡。所以龙泉窑样品与越窑样品相比，釉层厚度增加，气泡密度增加，气泡直径减小。与实验结果相符，本研究中所测越窑青瓷样品气泡平均直径 87.74μm，龙泉窑气泡直径 60.69μm；越窑气泡平均密度 14 个/mm²，龙泉窑气泡密度 61 个/mm²；越窑青瓷样品平均釉层厚度 140.07μm，龙泉窑样品为 870.99μm。

第三节　小结

1. 本实验中龙泉窑样品气泡直径分布在 11μm—278μm 范围内，平均直径 60.69μm，主要分布范围为 10μm—80μm。平均气泡分布密度 61 个/mm²。平均釉层厚度 870.99μm。

2. 南宋时期龙泉窑创烧采用钙–碱釉体系的青瓷系统。钙–碱釉与钙釉相比，RO 含量减少，R_2O 含量增加，高温黏度增加，气泡不易逸出釉层，釉中存在大量小气泡。所以龙泉窑样品与越窑样品相比，釉层厚度增加，气泡密度增加，气泡直径减小。

第七章 景德镇窑红釉瓷器釉气泡
特征观察与分析

第一节 样品及实验方法介绍

本研究使用德国 Leica 公司生产的 MZ16A 实体显微镜进行显微结构
分析。利用 analySIS 软件对显微照片中各项数据进行测量和统计：通过对
显微照片中单位面积的气泡直径进行测量和统计，得到气泡的直径分布；
通过对单位面积内气泡个数的计数，得到气泡密度的统计值，从而了解
明清景德镇产祭红釉瓷器的显微结构特征。并使用美国 EDAX 公司生产
的 Eagle Ⅲ XXL 型大样品室 X 射线聚焦荧光能谱仪在无损的情况下对样
品的元素组成进行定量分析。样品基本信息见表 7—1，样品编号为各朝
代首字母，其中 M 代表明，Q 代表清。

表7—1   样品基本信息

样品编号	样品年代	样品照片	样品编号	样品年代	样品照片
MYD－1	明永乐		QYZ－1	清雍正	
MXD－2	明宣德		Q－2	清中期	
MXD－3	明宣德		Q－3	清	
MXD－4	明宣德		QYQ－4	清雍正－乾隆	

续表

样品编号	样品年代	样品照片	样品编号	样品年代	样品照片
MYL – 5	明永乐		Q – 5	清	
MXD – 6	明宣德 – 成化		QQL – 6	清乾隆	
MXD – 7	明宣德				
MXD – 8	明宣德				

第二节　结果与分析

一　光学显微镜结果分析

（一）明代样品光学显微镜结果分析

图7—1　MYL –1气泡显微结构图

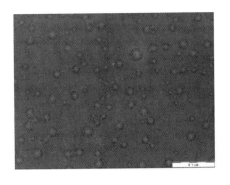

图7—2　MYL –5气泡显微结构图

MYL-1、MYL-5为永乐时期样品，永乐时期祭红釉瓷器气泡中心颜色较淡，边缘有一明显的红圈。

图7—3 MXD-2气泡显微结构图

图7—4 MXD-3气泡显微结构图

图7—5 MXD-4气泡显微结构图

图7—6 MXD-6气泡显微结构图

图7—7 MXD-7气泡显微结构图

图7—8 MXD-8气泡显微结构图

宣德时期样品MXD-2、MXD-3、MXD-6气泡中心颜色较淡，边缘有一红圈。但与永乐时期样品相比颜色较淡，永乐时期样品的红圈颜色较深，近黑色。MXD－4、MXD－7、MXD－8 样品气泡中心颜色较深，外围一圈颜色较淡，再外围有一红圈。

明代永乐、宣德时期样品的显微结构，气泡都有一明显的红圈，气泡大小分布不均匀。显微特征主要分两类，气泡中心颜色较淡，边缘有一明显的红圈，其中永乐时期样品红圈的颜色比宣德时期的样品深；另一种气泡中心颜色较深，外围一圈颜色较淡，再外围一圈红圈。

表 7—2　　　　　　　明代永宣时期祭红釉样品显微结构特征

编号	最小直径（μm）	最大直径（μm）	平均直径（μm）	气泡密度（个/mm²）
MYL－1	50.38	158.14	100.39	14
MXD－2	40.03	282.97	90.16	12
MXD－3	82.77	269	163.96	5
MXD－4	50.38	155.34	93.98	12
MYL－5	73.36	212.56	156.21	8
MXD－6	9.1	293.89	73.43	5
MXD－7	25.48	156.5	76.60	15
MXD－8	57.38	179.13	105.75	13
平均值	48.61	213.44	107.56	11

本研究中明永乐、宣德时期样品共八件，其中永乐时期样品两件，宣德时期六件。样品气泡直径分布在 9μm—300μm，平均直径 107.56μm。气泡直径主要分布在 50μm—200μm，其中 110μm—120μm 分布的气泡数量最多。气泡平均分布密度 11 个/mm²。其中 MXD－6、MY－14 气泡平均直径明显高于平均值，而气泡密度也比较小。

明代永乐、宣德时期祭红釉瓷器采用钙－碱釉体系，RO（CaO、MgO）含量较小，R_2O（Na_2O、K_2O）含量较大，高温黏度大，气泡不易逸出釉面。故明代祭红釉样品较之清代样品，气泡密度较大，直径较小。

（二）清代样品光学显微镜结果分析

本实验中清代样品共有 6 片，显微图片见图 7—9 至图 7—14。

图7—9　QYZ－1气泡显微结构图　　　图7—10　QYQ－4气泡显微结构图

雍正时期样品共有二件QYZ－1、QYQ－4，其中QYQ－4为雍正—乾隆时期样品。两件样品气泡显微特征均为中心颜色较深，边缘一圈颜色较淡。

图7—11　QQL－6气泡显微结构图

乾隆时期样品QQL－6气泡显微特征与雍正时期相似，气泡中心颜色较深，边缘一圈颜色较淡。

图7—12　Q－2气泡显微结构图　　　图7—13　Q－3气泡显微结构图

图 7—14　Q - 5 气泡显微结构图

样品 Q - 2、Q - 3、Q - 5 为清代样品，但无准确年代。三件样品气泡外围均有一圈黑线轮廓。

表 7—3　　　　　　　　　**清代祭红釉样品显微结构特征**

编号	最小直径（μm）	最大直径（μm）	平均直径（μm）	气泡密度（个/mm²）
QYZ - 1	65.51	149.22	104.35	10
Q - 2	78.37	261.69	173.88	4
Q - 3	92.17	235.14	163.94	3
QYQ - 4	132.95	208.52	164.49	1
Q - 5	86.53	404.43	209.59	3
QQL - 6	120.39	178.7	150.75	3
平均值	95.99	239.62	161.17	4

本实验中清代祭红釉样品气泡显微特征没有明代样品中的外围一圈红圈或红圈颜色较淡，气泡直径分布在 65μm—410μm 范围内，平均直径 161.17μm。平均气泡分布密度 4 个/mm²，绝大多数气泡分布密度在 5 个/mm² 以下，只有 QYZ - 1 样品气泡密度较大为 10 个/mm²。QYZ - 1 样品气泡平均直径也较小，平均直径 104.35μm，其余样品气泡平均直径均在 150μm 以上。表 7—3 中可以看出清代样品气泡直径主要集中在 100μm—180μm，其中在 130μm—150μm 范围内分布的气泡数量最多。

清代的祭红釉瓷器采用钙釉系统，钙釉中 RO（MgO、CaO）含量增加，R_2O（K_2O、Na_2O）含量减少，钙釉的高温黏度小，高温气泡易于逸出釉层，且易形成较大气泡。所以清代祭红釉瓷器样品气泡直径较明代样品气泡直径较大，而气泡分布密度较小。

二 能量色散 X 射线荧光光谱结果分析

样品元素分析结果见表7—4。

表7—4 明清祭红釉样品元素分析定量结果 wt%

	Na$_2$O	MgO	Al$_2$O$_3$	SiO$_2$	K$_2$O	CaO	TiO$_2$	MnO$_2$	CuO	Fe$_2$O$_3$
MXD－2	1.89	0.21	12.40	75.80	4.57	3.30	0.07	0.11	0.06	0.64
MXD－3	3.21	0.08	12.03	74.31	3.82	4.45	0.06	0.11	0.06	0.92
MXD－4	1.68	0.65	12.24	75.82	3.92	3.77	0.03	0.12	0.08	0.77
QYZ－1	0.90	1.97	9.80	74.49	2.41	4.16	0	0.15	0.07	0.71
MXD－7	2.15	0.29	11.72	76.27	3.92	3.81	0.05	0.10	0.08	0.71
MXD－8	2.54	0.76	12.03	73.87	4.08	4.85	0.05	0.12	0.07	0.69
QYZ－7	1.63	1.19	7.70	74.95	5.01	6.75	0.16	0.07	0.32	1.56
MXD－6	2.78	0.27	12.22	74.17	4.73	4.02	0.06	0.08	0.06	0.68
Q－5	2.09	0.28	11.65	72.60	2.47	8.22	0.07	0.12	0.06	1.50

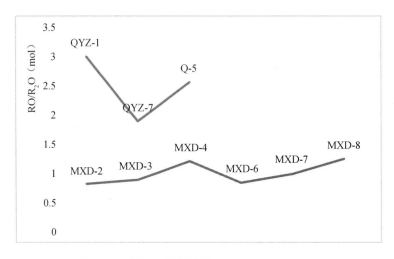

图7—15 明清祭红釉样品 RO/R$_2$O （mol/mol）

通过表7—4可以看出，明代永乐、宣德时期的祭红釉样品与清代相比，K_2O 和 Na_2O 的总含量大于清代样品，而 CaO 含量低于清代样品，$K_2O + Na_2O + CaO + MgO$ 的含量也比清代样品低。

图7—15列出了明代样品与清代样品的 RO/R_2O（mol/mol）值，也就是（Ca + MgO）/（$Na_2O + K_2O$）摩尔单位比值，清代样品的 RO/R_2O（mol/mol）值明显高于明代永乐、宣德时期样品，两者的平均值分别是2.48、0.96。这说明祭红釉瓷器从明代的钙 - 碱釉体系转变为了清代的钙釉体系。

表7—5   **明清景德镇窑祭红釉对比**

	平均直径（μm）	气泡密度（个/mm²）	CaO 平均含量（Wt%）	Na_2O 平均含量（Wt%）	K_2O 平均含量（Wt%）
明	107.56	11	4.06	2.38	4.17
清	161.17	4	6.38	1.54	3.29

从表7—5中可以看出明、清景德镇产祭红釉瓷器的对比，明代祭红釉样品 CaO 含量为4.06%，低于清代样品的6.38%，而明代样品釉中 R_2O（$K_2O + Na_2O$）含量为6.55%大于清代样品的数值，清代样品中 R_2O 含量为4.38%。明代祭红釉瓷器采用钙 - 碱釉系统烧成，然而永宣时期的鲜红釉到了清代已经失传，清康熙开始采用钙釉系统继续烧制祭红釉瓷器。由于钙釉中 R_2O 含量减少，RO 含量增加，釉的高温黏度降低，气泡易于逸出釉层，故清代样品气泡密度小于明代样品，气泡平均直径大于明代样品。

第三节　小结

1. 本研究中明永乐、宣德时期样品共八件，其中永乐时期样品两件，宣德时期六件。样品气泡直径分布在 $9\mu m$—$300\mu m$，主要分布在 $50\mu m$—$200\mu m$，其中 $110\mu m$—$120\mu m$ 分布的气泡数量最多，平均直径 $107.56\mu m$。气泡平均分布密度 11 个/mm^2。本研究中所观察的明永乐、宣德时期样品气泡边缘均有一圈红圈。

2. 本实验中清代祭红釉样品气泡显微特征与明代永宣时期祭红釉相比，气泡外围的红圈相对较浅甚至没有。气泡直径分布在 $65\mu m$—$410\mu m$ 范围内，平均直径 $161.17\mu m$，平均气泡分布密度 4 个/mm^2。

3. 永乐时期，使用钙－碱釉体系的鲜红釉瓷器正式烧造成功。到了清代又转变为了钙釉体系。钙－碱釉体系样品，高温黏度大，气泡不易逸出。而清代样品保温时间较长并且使用钙釉体系，因此清代样品中气泡较少。明代永宣时期祭红釉样品与清代样品相比，气泡直径小于清代，气泡密度大于清代。

4. 由于明代祭红釉瓷器采用钙碱釉体系，釉的高温黏度较大，使得着色剂零价胶体铜粒子与氧化亚铜微晶在高温下沉积，所以明代祭红釉瓷器气泡显微特征都有一明显的红圈；清代祭红釉瓷器，采用钙釉体系，釉的高温黏稠度下降，零价胶体铜粒子与氧化亚铜微晶易于扩散，所以气泡外围红圈不明显或没有。这一现象构成了明清祭红釉瓷器鲜明的时代特色，可作为判定年代的依据之一。

第八章 景德镇窑黄釉瓷器气泡特征观察与分析

第一节 样品及测试方法介绍

本实验明代样品 9 件，清代样品 10 件，样品基本信息见表 8—1。本实验使用德国 Leica 公司生产的 MZ16A 光学显微镜进行显微结构分析。利用 analySIS 软件对显微照片中各项数据进行测量和统计：通过对显微照片中单位面积的气泡直径进行测量和统计，得到气泡的直径分布；通过对单位面积内气泡个数的计数，得到气泡密度的统计值，从而了解明清景德镇产祭红釉瓷器的显微结构特征。并使用美国 EDAX 公司生产的 Eagle Ⅲ XXL 型大样品室 X 射线聚焦荧光能谱仪在无损的情况下对样品的元素组成进行定量分析。使用美国 FEI 公司生产的 Quanta600 型环境扫描电子显微镜对明代黄釉样品色釉、底釉、胎的成分进行分析比较。

表 8—1 样品基本信息

样品编号	样品年代	样品图片	样品编号	样品年代	样品图片
CH – 1	明成化		JQ – 1	清嘉庆	
HZ – 1	明弘治		JQ – 2	清嘉庆	
JJ – 1	明嘉靖		DG – 1	清道光	
ZD – 1	明正德		DG – 2	清道光	
WL – 1	明万历		YZ – 1	清雍正	
ZD – 2	明正德		YZ – 2	清雍正	
ZD – 3	明正德		QL – 1	清乾隆	

续表

样品编号	样品年代	样品图片	样品编号	样品年代	样品图片
JJ – 2	明嘉靖		QL – 2	清乾隆	
HZ – 2	明弘治		KX – 1	清康熙	
			KX – 2	清康熙	

第二节 结果与分析

一 光学显微镜结果分析

（一）明代样品光学显微镜结果分析

本实验中明代样品共有9件，显微图片见图8—1至图8—9。

图8—1 CH－1气泡显微照片

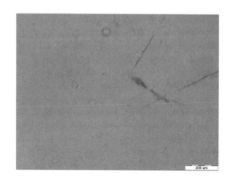

图8—2 HZ－1气泡显微照片

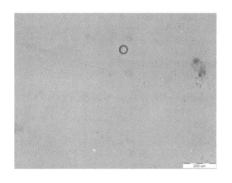

图8—3　JJ – 1气泡显微照片

图8—4　ZD – 1气泡显微照片

图8—5　WL – 1气泡显微照片

图8—6　ZD – 2气泡显微照片

图8—7　ZD – 3气泡显微照片

图8—8　JJ – 2气泡显微照片

　　本研究中所观察的9件明代黄釉样品除 CH – 1、WL – 1、ZD – 2没有发现明显气泡外，其余样品均观察到1—6个数量不等的明显气泡，另本研究中观察的所有明代黄釉样品均观察到16—38不等的非常不清晰的气泡，推测来自底层釉层。为研究这些气泡的来源，对9件样品的断面显微结构进行了观察，显微图片见图8—10 至图8—18。

图8—9　HZ-2气泡显微照片

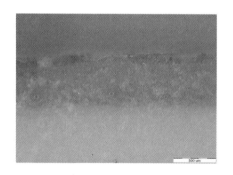

图8—10　CH-1断面显微照片

图8—11　HZ-1断面显微照片

图8—12　JJ-1断面显微照片

图8—13　ZD-1断面显微照片

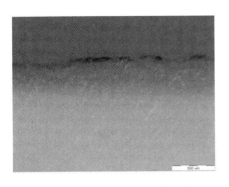

图8—14　WL－1断面显微照片

图8—15　ZD－2断面显微照片

图8—16　ZD－3断面显微照片

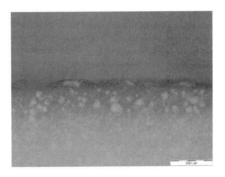

图8—17　JJ－2断面显微照片

图8—18　HZ－2断面显微照片

　　明代黄釉样品全部观察到底釉存在，底釉釉层较厚并且底釉中大量均匀分布着大小不一的气泡，由于黄釉色釉釉层较薄，底釉中的气泡大多可透过釉层观察到。明代黄釉样品的显微结构基本信息见表8—2。

表8—2 明代样品显微结构基本信息

编号	色釉气泡密度（个/mm²）	底釉气泡密度（个/mm²）	色釉层平均厚度（μm）	底釉层平均厚度（μm）	色釉气泡平均直径（μm）	底釉气泡平均直径（μm）
CH－1	0	20	131.08	481.1	—	57.13
HZ－1	1	21	64.15	235.61	24.01	30.97
JJ－1	1	18	76.9	172.7	55.3	25.82
ZD－1	1	35	87.77	281.62	12.96	53.96
WL－1	0	16	50.49	279.21	—	38.74
ZD－2	0	45	57.37	278.94	—	43.45
ZD－3	2	38	42.92	238.39	11.52	25.4
JJ－2	6	24	92.95	262.47	32.17	61.76
HZ－2	5	38	59.84	228.07	25.85	32.94
平均值	2	28	73.72	273.12	26.97	41.13

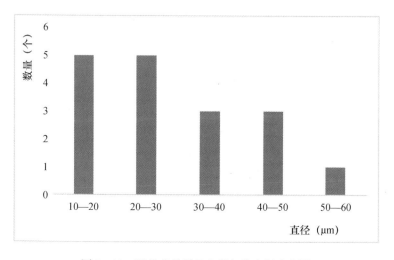

图8—19 明代黄釉样品色釉气泡直径分布图

本研究共观察9件明代景德镇产黄釉样品，其中有7件发现气泡，并且由于明代9件样品均有底釉，透过黄釉釉层可以看到底釉中均匀分布的大量气泡，这与普遍认为的黄釉没有气泡不符。研究中所观察的9件明代样品均有底釉，色釉层厚度除 CH－1 为 131.08μm 外，其余均分布在 50μm—100μm 区间内。底釉厚度除 CH－1 为 481.1μm，JJ－1 为 172.7μm 外，其余均分布在 200μm—300μm 区间内。色釉中有零星气泡，气泡边缘为黑色，气泡直径 10μm—60μm，主要分布在 10μm—30μm 区间内。底釉中均匀分布着大量气泡，底釉气泡直径 30μm—62μm。底釉气泡直径大于面釉中气泡直径。

（二）清代样品光学显微镜结果分析

本实验共有清代样品 10 件，显微图片见图 8—20 至图 8—29。

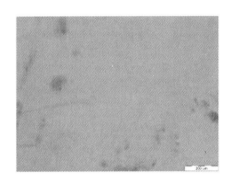

图 8—20　JQ－1 显微照片

图 8—21　JQ－2 显微照片

图 8—22　DG－1 显微照片

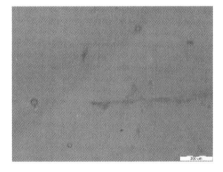

图 8—23　DG－2 显微照片

图8—25 YZ－1 显微照片

图8—24 YZ－2 显微照片

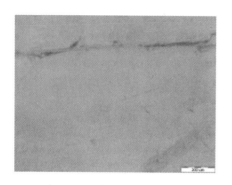

图8—26 QL－1 显微照片

图8—27 QL－2 显微照片

图8—28 KX－1 显微照片

图8—29 KX－2 显微照片

本研究共观察清代黄釉样品 10 件，年代分别为清代康熙、雍正、乾隆、嘉庆、道光时期各两片。其中道光时期两片样品 DG－1、DG－2 全部观察到气泡存在，乾隆时期样品 QL－1、康熙时期样品 KX－2 也发现色釉中存在气泡。其余样品并未观察到气泡存在。此外，清代黄釉样品并未发现明代样品中存在的数量众多的来自于底釉中的气泡。观察清代黄釉样品的断面，显微结构图见图8—30至8—39。

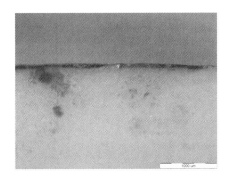

图8—30　JQ－1断面显微照片

图8—31　JQ－2断面显微照片

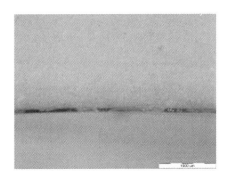

图8—32　DG－1断面显微照片

图8—33　DG－2断面显微照片

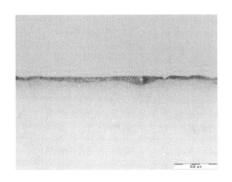

图8—34　YZ－1断面显微照片

图8—35　YZ－2断面显微照片

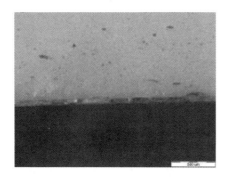

图8—36 QL-1断面显微照片

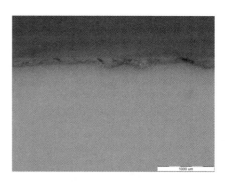

图8—37 QL-2断面显微照片

图8—38 KX-1断面显微照片

图8—39 KX-2断面显微照片

本研究中清代景德镇窑黄釉样品均没有底釉。色釉层中也未发现大量气泡存在。清代样品显微结构基本信息见表8—3。

表8—3 清代样品显微结构基本信息

样品编号	气泡密度 （个/mm²）	最大直径 （μm）	最小直径 （μm）	平均直径 （μm）	釉层厚度 （μm）
JQ-1	—	—	—	—	99.68
JQ-2	—	—	—	—	54.34
DG-1	11	24.01	4.8	17.14	65.49
DG-2	4	32.42	12.04	22.00	61.85
YZ-1	7	53.73	9.26	20.25	60.83
YZ-2	—	—	—	—	71.04
QL-1	2	6.24	5.76	6	59.60

续表

样品编号	气泡密度 （个/mm²）	最大直径 （μm）	最小直径 （μm）	平均直径 （μm）	釉层厚度 （μm）
QL－2	—	—	—	—	86.89
KX－1	—	—	—	—	68.85
KX－2	2	7.20	4.80	6.00	90.29
平均值	3	24.72	7.33	16.35	71.89

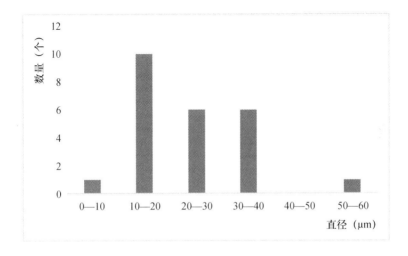

图 8—40　清代黄釉样品气泡直径分布

本实验所观察的清代康熙、雍正、乾隆、嘉庆、道光时期的黄釉样品均没有底釉。釉层厚度为 50μm—100μm，平均厚度 71.89μm，与明代样品釉层厚度相近。色釉中有零星气泡，气泡直径 4—60μm，多数分布在 10—40μm 区间内，平均直径为 16.35μm，略小于明代样品。

二　能量色散 X 射线荧光光谱仪数据结果分析

样品元素分析结果见表 8—4。

表 8—4　　　　　**明清黄釉样品色釉元素组成定量分析结果**　　　　　wt%

样品编号	SnO₂	PbO	Fe₂O₃	MnO₂	CaO	K₂O	Al₂O₃	SiO₂
CH－1	—	41.69	3.89	0.21	1.11	0.12	3.53	49.45

续表

样品编号	SnO$_2$	PbO	Fe$_2$O$_3$	MnO$_2$	CaO	K$_2$O	Al$_2$O$_3$	SiO$_2$
HZ－1	—	35.72	4.52	0.28	0.57	0.58	4.57	53.75
JJ－1	—	46.95	3.87	0.26	0.73	0.33	4.83	43.03
ZD－1	—	44.00	4.24	0.23	0.85	0.44	4.43	45.81
WL－1	—	39.69	4.45	0.27	1.15	0.68	5.13	48.61
ZD－2	—	38.24	4.98	0.22	0.73	0.40	4.03	51.39
ZD－3	—	37.84	5.00	0.19	0.55	0.36	4.24	51.82
JJ－2	—	25.50	3.62	0.17	1.21	0.79	5.46	63.26
HZ－2	—	39.45	5.24	0.23	0.85	0.32	3.61	50.30
JQ－1	—	48.03	2.68	0.22	0.36	0.16	7.05	41.50
JQ－2	—	54.51	3.43	0.32	—	0.20	3.88	37.65
DG－1	—	50.31	3.08	0.25	0.22	0.24	6.23	39.65
DG－2	—	52.05	3.44	0.30	—	—	5.00	39.21
YZ－1	—	36.66	3.58	0.17	—	0.22	5.87	53.50
YZ－2	2.27	45.83	2.35	0.27	—	0.28	3.36	47.91
KX－2	—	40.59	3.48	0.24	0.76	0.17	5.13	49.64

根据表8—4可知，明代黄釉样品PbO含量在25%—46%，清代样品PbO含量在36%—55%，均属于铅釉体系，清代样品PbO含量略大于明代样品。明清时期景德镇生产的黄釉瓷器采用了低温铅釉体系二次烧制而成[①]：先高温素烧，之后上釉低温烧成。而铅釉在高温下黏度较小，其易流动，故气泡即使在釉层熔融之后也极易逸出釉面。故明、清两代的黄釉瓷器均未见大量气泡，只有个别样品有零星的气泡存在。清代样品的PbO含量略高于明代样品。

三 扫描电子显微镜结果分析

本研究中所观察的明代样品中均有底釉，底釉中均匀分布有数量众多的气泡，为了弄清明代黄釉样品中底釉的化学组成，将明代弘治时期样品HZ－1进行扫描电子显微镜观察，结果见图8—41。

---

① 郑乃章：《明清以来景德镇低温黄釉的初步研究》，《建筑材料学报》2008年第4期。

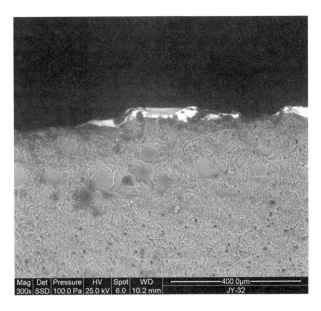

图 8—41　HZ－1 扫描电子显微镜结果

表 8—5　　　　　　　　　　　　　MHY－2 色釉元素含量

Element	Wt%	Mol%
Na_2O	0. 93	1. 36
MgO	0. 45	1. 01
Al_2O_3	7. 33	6. 53
SiO_2	46. 21	69. 83
K_2O	2. 22	2. 14
CaO	1. 05	1. 69
Fe_2O_3	2. 61	1. 48
PbO	39. 21	15. 96

表 8—6　　　　　　　　　　　　　HZ－1 底釉元素含量

Element	Wt%	Mol%
Na_2O	1. 63	1. 73
MgO	0. 38	0. 62
Al_2O_3	15. 45	9. 98
SiO_2	73. 89	81. 03

续表

Element	Wt%	Mol%
K_2O	5.75	4.02
CaO	1.86	2.18
Fe_2O_3	1.05	0.44

表 8—7　　　　　　　　　　HZ – 1 胎体元素含量

Element	Wt%	Mol%
Na_2O	0.81	0.87
MgO	0.55	0.91
Al_2O_3	20.36	13.34
SiO_2	73.31	81.48
K_2O	3.32	2.35
CaO	0.41	0.48
Fe_2O_3	1.12	0.47
TiO_2	0.11	0.09

明代样品 HZ – 1 色釉、底釉、胎体中元素含量分别见表 8—5 至表 8—7，由表可知色釉中 PbO 含量为 39.21%，属于铅釉体系。低温铅釉由于高温下黏度小且流动性大，使得绝大多数气泡即使在釉层熔融之后也可逸出釉面，故色釉中几乎没有气泡分布。底釉中 CaO 含量为 1.86%，Na_2O 含量为 1.63%，K_2O 含量为 5.75%，属于钙 – 碱釉体系。钙 – 碱釉体系由于 Na_2O、K_2O 含量的增高可增加釉的高温黏度，使得气泡不易溢出，所以底釉中均匀分布着数量众多的小气泡。底釉的存在使得釉面平整，提高了黄釉的质量。

第三节　小结

1. 本实验所观察的明代成化、弘治、嘉靖、正德、万历时期黄釉样品色釉层平均厚度 73.72μm。色釉中没有气泡或有零星气泡，气泡直径 10μm—40μm，平均直径 26.97μm。本研究中所观察明代黄釉样品均有底釉，底釉平均厚度 273.12μm，底釉中均匀分布着大量气泡，气泡平均直径 41.13μm。

2. 本实验所观察的清代康熙、雍正、乾隆、嘉庆、道光时期的黄釉样品均没有底釉。釉层平均厚度为 71.99μm。色釉中没有气泡或有零星气泡，气泡直径 4μm—50μm。

3. 明清黄釉瓷器釉面观察气泡特征具有鲜明的对比。由于铅釉为透明或半透明釉，明代黄釉样品可以透过釉面清晰地观察到数量众多的底釉中气泡；而清代样品没有底釉，釉层中未能发现气泡或仅有少量气泡。

4. 景德镇明清时期生产的黄釉瓷器采用了先高温素烧，后低温釉烧的二次烧成法[1]。明清时期的黄釉瓷器釉层均几乎没有气泡，这是由于低温铅釉高温下黏度小且流动性大，故使得绝大多数气泡即使在釉层熔融之后也可逸出釉面[2]。本实验所观察的明代成化、弘治、嘉靖、正德、万历时期黄釉瓷器均有底釉，底釉采用钙 – 碱釉体系。钙 – 碱釉体系由于釉的高温黏度大，气泡不易逸出，故底釉中均匀分布着数量众多的小气泡。底釉的存在可以更好地改善黄釉的品质，一方面使得釉面色调更为纯正[3]，另一方面使得釉面更加平整且无细小裂纹。

第九章　结论

在本研究中，通过对越窑青瓷、龙泉窑青瓷、明清景德镇窑红釉瓷器和黄釉瓷器的科技分析与研究，得出以下几点结论。

首先，越窑青瓷属于钙釉系统，RO 含量高、R_2O 含量低，高温黏稠度小，气泡易于从釉中逸出，容易形成较大气泡。釉的结构特征为：釉层较薄，通常在 80μm—180μm 范围，釉中气泡分布较为稀疏，样品平均气泡分布密度 14 个/mm²，样品气泡直径主要分布在 30μm—130μm 范围，平均直径 73.17μm；龙泉窑青瓷属于钙 – 碱釉体系，RO 含量减少，R_2O 含量增加，高温黏度增加，气泡不易逸出釉层。釉的结构特征为：釉层较厚，通常在 600μm —1200μm 范围内，釉层中气泡分布较密，平均气泡

① 张福康：《中国历代低温色釉的研究》，《硅酸盐学报》1980 年第 1 期。
② 吴军明：《景德镇传统低温黄釉的文化与科技内涵》，《江苏陶瓷》2010 年第 2 期。
③ 郑乃章：《明清以来景德镇低温黄釉的初步研究》，《建筑材料学报》2008 年第 4 期。

分布密度 61 个/mm^2，不易形成大气泡，气泡直径主要分布在 $10\mu m$—$80\mu m$ 范围，平均直径 $60.69\mu m$。龙泉窑青瓷与越窑青瓷相比气泡直径减小、气泡密度增加、釉层厚度增加。越窑青瓷与龙泉窑青瓷釉料化学组成上的发展变化规律和气泡显微结构特征上的规律具有明显的时代特征。这一规律表明：釉层中气泡显微结构上的特征可作为判定瓷器年代的重要判定依据之一。

其次，明代祭红釉瓷器与清代祭红釉瓷器相比，在化学组成上的特征为：明代红釉为钙碱釉体系，而清代则改为钙釉体系，RO 含量提高、R$_2$O 含量降低，高温黏稠度小，气泡易于从釉中逸出，容易形成大气泡。在釉层显微结构上的特征为：明代样品气泡直径较小，气泡平均直径 $107.56\mu m$，气泡分布较密，平均气泡分布密度 11 个/mm^2，且在气泡周围有一明显的深色红圈；清代样品气泡直径较大，平均气泡直径 $161.17\mu m$，气泡分布较稀疏，平均气泡分布密度 4 个/mm^2，气泡周围红圈较浅。清代祭红釉瓷器与明代相比气泡直径增大、气泡密度减少、釉层厚度减小。明清祭红釉瓷器釉料化学组成上的发展变化规律和气泡显微结构特征上的规律具有明显的时代特征。这一规律表明：釉层中气泡显微结构上的特征可作为判定瓷器年代的重要判定依据之一。

第三，明代黄釉瓷器与清代黄釉瓷器相比，均属于低温铅釉体系，高温黏度小，气泡易于冲破釉面逸出，色釉层中只有极少数量的气泡。明代黄釉样品气泡平均直径 $26.97\mu m$，气泡平均分布密度 2 个/mm^2，釉层平均厚度 $73.72\mu m$；清代样品气泡平均直径 $16.35\mu m$，釉层平均厚度 $71.89\mu m$，气泡平均分布密度 3 个/mm^2。明代样品均有底釉，底釉为钙碱釉，底釉中均匀分布着大量小气泡，气泡平均直径 $41.13\mu m$，气泡平均分布密度 28 个/mm^2，底釉层平均厚度 $273.12\mu m$。明代样品透过釉层可清晰观察到底釉中数量众多的小气泡，而清代样品没有底釉，釉层中没有气泡或仅有几个气泡。明清黄釉气泡显微结构特征上的规律具有明显的时代特征，可作为判定瓷器年代的重要判定依据之一。

总之，影响釉中气泡形成的因素主要有釉的化学组成与烧制工艺两方面。通过以上研究可以得出：釉的化学组成对釉中气泡显微特征的形成有直接影响，通过研究釉的化学组成可直接推断出釉中气泡的显微特征。

.

黄晓勇 单霁翔 郑欣淼 ◎ 主编

文运载道 博物会通

中国社会科学院研究生院文博专硕优秀学位论文集

2014—2017届 下册

中国社会科学出版社

目　录

论文人画与苏裱之关联

2014 届 霍 喆

（导师：故宫博物院 杨泽华研究馆员）

绪 论

本文的研究对象主要是文人画与苏裱之间内涵的关联性，探讨苏裱的主要特点与文人画之间的相互影响。苏裱，是我国书画装裱的重要流派之一，一直以来因其极雅极精的特点以及其长久以来积淀的精湛技艺和文化内涵而广受赞誉，是至今以来故宫博物院、南京博物院等诸多文化机构采用的主要装裱修复手段。在故宫博物院学习以及实习的阶段，笔者有幸接触到了大量的苏裱知识，其自身的严谨高致的文化内涵既令笔者感叹，同时结合在学校学习的一系列美术史的相关知识，又引发了笔者一系列的思考。

中国书画装裱历史源远流长，其发展过程与其服务对象中国书画的发展密不可分。文人画的兴起象征着一种审美趣味和文化取向的发展。而对应文人画的发展，以"雅"为旨的苏裱也在这一服务过程中得到了自己本身长久的文化积累和历史发展，形成了自己的独特文化内涵和文化魅力。

分别看文人画的发展和苏裱工艺的发展，我们可以看到其中间有着千丝万缕的联系。对这种联系的深入思考和分析，可以让我们更清晰的地了解其中的相互关联及影响，从另一角度审视二者，期待新的角度能取得更全面的新的认识，有助于我们下一步更深入、更全面的感受其文化内涵，思考其相关问题。

苏裱与文人画之间具有相当关联性，是被广泛接受的一种认知。但恰恰又因为其广泛性，又很少有人去深入地、系统地对这一问题进行进一步探讨。另一方面，文人画和苏裱分别作为中国传统文化的重要内容，其各自的研究领域已有相当丰硕的理论及实践的研究成果。从其中各自提炼其文化精髓，再进行相互对比，自然可见其在文化内涵层面之关联。

本文采取双重对象的研究办法。双重对象既需要联系（联系其共性，其共同的审美取向和文化内涵），又需要对比；既需要纵向与对方的对比（苏裱与文人画之间审美与文化内涵的比较），同时又需要横向与其他流派的对比（譬如苏裱的文化内涵与审美取向需要通过与其他类型装裱的对比来突出，文人画的文化特点也可通过与其他画种的对比来突出表现）。既要从两者各自不同的角度看待对对方的影响以及作用，使角度更全面，又要具体研究其关联之处、互相作用，综合的地看待其关系。只有既分析又综合，先分别研究再全面探讨，才能更客观、更深入、更全面地了解文人画与苏裱之深入关联。

在论述过程中，除了论文材料，原始文献材料，还需要以实例、图片等更详细、更形象的手段进行分析与综合的实施，以期更全面、更客观地反映出文人画与苏裱之间的深入关联，以及其共同反映出的中国文化中的一种重要的审美取向以及文化内涵。

由此，本文将灵活运用实例以及文献资料，结合前人的研究成果，在此基础上，更加精细、全面地将文人画与苏裱进行具有相对关联性的整理归纳，并总结其历史文化特征，探究其所代表的文化内涵。这既具有一定合理性，又具有一定的可行性。

另外要说明的是，在本书所引用的原始文献资料里，比较重要的文献有《装潢志》《长物志》《小山画谱》《赏延素心录》等等。这几部论著，之所以被笔者认为可以应用于苏裱相关问题的研究，主要基于以下两点：一，这些论著均为明清时期的论著，这一时期由于受到历史、经济、文化等诸多因素的影响，苏裱技艺在整体上达到了一个发展繁荣期，成为书画装裱技艺里的最主要流派，因此在其著述里对装裱的综合论述，可以被理解为是以苏裱为主要的吸收及描述对象的；二，这几部论述的作者，均为江南地区的学者，主要的活动地区也都在江南一带，所吸收的各种文化也以江南地区的文化为主，所以，可以得知他们进行论述的主要视角，也应该是该地区内他们自己最常接触的文化视角。

前文提到，苏裱和文人画，分别是装裱艺术与中国画艺术的重要分支。但专门讨论此二者关联性的论述却为数不多。尽管如此，分别以文人画和苏裱为对象的理论研究却颇为丰富。从其中提出其各自的文化精髓，再进行相互对比，自然可见其中的关联之处。

关于文人画的探讨和著述从古至今都是中外学者都很关注的一个文化课题，研究成绩斐然。其中既有以文人画本身的表现形式进行探究的著述，也有对文人画背后所体现的社会意识进行思考和探研的文章，比如崔之进的《中国文人画色彩的特征》，郭长虹的《士大夫集团文化性格的完成与文人画的产生》等。另外还有一些学者，已经关注到了文人审美意趣和工艺实践之间的联系，如苏梅的《宋代文人意趣与工艺美术关系研究》等。

佟欣鑫在《文人水墨的东瀛回响》[①] 一文中探讨了文人画对日本绘画的影响。尽管日本文人画在色彩、用墨以及选材等方面，受其本身固有的绘画渊源和极具民族特性的审美风格的影响，都展现出了与中国文人画之间的明显差异。但是从他所吸取的中国文人画的文化要素来看，还是相应地反映出中国文人画的表现风格和审美取向中的某一个方面。

姜炫雅在《浅析中国文人山水画对韩国朝鲜时代后期山水画的影响》中，提到了中国各个时代文人山水画以及韩国朝鲜时代后期山水画各自的时代背景以及其相应的风格特点，讨论了中国文人山水画对后者在精神思想、构图以及用笔用墨等各个方面的影响。

目前探讨书画装裱的论著数量较少。其中有陈红霞《装裱工艺的发展及在中国书画艺术中的地位》，刘金霞《书画装裱——中国书画艺术的延伸》可供借鉴。而苏裱相对来说是更为冷门的研究对象，但是其悠久的传承历史和不可替代的文化作用也一直为广大学者所关注。有关苏裱的详细的、系统的论述相对较少，大多数谈及苏裱的论文都浅尝辄止，并辅以大段装裱概述。其中论述相对详细的有张恨无先生的《论苏裱》。其文章言及苏裱的地域性，并从苏州装裱的沿革、所用的材料、基本款式与特点，以及苏州装裱的地域传播与特点等方面作了针对性较强的论

---

① 佟欣鑫：《文人水墨的东瀛回响》，《中华文化画报》2007 年第 7 期。

述。吕成英先生在《妙手回春之术挂壁增辉之功——试谈书画装裱中的苏裱艺术》中，以其自身的家学和实践中的例证使我们对苏裱的技艺以及精神内涵有了不同角度的了解。

从整体的装裱艺术的角度讲，也有不少探讨其艺术性及审美特质等相关问题的著述值得借鉴。其中有金波鸣《书画装裱的美学魅力》，张秀英《中国书画装裱及其美学内涵》等等。

国外对书画装裱艺术的研究可从国内一些学者对于国外装裱技艺的相关考察中窥见一斑。比如故宫专职装裱修复技艺的杨泽华先生在去日本松鹤堂考察后写成的《日本的书画装裱及其现代化——对日本松鹤堂的考察与思考》。另外有关日本装裱可借鉴的相关文章还有刘舜强的《日本书画装潢源流考》等等。

第一章　从文人画的角度探究其对苏裱工艺的影响

第一节　文人画的历史沿革与发展

文人画的产生年代，大致有几种不同的说法，包括宋代说、五代说以及唐代说。笔者认为，之所以产生这诸多不同的意见主要是由两点造成的：一是对"产生"等字眼的理解不同；二是对文人画进行讨论的着眼角度不同。比如说有的人主要着重于从文人画的创作主体的角度来讨论，有的人则着重于文人画表现之形式，除此之外还有其所处时代之特点、其社会背景之发展或是其文化内涵之逐层丰富等诸多角度可供讨论。从另一角度来说，这也体现了文人画这一研究对象的复杂性。尽管研究文人画所涉及的相关内容如此之广，但抛去个人的着重点和理解的不同，纵观中国书画史，我们还是可以大致梳理出一个关于文人画的统一的发展脉络。

文人画这个词本身就有两个角度。一个是"文人"，一个是"画"。只有这两种文化各自沿着自己的发展脉络都达到一个相对成熟的程度，才能相互进行下一步的发展、互动和交融，并最终相互融合形成一种成熟的、独具特色的文化现象。

那么我们可以先从文人画的创作主体的角度入手。文人画也叫士人画。文人与"士"并不完全相同。就时间发展的角度来说，文人文化的起始，要从"士"开始说。"士"的具体起源暂时还无定论，其内涵也在历史发展的过程中经历了一定的变动。春秋战国时期，社会阶层之间正在经历一个崩裂和重组的社会大变革时期。同时这也是一个知识垄断被打破，多样性的思想理论体系被建立的思想上的繁荣时期。受当时复杂的社会背景的影响，鸡鸣狗盗之流，也是"士"群体中的一分子。随着历史的发展，继承和发扬这种精神风格的群体也发生着变化。由于教育的规范性和新的阶级性因素的影响，其载体逐渐变化、集中，并缩小在文人士大夫阶层。之后随着教育的进一步发展和普及，以及知识分子群体的扩大，这种精神风格的主体再次扩大为整个知识分子群体。其间总的来说，其精神内涵基本相同，对象群体在一定范围内略有变化。这就是从春秋战国，经过秦汉的过渡，到东汉末年魏晋时期，"士"内涵的转化以及文人文化逐渐趋于一个稳定成熟的过程。

而我国的绘画在此时，同样也已经发展到了一个相当成熟的阶段。

有关中国美术史的大部分教材类书籍，大都给人这样一种感觉——大都由东汉末年到魏晋时期开始进入正文叙述。这大概与历史太过悠久，相关实物材料以及文字材料较少的历史客观情况有关。而东汉以后名人画家增多，文字材料也增多。这从侧面也表现了这样一点，即自魏晋以来，越来越多的文人开始参与到了绘画创作之中。

总之，到了东汉以后魏晋时期，文人士大夫阶层发展的程度，其文化所达到的集中程度，以及绘画发展到该阶段的成熟程度，都为文人文化与绘画艺术的结合创造了条件。

条件有了，又是什么促进了二者的结合呢？可以说，文人文化、士大夫文化发展到一定阶段的表现需求，是其中的重要因素之一。如同文学中的诗歌文体形式，随着人们表达需求的增加，逐渐发展出了五言、七言，到词，再到散曲。文人士大夫的某种特定的精神风格在此阶段达到了一个高度凝聚的时期，成为这一时期精神时尚的主流。在这种背景下，传统的修身、立事或者言传笔传的方式，已经不能满足这种时代意识的表达需求。于是，包括艺术手段在内的各种表达手段都被人们物尽其用，并在这一过程中实现了其自身的发展。比如竹林七贤等文人所做出的各种特立独行的事迹，也许就可以理解成为表达文人精神的独立性的一种行为艺术。在这种背景下，绘画自然也成为其中一种被放大采用的艺术手段。如果说这一时期文人作画还只是一种个别现象，那么隋朝开科取士，就更加催进了这一现象的发展，具有文人身份的画家数量进一步增加，渐成群体。而到了唐代，这种文人情趣与绘画结合的审美风格，更是逐渐走上了被推崇的高台。

至此，文人文化与绘画艺术的深入结合成为了可能。这种可能，以"文人去画"为开端，日后逐渐向另一个层次进一步发展，即"文人去画什么""文人怎样去画"等等。也由此，文人画的内涵在这一发展过程中有了一个阶段性的飞跃，不再仅仅局限于一个新的绘画主体的角度，而是朝一个更具象、更深入的方向发展，开始获取更充实的文化内涵。

于是，沿着"破中求立"的发展规律，当北宋中期以"格物"为信条、极尽精细华丽逼真之能事的院体画发展到巅峰时，承载着不同内涵的，以洗练、简朴、写意、抒情为特征的"文人画"就出现了发端。与此同时，文人画的引申内涵和自我脉络也得到了相对完善，并最终确立。文人画的核心特性得以鲜明化、具体化，受到一众文人的重视。由此，文人画得以更加系统地发展。

如同诸多学者所提到的"世变"因素对文人画发展的影响，历史背景对文人画发展的影响具有举足轻重的作用。而表现这一现象最具象、最明显的莫过于文人画在元代的发展。这一时期，由于特殊的政治及社会环境，绘画成为汉族文人们排解苦闷、释放压抑感、宣扬民族气节、获取心理平衡的主要途径，从客观上推动了文人画成为中国传统绘画的主要角色。在这种特殊的客观发展条件下，文人画建立并完善了自己的艺术理念，即以书入画、诗书画印四位一体。由此，文人画独特的艺术风格以及艺术形式也全面建立起来。于是，文人画的发展在这一时期进入了成熟阶段。

到明清时期，文人画已经发展成为画坛主流，并以此为背景发展出了不同门派。不同门派之间在艺术理念、创作态度以及表现方式上均有一定的差异性，形成了各自不同的流派特点。可以说，在这一时期，文人画的发展达到了一个顶峰。

第二节　文人画的审美流变及文化内涵

文人画讲神、讲韵。无论是顾恺之所提出的"以形写神""迁想妙得"，还是南北朝时期谢赫"六法"中的"气韵生动"，都为其提供了深厚的理论基础。这些中国绘画传统理论无不与文人画的情感表达相互契合。到了唐代，不但有以二李为代表的青绿山水，以王维为代表的水墨山水也异军突起，此二者交相辉映，用色彩的表现力，以画传诗，把文人画推入一个新阶段。

至宋代，苏轼最早较系统地提出"士人画"理论时，其重点就在强调神韵、反对死板的"形似"，提倡"诗画本一律，天工与清新"。同时在这一时期，文人画确立了自己自觉的主流审美，即对"墨"的运用，以简求韵。而唐代的王维也因其水墨画"画中有诗"的审美情趣与文人画所推崇的审美相互契合，被尊为文人画的鼻祖。

到了元代，诗书画印四门艺术相交融的艺术理念，使文人画的审美表现形式得到了具体的完善和确立。文字直接参与到绘画的表现形式之中，运用其所表现的意象以及其自身点线组合的美感，最大限度地增强了文人画的文化表现力。这就要求创作主体具备更高的个人素养和人文情怀，这也由此使文人画更具有一种隐藏在书画背后的内在气质。这种内在的通过文人画表现出来的美感也是文人画审美需求里不可缺少的一部分。至此，文人画的审美内涵得到了相对的完善和确立。可以说文人画自始至终最重要的价值就是为了表现这种书画之后的内在美，他围绕的主体也是如何表现这一内在美，体现一种怎样的内在美。无论他所说的如何用墨、用色，如何求神、求韵、求逸格，都是为了表现这种文人的"内在美"。而这种表现形式也让我们了解了其所要表现的属于其主要创作群体和欣赏群体的文人内在，即一种或野逸或清高，或有所追求或淡泊名利，或精心或天然，隐藏在不同文人的个性背后而又遵循了中国传统文人群体性特质的一种精神格调，一种为"文"、为"雅"的文人志趣。其中，"文"是具体绘画形式之下的基础，而"雅"是具体绘画形式之上的一种审美表现形式，无论高雅、淡雅、清雅、典雅，都是以"雅"为基础的表现中心，来突出文人画所承载的文人文化的审美特性的。

第二章　从苏裱的角度探究其对表现文人画文化内涵的作用及影响

第一节　苏裱的历史发展、文化地位

一　中国传统装裱的起源与发展

装裱是服务于绘画的，那么可知其起源必然晚于绘画。那么装裱是服务于哪些绘画的呢？装裱的服务对象主要是纺织品绘画及纸质绘画。这类绘画载体过于柔软脆弱，易折易坏。装裱，可以使这类绘画便于舒卷、观赏、存放，并且能起到进一步美观书画的作用。

由此可知，真正的、综合意义上的装裱大致分为三个部分。

第一，载体，为丝织品或纸。

第二，具有一定的形式。要求可以令绘画便于观赏，并且可以增加绘画的美观性，起到一定的装饰作用。

第三，裱褙技术。可以加固载体，起到平展和保护的作用，既便于观赏，更主要的是有利于绘画的长久保存。

由于不同的绘画表现载体的创制发明在时代上有早晚的差异，纺织品绘画的出现还要早于纸质绘画的出现。

帛画，是早期中国纺织品类绘画的一个主要类型。大概于战国时期兴起，西汉时发展到了一个高峰。1973 年，著名的帛画《人物御龙图》在湖南长沙子弹库战国楚墓出土。这幅帛画最上横边裹着一根很细的竹条，上系有棕色丝绳。从上述相关描述来看，竹条和丝绳从作用及审美角度讲大概相当于天杆和绦子。这极有可能就是天杆的雏形。

另一幅著名的帛画是长沙马王堆一号汉墓出土的人物图（见图 2—1）这幅丁字形帛画的顶部装配有一根竹竿，并系以棕色的丝带，中部和下部的两个角，均系有青色细麻线织成的简状绦带。

就这些帛画来看，它们在形式上所进行的加工制作，都具有一定的装裱性质，可以说是早期原始装裱的一种形式。

图2—1　长沙马王堆一号汉墓出土人物图

　　傅小钟在《中国书画装裱源流叙》中说："书画装裱技术产生于纸的发明以后。从晋末上溯到蔡伦改变了纸张的质地，这中间共有三百一十五年时间。中国的装潢技术，就是在这段时间内产生的，距今已有一千五百多年的历史。"① 如此说来蔡伦改变纸张质地之前的绘画就都不需要装裱或者不能装裱了么？形式上进行过加工制作的帛画就可以断言不属于装裱范畴么？笔者认为这种说法有待商榷。装裱的形式本来就不拘一格，是根据实际需要进行创作、修改和完善的。笔者以为，判断此类修饰是否属于装裱技术，重要的是它是否进行了有意识的形制加工，以及这种加工是否带有与装裱相类的目的性与实用性。从前文笔者所提到的"真正的、综合意义上的装裱"的内涵可知，马王堆帛画一类的形制加工，在一定程度上已经具有书画装裱的意义。事实上，除了类似于帛画的简单装裱性加工，秦汉时期，裱褙的工艺也已经出现了。

① 傅小钟：《中国书画装裱源流叙》，《辽宁大学学报》1990 年第 6 期。

裱褙技艺是顺应秦汉时期屏风的风潮而产生的。屏风画需要竖立观赏，这就需要进行裱褙这一道工序，使其加固并且平展。其大概方法是用粗麻纸或者粗帛、粗布等，在书画背后复裱一层。这样做达到平展、加固和保护的目的。后来，从屏风上拆下的旧画页也需要保存，在这种需求下，后世传统意义上的装裱发展起来了。

这样，从载体到形式再到加工技术，综合意义上的装裱技艺有了产生和发展的条件。

现存最早记载书画装裱的论著是唐代张彦远的《历代名画记》，其中用《论装背裱轴》一整个部分来详细叙述了其所身处时代的装裱的原则、技艺以及装裱过程中的各种注意事项等。这一部分开文即云："自近代以前装背不佳，宋时范晔始能装背。"比之更早的张怀瓘的《书断》中亦有云："晋代装书，真、草浑杂，背纸皱起。范晔装治，微为小胜。"这两份论述还都提到："宋武帝时徐爰，明帝时虞龢、巢尚之、徐希秀、孙奉自编次图书，装背为妙。梁武帝命宋异、徐僧权、唐怀充、姚怀珍、沈炽文等又加装护。""宋孝武又使徐爰治护十纸为一卷，明帝科简旧秘，并遣使三吴鸠集散逸，诏虞和、巢尚之、徐希秀、孙奉伯等更加编次，咸以二丈为度。"由此可见，最迟在两晋南北朝时期，书画装裱已经作为一门综合技艺独立地正式地登上了历史舞台，并且反映出了当时人们，甚至官方对装裱及其作用的重视。

隋唐时期，是装裱综合技艺趋于成熟的阶段。不但有像张彦远《历代名画记》这样专门的相关论著出现，并且从形制上来说，除了基本的手卷之外，又出现了新的形式挂轴和册页。至此，装裱的三大基本形制均已出现。这一时期，官方对装裱的重视程度提高。隋炀帝时期，将内府书画分为三等分别装饰。再加之这一时期纺织以及造纸技术都达到了较高水平，绫锦绢帛以及皮棉、竹纸等材料一应俱全，给装裱艺术的成熟和发展提供了有利条件，使得炀帝内服所藏图书，装潢极为华丽。唐代装裱艺术更进一步得到重视和推广。《历代名画记》有语："国朝太宗皇帝使典仪王行真等装褫，起居郎褚遂良、校书郎王知敬等监领……"《唐六典》也有记载："崇文馆装潢匠五人。秘书省有装潢匠十人。"又有唐太宗命其时为典仪的张彦远亲授日本使臣装裱技术，使装裱技术流传至日本的记载。另外："贞观、开元中，内府图书一例用白檀身、紫檀首、紫罗褾、织成带，以为宫画之褾。"① 内府图书又有专门定式，也是官方对书画装裱重视的一个反映。

五代至宋，是我国绘画飞跃发展的一个时期，同样对应绘画的发展需求，装裱艺术也到了一个飞跃发展的时期。这一时期，装裱的形制更加精致完善，至南宋时期，还出现了"蝴蝶装册页""横批"等形制；在纺织和造纸技术的进一步提高所提供的更加优越的条件下，书画装裱的用材更加考究；论著及各种文字材料增加，比如米芾的《书史》《画史》，南宋的《齐东野语》等都记述了当时装裱业的相关情况，多层面表现了这一时期装裱行业的繁荣；社会各文化阶层对装裱的重视不但进一步提高，作为一种沾染了文人意趣的创作行为，大批著名文人亦亲研装裱，使装裱这一行为的艺术格调也大大提高。这一时期，官方也对装潢的形式进行了仔细的研究和统一的规范，比如著名的"宣和装"，以及《绍兴御府书画式》② 的相关记载都是这一现象的集中反映。

元代的装裱，基本继承了宋代的样式，然而用料却远远不及宋代装潢考究。但是元代后期，内廷设置了专门负责管理书画装裱的机构。除此之外，宫廷内还有专门场所进行装裱。这一时期装裱的相关论著有元末明初陶宗仪的《辍耕录》。可见装裱与绘画在一定程度上的一体性，已经成为一种根深蒂固的当然意识。

继而到了明清时期，中国书画装裱达到了一个新的、鼎盛的阶段。

二 装裱流派的产生与发展

明清时期书画装裱技艺的中心是在江南地区。如究其时代原因，这与宋室南迁，全国的文化中心也随之南移至杭州、姑苏、扬州等吴文化地域的历史因素不无关联。可以说是世变影响文化事物发展的又一例子。

吴中地区自古以来的经济文化背景，给各方面文化的发展繁荣都提供了优越的条件。装裱艺术也在这种背景下得到了进一步的发展。如同春秋战国时期的百家争鸣，明清以后，书画装裱的形制品式百花齐放，

---

① 杜秉庄、杜子熊：《书画装裱技艺辑释》，上海书画出版社1993年版，第178页。

② （宋）周密：《齐东野语》卷六《绍兴御府书画式》。

各种技术手法也达到了更加成熟和完善的阶段。有关装裱的各种总结性论著系统精到，其中最具代表性的有明代周嘉胄的《装潢志》，以及清代周二学的《赏延素心录》等等。这些论著的写成为装裱实践记录累积了宝贵经验，促进了各地，尤其是吴中地区装潢艺术的继承和发展。在这种背景下，如同文人画发展成熟到一定时期一样，受地域性、市场需求等各个因素的影响，书画装裱艺术也演变出了多种不同风格，形成了诸多流派。

比如简单地就业务性质的不同来区分，装裱可以分为"红帮""行帮""仿古装池"。红帮裱式最为简易，专裱红白立轴对联，供作婚丧使用，有现成制品可供买用；行帮指专裱普通书画；仿古装池是把装裱作为一种装潢艺术，做工精致考究，专为书画名家和鉴古收藏家装潢珍贵新旧书画，因此称为"仿古装池"。而这种"仿古装池"的主要发展地区就在苏州、上海、扬州一带，由此亦可看出其地域装裱技术之高超，以及其背后所反映的市场和文化需求。

而就装裱风格及其文化属性来讲，除了本文的主要论述对象苏裱之外，装裱还分京裱、扬帮、沪裱、湘装、广裱等流派。

京裱是乾隆时期形成的流派，是顺应皇室的审美意趣和表达需求而形成的。乾隆初内府需要装裱历代帝后像，于是当时的江苏巡抚保送秦长年、徐名扬、张子元、戴汇昌等四位名噪一时的装裱大师进京。试裱之下，技术都称精湛，其用于帝后像裱件镶料，色彩辉煌，质地厚实，以后遂为京裱师法。由此京裱师法，俱采用艳丽之色彩，裱褙厚重，使其得以在舒卷之间当当作响。由此可见一方面京裱的技艺是继承了苏裱的娴妙成熟的传统技艺的，另一方面它与苏裱的区别恰恰是由于受众的不同所造成的装裱效果和审美取向的不同。

扬帮，也是苏州地区装裱的一个帮派，其风格重画心，擅长揭、洗、补裱古旧书画，能修复如新。于此清代李斗《扬州画舫录》有记载："吴县叶御夫装潢店在董子祠旁。御夫的唐熟纸法，旧画绢地虽极损至千百片，一入叶手，遂为完物。"叶御夫被封为扬帮之师。

沪裱，也叫上海装、海上装，由于其装裱技巧博采众长，来自全国各地，得兼京、苏、扬派之优。

湖南的湘装也极具特色，质地厚重，大多用全绫，善用湘绣，以其做锦眉①（图2—2），色彩明快艳丽，可谓独具一格。

图2—2 锦眉

广裱也叫岭南裱，广州装，重用三色镶潢，也以色彩华丽为风，纸、绢皆染色。

此外还有赣子装，就是所谓的江西货。其特点是装潢轻巧，但是质薄、易破、价廉。

值得一提的还有邻国日本的装裱。在日本遣唐使赴唐学习期间，张彦远受命传授日本使节书画装裱之技艺。日本至今的书画装潢仍源自唐法。由此也可知，唐代的装潢技艺已经很成熟，达到了相当的水平。

然而这诸多流派之中，苏裱无疑是最负盛名。其区别于其他流派的

① 中国画装裱体制的一种，在画心的上下各加镶一条1—1.5厘米宽的锦条，这种式样称作锦眉。

鲜明特点将在下段详细论述。

三 苏裱的历史发展和文化地位

苏裱又称"吴装",是我国江南地区最主要的装裱流派,是以苏州为中心,在整个吴中地区发展和繁荣起来的。

所谓"吴装最善,他处无及"[1]。苏裱之所以有如此地位,是因为它的形成和发展有着得天独厚的条件。

中国书画装裱各流派风格的形成大致都受两个因素影响,即地域文化性和市场需求性。由此,我们可以先从这两个角度入手进行分析。

首先从地域性的角度讲,主要有以下几点。

其一,宋室南迁之后,装裱艺术的发展中心转移到江南地区。苏裱是在此种背景下传统装裱艺术的直接继承和发扬者。

其二,江南吴中及周围地区经济文化发展繁荣,纺织、造纸、雕刻等各个工艺加工行业都很发达,这种整体上的发达,影响着苏裱艺术,为苏裱的用材之考究、细节之精致提供了有利条件,赋予了苏裱工艺在文人画表现上无可比肩的艺术性和审美性。

其三,吴中地区强烈的文化风格也是影响苏派装裱风格形成和发展的重要作用力之一。江南吴中地区自古以来尚"文"、尚"雅",可以说是中国各地之中"文""雅"格调的集大成者。这种格调不止表现于苏州文人群体的庞大,还表现在音乐、戏曲、建筑、传统工艺品制作等各个方面。比如该地区的昆曲、越剧,驰名中外的苏州园林,以及该地区的制伞业、制扇业以及在此基础上形成的姑苏十二娘的文化现象,俱反映出该地区文气、精致、清雅、大方的地域文化格调。而这种地域格调必然对苏裱产生影响,使其在审美上得以进一步升华。

就受众群体来说,苏裱所面对的受众极其鲜明,即庞大的文人群体。它的服务对象,是发展兴盛的文人绘画。吴文化地区,在当时绝对可以说是中国文人数量最多、集中性最强的地区。而苏州装裱的发展趋势,也就直接受到这些文人及文人绘画的需求的影响。就是说,当地最庞大的装裱的受众群体是文人群体,其最直接的装裱对象是文人绘画,由此

---

① (明)胡应麟:《少室山房笔丛》。

文人群体或者装裱师选择什么样的装裱风格才能最适合表达文人绘画的文化内涵，也就是受众的审美需求，直接成为装裱艺术的审美导向。当这种鲜明的主导风格形成了，具有自己特质的苏裱流派也就形成了。苏裱的形成与文人绘画发展繁荣的紧密联系，在这一过程中亦可窥见一斑。

由此，在诸多的装裱流派中，苏裱形成了自己独占鳌头、难以替代的文化地位。而苏裱的这种难以替代的地位从某种角度说也映照出了文人画在中国传统绘画画种中的不可替代性。

这一切因素都推动了苏裱的蓬勃发展，令苏裱艺术有着难以比拟的兴盛与繁荣。

所以《装潢志》中有云："装潢能事，普天之下，独逊吴中。"苏裱受到地域文人文化的影响，在庞大而又明确的市场需求的影响下，不但参与到了文人文化的发展之中，并且在这个过程中也丰富了自身的文化内涵。

第二节 苏裱的主要特点、审美取向及文化内涵

中国传统的装裱的表现形式多种多样。主要是围绕其服务对象，也就是具体的画件进行装潢上的具体实施。而苏裱的形成区域主要在江南苏州为中心的吴文化地域，他的主流服务对象自然是该区域的主流绘画文人画。于是，苏裱吸收了传统装潢中最有利于表现文人画的模式，并以此为中心进行了传承和发展。

从装潢技法的角度讲，中国各流派装裱其发展和成熟过程大致统一有其统一的脉络。相对于技法，苏裱与其他流派最明显的区分要素，是视觉审美上的不同。可以说，审美格调，是最能反映流派风格特点的一个角度。比如湘装明艳、广裱华丽、京裱富贵，其余流派也各有千秋。所以在讨论苏裱与文人画关联的问题上，我们主要从一目了然的审美角度入手，以此区分苏裱区别于其他流派的最主要特点，以及了解为何说苏裱更适合表现文人画画意。相对于其他各个流派的特质来讲，苏裱最大的特点就是在审美上选择了素雅、清丽、简洁、古典的格调取向。这种审美取向表现在苏裱的各个方面：在形制上，受服务对象欣赏需求的影响，具有多样吸收、全面发展的特点；在色彩搭配上，需要与文人画审美表现相互对应，素朴简约、清雅大气；在比例的搭配上，则注重自

然协调。

　　总的来说，苏裱的与众不同，最主要是在于它文气雅致的审美格调。苏裱用材考究，素而不粗，配色淡雅，华而不艳。这种特点恰好是最能表现文人画气质的。这种洗练、素雅、简明、精致的审美格调一直被苏裱传承至今，是苏裱的灵魂之所在。而苏裱的意义不但在于如何与文人画的画意相协调，同时好的苏裱更可以进一步烘托文人画的画意，增强其内涵上的表现力。

第三节　苏裱对表现文人画内涵所起的影响及作用

　　以文人画为对象来说，苏裱无疑是最好的选择对象。苏裱是应文人画的审美需求发展起来的，在其不断完善的过程中，亦更进一步形成了更加适合表现文人画格调的装裱风格。

　　用个流派之间的横向对比来例证。比如湘装，以利用明丽的湘绣为主要特点，这就决定了它的地域风格要素要强于受众风格要素。广裱的主要对象是岭南画派绘画。岭南画派相对于其他流派的中国传统绘画，可以说其特点是独特而鲜明的，其绘画风格极具时代精神，气氛酣畅、色彩鲜亮、笔墨劲爽豪纵、水分淋漓。由此，广裱重视三色装，用装裱色调上的鲜艳华美，来衬托其画风。而京裱的服务对象是皇室绘画，由此其装裱风格也以能突出皇室的富贵威严华丽堂皇为主，与苏裱的对比尤其明显。苏裱于之上俱不同，其基本审美原则坚持简洁素雅，天然平和，以突出高逸的文人格调。比如苏裱基本不采用如湘装锦眉之类的装饰，相对于广裱主要采用三色装来说，也不会以多色装为上，而是双色装、一色装并举。在整体形制品式上来说，苏裱也多继承了装裱中的传统形制品式。可知无论在配色还是形制上，苏裱都是以简约高雅为基础原则，以最能表现文人画高逸的画格为中心目的的。

　　相对于原始资料里的正面论证材料，苏裱的各种避忌，可以让人更直接地了解苏裱的审美追求。比如《装潢志》中有云："大画随宜，推广式之，惟忌用诗堂[①]（图2—3）。往与王谷经装数百轴，无一有诗堂者。

---

　　①　裱画时在靠近画心的地方加裱一方白笺，供人题诗之用，谓之诗堂。

小幅短，亦不用诗堂。非造极者，不易语此。"形制以简为主，反而忌讳乱加诗堂。再比如《装潢志》中的《册页》部分："前人上品书画册页，即绢本一皆纸挖纸镶。今庸劣之迹，多以重绢，外折边、内挖嵌。至松江秽迹又奢，以白绫外加沈香绢边，内裹蓝线，逾巧逾俗，俗病难医。愿我同志，恪遵古式，而黜今陋。但里纸层层用连四，胜外用绫绢十倍。朴于外而坚于内，此古人用意处……"由此可知，其中的观点在于反对用以不实用的奢材，认为"逾巧逾俗，俗病难医"，提倡"朴于外而坚于内"。再比如，《赏延素心录》中有关于册页装裱的记载云："册页，用宣德纸挖嵌，或细密缥白二色绢，忌绫裱。"由此可见取色淡雅，用材忌繁忌奢，是苏裱装裱风格上的一个重要特点。

图2—3　诗堂

正所谓，"重剑无锋，大巧不工"。这些苏裱所力求避免的，恰恰也反映出了苏裱所追求的，即与文人画审美取向相互对应的、以简约、素雅、高洁为中心的一种审美境界。

第三章　文人画和苏裱审美上的关联性

第一节　形制与品式

中国书画的画件，大可概括为轴、卷、册三大类。按照这些不同的画件形体所选择搭配以一定的装潢式样，即为装裱形制。而每一类中不同的装裱式样又称品式或装式。在这一方面文人画对苏裱的影响主要有两点。一是苏裱在对传统装裱形制的多样性选择以及相对全面的继承。二是苏裱在品式上的风格选择。

一　文人画与苏裱的形制

文人画发展成熟以后，形成了自己独特的以山水与花鸟为取材主体的特点。而从最初的全景式构图，发展到后来出现了边角式构图，乃至三远理论的建立，小景山水的出现和发展，以及中国画特有的散点透视的应用，山水画在发展的过程中逐渐完善了自己的体系。这种发展与完善对文人画的欣赏提出了不同的要求。比如采用手卷装裱散点透视的长幅山水画，在展卷时可有边行边赏、途中观景的生动感。再比如一些小景山水，用册页装裱，取框景之感，与苏州园林的框景式取景有异曲同工之妙，也另有一种细品之趣。后期更将笔墨山水至于扇面之上，展合间即可观掌上之景，品笔墨之趣味，更是一种文人雅玩之式。

由此可见，苏裱的服务对象是文人画，文人画品类的多样对装裱形制的多样性提出了要求，这就使苏裱有必要对传统的装裱形制加以相对全面地继承和适当地运用。反之比如京裱，对象多是皇家作品，或是皇室贵胄闲玩之作，或是臣子画工奉命所绘，作品或为吉祥之大字、富贵花卉，或为盛世全景、皇室园林等，从观赏的角度要求其具有皇室风度、天朝气势，便于直接观赏，一目了然。因此京裱多选更直观的镜片、立轴或贴漏之类的形制进行装裱，而册页、手卷之类的选用则相对较少。再比如广裱，似乎也多立轴、条屏等形制，手卷、册页之类则较少见。究其原因，也与岭南画派画风不无关联。

文人画表现形式的多样性，取材的要求，山水画构图的发展与完善，赏、品目的性的提高，历史传承的需求，都决定了文人画在装裱形制上要求对传统形制进行多样性、整体性的继承和发展，使其所继承的形制、技术都越加全面、娴熟。

二 文人画与苏裱的品式

文人画到元代形成了诗书画印一体的固定表现形式。就一般的诗书画印结构而言，同一画面的表现形式已经是组合式的，既有色彩的搭配（印色与墨色），又有线与面的搭配（书与画以及绘画本身的表现），在组合上已经堪称完美。所以形制上就更要求简约大方，一是不能喧宾夺主，二是不至于因为添加多余的审美素材使视觉感过犹不及，造成混乱感、不协调感。因此，苏裱不像湘装那样会用锦眉装饰，也不取诗塘之类。《装潢志》有云："大画随宜，推广式之，惟忌用诗堂。往与王谷经装数百轴，无一有诗堂者。小幅短，亦不用诗堂。"又如前文提到《装潢志》中"册页"一节，提倡应当"朴于外而坚于内"，认为"逾巧逾俗"。由此可见，苏裱在品式的视觉风格上，遵循着文人画的审美取向，选择了以文雅、简约、古朴为审美原则，并且达到了以此恰当地服务于文人书画作品的目的。

除此之外还有另一种情况，即加裱。文人画是一种个人思想以及精神的传达。在书画传承的过程中，与创作或传世背景有关的文人常常加诸题文，或是同时几位文人因某种活动或联系共同分块创作作品，又或者在作品传世过程中后世品赏或收藏的文人多会根据自己从作品得来的感悟另加以题字，凡此种种类型的加裱手卷及立轴不计其数。这可以说也是所谓"文人画的知音论"① 的一种佐证。而这种具有文人趣味的创作模式也必然会对装裱的形制、品式及技术提出更高的要求，从而对装裱产生一定的影响。

第二节 色彩上的相互作用

色彩，是人眼接受感知的最直接来源，由此，色彩也就成为审美要

---

① 张建涌：《文人画知音论》，《美与时代（中）》2010 年第 6 期。

素中最重要的部分之一，也是绘画审美格调的重要反映要素。那么文人画的色彩观是怎样的呢？

首先我们可知，文人画的价值之处，是在用一种视觉审美的途径表现其精神审美的内容。那么我们可以从其所追求的精神审美内容入手。

首先，从外放的角度来说，这种精神审美包含了一种文人群体的普遍社会价值取向。所谓"达则兼济天下"；大部分文人有胸怀天下的情怀。而中国人看待色彩，并不仅仅是停留在感官的愉悦阶段，而是将其作为社会文化观的承载体。譬如用"黔首"代指百姓，用"朱门"代指富贵之家，而用"蓝衫紫袍"表现布衣与仕宦的对立。如果说用色彩表现意境是一种文人性的手段，那么黯淡清素的色彩无论在视觉还是心理上都是可以完美直接地诠释这种社会价值取向的。

其次从内收的角度来说。所谓"穷则独善其身"。从个人价值取向的角度来说，自然、自我、平淡、隐逸的脱俗格调成为一种统一的文人审美追求。那么如何达到这种自然之美呢？老子以为，色彩不能代表本质，而仅仅是炫耀眼目，要拒绝过于强烈的感官刺激。于是，文人画选择了用单纯的墨色表现自然，偏好用水墨宣淡的"玄"色来表现宁静致远、平淡天真的文人审美情调，追求逸格的文人情怀。而墨色的灵动和抒情也的确是表现文人画气韵的最佳手段。这个过程，可以说是士大夫的文人心理与中国古老的哲学思想里的美学思想相结合的过程。

由此，文人画形成了重水墨轻五彩的表现方式。以墨分五色，表现绚丽的自然，以浓淡不一的灵动的水墨表现文人画中的生动气韵。文人画的色彩观，总的来说，受道家老庄思想以及释家禅宗思想影响，最终选择了以水墨淡彩的方式来表现文人画的精神审美。"文人画的色彩是中国哲学的形式化表征，也是士大夫心理的艺术雅化符号。摒弃华艳，唯留纯真；讲求绘事后素，返璞归真，大巧若拙，是文人画的艺术肌质。文人画中理性的哲学、淡雅的抒情是兼而有之。[①]"

那么，针对文人画的特定的审美表现，如何使装裱配合文人画的创作效果、凸显烘托其色彩选择上的效用呢？笔者在故宫实习期间，接触苏裱之际，印象最深的就是师父不断提及的关于苏裱配色的要求。一是

---

① 崔之进：《中国文人画色彩的特征》，《天津大学学报》（社会科学版）2007 年第 4 期。

取色必须沉静素雅。染纸多选择比较深沉的皮条黄色，染绫绢多选用深浅不一的米色或月白色，也用过极冷调的深月蓝。二是避免"火气"，强调色彩搭配的和谐。所以师父总给笔者强调"色中点墨"，也就是在配颜料时在颜料中点一星墨汁。这样就能压住颜料的新色，令其"火气"沉淀，使其有沉静古旧之感，更能衬托其中的文人气质。

图3—1　故宫苏裱依旧选用素雅色调

在原始资料中，我们也可以一窥旧时吴地装裱的配色要求。譬如《装潢志》中有云："画心三尺上下者俱嵌边，太短则挖嵌，用极淡月白细绢。画如设色深者，宜用淡牙色，取其别于画色也。"同样，《小山画谱》亦主张："小幅挖嵌为佳，书斗必须浅色，所镶绫绢非本色亦浅色。"其中"绫绢料"一节直接提及："天地皂绫古雅，皂不耐久，易烂，余多用月白和深蓝。"又有"染古绢托纸"部分提及："古绢画必用土黄染纸托衬，则气色湛然可观，经久逾妙。"另外《赏延素心录》中关于取色亦有云："禙用宣德小云鸾绫，天地以好墨染绝黑或淡月白。""短帧尺幅，必用仿宋院白细绢独幅挖嵌。"从这些描述里我们可知，苏裱取色从来少见艳丽华贵之色，多取月白、淡牙、深蓝、玄色、土黄等素雅沉静之色。

用这种色系容易给人平淡天真、自然脱俗之感，符合追求高尚品格的文人气质。如《长物志》所说："近董太史笔，多用研光白绫，未免有进贤气。"这里所谓"进贤气"，也就指是文人气，可见这种取色风格可以在视觉感上充分表现文人气息。

相反的，笔者曾在某次拍卖预展看到过一幅慈禧的书画作品，其装裱幅大且厚重，配色上暗红暗绿，威逼眼球，典型的京裱皇家做派。再比如《宋史·职官志·吏部·官告院》中介绍的不同品级的官员、命妇、番首的告身的装裱格式，其中单从配色来看，其华美精致可见一斑。比如其用纸上不乏"色背销金花绫纸""白背五色绫纸""遍地销金龙五色罗纸""遍地销金凤子五色罗纸""销金团窠花五色罗纸"等，其名称上就可见其色彩之绮丽，更不用说还要根据等级分别搭配以色带、紫（红）丝网子、滴粉缕金轴、翠色狮子锦等，另或配有金、银粉镨等工艺，更可见其用色之华美绮丽。

通过这些相对的例子我们也可以看出装裱对象的不同在装裱色彩选择上的影响作用。反之也可知色彩在对服务对象的表达效果上所起到的表现作用。而为了应对文人画所提出的视觉要求，苏裱在主流上选择了突出文人情调的沉静素雅的色调，这种取色原则也成为针对文人画服务的苏裱的基本审美原则。

总的来说，苏裱的配色风格，可以明快但不能艳丽，可有适当对比但不能有"火气"，整体以简洁、和谐、素雅、古拙为主，避免撞色、跳色。而这种以"雅"色为主的配色风格，也是以能够更好地配合文人画的画意为基本准则的。

第三节　比例

除了色彩，人眼的第二刺激来源于构图比例。结构上的协调才能带来视觉上的美感。这也是人们对黄金比例重视的原因所在。完美的结构才能带来审美的最佳体验。所以在绘画上，也讲究点线面的搭配与构图的协调。文人画在视觉结构上经历了自己的不断发展和最终完善。譬如山水画一科。不论是全景式构图、还是边角式构图等，都体现了文人画对视觉结构的要求。

装裱也讲究比例结构。而且各流派自有其要求。比如立轴，苏裱讲究上六下四，而京裱讲究上七下三。而苏裱对于裱件的尺寸比例，从天头、地头、左耳、右耳、隔水、局条、惊燕、手卷留边，甚至天杆、地杆的长短粗细、天杆上铜鼻的距离比例、轴头大小、题签长宽大小、绑带的长短，无一不十分讲究，甚至可以说是严苛。

明清时期的苏州装裱，就对这一问题分外严谨，各家论述均有详细提及。

《装潢志》中有专门论述的《式》这一部分：

> 中幅如整张连四大者，天一尺九寸，地九寸五分，上玉池六寸五分，下四寸二分，边之阔狭酌用。小幅宜短，短则式古，便于悬挂。画心三尺上下者俱嵌边，太短则挖嵌……小画于一尺八寸。地九寸。上玉池六寸，下四寸。大画随宜，推广式之……

《长物志》中也有关于"装裉定式"的专门论述，其中写道："大幅上引首五寸，下引首四寸；小全扶上引首四寸，下引首三寸……横卷长二尺者，引首阔五寸，前裱阔一尺。"

从裱件大小到不同的形制，从纸张到绫绢，从天地头、上下隔水、到左右耳，其尺寸根据张幅的大小甚至精致到"分"，可见其精细。而这些尺寸之所以能够成为定式，不是胡乱定论的，而是根据长久以来的反复审视和经验积累而来的；其所谓定式也不是要求必须死板遵之不讲变通的，而是可以根据具体的裱件按照比例进行调整的。

装裱之所以如此看重大小比例的搭配，是因为不同的比例搭配可以营造不同的视觉感受，只有与画面的结构相互协调的恰当比例，才能塑造最好的视觉感，更好地突出画意。比如在立轴这一形制上，京裱选择上七下三的比例，可能是因为这种上大下小的比例能给人一种上面较"重"的感觉，这种从上而下的无形的重力，恰好符合皇室作品庄重威严的感觉。而文人书画作品追求的是一种自然、平和，上六下四的分割相对于京裱更接近于黄金比例，虽然仍是上面略大，但视觉感要和谐的多，而且人在仰头欣赏时亦能中和这种尺寸差。于是这种比例搭配在视觉感上更有助于表现文人画的画意。而其他组合部分的尺寸、比例的选择、搭配，也无一不是为取得更好地与装裱作品相协调的视觉效果、可以更好地表现书画作品的内容这一根本目的来服务的。

第四节 从质感审美的角度看待苏裱
如何完美衬托文人画画性

一 载体的视觉质感

苏州地区装裱对应用载体有着其自身的要求。

比如在用纸上，《装潢志》中关于"覆"① 一节有云："覆背纸必用绵料，亦须上壁与画心同帧过，洒水润透，用糊相合，全在用力多刷，令纸表里如抄成一片者，乃见超乘之技。或用上号竹料连四②，以好绵料纸托为覆背用亦妙……切忌用连七及扛连。"之所以在选纸上有这种要求，其作用在于"竹料硏易光、舒卷之间，与画有益。"硏，即用浑圆光滑的石头（以鹅卵石为上，一般要两手可并列半握的大小）对画件背面或者其他需要的地方进行按压打磨。硏过的裱件会变得柔软光滑，这样不但便于卷起，在卷画的过程中有助于减少纸背对画心的摩擦，而且在视觉上，这种柔软光滑的效果也会改变裱件的整体气质，使其看起来更从容高雅，富有质感。"纸料"一节又云："纸选泾县连四，或竹料连四，复背宜充用。余装轴及卷册碑帖，皆纯用连四，绝不夹一连七，连七性强不和适。"其原因就在于，在视觉感受上："用连四，如美人衣罗绮；用连七，如村姑著布。"及至今日，苏裱（至少在故宫博物院）多用宣纸，也是因为其质地同样有光滑、色白的特点，在视觉感上相对来说更具质感。

再比如对纺织品的应用上，苏裱也有其自身的选择标准。"宣德绫佳者，胜于宣和，糊窗绫其次也。嘉兴近出一种绫，阔二尺，花样丝料皆精绝，乃从锦机改织者，固书画之华衮也。苏州机窄，以之作天地，有接缝可厌，须令改机加重定织者堪用。白门近亦织绫可用，但花不高拱，

---

① 指加裱覆背纸。

② 又叫连史纸，产自福建、江西两省。以福建省洋口县及江西省铅山县属陈坊出品的最为有名。全用竹为原料，色白，永无变质之患。

须经上加一丝织为妙，屡语之，终不能也。绢用苏州锤家巷王姓织者，或松江绢，皆可为挖嵌包首等用。"

《长物志》中对于绫绢用料，甚至于对花纹的讲究亦有论述："古有樗蒲锦、楼阁锦、紫驼花鸾章锦、朱雀锦、凤凰锦、走龙锦、翻鸿锦，皆御府中物。有海马锦、龟纹锦、粟地锦、皮球锦、皆宣和绫及宋绣。花鸟山水为装池卷首最古。今所尚落花流水锦亦可用，惟不可用宋段及纤绢等物带用锦带亦有宋织者……"其纹饰种类多样，题材讲究。另外《赏延素心录》中也提到："轴首用绵薄落花流水旧锦为佳，次则半熟细密缥绢最熨贴。""卷首用真宋锦及宋绣。"可见苏裱对于载体的应用也极为考究，追求一种品质上的精致。在视觉上可以"素"，但是不能"粗"。这也与文人鄙视身外物质追求内在精神品格的格调相适应。

二 配件的质感格调

苏裱以精细闻名。除了装裱最基本的的载体材料纸及丝织品，余者还有各种配件，天地杆、轴头、题签等都是必不可少的。其挑选上，除去实用性能不说，在视觉质感的要求上，也都需要与文人画的文化特质相呼应，其选材处处体现着苏裱自身文雅精致的特点。《装潢志》中，精细到上杆、题签、轴头的应用等都有专门的论述。比如："（上杆）轴杆檀香为上。次用婺源老杉木旧料，采取木性定者堪用。杉性燥。檀辟蠹，他木无取。须令木工制极圆整，两头一齐，分毫不逾矩度，卷则无出入之失。""轴以玉虽伟观，然不适用，犀为妙。余以牙及紫檀，倩濮仲谦仿汉玉雕花，间用白竹雕者，及梅绿竹、斑竹为之，又命漆工访金银片倭漆及诸品填漆等，制各种款样，殊绚烂可观，皆余创制。"而《赏延素心录》亦对该类配件的应用有着详细的论述："轴头觅官、哥、定窑及青花白地宣瓷，与旧做紫白檀、象牙、乌犀、黄杨制极精朴者用之。凡轴头必方凿入柄，卷舒才不松脱，不可过壮，尤忌纤长。""轴用白玉、西碧为上，犀角制精者间用之，以备一种。"又说："横卷引首及隔水，用宣德小云鸾绫，赙池用自宋笺、藏经笺或宣德镜面笺，如宋元金花粉笺，虽工丽却不入品。"可见苏裱即使在细节处亦求"品"，用材用度精细考究，以古雅精致的原则认真而严格地执行着艺术品的创作与加工，诠释着其所要表现的文化特质。

第四章 文人画和苏裱文化内涵上的关联性

第一节 从区域文化特点的角度看待
文人画与苏裱的关联性

从装裱各个流派的名称来看，我们可知装裱流派的形成与地域文化特点有着重要关系。譬如北京城的皇城文化直接影响了京裱的装裱风格，从而形成了京裱的流派。再例如上海是南北文化聚集和交流的枢纽，反映在装裱艺术上，自然形成了沪裱集各流派特点于一身的装裱风格。由此，我们要探讨为什么诸多装裱流派之中，苏州地区的装裱渐渐发展成为了最适合文人画、最能与文人画画意相协调、最能突出文人画的表现内容的装裱形式这一问题，就不能不从地域角度入手。

苏裱形成和发展，要从主客观两个角度进行分析。主观角度，是指从苏裱本身来说。包括其工艺的发展、原材料的取材及应用等。比如工艺方面，苏州地区的工艺制作水平，明清时期，可称天下第一。其器具制作之精巧，在全国可以说是独占鳌头。正德《姑苏志·卷十四》中列有"工作之属十一"，这些"工作之属"，绝非仅仅是苏州人自诩之，而是自万历朝起，就渐渐为全国各地所认同。清代其地位越加显著，甚至多承办官用，比如宫廷玉器的雕琢加工等。浙江临海人王士性有云："苏州人聪慧好古……其赏识品第本精，故物莫能为。"随着江南商品经济的发展，苏州器物制作形成了自己趋时应求、制作讲究、崇尚精细简雅的传统，所谓"女工织作，雕镂涂漆，必殚精巧……市井多机巧繁华，而趋时应求，随人意指"。① 可见其制作技术之高超。

除了技艺水平之高，苏州一带工艺制造业品类繁多且其发展大都居全国前列。针对装裱工艺来说，苏州地区发达的造纸业以及丝织业是其技艺之高超、制作之精良的重要支撑。在当时全国丝织品生产大都趋向衰落的背景下，江南地区却能在该领域日益兴盛，并且巧变百出，不断推陈出新，其绸、绢、绫、锦等各类丝织品种类之繁多，工艺之精湛，

---

① 正德《姑苏志》卷一三《风俗》。

新品推出速度之快，都不禁令人赞叹。而不论是造纸业还是丝织业，我们又不能忽视其原料上的优势，即江南地区农桑竹木的繁盛。这可以说是地域的自然属性对地域文化影响的一个典型范例。

苏裱形成发展的客观角度，即其服务对象和市场的需求。首先，以苏州为中心的吴文化圈有着庞大的文人士大夫群体。该地区自古以来文教兴盛。2500 年前，吴人言偃（子游）求学于孔子，回吴后大力传播孔儒之学，被誉为"南方夫子"。汉代时，吴地郡学林立，文章咏诵之声不绝于途。隋唐时科举制度的创建，进一步推动了全国文教事业的发展。至宋朝，府学县学，村、里的社学、义塾以及寺院经办的经舍，可谓遍布吴地。由学者主持的书院，也以吴地为盛。至明代，苏州地区有社学七、八百所，清代更见发展，凡少年子弟均可入学就读。吴人好读书，已然成为一种地域风气。在此深广的文教基础之上，明清时期苏州府的进士、状元人数，高居全国第一，遥遥领先别处。而文人群体的庞大，为包括文人画在内的文人文化、文人艺术提供了重要的主体条件。

其次，宋室南迁以后，汉族文人怀着强烈的民族情感和文人情怀屈居于南。乃至有元一代，众多汉族文人愤而远离政治中心，隐逸于江南山水之中追求平静和超脱。而诸如此类世变恰恰是促进文人画发展、丰富文人画文化内涵的重要因素，为文人画的发展提供了历史条件，在客观上促进江南地区成为文人画发展的重要地区。

再次，明清时期，苏州地区收藏之风兴盛。古玩收藏，是清代苏州士大夫"三好"之一。书画收藏之风的兴盛，直接推动了文人字画的市场。而面对庞大的文人画市场需求，为文人画服务的装裱工艺，自然也要服从于文人画特定的审美需求，以更好的表现文人画的文化内涵为中心，也由此受到推动和影响，最终形成了简洁大方、文雅精致、具有鲜明文人特质的工艺特点。

除此之外，吴地一向的文化基调也影响了苏裱工艺的形成与发展。由于该地区文人群体庞大，各类工艺艺术都受到了文人审美取向的影响。而该地域丰富的物资、发达的经济、通畅的文化交流，也使以该类型审美为中心的各项文化及工艺艺术有条件得到发展。由此，整个吴文化地域形成了自己独特的文化风格，即文雅、风流、精致的文化风格。该地域内的各种文化艺术的发展无不受到这种文化基调的影响，并且彼此在无形中进行着横向的交互影响。比如昆曲、园林、茶艺以及包括制伞、制扇等在内的所谓"姑苏十二娘"的文化现象，莫不是如此。而苏式、苏样，更是成为一种带有鲜明文化色彩的内涵标志。而苏式装裱，亦在其影响之中。

　　以上诸点，都使苏州文人文化对苏裱的最终形成和发展起到了客观推动的作用。

第二节　文人文化与苏裱二者在
文化内涵上的相互交融

一　文人与装裱

（一）文人对于装裱的直接观点

　　所谓"宝书画者，不可不究装潢"。[①] 自装裱工艺诞生，并以其保存和便于欣赏的作用服务于绘画以来，就得到了文人的重视。可以说这是一种必然会产生的现象，是由书画装裱工艺对于书画观赏与保存的重要意义而决定的。无论创作者抑或收藏者，都不得不重视书画的装潢。书画与装裱密不可分。所以自古以来，就有文人大家在书画相关著述中同时对书画装裱工艺进行记载。比如唐代张彦远的《历代名画记》，宋代大家米芾的《画史》《书史》等等。但仍乏相关著述。乃至明清两代，装裱工艺日趋成熟，并根据其地域文化特点形成了不同的流派。尤其吴地装裱技艺空前发达。相应的，这一地区有关装裱的著述也相对更多、更专。比如专著《装潢志》（其作者周嘉胄是明代扬州人），《赏延素心录》（其作者周二学是清代钱塘人士）。另外《南村辍耕录》《清闷藏》《长物志》《小山画谱》等著述中都有有关装潢的记载。

　　而从这些著述中我们可以直接了解一些文人对装裱之重要性的看法。《装潢志》开篇即云："上士人才，竭精灵于书画……种种恶劫，百不传一。于百一之中，装潢非人，随手损弃，良可痛惋。故装潢优劣，实名

---

　　① （明）周嘉胄：《装潢志》。节选自杜秉庄、杜子熊《书画装裱技艺辑释》，上海书画出版社1883年版，第9页。

迹存亡系焉。窃谓装潢者，书画之司命也。"又云："装善则可倍值，装不善则为弃物。"《赏延素心录》中亦有云："书画不装潢，既干损绢素；装潢不精好，更剥蚀古香。"可见书画装裱对于书画之重要，甚至可称为书画存世之"命脉"，是文人及收藏家等"宝书画者"的共识。文人与装裱工艺的这种关联，也给装裱这一传统工艺染上了浓重的文人文化色彩。其具体表现不仅在于有诸多文人对装裱工艺进行著述、记录，或是大文人大收藏家"优礼良工"，而且很多文人还是装裱活动的实际操作者。

（二）著名文人亲操装裱的记载

翻阅历朝的装裱论著，诸如《历代名画记》《书史》《画史》《赏延素心录》等等，我们不难发现这样一个特点——其论述内容一见便知是建立在丰富的实践经验的基础之上的。事实上也正是如此。唐代大收藏家张彦远曾经受皇命亲授日本遣唐使装裱技艺，可见其装裱技艺已经是"国手"水平。清代大收藏家、《赏延素心录》的作者周二学亦是如此。另外《书史》《画史》的作者米芾亦是中国书画史上大家。米芾《书史》之中有这样一段生动的记载："太宗皇帝文德化成，靖无他好，留意翰墨，润色太平。淳化中尝借王氏所收书，集人《阁帖》十卷，内郗两行《二十四日帖》，乃此卷中者，仍于谢安帖尾御书亲跋三字以还王氏，其帖在李玮家。余同王涣之饮于李氏园池，阅书画产竟日，末出此帖：枣木大轴，古青藻花锦作标，破烂，无竹模，晋帖，上反安冠簪样古玉轴。余寻制掷枣轴池中，拆玉轴，王涣之加糊，共装焉。一坐大笑，要余题跋，乃题曰：'李氏法书第一'（亦天下法书第一也）。"其赏画、鉴赏、裱画俨然成为一体的文化活动，而其中流露出的潇洒、放逸的文人气息、文人情趣不禁令人莞尔。

而《赏延素心录·丁敬序》更是综合提到："顾长康所画《清夜游西园图》，流传至唐，河南褚公亲为装背。宋郭着虚犹及见公题记，郭有《图画见闻志》，特详录焉。米海岳以诗题大令帖后云：龟溏虽多手屡洗，卷不生毛谁似米。盖自矜其装背之妙也。故每得剧迹，必手自湔浣尘垢，界运褚浆，始人于笈。即他氏收蓄，有当意者，亦躬与背饰之。如苏激家兰亭、张仲容家《张曲江诰身》，载之《宝章待访录》，可按也。"

可见文人亲操装裱的记载古已有之，实在是不胜枚举。

文人重视装裱，甚至亲操装裱，具有一定的必然性。好比一本书要出版，作者会仔细挑选适合自己作品的封面、配图和用纸，让人一眼望之就能直观地感觉到文字的格调。对于书画来说，创作者或是知音型的收藏者，是最能体会画情画意的人，最明白什么样的视觉效果才能表达作品本身的情绪或者作品带给自己的情绪。张彦远甚至认为作为"好事者"，必须要能装裱。"有收藏而未能鉴识，鉴识而不善阅玩者，阅玩而不能装褫，装褫而殊亡铨次者，此皆好事者之病也。①"

　　尤其是文人画画种，其最大价值就在于绘画中所传达的思想内容，那么怎样才能把这种思想内容准确表达甚至渲染烘托，而不是破坏其笔墨损毁其画意，就成为装裱活动中必须慎之又慎的中心问题。由此众多有着文人身份文人审美的创作者或是收藏者都对装裱有所研究和实践也就成为一种必然。及至明清时期，文人文化与装裱文化之间交融越深，苏裱就成为文人文化对装裱活动影响的最集中体现载体。

二　从苏裱的角度看待其自身所表现的文人性

　　从内涵的角度理解文人性。抛去身份及受教育程度的限制，文人性所表现的是一种如文人士大夫一般的高尚、高逸、高雅、或潇洒或坚持、能表现个人思考或个人原则的人性品格。文人群体是这种品格的集中表现主体，但并不代表这种品格的表现主体只有文人群体。好比干将莫邪铸剑，鸡鸣狗盗救主，很多并非以文人身份为主导性的群体，都在自己所重视的事情上，表现出了一种对某件事情的深度思考、对某种原则的绝对坚持。这可以说是一种"非文人的文人性"。

　　（一）装裱活动实施主体所表现的文人性

　　首先从装裱活动的实施主体来看。好的装裱师是创作精美裱件、可以拯救甚至延续书画之命脉的艺术家。

　　《小山画谱》有云："装潢非笔墨事，而俗手每必败坏笔墨，不可不慎。"此处说的是书画装裱师的优劣，不但影响着裱件本身的成败，甚至会影响书画作品本身的笔墨及神韵。"良匠"可以延画之命脉，而"俗手"则会影响画意的表现，破坏书画的笔墨韵味，甚至会毁掉传世名迹。

---

　　①　（唐）张彦远：《历代名画记·论鉴识收藏购求阅玩》。节选自杜秉庄、杜子熊《书画装裱技艺辑释》，第 176 页。

可见良匠对于书画的价值之所在。这大概就是为什么《装潢志》中，在介绍具体的操作事宜之前，作者先于其而探讨了"优礼良工""宾主相参"的话题。

从其技艺来说，良工"具补天之手，贯虱之睛，灵慧虚和，心细如发"①。而这种技艺，必然是从对事物潜心的探索和钻研中得来的。《装潢志》中随处可见作者于实践之中的思考和由此得来的个人见解。《赏延素心录》的作者周二学为了寻找和保存真正有利于书画的装裱方法，"酌斟修饰之法，自揭洗至悬置凡得一十件"②。就其创作态度来说，良匠"用料尽善，一一从心"③，并且需有"书画之命，我之命也"④ 的精神境界。这些无不体现着一种对事物深层价值的深度思考，体现着一种人性品格上的坚持，也可以说就是体现了这种所谓"非文人的文人性"。

（二）从装裱艺术的表象角度理解其所表现的文人性

从装裱艺术的角度来看。好比一幅画，会因其画意、画家的生平、创作的背景，在创作、完成、流传的过程中所经历的脍炙人口的故事，而被层次性的赋予更多的文化内涵以及文化价值。一件成功的苏裱工艺成品，也会因为其细节方面的表现力以及个人的不同的艺术理解，使其艺术内涵增加，凸显出一定的传统文化内涵。这也可以被看作是一种"文人性"的表现。

比如苏裱用材方面的讲究。所谓"银锭画闩，制虽古却不入品"，不过是画闩，不但要求"制"，而且要入"品"，精细如此，也不难把苏裱裱件的本身视为一种艺术品。而这种无处不在的对"品"的追求，也正符合文人的精神特点。

另一方面，苏裱裱件作为一种艺术衍生品，由于其艺术价值同样衍生出其他极具文化性或者说文人化的艺术物质载体或者艺术行为。比如

---

① （明）周嘉胄：《装潢志》，节选自杜秉庄、杜子熊《书画装裱技艺辑释》，上海书画出版社 1883 年版，第 12 页。

② （明）周二学：《赏延素心录·丁敬序》。节选自杜秉庄、杜子熊《书画装裱技艺辑释》，上海书画出版社 1883 年版，第 146 页。

③ （明）周嘉胄：《装潢志》，节选自杜秉庄、杜子熊《书画装裱技艺辑释》，上海书画出版社 1883 年版，第 8 页。

④ 同上书，第 13 页。

《赏延素心录》中除了对单一的装裱活动的记述，还另辟章节分述了挂画之法，以及画案的讲究、画匣的讲究等。其所讨论的，已经不再是具体的装裱活动，而是如何挂画、赏画、存画，用何种工具，工具需何种材料、何种定制等。其中用料、尺寸的要求之精细，令人感叹。于此种细微处都是如此，更可见苏裱与文人文化交融之深。毫不夸张地说，苏裱及其一系列配套的文化表象、文化活动，正是中国文人文化中不可缺少的重要组成部分，是文人文化的重要文化表现载体之一。

第五章　苏裱工艺的现状及思考
——以故宫博物院装裱现状为例

当今中国诸多著名的博物馆，都还在以苏裱作为主要的装裱和修复手段。各地也有独立的博物馆外的苏裱技艺大师。对这一传统技艺感兴趣的年轻人越来越多。而一方面，有越来越多的人开始重视并积极参与到这一传统技艺的继承和保护之中。另一方面，一些继承者在传承的过程中也并非一成不变，也有试图在传统基础上进行创新的。比如苏州工业美术职业技术学院高级工艺美术师徐胜利的双面异色装裱技术（其论文《苏裱艺术的继承与创新——兼谈〈寒山胜迹〉双面异色装裱技术》[1]中有详细论述），其新的欣赏形式和表现形式不能不说是苏裱继承与发展过程中的一个重要尝试。

故宫博物院建院之初，由徐邦达先生建议，决定单一地、系统地、完整地继承苏裱，并以此为故宫博物院的书画装裱和修复的手段。这种情况延续至今，故宫为苏裱的传承发展做出了重大贡献。其主要表现为以下几点。

第一，长久以来故宫独尊苏裱，在各个方面坚持发扬和传承苏裱的技艺和艺术风格。这点笔者在故宫实习期间深有体会。工作室的老师们和前辈们对这一工作的热爱与自豪感，以及一种以继承发扬这一传统技

---

[1]　徐胜利：《苏裱艺术的继承与创新——兼谈〈寒山胜迹〉双面异色装裱技术》，《苏州工艺美术职业技术学院学报》2011 年第 3 期。

艺为己任的责任感，都深深打动着笔者。

第二，举办各种宣讲活动宣传苏裱这一中国传统技艺。在这一过程中有效地向社会进行了这一传统技艺的知识普及，让越来越多的人了解并且重视这一工艺。笔者本人就是在故宫举办的一次讲座上对苏裱有了最初的认识，并产生了浓厚的兴趣。

第三，与国内外各友好博物馆进行交流，承担起传播这一传统技艺的重担。仅在笔者实习的 2013 年度，故宫就承办了一次为期三个月的针对苏裱工艺的国内各博物馆的委托学习。而 2013 年年末，故宫更是有杨泽华等专家受邀赴法国进行这一传统技艺的传播与交流。

但是，任何事情都有两面性。故宫独尊苏裱，我们也需要从两方面来全面看待。

就有利的一面来看：

第一，独尊苏裱有利于对苏裱技艺完整的长久的继承和发展。首先，所谓最好的永远是不变的。很多传统技艺因为发生改变而令人难窥原貌，最终淹没在历史之中成为民族的遗憾。故宫对苏裱坚定地继承和有力地传播不能不说是保护这一传统技艺的有效方法。其次，故宫是中国顶级的博物院，是中国博物馆的代表，其苏裱团队有着长年的经验积累，技艺纯熟，整体实力高，诸多专家堪称"国手"，这就使故宫有能力经常承接一些友好博物馆的无力修复或装裱之画作。这不但有利于博物馆之间的交流，而且做到了更广泛地实施文物保护工作。再次，在与其他友好博物馆的交流与沟通中，故宫也经常以苏裱装裱字画作为礼物相赠。在这个过程中，苏裱艺术又以故宫为中心形成了扩散式的传输。

第二，故宫博物院书画藏品汗牛充栋。除了文人画，即使一些非文人画类的作品，同样可以利用苏裱的装裱和修复工艺更好地展示其古色古香的中国气韵。可以说苏裱在中国画的装裱上具有相对的广泛性。

第三，统一采取一种技艺，有利于对苏裱艺术的更专注、更深入的研究和发展。事实证明，故宫长年的经验累积和有序流传下，对苏裱这一传统技艺的继承、发展和传播的确起到了巨大的作用。

从另一面来看，如本文一直探讨的苏裱的特质所表现的，苏裱并不是所有的画种的最佳选择，而故宫收藏浩如烟海，种类繁多，如果一味地不顾实际情况不做分别处理，就会影响一些不适合苏裱或者可以选择更适合的装裱方式的画作的画意表现效果，而重新装裱只会令画作再次增加一分受损的风险，是需要慎重对待的。其次，知己知彼，才能相互补充、交流和发展。故宫长期闭门专研苏裱技艺，会不会出现时间一长对其他流派的了解相对减少的情况呢？

图 5—1　笔者于故宫裱画

在实际上，故宫在对苏裱技艺的应用上也并非一成不变。比如故宫对宫室建筑内部原有的一些唐卡、贴漏的修复，一般都是采用原风格的修复原则，这是合理的。但是笔者以为，做工作为中华文化传承最重要的承担者之一，在拥有着如此之多的对中华非物质文化遗产进行传承的顶级专家和优秀人才的优越条件下，故宫可以再更全面地在掌握和传承包括其他所有流派在内的中国传统装裱技艺的民族工作上承担起更重的责任。笔者相信，在这一过程中，故宫会对中国传统文化资源进行的保护发挥更巨大的作用，并且可以促进对传统技艺在民间的传承现状的了解，并促进与其之间的相互交流、相互补充、相互借鉴和相互学习。

结 论

通过以上论述，我们可以大致清晰地了解文人画与苏裱之间的关联作用。在两者之间相对照的参考和探究之中，既可以加深对文人画审美情趣的深入理解，又加深了对苏裱这门传统艺术的历史渊源、审美格调以及文化内涵的理解和体会。作为中国古老的传统技艺，苏裱对中国画尤其是文人画的欣赏、保存以及艺术表现等诸多方面有着不可替代的艺术价值，这种价值使它得以传承至今，并继续发展，发挥着它在中国文化表现、继承和传播中的重要作用。可以说苏派装裱是中华民族宝贵的非物质文化遗产之一，是中国传统艺术的一部分，也是中国传统绘画必不可少的艺术伴侣。

"梵夹装"装帧形制考

——丝绸之路沿线梵夹装形制演变的相关问题

2015届 周 懿

（导师：故宫博物院 周海宽副研究馆员）

引 言

　　早在先秦时期，中原与欧亚草原之间就有着密切的文化交流，连接中国与西方的交流通道已经存在。西汉时，张骞奉命前往亚洲中、西部区域，贯通东西，逐渐开辟了自长安起，途经关中平原、河西走廊、塔里木盆地，至中亚河中区域及大伊朗区域，并将地中海各国相连接的陆上通道——一般意义上的官方"丝绸之路"。官方"丝路"的开通，使中西方各方面的交流逐渐增多。朝代更迭，历史推进，连接东西方的多条交流通道被逐渐开拓，"丝绸之路"从广义来说，包含了中西方文化、经济、政治等多方面交流往来通道，即包括：一、"西北丝绸之路"，西汉时期由张骞出使西域而开通的官方丝绸之路；二、"草原丝绸之路"，由中原地区起向北行至蒙古高原，再向西途经天山北麓，进入中亚地区；三、"西南丝绸之路"，以西安为起点，向西南方行，经过我国的西南地区，再一路至印度；四、"海上丝绸之路"，从我国东南方沿海城市如广州、泉州、杭州、扬州等城市出发，从南洋到阿拉伯海，乃至远达非洲东海岸；五、"吐蕃线路"，经西藏等区域连接中、印等国家地区的线路等。

　　丝绸之路的开通，不仅使东西方政治、经济、物资、人员的交流更加密切，而且使不同区域间文化的交流、交融更加频繁和紧密。文化的发展，推动历史的进步；而书籍，作为文化发展、交融的实物证据，在东西方交流的过程中，其文字内容记载着历史与知识，其装帧形式展示着文化与审美。永平求法的佛法东渡，唐代玄奘的取经西游等，都是耳熟能详的典籍传播的例子。在敦煌、新疆及中亚等地区出土和保存的大量文书，是在西北、草原丝绸之路上书籍传播的实物留存；藏、蒙等地保存的书籍是东西方交流过程中吐蕃（西藏）线路上书籍装帧形制发展的实物证据；西南少数民族如今仍然传承着的，是西南丝路上流传千年的书籍制作方式。

本文讨论的"梵夹装"书籍装帧形式，正是在沿着丝路的文化大交流过程中相当重要的书籍装帧形式。

第一章　何为"梵夹装"？"梵夹装"之定义存疑

何为"梵夹装"？在我国近现代书籍史的研究当中，对于"梵夹装"的理解与定义并未得到一致的认同，笔者整理了相关的论述，大致如下。

1. 刘国钧先生在其《中国书史简编》一书中有关"梵夹装"的描述为："卷子有时长达几丈，展开、卷起都非常费时费事……于是就有人把一幅长卷折叠起来，成为长方形的一叠……这就出现一种新式书籍，称为经折装或梵夹装……可是这样的书容易散开，仍然不大便利。于是就又有人用一张整纸把经折书的最前叶和最后叶粘连，而书的右边包裹起来，这样就可以不至散开。这种形式称为'旋风装'，是经折装的变形。经折装和旋风装大约在九世纪中叶以后就都出现了。"① 刘先生在其之后编著的《中国书的故事》中也基本沿用此定义。因此可以认为刘国钧先生对于梵夹装的定义为：

（1）由长卷为便捷而折叠成为长方形一叠。

（2）与经折装为同一物。

---

① 刘国钧：《中国书史简编》，书目文献出版社 1982 年版，第 40 页。

（3）产生时间约在九世纪中叶。

（4）旋风装为其变形。

2. 毛春翔先生在其《古书版本常谈》中认为："《崇宁万寿大藏》，北宋元丰三年（1080）开始雕板，至政和二年（1112）竣工，是梵夹本。佛经至是始由卷子而为梵荚。"又认为："梵夹本，应作梵荚本。荚和策字同。夹则为夹持之义，如指贝叶经言，似尚有可说，因贝叶经两端有厚竹片夹持之。但中国书都有底有面，两较厚的纸夹起来的，难道可叫什么夹本么？即古代简策，也有赘简，赘简当有两片前后夹持，而我们但闻有简策，或简册之称，未见有称简夹的。至于我国雕印纸本佛经，形如后世折子，更无夹持之义，应称梵荚本。"①

由此我们可以看到毛先生对梵夹装有如下认识：

（1）梵夹是中国的一种书装形制，与"策"同，应作"梵荚"。

（2）由于中国雕版印制佛教而形成——"梵"与印制佛经有关。

（3）产生于北宋元丰三年（1080）至政和二年（1112）。

（4）梵夹与贝叶经是完全不同的物品。

3. 陈国庆先生的《古籍版本浅说》一书中描述："隋唐时代，即公元第七世纪，佛教大盛。翻译过来的经典很多，佛教徒为了便于奉诵起见，所有经典，几乎都用了这种装式（指经折装）。经折装又叫梵夹装。它是把一长幅的纸，向左右反复折叠成一长方形的折子，再在前后加上两张硬纸版作为前后的封面。因为它很像印度来的梵文佛经，所以叫梵夹装或经折装。"②

陈国庆先生对梵夹装有如下认识：

（1）梵夹装是把一长幅的纸，向左右反复折叠成一长方形的折子，再在前后加上两张硬纸板作为前后的封面的装帧形式。

（2）梵夹装与经折装为同一物，是模仿印度梵文佛经的装帧形式。

（3）起源于隋唐时代，即公元 7 世纪。

（4）专用于佛教经典，且当时的佛经几乎都用梵夹装（经折装）。

4. 萧振棠、丁瑜合先生著《中国古籍装订修补技术》一书中描述：

---

① 毛春翔：《古书版本常谈》，上海人民出版社 1977 年版，第 90 页。

② 陈国庆：《古籍版本浅说》，辽宁人民出版社 1957 年版，第 77 页。

"对于较长的卷轴，要检阅当中的某一句某一段，往往要卷来卷去，很不方便。为了解决这个矛盾，有人发明把卷子折成约11至12厘米宽的长方型纸叠。在纸叠的最前面和最后面裱上较厚的纸，作为书衣（书皮）。这一装裱书籍技术的改进，使书籍发展到了一种新的形式，称为'折装'，也称为'经折装'或'梵夹装'。"①

如此，萧、丁二位先生对梵夹装的认识为：

（1）梵夹装是将卷子折成11至12厘米宽的长方形纸叠，在纸叠的最前面和最后面裱上较厚的纸，作为书衣（书皮）的装帧形式。

（2）梵夹装与经折装为同一物。

5. 朱赛虹先生著《古籍修复技艺》书中定义梵夹装："亦称'册叶'装。原专指从西域传来的古印度保存贝多罗树叶梵文佛经以两板相夹的装帧形式。五代时期，中国已有模拟贝叶经的梵夹装出现，明、清时期已有所'演变'。"其演变其一，由纸代替东南亚贝叶作为书写材料，而仍仿贝叶狭长形状；其二，"各叶不再穿孔系绳。蒙文经、藏文经以及泥金书写的汉文佛经，集数叶为一叠，用两块厚木板上下相夹，以布袋捆扎或用礼盒盛装。"②

朱先生书中的梵夹装的认识为：

（1）梵夹装专指古印度以贝多罗树叶撰写梵文以两板相夹的佛经装帧形式。

（2）五代时期中国出现模拟贝叶经的梵夹装。

（3）明清时期出现演变。

（4）梵夹装原仅指"贝叶经"，亦称"册叶装"（此处的"册叶装"具体为何种装帧形制不明）。

6. 李致忠先生在其论文《敦煌遗书中的装帧形式与书史研究中的装帧形制》中对"梵夹装"的定义为："梵夹装不是中国古代书籍固有的装帧形式，更不是古代中国纸质书籍固有的装帧形式，而是专指古印度书写在贝多罗树叶上的梵文佛教经典的装帧形式。"更进一步解释："（梵夹装）以最通俗的语言加以诠释，那就应该是用梵文书写在贝多树叶上的

---

① 萧振棠、丁瑜合：《中国古籍装订修补技术》，书目文献出版社1980年版，第84页。
② 朱赛虹：《古籍修复技艺》，文物出版社2001年版，第4页。

佛教经典采用的夹板式装帧形式。"同时指出："印度是佛教的发祥地。产生在印度的佛教经典，在很长的历史时期内都是书写在贝多罗树叶上的，故又称为贝叶经。"

李先生在文中亦引用古人论述加以佐证，如隋朝杜宝在其《大业杂记》中，对梵夹装的来历曾描绘，东都（今洛阳）"承福门即东城南门。门南洛水有诩津桥，通翻经道场。新翻经本从外国来，用贝多树叶。叶形似枇杷，叶面厚大，横作行书。约经多少，缀其一边，牒牒然，今呼为梵筴（夹）"。李先生认为杜宝的这段描述说明隋朝人对传入中国的古印度梵文佛教经典的装帧形式称为梵夹装。又引元朝胡三省为《资治通鉴》作注时，在"梵夹"二字下称："梵夹者，贝叶经也。以板夹之，谓之梵夹。"以"梵夹"训释为"贝叶经"，"就是梵夹装只能指贝叶经而言。"近人丁福保所编《佛学大辞典》梵夹条亦称："梵夹，杂名。又曰经夹，又云梵箧，多罗叶之经卷也。"故其在"梵箧"条继续解释说："梵箧，杂名，多罗叶之经卷。贝叶重叠，以木板夹其两端，以绳结之。其状恰如入于箱，故云梵箧。"①

即在此文中，李致忠先生认为最初的梵夹装的定义当符合以下几个标准：

（1）文字：梵文书写。

（2）书写材质：贝多罗树叶。

（3）外部保护：夹板式。

（4）用途：专门用作佛教经典的装帧。

（5）与贝叶经是为同一概念。

当然，在李先生文中也列举了若干传入中国后的"变形梵夹装"，这将在本文的后面进行讨论。

7. 四川西部文献修复中心官方对梵夹装的定义为："梵夹装，也叫经折装。图书装订之一，早期图书长卷动辄数丈，为便利阅读，遂按需求将其反复折叠成折子，并在其前后加装硬纸板书面，因佛道两教经典普

---

① 李致忠：《敦煌遗书中的装帧形式与书史研究中的装帧形制》，《文献》2004 年第 2 期。

遍采用，所以称经折装。"①

从以上诸观点可看出，普遍认为"梵夹装是一种专门用于佛教经典的装帧形式"，即诸观点皆认为以梵夹装装帧的书籍的内容都为佛教内容。对于"梵夹装"的定义仍然还存有诸多争议，大抵分为两种：第一、认为"梵夹装"与"经折装"为同一概念，这种理解产生较早；第二、认为"梵夹装"与"贝叶经"为同一概念，这种理解产生略晚于前一种。但总的来说仍没有达成共识，对于梵夹装的产生、发展都存在异议。因此，对于"梵夹装"究竟是什么，我们存有疑问。

第二章 从历史记载与遗留文物中 寻找"梵夹装"

由于"梵夹装"的定义并未形成统一的认识，所以让我们先暂时放置"梵夹装"的定义问题，从历史记载与遗留文物中寻找有关梵夹装的线索。

第一节 源头——古印度书籍装帧

虽然对于"梵夹装"的定义有诸多争议，但是"梵夹装是由印度佛法东传而进入中国的"，这一观点是得到普遍的认可的。那么，作为"梵夹装"源头的古印度的书籍装帧形制是怎样的呢？

在古印度，主要有妙音天女神授、口头传授以及写本传授三种知识传授的方式。在古印度人心里，此三种传播知识方式中的唯一物质载体——写本，有着极高的地位，印度最高阶层的婆罗门阶层和传统梵文家更是对其无比尊崇。如今，据学者大致统计，印度仍然保存的写本数量为500万册左右。印度早期写本的书写载体主要是如桦树皮、沉香、棕榈叶等经过处理和加工的树皮和树叶，其中刻写在棕榈树叶上最为常见。

① 四川西部文献修复中心，官方微博，2014 年 9 月 15 日发布，http：//weibo. com/u/5290834036? sudaref = www. baidu. com&is＿search = 1&key＿word = % E6% A2% B5% E5% A4% B9% E8% A3% 85#1433137796815。

这种棕榈树叶称为贝多罗树叶，又称贝叶，因此这种经书通常称作"贝叶经"。书写顺序从左至右，由上而下横向书写。一叶写满由下至上掀翻，再从左至右，由上而下继续书写。长条的贝叶经在左右约三分之一处各打有一孔，中条的贝叶经在左侧或右侧仅打有一孔，短条的贝叶经在中间打有一孔，以孔穿绳，固定贝叶，主要为了方便携带以及防止书叶顺序的错乱和丢失。

关于古印度写本的研究工作十分复杂，主要由于写本数量庞大，书写的载体、书体、版式、装册的方式、储藏及使用方式的不统一性，又由于书写材质为植物皮或叶的特殊性质，加之印度等地区的气候湿热及历史社会等原因，造成了古印度书籍资料保存的不易，早期的贝叶经写本几乎已经失传。大约刻写于公元3世纪的写本是目前已知的印度最早的写本遗物，存有两个断片，分别藏在英、法两国。

图2—1 印度壁画中的贝叶经

我们可以从印度留存的绘画中了解印度的书籍情况。上图是一幅古印度的绘画，可以从图中看到古印度人对书本的崇敬：画中人物持棕榈树叶，跪地膜拜，其膜拜对象是放置在架上及悬挂于空中的写本。还可以从这幅图中了解到印度对于写本保存的方式：一部分写本放置在书架上，还有一部分写本是以绳或架等固定悬空保存的，这样悬空放置可以一定程度避免鼠咬、虫蛀、霉变等自然损害。也可以从图中看到，古印度写本的装帧样式为"两块厚木板夹住中间的书叶的细长条"样式。

在印度，这种以"两块厚木板夹住中间的书叶的细长条"装帧样式是一种普遍的书写装帧形式，不只使用于佛教经典，例如收藏于印度泰米尔纳德邦的婆罗门家族的印度史诗《罗摩衍那》①写本就是这种装帧形式。

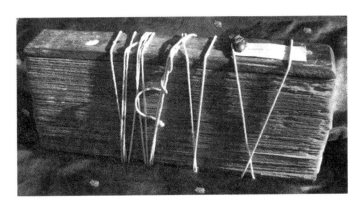

图2—2 《罗摩衍那》写本

另外，在中国文献记载中也有对印度等地区书写材料的记载。

据《大唐西域记》卷十一恭建那补罗国②（今属印度）条记载，说恭建那补罗国"城北不远有多罗树林，周三十余里。其叶长广，其色光润，诸国书写，莫不采用"。③

尚书左仆射燕国公为《大唐西域记》作序文说："于是词发雌黄，飞英天竺，文传贝叶。"④

《新唐书·西域传》称："中天竺……有文字，善步历，学《悉昙章》，妄曰梵天法。书贝多叶以记事。"⑤

① 《罗摩衍那》（梵语，Rāmāyaṇa，意思为"罗摩的历险经历"），与《摩诃婆罗多》并列为印度两大史诗。此书在印度文学史上被称作最初的诗，它不仅在印度文学史上占据着崇高的地位，而且对整个南亚地区和宗教都产生过广泛而深远的影响。

② 恭建那补罗国，又作荼建那补罗国、建那补罗国。为南印度古国名。

③ （唐）玄奘：《大唐西域记》卷十一，上海人民出版社1977年版，第261页。

④ 天竺是古代中国以及其他东亚国家对当今印度和巴基斯坦等南亚国家的统称。唐高僧玄奘往西域取经，首创根据Indu读音正名为"印度"，"夫天竺之称，异议纠纷，旧称身笃，身毒，贤豆，天竺等。今从正音，宜云印度"。

⑤ （宋）《新唐书》卷一四六《西域传》。

《酉阳杂俎》前集卷十八称："贝多，出摩伽陁国①，长六、七丈，经冬不凋。此树有三种：一者多罗娑（一曰婆）力义贝多；二者多梨娑（一曰婆）力义贝多；三者部娑（一曰婆）力义多罗梨（一曰多梨贝多）。并书其叶，部阇一色，取其皮书之。贝多是梵语，汉翻为叶贝多娑（一曰婆）；力义者，汉言树叶也。西域经书，用此三种皮叶。若能保护，亦得五、六百年。"②

这些记载中证明，印度等地区以贝多罗树叶记事，记事内容不局限于"佛教经典"，是通常记事写字的载体。而结合具体实物，根据目前普遍的理解，则这种以贝多罗叶书写刻划记事，叠成一摞以两块木板上下夹之，并上下穿孔，又以绳穿孔绑扎的书籍形式为"贝叶经装"，以此装帧形式装帧的经书称为"贝叶经"。而我们所讨论的"梵夹装"是否与"贝叶经装"是同一物，还需要看其之后的传播与装帧形制的发展。

第二节　东传——随佛教传入中国的书籍

印度书籍的传播，与佛教的向外发展息息相关。佛教于公元前6—5世纪在古印度恒河流域创立，之后便向周边国家传播，向北路传播到中亚西域地区。至汉时，连接我国内地与西域的"丝绸之路"开通后，佛教沿此通道进一步向我国传播。目前无法准确判定佛教最初传入中土的准确时间，有一种说法是"西汉哀帝元寿元年（公元前2年）传入说"。据三国时魏国鱼豢《魏略·西戎传》记载："或汉哀帝元寿元年，博士弟子景庐（《魏书·释老志》作'秦景宪'）受大月氏王使伊存口授《浮屠经》……"③ 这是我国最早的关于佛教的记载。其中的大月氏王使"口授"而成的《浮屠经》究竟为何种装帧不得而知。

之后的"永平求法"，即在汉明帝永平年间（58—75），汉明帝夜梦"金佛"现身，于是命蔡愔等十八人从西域请来僧人迦叶摩腾、竺法兰二

① 摩伽陁国，中印度古国，意译无害国、不恶国、致甘露处国、善胜国。为佛陀住世时印度十六大国之一。位于今南比哈尔（Bihar）地方，以巴特那（Patna，即华氏城）、佛陀伽耶为其中心。

② （唐）段成式：《酉阳杂俎》，中华书局1981年版，前集卷十八，第177页，784条。

③ （南朝）裴松之：《裴注三国志·魏书·乌丸鲜卑东夷传》。

人，并得到佛像经书，用白马驮还洛阳，并于东汉永平十一年（68）专门为之建立佛寺，命名"白马寺"。"永平求法"距今已有近两千年历史，白马寺是我国汉地最早的佛寺。① 据唐释道世撰《法苑珠林》第一百卷载："雒（洛）阳立白马寺焉。贝叶真文西流为始"②，可见此次"白马驮经"是有记载的第一次"贝叶经"传入中土，可惜的是在经历了历史的诸多动荡后，迦叶摩腾、竺法兰二人带回的经书已化为烟尘，而无实物或图像留存。

佛经的大量翻译，推动了佛教在中国的传播，同时佛教的传播，又进一步激励了译经工作。东汉末年桓帝（公元146—167年在位）、灵帝（公元168—188年在位）时，以洛阳为中心，许多印度和西域僧人翻译了一定规模的佛教典籍。据《出三藏记集》记载，从桓帝到献帝的四十余年中，共译出佛典54部，74卷，知名译者6人；唐代《开元释教录》勘定为192部，395卷，译者12人。

至三国时期，高僧朱士行，法号"八戒"，是中国历史上第一个汉族僧人，也是第一位西行取经的僧人。据《高僧传》载，"（朱士行）以魏甘露五年（公元260年），发迹雍州，西渡流沙。既至于阗，果得梵书正本，凡九十章。遣弟子不如檀，此言法饶，送经梵本，还归洛阳。"③ 朱士行在于阗求得《放光般若》梵文佛经，抄写了九十章、六十多万字（大约二万偈颂）的梵本抄本，后派其弟子不（弗）如檀等十人将经书送回洛阳。竺叔兰、无罗叉等在西晋元康元年（291）于今河南开封市西北的陈留仓垣水南寺译出，就是《放光般若经》20卷。朱士行于于阗所得"真经"，及由其遣弟子从西域送回的梵本抄本，应均为贝叶经书籍，可惜目前暂无实物记录可做对照。

朱士行后，西行求法译经的风潮逐渐形成，因此大量贝叶经及以此译制的文献出现在我国。南北朝时期，《续高僧传》卷一称："始梁武之末，至陈宣初位，凡二十三载，所出经论记传六十四部，合二百七十八

---

① 据宋正议大夫安国军节度使开国侯程辉所编《佛教西来玄化应运略录》中所述："帝遂遣王遵等一十八人。西访佛法至月氏国。遇摩腾、竺法兰二菩萨。将白氎上画释迦像及四十二章经一卷载以白马。同回洛阳。时永平十年丁卯十二月三十日也。因以腾兰译经之所名白马寺。"

② （唐）释道世：《法苑珠林》第一百卷。

③ （梁）释慧皎撰、汤用彤校注：《高僧传》，中华书局1992年版，第145页。

卷……余有未译梵本书，并多罗树叶，凡二百四十夹。"① 这里亦可见，贝叶经以"夹"为计量单位。

至唐代，由于通过陆上丝绸之路与西域的交流更加广泛，佛教东传至高峰，最为人熟知的是唐玄奘大师西行取经。玄奘历经一百十余国，亲行五万里，孤征十七载，据《大唐西域记·大唐西域记赞》文中记载其取回佛经为"大乘经二百二十四部；大乘论一百九十二部；上座部经律论一十四部；大众部经律论一十五部……凡五百二十夹，总六百五十七部"② 以及八尊佛像和大量舍利，而其取回的也正是贝叶经。唐贞观二十三年（649）大慈恩寺建成，玄奘为第一任主持，投身于经书的翻译工作。唐永徽三年（652）大雁塔建成，用以保藏西天取回的真经、佛像及舍利等佛教珍藏。然而直到现在，玄奘所带回的佛教珍藏到底藏于何处，仍无人知晓。考古推测极有可能存在大雁塔下地宫，藏有玄奘大师带回的佛教珍藏。现藏于菩提寺的《楞严经》或可作为玄奘取回真经的一例物证，这将在后文具体介绍。

从以上记载中，可以大致梳理由两汉时期佛教初传入中土，至唐代佛教交流兴盛时期的佛教典籍传入的情况，明确了：首先，有记载以来最早传入我国的以"贝叶经"形式装帧的佛教书籍为汉明帝时期"白马驮经"而来；其次，我国西行取回的佛教经书普遍为印度及西域地区"贝叶经装"的装帧方式。而由文献记载来看，"夹"确实为"贝叶经"的数量单位。

第三节　"梵夹"一词的使用

在记载了隋朝历史的《大业杂记》③ 中有记载，东都（今洛阳）"承福门即东城南门。门南洛水有翊津桥，通翻经道场。新翻经本从外国来，用贝多树叶。叶形似枇杷，叶面厚大，横作行书。约经多少，缀其一边，

---

① （唐）释道宣：《续高僧传》卷一。

② （唐）玄奘：《大唐西域记》，上海人民出版社1977年版，第309页。《大唐西域记赞》，第312页注，"沙门辩机制，此两行今各本西域记皆无；兹依阿毗达摩界身足论沙门释基后序及菩萨戒羯磨文沙门静迈序体例补加"。

③ （唐）杜宝：《大业杂记》，中华书局1991年版。

牒牒然，今呼为梵夹"。由此可见，我国在隋朝时已将由贝多罗树叶书写，多层叠起"牒牒然"的装帧形式称为"梵夹"，即"梵夹装"与"贝叶经装"在此时被视为同一物。

唐代李贺《送沈亚之歌》"白藤交穿织书笈，短策齐裁如梵夹"① 中以"将短策裁的如梵夹一般整齐"比喻策字工整。

而可以看到，这里的"梵夹"仍是一种表示装帧形式的名词，即"梵夹"意味"梵夹装"这种装帧形制。

至宋时，"梵夹"一词被使用的频率更高，而词性似乎发生变化。

释赞宁作《宋高僧传》序曰："浮图揭汉，梵夹翻华。"②

《宋高僧传》卷一称："释不空……至天宝五载（746）还京，进狮子国王尸罗迷伽表及金宝缨络、般若梵夹……"③

《宋高僧传》卷三称："释满月者，西域人也。……开成（836—840）中讲梵夹。"④

《宋高僧传》卷三又称："翻梵夹须用此方文籍者，莫招滥涉儒雅之过乎！"⑤

《宋高僧传》卷三还称："莲华精进，本屈支城也，即龟兹国，亦曰丘兹，正曰屈支。时唐使车奉朝到彼土城西门外，有莲华寺。进居其中，号三藏芬当。奉朝至诚，祈请开译梵夹，传归东夏。进允之，遂译出《十力经》。"还称悟空迴及龟兹，"居莲华寺，遇三藏法师勿提提犀鱼，善于翻译，空因《十力经》夹请翻之。寻至北庭，大使复命空出梵夹，于阗三藏戒法为译主，空证梵文。"这里的悟空，是京兆云阳人，俗姓车氏。尝随使出，至犍陀罗国，忽生重病，滞留在彼。他在病中发愿，痊当出家。后至西印度，"受梵本《十地回》《向轮》《十力》三经，共一夹。"⑥

---

① （唐）李贺：《送沈亚之歌》，转引自冯浩菲、徐传武译注《古代文史名著选译丛书 李贺诗选译》，凤凰出版社2011年版，第17页。

② （宋）释赞宁：《宋高僧传》序。

③ 同上书，卷二。

④ 同上书，卷三。

⑤ 同上。

⑥ 同上。

《宋史》中有记载："乾德三年（965），沧州僧道圆自西域还，得佛舍利一水晶器、贝叶梵经四十夹来献。"又称："开宝（969—976）后，天竺僧持梵夹来献者不绝。"又称："至道二年（996）八月，有天竺僧随船舶至海岸，持帝钟、铃杵、铜铃各一，佛像一躯，贝叶梵书一夹，与之语，不晓。"①

以上是"梵夹"一词在文献记载中的使用情况，也是至宋时佛学经典传入我国的一些反映，可以看到"梵夹"一词已基本由原先特指一种装帧形制的用法变为可指代印度、西域传来的佛教典籍。因此，在本文中，将"梵夹装"表示这类书籍的装帧形式。

第四节　丝路遗存的"梵夹装"实物

从文献的记载可以大致整体梳理"梵夹装"书籍的传播、发展历史，而从不同区域、不同时代的实物遗存中更能清楚地看到在文化交融过程中梵夹装书籍装帧形制的演变、发展与创新，厘清"梵夹装"与"贝叶经装"等装帧形制的关系。

一　国内保存最早的贝叶经

藏于河南省镇平县城北 12 千米老庄镇杏花山之阴菩提寺的《楞严经》是国家一级保护文物，该经为唐代早期孤善本贝叶经，为我国现存年代最早且保存完好的"贝叶经"之一。由圆形梵文文字判断为印度南部地区所著。全夹共 226 叶，其中 6 叶残缺，叶长 49 厘米，宽 5 厘米，上下夹板为檀木制作，叶中有两个圆孔贯穿全册，叶周以金粉涂刷防护，横版书写。相传，该"贝叶经"是上文所述唐玄奘取经归来后将其中一夹存放于该寺。该经由印度地区直接"取回"中土，是标准的传统"贝叶经形制"装帧：由棕榈贝多罗树叶削制，由于贝多罗树叶的形状整部经书长且窄，刻画梵文，且叶中左右三分之一处各打一孔用以穿绳固定，书籍上下以木板夹之，书籍侧面涂刷上防护用的金粉，与印度"贝叶经"形制基本相同。

---

① （元）脱脱：《宋史》卷四九〇，列传第二百四十九，外国六。

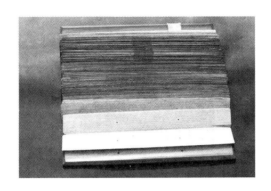

图2—3 菩提寺的《楞严经》

二 西南丝绸之路沿线"梵夹装"书籍（主要以傣族为例）

西南地区至今仍然有僧侣继续保持着以贝叶刻写制作贝叶经书籍的传统。这是对印度地区已经失传了的最传统贝叶经装帧方式及制作方式重要的了解途径。

在古代，从印度到中国的陆上线路存在南传线路，即经历阿萨姆（Assam）、上缅甸（upper Burma）抵达云南。南传路线沿线的自然状况较为恶劣，且居住着与世隔绝的南方蛮夷，这增加了旅行的难度。但是从公元前2世纪张骞的记载中就可以了解到，当时印度商人已经在中国西南部与北印度和大夏之间有商贸往来。另外，佛教僧人可能在公元初的几个世纪里，通过阿萨姆—缅甸路线将佛教带到了中国南方。① 虽然玄奘大师并未亲自经过这条线路，但是他根据当地人的描述做了相关的记录："此国东山阜连接，无大国都，境接西南夷，故人类蛮獠矣。又说：详问土俗，（从迦摩缕波国到中国四川边界）可两月行，入蜀西南之境，然山川险阻，嶂气氛沴，毒蛇毒草，为害滋甚"。② 从玄奘的记载中可以看到，虽然路途艰辛，但是由中国西南地区至印度地区早在玄奘到达印度之前已有比较密切的往来。

贝叶经书籍于公元7世纪前后随南传上座部佛教，经斯里兰卡、缅

---

① ［印］师觉月：《印度与中国》，北京大学出版社2014年版，第14页。

② 玄奘、辩机原著，季羡林等校注：《大唐西域记校注》，中华书局2000年版，第799页。

甸、泰国传入云南省西南地区。①《旧唐书·南蛮传》称:"堕婆登国②在林邑南……其国种稻,每月一熟。亦有文字,书之于贝多叶。"③ 即是在东南亚地区以贝多树叶记事的记载。我国西南地区少数民族,目前存有大量梵夹装书籍,是了解书籍装帧的发展历程和古印度"贝叶经"很好的实物材料。

由于西南少数民族地区情况较为复杂,又由于傣族特殊的地理位置,众多的人口分布以及历史、宗教信仰等原因,都使得傣族地区较为原始的保留和还原了古印度地区的"贝叶经"的装帧形态,因此以下仅以傣族梵夹装书籍为例进行说明。

在傣族,佛教有着无比崇高的地位,传入傣族地区的南传上座部佛教,其经典属于巴利文系统。一般意义上的"傣文"并非专指一种文字,而是不同地区的傣族人分别使用的四种形体略有不同的文字的统称,书写时由左向右自上而下横向书写。在我国傣族的大部分地区,以及在泰国、老挝和缅甸北部的"傣文"又被称作"多沓姆"。"沓姆"意即"佛经","多沓姆"即为"佛教经书文字"之意,足以证明,傣文与南传佛教的密切联系,从起源来看,傣文首先是专门用作书写经书创作出来的,较之中印半岛信奉南传佛教的各个国家所通行的印度字母系统诸种文字,傣文形体显得更为古老,专门在佛教经典中使用。④ 因此用傣文书写并保存下来的佛教经典极为丰富,但是傣文贝叶文献的内容绝不只有佛教经典,还包括了大量世俗文学,如《粘响》《召树屯》《兰嘎西贺》《葫芦信》以及傣族著名的《花卉情诗》《隐语情诗》《韵律情诗》《转行情诗》《鹦鹉情诗》《凤凰情诗》这六大情诗⑤。因此,傣族的"贝叶经",本意指在处理过的贝多罗树的叶片上刻写的佛教书籍,但是更加常用的是广义上泛指傣族的各种贝叶文献。

有多种傣文史料都提到,一位叫作布塔果沙听的高僧最初在贝叶上刻写傣文,这是傣族贝叶经文献的来历。傣文南传佛教贝叶经有"别闷

---

① 《中国贝叶经全集》编辑委员会:《中国贝叶经全集》,人民出版社2010年版。

② 今苏门答腊岛东岸外的巴塔姆岛。

③ (后晋)《旧唐书》卷一九七《南蛮西南蛮传》。

④ 张公瑾:《傣族的语言和文字》,载于《贝叶文化论》,云南人民出版社1990年版。

⑤ 依旺的:《浅析〈中国贝叶经全集〉的直译和意译》,《民族翻译》2009年第4期。

西版康"之多，意为八万四千部，其中经藏 5 大类 21000 部，律藏 5 大类 21000 部，论藏 7 大类 42000 部，这一数目是否准确，无以考证。据学者调查，在新中国成立前西双版纳的 500 多座佛寺里保存了贝叶经共达 5 万余册，不过一定数量的并非佛经。傣语称贝叶佛经为"坦"，称一般贝叶书籍为"簿"。在现存傣族贝叶经中，"簿"占了非常大的比例，如《云南少数民族古籍文献调查与研究》一书中的调研实例中记述的一则例子，调研人员在一位名叫波丙的小伙子家中看到的贝叶书籍"都是用贝叶刻写的，由于时间较长，有的贝叶已经残缺，有的被虫蛀，有的被撕烂只剩下一半。虽然如此，波丙还是把它们当做宝贝一样，用土黄布包了一层又一层……"这些藏经主要有如下名目：

《波罕短干若呀康坦荡哈列塔都荡西》（关于傣医傣药方面的问题），简略介绍了傣族医药发展史，傣医人体生理解剖；解释人体生理现象和病理变化的风、火、水、土；人类生命的起源，体内风、火、水、土的共栖平衡关系等。

《赛达依玛拉》。

《俄瓦达干酸》（格言）。

《坦乃罗》（关于经书）。

《巴腊麻他坦》。

《噶牙桑哈雅》（人体）。

《玛怒萨罗》（人世间）。

《召真汗》（勇敢的王）。本经书中记录的"真汗"是勐景董人，穷苦人出身，由于他从小聪明伶俐，人们推举他为首领。他在抵御外敌入侵中，为了保护当地百姓而战死沙场，他的英勇善战永远留在老百姓心中。[1]

以上所举调研个例是大量调研资料中比较有代表性的一则，可以看到，在一般傣族百姓家中收藏的"贝叶经装"文献内容不是一般通常意义上的佛教经书，而是比较混杂的，有医药典籍、格言、传记等。

而傣族地区寺庙收存的贝叶文献，一部分由寺庙佛爷刻写，基本为佛教典籍，另一部分由世俗众生捐献，大众以请人刻写向寺院供奉贝叶书籍祈福，选择的内容大多根据大众自身的喜好而定，内容广泛涉及傣

---

[1] 李国文：《云南少数民族古籍文献调查与研究》，民族出版社 2010 年版。

族的天文历法、法律法规、社会历史、生产生活、医理医药、民情民俗、文学艺术、伦理道德等诸多方面。因此藏于佛寺的贝叶书籍常常包含了佛教文献以及包罗万象的内容，是傣族传统文化的集大成者，佛寺对贝叶文献的收存，便也起到了图书馆的作用。

贝叶经文献在整个傣族社会有十分崇高的地位，在每个佛寺里，都有专门存放贝叶经书的藏经阁，未经允许，任何人不得私自带走经书。在民众家中，则是被郑重的挂在床头上方的柱子上（这与上文提到的印度绘画中存放贝叶经的方式是相同或类似的），或是锁入箱内精心保藏。傣族人将贝叶视为神圣之物，看成知识、智慧和文明的象征，是全民族的文化财富加以保护。

傣族贝叶经制作过程如下：

由于一些历史原因，傣族贝叶经的收存遭到一定数量的破坏，现在能够完整掌握贝叶经制作工艺的人在傣族也已寥寥无几。完整的贝叶经制作工艺较为复杂，主要有取贝叶、制匣、刻写、装帧四道工序。

（1）取贝叶

傣族贝叶经取叶于贝叶棕，这与古印度贝叶经制作取材相同，我国西南地区的贝叶棕是随南传佛教一同引入的，一般只在佛寺周围种植贝叶棕。贝叶棕是棕榈树的一种，植株高大，可高达 20 米，叶片长达 150 厘米以上。砍采贝叶最合适的时节是每年 10 月至次年 3—4 月，这个季节砍采的贝叶厚实、柔韧，制作的贝叶经能够保存更长的时间。

图 2—4　高大的贝叶棕　　　　　　图 2—5　砍贝叶

从树上砍下的贝叶要用刀一片一片裁开，修裁整齐，然后 3—5 片卷在一起扎为一捆。在铁锅中倒入淘米水，加热后将捆扎好的贝叶放入锅中，在煮的过程中加入酸角树叶，在表面盖一块布，水煮半天至一天，经这样水煮的贝叶的表皮更容易去除，且在后期的保存过程中不易虫蛀、腐烂，能保存上百乃至上千年。待贝叶煮至白绿色，将贝叶置于水盆中搓洗干净，然后晾干。晾干后的贝叶两侧容易向内卷曲，需卷成小卷捆扎后继续风干一段时间。

图2—6 裁齐贝叶，扎成捆

图2—7 煮烧贝叶

图2—8 卷成小卷，风干

（2）制匣

将风干后的贝叶，一片一片固定于准备好的木板上。木板钉有两个钉子，将贝叶穿出两个孔，这就是装订完毕后，用来穿捆扎经书绳的孔。再用另一块木板紧紧夹住一沓贝叶，用刀将比木匣宽的贝叶部分裁除，使这一沓贝叶宽度相同且平整光滑。

图2—9 钉上木板固定 　　　　　图2—10 削齐贝叶

（3）刻写

用特制的墨弓在贝叶上正反双面弹上横线。需要注意的是，两面弹线的位置需要错开，以保证在正反双面刻经时不将贝叶刻穿。然后以特制的铁笔进行刻画。铁笔笔杆为木料，笔芯为铁杆，将笔尖磨到锋利，用于贝叶的刻写。在经书刻写完毕后，涂上黑色的油墨，再用布或碎木屑擦去叶片上的黑色油墨，由于刻写过的地方下凹，油墨会渗透其中，经文会呈现黑色，而叶片上的油墨被擦去了呈现本色，这样就可以使经文清晰可辨。上完墨后，再继续晾晒一段时间。

图2—11 用墨弓弹上横线 　　　　图2—12 刻写贝叶

图2—13 刻写贝叶的铁笔 　　　图2—14 上墨后，擦去多余油墨

（4）装帧

晾晒完成后，再次将贝叶按照顺序放入带钉子的木匣中，两面夹紧，以刀将一沓贝叶的侧面削齐，涂上红色的漆，点上金粉，等待晾干，去除木匣后，以细棉线捆扎，这样，一本完整的贝叶经就制作完毕了。

在西南地区仍然使用贝多罗树叶制作贝叶经书籍而非大量使用纸张是有其原因的。由于西南地区气候炎热，雨水充裕，纸质的书籍容易发潮霉变，且容易虫蛀。而经过处理的贝叶经不会虫蛀、鼠咬，即使发霉也只需将其置于阳光下晒经，再将霉菌擦除又可恢复原貌。

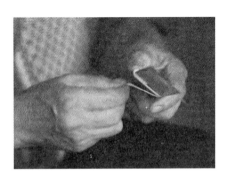

图2—15　侧面涂漆点金装饰　　　　图2—16　穿绳捆扎

在西南地区佛教一直传承延续，因此贝叶经在当地人心中有着至高无上的地位，因此，一直传承的贝叶经实物和制作方式，让我们从一定方面了解到古印度最原始传统的贝叶经的装帧方式。

三　西北及草原丝绸之路沿线的"梵夹装"书籍

陆上西北方的丝绸之路沿塔里木盆地分为南北两道，即南道是塔里木盆地以南的张骞开通的西北"官方丝绸之路"，北道为"草原丝绸之路"。位于南道的古于阗国在中西交流过程中扮演着十分重要的角色。于阗国的首个佛教机构是瞿摩帝寺（Gomati - vihara），曾经是中亚地区最大的佛教修习场所之一。出土于今新疆和田的于阗文《金光明经散脂品》为公元7—8世纪写本。书写体是丝绸之路南道所特有的正楷婆罗迷字体。该经叶已经呈现出中原文化对佛教书籍装帧的影响，即造纸术的使用——书写材质已由纸代替贝叶，书写方式已由笔墨书写代替"贝叶经"

的刻写方式。写经纸现在呈现黄褐色，单面有6横行，行间距较大，两边无边栏，在一侧三分之一位置有一圆孔，文字在书写至圆孔附近时留出空白。圆孔应是穿绳使用。该经为以纸代贝叶的仿"贝叶经"装帧形式，书叶狭长，长宽比例及大小与以贝叶制成的贝叶经相仿，而相较传统印度地区的长条贝叶经少一穿绳的孔。

图2—17　出土于今新疆和田的于阗文《金光明经散脂品》

围绕塔里木盆地的丝绸之路南北两道最终会合于玉门关，距此不远处的敦煌，是佛教发展历程中的灿烂一笔，在敦煌遗留了大量文书资料。《敦煌遗书总目索引》所录55532号《禅门经》，发现于敦煌石窟，如今被大英图书馆东方部所收藏。该经书的书写材质为粗厚麻纸，双面书写。从纸、墨及字体等推测，此遗书成书的时代为唐代晚期至五代时期。共19叶，正反38面。每面6行文字，各行字数不等，有边栏界行。书叶是长条形，每叶第3行的界行线上，距上、下边栏三分之一处，各打有一个圆孔。这两个圆孔原应是穿绳所用，这明显是中国以纸书写的佛经模仿贝叶经的痕迹。但穿绳以及上、下夹板已无处寻踪，因此无法了解其原貌。李致忠先生认为"从其叶取长条，条中有孔的情况看，显然是模拟贝叶经的梵夹装式。此为中国纸写书也有梵夹装装帧的实物证明之一"。

同样被大英图书馆东方部收藏的《佛经疏释》，为《敦煌遗书总目索引》所录55533号。同样使用了麻纸两面进行书写，每面有6行，每行字数不等。经叶是仿贝多罗树叶形状的长条纸。有界行，没有上下边栏。界行仿佛造纸时自带的隐纹，又好像是划压出来的纹路。每叶第3行的行线上，距上、下边三分之一的位置上，都有圆孔，圆孔的边缘有磨损的痕迹，推测为穿绳使用时磨损造成。而其穿绳及夹板早已散佚，不可复见其完整装帧的原貌。但它仍是中国纸写书也有梵夹装的实物证据之一。这件遗书的年代同样不会晚于五代。

现藏于中国国家图书馆的敦煌遗书《思益梵天所问经四卷》，又名《思益梵天经》《思益经》。这部佛教书籍，对比以上两件敦煌遗书的装帧形制，较"贝叶经装"有了更大的变化。这部遗书是吐蕃统治敦煌时期（公元8—9世纪）抄写的一部印度大乘佛教经典，译者为释鸠摩罗什。这本经书使用120张长方形散纸双面抄写，每纸长26.5厘米，宽8.6厘米，首尾全，总计240面，现仍存有厚厚的一叠，每叶纸右上方编写有该叶的叶码，从一至一百二十，总计长度为1032厘米。四卷连续抄写，卷一至卷三均存首尾题，卷四存首题。

这本经书的装帧特点是用两块木板上下夹住书叶，最后一页粘贴在夹板上。在中列距离上边缘三分之一处连板带叶钻洞，最后用一条细长绳一端打一个疙瘩，另一端从底板穿进圆洞，最后从上面那块板穿出，以余绳绕捆上下夹板，最终系住。只可惜，现在这件遗物的上夹板已遗失，穿绳的余幅也已大部分遗失，但下夹板尚存，穿过下夹板的绳端疙瘩亦尚存，穿过书叶的绳还牢牢地固定着书叶，且有一段绳头露在外面。每页均从上至下工整的画好竖格，每面六竖行，由上至下书写，而非印度地区或中亚地区的横向书写，书写至打孔处便留出空白以便钻孔。李致忠先生认为此经应当是典型的"梵夹装"形式。这部书籍仅在书叶上三分之一处打一孔，可能是模仿中条长度"贝叶经"的形制装帧。

图2—18　藏于中国国家图书馆的敦煌遗书《思益梵天所问经四卷》

中亚地区发现的仿"贝叶经"形制装帧的佛教书籍，已经受到了一定程度的"中原影响"：书写材料由印度地区的贝叶改变为中原地区的书写纸。关于纸的概念，一般是指将植物纤维捣碎，形成纸浆，而后抄造的纸。历年出土实物证明，早在蔡伦改进造纸术以前，中国已有植物纤维经帚化而造的纸。至东汉蔡伦，他从典籍制作材料的角度，发掘纸张的新用途及广阔前景，因而在造纸原料和技术上加以改进，从而使纸成为书写印刷的材料。《后汉书·蔡伦传》："自古书契多编以竹简，其用缣帛谓之纸。缣贵而简重，并不便于人，伦乃造意用树肤、麻头及敝布、鱼网为纸，元兴元年奏上之。帝善其能，自是天下莫不从用焉，故天下咸称蔡侯纸。"① 东汉光帝刘秀在公元 25 年迁都洛阳，迁都过程中"载素、简、纸经凡二千辆"，可见其时的纸已与素、简等一起作为典籍书写的材料了。

在西域地区发现的以纸代替贝叶书写的"梵夹装"佛教书籍，应当是中国纸向西传播的实例，这也是由西向东传的佛教与由东向西传的纸的一个新的文化融合，书籍正是在这种文化融合的过程中作为载体，而留存下来的实物证据。

那么，再回到"梵夹装"与"贝叶经装"的关系上，以上经书的书写材料已经不是印度西域常用的贝叶，而是代之以纸了。李致忠先生认为这几件敦煌文书均为纸写"仿贝叶经装"，是典型"梵夹装"形制。不是用贝叶装订的书籍装帧能否还称为"贝叶经装"？"梵夹装"能否就等同于"贝叶经装"呢？

如果说以上"梵夹装"书籍，因其形状狭长，可以说以纸代贝叶，仿照贝叶形状，仅是将书写材料作了改变的话，我们姑且仍可称之为仿"贝叶经装"的"梵夹装"，那么是否有其他形状的"梵夹装"书籍呢？

在考古发现中，也有非狭长条形的"梵夹装"书籍的实物留存。藏于中国国家图书馆的约写于公元 10 世纪的回鹘文梵夹装《大唐大慈恩寺三藏法师传十卷》（又称《玄奘传》）写本，于 1930 年前后发现于新疆。其中的 240 叶由袁复礼先生协助购藏于国立北平图书馆（今国家图书馆），剩下的分别被 Joseph Hackin、法国吉美博物馆、俄罗斯科学

---

① （南朝）范晔：《后汉书》卷七八《蔡伦传》。

院东方学研究所圣彼得堡分所收藏，因此这部世界孤本的回鹘文《玄奘传》写本分藏于世界各处。抗战胜利后，原被 Joseph Hackin 收藏的部分归还我国，因此现在国家图书馆藏 248 叶。传世的《大唐大慈恩寺三藏法师传》目前普遍认为前五卷为慧立所撰，后五卷为彦悰补作，为玄奘法师的传记，描述了其在西行取经途中见闻及其回唐后受到的礼遇及经文翻译过程，可作为《大唐西域记》的补充。后由西域别失八里人①胜光法师翻译为回鹘文。这部写本是新疆各民族与汉族文化交流的充分体现。此写本为纸本，以麻纸双面书写，现呈黄褐色，每面 27 行，四周有朱笔边栏，在每叶第 5 行至 9 行之间有圆圈，直径约 4.9 厘米，文字书写至圆圈区域便留出空白，圆圈中间有绳孔，应是穿绳所用，每面左边用小字回鹘文注明叶码，现多残损。此梵夹装不同于印度贝叶的狭长形状，长宽比例已开始接近，纸本的宽度已是天然贝叶所不能达到的了。此写本发现于西域地区，以回鹘文书写，纸本的书写材质，独特的装帧方式，这不仅是由西方印度"贝叶经装帧"的影响，更有汉地的影响，也可视作东西文化交流以及书籍装帧形制演变过程的重要实物证据。

图 2—19 藏于中国国家图书馆的回鹘文梵夹装《大唐大慈恩寺三藏法师传十卷》

又如写本 S. 5668《第三阶佛法广释》，仅存部分书叶，但可见其形状并非狭长，而是长宽更为接近的比例，近似正方。麻纸，黄褐色，文字竖排书写，至书叶中心附近便留出矩形空白，矩形正中打有一孔，应该

---

① 故城在今新疆吉木萨尔境内。

为穿绳所用，目前绳及夹板等已遗散。在中国国家图书馆典籍博物馆的
展示中，明确其为"梵夹装"装帧形制。

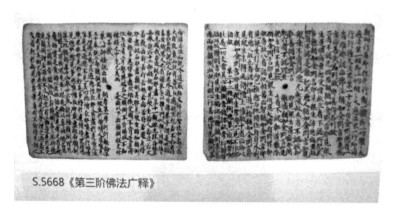

图2—20 国家图书馆展示的S.5668《第三阶佛法广释》

以上"梵夹装"书籍的书写材质为纸本，且由于纸质材料的尺幅不
再如天然贝叶有所限制，因此形状已不再为狭长的仿"贝叶经装"形，
我们是否可以说，曾经脱胎于印度"贝叶经装"装帧形制的"梵夹装"
至此已经通过汉地、中亚等地区的吸收和改进，成为一种新的装帧形制，
或者说有了比"贝叶经装"更加广义的维度？且通过丝绸之路等通道由
东向西反向影响了西方的书籍装帧？

四 西藏（吐蕃）、蒙古等区域的梵夹装书籍

藏族传说中，在公元4—5世纪，吐蕃第28代赞普拉托托日年赞执政
时期，赞普在雍布拉康宫殿里看见金光闪闪的佛经、法物等六件器物从
天而降，他将此"玄秘之物"供奉起来进行膜拜。藏区这样的佛教传说
与中国汉地汉明帝夜梦"金佛"现身有相似之处。而在学者研究中，可
能是当时的印度佛教传教僧人已将佛教传入吐蕃地区。

比较官方的记载认为，中国内地经过吐蕃到达印度等地区的路线是
在公元7世纪前后才开通的。在此时期，吐蕃的领袖松赞干布统一了吐
蕃地区。他皈依佛教，迎娶了中国和尼泊尔的两位公主，并与两国结盟。
从这一时期开始，印度和中国的佛教僧侣开始进入吐蕃地区，促进了佛

教在此地区的发展，在融合吐蕃地区原有神话宗教的基础上，逐渐形成独特的藏传佛教。当时的贤臣吞米·桑布扎参照梵文的基础创造了藏文，吐蕃地区进入了有文字记载的文明时代，开始有条件将印度传来的贝叶经翻译为藏文。当时中、印僧侣的大量交往都途经吐蕃地区。

但是史料中很少有对此条线路的相关描述。一位名叫玄照的中国僧侣在627年通过吐蕃线路抵达印度，他做了简要的记载：从中国边境走过一片沙漠，经过铁门关①，横穿吐火罗国②，经胡人的区域，抵达吐蕃。在吐蕃，他见到了松赞干布及王后文成公主，并依据指示，到达了旁遮普的贾朗达尔③。公元10世纪末，一位叫继业的行者，从印度经尼泊尔、吐蕃返回中国④。

（一）西藏地区贝叶经装、梵夹装书籍

西藏地区一直保有较为独立和传承的宗教状态，西藏地区的经书保存相对完整，从西藏地区留存的传统书籍中，我们可以清晰地看到传统"贝叶经装"及在其基础上改变的"梵夹装"的差异及相关的流传进程。

早期来往这条线路的僧侣们，除了带来了贝叶经佛教典籍外，还从印度等南亚地区运送了大量贝叶材料至吐蕃地区，当地的僧人开始用藏文及当地的书写材料在贝叶上来书写贝叶经书。如今贝叶经在西藏地区仍有无比崇高的地位，藏有贝叶经的寺庙都将其作为镇寺之宝。

由于西藏气候干燥，温湿适宜，西藏地区共保存有1000多函种的贝叶经文献，包括贝叶及纸质材质共近6万页叶片，双面书写，共近12万面，涵盖宗教、哲学、文学、艺术、医学、天文等22类学科，基本涵盖整个藏族传统文化的各个学科⑤。藏区最长的贝叶经长62.5厘米，宽5.8厘米；最短的贝叶经叶片长11.2厘米，宽5.3厘米；绝大多数的贝叶经叶片长35.8厘米，宽4.7厘米。例如今藏于西藏博物馆的贝叶经书叶，

① 今新疆库尔勒市北郊。

② 吐火罗国位于今天的阿富汗，指乌浒水（今阿姆河）上游即缚刍河流域，以今昆都士（唐代活国）为中心的阿富汗北部地区。它居葱岭以西，乌浒河之南，是古大夏之地。

③ 印度旁遮普邦（Punjab Pradesh）印度西北部一邦。西与巴基斯坦毗邻。旁遮普意为五河之地，指印度河的5条支流杰赫勒姆河、杰纳布河、拉维河、比亚斯河、萨特莱杰河汇流处。

④ ［印］师觉月：《印度与中国：千年文化关系》，北京大学出版社2014年版。

⑤ 数据来自西藏自治区贝叶经普查工作记录。

距今已有千年历史，其装帧形制与印度等地的传统"贝叶经装"基本是一致的：以贝多罗叶为书写载体，形状狭长，左、右三分之一处各有两孔，用于穿绳。总的来说还是传统的"贝叶经装"形制。

图2—21 藏于西藏博物馆的贝叶经书叶

藏于国家重点保护单位罗布林卡的贝叶经书籍，保有较完整的装帧形制。可以清晰地看到绘有精美佛像的夹经版、写有经文并打有穿绳孔的书叶以及黄色的穿经绳，绳头打有结。

图2—22 藏于国家重点保护单位罗布林卡的贝叶经书籍

西藏目前所藏贝叶经，部分留有木质经夹板，上下将经书夹住，另有部分在整函经书最上或最下留有空白页，这两页空白页即起到经夹板的作用，用于保护整函经书。再用包经布将经包好，夹上护经板，用饰带捆紧。在藏区，一套完整的贝叶经书包含贝多罗叶刻写的经书主体、穿过经书孔的经书绑绳、经夹板、包经布、函头标识、护经板、捆经绳、木质囊匣等组成，但依然保有或原本就配备如此完整部件的贝叶经书籍并不多。

在西藏地区，传统"贝叶经装"的书籍一部分是由进藏僧侣从印度等地带至藏区的；另一部分，则是僧侣由印度及南亚地区的将贝叶原材料带至西藏，在西藏抄写刻写制作的。由于西藏地区本身不产贝叶棕，传统"贝叶经"书籍现在在西藏地区已无人会制作。而在西藏地区还存在另一种在传统"贝叶经装"基础上发展的"梵夹装"形制的经书，这种经书直到现在仍在藏族地区刊印制作。

汉地的造纸术随文成公主进藏，被传入吐蕃地区，而经过吐蕃工匠们因地制宜的改良后，以当地狼毒草为原材料，制作了更适合西藏地区硬笔书写的狼毒纸，在书籍《中华造纸两千年》中记述了"吐蕃650年开始生产纸张"，即文成公主进藏后的第9年。狼毒纸以狼毒草茎最内层白色韧皮为原材料，经过清理、切丝、制浆、浇抄、晾晒等复杂步骤才能制成。狼毒草本身有毒性和防腐性。因此狼毒纸写印的经书放置几百年甚至上千年都不会腐烂、霉变、虫蛀、鼠咬。西藏人认为狼毒纸带有神性，可以保护经文，因此高品质的经书大多以此制作。以狼毒纸印制或刻写的经书，呈现出与"贝叶经"既传承却又不同的装帧面貌。

图2—23 西藏早期绘画中的"梵夹装"

西藏早期的绘画中，就绘有这种经书的装帧形制，较"贝叶经"更大，以上下夹板相夹，以捆经绳捆住。

德格印经院是藏区最重要的印经院之一，位于四川省西部，收藏藏文化典籍门类最齐全、印刷经书质量最好，现在仍然保有着西藏最传统的方式写印经书。创建至今已有270余年的历史，德格印经院积累了各类典籍830余部，木刻印版290余万块。德格印经院的经书遍及整个藏区。至今，在德格印经院，高档的经书都是以狼毒纸印制的。我们可以看到以狼毒纸印刻的经书与贝叶经书装帧的传承与差异。首先，材质方面，由贝叶改为狼毒草纸浆抄造的狼毒纸，尺寸突破了贝叶本身的限制，较贝叶经更长更宽，经叶上不再打有穿绳的孔洞，然而在装帧时，仍然继承了贝叶经装的装帧方式，即完整的一套经书除经书的主体外还需要经夹版、包经布、函头标识、护经版、捆经绳等，在装帧、包裹时的基本方式也是相同的。

图2—24　德格印经院内经墙

在大多数文献及当今的博物馆的展出中，可以看到这种书装形制被称为"梵夹装"，我们暂且称这种"梵夹装"的装帧形制为"贝叶经装"在西藏地区的变种。

（二）蒙古梵夹装书籍

蒙古统治的元朝时期，中原地区和西藏地区的关系友好，由于蒙古统治者对于西藏喇嘛佛教的热衷，喇嘛教被带入中原，喇嘛僧人开始在中国政治及佛教世界中扮演重要角色。蒙古佛教以西藏佛教为典范，大部分的蒙古佛典皆系译自西藏佛典，仅有少数为蒙人自己的著作和注释。蒙古地区的经书装帧，保持了西藏的"梵夹装"风格。

藏于中国国家图书馆典籍博物馆的《般若波罗蜜多十万颂》，成书于13世纪，为元代藏文抄本，现仅存5叶。图中所示为第三卷第三十二品，左侧有藏文页码272—276。部分文字仍保留着古藏文特点，为稀见的早期抄本。左、右两侧有竖条红线边栏，藏文横向书写，约11行，在叶面左右三分之一处各画一规整的红色圆圈，文字书写至画圈处，便绕开留出空白，圆心有小孔，应为系绳所用。这部《般若波罗蜜多十万颂》相较前朝中原的梵夹装书籍尺寸大了许多，长边超过30厘米，宽超过10厘米，已与"贝叶经装"差别明显，更像是西藏梵夹装形式的继承，呈现出藏族、蒙古族"梵夹装"的特征。

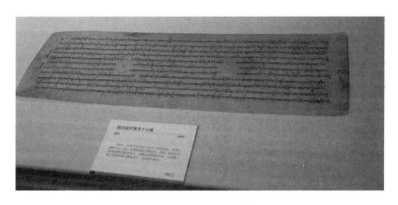

图2—25　中国国家图书馆典籍博物馆的《般若波罗蜜多十万颂》

第五节　大融合——清代制梵夹装书籍

一　清代内府刊制梵夹装书籍

清代，满族中央政府对蒙、藏区域进行了统一集中的管理。清代统治阶级因为历史、政治、文化等综合因素，对佛教尤其是蒙藏喇嘛教高度认可和推崇，佛教经籍的刊刻，成为内府刻书的一个重要组成部分，在清宫制藏的佛教典籍中，汉文的典籍以汉地的册叶装、卷轴装等形制装帧，而满、藏、蒙等语言的佛教典籍，基本以梵夹装装帧。皇室内部曾大量印刻梵夹装书籍。装帧形制继承了藏、蒙喇嘛教的书籍形制，又融合汉地、印度等地的宗教艺术，加之皇家工匠的精雕细作，创造出一种清代宫廷式奢华的梵夹装形制，以藏、满、蒙文《大藏经》及单刻佛典《御制大乘手楞严经》等为典范，上下护经板多用紫檀、楠木、樟木雕漆、杉木髹漆，外包裹黄绫包袱，华贵大方。这种华丽的宫廷式梵夹装在乾隆时期达到鼎盛。

清代宫廷制作、收藏的梵夹装佛教经籍中最具代表性的当属《大藏经》。"大藏经"意为"一切经"，就是将从印度和西域等地区传入的佛教大小乘经、律、论以及圣贤集传统一汇编的大型佛教经典总集。历史上许多帝王曾命专属人员出版大藏经，如五代十国时闽国国君王审知（862—925年），以"泥金银万余两"书写成四部《金银字大藏》，开宝四年（971），宋太祖下命雕版印刷大藏经，这也是历史上官方第一次使用印刷术印制大藏经，这之后，又有辽代的契丹藏、元代的元官藏、明代的洪武南藏、永乐的南藏、永乐的北藏等刊刻印制。到清代，藏文、满文、蒙文、汉文版本的大藏经都有刊刻，这也是历史上官方印刻大藏经语言版本最多的朝代。

清代皇室特别尊崇藏传佛教，不仅是单纯因为宗教信仰，更是出于实际的政治目的：通过对藏传佛教的尊崇笼络、怀柔藏蒙高层，强化对藏、蒙地区的集中统治。因此，刊刻藏、蒙文大藏经《甘珠尔》《丹珠尔》成为清代朝廷的重要工作。

（一）藏文《甘珠尔》《丹珠尔》

藏文版佛典《大藏经》由两部分组成：一部分为《甘珠尔》，又称"正藏"，即为教敕译典，是将翻译的佛陀所说教法全部集结成册；另一部分为《丹珠尔》，又称"副藏"，即论述译典，主要是将历代的佛教圣贤高僧的言论著述集结成册。

康熙二十二年（1683），由和硕裕亲王福全监造的康熙版藏文《甘珠尔》雕制工程正式开始，参与雕制工作的共有105人，总雕制过程为17年，工程完成时间为康熙三十九年（1700）。康熙版藏文《甘珠尔》共109夹（函）。函首为藏、蒙、满、汉4种文字刊印的康熙帝御制序文、和硕裕亲王福全请序疏、礼部尚书介山覆请序疏、参与修撰工程的105人官职名录，此套《甘珠尔》的目录，一共收录佛教经典972种。

单夹（函）经书均包括外护经版、内护经版、经叶。外护经版分为上下两块，材质为杉木，出脊描金，髹朱红色漆，长73.7厘米，宽23.3

厘米，厚2.5厘米。内护经版也分上、下两块，均长72厘米，宽22厘米，厚2.1厘米，上内护经版中间明黄色织锦包衬上手书朱色经名，红、黄、蓝三色织锦经帘内各有一尊趺坐于莲花座上的金碧彩绘如来说法图；下内护经版绘有四大护法神。内部经叶长72厘米，宽22厘米，正反朱色印，印制的文字内容版框长55.9厘米，宽14.3厘米，每面刻印文字横八行。四周有双边栏框，栏框右侧刊有汉文的经名及页码，左侧为藏文的经名及页码。叶码放整齐，经墙上有绘画，为宝鱼、宝瓶、莲花、白海螺、盘肠、宝伞、金法轮等八吉祥图样，可以防止经叶散乱。装帧较上文提到的梵夹装书籍已是非常华丽。

图2—26 康熙版藏文《丹珠尔》

康熙六十年（1721）二月初三，康熙帝降旨筹备刊刻藏文《丹珠尔》。由扎萨克大喇嘛吉木巴扎木素、拉木巴扎木巴、索诺木绰尔济呼毕罕、扬查尔喇嘛等四人总负责，喇嘛罗卜桑格隆等十多人进行校对工作，妙应寺达喇嘛祖勒齐木端罗布格隆监督刻写工作，并从武英殿造办处调派画匠，负责藏文《丹珠尔》经的各种图案，总计有500余人参与此项工程。至雍正二年（1724），藏文《丹珠尔》印制工作完成，总计234函，3523余部。根据档案记载藏文丹珠尔"刻完后即送西土"，因此实物未可见。

据记载，康熙版藏文版《甘珠尔》《丹珠尔》的雕刻经版原均藏于北海大西天大圆智宝殿中，光绪年间八国联军侵入北京，之后民国年间又发生火灾，两套经版都受到损毁，现在仅余下少量的藏文《甘珠尔》经版。

（二）蒙文《甘珠尔》《丹珠尔》

蒙文《甘珠尔》是由蒙文传写的大藏经，根据藏文本《甘珠尔》翻译，又称《如来大藏经》《番藏经》。康熙五十五年（1716年）蒙文版《甘珠尔》的印制工作启动，乾清门侍卫拉锡为此项工作的主负责人，此项工作受到蒙古王族的大力配合，蒙古上层阶级、喇嘛等布施大量经费，并为刊刻工作献计献策。在拉锡的奏折中，可以了解到蒙文《甘珠尔》印制过程使用的材料及经费：

1）用纸："……一部蒙古《甘珠尔》经恭抄、粘版、镌刻，需用以红花水印有界格之二层裱褙纸九万张，一张以九厘计，需银八百十两……"此处说明刊刻印刷蒙文《甘珠尔》所用纸品种为二层裱褙纸、数量需九万张及价格一张九厘，另说明朱印红色印料为红花水。

2）经版："……所镌刻所用长二尺、宽七寸、厚一寸五分之版，共四万五千块，每块板以二钱计，需价银九千两。每块版两面刻字，以三钱五分计，镌刻四万四千七百八十块版，需用手工银一万五千六百七十三两……"此处说明刊刻印刷蒙文《甘珠尔》所用木版规格、数量及价格，以清代营造尺一尺合今尺32厘米计①，经版长为64厘米，宽22.4厘米，厚4.8厘米，印刷44780页。

3）函首经版："……一百八函，每函首之经版，绘雕其两边之二佛像、中间之'南无'字、四周之番花草，一块版以两钱计，绘雕一百八块板，需用手工银二百十六两。再同页内四周绘画番花草及刻字，雕刻一块版，以一两二钱计，一百八块版，需用手工银一百二十九两六钱……"此处说明，此套《甘珠尔》共108函（夹），每函首页的装饰为两边绘二佛像，中间有"南无"文字，四周雕绘番花草纹并刻字。

4）《甘珠尔》经末尾版："……一部《甘珠尔》末尾之四块版，每版绘雕四尊金刚佛、四周绘雕番花草，每块版以五两四钱计，四块版需用手工银二十一两六钱……"此处说明经末尾版的装饰为四尊金刚佛，

---

① 曾武秀：《中国历代尺度概述》，历史研究，1964年，第176页述"明清尺度大抵相同，营造尺长32厘米，量地尺长34厘米，裁衣尺长35.5厘米"，本文以清营造尺为依据进行计算。

四周绘雕番花草。

5）经版总体量："……置放刻竣之《甘珠尔》经版，需用架子一百五十，架子高八尺、宽一丈，作成六层架子，每个架子以十二两五钱计，需银一千九百五十二两……"此处说明放置刻好的经版架子的规模，需150个"高八尺"（今合2.56米）"宽一丈"（今合3.2米）的6层架子，如果将架子并排相连横放可以达到480米，从摆放经版的架子的巨大体量也可以侧面看出刻印经文量的浩大了。加之一些人员工时费、材料费等杂费，刻制一部蒙古《甘珠尔》经花费"需银共为四万三千六百八十七两九钱"。

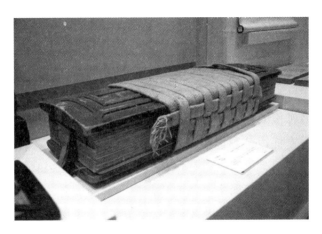

图2—27　康熙版蒙文《甘珠尔》，藏于中国典籍博物馆

康熙帝生前没有完成蒙文版《丹珠尔》的刻印，乾隆帝为替祖父完成此项工作，于乾隆六年（1741），下命开始蒙文版《丹珠尔》的翻译工作，于乾隆七年（1742）十一月，翻译工作完成。据《中国蒙古文古籍总录》著录，蒙文《丹珠尔》刊刻于乾隆七年至十四年（1742—1749），版框高17厘米，长59厘米，单部含有224函（夹），朱色印制，目录一函（夹），根据序中的信息，共计163人参与工作。

（三）满文大藏经

《满文大藏经》今藏于北京故宫博物院76函（夹），605种（33750叶）；藏于台北故宫博物院32函（夹），800余卷。《满文大藏经》的印制工作从清乾隆三十七年开始，到乾隆五十九年（1772—1794）竣工，以蒙文《大藏经》为主要底本，兼以汉、藏、梵文《大藏经》参考进行翻译刊刻，总计108函（夹），收佛教经典699种，2466卷。

乾隆版《满文大藏经》的装帧，即凸显了皇家的富丽奢华，也体现了宗教的庄严宏大，是内府装帧的典范之一。单独一函的经书装帧均包括经书书叶、上下内层护经版、内经衣、上下外层护经版、外层经包袱等部件。木质内护经版外包金黄色织锦面，上层内护经版中间有长方形凹陷部位，用5层经帘覆盖。经帘多为缂丝制品，有代表宝生佛的黄色、代表无量光佛的红色、代表不动佛的蓝色、代表卢遮那佛的白色、代表不空成就佛的绿色等5色，分别代表五方佛。掀开经帘，上护经版的下凹部分的中间用泥金的满文书写顶礼佛、顶礼法、顶礼僧的敬语，和本函（夹）第一部的经名、卷数，文字两侧分别有佛菩萨像彩绘各一尊，佛菩萨像右下角及左下角分别标有藏文及满文的佛菩萨名号，佛像的框边以汉文、蒙、藏文、满文四体文字直书恭题该函（夹）第一部经名及所包含的经叶数。下层内护经版的中间凹下区域中绘有四至五尊护法神图像，每尊神像的右下角及左下角也是分别以藏文、满文表明佛的名号，右框边及左框边分别以汉文、满文恭题该函（夹）的第一部经名。经叶叠放后的经墙，绘有八吉祥图案，两端一边有喷焰摩尼图，另一边彩绘火焰图，彩绘火焰图中表写有该函第一部的经名，起到装饰及排序整齐的作用。上层外护经版为木质，呈弧形，髹红色漆，描金边，绘有八吉祥的图案。经叶由上下内护经版相夹，用黄色真丝制成的内经衣包裹，再用外护经版上下相夹，用长达25米的捆经绳捆扎起来，再以四周长1.5米的正方形黄色真丝制经包袱包裹起来，贴上注明该函卷数的标签。如此，一函完整的乾隆版《满文大藏经》就装帧完毕了。

另有汉文大藏经，又称《龙藏经》，印刻于雍正十一年（1733）至乾隆三年（1739），有折装本、卷轴装两种装潢形式，而非梵夹装，因此本文不再详述。

自满文大藏经完成后，清宫刻印的藏、蒙、汉、满四语大藏经全部完成，后未有重新印刷的记载。

（四）清宫内府刊刻其他尺寸梵夹装书籍

根据《清代内府刻书研究》一书中"清代内府刻书编年目录"有关

梵夹装的记载情况可以看到①，清朝乾隆时为内府刻制满蒙藏汉语佛经的高峰，其中满蒙藏语佛教经典多以梵夹装形制装帧。综合目录中梵夹装书籍测量的数据可以看到，乾隆朝时内府刻印的梵夹装文献的刻板大致有"大"和"小"两种形制：1）小版的版框高在6.1—6.9厘米，宽在21.0—21.8厘米，行数为15或16行，以15行为多，分朱印、墨印两色（见图2—28）；2）大版的版框高在9.0—9.5厘米，宽在25.6—26.3厘米，行数与印制颜色未明确标明（见图2—29）。其中，以"小"版为大多数。版框长高比例大致为3:1，符合黄金分割等美学原则。

图2—28　清乾隆时"小"版梵夹装刻版尺寸

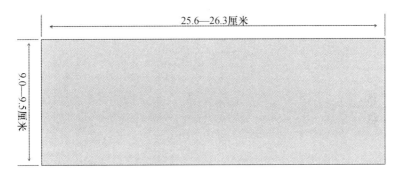

图2—29　清乾隆时"大"版梵夹装刻版尺寸

另有一些其他尺寸的经文刻版，如乾隆时期内府刻《注三分巴令经》，版框高7厘米，宽24厘米，与其他大多"小"版不同，略宽。

从以上刻版的尺寸，就可以看到清宫内府刻制或手抄的梵夹装书籍一般的尺幅都比较大，继承藏、蒙梵夹装装帧特色，有皇家的气派。

---

① 见附录一。

二 清代刊制的非传统佛典内容的梵夹装典籍

清代刊刻印制的梵夹装书籍并非完全为佛教内容。

如藏于典籍博物馆的《萨迦格言》为萨班·贡嘎坚赞撰,是藏族第一部哲理格言诗集,成书于13世纪上半叶。这部诗集整体为格言诗的形式,从各种社会现象中提炼出充满智慧的处世、治学、识物、待人等方面的道理。国家图书馆现所藏版本为清代北京刻本,刻版纸质印刷,典型的梵夹装形式,每叶表明页码,正面标"上",反面标"下",用以按顺序排放书叶,部分书叶两侧配有插图。《萨迦格言》善于用生活中的实例举例说理,既有佛经掌故,又有民俗民谚,深入浅出,别开生面。它不是传统意义上的有关佛祖、佛法的"佛教典籍",如"学者要掌握知识宝库,必须汇集珍贵的格言;大海要成为水的宝库,必须汇集所有的江河","正直的人即使贫困,品德也会显得高尚;尽管火把朝下低垂,火舌仍然向上燃烧"等,更多是以诗歌、哲言形式讨论、阐述社会与人生,它成为藏族学者必读著作,也在群众口头广泛流传。

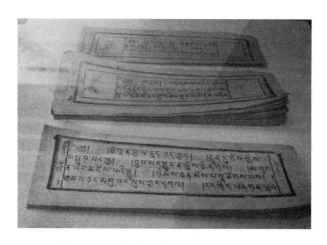

图2—30 藏于典籍博物馆的《萨迦格言》

《秘诀医典补遗》是西藏第司·桑杰嘉措撰写,藏于中国典籍博物馆的版本为典型梵夹装装帧形制,共235叶。在藏族医学历史上,第司·桑杰嘉措是非常重要的人物。藏医学的经典论著《秘诀医典补遗》是他诸多著作之一，于1690年完成，有133章，补充了《四部医典》的《诀窍部》，内容涉及上百种疾病的病因和治疗方式。此版本刊刻于清雍正十年壬子（1732）北京藏蒙刻经院，在此版本前还有布达拉、甘丹寺等版本。此版本一侧有汉藏文页码，尾记"大清雍正十年夏月诚造"，是内地刊刻得比较早的版本，刊刻印刷精细，是非常难得的典籍。

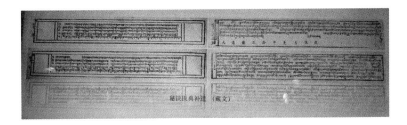

图2—31 藏于典籍博物馆的《秘诀医典补遗》

《格斯尔传》是蒙古族古典文学名著，中国三大史诗之一，也是蒙古族文学的三大高峰之一。《格斯尔传》的故事遍及内蒙古、青海、新疆各蒙古族聚居区，以及蒙古人民共和国、苏联布利亚特自治共和国等地，经历了长达几个世纪的时间，才从民间口头传说成为定型的书面文学，在明清时以各种手抄本和木刻本流传广泛。清康熙五十五年（1716）于北京刻制的蒙古文《格斯尔传》，是典型的梵夹装样式，共178叶。此版本为目前所见的最早书面版本。《格斯尔传》的主角格斯尔降生人间，经历种种磨难，用强大的魔力把沙漠变成肥美的草原，英勇的消灭了企图破坏人间美好的敌人，使部落人民安居乐业。此版本的《格斯尔传》刻印精美，朱印墨印结合，带精美插画，四周有带花纹的边框，表达了结合宗教性的古英雄崇拜。

清宣统三年（1911）于塔尔寺刻印的梵夹装书籍《本草图解》为藏、蒙、汉文合璧本，书籍图文并茂，内容涉及植物、动物、器物、人体等多方面。书内有大量翔实的图示绘画，并配有相关的解说文字，是一本图录书籍。多种民族文字的注释，也是非常难得文字资料。纸质印刻，但仍然保有仿"贝叶经装"的狭长装帧形式，边框旁注明内容、页码及"上""下"页面。

图2—32 藏于典籍博物馆的《格斯尔传》,文字两边是精美的绘画

上述例子虽为个例,但我们可以看到,清代刊制的以梵夹装形制装帧的书籍,内容除了常规的佛教经典外,还包括了藏、蒙等民族英雄史诗、哲言诗集、医学著作、图录图典等。

图2—33 图录书籍《本草图解》

第三章 再看何为"梵夹装"? "梵夹装"之定义

自佛教创始之地印度起,一路沿西北草原丝绸之路、西南丝绸之路及藏蒙地区寻踪"梵夹",在一条条联系东西的"丝绸之路"上,都有梵夹装存在的证据,而不同地区的人民结合本地区的特色,用勤劳与智慧接受"梵夹",改造"梵夹"。经过历朝历代的继承传播,直到清代,梵夹装的装帧形制迎来了大融合大发展的最高峰。

第一节 "梵夹装"定义

现在回到一开始的问题:何为梵夹装?

经过这一系列的梳理,梵夹装的定义问题已经较为清晰。

1. 概括地说,梵夹装是以加工过的矩形或类矩形贝叶、树皮等植物薄片或纸本作为书写或刻写载体,按顺序叠放一摞后,以木板上下相夹的一种书籍装帧形式的总称(多数时候由捆经绳捆扎)。

2. 可以横向分为多个小种,如本文按照多条"丝路"周边区域的梵夹装情况进行的分类:

(1)贝叶经,即最早的梵夹装书籍装帧形式,产生于印度地区以贝叶等材料为书写刻写材料的贝叶经,随佛教的传播而为更多地区所接受,"西南丝绸之路"沿线等地区目前仍然保留了较为原始的制作工艺。其一般特征为,经叶穿孔,两板相夹,以绳捆扎。

(2)西北、草原丝绸之路沿线"梵夹装变种"形式,即西北、草原丝绸之路沿线地区发现的,以纸代替贝叶的梵夹装形式。这是东西文化交融的实物证据,同时体现原始印度贝叶经的形式及汉地早期造纸的技术。由于时代较早,装帧较原始,亦不是太华丽,由于各民族文化的融合混杂,装帧方式、书写方式、书籍形状、书写材质等都不是太统一,一般有穿孔的经叶、上下夹板、捆绳等。

(3)西藏地区(及蒙古地区)的"梵夹装变种"形式,印度的贝叶经与中原的造纸术在西藏地区都有了新的发展,基于中原造纸术根据当地植物创造的狼草纸,使得梵夹装书籍有了更大的尺寸,由于王族、贵族的重视,装帧更具规范性,开始华丽。

(4)清代宫廷梵夹装,即由于清代皇家对于佛教的重视,由清宫刊制的梵夹装书籍,实际上是藏蒙梵夹装风格的继承和发展,尺寸更大、用材用料更加讲究,制作更加华美,彻底省去经叶上的孔洞。

第二节 梵夹装书籍基本装帧形式

梵夹装书籍的装帧形制至清代发展到了繁盛的高峰,装帧形制也最为完整。一套完整的梵夹装书籍的装帧是相当复杂的，主要有经书主体、经夹版、包经布、函头标识、护经版、捆经绳等。但是在诸多文献中，对于这些部件常有多种不同的称呼，时常无法对应，本文经过考察研究试将其多种称呼作一定统一。以清宫皇家梵夹装装帧形制为例。

（1）经书主体，即书籍主体部分，由一沓多叶的书叶按顺序叠放组成。在一些考究的梵夹装装帧中，常在其侧面四周绘有图案、纹样，一方面是为了装饰效果，另一方面是为了确保经书书叶叠放的顺序。

（2）经夹版，又称内护经版，内经夹版等，即最靠近经书书叶的上下夹版，藏族部分贝叶经以空白贝叶代替这部分经夹版。至清代宫廷制藏的梵夹装书籍的经夹版多为木质，版上中间有一圈下凹，常有多层经帘覆盖，经帘以质地较好的织缂丝制品制作，掀开经帘，版上绘有佛像等图案或经文。

图3—1 经夹版，带有多层织锦经帘，内绘精美佛像

（3）包经布，又称内经衣、内包经布等，整体包裹经夹版及书叶的包布。多用黄色布料。考究者，如清宫制藏的梵夹装多以黄色丝绸制作包经布。

（4）函头标识，即置于经书两端的小块布制标识，用于标写经书名称、内容、函数、编号等信息。蒙古现藏的及清宫制藏的梵夹装，函头标识有如意头等形状，还有多层布料叠合。

（5）护经版，又称外护经版、外经夹版等，即在外层上下整体夹住函头标识、包经布、经夹版、书叶等的夹版，基本为木质。在清宫制藏的梵夹装书籍的护经版木质，且大多朝外的一面弧形，与经夹版整体包布不同，护经版常雕刻花纹图案。

（6）捆经绳，即在护经版外将经书整体捆住的捆绳，有彩色、麻绳原色等样式，捆扎也有一定的规范，如康熙版蒙文大藏经，捆扎时就是以横竖经纬的"井"字形进行捆扎的。

图3—2　康熙版蒙文大藏经，捆经绳有特定的规范

（7）经包袱，又称外包经布、外经衣等，清宫制藏的经包袱多以黄绫为材料制作，但也有彩色织锦等材质，部分一段有绳，用于捆扎。

（8）囊匣，即装盛书籍的盒子，有木质、纸板等材质制作。

以上部分，就是一套皇家最完整规格的梵夹装书籍的装帧。但是在实际留存的实物中，并非所有梵夹装书籍都是有这些完整的部件的。

图3—3　完整规格的全套梵夹装书籍

第三节 梵夹装书籍基本内容

在第一章中，列举的诸家都认为"梵夹装"书籍的内容都为佛教经文。而在实际的考察过程中发现，虽然梵夹装书籍是由于佛教的东传而广泛传播的，但是从其一开始的产生到之后的发展，所包含的内容都不仅限于佛教内容。

印度地区现存的早期贝叶经文献，是当地普遍的纪事载体，内容涵盖佛经、神话、哲学等。西南丝路沿线地区、藏蒙地区及清代的梵夹装书籍的内容都不仅限于佛教经典，还包括天文地理、神话哲学、英雄史诗、医药图典等方面。

结语 研究"梵夹装"书籍装帧
形式的当下意义

书籍，是文明、文化传播的物质载体，是文化交融、发展的实物证据。书籍装帧的发展史，亦是文化的交流史、民族的交融史。梵夹装沿丝路发展传播，在转播过程中又被各地区、各民族的人民吸收改良，正是多民族文化大交融大发展的产物，它是多地区民族的宗教、科技、哲学、历史的记录载体，亦是不同地区审美美学的表现。横向可以看到区域间的发展关联，纵向又可以看到时代间的继承革新。

习近平主席在 2013 年 9 月和 10 月出访中亚和东南亚各国时，提出了共建"丝绸之路经济带"和"21 世纪海上丝绸之路"的重大倡议，得到国际社会高度关注。"一带一路"即为当今时代的"丝绸之路"，意在加强沿线各国经济繁荣与区域经济合作，加强不同文明的交流互鉴，促进世界的和平发展。

散落在"丝路"上的梵夹装书籍，像是一粒粒等待串联的丝路珍珠，又似一座座暂时被人遗忘的知识宝藏，在如今"新丝路"的重大倡议下，等待着发掘和创造新的辉煌。

附表

<table>
<tr><td colspan="7" align="center">清内府刻书梵夹装编年目录</td></tr>
<tr><td>序号</td><td>年代</td><td>书名</td><td>版本</td><td>函册数</td><td>著录</td><td>位于原书位置①</td></tr>
<tr><td colspan="7" align="center">顺治朝（数量：0）</td></tr>
<tr><td colspan="7" align="center">康熙朝（数量：1）</td></tr>
<tr><td>1</td><td>康熙三十九年</td><td>藏文甘珠尔经</td><td>清康熙三十九年内府刻朱印藏文本</td><td>一百零九函（夹）</td><td>版框高 14.4 厘米，宽 58.7 厘米，四周双边，每页八行，一百零九夹函</td><td>第 374 页</td></tr>
<tr><td colspan="7" align="center">雍正朝（数量：0）</td></tr>
<tr><td colspan="7" align="center">乾隆朝（数量：82）</td></tr>
<tr><td>1</td><td>乾隆十四年</td><td>蒙文丹珠尔经</td><td>清乾隆七年至十四年内府刻本</td><td>二百二十四夹，目录一夹</td><td>梵夹装，朱印，板框高 17 厘米，宽 59 厘米</td><td>第 407 页</td></tr>
<tr><td>2</td><td>乾隆五十九年</td><td>满文大藏经</td><td>清乾隆五十九年清内府清字经馆刻朱印满文本</td><td>一百零八夹，目录一夹</td><td>梵夹装，每页版框高 16.5 厘米，宽 59 厘米</td><td>第 426 页</td></tr>
<tr><td>3</td><td>清乾隆</td><td>大悲心忏法仪轨经</td><td>清乾隆年内府刻满文本</td><td></td><td>梵夹装，四周双边，版框高 6.5 厘米，宽 21.4 厘米</td><td>第 432 页</td></tr>
<tr><td>4</td><td>清乾隆</td><td>白伞盖仪轨经</td><td>清乾隆年内府刻满文本</td><td></td><td>四周双边，版框高 6.3 厘米，宽 21.4 厘米</td><td>第 433 页</td></tr>
<tr><td>5</td><td>清乾隆</td><td>白文殊经</td><td>清乾隆年内府刻满文本</td><td></td><td>四周双边，十五行，墨印，版框高 6.7 厘米，宽 21.6 厘米，梵夹装</td><td>第 433 页</td></tr>
<tr><td>6</td><td>清乾隆</td><td>般若波罗蜜多心经</td><td>清乾隆年内府刻满文本</td><td></td><td>四周双边，十五行，墨印，版框高 6.6 厘米，宽 21.5 厘米，梵夹装</td><td>第 433 页</td></tr>
</table>

---

① 该表根据故宫出版社《清代内府刻书研究》2013 年 6 月第 1 版，书后附录一：清代内府刻书编年目录中有关"梵夹装"装帧形制记载的内容而制。表格中将内容对应原书的相应位置标出，以方便跟原书进行对照查找。

序号	年代	书名	版本	函册数	著录	位于原书位置
7	清乾隆	般若总略集	清乾隆年内府刻满文本		梵夹装，四周双边，十五行，朱印，版框高 6.6 厘米，宽21.8 厘米	第433 页
8	清乾隆	保积经成语	清乾隆年内府刻满汉文本		梵夹装，双边，十六行，朱印，版框高 6.6 厘米，宽21.5 厘米	第433 页
9	清乾隆	不动佛咒	清乾隆年内府刻本		梵夹装，四周双边，版框高6.7 厘米，宽25.4 厘米	第433 页
10	清乾隆	宝匣经	清乾隆年内府刻满文本		梵夹装，双边，十五行，朱印，版框高 6.5 厘米，宽21.5 厘米	第433 页
11	清乾隆	慈氏菩萨咒	清乾隆年内府刻满文本		梵夹装，四周双边，正面三栏配花框，左为慈氏像，中为三行经咒，右为释迦像。背面为咒名，三栏，朱印。版框高6.5 厘米，宽21.6 厘米	第433 页
12	清乾隆	催碎金刚经	清乾隆年内府刻满文本		梵夹装，四周双边，十五行，墨印。版框高 6.4 厘米，宽21.4 厘米	第433 页
13	清乾隆	答医方明	清乾隆年内府刻藏满蒙文本		梵夹装，四周双边，版框高6.7 厘米，宽21.2 厘米	第433 页
14	清乾隆	大般若经成语	清乾隆年内府刻满汉文本		梵夹装，四周双边，版框高9.1 厘米，宽25.6 厘米	第433 页
15	清乾隆	大乘持斋经	清乾隆年内府刻满文本		梵夹装，四周双边，版框高6.6 厘米，宽21.4 厘米	第433 页
16	清乾隆	大乘因缘经	清乾隆年内府刻满文本		梵夹装，四周双边，十五行，墨印。版框高 6.8 厘米，宽21.6 厘米	第433 页

续表

序号	年代	书名	版本	函册数	著录	位于原书位置
17	清乾隆	大集经	清乾隆年内府刻满文本		梵夹装，四周双边，十五行，版框高 6.5 厘米，宽 21.5 厘米	第 433 页
18	清乾隆	大集经成语	清乾隆年内府刻满文本		梵夹装，四周双边，十六行。版框高 6.6 厘米，宽 21.2 厘米	第 433 页
19	清乾隆	读咒法	清乾隆年内府刻满文本		梵夹装，四周双边，十五行，墨印。版框高 6.7 厘米，宽 21.6 厘米	第 434 页
20	清乾隆	嘎六度	清乾隆年内府刻藏满蒙文本		梵夹装，四周双边，版框高 9.3 厘米，宽 25.7 厘米	第 434 页
21	清乾隆	噶阿毘昙论	清乾隆年内府刻藏满文本		梵夹装，四周双边，版框高 6.6 厘米，宽 21 厘米	第 434 页
22	清乾隆	功德三世祈祷文	清乾隆年内府刻满文本		梵夹装，四周双边，十五行，墨印。版框高 6.7 厘米，宽 21.5 厘米	第 434 页
23	清乾隆	供奉护法经	清乾隆年内府刻满文本		梵夹装，四周双边，十五行，朱印。版框高 6.7 厘米，宽 21.3 厘米	第 434 页
24	清乾隆	供奉祖师文	清乾隆年内府刻满文本		梵夹装，四周双边，十五行，朱印。版框高 6.7 厘米，宽 21.5 厘米	第 434 页
25	清乾隆	观世音仪轨	清乾隆年内府刻满文本		梵夹装，四周双边，十五行，朱印。版框高 6.7 厘米，宽 21.4 厘米	第 434 页
26	清乾隆	皈依经	清乾隆年内府刻满文本		梵夹装，四周双边，十五行，墨印。版框高 6.7 厘米，宽 21.3 厘米	第 434 页

序号	年代	书名	版本	函册数	著录	位于原书位置
27	清乾隆	火供经	清乾隆年内府刻满文本		梵夹装，四周双边，十五行，墨印。版框高6.8厘米，宽21.6厘米	第434页
28	清乾隆	积光佛母经咒	清乾隆年内府刻满文本		四周双边，十五行，墨印。版框高6.7厘米，宽21.7厘米	第434页
29	清乾隆	吉祥偈	清乾隆年内府刻满文本		梵夹装，四周双边，十五行，墨印。版框高6.7厘米，宽21.7厘米	第434页
30	清乾隆	极乐世界愿文经	清乾隆年内府刻本		四周双边，版框高6.6厘米，宽22.3厘米	第434页
31	清乾隆	金刚经	清乾隆年内府刻满文本		梵夹装，四周双边，十五行，墨印。版框高6.7厘米，宽21.6厘米	第434页
32	清乾隆	九黑香法	清乾隆年内府刻满文本		梵夹装，四周双边，十五行，墨印。版框高6.6厘米，宽21.6厘米	第434页
33	清乾隆	救度佛母仪轨	清乾隆年内府刻本		梵夹装，四周双边，版框高6.5厘米，宽21.2厘米	第434页
34	清乾隆	救度佛母赞	清乾隆年内府刻满文本		梵夹装，四周双边，十五行，墨印。版框高6.7厘米，宽21.6厘米	第434页
35	清乾隆	救护日食经	清乾隆年内府刻藏满蒙合璧本		四周双边，十五行。版框高6.5厘米，宽21.3厘米	第435页
36	清乾隆	救护月食经	清乾隆年内府刻藏满蒙文本		四周双边，十五行。版框高6.5厘米，宽21.3厘米	第435页

序号	年代	书名	版本	函册数	著录	位于原书位置
37	清乾隆	救护月食经	清乾隆年内府刻满文本		梵夹装，四周双边。版框高9.2厘米，宽26.3厘米	第435页
38	清乾隆	喀中道论	清乾隆年内府刻藏满蒙文本		梵夹装，四周双边。版框高9厘米，宽25.8厘米	第435页
39	清乾隆	楞严经成语	清乾隆年内府刻满汉文本		四周双边，十六行。版框高6.6厘米，宽23.5厘米	第435页
40	清乾隆	琉璃经	清乾隆年内府刻本			第435页
41	清乾隆	绿像救度佛母赞	清乾隆年内府刻满文本		梵夹装，四周双边，十五行，墨印。版框高6.8厘米，宽21.7厘米	第435页
42	清乾隆	蒙忏	清乾隆年内府刻蒙文本		四周双边，十五行。版框高6.4厘米，宽21.5厘米	第435页
43	清乾隆	弥勒愿文	清乾隆年内府刻满文本		梵夹装，四周双边，十五行，墨印。版框高6.8厘米，宽21.5厘米	第435页
44	清乾隆	沐浴经	清乾隆年内府刻满文本		梵夹装，四周双边，十五行，墨印。版框高6.6厘米，宽21.3厘米	第435页
45	清乾隆	菩提要义	清乾隆年内府刻本		梵夹装，四周双边，十五行右汉，左满。版框高6.8厘米，宽21.4厘米	第435页
46	清乾隆	普贤行愿品	清乾隆年内府刻满文本		梵夹装，四周双边，十五行，墨印。版框高6.7厘米，宽21.5厘米	第435页

序号	年代	书名	版本	函册数	著录	位于原书位置
47	清乾隆	清净经	清乾隆年内府刻满文本		梵夹装，四周双边，十五行，墨印。版框高6.8厘米，宽21.7厘米	第435页
48	清乾隆	三分巴令经	清乾隆年内府刻满文本		梵夹装，四周双边，十五行，墨印。版框高6.7厘米，宽21.6厘米	第435页
49	清乾隆	三十五佛经	清乾隆年内府刻满文本		梵夹装，四周双边。版框高6.2厘米，宽21厘米	第435页
50	清乾隆	三世吉祥愿文经	清乾隆年内府刻满文本		梵夹装，四周双边，十五行，朱印。版框高6.7厘米，宽21.6厘米	第435页
51	清乾隆	圣观世音成就仪轨品轮经	清乾隆年内府刻本		梵夹装，四周双边。版框高9.5厘米，宽25.7厘米	第435页
52	清乾隆	十六罗汉经	清乾隆年内府刻满文本		梵夹装，四周双边，十五行，朱印。版框高6.6厘米，宽21.5厘米	第436页
53	清乾隆	释迦牟尼佛赞摄授要津	清乾隆年内府刻满文本		梵夹装，四周双边，十五行，墨印。版框高6.2厘米，宽21.7厘米	第436页
54	清乾隆	首楞严经	清乾隆年内府刻满文本		梵夹装，四周双边，十五行，朱印。版框高6.8厘米，宽21.7厘米	第436页
55	清乾隆	水供经	清乾隆年内府刻满文本		梵夹装，四周双边，十五行，墨印。版框高6.7厘米，宽21.6厘米	第436页

续表

序号	年代	书名	版本	函册数	著录	位于原书位置
56	清乾隆	四十二章经	清乾隆年内府刻满文本		梵夹装，四周双边，十五行，朱印。版框高 6.8 厘米，宽21.5厘米	第436页
57	清乾隆	威罗瓦供赞经	清乾隆年内府刻满文本		梵夹装，四周双边，十五行，朱印。版框高 6.8 厘米，宽21.4厘米	第436页
58	清乾隆	威罗瓦回向文	清乾隆年内府刻满文本		梵夹装，四周双边，朱印。版框高 6.8 厘米，宽 21.3 厘米	第436页
59	清乾隆	威罗瓦吉祥赞经	清乾隆年内府刻满文本		梵夹装，四周双边，十五行，朱印。版框高 6.9 厘米，宽21.3厘米	第436页
60	清乾隆	威罗瓦礼赞经	清乾隆年内府刻满文本		梵夹装，四周双边，十五行，朱印。版框高 6.8 厘米，宽21.3厘米	第436页
61	清乾隆	维摩诘经	清乾隆年内府刻本		四周双边，十五行。版框高 6.5 厘米，宽21.2厘米	第436页
62	清乾隆	维摩诘经	清乾隆年内府刻藏文本		四周双边，横四行。版框高 6.5 厘米，宽21.5厘米	第436页
63	清乾隆	维摩诘经	清乾隆年内府刻蒙文本		四周双边，十五行。版框高 6.5 厘米，宽21.3厘米	第436页
64	清乾隆	维摩诘经	清乾隆年内府刻满文本		四周双边，十五行。版框高 6.5 厘米，宽21.3厘米	第436页
65	清乾隆	文殊师利赞经	清乾隆年内府刻本		梵夹装，四周双边。版框高 6.5 厘米，宽21.4厘米	第436页

序号	年代	书名	版本	函册数	著录	位于原书位置
66	清乾隆	无量寿佛回向文	清乾隆年内府刻满文本		梵夹装，四周双边，十五行，墨印。版框高 6.7 厘米，宽 21.6 厘米	第 436 页
67	清乾隆	无量寿佛吉祥偈	清乾隆年内府刻满文本		梵夹装，四周双边，十五行，墨印。版框高 6.7 厘米，宽 21.6 厘米	第 436 页
68	清乾隆	无量寿佛面前观想经	清乾隆年内府刻满文本		四周双边，版框高 6.7 厘米，宽 21.3 厘米	第 437 页
69	清乾隆	无量寿佛赞	清乾隆年内府刻满文本		梵夹装，四周双边，十五行，墨印。版框高 6.6 厘米，宽 21.5 厘米	第 437 页
70	清乾隆	无量寿佛咒	清乾隆年内府刻蒙文本		四周双边，十五行。版框高 6.5 厘米，宽 21.3 厘米	第 437 页
71	清乾隆	无量寿佛自身观想经	清乾隆年内府刻满文本		梵夹装，四周双边，十五行，墨印。版框高 6.8 厘米，宽 21.6 厘米	第 437 页
72	清乾隆	鸦尼工巧明	清乾隆年内府刻藏满蒙文合璧本		四周双边，十五行。版框高 6.5 厘米，宽 21.3 厘米	第 437 页
73	清乾隆	鸦齐秘密经	清乾隆年内府刻藏满蒙文本		梵夹装，四周双边。版框高 6.5 厘米，宽 21.3 厘米	第 437 页
74	清乾隆	鸦齐各宗建立	清乾隆年内府刻藏满蒙文本		梵夹装，四周双边。版框高 6.4 厘米，宽 21 厘米	第 437 页
75	清乾隆	鸦齐因明	清乾隆年内府刻藏满蒙文本		梵夹装，四周双边。版框高 6.5 厘米，宽 21 厘米	第 437 页

续表

序号	年代	书名	版本	函册数	著录	位于原书位置
76	清乾隆	严罗供赞经	清乾隆年内府刻满文本		四周双边,十六行。版框高6.1厘米,宽21.4厘米	第437页
77	清乾隆	衍教经	清乾隆年内府刻满文本		梵夹装,四周双边,十五行,墨印。版框高6.6厘米,宽21.6厘米	第437页
78	清乾隆	药师琉璃光王佛经	清乾隆年内府刻满文本		梵夹装,四周双边,十五行,墨印。版框高6.7厘米,宽21.5厘米	第437页
79	清乾隆	音韵翻切字母	清乾隆年内府刻藏满文本		四周双边,版框高6.7厘米,宽21厘米	第437页
80	清乾隆	占香体拜偈	清乾隆年内府刻满文本		梵夹装,四周双边,十五行,墨印。版框高6.6厘米,宽21.4厘米	第437页
81	清乾隆	真实名经	清乾隆年内府刻满文本		梵夹装,四周双边,十五行,墨印。版框高6.6厘米,宽21.4厘米	第437页
82	清乾隆	注三分巴令经	清乾隆年内府刻满文本		梵夹装,四周双边。版框高7厘米,宽24厘米	第437页
82	清乾隆	尊圣佛母经	清乾隆年内府刻本		梵夹装,四周双边,墨印。版框高6.8厘米,宽21.4厘米	第437页

嘉庆朝(数量:0)
道光朝(数量:0)
咸丰朝(数量:0)
同治朝(数量:0)
光绪朝(数量:0)

序号	年代	书名	版本	函册数	著录	位于原书位置
宣统朝（数量：0）						
无编年（数量：4）						
1	清无朝年	中阿含经	清内府刻朱印满文本	五百一十页	梵夹装，三十一行，四周双边。版框高 16.2 厘米，宽 58.5 厘米	第 470 页
2	清无朝年	增一阿含经	清内府刻朱印满文本	四百六十一页	梵夹装，三十一行，四周双边。版框高 16.2 厘米，宽 58.5 厘米	第 437 页
3	清无朝年	阿难昙论三卷	清内府刻藏满蒙文本		四周双边，三行。版框高 6.6 厘米，宽 21.2 厘米，梵夹装	第 437 页
4	清无朝年	安像仪轨经	清内府刻满文本		四周双边，十行，朱印。版框高 6.6 厘米，宽 21.2 厘米，梵夹装	第 437 页
装帧形制未注明佛教文献（数量：10）						
1	清康熙	蒙文甘珠尔经	清康熙内府刻朱印蒙文本			第 384 页
2	雍正二年	藏文丹珠尔经	清康熙六十年始刻雍正二年内府刻朱印藏文本		此经据档案记载"刻完后即送西土"笔者未见著录与实物	第 386 页
3	清雍正	四体翻译心经	清雍正年内府刻本			第 394 页
4	乾隆二十八年	大乘首楞严经	清乾隆二十八年内府藏满蒙汉四体合璧本（经版存故宫）	十函（夹）	半页九行，行字不等，四周双边，白口，单鱼尾，无栏格，版高 22.3 厘米，宽 17.2 厘米（序纪念为乾隆二十八年）	第 411 页

续表

序号	年代	书名	版本	函册数	著录	位于原书位置
5	乾隆四十五年	白伞盖仪轨经	清乾隆四十五年满蒙藏汉四体刻本各一册			第420页
6	清乾隆	般若波罗蜜多心经一卷	清乾隆年武英殿刻满汉合璧本	一函一册		第432页
7	清乾隆	吉祥偈	清乾隆年武英殿刻满文本			第432页
8	清乾隆	清字咒赞偈文	清乾隆年内府刻朱印满文本			第432页
9	清乾隆	积光佛母经咒	清乾隆年内府刻朱印满文本			第432页
10	清乾隆	能断金刚般若波罗蜜多心经	清乾隆年内府刻满蒙藏汉四体合璧本			第432页

东周时期单体龙形玉器的形制探讨

——以"中原式"为重点

2016 届　赵　萌

（导师：故宫博物院　杨晶研究馆员）

绪　论

国人自古对玉如痴如醉，"古之君子必佩玉……君子无故，玉不去身"。同样，国人又对"龙"这种神幻动物情有独钟，自称龙的传人，视龙为中华民族的图腾。现在看来，在上古时代，已经有玉与龙相结合的先例，如红山文化的玉猪龙、C 形龙。而玉与龙相结合的最高峰则非东周时期的单体龙形玉器莫属，它既不同于前代的古朴素雅，又不同于后世的繁复缛杂，形制多样，最能体现中国龙的动态、气势与力量。对单体龙形玉器的喜爱，增加了人们对单体龙形玉器关注，也促进了对单体龙形玉器，尤其是单体龙形玉器的相关研究。从古至今，对单体龙形玉器的研究从未间歇。

一　东周时期单体龙形玉器研究现状

能力所限，没有对国外的研究做相关的搜集和整理，暂不论述。在此，仅论述目前国内的研究状况。

依目前的资料看，针对东周单体龙形玉器的相关研究还相对较少，其相关的专著和论文数量都不多。但是，在一些研究周代玉器，古代单体龙形玉器的著作和文章中，会有对东周单体龙形玉器的涉及。这些资料虽然零散，但对后续的研究打下了基础，提供了借鉴。

当前对东周单体龙形玉器的研究基本可以划分为两个阶段，以 1948 年郭宝钧先生《古玉新诠》一文的发表为分水岭①。前一阶段基本以传统金石学为基础进行研究，后一阶段则以现代考古学为基础进行研究。

（一）以金石学为基础进行研究的阶段

此阶段对单体龙形玉器的研究以著录与释义为主。

最早对"龙"与"珑"进行释义的是许慎，"龙"在其《说文解字》中记"鳞虫之长。能幽，能明，能细，能巨，能短，能长；春分而登天，秋分而潜渊。从肉，飞之形，童省声"。"珑"则记"祷旱玉。龙文。从玉从龙，龙亦声"。最早著录东周单体龙形玉器是在清代，吴大澂的《古玉图考》一书收录 4 件龙（虬）纹佩，并配有图片，其中 1 件笔者认为是东周时期的单体龙形玉器。

进入民国之后，对东周单体龙形饰的著录有所增加。李凤廷的《玉雅》一书收录龙佩图 12 幅，珑及龙（珑）环图 8 幅，其中 2 幅图为东周单体龙形玉器，并标明为秦州出土。黄濬的《古玉图录初集》一书收录与龙形佩饰有关图版（含照片、拓片、线图等）21 幅，其中 11 幅为东周时期的单体龙形玉器。黄濬著录的另一本《衡斋藏见古玉图》一书收录与龙形佩饰有关图版（含照片、拓片、线图等）11 幅，其中 4 幅为东周时期单体龙形饰。但是黄氏两书均无器名及文字说明。霍明志的《达古斋博物汇志》一书收录东周单体龙形玉器图版 1 幅（似与《古玉图考》为同一图），定名为"佩"。其中对"珑"的释义采用《说文解字》的内容，并添加了形制的描述。陈大年的《陈大年所藏古玉石器琉璃器出品说明书》中对"大珑用途"亦采用许说。

（二）以考古学为基础进行研究的阶段

现代考古学的传入，为东周时期单体龙形玉器的研究提供了新的方法。在以考古学为基础进行研究的阶段，对东周时期单体龙形玉器的研究则要分为两个时期，中间以 20 世纪 80 年代为分界②。

在 1948 年至 20 世纪 80 年代这一时期，由于发现东周时期的墓葬较

---

① 孙庆伟：《周代用玉制度研究》，上海古籍出版社 2008 年版，第 1 页。

② 同上。

少，出土单体龙形玉器的数量亦为有限。因此这一时期内，对单体龙形玉器的研究主要是考古工作者在进行，研究成果集中于考古报告之中，研究内容也多为形状的描述与简单的分类。

此时期内，比较重要的考古发现有：1950—1952 年在辉县境内进行了三次考古发掘①，出土了 3 件单体龙形玉器。1954—1955 年在洛阳中州路（西工段）② 进行考古发掘，可以明确的出土单体龙形玉器有 4 件，并伴随数十件件小型龙形玉片的出土。1957 年在信阳楚墓③ 的发掘中出土单体龙形玉器 4 件。1959—1961 年在山西长治分水岭战国墓葬④ 中出土十余件单体龙形玉器。1974 年对三汲乡中山王墓及其随葬墓⑤ 进行考古发掘，出土单体龙形玉器数百件。1977—1978 年，在对鲁国故城墓葬⑥ 的发掘中出土单体龙形玉器 14 件。1978 年对曾侯乙墓⑦ 进行了发掘，出土单体龙形玉器 12 件。1979—1980 年发掘淮阳平粮台战国墓葬，于十六号墓⑧ 出土单体龙形玉器 11 件。

以上的考古报告中，多数都有单体龙形玉器的详细记录，如单体龙形玉器数量，出土位置，具体形制、纹饰、尺寸等相关信息。有些报告也有对单体龙形玉器的简单分类。

在 20 世纪 80 年代以后，随着国内改革的继续推进，国家的经济及文化事业都得到了迅速的发展。更多的地区得到开发，也使得更多的墓葬得到了发掘，同时也出土了更多的单体龙形玉器。

这一时期内，重要的考古发现有：1988 年发掘晋侯赵卿墓⑨，出土

① 中国科学院考古研究所：《辉县发掘报告》，科学出版社 1956 年版。

② 中国科学院考古研究所：《洛阳中州路（西工段）》，科学出版社 1959 年版。

③ 河南省文物研究所：《信阳楚墓》，文物出版社 1986 年版。

④ 山西省文物管理委员会、山西省考古研究所，边成修、叶学明、沈振中：《山西长治分水岭战国墓第二次发掘》，《考古》1964 年第 3 期。

⑤ 河北省文物考古所：《壐墓：战国中山国国王之墓》，文物出版社 1996 年版。

⑥ 山东省文物考古研究所、山东省博物馆、济宁地区文物组、曲阜县文管会：《曲阜鲁国故城》，齐鲁书社 1982 年版。

⑦ 湖北省博物馆：《曾侯乙墓》，文物出版社 1989 年版。

⑧ 河南省文物研究所、淮阳县文物保管所，曹桂岑、张玉石：《河南淮阳平粮台十六号楚墓发掘简报》，《文物》1984 年第 10 期。

⑨ 山西省考古研究所、太原市文物管理委员会，陶正刚、侯毅、渠川福：《太原晋国赵卿墓》，文物出版社 1996 年版。

单体龙形玉器 16 件。1992 年发掘洛阳中州中路 C1M3750①，出土单体龙形玉器 7 件，并有数件小玉片出土。1996 年发掘洛阳唐宫路小学 C1M5560 战国墓②，出土单体龙形玉器 14 件。2001 年在山西侯马西高东周祭祀遗址③中出土单体龙形玉器 30 余件。2002 年发掘的九连墩 1、2 号楚墓④，可明确的出土单体龙形玉器有 15 件。2005 年以来，在对熊家冢墓地⑤的发掘过程中，陆续出土单体龙形玉器 30 余件。以上的考古发现都有考古简报或考古报告出版。简报或报告中既有单体龙形玉器的相关研究，也为后续单体龙形玉器的其他研究打下了基础。

随着单体龙形玉器的持续发现，数量的积累达到了一定的程度，引起了更多专家学者的关注。这一时期对于单体龙形玉器的研究人员也不再局限于考古工作者，更多的专家学者乃至学生都开始参与进来。研究的成果多以论文的形式呈现，但是单独研究单体龙形玉器的论文还相对较少，更多的是夹杂于东周玉器或单体龙形玉器的研究之中。东周时期的单体龙形玉器仅是其中一章节内容，所占比例有重有轻。研究的内容也不再局限于形状的描述与简单的分类，开始关注单体龙形玉器的分区、分期、分类，乃至形制纹饰的等方面。

对东周单体龙形玉器分区的研究，以杨建芳的研究最为系统，其有专论东周单体龙形玉器分区的文章。而对东周单体龙形玉器分期的研究

---

① 洛阳市文物工作队：《洛阳市中州路东周墓》，《文物》1995 年第 8 期。

② 洛阳市文物工作队，黄吉博：《洛阳唐宫路小学 C1M5560 战国墓发掘简报》，《文物》2004 年第 7 期。

③ 山西省考古研究所侯马工作站：《山西侯马西高东周祭祀遗址》，《文物》2003 年第 8 期。

④ 胡雅丽：《九连墩 1、2 号墓综述》，湖北省博物馆编：《九连墩：长江中游的楚国贵族大墓》，文物出版社 2007 年版；胡雅丽、王红星：《九连墩楚墓出土玉器综述》，中华玉文化中心、中华玉文化工作委员会编：《玉魂国魄——湖北枣阳九连墩楚墓玉器特展》，浙江摄影出版社 2015 年 12 月版。

⑤ 荆州博物馆，彭军、王家政、王莉、金陵、王明钦、杨开勇、丁家元、赵晓斌：《湖北荆州熊家冢墓地 2006—2007 年发掘简报》，《文物》2009 年第 4 期；荆州博物馆，张绪球：《荆州楚王陵园出土玉器精粹》，众志美术出版社 2015 年版，第 62 页。

更多的是散见于东周玉器分区的研究之中。杨建芳①、曲石②、张茵凝③、王喆和熊兆飞④等主要是对楚国及其附属国地区的玉器进行了研究。黄诗卉⑤对吴越地区的玉器进行了考察。徐旸⑥对洛阳地区的出土玉器进行了考察。

对东周单体龙形玉器分期断代的研究，主要有杨建芳⑦、郭立新⑧、胡葳和狄敬如⑨。杨建芳把东周单体龙形玉器先分式，后分期，共分为4期。郭立新则是对东周玉器进行分期，其中后两期中涉及有单体龙形玉器。胡葳和狄敬如则是对湖北荆州熊家冢墓地出土的单体龙形玉器进行了简单的分期。

对东周单体龙形玉器分类的研究，主要有杨建芳⑩、丁哲⑪、杨小博⑫、徐旸⑬、胡葳、狄敬如⑭等。其中杨建芳、丁哲是针对东周时期单体龙形玉器的研究，分类较为详细。其他文章则在东周玉器的研究中对单体龙形玉器有所涉及，所以分类不甚详细。胡葳、狄敬如则是对湖北

① 杨建芳：《楚式单体龙形玉器佩——楚式玉雕系列之一》，《中国古玉研究论文集》，2001年。

② 曲石：《楚玉研究》，《江汉考古》，1990年第3期，第63—77页。

③ 张茵凝：《楚文化单体龙形玉器形态探究》，《中国文物报》，2010年10月15日第6版。

④ 王喆、熊兆飞：《春秋战国时期楚国龙形玉器纹样造型研究》，《设计艺术研究》2015年第3期，第106—114页。

⑤ 黄诗卉：《春秋战国时期吴越玉器的影响因素》，吉林大学2014年硕士学位论文。

⑥ 徐旸：《洛阳东周墓葬出土玉器初步研究》，郑州大学2014年硕士学位论文。

⑦ 杨建芳：《战国单体龙形玉器佩分期研究——兼论随县曾侯乙墓年代》，江汉考古，1985年底第2期，第5—8页。

⑧ 郭立新：《东周玉器的分期》，《中原文物》，1998年第3期，第48—57页。

⑨ 胡葳、狄敬如：《湖北荆州熊家冢战国单体龙形玉器佩考》，《科教导刊》2011年第7期，第249—250页。

⑩ 杨建芳：《战国单体龙形玉器佩分期研究——兼论随县曾侯乙墓年代》，江汉考古，1985年第2期，第5—8页。

⑪ 丁哲：《东周单体龙形玉器佩初步研究》，《赤峰学院学报（汉文哲学社会科学版）》2013年第8期，第11—16页。

⑫ 杨小博：《东周楚地玉器的分类、分期、分区和用玉制度研究》，山东大学硕士学位论文，2014年。

⑬ 徐旸：《洛阳东周墓葬出土玉器初步研究》，郑州大学2014年硕士学位论文。

⑭ 胡葳、狄敬如：《湖北荆州熊家冢战国单体龙形玉器佩考》，《科教导刊》2011年第7期，第249—250页。

荆州熊家冢墓地出土的单体龙形玉器进行了简单的分类。

对东周单体龙形玉器形制及纹饰的研究，主要有古方①、赵剑平②、蔡霞③、邱向军④、郝颜飞⑤等。其均是把东周单体龙形玉器放入古代社会整个单体龙形玉器发展的历史时期中考察其形制与纹饰，对细节的把握较少。此外，王喆和熊兆飞⑥、褚馨⑦等，则主要对东周时期楚国及其附属国地区的单体龙形玉器进行了考察，对其他地区则没有涉及。

从以上简要的概述来看，东周单体龙形玉器的研究现状主要有以下几个特点。首先，一手资料丰富，考古简报及报告的发表，为单体龙形玉器的研究提供了基础。其次，诸多论文均是地域性的研究，缺乏综合的考虑，尤其是楚国及其附属国地区单体龙形玉器的研究较多，而其他地区单体龙形玉器的研究相对薄弱，几乎不见地区之间单体龙形玉器碰撞与交流的相关研究。再次，对东周单体龙形玉器分期的研究过于宽泛，诸多论文均是以一个朝代为时间段的进行分析，更为详细的时代分期较为缺乏。然后，对单体龙形玉器分类的研究还较少，分类标准还较为模糊，没有达成共识。最后，对东周时期单体龙形玉器形制与纹饰的研究还较为欠缺，对单体龙形玉器形制的考察，时代范围太大，缺乏东周详细分期时间段内的考察，在纹饰研究上也是如此。

二　本文研究内容、目标及相关概念的说明

（一）本文的研究内容及目标

本文以出土的单体龙形玉器作研究对象，把时代限定在东周时期内，地域上主要以楚国及其附属国地区和"中原"两大地区为主，对楚国及其附属国地区与"中原"这两大地区墓葬中出土的单体龙形玉

---

① 古方：《高古单体龙形玉器纹的发展与演变》，《收藏》2012 年第 1 期，第 30—37 页。古方：《解析历代单体龙形玉器纹的演变》，《艺术市场》2012 年第 17 期，第 76—79 页。

② 赵剑平：《古代单体龙形玉器纹饰造型的演变》，《东方博物》2003 年。

③ 蔡霞：《古龙纹玉器鉴赏》，《文物鉴定与鉴赏》2012 年第 8 期，第 42—47 页。

④ 邱向军：《简析玉器龙纹的发展轨迹》，《中原文物》2013 年第 2 期，第 101—108 页。

⑤ 郝颜飞：《龙形玉器的前世与今生》，《收藏界》2012 年第 11 期，第 29—33 页。

⑥ 王喆、熊兆飞：《春秋战国时期楚国龙形玉器纹样造型研究》，《设计艺术研究》2015 年第 3 期，第 106—114 页。

⑦ 褚馨：《战国 S 形龙佩的思考》，《中国历史文物》2010 年第 2 期，第 34—41 页。

器进行形制的分类、对比、分析和探讨，以期弄清楚国及其附属国地区与"中原"这两大地区单体龙形玉器的差别及其演变的规律，继而讨论两地单体龙形玉器之间是否有联系，何种单体龙形玉器是"中原式"的问题。

（二）选题背景、意义及创新点

1. 选题背景

本文把东周时期的单体龙形玉器作为主要的研究对象，一方面是因为东周时期的单体龙形玉器与其他时期有很大的不同，其在商与西周单体龙形玉器的基础上继续发展，形成了自身的风格特点，在其之后又继续影响了秦汉时期的单体龙形玉器，有承上启下的作用；另一方面是因为东周时期"礼崩乐坏"，列国纷争，各地区之间相互闭塞但又有联系，使此段时期内各地区的单体龙形玉器既具有共同性又各自具有本地域特点。此外，古人乃至今人都对玉、佩玉如痴如醉，"古之君子必佩玉，君子无故，玉不去身"，龙形玉器是佩玉中最常出现的一种，而单体龙形玉器又是龙形玉器中最基本的形态。中国人自称龙的传人，对"龙"这种神幻动物情有独钟。可以说东周时期的单体龙形玉器是玉与龙相结合的最高峰。而目前针对东周单体龙形玉器的研究还较少。凡此种种，都是本文把东周时期出土的单体龙形玉器作为研究对象的原因。

2. 选题意义

本文选题的意义主要体现在两个方面。

第一个方面是理论意义。通过对楚国及其附属国地区与"中原"这两大地区墓葬中出土的单体龙形玉器进行形制的分类、对比、分析和探讨，同时又结合其他地区出土的单体龙形玉器进行对比与验证，可以辨别清楚楚国及其附属国地区与"中原"这两大地区单体龙形玉器之间的差别，能够明晰何种单体龙形玉器是"中原式"的单体龙形玉器，"中原式"单体龙形玉器有何特点，为此后的相关研究做好基础与铺垫。

第二个方面是实践意义。通过对单体龙形玉器形制的探讨，基本可以划分出各式单体龙形玉器的具体时代，据此可以辅佐验证出土有单体龙形玉器墓葬年代的判断。此外，对出土的单体龙形玉器的讨论，也将有助于对传世单体龙形玉器的鉴定、辨伪与断代。

3. 本文的创新点

在总结借鉴前人研究成果的基础之上，本文的创新点主要体现在四个方面。

第一个方面：目前针对单体龙形玉器的研究更多的是进行形制的分类。本文在形制分类的基础上进行形制的探讨，进一步阐述楚国及其附属国地区与"中原"两地之间的差别与联系，最终解决"中原式"单体龙形玉器形制的问题。

第二个方面：目前对单体龙形玉器讨论较多的是楚国及其附属国地区的单体龙形玉器，对"中原"地区与其他地区出土单体龙形玉器的讨论则相对较少，对地域之间的交流问题重视不够。本文在兼顾讨论楚国及其附属国地区单体龙形玉器的同时对其他地区，尤其是"中原"地区的单体龙形玉器做了分类与讨论，并重点论述了"中原"与楚国及其附属国地区两地之间单体龙形玉器交流的问题。

第三个方面：在对楚国及其附属国地区及"中原"地区出土单体龙形玉器进行横向对比研究的基础上，本文对某一具体的形制也进行了时间轴上的讨论，明晰了其纵向的变迁。此外，也总结出东周各个分期单体龙形玉器的特点。

第四个方面：本文从类型学的角度探讨了东周出土单体龙形玉器的形制问题，建立的相对完整的时代发展序列，总结出较有特点的地域特色。这对以后的相关研究提供了借鉴。同时也将很好的辅助相关墓葬的断代。此外还将有助于传世玉器的鉴定。

（三）时空框架的界定

对单体龙形玉器的研究，在时间上，本文限定在东周时期内。

东周始于周平王东迁洛邑的公元前770年，结束于秦国灭齐国的公元前221年，这段时期是没有争议的。但是东周又分为春秋与战国前后两个时间段，春秋与战国的分界年份是在何年，说法不一。《史记·六国年表》始于周元王元年，即公元前475年是战国时代的开始；《资治通鉴》始于周威烈王二十三年，即公元前403年周室承认韩赵魏三家为诸侯的这一年是战国时代的开始；又有周定王十六年，即公元前453年韩赵魏灭知氏形成三家分晋之势的这一年开始①。今史学界一般采用周元王元年，即公元前475年作为战国时代的开始，且多数考古报告也把此年份作为战国时代的起始年。本文亦把公元前475年作为春秋与战国的分界点。

春秋时期延续有近300年，战国时期亦延续有250余年，持续的时间都比较长。为研究的方便，本文对春秋与战国两个时期又各自划分了早期、中期、晚期三个时期，各个时期有90年左右的时间。

对单体龙形玉器的研究，在空间上，本文主要论述的是楚国及其附属国地区与"中原"这两大地区。其他地区的单体龙形玉器虽也有所涉及，但仅一般讨论和作为本文结论的验证。

在东周时期楚灭国众多，附属国也众多，地区广阔，在不同时期内疆域也有变化。本文对楚国及其附属国地区范围的界定采用楚文化学者的研究成果，其范围大致相当于今天的湖北、湖南、河南南部及安徽中西部等地区②。"中原"主要指宗周王畿之地和春秋晋国、战国韩赵魏三家之地区，即今天的洛阳地区及山西中南部及河南中西部地区（河北部分地区）。其他墓葬较为分散，主要有中山国墓葬，集中今天河北的一部分地区；燕国墓葬，主要集中发现于今天河北的一部分地区；齐鲁地区，主要集中于今天的山东地区；秦地，主要集中于今天的陕西地区；吴越地区，主要集中发现于今天的江苏、浙江地区。

（四）需要说明的问题

1. 资料的选取及器物编号

本文主要讨论单体龙形玉器，但是对材质的认识多有差异，因此本文中也包含少量的石质、滑石质的单体龙形饰。

目前能够看到的东周时期的单体龙形玉器是极其丰富的，这为本文的研究提供了大量的资料。但也应看到一些问题，即这些资料是否都是真实可靠的。把单体龙形饰按照来源进行分类，基本可以分为两大类：一是出土品；二是传世品。虽在某些特殊情况下，两者会有所交叉，但一般情况下，两者还是有所区别的。出土品指具有明确出土地点的器物。

---

① 谭其骧：《简明中国历史地图集》，中国地图出版社1996年版，第15页。

② 杨小博：《东周楚地玉器的分类、分期、分区和用玉制度研究》，山东大学2014年硕士学位论文，第5页。

传世品则是流传下来的，出土地点不明确的器物。此外，目前所见的单体龙形玉器中也不乏后世仿制乃至伪造的器物。为保证研究的准确性，本文对单体龙形玉器的研究所采用的资料仅限于具有明确出土地点的出土品。此外，由于晚期墓葬可能出现有早期的遗物，本文在墓葬的选择上也仅选取了东周时期的墓葬，以保证研究具有一定的严谨性。

本文资料的来源以考古简报及考古报告为主①，但有部分简报仅记录有单体龙形玉器的数量或仅有文字描述，并无相关图录，而在其他出处亦未有相关图片。针对这一部分单体龙形玉器及墓葬，本文不作论述，亦不计入统计。此外，在一些著作、论文或图录中有单体龙形玉器的相关描述（仅有文字或仅有图片，以图片为多），但笔者并未找到与其相关的考古简报或报告等一手资料。因此也缺乏对出土这些单体龙形玉器墓葬的形制、年代、单体龙形玉器共存器物及墓主身份的认识。针对这一部分资料，本文一般不作论述或仅有部分讨论。有部分简报或报告中记录有单体龙形玉器的总数，但是在相关详细叙述中单体龙形玉器的数量相加与总数不符（此种情况数量不多），其中的原因可能是多样的（最主要的原因是仅把标本做了详细叙述，非标本直接省略且未说明具体形制）。在本文出土单体龙形玉器墓葬概述中，数量与考古简报或报告中总数保持一致。在本文单体龙形玉器的形制分析探讨中，数量与考古简报或报告中详细叙述中单体龙形玉器的数量相一致。

由于不同的考古简报或报告对于器物编号有些许不同，对于形制相同的 2 件器物，有的简报或报告给出 1 个编号，有的简报或报告则给出 2 个编号，为保持一致性，在后续的讨论中统一以 1 个编号或标本器物的编号代表形制相同的 1 件或多件器物。

2. 单体龙形玉器年代的判断

晚期墓葬可能出早期遗物，尤其是晚期大墓出早期遗物的情况更是多见，即使是在同一时代这个问题也不可避免。如何断定一件单体龙形玉器的具体年代，是一个难题，也是本文要解决的一个问题。单体龙形

---

① 本文中的资料（包含图片与文字，尤其是图片）均来源于考古报告或简报。报告或简报的出处已在墓葬概述部分进行说明，故在后续部分中不再另行说明。有特殊情况的则会另行说明。

玉器最主要的功用是佩饰,是随身之物,与彝器等有很大不同,出现"子子孙孙永宝用"情况的可能性很低(但也并不排除这种可能性)。因而,对单体龙形玉器的初步断代主要是依据墓葬的年代进行判定,有特殊情况的会特别说明。

3. 其他问题

在对单体龙形玉器的描述中,有文字形式的,有图片形式的。图片还包含有线图、拓片、黑白图版及彩版等多种形式,其对器物宏观层面(如形制)的探讨影响不大,但是对器物微观层面(如纹饰)的探讨则影响较大。其与实物相比,给人的直观感觉还是有一定的差距。因此,在本文的讨论中,对单体龙形玉器纹饰等微观层面的讨论,在一定程度上可能与实物会有所出入,在不确定的方面则不过多的讨论。

在单体龙形玉器形制的叙述上,文中"东周出土单体龙形玉器墓葬概述"一章与"东周单体龙形玉器形制分类"一章所使用的词汇有所不同,但有一定的对应关系。如弯曲形一般对应的是条带形,卷曲形一般对应的是简单曲折形,而蜷曲形一般对应的是复杂曲折形。

第一章 东周出土单体龙形玉器墓葬的概述

本章对出土单体龙形玉器的墓葬按地域、时代进行归纳和分析,内容主要包括墓葬所在的地点[统一具体到县(区、县级市)一级],墓葬的形制、等级,墓葬是否曾被盗扰,随葬品的数量及种类,单体龙形玉器的数量、形制和出土位置,墓主人的身份、性别,墓葬的时代等相关方面。以对后面问题的讨论和解决打下基础。对于典型的墓葬亦作特别说明。

由于不同地区出土单体龙形玉器的数量有所不同,出土单体龙形玉器较多的地区主要是楚国及其附属国地区及"中原"地区。此外,目前学界对楚国及其附属国地区单体龙形玉器的研究较多,对其认识也相对较为深入,而对"中原"单体龙形玉器的认识则相对薄弱。因而在地域的划分上,先论述楚国及其附属国地区,后论述"中原"。如绪论中所言，楚国及其附属国地区主要指今天的湖北、湖南、河南南部及安徽中西部地区，"中原"主要指今天的洛阳地区及山西中南部及河南中西部地区（河北部分地区）。

其他地区出土有单体龙形玉器的墓葬相对较少，出土单体龙形玉器的数量亦相对较少（瞥墓除外），因而其他地区出土单体龙形玉器的墓葬按照地域（当今省级行政区划的分区）归为一类。

在时代的划分上，由于春秋早期及春秋中期的墓葬并无出土特征明显的东周时期的单体龙形玉器（个别墓葬出土有单体龙形玉器，但有明显的西周风格），仅在春秋晚期的墓葬中出土有东周时期的单体龙形玉器，因而此研究中春秋时期仅包含春秋晚期一段。战国时期出土单体龙形玉器的墓葬较多，时间跨度较大（从公元前475年至公元前221年），且该时期出土的单体龙形玉器数量较多、形制多样，不同时期内出土的单体龙形玉器又各具特点。因此把战国时期分为战国早期、战国中期及战国晚期三期进行讨论，每期90年左右。

第一节　楚国及其附属国地区

一　春秋时期

春秋晚期楚国及其附属国地区出土单体龙形玉器的墓葬有3座（6件），分别是寿县蔡侯墓①，淅川徐家岭三号墓②，当阳赵家湖楚墓YM3③。

寿县蔡侯墓位于安徽省淮南市寿县，是一座近正方形的竖井土坑墓。墓葬南北长8.46米，东西宽7.1米，深3.35米。该墓未被盗扰。墓内出土遗物经初步整理有584件，有青铜器、玉器、金饰及骨器，其中玉器有51件。出土单体龙形玉器有2件，呈回首匍匐状。通过墓中铜器上的铭文确定为蔡侯之墓。墓葬年代为春秋晚期，亦即公元前5世纪前半期。

---

① 安徽省文物管理委员会、安徽省博物馆：《寿县蔡侯墓出土遗物》，科学出版社1956年版。

② 河南省文物考古研究所、南阳市文物考古研究所、淅川县博物馆：《淅川和尚岭与徐家岭楚墓》，文物出版社2004年版。

③ 湖北省宜昌地区博物馆、北京大学考古系：《当阳赵家湖楚墓》，文物出版社1992年版。

淅川徐家岭三号墓位于河南省南阳市淅川县，是一座长方形竖穴土坑木椁墓。现存墓口东西长 10.6 米，南北宽 9.7 米；墓底东西长 6.2 米、南北宽 4.7 米；墓深 6.7 米。墓底四周有熟土二层台。葬具全部腐朽，从残留痕迹看应为一椁三棺。墓葬东北部被盗。随葬品共计有 1713 件，有铜器、玉石器及骨管、鹿角等。玉、石器有 1027 件，玉器出于墓主身上及周边。出土龙形玉佩有 3 件，位于墓主人的骨盆上。其中 2 件为一块玉料锯开而成，大小、形制相近，呈俯首弯曲状。另一件仅残存前半部，呈回首弯曲状。从墓葬形制、规模和随葬器物的情况看，墓主应为楚国高级贵族。随葬有车马器和兵器，墓葬为男性。通过墓葬中铜鼎等铜器与和尚岭 M1、曾侯乙墓等墓葬的对比，推断墓葬的年代应为春秋晚期。

当阳赵家湖楚墓 YM3 位于湖北省当阳市，是一座竖穴土坑墓。墓口长 4.82 米、宽 2.82 米，墓底长 3.17 米、宽 2.15 米；深 1.52 米。葬具为一椁一棺。该墓曾被盗扰。随葬器物有陶器，玉器。出土单体龙形玉器 1 件，呈回首弯曲状。推断该墓的年代东周时期。看该单体龙形玉器的形制及纹饰，当为春秋晚期①。

二　战国时期

（一）战国早期

战国早期楚国及其附属国地区出土单体龙形玉器的墓葬有 6 座（23件），分别是固始侯古堆一号墓②，信阳楚墓一号墓③，河南省叶县旧县 1 号墓④，淅川徐家岭十号墓⑤，湖北省江陵葛陂寺 34 号墓⑥，曾侯

① 杨建芳：《楚式单体龙形玉器佩（上）——楚式玉雕系列之一》，《中国古玉研究论文集（下册）》，众志美术出版社 2001 年版，第 11 页。

② 河南省文物考古研究所：《固始侯古堆一号墓》，大象出版社 2004 年版。

③ 河南省文物研究所：《信阳楚墓》，文物出版社 1986 年版。

④ 河南省文物研究所、平顶山市文物管理委员会、叶县文化馆，姜涛：《河南省叶县旧县 1 号墓的清理》，《华夏考古》1988 年第 3 期，第 1—18 页。

⑤ 河南省文物考古研究所、南阳市文物考古研究所、淅川县博物馆：《淅川和尚岭与徐家岭楚墓》，文物出版社 2004 年版。

⑥ 湖北省文物管理委员会，郭德维、刘彬徽：《湖北省江陵出土虎座鸟架鼓两座楚墓的清理简报》，《文物》1964 年第 9 期，第 27—32 页。

乙墓①。

固始侯古堆一号墓位于河南省信阳市固始县，是一座竖穴土坑墓。墓口东西长 12 米、南北宽 10.5 米，墓底东西长 10.8 米、南北宽 9 米；深 16 米。有封土堆，有一条墓道。葬具为二椁一棺。并有殉人 17 具。随葬器物有青铜器、漆木竹器、玉器、骨器及陶瓷器等，其中玉器 50 余件。出土单体龙形玉器 1 件，呈回首卷曲状，出于墓主胸腹部。该墓虽出九件铜鼎，但并非一套，而是多套鼎制组合而成，再从铜器铭文及丧葬习俗的角度综合考虑，墓主人应为楚国番县贵族，墓主为女性。通过对该墓铜器的考察，判断其时代应该在战国初年吴亡之后②。

信阳楚墓一号墓位于河南省信阳市，是一座规模较大的木椁墓。墓圹呈长方形，东西长 14.5 米，宽 12.05—12.55 米，墓底长 9.7 米、宽 7.35—7.6 米；墓深 10.25 米。墓壁有四层台阶。有一条墓道。用方木隔出 7 个墓室，主室棺椁为三层椁，两层棺。在发掘前附近村民进入前室、主室及由侧室取出了一部分铜器和漆木器。随葬器物经过整理复原共计有 903 件，有铜器、陶器、漆木器、玉器、铁器及竹器等。玉器除 1 件玉璧外均出自主室人骨架周围。出土单体龙形玉器有 4 件，其中回首蜷曲状的有 2 件，俯首弯曲状的有 2 件。该墓有较大的墓圹、长斜坡墓道及庞大的椁室；随葬器物种类丰富、数量多，成组铜列鼎五件，铜编钟十三件；简文中记有录簋，豆的数量，根据此四点分析，墓主人的职位当是和士大夫相似的奴隶主。通过墓葬形制、随葬器物与望山墓及蔡侯墓对比，推断此墓早于望山墓，晚于蔡侯墓，年代应为战国早期。该墓出土器物丰富，种类多样，出土单体龙形玉器完整且有特色，时代明确，可作为本时期的典型单位进行参考。

河南省叶县旧县 1 号墓位于河南省平顶山市叶县，是一座长方形土圹竖穴墓。墓口东西长 17.44 米、南北宽 13.12 米，墓底东西长 11.72 米，南北宽 8.5 米；墓深 11.2 米。墓圹四壁斜直。有一条墓道。葬具为二椁二棺。此墓曾多次被盗扰，亦被河水冲蚀。清理出随葬品有 70 余

---

① 湖北省博物馆：《曾侯乙墓》，文物出版社 1989 年版。

② 张闻捷：《固始侯古堆一号墓的年代与墓主》，《华夏考古》2015 年第 2 期，第 99—108 页。

件，其中玉器有 14 件，均出自棺室。有单体龙形玉器 1 件，呈俯首弯曲状。通过墓葬的葬式及随葬器物分析，墓主可能是楚国大夫级的贵族。通过对该墓的形制，所出土的器物的风格，铜器与寿县蔡侯墓、信阳长关台一号楚墓对比等多方面分析，推测该墓年代应为战国早期。

淅川徐家岭十号墓位于河南省南阳市淅川县，是一座长方形竖穴土坑木椁墓。墓葬墓口东西长 13.8 米、南北宽 13 米，墓底东西长 5.4 米、南北宽 4.9 米；墓深 13 米。墓圹四壁斜直光滑。有一条墓道。葬具为一椁三棺。墓口东部有两个盗洞，但都没有进入椁室，墓葬主体未被盗扰。随葬品共 707 件，主要为铜器，其次为玉器。玉、石、料器共计有 121 件。单体龙形玉器有 3 件，除 1 件残缺较为严重无法辨识其具体形态，另外 2 件虽有残缺，但可辨识其中 1 件为回首卷曲形，1 件为回首蜷曲状。此 3 件单体龙形玉器出于墓主人的右臂骨的北侧。从墓葬的形制、规模，铜礼器的数量、组合，随葬乐器有铜纽钟、铜镈钟、石编磬及有殉人等方面分析，墓主人的身份应相当于大夫级。随葬有铜车马器和兵器，墓主应为男性。出土铜器与淅川徐家岭三号墓、曾侯乙墓对比分析，墓葬的年代应该在战国早期。

湖北省江陵葛陂寺 34 号墓位于湖北省荆州市，为长方形土坑竖穴墓。墓口残长 3.3 米，宽 1.82—2.2 米，残深 3.35 米。葬具为一椁一棺。随葬品全部放在器物箱中，有陶器、漆木器、玉器等，玉器放在中部。出土单体龙形玉器 2 件，已残。据出土陶器的类型判断其年代可能是战国早中期。

曾侯乙墓位于湖北省随州市曾都区，是一座岩坑竖穴墓。墓口东西最长 21 米，南北最宽 16.5 米。椁室有四个，棺有内外两层。该墓曾被盗扰，但盗墓者可能没有进入椁室，仅中室的东北角有扰动迹象。随葬器物有铜器、漆木器、玉器、陶器及金器等。出土单体龙形玉器 12 件，部分呈回首卷曲状，部分形制特殊。通过墓葬形制、出土器物及器物上的文字判断，墓主为曾国君主曾侯乙。该墓的年代在战国早期，即公元前 433 年至公元前 400 年之间。

（二）战国中期

战国中期楚国及其附属国地区出土单体龙形玉器的墓葬有 24 座（79

件），分别是江陵望山沙冢楚墓望山二号墓①，江陵望山沙冢楚墓望山 3号墓②，湖北荆州院墙湾一号楚墓③，荆州天星观二号楚墓④，荆门左冢楚墓一号墓⑤，九连墩一号墓⑥，九连墩二号墓⑦，湖北荆州熊家冢墓地中 13 座墓葬⑧，河南固始葛藤山墓葬⑨，长沙楚墓 M165⑩，长沙楚墓M398⑪（长沙市白泥塘五号战国墓），安徽六安市白鹭洲战国墓 M566⑫。

江陵望山沙冢楚墓望山二号墓位于湖北省荆州市荆州区，是一座中型竖穴土坑木椁墓。地面有封土堆。墓口东西长 11.84 米，南北宽 9.43米，墓地东西长 5.75 米，南北宽 3.3 米；深 6.69 米。坑壁有三级台阶。有一条墓道。葬具为一椁三棺。该墓曾被盗扰。出土遗物有 617 件，有陶

---

① 湖北省文物考古研究所：《江陵望山沙冢楚墓》，文物出版社 1996 年版。

② 同上。

③ 荆州博物馆，田勇、赵晓斌：《湖北荆州院墙湾一号楚墓》，《文物》2008 年第 4 期，第4—23 页。

④ 湖北省荆州博物馆：《荆州天星观二号楚墓》，文物出版社 2003 年版；荆州市博物馆《湖北省荆州市天星观二号墓发掘简报》，《文物》2001 年第 9 期，第 4—21 页。

⑤ 湖北省文物考古研究所、荆门市博物馆、襄荆高速公路考古队：《荆门左冢楚墓》，文物出版社 2006 年版。

⑥ 胡雅丽：《九连墩 1、2 号墓综述》，湖北省博物馆编：《九连墩：长江中游的楚国贵族大墓》，文物出版社 2007 年版。又见胡雅丽、王红星《九连墩楚墓出土玉器综述》，中华玉文化中心、中华玉文化工作委员会编：《玉魂国魄——湖北枣阳九连墩楚墓玉器特展》，浙江摄影出版社，2015 年 12 月。

⑦ 同上。

⑧ 荆州博物馆，彭军、王家政、王莉、金陵、王明钦、杨开勇、丁家元、赵晓斌：《湖北荆州熊家冢墓地 2006—2007 年发掘简报》，《文物》2009 年第 4 期，第 4—25 页。又见荆州博物馆张绪球《荆州楚王陵园出土玉器精粹》，众志美术出版社 2015 年版。由于《湖北荆州熊家冢墓地 2006—2007 年发掘简报》中仅列举一些重要标本文物，并不全面。相对来说，《荆州楚王陵园出土玉器精粹》一书中包含的单体龙形玉器较为全面。另外，两者文中关于器物的编号也略有不同。经综合考虑，在后文中一律采用《荆州楚王陵园出土玉器精粹》一书中的器物编号。

⑨ 詹汉清：《河南固始出土战国玉佩》，《文物》1986 年第 4 期，第 20 页。

⑩ 湖南省博物馆、湖南省文物考古研究所、长沙市博物馆、长沙市文物考古研究所：《长沙楚墓》，文物出版社 2000 年版。

⑪ 同上。又见长沙市文物工作队，何旭红、傅星生：《长沙市白泥塘 5 号战国墓发掘简报》，《文物》1995 年第 12 期，第 17—26 页。此两墓为同一墓葬，一个是考古简报内容，一个是考古报告内容。在后文中采用考古报告的内容。

⑫ 安徽省文物考古研究所、六安市文物管理局，李德文、秦让平、汪欣、邓刚、杨亚宁：《安徽六安市白鹭洲战国墓 M566 的发掘》，《考古》2012 年第 5 期，第 29—40 页。

器、铜器、漆木器、玉石器及竹简类等。玉石器有 69 件,玉璧、环和佩饰等出于内棺人骨架上下及周围,其余则出于头箱。出土单体龙形玉器 5 件,除 1 件残缺较为严重,其余 4 件保存较好,呈回首卷曲状,位于人骨架胸腹部两侧。从墓葬形制、随葬器物及遣策记载和烙印章文推测墓主应为下大夫级。通过对存留人骨的鉴定,认定墓主为女性。从随葬的铜、陶礼器组合及各种器皿形制特征器物组合及特征推断该墓的年代为战国中期晚段。

江陵望山沙冢楚墓望山 3 号墓位于湖北省荆州市荆州区,是一座土坑竖穴墓。墓口残长 3.58 米、宽 2.6 米,墓地长 3.34 米、宽 1.75 米;深 3.77 米。有一条墓道。葬具为一椁二棺。墓葬曾被盗掘。出土器物有陶器、铜器、漆木器、玉器等。出土单体龙形玉器有 5 件,1 件出于墓主左肩处,呈回首蜷曲状;4 件出于头箱,其中有 2 件残缺,另外 2 件呈回首卷曲状。通过与马山 1 号墓的墓葬规模及出土物对比,推断墓主大致相当于元士的等级。该墓出土铜、陶礼器组合与特征和望山 2 号墓相似,年代也应与望山 2 号墓大致相同,为战国中期偏晚。

湖北荆州院墙湾一号楚墓位于湖北省荆州市荆州区,是一座中型土坑竖穴木椁墓。墓坑原有较高的封土堆,现已被破坏。墓口长 7.9 米、宽 6.35 米,墓底长 5.9 米、宽 3.62 米;深 5.2 米。有一条墓道。葬具为一椁二棺。该墓曾被盗扰,南室被盗掘一空,随葬器物仅在东室和内棺中有保存。残存遗物共计 129 件,有陶器、铜器、漆木器、玉器、料器、锡器等,其中玉器有 29 件。单体龙形玉器有 8 件,形制各异,有回首蜷曲状、昂首蜷曲状、回首弯曲状、俯首弯曲状。大多数出土于墓主人的胸腹部及股骨处,少数出土于墓主人的头部右侧。从棺椁形制及随葬器物来看,该墓是一个楚国中下层贵族墓,为士或大夫等级,墓主人为女性。通过对仿铜陶礼器的组合分析,结合该墓所出陶器与江陵九店东周墓乙组甲类三期五段陶器相似等情况,推断该墓的时代为战国中期晚段。该墓曾被盗扰,器物之间的位置及组合关系也发生变化,但留存的单体龙形玉器数量较多,形制多样,制作精美,可作为本时期的典型单位进行参考。

荆州天星观二号楚墓位于湖北省荆州市沙市区,是一座长方形竖穴土坑木椁墓。因被湖水冲毁,墓坑残长 9.1 米,宽 8 米,深 4.5 米。墓坑西壁残存二级台阶，其他三面残存一级台阶。有一条墓道。葬具为二椁二棺。该墓曾多次被盗扰。出土遗物共 1430 件，有青铜器、漆木器、竹器、骨角器玉石陶料器、银器、丝麻制品和皮甲等，其中玉石陶杂器共计 72 件。出土单体龙形玉器 1 件，但已残缺，仅存后半部，呈（回首）蜷曲状。从墓葬的用鼎制度、漆木器及乐器的使用所反映的情况分析，该墓主的等级属于卿上大夫级。通过人骨鉴定，墓主为女性。通过铜器的器形特征、纹饰等与曾侯乙墓、荆门包山楚墓、江陵望山楚墓、天星观一号楚墓等墓葬比较分析，推断该墓的下葬年代晚于曾侯乙墓、早于包山二号墓和望山一号墓，与天星观一号墓的下葬年代相当，或略早于天星观一号墓，其年代可能在公元前 350 年—公元前 330 年之间。

荆门左冢楚墓一号墓位于湖北省荆门市沙洋县，是一座长方形竖穴土坑墓。墓口东西长 18—18.3 米，南北宽 15.75—15.9 米，墓底东西长 7.95 米，南北宽 4.05 米；深 7.41 米。坑壁有八级台阶。有一条墓道。葬具为一椁三棺。该墓曾被盗掘。出土随葬器物共 452 件，有铜器、铁器、漆木器、玉石器、竹器等。玉石器有 28 件，出自北室和棺内。出土单体龙形玉佩有 1 件，为俯首弯曲形，出土于北室。通过墓葬形制、葬具及随葬器物分析，该墓墓主等级为下大夫，为男性。通过对随葬铜器组合及器形分析，并与江陵九店东周楚墓等墓葬比较，该墓所出的遗物大多与江陵九店东周楚墓中的三期五段、望山二号楚墓和包山二号楚墓所出的遗物较为相似，推测该墓的年代应在战国中期晚段。

九连墩 1 号墓位于湖北省襄樊市枣阳市。墓口东西长 38.1 米，南北宽 24.8 米，深 12.8 米。墓壁有十四级台阶。有一条墓道。葬具为二椁二棺。该墓曾被盗扰。随葬器物 975 件套，单个计数为 4652 件①，有铜器、

---

① 《九连墩 1、2 号墓综述》一文"1 号墓随葬……共计 4067 件"，而《九连墩楚墓出土玉器综述》一文"九连墩 1 号楚墓随葬……共计 975 件套，单个计数为 4652 件"，此处使用《九连墩楚墓出土玉器综述》一文中的数据。后文中关于九连墩 1 号墓器物的编号两篇文章也不相同，本文也同样采用《玉魂国魄——湖北枣阳九连墩楚墓玉器特展》一书中的编号，此书中没有记录的单体龙形玉器则使用《九连墩：长江中游的楚国贵族大墓》一书中的单体龙形玉器及其编号。

石器、陶器、漆木器、玉器等。随葬玉器 75 件套，单个计数为 295 件，分布于北室、西室、南室及中室内。单体龙形玉器在内棺之中。可明确的出土单体龙形玉器有 4 件，有俯首弯曲形、回首卷曲形与形制特殊者。从墓葬形制、葬具及随葬青铜器的组合等方面分析，墓主等级应为大夫级。通过人骨鉴定确定墓主为男性。从出土的典型器物推测分析，墓葬的年代为战国中期晚段，即公元前 300 年前后。

九连墩 2 号墓位于湖北省襄樊市枣阳市。墓口东西长 34.7 米，南北宽 32 米，深 12 米。墓壁有十四级台阶。有一条墓道。葬具为二椁二棺。随葬器物 508 件套，单个计数为 2995 件①。随葬玉器 29 件套，单个计数 237 件，均出自中室内棺人骨周围。可明确的出土单体龙形玉器有 11 件，有俯首弯曲形、回首卷曲形、回首蜷曲形与形制特殊者。墓主为女性，与九连墩 1 号墓墓主为夫妻关系。九连墩 2 号墓墓基叠压在 1 号墓墓基之上，说明 2 号墓下葬的时间相对晚于 1 号墓，但两墓的年代相距不远，2 号墓的年代也应为战国中期晚段，即公元前 300 年前后。

湖北荆州熊家冢墓地位于湖北省荆州市荆州区，是东周楚国大型墓地之一。该墓地墓葬较多，出土器物亦较为丰富，出土单体龙形玉器的墓葬有 13 座。分别是湖北荆州熊家冢熊 M2，湖北荆州熊家冢熊 M4（湖北荆州熊家冢墓地 PM4）②，湖北荆州熊家冢熊 M6，湖北荆州熊家冢熊 M7，湖北荆州熊家冢熊 M8（湖北荆州熊家冢墓地 PM8），湖北荆州熊家冢熊 M9，湖北荆州熊家冢熊 M12（湖北荆州熊家冢墓地 PM12），湖北荆州熊家冢熊 M16（湖北荆州熊家冢墓地 PM16），湖北荆州熊家冢熊 M17，湖北荆州熊家冢熊 M19，湖北荆州熊家冢熊 M28，湖北荆州熊家冢熊

---

① 《九连墩 1、2 号墓综述》一文 "2 号墓随葬……共计 1066 件"，而《九连墩楚墓出土玉器综述》一文 "九连墩 2 号楚墓随葬……共计 508 件套，单个计数为 2995 件"，此处使用《九连墩楚墓出土玉器综述》一文中的数据。后文中关于九连墩 2 号墓器物的编号两篇文章也不相同，本文也同样采用《玉魂国魄——湖北枣阳九连墩楚墓玉器特展》一书中的编号。此书中没有记录的单体龙形玉器则使用《九连墩：长江中游的楚国贵族大墓》一书中的单体龙形玉器及其编号。

② 关于墓葬的编号，《荆州楚王陵园出土玉器精粹》一书中为 "湖北荆州熊家冢熊 M4"，《湖北荆州熊家冢墓地 2006—2007 年发掘简报》一文中为 "湖北荆州熊家冢墓地 PM4"。两书中涉及同一墓葬的在此标记，下同。

M53，湖北荆州熊家冢北侧熊北 M2。该墓地出土各个墓中出土单体龙形玉器目前可查的有 30 余件，其形制多样，以回首蜷曲形居多，也有部分形制特殊者。该墓地的年代应为战国早中期。

河南固始葛藤山墓葬位于河南省信阳市固始县，墓葬具体形态不清楚。依据两件单体龙形玉器的形制及纹饰判断，推测此 2 件单体龙形玉器的年代为战国中期。

长沙楚墓 M165 位于湖南省长沙市。墓葬形制为二 B I，即有葬具一椁一棺一边箱墓。墓室长 3.34 米，宽 218 米，深 1.68 米。出土有陶器及玉器等。可以明确的出土单体龙形玉器有 1 件，呈回首弯曲状。墓葬类别为乙类，即士级墓，使用二至四鼎的墓。墓葬年代为第三期，即战国中期。

长沙楚墓 M398 位于湖南省长沙市。是一座不太规整的长方形土坑竖穴墓。墓葬形制为二 B III，即有葬具一椁一棺有三边箱墓。墓口长 5.4—5.6 米、宽 4.4 米，墓底长 4.6 米、宽 3 米；深 3.1 米。墓壁有三级台阶。有一条墓道。葬具不明。该墓未被盗扰。随葬器物有 77 件，有铜器、陶器、玉器及琉璃器等，其中玉器有 3 件。出土单体龙形饰 1 件，呈回首弯曲状。从墓葬的形制和所出土的铜、陶礼器和兵器、车马器判断，墓葬类型为甲类，墓主人应为大夫一级的楚国贵族。随葬器物形制与湖北江陵望山 M1、湖南湘乡牛形山 M1 等墓葬对比，推断墓葬年代为第三期第四段，即战国中期早段。

安徽六安市白鹭洲战国墓 M566 位于安徽省六安市金安区，是一座竖穴土坑墓。墓口残长 7 米、宽 4.2 米；墓底长 6 米、宽 4.12 米。有一条墓道。葬具为一椁三棺。该墓未被盗扰。出土随葬器物共 129 件，包括陶器、铜器、漆木器及玉器等。玉器有 16 件，均出自内棺，在墓主身上及周围。出土单体龙形玉佩有 7 件，除其中 1 件残缺较为严重无法辨识外，其余 6 件有俯首弯曲形与回首蜷曲形两种，出土于墓主人的右臂、股骨、腿及足部。通过葬具形制分析，推断墓主的身份应不低于大夫级。通过与荆州院墙湾一号楚墓陶器组合及信阳长台关七号楚墓等墓葬铜器器形的对比，推断该墓的年代为战国中期或中晚期。

（三）战国晚期

战国晚期楚国及其附属国地区出土单体龙形玉器的墓葬有 12 座（29

件），分别是包山楚墓四号墓①，包山楚墓五号墓②，河南淮阳平粮台十六号楚墓③，安徽长丰杨公发掘九座战国墓 M8④，安徽长丰杨公发掘九座战国墓 M9⑤，长沙楚墓 M831，长沙楚墓 M1033，长沙楚墓 M1065⑥，长沙楚墓 M1211⑦，长沙楚墓 M1282⑧，湖南澧县新洲一号墓⑨，湖南常德德山战国墓 37⑩。

　　包山楚墓四号墓位于湖北省荆门市沙洋县，是一座长方形土坑竖穴墓。有封土，已遭破坏。墓口东西长 11.2 米，南北宽 9.2 米；墓底东西长 4.32 米，南北宽 3 米。墓壁有三级台阶。有一条墓道。葬具是一椁二棺。该墓曾被盗扰。出土随葬器物 108 件，有青铜器、玉器、漆木器及铁器等，其中玉器有 3 件，置于内棺。单体龙形玉佩有 2 件，呈回首蜷曲状，出于内棺墓主的腰部。通过墓葬形制及随葬器物推断，该墓墓主应为元士阶层。通过铜器的比较，可知包山二号墓是介于江陵望山一号墓与张家山二〇一号墓之间，甚至更加接近于江陵望山一号墓（公元前 332年）。据包山楚简的有关记载，推定包山二号墓的下葬年代范围为公元前318 年至公元前 298 年之间。再通过对随葬器物的排比及纪年材料的梳理，可知包山二号墓下葬的绝对年代为公元前 316 年楚历六月二十五日。通过与包山二号墓铜器、江陵雨台山五五五号墓等墓葬出土陶器对比，推断四号墓的年代介于包山二号墓与江陵雨台山五五五号墓之间，为公元前 290 年前后。

---

①　湖北省荆沙铁路考古队：《包山楚墓》，文物出版社 1991 年版。

②　同上。

③　河南省文物研究所、淮阳县文物保管所，曹桂岑、张玉石：《河南淮阳平粮台十六号楚墓发掘简报》，《文物》1984 年第 10 期，第 18—27 页。

④　安徽省文物工作队：《安徽长丰杨公发掘九座战国墓》，《考古学集刊·2》，中国社会科学出版社 1982 年版，第 47—60 页。

⑤　同上。

⑥　湖南省博物馆、湖南省文物考古研究所、长沙市博物馆、长沙市文物考古研究所：《长沙楚墓》，文物出版社 2000 年版。

⑦　同上。

⑧　同上。

⑨　湖南省博物馆、澧县文管所：《湖南澧县新洲一号墓发掘简报》，《考古》1988 年第 5期，第 428—431 页。

⑩　湖南省博物馆：《湖南常德德山战国墓葬》，《考古》1959 年第 12 期，第 658—662 页。

包山楚墓五号墓位于湖北省荆门市沙洋县，是一座长方形土坑竖穴墓。有封土，已遭破坏。墓口东西长 4.14—4.5 米，南北宽 3.4—4.25 米。墓壁光滑。有一条墓道。葬具是一椁二棺。随葬器物共计 50 件，有铜器、陶器、漆木器及玉器等，其中玉器有 4 件。单体龙形玉器有 1 件，但是残缺较为严重，出于北室西部。通过墓葬形制及随葬器物推断，该墓墓主应为"士"阶层。该墓的年代与包山四号墓相当，为公元前 290 年前后。

河南淮阳平粮台十六号楚墓位于河南省周口市淮阳县，是一座竖穴木椁墓。复原后墓口东西长 14.2 米，南北宽 10.32 米。墓壁有六级台阶。有一条墓道。随葬器物丰富，有陶器、铜器、玉器等。玉器有 35 件，其中 25 件有规律地放置于棺内或佩戴在墓主人的身上，棺外东部有玉环 1 件，其余 9 件则置于棺外东北部。出土单体龙形玉器 11 件，除 1 件出于馆外，其余皆出于内棺，佩戴在墓主人的身上。龙形玉器形制多样，主要有回首弯曲形、回首蜷曲及俯首卷曲形。通过人骨鉴定，墓主为男性。通过出土陶器与湖北江陵楚墓第八期墓葬及安徽长丰杨公楚墓的对比分析，该墓的年代介于江陵楚墓八期与长丰杨公楚墓之间，即为楚都于陈的三十八年期间，也就是公元前 278 年至公元前 241 年之间。该墓出土玉器较多，且层位清晰，组合关系明确，出土单体龙形玉器的数量亦较多，形制丰富，可作为此时期的典型单位进行参考。

安徽长丰杨公发掘九座战国墓 M8 位于安徽省合肥市长丰县，是一座长方形土坑竖穴墓。墓口长 16.9 米、宽 14.7 米，墓底长 5.5 米、宽 3.3 米；深 7.8 米。墓壁有五级台阶，有一条墓道，葬具为一椁二棺。该墓曾被盗扰。随葬器物有铜器、陶器及玉器等。出土单体龙形玉器 2 件，呈回首卷曲状，位于墓主股骨两侧。墓主为老年男性。从墓葬的形制及出土器物的风格，及与湖北江陵楚墓、湖南长沙楚墓及朱家集楚王墓等墓葬中器物对比，判断该墓为楚墓。据出土陶器组合分析，该墓的年代为战国晚期。

安徽长丰杨公发掘九座战国墓 M9 位于安徽省合肥市长丰县，是一座长方形土坑竖穴墓。墓口长 16.3 米、宽 13.9 米，墓底长 6 米、宽 4.9 米；深 5.5 米。墓壁有四级台阶，有一条墓道，封土堆尚存。葬具为二椁二棺。该墓曾遭到盗扰。随葬器物有铜器、银器及玉器等。出土单体龙形玉器2件，呈回首卷曲状。该墓情况与安徽长丰杨公发掘九座战国墓M8相近，应为战国晚期楚墓。

湖南澧县新洲一号墓位于湖南省常德市澧县，是一座土坑竖穴墓。有封土。墓口东西长15.8米、南北宽13.2米，墓底长4.9米、宽3.2米；深7.5米。墓壁有二级台阶，有一条墓道，葬具应为一椁一棺。该墓曾被盗掘，但棺内器物保存完好。出土玉器有15件，其中单体龙形玉器有4件，均呈回首蜷曲状。2件出于头、胸部，2件出土足部。通过与河南平粮台十六号墓及安徽长丰杨公M8、M9等墓形制及出土玉器的对比，推断该墓时代应为战国晚期，应在"白起拔郢"前后。

长沙楚墓M831位于湖南省长沙。墓葬形制为二BⅡb，即有葬具一椁一棺有头、右二边箱墓。墓室长3.49米，宽2.35米，深5.1米。葬具为一椁一棺。出土有陶器、铜器，玉器及漆木器等。可以明确的出土单体龙形玉器有1件，残缺严重，具体形制不明。墓葬类别为乙类，即士级墓，使用二至四鼎的墓。墓葬年代为第四期第八段，即战国晚期中段。

长沙楚墓M1033位于湖南省长沙市。墓葬形制为二D，即有葬具二椁一棺四边箱墓。墓室长3.28米，宽1.9米，深2.5米。葬具为二椁一棺。出土有陶器、铜器、玉器及漆木器。可以明确的出土单体龙形玉器有1件，呈回首弯曲状。墓葬类别为乙类，即士级墓，使用二至四鼎的墓。墓葬年代为第四期，即战国晚期。

长沙楚墓M1065位于湖南省长沙市。墓葬形制为二BⅡc，即有葬具一椁一棺，有左、右二边箱墓。墓室长3.56米，宽2.4米。有残木棺椁。出土有陶器、铜器、玉器及漆木器。可以明确的出土单体龙形玉器有1件，呈俯首弯曲状。墓葬类别为乙类，即士级墓，使用二至四鼎的墓。墓葬年代为第四期，即战国晚期。

长沙楚墓M1211位于湖南省长沙市。墓葬形制为一BI，即无葬具的长方形坑墓。墓室长3.35米，宽1.4米，深4.5米。出土有陶器、铜器及玉器。可以明确的出土单体龙形玉器有1件，呈回首卷曲状。墓葬类别为丙类，即使用一鼎和使用日常陶器随葬的庶人、平民和贫民墓。墓葬年代为第四期第八段，即战国晚期。

长沙楚墓M1282位于湖南省长沙市。墓葬形制为一CI，即无葬具的长方形宽坑墓。墓室长3.3米，宽2.3米，深2.9米。出土有陶器、铜器及玉器。可以明确的出土单体龙形玉器有 1 件，呈回首蜷曲状。墓葬类别为乙类，即士级墓，使用二至四鼎的墓。墓葬年代为第四期，即战国晚期。

湖南常德德山战国墓 37 位于湖南省常德市，是一座竖穴土坑墓。葬具为一椁一棺。出土单体龙形玉器 2 件，为回首蜷曲状。该墓墓坑的结构、棺椁的形制及随葬陶器、铜兵器、铁器等与长沙、衡阳等地战国墓中所出土的器物多有相同之处。看单体龙形玉器形态，时代应为战国晚期。

第二节　"中原"地区

一　春秋时期

春秋晚期"中原"地区出土单体龙形玉器的墓葬有 3 座、祭祀遗址有 1 处（28 件），分别是山西长子县 7 号墓[①]，太原晋国赵卿墓 M251[②]，洛阳中州路（西工段）M412[③]，侯马盟书探方一一底层[④]。

山西长子县 7 号墓位于山西省长治市长子县，是一座长方形竖穴土坑墓。墓口长 6.42 米、宽 4.8 米，墓底长 5.74 米、宽 4.28 米；墓室深 11.5 米。葬具为二椁一棺。出土随葬器物 553 件，有铜器、玉器、漆木器及陶器等，其中玉器主要放置于人骨的上半身，在内外椁之间亦有少量玉器。出土单体龙形玉器 9 件，呈回首弯曲状。该墓有铜列鼎一组五件，人殉三人及丰富的青铜礼器，推断该墓墓主应为晋国士大夫等级。从残留的牙齿推测其可能是女性。通过墓葬形制、铜器的纹饰与器形、青铜器与侯马铸铜作坊遗址出土的陶范纹饰一致等方面判断，该墓的年代应为春秋晚期。

太原晋国赵卿墓 M251 位于山西省太原市晋源区，是一座长方形竖穴土坑积石积碳木椁墓。墓口东西长 11 米、南北宽 9.2 米，墓底东西长 9

---

① 山西省考古研究所，陶正刚、李奉山：《山西长子县东周墓》，《考古学报》1984 年第 4 期，第 503—529 页。

② 山西省考古研究所、太原市文物管理委员会，陶正刚、侯毅、渠川福：《太原晋国赵卿墓》，文物出版社 1996 年版。

③ 中国科学院考古研究所：《洛阳中州路（西工段）》，科学出版社 1959 年版。

④ 山西省文物工作委员会：《侯马盟书》，文物出版社 1976 年版。

米、南北宽 6.8 米；深 13.8 米。葬具是三层棺，该墓未被盗扰。随葬器物有 3421 件，有青铜器、玉石器、金器、陶器、木器及骨角器等。玉石器有 297 件，绝大多数出于墓主棺内，少数出于陪葬人棺内。出土单体龙形玉器有 16 件，大多数保存较好，呈回首卷曲状，少数残损严重，墓主人头部左上方与右上方各出 2 件。从墓葬埋藏位置、棺椁制度、青铜礼乐器的配置、车马坑的规模及兵器数量来判断，墓主为晋国六卿之一的赵鞅。通过对牙齿及残头骨的鉴定，墓主人为一年龄在 70 岁左右的老年男性。通过青铜器器型及纹饰分析，该墓的年代为春秋晚期，约为公元前 475—公元前 450 年。该墓葬出土器物丰富，未被盗扰，层位关系比较明确，出土的单体龙形玉器亦较多，可作为本时期的典型单位进行参考。

洛阳中州路（西工段）M412 位于河南省洛阳市西工区，是一座竖穴墓。墓室长 2.4 米，宽 1.24 米，深 3.47 米。葬具为一棺，该墓有被扰乱。出土有陶器、玉石器、铜器等。出土单体龙形玉器 1 件，形制较为原始抽象，呈回首状。该墓的年代为东周第三期，即春秋晚期。

侯马盟书探方——底层位于山西省临汾市侯马市，是一处盟誓遗址。2 件单体龙形玉佩出土于竖坑的壁龛中。形制抽象，呈回首弯曲状。侯马盟书的主盟人为赵鞅，时代应为春秋后期。

二　战国时期

（一）战国早期

战国早期"中原"地区出土单体龙形玉器的墓葬有 14 座（40 件），分别是山西省潞城县潞河七号墓①，山西长治分水岭墓 53②，山西长治分水岭墓 25③，山西长治分水岭墓 14④，新绛柳泉墓地 M302⑤，洛阳市西

---

① 山西省考古研究所、山西省晋东南地区文化局：《山西省潞城县潞河战国墓》，《文物》1986 年第 6 期，第 1—19 页。

② 山西省考古研究所、山西博物馆、长治市博物馆，韩炳华、李勇：《长治分水岭东周墓地》，文物出版社，2010 年 1 月。又见山西省文物管理委员会、山西省考古研究所，边成修、叶学明、沈振中：《山西长治分水岭战国墓第二次发掘》，《考古》1964 年第 3 期，第 111—137 页。

③ 同上。

④ 同上。

⑤ 王金平：《新绛柳泉墓地调查、发掘报告》，山西省考古研究所侯马工作站编：《晋都新田》，山西人民出版社 1996 年版，第 145—187 页。

工区 203 号战国墓①，河南洛阳新发现随葬钱币的东周墓葬 M2547②，洛阳中州路（西工段）M1316③，洛阳中州路（西工段）M2717④，陕县东周秦汉墓 M2040⑤，陕县东周秦汉墓 M3501⑥，陕县东周秦汉墓 M2041⑦，陕县东周秦汉墓 M2144⑧，辉县赵固区第 1 号墓⑨

山西省潞城县潞河七号墓位于山西省长治市潞城市，是一座土坑竖穴积石积碳墓。墓口南北长 6 米、东西宽 5.5 米；墓底南北长 6.4 米、东西宽 5.7 米；深 11.3 米。葬具应为一椁二棺。该墓曾遭到人为破坏盗扰。出土随葬遗物有 500 多件，有铜器、玉器、石器、金器、骨器及漆木器等，其中玉器有近 150 件（片）。出土单体龙形玉器 6 件，形制有俯首弯曲状与回首弯曲。另有滑石质单体龙形饰 2 件，呈俯首弯曲状。通过墓葬形制、葬具及随葬器物中的礼乐器、车马器等方面分析，墓主应为下大夫，可能是韩国人。通过出土铜器的组合、纹饰及器形与洛阳中州路及新郑彝器对比，推断该墓的年代为战国初期。

山西长治分水岭墓 53 位于山西省长治市城区，是一座长方形竖穴土圹墓。墓口长 4.7 米、宽 3.8 米；墓底长 3.9 米、宽 2.9 米。葬具为一椁一棺。随葬品共计 67 件，以铜器和玉器为主。出土单体龙形玉器 4 件，有俯首弯曲状或回首弯曲状。通过与洛阳中州路第四期墓葬的铜器对比分析，推断该墓葬的年代为战国早期，可能为赵国墓葬⑩。该墓出土单体龙形玉器完整且有特色，时代明确，可作为本时期的典型单位进行参考。

山西长治分水岭墓 25 位于山西省长治市城区，是一座长方形竖穴土

---

① 洛阳市文物工作队，孙新科：《洛阳市西工区 203 号战国墓清理简报》，《中原文物》1984 年第 3 期，第 29—33 页。

② 赵振华：《河南洛阳新发现随葬钱币的东周墓葬》，《考古》1991 年第 6 期，第 511—521 页。

③ 中国科学院考古研究所：《洛阳中州路（西工段）》，科学出版社 1959 年版。

④ 同上。

⑤ 中国科学院考古研究所：《陕县东周秦汉墓》，科学出版社 1994 年版。

⑥ 同上。

⑦ 同上。

⑧ 同上。

⑨ 中国科学院考古研究所：《辉县发掘报告》，科学出版社 1956 年版。

⑩ 山西省考古研究所、山西博物馆、长治市博物馆，韩炳华、李勇：《长治分水岭东周墓地》，文物出版社 2010 年版，第 375 页。

圹墓。墓口长 6.7 米、宽 5.6 米；墓底长 6.3 米、宽 5.25 米。葬具是一椁一棺。随葬品 428 件，主要为铜器和玉器。出土单体龙形玉器有 6 件，其中 5 件形制较为相似，呈回首卷曲状，另 1 件呈俯首弯曲状。出自墓主的胸腹部及内棺南侧。通过牙齿分析墓主为女性。通过与洛阳中州路第四期墓葬的铜器对比分析，推断该墓葬的年代为战国早期，可能为赵国墓葬。该墓出土器物丰富，种类多样，出土单体龙形玉器完整且有特色，时代明确，可作为本时期的典型单位进行参考。

山西长治分水岭墓 14 位于山西省长治市城区，是一座长方形竖穴土圹积石积碳墓。葬具为一椁，随葬器物 1005 件，有陶器、铜器、玉石器、骨器及铁器等。出土单体龙形玉器 4 件，形制不明①。通过牙齿分析墓主为女性。通过与洛阳中州路第四期墓葬的铜器对比分析，推断该墓葬的年代为战国早期，可能为赵国墓葬。

新绛柳泉墓地 M302 位于山西省运城市新绛县，是一座长方形土圹竖穴墓。墓口长 12.7 米、宽 10.5 米，墓底长 9 米、宽 7 米；深 17.3 米。葬具为一棺一椁。该墓曾先后三次被盗扰。随葬器物残存有铜器、陶器、瓷器、玉器及石器等。出土单体龙形玉器 2 件，其中 1 件残损，仅剩一段尾部，另 1 件为俯首弯曲形。从墓葬形制、规模及随葬礼器来看，该墓墓主可能是晋幽公的夫人。通过与铸铜遗址铜器对比及其他器物的分析，推测该墓的年代为公元前 400 年前的战国早期，约为公元前 430 年—公元前 420 年。

洛阳市西工区 203 号战国墓位于河南省洛阳市西工区，是一座长方形竖穴土坑墓。墓底长 3.6 米，宽 2.5 米，距地表深 9.7 米。葬具为二椁一棺。随葬品有 68 件，有陶器、铜器、玉器、骨器等。玉器可知形状者有 16 件，多出自骨架上面及两侧，棺盖及馆外亦散置有粗质的玉片。出土有单体龙形玉器 3 件，有 2 件叠放于腰部，形制有俯首弯曲状与回首卷曲状。通过葬具形制及随葬铜鼎 2 件、陶鼎 3 件等方面分析，墓主人应为上大夫一级。通过陶器组合并与洛阳中州路东周墓同类器物对比，推断该

① 山西省考古研究所、山西博物馆、长治市博物馆，韩炳华、李勇：《长治分水岭东周墓地》，文物出版社 2010 年版，第 255—256 页。本书中关于山西长治分水岭墓 14 出土单体龙形玉器的描述与图片不相符合，据文字推断，该墓出土单体龙形玉器应与 M25∶96 相似。

墓的年代为战国早期。

河南洛阳新发现随葬钱币的东周墓葬 C1M2547 位于河南省洛阳市西工区，是一座长方形竖穴土坑墓。墓底长 3.8 米、宽 2.66 米。出土有陶器、铜器、玉器、石器及钱币，其中玉器有 8 件。出土单体龙形玉器 2 件，呈俯首弯曲状。通过与洛阳中州中路（西工段）的东周墓对比分析，推断该墓的年代为战国早期。

洛阳中州路（西工段）M1316 位于河南省洛阳市西工区，是一座竖穴墓。墓室长 3.6 米，宽 2.2 米，深 9.84 米。葬具为二椁一棺。出土有陶器、玉石器等。可以明确的出土单体龙形玉器有 1 件，呈回首弯曲状。该墓的年代为东周第四期，即战国初期。

洛阳中州路（西工段）M2717 位于河南省洛阳市西工区，是一座竖穴墓。墓室长 4.5 米，宽 3.5 米，深 7.7 米。葬具为二椁一棺。出土有铜器、陶器、玉石器及骨器等。可以明确的出土单体龙形玉器有 2 件，呈回首卷曲状。该墓的年代为东周第四期，即战国初期。

陕县东周秦汉墓 M2040 位于河南省三门峡市陕州区，是一座长方形竖穴积石积碳墓。墓口长 7 米、宽 5.7 米，墓底长 6.9 米、宽 5.9 米；深 8.37 米。葬具为一椁二棺。随葬器物有 1959 件，以铜器为主，玉石器次之，还有骨器及漆器等，其中玉石器有 368 件。出土单体龙形玉器 2 件，呈回首卷曲状。该墓规模较大，随葬器物丰富且精美，礼器有鼎 3 组，无盖大鼎有 5 件、嵌红铜蟠螭纹鼎有 5 件、鬲形鼎有 7 件，还有错金"子孔"铭戈 1 件。据此推断墓主应是有很高的社会地位和较大权势的上层贵族。通过与洛阳中州路墓 2717、汲县山彪镇一号墓铜器器型对比及纹饰分析，推断该墓的年代为战国早期或稍晚。

陕县东周秦汉墓 M3501 位于河南省三门峡市陕州区。墓口长 6.2 米、宽 4.5 米，墓底长 6.1 米、宽 4.8 米；深 9.4 米。葬具为一椁二棺。随葬器物有陶器、铜器及玉器等。出土单体龙形玉器 2 件，呈回首弯曲状。推断该墓的年代为战国早、中期之交。

陕县东周秦汉墓 M2041 位于河南省三门峡市陕州区。墓口长 4.8 米、宽 3.7 米，墓底长 4.85 米、宽 3.7 米；深 9.7 米。葬具为一椁二棺。随葬器物有陶器、铜器及玉器等。出土单体龙形玉器 2 件，呈回首弯曲状。通过出土铜器器型分析，推断该墓的年代为战国早期。

陕县东周秦汉墓 M2144 位于河南省三门峡市陕州区。墓口长 4 米、宽 3.4 米，墓地长 4.2 米、宽 3.15 米；深 7.7 米。葬具为一椁二棺。随葬器物有陶器、铜器及玉器等。出土单体龙形玉器 2 件，已蚀，呈回首弯曲状。通过出土铜器、陶器器型分析，推断该墓的年代为战国早、中期之交。

辉县赵固区第 1 号墓位于河南省新乡市辉县，是一座长方形竖穴土坑墓。墓葬曾被水冲刷。随葬器物有陶器、铜器、玉器及骨器等。玉器出自墓主周围。出土单体龙形玉器 2 件，1 件呈回首弯曲状，出自墓主右臂，另 1 件呈俯首弯曲状，出自墓主胸右。据单体龙形玉器的形制分析，该墓单体龙形玉器年代应为战国早期。

（二）战国中期

战国中期"中原"地区出土单体龙形玉器的墓葬有 9 座，祭祀遗址有 2 处，分别是山西长治分水岭墓 36[①]，洛阳唐宫路小学 C1M5560 战国墓[②]，洛阳中州中路东周墓 C1M8371[③]，洛阳西工区 C1M8503 战国墓[④]，洛阳市中州中路东周墓 C1M3750[⑤]，洛阳市唐宫西路东周墓 C1M7984[⑥]，洛阳市唐宫西路东周墓 C1M7983[⑦]，洛阳西工区 M7602[⑧]，洛阳市针织厂

① 山西省考古研究所、山西博物馆、长治市博物馆，韩炳华、李勇：《长治分水岭东周墓地》，文物出版社 2010 年版，第 375 页。又见山西省文物管理委员会、山西省考古研究所，边成修、叶学明、沈振中：《山西长治分水岭战国墓第二次发掘》，《考古》1964 年第 3 期，第 111—137 页。

② 洛阳市文物工作队，黄吉博：《洛阳唐宫路小学 C1M5560 战国墓发掘简报》，《文物》2004 年第 7 期，第 17—35 页。

③ 洛阳市文物工作队，司马国红、尚巧云：《洛阳中州中路东周墓发掘简报》，《文物》2006 年第 3 期，第 20—44 页。

④ 洛阳市文物工作队，潘海民：《洛阳西工区 C1M8503 战国墓》，《文物》2006 年第 3 期，第 45—48 页。

⑤ 洛阳市文物工作队：《洛阳市中州中路东周墓》，《文物》1995 年第 8 期，第 7—18 页。

⑥ 洛阳市文物工作队，司马国红：《洛阳市唐宫西路东周墓发掘报告》，《文物》2003 年第 12 期，第 12—28 页。

⑦ 同上。

⑧ 洛阳市文物工作队，刘建安：《洛阳西工区 M7602 的清理》，《文物》2004 年第 7 期，第 12—16 页。

东周墓 C1M5269①，山西侯马西高东周祭祀遗址②，晋都新田的祭祀遗址③。

山西长治分水岭 M36 位于山西省长治市城区，是一座长方形竖穴土圹墓。墓口长 5.8 米，宽 5 米；墓底长 4.5 米，宽 3.2 米。墓壁陡坡。葬具为一椁一棺。该墓曾被盗扰。出土随葬器物 54 件，主要为铜器、玉器及陶器。出土单体龙形玉器 2 件，但均已残破，仅存后半部。通过与洛阳中州路东周墓等墓葬铜器对比，推断该墓的年代为战国中期，可能为韩国墓葬④。

洛阳唐宫路小学战国墓 C1M5560 位于河南省洛阳市西工区，是一座长方形竖穴土坑墓。墓口长 5.2 米、宽 4.2 米。墓壁规整平滑。葬具为一椁一棺。该墓曾被盗扰。出土遗物 87 件（组），可分为玉器、铜器、铁器及骨器等。其中玉器有 65 件（组），集中堆放于棺室西北角。出土龙形佩 14 件，皆成对出现，形制各异，有俯首弯曲状及回首卷曲状。还有龙形饰 5 件，尺寸较小，形态各异。此外还出土玉覆面一组，上有残断的单体龙形玉器形饰。该墓出土一件玉戈，有铭文"毕公左徒"，简报推测墓主人为毕公左军的步卒统领，亦有文章指出墓主人既是"毕公"本人⑤。但从出土玉器的数量及其精美程度来讲，此墓的等级较高应确定无疑。通过对照洛阳中州路（西工段）中出土的铜器，该墓应相当于其分期中的第五期，即春秋晚期到战国中期，因此该墓的年代应为战国中期之前。依据出土单体龙形玉器的形制及纹饰，单体龙形玉器的年代应为战国中期。该墓虽曾被盗扰，器物之间的位置及组合关系也发生变化，但留存的玉器及单体龙形玉器数量均较多，形制多样，制作精美，各具特点，可作为本时期的典型单位进行参考。

---

① 洛阳市文物工作队，高虎、王炬：《洛阳市针织厂东周墓（C1M5269）的清理》，《文物》2001 年第 12 期，第 41—59 页。

② 山西省考古研究所侯马工作站：《山西侯马西高东周祭祀遗址》，《文物》2003 年第 8 期，第 18—36 页。

③ 李永敏：《晋都新田的祭祀遗址》，《文物世界》2000 年第 5 期，第 6—8 页。

④ 山西省考古研究所、山西博物馆、长治市博物馆，韩炳华、李勇：《长治分水岭东周墓地》，文物出版社 2010 年版，第 375—378 页。

⑤ 王子扬：《"毕公左徒"玉戈小考》，《中国文字研究》2008 年第 1 期，第 57—61 页。

洛阳中州中路东周墓 C1M8371 位于河南省洛阳市西工区，是一座长方形竖穴土坑墓。墓室长 4.3 米、宽 3.1 米、深 14.2 米。墓壁光滑。葬具为一椁二棺。该墓曾被盗扰。随葬器物有铜器、铁器、铅器、玉器、陶器等，玉器多数放置在外棺内，少数放置在内棺内。出土单体龙形玉器有 8 件，有回首弯曲形、俯首弯曲形及形制特殊者，部分置于外棺，部分置于墓主胸部。此外还有玉覆面 1 组，含有龙形玉片。通过分析铜器、玉器的纹饰，并结合洛阳中州中路、洛阳凯旋路南东周墓发掘报告的分期，推断该墓的年代为战国中期。

洛阳西工区战国墓 C1M8503 位于河南省洛阳市西工区，是一座长方形竖穴土坑墓。墓室长 2.7 米，宽 1.9 米，深 4.8 米。墓壁规整平直。葬具为二椁一棺。随葬器物共计 21 件（组），有铜器、玉器、陶器及玛瑙器等，其中玉器及玛瑙器 7 件（组）。出土单体龙形玉器 2 件，形制相似，均为俯首弯曲状，置于内棺东南角。出土铜带钩与洛阳中州路（西工段）中战国中期式铜带钩相似，陶拍上绳纹也具有战国时期板瓦绳纹的特征，推断该墓的年代为战国中期。

洛阳市中州中路东周墓 C1M3750 位于河南省洛阳市西工区，是一座长方形土圹竖穴墓。墓葬长 4.35 米，宽 3.8 米，深 11.4 米。墓壁垂直光滑。葬具为二椁一棺。该墓未被盗扰。随葬器物有铜器、陶器及玉器等。出土单体龙形玉器 7 件，分布于墓主的胸腹部、腿部及足部。另有数片小型龙形玉片，应为覆面之物。该墓出土器物组合与洛阳中州路（西工段）东周墓对比，推断该墓的年代为战国中期。该墓未被盗扰，出土器物丰富，种类多样，出土单体龙形玉器完整且有特色，时代明确，可作为本时期的典型单位进行参考。

洛阳市唐宫西路东周墓 C1M7984 位于河南省洛阳市西工区，是一座长方形土坑竖穴积石积碳墓。墓壁光滑。葬具为二椁一棺。该墓曾被盗扰。随葬器物 87 件（组），有铜器、玉器、石器及陶瓷器等，玉器集中置于棺内及棺椁之间的东南部。出土单体龙形玉佩 1 件，呈俯首弯曲状。从葬具及随葬器物分析，墓主可能是男性，应为大夫一级的贵族。从器物形制及纹饰推断，该墓的年代应在战国中期。

洛阳市唐宫西路东周墓 C1M7983 位于河南省洛阳市西工区，是一座长方形土坑竖穴墓。墓壁光滑。葬具为一椁一棺。该墓曾被盗扰。随葬器物 55 件（组），有铜器、玉器、石器及陶器等，玉器集中放置于椁板顶部及棺内。出土单体龙形玉佩 5 件，有俯首弯曲状、回首蜷曲状及形制奇特者。从葬具及随葬器物分析，墓主可能是男性，应为大夫一级的贵族。从器物形制及纹饰推断，该墓的年代应在战国中期。

洛阳西工区 M7602 位于河南省洛阳市西工区，是一座长方形土坑竖穴墓。墓口长 3.5 米、宽 2.4 米，深 5 米。墓壁规整平直。葬具为二椁一棺。该墓未被盗扰。随葬器物 45 件，分为铜器、陶器和玉器，其中玉器及料器 36 件，棺椁之间有玉环，人头部有玉石片覆面，胸部有玉佩饰及料珠，脚部有玛瑙环等。出土单体龙形玉器 4 件，有俯首弯曲状与回首卷曲状，出于墓主胸部。另有数片小型龙形玉片，为覆面之物。通过与洛阳中州中路（西工段）第五期陶器的对比分析，推断该墓的年代应为战国中期。

洛阳市针织厂东周墓 C1M5269 位于河南省洛阳市西工区，是一座长方形土坑竖穴墓。墓口长 7 米、宽 6 米；墓底长 5.8 米、宽 4.9 米；深 12.8 米。墓壁光滑。葬具为一椁二棺。该墓曾被盗扰。随葬器物 83 件（组），主要为铜器和玉器。玉器集中放置于外棺内西侧，其中单体龙形玉器有 4 件，有俯首弯曲状及回首卷曲状。墓中出土大量的兵器，说明墓主应是男性。通过葬具及随葬的青铜礼器分析，墓主应为有较高社会地位的贵族。通过铜器纹饰及器形与陕县东周墓、洛阳中州中路东周墓对比分析，推断该墓的年代应在战国中期偏晚。

山西侯马西高东周祭祀遗址位于山西省临汾市侯马市。祭祀坑出土遗物有 362 件，以玉器为主，铜器次之，骨、蚌器仅有数件。一般每坑出土 1 件遗物，部分出土 2 件或 2 件以上。有壁龛的祭祀坑，皆出于壁龛内；无壁龛的，一般出于坑底北部或者中部。出土龙形玉器 30 余件。J564 中有 2 件，J643 中有 2 件，J495 中有 2 件，J147 中有 1 件，J552 中有 1 件，J441 中有 1 件，J515 中有 1 件，J585 中有 1 件，J520 中有 2 件，J445 中有 2 件，J156 中有 2 件，J135 中有 2 件。据推测祭祀者可能是晋国贵族。单体龙形玉器的年代应为战国中期。

晋都新田的祭祀遗址中山西省第一建筑公司机运站 K206，山西省第一建筑公司机运站 K239，山西省第一建筑公司机运站 K166 均有单体龙形玉器出土。从单体龙形玉器形制判断，单体龙形玉器年代应为战国中期。

（三）战国晚期

战国晚期"中原"地区出土单体龙形玉器的墓葬有4座（14件），分别是洛阳市道北锻造厂战国墓IM540①，洛阳市西工区C1M3943战国墓②，辉县固围村区第1号墓③，山西侯马市虒祁墓地M2129④。

洛阳市道北锻造厂战国墓IM540位于河南省洛阳市，是一座长方形土坑竖穴墓。墓口长3.1米，宽2米；墓底长2.95米，宽1.87米，深6米。葬具为一椁一棺。该墓曾被盗扰。出土随葬器物30件，可分为银器、铜器、玉器及陶器等，其中玉器有16件。出土单体龙形玉器8件，皆成对出土，其中2件残缺较为严重，仅存后半部，其余6件皆为回首蜷曲状，出于墓主的股骨处。通过与洛阳烧沟及洛阳中州路战国晚期墓出土的陶器对比分析，推断该墓的年代为战国晚期。该墓所出土单体龙形玉器的数量较多，形制多样，所出土玉器较有特点，可作为此时期的典型单位进行参考。

洛阳市西工区C1M3943战国墓位于河南省洛阳市西工区，是一座长方形土坑竖穴墓。墓底长3.1米，宽2.1米，深5.4米。葬具为一棺。随葬器物63件（组），可分为陶器、玉器、金器、石器等。玉器有34件（组），皆出于棺内。出土单体龙形玉器4件，皆成对出土，2件呈俯首弯曲状，2件呈回首蜷曲状，位置在墓主胸腹部。另有数片小型龙形玉片，应为覆面之物。通过玉印上的文字（"事君子"）及出土的粉块（推测为化妆用的脂粉）分析，推断墓主为女性，应是大夫一级的贵族。通过对陶器组合及铜镜纹饰的分析，结合洛阳中州路西工段的分期，推断该墓时代为第七期，即战国晚期。

辉县固围村区第1号墓位于河南省新乡市辉县。其第2号埋玉坑出土

① 洛阳市第二文物工作队，史家珍、王文浩：《洛阳市道北锻造厂战国墓清理简报》，《文物》1994年第7期，第16—21页。

② 洛阳市文物工作队：《洛阳市西工区C1M3943战国墓》，《文物》1999年第8期，第4—13页。

③ 中国科学院考古研究所：《辉县发掘报告》，科学出版社1956年版。

④ 山西省考古研究所侯马工作站，范文谦、田建文、谢尧亭、王金平：《山西侯马市虒祁墓地的发掘》，《考古》2002年第4期，第41—59页。

小龙佩 1 件，为俯首蜷曲状。通过典型器物推断该墓年代可能是战国晚期，即公元前 3 世纪。但是此件单体龙形玉器的风格与此时期的整体风格相差较大，可能是前一段时期的遗留之物。

山西侯马市虒祁墓地 M2129 位于山西省临汾市侯马市，是一座长方形竖穴土坑墓。墓口长 2.8 米、宽 2.9 米；墓底长 2.87 米、宽 3.1 米；深 4.5 米。有一条墓道。葬具为一椁一棺。随葬器物 13 件，有铜器、陶器、玉器及骨器等。出土单体龙形玉佩 1 件，为回首蜷曲形，出于墓主头部。据墓葬形制、陶器组合及铜器器形分析，并与湖北睡虎地、山西凤翔高庄及乔村墓地出土器物对比，推断该墓的年代为战国晚期至秦统一之间。

第三节 其他地区

除上述楚国及其附属国地区及"中原"地区的墓葬中除发现有单体龙形玉器外，在其他地区的墓葬中也有单体龙形玉器出土。不过数量相对较少，形制也相对单一（曾墓除外）。其他地区发现单体龙形玉器的墓葬较为分散，主要有中山国及燕国地区，集中于今天的河北地区；齐鲁地区，主要集中于今天的山东地区；秦国地区，主要集中于今天的陕西地区；吴、越国地区，主要集中发现于今天的江苏、浙江地区；巴蜀地区，主要集中于今天的四川、重庆市地区。

一 中山国及燕国地区

在当今河北省境内，有部分墓葬可以确定是中山国墓葬，有部分墓葬是可以确定为燕国墓葬的。

（一）中山国墓葬

中山国是由北方游牧民族鲜虞族建立的国家，还保留有民族特色，出土的单体龙形玉器比较丰富。中山国出土有单体龙形玉器的墓葬主要有中山国灵寿城"成公"墓（M6）的陪葬墓 PM2 及 PM3①，中山国灵寿

---

① 河北省文物研究所：《战国中山国灵寿城：1975—1993 年考古发掘报告》，文物出版社 2005 年版。

城中山王族三号墓①，中山国国王墓——礜墓②，礜墓的四座陪葬墓（PM1、PM2、PM4、PM5）③。

中山国灵寿城"成公"墓（M6）的陪葬墓 PM2 位于河北省石家庄市，是一座土圹竖穴墓。墓口东西长5.6米，宽5.1米，深5.2米；墓底东西长4.7米，宽4.5米。葬具为一棺一椁。该墓曾被盗扰。在扰洞内乱土中发现二件夔龙形玉佩饰。该墓的墓主应是中山成公的妻、妾之属。该墓年代与"成公"墓（M6）相差不大，"成公"墓（M6）的年代比礜墓早，年代为战国中期。

中山国灵寿城"成公"墓（M6）的陪葬墓 PM3 位于河北省石家庄市，是一座土圹竖穴墓。墓口东西长4.2米，宽3.9米；墓底东西长3.5米，宽2.67米，深3.3米。葬具为一棺一椁。该墓曾被盗扰且较为严重。有1件单体龙形玉器，位于墓主胸腹部。该墓的墓主应是中山成公的妻、妾之属。该墓年代与"成公"墓（M6）相差不大，"成公"墓（M6）的年代比礜墓早，年代为战国中期。

战国中山国灵寿城中山王族三号墓位于河北省石家庄市，是一座长方形土圹竖穴积石积碳墓。墓口南北长11.8米，东西宽10.6米，深6.5米。墓葬曾被盗扰破坏。随葬器物有玉器、石器、铜器等。出土单体龙形玉器有41件，绝大部分残缺严重，呈回首弯曲状及回首蜷曲状，此外还有1件呈昂首环形。墓主生前应为中山成公之弟属之位。该墓年代与"成公"墓（M6）相差不大，年代为战国中期。

中山国国王墓——礜墓位于河北省石家庄市平山县，是一座规模宏大的中山国国王之墓。随葬器物丰富，有铜器、陶器、铁器、金银器、玉石器、漆木器等，其中玉器有681件，石器有88件。出土龙形玉佩144件，此外还有龙形石佩8件，虎形佩及玉觿中的部分玉佩按形制也是应归入本文研究的单体龙形玉器之中。单体龙形玉器形制多样，几乎涵盖所有类型，此外还有各种特殊形态的单体龙形玉器。墓主为中山国五

---

① 河北省文物研究所：《战国中山国灵寿城：1975—1993年考古发掘报告》，文物出版社2005年版。

② 河北省文物考古所：《礜墓：战国中山国国王之墓》，文物出版社1996年版。

③ 同上。

世国君響，其在位年代为公元前327年至公元前313年，属于战国中期偏晚阶段[①]。

響墓的四座陪葬墓（PM1、PM2、PM4、PM5）均位于響墓的平台上，都是长方竖井墓。葬具为一椁一棺。四座陪葬墓除PM2外，均被盗扰。随葬器物以陶器为主，玉器的数量也较多。一号陪葬墓（PM1）出土单体龙形玉器9件，主要为回首蜷曲形。二号陪葬墓（PM2）出土单体龙形玉器5件，主要为回首蜷曲形，也有回首弯曲形。四号陪葬墓（PM4）出土单体龙形玉器1件，呈回首蜷曲状。五号陪葬墓（PM5）出土单体龙形玉器2件，呈回首蜷曲状。四座墓墓穴均打破大墓的封土，埋葬时间应略晚于響墓，时间也有所不同，但不会晚于響墓太长时间。其墓主应是王響的世妇、嫔、妻、妾之属。

（二）燕国墓葬

燕国墓葬有5座，分别是燕下都虚粮冢墓区8号墓（XLM8）[②]，燕下都辛庄头墓区30号墓（XZHM30）[③]，此外还有河北张家口宣化战国墓M14[④]，河北张家口宣化战国墓M15[⑤]，河北省抚宁县邴各庄战国遗存[⑥]。

燕下都虚粮冢墓区8号墓（XLM8）位于河北省保定市易县，是一座竖穴土坑墓。墓口南北长33米、东西宽12米；墓底长32米、宽11米。有两条墓道。有封土堆、杂殉坑及车马坑。该墓曾被盗扰。葬具为二椁二棺。随葬器物有陶器、铁器、铜器、玉石器、银器及骨器等。出土玉器有23件，单体龙形玉器有6件（其中5件残缺），呈回首卷曲状，出于外棺北部和内棺西部。该墓中出土的铜器及陶器与该遗址其他墓葬及遗迹中出土器物对比，推断该墓的年代为战国晚期。

燕下都辛庄头墓区30号墓（XZHM30）位于河北省保定市易县，是

① 杨建芳：《平山中山国墓葬出土玉器研究》，《文物》2008年第1期，第53—57页。

② 河北省文物研究所：《燕下都》，文物出版社1996年版，第661—684页。

③ 同上。

④ 张家口市宣化区文物保管所，王继红：《河北张家口宣化战国墓发掘简报》，《文物》2010年第6期，第21—30页。

⑤ 同上。

⑥ 邸和顺、吴环露：《河北省抚宁县邴各庄出土战国遗物》，《考古》1995年第8期，第756—757页。

一座竖穴土坑墓。墓口南北长12米，东西宽9.5米，深8米。墓壁有三级台阶。有两条墓道。葬具为一椁一棺。该墓曾被盗扰。随葬器物有陶器、铁器、铜器、金器、银器、玉器及石器等。出土单体龙形饰有6件（其中3件甚残），滑石制成，呈回首弯曲状。推断该墓的年代为战国晚期。

河北张家口宣化战国墓M14位于河北省张家口市宣化区，是一座竖穴土坑墓。墓口长3.15米，宽1.7米，深5.95米。葬具为一椁一棺。随葬器物有陶器3件及玉器2件。2件玉器均为单体龙形玉器，呈回首蜷曲状，位于棺内墓主左右手处。通过出土的单体龙形玉器佩及错金铁带钩分析，墓主应为士一级的贵族。通过典型器物对比，推测墓葬年代为战国晚期。

河北张家口宣化战国墓M15位于河北省张家口市宣化区，是一座竖穴土坑墓。墓口长3.2米，宽1.65米，深6.68米。葬具为一椁一棺。随葬器物有陶器、铜器、玉器及钱币等，其中玉器有4件。出土单体龙形玉器3件，呈回首蜷曲状。其中2件出土于墓主左右手处，另1件被分为两半，一半置于墓主大腿骨之间，另一半被掰碎置于墓主人口中。通过出土的玉器及铜器分析，墓主应为士一级的贵族。该墓出土陶器与张家口白庙遗址第三类遗存第三组的小口鼓腹罐对比以及出土钱币与《燕下都东周货币聚珍》中的钱币对比，推测墓葬年代为战国晚期。

河北省抚宁县邴各庄战国遗存位于河北省秦皇岛市抚宁区。出土遗物经整理完整器有6件，可复原的19件。有陶器，玉器及石器等。玉器经粘对复原的有10件。龙纹玉器有5件，呈回首卷曲状。据推测应为战国时期遗存，单体龙形玉器的年代应为战国晚期。

二　齐鲁地区

齐鲁地区出土单体龙形玉器的墓葬有6座，分属东周时期的鲁国与齐国。鲁国墓葬有曲阜鲁国故城M3[①]，曲阜鲁国故城M52[②]，曲阜鲁国

---

① 山东省文物考古研究所、山东省博物馆、济宁地区文物组、曲阜县文管会：《曲阜鲁国故城》，齐鲁书社1982年版；田岸《曲阜鲁城勘探》，《文物》1982年第12期，第1—12页。

② 同上。

故城 M58①。齐国墓葬有临淄齐墓东夏庄六号墓（LDM6）②，临淄齐墓单家庄一号墓（LSM1）③，临淄齐墓相家庄二号墓（LXM2）④。

（一）鲁国墓葬

曲阜鲁国故城 M3 位于山东省济宁市曲阜市，是一座土坑竖穴墓，在该墓群中属大型墓。墓口长 13.5 米、宽 12.5 米，墓底长 13.5 米、宽 12.5 米，深 2.8 米。葬具腐朽，可辨一椁。该墓曾被盗扰。随葬器物有陶器、铜器、银器、玉石器等。出土单体龙形玉器 1 件，呈俯首弯曲状。通过对墓葬中铜器、陶器的分析，推断该墓的年代为战国早期。

曲阜鲁国故城 M52 位于山东省济宁市曲阜市，是一座土坑竖穴墓，在该墓群中属大型墓。墓口长 12.5 米、宽 12 米，墓底长 12.5 米、宽 12 米，深 3.05 米。葬具为一椁二棺。随葬器物有陶器、铜器、玉石器等。出土单体龙形玉器 6 件。呈回首卷曲状。通过对墓葬中铜器、陶器的分析，推断该墓的年代为战国早期。

曲阜鲁国故城 M58 位于山东省济宁市曲阜市，是一座土坑竖穴墓，在该墓群中属大型墓。墓口长 11.6 米，宽 10.7 米；墓底长 11.6 米，宽 10.7 米，深 2.75 米。葬具为一椁二棺。随葬器物有陶器、铜器、银器、玉石器等。出土单体龙形玉器 7 件，部分呈回首蜷曲状，部分呈回首弯曲状，其中 2 件残缺较为严重，仅存尾部。该墓打破曲阜鲁国故城 M52，墓中铜器、陶器等器形之间接近，年代应略晚于 M52，推测其年代为战国中期或稍晚。

（二）齐国墓葬

临淄齐墓东夏庄六号墓（LDM6）位于山东省淄博市临淄区，是一座土坑积石木椁墓。墓口南北长约 29.5 米，东西宽约 28.3 米；墓底南北长 23.9 米，东西宽 22.8 米，深 7.5 米。有一条墓道。葬具为一椁一棺。该墓曾被盗扰。随葬器物有陶器、铜器、漆木器及玉石器等，其中玉器 42 件。出土龙形玉佩 4 件，呈俯首弯曲状，出自陪葬坑中。据墓葬形制及

① 山东省文物考古研究所、山东省博物馆、济宁地区文物组、曲阜县文管会：《曲阜鲁国故城》，齐鲁书社 1982 年版。又见田岸《曲阜鲁城勘探》，《文物》1982 年第 12 期，第 1—12 页。

② 山东省文物考古研究所：《临淄齐墓第一集》，文物出版社 2007 年版。

③ 同上。

④ 同上。

出土器物推断墓主人为卿大夫一级的上层贵族。对出土陶器、铜器等典型器类进行分析对比，推测该墓的年代为战国早期后段。

临淄齐墓单家庄一号墓（LSM1）位于山东省淄博市临淄区，是一座土坑积石木椁墓。墓口南北长 19.8 米，东西宽 18.8 米；墓底南北长 15.45 米，东西宽 14.25 米，深 9.33 米。墓底有二级台阶。有一条墓道。葬具为一椁一棺。该墓曾被盗扰。随葬器物有铜器、陶器、铁器、玉器等 195 件，其中玉器有 16 件。单体龙形玉佩有 1 件，呈俯首弯曲状，出自陪葬坑中。据墓葬形制及出土器物推断墓主人为大夫一级的贵族。通过陶器器类的分析，推测该墓的年代为战国中期。

临淄齐墓相家庄二号墓（LXM2）位于山东省淄博市临淄区，是一座土坑积石木椁墓。墓口南北长 22 米，东西宽 20.8 米；墓地南北长 16.4 米，东西宽 15.4 米，深 9.3 米。墓壁有二级台阶。有一条墓道。葬具为二椁一棺。随葬器物有铜器、玉石器及骨器等，其中玉器有 9 件。出土单体龙形玉器 5 件，部分呈回首弯曲状，部分形制特殊，均出自椁室。据墓葬形制及出土器物推断墓主人为卿大夫一级贵族的夫人。对出土陶器、铜器等典型器类进行分析对比，推测该墓的年代为战国早期后段。

三　秦国地区

秦国地区出土单体龙形玉饰的墓葬有 2 座，分别是陕西韩城梁带村遗址 M27[①]，塔儿坡秦墓 37337[②]。

陕西韩城梁带村遗址 M27 位于陕西省渭南市韩城市，是一座长方形竖穴土坑墓。墓口长 9.3 米，宽 7.1 米；墓地长 7.5 米，宽 4.98 米，深 13.2 米。有两条墓道。葬具为一椁两棺。随葬器物有铜器、铁器、金器、玉石器、料器及漆木器等。玉器有 249 余件，绝大多数出自棺内墓主躯干处。出土单体龙形玉器 5 件，其中 1 件为人龙合体，其余 4 件为璜形，呈俯首弯曲状。从随葬的青铜礼器、金器、兵器及成套乐器分析，该墓墓

---

① 陕西省考古研究院、渭南市文物保护考古研究所、韩城市文物旅游局，孙秉君、程蕊萍、陈建凌、李恭、王仲林、童学猛、梁存生、张西峰、张伟、刘银怀、孙雪松、张明惠、屈麟霞：《陕西韩城梁带村遗址 M27 发掘简报》，《考古与文物》2007 年第 6 期，第 3—22 页。

② 咸阳市文物考古研究所：《塔儿坡秦墓》，三秦出版社 1998 年版。

主为芮国的国君，年代应为春秋早期。

塔儿坡秦墓 37337 位于陕西省咸阳市，是一座长方形竖穴土坑墓。墓口长 4.6 米，宽 3.44 米，深 7.7 米。随葬器物有陶器、玉器、铜器等。出土单体龙形玉器 1 件，断为三节，二节分别位于墓主人左、右手处，一节位于左膝处。据推测该墓的年代为秦统一时期。

四 吴越国地区

吴越国地区，主要集中发现于今天的江苏、浙江地区。江苏省出土单体龙形玉器的墓葬有 4 座，分别是江苏邳州市九女墩春秋墓 M5①，淮阴高庄战国墓 HGM1②，鸿山越墓邱承墩墓葬（D Ⅶ）③，鸿山越墓邹家墩墓葬（D Ⅳ）④。浙江省出土单体龙形玉器的墓葬有 2 座，分别是浙江越墓安吉龙山 D141M1⑤，绍兴 306 号战国墓⑥。

江苏邳州市九女墩春秋墓 M5 位于江苏省徐州市邳州市，是一座石坑竖穴墓。墓坑为正方形，边长 8 米，深 6 米。该墓曾被盗扰。随葬器物有 32 件，其中单体龙形玉器 1 件，呈回首卷曲状。通过墓葬形制、出土器物及镈钟铭文推断，墓主应为徐国的高级贵族。通过与该墓地其他墓葬类比分析，推断该墓主的年代为春秋晚期。

淮阴高庄战国墓 HGM1 位于江苏省淮安市，是一座土坑木椁墓。墓

---

① 徐州博物馆、邳州博物馆，吴公勤、耿建军、刘照建：《江苏邳州市九女墩春秋墓发掘简报》，《考古》2003 年第 9 期，第 13—24 页。

② 淮阴市博物馆，王立仕：《淮阴高庄战国墓》，《考古学报》1988 年第 2 期，第 189—232 页。又见淮安市博物馆《淮阴高庄战国墓》，文物出版社 2009 年版。

③ 南京博物院、江苏省考古研究所、无锡市锡山区文物管理委员会：《鸿山越墓》，文物出版社 2007 年版。又见南京博物院、江苏省考古研究所、无锡市锡山区文物管理委员会《鸿山越墓出土玉器》，文物出版社 2007 年版。又见南京博物院考古研究所、无锡市锡山区文物管理委员会，张敏、朱国平、李则斌、邹忆军、费玲伢、顾赟：《无锡鸿山越国贵族墓发掘简报》，《文物》2006 年第 1 期，第 4—21 页。

④ 同上。

⑤ 浙江省文物考古研究所：《浙江越墓》，科学出版社 2009 年版。又见浙江省文物考古研究所、浙江安吉县博物馆，陈元甫、黄昊德、孟国平、邱宏亮、程永军、刘军幸、李永嘉《浙江安吉龙山越国贵族墓》，《南方文物》2008 年第 3 期，第 50—60 页。

⑥ 浙江省文物管理委员会：《绍兴 306 号战国墓发掘简报》，《文物》1984 年第 1 期，第 10—25 页。

口长 10.5 米，宽 9 米，深 3.9 米。该墓曾被盗扰。随葬品近 300 件，有陶瓷器、青铜器及玉石器等。出土单体龙形玉器 1 件，呈回首弯曲状。墓主可能是徐国灭亡后徐国之遗民，地位应是元士一级的贵族。从墓葬形制、随葬物品分析及与浙江绍兴 306 号战国墓中铜器对比，推测墓葬的年代为战国中期前后。

鸿山越墓邱承墩墓葬（DⅦ）位于江苏省无锡市高新技术开发区，是一座长方形土坑墓。墓坑残长 56.7 米。该墓曾被盗扰。随葬器物 1098 件，有陶器、瓷器、铜器及玉器等，其中玉器 33 件。出土单体龙形玉器 4 件，有回首弯曲状及俯首弯曲状。据墓葬形制及典型器物分析，墓主人可能为越大夫，墓葬的年代应为公元前 473 年至公元前 468 年，即越灭吴之后最强盛的越王勾践时代。

鸿山越墓邹家墩墓葬（DⅣ）位于江苏省无锡市高新技术开发区，是一座长方形土坑墓。墓坑长 3.88 米，宽 2.34 米，深 0.35 米。随葬器物 46 件，有陶器、瓷器、铜器及玉器等，其中玉器 6 件。出土单体龙形玉器 1 件，形制特殊。据墓葬形制及典型器物分析，墓主应为贵族，但等级较低。墓葬的年代应为公元前 473 年至公元前 468 年，即越灭吴之后最强盛的越王勾践时代。

浙江越墓安吉龙山 D141M1 位于浙江省湖州市安吉县，是一座长方形土坑木椁墓。墓口长 15.4 米，宽 7.2—7.6 米，深 1—1.5 米。有一条墓道。该墓曾被盗扰。墓内随葬器物 97 件，有玉石器、陶瓷器和漆木器等，其中玉石器有 10 件。出土单体龙形玉佩 2 件，1 件呈回首卷曲状，另 1 件呈昂首卷曲状。从墓葬形制及随葬器物来看，该墓葬应该是一座越国墓葬，墓主应为一名男性，是一位越国的高级贵族。通过与河南固始侯古堆一号墓及山西太原晋国赵卿墓等墓葬出土器物对比分析，推断该墓年代应为战国早期晚段。

绍兴 306 号战国墓位于浙江省绍兴市，是一座土坑木椁墓。墓底南北长 8.14 米，南段残宽 5.4 米，北段残宽 2.5 米，深 2.8 米。有一条墓道。该墓曾被盗扰。随葬器物有 1244 件，有铜器、陶器、玉器及金器等，其中玉器有 49 件。出土单体龙形玉器 2 件，呈回首卷曲状。从青铜器器形及纹饰等方面分析，并与山西侯马马上村 M3、河南淅川下寺 M2 中铜器对比，推测该墓的年代应在公元前 473 年越灭吴以后不久，是一座战国初期墓。

五 巴蜀地区

巴蜀地区出土单体龙形玉器的墓葬有 2 座，分别是四川涪陵小田溪 M4①，涪陵市小田溪 9 号墓②。

四川涪陵小田溪 M4 位于重庆市涪陵区，是一座竖穴土坑墓。墓长 3.2 米，宽 1.15 米，深 0.6 米。随葬器物有陶器、铜器及玉器等。出土单体龙形玉器 2 件，呈回首蜷曲状。通过出土铜器器形及纹饰的分析，并与湖北云梦、四川青川县战国墓等墓葬出土铜器的对比，推断该墓的年代为战国时期。

涪陵市小田溪 9 号墓位于重庆市涪陵区，是一座长方形竖穴土坑墓。墓底长 3.86 米、宽 1.66 米。随葬器物 54 件，有陶器、铜器及玉器等。玉器有 2 件，置于腰部。出土单体龙形玉器 1 件，形制特殊。据墓葬形制及出土器物分析，该墓墓主应是巴族内部一个部落的"王"。据典型器物对比分析，推测该墓的年代为战国晚期。

第二章　东周单体龙形玉器形制的分类

本章的内容是对所收集到的单体龙形玉器进行形制的分类，以找出其特点及演变的规律。并在此基础上，针对同一类型的单体龙形玉器，找出楚国及其附属国地区与"中原"两个地区之间的差别，以期能够辨析出"中原式"单体龙形玉器。

首先按单体龙形玉器的总体形态分为三种类型。第一种类型是条带形，指的是"仅有龙头与龙身，龙身无足或仅有小足等装饰物，尾部无分叉"的单体龙形玉器，包含常见的"〰"形（"S"形）、"W"形、璜形等。第二种类型是曲折形，指的是"龙身曲折，龙身有较大龙足等装饰物，龙尾一般分叉"的单体龙形玉器，包含常见的"几"字形、"凤"

---

① 四川省文物管理委员会、涪陵地区文化局，张才俊：《四川涪陵小田溪四座战国墓》，《考古》1985 年第 1 期，第 14—17 页。

② 四川省文物考古研究所、涪陵地区博物馆、涪陵市文玩管理所：《涪陵市小田溪 9 号墓发掘简报》，《四川考古报告集》，1988 年，第 186—196 页。

字形等。第三种类型是特殊形态者，主要指一些异形单体龙形玉器。同时为了研究方便，把条带形与曲折形两类中不常见的形态，即此两类中特殊形态的单体龙形玉器也归入此类（图2—1）。

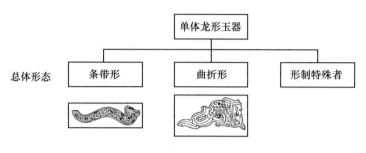

图2—1　按总体形态分类

对第一种类型条带形单体龙形玉器的进一步分类，本文划分三个层次。第一个层次是依据首部形态分为俯首与回首两类。第二个层次是依据单体龙形玉器的大致形态，即龙身是否有龙足等装饰物分为简单条带形与复杂条带形两类，简单条带形是无龙足等装饰物的单体龙形玉器，复杂条带形是有龙足等装饰物的单体龙形玉器。第三个层次是依据单体龙形玉器的具体形态，把俯首—简单条带形又分为"〰"形（"S"形）、璜形等。因俯首—复杂条带形、回首—简单条带形、回首—复杂条带形形态大致相同，则不再细分（图2—2）。

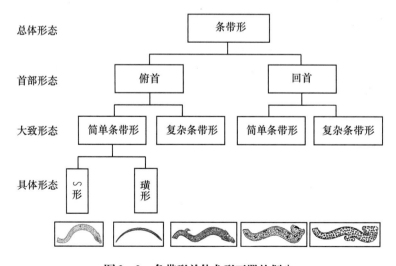

图2—2　条带形单体龙形玉器的划分

第二种类型为曲折形单体龙形玉器，与第一种条带形单体龙形玉器不同的是曲折形单体龙形玉器不见俯首形态，回首形态占绝大多数，仅有数件是昂首形态，且此几件昂首形态的单体龙形玉器在总体形态上与回首形态的单体龙形玉器十分接近。在此把此几件昂首形态的单体龙形玉器放入回首形态进行讨论。因此在曲折形单体龙形玉器的讨论中不再涉及龙首形态的分类，直接进入依据龙身的大体形态进行分类。

对第二种类型曲折形单体龙形玉器的进一步分类划分了两个层次：第一个层次是依据单体龙形玉器的大致形态，即龙身上龙足等装饰物的大小、多少分为简单曲折形与复杂曲折形两类。复杂曲折形较好辨识，龙身上的龙足等装饰物较大、较稠密，最明显的特征是龙首相连于龙身、龙尾相连于龙身、龙身腹部下方为封闭形，主要有常见的"风"字形。把曲折形单体龙形玉器中不满足复杂曲折形条件的单体龙形玉器归入简单曲折形单体龙形玉器中。复杂曲折形单体龙形玉器形态较为相似，不再进行划分。简单曲折形单体龙形玉器差异较大，进行第二层次的划分。依据单体龙形玉器具体形态把简单曲折形单体龙形玉器划分为高宽形与扁平形。高宽形更加接近于部分"风"字形单体龙形玉器，或仅有细微的差别。而扁平形则与之差别较大，龙身弯曲程度较小，显得较为扁平。（图2—3）

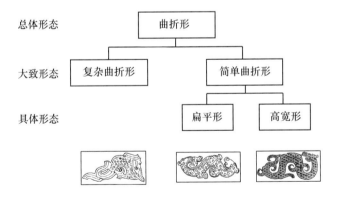

图2—3　曲折形单体龙形玉器的划分

第三种类型是异形，即单体龙形玉器形态较为特殊者。此外，为研究方便，把第一种类型条带形单体龙形玉器与第二种类型曲折形单体龙形玉器中不常见形制的单体龙形玉器也放入此种单体龙形玉器中进行讨论。虽然此种类型单体龙形玉器形制复杂，但数量不多，故不再进行分层次讨论，仅进行简单分类讨论。

第一节 条带形

条带形单体龙形玉器主要指龙身没有龙足或仅有小足等装饰的单体龙形玉器，形如一条弯曲的条带。该类型单体龙形玉器的龙首有两种形态，分别是俯首与回首。

一 俯首

条带形—俯首单体龙形玉器总体形态相近，多数单体龙形玉器龙身并无小足等装饰物，但是有部分单体龙形玉器龙身有小足等装饰物。在此把龙身无小足等装饰物的单体龙形玉器归入条带形—俯首—简单条带形之中，而龙身有小足等装饰物的单体龙形玉器归入条带形—俯首—复杂条带形之中。

（一）条带形—俯首—简单条带形

此组为条带形—俯首—简单条带形单体龙形玉器，单体龙形玉器的龙身弯曲程度较小，无明显的折角，龙身无龙足等装饰物，多数呈"〵"形（"S"形），个别呈璜形。

出土此种类型单体龙形玉器的墓葬有 15 座、祭祀坑有 2 处，数量为 26 件。分别是淅川徐家岭三号墓中有 2 件（图 2—4 之 1），湖北荆州院墙湾一号楚墓中有 2 件（图 2—4 之 7），安徽六安市白鹭洲战国墓 M566 中有 2 件（图 2—4 之 9、图 2—4 之 16），九连墩 2 号墓中有 1 件（图 2—4 之 15），长沙楚墓 M1065 中有 1 件（图 2—4 之 18），山西省潞城县潞河七号墓中有 4 件（图 2—4 之 2、图 2—4 之 8），洛阳市西工区 203 号战国墓中有 1 件（图 2—4 之 13），河南洛阳新发现随葬钱币的东周墓葬 C1M2547 中有 1 件（图 2—4 之 17），山西长治分水岭墓 53 中有 1 件（图 2—4 之 4），山西长治分水岭墓 25 有 1 件（图 2—4 之 5），辉县赵固区第 1 号墓中有 1 件（图 2—4 之 3），洛阳唐宫路小学 C1M5560 战国墓中有 2 件（图 2—4 之 6），洛阳西工区 C1M8503 战国墓中有 2 件（图 2—4 之

12），洛阳市唐宫西路东周墓 C1M7984 中有 1 件（图 2—4 之 10），洛阳市西工区 C1M3943 战国墓中有 2 件（图 2—4 之 19），山西侯马西高东周祭祀遗址 J445 中有 1 件（图 2—4 之 14），山西侯马西高东周祭祀遗址 J520 中有 1 件（图 2—4 之 11）。

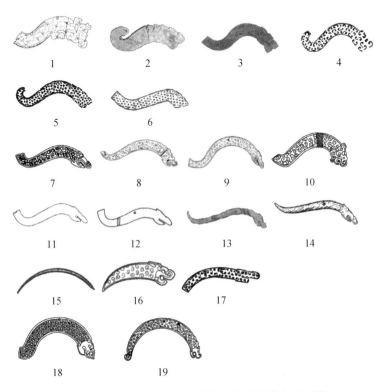

图 2—4　条带形—俯首—简单条带形单体龙形玉器

1. 淅川徐家岭 HXXM3：54　2. 潞城潞河 M7：96　3. 辉县赵固区第 1 号墓 1：118　4. 长治分水岭 M53：34 - 2　5. 长治分水岭 M25：96　6. 洛阳唐宫路小学 C1M5560：16　7. 荆州院墙湾 M1：49　8. 潞城潞河 M7：37　9. 六安白鹭洲 M566：125　10. 洛阳唐宫西路 C1M7984：56　11. 侯马西高祭祀遗址 J520：1　12. 洛阳西工区 C1M8503：1　13. 洛阳西工区 M203：37　14. 侯马西高祭祀遗址 J445：1　15. 九连墩 M2：C508　16. 六安白鹭洲 M566：124　17. 洛阳八一路北端 C1M2547：16 - 1　18. 长沙楚墓 M1065：4　19. 洛阳西工区 C1M3943：9

　　出土此种类型单体龙形玉器的典型墓葬有山西长治分水岭墓 53，山西长治分水岭 M25，洛阳唐宫路小学 C1M5560 战国墓，湖北荆州院墙湾一号楚墓等，可将这些墓葬出土的单体龙形玉器作为参考。

呈"〜"形（"S"形）的单体龙形玉器总体相似，均是龙首向下，龙身弯曲，龙尾上翘。但是有一部分单体龙形玉器的龙首是抽象的，五官不分（图2—4之1至图2—4之6）；有一部分单体龙形玉器的龙首是可以辨析出嘴部等五官形态的（图2—4之7至图2—4之14）。

龙首抽象的"〜"形（"S"形）单体龙形玉器中淅川徐家岭HXXM3：54（图2—4之1），刻画勾连云纹；潞城潞河M7：96（图2—4之2）与辉县赵固区第1号墓1：118（图2—4之3）整体光素；长治分水岭M25：96（图2—4之4）与长治分水岭M53：34 - 2（图2—4之3）为卷云纹；洛阳唐宫路小学C1M5560：16（图2—4之10）为谷纹。有纹饰的均是通体纹饰，且龙首纹饰均与龙身纹饰一致。

可辨析出嘴部等五官形态的"〜"形（"S"形）单体龙形玉器中荆州院墙湾M1：49（图2—4之7）与潞城潞河M7：37（图2—1—8）饰卷云纹；六安白鹭洲M566：125（图2—4之9）与洛阳唐宫西路C1M7984：56（图2—4之10）饰谷纹；侯马西高祭祀遗址J520：1（图2—4之11）与洛阳西工区C1M8503：1（图2—4之12）光素无纹饰；洛阳西工区M203：37（图2—4之13）与侯马西高祭祀遗址J445：1（图2—4之14）是绞丝纹。

可辨析出嘴部等五官形态的"〜"形（"S"形）单体龙形玉器中，在嘴部形态上，多数单体龙形玉器都是嘴部微张，前端分开，后端为不封闭的圆孔的嘴部。洛阳唐宫西路C1M7984：56（图2—4之10）嘴部稍显特殊，下颚呈现上卷趋势，但并未封闭。此种嘴部较为少见，时代集中于战国早中期，可能是嘴部微张，前端分开，后端为不封闭的圆孔的嘴部向下颚上卷，并与上腭相连，嘴部呈封闭的圆孔的嘴部过渡的中间状态。

呈璜形的单体龙形玉器（图2—4之15至图2—4之17）总体相似，大体呈半弧形或者三分之一圆弧形。嘴部形态类似，均为嘴部微张，前端分开，后端为不封闭的圆孔的嘴部。九连墩M2：C508（图2—4之15）饰线纹。六安白鹭洲M566：124（图2—4之16）饰谷纹，背部无穿孔，穿孔在鼻处，似有小尖耳。洛阳八一路北端C1M2547：16—1（图2—4之17）上腭较长，包括龙首均饰谷纹。与前两件不同的是此件尾端平直。

长沙楚墓 M1065∶4（图 2—4 之 18）与洛阳西工区 C1M3943∶9（图 2—4 之 19）整体近似璜形，但是尾部均微有上翘。长沙楚墓 M1065∶4 龙身饰谷纹与蒲纹，浮雕抽象的嘴部，尾端平直。洛阳西工区 C1M3943∶9 龙身饰谷纹，嘴部与洛阳唐宫西路 C1M7984∶56 相似，尾端上卷呈钩状。

从时间看，出土条带形—俯首—简单条带形单体龙形玉器的墓葬集中于战国早中期，在春秋晚期与战国晚期也有出现，但是数量较少。楚国及其附属国地区相对集中于战国中期。在"中原"地区出土此种类型单体龙形玉器墓葬从战国早期延续至战国中期。

从数量看，出土此种类型单体龙形玉器的墓葬及祭祀坑有 17 座，数量为 26 件。楚国及其附属国地区出土此种类型的墓葬有 5 座，数量有 8 件。"中原"地区出土此种类型的墓葬及祭祀坑有 12 座，数量有 18 件。"中原"地区相对楚国及其附属国地区数量较多。

从形制看，"∽"形（"S"形）与璜形单体龙形玉器楚国及其附属国地区与"中原"两地均有发现，但"中原"所占比例较大。单体龙形玉器中龙首抽象的在楚国及其附属国地区仅有 1 例，"中原"有 5 例情况。可辨析出嘴部的楚国及其附属国地区有 2 例，"中原"有 7 例情况。

从纹饰看，此种样式单体龙形玉器纹饰多样，以勾连云纹、卷云纹居多，谷纹其次，绞丝纹、线纹最少，也有表面光素的。楚国及其附属国地区出土此种样式单体龙形玉器均有纹饰，主要为勾连云纹、卷云纹、线纹、谷纹等。"中原"则为卷云纹、绞丝纹、谷纹等，此外还有素面单体龙形玉器。两个地区中卷云纹及谷纹出现均较多。在时代上，卷云纹时代较早，集中于战国早中期，谷纹稍晚，集中于战国中期。

总体来说，此种样式单体龙形玉器"中原"地区的数量比楚国及其附属国地区多，式样比楚国及其附属国地区丰富，某些形态比楚国及其附属国地区更加原始，在一定程度上说明此种类型单体龙形玉器，楚国及其附属国地区很可能受到"中原"的影响。

（二）条带形—俯首—复杂条带形

此组为条带形—俯首—复杂条带形单体龙形玉器。与条带形—俯首—简单条带形单体龙形玉器相比，或龙身多出小足，或龙尾有装饰，以"M"形与"∽"形（"S"形）居多。但也有一些形制特殊者，本文归入形制特殊者中进行讨论。

出土此种单体龙形玉器的墓葬有 5 座，数量为 6 件。分别是信阳楚墓一号墓中有 2 件（图 2—5 之 1），九连墩 1 号墓中有 1 件（图 2—5 之 2），新绛柳泉墓地 M302 中有 1 件（图 2—5 之 3），荆门左冢楚墓一号墓中有 1 件（图 2—5 之 4），洛阳市针织厂东周墓 C1M5269 中有 1 件（图 2—5 之 5）。

图 2—5 条带形—俯首—复杂条带形单体龙形玉器

1. 信阳楚墓 M1：89　2. 九连墩 M1：974　3. 新绛柳泉 M302：64　4. 荆门左冢 M1N：24

5. 洛阳针织厂 C1M5269：38

出土此种类型单体龙形玉器的典型墓葬有信阳楚墓一号墓等，可将该墓墓葬出土的单体龙形玉器作为参考。

条带形—俯首—复杂条带形"〰"形（"S"形）单体龙形玉器与条带形—俯首—简单条带形"〰"形（"S"形）单体龙形玉器外观多有相似之处，不同的是龙身或者尾部多处小足等装饰物。如信阳楚墓 M1：89（图 2—5 之 1）九连墩 M1：974（图 2—5 之 2）与新绛柳泉 M302：64（图 2—5 之 3）尾部为上翘下勾，形如"M"形，与一般的"〰"形（"S"形）有些许不同。近尾部有小的装饰物。荆门左冢 M1N：24（图 2—5 之 4）与洛阳针织厂 C1M5269：38（图 2—5 之 5）同样也是近尾部有小段凸起的装饰。洛阳针织厂 C1M5269：38 尾部也与一般情况不同，呈现上翘，并向龙身一侧弯曲，而大多数俯首的"〰"形（"S"形）单体龙形玉器尾部是上翘并向后舒展。

从时间看，出土此种样式单体龙形玉器的墓葬集中于战国早中期。楚国及其附属国地区及"中原"均是如此。

从形制及数量上看，"M"形与"〰"形（"S"形）单体龙形玉器在楚国及其附属国地区及"中原"均有出现，在数量上也相差不多。

从纹饰上看，此5例均是通体纹饰。信阳楚墓M1：89（图2—5之1）与新绛柳泉M302：64（图2—5之3）为卷云纹，纹饰较为细小稠密，时代也相对较早，为战国早期。其余3例的纹饰则较为稀疏，时代也较晚，为战国中期。

在嘴部形态上，此种样式单体龙形玉器均为嘴部微张，前端分开，后端为不封闭的圆孔的嘴部。此种嘴部主要流行于战国早期及战国中期。

总体说来，此种类型单体龙形玉器与条带形—俯首—简单条带形单体龙形玉器在形制上较为相似，在流行时间上也相近。两者应是存在着一定的联系，其有可能是条带形—俯首—简单条带形的变形者。

二　回首

与条带形—俯首单体龙形玉器的情况相似，条带形—回首单体龙形玉器总体形态相近，多数单体龙形玉器龙身并无小足等装饰物，但是有部分单体龙形玉器龙身有小足等装饰物。在此把龙身无小足等装饰物的单体龙形玉器归入条带形—回首—简单条带形之中，而龙身有小足等装饰物的单体龙形玉器归入条带形—回首—复杂条带形之中。

（一）条带形—回首—简单条带形

此组为条带形—回首—简单条带形单体龙形玉器。单体龙形玉器的龙身弯曲程度较小，看不到明显的折角，龙身无龙足等装饰物，形如"W"。

出土此种类型单体龙形玉器的墓葬有8座、祭祀遗址有1处，数量为17件。分别是侯马盟书探方——底层中有2件（图2—6之1），山西省潞城县潞河七号墓中有4件（图2—6之2、图2—6之8），山西长治分水岭M53中有1件（图2—6之3），陕县东周秦汉墓M3501中有2件（图2—6之4），陕县东周秦汉墓M2144中有2件（已蚀），辉县赵固区第1号墓中有1件（图2—6之5），洛阳中州路（西工段）M1316中确定的有1件（图2—6之6），洛阳中州中路东周路C1M8371中有2件（图2—6之7），湖北荆州院墙湾一号楚墓中有2件（图2—6之9）。

出土此种类型单体龙形玉器的典型墓葬有山西长治分水岭M53及湖北荆州院墙湾一号楚墓等，可将这些墓葬出土的单体龙形玉器作为参考。

此种形态单体龙形玉器中有侯马盟书探方——底层出土的1件单体龙形玉器（图2—6之1）较为抽象，仅有龙形的大体形态。其余此种形

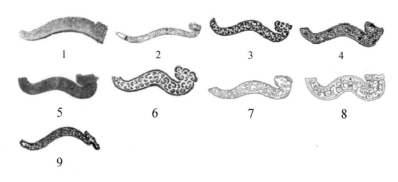

图2—6 条带形—回首—简单条带形单体龙形玉器

1. 侯马盟书探方——底层 2. 潞城潞河 M7：101 3. 长治分水岭 M53：34 - 1 4. 陕县东周秦
汉墓 M3501：29 5. 辉县赵固区第 1 号墓 1：119 6. 洛阳中州路（西工段）M1316：31 7. 洛
阳中州中路 C1M8371：41 - 3 8. 潞城潞河 M7：95 9. 荆州院墙湾 M1：47

态单体龙形玉器则雕琢细致，可辨龙首五官。潞城潞河 M7：101（图2—
6 之 2）与长治分水岭 M53：34 - 1（图2—6 之 3）尾端为尖尾。陕县东
周秦汉墓 M3501：29（图2—6 之 4）、辉县赵固区第 1 号墓 1：119（图
2—6 之 5）、洛阳中州路（西工段）M1316：31（图2—6 之 6）、洛阳中
州中路 C1M8371：41 - 3（图2—6 之 7）、潞城潞河 M7：95（图2—6 之
8）、荆州院墙湾 M1：47（图2—6 之 9）此 6 例尾端为平尾。

在地域的分布上，"中原"地区出土此种样式单体龙形玉器的数量较
多，7 座墓葬共出土有 13 件。分布范围也比较广泛，河南、山西均有发
现。楚国及其附属国地区则仅有荆州院墙湾一号墓中发现 2 件。

在单体龙形玉器的龙角（龙耳）上，荆州院墙湾 M1：47 此件单体龙
形玉器的龙角较大。其余单体龙形玉器的龙角较小，且这些单体龙形玉
器均出自"中原"地区。此类型单体龙形玉器的龙角可作为一个参考，
用以对比"中原"与楚国及其附属国地区两地区龙角大小的差别。亦表
明"中原"地区单体龙形玉器龙角相比楚国及其附属国地区较小。

嘴部形态上，潞城潞河 M7：95（图2—6 之 8）嘴部为嘴部微张，前
端分开，后端为不封闭的圆孔的嘴部，其余的则为抽象的嘴部。且潞城
潞河七号墓出土的此种类型单体龙形玉器有 4 件，均是成对出土。潞城
潞河 M7：101（图2—6 之 2）为抽象嘴部，潞城潞河 M7：95（图2—6
之 8）为嘴部微张，前端分开，后端为不封闭的圆孔的嘴部，其余的则为

抽象的嘴部。潞城潞河七号墓的年代为战国早期，说明此时期内，这两种嘴部类型是并存的。

在纹饰上，除侯马盟书探方——底层出土的1件单体龙形玉器外其余的均是卷云纹。

从时间看，出土有此种类型单体龙形玉器的墓葬集中在战国早期，在春秋晚期与战国中期墓葬中仅偶有出现。楚国及其附属国地区仅有荆州院墙湾M1∶47此一例情况，时代为战国中期。"中原"在春秋晚期墓葬中出现较为抽象的形态，战国早期墓葬中大量出现，战国中期墓葬中也有发现。

总体来说，此种类型单体龙形玉器与条带形—俯首—简单条带形单体龙形玉器情况相似，"中原"地区出现此种类型单体龙形玉器开始的时间比楚国及其附属国地区早，数量比楚国及其附属国地区多，前后有一定的连续性，楚国及其附属国地区则仅有孤例出现。在一定程度上说明了，楚国及其附属国地区出现的此种类型单体龙形玉器应是受到"中原"地区的影响。

（二）条带形—回首—复杂条带形

此组为条带形—回首—复杂条带形单体龙形玉器，与条带形—回首—简单条带形相比，龙身有小足等装饰物。形制上与条带形—回首—简单条带形中"W"形近似。有个别异形者归入形制特殊者中进行讨论。

出土此种类型单体龙形玉器的墓葬有4座，数量为5件。分别是陕县东周秦汉墓M2041中有2件（图2—7之1），长治分水岭M53中有1件（图2—7之2），洛阳西工区M7602中有1件（图2—7之3），河南淮阳平粮台十六号楚墓中有1件（图2—7之4）。

图2—7　条带形—回首—复杂条带形单体龙形玉器

1. 陕县后川村西区 M2041∶295　2. 长治分水岭 M53∶34－3　3. 洛阳西工区 M7602∶10　4. 淮阳平粮台 M16∶1

出土此种类型单体龙形玉器的典型墓葬有山西长治分水岭 M53，河南淮阳平粮台十六号楚墓，可将这些墓葬出土的单体龙形玉器作为参考。

在单体龙形玉器形态上，陕县后川村西区 M2041：295（图 2—7 之 1）、长治分水岭 M53：34－3（图 2—7 之 2）、洛阳西工区 M7602：10（图 2—7 之 3）相比条带形—回首—简单条带形单体龙形玉器，其龙身腹下方均多出一个似龙足的装饰物。此 3 例均出自"中原"地区。洛阳西工区 M7602：10（图 2—7 之 3）相较于陕县后川村西区 M2041：295（图 2—7 之 1）、长治分水岭 M53：34－3（图 2—7 之 2）已有变化，其尾端并非平直，而是上卷内勾，犹如鸟喙，近尾端出亦有一小块凸起装饰物，犹如凤角。其龙角也相对较大。有可能是受到楚国及其附属国地区的影响所致。在纹饰上，陕县后川村西区 M2041：295（图 2—7 之 1）为素面，长治分水岭 M53：34－3（图 2—7 之 2）、洛阳西工区 M7602：10（图 2—7 之 3）虽均为勾连云纹，但洛阳西工区 M7602：10（图 2—7 之 3）的纹饰又有所变化。洛阳西工区 M7602 的年代为战国中期，陕县东周秦汉墓 M2041 与长治分水岭 M53 均为战国早期。说明随着时间推移，在"中原"地区此种类型单体龙形玉器是有变化的。

与"中原"地区相比，楚国及其附属国地区出土的淮阳平粮台 M16：11（图 2—5—4）单体龙形玉器则显修长，其背部有一小块凸起的装饰。总体形制上和"中原"地区的还是有所差别。此外，此件单体龙形玉器的嘴部形态也与常见的多有不同，呈张口露齿状。

总体说来，此种类型单体龙形玉器与条带形—俯首—复杂条带形单体龙形玉器的情况很相似。其可能是条带形—俯首—简单条带形的变形者。主要流行于"中原"地区。

第二节 曲折形

曲折形单体龙形玉器主要指龙身有长足等装饰物的单体龙形玉器。此类型单体龙形玉器龙身弯曲程度较大，尾部分叉，龙首多为回首状。常见的有"风"字形与"几"字形单体龙形玉器。

在曲折形单体龙形玉器中，并未像条带形单体龙形玉器一样大量出现有俯首形态的单体龙形玉器。回首形态占曲折形单体龙形玉器的绝大多数，昂首形态有数件，且此几件昂首形态的单体龙形玉器在总体形态上与回首形态的单体龙形玉器十分接近。在本文中把此几件昂首单体龙形玉器归入回首单体龙形玉器中进行讨论。因此在曲折形单体龙形玉器的讨论中不再涉及龙首形态的分类，直接进入依据龙身的大体形态进行分类。

依据龙身的大体形态把曲折形单体龙形玉器分为曲折形—复杂曲折形单体龙形玉器与曲折形—简单曲折形两大类。曲折形—复杂曲折形单体龙形玉器特征明显，指的是龙首相连于龙身，龙尾相连于龙身，龙身腹部下方为封闭形的单体龙形玉器。不符合此条件的单体龙形玉器则归入曲折形—简单曲折形单体龙形玉器中进行讨论。

一　曲折形—复杂曲折形

此组为曲折形—复杂曲折形单体龙形玉器，此种单体龙形玉器最明显的特征是"龙首相连于龙身，龙尾相连于龙身，龙身腹部下方为封闭形"，三个条件同时具备。其他方面，龙身有长足等装饰物，弯曲程度大，多数单体龙形玉器能够看到明显的折角，形如"风"字。龙首均为回首状态。尾部均上卷内勾，多有分叉。

出土此种类型单体龙形玉器的墓葬有 15 座，祭祀坑 1 处，数量为 49件。信阳楚墓一号墓中有 2 件（图 2—8 之 2），淅川徐家岭十号墓中有 1件（图 2—8 之 3），河南淮阳平粮台十六号楚墓中有 8 件（含 3 件残缺严重者）（图 2—8 之 6 至图 2—8 之 8），江陵望山沙冢楚墓望山 2 号墓有 4件（图 2—8 之 5、图 2—8 之 21），江陵望山沙冢楚墓望山 3 号墓有 1 件（图 2—8 之 4），湖北荆州院墙湾一号楚墓中有 1 件（图 2—8 之 1），荆州天星观二号楚墓 1 件（残缺龙首）（图 2—8 之 13），九连墩 2 号墓有 6件（图 2—8 之 17 至图 2—8 之 20），包山楚墓四号墓中有 2 件（图 2—8 之 10），安徽六安市白鹭洲战国墓中有 4 件（含 2 件残缺严重者）（图 2—8 之 12），湖南澧县新洲一号墓中有 4 件（图 2—8 之 9、图 2—8 之 22），湖南常德德山战国墓 M37 中有 2 件（图 2—8 之 11），洛阳市道北锻造厂战国墓 IM540 中有 8 件（含 2 件残缺严重者）（图 2—8 之 15、图 2—8 之 16、图 2—8 之 23），洛阳市西工区 C1M3943 战国墓中有 2 件（图 2—8 之 14），山西侯马市虒祁墓地 M2129 中有 1 件（图 2—8 之 24），山西侯马西高东周祭祀遗址 J564 中有 2 件（图 2—8 之 25）。

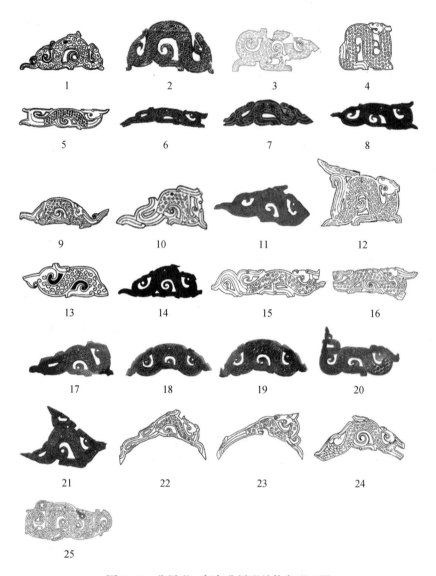

图2—8 曲折形—复杂曲折形单体龙形玉器

1. 荆州院墙湾 M1：23 2. 信阳楚墓 M1：84 3. 淅川徐家岭 HXXM10：7 4. 江陵望山 WM3：32

5. 江陵望山 WM2：G12－1 6. 淮阳平粮台 M16：11 7. 淮阳平粮台 M16：19 8. 淮阳平粮台 M16：16

9. 澧县新洲 M1：22 10. 包山楚墓 M4：65 11. 常德德山 M37（缺编号） 12. 六安白鹭洲 M566：

130 13. 荆州天星观 M263－（5） 14. 洛阳西工区 C1M3943：7 15. 洛阳道北锻造厂 IM540：12

16. 洛阳道北锻造厂 IM540：11 17. 九连墩 M2：501－1 18. 九连墩 M2：500 19. 九连墩 M2：497

20. 九连墩 M2：C533 21. 江陵望山 WM2：G13－1 22. 澧县新洲 M1：2 23. 洛阳道北锻造厂

IM540：13 24. 侯马虒祁 M2129：1 25. 侯马西高祭祀遗址 J564：1

出土此种类型单体龙形玉器的典型墓葬有信阳楚墓一号墓，湖北荆州院墙湾一号楚墓，河南淮阳平粮台十六号楚墓，洛阳市道北锻造厂战国墓 IM540 等，可将这些墓葬出土的单体龙形玉器作为参考。

在单体龙形玉器的形态上，此种类型单体龙形玉器绝大多数呈梯形（图2—8之1至图2—8之20）。澧县新洲M1：2（图2—8之22）与洛阳道北锻造厂IM540：13（图2—8之23）整体近似三角形。江陵望山WM2：G13（图2—8之21）背部有装饰物，整体也近似三角形，但与前两例还有所区别。侯马虒祁M2129：1（图2—8之24）整体也近似三角形，但龙尾部为凤首，这种情况在"中原"地区较为少见，直接从楚国及其附属国地区传入的可能性很大。

在龙角上，相比其他类型，此种样式中大角的单体龙形玉器所占比例较大，且时代相对都较晚。

龙身腹部下方呈现封闭的形状，多数单体龙形玉器是从龙身后腹部处分出一枝向龙首方向伸展，并与前腹部相连。荆州天星观 M263——（5）（图2—8之13）则是从前腹部分出一枝向龙尾方向延伸，与后腹部相连。荆州院墙湾 M1：23（图2—8之1），包山楚墓 M4：65（图2—8之10），江陵望山 WM2：G13 – 1（图2—8之21）此3例则是前腹部与后腹部均有一枝相对延伸，在龙腹下方交汇闭合。六安白鹭洲 M566：130（图2—8之12）则是前后腹部各有一枝相对延伸，形成两个封闭形状。洛阳道北锻造厂 IM540：12（图2—8之15）与洛阳道北锻造厂 IM540：11（图2—8之16）则是腹部正下方分出一枝，并向前后两个方向发展，形成闭合形状，比较有特点。

嘴部形态上，荆州院墙湾 M1：23（图2—8之1）为浮雕抽象的嘴部。信阳楚墓 1：84（图2—8之2）、淅川徐家岭 HXXM10：7（图2—8之3）、江陵望山 WM3：32（图2—8之4）、侯马西高祭祀遗址 J564：1（图2—8之25）为嘴部微张，前端分开，后端为不封闭的圆孔的嘴部。其余的单体龙形玉器则为下颚上卷并与上腭相连，嘴部呈封闭的圆孔的嘴部。

单体龙形玉器纹饰上，此种类型单体龙形玉器均是有纹饰装饰的单体龙形玉器。纹饰以谷纹为主，卷云纹较少。部分单体龙形玉器通体纹饰相同，如荆州院墙湾 M1：23（图2—8之1），信阳楚墓 1：84（图2—8之2）、淅川徐家岭 HXXM10：7（图2—8之3），侯马西高祭祀遗址 J564：1（图2—8

之25）均是龙颈、龙身、龙尾的纹饰一致。江陵望山 WM2：G 12 - 1（图2—8 之5），淮阳平粮台 M16：11（图2—8 之6），淮阳平粮台 M16：16（图2—8 之8），洛阳西工区 C1M3943：7（图2—8 之14），江陵望山 WM2：G13 - 1（图2—8 之21）则是龙颈与龙尾是线纹，与龙身纹饰并不一致。剩余的单体龙形玉器则仅有龙尾饰线纹，龙颈与龙身的纹饰是相一致的。

从时间看，此种形态单体龙形玉器大量出现于战国中晚期，战国早期也有出现但是数量较少。楚国及其附属国地区出现的时间最早，战国早期即有出现。"中原"出土此种形态单体龙形玉器较晚，在战国晚期才有出现。

从数量看，此种形态单体龙形玉器楚国及其附属国地区及"中原"均有发现。楚国及其附属国地区出土此种形态单体龙形玉器的墓葬有 13 座，数量为 37 件，"中原"则仅有 3 座（含 1 处祭祀坑），数量为 12 件。楚国及其附属国地区的数量明显要比"中原"地区多很多，且楚国及其附属国地区墓葬的分布范围也比"中原"地区要广。

从嘴部形态看，此种类型楚国及其附属国地区单体龙形玉器的嘴部形态多样，有浮雕抽象的嘴部，嘴部微张，前端分开，后端为不封闭的圆孔的嘴部，下颚上卷并与上腭相连，嘴部呈封闭的圆孔的嘴部。而"中原"仅有下颚上卷并与上腭相连，嘴部呈封闭的圆孔的嘴部形态。

从主体纹饰看，楚国及其附属国地区的纹饰要比"中原"丰富。楚国及其附属国地区出现的有卷云纹与谷纹，"中原"地区仅有谷纹。

总体说来，此种类型单体龙形玉器楚国及其附属国地区发现的数量比"中原"多，分布范围比"中原"更加广泛，出现的时间比"中原"早，流行的时间也比"中原"长，龙身纹饰也比"中原"更为丰富。在一定程度上说明了此种类型单体龙形玉器，"中原"地区是受到楚国及其附属国地区的影响的。

二 曲折形—简单曲折形

此组为曲折形—简单曲折形单体龙形玉器，即把曲折形单体龙形玉器中不属于曲折形—复杂曲折形的归入此类进行讨论。此种类型明显的特征是"龙首相连于龙身，龙尾相连于龙身，龙身腹部下方为封闭形"，三个条件之中有一个或多个条件不具备。其他方面，龙首为回首状态

（偶有昂首），单体龙形玉器的龙身弯曲程度较大，尾部多有分叉。

（一）曲折形—简单曲折形—扁平形

此组为曲折形—简单曲折形—扁平形单体龙形玉器。在形态上龙身呈扁平状，龙首回望，龙身弯曲，近似"W"形，前腹部有足，背部有装饰，尾部上卷、分叉。此外还有一个特征，就是嘴部形态普遍为浮雕抽象的嘴部。

出土此种类型单体龙形玉器的墓葬有10座、祭祀坑3处，数量为37件。淅川徐家岭三号墓中有1件（图2—9之1），固始侯古堆一号墓中有1件（图2—9之11），江陵望山沙冢楚墓望山3号墓中有2件（图2—9之23），九连墩2号墓中有1件（图2—9之24），长沙楚墓M1211中有2件（图2—9之21），曾侯乙墓中有2件（图2—9之19、图2—9之20），山西长子县7号墓中有9件（图2—9之2），太原晋国赵卿墓M251中有8件（图2—9之3至图2—9之7、图2—9之12、图2—9之13），山西长治分水岭墓25中有5件（图2—9之14至图2—9之18），陕县东周秦汉墓M3501中有2件（图2—9之8），山西侯马西高东周祭祀遗址J441中有1件（图2—9之9），山西侯马西高东周祭祀遗址J643中有2件（图2—9之10），山西侯马西高东周祭祀遗址J495中有2件（图2—9之22）。

出土此种类型单体龙形玉器的典型墓葬有太原晋国赵卿墓M251及山西长治分水岭墓25，可将这些墓葬出土的单体龙形玉器作为参考。

山西长治分水岭墓25中的5件单体龙形玉器，部分外形（如M25：91，图2—9之18）接近于曲折形—简单曲折形—高宽形，但鉴于此几件浮雕抽象的嘴部形态，与山西长子7号墓及太原赵卿墓M251出土的单体龙形玉器更为相似，归入此类应更加合适。山西长治分水岭墓25的年代为战国早期，而山西长子7号墓及太原赵卿墓M251的年代均是春秋晚期。在一定程度上说明了此种类型单体龙形玉器在战国早期已经发生了变化。后续的曲折形—简单曲折形—高宽形单体龙形玉器可能是由其演变而来。至少，在"中原"地区，这个流传演变的序列是清晰，有序与明确的。

单体龙形玉器形态上，此种类型单体龙形玉器均呈回首状态，龙身曲折，前腹部均有一足，背部及近尾处也有龙足等装饰物，尾部通常上翘内卷，部分单体龙形玉器尾端会有分叉。通体看龙身较为粗宽臃肿，呈现扁平状。

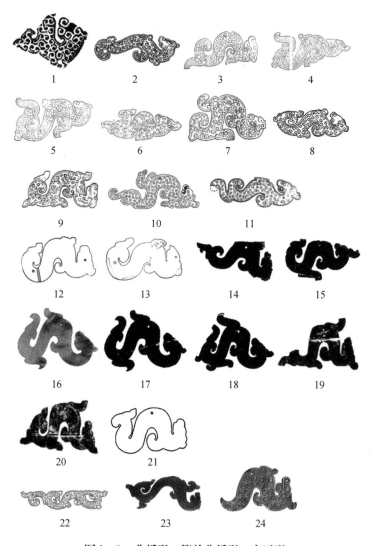

图2—9　曲折形—简单曲折形—扁平形

1. 淅川徐家岭 HXXM3：51　2. 山西长子7号墓（缺编号）　3. 太原赵卿墓 M251：444　4. 太原赵卿墓 M251：16－2　5. 太原赵卿墓 M251：453　6. 太原赵卿墓 M251：446　7. 太原赵卿墓 M251：438　8. 陕县后川村西区 M2040：290　9. 侯马西高 J441　10. 侯马西高祭祀遗址 J643：1　11. 固始侯古堆 M1：36－10　12. 太原赵卿墓 M251：379　13. 太原赵卿墓 M251：447　14. 长治分水岭 M25：89　15. 长治分水岭 M25：86　16. 长治分水岭 M25：87　17. 长治分水岭 M25：88　18. 长治分水岭 M25：91　19. 曾侯乙墓 E. C. 11：213　20. 曾侯乙墓 E. C. 11：217　21. 长沙楚墓 M1211：1　22. 侯马西高祭祀遗址 J495：1　23. 江陵望山沙冢 WM3：29－1　24. 九连墩 M2：C543

在数量上，山西长子 7 号墓、太原赵卿墓 M251 及山西长治分水岭 M25 出土了此种样式单体龙形玉器的绝大多数，分别有 9 件、8 件及 5 件。且该三墓均处于"中原"地区。其他墓葬则仅出土 1 件或者 2 件。

在时间上，此种形态单体龙形玉器主要流行于春秋晚期。但在战国早期、战国中期及战国晚期的墓葬中也偶有发现。春秋晚期及至战国早期在"中原"地区发现的居多。

在纹饰上，长沙楚墓 M1211：1（图 2—9 之 21），曾侯乙墓 E. C. 11：213（图 2—9 之 19），曾侯乙墓 E. C. 11：217（图 2—9 之 20），太原赵卿墓 M251：379（图 2—9 之 12），太原赵卿墓 M251：447（图 2—9 之 13），山西长治分水岭墓 25 中的 5 件单体龙形玉器（图 2—9 之 14 至图 2—9 之 18）均是光素无纹。侯马西高祭祀遗址 J643：1（图 2—9 之 10），固始侯古堆 M1：36 - 10（图 2—9 之 11），侯马西高祭祀遗址 J495：1（图 2—9 之 22），江陵望山沙冢 WM3：29 - 1（图 2—9 之 23），九连墩 M2：C543（图 2—9 之 24）是谷纹。其他的单体龙形玉器则是卷云纹。有纹饰的单体龙形玉器均是通体纹饰。

嘴部形态上，侯马西高祭祀遗址 J495：1（图 2—9 之 22），江陵望山沙冢 WM3：29 - 1（图 2—9 之 23）与九连墩 M2：C543（图 2—9 之 24）是嘴部微张，前端分开，后端为不封闭的圆孔的嘴部。其他的单体龙形玉器饰浮雕抽象的嘴部（图 2—9 之 1 至图 2—9 之 21）。

此种类型单体龙形玉器在楚国及其附属国地区仅有淅川徐家岭 HXXM3：51（图 2—9 之 1）与固始侯古堆 M1：36 - 10（图 2—9 之 11）的形制较为原始，与"中原"地区山西长子县 7 号墓和太原晋国赵卿墓 M251 中所出单体龙形玉器较为相似。江陵望山沙冢 WM3：29 - 1（图 2—9 之 23）与九连墩 M2：C543（图 2—9 之 24）接近于山西长治分水岭墓 25 中的单体龙形玉器。

总体说来，此种类型单体龙形玉器主要流行在春秋晚期及战国早期的"中原"地区。应是在战国早期，其逐渐发生变化，向着曲折形—简单曲折形—高宽形的形态发展。此种类型在楚国及其附属国地区发现较少，数量也不多，可能是受到"中原"地区的影响。

（二）曲折形—简单曲折形—高宽形

此组单体龙形玉器为曲折形—简单曲折形—高宽形单体龙形玉器。

在单体龙形玉器形态上，绝大多数呈"几"字形，甚至与部分曲折形—复杂曲折形单体龙形玉器有几分相似之处，但并不符合曲折形—复杂曲折形三个条件（龙首相连于龙身，龙尾相连于龙身，龙身腹部下方为封闭形）的限定。与曲折形—简单曲折形—扁平形单体龙形玉器相比，其龙身曲折程度更大，能看到明显的折角，龙身轮廓更为修长。其他方面，此种类型单体龙形玉器龙首多为回首，个别为昂首。在龙身前腹部或者后腹部有龙足等装饰物。尾部一般上卷、并有分叉。此外，此种类型单体龙形玉器嘴部多为嘴部微张，前端分开，后端为不封闭的圆孔的嘴部。而尾部勾卷方向则有所不同。

　　出土此种类型单体龙形玉器的墓葬有19座，数量为46件。分别是淅川徐家岭十号墓中有1件（图2—10之16），湖北荆州院墙湾一号楚墓中有3件（其中1件为昂首）（图2—10之32、图2—10之27），九连墩1号墓中有1件（图2—10之18），安徽长丰杨公发掘九座战国墓M8中有2件①（图2—10之17），湖北荆州熊家冢熊墓地9座墓中有18件［熊M2中有1件（图2—10之2）、熊M4中有5件（图2—10之3至图2—10之4、图2—10之22至图2—10之23）、熊M7中有1件（图2—10之7）、熊M9中有2件（图2—10之31）、熊M12中有2件（图2—10之28）、熊M17中有2件（图2—10之5、图2—10之25）、熊M19中有2件（图2—10之26）］、熊M53中有1件（图2—10之6）、熊北M2中有2件（图2—10之1、图2—10之15），曾侯乙墓中有2件（图2—10之24）河南固始葛藤山墓葬中有2件（图2—10之33），洛阳中州中路西工段M2717中有2件（图2—10之8），山西长治分水岭墓36中有2件（已残，仅存尾部），洛阳市西工区203号战国墓中有1件（图2—10之19），洛阳唐宫路小学C1M5560战国墓中有6件（图2—10之9至图2—10之11、图2—10之13、图2—10之30），洛阳中州中路东周墓C1M3750中有7件（图2—10之12、图2—10之14、图2—10之21、图2—10之29），洛阳市唐宫西路东周墓C1M7984中2件（已残）。

---

① 图片来源于杨鸠霞《长丰战国晚期楚墓》，《文物研究》1990年第4期，第89—98页。

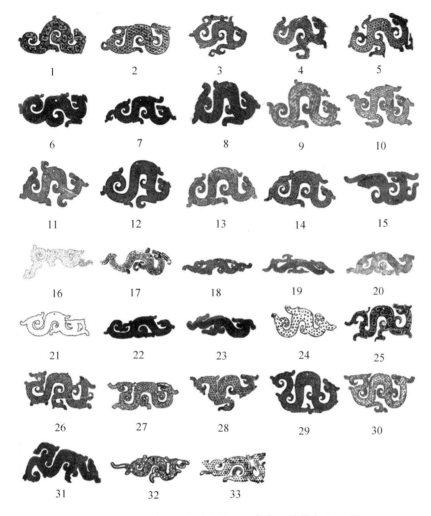

图2—10　曲折形—简单曲折形—高宽形单体龙形玉器

1. 荆州熊家冢熊北 M2：3　2. 荆州熊家冢熊 M2：14　3. 荆州熊家冢熊 M4：69　4. 荆州熊家冢熊 M4：70　5. 荆州熊家冢熊 M17：11　6. 荆州熊家冢熊 M53：2　7. 荆州熊家冢熊 M7：10　8. 洛阳中州路（西工段）M2717（无编号）　9. 洛阳唐宫路小学 C1M5560：14　10. 洛阳唐宫路小学 C1M5560：11－1　11. 洛阳唐宫路小学 C1M5560：11－2　12. 洛阳中州中路 C1M3750：21　13. 洛阳唐宫路小学 C1M5560：13　14. 洛阳中州中路 C1M3750：45　15. 荆州熊家冢熊北 M2：30　16. 淅川徐家岭 HXXM10：6　17. 长丰杨公 M9：27　18. 九连墩 1 号墓 M1：710－1　19. 洛阳西工区 M203（缺编号）　20. 洛阳唐宫西路 C1M7983：53　21. 洛阳中州中路 C1M3750：46　22. 荆州熊家冢熊 M4：66　23. 荆州熊家冢熊 M4：65　24. 曾侯乙墓 E.C.11：149　25. 荆州熊家冢熊 M17：6　26. 荆州熊家冢熊 M19：5　27. 荆州院墙湾 M1：31　28. 荆州熊家冢熊 M12：25　29. 洛阳中州中路 C1M3750：23　30. 洛阳唐宫路小学 C1M5560：12　31. 荆州熊家冢熊 M9：13　32. 荆州院墙湾 M1：39　33. 河南固始葛藤山（缺编号）

　　出土此种类型单体龙形玉器的典型墓葬有湖北荆州院墙湾一号楚墓，洛阳唐宫路小学 C1M5560 战国墓，洛阳市中州中路东周墓 C1M3750 等，可将这些墓葬出土的单体龙形玉器作为参考。

　　此组单体龙形玉器为曲折形—简单曲折形—高宽形单体龙形玉器，龙身曲折，有明显的折角，基本呈现"几"字形，但是单体龙形玉器尾部有些许不同。部分单体龙形玉器尾部为内勾，即尾部向龙身方向弯曲（图 2—10 之 1 至图 2—10 之 24、图 2—10 之 32、图 2—10 之 33）。而另一部分单体龙形玉器尾部为外勾，即尾部向龙身后侧弯曲（图 2—10 之 25 至图 2—10 之 31）。

　　在龙首形态上，绝大多数都是回首形态（图 2—10 之 1 至图 2—10 之 31），仅有荆州院墙湾 M1∶39（图 2—10 之 32）与河南固始葛藤山（缺编号）（图 2—10 之 33）为昂首形态。河南固始葛藤山墓葬出土的此件单体龙形玉器形态也稍显特殊，很接近曲折形—复杂曲折形单体龙形玉器。

　　从嘴部形态看，仅有荆州熊家冢熊北 M2∶3（图 2—10 之 1）及荆州熊家冢熊 M9∶13（图 2—10 之 31）为浮雕抽象的嘴部，余下的单体龙形玉器皆为嘴部微张，前端分开，后端为不封闭的圆孔的嘴部。此种类型不见下颚上卷并与上腭相连，嘴部呈封闭的圆孔的嘴部。

　　从纹饰看，此种类型单体龙形玉器通常情况下都有纹饰，且纹饰比较精美，制作精细。纹饰以谷纹为主，偶有卷云纹。荆州熊家冢熊北 M2∶3（图 2—10 之 1）与荆州熊家冢熊 M17∶6（图 2—10 之 25），此两件纹饰较为特殊，为变形夔纹。此种纹饰在安徽及江苏地区也有发现。但数量都不多。少数没有雕琢纹饰的单体龙形玉器，其玉质不好，制作也较为粗糙。虽形制大体相同，但应是为随葬而制作的。此外，值得注意的是，有纹饰单体龙形玉器的纹饰皆为通体纹饰，其颈部、龙身及尾部的纹饰是一致的，无论是楚国及其附属国地区还是"中原"都是如此。

　　从时间看，出土此样式单体龙形玉器的墓葬的年代主要集中于战国中期。战国早期虽也有出现，但数量较少，楚国及其附属国地区及"中原"的情况皆是如此。在战国晚期，"中原"地区几乎不见此种样式单体龙形玉器，但在楚国及其附属国地区依然有发现。

　　从数量看，此种样式单体龙形玉器是所有样式中数量最多的，无论是在楚国及其附属国地区还是在"中原"，情况皆是如此。相对于"中原"地区，楚国及其附属国地区出土此种单体龙形玉器的数量更多一些，尤其是熊家冢墓地出土了大量的此种形态的单体龙形玉器，且熊家冢墓地出土的单体龙形玉器也几乎都是与此种形态相似。

总体说来，此种样式单体龙形玉器应是东周时期单体龙形玉器发展的最高峰。其与曲折形—简单曲折形—扁平形单体龙形玉器、曲折形—复杂曲折形单体龙形玉器应该存在着一定的关系，可以说是两者之间的桥梁与纽带。此种单体龙形玉器无论是在楚国及其附属国地区，还是在"中原"，似乎都能找到比其更加原始的形态。相对说来，"中原"地区的源头则更为明确一点。但是另一方面，此种类型单体龙形玉器在楚国及其附属国地区发现的数量却明显比"中原"多。针对这个问题，还有待进一步研究。也很有可能是在"中原"地区兴起、发展，但是在楚国及其附属国地区繁荣、鼎盛起来的。

三 形制特殊者

形制特殊的单体龙形玉器形态多样，但是数量不多，无法进行分层次讨论。在此仅简单分类进行讨论。

寿县蔡侯墓 105：2（图 2—11 之 1）、长沙楚墓 M165：2—2（图 2—11 之 2）、九连墩 M2：490—1（图 2—11 之 3）形态相近。与常见的单体龙形玉器形态不同，似鳄鱼的形态，其可支持龙是鳄鱼来源一说。其皆出土于楚国及其附属国地区（南方地区），这和鳄鱼的分布地域也是相符合的。前 2 件单体龙形玉器呈回首匍匐状，后 1 件则为俯首匍匐状。前 2 件龙首都较为抽象，长沙楚墓 M165：2-2 能明显看出有较长的尖角，而九连墩 M2：490-1 能辨识五官，为嘴部微张，前端分开，后端为不封闭的圆孔的嘴部。寿县蔡侯墓 105：2 与九连墩 M2：490-1 两足分布于前后腹部，长沙楚墓 M165：2-2 二足更接近于后腹部。寿县蔡侯墓 105：2 通体饰卷云纹，长沙楚墓 M165：2-2 通体光素，九连墩 M2：490-1 为谷纹。寿县蔡侯墓 105：2 的年代约为春秋晚期，长沙楚墓 M165：2-2 与九连墩 M2：490-1 的年代约为战国中期。

洛阳市唐宫西路东周墓 C1M7983：33（图 2—11 之 4）此件单体龙形玉器呈环形，龙首向前，龙尾内卷，周身有 3 个似龙足的装饰物。类似单体龙形玉器在中山王国墓葬中也有相似的发现，两座墓的年代也相近。

这些单体龙形玉器与商代妇好墓出土的团形单体龙形玉器在形态上有几分相似之处。

曾侯乙墓 E. C. 11：213（图2—11之5）此件单体龙形玉器较为少见，不见于其他墓葬，龙身呈盘旋状，由龙尾向外卷曲。嘴部为嘴部微张，前端分开，后端为不封闭的圆孔的嘴部，具有战国早中期的特征。龙身有似龙足的装饰物，整体光素无纹。

曾侯乙墓 E. C. 11：217（图2—11之6）此件单体龙形玉器较为少见，不见于其他墓葬，龙身形制特殊。嘴部为嘴部微张，前端分开，后端为不封闭的圆孔的嘴部，具有战国早中期的特征。龙身饰卷云纹，有战国早期的纹饰特征。

辉县固围村区第1号墓1：304（图2—11之7）此件单体龙形玉器也较为少见，腹部正下方有似龙足的装饰物，有小尖耳，嘴部为嘴部微张，前端分开，后端为不封闭的圆孔的嘴部。该墓葬为战国晚期墓葬，但此件单体龙形玉器则具有战国早中期的风格。

河南叶县旧县1号墓M1：5（图2—11之8）此件单体龙形玉器整体近似条带形，但是腹部正下方有似龙足的装饰物，并向前后延伸至前腹部与后腹部相连。形制特殊，在其他墓葬中不见此种样式，同时制作也较为精良。在战国早期墓葬中发现，实是罕见，其演变还有待进一步研究。

河南淮阳平粮台十六号墓M16：78（图2—11之9）此件单体龙形玉器已残缺，与山西侯马西高东周祭祀遗址出土的单体龙形玉器有相似之处，但是又有所不同。此件单体龙形玉器龙首在龙身下方，呈现昂首状态。嘴部形态为下颚上卷并与上腭相连，嘴部呈封闭的圆孔的嘴部。

当阳赵家湖楚墓YM3：1（图2—11之10）此件单体龙形玉器形制较为特殊，整体形态更接近于曲折形单体龙形玉器，但又有所不同，在其他墓葬中并无类似的发现。单体龙形玉器呈回首卷曲状，嘴部与龙身相连，龙身弯曲，中部曲折程度较大，龙尾上翘。龙身饰卷云纹。背部有一个穿孔。

山西侯马西高东周祭祀遗址出土较多形制特殊的单体龙形玉器，在洛阳地区也出土有这些单体龙形玉器（图2—12）。单体龙形玉器形态基本都呈现条带状，但又不同于常见的"⌒"形、"W"形与璜形。

此部分单体龙形玉器龙首有两种形态，分别是俯首与回首。俯首形态（图2—12之1至图2—12之13）数量较多，回首形态（图2—12之14至

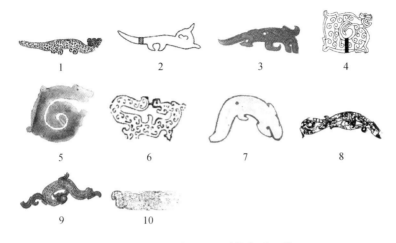

图2—11 特殊形态的单体龙形玉器

1. 寿县蔡侯墓 105：2　2. 长沙楚墓 M165：2—2　3.　4. 洛阳市唐宫西路东周墓 C1M7983：33
5. 曾侯乙墓 E.C.11：158　6. 曾侯乙墓 E.C.11：40　7. 辉县固围村区第 1 号墓 1：304　8. 河南
叶县旧县 1 号墓 M1：5　9. 河南淮阳平粮台十六号墓 M16：78　10. 当阳赵家湖 YM3：1

2—12 之 17）数量相对较少。俯首形态又分龙首在龙身上方及龙首在龙身下方两种形态。龙首在龙身上方（图 2—12 之 1 至图 2—12 之 8）数量较多，龙首在龙身下方（图 2—12 之 9 至图 2—12 之 11）数量相对较少。洛阳唐宫西路 C1M7983：52（图 2—12 之 12）与洛阳八一路北端 C1M2547：16－2（图 2—12 之 13）虽然残缺，但是归入俯首形态应当不错。

在嘴部形态上，主要是嘴部微张，前端分开，后端为不封闭的圆孔的嘴部（图 2—12 之 1 至图 2—12 之 16）。偶有雕琢粗糙者，仅有龙首整体轮廓，不识嘴部具体形制（图 2—12 之 17）。

在纹饰上，多数单体龙形玉器为素面单体龙形玉器，并没有纹饰。少数单体龙形玉器通体饰谷纹，制作精美。多数单体龙形玉器背部都有穿孔，但也有个别者没有穿孔。

这些特殊形态的单体龙形玉器在中山王譻墓中也有类似的发现，但是在其他的墓葬中尚无更多发现。

这些形制特殊的单体龙形玉器仅在“中原”地区的祭祀遗址及个别墓葬中有所发现，而在楚国及其附属国地区并未发现此种样式的单体龙形玉器。且这些单体龙形玉器主要发现于祭祀遗址中，其具体用途和意义还有待进一步研究。不排除这些单体龙形玉器是为祭祀而专门制作的可能性。其形制接近于条带形单体龙形玉器，与条带形单体龙形玉器的分布区域也是相符合的。

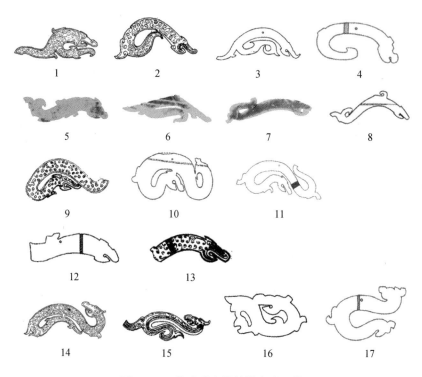

图 2—12 特殊形态的单体龙形玉器

1. 侯马西高祭祀遗址 J147　2. 侯马西高祭祀遗址 J552　3. 侯马西高祭祀遗址 J156：1　4. 洛阳中州中路 C1M8371：41－2　5. 山西第一建筑公司机运站 K166　6. 山西第一建筑公司机运站 K206　7. 山西第一建筑公司机运站 K239　8. 省建一公司机运站祭祀坑 K77：1　9. 洛阳针织厂 C1M5269：37　10. 侯马西高祭祀遗址 J585　11. 洛阳西工区 M7602：8　12. 洛阳唐宫西路 C1M7983：52　13. 洛阳八一路北端 C1M2547：16－2　14. 侯马西高祭祀遗址 J515　15. 洛阳市针织厂 C1M5269：40　16. 侯马西高祭祀遗址 J135：1　17. 洛阳中州中路 C1M8371：34－1

　　此组单体龙形玉器基本也呈现条带状，龙身无足或仅有小足等装饰物。但此组数量较少，形制也稍显特殊。

　　洛阳唐宫路小学 C1M5560：15（图 2—13 之 1）此件单体龙形玉器呈回首弯曲状，龙首回望，嘴部为浮雕抽象的嘴部，枣核形眼。饰谷纹。

背部有一个穿孔。尾部下勾内卷。在山东地区也有类似发现。

长沙楚墓 M1033：2（图 2—13 之 2）此件单体龙形玉器呈回首弯曲状，龙首回望，嘴部张口露利齿。饰谷纹。尾部残断。

长沙楚墓 M398：16（图 2—13 之 3）此件单体龙形玉器呈回首弯曲状，龙首回望，嘴部微张，前端分开，后端为不封闭的圆孔的嘴部。有长角。通体光素无纹饰。背部有两个穿孔。尾部残断。

九连墩 1 号墓 M1：972（图 2—13 之 4）此件单体龙形玉器形制特殊，龙首在龙身下方。饰谷纹。背部没有穿孔，但在侧面有一钻孔。应不是衣物佩饰。有可能是插嵌的装饰品。

湖北荆州熊家冢熊 M4：68（图 2—13 之 5）此件单体龙形玉器与条带形—回首形单体龙形玉器有相似之处，但是尾部曲折较多，且有似龙足的装饰物。

洛阳唐宫路小学 C1M5560：17（图 2—13 之 6）此件单体龙形玉器身饰绞丝纹，与洛阳西工区 M203：37（图 2—4 之 13）及侯马西高祭祀遗址 J445：1（图 2—4 之 14）纹饰相似。此种纹饰在楚国及其附属国地区尚无发现，但在"中原"地区发现也较少。有可能属于"中原"地区单体龙形玉器纹饰中的一种。

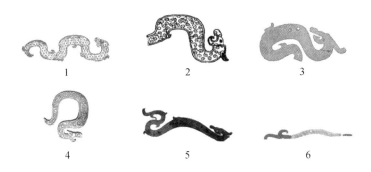

图 2—13　特殊形态的单体龙形玉器

1. 洛阳唐宫路小学 C1M5560：15　2. 长沙楚墓 M1033：2　3. 长沙楚墓 M398：16　4. 九连墩 1 号墓 M1：972　5. 湖北荆州熊家冢熊 M4：68　6. 洛阳唐宫路小学 C1M5560：17

此组单体龙形玉器基本形态更接近于曲折形单体龙形玉器，但是与曲折形单体龙形玉器又有所区别。

九连墩2号墓 M2：498-1（图2—14之1）、长沙楚墓 M1282：3（图2—14之2）两者形态相近。龙首均为回首，纹饰均饰谷纹，背部均有一个穿孔。前者龙角较大，嘴部微张，前端分开，后端为不封闭的圆孔的嘴部。后者龙角相对较小，嘴部为下颚上卷并与上腭相连，嘴部呈封闭的圆孔的嘴部。尾部则是凤首。相似的单体龙形玉器在"中原"地区也有发现。

九连墩1号墓 M1：975（图2—14之3），湖北荆州熊家冢熊 M8：8（图2—14之4）与湖北荆州熊家冢熊 M16：11（图2—14之5）三者的单体龙形玉器形态也与常见的单体龙形玉器不同。其中湖北荆州熊家冢熊 M8：8（图2—14之4）的纹饰也较为特殊，为较大的变形夔纹，此种纹饰在湖北荆州熊家冢熊 M17、湖北荆州熊家冢熊北 M2 及安徽、江苏地区墓葬出土的单体龙形玉器上也有发现。相比来说，安徽、江苏地区的单体龙形玉器时代更早。

长丰杨公 M8：29（图2—14之6）整体形态更接近于曲折形—简单曲折形—高宽形单体龙形玉器，但是该件龙身装饰较多，已改变其原有的形态。此种单体龙形玉器在其他墓葬中已无发现。

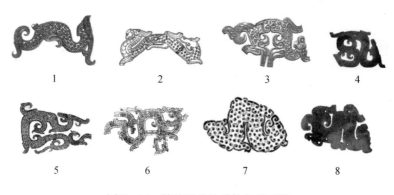

图2—14　特殊形态的单体龙形玉器

1. 九连墩2号墓 M2：498-1　2. 长沙楚墓 M1282：3　3. 九连墩1号墓 M1：975　4. 湖北荆州熊家冢熊 M8：8　5. 湖北荆州熊家冢熊 M16：11　6. 长丰杨公 M8：29　7. 曾侯乙墓 E. C. 11：234　8. 荆州熊家冢熊 M14：1

第三节　小结

本章内容对东周时期的单体龙形玉器进行了分类。依据单体龙形玉器的总体形态分为了三大类：分别是条带形、曲折形与形制特殊者。其后又对条带形与曲折形此两类进行了进一步的分类。

对于条带形单体龙形玉器的进一步划分，首先是按照龙首的形态，分为了俯首与回首两种；其次是按照单体龙形玉器的大致形态划分了简单条形与复杂条形；最后是依据单体龙形玉器的具体形态，又把条带形—俯首—简单条带形划分了"⌒"形（"S"形）与璜形两类。对于曲折形单体龙形玉器的进一步划分，首先是依据单体龙形玉器的大致形态，分为了复杂曲折形与简单曲折形；其次又按照单体龙形玉器的具体形态，把简单曲折形划分了扁平形与高宽形两类。对于形制特殊者的划分，由于其形制特殊，数量又较少，仅按其相似程度进行了分类讨论。

关于各个形制单体龙形玉器出土地域、时代及数量之间的关系，在各个分类下的论述中均已所涉及。条带形—俯首—简单条带形单体龙形玉器主要流行于"中原"地区，发现的数量较多，流行时间也较长；条带形—俯首—复杂条带形单体龙形玉器在"中原"及楚国及其附属国地区均有所发现，但数量都不多；条带形—回首—简单条带形单体龙形玉器与条带形—俯首—简单条带形单体龙形玉器的情况类似，主要流行于"中原"地区，发现的数量较多，而在楚国及其附属国地区则少有发现；条带形—回首—复杂条带形单体龙形玉器的情况与条带形—俯首—简单条带形情况相似；曲折形—复杂曲折形单体龙形玉器主要集中于楚国及其附属国地区，流行时间较长，"中原"地区发现较少，流行时间也较短；曲折形—简单曲折形—扁平形单体龙形玉器则主要流行于"中原"地区，时代集中于春秋晚期及战国早期，楚国及其附属国地区发现相对较少；曲折形—简单曲折形—高宽形单体龙形玉器在楚国及其附属国地区及"中原"地区均有较多发现，时代相对集中于战国中期（表2—1）。

总体说来，条带形单体龙形玉器主要是流行于"中原"地区，流行时间从战国早期延续至战国中期，楚国及其附属国地区出现的此种样式的单体龙形玉器应是受到"中原"地区的影响。条带形—俯首—简单条带形与条带形—回首—简单条带形两者是"中原式"特征最为明显的两种形制。曲折形单体龙形玉器则要分复杂曲折形与简单曲折形两类来看。复杂曲折形单体龙形玉器在楚国及其附属国地区发现较多，时间也较早，和条带形单体龙形玉器的情况相反，此种样式的单体龙形玉器，基本可以断定"中原"地区是受到楚国及其附属国地区的影响。而简单曲折形情况稍复杂，简单曲折形—扁平形主要集中于春秋晚期至战国早期，相对于楚国及其附属国地区，在"中原"地区发现的数量较多。而简单曲折形—高宽形时代相对集中于战国中期，在楚国及其附属国地区发现的数量明显超过"中原"地区。从简单曲折形—扁平形到简单曲折形—高宽形的过渡，"中原"地区更为明确一点。因而可以推断，曲折形—简单曲折形单体龙形玉器在发展的初始阶段，"中原"地区的影响还是比较大的，但是随着时间的推移，楚国及其附属国地区的影响逐渐扩大。

表 2—1　条带形及曲折形单体龙形玉器持续时间、地域分布及数量

数量 / 形态			流行时间			
			春秋晚期	战国早期	战国中期	战国晚期
条带形	俯首	简单条带形				
		复杂条带形				
	回首	简单条带形				
		复杂条带形				
曲折形	复杂曲折形					
	简单曲折形	扁平形				
		高宽形				

注：1."————"代表楚国及其附属国地区，"━ ━ ━"代表"中原"
　　2.粗线表示数量多，细线表示数量少。

　　关于各个类型之间的关系，条带形中，条带形—俯首—复杂条带形应是条带形—俯首—简单条带形的分化；条带形—回首—复杂条带形应是条带形—回首—简单条带形的分化。在曲折形中，曲折形—简单曲折形—高宽形应是曲折形—简单曲折形—扁平形的进一步发展和分化；曲折形—复杂曲折形的发展有受到曲折形—简单曲折形—高宽形的影响的因素，但源头还不明晰，有待进一步研究。关于条带形与曲折形之间的关系，应是各有各的源头，分属两类。

第三章 单体龙形玉器形制的探讨

第一节 不同时期单体龙形玉器的特点

东周时期延续五百五十余年，时间较长。具有东周风格的单体龙形玉器虽然在春秋晚期才开始出现，但至战国末年也有近四百年的时间。由于时间跨度大，不同时间段内的单体龙形玉器表现出不同的特点。以下依时代前后顺序，分春秋晚期、战国早期、战国中期及战国晚期四个时间段，对东周单体龙形玉器的特点进行讨论。

一 春秋晚期

图3—1　春秋晚期楚国及其附属国地区出土单体龙形
玉器墓葬分布及单体龙形玉器标本

1. 寿县蔡侯墓　2. 淅川徐家岭三号墓　3. 当阳赵家湖楚墓 YM3

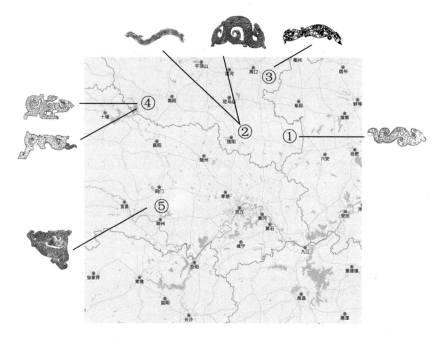

**图3—2 春秋晚期"中原"出土单体龙形玉器墓葬
分布及单体龙形玉器标本**

1. 侯马盟书探方——底层 2. 山西长子 7 号墓 3. 太原晋国赵卿墓 M251 4. 洛阳中州中路西
工段 M412

　　此时期内太原晋国赵卿墓 M251 出土的单体龙形玉器较有代表性。

　　此时期最典型的单体龙形玉器是曲折形—简单曲折形—扁平形单体
龙形玉器，在楚国及其附属国地区及"中原"都有发现。"中原"地区大
量出现，且集中于山西长子县 7 号墓及太原晋国赵卿墓 M251 此两座墓
葬。淅川徐家岭三号墓中也出土 1 件，但有残缺。侯马盟书探方——底
层出土有 1 件抽象的条形—回首—简单条形单体龙形玉器。淅川徐家岭
三号墓出土有条形—俯首—简单条形单体龙形玉器，但同样都是较为抽
象的单体龙形玉器，并无具体龙形。寿县蔡侯墓出土 1 件单体龙形玉器，
呈匍匐回首状，与常见的单体龙形玉器有所不同，似回首的鳄鱼。与此
种单体龙形玉器相似的还有长沙楚墓 M165 中有出土。当阳赵家湖楚墓
YM3 出土的单体龙形玉器形态特殊，但也与曲折形—简单曲折形—扁平
形相似。

在纹饰方面，此时期有一定数量表面光素无纹的单体龙形玉器。有纹饰单体龙形玉器的纹饰主要是密集的勾连云纹及卷云纹，不见其他纹饰。

龙首状态方面，均是回首的状态，偶有俯首状态。

嘴部形态方面，此时期均是浮雕抽象的嘴部。

总体说来此时期是东周单体龙形玉器发展的初始阶段。出现的式样较少，以曲折形—简单曲折形—扁平形单体龙形玉器为主，并有条带形—俯首单体龙形玉器的萌芽。楚国及其附属国地区出土的数量相对较少，"中原"地区出土的数量相对较多。

二 战国早期

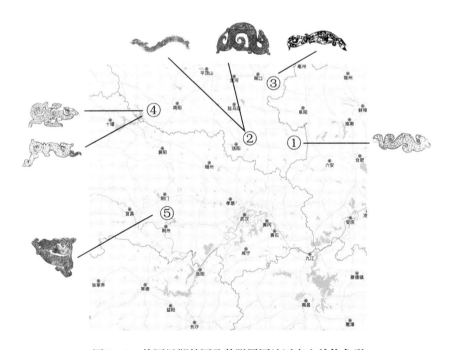

图 3—3 战国早期楚国及其附属国地区出土单体龙形玉器墓葬分布及单体龙形玉器标本

1. 固始侯古堆一号墓 2. 信阳楚墓一号墓 3. 河南叶县旧县 1 号墓 4. 淅川徐家岭十号墓

5. 湖北江陵葛陂寺 34 号墓

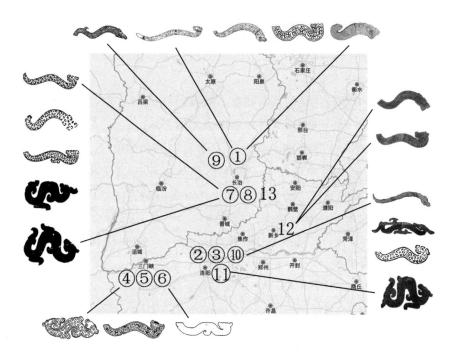

图3—4 战国早期"中原"出土单体龙形玉器墓葬分布及单体龙形玉器标本

1. 山西省潞城县潞河七号墓 2. 洛阳西工区 203 号战国墓 3. 河南洛阳新发现随葬钱币的东周墓葬 4. 陕县东周秦汉墓 M2040 5. 陕县东周秦汉墓 M3501 6. 陕县东周秦汉墓 M2041 7. 山西长治分水岭墓 53 8. 山西长治分水岭墓 25 9. 新绛柳泉墓地 M302 10. 洛阳中州中路西工段 M1316 11. 洛阳中州路西工段 M2717 12. 辉县赵固区第 1 号墓 13. 山西长治分水岭墓 14

此时期内信阳楚墓一号墓，山西长治分水岭 M53，山西长治分水岭墓 25 出土的单体龙形玉器较有代表性。

此时期单体龙形玉器在延续春秋晚期曲折形—简单曲折形—扁平形单体龙形玉器的同时，出现了新的形态。在楚国及其附属国地区中曲折形—复杂曲折形在信阳楚墓一号墓及淅川徐家岭十号墓都有发现。曲折形—简单曲折形—高宽形在淅川徐家岭十号墓中有发现。同时在信阳楚墓一号墓中还有条带形—俯首—复杂条带形单体龙形玉器。在"中原"地区，大量墓葬中都出现了条带形单体龙形玉器，有条带形—回首—简单条带形，条带形—俯首—简单条带形，条带形—回首—复杂条带形，条带形—俯首—复杂条带形等单体龙形玉器形态。山西长治分水岭墓 25

中出土的数件单体龙形玉器，在形态上有相似于春秋晚期流行的曲折形—简单曲折形—扁平形单体龙形玉器的成分，又有相似于曲折形—简单曲折形—高宽形的成分，应是从曲折形—简单曲折形—扁平形向曲折形—简单曲折形—高宽形过渡的形态。

在纹饰上，此时期依然有表面光素无纹的单体龙形玉器。有纹饰单体龙形玉器的纹饰不再局限于稠密的勾连云纹及卷云纹，较为稀疏的卷云纹及谷纹都有出现。

龙首状态方面，不同于春秋晚期较多的回首状态，此时期俯首单体龙形玉器开始出现，甚至也有个别昂首状态单体龙形玉器。

嘴部形态方面，此时期也不再局限于浮雕抽象的嘴部，嘴部微张，前端分开，后端为不封闭的圆孔的嘴部开始出现。山西省潞城潞河七号墓中条形—回首—简单条形单体龙形玉器中既有浮雕抽象的嘴部，也有嘴部微张，前端分开，后端为不封闭的圆孔的嘴部。

总体说来，此时期是东周单体龙形玉器发展的成长阶段，开始脱离春秋晚期单体龙形玉器较为单一的形态，出现了较多的新样式。回首形单体龙形玉器及曲折形单体龙形玉器不再是主流的形态，新出现的俯首形单体龙形玉器与条带形单体龙形玉器开始与前者平分秋色。尤其是在"中原"地区，这个特点更为明显。

三 战国中期

此时期内湖北荆州院墙湾一号楚墓，洛阳唐宫路小学 C1M5560 战国墓，洛阳市中州中路东周墓 C1M3750 出土的单体龙形玉器较有代表性。

此时期在单体龙形玉器形态方面，春秋时期的曲折形—简单曲折形—扁平形单体龙形玉器基本不见，其逐渐被曲折形—简单曲折形—高宽形单体龙形玉器所取代，且高宽形的单体龙形玉器在楚国及其附属国地区及"中原"地区都有大量的发现。曲折形—复杂曲折形单体龙形玉器逐渐增多，主要集中在楚国及其附属国地区，在"中原"地区尚未有发现。条形单体龙形玉器比较丰富，楚国及其附属国地区及"中原"地区均有发现。最主要的是在山西侯马祭祀遗址中发现大量的异形单体龙形玉器。在此时期内，基本上上文所论及的单体龙形玉器大部分能找到。

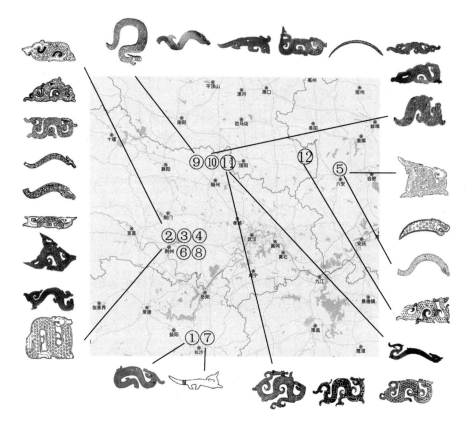

图3—5 战国中期楚国及其附属国地区出土单体龙形玉器墓葬分布及单体龙形玉器标本

1. 长沙楚墓 M398 2. 江陵望山沙冢楚墓望山 2 号墓 3. 江陵望山沙冢楚墓望山 3 号墓 4. 湖北荆州院墙湾一号楚墓 5. 安徽六安市白鹭洲战国墓 M566 6. 荆州天星观二号楚墓 7. 长沙楚墓 M165 8. 荆门左冢楚墓一号墓 9. 九连墩 1 号墓 10. 九连墩 2 号墓 11. 湖北荆州熊家冢墓地中 13 座墓葬 12. 河南固始葛藤山墓葬

　　纹饰方面，此时期依然有素面单体龙形玉器。云纹逐渐消失，谷纹逐渐成为主流纹饰。颈部与尾部饰线纹的单体龙形玉器逐渐增多。但是通体饰同一种纹饰，即颈部、尾部与龙身纹饰相同的单体龙形玉器依然是主流。

　　嘴部形态方面，浮雕抽象的嘴部依然有出现，但是数量很少。嘴部微张，前端分开，后端为不封闭的圆孔的嘴部是此时期大多数单体龙形玉器的嘴部形态。下颚上卷并与上腭相连，嘴部呈封闭的圆孔的嘴部逐

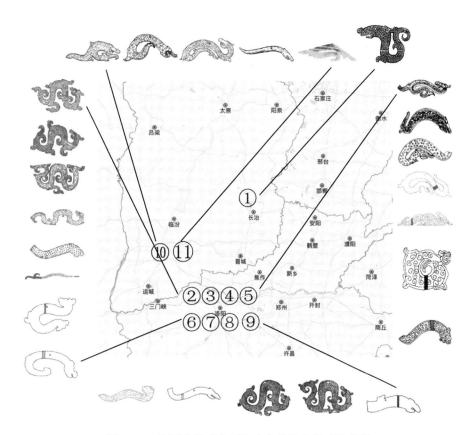

图3—6　战国中期"中原"出土单体龙形玉器墓葬
分布及单体龙形玉器标本

1. 山西长治分水岭墓 36　2. 洛阳唐宫路小学 C1M5560 战国墓　3. 洛阳中州中路东周墓
C1M8371　4. 洛阳西工区 C1M8503 战国墓　5. 洛阳市中州中路东周墓 C1M3750　6. 洛阳市唐宫
西路东周墓 C1M7984　7. 洛阳市唐宫西路东周墓 C1M7983　8. 洛阳市西工区 M7602　9. 洛阳市
针织厂东周墓 C1M5269　10. 山西侯马西高东周祭祀遗址　11. 晋都新田的祭祀遗址

渐出现。

　　总体说来，此时期是东周单体龙形玉器发展的繁荣阶段，各种样式
单体龙形玉器在此时期内都能找到，且数量较多。尤其是各种异形单体
龙形玉器在此时期内大放光彩，进一步说明了战国中期是东周单体龙形
玉器发展的高峰时期。

四 战国晚期

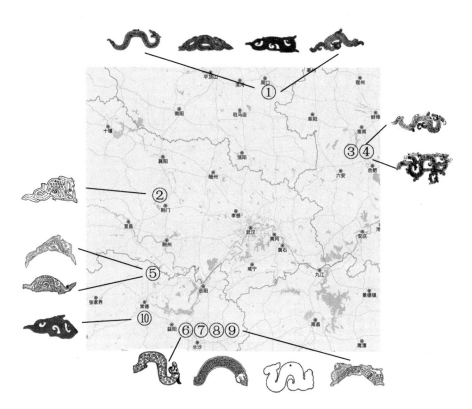

图3—7 战国晚期楚国及其附属国地区出土单体龙形
玉器墓葬分布及单体龙形玉器标本

1. 河南淮阳平粮台十六号墓 2. 包山楚墓四号墓 3. 安徽长丰杨公发掘九座战国墓 M9 4. 安徽长丰杨公发掘九座战国墓 M8 5. 湖南澧县新洲一号墓 6. 长沙楚墓 M1033 7. 长沙楚墓 M1065 8. 长沙楚墓 M1211 9. 长沙楚墓 M1282 10. 湖南常德德山战国墓 M37

此时期内河南淮阳平粮台十六号楚墓，洛阳市道北锻造厂战国墓 IM540 出土的单体龙形玉器较有代表性。

相比于战国中期，此时期单体龙形玉器在数量上没有战国中期发现的多，形制上也没有战国中期的丰富。

单体龙形玉器形态方面，曲折形—复杂曲折形单体龙形玉器是此时期的主流形态。条带形单体龙形玉器逐渐减少，但并未消失。曲折形—

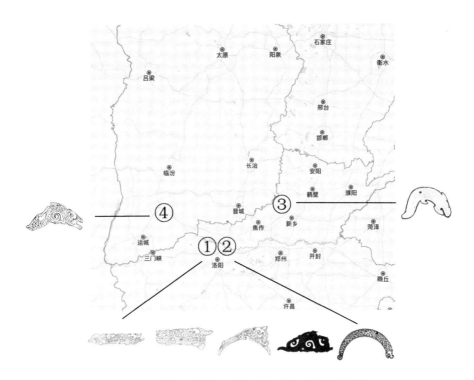

图3—8　战国晚期"中原"出土单体龙形玉器墓葬

分布及单体龙形玉器标本

1. 洛阳市道北锻造厂战国墓 IM540　2. 洛阳市西工区 C1M3943 战国墓　3. 辉县固围村区第 1 号墓　4. 山西侯马市虒祁墓地 M2129

简单曲折形—高宽形也依然存在，但数量亦不多。相比来说，"中原"地区此时期的单体龙形玉器更显单调化，某些形态具有明显的楚式风格。

纹饰方面，此时期谷纹是主要流行纹饰，光素的单体龙形玉器依旧存在。曲折形单体龙形玉器中颈部与尾部饰线纹的单体龙形玉器数量最多，通体饰同一种纹饰的单体龙形玉器较为少见。此外，所饰线纹的尾部占据龙身比例较大，也是此时期一个明显的特点。

嘴部形态方面，下颚上卷并与上腭相连，嘴部呈封闭的圆孔的嘴部是此时期主要的嘴部形态。此外还有下颚上卷但并未与上腭相连，嘴部呈不封闭的圆孔，呈张口露利齿的嘴部形态也较多。浮雕抽象的嘴部与嘴部微张，前端分开，后端为不封闭的圆孔的嘴部形态逐渐消失。

统而观之，此时期是东周单体龙形玉器发展的衰落阶段，楚国及其附属国地区与"中原"两地皆是如此。相比来说，此时期"中原"地区比楚国及其附属国地区衰落的更加严重。此时期仅有曲折形—复杂曲折形一种类型得到了些许发展外，其他的形式的单体龙形玉器处于衰落的阶段。条带形—回首单体龙形玉器几乎不见。此时期"中原"地区的单体龙形玉器受到楚式单体龙形玉器风格的影响较大，但个别单体龙形玉器依然保留有自身的一些特点。

五 余论

从春秋晚期至战国晚期，楚国及其附属国地区及"中原"出土的单体龙形玉器都在发生着变化，无论是数量上，还是形制上。这种变化从小的方面看是单体龙形玉器形制的变化，从大的方面看就是诸侯国国力对比的变化。而诸侯国实力与势力变化的最直接体现就是疆域的变化（图3—9、图3—10）。

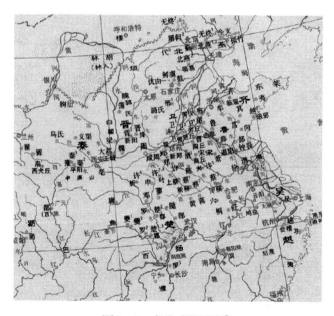

图3—9 春秋时期疆域①

---

① 谭其骧：《中国历史地图集·第一册：原始社会、夏、商、西周、春秋、战国时期》，中国地图出版社1996年版，第20—21页。

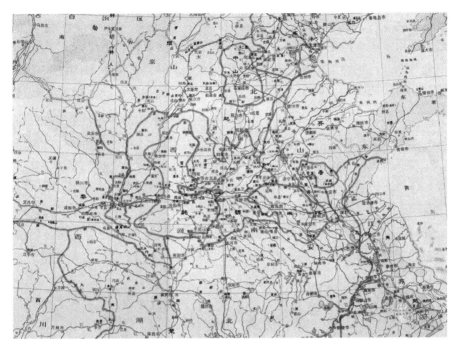

图 3—10 战国时期（公元前 350 年）疆域①

在春秋晚期及至战国早期，均是"中原"地区发现的单体龙形玉器数量较多，形制上也占据主导地位，体现了该时期立足于"中原"的晋国，韩赵魏的国力的强盛。而到战国中期，楚国及其附属国地区与"中原"地区发现的单体龙形玉器，在数量上已很接近，在形制上也趋于相同，体现了立足于楚国及其附属国地区的楚文化的逐渐提升。而及至战国晚期，楚国及其附属国地区及"中原"地区出土的单体龙形玉器在数量上均呈下降趋势，而在形制上已无创新。相比来说，"中原"地区比楚国及其附属国地区衰落的更快，单体龙形玉器风格也明显是受到楚国及其附属国地区的影响。体现了立足于"中原"地区诸侯国国力的迅速衰落，楚国的国力也在衰落，但是速度相对缓慢一些。

此外，在不同的时期内，两地互有发现对方形制的玉龙。引起这一现象的可能性有两种：一是物的传播，一种是文化的传播。通过对单体

---

① 谭其骧：《中国历史地图集·第一册：原始社会、夏、商、西周、春秋、战国时期》，中国地图出版社 1996 年版，第 33—34 页。

龙形玉器形制的研究发现，文化传播的可能性更大一些。

以条带形—回首—简单条带形玉龙这一明显具有"中原式"特征的玉龙为例，在荆州院墙湾一号楚墓中有出土，但是具体形制已经和中原地区的有了明显的差别，龙角较长，龙身也较为细长。玉龙的时代也较晚。此外，与"中原式"相同的形制并未在楚国及其附属国地区发现，也是非物的传播的有力证明。

再以曲折形—复杂曲折形玉龙这一明显具有"楚式"特征的玉龙为例，在洛阳市道北锻造厂战国墓 IM540 与洛阳市西工区 C1M3943 战国墓中有出土，但是具体形制已经和楚国及其附属国地区的玉龙有了明显的差别。洛阳西工区 C1M3943：7 有"中原式"特征明显的小尖角。而洛阳道北锻造厂 IM540：12 与洛阳道北锻造厂 IM540：11 则是具有腹部正下方有足这一"中原式"明显的特征。

第二节 单体龙形玉器嘴部形态的探讨

对东周时期出土单体龙形玉器的嘴部形态进行分类，基本可以分为三种类型，分别是浮雕抽象的嘴部；嘴部微张，前端分开，后端为不封闭的圆孔的嘴部；下颚上卷并与上腭相连，嘴部呈封闭的圆孔的嘴部三种类型。以下对这三种嘴部类型进行讨论。

一 浮雕抽象的嘴部

在时间上，此种嘴部形态主要流行于春秋晚期及战国早期。在战国中期以后，随着嘴部微张，前端分开，后端为不封闭的圆孔的嘴部的流行，此种嘴部形态逐渐衰落。

在地域上，楚国及其附属国地区及"中原"都有发现，但是"中原"地区发现的较多，楚国及其附属国地区发现的相对较少。

在单体龙形玉器形态上，此种嘴部类型集中于曲折形—简单曲折形—扁平形单体龙形玉器（图 3—11—1 至图 3—11—4）与条形—回首—简单条形单体龙形玉器（图 3—11—5 至图 3—11—7）两种形式。在其他类型单体龙形玉器（图 3—11—8 至图 3—11—10）中也有发现，但均为个别的现象，并非主流形式。（表 3—1）

总体来说，此种嘴部类型在"中原"地区发现的数量较多，时间也

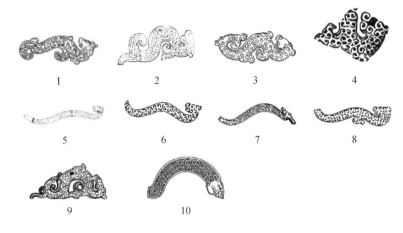

图3—11　浮雕抽象嘴部的单体龙形玉器标本

1. 山西长子7号墓（缺编号）　2. 太原赵卿墓 M251：444　3. 陕县后川村西区 M2040：290
4. 淅川徐家岭 HXXM3：51　5. 潞城潞河 M7：101　6. 长治分水岭 M53：34－1　7. 荆州院墙湾
M1：47　8. 长治分水岭 M53：34－3　9. 荆州院墙湾 M1：23　10. 长沙楚墓 M1065：4

相对较早，流行于单体龙形玉器的样式也相对较多。在一定程度上说明了此种样式的嘴部形态可能开始于"中原"地区并逐步发展流行起来的。

表3—1　　浮雕抽象嘴部的流行时间及单体龙形玉器形态

形态			数量 / 流行时间			
			春秋晚期	战国早期	战国中期	战国晚期
条带形	俯首	简单条带形		▬ ▬ ▬		
		复杂条带形				
	回首	简单条带形		▬ ▬ ▬	———	
		复杂条带形		▬ ▬		
曲折形		复杂曲折形			———	
	简单曲折形	扁平形	▬ ▬ ▬	▬ ▬ ▬		
		高宽形				

注：1. "———"代表楚国及其附属国地区，"▬ ▬"代表"中原"。

　　2. 粗线表示数量多，细线表示数量少。

二 嘴部微张，前端分开，后端为不封闭的圆孔的嘴部

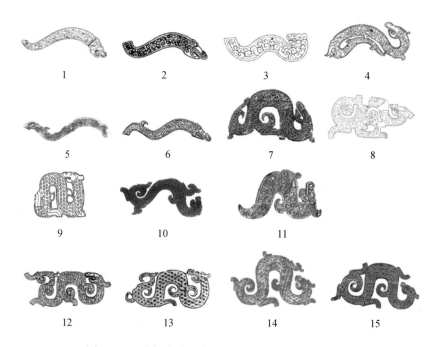

1 2 3 4

5 6 7 8

9 10 11

12 13 14 15

图3—12 嘴部微张，前端分开，后端为不封闭圆孔
嘴部的单体龙形玉器标本

1. 潞城潞河 M7：37　2. 荆州院墙湾 M1：49　3. 潞城潞河 M7：95　4. 山西侯马西高东周祭祀
遗址 J515　5. 信阳楚墓 M1：89　6. 新绛柳泉 M302：64　7. 信阳楚墓 1：84　8. 淅川徐家岭
HXXM10：7　9. 江陵望山 WM3：32　10. 江陵望山沙冢 WM3：29－1　11. 九连墩 M2：C543
12. 荆州院墙湾 M1：31　13. 荆州熊家冢熊 M2：14　14. 洛阳唐宫路小学 C1M5560：11　15. 洛
阳中州中路 C1M3750：45

在时间上，此种嘴部形态主要流行于战国早期及战国中期。在战国
晚期也有出现，但是数量较少，已不是主流形态。

在地域上，楚国及其附属国地区及"中原"地区都有大量的此种嘴
部形态的单体龙形玉器。

在单体龙形玉器形态上，此种嘴部形态在各个形态单体龙形玉器中
都有发现，相对集中于条形—俯首单体龙形玉器（图3—12—1、图3—

12—2、图3—12—5、图3—12—6）及曲折形—简单曲折形—高宽形（图3—12—12至图3—12—15）单体龙形玉器两种形态。在其他形态的单体龙形玉器（图3—12—7至图3—1—11）上也有发现，但是数量较少。此外，在异形单体龙形玉器中（图3—12—4、图2—12、图2—13、图2—14），绝大部分单体龙形玉器的嘴部形态也是此种类型的嘴部。（表3—2）

总体说来，此种嘴部类型在单体龙形玉器中的分布最为广泛，几乎在所有形制的单体龙形玉器中都能发现此种嘴部形态。在时间上，以战国中期最为流行，而楚国及其附属国地区及"中原"地区几乎是同步出现。在数量上，楚国及其附属国地区与"中原"地区也不相上下。楚国及其附属国地区与"中原"地区两地之间的差别不大。

表3—2　　　　嘴部微张，前端分开，后端为不封闭的圆孔嘴部的
流行时间及单体龙形玉器形态

形态 ＼ 数量			流行时间			
			春秋晚期	战国早期	战国中期	战国晚期
条带形	俯首	简单条带形			- - - - -	
		复杂条带形		- - - - - - -		
	回首	简单条带形		- - - - -		
		复杂条带形				
曲折形	复杂曲折形					
	简单曲折形	扁平形				
		高宽形			- - - - - - -	

注：1. "——"代表楚国及其附属国地区，"━ ━ ━"代表"中原"。

2. 粗线表示数量多，细线表示数量少。

三　下颚上卷并与上腭相连，嘴部呈封闭的圆孔的嘴部

在时间上，此种嘴部形态主要流行于战国晚期。楚国及其附属国地区在战国中期已有出现，而"中原"地区在战国晚期才有所发现。

在地域上，此种嘴部形态在楚国及其附属国地区（图3—13—1至图

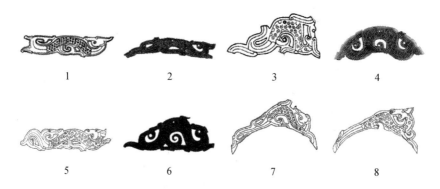

图3—13　下颚上卷并与上腭相连，嘴部呈封闭的圆孔
嘴部的单体龙形玉器标本

1. 江陵望山 WM2：G12－1　2. 淮阳平粮台 M16：11　3. 包山楚墓 M4：65　4. 九连墩 M2：500
5. 洛阳道北锻造厂 IM540：12　6. 洛阳西工区 C1M3943：7　7. 澧县新洲 M1：2　8. 洛阳道北锻造厂 IM540：13

3—13—4、图3—13—7）发现较多，"中原"地区（图3—13—5、图3—13—6、图3—13—8）发现较少。

在单体龙形玉器形态上，流行此种嘴部的单体龙形玉器形态集中于曲折形—复杂曲折形单体龙形玉器（图3—13）。在其他形态单体龙形玉器中少有发现（表3—3）。

总体说来，此种嘴部形态在楚国及其附属国地区出现的时间较早，数量亦较多，而"中原"地区出现的时间较晚，数量亦较少。一定程度上说明此种嘴部形态"中原"地区应是受到楚国及其附属国地区的影响。

表3—3　　下颚上卷并与上腭相连，嘴部呈封闭的圆孔嘴部的
流行时间及单体龙形玉器形态

形态		数量	流行时间			
			春秋晚期	战国早期	战国中期	战国晚期
条带形	俯首	简单条带形				
		复杂条带形				
	回首	简单条带形				
		复杂条带形				

续表

形态 数量			流行时间			
			春秋晚期	战国早期	战国中期	战国晚期
曲折形	复杂曲折形				———	– – –
	简单曲折形	扁平形				
		高宽形				

注：1. "———"代表楚国及其附属国地区，"■■ ■■"代表"中原"

2. 粗线表示数量多，细线表示数量少

四 小结

浮雕抽象的嘴部主要流行于春秋晚期及战国早期的"中原"地区，以曲折形—简单曲折形—扁平形单体龙形玉器为主。

嘴部微张，前端分开，后端为不封闭的圆孔的嘴部主要流行于战国早期及战国中期，楚国及其附属国地区及"中原"地区均有大量的发现，在各个式样的单体龙形玉器中均有发现。

下颚上卷并与上腭相连，嘴部呈封闭的圆孔的嘴部主要流行于战国中期及战国晚期的楚国及其附属国地区，以曲折形—复杂曲折形单体龙形玉器为主。"中原"地区在战国晚期也有出现，数量亦不多。

三种不同的嘴部形态应是有一定的关联性的。是不是从浮雕抽象的嘴部到嘴部微张，前端分开，后端为不封闭的圆孔的嘴部，再到下颚上卷并与上腭相连，嘴部呈封闭的圆孔的嘴部这样一个顺序来演变，目前还没有发现直接的证据。但三者之间的时代顺序是相对确定的。浮雕抽象的嘴部出现的最早，在春秋晚期出现，流行于春秋晚期及战国早期。其次是嘴部微张，前端分开，后端为不封闭的圆孔的嘴部，在战国早期出现，流行于战国早期及战国中期。下颚上卷并与上腭相连，嘴部呈封闭的圆孔的嘴部出现的最晚，在战国中期出现，流行于战国晚期。也有直接的证据表明三者之间时代的先后顺序。在山西省潞城县潞河七号墓中出土的单体龙形玉器中，有1件单体龙形玉器（图3—14—1）为浮雕抽象的嘴部，有1件单体龙形玉器（图3—14—2）为嘴部微张，前端分开，后端为不封闭的圆孔的嘴部。在九连墩 2 号墓出土的单体龙形玉器中，有 1 件单体龙形玉器（图 3—14—3）为嘴部微张，前端分开，后端为不封闭的圆孔的嘴部，有 1 件单体龙形玉器为（图 3—14—4）下颚上卷并与上腭相连，嘴部呈封闭的圆孔的嘴部。

图 3—14 嘴部形态的时代顺序

1. 潞城潞河 M7：101 2. 潞城潞河 M7：95 3. 九连墩 2 号墓 M2：498 - 1 4. 九连墩 2 号墓 M2：497

第三节 单体龙形玉器纹饰的探讨

如绪论中所言，由于接触不到实物，对纹饰的讨论更多的是以图片为基础。而图片又包含有线图、拓片、黑白图版及彩版等多种形式，每种形式的图片带给人的直观感觉是不一样的，因此对纹饰的讨论了产生很大的影响。虽然对单体龙形玉器纹饰的研究有影响，但还是能从整体上把握纹饰的演变。

总体说来，东周时期单体龙形玉器的纹饰发展还是有一定内在规律可循。在春秋晚期至战国早期这一段时期内，云纹（卷云纹、勾连云纹）是主流的形式，纹饰的密度也比较大，纹饰装饰的范围几乎遍及龙身。在战国早期至战国中期这一段时期内，谷纹增多，逐渐替代云纹占据主导地位，纹饰的密度逐渐稀疏，没有了早期的密集感。此时期内纹饰装饰的范围也几乎遍布龙身。在战国中期至战国晚期这一段时期内，云纹几乎不见，谷纹成为主流的纹饰样式，偶有蒲纹的出现，纹饰的密度也较为稀疏。谷纹也不再遍布龙身，至少单体龙形玉器尾部饰线纹，甚至部分单体龙形玉器颈部同样饰线纹，谷纹所装饰龙身的比例明显下降。

第四节 "楚"与"中原"地域的
单体龙形玉器形制的探讨

在对单体龙形玉器分类的过程中,除嘴部形态及纹饰特征外,还有其他的一些特征是在不同形式的单体龙形玉器中共同存在的,而这些特征又具有一定的地域性(以楚国及其附属国地区和"中原"地区为主),同时还具有一定的时代性。笔者发现有三种地域特征明显的单体龙形玉器,分别是腹部正下方有足的单体龙形玉器、线纹尾部纹饰的单体龙形玉器及有小尖耳的单体龙形玉器,以下对此三种单体龙形玉器进行讨论。

一 线纹尾部纹饰单体龙形玉器

线纹尾部纹饰单体龙形玉器指尾部主要纹饰为线纹的单体龙形玉器。

出土线纹尾部纹饰且腹部下方封闭单体龙形玉器的墓葬有8座,件数有30件。其中楚国及其附属国地区墓葬6座,件数24件。"中原"地区墓葬2座,件数为6件。江陵望山沙冢楚墓望山2号墓中有4件,安徽六安市白鹭洲战国墓M566中有4件,九连墩2号墓中有4件,河南淮阳平粮台十六号楚墓中有6件,包山楚墓四号墓中2件,湖南澧县新洲一号墓有4件,洛阳市道北锻造厂战国墓IM540中有6件,洛阳市西工区C1M3943战国墓有2件。

在地域上,此种形态单体龙形玉器在"中原"地区与楚国及其附属国地区皆有发现。楚国及其附属国地区分布的范围比较广阔,有湖北省荆州市、安徽省六安市、河南省淮阳等地。"中原"地区仅见河南省洛阳市有分布,且楚国及其附属国地区发现的数量多于"中原"地区。

在时代上,此种形态单体龙形玉器在楚国及其附属国地区从战国中期持续至战国晚期,"中原"地区仅在战国晚期有发现。

在单体龙形玉器形制上,仅见于曲折形—复杂曲折形单体龙形玉器。在其他类型的单体龙形玉器中并未发现此种单体龙形玉器。可以说,尾部饰线纹是曲折形—复杂曲折形单体龙形玉器的一个特点。但曲折形—复杂曲折形单体龙形玉器中也有尾部不是线纹的单体龙形玉器,因而,尾部饰线纹的单体龙形玉器一定属于曲折形—复杂曲折形单体龙形玉器,

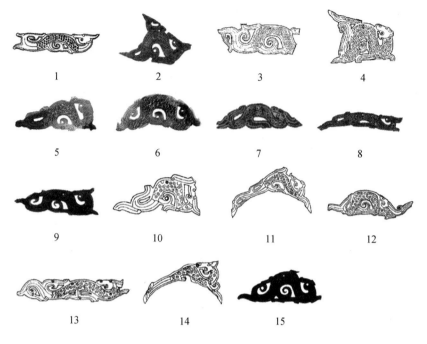

图3—15 线纹尾部纹饰的单体龙形玉器

1. 江陵望山沙冢 WM2：G12－1 2. 江陵望山沙冢 WM2：G13－1 3. 六安白鹭洲 M566：126
4. 六安白鹭洲 M566：130 5. 九连墩2号墓 M2：501－1 6. 九连墩2号墓 M2：497 7. 淮阳平粮台 M16：19 8. 淮阳平粮台 M16：11 9. 淮阳平粮台 M16：16 10. 包山楚墓 M4：65 11. 澧县新洲 M1：2 12. 澧县新洲 M1：22 13. 洛阳道北锻造厂 IM540：12 14. 洛阳道北锻造厂 IM540：13 15. 洛阳西工区 CM3943：7

而曲折形—复杂曲折形单体龙形玉器不一定都是尾部饰线纹的单体龙形玉器（图3—15）。

在嘴部形态上，仅见有下颚上卷并与上腭相连，嘴部呈封闭的圆孔的嘴部，不见其他嘴部形态。

总体上看，楚国及其附属国地区发现此种单体龙形玉器的地域较广，数量较多，时代较早，持续的时间也较长。因此，"中原"地区出现的此种样式的单体龙形玉器很可能是受到楚国及其附属国地区的影响。

二 腹部正下方有足单体龙形玉器

单体龙形玉器龙身上的勾卷状的凸起或装饰，简单的可称为龙足。

有足单体龙形玉器，龙足一般分布在龙腹部的前半部及龙腹部的后半部，在曲折形单体龙形玉器中表现更为明显。但是却有一些单体龙形玉器的龙足并没有像一般情况一样分布于前腹部或后腹部，而是分布在腹部正下方的位置。这样形态的单体龙形玉器在不同类型的单体龙形玉器中均有出现，并且存在于不同地区、不同时期内。针对这一特殊形态的单体龙形玉器，在此做一下探讨。

出土腹部正下方有足单体龙形玉器的墓葬有 11 座，件数有 18 件。其中"中原"地区墓葬 6 座，件数 12 件。楚国及其附属国地区墓葬 5 座，件数为 6 件。陕县东周秦汉墓 M2041 中有 2 件，山西长治分水岭墓 53 中有 1 件，洛阳西工区 M7602 中有 2 件，洛阳市道北锻造厂战国墓 IM540 有 4 件，洛阳市西工区 203 号战国墓有 2 件，辉县固围村区第 1 号墓中有 1 件，河南省叶县旧县 1 号墓有 1 件，长沙楚墓 M1282 中有 1 件，湖北荆州熊家冢墓地 3 座墓中有 4 件（熊 M2 中有 2 件，熊 M4 中有 1 件，熊 M9 中有 1 件）。

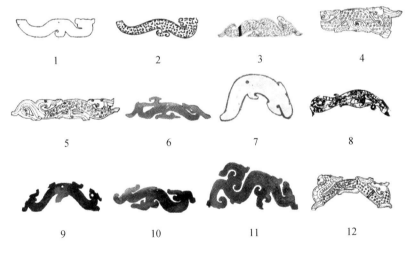

图 3—16　腹部正下方有足的单体龙形玉器

1. 陕县后川村西区 M2041：295　2. 山西长治分水岭 M53：34 – 3　3. 洛阳西工区 M7602：10
4. 洛阳道北锻造厂 IM540：11　5. 洛阳道北锻造厂 IM540：12　6. 洛阳西工区 M203（缺编号）
7. 辉县固围村区 1：304　8. 叶县旧县 M1：5　9. 荆州熊家冢熊 M2：4　10. 荆州熊家冢熊
M4：65　11. 荆州熊家冢熊 M9：13　12. 长沙楚墓 M1282：3

此种形态"中原"地区与楚国及其附属国地区皆有出现。"中原"地区出现较为分散，在河南三门峡、河南洛阳、河南新乡及山西长治均有出现。楚国及其附属国地区在河南平顶山、湖北荆州及湖南长沙均有出现，集中于湖北荆州熊家冢墓地。

在时代上，两地在战国早期、战国中期及战国晚期皆有发现。

在形制上，"中原"地区主要为条带形—回首—复杂条带形（图3—16之1至3—16之3）、曲折形—复杂曲折形（图3—16之4、图3—16之5）、曲折形—简单曲折形—扁平形（图3—16之6）此3种类型。楚国及其附属国地区主要为曲折形—简单曲折形—扁平形单体龙形玉器（图3—16之8至图3—16之12）。此外还有个别形制特殊者。

"中原"地区条带形—回首—复杂条带形单体龙形玉器（图3—16之1、图3—16之2）可能是在条带形—回首—简单条带形单体龙形玉器上分化出来的。随着时间发展，其足有逐步加大的趋势，如洛阳西工区M7602出土的单体龙形玉器（图3—16之3）。曲折形的情况类似，洛阳西工区M203出土单体龙形玉器（图3—16之6）的龙足还未与前、后腹部相连，而洛阳道北锻造厂IM540出土单体龙形玉器（图3—16之4、图3—16之5）的龙足则与前后腹部相连了。楚国及其附属国地区除叶县旧县M1：5（图3—16之8）时间较多早，类型较特殊外，其余的单体龙形玉器多出自荆州熊家冢墓地，形制多为曲折形—简单曲折形—高宽形单体龙形玉器。

总体说来，此种单体龙形玉器在"中原"地区发现的时代更早，类型更加多样，各种样式之间的链接也更加紧密。在一定程度上说明了此种样式的单体龙形玉器应是"中原"地区单体龙形玉器的一个代表性的特点，并且影响了楚国及其附属国地区此种单体龙形玉器的发展。

三 小尖耳单体龙形玉器

小尖耳单体龙形玉器主要指耳部呈尖状的单体龙形玉器。因目前还未发现既有尖耳，又有大角的单体龙形玉器，所以此种龙耳在一些文章中也称作龙角，为区别于一般情况下的龙角，本文把这些尖状的凸起称为龙耳。小尖耳主要存在于条带形单体龙形玉器中，曲折形单体龙形玉器中较为少见。

　　出土小尖耳单体龙形玉器的墓葬有6座，件数有8件。其中"中原"地区墓葬5座，件数为7家。楚国及其附属国地区墓葬1座，件数1件，且此件耳部尖状并不十分明显。河南洛阳新发现随葬钱币的东周墓葬M2547中有1件，洛阳市针织厂东周墓C1M5269有2件，辉县固围村区第1号墓中有1件，洛阳市中州中路东周墓C1M3750中有2件，洛阳市西工区C1M3943战国墓有2件，湖北荆州院墙湾一号楚墓中有1件。

图3—17　小尖耳的单体龙形玉器

1. 六安白鹭洲M566：124　2. 洛阳八一路北端C1M2547：16－2　3. 洛阳针织厂C1M5269：38　4. 洛阳针织厂C1M5269：37　5. 辉县固围村区1：304　6. 洛阳中州中路C1M3750：21　7. 洛阳西工区C1M3943：7

　　此种形态单体龙形玉器在楚国及其附属国地区及"中原"地区均有发现，但主要集中于"中原"地区（图3—17—2至图3—17—7），楚国及其附属国地区仅见于安徽六安市白鹭洲战国墓M566（图3—17—1）中出土1件，且耳部尖状并不明显。

　　在时代上，"中原"地区从战国早期延续至战国晚期，安徽六安市白鹭洲战国墓M566为战国中期。

　　在单体龙形玉器形态，"中原"地区较为多样，有条带形、曲折形及个别异形单体龙形玉器。楚国及其附属国地区仅见于条带形。

　　在嘴部形态上，基本为嘴部微张，前端分开，后端为不封闭的圆孔的嘴部。仅洛阳西工区C1M3943：7是下颚上卷并与上腭相连，嘴部呈封闭的圆孔的嘴部。

　　总体上看，小尖耳单体龙形玉器在"中原"地区发现的数量较多，

形制也较为多样，时间也相对较早。单体龙形玉器的小尖耳特征应是
"中原"地区单体龙形玉器的一个特点。

第五节 其他地区单体龙形玉器形制的探讨

除在上述地区有发现单体龙形玉器外，在其他地区也发现有单体龙
形玉器，除中山国墓葬外，在数量上都不及楚国及其附属国地区及"中
原"地区。针对这些地区出土的单体龙形玉器，在下面的内容中，一方
面对其进行简单的分析，另一方面通过多方面的对比，也对上述内容所
得到的结论做进一步的验证。

一 中山国及燕国地区

如前述所言，把河北省出土单体龙形玉器的墓葬分中山国墓葬及燕
国墓葬进行讨论。

（一）中山国墓葬

中山国墓葬中出土有单体龙形玉器最多的是中山国国王墓——響墓，
出土龙形玉佩144件，此外还有龙形石佩8件，虎形佩及玉觽中的部分玉
佩按形制也是应归入本文研究的龙形佩之中。其一座墓出土的数量堪比
一个地区出土单体龙形玉器的数量。单体龙形玉器形制多样，几乎涵盖
所有类型，此外还有各种特殊形态的单体龙形玉器。在其陪葬墓中有四
座墓也有出土单体龙形玉器，以曲折形—复杂曲折形为主。中山国灵寿
城"成公"墓（M6）的陪葬墓PM2及PM3中有曲折形—复杂曲折形。
中山国灵寿城中山王族三号墓出土的单体龙形玉器形制则较为特殊。

在中山国国王墓——響墓及其陪葬墓中，发现有条带形单体龙形玉
器（图3—18—1至图3—18—4），其形制与"中原"地区发现的单体龙
形玉器类型总体相似。響墓XK：248（图3—18—1）的小尖耳，具有明
显的"中原"风格。響墓PM2：3（图3—18—3）也与"中原"地区发
现的单体龙形玉器相似。

在中山国国王墓——響墓及其陪葬墓中，也发现有曲折形单体龙形
玉器（图3—18—9至图3—18—11），且陪葬墓中发现的曲折形单体龙形
玉器所占的比例还比较大。单体龙形玉器都是下颚上卷并与上腭相连，

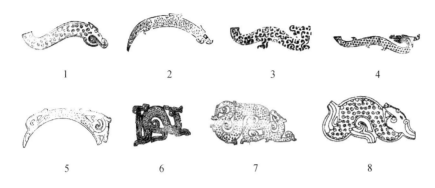

图3—18 中山国墓葬出土较有代表性的单体龙形玉器

1. 疊墓 XK：248 2. 疊墓 XK：298 3. 疊墓 PM2：3 4. 疊墓 XK：296 5. 疊墓 XK：504 6. 疊墓 XK：505 7. 疊墓 PM1：1 8. 中山国灵寿城 M6PM2：4：1 9. 疊墓 XK：468 10. 疊墓 XK：462 11. 疊墓 PM4：39 12. 疊墓 XK：465 13. 中山国灵寿城 M3：82 14. 中山国灵寿城 M3：180

嘴部呈封闭的圆孔的嘴部。尾部较大，且线纹也较为明显，但是颈部没有线纹。具有明显的战国中晚期风格。

此外在中山国国王墓——疊墓中发现较多形制特殊的单体龙形玉器，部分单体龙形玉器与山西侯马的祭祀遗址中的单体龙形玉器相似，但在其他地区的墓葬中则不常见。这一情况值得探讨。但囿于文章篇幅及个人能力所限，在此不再讨论。此外，疊墓中有很多类似鱼形的单体龙形玉器，还有很多单体龙形玉器的形状不见于其他墓葬，这些单体龙形玉器是否是中山国独有的单体龙形玉器形态，与中山国历史有何渊源，还有待进一步研究。

中山国灵寿城 M3：180（图3—18—14）此类单体龙形玉器发现较少，在洛阳市唐宫西路 C1M7983 中有出土 1 件，与此件类似，墓葬年代也较为相近。似有商周遗风。

总体说来，中山国墓葬出土的单体龙形玉器具有战国中晚期的风格。这与该墓葬的年代也是符合的。但是曲折形—复杂曲折形单体龙形玉器在"中原"地区发现较少，而在疊墓及其陪葬墓中有大量的发现，并且这些单体龙形玉器楚式风格比较浓厚。如果这些单体龙形玉器是从楚国及其附属国地区传播而来或者受楚国及其附属国地区的影响，是如何越过"中原"地区而传入更北方中山国的，这个问题还有待进一步研究。

（二）燕国墓葬

燕国墓葬出土单体龙形玉器的有5座，分别是燕下都虚粮冢墓区8号墓（XLM8），燕下都辛庄头墓区30号墓（XZHM30），张家口宣化战国墓M14，河北张家口宣化战国墓M15，河北省抚宁县邴各庄战国遗存。

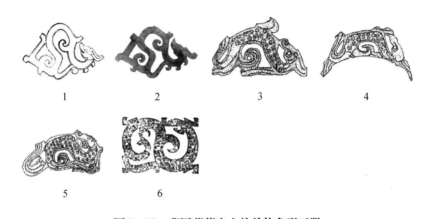

1   2   3   4

5   6

图3—19　燕国墓葬出土的单体龙形玉器

1. 燕下都 XLM8：53　2. 燕下都 XZHM30：123　3. 河北张家口宣化 M14：4　4. 河北张家口宣化 M15：14　5. 河北张家口宣化战国墓 M15：15　6. 河北省抚宁县邴各庄（缺编号）

燕下都遗址出土的单体龙形玉器（图3—19—1、图3—19—2）形制亦较为特殊，在其他地区未见此种单体龙形玉器。燕下都出土的单体龙形玉器总体比较类似，且有别于其他地区出土的单体龙形玉器。因此燕下都遗址出土的单体龙形玉器很可能属于另外独立的体系。

河北张家口宣化战国墓 M14 与 M15（图3—19—3 至 图3—19—4）出土的这几件单体龙形玉器，具有明显的战国中晚期风格，与楚国及其附属国地区的单体龙形玉器较为接近。下颚上卷并与上腭相连，嘴部呈封闭的圆孔的嘴部。尾部为线纹，占龙身比例较大。但是颈部纹饰与龙身纹饰一致，不是线纹。此样式在北方地区还是较少发现，曾墓中则有不少类似的单体龙形玉器，两者之间的关系有待进一步考证。

河北省抚宁县邴各庄出土此件单体龙形玉器（图3—19—6）形制特殊，在其他地区未见此种单体龙形玉器，因只有其拓片，难以判断其具体特征。但单体龙形玉器的嘴部形态流行于战国早中期。

二 齐鲁地区

齐鲁地区出土单体龙形玉器的墓葬主要集中于两个地区，一个是曲阜鲁国故城，另一个是临淄战国齐墓。

（一）鲁国墓葬

鲁国墓葬集中鲁国故城，出土单体龙形玉器的墓葬主要有曲阜鲁国故城 M3，曲阜鲁国故城 M52，曲阜鲁国故城 M58。

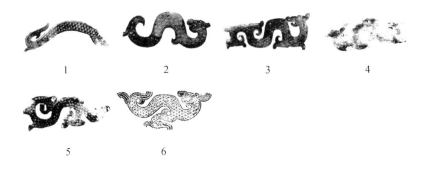

图 3—20　鲁国墓葬出土的单体龙形玉器

1. 曲阜鲁国故城 M3∶13　2. 曲阜鲁国故城 M58∶30　3. 曲阜鲁国故城 M58∶7　4. 曲阜鲁国故城 M52∶124　5. 曲阜鲁国故城 M52∶122　6. 曲阜鲁国故城 M58∶60

曲阜鲁国故城出土的单体龙形玉器（图 3—20—1 至图 3—20—6）具有明显的战国中期风格。在单体龙形玉器风格上更加接近于"中原"地区。

在单体龙形玉器形制上，有比较多的曲折形—简单曲折形—扁平形单体龙形玉器。也有条带形—俯首—复杂条带形的单体龙形玉器。从嘴部形态看，为嘴部微张，前端分开，后端为不封闭的圆孔的嘴部。从纹饰上看，有几件形制特殊的单体龙形玉器为光素无纹的，其余多是谷纹，为通体纹饰。

（二）齐国墓葬

齐国墓葬集中临淄，出土单体龙形玉器的墓葬主要有临淄齐墓东夏庄六号墓（LDM6），临淄齐墓相家庄二号墓（LXM2）。

图3—21　齐国墓葬出土的单体龙形玉器

1. 临淄齐墓东夏庄 LDM6P16X29：4 - 2　2. 临淄齐墓相家庄 LXM2G：62　3. 临淄齐墓相家庄 LXM2G：60

临淄齐墓相家庄 LXM2G：62（图 3—21—2）为勾连云纹，形制上更加接近于春秋晚期晋国赵卿墓，但是嘴部形态不同，为嘴部微张，前端分开，后端为不封闭的圆孔的嘴部。此嘴部形态流行于战国早中期。该墓的年代为战国早期后段，总体来看此件单体龙形玉器也是符合时代风格的。临淄齐墓出土的其他单体龙形玉器形制也较为特殊，但是数量较少，是否是一个独立的体系还有待进一步探讨。

三　秦国地区

秦国地区出土单体龙形玉器的墓葬有陕西韩城梁带村遗址 M27 与塔儿坡秦墓 37337。

图3—22　秦国地区出土的单体龙形玉器

1. 陕西韩城梁带村 M27：252　2. 陕西韩城梁带村 M27：226　3. 塔儿坡秦墓 37337：1

陕西韩城梁带村 M27 出土的此两件单体龙形玉器（图 3—22—1、图 3—22—2）形制较为特殊，呈璜形，但与"中原"及楚国及其附属国地区出土的单体龙形玉器有所不同。陕西韩城梁带村 M27：226（图 3—22—2）穿孔凸出龙身，而非在龙身中钻孔。其纹饰与常见的卷云纹，谷纹所不同。

塔儿坡秦墓 37337：1（图 3—22—3）具有"中原"地区单体龙形玉器的风格。该墓的年代为秦统一时期，但从该单体龙形玉器总体风格看，时代应更接近于战国早中期。

四 吴越地区

吴越地区出土单体龙形玉器的墓葬有九女墩春秋墓，淮阴高庄战国墓及鸿山越墓，浙江越墓安吉龙山 D141M1 与绍兴 306 号战国墓两座。

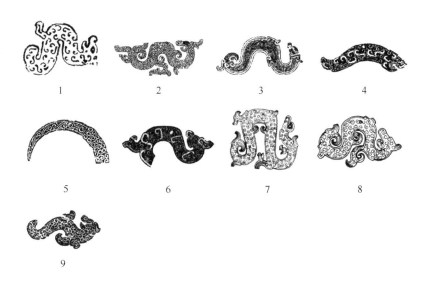

图 3—23 吴越地区出土的单体龙形玉器

1. 邳州九女墩 M5：32　2. 鸿山越墓邱承墩墓葬 DⅧM1：34　3. 鸿山越墓邱承墩墓葬 DⅧM1：36
4. 鸿山越墓邱承墩墓葬 DⅦM1：5　5. 鸿山越墓邱承墩墓葬 DⅦM1：3　6. 淮阴高庄战国墓
HGM1：0156　7. 浙江越墓安吉龙山 D141M1：7　8. 浙江越墓安吉龙山 D141M1：8　9. 绍兴 306
号战国 M306：40

江苏省出土的个别单体龙形玉器与楚国及其附属国地区出土的单体龙形玉器相近，但整体上，差别还是比较大的。

邳州九女墩 M5：32（图 3—23—1）该件单体龙形玉器形制上更加接近于春秋晚期，但嘴部形态则是与流行于战国早中期的嘴部微张，前端分开，后端为不封闭的圆孔的嘴部接近。该墓的年代推测为春秋晚期，此种嘴部形态是否是嘴部微张，前端分开，后端为不封闭圆孔嘴部形态的初始形态，也是值得参考的。

鸿山越墓中出土的单体龙形玉器中，鸿山越墓邱承墩墓葬 DⅧM1：34（图3—23—2）与楚国及其附属国地区出土单体龙形玉器更加接近。鸿山越墓邱承墩墓葬 DⅧM1：5（图3—23—4）、鸿山越墓邱承墩墓葬 DⅧM1：3（图3—23—5）、淮阴高庄战国墓 HGM1：0156（图3—23—6）此几件玉器风格与楚国及其附属国地区有些许不同。

鸿山越墓邱承墩墓葬 DⅧM1：5（图3—23—4）与淮阴高庄战国墓 HGM1：0156（图3—23—6）纹饰较为特殊，在楚国及其附属国地区亦有发现，但楚国及其附属国地区此种纹饰单体龙形玉器以战国中期为主，而鸿山越墓邱承墩墓葬 DⅧM1：5 的年代为战国早期。推测此种纹饰有可能是从吴越地区传入楚国及其附属国地区的。

浙江越墓安吉龙山 D141M1：7 与浙江越墓安吉龙山 D141M1：8 此2件单体龙形玉器在时代风格上有战国早中期，可能更加接近于战国中期。在地域风格上，更接近于楚国及其附属国地区出土的单体龙形玉器。纹饰以谷纹为主，通体饰同一纹饰。嘴部微张，前端分开，后端为不封闭的圆孔的嘴部形态。

绍兴306号战国 M306：40 形制及纹饰上更加接近于春秋晚期，但嘴部形态接近于战国早中期。该墓的年代为战国初期。从整体看，该单体龙形玉器的风格与该墓的年代也是相符合的。

浙江省出土单体龙形玉器的墓葬较少，仅有浙江越墓安吉龙山 D141M1 与绍兴306号战国墓两座。

五 巴蜀地区

巴蜀地区出土单体龙形玉器的墓葬集中在四川涪陵小田溪。

四川涪陵小田溪 M4M：3（图3—24—1）残缺较为严重，从剩余部分看，应与四川涪陵小田溪 M4M：4（图3—24—2）是一对。玉器风格上更接近于楚国及其附属国地区。此2件单体龙形玉器为曲折形—复杂曲折形，尾部及颈部纹饰均是线纹，嘴部为下颚上卷并与上腭相连，嘴部呈封闭的圆孔的嘴部。这些都是战国晚期的单体龙形玉器特征。

图3—24 巴蜀地区出土的单体龙形玉器

1. 四川涪陵小田溪 M4M：3   2. 四川涪陵小田溪 M4M：4   3. 涪陵市小田溪 9 号墓 M9：43

涪陵市小田溪 9 号墓 M9：43（图 3—24—3）此件单体龙形玉器形制较为特殊，在其他地区不见此种单体龙形玉器。该单体龙形玉器出土于巴族内部一个部落"王"的墓，应是一种较有地域特色的单体龙形玉器。

第四章　相关问题讨论

第一节　单体龙形玉器形制的溯源

东周单体龙形玉器多为片状，圆雕较为少见。片状单体龙形玉器最早可追溯至晚商时期，殷墟妇好墓中出土有大量的片状单体龙形玉器，多数呈块形，也有立体圆雕的单体龙形玉器，侧视图则呈近圆形。西周时期的单体龙形玉器也为片状，形制较晚商时期有所变化，呈现片状的近圆形。但商周时期形态的单体龙形玉器在东周则不常见，仅有中山国灵寿城 M3：180、洛阳市唐宫西路东周墓 C1M7983：33 及曾侯乙墓 E.C.11：158 此三件单体龙形玉器还存有其遗风。

东周单体龙形玉器的形制，是在前代玉器中并未出现过的新形态，因此这种单体龙形玉器的具体形制，也应该不是从前代玉器的形制中发展演变而来。据目前查阅到的资料，东周时期部分单体龙形玉器的形制可能是从青铜器纹饰发展而来。安阳殷墟妇好墓出土的司母方鼎肩部的龙纹（图 4—1—1）[①]、泾阳高家堡 M2 卣（图 4—1—2）和扶风巨浪青铜

① 王莹莹：《商周青铜器龙纹研究》，陕西师范大学 2014 年硕士学位论文，第 11 页。

附件（图4—1—3）① 在形态上与条带形单体龙形玉器较为相似。据此推测条带形单体龙形玉器的形制可能来源于青铜器龙纹或青铜器装饰的形制。且此几件青铜器均出自北方地区，与条带形单体龙形玉器分布的主要分布范围也是符合的。但是曲折形单体龙形玉器的源头，目前还没有找到直接的资料。

虽然东周单体龙形玉器形制的来源比较模糊，但是其对后世，尤其是秦汉时期单体龙形玉器形制发展的影响是很大的。秦汉时期的单体龙形玉器多数都能在东周时期的单体龙形玉器中找到其渊源。

图4—1　单体龙形玉器形制来源的青铜器

1. 司母方鼎　2. 泾阳高家堡 M2 卣　3. 扶风巨浪青铜附件

第二节　单体龙形玉器的功用

从目前所掌握的材料来看，单体龙形玉器的功用主要有三个方面：一是装饰品，二是祭祀品，三是明器。

单体龙形玉器作为装饰品

从考古材料看，大部分单体龙形玉器都出自墓主的内棺之中，其中又有大部分单体龙形玉器是出自墓主周围的，而在这部分单体龙形玉器中又有部分单体龙形玉器是出自墓主的胸腹部。多数情况下，单体龙形玉器并不是单独出土，而是与其他玉器或者玛瑙器等成组出土。此外，大部分单体龙形玉器背部都有一个穿孔，以作穿挂之用。从这几个方面看，单体龙形玉器应是作为装饰品来使用的，并且应是组佩饰中的一部分（图4—2—1、图4—2—2）。

---

① 杨远：《夏商周青铜容器的装饰艺术研究》，郑州大学2007年博士学位论文，第89页。

单体龙形玉器作为祭祀品

东周出土单体龙形玉器的来源主要为墓葬及祭祀坑。墓葬中单体龙形玉器的多数应是墓主生前使用的装饰品。祭祀坑中的单体龙形玉器显然有别于墓葬中的单体龙形玉器，不应是作为装饰品来使用。

出土有单体龙形玉器的祭祀坑大多发现于山西地区。从形态上看，这些单体龙形玉器和墓葬中的单体龙形玉器有较大的差别。祭祀坑中的单体龙形玉器有很多异形者，这些异形者在墓葬中是少有发现的。除中山王䌇墓及少数墓葬外，其他的墓葬几乎都没有出土祭祀坑中这些形态怪异的单体龙形玉器。另一方面，祭祀坑中的这些单体龙形玉器玉质普遍都比较差，没有墓葬中出土的单体龙形玉器玉质好。在纹饰上，除少数几件雕琢有纹饰外，多数单体龙形玉器都是光素无纹的，而大多数墓葬出土的单体龙形玉器都是有精美的纹饰的。在穿孔方面，祭祀坑出土的单体龙形玉器中，其中一部分有穿孔，另一部分没有穿孔。没有穿孔的这一部分显然是不适合佩戴的。这也间接地说明了祭祀坑中的单体龙形玉器不应是装饰品，而是祭祀品了。此外，祭祀坑出土的单体龙形玉器大多数制作也较为粗糙，这种情况也应在一定程度上说明祭祀坑中的单体龙形玉器应是为祭祀专门制作的。

单体龙形玉器作为明器

除了在祭祀坑中发现有制作较为粗糙的单体龙形玉器外，在部分墓葬中也发现有制作较为粗糙的单体龙形玉器。这一部分单体龙形玉器显然是不适合作为装饰品来使用的。既然在墓葬中发现，也不应是作为祭祀品来使用。除此之外，这些单体龙形玉器的功用应该是为墓主制作的明器了。

还有一点值得一提，就是除了上文中提到的尺寸较大的单体龙形玉器外，还有一些尺寸较小的单体龙形玉器。这些尺寸较小的单体龙形玉器一般雕琢都较为粗糙，仅雕琢出单体龙形玉器的轮廓。这些单体龙形玉器中多数呈"∞"形，在形态上更接近于曲折形—复杂曲折形或者曲折形—简单曲折形—高宽形的单体龙形玉器，也有少数接近于曲折形—简单曲折形—扁平形单体龙形玉器。这些单体龙形玉器在战国中晚期的洛阳地区有较多的发现，出土的位置一般也集中于墓主的面部。常与其他小件的玉片同时出土。这些形制较小且较为抽象的单体龙形玉器，也应是单纯的明器了（图4—2—3 至图4—2—6）。

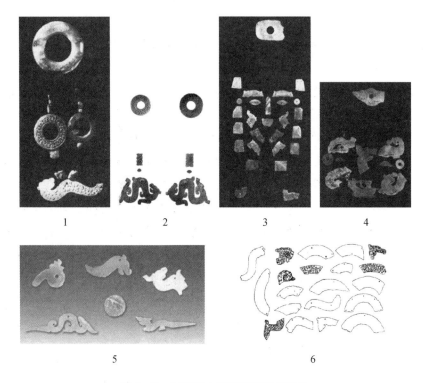

1   2   3   4

5   6

图4—2　东周出土的玉组配及玉饰片

1. 洛阳中州路（西工段）M1316 出土的组玉佩　2. 洛阳中州路西工段 M2717 出土的组玉佩

3. 洛阳中州路西工段 M2717 出土的玉覆面　4. 洛阳中州路（西工段）M1316 出土的玉覆面

5. 洛阳唐宫路小学 C1M5560 出土的小件单体龙形玉器　6. 洛阳唐宫路小学 C1M5560 出土的玉覆面

第三节　单体龙形玉器的使用所反映的社会状况

一般说来，龙是皇权的象征，也是男性的代表，这种特色在明清时期表现得最为显著。但回溯到东周时期，这种特色表现的并不明显，甚至还有所差异。

从目前的材料看，出土单体龙形玉器的墓葬上至诸侯国的国君，下达"士"级贵族，甚至还有极其少数的平民墓葬中也有出土。表明其在当时并非是皇权的象征。东周时期出土单体龙形玉器墓葬的墓主有男性也有女性。在可以推断是夫妻关系的两座墓葬中，出土单体龙形玉器的往往是女性墓葬。很明显，在这个时期，龙并不是男性的专属，并不能依靠单体龙形玉器的是否使用来判断性别。

这个时期虽不能依据单体龙形玉器来判断性别，但依据是否有陪葬单体龙形玉器来辨别尊卑还是有一定可行性的。这种可行性在春秋晚期表现得最为明显，随着时间的推移，到战国晚期，这种可行性的说服力也在降低。但如果在时间间隔较小的同一时期内，依据是否有陪葬单体龙形玉器这一点辨尊卑还是可信的。在春秋晚期及至战国早期，出土有单体龙形玉器墓葬的等级都较高。能达到大夫一级。及至战国晚期，出土有单体龙形玉器墓葬的等级多数都在"士"一级，甚至有个别的等级更低。从总体上看，春秋晚期，能随葬单体龙形玉器的墓主在生前都具有较高的地位。随着时间的推移，能随葬单体龙形玉器墓主的身份等级在逐步地降低。这在一定程度上也反映了东周时期"礼崩乐坏"的情况。

从单体龙形玉器的发现情况看，在春秋晚期，出土的单体龙形玉器多集中于"中原"地区，及至战国中期，楚国及其附属国地区及"中原"地区出土单体龙形玉器的数量都达到最高峰，而到战国晚期，"中原"地区及楚国及其附属国地区出土单体龙形玉器的规模都有所下降，但"中原"地区下降的更为剧烈，楚国及其附属国地区则下降的较为缓慢。在春秋晚期及战国早期，似有"中原"地区影响楚国及其附属国地区单体龙形玉器的发展。但到战国晚期，"中原"地区单体龙形玉器受到楚国及其附属国地区单体龙形玉器的影响，也是不争的事实。这种趋势也是和当时的历史情况相符合的。

结　语

本文从单体龙形玉器的形制这一宏观层面对东周出土的单体龙形玉器进行了分类和探讨，把东周时期单体龙形玉器分为了条带形与曲折形两种大的类型，其下又分小类，共计 7 小类。其中条带形—俯首—简单条带形单体龙形玉器、条带形—回首—简单条带形单体龙形玉器及曲折形—简单曲折形—扁平形单体龙形玉器此 3 小类在"中原"地区发现的数量较多，时间较早，也较具有代表性，可以推断其应是"中原式"的单体龙形玉器。条带形—俯首—复杂条带形单体龙形玉器与条带形—回首—复杂条带形单体龙形玉器此 2 小类与上述 3 小类情况相似，也较多的集中于"中原"地区，虽在楚国及其附属国地区也有发现，但数量都不及"中原"，时代相对"中原"地区也较晚，一定程度上可以说明其是"中原"地区出现并发展的单体龙形玉器，也应归入"中原式"单体龙形玉器中。一些形态特殊者在山西侯马西高祭祀遗址有较多的发现，而这些特殊形态者在楚国及其附属国地区发现较少，应是"中原"地区特有的形态。曲折形—复杂曲折形单体龙形玉器则相对较多的集中于楚国及其附属国地区，在"中原"地区则较少发现，整体时代也晚于楚国及其附属国地区。此种类型很可能是楚国及其附属国地区影响"中原"地区单体龙形玉器的发展。曲折形—简单曲折形—高宽形单体龙形玉器在楚国及其附属国地区及"中原"地区都有所发现，且两地数量都比较多，则很难说这种类型是谁在影响谁。

在单体龙形玉器嘴部形态这一微观层面的探讨中，浮雕抽象的嘴部应是"中原式"单体龙形玉器的一个特征。浮雕抽象的嘴部形态较多的发现于"中原"地区，楚国及其附属国地区发现较少，时代集中于春秋晚期及战国早期，此种样式应是"中原"地区影响楚国及其附属国地区。下颚上卷并与上腭相连，嘴部呈封闭的圆孔的嘴部形态则是在楚国及其附属国地区有较多发现，时代集中于战国中晚期，此种样式应是楚国及其附属国地区影响"中原"地区。而嘴部微张，前段分开，后端为不封闭的圆孔的嘴部在"中原"地区及楚国及其附属国地区两地均有较多发现，时代集中于战国早期及战国中期。

在典型类型单体龙形玉器形制探讨中，腹部正下方有足及有小尖耳也应是"中原式"单体龙形玉器的特征。腹部正下方有足的单体龙形玉器虽在"中原"地区及楚国及其附属国地区都有发现，但是"中原"地区的类型更为多样，时代范围也更为广泛。腹部正下方有足的单体龙形玉器应是"中原"地区单体龙形玉器的一个特色，但并非是"中原"仅有。小尖耳单体龙形玉器在"中原"地区有较多发现，楚国及其附属国地区发现甚少，此种类型单体龙形玉器可以说是"中原"地区单体龙形玉器的一个特点。线纹尾部纹饰的单体龙形玉器在两地都有发现，但更多的集中于楚国及其附属国地区。时代上，"中原"地区出现的比楚国及其附属国地区晚，此种类型应是楚国及其附属国地区影响"中原"。

总体说来，楚国及其附属国地区及"中原"地区两地之间单体龙形玉器的发展是相互联系的，呈现出你中有我，我中有你的特色，两地具有较多的共同特征。但是从单体龙形玉器整体形制的宏观层面，以及嘴部形态、单体龙形玉器的某些典型特征及纹饰等微观层面来看，两地的单体龙形玉器还是有一定的区别的，从这些细节之处，在一定程度上是可以帮助辨析出楚国及其附属国地区及"中原"地区各自的单体龙形玉器形态。

由于本人的学识有限，这篇论文中还存在很多不足，如所搜集的资料仅包含出土资料，并十分的不全面；对单体龙形玉器的具体断代也存在一定的误差；由于资料所限，对单体龙形玉器某些特征的把握也不十分的准确，因此文章中遗留了很多问题和缺陷，有待进行更为深入和细致的研究。其中错漏及不当之处，敬请指正。

呼伦贝尔草原古代玉石器研究

2016 届　张　靓

（导师：中国社会科学院考古研究所　刘国祥研究员）

第一章　绪论

草原文化是我国北方重要的地域文化之一，同时也是造就中华文明起源及中华文明形态的主要文化类型，有着独特的文化内涵和地域特色。北方草原"细石器文化"的概念于 20 世纪 30 年代被提出，也正因呼伦贝尔草原而得名，它同时也是草原文明形成的标志性文化载体。

裴文中先生在《中国细石器文化略说》中曾对草原细石器做出如下定义："在我国东北、内蒙及新疆地区中，至旧石器时代末期，经中石器时代及新石器时代，迄于铜器时代止，皆有人类继续栖止……若专以此种人类之石质遗物而论，所用之石核约皆微小，形如尖锥，或形状如扁平者。由此种小石核打下之石片，约皆为长方形或小方形者，制成之石器，约皆形体狭小，做工精细。此种石器名之为细石器。"[1] 贾兰坡先生曾指出："远在一万多年前，黄色人种已经到达了北美洲，而后又向南分布，华北地区正是这一洲文化传播的起点和渊源所在。"[2] 其中"华北地区"与裴先生所写的"细石器文化"的重点均为分布有大量细石器文化的我国北方草原。

呼伦贝尔草原地处内蒙古自治区东北部，大兴安岭西北侧，呼伦贝

---

[1] 裴文中：《中国细石器文化略说》，《燕京学报》1947 年第 33 期。

[2] 贾兰坡：《中华祖先拓荒美洲·序》，黑龙江人民出版社 1992 年版。

尔草原因湖得名，在这片广阔无垠的大草原上，有呼伦、贝尔两大湖泊，两湖以乌尔逊河为纽带紧紧相连，成为姊妹湖，以呼伦湖和贝尔湖为中心的平坦草原则被称为呼伦贝尔草原。呼伦贝尔草原是全球著名的、仍保有大面积接近原始风貌的自然草原，是享誉海内外的原生态地标。其地势东高西低，海拔 650—700 米，总面积约 93000 平方公里，天然草场面积占比达 80%。这里地域辽阔，水草丰美。

大兴安岭以西一望无际的呼伦贝尔草原是游牧生产的王国，自古便是中国北方狩猎民族最好的猎场和游牧民族成长的摇篮，具有悠久的历史和灿烂的文化。自秦至清，东胡、匈奴、鲜卑、突厥、回纥、黠戛斯、契丹、室韦、女真和蒙古等我国北方游牧民族先后在此繁衍生息，发展壮大，对中国乃至世界的历史格局产生了重要影响。著名历史学家翦伯赞在《内蒙访古》中说："呼伦贝尔不仅现在是内蒙的一个最好的牧区，自古以来就是一个最好的草原。这个草原一直是游牧民族的历史摇篮。"[1]"呼伦贝尔草原在中国历史上是一个闹市……"

第二章 发现与研究历程

第一节 呼伦贝尔史前考古发现与研究历程

1947 年，呼伦贝尔细石器的调查和研究工作正式启动。研究新石器方向的佟柱臣教授，率先在其著作《东北自然环境与史前文化》中，认为海拉尔细石器应为新石器时代中期文化遗存[2]。1951 年内蒙古博物馆汪宇平先生到呼伦贝尔调查后，在《考古通讯》1956 年第 3 期发表了《内蒙古海拉尔市附近发现细石器文化遗址》[3]。1962 年，著名考古学家安志敏先生对海拉尔松山细石器遗存进行了考古学调查，采集了一批细石器，并发表了《海拉尔的中石器遗存——兼论细石器的起源和传统》

---

① 包路芳：《变迁与调试——鄂温克社会调查研究》，中央民族大学 2005 年博士学位论文。

② 赵越：《论哈克文化》，《内蒙古文物考古》2001 年第 1 期（总第 24 期）。

③ 汪宇平：《内蒙古海拉尔市附近发现细石器文化遗址》，《考古通讯》1956 年第 3 期。

一文，成为系统研究海拉尔细石器遗存的经典文献①。海拉尔松山细石器遗存丰富，在中国北方独树一帜，备受海内外学界关注。呼伦贝尔盟文物管理站王成于 1996 年在《内蒙古文物考古》发表了《伊敏河下游及海拉尔地区细石器遗存》②。

中国社会科学院考古研究所细石器研究课题组与内蒙古自治区文物考古研究所、呼伦贝尔民族博物馆、海拉尔区文物管理所于 2001—2003 年联合对哈克遗址进行了调查、发掘，发现了半地穴式房址、墓葬等遗迹，出土了一批具有典型地域和时代特征的陶、石、玉、骨器，提出了"哈克文化"的命名，其年代为公元前 5000—前 3000 年，填补了呼伦贝尔地区新石器时代考古学研究的空白③。哈克文化是考古学概念，是以哈克遗址的文化内涵来反映呼伦贝尔新石器时期的文明化进程和远古时代的文明发展状况。哈克遗址出土的玉器以斧、锛、璧、环类为主，由此也证明了海拉尔地区是中国玉文化起源和发展的重要区域之一。

中国社会科学院考古研究所内蒙古工作队、呼伦贝尔盟民族博物馆在《考古》2001 年第 5 期发表了《内蒙古海拉尔市团结遗址的调查》④。呼伦贝尔民族博物馆研究员赵越，主要从事细石器研究，先后在《内蒙古文物考古》2001 年第 1 期发表了《论哈克文化》⑤；在《文化学刊》2010 年第 2 期发表了《哈克文化在呼伦贝尔史前诸考古学文化中的特殊地位》，将哈克遗址和周边几处典型遗址出土和采集的石镞进行了比较研究，进而论证哈克文化的客观存在及其特殊地位⑥。刘景芝、赵越在刘国祥、于明主编的《名家论玉（三）——2010 海拉尔"中国玉文化名家论

① 安志敏：《中国细石器研究的开拓和成果——纪念裴文中教授逝世 20 周年》，《第四纪研究》2002 年第 1 期。

② 王成：《伊敏河下游及海拉尔地区细石器遗存》，《内蒙古文物考古》1996 年，第 1—23 页。

③ 白劲松：《呼伦贝尔草原史前玉器的发现与研究》，《2011 岫岩玉与中国玉文化学术研讨会论文集》。

④ 中国社会科学院考古研究所内蒙古工作队、呼伦贝尔盟民族博物馆：《内蒙古海拉尔市团结遗址的调查》，《考古》2001 年第 5 期。

⑤ 赵越：《论哈克文化》，《内蒙古文物考古》2001 年第 1 期（总第 24 期）。

⑥ 赵越：《哈克文化在呼伦贝尔史前诸考古学文化中的特殊地位》，《文化学刊》2010 年第 2 期。

坛"文集》上联合发表了《呼伦贝尔地区哈克文化玉器》①。故宫博物院研究员徐琳在《故宫博物院院刊》2012 年第 1 期发表《故宫博物院藏哈克文化玉器研究》，从对出土地点的分析和采取对器物分类对比的方法进行深入研究，从而确定了故宫博物院馆藏的一批出土于内蒙古鄂温克族自治旗的玉器和细石器应被归为新石器时代内蒙古呼伦贝尔地区的哈克文化遗物②。中国社会科学院考古研究所、内蒙古自治区文物考古研究所、内蒙古自治区呼伦贝尔民族博物馆、内蒙古自治区呼伦贝尔市海拉尔博物馆编著、出版有《哈克遗址 2003—2008 年考古发掘报告》，为哈克文化的确立提供了坚实的考古学基础③。

第二节　呼伦贝尔历史时期考古发现与研究历程

一　两汉时期呼伦贝尔鲜卑遗存的发现与研究历程

鲜卑墓葬是鲜卑考古遗存的主体，同时被作为研究鲜卑早期历史的主要依据之一。对于鲜卑墓葬的研究起步较晚，20 世纪 80 年代以前鲜有学者参与其中，其后至 20 世纪末则成为研究的兴盛期。1962 年，马长寿先生在《乌桓与鲜卑》一书中，根据呼伦贝尔新巴尔虎旗扎赉诺尔墓葬中出土的发辫，认为"判断这些墓葬是拓跋鲜卑匈奴化以前的墓葬是有依据的"④。1977 年第 5 期《文物》中，宿白先生刊文《东北、内蒙古地区的鲜卑遗迹——鲜卑遗迹辑录之一》⑤，首次系统结合了考古遗存与历史文献，将大兴安岭一线的呼伦贝尔陈巴尔虎旗完工、新巴尔虎旗扎赉诺尔两地发现的墓葬推定为拓跋鲜卑遗存，绘出了拓跋鲜卑大兴安岭→海拉尔河流域→呼伦湖→巴林左旗→内蒙古中南部→大同的迁徙路线图，

① 刘景芝、赵越：《呼伦贝尔地区哈克文化玉器》，《名家论玉（三）——2010 海拉尔"中国玉文化名家论坛"文集》。

② 徐琳：《故宫博物院藏哈克文化玉石器研究》，《故宫博物院院刊》2012 年第 1 期（总第 159 期）。

③ 中国社会科学院考古研究所、内蒙古自治区文物考古研究所、内蒙古自治区呼伦贝尔民族博物馆、内蒙古自治区呼伦贝尔市海拉尔博物馆：《哈克遗址 2003—2008 年考古发掘报告》。

④ 马长寿：《乌桓与鲜卑》，广西师范大学出版社 2006 年版。

⑤ 宿白：《东北、内蒙古地区的鲜卑遗迹——鲜卑遗迹辑录之一》，《文物》1977 年第5 期。

并着重以考古材料说明拓跋鲜卑的文明化进程。随着不断涌现的考古新资料，陈雍先生在1989年第2期的《北方文物》上发表了《扎赉诺尔等五处墓葬陶器的比较研究》①，运用器物组合理论，探讨器物组合与古代民族间的相互关系，将完工墓地等从拓跋鲜卑遗存中分离出去②。近半个世纪以来的鲜卑墓葬研究不仅对基本材料的分析归类趋于一致，并已达成一些基本共识，即：业已发现的鲜卑墓葬大致可被划分为拓跋鲜卑与东部鲜卑两大支，大兴安岭西线为主的墓葬属拓跋鲜卑。赵越先生在《内蒙古额右旗拉布达林发现鲜卑墓》一文中记述道：时任内蒙古文物考古研究所所长李逸友先生认为拉布达林是与扎赉诺尔鲜卑墓相似的古墓群③。陈凤山、白劲松两位研究员发表了《内蒙古扎赉诺尔鲜卑墓》④。吉林大学边疆考古研究中心在读博士吴松岩，在2009年第1期《东北史地》中发表了《早期鲜卑考古学主要发现与研究述评》⑤。白劲松研究员曾在《内蒙古社会科学》1993年第2期发表了《从考古发现看拓跋鲜卑的发展壮大》⑥。

二 隋唐时期呼伦贝尔室韦遗存的发现与研究历程

白劲松研究员于1989年在《辽海文物学刊》第2期上发表了《陈巴尔虎旗西乌珠尔古墓清理简报》⑦。呼伦贝尔盟文物管理站在《内蒙古文物考古》1997年第2期发表了《陈巴尔虎旗西乌珠尔古墓葬调查清理简报》⑧。中国社会科学院考古研究所内蒙古工作队与呼伦贝尔民族博物馆、海拉尔区文物管理所于1997—1998年联合对谢尔塔拉墓地进行调查、发掘，在呼伦贝尔草原首次发现了晚唐五代时期的室韦遗存，提出将其命名为"谢尔塔拉文化"，为探寻蒙古族源提供了重要的考古学实证材料。

① 陈雍：《扎赉诺尔等五处墓葬陶器的比较研究》，《北方文物》1989年第2期。

② 路艳超：《浅析完工墓地的匈奴考古学文化因素》，《安徽文学》2010年第11期。

③ 赵越：《内蒙古额右旗拉布达林发现鲜卑墓》，《考古》1990年第10期。

④ 陈凤山、白劲松：《内蒙古扎赉诺尔鲜卑墓》，《内蒙古文物考古》1994年第2期。。

⑤ 吴松岩：《早期鲜卑考古学主要发现与研究述评》，《东北史地》2009年第1期。

⑥ 白劲松：《从考古发现看拓跋鲜卑的发展壮大》，《内蒙古社会科学》1993年第2期。

⑦ 白劲松：《陈巴尔虎旗西乌珠尔古墓清理简报》，《辽海文物学刊》1989年第2期。

⑧ 呼伦贝尔盟文物管理站：《陈巴尔虎旗西乌珠尔古墓葬调查清理简报》，《内蒙古文物考古》1997年第2期。

由科学出版社出版的《海拉尔谢尔塔拉墓地》是呼伦贝尔地区首部田野考古专著，被誉为中国北方民族考古研究里程碑式的著作①。其中就包括中国社会科学院考古研究所刘国祥研究员与呼伦贝尔民族博物馆白劲松研究员一同撰写的《论谢尔塔拉文化及相关问题》②。2013 年 8 月，由中国社会科学院考古研究所、内蒙古自治区文物考古研究所、北京大学考古文博学院、呼伦贝尔民族博物馆组成的呼伦贝尔联合考古队，对陈巴尔虎旗岗嘎墓地及其周边区域进行了调查。2014 年 7—10 月，呼伦贝尔联合考古队对岗嘎墓地进行了系统钻探和正式考古发掘，取得了丰硕的成果，并发表了《内蒙古陈巴尔虎旗岗嘎墓地》③。该墓地是有关蒙古族源研究的一项最新重要发现，并入选"中国社科院考古学论坛——2014年中国考古新发现"。

三　辽金元时期不同民族文化遗存的发现与研究历程

近 30 年来，伴随着考古发现的辽代玉器不断涌现，对契丹和辽代玉器的研究，成为一个崭新的领域。这一重要研究课题的出现，发端于杨伯达先生对故宫博物院所藏辽金玉器的辩识与研究。内蒙古将军衙署博物院于宝东副研究员，在其 2007 年出版的《辽金元玉器研究》一书中，对辽、金、元三代玉器进行了系统的分析、研究，对辽、金、元玉器的历史地位进行了探讨④。香港中文大学艺术系许晓东教授的专著《辽代玉器研究》，是作者在其硕士论文的基础之上，出版的一本对辽代玉器进行综合研究的书籍。许教授所搜集到的出土玉器资料较为详尽，并将其与唐、宋、金等朝代玉器进行了比较，对辽玉的历史定位及研究前景进行了展望。许教授还对辽代琥珀进行了专门研究，并撰有《辽代的琥珀工

---

① 中国社会科学院考古研究所、呼伦贝尔民族博物馆、海拉尔区文物管理所：《海拉尔谢尔塔拉墓地》，科学出版社 2006 年版。

② 刘国祥、白劲松：《论谢尔塔拉文化及相关问题》，《海拉尔谢尔塔拉墓地》，科学出版社 2006 年版。

③ 中国社会科学院考古研究所、内蒙古自治区文物考古研究所、北京大学考古文博学院、呼伦贝尔民族博物馆组成的呼伦贝尔联合考古队：《内蒙古陈巴尔虎旗岗嘎墓地》，《考古》2015年第 7 期。

④ 于宝东：《辽金元玉器研究》，《内蒙古大学民族学研究丛书》，内蒙古大学出版社 2007年版。

艺》一文，该文以科学发掘出土的辽代琥珀制品为研究材料，对辽代琥珀的类型、使用、题材、工艺、原料来源、琥珀饰品大行于辽的原因进行了逐一探讨，围绕辽地琥珀来源而引发的中西方文化交流，以及辽代琥珀工艺所揭示的契丹贵族独特而多元的文化艺术进行了系统研究①。以上两位学者对辽代玉器的研究还有散见的文章。于宝东研究员对辽代玉器文化内涵及民族特征进行过深入分析，写有《辽代玉器文化因素分析》和《契丹民族玉器论述》两篇文章，对辽代玉器的造型和纹饰分门别类地进行了具体分析，认为辽代玉器的功能主要包含礼仪、佛教、世俗、朝聘赏赐等几种，并认为辽代玉器涵盖了中原汉文化、"西方"外来文化、佛教文化、契丹民族文化等多种因素②；许晓东教授发表于《故宫博物院院刊》的《契丹人的金玉首饰》一文以辽文化圈内墓葬、窖藏所见金玉首饰为题材，结合传世品，对契丹人的首饰，如头饰、耳饰、项饰、手饰等做了梳理研究，从而探讨了契丹民族独特的装饰艺术，对契丹人与唐宋汉人首饰及金代女真首饰在形制、使用方式等方面的异同也进行了比较和辨析。此外，许晓东《辽代玉盒佩之我见》、徐琳《辽代玉魁考》等文章对辽代玉盒佩、玉魁等玉质器物进行了考释与论述。③ 此外还有石林梅的《辽代玉器在中国玉文化中的地位》④，辽宁省博物馆刘宁《对辽代器物装饰纹样研究的几点认识》。

中华人民共和国成立以来的考古工作中所发现的金代玉器主要见于墓葬、城址及塔基中，多数为金代女真贵族所有。杨伯达先生在《女真族"春水"、"秋山"玉考》一文中，最先提出了"春水玉"和"秋山玉"的概念，认为它们是表现我国北方地区契丹、女真等少数民族春秋捺钵狩猎生活的玉器⑤。刘俊勇先生 1996 年发表的《金代玉器研究》对杨伯达先生金代玉器的概述进行了扩展。中央民族大学民族学与社会学

① 许晓东：《辽代的琥珀工艺》，《北方文物》2003 年第 4 期。
② 于宝东：《辽代玉器文化因素分析》，《内蒙古大学学报》（人文社会科学版）2006 年第3 期。
③ 许晓东：《辽代玉盒佩之我见》，《故宫博物院院刊》2003 年第 4 期；徐琳：《辽代玉魁考》，《考古与文物》2006 年第 4 期。
④ 石林梅：《辽代玉器在中国玉文化中的地位》，《沧桑》2013 年第 1 期。
⑤ 杨伯达：《女真族"春水"、"秋山"玉考》，《故宫博物院院刊》1983 年第 2 期。

学院桂星星先生 2011 年发表的《民族美玉——试论金代女真玉器》则强调了金代玉器所具有的强烈民族特征。其他同类文章另见吉林大学边疆考古研究中心吴敬发表的《金代玉器发现与研究述评》，以及哈尔滨师范大学美术学院副教授、清华大学美术学院白波博士的《简析女真生活风俗对金代工艺美术的影响》。

元代玉器在继承宋代玉雕工艺的基础上，融入了少数民族的文化内涵，形成了颇具自身特点的玉文化特色。雕刻既粗犷豪放，又细腻精致，带有强烈的神秘感和浪漫主义色彩，制玉工艺为明清高度繁荣的玉雕业奠定了基础。对此杭州历史博物馆的李海撰有《出土元代玉器及工艺特色综述》。于宝东先生发表的《从出土玉器看元代北方手工业的发展》，通过分析研究几种代表性的玉器，详尽分析了元代北方地区玉器制作的各个发展历程，及其自身所具有的民族与地方特色[1]。

第三章　呼伦贝尔草原典型
玉石器形制分析

第一节　细石器

呼伦贝尔草原因其细石器的丰富和制作精美而闻名于世。在这近 10 万平方公里的草原上，现已有 240 多处细石器出土点。在铁器尚未普及到呼伦贝尔草原的几千年间，这里从事狩猎、游牧经济的各族人民，长期以石器为工具，将石料加工成石刀、石刃、石镞、石钻，或是刮削器等，用以切割动物的皮、肉、筋、骨，直到铁器在此广泛应用，细石器才逐渐退出人们的生活舞台。

玉的本质是石，玉器也是由石器转化而来的，它的产生与其他各种艺术品的出现一样，也是社会文化发展逐渐演进的结果，这个转化过程是曲折漫长的。

古人在石器由打制进化到磨制的过程中发现并逐渐重视玉，逐渐认识到玉具有比石更为优良、独特的品质，因而对玉产生了浓厚的兴趣。

---

[1]　于宝东：《从出土玉器看元代北方手工业的发展》，《北方经济》2007 年第 3 期。

探寻中国玉器产生的历史，就会发现，对玉、石差别的认识是玉器产生的思想意识根源；磨制工艺的发明，则是玉器产生的工艺条件。

一　石核

石核是石器的加工材料，种类繁多，一般是石块打下石片后所余下的部分。

石核　新石器时代石质用具，2007 年 6 月陈巴尔虎旗西乌珠尔苏木采集，现藏陈巴尔虎旗民族博物馆。

长 2.9—4.7、底长 1.2—2.2、底宽 0.7—1.9 厘米。共 5 件。分别呈黄白、黄、鸭蛋青、青绿、酱红色，色泽均匀。器表呈多棱锥形，棱面分布不均，有不规则纵向压剥痕。上部尖锐，底部呈不规则四边形、多边形或半圆形，凹凸不平（图 3—1—1）。

石核　新石器时代石质用具，新巴尔虎左旗乌布尔宝力格苏木呼和诺尔遗址采集，现藏新巴尔虎左旗文物管理所。

长 3.5—5、宽 0.8—3.1、厚 0.7—1.3 厘米。共 8 件。燧石质，分别呈青红、青灰、灰黄、白和浅褐等色。器形呈三角形或四边形，有多个打击面，采用锤击法和压制法剥片，石片疤深浅不一，有的可见修理痕迹（图 3—1—2）。

石核　新石器时代石质用具，新巴尔虎左旗乌布尔宝力格苏木采集，现藏新巴尔虎左旗文物管理所。

长 3—4.7、宽 1.4—2.5、厚 1—1.3 厘米。共 3 件。分别呈红、灰绿和黄绿色，皆为圆锥状。器表面凹凸不平，分布有竖向凸棱，为明显打制痕迹。顶部为不规则圆形台面，向下较薄渐窄，底部不甚锋利（图 3—1—3）。

石核　新石器时代石质用具，2008 年扎赉诺尔博物馆征集，现藏扎赉诺尔博物馆。

长 2.4—3.5、底径 0.8—2.4 厘米。共 11 件。有黑、红、白、灰褐等色。器体多呈圆锥状，棱面分布不均匀，有不规则纵向压剥痕迹。上部多尖利，底部多呈圆形或椭圆形，且较为平整（图 3—1—4）。

石核　新石器时代石质用具，1975 年扎赉诺尔区沙子山遗址采集，现藏满洲里市博物馆。

长7.1、宽5.2、厚3.5厘米。燧石质，深黄色，有多个打击面，采用锤击法、压剥法剥片，石片疤痕深浅不一（图3—1—5）。

图3—1 石核

1. 陈巴尔虎旗采集 2—3. 新巴尔虎左旗采集 4—5. 扎赉诺尔征集、采集

二 石叶

石叶是从石核上打下的"细石器"，是石器时代重要的石制品类型之一。可做石刀，切割动物皮肉，亦可在此基础上深入加工成骨刀的刃或石镞。

石叶 新石器时代石质用具，2007年6月陈巴尔虎旗西乌珠尔苏木采集，现藏陈巴尔虎旗民族博物馆。

长3.2—6.7、宽0.5—1.1、最厚0.2—0.3厘米。共5件。分别呈灰绿、灰褐、褐、黑等颜色。正面为三棱柱形或梯形，有不规则纵向压剥痕迹。各面均打磨光滑，中间厚，向两端渐薄，侧棱有不规则锯齿，薄而锋利，底面略微凸起（图3—2—1）。

石叶　新石器时代石质用具，新巴尔虎左旗乌布尔宝力格苏木呼和诺尔遗址采集，现藏新巴尔虎左旗文物管理所。

长5—7、宽0.7—1.4、厚0.2—0.4厘米。共11件。分别呈黄、青、褐、灰等颜色，整体为长方形，正面有打磨后的凸棱。外表光滑，中部较厚，两端较薄，两侧有不规则锯齿，薄而锋利（图3—2—2）。

石叶　新石器时代石质用具，新巴尔虎左旗乌布尔宝力格苏木采集，现藏新巴尔虎左旗文物管理所。

长4.9—7.6、宽0.5—1.1、厚0.1—0.2厘米。共18件。燧石质。分别呈灰褐、黄褐和青色，长短不一，均为压剥而成。石叶细长，劈裂面光滑外凸，正面有纵向凸棱，为剥片痕迹。石叶近台面端平直，远端多呈圆弧状，两侧有修理痕迹（图3—2—3）。

石叶　新石器时代石质用具，扎赉诺尔博物馆征集，现藏扎赉诺尔博物馆。

长2.4—5.9、宽0.8—1.7、厚0.1—0.3厘米。共13件。燧石质，呈灰色、红褐色、褐色或乳白色。器长而薄，两侧几乎平行，背面有一条或两条纵脊，横断面呈三角形或梯形。采用间接剥片法，压剥修理，有些可见使用痕（图3—2—4）。

石叶　新石器时代石质用具，1975年扎赉诺尔区沙子山遗址采集，现藏满洲里市博物馆。

长2.2—5.1、宽0.5—1.9、厚0.2—0.6厘米。共15件。叶状，颜色有红、墨绿、白、灰等（图3—2—5）。

石叶　新石器时代石质用具，1976年扎赉诺尔区沙子山遗址采集，现藏满洲里市博物馆。

长0.6—3.6、宽0.9—1.8、厚0.3—0.4厘米。共12件。有白色、青色等，部分呈半透明状。整体呈长方形或柳叶形，表面有压剥痕迹，器体光滑，中间厚，向两侧渐薄，四周有刃或尖端较锋利（图3—2—6）。

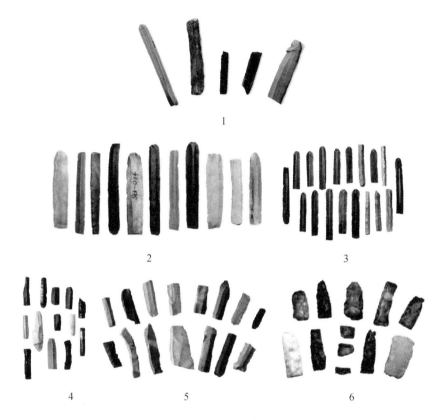

图3—2 石叶

1. 陈巴尔虎旗采集 2—3. 新巴尔虎左旗采集 4—6. 扎赉诺尔征集、采集

三 石镞

石镞是矢的前端，即石质箭头，是用来狩猎的武器，是原始人远距离狩猎和攻击的主要工具之一，同时也是中国东北地区考古遗存中常见的一类石器。形制多样，种类丰富，其形制有凹尾、平尾和短铤、长铤之分，为其他类型石器所不具。

石镞 新石器时代石质工具，1985年7月陈巴尔虎旗东乌珠尔细石器墓葬出土，现藏呼伦贝尔民族博物馆。

长1.8—6.5、底宽1—1.6、厚0.2—0.4厘米。共52件。有红色、青色、灰白色、无色等，形制相似，近锐角等腰三角形，通过压剥方法制成，器体扁薄，短边呈内凹弧线形，侧翼呈锯齿状、尖利

（图3—3—1）。

石镞 新石器时代石质工具，2007年6月陈巴尔虎旗西乌珠尔苏木采集，现藏陈巴尔虎旗民族博物馆。

长3.5—3.6、宽1、厚0.4—0.5厘米。共3件。深灰色燧石石英，压剥呈柳叶状，压剥痕密集分布于石镞两长边，或两面脊背凸起呈线状，底部较为平整，或通体布满修疤，脊背凸起，底部为尖状（图3—3—2）。

石镞 新石器时代石质工具，2007年6月陈巴尔虎旗呼和诺尔镇采集，现藏陈巴尔虎旗民族博物馆。

长3.7—5.1、宽2.1—3.8厘米。共9件。燧石质，压剥而成，外形呈柳叶状或箭镞状，一面中部略鼓起，另一面略显不平，两侧皆为弧形，有的呈锯齿状，均有剥离痕迹。尾部呈弧状，三角形或内凹（图3—3—3）。

石镞 新石器时代石质工具，新巴尔虎左旗乌布尔宝力格苏木呼和诺尔遗址采集，现藏新巴尔虎左旗文物管理所。

长1.2—5.3、宽0.4—2.2、厚0.2—0.7厘米。共48件。材质有燧石、水晶和黑曜石等，分别呈红、白、黑、灰、褐黄和青等色，均为石叶压剥制成。大小不等，按形状可分为五种类型（图3—3—4）。

第一型11件，镞身窄长，整体呈柳叶形。底部有的内凹，有的外凸。有的通体修理，有的只修理镞身两缘。

第二型3件，呈水滴状，通体遍布修疤。

第三型15件，呈三角形，通体有修疤。

第四型18件，整体近三角形，镞身底部均内凹，两缘稍外弧，通体修理。

第五型1件，由一片细长石叶修理而成，两缘均有修理痕迹，底部略宽。

石镞 新石器时代石质工具，新巴尔虎左旗乌布尔宝力格苏木采集，现藏新巴尔虎左旗文物管理所。

长2.1—5.3、宽0.9—1.4、厚0.3—0.5厘米。共11件。有褐色、青色和黑色等，压剥而成。器体呈柳叶状，扁薄，一面三棱或四棱形，中间凸起，两侧渐薄，一面平滑。头部尖锐，侧翼呈锯齿状。尾部呈弧形，直线形或内凹（图3—3—5）。

石镞　新石器时代石质工具，新巴尔虎左旗乌布尔宝力格苏木采集，现藏新巴尔虎左旗文物管理所。

长1—3、宽0.6—2.2厘米。共14件。有红、黑、青、黄、灰、半透明等颜色，均为压剥而成。形制大体相同，大小不一，呈柳叶状，中部略凸起，两侧均有锯齿状刃部，为弧形。尾部大体呈弧形、三角形或斜直（图3—3—6）。

石镞　新石器时代石质工具，新巴尔虎左旗乌布尔宝力格苏木呼和诺尔遗址采集，现藏新巴尔虎左旗文物管理所。

长6、宽0.4—1.1、厚0.3—0.5厘米。灰色，压剥制成。器呈柳叶状，压剥痕密集分布于石镞两长边。两面脊背凸起呈线状，底部较平整（图3—3—7）。

石镞　新石器时代石质工具，新巴尔虎左旗嵯岗镇采集，现藏新巴尔虎左旗文物管理所。

长7.2、最宽0.7、最厚0.7厘米。墨绿色，磨制，表面光滑。镞身呈四棱形，镞柄整体亦呈四棱形，尾端逐渐变为圆柱状（图3—3—8）。

石镞　新石器时代石质工具，2008年扎赉诺尔博物馆征集，现藏扎赉诺尔博物馆。

长1.5—3.2、宽1—2.2、厚0.1—0.4厘米。共55件。石料有燧石、水晶，分别呈红褐、灰褐、墨绿、青白、灰白、黑灰、黄或白色，整体轮廓呈锐角等腰三角形或底边内凹的锐角等腰三角形，压剥而成，器形较规整（图3—3—9）。

四　石镞形器

石镞形器　新石器时代石质工具，1985年7月陈巴尔虎旗东乌珠尔细石器墓葬出土，现藏呼伦贝尔民族博物馆。

长4.3、最宽2.5厘米。半透明，整体呈树叶形。表面不光滑，刃部较锋利（图3—4—1）。

石镞形器　新石器时代石质工具，1985年7月陈巴尔虎旗东乌珠尔细石器墓葬出土，现藏呼伦贝尔民族博物馆。

长2.7—4.5、宽2.3—3厘米。共9件。半透明，整体呈桃形或树叶状。表面不光滑，刃部较锋利（图3—4—2）。

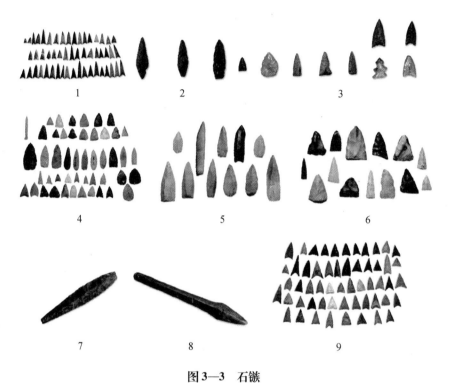

图 3—3 石镞

1—3. 陈巴尔虎旗出土或采集　4—8. 新巴尔虎左旗采集　9. 扎赉诺尔征集

图 3—4 石镞形器

五 石刃

石刃是人类最早使用的复合器具上的零件。

石刃　新石器时代石质工具，1985 年 7 月陈巴尔虎旗东乌珠尔细石器墓葬出土，现藏呼伦贝尔民族博物馆。

长 3.9、宽 1.2 厘米。共 4 件。燧石质，整体呈长方形或柳叶形，半透明，表面不光滑，四周有刃或尖端较锋利（图3—5）。

图3—5　石刃

六　石刮削器

石刮削器即古人类用的简单石刀，用于割草木，切割动物皮、肉、筋等的工具，或用于刮削动物的皮革，制作人类用的衣饰等。

石刮削器　新石器时代石质工具，2007年6月陈巴尔虎旗西乌珠尔苏木采集，现藏陈巴尔虎旗民族博物馆。

长2—3.9、宽1.9—3.2、厚0.1—0.9厘米。共5件。质地为燧石石英，呈黄、褐或灰色。压剥制双刃或复刃刮削器，轮廓成圆角、锐角三角形或圆角长方形。破裂面内凹，压剥痕迹分布于破裂面三边。刃痕浅，刃缘窄。背面多为自然面，只在一顶角处可见压剥痕迹（图3—6—1）。

石刮削器　新石器时代石质工具，新巴尔虎左旗乌布尔宝力格苏木呼和诺尔遗址采集，现藏新巴尔虎左旗文物管理所。

长4.2—5.5、宽2.4—4.3、厚1—1.6厘米。共2件，打制而成。较大者为黄褐色，整体呈椭圆形，正面凸起，较粗糙，背面平整光滑，器体由顶部向下渐薄，周边刃部锋利。较小者为褐色，整体呈矩形。正面凸起，质感光滑细腻，有密集白色晕圈，背部较平整，四周刃部较锋利（图3—6—2）。

石刮削器　新石器时代石质工具，1975年扎赉诺尔区沙子山遗址采集，现藏满洲里市博物馆。

长3.8—7.6、宽2.7—6.5、厚0.7—1.1厘米。共8件。颜色有红、绿、白、灰褐等。为压制双刃或复刃刮削器，轮廓呈圆角、锐角三角形和圆角长方形。破裂面内凹，压剥痕迹分布于破裂面三边。刃痕浅，刃缘窄。背面多为自然面，只在一顶角处可见压剥痕迹（图3—6—3）。

图3—6 石刮削器

1. 陈巴尔虎旗采集 2. 新巴尔虎左旗采集 3. 扎赉诺尔采集

七 石钻

石钻 新石器时代石质工具，1985年7月陈巴尔虎旗东乌珠尔细石器墓葬出土，现藏呼伦贝尔民族博物馆。

长4.2、顶宽1.8厘米。共1件半透明，燧石质，整体呈锥状，器表不光滑，尖端较锋利（图3—7—1）。

石钻 新石器时代石质工具，2007年6月陈巴尔虎旗西乌珠尔苏木采集，现藏陈巴尔虎旗民族博物馆。

长5.5、宽0.7、厚0.2厘米。无色，质地为燧石石英。压剥而成，压剥痕密集分布于石钻两长边，两面脊背凸起呈线状（图3—7—2）。

图3—7 石钻

1. 陈巴尔虎旗东乌珠尔出土 2. 陈巴尔虎旗西乌珠尔采集

考古学家们在呼伦贝尔草原上发现了数百处细石器遗址，出土了大量精致的细石器，主要有：石核、石叶、石镞、石刃等，显示了这一地区的细石器工艺发展已进入到相对成熟的阶段。细石器的发现能够从很大程度上反映当时人们的生产、生活方式。呼伦贝尔草原的细石器传统为此后该地区玉器的出现奠定了坚实的基础，这种高超的细石器加工技术也对玉器的制作产生了深远的影响。

第二节　玉器

一　玉璧

玉璧是一种中间有孔的扁圆形玉质器物，是中国古代传统玉礼器之一，也是"六瑞"之一。《尔雅·释器》有载："肉倍好谓之璧，好倍肉谓之瑗，肉好若一谓之环。"[1] 郭璞注："肉，边；好，孔。"邢禹疏："肉，边也，好，孔也，边大倍于孔者名璧，孔大而边小者名瑗，边、孔适等若一者名环。"即根据中央孔径的大小将这种片状圆形玉器分为玉璧、玉瑗和玉环三种[2]。《白虎通义》中讲："璧方中圆外，故有天地之象，外圆象天也。"玉璧的形状具有天圆的象征，中间有一孔，又有贯通之意[3]。成书于战国末期的《周礼》将璧、琮、圭、璋、琥、璜等玉器作为"六瑞"[4]。关于玉璧的用途，《周礼·春官·大宗伯》有如下记述："以玉作六器，以礼天地四方：以苍璧礼天，以黄琮礼地，以青圭礼东方，以赤璋礼南方，以白琥礼西方，以玄璜礼北方。"[5] 认为玉璧是用以祭天的神器，是我国古代最隆重的礼器。玉璧是出现时间最早且一直延续从未间断的一个玉器品种，它同时也是中国古代玉文化中最为核心的一种玉器，其历史延续至今已超过 5000 年。

新石器时代的玉璧因受当时制作工艺的限制，形制一般不是很规整，

① 邱向军：《简析中国古代玉璧的发展与演变》，《丝绸之路》2013 年第 4 期。

② 陈逸民、陈莺：《古代玉璧的形制和鉴定》，《文物鉴定与鉴赏》2013 年第 11 期。

③ 吕昕娛：《红山文化玉器功用初探》，《学术交流》2011 年第 7 期。

④ 何枰凭：《春秋战国时期玉观念的形成及发展》，《文物鉴定与鉴赏》2013 年第 6 期。

⑤ 周晓晶：《中国古代玉文化的时代性及对当今岫岩玉的思考》，刘国祥、邓聪主编：《玉根国脉（一）——2011"岫岩玉与中国玉文化学术研讨会"文集》，科学出版社 2011 年版。

或是外周不圆，或是薄厚不均，造成玉璧表面不平整，或是两面宽度不一致。这一时期的玉料一般采用青玉、绿玉、淡黄玉，特征大多是光素无纹，打磨较光亮，即素璧。

玉璧　新石器时代装饰用玉，海拉尔区哈克镇团结村哈克遗址 M2 出土，现藏呼伦贝尔民族博物馆。

直径9、孔径4.4、厚0.4厘米。玉质黄绿色，半透明，夹杂红褐、灰褐色瑕斑。器体扁薄，内、外缘均呈圆形，两面光平，接近内外侧边缘略薄，整器规整端庄（图3—8—1）。

玉璧　新石器时代装饰用玉，1985年7月陈巴尔虎旗东乌珠尔细石器墓葬出土，现藏呼伦贝尔民族博物馆。

长6.8、直径5.9、孔径1、厚0.3厘米。黄绿色透闪石质，弱玻璃光泽，半透明，通体磨光。近圆角长方形，中间有钻孔，正反两面距边缘约1厘米处各有一圈脊状突起，一边角有破损。为最原始的玉璧，出土于下颌骨的下面（图3—8—2）。

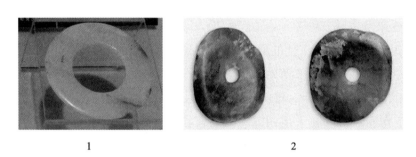

1　　　　　　　　　　　2

图3—8　玉璧

1. 哈克出土　2. 陈巴尔虎旗出土

凤穿花纹玉璧　元代装饰用玉，现藏故宫博物院。

直径9.3、厚0.6厘米。玉质，青白色，局部有黄色沁。正面镂雕在花丛中展翅飞翔的凤鸟，口衔花枝，凤冠向后飘逸，镂雕缠枝牡丹为衬底。背平素，内外缘分饰弦纹一周。

二　玉环

玉环为古玉器的一种，为一种中心有孔的圆形玉器，形状类似于镯，其孔径大于边缘，或与边缘相当。

玉环　汉代，1959 年扎赉诺尔墓群采集，现藏内蒙古博物院。

外径 12.6、内径 8.5、厚 0.4 厘米。透闪石质，青白色，弱玻璃光泽，半透明，通体抛光。曾断为两半（图 3—9—1）。

玉环　鲜卑时期，2012 年扎赉诺尔蘑菇山墓群 M8 出土，现藏呼伦贝尔民族博物馆。

直径 6.5、厚 0.5 厘米。2 件。通体磨光，已残，呈乳白色，素面无纹（图 3—9—2）。

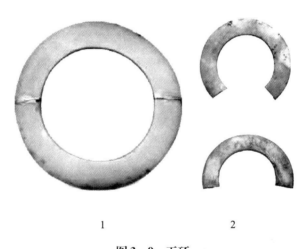

1　　　　　　　　　　　　　　2

图 3—9　玉环

1. 扎赉诺尔采集　2. 扎赉诺尔出土

三　玉斧

玉斧出现于新石器时代晚期，脱胎于石斧，是实用性砍伐工具和武器，在当时是一种极有威力的利器[①]。一般为扁平状、两面有刃的梯形器。

玉斧　新石器时代玉质用具，海拉尔区哈克镇团结村哈克遗址 M2 出土，现藏呼伦贝尔民族博物馆。

---

① 诸葛铠：《斧钺象征刍议》，《东南文化》2003 年第 10 期。

长 12.4、宽 4.4、厚 1.6 厘米。青绿色，半透明，纯净无瑕。器形呈长方形，中部略厚，四周渐薄，顶部有使用痕迹，纵向垂直于刃口有 6 条脊线，使器身纵向形成面积不等的 6 个面[1]。刃口平直，刃锋微鼓（图 3—10—1）。

玉斧　新石器时代玉质用具，1986 年新巴尔虎左旗阿木古郎镇甘珠尔嘎查甘珠尔庙采集，现藏呼伦贝尔民族博物馆。

长 7、最宽 6.5、厚 1.2 厘米。浅绿色。磨制而成，表面光滑细腻。整体呈马蹄状，上端为圆弧状，刃部平直，不甚锋利，有残（图 3—10—2）。

1　2

图 3—10　玉斧

1. 哈克出土　2. 新巴尔虎左旗采集

四　玉锛

玉锛　新石器时代玉质用具，海拉尔区哈克镇团结村哈克遗址 M2 出土，现藏呼伦贝尔民族博物馆。

长 5.1、上宽 1.4、下宽 2.5、厚 0.9 厘米。淡绿色，微透明，夹杂灰白色斑纹。整体呈梯形，中部微鼓，器身磨制抛光，两侧脊斜直，一面

---

[1]　白劲松：《呼伦贝尔草原史前玉器的发现与研究》，刘国祥、邓聪主编：《玉根国脉（一）——2011 年"岫岩玉与中国玉文化学术研讨会"文集》，科学出版社 2011 年版。

平直，一面微鼓过渡至两端刃口，使两端锛刃锋利①。不仅是用具，亦为兵器（图3—11）。

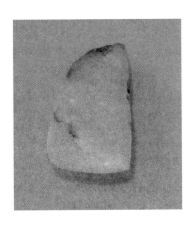

图3—11　玉锛

五　玉牌饰

玉饰　新石器时代装饰用玉，新巴尔虎左旗乌布尔宝力格苏木呼和诺尔遗址采集，现藏新巴尔虎左旗文物管理所。

长5、最宽2、孔径0.3、厚0.4厘米。透闪石质，青黄色，半透明，表面部分已钙化，呈白色，通体抛光。器体正反两面的中部各有一道刻画线贯穿整体，底部为经打磨的弧状刃部，顶部有两个小圆孔，对钻而成，一个已破损（图3—12—1）。

玉饰　新石器时代装饰用玉，新巴尔虎左旗乌布尔宝力格苏木呼和诺尔遗址采集，现藏新巴尔虎左旗文物管理所。

长12.5、最宽1.3、孔径0.3、厚0.7厘米。透闪石质，青黄色，半透明，有絮状组织和黑色杂质，通体抛光。器呈刀状，经打磨的单刃呈长弧状，刃部较薄，背部较厚，一端有小圆孔，对钻而成。中部曾断裂，有修复痕迹（图3—12—2）。

---

① 白劲松：《呼伦贝尔草原史前玉器的发现与研究》，刘国祥、邓聪主编：《玉根国脉（一）——2011年"岫岩玉与中国玉文化学术研讨会"文集》，科学出版社2011年版。

玉牌饰 汉代装饰用玉，1984年扎赉诺尔墓群出土，现藏呼伦贝尔民族博物馆。

一长6.2、宽8.7、厚1厘米；另一长5.7、宽7.6、厚0.9厘米。两件。形制均呈长方体，器物两边、底面略外凸呈弧形，磨制较光滑。器物上端磨制较平整。器物上部分接近边缘处均匀钻3个圆孔，较小的牌饰中间圆孔有填充物。器物均在一面刻双阴线"山"字形纹。这两件玉牌饰极为特殊（图3—12—3）。

玉饰残件 汉代装饰用玉，1960年扎赉诺尔墓群出土，现藏内蒙古博物院。

残长4.1、残宽2.7、厚0.5、孔径0.3厘米。整体扁薄，以浅浮雕装饰为主，下部略弧，遍饰卧蚕纹，并钻有一孔。下部残断，应为圆环的一部分，上饰两圈凸弦纹，还有阴线刻装饰，上下两部的结合处饰有三出的勾云纹（图3—12—4）。

玉饰件 汉代装饰用玉，1960年扎赉诺尔墓群出土，现藏内蒙古博物院。

长5、宽1.6、厚0.3厘米。白玉质，略呈三角形。靠近上边有一对钻圆孔，上边一侧有一外凸。正反两面均有两条细线刻纹，正面还有若干组短小的细线刻纹（图3—12—5）。

玉片 汉代装饰用玉，1959年扎赉诺尔墓群采集，现藏内蒙古博物院。

一长10.4、宽7.5、孔径0.2、厚0.4厘米；另一长10.3、宽7.3、孔径0.2、厚0.6厘米。2件。青玉饰片，一玉片有白色絮状物，一玉片为素面，表面光滑，两端均各穿圆孔，顶端略窄于底部。边缘平整圆润，少有缺损（图3—12—6）。

玉石 鲜卑时期装饰用玉，2012年扎赉诺尔蘑菇山墓群M10出土，现藏呼伦贝尔民族博物馆。

长1.7、宽1.2、厚0.2厘米。器体扁薄，呈青色，上下边缘平直，左右两侧内凹。正面有压剥痕迹，背面为平面，中间厚，向边缘渐薄（图3—12—7）。

辽金元三代对朝廷礼仪用玉与中原王朝一样极为重视。朝廷礼仪用玉除了玉玺、玉册等国之重器，也有作为身份标志的玉带、玉佩等。

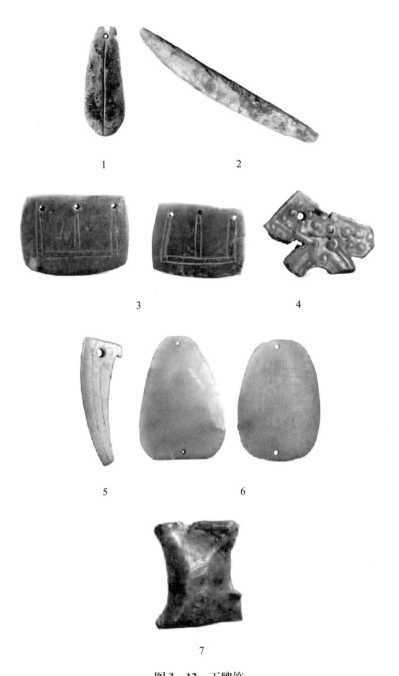

图3—12　玉牌饰

1—2. 呼和诺尔采集　3—6. 扎赉诺尔出土或采集　7. 蘑菇山出土

六　玉带饰

鹿纹玉带环　辽代礼仪用玉，现藏故宫博物院。

长 5.9、宽 3.5、厚 0.8 厘米。玉质，深青色，有杂斑。长方形片状，浮雕两只昂首的卧鹿，其一有角，身后一棵小树，另一只作回首状。一棵大柞树立于两鹿之间。整体纹饰为"秋山"图案。器下有一扁圆形环，可供穿挂饰件。背有象鼻孔。

"春水"图玉带环　金代礼仪用玉，现藏故宫博物院。

长 8.3、宽 7.5、厚 2.4 厘米。玉质，白色，上有褐红色玉皮。长方形，正面镂雕鹘捉鹅的"春水"图案，鹅身肥硕，贴近水面，曲颈伏于荷叶之下，鹘俯冲向鹅首，欲啄其脑。下有一扁环可悬挂配饰，侧面有一横穿可贯穿束带（图 3—13）。

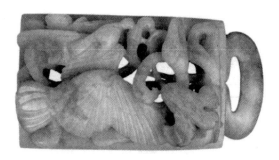

图 3—13　"春水"图玉带环

螭纹玉带饰　元代礼仪用玉，现藏故宫博物院。

长 6.6、宽 6.3 厘米。玉质，白色。方形委角，正面周缘有凸起的边框，框内浮雕一蟠螭，圆眼，双耳内卷，独角，脑后长发披向两侧，身饰火焰纹，三趾爪。侧面有一横穿可贯穿束带。背面光素无纹。

戏狮纹玉带板　元代礼仪用玉，现藏故宫博物院。

长 6.9、宽 5、厚 1.7 厘米。玉质，白色，上有黄褐色玉皮。长方形片状，正面略凸起，背面内凹。镂雕松树、柞树、一狮、一胡人。胡人身穿一件窄袖长袍，头戴一顶圆顶高帽，腰间系有宽带，一手托火球，一手执绣球戏弄狮子。狮子弓身回首，张牙舞爪，作滚绣球状。狮纹为元代一品官标记和专用纹饰，是元代玉器典型纹饰。

螭龙纹玉带钩　元代玉质用具，现藏首都博物馆。

长 15.5、宽 4.6 厘米。玉质，青白色，局部黄色沁。龙首形钩，龙嘴平齐露齿，浓眉凸眼。琵琶形钩体上浮雕一螭虎，口衔瑞草，长发飘逸，关节部亦阴刻细小毛发。长方形钩钮。造型寓意"苍龙教子"。

螭纹连环玉带环　元代玉质用具，现藏故宫博物院。

通长 12、宽 5.1、厚 2.1 厘米。玉质，青白色，略有沁。器体为一方环连接的两块方形带饰组合而成。方环上浮雕灵芝纹，右侧带饰中心有一孔供钩扣，四周浮雕一首尾相连的螭虎；左侧带饰浮雕一口衔灵芝的螭虎，背面有圆形钮，供系带。

七　玉佩饰

玉佩饰在装饰作用上与玉带饰是一致的。佩饰玉是指佩戴在头上、颈间、腰间的玉质装饰品。

鱼龙形玉佩　辽代装饰用玉，现藏故宫博物院。

长 6.9、宽 3 厘米。玉质，青白色，局部有黄色沁。呈扁长方形，镂雕龙首飞鱼身，称"鱼龙"。鱼龙口衔宝珠，两侧生翼，做展翅飞翔状，尾鳍飞叉上翘，以阴线刻画双翅和尾鳍。鱼龙形象流行于辽金时期。

人面鸟形玉佩　辽代装饰用玉，现藏故宫博物院。

长 7.2、宽 6.1、厚 1.7 厘米。玉质，青白色，局部有褐色沁。圆形片状，正中下部浮雕人首，双眼瞳孔原镶有宝石，后脱落仅存凹槽，阴刻火焰眉、细发及发箍，凸雕蒜头鼻，尖喙，双耳饰耳环，双臂及四趾爪置于头下，双翅阴刻羽纹，扇形尾，饰钩形对称翎羽，透雕六孔，翅尖搭在尾侧。背面下部雕圆环，旁边有 3 个等距离穿孔，可供连缀在其他器物上。这种图案称为"迦楼罗神鸟"，亦称"金翅鸟"，盛行于辽金时期。它是一种拟人化的艺术作品，属辽代佛教玉器的范畴。原出于印度传说中的一种神鸟。据记载，迦楼罗神鸟属天龙八部之一（佛语天龙八部，指天、龙、夜叉、飞天、阿修罗、迦楼罗、紧那罗、摩罗迦八部），以龙为食，威力无穷，属于护法神[1]。因能赐予人们吉祥和幸福，深受佛教徒喜爱。

---

[1]　吴萍：《鸠摩罗天与鸠摩罗什》，《文物世界》2012 年第 1 期。

羊距骨形玉佩　辽代装饰用玉，现藏中国文物信息咨询中心。

长3.4、宽2.2厘米。玉质，白色。形似羊距骨，腰部有一穿孔。此器形是东北地区常见的儿童玩具，亦称嘎拉哈，也就是羊的膝盖骨，一定程度上反映了北方少数民族的生活习俗。

童子形玉佩　金代装饰用玉，现藏故宫博物院。

高5.8、宽3.4、厚2厘米。玉质，青白色，有沁色和土斑。玉人为立雕童子，三丫髻分别置于头顶和双耳上，衣襟向两侧敞开，左手握拳，右手托一鹘，腿着肥裤，作行走状①（图3—14）。

图3—14　童子形玉佩

天鹅形玉佩　金代装饰用玉，现藏故宫博物院。

长8.7、宽5.3厘米。玉质，白色，略带褐色玉皮。天鹅作衔芦飞翔状。圆眼细颈，头抬起，双翅张开，琢刻四排羽状纹，背部、尾部亦刻有羽纹，双爪并排曲于腹部。与"春水玉"题材中的天鹅形象相同。

"春水"图玉佩　金代装饰用玉，现藏故宫博物院。

长5.9、宽3.9、厚1厘米。玉质，白色。天鹅体态丰满，曲颈向上，张口展翅，做挣扎状。一只展翅的飞鹘双爪紧擒鹅头，嘴啄鹅脑，鹘腿系有飘带。刻画阴线饰鸟身、羽翼。背面有多处钻痕。此器为典型的女

---

① 梁冠南：《谈婴戏题材在玉器上的运用》，《文物鉴定与鉴赏》2013年第9期。

真族"春水玉"纹饰图案（图3—15—1）。

"春水"图玉佩 金代装饰用玉，现藏故宫博物院。

长7.5、厚2厘米。玉质，青白色，局部有黄褐色沁。扁平椭圆形，正面弧凸，通体镂雕一只藏于荷花丛中的天鹅，作惊恐回首状。一只鹘俯冲而下，做追逐状。背面为椭圆环，环两侧有一横穿孔（图3—15—2）。

图3—15 "春水"图玉佩

"秋山"图玉佩 金代装饰用玉，现藏故宫博物院。

长6.5、宽4.5、厚1.6厘米。玉质，青色，局部有红褐色玉皮。器体扁平，以浮雕和阴线表现纹饰，一面下部为回首蹲伏的猛虎，上部为林中奔跑的双鹿；另一面为立于枝头的鹰鸟。此器为典型的"秋山玉"纹饰图案（图3—16）。

图3—16 "秋山"图玉佩

卧虎纹玉佩　金元时期装饰用玉，现藏中国文物信息咨询中心

长6.8、宽5.9厘米。玉质，青色，利用天然黄色玉皮巧雕一只卧虎和柞树，以青玉本色作为山石，刻画长短阴线以示花叶的茎脉以及虎的毛发。

人面鸟形玉佩　元代装饰用玉，现藏首都博物馆。

长4.7、宽4厘米。玉质，青色，有黄褐色沁。正面呈弧形凸起，平雕人面飞鸟形象。人物圆头、宽眉、圆眼，双肘外展，小臂和双手垫于颌下，宽大的鸟尾向上伸展。背面呈深凹状，可做嵌饰。这种人面鸟形图案称为"迦楼罗神鸟"，亦称"金翅鸟"，盛行于辽金时期。

花鸟纹玉佩　元代装饰用玉，现藏首都博物馆。

长8、宽6.7厘米。玉质，青白色。扁椭圆形，镂雕三层交错的花梗、凌霄花、花蕾及凤鸟。细部用阴线刻画装饰。

鱼形玉佩　元代装饰用玉，现藏故宫博物院。

长7、宽3.2、厚1.5厘米。玉质，白色，有浅褐色沁。鱼口衔荷叶梗，尾部上翘，鳍张开，作游动状。身上部雕一荷叶，阴刻叶脉，鱼身遍布交错的阴刻纹饰，以示鱼鳞。背部正中有一贯穿孔，腹部横穿一孔。

八　玉摆饰

玉摆饰大体出现在自宋以降，多以文人玩物为主，如秋山图、玉山子、人物雕像、小动物等。所用玉料多为青玉、青白玉及黄玉。业内亦称玉摆件。

人物纹玉山子　辽金时期陈设用玉，现藏中国文物信息咨询中心。

高9、宽19厘米。玉质，青色，有大面积黄皮。利用玉皮巧雕骑鹤仙人、追随的童子以及密林中的双鹿。其上遗留的管钻痕迹是典型的辽金玉器工艺。

人物纹玉山子　金代陈设用玉，现藏故宫博物院。

高9.5、宽7.5、厚3.5厘米。玉质，青色，留有黄皮。一面琢刻一仙人端坐于高大柞树之下，双手执拂尘平放于膝上，一仙女手托一盘侍立于侧，上方两鹤展翅翻飞，岩石下一只乌龟引头伸颈。另一面柞树下两鹿一卧一立，抬头观望树上嬉戏的小猴。

人物纹玉摆件　金元时期陈设用玉，现藏中国文物信息咨询中心。

高3.4、宽5.4厘米。玉质,青色,利用黄皮巧雕虎皮,余下为青玉本色。一戴冠人物端坐石洞之中,一伏虎卧于身旁。该器物图案取材于辽景宗伏虎的传说。

莲托玉龙　元代陈设用玉,现藏故宫博物院。

高12.6、底径6.4厘米。玉质,暗青色。龙双角,粗长眉,凸圆眼,唇上翘,口露齿,饰火焰纹,挺胸翘尾。一前爪踏火珠,一前爪踏莲台,后肢曲蹲于莲台之上。莲台圆形、束腰,饰有四层莲瓣纹,底为荷叶纹。底中心有两圆孔,推测为镶嵌插孔。

九　玉杯

鹿纹玉杯　辽代玉质容器,现藏故宫博物院。

高5.8、通宽16.6厘米。青色,局部有褐色沁。呈八角形,双耳镂雕螭纹,圭形耳。杯体六面内雕琢跪卧状长角鹿,蔓草纹作底,鹿下饰如意云纹。

龙耳玉杯　元代玉质容器,现藏杭州历史博物馆。

高7、口径8.4、底径3.9厘米。青色。直口弧腹。双耳各为一条攀附于杯口的螭龙,龙尾以浮雕手法表现,卷于杯壁之上。

人耳礼乐纹玉杯　元代玉质容器,现藏故宫博物院。

通高7.5、口径10.8、底径4.5厘米。白色,绺纹处有黄色沁。圆形杯,双耳,内壁雕琢32朵云朵。口沿外阴刻圆圈20个,腹部凸雕五个手持乐器的女伎乐人以及一只口衔灵芝的鹿,杯耳是两位脚踏祥云的仙女。

火焰抱珠柄玉杯　元代玉质容器,现藏故宫博物院。

通宽18厘米。青白色,局部有黄色绺纹和条状沁。圆形杯口,平底,三角形器柄,上饰火焰抱珠纹,下部有耳。

雁柄鸳鸯纹玉杯　元代玉质容器,现藏故宫博物院。

高6.5、口径4.5—7.4厘米。青色,有沁。器体上粗下细,椭圆形杯口,杯身饰有荷叶、荷花、鸳鸯,下部为水波纹,平底,底部雕琢水波卷成的旋涡。杯下部右侧有雁首式杯柄,雁首为曲颈回首状,头部连接杯体。

山茶花形玉杯　元代玉质容器,现藏故宫博物院。

高3.75、口径6.4—6.9厘米。白色，有人为褐色沁。五瓣花形杯口，口沿处带有小凸齿。杯内阴刻五瓣花纹，中心处有一圆柱形花蕊，杯外侧镂雕莲花枝作为器柄。

蟠螭灵芝纹玉耳杯 元代玉质容器，现藏故宫博物院。

高4.6、口径9.6、底径5.6厘米。青色，大部分有腻子沁。杯体和底足均为十方形，口沿部饰凸弦纹，杯体光素无纹。半圆形夔式耳，下部有尾，外翘。杯耳上部的纹饰是蟠螭纹和灵芝纹。

龙柄玉杯 元代玉质容器，现藏故宫博物院。

高4.9、口径13.9、底径10厘米。青白色。杯体圆形，直口、平底、厚壁。外壁浮雕双龙纹，龙颈顾长，作回首状，长发飘逸，四足短粗。右侧为一龙首形柄，头顶有角，长发下垂，目视前方。

葵花形玉杯 元代玉质容器，现藏故宫博物院。

高5.1、口径8.5厘米。白色，有过火痕迹，局部焦黑。杯体为六瓣葵花式，内壁雕琢秋葵纹，底部凸起五瓣花蕊。外壁饰葵花瓣，花瓣上饰有阴刻线纹。一侧镂雕缠枝为柄，杯底是葵叶状足。

十 玉海

渎山大玉海 元代玉质容器，现藏北海公园管理处。

高62、直径150、周长493厘米，重3500公斤。墨色，有白瑕。器体呈椭圆形，外壁浮雕海龙、海马、海鹿等海兽，出没于海水江崖之中，内壁琢磨光滑[1]。因玉石产于渎山，故名渎山大玉海，别名玉瓮、玉钵。

渎山大玉海是元世祖忽必烈在至元二年（1265）下令雕琢的，由当时的大都皇家玉作完成[2]。其制作旨在反映元代国势的强盛。雕琢完工后置于元大都（今北京市）太液（今北海）中的琼华岛（今白塔）广寒殿（该殿于明代后期被毁），相传是元世祖忽必烈大宴群臣时所用的酒器。根据《日下尊闻录》记载："琼岛，元之渎山，即明之琼岛也。"琼华岛是远古河道残留下的水泊中的山，故有"渎山"之称，因此，此器被称为"渎山大玉海"。后历经波折，辗转数地，明末移至紫禁城西华门外真

---

① 徐万邦：《中国少数民族酒器审美》，《内蒙古大学艺术学院学报》2008年第3期。
② 王艺霖：《中国玉器艺术》，《大众文艺》2012年第11期。

武庙，清乾隆十年（1745）弘历命以千金易得，在 4 年后迁回今北京北海公园团城上的承光殿前，下配石座，并建亭保护。它是中国现存最早的特大型玉雕作品。其雕琢装饰手法继承并发展了宋金以来的起凸手法，巧色之处也独具匠心。渎山大玉海是一件里程碑式的作品，它代表了元代玉作工艺的最高水平①（图 3—17）。

图 3—17　渎山大玉海

第三节　玉饰件

装饰类玉器主要为各种玉石质的管、珠等，出土数量较多，往往一件串饰就有数十件管珠组成。

一　玉珠饰

玉管珠串　新石器时代装饰用玉，2011 年 6 月陈巴尔虎旗陶海牧场采集，现藏陈巴尔虎旗民族博物馆。

管珠长 0.5—0.7 厘米、直径 0.5—0.6 厘米、钻孔直径 0.2—0.3 厘米。两串，玉管珠分别为 11 颗、36 颗，钻孔方向平行管珠长轴方向（图 3—18）。

除透闪石玉料之外，古人在制作玉器时还常常使用玛瑙（玉髓）、绿松石、琥珀、水晶等作原料。

---

① 刘喜锋、苏丹丹、林雨亭：《中国历代玉雕技法研究》，《现代商贸工业》2013 年第 2 期。

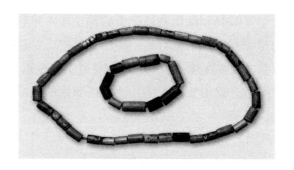

图 3—18 玉管珠串

二 玛瑙饰件

玛瑙，在质地上属二氧化硅，汉以前的典籍称其为"琼玉"。玛瑙的产地，自古主要源于西域、印度、波斯等地。《辽史》中有高昌、于阗等诸国进献玛瑙的相关记载。内蒙古等地也出产玛瑙。玛瑙颜色多样，有红、紫、褐等多种，古来即有"千样玛瑙"之说。中国人自古以来就有崇尚红色的传统。古人认为，红色玛瑙是恶鬼的血凝固而成，鬼魅对其避之不及，佩戴红色玛瑙制品，具有辟邪趋吉之功效[1]，故古人以红褐色玛瑙为佳，古称"赤玉""赤琼"。从出土的玛瑙多为红褐色，且多为透明无瑕者，主要用于制作珠饰，便可看出其选料之精细与讲究。

饰件　鲜卑时期装饰用玉，2007 年 11 月陈巴尔虎旗宝日希勒镇五一社征集，现藏陈巴尔虎旗民族博物馆。

玛瑙珠分两种，直径 1.9、厚 1 厘米，直径 1.2、厚 1.1 厘米。扁球形，红色，中间有穿孔，穿孔旁有管钻的痕迹以及明显的加工痕迹。另一局部微残（图 3—19—1）。

玛瑙珠串　辽代装饰用玉，2007 年 11 月陈巴尔虎旗宝日希勒镇五一社征集，现藏陈巴尔虎旗民族博物馆。

长筒形珠长 1.5—1.8 厘米、最宽 0.9—1.2 厘米；扁筒形珠厚 0.6、宽 0.6 厘米。珠串由 7 颗六棱筒形红褐色玛瑙珠构成。其中 6 颗为长筒形，中间有钻孔，钻孔方向平行于筒珠长轴方向，1 颗为扁筒形，中部钻

---

① 周琳：《辽代璎珞佩饰研究》，辽宁师范大学 2011 年硕士学位论文。

孔，钻孔方向平行于扁珠短轴方向（图 3—19—2）。

玛瑙珠饰　汉代装饰用玉，1960 年扎赉诺尔墓群 M5 出土，现藏内蒙古博物院。

长 1.9、宽 1、厚 0.8、孔径约 0.2 厘米。红色，表面光滑，素面无纹，纵向有一圆孔（图 3—19—3）。

玛瑙饰件　汉代装饰用玉，1960 年扎赉诺尔墓群出土，现藏内蒙古博物院。

长 5.8、直径 1.5、孔径 0.15 厘米。近圆柱形，中部略鼓，中心有一对钻圆孔（图 3—19—4）。

玛瑙珠饰　鲜卑时期装饰用玉，2011 年扎赉诺尔蘑菇山墓群 M6 出土，现藏呼伦贝尔民族博物馆。

图 3—19　玛瑙饰件

1—2. 陈巴尔虎旗征集　3—4. 扎赉诺尔出土　5—6. 蘑菇山出土

直径1.2厘米。圆形珠，白色带黄色皮，表面经过磨制，有残损孔洞（图3—19—5）。

玛瑙饰件 鲜卑时期装饰用玉，2012年扎赉诺尔蘑菇山墓群M8出土，现藏呼伦贝尔民族博物馆。

最长6.3、最宽3.3、厚0.34厘米。呈不规则形，表面红、白相间，一侧横贯一穿孔，用于穿绳（图3—19—6）。

玛瑙饰件 鲜卑时期装饰用玉，1992年额右旗拉布大林鲜卑墓群出土。

高0.5、直径0.8厘米。共4件。均为红色，六棱形扁球状，大小相近。

三 水晶饰件

水晶属晶体形态下的石英质矿物，古人认为千年冰块即为水晶，因此称之为"水精"。早在旧石器时代，先人就开始利用水晶来制作工具，因此水晶是我国最早开始使用的玉材品种之一。水晶有多种颜色，黄、紫、茶、无色等，出土水晶多为无色透明，质地优良。

水晶珠饰 汉代装饰用玉，1960年扎赉诺尔墓群M5出土，现藏内蒙古博物院。

高1.4、直径1.9、孔径0.4厘米。2件。均为中部钻孔的扁球形，黄色1件、残，透明状1件、完整（图3—20—1）。

水晶珠饰 汉代装饰用玉，1960年扎赉诺尔墓群出土，现藏内蒙古博物院。

长2.2、宽1.5、厚1、孔径0.3厘米。长方体水晶珠饰，透明，素面光滑，内部有裂纹，有一管状孔，用以穿绳（图3—20—2）。

1   2

图3—20 水晶饰件

四 绿松石饰件

绿松石又称"松石"，1927 年中国地质界的章鸿钊先生，在其著作《石雅》中解释为："此（指绿松石）或形似松球，色近松绿，故以为名"，即指绿松石因其天然产出常为结核状、球状，色如松树之绿，因而被称为"绿松石"[1]。绿松石是铜和铝的含水磷酸盐，属磷酸盐矿物。以不透明的蔚蓝色最具特色，也有淡蓝、蓝绿、绿、浅绿、黄绿、灰绿、浅黄、苍白等色[2]。硬度一般为 5—6。

绿松石珠饰 汉代装饰用玉，1960 年扎赉诺尔墓群 M5 出土，现藏内蒙古博物院。

长 1.4、直径 0.8、孔径 0.2 厘米。青色，有白色纹路，表面光滑，有残，原器形应为圆柱形，中间有一穿孔（图 3—21—1）。

绿松石饰件 鲜卑时期装饰用玉，2012 年扎赉诺尔蘑菇山墓群 M11 出土，现藏呼伦贝尔民族博物馆。

高 1.5、最宽 1、最厚 0.6 厘米。通体绿色，磨制而成，器表光滑，素面无纹。上部有一细孔，下部横贯一穿孔（图 3—21—2）。

1   2

图 3—21 绿松石饰件

1. 扎赉诺尔出土   2. 蘑菇山出土

绿松石饰件 鲜卑时期装饰用玉，1992 年额右旗拉布大林鲜卑墓群出土。

---

① 杭东：《浅谈绿松石文化》，《超硬材料工程》2013 年第 6 期。

② 苑金生：《石头中寒窗三友"松、竹、梅"石》，《石材》2008 年第 9 期。

长 2.4、宽 1.9、厚 0.3 厘米。葱绿色，磨光，扁桃形，上端尖部有一钻孔。

五　琥珀饰件

琥珀是古代松柏类植物分泌的树胶、树脂，经长期掩埋，一些相对易挥发的组成成分丢失并氧化固结而成的树脂化石[①]。琥珀是一种完全由有机物构成的物质，是一种碳氢化合物，含有琥珀酸和琥珀树脂，有时还含有少量硫化氢[②]。属于非晶质体。颜色多呈黄色、橙黄色、棕色、褐黄色或暗红色。油脂光泽，一般为透明至半透明。琥珀的硬度低，质地轻，涩，温润[③]。

琥珀是一种很早就被人们认识和利用的有机宝石。在石器时代的遗址中就发现有用琥珀制成的珠子。

琥珀珠饰　鲜卑时期装饰用玉，2011 年扎赉诺尔蘑菇山墓群 M5 出土，现藏呼伦贝尔民族博物馆。

长 0.3—0.5 厘米。残，红色，从横断面推测有一圆孔，用于穿绳（图 3—22—1）。

1　　　　　　　　2

图 3—22　琥珀饰件

① 周树礼、张琳琳、王坤、张志强：《仿真宝石知多少》，《超硬材料工程》2011 年第 4 期。

② 刘卫东：《珠宝饰品讲座连载：琥珀》，《上海计量测试》2005 年第 3 期。

③ 王春燕：《辽代出土琥珀初步研究》，内蒙古大学 2011 年硕士学位论文。

琥珀珠　鲜卑时期装饰用玉，2012 年扎赉诺尔蘑菇山墓群 M12 出土，现藏呼伦贝尔民族博物馆。

高 1、长 0.8、孔径 0.1 厘米。红褐色，三棱形，中间有一圆孔（图 3—22—2）。

六　煤精饰件

煤精，又称煤玉。具有明亮的沥青、金属光泽，黑色，致密，韧性大。相较于一般煤更轻。存在于沥青岩中呈独立块状体或夹于煤层之间。

煤精石兽牙项链　新石器时代装饰用玉，1993 年陈巴尔虎旗巴彦库仁镇查干道布出土，现藏陈巴尔虎旗民族博物馆。

管珠长 0.3—0.4 厘米、直径 0.4—0.6 厘米、钻孔直径 0.2—0.3 厘米，黑色煤精管珠长 0.9、直径 1、钻孔直径 0.5 厘米。项链由 118 颗煤精石管珠组成。煤精石又称煤玉、黑炭石、黑宝石、雕漆煤等，是褐煤的一个变种，为不透明光泽强的黑色有机宝石[①]。项坠为 3 枚浅褐色兽牙、2 片浅褐色兽骨和 1 颗黑色煤精管珠，兽牙及骨片一端均有钻孔（图 3—23—1）。

煤精石项链　新石器时代装饰用玉，2013 年 6 月陈巴尔虎旗巴彦库仁镇征集，现藏陈巴尔虎旗民族博物馆。

管珠长 0.5—0.8 厘米、直径 0.4—0.5 厘米、钻孔直径 0.2—0.3 厘米。项链由 79 颗煤精石制管状珠穿成（图 3—23—2）。

煤精饰件　汉代装饰用玉，2008 年新巴尔虎左旗吉布胡郎图苏木采集，现藏新巴尔虎左旗文物管理所。

长 4.2、宽 1.2、孔径 0.4、厚 0.8 厘米。黑色，通体磨光。器呈长条形，一端有一圆孔，对钻而成（图 3—23—3）。

煤精饰件　汉代装饰用玉，新巴尔虎左旗吉布胡郎图苏木采集，现藏新巴尔虎左旗文物管理所。

长 5.8、宽 2、厚 0.5 厘米。黑色，通体磨光。器呈近长条形，一端有破损（图 3—23—4）。

---

① 邢莹莹、朱莉：《辽宁抚顺煤精的宝石学特征研究》，《宝石和宝石学杂志》2007 年第 4 期。

图3—23 煤精饰件

1—2. 陈巴尔虎旗出土或征集 3—5. 新巴尔虎左旗采集

6—9. 扎赉诺尔出土 10. 蘑菇山出土

煤精璧 汉代礼仪用玉，新巴尔虎左旗吉布胡郎图苏木乌尔逊河口南 5 公里采集，现藏呼伦贝尔民族博物馆。

外径 6.8、内径 2.3、厚 0.5 厘米。黑色，器表凹凸不平，器身上有一对钻的小圆孔（图 3—23—5）。

煤精带饰 汉代装饰用玉，1959 年扎赉诺尔墓群出土，现藏内蒙古博物院。

长 4.6—16.2 厘米、宽 4.5—8.2 厘米、厚 0.7—1 厘米。7 件一套。黑色，呈圆角长方形或梯形，上有数量不等的圆形穿孔，单面钻孔或对钻。有的煤精带饰上有长方形孔或弓形孔。其中 1 件上刻有细线龙纹，3 件上刻云纹。器表有的光滑，有的凹凸不平，有的可见明显打制痕迹（图 3—23—6）。

煤精珠饰 汉代装饰用玉，1960 年扎赉诺尔墓群 M15 出土，现藏内蒙古博物院。

高 2.1、直径 0.6、孔径 0.2 厘米。黑色，煤精石制成。圆柱形，中间有一对钻的圆孔（图 3—23—7）。

煤精饰件 汉代装饰用玉，1984 年扎赉诺尔墓群出土，现藏呼伦贝尔民族博物馆。

长 6.3、宽 2.9、厚 3.1 厘米。黑色，通体磨制光滑，中间钻一通体透孔，纵截面为长圆形（图 3—23—8）。

煤精饰件 汉代装饰用玉，1984 年扎赉诺尔墓群出土，现藏呼伦贝尔民族博物馆。

长 13、宽 5.9、厚 2.8 厘米。黑色，通体磨制光滑，中间钻一通体透孔，纵截面呈圆角长方形（图 3—23—9）。

煤精饰牌 1986 年扎赉诺尔古墓群 M3012：2 清理。通长 8.2、最宽处 7.2、厚 0.6 厘米。牌饰呈马蹄形，前端中部先后有两个穿孔，前者为圆形，后者为长方形。尾端正中有一 "V" 形缺口，缺口处并列有两个较小的圆孔，以上穿孔均有使用痕迹。牌饰正面边框周饰柳叶嵌槽，中有排列成网状的圆形嵌孔 10 个，中间的嵌孔中仍镶嵌有 1 颗绿松石，其余皆已脱落。嵌孔间点缀有若干未钻透的小孔，基本也呈网格状排列。牌饰背面刻画一组纤细的文字，尚不能辨识。此煤精牌饰使用了高超的镶嵌工艺技术，背面的刻画文字，不是汉字，可能属于某种尚未辨识的古代少数民族文字。①

煤精珠饰　鲜卑时期装饰用玉，2011 年扎赉诺尔蘑菇山墓群 M1 出土，现藏呼伦贝尔民族博物馆。

长 2.1—2.8 厘米、宽 0.5—1.7 厘米、厚 0.5—0.7 厘米。3 件。黑色，保存完整。2 件为四棱体，中间平行短轴方向钻孔。1 件水滴形，中间有一凸棱，顶部有一细孔，用以穿绳（图 3—23—10）。

七　玻璃饰件

玻璃最初由火山爆发喷出的酸性岩凝结而成。中国人在商代就制造出了琉璃。玻璃是由沙子和其他化学物质熔融在一起形成的（主要生产原料为纯碱、石灰石、石英）。其主要成分是二氧化硅，是一种无规则结构的非晶态固体。

鲜卑饰件　鲜卑时期装饰用玉，2013 年 5 月陈巴尔虎旗东乌珠尔苏木采集，现藏陈巴尔虎旗民族博物馆。

大蓝色玻璃珠长 1.8、直径 1.5 厘米；两小蓝色玻璃珠均直径 0.41、厚 0.35 厘米；红色玻璃管长 2.1、直径 0.5 厘米。这组鲜卑饰件有蓝色玻璃珠 3 颗，红色玻璃圆管 1 个。蓝色玻璃珠大珠呈罐形，器表可见金属小钉。两颗蓝色玻璃小珠为椭圆形，中间穿孔。红色玻璃圆管的穿孔平行圆管长轴（图 3—24—1）。

玻璃珠饰　辽代装饰用玉，新巴尔虎左旗吉布胡郎图苏木东乌拉遗址周边采集，现藏新巴尔虎左旗文物管理所。

高 0.3—0.8 厘米、直径 0.5—1.1 厘米、孔径 0.1—0.3 厘米。共 7 颗。圆珠，大小不一，中间均有钻孔。黄色圆珠，较为通透，通体磨光；白色扁圆珠，磨制而成；红色圆珠，中间孔洞为白色，器表为红色，通体磨光；蓝色圆珠 3 颗，其中 2 颗通体磨光，另 1 颗圆珠中间有一孔但并未穿透，器表有裂痕，表面不平整；绿色圆珠，通体磨光，孔径处有断裂痕（图 3—24—2）。

玻璃珠饰　鲜卑时期装饰用玉，2011 年扎赉诺尔蘑菇山墓群 M1 出

---

① 内蒙古文物考古研究所：《扎赉诺尔古墓群 1986 年清理发掘报告》，《呼伦贝尔民族文物考古研究》（第 3 辑），科学出版社 2015 年版，第 48—49、56 页。

土，现藏呼伦贝尔民族博物馆。

高 0.2—0.9 厘米、直径 0.2—1.1 厘米、孔径 0.1—0.4 厘米。共 9 件。多为扁珠，孔在中间平行短轴方向。四件金黄色料珠为源自古罗马帝国的双层夹金玻璃珠，其他有绿色、浅褐色钠钙玻璃珠饰，大小不一，有磨损（图 3—24—3）。

玻璃珠饰　鲜卑时期装饰用玉，2011 年扎赉诺尔蘑菇山墓群 M3 出土，现藏呼伦贝尔民族博物馆。

高 0.5、直径 1、孔径 0.3—0.5 厘米。2 件。黑色，钠钙玻璃，圆筒形，均钻一个圆孔（图 3—24—4）。

玻璃珠饰　鲜卑时期装饰用玉，2011 年扎赉诺尔蘑菇山墓群 M4 出土，现藏呼伦贝尔民族博物馆。

棕色玻璃珠高 0.3—0.5 厘米、直径 0.3—0.7 厘米、孔径 0.2 厘米；青白色费昂斯珠高 0.3—0.4 厘米、直径 0.4—0.7 厘米、孔径 0.2 厘米。共 19 颗。按颜色可分为 2 类：棕色钠钙玻璃珠 13 颗和青白色费昂斯珠 6 颗。费昂斯珠表面粗糙，中部鼓出。研究表明，此类珠子二氧化硅的含量通常能够达到或接近 90%，而其他助熔剂氧化物含量则较低，因此熔点较高，不易完全熔融成玻璃。由于熔融性差，此类珠子并不透明，且极易风化。所以，亦被称为玻砂珠。其中又含有较高的氧化铜，这是呈现蓝色的主要原因。蘑菇山出土的此类珠饰具有较为典型的国产费昂斯特征，含有较高的五氧化二磷，同时又含有接近氧化钙含量化学成分，表明制作这类珠子时可能加入了一定量的骨灰作为助熔剂（图 3—24—5）。

玻璃珠饰　鲜卑时期装饰用玉，2011 年扎赉诺尔蘑菇山墓群 M5 出土，现藏呼伦贝尔民族博物馆。

残，蓝色半透明费昂斯珠，从横断面推测有一圆孔，用于穿绳（图3—24—6）。

玻璃珠饰　鲜卑时期装饰用玉，2011 年扎赉诺尔蘑菇山墓群 M6 出土，现藏呼伦贝尔民族博物馆。

高 0.8、直径 0.7、孔径 0.3 厘米。蓝色钠钙玻璃圆珠，因铜含量较高而呈蓝色。表面磨光，有残损漏孔。中间钻一圆孔，圆孔两端不平整（图 3—24—7）。

玻璃珠饰 鲜卑时期装饰用玉，2012年扎赉诺尔蘑菇山墓群 M8 出土，现藏呼伦贝尔民族博物馆。

长 0.9—1.5 厘米、宽 0.5—0.9 厘米、厚 0.5—0.8 厘米。共 39 件。呈四棱状，两端略扁平，中间有一穿孔。颜色可分为蓝色、棕色两种，皆为钠钙玻璃，蓝色含铜，棕色含铁，形制、大小基本一致（图 3—24—8）。

玻璃珠饰 鲜卑时期装饰用玉，2012年扎赉诺尔蘑菇山墓群 M8 出土，现藏呼伦贝尔民族博物馆。

瓜棱形珠长 0.8—1.5 厘米、孔径 0.1—0.3 厘米。共 38 颗。为钠钙玻璃，呈棕色半透明状，有 4 道凸棱，中部圆鼓，均有一圆孔，用于穿绳，表面光滑。

圆珠直径 0.6—0.8 厘米、孔径 0.1—0.3 厘米。9 颗。为钠钙玻璃，呈棕色半透明状，器体中部均有一圆孔，用于穿绳，器体表面斑驳。

四方形珠边长 0.7—0.8 厘米、孔径 0.2 厘米。2 颗。为钠钙玻璃，呈蓝色半透明状，四角被磨平，中部穿孔，用于穿绳，器体表面斑驳（图 3—24—9）。

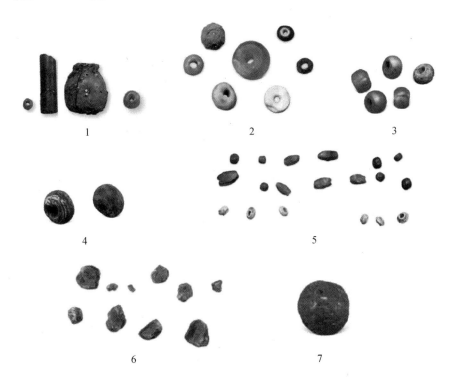

1   2   3

4   5

6   7

图 3—24　玻璃饰件

1. 陈巴尔虎旗采集　2. 新巴尔虎左旗采集　3. 蘑菇山 M1 出土　4. 蘑菇山 M3 出土　5. 蘑菇山 M4 出土　6. 蘑菇山 M5 出土　7. 蘑菇山 M6 出土　8—9. 蘑菇山 M8 出土　10—12. 蘑菇山 M9 出土　13. 蘑菇山 M10 出土　14. 蘑菇山 M11 出土

　　玻璃珠饰　鲜卑时期装饰用玉，2012 年扎赉诺尔蘑菇山墓群 M9 出土，现藏呼伦贝尔民族博物馆。

　　高 0.5—0.8 厘米、直径 0.6—1.2 厘米、孔径 0.3—0.5 厘米。共 3 件。金色双层夹金玻璃珠，呈圆柱状，有一孔（图 3—24—10）。

　　玻璃珠饰　鲜卑时期装饰用玉，2012 年扎赉诺尔蘑菇山墓群 M9 出土，现藏呼伦贝尔民族博物馆。

　　高 0.8、直径 0.5—1、孔径 0.2—0.3 厘米。共 5 件。蓝色钠钙玻璃，呈圆柱状，有孔。有一颗因风化形成白色表面层（图 3—24—11）。

　　玻璃珠饰　鲜卑时期装饰用玉，2012 年扎赉诺尔蘑菇山墓群 M9 出土，现藏呼伦贝尔民族博物馆。

长 1—1.2 厘米、宽 0.5—0.6 厘米。共 5 件。棕色钠钙玻璃，半透明，圆筒状，有一对钻的孔。在制作过程中加入了含有铁离子的物质，是其呈现棕色的主要原因（图 3—24—12）。

玻璃珠饰　鲜卑时期装饰用玉，2012 年扎赉诺尔蘑菇山墓群 M10 出土，现藏呼伦贝尔民族博物馆。

高 0.4、直径 0.4—0.5 厘米。共 4 颗。表面磨光，均为钠钙玻璃，其中 3 颗为蓝色扇形珠，表面较平，两端磨制较规整。1 颗为绿色圆珠，两端不平整（图 3—24—13）。

玻璃珠　鲜卑时期装饰用玉，2012 年扎赉诺尔蘑菇山墓群 M11 出土，现藏呼伦贝尔民族博物馆。

高 0.5、直径 0.6 厘米。圆柱状，蓝色钠钙玻璃，磨制而成，中部有一穿孔（图 3—24—14）。

八　串珠饰件

串珠金链　鲜卑时期装饰用玉，2007 年 11 月陈巴尔虎旗宝日希勒镇五一社征集，现藏陈巴尔虎旗民族博物馆。

金链长 14、宽 0.1 厘米，两端弯曲成小环钩状。1 颗蓝色玻璃扁珠直径 0.4—0.5 厘米、厚 0.2—0.4 厘米；2 颗红色圆珠直径 1.7 厘米；红色玛瑙扁珠宽 1、厚 0.5 厘米；橙色玛瑙圆珠直径 0.7、厚 0.4 厘米；2 颗白色石管珠分别长 1.2、直径 0.4 厘米，长 1.6、直径 0.5 厘米；白色石珠长 2、厚 2、直径 1.2 厘米。2 颗蓝色玻璃扁珠、2 颗红色圆珠、2 颗玛瑙扁珠、2 颗白色石管珠，以及 1 颗白色石珠串连在一起。其中蓝色玻璃扁珠为中间平行短轴方向钻孔，钻孔直径约 0.1 厘米。2 颗红色圆珠为中间钻孔，钻孔直径 0.2 厘米，通体磨光，可见条状加工痕迹。2 颗玛瑙扁珠一为红色六边形，中间钻孔直径 0.3 厘米；一为橙色圆形，中间钻孔直径 0.1 厘米，两者均通体磨光。2 颗白色石管珠，通体磨光，钻孔直径 0.2—0.3 厘米，钻孔方向平行管珠长轴方向。1 颗白色石珠，钻孔直径 0.4 厘米，钻孔所在的两侧面向内倾斜（图 3—25—1）。

串珠金耳环　鲜卑时期装饰用玉，2007 年 11 月陈巴尔虎旗宝日希勒镇五一社征集，现藏陈巴尔虎旗民族博物馆。

耳环长 3.2 厘米；绿色玻璃珠外径 0.5 厘米；褐色玛瑙珠直径 1.5 厘

米。串珠金耳环由金丝耳环、玻璃珠和玛瑙珠三部分连接而成。耳环主体由一金丝弯折而成，上面为一小钩，下部为环形，金丝耳环之下，穿系两枚串珠。一为扁圆形绿色玻璃珠，穿孔直径 0.2 厘米。一为球形玛瑙珠，褐色，穿孔直径约 0.3 厘米（图 3—25—2）。

串珠金耳环　鲜卑时期装饰用玉，2007 年 11 月陈巴尔虎旗宝日希勒镇五一社征集，现藏陈巴尔虎旗民族博物馆。

耳环长 5.2、下环直径 2.9 厘米；水晶珠直径 1 厘米；玛瑙珠长 1.7、宽 1.5 厘米。串珠金耳环由金丝耳环、水晶、玛瑙珠三部分组成。耳环是由一条金丝制成，上部分为钩形，下部分为圆形。金丝耳环之下穿系水晶和玛瑙珠，水晶珠近透明，圆形，有穿孔，直径 0.3 厘米；玛瑙珠为椭圆形，中有穿孔，长 0.5 厘米，宽 0.3 厘米（图 3—25—3）。

玉石饰件　隋唐时期装饰用玉，2008 年 6 月陈巴尔虎旗西乌珠尔苏木采集，现藏陈巴尔虎旗民族博物馆。

6 颗红色玛瑙珠　直径 0.8—1.2 厘米；长方绿色天河石饰件，长 2.5、宽 1.5、厚 0.8 厘米；2 枚菱形天河石管珠，长 1.7、宽 1.2、厚 0.4 厘米，长 2.2、宽 1.5、厚 0.5 厘米；2 枚红色碧玉饰件，长 1.5、宽 1.2、厚 0.4 厘米，长 1.8、宽 1.3、厚 0.5 厘米。14 件一组。红色玛瑙珠 6 颗，2 颗圆珠，4 颗扁珠，珠子均通体磨光，中部有穿孔，孔径约 0.2 厘米。蓝色绿松石管珠 3 颗，2 颗为鼓形，1 颗为长方体，通体磨光，中部钻孔平行管珠长轴方向，长方体管珠表面见一钻坑。绿色天河石饰件 3 枚，1 枚为长方体，正面有 4 个钻孔，平行长轴方向两侧边均有两个钻孔，两侧钻孔和靠近该侧的正面钻孔中间相通。2 枚为菱形管珠，通体磨光，中部钻孔平行管珠长轴方向，孔径 0.3 厘米。红色碧玉饰件 2 枚，长方形，钻孔方向平行短轴方向，正面与背面均内凹（图 3—25—4）。

耳饰　辽代装饰用玉，2007 年 11 月陈巴尔虎旗宝日希勒镇五一社征集，现藏陈巴尔虎旗民族博物馆。

耳环直径 1.7 厘米；绿松石长 0.5、直径 0.4 厘米；玛瑙长 3.3、最宽 1.5 厘米。耳饰由金丝、绿松石、玛瑙三部分构成。耳环由一条金丝制成，上部分为钩形，下部分为近圆形，耳环之下穿系绿松石和玛瑙。绿松石为蓝绿色，通体磨光，内有铁线，管状，有穿孔。玛瑙为红色，通体磨光，圆锥形，顶端有凸起，凸起部位有穿孔（图 3—25—5）。

料珠 辽代装饰用玉，1995 年 5 月陈巴尔虎旗西乌珠尔苏木出土，现藏呼伦贝尔民族博物馆。

管珠长 4.4—4.6 厘米、直径 1.2—1.3 厘米；圆珠直径 1.3—1.8 厘米；扁珠直径 0.8—1.3 厘米、厚 0.8—1 厘米。料珠 6 件。其中玛瑙管珠 2 件，褐色，通体磨光，弱玻璃光泽，半透明，表面可见条带状自然纹路，中间钻孔，钻孔直径约 0.2 厘米。球形圆珠 2 件，褐色玛瑙质 1 颗，深蓝色玻璃质 1 颗，通体抛光，弱玻璃光泽，半透明，玻璃珠内可见微型气泡，玛瑙珠表面可见条带状自然纹路，中间可见穿孔，直径约 0.2—0.3 厘米。扁珠 2 件，黑色、红色，玛瑙质，通体抛光，弱玻璃光泽，半透明到不透明（图 3—25—6）。

珠饰 1963 年 9 月陈巴尔虎旗完工墓地清理。

管状珠饰 178 件、长方形珠饰 10 件，部分剖面呈枣核形、扁体橄榄形珠饰 6 件，正面为弧面，背面为平面，两头有尖有平、扁球形珠饰 46 件、扁体多面棱形珠饰 16 件，有的为六面，有的为七面、枣核形珠饰 4 件、坠饰 6 件，呈不规则形，一端有孔。[①]

串珠 新石器时代装饰用玉，2012 年新巴尔虎左旗吉布胡郎图苏木采集，现藏新巴尔虎左旗文物管理所。

骨扁珠长径 0.9—1 厘米、短径 0.2—0.3 厘米、孔径 0.1 厘米；管珠长 1、直径 0.5、孔径 0.3 厘米；骨扁珠 58 颗，白色，表面粗糙，中间平行短轴方向钻孔，珠子垂直短轴方向表面有凸起棱状。管珠一颗，绿色，打磨而成，中间平行长轴方向钻孔，珠子垂直长轴方向表面有凹陷痕迹，表面有裂纹（图 3—25—7）。

珠饰 辽代装饰用玉，2008 年新巴尔虎左旗吉布胡郎图苏木采集，现藏新巴尔虎左旗文物管理所。

圆珠高 0.3—0.9 厘米、直径 0.5—1.4 厘米、孔径 0.1—0.7 厘米；扁珠高 1—1.4 厘米、直径 0.8—1.1 厘米、孔径 0.2 厘米。共 13 颗，大小不一，中间均有钻孔。黑色圆珠 2 颗，磨制，有残；白色圆珠 4 颗，其中 3 颗扁平，钻孔痕迹明显，器体磨制光滑。另一颗白色圆珠，表面外

---

① 内蒙古自治区文物工作队：《内蒙古陈巴尔虎旗完工古墓清理简报》，《呼伦贝尔民族文物考古研究》（第 3 辑），科学出版社 2015 年版，第 75 页。

圆弧，通体磨光，中间有一裂痕；红色圆珠 1 颗，器体较小，通体磨光，中间孔洞为白色；黄色圆珠一颗，器体圆润，表面外弧，较通透，表面刻画竖向凹纹一周；紫色圆珠 1 颗，薄厚不均，两面经磨制；蓝色圆珠 1 颗，器体较为通透；绿色圆珠 1 颗，表凹凸不平，颜色不均。黄褐色扁珠 1 颗，器体较为通透，表面光滑，磨制出棱脊；绿色扁珠 1 颗，器表外弧，较为光滑（图 3—25—8）。

珠饰等　辽代装饰用玉，2013 年新巴尔虎左旗吉布胡郎图苏木采集，现藏新巴尔虎左旗文物管理所（图 3—25—9）。

长 0.8—2 厘米、宽 0.5—1.4 厘米。共 11 件。材质、大小、形状不一，可分为五类。

第一类 1 件，黄褐色石质，略呈三角形，背腹两面各挖去一块圆形石皮为饰；

第二类 3 件，石质，管状，有白色和青色两种；

第三类 4 件，有石质和铜质，呈红、蓝、白、青等色，整体呈珠状；

第四类 1 件，石质，呈弧形条状，通体细长，可能用于穿珠；

第五类 2 件，呈扁圆形，一件为白色蚌质，中部有一孔。一件为铜质，中部镂孔 7 个。

珠饰　汉代装饰用玉，1960 年扎赉诺尔墓群出土，现藏扎赉诺尔博物馆。

珠饰两件，其一最高 1.4、直径 1.9 厘米；另一高 1.2、直径 2.2 厘米。黑、白各一，磨制。白色料珠表面光滑，凸缘，中部对钻一椭圆形穿孔。黑色料珠煤精石质地，表面有土沁，中部对钻一细小圆形穿孔（图 3—25—10）。

珠饰　汉代装饰用玉，1982 年扎赉诺尔墓群出土，现藏呼伦贝尔民族博物馆。

浅红色琥珀管珠高 1.7、直径 1.3、孔径 0.3 厘米；深红色玛瑙管珠：高 1.7、直径 0.8、孔径 0.4 厘米；金色玻璃珠：高 0.9、直径 1.2、孔径 0.4 厘米；蓝色玻璃珠：高 0.9、直径 1.3、孔径 0.4 厘米。共 4 件。其中管状两件，一件为琥珀珠，表面较粗糙，修复完整。另一件为玛瑙珠，较硬，表面光滑，有磨损痕迹。圆珠状两件，一件为双层夹金玻璃珠，表面光泽已磨去。一件为蓝色钠钙玻璃珠，表面分割为八瓣花状（图 3—

25—11）。

珠饰 汉代装饰用玉，1960 年扎赉诺尔墓群 M15 出土，现藏内蒙古博物院。

长 1.4—2.1、宽 0.8—1.5、厚 0.2—0.4 厘米。2 件。半透明浅黄色玛瑙珠及绿松石珠各一，分别呈椭圆形和圆角长方形，其中玛瑙珠有一圆孔（图 3—25—12）。

珠饰 汉代装饰用玉，1960 年扎赉诺尔墓群 M5 出土，现藏内蒙古博物院。

高 0.5—0.7 厘米、直径 0.9—1 厘米、孔径 0.2—0.4 厘米。2 件。皆为扁珠，一颗绿色透明玻璃珠，另一颗透明珠可能是水晶，孔对钻而成（图 3—25—13）。

珠饰 汉代装饰用玉，1960 年扎赉诺尔墓群 M5 出土，现藏内蒙古博物院。

一长 3.5、横截面直径 1.8、孔径 0.3 厘米；另一长 2.2、横截面直径 0.7、孔径 0.35 厘米。4 件。均磨制，形制不一。其中之一个体较大，青绿色，整体呈不规则圆柱形，中部钻一小孔。另一呈米白色，管状，形制规整，打磨光滑，中部钻一小孔（图 3—25—14）。

珠饰 汉代装饰用玉，1960 年扎赉诺尔墓群 M5 出土，现藏内蒙古博物院。

玻璃珠高 1.1、直径 2 厘米；煤精珠高 0.5、直径 1.8 厘米。2 件。磨制而成，呈圆柱状，中部开一细小圆孔。一件为黑色煤精珠，表面光滑，素面无纹。另一件为灰黑色钠钙玻璃珠，器表密布小凹坑（图 3—25—15）。

珠饰 汉代装饰用玉，1986 年扎赉诺尔墓群出土，现藏扎赉诺尔博物馆。

绿松石珠高 0.4、直径 0.9、孔径 0.05 厘米；黑色玻璃圆珠高 1.1、直径 1.2、孔径 0.1 厘米；红色玛瑙圆珠高 0.5、残径 0.9、孔径 0.1 厘米；棕色玻璃珠高 0.5、直径 0.7、孔径 0.2 厘米；白色玻璃珠高 0.2、直径 0.5、孔径 0.05 厘米；黑色小玻璃圆珠高 0.3、直径 0.4、孔径 0.1 厘米；红色玛瑙扁珠高 1、直径 0.5、孔径 0.1 厘米；黄色玛瑙桶珠长 1.9、宽 1.4、孔径 0.3、厚 1 厘米。由 9 颗珠饰组成。其中绿松石 1 颗，通体磨光。黑色圆珠2颗，黑色为底，上面布满不规则白色圆点。棕色圆珠1颗，通体磨光。玛瑙石珠3颗：红色圆珠1颗，已残，通体磨光；红色扁珠1颗，通体磨光；黄色桶珠1颗，玛瑙石两面不平，通体磨光。黑色小圆珠1颗，通体磨光。白色玻璃珠1颗，通体磨光（图3—25—16）。

珠饰　汉代装饰用玉，1960年扎赉诺尔墓群出土，现藏内蒙古博物院。

煤精珠高1.3、直径1.3、孔径0.3厘米；玻璃珠管状高1.7、直径2.4、孔径0.6厘米，珠状高2.4、直径2.4、孔径0.3厘米。3件。煤料珠，整体为黑色，器表有黄色、白色斑点，有残。玻璃珠，磨制而成，一件为管状，表面较光滑，另一件为珠状，表面较粗糙，上有涡纹，有小孔（图3—25—17）。

珠饰　鲜卑时期装饰用玉，2011年扎赉诺尔蘑菇山墓群M5出土，现藏呼伦贝尔民族博物馆。

绿松石长0.8—1.8、圆珠径0.5—1.1厘米。共11件。其中圆珠为八件，分别为绿、黑、红等色，质地分别为绿松石、陶土、琥珀。每颗均有穿孔，用于穿绳。3件绿松石呈不规则形，顶端有圆孔，表面光滑（图3—25—18）。

珠饰　鲜卑时期装饰用玉，2012年扎赉诺尔蘑菇山墓群M8出土，现藏呼伦贝尔民族博物馆。

圆珠高0.7—1厘米、直径0.7—1.2厘米、孔径0.2—0.5厘米；管珠高0.8—1.3厘米、直径0.2—1.2厘米、孔径0.1—0.3厘米。共28颗。按形状可分为圆珠和管珠两大类：蓝色含铜的钠钙玻璃珠2颗；金色双层夹金玻璃圆珠12颗；红色玛瑙管珠4颗；棕色含铁钠钙玻璃管珠6颗；绿松石管珠4颗（图3—25—19）。

珠饰　鲜卑时期装饰用玉，1980年伊敏河地区鲜卑墓出土。

共27件。其中1件为管状石质，长1.3厘米、2件玻璃质，圆形，直径0.5厘米、2件琥珀，呈圆柱形，直径1、高0.8厘米。其余为绿松石质，分别呈圆形或圆柱形①。

---

① 程道宏：《伊敏河地区的鲜卑墓》，《呼伦贝尔民族文物考古研究》（第三辑），科学出版社2015年版，第86页。

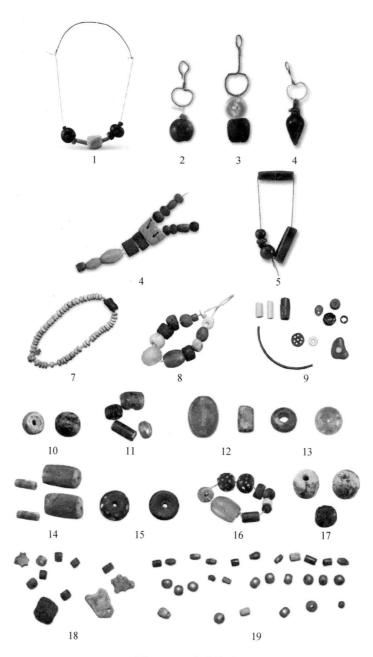

图3—25 串珠饰件

1、2、3、5. 五一社征集 4、6. 西乌珠尔采集或出土 7、8、9. 新巴尔虎左旗采集 10、11、
16、17. 扎赉诺尔墓群出土 12. 扎赉诺尔 M15 出土 13、14、15. 扎赉诺尔 M5 出土 18. 蘑菇
山 M5 出土 19. 蘑菇山 M8 出土

九 石饰件

石耳饰 辽代装饰用玉，1991 年新巴尔虎左旗吉布胡郎图苏木甘珠尔花石棺墓群 M3 出土，现藏呼伦贝尔民族博物馆。

通高 3.3 厘米。整体呈白色，反 "C" 形主体上雕刻有一圆柱状凸出物，底部刻有叶状物（图 3—26—1）。

石饰 辽代，新巴尔虎左旗嵯岗镇采集，现藏新巴尔虎左旗文物管理所。

长 2.4、宽 2、厚 0.9 厘米。器体呈八边形，器表光滑，中间有一道凸起。背面较粗糙，有 6 个小圆孔，未透，有压剥痕迹（图 3—26—2）。

石饰 辽代，新巴尔虎左旗嵯岗镇海拉尔河南岸遗址采集，现藏新巴尔虎左旗文物管理所。

长 2.3、最宽 1.1、厚 0.7 厘米。黄褐色，整体呈椭圆状，两端呈圆形，前后共有两孔，对钻而成。一面有四道划痕（图 3—26—3）。

石牌饰 金代礼仪用玉，新巴尔虎左旗吉布胡郎图苏木采集，现藏新巴尔虎左旗文物管理所。

长 6.8、宽 2.1、厚 0.6—1.2 厘米。白色，整体呈长方形，四角略残。牌饰正面边缘刻矩形框，框内浮雕反映游牧民族春捺钵时，海东青捕鹅场景的春水图：图案下部一只天鹅身体蜷缩，垂颈于地，上部的海东青展翅俯冲，袭击天鹅头部，画面生动和谐，极具民族特色。牌饰背面平坦，四角各钻有两个小孔（图 3—26—4）。

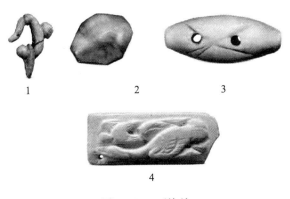

1　　　　　2　　　　　3

4

图 3—26 石饰件

1—3. 辽 4. 金

第四章　发展脉络、文化内涵及历史地位

第一节　史前时期

一　海拉尔细石器

1985 年 7 月，呼伦贝尔盟文物工作站在陈巴尔虎旗东乌珠尔苏木以北的 0.5 千米处清理出一座细石器墓葬①，该墓葬随葬品极为丰富，可分细石器、骨器、玉器、牙器 4 类，共 277 件。在细石器中石镞最多，共 148 件，均加工精细，呈凹底三角形，通体压剥，无比锋利。还有石刃、石钻、尖状器、石片等。此外，还有石网坠、玉璧等随葬品。1985 年 12 月，经中国科学院古脊椎与古人类研究所碳十四测定墓内出土的人骨标本，其年代距今约 3900 年②。

二　哈克文化玉器

哈克文化是呼伦贝尔草原新石器时代的考古学文化，距今 7000 年到 4000 年。哈克文化以细石器为代表性生产、生活用具，玉器也在该文化晚期出现。

哈克遗址位于呼伦贝尔市海拉尔区哈克镇哈克村一组，在呼伦贝尔草原上同类型的文化遗存有近 300 处。哈克文化的核心位于海拉尔河流域，东乌珠尔细石器墓就是其中之一；海拉尔河支流伊敏河东岸的塔头山细石器遗址，也在这一范围内；辉河又是伊敏河的支流，辉河水坝遗址也在其中；因海拉尔河与呼伦湖相连，呼伦湖周围的铜钵好赉遗址、呼和诺尔遗址、扎赉诺尔沙子山遗址等呼伦贝尔草原上的 240 多处细石器遗存，均为哈克文化的分布点。出土玉器的地点有：海拉尔哈克乡团结村、海拉尔哈克镇团结新村、呼伦贝尔陈巴尔虎旗东乌珠

---

① 白劲松：《呼伦贝尔草原史前玉器的发现与研究》，刘国祥、邓聪主编：《玉根国脉（一）——2011"岫岩玉与中国玉文化学术研讨会"文集》，科学出版社 2011 年版。
② 王成：《呼伦贝尔东乌珠尔细石器墓葬清理简报》，《辽海文物学刊》1988 年第 1 期。

尔苏木、呼伦贝尔鄂温克旗辉河支流河畔、新巴尔虎左旗甘珠尔庙西南等（图4—1）。

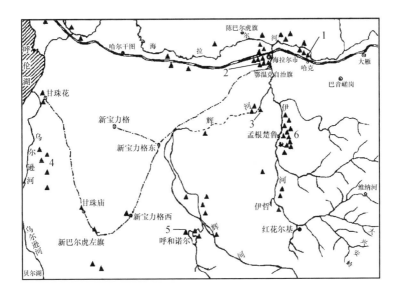

图4—1 哈克文化遗址分布

1. 哈克遗址　2. 海拉尔西山遗址　3. 辉河水坝遗址　4. 铜钵好赉遗址

5. 呼和诺尔遗址　6. 塔头山遗址

至今，共出土哈克文化玉器14件，从玉器的造型及功能来看，玉斧、玉锛为工具类，玉璧为礼器，玉环、玉珠属配饰类。哈克文化玉器造型简洁，雕琢古朴，显示出较强的实用性和豪迈粗犷的艺术风格，这与该地区草原居民的传统风俗密切相关，且源远流长。

哈克文化是以最丰富、最精美的石镞和玉器建立起来的。哈克遗址墓葬内出土的7件玉器，器表呈绿、黄、青、白等色，通体抛光，制作精美，器类有玉斧、玉锛、玉璧、玉环和玉珠。从玉器的雕琢工艺来看，当时的人们已经熟练掌握了切割、抛光、钻孔等制玉技术，玉器表面均光素无纹，同类玉器的造型又富于变化。如玉斧，一件体长且厚，两侧竖直，另一件则体薄，两侧斜直；两件玉璧也有所区别，一件较大的，外缘呈圆形，另一件较小的，外缘则为椭圆形；玉锛两端均加工成刃，雕琢精细。

哈克文化在制造石镞的选材和技法上有着严格的规律性，工艺水平达到了顶峰，主要选用硬度很高的燧石、玉髓、碧玉、玛瑙、蛋白石等精细优质的原料，压剥和压琢工艺也娴熟稳定，"登上了细石器的顶峰"。以上是佟柱臣教授对呼伦贝尔新石器压剥生产工艺的高度评价。

铜钵好赉遗址为新石器时代的重要遗存，位于甘珠尔苏木伊和呼热嘎查东北20.5千米，铜钵庙西北3.5千米，铜钵好赉西侧，地势偏高，为一处古聚落遗址，面积为183416.20平方米，地表散落着大量的磨制石镞、石核、石叶、石刃、刮削器、端刮器等（图4—2）。

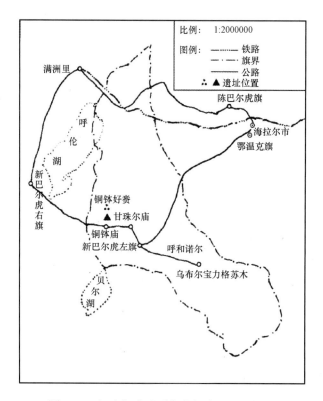

图4—2　铜本好赉及呼和诺尔遗址地理位置

呼和诺尔遗址位于乌布尔宝力格苏木呼和诺尔嘎查西北5千米，呼和诺尔湖东北200米，呼和诺尔湖东岸的台地上，为一处新石器时代遗址。几处弧形沙带将该遗址连成一体，地表散落着大量磨制石器，主要有刮削器、石刃、石镞、石叶、石核等，初步推断为新石器时代的石器加工场，距今7000年到5000年（图4—3，1、2、3）。

  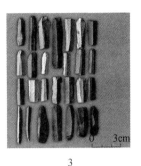

1　　　　　　　　　　2　　　　　　　　　　3

图4—3　呼和诺尔遗址遗物

1. 刮削器　2. 细石核　3. 细石叶

扎赉诺尔地区发现沙子山、五七农场、灵泉、灵泉南等多处新石器时代遗址，出土了大量的刮削器、石叶、石核、石镞等细石器。这些细石器种类丰富，精美实用。

沙子山遗址位于扎赉诺尔站南约10千米的沙子山，在全国第二次文物普查期间，在此地采集到石核、石叶、刮削器、尖状器、砍砸器、石镞等细石器300余件。

五七农场遗址位于达兰鄂罗木河注入呼伦湖湖口西侧的二级台地上。2011年抢救性清理发掘了4座墓葬，出土了石核、石叶、石镞等细石器，其中M4人骨的碳十四测定年代为公元前5480—前5320年。

第二节　历史时期

一　扎赉诺尔鲜卑墓葬出土玉器

1959年至今，在扎赉诺尔先后发现扎赉诺尔①和蘑菇山两处大型鲜卑墓群，在鲜卑考古研究中具有重大学术意义。其中，扎赉诺尔墓群前后共清理、发掘54座。蘑菇山古墓群在2011、2012年度分别经两次抢救性发掘，共清理12座墓葬。扎赉诺尔墓葬年代从西汉末年至东汉末年，蘑菇山墓葬年代至北朝时期，证实了《魏书》所载拓跋鲜卑传五世至推

---

① 李逸友：《扎赉诺尔古墓为拓拔鲜卑遗迹论》，《中国考古学会第一次年会论文集》，文物出版社1980年版，第328—331页。

寅时，"南迁大泽，方千余里，厥土昏冥沮洳。谋更南徙，未行而崩"①。表明拓跋鲜卑不仅在此完成了由森林到草原，由游猎到游牧的历史性转变，且在继续南迁之后尚有世居于此者。

扎赉诺尔墓群位于扎赉诺尔区达兰鄂罗木河东岸坡地上，属东汉时期拓跋鲜卑族墓地（图4—4）。② 1959 年首次发现，截至目前，共清理发掘 54 座墓葬，随葬玉器、珠饰等。该墓群规模之大、数量之多、保存之好在呼伦贝尔草原实属罕见，为研究东汉时期拓跋鲜卑的社会习俗提供了大量重要的实物资料。2006 年 6 月，扎赉诺尔墓群获评"第六批全国重点文物保护单位"（图4—5）。

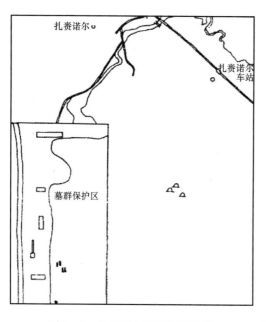

图4—4 扎赉诺尔墓群位置示意

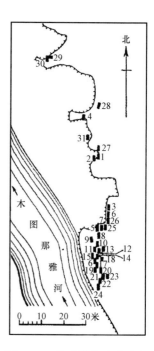

图4—5 扎赉诺尔古墓分布

---

① 《魏书》卷1《序纪第一》，中华书局 1974 年版，第 2 页。
② 郑隆：《内蒙古扎赉诺尔古墓群调查记》，《文物》1961 年第 9 期；内蒙古文物工作队：《内蒙古扎赉诺尔古墓群发掘简报》，《考古》1961 年第 12 期；王成：《扎赉诺尔圈河古墓清理简报》，《北方文物》1987 年第 3 期；内蒙古文物考古研究所：《扎赉诺尔古墓群1986 年清理发掘简报》，《内蒙古文物考古文集》（第一辑），中国大百科全书出版社 1994 年版，第 369—383 页；陈凤山、白劲松：《内蒙古扎赉诺尔鲜卑墓》，《内蒙古文物考古》1994 年第2 期。

二　蘑菇山鲜卑墓葬出土珠饰

蘑菇山鲜卑墓群①位于扎赉诺尔蘑菇山西侧（图4—6、图4—7）。已清理发掘12座墓葬，随葬珠饰等。其中 M8 是已发掘墓葬中规格最高的一座，墓主颈部佩戴一弧形玛瑙坠饰及成组珠饰，左、右腕部各佩戴一玉环及成组珠饰（图4—8）。蘑菇山墓群几乎每座墓葬都有珠饰出土，随葬珠饰已成为蘑菇山鲜卑墓葬的主要特点，这也表明珠饰在蘑菇山鲜卑先民生活中的重要程度。这些珠子的质地不仅有玛瑙、绿松石、琥珀等

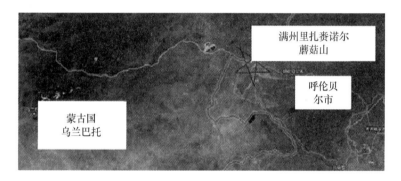

图4—6　蘑菇山遗址卫星图

图4—7　蘑菇山墓地远景（由北向南）

① 陈凤山、哈达：《内蒙古满洲里市蘑菇山发现古墓群》，《草原文物》2012 年第 2 期。

天然材料，甚至还有玻璃等人工材料。其中玻璃质的珠子占比达90%以上。研究人员在这些玻璃珠中发现有源于古罗马帝国的夹金（银）玻璃珠①，这表明草原地区在当时已拥有强大的贸易和交流能力（图4—9）。

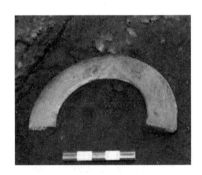

图4—8　蘑菇山墓群 M8 出土墓主人左、右腕部玉环及珠饰

图4—9　蘑菇山墓地出土的珠饰及项饰

三　拉布大林鲜卑墓葬出土珠饰

拉布大林墓群共发现墓葬 3 座，其中 M3 中的葬具经中国社会科学院考古研究所碳十四检测②，距今 1770 年左右，结合出土随葬品器形分析，推断该墓为东汉时期的鲜卑遗存（图4—10、图4—11）。

① 中国社会科学院考古研究所内蒙古第一工作队提供标本，经北京大学考古文博学院检测初步结果。

② 中国社会科学院考古研究所实验室：《放射性碳素测定年代报告》（一五），《考古》1988 年第 7 期。

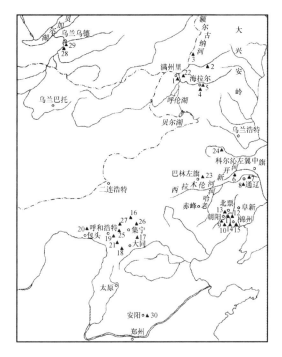

图4—10 鲜卑墓葬分布地点示意

1. 扎赉诺尔 2. 拉布大林

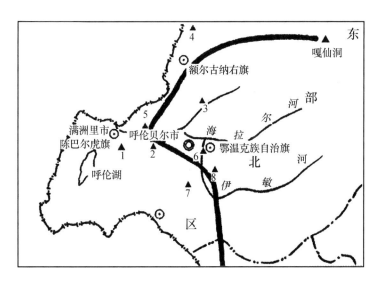

图4—11 拓跋鲜卑早期迁徙路线示意

1. 扎赉诺尔 3. 拉布大林

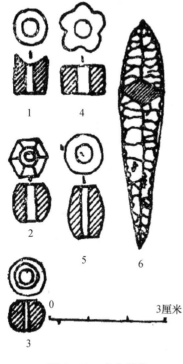

图 4—12 出土遗物

1—5. 串珠

该墓群共出土、采集到串珠 9 粒。材质分别为玛瑙、绿松石等。均为磨制。有圆柱形、橄榄形、六棱形、三棱形和梅花形（图 4—12）。其中 3 件出土于 M3 墓主人颈部，其余则为采集①。

四 东乌珠尔鲜卑墓葬出土珠饰

东乌珠尔鲜卑墓葬群是鲜卑南迁留下的重要遗存。该墓地位于东乌珠尔苏木所在地东南 4.5 千米，共发现 10 座墓葬，其中完整墓葬 4 座。M8 较完整，随葬有小石串珠 2 件。M5 也比较完整，出土串珠 4 件。

五 西乌珠尔室韦墓葬出土珠饰

1986 年、1995 年及 2007 年，分别在陈巴尔虎旗西乌珠尔发现古墓葬群，经研究推断为隋唐时期室韦人的遗存②（图 4—13）。1986 年清理、发掘的 3 座墓葬共出土珠饰 20 件。分别为绿松石和玛瑙质。其中扁体橄榄形珠饰 2 件、多棱梯形珠饰 1 件、管状珠饰 3 件、球形珠饰 14 件③。在 1995 年清理的 95CXM3 中，出土了由玛瑙和玻璃制成的 6 颗珠饰，分别是 2 件球形珠，一为玛瑙珠、一为玻璃珠；2 件管状玛瑙珠及 2 件环状玛瑙珠④（图 4—14，4、5、7、10）。

---

① 赵越：《内蒙古额右旗拉布大林发现鲜卑墓》，《考古》1990 年第 10 期；内蒙古文物考古研究所、呼伦贝尔盟文物管理站、额尔古纳右旗文物管理所：《额尔古纳右旗拉布大林鲜卑墓群发掘简报》，《内蒙古文物考古文集》（第一辑），中国大百科全书出版社 1994 年版。

② 白劲松：《陈巴尔虎旗西乌珠尔古墓清理简报》，《辽海文物学刊》1989 年第 2 期；呼伦贝尔盟文物管理站：《陈巴尔虎旗西乌珠尔古墓葬调查清理简报》，《内蒙古文物考古》1997 年第 2 期。

③ 白劲松：《陈巴尔虎旗西乌珠尔古墓清理简报》，《辽海文物学刊》1989 年第 2 期。

④ 呼伦贝尔盟文物管理站：《陈巴尔虎旗西乌珠尔古墓葬调查清理简报》，《内蒙古文物考古》1997 年第 2 期。

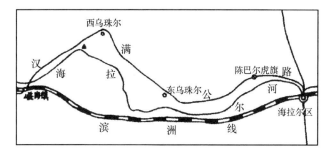

图 4—13　墓群位置示意

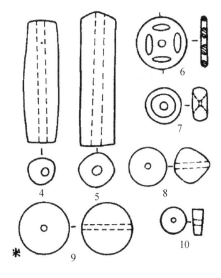

图 4—14　饰品

4、5. 管状珠　7、10. 玛瑙环状珠　8. 玛瑙球形珠　9. 玻璃球形珠

六　谢尔塔拉室韦墓葬出土珠饰

谢尔塔拉文化代表了公元 7—10 世纪生活在呼伦贝尔草原的室韦遗存①（图 4—15）。两座墓葬清理出珠饰 19 件。其中玻璃球状珠饰 10 件、玛瑙珠饰 5 件、绿松石珠饰 1 件、煤精珠饰 2 件、兽骨质 1 件。除球状珠

① 刘国祥、白劲松：《论谢尔塔拉文化及相关问题》，中国社会科学院考古研究所、呼伦贝尔民族博物馆、海拉尔区文物管理所：《海拉尔谢尔塔拉墓地》，科学出版社 2006 年版，第71—108 页。

饰外，尚有珠状、管状、扁圆状、六棱形等形制（图4—16，1—4）。

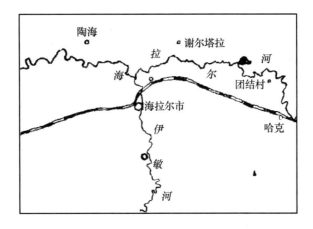

图4—15 谢尔塔拉古墓位置示意

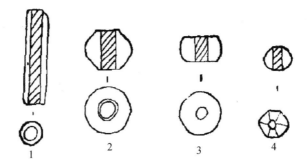

图4—16 出土遗物

1. 管状珠饰 2. 玻璃珠饰 3. 煤精珠饰 4. 六棱形珠饰

七 岗嘎墓地出土玉器

岗嘎墓地（图4—17、图4—18）出土1件青白色玉棒形饰，初步推断为和田玉玉质。该棒形玉饰两端粗，中部细，一端钻孔，且圆润；另一端则呈斜面。器身整体有八棱八面。出土于M11墓主人左侧肩胛骨上。3座墓葬随葬有玛瑙、玻璃等珠饰。M11发现玛瑙珠饰1件、玻璃珠饰2件。玛瑙珠出土于墓主人颈部右侧，呈酱红色，有七棱七面，中有钻孔（图4—19—1）。玻璃珠饰出土于墓主人头顶正中及头骨左侧，呈白色透明状，椭圆形，中有钻孔。M15在墓主人颈部右侧发现5件珠饰，其中3

件为颜色各异的玛瑙珠饰，分别为紫红色、白色和灰色（图4—19—2）。M18出土紫红色玛瑙圆珠2件，中有钻孔。

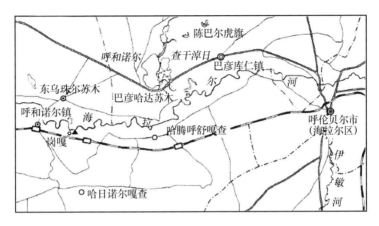

图4—17　墓地位置示意

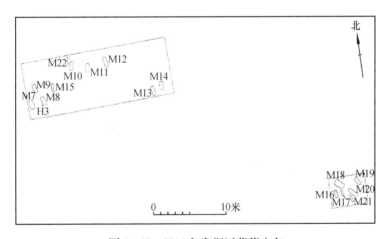

图4—18　2014年发掘区墓葬分布

　　西乌珠尔、谢尔塔拉以及岗嘎墓地分别出土了玛瑙和玻璃珠饰，表明以上3处墓葬存在着一定的共性和联系。这些珠饰的发现均与古文献中关于室韦人"俗爱赤珠，为妇人饰，穿挂于颈，以多为贵，女不得此，乃至不嫁"[①] 及 "富人以五色杂珠垂领"[②] 的记载相符。

---

① 《魏书·室韦传》，中华书局1974年标点本，第14页。
② 《新唐书·室韦传》，中华书局1975标点本。

1   2

图 4—19　玛瑙珠

1. M11：4　2. M15：2

八　辽金元传世玉器

契丹属北方游牧民族，性情粗犷，这种豪放不羁的性格体现在玉器
上，就表现为自然的艺术风格，兼具游牧民族文化特色以及中原汉文化
和西域文化因素。

契丹和女真是中国历史上北方两支古老的民族，这两大民族先后建
立的辽、金政权皆为威震北部的草原帝国。两族也皆以狩猎、游牧为主
要经济活动，其独特的艺术风格具有显著的民族特色，玉器作品多表现
自然界的动植物，玉器形制上就出现了特有的"春水""秋山"玉。《辽
史》所载春捺钵"曰鸭子河泺。皇帝正月上旬起牙帐，约六十日方至。
天鹅未至，卓帐冰上，凿冰取鱼。冰泮，乃纵鹰鹘捕鹅雁。晨出暮归，
从事戈猎。……皇帝每至，侍御皆服墨绿色衣，各备连锤一柄，鹰食一
器，刺鹅锥一枚，于泺周围相去各五七步排立"。① 所谓"春水玉"，是
辽、金、元代玉器的装饰纹样，以透雕、浮雕和细部阴刻线表现，图案
主题为天鹅、鹘或鹭鸶，衬以荷叶、荷花、水草、茨菰等，常雕琢一只
天鹅躲藏在水草中，上有鹘向鹅俯冲而来，作追逐状，或雕有一只鸽子
大小的鹘展翅擒住水草中的鹅首，欲食鹅脑。秋捺钵"曰伏虎岭。七月
中旬自纳凉处起牙帐，入山射鹿及虎。……每岁车架至，皇族而下分布

---

① 云彩凤：《浅析辽、金、元时期的春水玉》，《赤峰学院学报》（汉文哲学社会科学版）
2015 年第 8 期。

泺水侧。伺夜将半,鹿饮盐水,令猎人吹角效鹿鸣,既集而射之。谓之曰'舐碱鹿',又称'呼鹿'"①。所谓"秋山玉",是以山林虎鹿为主题的玉器,图案一般为奔跑或伫立的虎、鹿,衬以山石、柞树等。这两类题材都生动描绘了我国北方草原天高地阔,飞禽走兽自由翔驰的自然风貌,是契丹、女真弋猎生活的真实写照。但目前所知"春水玉"较之"秋山玉"要多得多,雕琢水平和表现手法也都略胜一筹。"春水玉"昂扬热烈,极富动感;"秋山玉"则反映出一种野兽共处,宁静恬淡的艺术境界。另外,辽代玉器中的交颈鸳鸯,金代玉器中的鳜鱼、龟游等图案也极富特色。

元代制造的渎山大玉海是我国制玉工艺史上一件划时代的作品。玉海上所雕琢的图案如同一幅长卷,海水与海兽动静皆宜、千姿百态,颇具"海阔凭鱼跃,天高任鸟飞"的波澜壮阔的气势。以独山玉制作的"渎山大玉海"也开创了后世以深杂色玉料雕琢巨型玉器的先河。

第五章　结语

本文的研究对象为呼伦贝尔草原古代玉石器,通过考古学方法对其进行了较为系统全面的梳理,力求达到宏观上整体把握,微观上深入研究。

呼伦贝尔草原玉石器种类繁多,材质多样。既有石质工具,又有玉礼器、配饰,更多的则是丰富的玉石饰件,如随葬装饰的串珠、饰品等。

纵观呼伦贝尔草原古代玉石器的产生、发展、演变过程,不难发现,由草原民族特有的游牧、渔猎生产方式所需而诞生的细石器,乃是呼伦贝尔草原古代玉石器的发端。伴随着这种以压剥、磨制而成的制作精细的石器的不断发展、进步,应运而生的是草原文明最原生的早期草原玉文化,即细石器文化。

区别于中原玉文化,草原玉文化具有其原生性、独特性;但同时又有着与中原玉文化千丝万缕、绵延不绝的联系。草原玉文化的特殊性表

---

① 季羡林:《禅与文化》,中国言实出版社 2006 年版。

现在其对于玛瑙、水晶、绿松石、琥珀，甚至是煤精、玻璃等材质的大规模加工、利用，体现了草原人民"自然为本"的人文主义精神；也表现在玉器形象、纹饰中所出现的诸多动、植物形象。游牧民族的生产过程更加直接依托于自然环境和资源，这种经济形态就决定了草原文明更加贴近自然的天然属性。

得益于呼伦贝尔草原广阔的地域环境和北方民族游牧流动的生活方式，使得草原玉文化更加开放、包容，善于与周边文化进行交流。从细石器文化开始，历经鲜卑、契丹、室韦到蒙元时期，呼伦贝尔草原的民众一直与欧亚大陆的文化进行着交融、传递。琥珀、玻璃等原材料的来源以及草原玉文化中所蕴含的本地因素、中原文化因素、释教文化因素以及西方文化因素等种种都是文化交流的见证。

草原玉文化的传承有数千年的历史，同时也是中华玉文化不可分割的一部分。草原玉文明的演进蕴含于游牧文明的继承之中，也逐渐融于中华玉文明的发展壮大之中，继而推动着中华文明的进程。辽金时期，"春水""秋山"玉所表现出的自由、勇敢、力量等丰富的精神内涵，与中原温润如玉的儒玉文化形成强烈对比。但随着北方草原鲜卑、契丹、女真、蒙古等诸族与中华各族的不断融合，草原玉器逐渐成为不同民族间文化思想交流的载体和平台。

众多草原民族对玉的喜好，加上草原文明的特殊魅力，使得草原玉文化更加非凡独特。但囿于目前出土实物资料的匮乏以及该领域研究的相对滞后，本文所搜集的材料比较细碎，缺乏系统性，谨以本文为今后北方草原玉文化的研究提供一些参考。

夏时期玉兵器的初步研究

2017 届　吴丝禾

（导师：故宫博物院　杨晶研究馆员）

绪　论

一　本文的研究内容及目标

（一）研究内容

本文的研究时段是夏时期。据史书记载，夏是中国历史上第一个朝代，共传 14 代，延续约 400 余年。夏王朝约存在于公元前 21 世纪至公元前 16 世纪，其主要活动范围在黄河中下游地区。20 世纪 90 年代启动的夏商周断代工程，将夏朝的开始时间定在公元前 2070 年，夏商的分界大约在公元前 1600 年。从绝对年代上看，龙山时代晚期和二里头文化时期都进入了夏纪年。需要说明的是，为了确保考古学文化的完整性同时也由于笔者能力的局限，在具体的研究过程中，一些考古学文化目前估算的绝对年代部分进入夏时期的纪年，本文不再对这部分考古学文化的遗物进一步细分，而是将其全部纳入本文的研究范畴之中。在研究地域上本文以黄河流域为中心，同时包括了和其密切相关的长江流域、西北和东北等地区。

本文的研究对象是玉兵器。在玉兵器概念的界定上，本文依据夏鼐先生在《商代玉器的分类、定名和用途》一文中所提出分类的基础上，将工具和武器剥离开来，把玉兵器的概念界定为与具有杀伐功能的其他材质兵器在形态上类似的玉器，同时把璋也视作具有仪仗性质的玉兵器，所以，本文中的玉兵器主要包括璋、钺、戈、刀、镞、矛等器型。此外，本文中所指的玉将采用广义的概念，即"石之美者"为玉，因此，本文的研究对象也包括部分制作精良的石兵器。

（二）研究目标

本文立足于公元前2070年至公元前1600年的夏时期在黄河流域及其密切相关地区的范围内系统的整理出土资料，力求整体、全面的讨论该时期的形制，并在此基础上进一步探讨该时期玉兵器的安柲方式、扉棱装饰和组合关系，以期探究其背后蕴藏的文化内涵。

二 选题背景及意义

（一）选题背景

由于文献材料的不足和考古资料的缺乏，长期以来夏时期的文化内涵始终不是非常明确。但毫无疑问，夏时期在国家文明的起源与发展和中华民族的形成与汇聚过程中具有无可替代的承前启后地位，也因此始终备受人们的关注。

同时，夏时期的玉器也是中国玉器史上一个重要的承前启后的阶段，该时期玉器的发展与繁荣在中国礼玉制度发展与完备的历程中占有重要地位。玉兵器始于新石器时代，直到秦汉时期逐渐走向消亡，夏时期是玉兵器发展史上一个重要的环节，伴随着王权的统一，象征着权力和杀伐的玉兵器在这一阶段得到了前所未有的发展。

（二）选题意义

本文的选题意义主要体现在理论意义和实践意义两个方面。在理论意义方面，研究夏时期玉兵器首先为证补夏时期的历史提供了资料，《左传》有云："国之大事，在祀与戎。"玉兵器的变化直接反映着夏时期先民对待军事活动的态度以及当时的用玉习俗，从夏时期玉兵器的演变之中亦可窥见当时社会的发展变化。因此本文立足夏时期整体的时间段，全面梳理夏时期玉兵器的发展脉络，探讨同时期不同文化之间的关系，力求为填补夏时期历史的空白提供一些资料。其次研究夏时期玉兵器也有助于深化对于玉文化的认识，玉兵器自诞生以来就属于不具备实用功能的仪仗用具。夏时期是我国的第一个王朝，玉兵器在当时的社会生活中，扮演着重要的角色，始终处于礼仪制度、精神内涵的核心地位。通过本文的研究，可以进一步明确国家诞生初期玉兵器的社会功能，进而深化对玉文化的认识。最后，探讨夏时期玉兵器还有助于学术空白的填补。目前有关夏商周三代玉器的研究，人们更多的研究兴趣和观察的视野聚焦在商代玉器或周代玉器，而有关夏时期玉兵器的研究则分散在兵器史研究和夏时期玉器研究中，尚未有学者专门对夏时期的玉兵器进行系统的研究，本文的选题亦在这一方面做出了一些创新的尝试。而在实践意义方面，军事活动在早期文明中占有重要的地位，研究夏时期的玉兵器，有助于中国早期文明发展的研究。为中华文明探源提供一些资料。同时，通过对夏时期玉兵器的系统梳理，也将有助于对这一时期的文物进行鉴定与断代。

第一章　夏时期玉兵器资料的概述

本文的研究对象主要以科学发掘品为主，对部分征集器物也进行统计，但需要说明的是，部分夏时期玉兵器尤其是齐家文化、石峁文化的遗存有大量流散到国外，还有一些在私人藏家手中，本文在研究夏时期玉兵器时未能将其收入其中，局限之处深感遗憾。

根据目前的情况来看，夏时期玉兵器的基本资料可以依照考古学文化的分类，分为龙山时代遗存、二里头文化遗存、商洛东龙山遗存、石家河文化遗存、齐家文化遗存和夏家店下层文化遗存。

第一节　龙山时代遗存

根据2011年中国社会科学院考古研究所网站上公布的"中华文明探源工程（二）——考古学文化谱系年代研究"，龙山文化的年代为公元前2300年至前1800年，与夏时期的纪年存在较大部分重合。本文所指的龙山文化遗存并非严格考古学意义上的龙山文化遗存，而是泛指该绝对年代内黄河流域的遗存。目前龙山文化遗存所见玉兵器主要分为山东龙山文化、陶寺文化和石峁遗址、王湾三期文化。

一　山东龙山文化遗存

山东龙山文化的发现和确立源于1930年和1931年中央研究院历史语

言研究所对山东章丘龙山镇城子崖的发掘。其年代晚于大汶口文化而早于岳石文化，绝对年代一度被认定为距今4600年至4000年。根据2011年公布的"中华文明探源工程"的考古学文化谱系年代研究，大汶口文化结束的时间和龙山文化兴起的时间约为公元前2300年，而龙山文化的下限为公元前1800年，这样山东龙山文化与夏纪年有了很大部分的重合。

本文共收集山东龙山文化玉兵器23件，其中玉刀4件、牙璋6件、玉钺13件，分别为1957年日照两城镇征集玉钺1件（报告称"玉刀"）；五莲县丹土村征集玉刀1件，玉钺3件，五莲西峪征集玉钺1件，五莲县石场乡上万家沟村遗址征集玉璋（石璋）1件①，1973年栖霞杨家圈征集残玉刀1件，1973—1986年对泗水尹家城的发掘中出土玉刀1件②，1981—1982年海阳县司马台遗址征集玉璋1件（报告中称"钺"）③，1988年山东沂南县罗圈峪遗址出土石璋4件④，1989年临朐西朱封龙山文化墓出土玉钺5件，玉刀1件，征集玉矛1件⑤，1998年昌乐县袁家遗址出土玉钺1件，采集玉钺2件⑥。

二　陶寺文化遗存

陶寺文化遗存因山西襄汾陶寺遗址龙山时期文化遗存而得名。其绝对年代根据碳14测年数据的估算约为公元前2500年至公元前1900年，其年代下限已进入夏时期。陶寺文化主要分布在晋南的临汾盆地一带，北以太行山南麓、东以太行山西侧、南以中条山北麓、西以吕梁山东侧为界，地处汾河下游。

本文收集的陶寺文化遗存出土的玉兵器共有42件。其中玉刀8件，

---

① 古方编：《中国出土玉器全集·山东卷》，科学出版社2005年版，第27页。
② 山东大学历史系考古专业教研室编：《泗水尹家城》，文物出版社1990年版，第79页。
③ 王洪明：《山东省海阳县史前遗址调查》，《考古》1985年第12期，第57—67页。
④ 于秋伟、赵文俊：《山东沂南县发现一组玉、石器》，《考古》1998年第3期，第90—92页。
⑤ 韩榕：《山东临朐朱封龙山文化墓葬》，《考古》1990年第7期，第87—94页。
⑥ 中国考古学会编：《中国考古学年鉴1999》，文物出版社2001年版，第189页。

玉钺 34 件。分别为芮城县博物馆征集玉钺 3 件①。1978—1980 年山西襄汾陶寺遗址出土玉钺 9 件②。1993 年 4 月侯马西阳呈村发掘出玉钺 1 件（F1：16）③。1998 年 3 月山西临汾下靳发掘出土玉兵器有钺（标本 M1：7、M153：2）、玉刀、双孔刀（标本 M153：1）3 件④。2002 年陶寺遗址陶寺文化中期墓葬发掘出土玉钺 8 件⑤。2003 年到 2005 年山西芮城清凉寺墓地发掘共出土 10 件玉钺和 7 件玉刀，其中第二期玉兵器有 6 件单孔钺、1 件双孔钺、5 件多孔刀；第三期玉兵器有玉石钺 3 件、刀 2 件⑥。2005 年 3 月山西省临汾市抢救性发掘出土玉戚 1 件（ⅡT7464③：5）⑦。

三　以石峁为代表遗存

以石峁为代表遗存包括神木新华、延安芦山峁等地的出土物。石峁遗址位于神木县高家堡黄河支流秃尾河的洞川沟南岸山梁上，1976 年发现并征集了一批出土文物，1999 年对神木新华祭祀坑的发掘丰富了这类遗存，新华遗存的绝对年代推定在公元前 2150 年至前 1900 年间，下限进入夏纪年。

以石峁为代表遗存中玉兵器主要有 20 世纪 70—80 年代陕西神木石峁地区征集的玉器 127 件，其中玉兵器有璋 28 件、玉刀 42 件、玉戈 3 件、

---

① 山西省考古研究所、芮城县博物馆：《山西芮城清凉寺墓地玉器》，《考古与文物》2002 年第 5 期，第 3—6 页。

② 高炜、李健民：《1978 年—1980 年山西襄汾陶寺墓地发掘简报》，《考古》1983 年第 1 期，第 30—42 页。

③ 山西省考古研究所侯马工作站：《侯马西阳呈陶寺文化遗址调查》，《文物季刊》1996 年第 2 期，第 56—58 页。

④ 宋建忠、薛新民：《山西临汾下靳墓地发掘简报》，《文物》1998 年第 12 期，第 4—13 页。

⑤ 何驽、严志斌、宋建忠：《陶寺城址发现陶寺文化中期墓葬》，《考古》2003 年第 9 期，第 71—74 页。

⑥ 薛新明、杨林中：《山西芮城清凉寺史前墓地》，《考古学报》2011 年第 4 期，第 25—60 页。

⑦ 王晓毅、严志斌：《陶寺中期墓地被盗墓葬抢救性发掘纪要》，《中原文物》2006 年第 5 期，第 4—7 页。

玉钺 12 件①，1981 年延安地区群众艺术馆征集玉刀 1 件，玉钺 2 件②、1999 年陕西省神木县新华遗址祭祀坑 99K1 内发掘出土玉刀 5 件，玉钺 10 件③。

四 王湾三期文化遗存

王湾三期文化也被称为"河南龙山文化"。其主要分布在以洛阳为中心的伊河、洛河下游和颍河、汝河的上游地区。1959 年北京大学考古实习队对河南省洛阳王湾遗址进行了发掘，并将出土的新石器时代遗存分为三期，其第三期遗存的特点与该遗址第一、二期遗存的特点明显不同。后来有学者便称之为"河南龙山文化"的"王湾类型"。20 世纪 70 年代末期之后，随着考古资料积累日渐丰富，人们渐渐认识到"河南龙山文化"不能概括河南省境内该时期遗存的文化面貌，"王湾三期文化"被更多的学者所认同。

王湾三期文化出土的玉兵器共有玉钺 1 件，玉刀 2 件。分别为 1995 年 7 月临汝市煤山遗址出土玉钺 1 件（M7：13）；1972 年 10 月至 1975 年底郑州大河村遗址出土玉刀 2 件（T12④：11、T6、7 南扩③：16）。

第二节 二里头文化遗存

二里头文化遗存是 1953 年最早在河南省登封县玉村发现的，曾被称为"洛达庙类型"，1959 年秋发掘二里头遗址后更名为"二里头类型"，随着同类遗存的不断被发现，至 20 世纪 70 年代正式命名为"二里头文化"。二里头文化的分布中心是河南省中、西部的郑州、洛阳地区和山西

---

① 戴应新：《陕西神木县石峁龙山文化遗址调查》，《考古》1977 年第 3 期，第 154—157 页；戴应新：《神木石峁龙山文化玉器》，《考古与文物》1988 年第 5、6 期，第 239—249 页；戴应新：《神木石峁龙山文化玉器探索（一—六）》，《故宫文物月刊》1993 年第 5 期—1994 年 11 卷第 10 期；戴应新在以上三处均发表了其 1978 年在石峁遗址征集所得的 127 件玉器，但详略程度有所不同且三处存在一些出入。其中《故宫文物月刊》所载《神木石峁龙山文化玉器探索（一—六）》内容最为丰富翔实，故本文所用石峁遗址征集所得 127 件玉器材料以《神木石峁龙山文化玉器探索（一—六）》为准。

② 姬乃军：《延安市发现的古代玉器》，《文物》1984 年第 2 期，第 84—87 页。

③ 邢福来、李明、孙周勇：《陕西神木新华遗址 1999 年发掘简报》，《考古与文物》2002 年第 1 期，第 3—12 页。

省南部的运城、临汾地区。其绝对年代为公元前 1900 年至前 1500 年，与夏时期的纪年基本吻合。本文所指的二里头文化遗存是指以偃师二里头遗址一至四期所代表的一类遗存，包括龙山时代与二里头文化之间的"新砦期"遗存。

二里头文化遗存中玉兵器种类丰富，包括璋、刀、斧钺、戈和镞。其中偃师二里头 1959—1978 年考古发掘出土镞 2 件，刀 2 件，璋 2 件，戈 2 件，斧钺 7 件；1980 年秋偃师二里头发掘出土钺 2 件（其中 1 件报告称"圭"），璋 2 件[1]；1981 年河南偃师二里头墓葬发掘出土二里头文化四期玉石钺 1 件[2]；1982 年偃师二里头发掘出土玉钺 1 件，三孔刀 1 件（报告称"钺"，但从其形制上看显然是三孔刀）[3]；1984 年偃师二里头发掘出土玉钺（玉圭）1 件，戚璧 1 件，刀 1 件[4]；1987 年偃师二里头出土玉戈 1 件，玉刀 1 件[5]；2004 年河南巩义市花地嘴遗址出土玉钺和玉璋[6]；淅川下王冈出土二里头二期玉戈 1 件，二里头三期玉戈 1 件；荥阳大师姑遗址出土玉钺 1 件。综上，本文所收集的二里头文化玉兵器有玉戈 5 件、多孔玉刀 5 件、玉璋 5 件、玉钺 17 件、玉镞 2 件。

第三节　商洛东龙山遗存

商洛东龙山遗址位于陕西省东南部的秦岭南麓，1997—2002 年考古人员对该遗址进行了考古发掘。发掘获知东龙山遗址的文化内涵主要包括仰韶文化、龙山文化、夏代早期、夏代晚期、商代、周代 6 个不同时

---

① 杨国忠、刘忠伏：《1980 年秋河南偃师二里头遗址发掘简报》，《考古》1983 年第 3 期，第 199—205 页。

② 杨国忠：《1981 年河南偃师二里头墓葬发掘简报》，《考古》1984 年第 1 期，第 37—40 页。

③ 刘忠伏、杜金鹏：《1982 年秋偃师二里头遗址九区发掘简报》，《考古》1985 年第 12 期，第 85—93 页。

④ 杨国忠、张国柱：《1984 年秋河南偃师二里头遗址发现的几座墓葬》，《考古》1986 年第 4 期，第 18—23 页。．

⑤ 杜金鹏：《1987 年偃师二里头遗址墓葬发掘简报》，《考古》1992 年第 4 期，第 94—103 页。

⑥ 顾万发、张松林：《河南巩义市花地嘴遗址"新砦期"遗存》，《考古》2005 年第 6 期，第 3—6 页。

期。其中夏代早期遗存中出土的玉兵器有牙璋1件，玉钺3件，应当包含在本文的研究范畴之内①。

第四节 石家河文化遗存

石家河文化因湖北天门石家河遗址群而得名。它是长江中游地区继屈家岭文化以后发展起来的一个新石器时代末期的文化。根据碳14测年的数据进行估算其绝对年代可以划为公元前2500至前2000年，年代下限已进入了夏时期。石家河文化主要分布在以江汉平原中部为中心的地区，目前发现的石家河文化估计近千处，尤其是天门市石家河镇北最为密集。本文所指的石家河文化遗存是该绝对年代内长江中游地区的遗存。

目前石家河文化遗存中所见的玉兵器共有玉石斧钺6件，牙璋2件。分别是荆州博物馆征集观音垱汪家屋场遗址遗物牙璋2件，玉钺1件②；河南淅川县下寨遗址2009—2010年发掘出土石钺2件，玉钺2件③；湖北枣林岗墓地出土玉钺1件。

第五节 齐家文化遗存

安特生在20世纪20年代前期在黄河上游地区进行的那次调查和小规模发掘就发现了甘肃广河县的齐家坪遗址。后来，裴文中先生通过对该区域的考古调查又连续发现了几十处与齐家坪遗址相类似的遗存，并最先称之为"齐家文化"。根据碳14数据推测其绝对年代当约在公元前2000年左右，与夏时期的绝对年代范畴有较大的重合。需要特别说明的是，由于目前"齐家文化"概念使用的混乱和本人能力的局限，本文中所说的"齐家文化"遗存并非是严格考古学中齐家文化的遗存，而是广

① 陕西省考古研究院、商洛市博物馆编：《商洛东龙山》，科学出版社2011年版，第12页。

② 贾汉清：《湖北荆州观音垱汪家屋场遗址的调查》，《文物》1999年第1期，第17—20页。

③ 聂凡、魏晓通、孙广贺、贾长有、孙凯、曹艳朋、宋若虹、楚小龙、孙静祎：《河南淅川县下寨遗址2009—2010年发掘简报》，《华夏考古》2011年第2期，第44—47页。

义上的概念，即西北地区该时间段内的遗存。

本文收集的齐家文化玉兵器有玉刀和玉钺，其中大玉刀 7 件，玉钺 13 件。分别是 1985 年 5 月青海民和县博物馆征集玉刀 1 件（L：4）、玉钺 2 件（L：5、6）①；2002—2003 年青海民和喇家遗址发掘出土 1 件大玉刀（T509⑥A：1）②，后又陆续出土玉钺 2 件；青海省民和县中川乡清凉旱台遗址出土玉钺 1 件；青海同德县巴沟乡宗日遗址出土玉刀 3 件，玉钺 1 件；青海省乐都县白崖子遗址出土玉钺 2 件；青海大通县上孙家寨墓地出土玉刀 1 件；甘肃省武威皇娘娘台出土玉钺 2 件；甘肃古浪县峡口出土玉刀 1 件；甘肃省静宁县李店乡李店村出土玉钺 1 件；甘肃省榆中县甘草店出土玉钺 1 件；甘肃省东乡县出土玉钺 1 件。③ 另外，现藏于甘肃省博物馆的部分材料由于尚未正式发表，所以本文暂不收入在内。

第六节　夏家店下层文化遗存

夏家店下层文化因首先发现于内蒙古赤峰夏家店遗址的下文化层而得名，主要分布在北方燕山南北地区的辽宁西部、内蒙古东部、河北北部及北京、天津等地区。其碳 14 测定年代约为公元前 2000 年至前 1500 年，与夏时期的纪年基本重合。

目前所见夏家店下层文化出土的玉兵器，主要以大甸子遗址为主，共有玉石斧、钺 101 件④，辽宁阜新县代海遗址出土玛瑙镞 1 件⑤，内蒙古赤峰市二道井子遗址出土玉钺 1 件⑥。内蒙古敖汉旗博物馆 1995 年秋

① 叶茂林、何克洲：《青海民和县喇家遗址出土齐家文化玉器》，《考古》2002 年第 12 期，第 89—90 页。

② 叶茂林、任晓燕、王国道、蔡林海、张小虎、何克洲：《青海民和喇家遗址发现齐家文化祭坛和干栏式建筑》，《考古》2004 年第 6 期，第 3—6 页。

③ 古方编：《中国出土玉器全集》，科学出版社 2005 年版。

④ 中国社会科学院考古研究所编：《大甸子—夏家店下层文化遗址与墓地发掘报告》，科学出版社 1998 年版，第 158—165 页。

⑤ 徐韶钢、高振海、赵少军：《辽宁阜新县代海遗址发掘简报》，《考古》2012 年第 11 期，第 7—22 页。

⑥ 曹建恩、孙金松、党郁：《内蒙古赤峰市二道井子遗址的发掘》，《考古》2010 年第 8 期，第 13—26 页。

征集玉钺 1 件，来源不明，故本文暂不收入在内①。

第七节 小结

通过系统地梳理夏时期出土玉器的基本资料（图 1—1），本文共收集玉兵器 335 件，分别为玉钺 189 件、玉刀 92 件、牙璋 42 件、玉戈 8 件、玉镞 3 件以及玉矛 1 件。在龙山时代遗存中，收集陶寺文化玉兵器 42 件，其中玉刀 8 件，玉钺 34 件；石峁遗存牙璋 28 件、玉刀 48 件、玉戈 3 件、玉钺 24 件，共计 103 件玉兵器；收集山东龙山文化玉兵器 23 件，其中玉刀 4 件、牙璋 6 件、玉钺 13 件；王湾三期文化玉钺 1 件、玉刀 2 件，共计 3 件；收集二里头文化玉兵器 34 件，为玉戈 5 件、多孔玉刀 5 件、玉璋 5 件、玉钺 17 件、玉镞 2 件；商洛东龙山遗址牙璋 1 件，玉钺 3 件；石家河文化玉兵器 8 件，6 件玉钺，2 件牙璋；齐家文化玉兵器 20 件，其中大玉刀 7 件，玉钺 13 件；夏家店下层文化玉兵器 103 件，玉钺 102 件，玛瑙镞 1 件。

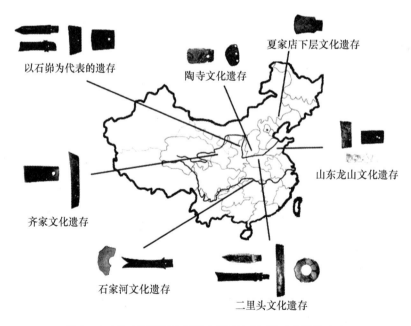

图 1—1 夏时期黄河流域及相关地区主要玉兵器的分布

---

① 邵国田：《内蒙古敖汉旗发现一件夏家店下层文化玉钺》，《考古》1997 年第 11 期，第 89 页。

从以上统计中不难看出在夏时期玉兵器中玉钺无论是在分布范围还是出土数量上都占有主导地位；玉刀在数量上次于玉钺，在分布范围上主要在黄河流域和西北地区；牙璋的数量再次之，主要分布于黄河流域和长江流域；玉戈的数量较少，分布上仅见于龙山时代遗存和二里头文化遗存。

第二章 夏时期玉兵器形制的分析

本文按照兵器的功能和安柲使用方式将其分为短兵器、长兵器和射远器。短兵器有玉钺，长兵器包括玉刀、牙璋、玉戈、玉矛，射远器仅有镞一种。在形制分类的过程中主要考虑了器物的整体形态、刃部形状和扉棱装饰等关键因素，部分关键特征不清晰的器物则参考了考古发掘报告中对其的分类。

第一节 短兵器——玉钺

短兵器是指较短的手持格斗兵器，夏时期的短兵器只有玉钺。

《说文解字》中对斧的解释为"斫也。从斤父声。"而对钺的解释为"钺，大斧也，一名天戉。"另外《书·顾命》曰："钺、戚同兵类，脱胎斧。大者钺、小者戚。一人冕执钺，一人冠执戚。"《释名·释兵》则曰："钺，豁也，所向莫敢当前，豁然破散也。"以上文献均指向斧钺同源，并且是一种兵器，故本文将玉斧、钺归为一类统称为"玉钺"进行分析。关于夏时期玉钺杨晶已经在《夏时期玉钺初探》一文中有了较为详尽的研究，参考杨晶在《长江下游地区玉钺之研究》一文中对于钺的界定，本文将通过穿孔来横向装柄的双面刃玉兵器称为玉钺。本文共收集玉钺185件（详见表2—1），现参照杨晶在《夏时期玉钺初探》一文中对夏时期玉钺的分类，将其分为长条形、长方形、方形、壁形和"凸"字形，并在以上五型基础上将长条形、长方形和方形进一步区分直刃和弧刃。

长条直刃玉钺即刃部平直的长条状玉钺，一般来说长度是刃部的3倍以上。

　　长方形玉钺即整体呈长方状，一般来说长度是刃部的 1.5 倍到 3 倍之间。其中刃部平直的为长方形直刃玉钺，刃部弧状的为长方形弧刃玉钺。

　　玉钺呈方形的即为方形玉钺，其长度是刃部的 1 倍到 1.5 倍之间。

表 2—1　　　　　　　　　　　　夏时期玉钺形制分类

器型		图片或线图
长条形	直刃	1. 陶寺遗址 II 区 22 号墓出于玉钺 2. 青海同德县巴沟乡宗日遗址出土玉钺 3. 偃师二里头 1975 III YLKM1：3
	弧刃	4. 淅川下寨遗址出土玉钺 II T3611M67：3 5. 民和喇家征集 L：6
长方形	直刃	6. 昌乐袁家庄 1 号墓出土玉钺 7. 巩义花地嘴遗址 T20H1 出土玉钺

器型		图片或线图
长方形	弧刃	8. 陶寺遗址 M3002：4 9. 清凉寺 M46：2 10. 石峁 SSY：53 11. 山西黎城征集玉钺
	直刃	12. 偃师二里头 1980YLⅤM3：3
方形	弧刃	13. 神木新华 99K1：24 14. 石峁 SSY：51 15. 偃师二里头 1981YLVM6：1

续表

器型	图片或线图
璧形	 16. 偃师二里头 1975YL Ⅵ KM3∶13
"凸"字形	 17. 大甸子 M483∶4

从本文收集的材料来看，无论是数量上还是分布范围上，夏时期的玉兵器中玉钺居于主导地位。其中长方形玉钺分布最为广泛，长条形玉钺主要出现在华西地区和中原地区，璧形玉钺是二里头文化一种颇有特色的玉钺，而"凸"字形玉钺目前仅见于夏家店下层文化，应当也是一种有别于其他文化的特殊玉钺。就该时期玉钺的总体发展趋势来看，从龙山时期到二里头时期，玉钺在形制上有器形变大和扁薄化的趋势，这种变化也应当意味着玉钺离实用功能越来越远。

第二节　长兵器

长兵器是指较长的手持格斗兵器。一般来说，长兵器与短兵器并没有严格的尺寸标准，一般将等于身长或超过身长，多用双手操持的冷兵器列为长兵器，《周礼·考工记》云："长兵无过三其身，过三其身，弗能用也。"夏时期的长兵器有玉刀、玉璋、玉戈和玉矛。

一　玉刀

《说文解字》中对刀的解释为"兵也。象形。凡刀之属皆从刀。"《释名·释兵》中则有"刀，到也，以斩伐到其所，乃击之也。"的记载。以上两种对刀的解释中都指出刀是兵器的一种，加之"刀"的甲骨文写法为"$\mathcal{S}$"，其形象类似有锋刃的兵器。所以本文中所指的玉刀亦限定在玉兵器的范畴内，指具有杀伐功能纵向安柲使用的长边开刃器，不包括作为工具使用的小型玉刀。夏时期的大多数玉刀为多孔，器形大而薄，且无明显使用痕迹，应当不具备实际的使用功能。根据以上定义，本文共收集玉刀92件①（详见表2—2），包括二里头文化玉刀4件，齐家文化玉刀7件，陶寺文化玉刀15件，石峁遗存玉刀59件，山东龙山文化玉刀4件，王湾三期文化玉刀2件。其中60件有公开发表的图片或线图，现根据其形制不同分为长条形玉刀和长方形玉刀两型②。

表2—2　　　　　　　　　　夏时期玉刀形制分类

器型		图片或线图	编号
长条形	直刃 两边斜直	1　　2　　3	1. 神木新华 99K1：32 2. 偃师 1972YLⅧM1：1 3. 偃师 1975YLⅧKM7：3
	直刃 两边平齐	4　　5	4. 临汾下靳墓地 M58：1 5. 陶寺 M3168：8

①　芮城清凉寺墓地出土玉刀 M100：9 报告中称其为"钺形器"，偃师二里头遗址出土玉刀 1982YLⅨM5：1 报告中称其为"玉钺"，本文在区分"刀"与"钺"时，以长边开刃为刀，短边开刃为钺，据此将清凉寺 M100：9 和二里头 1982YLⅨM5：1 归为玉刀。

②　郑州大河村出土玉刀 T12④：11 虽然有公开发表的线图，但是由于残损较为严重，无法判断其性质特征，未进行形制分类，故实际进行形制分类的夏时期玉刀共计59件。

续表

器型			图片或线图	编号
长条形	弧刃	两边斜直	 6　　　7	6. 石峁征集 SSY：85 7. 古浪县峡口出土玉刀
		两边平齐	 8　　　9	8. 芮城清凉 M146：4 9. 庐山峁征集七孔玉刀
长方形	直刃	两边斜直	 10　　11　　　12	10. 临朐西朱封 M202：6 11. 石峁 SSY：117 12. 神木新华 99K1：25
		两边平齐	 13　　　14	13. 泗水尹家城 M139：11 14. 石峁 SSY：72

续表

器型		图片或线图	编号
长方形	弧刃 凹弧刃	15　　　16	15. 五莲丹土出土玉刀 16. 神木新华 99K1：18
	弧刃 凸弧刃	17　　　18	17. 芮城清凉寺 M100：9 18. 偃师 1982YLⅨM5：1

　　长条形玉刀，即玉刀整体近似长条形，一般来说刃部的宽度应为高度3倍以上。根据其刃部及两边的形制进而分为长条直刃玉刀和长条弧刃玉刀。

　　长方形玉刀，即玉刀整体近似长方形，一般来说玉刀的刃部宽度不足高度3倍。同样根据其刃部和两边的形制进而分为长方直刃玉刀和长方弧刃玉刀。

　　长方直刃玉刀为刃部平直的长方状玉刀，分两式，长方直刃两边平齐玉刀和长方直刃两边斜直玉刀。其中，两边斜直且刃部长度明显大于背部长度的为长方直刃两边斜直玉刀，两边平齐且刃部长度与背部长度基本一致且刃边与宽边基本垂直的为长方直刃两边平齐玉刀。

　　目前所见夏时期玉刀中，龙山时代不同文化间玉刀的形制差异较大，山东龙山文化均为长方形玉刀，陶寺文化中清凉寺墓地出土的多孔玉石刀具有显著的特色，明显有别于其他文化出土的玉刀，应当是一种较为独立的存在，石峁文化玉刀数量最多形制也最为丰富，包括了除长方凸弧刃刀以外的所有形制。而二里头时期玉刀则以长条直刃两边斜直型为主流，且在玉刀两侧装饰有龙山时代不见的扉棱。由此可见，夏时期玉刀在形态上的发展趋势是从龙山时代的长方形为主到二里头时期长条形为主，玉刀的整体形态向扁薄化、长条状发展。刃部则从弧刃向直刃发展。

二　牙璋

据《周礼·典瑞》记载："牙璋以起军旅，以治兵守。"可知牙璋是一种与军事活动相关的器物。清代吴大澂在《古玉图考》依照此记载推测牙璋"与戈戌之制略同"，并且把其收藏的"首似刀，而两旁无刃……此独有旁出之牙"的器物称之为牙璋。本文亦沿用这一定义，将此类器物归为牙璋，并放入兵器的范畴进行讨论。据此本文共收录璋45件（详见表2—3）。二里头文化5件，其中偃师二里头遗址出土牙璋4件，河南巩义"新寨期"遗存1件；石家河文化征集牙璋2件；山东龙山文化遗物8件①，石峁遗址征集牙璋28件，河南桐柏月河墓地出土2件牙璋②。45件牙璋均有公开发表的线图或图片③，现根据其形制不同分为弧刃和尖刃两类。

弧刃牙璋，即刃部呈月牙状的牙璋，根据其两侧扉棱的复杂程度分为弧刃单扉棱璋和弧刃多扉棱璋。弧刃多扉棱璋，即璋的两侧有多对扉棱（阑部）的弧刃璋。

尖刃牙璋，即刃部为"V"字形的牙璋，根据其两侧扉棱的复杂程度分为尖刃单扉棱璋和尖刃多扉棱璋。尖刃单扉棱璋，即璋的两侧仅有一对扉棱（阑部）的尖刃璋。

尖刃多扉棱璋，即璋的两侧有多对扉棱（阑部）的尖刃璋。

---

① 山东海阳县司马台遗址采集牙璋简报中称"玉钺"，本文依照首端有刃，两侧无刃且有扉棱的概念来定义牙璋，参照该器线图将其归为牙璋。山东沂南县出土牙璋简报中为4件，但其中1件（YL：13）残损严重，难以判断器物的类别，故本文未将其收入。

② 推测为夏时期遗物。

③ 石峁遗址征集的其中14件以及月河墓地出土的2件牙璋，虽然有公开发表的图片但器物残损较为严重，无法判断形制，故本文共对29件牙璋进行形制分析。

表2—3　　　　　　　　　　　夏时期牙璋形制分类

器型		图片
弧刃	单扉棱	1. 山东沂南 YL：10 2. 山东海阳司马台征集 3. 石峁 SSY：7 4. 商洛东龙山 M83：1
	多扉棱	5. 河南巩义 T171140：1 6. 石峁 SSY：25 7. 偃师 73YLⅢKM6：8 8. 偃师 1975YLⅦKM7：5
尖刃	单扉棱	9. 汪家屋场征：2
	多扉棱	10. 石峁 SSY：26

可以看出在目前所见该时段牙璋中，山东龙山文化均为弧刃单扉棱璋，阑部扉棱简单，器型原始，年代较早，二里头文化均为弧刃多扉棱璋，且扉棱装饰较为复杂，器型成熟，象征性意味也更为浓厚，故山东龙山文化牙璋应当是二里头文化牙璋的源流。尖刃璋仅见于石家河文化和石峁遗存，而尖刃多扉棱璋仅石峁遗存见 1 例，由于是目前石峁遗存发现的牙璋是各文化中数量最多的，其包含的类型也最为丰富，包括了本文所分的 4 种类型。从本文收集分型的牙璋来看夏时期牙璋的形态变化过程是从龙山时代的以单扉棱为主发展为二里头文化时期较为复杂的多扉棱。

三 玉戈

《释名·释兵》云："戈，句戟也。戈，过也，所刺揭则决过，所钩引则制之弗得过也。"而"戈"的甲骨文写法为"戈"，表示手握弋柄，据此不难看出戈应当是一种有钩刃的长柄战具。参照《周礼·考工记》当中关于青铜戈头的记载："戈广二寸，内倍之，胡三之，援四之。"可知戈头主要由"内""胡""援"等部分构成。此外，玉戈上援内相交之处凸起的部位称之为阑，内上的穿孔称之为穿。本文共收集玉戈 8 件（详见表 2—4），其中 3 件征集自石峁遗址，5 件属于二里头文化的遗物，8 件玉戈均有公开发表的图片或线图，其中 4 件有残，其余 4 件均为无阑有内型。

无阑有内戈，即阑部不明显的有内戈，共 4 件，可以根据内的不同形制分为短内戈、长内戈和阶梯形内戈。

就本文收集的材料来看，夏时期玉戈多见于二里头文化，且均为无阑有内型。但由于目前所见夏时期玉戈的数量过少，残器多，所以结论也受到了很大的限制。

表2—4 　　　　　　　　　　　　夏时期玉戈形制分类

型制		图片或线图
无阑有内型	短内	1. 偃师二里头 1972YLⅢKM1：2
	长内（阶梯内）	2. 偃师二里头 1975YLⅥKM3：11

续表

型制		图片或线图
无阑有内型	长内 （平直内）	3. 石峁 SSY：121 4. 偃师二里头 1987YLⅥM57：21

四 玉矛

《释名·释兵》："矛，冒也，刃下冒矜也。下头曰鐏，鐏，入地也。松檘长三尺，其矜宜轻，以松作之也。檘，速檘也，前刺之言也。"矛的金文形象为"📍"，像头带尖锋的长柄武器，柄上有扣环，利于手握。据此可知矛是一种尖锋长柄的刺杀武器。目前所见夏时期玉矛数量极少，本文仅收集1件。

第三节　射远器——玉镞

射远器是指远程攻击的兵器，夏时期的射远器只有镞类（图2—1）。

《释名释兵》："矢，指也，言其所指向迅疾也；又谓之箭，箭，前进也。"《说文解字》中对"镞"的解释为："利也。从金族聲。"以上两书均认为镞应当是一种具备攻击性的兵器。

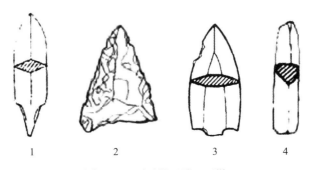

1　　　　2　　　　3　　　　4

图2—1　夏时期玉矛、玉镞

1. 山东临朐出土玉矛（10：174）　2. 辽宁阜新县代海遗址出土玛瑙镞（H8：6）

3. 偃师二里头遗址（ⅤH27：1）　4. 偃师二里头遗址（ⅣH40：3）

目前所见夏时期玉镞仅有 3 件，其中辽宁阜新县代海遗址出土玛瑙镞（H8：6）通体布满疤痕，使用痕迹较为明显，而二里头文化偃师二里头遗址所见两件玉镞均在遗址中发现，故也应是实用物。

第四节 小结

本章在第一章材料整理的基础上进一步分析了该时期玉兵器的形制。按照兵器的功能和安秘使用方式将其分为短兵器、长兵器和射远器。

短兵器有玉钺，在对钺的形制分析上，本文将其分为长条形、长方形、方形、璧形和"凸"字形，并在以上五型基础上将长条形、长方形和方形进一步区分直刃和弧刃，其中长方形玉钺分布最为广泛，长条形玉钺主要出现在华西地区和中原地区，璧形玉钺是二里头文化一种颇有特色的玉钺，而"凸"字形钺目前仅见于夏家店下层文化，应当也是一种有别于其他文化的特殊玉钺。可见夏时期的短兵器——玉钺分布范围广且形制多样，不同文化之间玉钺的形制差异较大，说明该时期的短兵器比较发达，在兵器中占据主导地位。

长兵器主要包括玉刀、牙璋、玉戈。在对刀的形制分析上，本文将其分为长条形玉刀和长方形玉刀两型，再根据其刃部及两边的形制区分直刃或弧刃，两边平齐或斜直，通过形制分析可以看出夏时期玉刀在形态上的发展趋势是从龙山时代的长方形为主到二里头时期长条形为主，玉刀的整体形态向扁薄化、长条状发展。刃部则从弧刃向直刃发展；在对璋的形制分析上，分为弧刃和尖刃两类，再根据其两侧扉棱装饰的复杂程度分为单扉棱璋和多扉棱璋，通过形制分析可以看出山东龙山文化均为弧刃单扉棱璋，阑部扉棱简单，器型原始，年代较早，二里头文化均为弧刃多扉棱璋，且扉棱装饰较为复杂，器型成熟，象征性意味也更为浓厚，故山东龙山文化牙璋应当是二里头文化牙璋的源头；夏时期玉戈则主要见于二里头文化且均为无阑有内型。结合第一章的结论可知夏时期的长兵器在数量上少于短兵器但器型多样，在区域分布上以二里头文化为核心。

射远器仅有镞一种，目前所见夏时期玉镞数量少且使用痕迹明显，应该为实用器。

兵器与战争直接相关，一方面兵器的种类、形制、数量和组合取决于战争的形式，另一方面兵器也直接反映了战争的形式。夏时期短兵器占据主导地位也就直接说明了较为混乱的野战仍是该时期主要的战争形式，而二里头时期以二里头文化为主要范围的长兵器成规模的出现则表明夏时期晚期或许发生了作战方式上的改变，其中戈的出现和发展也为后代的车战提供了前提和可能。

第三章　夏时期玉兵器相关问题的探讨

第一节　安秘方式的复原

夏时期玉兵器中，玉璋、玉戈、玉刀、玉钺的安柄方式有所不同但它们都是由木柄、器身、秘帽组成，从发掘品出土品及其位置看，玉兵器的木柄一般不用镦，秘帽为木质或其他的有机材质做成，或直接就无秘帽。由于有机质容易腐烂，无法准确地还原夏时期玉兵器的使用模式，只能凭借现有的材料加以推测复原。

玉钺自新石器时代以来其安秘方式就比较明确，其中河南汝州阎村出土的新石器时代鹳鱼石斧纹彩陶缸上就有一把有柄石斧的彩绘，石斧横向安柄，孔部靠后插入木柄（图3—1—1）；良渚文化曾有玉钺与帽和镦一起出土的情况，据此不难复原其安秘方式亦为玉钺部分嵌入木秘中（图3—1—2）；石家河文化一件陶罐上刻画了一个手执钺的人像，该钺同样垂直与木秘安装（图3—1—3）。以上种种都是较为准确的例证，而这种安秘方式发展到夏时期并没有产生很大的变化，此类的例证有很多，比如，陶寺遗址M1364的石钺就留有涂饰红彩的木柄痕迹（图3—2—1）；清凉寺墓地有多例玉钺和孔形器并出的现象，根据其出土位置来看显然两者之间应当安装有木秘（图3—2—2）；大甸子墓葬中出土的玉石斧钺同样遗留了安秘痕迹。而商代山东前掌大遗址出土的带柄玉钺（M120：30）钺身中间有一对钻穿孔，穿孔与柄之间有折线表示绑缚图案（图3—3），显然玉钺的这种安秘方式到了商代仍然没有改变。可见从新石器时代到商代始终没有发生很大的变化，均为横向安秘，绳穿过孔部绑缚于木柄之上。夏时期玉钺的安秘方式与新石器时代和商代玉钺安秘方式基本一致，钺的背部横向嵌入木柄中，再用绳穿过孔将钺绑缚于木柄之上。结合郑光在《二里头斧类玉礼器的安柄及相关问题》一文中通过对二里头斧钺类玉兵器进行细致的安柄痕迹观察，所指出的"平刃圭Ⅲ M2∶5 柄端有以后一穿为顶点的三叉形朱漆痕，圭的两面完全对应，此当为安柄时的捆绑痕。捆绑后在缚带之上再朱绘之。柄端约半 0.5 厘米处有安入秘凿内的痕迹。……璧形钺（M11∶5）顶端嵌入秘凿部分较少，三叉带痕较细，从发掘简报的图版上均能看出来，两面的带痕完全相应。……"笔者对于夏时期长条形、长方形和方形玉钺的安秘方式做出如图 3—3—1 的复原，对于璧形斧钺做出如图 3—3—2 的复原。

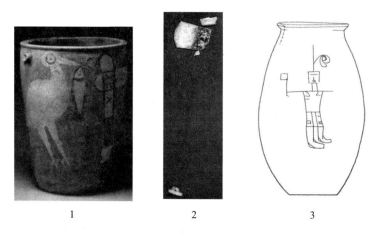

图 3—1　新石器时代玉钺安秘的例证

1. 新石器时代鹳鱼石斧纹彩陶缸　2. 良渚文化反山 M14 玉钺复原图　3. 石家河文化陶罐

　　通过整理夏时期玉刀的资料，笔者发现部分玉刀的上部一般在带孔一边有半圆状的磨钻孔，而且这种现象并非某一地区或某一文化所特有。庐山峁征集七孔大玉刀背边即缘钻有 3 个大半圆形孔（图 3—4—1），神木新华祭祀坑 99K1 出土玉刀 99K1∶25、99K1∶32 器一长边靠近圆孔处亦残留有一个半圆形孔，孔周围有同心螺旋纹（图 3—4—2、图 3—4—3）。结合前文对玉刀形制的分析，这些半圆状的磨钻孔应当是器物改制后遗留下的痕迹，而这恰恰可以说明带孔的这一边应当嵌入木柄中，只有这样这些遗留的改制痕迹才不影响器物的外观和功能。根据前文夏时期玉刀的出土位置的分析，不难推测夏时期玉刀的安柄应当是纵向的，综合以上信息，笔者对夏时期玉刀的安秘方式做出如图 3—4—4 的复原。

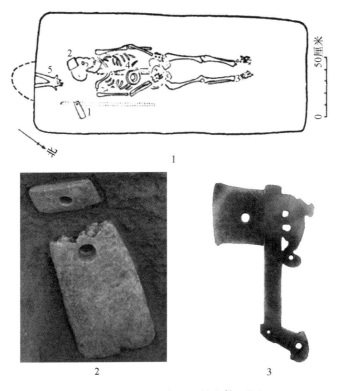

图 3—2　夏时期及商代玉钺安柲的例证

1. 陶寺遗址 M1364 平面图（①石钺 ②石梳 ③、④石瑗 ⑤猪下颌骨）　2. 清凉寺 M54 玉钺和孔形器　3. 商代带柄玉钺（前掌大 M120∶30）

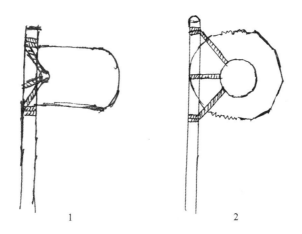

图 3—3　夏时期玉钺安柲方式复原图

1. 长条形、长方形和方形玉钺　2. 璧形斧钺

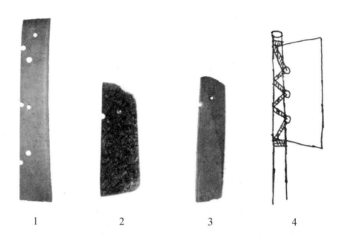

图3—4 夏时期玉刀及其安柲方式的复原

1. 庐山峁征集七孔大玉刀 2. 神木新华99K1：25

3. 神木新华99K1：32 4. 夏时期玉刀安柲方式的复原

目前所见夏时期出土的玉戈由于材料所限，数量较少，石峁遗存所见3件玉戈由于是征集品，出土位置不明。二里头文化中二里头遗址所见3件完整器均出自墓葬，其中2件有较为清晰的出土位置。偃师二里头遗址出土的ⅥKM3：11位于墓室北端的朱砂层中，东西向放置，刃部朝向东方。偃师二里头遗址出土的M57：21位于墓葬的东侧中部，南北向放置，刃部朝向南方。偃师二里头遗址出土ⅢKM1：2出土时一面印有粗和细两种布纹的痕迹。同时，二里头文化5件玉戈均在内部有一穿孔，应当是安柲系绳使用。虽然夏时期玉戈的材料并不充分，但目前能见到较多的商代玉戈，而这些商代早期的玉戈在形制上与夏时期的玉戈并无太大的差异，因此在对于这些玉戈安柲方式的复原上，参考商代的青铜戈以及玉戈上遗留的痕迹分析前人已对其进行的比较充分的探讨，笔者认为夏时期玉戈的安柲方式复原可以参照商代玉戈尤其是早商玉戈的安柲方式。

前文已述，目前所见夏时期玉戈的完整器阑部都不明显且穿孔基本都在内部。结合夏时期玉戈的形制、参照商代玉戈的安柄方式复原，笔者认为夏时期玉戈主要的安柲方式应当如图3—5所示。

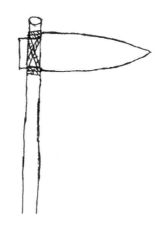

图3—5　夏时期玉戈安柲方式复原

　　关于夏时期玉璋的安柲方式许多前辈提出过个人的见解，但学术界始终没有一个最终的定论。笔者通过分析玉璋的形制和出土玉璋的墓葬平面图，试图提出个人的推测。一方面，从墓葬平面图来看，目前出土的夏时期玉璋中公开发表的清晰墓葬平面图的科学发掘品并不多见，仅有偃师二里头1973YLⅢKM6、1980LYVM3以及商洛东龙山的M83，进一步分析这些玉璋的出土位置，以商洛东龙山M83为例（图3—6），墓主右胸部有1件玉钺，刃部朝向垂直于墓主人，而左臂外置玉牙璋1件刃部朝向与墓主人同向，前文已述，夏时期玉钺是横向安柲的，即该玉钺柄部应当与墓主人同向，而作为随葬于同一座墓葬的玉兵器，其柄部朝向应一致，据此笔者推测该墓中的玉牙璋为纵向安柲。同理分析玉璋的出土位置可知以上三例出土于墓葬的玉璋均为纵向放置于墓葬中部。结合玉璋形制的分析，考虑阑部的捆绑作用，可以推测夏时期玉璋的安柲方式中存在纵向安柲的可能。从另一方面来看，玉璋和玉戈在涉及安柲的阑部和内部的形制上具有较高的相似性，因此在复原玉璋的安柲方式时亦可以参考玉戈的安柲方式。基于以上两方面，本文推测夏时期玉璋的安柲方式可能有纵向和横向两种，横向安柲即参考玉戈的安柲方式，内部嵌入木柄的侧面然后用绳穿过孔绑缚于木柄之上，如图3—7—1所示。纵向安柲即内部嵌入木柄的顶端然后绑缚阑部和木柄，如图3—7—2所示。

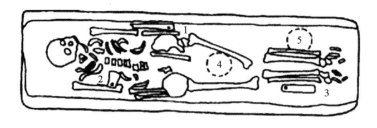

图3—6 商洛东龙山M83墓葬平面图

1. 玉牙璋 2. 玉戚 3. 石圭 4、5. 漆器

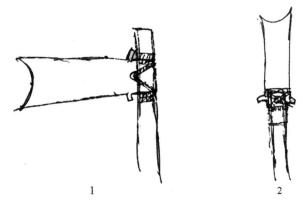

图3—7 夏时期玉璋安柲方式的复原

1. 横向安柲 2. 纵向安柲

第二节 扉棱装饰的初探

扉棱是一种常见于青铜器上的装饰，多为凸出的条状，将器物上连续的图案分割开。在玉兵器中，一般将器体两侧凸出的装饰也称作扉棱。

目前，已发现的夏时期玉兵器中带扉棱的器物数量并不多，共有21件，分布范围较窄，除3件征集自石峁遗址的带扉棱牙璋、2件征集自山西黎城的带扉棱玉钺、1件出土于巩义花地嘴"新砦期"祭祀坑的牙璋和1件出土于商洛东龙山遗址的带扉棱玉钺以外，其余均出土于二里头遗址，共有14件，器型包括刀、璋和钺（详见表3—1）。此外，本文在收集夏时期带扉棱装饰的牙璋时，把单扉棱牙璋的扉棱作为牙璋的阑部，因此并未将单扉棱牙璋收入在内。

表 3—1　　　　　　　　　　出土夏时期带扉棱玉兵器一览

器物编号	器型	分期	尺寸（厘米）	图片或线图
1. 巩义 T171140：1	弧刃多扉棱璋	新砦期	高 30 厚 1.01	
2. 偃师二里头 1982YLⅨ M4：5	方形弧刃玉钺	二里头二期	残长 7.6 刃宽 7.7	
3. 商洛东龙山 M83：2	方形弧刃玉钺	约二里头 文化一二期	残长 12.4 刃宽 10.6 厚 0.6	
4. 偃师二里头 1973YLⅢKM6：8	弧刃多扉棱璋	二里头三期	长 49.5 宽 6.8—8.7	
5. 偃师二里头 1980LYVM3：4	弧刃多扉棱璋	二里头三期	长 54 宽 14.8	
6. 偃师二里头 1980LYVM3：5	弧刃多扉棱璋	二里头三期	长 48.1 宽 11.4	
7. 偃师二里头 1982YLⅨM5：1	长方凸弧刃刀	二里头三期	长 25.9 高 11.5 厚 1.6	
8. 偃师二里头 1975YLⅥKM3：13	璧形玉钺	二里头三期	长 11.7 刃宽 11.6	
9. 偃师二里头 1975YLⅧKM5：1	璧形玉钺	二里头三期	长 30.2 刃宽 9.1	

续表

器物编号	器型	分期	尺寸（厘米）	图片或线图
10. 偃师二里头 1975YLⅧKM7：4	长条直刃梯形刀	二里头四期	长 60.4 宽 9.5 厚 0.1—0.4	
11. 偃师二里头 1987YLⅦM57：9	长条直刃梯形刀	二里头四期	刃长 53.5 高 8.8 厚 0.6	
12. 偃师二里头 1975YLⅦKM7：5	弧刃多扉棱璋	二里头四期	长 46.48 宽 4 厚 0.5	
13. 偃师二里头 1981YLⅤM6：1	方形弧刃玉钺	二里头四期	长 21 刃宽 23	
14. 偃师二里头 1984YLⅥM11：5	璧形玉钺	二里头四期	长 10.5 刃宽 10	
15. 偃师二里头 1975YLⅦKM7：2	长方形弧刃玉钺	二里头四期	长 11.2 刃宽 6.8	
16. 偃师二里头 Ⅲ采：11	方形弧刃玉钺	二里头文化 晚期	长 13 刃宽 9.7	
17. 山西黎城采集	长方形弧刃玉钺	约当二里头 时期	长 20.6 刃宽 13.1 厚 0.4	
18. 山西黎城采集	长方形弧刃玉钺	约当二里头 时期	长 17.2 刃宽 10.5 厚 0.3	
19. 石峁 SSY：24	弧刃多扉棱璋	龙山文化	长 30 宽 7 厚 0.4	

续表

器物编号	器型	分期	尺寸（厘米）	图片或线图
20. 石峁 SSY：25	弧刃多扉棱璋	龙山文化	长 30.6 宽 9.3 厚 0.4	
21. 石峁 SSY：26	尖刃多扉棱璋	龙山文化	长 49 宽 7.8 厚 1	

通过材料的整理，不难发现夏时期玉兵器的扉棱一般左右两侧相对称，每侧上下一般饰 2—3 组，每组 2—3 个齿牙。石峁遗存所见的 3 件多扉棱牙璋在扉棱装饰上与石峁遗存的单扉棱牙璋存在较大差异，而更接近于二里头时期的遗存，因此，石峁遗存的年代下限存在更晚的可能性。从器型上看扉棱作为玉兵器的一种装饰应该首先出现于钺上，龙山时代的玉钺上已见多组扉棱的装饰，到了二里头时期扉棱逐渐开始出现在更多的器型上。

关于扉棱的功用，许多学者都提出过自己的见解，其中具有代表性的是殷志强先生在《略说齿牙形玉器》一文中提出的"扉牙玉饰是夏族文化的产物，是典型的夏代玉器标志"[1]。虽然对于夏族和夏代的概念尚没有定论，但能够推测的是扉棱应当是一种具有特殊含义的象征性装饰。就目前的材料来看，带扉棱的玉兵器集中出土于二里头遗址，可以说这种分布状况与文明发展中以二里头为核心的中原中心地位的形成过程是相符合的。

第三节　成组器物的研究

玉兵器成组器物的研究可以反映出当时与军事活动相关的一些习俗和观念。夏时期玉兵器的组合例证其实数量并不多，本文共收集 19 例，主要集中于二里头文化和陶寺文化（见表 3—2）。

---

[1]　殷志强：《略说齿牙形玉器》，《华夏考古》1990 年第 3 期，第 109—112 页。

表3—2   **出土夏时期玉兵器组合墓葬一览**

墓葬编号	平面图		备注
1. 清凉寺 M46			陶寺文化墓葬。墓口距地表约 0.5 米，长约 2 米，宽 0.53—0.65 米，现存深 0.88—1.1 米。墓主人为 40—44 岁的女性
	出土玉兵器	玉刀 1 件（M46：1）玉钺 1 件（M46：2）	
	出土情况	墓主人左上臂横置一件钺，钺北侧的墓壁上是一件与钺配套的单孔器，三孔刀竖向平放于腹部	
2. 清凉寺 M54			陶寺文化墓葬。墓口距地表约 0.5 米，残长 1.23—1.28 米，宽 0.98—1.08 米，现存深 1—1.08 米。墓主人为 20—25 岁的男性，仰身
	出土玉兵器	玉刀 1 件（M54：7）玉钺 1 件（M54：8）	
	出土情况	墓室南部近墓壁处竖置钺 1 件，钺上有 1 件与之配套的单孔器，1 件多孔刀竖向平放在腹部	
3. 清凉寺 M76			陶寺文化墓葬。墓口距地表 0.21—0.3 米，长约 2.1 米，宽 0.7—0.75 米，现存深 0.7—0.79 米。墓主人为 45—50 岁的男性，面向北
	出土玉兵器	玉刀 1 件（M76：1）玉钺 1 件（M76：3）	
	出土情况	墓主人右手腕旁竖着一件钺，钺上斜置着与之配套的单孔器。左上臂上压着 1 件三孔刀，刃部向南	

墓葬编号	平面图		备注
4. 清凉寺 M82			陶寺文化墓葬。墓口距地表 0.4—0.5 米，长约 2.7 米，宽 0.8—1 米，现存深 0.9—0.95 米。墓内有 3 具人骨，墓主人为成年男性，头向西
	出土玉兵器	玉刀 1 件（M82：6）玉钺 2 件（M82：7、M82：9）	
	出土情况	墓主人膝部放着单孔钺 1 件，东北侧死者身下至墓主人腿部斜置着双孔钺，右手腕下有残多孔刀 1 件	
5. 清凉寺 M112			陶寺文化墓葬。墓口距地表约 0.35 米，长约 2.25 米，宽约 0.64 米，现存深约 0.85 米。墓穴的宽度仅容一人，但却埋葬两个成年死者
	出土玉兵器	玉刀 1 件（M112：1）玉钺 1 件（M112：2）	
	出土情况	单孔钺置于墓主人左大腿至两腿间，五孔刀压在墓主人左臂和盆骨下	
6. 清凉寺 M146			陶寺文化墓葬。墓口距地表约 0.7 米，长约 2.7 米，宽约 1.7 米，现存深约 0.95 米，底部有熟土二层台。墓主为成年男性，头向西，仰身直肢
	出土玉兵器	玉钺 2 件（M146：1、M146：2）玉刀 1 件（M146：4）	

续表

墓葬编号	平面图		备注
7. 陶寺 M3015			陶寺文化墓葬。墓主人原头向东南，右侧主要放置炊具和饮食器具，左侧主要放置乐器、工具、武器及其他玉、石器
	出土玉兵器	石钺、石刀	
	出土玉兵器	玉钺2件（M29：31、M29：32）三孔石刀1件（M29：33）	
	出土情况	玉钺、石刀均在葬具范围外	
	出土玉兵器	石钺、石刀	
8. 陶寺 M3168	墓葬平面图不详		不详
	出土玉兵器	石钺、石刀	
9. 陶寺 M3031	墓葬平面图不详		不详
	出土玉兵器	石钺2件、石刀2件	
10. 临汾下靳 M153	墓葬平面图不详		不详
	出土玉兵器	石钺、石刀	
11. 临朐朱封 M202			山东龙山文化墓葬。墓室为长方形，东西长6.68米，南北残存宽度2.20—3.15米，一棺一椁
	出土玉兵器	玉钺2件（M202：7、M202：8）玉刀1件（M202：6）	

墓葬编号	平面图		备注
12. 偃师二里头 1972YLⅢKM1	墓葬平面图不详		二里头文化三期墓葬。农民挖建砖瓦窑时清理出一组玉器，推测为墓葬
	出土玉兵器	玉刀 1 件（72YLⅢKM1：1） 玉戈 1 件（72YLⅢKM1：2） 玉钺 1 件（72YLⅢKM1：3）	
	出土情况	出于朱砂层里	
13. 偃师二里头 1975YLⅥKM3			二里头文化三期墓葬。墓坑南北向，方向357°，南北长2.3米，东西宽1.26米。墓室南边紧靠墓壁，无二层台，墓底北部稍高，铺满朱砂，厚5—6厘米
	出土玉兵器	玉钺 2 件（75YLⅥKM3：12、75YLⅥKM3：13） 玉戈 1 件（75YLⅥKM3：11）	
	出土情况	下层器物是在朱砂层里，北端有玉钺 1 件、玉戈 1 件，南端只有 1 件玉钺	
14. 偃师二里头 1980YLⅤM3			二里头文化三期墓葬。墓口距地表0.8米，墓口南北长2.15米、东西宽1.3米、深1.25—1.3米。方向358°。墓中填红褐色花夯土，墓底朱砂厚2—3厘米
	出土玉兵器	玉钺 1 件（80YLⅤM3：3） 牙璋 2 件（80YLⅤM3：4、80YLⅤM3：5）	

墓葬编号	平面图		备注
15. 偃师二里头 1987YLⅥM57			二里头文化三期墓葬。南北向中型墓，墓底有二、三厘米厚的朱砂，在清理填土时发现有白色的木板朽灰，推知该墓有木质葬具
	出土玉兵器	玉戈1件（87YLⅥM57：9）玉刀1件（87YLⅥM57：21）	
	出土情况	玉刀在墓底中部，玉戈在东侧中部	
16. 偃师二里头 1972YLⅦKM7	墓葬平面图不详		二里头文化四期墓葬。社员取土发现，推测为墓葬
	出土玉兵器	玉钺1件（72YLⅦKM7：2）玉刀1件（72YLⅦKM7：3）玉璋1件（72YLⅦKM7：5）	
17. 偃师二里头 1984YLⅥM11			二里头文化四期墓葬。墓坑南北长2米、东西宽0.95米、墓口距地面0.5米、墓底距地面1.10米，方向345°。骨架已朽，只捡到几颗牙齿
	出土玉兵器	玉钺2件（84YLⅥM11：3、84YLⅥM11：5）玉刀1件（84YLⅥM11：4）	
18. 商洛东龙山 M83			约当二里头文化一、二期墓葬。墓坑为西北—东南向长方形竖穴，长2.2米、宽0.6米、深0.75米。墓主为45岁左右男性。仰身直肢，头向西北
	出土玉兵器	牙璋1件（M83：1）玉钺1件（M83：2）	
	出土情况	墓主右胸部有玉钺1件，左臂外置玉牙璋1件	

通过对出土材料的整理，笔者发现在龙山文化时代的山东龙山文化和陶寺文化墓葬中玉兵器的组合形式单一而原始，均为钺和刀的简单组合。而二里头文化以及约当二里头早期的商洛东龙山文化出现了较为复杂多样的玉兵器组合形式，本文共收集 7 例，分别为 6 种组合方式：(1) 玉钺、玉戈 (2) 玉钺、玉璋 (3) 玉钺、玉刀 (4) 玉戈、玉刀 (5) 玉刀、玉戈、玉钺 (6) 玉刀、玉钺、玉璋。

在以上各种组合形式中，玉钺和玉璋共出的墓葬有 3 座，可以推测在二里头文化时期玉兵器的使用中，玉钺和玉璋是一种较为常见的组合。对于牙璋的使用许多前辈学者已进行了充分的讨论，但争议颇大，其中具有代表性的观点有林巳奈夫先生认为牙璋与新石器时代的骨铲有关，并称之为骨铲形玉器；夏鼐先生视其为可以安柄的刀形端刃器；杨伯达先生在《牙璋述要》一文中提出牙璋为"敛葬用玉"；李学勤先生在《论香港大湾新出牙璋及有关问题》一文中提出牙璋是"一种特殊形制的礼器"。前文已述，从夏时期玉兵器的组合情况来看，牙璋在多个墓葬中与象征权力和杀伐的典型玉兵器钺共出，这一现象似乎表明夏时期牙璋的使用功能和斧钺、刀等玉兵器相似。同时，《周礼》中关于"牙璋以起军旅"的记载亦能够与此相印证。故笔者认同夏鼐先生的"兵器说"，认为夏时期的牙璋应当是一种和军事活动相关的仪仗性器物，是玉兵器的一种。

综上，夏时期玉兵器的组合形式发展是一个由简到繁的过程，发展到二里头时期出现了多种玉兵器的组合形式，可能形成一定的使用组合和规范。在这一过程中，玉兵器的象征意味应当也发生了一定的变化，简单的刀、钺组合时期玉兵器可能仅仅是武力的象征，而更复杂的玉兵器组合形式的出现可能意味着玉兵器被赋予了更多军事权威的含义。

结　语

本文立足于公元前 2070 至公元前 1600 年的夏时期系统的整合了出土资料，共收集玉兵器 335 件，分别为玉钺 189 件、玉刀 92 件、牙璋 42 件、玉戈 8 件、玉镞 3 件以及玉矛 1 件。其中收集二里头文化遗存 34 件，齐家文化遗存 20 件，夏家店下层文化遗存 103 件，石家河文化遗存 8 件，在龙山文化遗存中，收集陶寺文化遗存 42 件，石峁遗存 103 件，收集山东龙山文化遗存 23 件，王湾三期文化遗存 3 件；此外还收集商洛东龙山遗址玉兵器 3 件。

本文在整合资料的基础上进一步分析了该时期玉兵器的形制。按照兵器的功能和安秘使用方式将其分为短兵器、长兵器和射远器。夏时期的短兵器玉钺分布范围广且形制多样，不同文化之间玉钺的形制差异较大，说明该时期的短兵器比较发达，在兵器中占据主导地位。长兵器主要包括玉刀、牙璋、玉戈，夏时期的长兵器在数量上少于短兵器但器型多样，在区域分布上以二里头文化为核心。射远器仅有镞一种，数量少且使用痕迹明显，应该为实用器。兵器与战争直接相关，一方面兵器的种类、形制、数量和组合取决于战争的形式，另一方面兵器也直接反映了战争的形式。夏时期短兵器占据主导地位也就直接说明了较为混乱的野战仍是该时期主要的战争形式，而二里头时期以二里头文化为主要范围的长兵器成规模的出现则表明夏时期晚期或许发生了作战方式上的改变，其中戈的出现和发展也为后代的车战提供了前提和可能。

结合以上形制分析，通过观察出土的夏时期玉兵器状况，本文进而探讨了三个夏时期玉兵器的相关问题。第一，对部分器型做出了安秘复原。其中玉钺为横向安秘，绳穿过孔部绑缚于木柄之上；玉刀的安秘方式应当是纵向的；玉戈的内部嵌入木秘然后用绳绑缚；玉璋的安秘方式本文提出了纵向和横向两种可能性，横向安秘即参考玉戈的安秘方式，内部嵌入木柄的侧面然后用绳穿过孔绑缚于木柄之上，纵向安秘即内部嵌入木柄的顶端然后绑缚阑部和木柄。第二，初步探究了带扉棱的玉兵器，从器型上看扉棱作为玉兵器的一种装饰应该先出现于钺上，龙山时代的玉钺上已见多组扉棱的装饰，到了二里头时期扉棱逐渐开始出现在更多的器型上，推测至少到了二里头时期扉棱应当已经成为一种具有特殊含义的象征性装饰，并且其分布状况与文明发展中以二里头为核心的中原中心地位的形成过程是相符合的。第三，初步整合了夏时期玉兵器之间的组合关系。而夏时期玉兵器的组合形式发展是一个由简到繁的过程，发展到二里头时期出现了多种玉兵器组合的形式，可能形成一定的使用组合和规范。

综上所述，夏时期的玉兵器无论是扉棱的复杂程度还是墓葬中陪葬的组合形式都在二里头文化中发展到最成熟的阶段。这种发展趋势恰恰也和该时间段内二里头文化中原中心地位的形成过程相一致。因此笔者认为，玉兵器作为一种象征权力和杀伐的仪仗性用具在该时段器型大而扁薄的发展趋势，表现出夏时期玉兵器的礼仪化。而夏时期玉兵器社会地位的突出则表现出该时期军事战争活动的重要性，这也从一个侧面说明了二里头中原中心地位的确立是伴随着不断的战争的，军事和武力在这一阶段占据了重要的地位。

由于笔者学识浅薄，能力有限，本文尚有诸多不足之处，例如，在材料收集上有所疏漏；在材料的整理上也没有把进入夏纪年的龙山晚期遗存分离出来；本文对夏时期玉兵器的研究也仅仅处于材料的整合和初步研究的阶段。以上种种，深感遗憾。

山东青州与河北临漳出土北齐
石质佛像的比较研究

——以龙兴寺窖藏和北吴庄埋藏坑为主例

2016 届　何莹

（导师：中国社会科学院宗教所　张总研究员）

绪　论

一　选题背景

自佛教传入中国后，中国人便开始了制造佛像的历史。南北朝时期，佛教广泛传播并迅速发展。在南北朝的各个王朝中，北齐国祚短暂，从公元 550 年高洋胁迫东魏孝静帝禅位而登基称帝至公元 577 年北周灭齐，北齐王朝仅历 6 帝 28 年。北齐时期，上至皇室贵族下到平民百姓，崇佛之风盛行，僧尼人数约占全国总人口的 10%，北朝佛教发展到了高潮时期，各地出现了造像热潮。

北齐继承了东魏的疆域，包括黄河下游流域的河北、河南、山东、山西以及苏北、皖北等广阔区域，在各地留有众多北齐佛教艺术遗存。早年学术界对于北齐造像的研究重点多在于石窟，而北齐皇室主持修建的天龙山、响堂山等大规模石窟损毁严重，近年来，山东、河北等地出土的大量北齐佛教造像为研究北齐佛教艺术和北齐佛教的民间信仰提供了更为丰富的实物凭据。特别是 1996 年发现的山东青州龙兴寺佛像窖藏和 2012 年发现的河北临漳邺城遗址北吴庄佛造像埋藏坑，两处分别出土造像 400 余件和 2895 块，后者是新中国成立以后出土遗物数量最多的埋藏坑，这两处佛教造像遗存时代跨度从北朝至唐宋，以东魏北齐时期的石质佛像为主。

北齐造像一反北魏晚期秀骨清像的风格，创造出一种面相丰满圆润、宽肩鼓腹、身躯敦实的新样式。山东和河北两地的造像有着北齐造像共性的同时也各具地域特点，因此学术界出现了两地造像的"青州模式"和"邺城模式"概念。

二 研究现状

关于北齐时期的佛教造像，早年学术界较为重视石窟的研究，近年来随着出土造像的增多，北齐佛像才逐渐引起学术界的关注。

20 世纪 80 年代初至 90 年代末，山东青州及其附近地区先后出土窖藏佛教石造像近千件。倪克鲁（Lukas Nickel）和李振光《山东临朐白龙寺遗址佛教造像探析》、刘凤君《山东地区北朝佛教造像艺术》、杜在忠和韩岗《山东诸城佛教石造像》、陈慧霞《山东北朝佛教造像初探》① 等文章对于早期山东出土的佛教造像做了介绍和梳理。1996 年山东青州龙兴寺窖藏佛像被发现，对于其中北齐佛像所表现出的"笈多风格"和"曹衣出水"的样式，学术界提出了"青州风格"的概念，已有数篇硕博士论文论述青州造像的样式与艺术风格②。关于青州风格的形成原因，宿白认为 6 世纪印度佛像的向东传播、北齐迷恋西胡技艺以及统治者对汉化政策的抵制等三点因素造成北齐龙兴寺造像独特的风格③；金维诺认为青州地区的北朝造像自成体系，南朝与南海各国的艺术样式皆对青州地

---

① 参见倪克鲁、李振光《山东临朐白龙寺遗址佛教造像探析》，《文物》2014 年第 1 期；刘凤君：《山东地区北朝佛教造像艺术》，《考古学报》1993 年第 3 期；杜在忠、韩岗：《山东诸城佛教石造像》，《考古学报》1994 年第 2 期；陈慧霞：《山东北朝佛教造像初探》，陈慧霞、李玉珉主编：《雕塑别藏》，台北"国立"故宫博物院 1997 年版。

② 参见邱忠铭《北朝晚期青齐区域佛教美术研究——以"青州样式"为中心》，中央美术学院 2002 级博士学位论文；李佳：《青州龙兴寺佛教造像艺术初探》，东南大学 2005 年硕士学位论文；都江：《青州北齐立像艺术风格研究》，广西师范大学 2012 年硕士学位论文。

③ 宿白：《青州龙兴寺窖藏所出佛像的几个问题——青州城与龙兴寺之三》，《文物》1999 年第 10 期。

区的佛教艺术产生影响①。青州造像亦受到外国学者的关注，瑞士瑞特博格博物馆编有 *The Return of the Buddha*，此书是龙兴寺造像在瑞士展出时的图录，其中收录有几位中西方学者的文章，包括业师张总之文。

河北临漳地区早年有零星出土的北朝造像。临漳县文物保管所发表的《河北邺南城附近出土北朝石造像》一文对 20 世纪 80 年代前后在邺南城遗址出土的 16 件东魏、北齐佛像逐件进行了介绍②。2012 年在临漳县北吴庄北漳河发现佛像藏坑，邺城考古队随后发表了发掘经过与收获的相关文章③，何利群在《从北吴庄佛像埋藏坑论邺城造像的发展阶段与"邺城模式"》和《邺城地区佛教造像的发现和相关问题的探索》两篇文章中，详细论述了邺城造像的阶段划分和北齐"邺城模式"的确立，并着重介绍了几尊纪年造像④。

三 研究方法与研究意义

目前学术界研究北齐青州造像和邺城造像的学者不在少数，分析的重点多在于造像风格、前后期风格演变以及区域特色，而将山东青州和河北临漳两个地区进行对比的文章并不多，本篇论文旨在详细分析两地造像的造型、样式和风格并在此基础上总结出北齐石佛像的总体特征和区域差异，并尝试探讨差异产生的原因。

关于山东青州地区和河北临漳地区出土的造像，目前并无收录全部造像的考古报告发表，笔者在搜集各种图录和论文等资料的基础上进行了实地考察⑤，根据笔者的不完全统计，目前可见实物或图像资料的青州

①　金维诺：《青州佛教造像的艺术成就》，《美术》2002 年第 12 期。

②　参见河北临漳县文物保管所《河北邺南城附近出土北朝石造像》，《文物》1980 年第 9 期。

③　参见中国社会科学院考古研究所、河北省文物研究所邺城考古队《河北临漳县邺城遗址北吴庄佛教造像埋藏坑的发现与发掘》，《考古》2012 年第 4 期。

④　何利群：《从北吴庄佛像埋藏坑论邺城造像的发展阶段与"邺城模式"》，《考古》2014 年第 5 期；何利群：《邺城地区佛教造像的发现及相关问题的探索》，《华夏考古》2015 年第 3 期。

⑤　主要图录有：青州市博物馆编：《青州龙兴寺佛教造像艺术》；Museum Rietberg Zurich：*The Return of the Buddha*；中国社会科学院考古所、河北省文物研究所、河北省临漳县文物旅游局编：《邺城文物精华》；主要论文参见文后参考文献。实地考察地点有：山东博物馆、青州博物馆、邺城博物馆、临漳佛造像博物馆、中国国家博物馆等。

出土北齐石质佛像约有 55 件，临漳出土北齐石质佛像约有 25 件，笔者在本文中选取了其中的典型作品进行分析。

本文首先运用历史文献学的方法，将佛像放置于大的历史年代中，解读北齐石质佛像的历史背景、宗教内涵和反映的信仰问题。其次利用文物与博物馆学及图像志的方法，依据特征对佛像进行样式分类，把握文物最基本的特征。最后运用对比分析法，分析青州和临漳两地北齐石质佛像的共性与区域特色。

第一章　山东青州地区

第一节　青州地区的区位因素和佛教发展

青州地区历史悠久，早在 7000 多年前，已有先民繁衍生息。《尚书·禹贡》载："海岱惟青州"，青州为大禹治水所划"九州"之一。《周礼·夏官·职方氏》曰："正东曰青州。"青州在上古时代为东夷之地，西汉武帝设青州刺史部。汉末以后，地处南北交界的青州地区战乱频繁，北魏孝文帝时期青州正式纳入北朝版图。北齐天保七年（556）移青州府治于南阳城。青州地区对于北齐王朝有着特殊的意义，北齐的创建者高洋早年被封齐王，称帝后便以"齐"为国号。据《北齐书》记载，建德五年（576）北周军队攻破邺都，太上皇高纬和幼主高恒从邺都出逃，经济州后又逃至青州，最终于青州被北周军队所俘①。

山东地区的佛教最初是由高僧从中原传入，在南北朝时期尤其是北魏以后迎来了空前的繁盛期。青州是山东地区的政治、经济、军事、文化中心，亦是佛教中心，繁盛的佛教留下了众多的佛教遗存，近年来，青州市及其附近的博兴县、诸城市、惠民县、临朐县等地有近千件佛教石造像出土②。需要说明的是，北齐时期的青州，治东阳城，下辖齐郡、

---

① （唐）李百药：《北齐书》卷 8《帝纪第八》，中华书局 1972 年版，第 111 页。

② 业师张总曾指出，古青州造像分布在今青州南北一线，而北朝佛道刻经则略呈东西方向。参见 Zhang Zong, *Exploring Some Artistic Features of the LongxingSi Sculptures*, Orientations, December 2000.

北海郡、乐安郡、渤海郡、高阳郡、河间郡、乐陵郡等七郡，前文提及的造像出土地区皆属北齐青州的范围①。

出土的众多造像损毁严重，其中青州龙兴寺窖藏佛造像数量最多，质量亦最为精美。龙兴寺最早称南阳寺，是青州地区的主持寺院，管理北到广饶、南至临朐的区域内所有寺院。清光绪年间《益都县图志》载："龙兴寺在府城西北隅。……北齐武平四年额南阳寺，隋开皇元年改曰长乐，又曰道藏。则天天授二年改曰大云，开元十八年始号龙兴。宋元以来，代为名刹，明洪武初拓地见齐藩，而寺遂湮。"② 龙兴寺遗址位于青州博物馆南面，南北长 200 米，东西宽 150 米，结构和布局仍保留着唐代以前寺院的原始风貌。

1996 年 10 月，在龙兴寺遗址附近的施工工地上佛像窖藏坑被意外发现。窖藏坑位于遗址西北部，南北长 8.7 米、东西宽 6.8 米，坑内呈三层堆放有从北魏到北宋时期的各类佛教造像 400 余尊，其中以北齐时期石像最多，现已经过复原粘接的 200 余尊。这批造像大部分仍保留有原来的彩绘和贴金，具有极高的艺术水平，被评为 1996 年中国十大考古发现之一。随后此批造像又先后在德国、瑞士、英国、香港以及日本、美国等地展览，青州造像从此蜚声中外。

第二节　青州地区出土北齐石质佛像分析

一　造像类型分析

（一）背光式造像

青州出土的北齐石质佛像主要有两种类型，一是背光式造像，二是单体造像③。目前并无收录全部造像的考古报告发表，作品主要散见各种图录以及论文中。根据笔者的实地考察再结合图录与论文等资料，青州

---

① 施和金撰：《北齐地理志》，中华书局 2008 年版，第 277—282 页。

② （清）张承燮、李祖年主修：《益都县图志》点校本，中国文史出版社 2006 年版，第 189 页。

③ 夏名采、王瑞霞：《青州龙兴寺出土背光式佛教石造像分期初探》，《文物》2000 年第 5 期。

地区保存较完整、可供笔者开展研究的北齐时期背光式佛造像计有 8 件，分别为青州龙兴寺佛像窖藏坑出土 3 件、惠民县出土 3 件、博兴县出土 1 件、诸城县出土 1 件，具体情况如表 1—1 所示：

表 1—1 　　　　　　　　青州地区出土北齐背光式造像

名称	出土地	高度/厘米	材质	组合形式	备注
佛三尊像	青州龙兴寺	112	青石	一佛二菩萨	无基座
佛三尊像	青州龙兴寺	113.8	青石	一佛二菩萨	无基座
佛三尊像	青州龙兴寺	76	青石	一佛二菩萨	无基座
张称伯造佛三尊像	惠民县	90	青石	一佛二菩萨	无基座
盖僧伽造佛三尊像	惠民县	57	汉白玉	一佛二弟子	有基座
佛三尊像	惠民县	36	汉白玉	一佛二菩萨	有基座
太宁二年佛三尊像	博兴县	16	不明	一佛二弟子	有基座
天保三年僧济本造像	诸城县	117.5	青石	一佛二菩萨二弟子	有基座

佛三尊像（图 1—1），龙兴寺佛像窖藏坑出土，青石质，高 112 厘米。主尊为立佛，面相仍属北魏晚期文人士大夫的秀骨清像式，头光最内圈为莲瓣形，外侧为数圈同心圆。主佛左手施无畏印，右手残毁，穿褒衣博带式袈裟跣足立于莲台之上，主佛莲台之下损毁。主佛身体下部两侧各刻一龙，龙尾向上呈 S 形，从龙嘴中分别向左右两侧吐出一枝带有莲叶的莲台，成为二胁侍菩萨的台座。背光呈舟形，顶部为覆钵塔，塔两侧有八身伎乐飞天环拱。此尊像的人物服饰和体态都留有北魏晚期的风格，但肉髻已出现低平的趋势，袈裟衣纹和衣褶的刻画也趋向于简单化，时代应属东魏晚期至北齐早期。

佛三尊像（图 1—2），龙兴寺佛像窖藏坑出土，青石质，高 113.8 厘米。主尊立佛居于正中位置，面相丰满，头部肉髻低平，表面饰有细密的螺纹，头光最内圈为莲瓣形，外侧有数圈同心圆。主佛左手施无畏印，右手施与愿印，右手指部残毁。着褒衣博带式袈裟跣足立于莲台之上，莲台以下部分损毁。主佛身穿的袈裟表面刻画有双阴线衣纹，略鼓的腹部使袈裟有轻薄贴体之感。主佛身体下部两侧各有一龙，龙尾向上呈 S 形，从龙嘴中向外侧吐出一枝莲叶，成为二胁侍菩萨的台座。背光呈舟形，顶部残毁，推测顶部为覆钵塔，背光两侧现存伎乐飞天六身。

图1—1　背光式佛三尊像　　　　图1—2　背光式佛三尊像

（图片来源：青州市博物馆编：《青州龙兴寺佛教造像艺术》，山东美术出版社 1999 年版，第 38 页—39 页）

佛三尊像（图1—3），龙兴寺佛像窖藏坑出土，青石质，高 76 厘米。主尊立佛面相丰圆，头顶肉髻低平，表面为细密的螺纹，头部左侧残存莲瓣形头光，外侧有数圈同心圆。主佛左手残毁，右手自然下垂，轻提袈裟，跣足立于莲台之上，莲台之下损毁。袈裟为通肩式，表面不刻衣纹，仅以彩绘的形式绘出田相袈裟。主佛身体两侧各有一尾部向上呈 S 形的龙，从龙嘴中吐出的莲花成为二胁侍菩萨的台座。背光大部分残毁，推测顶部应为覆钵塔和伎乐飞天。佛像身段丰满，宽肩、细腰、鼓腹的北齐时代特征十分明显。

图 1—3　背光式佛三尊像

（图片来源：青州市博物馆编：《青州龙兴寺佛教造像艺术》，山东美术出版社 1999 年版，第 41 页）

张称伯造佛三尊像（图 1—4），惠民县出土，青石质，高 90 厘米。主尊立佛，头部残毁，跣足立于莲台之上，左手施无畏印，右手施与愿印。袈裟为褒衣博带式，长至脚面。佛身体两侧 S 形龙尾部向上，龙嘴中吐出莲花成为二胁侍菩萨的台座，别具特色的是莲花上各有一童子。舟形背光呈舟形，上部皆残。背光背面有线刻六身供养人像，现存魏碑体题记 440 字，惠民县文物事业管理处推测此像为北齐天保年间造像①。

盖僧伽造佛三尊像（图 1—5），惠民县出土，汉白玉质，高 57 厘米。主尊立佛头部残毁，左手施无畏印，右手施与愿印，右手略残。佛身侧为二胁侍弟子，弟子头部有圆形头光，面容丰圆，拱手立于莲台之上。舟形背光顶部残毁，右侧残毁严重，存完整飞天一身，残损飞天两身。三尊像之下有长方形基座，基座正中为浮雕的香炉，香炉两侧各有一狮尾上翘的蹲狮，基座背面与侧面刻有"天保七年"（556）的题记。

---

① 惠民县文物事业管理处：《山东惠民出土一批北朝佛教造像》，《文物》1996 年第 6 期。

图1—4 背光式佛三尊像

（图片来源：作者自摄）

佛三尊造像（图1—6），惠民县出土，汉白玉质，高36厘米。主尊佛立于莲台之上，头部残，左手施无畏印，右手施与愿印。主佛身着褒衣博带式袈裟，双阴线线刻衣纹自然下垂。佛两侧胁侍菩萨面目残损。背光上部残损严重，无伎乐飞天留存。造像下部基座呈长方形，无题记。

图1—5 盖僧伽造佛三尊像

（图片来源：笔者自摄）

图1—6 佛三尊造像

（图片来源：笔者自摄）

太宁二年佛三尊像（图1—7），博兴县出土，残毁严重，残高仅16厘米。主尊立佛仅存下半身，身穿通肩式袈裟跣足立于莲台之上，线刻衣纹自然下垂。佛两侧胁侍菩萨头部皆残，左侧胁侍仅余腿部，右侧胁侍着贴体长裙立于莲座之上。舟形背光上部完全残毁，造像下部为方形基座，正面刻有"太宁二年"（562）等41字题记。

图1—7　太宁二年佛三尊像

（图片来源：常叙政、李少南：《山东省博兴县出土一批北朝造像》，《文物》1983年第7期，第40页图3）

天保三年僧济本造像（图1—8），诸城县出土，青石质，高117.5厘米。主尊结伴跏趺坐于须弥座上，身穿褒衣博带式袈裟，袈裟上部衣纹简洁，呈U形，垂至方座处有稠密的衣褶堆叠。左手施无畏印，右手残损。背光大部分残毁。主尊须弥座前留有兽足，座两侧残留龙爪和四双足，推测原像为一佛二菩萨二弟子的五尊造佛。须弥座之下为长方形台座，正面刻有阴线打格的楷书题记，由题记知此像造于"大齐天保三年"（552）。

图1—8 天保三年僧济本造像

（图片来源：杜在忠、韩岗：《山东诸城佛教石造像》，《考古学报》1994年第2期，图版
11图1）

　　笔者搜集到的8尊背光式造像中，有4件带有龙衔莲花的图案，
还有一件残存龙爪痕迹，可见龙衔莲花图案在青州地区的流行。此类
造像并非始于北齐，北魏、东魏、北齐三个时期皆有。主要特征为主
尊佛居于正中，两侧为二胁侍菩萨。佛的左手施与愿印，右手施无畏
印。佛的身体两侧各刻一龙，龙有四爪，每爪三趾，龙尾向上作S
形，从龙嘴中分别向左右两侧吐出一枝带有莲叶的莲花，成为二胁侍
菩萨的台座。背光为舟形，最上部多为覆钵塔，塔两侧有伎乐飞天环
拱。背光之上的覆钵塔、倒龙吐莲花等要素在新疆、山西、河北等地
的造像上也有出现，但只有青州造像将这些要素以固定的形式组合在
一起。

　　北齐背光式造像在构图上基本继承了北魏晚期以来的风格，但在人
物面相、人物的体态和服饰等方面表现出北齐特有的风尚。面相为方面，
佛头部肉髻低平，表面饰有细密的螺纹，面相不再是北魏晚期流行的秀

骨清像，变得丰满圆润；体态方面，身躯渐趋丰满，突显形体的健美；服饰方面，一部分佛像身着早期自印度传入的袒右式袈裟和通肩式袈裟，还有一部分仍保留北魏流行的褒衣博带式，但服饰都很轻薄，衣纹和衣褶的刻画也趋向简单化。

（二）单体圆雕像

青州地区出土的北齐时期石质佛像的另一类别为单体造像，其中绝大部分为单体圆雕佛立像，尤以青州龙兴寺出土的数量最多，有100余尊，占全部北齐造像的近2/3，为青州造像最具特征的类别。但百余尊造像的资料尚未完全公布，根据笔者的实地考察再结合图录和论文等资料，青州地区保存较完整、年代为北齐时期的单体佛立像计有53件，其中青州龙兴寺佛像窖藏坑出土38件、青州兴国寺遗址出土4件、惠民县出土2件、博兴县出土6件、诸城县出土3件。按照衣纹表现手法的不同，可将青州单体圆雕佛立像分为以下3类：

Ⅰ类单体圆雕佛立像

此类造像表面打磨光滑，无衣纹，仅以阴线或绘画形式表现田相袈裟。笔者能搜集到的此类像计有22件，其中青州龙兴寺佛像窖藏坑15件、青州兴国寺遗址4件、惠民县2件、诸城县出土1件。因篇幅所限，本文仅选取其中代表性造像做详细描述。

佛立像（图1—9），青州龙兴寺窖藏出土，青石质，高79厘米。佛像头部和左右残损，留存躯干和右手。立佛表面打磨光滑，身着通肩式袈裟，袈裟表面无衣纹，以线刻的形式表现出田相袈裟。佛右手在身侧自然下垂，轻捏袈裟。佛像肩部稍宽，腹部鼓起，凸显身体的强健有力。

佛立像（图1—10），青州兴国寺遗址出土，青石质，高44厘米。头部和双手皆残，从残处可见右手向前。造像表面打磨光滑，表面无衣纹，在下摆处有几处线刻，身材修长，体态丰腴，腹部略鼓。

Ⅱ类单体圆雕佛立像

此类像以单阴线或双阴线刻画衣纹。虽有衣纹，但衣纹疏简，刻画简单。袈裟为袒右式或通肩式，着袒右式袈裟的佛像细腰宽胯的特征更为突出，着通肩式袈裟的佛像宽肩鼓腹的特征更为突出。笔者能搜集到的此类像计有15件，其中青州龙兴寺佛像窖藏坑13件、博兴县1件和诸城县 1 件。因篇幅所限,本文仅选取其中代表性造像做详细描述。

图 1—9 佛立像

(图片来源:笔者自摄)

图 1—10 佛立像

(图片来源:夏名采、庄明军:

《山东青州兴国寺故址出土石造像》,

《文物》1996 年第 5 期,第 64 页图 13)

　　佛立像(图 1—11),青州龙兴寺窖藏出土,青石质,高 98 厘米。佛像面相丰满,肉髻低平,表面饰螺纹。头光内侧为圆形莲瓣,中有数圈同心圆形光环,外侧环绕七身小坐佛像,其中五身保存完整。佛像左手残毁,右手于身侧自然下垂并轻捏袈裟,袈裟为通肩式,以印刻的单线表现数道衣纹,衣纹简洁。整尊佛像身体强健,胸部平坦,腹部鼓起,凸显形体之美。

　　Ⅲ类单体圆雕佛立像

　　此类像身着袒右式袈裟或通肩式袈裟,衣纹呈突棱状,疏密有致。相比之下,同是突棱状衣纹,但袒右式袈裟的衣纹较稀疏,通肩式袈裟的衣纹较稠密。笔者能搜集到的此类佛像计有 8 件,其中青州龙兴寺佛像窖藏坑 7 件和诸城县 1 件。因篇幅所限,本文仅选取其中代表性造像做详细描述。

图1—11　佛立像

（图片来源：青州市博物馆编：《青州龙兴寺佛教造像艺术》，山东美术出版社1999年版，第49页）

佛立像（图1—12），青州龙兴寺窖藏出土，青石质，高148厘米。佛像面相丰圆，肉髻扁平，表面有螺纹。双目下视，嘴角含笑。双臂皆残毁。袒右式袈裟轻薄贴体，衣纹凸起，呈较圆的突棱状。佛像腰部窄细，胯部稍宽，胸部平坦，腹部鼓起，有强烈的动感。

佛立像（图1—13），青州龙兴寺窖藏出土，青石质，高125厘米。佛像头部为螺发，肉髻低平，面部丰腴。颈部较细，身材窈窕修长。袈裟为通肩式，开领较低，露出了内侧的僧祇支。袈裟轻薄贴体，衣纹呈突棱状，由左肩部呈放射性至全身，自然流畅。袈裟表面以红绿色绘出田相袈裟。

图1—12 佛立像

（图片来源：青州市博物馆编：

《青州龙兴寺佛教造像艺术》，

山东美术出版社1999年版，第54页）

图1—13 佛立像

（图片来源：青州市博物馆编：

《青州龙兴寺佛教造像艺术》，

山东美术出版社1999年版，第52页）

自东魏晚期至北齐中后期，背光式造像逐渐消失，单体圆雕造像开始流行①。除衣纹表现形式的不同，Ⅰ类、Ⅱ类、Ⅲ类单体圆雕佛像的整体特征为：肉髻低平，饰有螺纹；面部丰满圆润，颧骨较高；五官较小集中于脸的中部，双目微微下视，嘴角内陷含笑；手部多残，存有手部的佛像多施与愿印与无畏印，或手部在体侧自然下垂轻提袈裟；部分佛像有圆形头光，部分头后残留有用以悬挂头光的铁件；佛像宽肩鼓腹，身躯壮硕有力；大衣贴体轻薄，衬托出优美的身段。立佛身穿早期传自印度的袒右式袈裟或通肩式袈裟，以通肩式袈裟居多。通肩式袈裟又分高领式和低领式，低领式露出了内层的僧祇支。

---

① 宿白：《青州龙兴寺窖藏所出佛像的几个问题——青州城与龙兴寺之三》，《文物》1999年第10期，第46页。

单体圆雕佛立像是最具北齐青州特色的作品，它表现出浓郁的笈多风格。何谓笈多风格？笈多艺术是指笈多帝国（320—540）时期流行的一种完全印度本土式的佛教造像艺术形式。当时有马图拉和萨尔纳特两个造像中心，两地造像样式同属印度传统艺术范畴，所以一般将二者合称为"笈多造像艺术"。其主要特征为佛像肉髻由犍陀罗式的波浪鬈发变为密集排列的右旋螺发，两眉之间有白毫，大眼微睁低敛，鼻梁修长挺拔，上唇较薄，下唇稍厚，呈典型的印度美男子形象。佛像多着通肩袈裟，马图拉样式的袈裟紧贴身体，衣纹稠密，衣纹走向呈 V 形或 U 形，即所谓"湿衣佛像"，萨尔纳特样式袈裟的表现更为简洁，躯干表面无衣纹，仅在领口、袖口和袈裟下摆处刻有几道衣纹。青州北齐单体圆雕像中，Ⅰ类像的衣纹属萨尔纳特样式，Ⅱ类和Ⅲ类像的衣纹似马图拉样式，但衣纹较之更为疏简。

（三）法界人中像

1. 青州地区卢舍那法界人中像

法界人中像，又名卢舍那法界人中像，是佛教造像中较为特殊的一种题材，其主要特征为在佛像身上以雕刻或彩绘的手法，用局部图像表现法界之六道轮回与须弥山等内容。学术界普遍认为法界人中像与《华严经》的法界观有关，《华严经》将法身、化身与报身佛统一于卢舍那佛，在卢舍那佛像表面刻绘各种形象，用以反映观想所产生的世界形象，实现法界思想的图像化[1]。

法界人中像在石窟壁画、绢画、板画及石雕中都有出现，但数量很少，共约 20 件，而早年造像仅知有数尊，分别位于新疆、敦煌、河南与美国等地，近年来山东青州、诸城和临朐等地有多件出土。青州地区出土的法界人中像，青州龙兴寺窖藏 5 件，诸城出土 4 件，临朐 1 件，博兴 2 件，台湾震旦基金会藏 1 件（应为青州兴国寺流出之作），共计 13 件，时代均在北齐[2]。

青州地区北齐法界人中像，在时代、数量和特征上都有着强烈的地

---

① 李静杰：《卢舍那法界图像研究简论》，《故宫博物院院刊》2000 年第 2 期，第 58 页。

② 张总：《龟兹壁画二题》，新疆龟兹学会编：《龟兹学研究》（第五辑），新疆大学出版社 2012 年版，第 313 页。

方特色。其主要特征是在田相袈裟之上刻画界格，并在界格内刻画各种图像，而不是如河西中原等地的法界人中像一样以龙或须弥山为中心表现三界六道，青州法界像多以说法图为中心，辅以僧俗人物等形象，图像内容丰富且各像并不相同，极具特色。

图1—14的圆雕立像是龙兴寺出土的卢舍那法界人中像中最具代表性的作品。此像头部和左手皆残，右手微提袈裟，自然下垂，紧贴身体。佛身上绘有四排界格，每排三格或二格。胸部正中的界格内为佛说法图像，绘有一佛二胁侍菩萨。胸部两侧界格内为听法场景，与说法图像相对应。两肩各绘有三胡人形象，胡须、钩鼻、长袍、足靴等胡人特征清晰生动。图1—15的法界人中像肉髻低平，面部圆润，右手下垂，左手上抬，手部和身体下部残损。像身绘有界格，胸口部分为佛说法相，卢舍那佛于莲台上呈倚坐态，双手在胸前施转法轮印，画面两侧绘有双树。

图1—14　龙兴寺窖藏出土法界人中像1

（图片来源：青州市博物馆编：
《青州龙兴寺佛教造像艺术》，
山东美术出版社1999年版，第111页）

图1—15　龙兴寺窖藏出土法界人中像2

（图片来源：青州市博物馆编：
《青州龙兴寺佛教造像艺术》，
山东美术出版社1999年版，第121页）

2. 卢舍那法界人中像的辨伪问题

因为存世数量较少且缺少可见的文字资料，卢舍那法界人中像自被发现以后就引起各方面的关注，随着近年来此类佛像市场价值的不断升高，收藏界甚至出现了一批仿造的赝品，杂志广告、拍卖会等皆有卢舍那法界像出现，鱼目混珠，难以分辨，笔者认为卢舍那法界人中像的辨伪问题应当引起学术界之重视。

卢舍那法界像除前文提及的彩绘式外，还有浅浮雕式。龙兴寺出土1件浅浮雕式法界像（图1—16），此像残高115厘米，造像头部、右臂、足部以下皆残，左手手指部分残缺。佛像身着袒右式袈裟，袈裟上刻有整齐的界格，界格内有浅浮雕的图案，但此像为未完工的半成品，画面内容难以辨识。美国弗利尔美术馆亦藏有一件浅浮雕式卢舍那法界人中像（编号F1923.15，图1—17①），此像头部和手部残损，躯干部分保存完好，袈裟上的图案可分为九层。青州像和弗利尔美术馆藏像的主要区别在于袈裟之上的界格，青州像之上有界格，图案刻于界格内，而弗利尔像无界格，图案分层分布。林保尧编著的《佛教美术全集：佛像大观》一书中收录有一件据传为台湾收藏的浅浮雕式法界人中像（图1—18），书中将其定名为"隋僧伽梨佛立像"②，实为法界人中像。此像头部比例较大，双耳肥大，肉髻突出，发式呈水涡纹，左手握宝瓶，右手施无畏印。佛像身着通肩袈裟，袈裟上部有浅浮雕的宝树、台阁、双龙等图案，下部正中有一马，周围有佛说法图、弟子礼拜等图案。这些图案皆与弗利尔美术馆藏卢舍那法界人中像十分相似，业师张总和笔者认为《佛像大观》中收录的此件法界人中像为仿弗利尔美术馆所藏像之赝品。第一，观察现在已出土的、来源明确的卢舍那法界人中像可知，法界像虽有一定的总体特征，但每件像各有其自身特点，书中所收录的台湾像在雕刻内容上完全是仿造弗利尔美术馆所藏像。第二，台湾像的身体比例极不协调，造型能力较差。台湾像头部所占比例较大，肩膀宽大，手部和足部突兀。现代社会信息发达，通过获取造像的图像资料，仿造者仅注重对于图文的模仿而忽略了对于形体造型的把握，从而使得其"作品"缺少和谐统一之美感。

---

① 图1—17是美国弗利尔美术馆拍摄的高清图片，感谢业师张总提供。

② 林保尧编著：《佛教美术全集·一：佛像大观》，台北艺术家出版社1997年版，第126页。

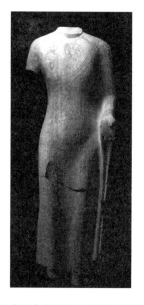

图1—16　龙兴寺窖藏出土浅浮雕式法界人中像　图1—17　弗利尔美术馆藏法界人中像

（图片来源：青州市博物馆编：《青州龙兴寺佛教 　　　　（图片来源：美国弗利尔美术馆提供）

造像艺术》，山东美术出版社1999年版，第123页）

图1—18　《佛像大观》中收录法界人中像

（图片来源：林保尧编著：《佛教美术全集·一：佛像大观》，台北艺术家出版社1997年

版，第126页）

林保尧编著的《佛教美术全集：佛像大观》在两岸学术界皆有一定的影响，此书最初由台北艺术家出版社出版发行，文物出版社于 2009 年再版。在学术著作中收录仿造之赝品，说明目前学术界对于卢舍那法界人中像的鉴别能力相对薄弱，应当进一步深入研究并尝试探索辨伪与鉴定之方法。

二 组合关系与题材

背光包括头光和身光，是佛与菩萨区别于众生的重要标志之一，《大智度论》卷 8 云："佛身四边各一丈光明，菩萨生便有此，是三十二相之一，名为丈光像。"[①] 背光式造像起源于印度，后传入中亚。今日学术界多将带有背光的造像称为"背屏式造像"，业师张总认为其中只有极少数形略似屏，本质与形态上都属背光，"背屏式造像"的说法并不准确，故本文使用"背光式造像"一词。

青州出土的背光式石佛像可分为一铺单尊、三尊和五尊等三类[②]，其中绝大多数的北齐背光式佛像为佛三尊像。如前文表 1—1 所示，笔者搜集到的 8 尊背光式佛像中，佛三尊像有 7 件，其中一佛二菩萨像 5 件，一佛二弟子像 2 件。组合式三尊造像出现在东晋十六国时期。甘肃永靖炳灵寺石窟第 169 窟中西秦建弘元年（420）造阿弥陀佛与观世音、大势至菩萨像是我国现存纪年最早的一佛二菩萨组合形式。到了唐代，组合式造像又发展为一佛二弟子二菩萨二天王二力士二狮子的复杂组合形式[③]。佛三尊像是组合形式中较为简单的，青州地区北齐以前北魏、东魏的背光式造像也多为佛三尊像，因而笔者认为在组合形式方面青州地区的北齐背光式造像承袭了北魏、东魏的传统。

青州地区出土背光式佛像的题记并不多，笔者搜集到的 8 尊背光式佛像中，带有题记的 4 件，但残存题记内容涉及造像题材的仅有 1 件，盖僧伽造佛三尊像有题记"盖僧伽敬造太子□维像一躯"，说明盖僧伽造佛

---

① ［日］高楠顺次郎等辑：《大正新修大藏经》第 25 册，大正一切经刊行会 1934 年，第 114 页。

② 夏名采、王瑞霞：《青州龙兴寺出土背光式佛教石造像分期初探》，《文物》2000 年第 5 期，第 50 页。

③ 青州市博物馆编：《青州龙兴寺佛教造像艺术》，山东美术出版社 1999 年版，第 2 页。

三尊像为太子思维像。龙兴寺出土的北齐时期背光式三尊造像至今还未发现题记，根据北魏和东魏时期的造像题记，当时流行的题材主要有释迦与弥勒，释迦信仰与弥勒信仰属大乘佛教信仰，在南北朝时期一直广泛流行，此文中不再赘述。

除了南北朝流行的释迦、弥勒等信仰外，青州地区在北齐时代出现了两种新的流行信仰——阿弥陀净土信仰和卢舍那信仰。阿弥陀佛，又名无量佛、无量寿佛等，《无量寿经》《阿弥陀经》《观无量寿佛经》等大乘佛教经典皆对阿弥陀佛及其西方极乐世界有详细描述。北魏和东魏时期的造像发愿文中已有"西方静佛世界""西方无量寿国"等文字出现，遗憾的是青州出土的北齐佛像并没有出现"阿弥陀佛"或"无量寿佛"的题记，但青州临淮王像碑可以作为阿弥陀佛及西方净土信仰流行的佐证。

今存于青州市博物馆的《临淮王像碑》，额首刻有篆书"司空公青州刺史临淮王像碑"，根据碑文记载，此碑刻于武平四年（573），碑主为青州刺史、临淮王娄定远，"南阳寺者，乃正东之甲寺也……遂于此所，爰营佛事，制无量寿像一区，高三丈九尺，并造观世音、势至二大士而侠侍焉"。娄定远，娄昭次子，据《北齐书》记载："次子定远，少历显职，外戚中偏为武成爱狎。别封临淮郡王。"[①] 娄太后、娄昭、娄睿皆出自娄氏，娄氏家族在北齐声名显赫、权倾朝野。身为皇亲的娄定远在青州任职期间，于南阳寺（北齐时期龙兴寺寺名）造西方三圣像，即无量寿佛像与观世音菩萨像、大势至菩萨像。"高三丈九尺"相当于高 13 米，娄定远选择造体量宏大的西方三圣像，可见当时阿弥陀佛及西方净土信仰的流行，遗憾的是如此宏伟的造像已不存，但幸有碑文留给人们遐想的空间。

在北齐青州地区流行的另一信仰为卢舍那信仰。佛有三身，法身、报身和应身，卢舍那佛即报身佛，是《华严经》所推崇的主佛。王瑞霞在《北朝晚期古青州地区的佛教信仰》一文中列举了古青州地区有"敬造卢舍那像一区"题记的卢舍那像共计 10 件，且 10 件皆属北齐像[②]。此

---

① （唐）李百药：《北齐书》卷十五《列传第七·娄昭》，中华书局 1972 年版，第 196 页。
② 王瑞霞：《北朝晚期古青州地区的佛教信仰》，《敦煌研究》2007 年第 6 期，第 30—32 页。

外，前文已提到卢舍那法界人中像亦与《华严经》有关。

东晋时期佛陀跋陀罗译出《大方广佛华严经》，北魏晚期开始《华严经》逐渐流行，而后随着华严类著作《十地经论》的译出，《地论》《华严》之学盛行。学术界曾认为北齐文宣帝高洋是提倡华严的代表人物，认为他曾作《华严斋记》1卷，并创华严斋会。但其实这是一个误用，尽管高洋崇信佛教，但华严斋会并非其所创。办华严斋会之人实为南朝齐武帝次子、竟陵文宣王萧子良，他曾抄写《华严》14卷，办华严斋会，并作《华严斋记》1卷（《华严经传记》卷1）。因高洋与萧子良的谥号同为"文宣"从而导致误用①。此外，《续高僧传·卷六》记载，出身青州的名僧真玉提倡卢舍那为教主的华严莲花藏世界。出土实物和文献记载都说明北齐时期青州地区《华严经》和卢舍那信仰的流行，随后卢舍那信仰一直影响至唐代，龙门石窟的奉先寺有著名的卢舍那佛像。

第三节　青州地区北齐石质佛像的风格

北魏晚期到东魏时期的青州造像仍以深受汉族士大夫阶层传统审美影响的秀骨清像风格为主，至北齐时期，青州造像完全不复北魏的风格，低髻螺发、面相丰圆、袈裟贴体、凸显形体美的带有明显印度笈多风格的审美情趣成为主流，学术界将这种极具青州地域特色的造像定名为"青州风格"或"青州模式"。

青州风格的主要特点为佛像肉髻低平，以螺发作为装饰，螺发是笈多艺术的标志性特点之一；佛像面相圆润丰满，可能受到南梁时期画家张僧繇创制的"面短而艳""张得其肉"的丰腴式人物形象的影响；袈裟轻薄贴体，衣纹疏密有致，受到笈多风格和北齐画家曹仲达所创"曹衣出水"式样的影响；佛像肩宽腰细，腹部略鼓，凸显形体美，与笈多造像相似。笈多艺术、南朝影响、曹家样、胡风等多元文化因素共同影响着青州北齐造像的风格。

---

① 参见张总《北朝至隋山东佛教艺术查研新得》，巫鸿主编：《汉唐之间的宗教艺术与考古》，文物出版社2000年版，第72页。文中对这一误用情况进行了详细说明。

青州有着便利的对外交通。《史记·货殖列传》载"齐鲁千亩桑麻"，发达的丝绸业使地处东方的青州通过丝绸之路与西域联系在一起。东晋五胡十六国到南北朝时期，往来于陆上丝绸之路的人数不胜数，天竺僧人佛图澄、东晋僧人法显、北魏使者董琬、高明、韩羊皮等都是其中的一员。据史书记载，东魏权臣、北齐高祖高欢的先祖实为汉人，而"累世北边，故习其俗，遵同鲜卑"①。北齐建国后一反北魏的汉化政策，推行鲜卑化。常有中亚西域的胡人往来于青州。前文提及的龙兴寺出土法界人中像上绘有胡人形象。除造像外，线刻画像石上也有胡人形象出现。1971年青州傅家村的一座石室墓内出土了8块北齐武平四年的线刻画像石，这批石刻现藏于青州博物馆。画像石的内容有商旅驮运图、商谈图、车御图、出行图等，生动地描绘了墓主人生前经营丝绸贸易的场景。其中的6块画像石上都出现有胡人形象②，说明青州地区在北齐时与西域有着广泛的往来。

青州是陆上丝绸之路的源头之一，亦是海上丝绸之路东线的重要港口。东晋名僧法显在完成西行取经后经海路归国，于东晋义熙八年（412）达青州长广郡牢山（今山东青岛崂山）③。东晋年间，天竺僧人佛陀跋陀罗接受僧人智严的邀请，二人由海路抵青州东莱郡，后前往长安会见鸠摩罗什。南朝宋元嘉年间，僧人道普等数十人欲西行寻经，"至长广郡，舶破伤足，因疾而卒"④。可见青州地区在魏晋南北朝时为海上交通的要道。

青州与南朝的联系同样频繁。南北朝时期虽然是中国历史上最动荡的时代，但战乱并未阻断南北之间的联系与交流。青州地区曾先后隶属于南朝和北朝，在北魏时期归入北朝版图。相比北方的其他地区，青州与南朝的联系更为紧密。青州与南朝之间交通便利，前文提及名僧法显归国后最终由青州抵建康。北周灭齐之际，北齐后主高纬和幼主高恒逃

---

① （唐）李百药：《北齐书》卷一《帝纪第一·神武上》，中华书局1972年版，第1页。

② 夏名采：《益都北齐石室墓线刻画像》，《文物》1985年第10期，第49页。

③ （梁）慧皎撰，汤用彤校注，汤一玄整理：《高僧传》卷三，中华书局1992年版，第90页。

④ （梁）慧皎撰，汤用彤校注，汤一玄整理：《高僧传》卷二，中华书局1992年版，第80页。

至青州，"即为入陈之计"①，为南逃而在青州中转，以上皆是建康与青州之间交通便利之证。

便利的交通带来频繁的交流，频繁的交流带来多元的文化。如杨泓所说"正是北朝规制、南朝影响和地方特色杂错交织在一起，才形成青州地区南北朝时期地方文化丰富多彩的内涵"②，青州的北齐造像并不是对于某个地区某种风格的单纯模仿，而是在吸收了中亚、西域、南朝等各种风格的基础上，融合本土特色而产生的一种新风格。

第二章　河北临漳地区

第一节　临漳地区的区位因素和佛教发展

邺城，位于今河北省邯郸市临漳县与河南省安阳市交界地区，春秋齐桓公始筑城，秦代置县。东汉建安年间曹操攻占邺城，此后经两晋十六国至南北朝，先后有曹魏、后赵、冉魏、前燕、东魏、北齐等 6 个王朝在邺建都。曹魏时期建邺北城，东魏时期建邺南城。北魏永熙三年（534）权臣高欢另立东魏孝静帝并挟其迁都邺城，东魏武定八年（550）高欢之子高洋称帝建齐，仍以邺城为都。北齐承光元年（577）北齐为北周所灭，北周大象二年（580），杨坚在镇压尉迟迥之乱后下令火焚邺城，千古名都付之一炬。

魏晋南北朝时期，邺城地区的佛教逐渐兴盛起来。北齐以前，佛图澄、须菩提、道安、竺法雅等高僧曾先后在河北地区弘法，东魏迁邺时洛阳地区的诸寺僧尼也随之迁移。作为国都的邺城，不仅是经济、政治中心，更是文化中心与佛教中心。北齐时期，上至皇族，下至平民，崇佛之风盛行。北齐文宣帝高洋"请稠禅师受菩萨戒"，孝昭帝高演"情寄玄门"，度僧尼 3000 余人，武成帝高湛"广济群生，应游佛刹"，史载北齐邺都一地有寺院 4 千座，僧尼 8 万人，可见北齐邺都佛教之兴盛。

---

① （唐）李百药：《北齐书》卷八《帝纪第八·后主》，中华书局 1972 年版，第 111 页。
② 杨泓：《关于南北朝时青州考古的思考》，《文物》1998 年第 2 期，第 51 页。

自 20 世纪 50 年代以来，邺城及京畿范围内多次出土北朝造像，以东魏北齐时期的白石造像为主。其中出土数量最多、质量最精美的一批为 2012 年发现的河北临漳邺城遗址北吴庄佛造像埋藏坑，共出土佛造像 2895 件（块），是近年来我国佛教考古最重要的收获之一。

第二节 临漳出土北齐佛像分析

一 造像类型分析

（一）背光式造像

临漳地区出土北齐石质佛像可分为背光式造像、"龙树背龛式"造像和单体圆雕像 3 类。根据笔者的实地考察再结合图录和论文等资料，保存较完整、年代为北齐时期、可供笔者开展研究的邺城地区出土背光式造像共计 9 件，具体情况如表 2—1 所示，因本文篇幅所限，仅选取其中保存较完整、有代表性的几件进行详细描述。

表 2—1　　　　　　　　　邺城地区出土背光式造像

名称	编号	高度/厘米	材质	组合形式	备注
佛三尊像	文 265	93	汉白玉	一佛二菩萨	有基座
佛三尊像	2012JYNH1：83	约 15	汉白玉	一佛二菩萨	有基座
佛三尊像	2012JYNH1：2661	约 25	汉白玉	一佛二菩萨	有基座
释迦牟尼三尊像	2012JYNH1：1354	约 18	汉白玉	一佛二菩萨	有基座
佛三尊像	2012JYNH1：2471	约 40	不明	一佛二菩萨	有基座
佛三尊像	2012JYNH1：79	约 15	汉白玉	一佛二弟子	有基座
佛三尊像	2012JYNH1：30	约 10	汉白玉	残像，疑为一佛二菩萨	有基座
佛三尊像	2012JYNH1：102	约 11	汉白玉	残像，疑为一佛二菩萨	有基座
长孙氏造阿弥陀像	2012JYNH1：282、466	103	汉白玉	一佛二菩萨	有基座

佛三尊造像（图2—1），编号文265①，出土于临漳习文乡栗辛庄村，通高93厘米，材质为汉白玉。主尊面容丰腴，肉髻扁圆，两耳肥大。左手施与愿印，右手施无畏印，身着褒衣博带式袈裟，袈裟自然下垂，下摆有多层堆叠的褶曲。佛头光呈圆形，中心为莲瓣纹，外缘为三同心圆。背光顶端有一羽人，两边各有三身飞天。佛两侧各一胁侍菩萨，菩萨面相方圆，头戴三叶冠。二菩萨前各有一供养人，左侧供养人仅存足部，右侧供养人头部残损，双手合十于胸前，单膝跪地。基座正面为双狮香炉，狮子雄壮威武。有东魏北齐的莲花瓦当和北齐天保年间铸造的"常平五株"铜币伴随佛像出土②，故推测此像为北齐早期造像。

图2—1　佛三尊造像

（编号文265、图片来源：笔者自摄）

---

① 此尊像原藏于河北临漳县文物保管所，现藏邺城博物馆。河北临漳县文物保管所：《河北邺南城附近出土北朝石造像》（《文物》1980年第9期）一文中此像编号为临栗佛1；《邺城文物精华》（中国社会科学院考古所、河北省文物研究所、河北省临漳县文物旅游局编著，文物出版社2014年版）一书中此像编号为文265。

② 河北临漳县文物保管所：《河北邺南城附近出土北朝石造像》，《文物》1980年第9期，第65页。

天保元年长孙氏造阿弥陀像（图2—2），北吴庄佛造像埋藏坑出土，高103厘米，材质为汉白玉，造像保存基本完整，表面留有贴金和彩绘。主尊立佛高48厘米，肉髻低平，面部丰满，身着通肩式袈裟，双阴线衣纹，袈裟贴体，自然下垂，衣纹呈U形。左手施与愿印，右手施无畏印。佛两侧各一胁侍菩萨，菩萨头戴三叶冠，上身半裸，左手握香囊，右手持莲蕾。佛体侧偏下的位置各有一浮雕双龙，龙的一肢托起莲花童子。背光顶端有舍利塔，塔身内有小坐佛，坐佛之上有山花蕉叶和覆钵塔，顶部有三根刹杆及相轮。塔侧各有一手托宝珠的童子。背光两侧有八身浮雕飞天，披帛和裙摆向后飞扬。背光背面绘有太子思维像和禅修像。基座正面为双狮香炉，四面雕有风、龙、河、火、山、象及珠神王，底座背面刻有题记："维大齐天保元年……长孙氏陆谨为亡夫北徐州刺史长孙柬敬造阿弥陀像一区，举高三尺……"

0   10厘米

图2—2　天保元年长孙氏造阿弥陀像

（图片来源：何利群：《从北吴庄佛像埋藏坑论邺城造像的发展阶段与"邺城模式"》，《考古》2014年第5期，第81页图10）

临漳地区出土北齐背光式佛像材质以白石为主，样式主要延续了东魏的风格，但在细部发生了变化，背光多为尖楣形，边缘常见火焰纹和忍冬纹图案，佛像面相丰腴，肉髻扁圆，袈裟既有褒衣博带式也有通肩式，开始出现贴体轻薄的风格，衣纹刻画趋向简单，此类佛像在基本延续了前代风格的基础上体现出北齐时代的新风貌。

（二）"龙树背龛式"佛造像

在天保末年以后，临漳地区造像样式发生了重大变化，出现了"龙树背龛式"佛造像。其典型特征是以镂孔透雕的菩提树作为背龛，树为双株，层叠缠绕，背龛上还有龙、飞天、舍利塔、化佛等，内容丰富，形象生动。笔者搜集到的邺城地区出土背光式造像共计11件，具体情况如表2—2所示，在其中选取保存较完成、有代表性的几件进行详细描述。

表2—2　　　　　　　　　邺城地区出土的龙树背龛式造像

名称	编号	高度/厘米	材质	组合形式	备注
佛像残件	文125	66	汉白玉	不明，残像仅存主佛	不明
佛五尊像	不明	约25	汉白玉	一佛二菩萨二弟子	有基座
佛五尊像	文1296	31.8	汉白玉	一佛二菩萨二弟子	有基座
佛五尊像	2012JYNH1：2885	约30	汉白玉	一佛二菩萨二弟子	有基座
佛五尊像	2012JYNH1：1623	约35	汉白玉	一佛二菩萨二弟子	有基座
佛五尊像	2012JYNH1：1104	30	汉白玉	一佛二菩萨二弟子	有基座
佛七尊像	2012JYNH1：2516	38	汉白玉	一佛二弟子二"螺髻"二菩萨	有基座
佛七尊像	2012JYNH1：1835	57.5	汉白玉	一佛二弟子二"螺髻"二菩萨	有基座
佛七尊残像	2012JYNH1：1000	约40	汉白玉	一佛二弟子二"螺髻"二菩萨	有基座
佛七尊像	文1116	约62	汉白玉	一佛二弟子二"螺髻"二菩萨	有基座
弥勒七尊像	文1117	55	汉白玉	一佛二弟子二"螺髻"二菩萨	有基座

佛像残件（编号文125①、图2—3），残高66厘米，材质为汉白玉。主尊两侧残毁。主尊佛像面相方圆，佛头为螺发，肉髻扁圆，身着褒衣博带式袈裟，衣纹流畅呈U形，左手施与愿印，右手施无畏印。佛的项光呈圆形，中间饰有莲瓣纹，莲纹外围是四个同心圆，同心圆周围刻有童子。项光正上方刻有立于莲蓬上的二童子，童子手托舍利塔。背光为镂空透雕，缠绕的菩提枝干呈扇形，舍利塔位于背光上方正中位置，两侧为手持不同乐器的伎乐天。

佛五尊像（编号2012JYNH1：1104、图2—4）高30厘米，材质为汉白玉。主尊坐佛，面相方圆，身着袒右式袈裟，左手施与愿印，右手施无畏印。两侧各有弟子二人、菩萨二人。背光呈弧扇形，由两株缠绕的菩提树组成。底座正面为双狮香炉及二力士，底座两侧和背面雕有八身神王像。

图2—3　佛像残件

（编号文125 图片来源：笔者自摄）

图2—4　佛五尊像

（编号2012JYNH1：1104、

图片来源：笔者自摄）

佛七尊像（编号2012JYNH1：1835、图2—5），高57.5厘米，材质为汉白玉，造像表面的贴金彩绘保存完整。主尊结半跏趺坐于台座上，

图2—5　佛七尊像

（编号 2012JYNH1∶1835、图片来源：笔者自摄）

面相丰满，身着袒右式袈裟，袈裟轻薄贴体，左手抚膝，右手施说法印。弧扇形背龛由两株缠绕的菩提树组成，最上方为双龙托举舍利塔，两侧有六身飞天。飞天衣裙向外飞扬，双手持握花蔓，各飞天之间通过花蔓相连。造像底座有浮雕图案，正中为香炉，香炉两侧为蹲姿双狮，狮尾上翘，威武有力。主尊两侧共有六胁侍，紧邻佛的为二弟子、最外侧为二菩萨，位于弟子与菩萨之间的为结螺髻的胁侍。对于身穿比丘的袈裟、双手合十的结螺髻胁侍像，学术界有不同的观点。日本学者水野清一认为响堂山石窟中的螺髻像为与《法华经》中会三归一思想相关的缘觉像①。缘觉，也称辟支佛或独觉，与声闻合称"二乘"，于佛世听佛说十二因缘而悟道者称为缘觉，于无佛之世而自行悟道者称为独觉。韩国学者金理那则认为6世纪碑像中的螺髻像为与《维摩诘经》相关的螺髻梵王②，美国芝加哥美术馆藏西魏大统十七年（551）造像碑上刻有"梵王主"的铭文。结螺髻胁侍像在各时代的造像或造像碑上的位置并不固定，

① ［日］水野清一、长广敏雄：《响堂山石窟》，东方文化学院京都研究所1939年版，第35—46页。

② ［韩］金理那著、洪起龙译：《关于6世纪中国七尊像中的螺髻像之比较》，《敦煌研究》1998年第2期，第72—77页。

最内侧、最外侧或背龛外侧都曾有出现，但在北齐佛七尊像中螺髻像都处于胁侍菩萨与弟子之间，笔者认为此类螺髻像为缘觉像还是螺髻梵王像的问题还有待进一步的探讨。

河北临漳地区出土的北齐前期石质佛像基本延续了东魏晚期的风格，是对北魏晚期风格的一种传承和嬗变，而至北齐中后期流行的"龙树背龛式"佛造像标志着北齐邺城新风格的确立。两株缠绕的菩提树形成镂孔透雕式的扇形背龛，树上有盘龙环绕。这种背龛并非仅出现在邺城地区，河北曲阳修德寺、山西太原也曾有相似造像出土，但以临漳邺城地区出土的数量最多，因而笔者认为"龙树背龛式"在东魏北齐时期以邺城为中心流行，并对北齐其他地区产生影响。学术界将北齐新式佛像与菩提树、镂孔透雕技术相结合的造像新样式称为"邺城模式"。

（三）单体佛立像

单体佛立像在临漳地区的出土数量较少，笔者搜集到的仅有1件，现展于邺城博物馆。此像出土于北吴庄佛像窖藏坑，编号2012JYNH1：52、58，单体圆雕，残高112厘米，材质为青石，局部残存彩绘痕迹。佛面部丰腴，螺发，肉髻扁平，袈裟轻薄贴体，无明显衣纹。右手肘部以下残损，断口处有接榫，左手掌心向外，指部残。整尊造像体态修长，腰部稍窄，腹部微鼓，凸显形体美。此尊造像与青州出土Ⅰ类单体佛立像极其相似。

二 组合关系与题材

如前文中表2—1和表2—2所示，临漳地区出土北齐背光式造像皆为佛三尊像，其中一佛二菩萨像8件，一佛二弟子像1件。临漳地区出土北齐龙树背龛式造像除1件残像组合形式不明外，佛五尊像5件，佛七尊像5件。从背光式造像到龙树背龛式造像表现出组合关系由三尊到五尊、七尊的复杂化趋势。

笔者搜集到的9件背光式造像和11件龙树背龛式造像中带有题记的为3件，其中2件的题记内容涉及题材，分别为释迦和阿弥陀。此外，发现另有2件造像部分残毁，但依题记可知题材为释迦和弥勒，还有2件残存的造像底座，题记表明造像题材为阿弥陀和无量寿，具体情况如表2—3所示，可见临漳出土北齐石质佛像的题材主要为释迦、弥勒和阿弥陀等。南北朝时期释迦信仰和弥勒信仰普遍流行，而临漳地区的阿弥陀信仰盛行于北齐时代。笔者搜集到的3件带有"阿弥陀"或"无量寿"题记的北齐造像年代分别为天保元年（550）、河清三年（564）和武平五年（574），年代跨越整个北齐王朝，可见阿弥陀信仰在当时的流行。

表2—3　　　　　　　　　　临漳地区北齐佛像题材

造像名称	编号	题材	年代	备注
释迦牟尼三尊像	2012JYNH1：1354	释迦	天保元年	
佛三尊像	2012JYNH1：30	不明	武平五年	
释迦牟尼三尊像	2012JYNH1：1354	释迦	天保十年	仅存主佛躯干和基座
交脚弥勒像	2012JYNH1：1620	弥勒	天保五年	仅存主佛及左胁侍躯干
弥勒七尊像	文1117	弥勒	不明	主尊为交脚弥勒
长孙氏造阿弥陀像	2012JYNH1：282、466	阿弥陀	天保元年	
阿弥陀五尊像	2012JYNH1：880	阿弥陀	河清三年	像残毁，仅存基座
无亮寿(无量寿)佛	2012JYNH1：1814	无量寿	武平五年	像残毁，仅存主佛和基座

弥勒像是弥勒信仰在北齐临漳地区流行的实物证据。河北地区北魏时期开始已出现弥勒像，李玉珉认为此类弥勒佛与《佛说观佛三昧海经》[1] 中"弥勒佛初始坐于龙华树下，结跏趺坐"的描述有关[2]。关于弥勒与龙华树，佛典中有多处描述，如《佛说弥勒来时经》言"弥勒得道为佛时，于龙华树下坐"，《弥勒大成佛经》言"坐于金刚庄严道场龙花菩提树下。枝如宝龙吐百宝华"等。临漳地区龙树背龛像的出现应与弥勒龙华树有一定关联，关于龙树背龛的具体情况在本文第四章中。

第三节　邺城风格及其与曲阳造像

前后透雕的菩提双树形成弧扇形的背龛，树冠层叠高耸，背龛上部的飞天手持花蔓，各花蔓相互连接，背龛最上方多为舍利塔或坐佛，主尊多为丰满圆润的北齐式坐佛，组合形式以五尊和七尊居多，基座上多

---

① ［日］高楠顺次郎、渡边海旭、小野玄妙等编：《大正新修大藏经》卷十五《佛说观佛三昧海经·卷七》，大正一切经刊行会1934年版，第681页。

② 李玉珉：《南北朝弥勒图像与信仰》，《故宫学术季刊》2012年第2期，第35页。

浮雕有双狮香炉，此类"龙树背龛式"造像是邺城地区北齐造像的典型样式，学术界称之为"邺城风格"或"邺城模式"。

需要注意的是，邺城地区的龙树背龛式造像在河北的其他地区亦有发现，主要集中于以曲阳为中心的定州地区。曲阳县盛产白石，位于临漳北部，北齐时属定州中山郡，20 世纪 50 年代曲阳修德寺遗址出土北魏至唐代造像 2000 余件，其中 200 余件纪年造像中以北齐和隋代居多。曲阳造像材质多为汉白玉，浮雕和透雕相结合，别具特色，日本学者松原三郎提出"定县样式"①，李静杰提出"定州系白石佛像"②。北齐定州的范围较大，包括中山、常山、巨鹿等郡。除曲阳县外，北齐时属定州巨鹿郡的藁城县也有北齐石造像出土。笔者搜集到曲阳、藁城两地出土的北齐造像中龙树背龛式造像共计 4 件，分别为北齐河清元年（562）贠度等造白石双弥勒像、天统四年（568）刘遵伯造西方三圣像、天统五年（569）贾乾德妻杨等造双思维菩萨像和武平元年（570）贾兰业兄弟造白石双思维菩萨像。虽然有龙树背龛式造像出土，但此类佛像占全部曲阳北齐像的比例较小，曲阳北齐像的特色在于思维像、观音像、菩萨像居多，菩萨占总数的一半以上，且造型以双身像居多。笔者找到的 4 件定州龙树背龛像的纪年属于北齐中后期，且其中 3 尊为双身像，由此笔者推测龙树背龛像流行于以邺城为中心的广大地区，曲阳地区工匠结合当地流行的双身像创造出龙树背龛双身像。

曲阳造像的另一特点是留存有大量纪年题记，北齐时期的发愿文多与观音、弥勒和思维相关，笔者在其中找到 3 件阿弥陀题记，可作为邺城阿弥陀信仰之补充。"天保六年……李神景兄弟等……造无量寿像一区……往生西方极乐世界……"③ "天统四年……刘遵伯……造弥陀玉像观音大势二菩萨……"④ 以及"武平七年……比丘尼静聪……造阿弥陀像一区供养……"⑤。天保六年（555）、天统四年（568）和武平七年（576）的年代稍晚于临漳地区阿弥陀像的纪年，再结合邺城地区"人并

---

①　参见［日］松原三郎《增订中国佛教雕刻史研究》，吉川弘文馆 1966 年版。

②　参见李静杰、田军《定州系白石佛像研究》，《故宫博物院院刊》1999 年第 3 期。

③　冯贺军：《曲阳白石造像研究》，紫禁城出版社 2005 年版，第 178 页。

④　同上书，第 206 页。

⑤　同上书，第 217 页。

西奔"信仰之盛，由此笔者推测曲阳的阿弥陀信仰是受邺城的影响。

无论造像题材方面还是造型方面，曲阳北齐白石造像与邺城北齐白石造像并非两个独立的造像体系，笔者认为在注重两地区域特色的同时还应当关注两地之间的联系。

第三章　青州地区和临漳地区出土北齐石质佛像之比较

第一节　造型与风格

一　佛像造型

两地造像都具有鲜明的北齐时代特色，主要表现在对于佛像面部和身体的塑造上。北齐佛像（图3—1、图3—2）面相丰腴，五官线条柔和，肉髻低平，肉髻处已没有北魏时期明显的凸起，眉目细长，眼睑微开，呈俯视状，高鼻通额，嘴角含笑，笑意委婉，嘴角处棱角刻画分明，下颚圆满，双耳垂肩。北齐佛像的面相已完全不复北魏时代士大夫的秀骨清像式，体现出一种新的审美情趣。两地佛像的面部也有一定区别，青州造像受笈多风格的影响，肉髻上装有细密的螺发，螺发在临漳地区几乎不可见。

图3—1　青州北齐佛头像

（图片来源：青州市博物馆编：《青州龙兴寺佛教造像艺术》，山东美术出版社1999年版，第106页图123）

图3—2　临漳北齐佛头像

（图片来源：笔者自摄）

北齐造像的另一特色在于佛像身体的塑造。早期造像头部比例较大，下身较短，而北齐时代的佛像身体修长，匀称协调。工匠们对于身体的比例有着精准的把握，通过简单的衣纹表现身体的自然美感，尤其是青州地区造像更突出地表现出笈多艺术的形体美。除了佛像本身匀称协调之外，佛像还与装饰精美的背光或背龛和谐统一，尤其是临漳地区龙树背龛像透雕的双树，透雕的孔带给观者视觉上的舒放，多尊像和透雕双树的结合形成一种自然和谐的美感。

二 造像体量

两地造像在体量方面有着明显的不同，根据笔者的实地考察再结合图录和论文等资料，笔者可搜集到造像体量信息的青州地区北齐佛像共51件、临漳地区北齐佛像共21件，具体情况如表3—1所示。

表3—1　　　　　　　　青州和临漳两地造像体量情况

体量（厘米）	10—40	40—70	70—100	100—130	130—150	150以上
青州背光式佛像（件）	2	1	2	3	—	—
青州单体圆雕像（件）	1	10	15	13	3	1
临漳背光式佛像（件）	7	—	—	2	—	—
临漳龙树背龛像（件）	7	3	—	—	—	—
临漳单体圆雕像（件）	—	—	—	1	—	—

青州地区出土北齐佛像的体量较大，背光式佛像高度多在70到130厘米之间，单体圆雕像（包括法界人中像）的高度集中于70到130厘米之间。相比青州地区，临漳地区出土的北齐佛像体量较小，背光式佛像的高度多在10到40厘米之间，有个别像高于100厘米；龙树背龛像的高度在10到70厘米之间，以10到40厘米居多；单体圆雕像仅1件，高度与青州同类像相似。

笔者推测两地造像体量不同的原因主要有两点：一是造像材质的限制。青州造像材质多为青石，质地坚硬，强度适中，易于雕刻。而白石质地虽较为坚硬，但脆弱易碎，体量大的白石造像对于雕刻技艺的要求较高，体量小的白石造像更易雕琢。二是造像供奉地点和制作地点的不同。青州地区的北齐佛像多出土于寺院遗址，而临漳地区的北齐佛像多出土于农田河床中，赵彭城佛寺遗址等地少有佛像出土。因此笔者认为青州地区的北齐佛像主要供奉在寺院内，佛寺兴盛，殿堂壮观，造像体量宏大，前文提到的《临淮王像碑》碑文"无量寿像一区，高三丈九尺"可作佐证。此外，青州龙兴寺窖藏出土造像中有多件色彩再绘与补凿固定的痕迹，似与造像作坊加工有一定关系。相比之下，临漳地区出土造像埋藏稍乱，非有意识的窖藏，且造像体量多偏小，可能是由不同工匠所造的用于个人供奉的造像，关于临漳地区造像的民间性在后文具体说明。

三 造像基座

造像基座的不同是两地的区别之一。如前文表1—1、表2—1和表2—2所示，笔者搜集到的8件青州地区北齐背光式造像中4件带有基座，临漳地区9件北齐背光式造像和10件背龛式造像中除1件残损不明外皆带有基座。青州地区背光式造像中有基座像的基座多为无图像的素面式。临漳地区北齐造像基座有素面式和浮雕式，以浮雕式为多。浮雕式基座上的装饰各有不同，基本内容为香炉和双狮，更为复杂的带有供养人、力士、神王像等（表3—2，图3—3、图3—4）。

表3—2　　　　　　　　青州和临漳造像基座情况

地区	造像	编号	基座样式	基座内容
青州地区	盖僧伽造佛三尊像	不详	浮雕	香炉、双狮
	佛三尊像（惠民县）	不详	素面	无图像
	太宁二年佛三尊像	不详	素面	无图像、刻有题记
	天保三年僧济本造像	不详	素面	无图像、刻有题记
临漳地区	佛三尊像	文265	浮雕	童子托举香炉、双狮
	佛三尊像	2012JYNH1：83	浮雕	香炉、双狮
	佛三尊像	2012JYNH1：2661	浮雕	童子托举香炉、双狮
	释迦牟尼三尊像	2012JYNH1：1354	素面	无图像
	佛三尊像	2012JYNH1：2471	素面	无图像
	佛三尊像	2012JYNH1：79	素面	无图像
	佛三尊像	2012JYNH1：30	素面	无图像

续表

地区	造像	编号	基座样式	基座内容
临漳地区	佛三尊像	2012JYNH1：102	浮雕	香炉、双狮
	长孙氏造阿弥陀像	2012JYNH1：282、466	浮雕	香炉、双狮、力士
	佛五尊像	不详	浮雕	香炉、供养人、双狮
	佛五尊像	文1296	浮雕	香炉、供养人、双狮、力士
	佛五尊像	2012JYNH1：2885	浮雕	香炉、双狮、力士
	佛五尊像	2012JYNH1：1623	浮雕	香炉、双狮、力士
	佛五尊像	2012JYNH1：1104	浮雕	童子托举香炉、供养人、双狮、力士
	佛七尊像	2012JYNH1：2516	浮雕	香炉、双狮、力士
	佛七尊像	2012JYNH1：1835	浮雕	香炉、双狮
	佛七尊残像	2012JYNH1：1000	浮雕	童子托举香炉、双狮
	佛七尊像	文1116	浮雕	童子托举香炉、双狮、天王
	弥勒七尊像	文1117	浮雕	童子托举香炉、供养人、双狮、力士

图3—3　临漳地区造像底座

（图片来源：笔者自摄）

图3—4　临漳地区造像底座

（图片来源：笔者自摄）

在印度，狮子与宗教和王权有着紧密的联系。《大智度论》中有"佛坐狮子座"的描述，佛说法之譬喻称"狮子吼"，今日印度国徽中也有阿育王时代的狮子图案。中国本无狮，东汉时期通过西域国家的进贡，狮子伴随着丝绸之路和佛教东传进入我国。十六国时期的禅定铜佛造像已出现刻有双狮和博山炉的台座，造型和样式较为简单。进入北朝时期，临漳地区北魏、东魏的部分造像已出现带有雕刻的长方形基座，但不具普遍性，至北齐时代，造像基座形式多样，内容丰富。

最简单的样式为基座正面的正中为博山炉，相向而立的双狮位于香炉两边，双狮多呈蹲坐姿。图3—5中的佛三尊像（编号2012JYNH1：83）仅高15厘米左右，基座正面刻有香炉，香炉两侧各有一狮子，体量如此小的造像仍注重基座的装饰。笔者在北吴庄佛像窖藏坑出土物中发现一件复杂精美的造像底座残件（编号2012JYNH1：31，图3—6）。佛像大部残毁，基座部分完整。基座正中有二化生童子肩托博山炉，炉侧有两枝莲花，莲叶舒展。香炉左右各一跪姿弟子，弟子旁有蹲坐姿狮子，狮尾上翘，雄壮威武，狮子旁立有头部残毁的天王。基座背面（图3—7）更具特色，悉达多太子居于正中，身侧白马前蹄跪地，马头低垂，马后有5位侍从，右侧雕刻有佛祖骑白马向菩提树远去的情景。基座背面用浮雕的形式描绘了佛传故事中白马送别和夜半逾城的场景，生动形象。

部分基座四面皆有雕刻，部分基座仅正面有雕刻。组合形式简单的三尊像基座内容稍单调，组合形式复杂的多尊像基座内容较丰富。基座的雕刻内容虽有一定的规律可循，但即便内容一样造型也各不相同，仅博山炉就有单博山炉、带有莲花的博山炉、化生童子托举博山炉等多种形式，笔者尚未找出两件完全一样的基座，博山炉、双狮、莲花、化生童子、供养人、天王等不同组合和佛传故事等内容，都是当时佛教思想深入人心的证明，亦体现着佛教本土化的过程中工匠们的发挥与创造，此类基座佛像对于后世有着深远的影响，至唐代后期才渐渐

图3—5　佛三尊像

（编号2012JYNH1：83）

（图片来源：笔者自摄）

湮灭。经过比较可以发现邺城像基座内容丰富、变化很多，曲阳像稍次，而青州像的样式则较为固定。

图3—6　造像底座	图3—7　造像底座
（编号2012JYNH1：31）正面	（编号2012JYNH1：31）背面
（图片来源：笔者自摄）	（图片来源：笔者自摄）

四　背光和背龛样式

青州和临漳两地出土北齐佛像的另一区别为背光和背龛样式的不同。青州造像的主要特征为背光上龙吐莲花的图案。主尊佛身体两侧各有一龙，龙头在稍下的位置，龙尾向上伸展，龙有四爪，每爪三趾，龙嘴中吐出的莲花成为胁侍菩萨的台座。学术界对于这种龙的定名有多种，有"螭龙""飞龙""翔龙"和"倒龙"等①。

龙吐莲花，是典型的中国文化符号，是佛教艺术与中国传统文化的结合。龙多出现于汉魏以来的墓葬中，同时龙又是佛教"天龙八部"之一，莲花也是佛教中经常出现的花卉。南朝有多首关于博山炉的诗句，如"下乘蟠龙势，矫首半衔莲""蛟螭盘其下，骧首盼层穹"等，这些诗句说明当时已出现以龙衔莲花为装饰的博山炉。龙吐莲花并非北齐首创，在山东地区的北魏晚期造像中已开始出现，东魏北齐流行一时。它的流行并不是一种偶然现象，但关于青州造像中大量出现龙的原因，学术界众说纷纭，金维诺认为与前后燕时期以龙为祥瑞的传统有关②；杜在忠和韩岗认为与梁武帝崇龙有关③；孙迪认为来源于弥勒信仰，与《弥勒大成

---

①　李森：《青州龙兴寺造像中龙的名称、造型来源及流行原因》，《敦煌学辑刊》2008年第2期，第105页。

②　金维诺：《青州佛教造像的艺术成就》，《美术》2002年第12期，第52页。

③　杜在忠、韩岗：《山东诸城佛教石造像》，《考古学报》1994年第2期，第261页。

佛经》中"枝如宝龙吐百宝华"的经文有关①；李森认为青州地区有着强烈的青龙崇拜意识②。

笔者发现临漳造像中的天保元年长孙氏造阿弥陀像（编号 2012JYNH1：282、466）主尊佛体侧偏下的位置各有一浮雕双龙，龙呈 S 形，尾部向上延伸，与青州式样的龙极为相似，但龙嘴未吐出莲花，而是龙的一肢托起莲花童子。河北地区北魏时期的金铜像已有龙吐莲花的母题出现。日本藤井有邻馆所藏北魏正光三年（522）魏氏造金铜像是已知的最早作品③，此像有标准的龙吐莲花母题，但因此像经过收藏所以其来源问题尚不明确。孙迪推测龙吐莲花的母题是由河南洛阳传播至河北邺城和曲阳等地，再由河北传播至山东青州，笔者倾向于孙迪的此种观点，但其源流问题还有待进一步的深入研究。山东青州和河北临漳两地皆有龙吐莲花的母题出现，这从另一侧面证实当时青州与邺城之间的区域交流。

临漳地区造像的主要特征在于龙树背龛。被称为"邺城模式"的龙树背龛式造像主要流行于北齐天保末年以后，背龛为镂孔透雕的扇形，双株菩提树层叠缠绕，树干上有龙缠绕其上，一些背龛上还雕有飞天、舍利塔、化佛等。菩提树有着深刻的宗教含义，释迦牟尼在菩提树下成道，"菩提"即觉悟、智慧之意。虽名为"龙树背龛"，但笔者认为其主要特征在树，而不在龙，因为有些像并无龙出现，有些像虽有龙，但龙的雕刻也十分简单。前文已提到，有学者认为龙树背龛像的出现与弥勒于龙华树下成佛的佛典记载相关，笔者也倾向于此种观点，但临漳地区可确定为弥勒像的龙树背龛像并不多，还有很多造像需要进一步的辨识和确认。

前文已提到镂孔透雕的龙树背龛像不仅出现在临漳一地，定州地区出土的北齐河清元年（562）负度等造白石双弥勒像、天统四年（568）刘遵伯造西方三圣像、天统五年（569）贾乾德妻杨等造双思维菩萨像和武平元年（570）贾兰业兄弟造白石双思维像等皆是龙树背龛像，依据题

---

① 孙迪：《青州佛教背光式造像中翔龙嘉莲图像宗教涵义初探》，《中国文物报》2006 年 3 月 29 日第 7 版。

② 李森：《青州龙兴寺造像中龙的名称、造型来源及流行原因》，《敦煌学辑刊》2008 年第 2 期，第 107 页。

③ 孙迪：《山东青州佛教造像系统翔龙嘉莲图像探考（上）》，《中国文物报》2006 年 7 月 12 日第 7 版。

记发现年代多属北齐中后期，但在所有定州地区出土造像中镂孔透雕的龙树背龛像的比例较小，此类像在临漳地区集中出现，说明其在邺城的流行之广，因而笔者推测龙树背龛像是于北齐天保末年前后在邺城创制并流行，随后影响至定州等其他地区。

五　佛像的体姿

佛像的体姿，有坐像、立像、卧像等。青州佛像的体姿多为立像，以龙兴寺为例，龙兴寺出土造像共400余尊，其中数量最多的北齐单体圆雕像有百余尊，且单体圆雕佛像皆为立像。笔者将搜集到的青州地区8件背光式造像、53件单体，临漳地区8件背光式造像、8件龙树背龛像和1件单体像的体姿情况整理为表3—3。可发现，青州地区出土北齐造像多立像，坐像极少；相比之下，临漳地区出土北齐像立像坐像皆有，其中坐像居多。

坐像和立像皆为佛像的常见体姿，但青州地区北齐像以立像为多一定有着背后的原因。立像源自释迦牟尼的说法姿势，释迦成道后曾在印度各地说法传教。立像有双脚并立在莲台上的直立像，也有一脚略微前伸呈行走态的立像。龙兴寺出土的一尊单体佛像，右腿微曲，以左腿支撑身体重点，呈现一种行走中的姿态，笔者推测此像应为行走态的释迦像。但青州出土北齐单体佛立像的脚部多有残损，行走态释迦像的具体数量并不可知，所以此推测还有待进一步的探讨。

表3—3　　　　　　　　青州和临漳出土北齐石质佛像体姿

地区	造像样式	佛像体姿	数量（件）
山东青州地区	背光式造像	主尊为立佛	7
		主尊为坐佛	1
	单体圆雕像	佛立像	53
河北临漳地区	背光式佛像	主尊为立佛	3
		主尊为坐佛	5
	龙树背龛像	主尊为立佛	1
		主尊为坐佛	10
	单体圆雕像	佛立像	1

在北齐的疆域范围内，仅在青州地区大量出土单体圆雕佛立像，笔者认为此类像主要受笈多风格的影响，本文中Ⅰ类和Ⅲ类单体佛立像可以在印度笈多造像中找到直接源头，笈多艺术传入并在北齐流行一时。笔者发现临漳北吴庄佛像窖藏坑出土的单体圆雕佛立像（编号2012JYNH1：52、585）从材质到造像皆与青州单体像极为相似，笔者认为此像应源自青州。作为国都的邺城兼容并蓄，多元文化并存。但单体圆雕佛立像为何在邺城没有普遍发现呢？笔者认为可能有两点原因，一是单体圆雕佛立像传入青州后从发展到成熟需要一定的时间，北齐经国仅28年，单体像由青州传入邺城后还未及流行便遭遇了北齐覆灭，而后北周灭佛更是阻断了此类造像的进一步发展和传播。二是单体圆雕佛立像的体量较大，前文已提到此类像的高度多集中在70到130厘米之间，青州北齐造像脚部以下多残损，完整像的体量应该更大，如此大像一般不会是个人供奉，加之此类像是在青州寺院遗址集中出土，所以它们应是为了寺庙供奉而造，而临漳地区造像大小不一，整体小于青州造像的体量，笔者认为临漳造像多用于个人供奉，关于临漳造像的民间性将在后文中详细论述。个人造像主要是为了信仰和供奉，体量宏大的单体圆雕立像显然不符合个人供奉的需要，故而笔者推测此为单体佛立像并未在邺城流行的另一原因。

第二节　题材与信仰

两地出土北齐石质佛像在表现出南北朝时期一直流行的释迦题材和弥勒题材的同时，又表现出两地的区域特色，青州地区的卢舍那信仰更为流行，临漳地区的阿弥陀信仰更为流行。

前文已提到，王瑞霞搜集到青州地区带有"敬造卢舍那像一区"题记的卢舍那像共计10件，且10件皆属北齐时代。李森从《益都县图志》、民国《寿光县志》和民国《昌乐县续志》中找到12处卢舍那造像题记，并推测青州单体立佛的题材以卢舍那为主[1]。笔者认为，青州单体

---

[1] 李森：《山东青州龙兴寺北齐单体立佛题材考证》，《宗教学研究》2009年第2期，第87页。

立像是否属卢舍那造像仍需要进一步的实证来证明，但 10 余件卢舍那造像题记、13 件卢舍那法界人中像和青州名僧真玉提倡的华严莲花藏世界，都是北齐青州地区《华严经》及卢舍那信仰流行之证据。

北齐时期临漳地区阿弥陀信仰盛行。如前文表 2—3 所示，笔者搜集到临漳地区三尊带有"阿弥陀"或"无亮寿（无量寿）"题记的造像，年代跨度从天保元年（550）到武平五年（574）。天保年间，青州僧人真玉在邺都居住时曾言："诸佛净土，岂限方隅？人并西奔，一无东慕"①，虽然真玉所言是在宣扬华严信仰②，但"人并西奔"从侧面表现出当时邺城地区西方净土信仰的流行之盛。关于青州地区的阿弥陀造像，笔者仅找到一处资料，即《临淮王像碑》的碑文中"制无量寿像一区，高三丈九尺，并造观世音、势至二大士而侠侍焉"。笔者认为是娄定远对于阿弥陀信仰在青州地区的传播起着关键性作用。身为皇亲、"少历显职"的临淮郡王对于佛教的信仰一定深受邺都的影响，所以当他任职青州之时，造像题材选择了邺都流行的阿弥陀信仰，南阳寺作为青州地区的主寺又对整个青州地区的佛教产生重大影响，故而笔者推测，青州地区的阿弥陀信仰是由河北地区传入，并以南阳寺为中心流传开来。

除了佛像，还有一定数量的北齐菩萨像出土，其中主要为观世音像，北齐时期菩萨像的数量远超北魏和东魏时期。可见，北齐时代由最初的释迦信仰和弥勒信仰为主逐渐发展为释迦、弥勒、阿弥陀佛、卢舍那和观世音等多种信仰并存，且出现了不同的地域特色。

第三节 佛教艺术与政治及社会生活

青州和临漳两地区的北齐造像都表现出一定的胡风。前文已提到青州为北齐重镇，交通便利，常有胡人往来，青州出土的法界人中像和线刻画像石上皆有胡人形象。临漳的北齐像也具有胡风的特点，一件背光式造像残块上的飞天即为其代表。图 3—8 背光残块（编号文 268），白石

---

① （唐）道宣撰写、郭绍林点校：《续高僧传》卷六《真玉传》，中华书局 2014 年版。
② 魏道儒：《中国华严宗通史》，江苏古籍出版社 2002 年版，第 65 页。

透雕，背光为邺城经典的扇形龙树式，上部为头顶宝塔的异兽，塔侧有飞龙，二龙下方残存两身飞天。残存的四身飞天极具特色，体态丰满，面相浑圆，高鼻深目，头部似有盘起的辫发，具有浓郁的胡风。

图3—8 背光残块（编号文268）

（图片来源：笔者自摄）

据《北齐书》记载："显祖尝问弼云：'治国当用何人？'对曰：'鲜卑车马客，会须用中国人。'显祖以为此言讥我。"① 可见先祖为汉人的高洋已将自己视为鲜卑人。实际上，高洋确有鲜卑血统，高洋之母、高欢之妻武明皇后娄昭君，出身鲜卑贵族，育有北齐文宣帝高洋、孝昭帝高演、武成帝高湛。鲜卑化的北齐王室建立鲜卑化的政权，大力推行鲜卑化和胡化。据史书记载："西域丑胡、龟兹杂伎，封王者接武，开府者比肩。非直独守弄臣，且复多干朝政。"② "世祖（高洋）性好握槊（类似双陆的一种博戏），（和）士开善于此戏"③，后主高纬"唯赏胡戎乐，耽爱无已"④。可见当时的北齐社会活跃着很多胡人，胡风不仅限于王室贵族，甚至影响到了社会生活的各个方面。

---

① （唐）李百药撰：《北齐书》卷二十四《杜弼传》，中华书局1972年版，第353页。

② （唐）李百药撰：《北齐书》卷五十《恩倖传》，中华书局1972年版，第685页。

③ 同上书，第686页。

④ （唐）魏征等：《隋书》卷十四《志第九·音乐中》，中华书局1973年版，第331页。

北魏与柔然战争不断，而北齐却与之交好。高欢除了鲜卑妻子娄氏还有一位柔然妻子——郁久闾氏。武定三年（545）高欢"使慕容俨往娉之，号为蠕蠕公主"①，蠕蠕为柔然之别称。娶妻柔然公主也是北齐与草原民族友好往来之另一实证。

佛教与政治、与社会的影响是交互的，史料和出土的实物说明北齐与西域各国有着广泛的往来，胡人已经广泛地进入到北齐的社会生活中，艺术中出现的胡人形象也是现实生活的一种反映。

第四节　造像的供奉地点与民间性

青州造像，尤其是其中的单体圆雕佛立像，表现出一种规律性的特点，不同造像之间有一定的不同，但个体之间的个性差异并不突出。相比之下，临漳出土的北齐佛像更凸显个性，笔者目前还没有找到两件完全一样的造像，从背光到基座，甚至基座之上的香炉、狮子等图案也各不相同。

笔者认为，造成青州造像具有一定规律性而临漳造像个性突出的原因可能与供奉地点的不同有关。青州的北齐像多出土于寺院遗址，临漳的北齐像多出土于农田，再结合上文提到的"北齐武平四年额南阳寺"和《临淮王像碑》等史料，笔者认为青州的北齐佛像，尤其是其中体量较大的造像主要是在修寺时统一修造，主要用于寺院供奉，因而佛像的体量和造型皆具有一定的规律性。青州地区亦有体量较小的造像出土，笔者认为它们应用于个人供奉。

北齐全民崇佛，作为国都的邺城佛教更盛，临漳出土的北齐像大小不一、造型各异，体现出一种民间性，说明临漳佛像更多是为个人供奉，位高权重、财力雄厚之人造像体量较大且装饰精美，普通百姓造像体量较小且稍显粗糙，加之邺都工匠云集，不同工匠水平不一，因而更具"个性"。

---

① （唐）李延寿：《北史》卷十四《列传第二》，中华书局1974年版，第518页。

结 论

北齐王朝虽然国祚短暂，但在历史上留下了丰富灿烂的文化艺术，佛教艺术是其集中体现。邺城为北齐国都，青州为北齐重镇，两个地区皆是当地文化与佛教之中心。近年来山东、河北两地出土的北齐石质造像几千余件，青州地区出土北齐石质佛像主要有背光式佛三尊像和单体圆雕佛立像两类，临漳地区北齐石质佛像主要有背光式佛三尊像和龙树背龛式佛多尊像两类。两地造像在造像体量、造像基座、背光样式和佛像体姿等方面各具特色，青州造像最突出的特点在于笈多风格，而临漳造像最突出的特点在于龙树背龛。两地造像的窖藏性质不同，青州龙兴寺窖藏呈现一种规律性和整齐性，相比之下临漳北吴庄佛像埋藏坑较为散乱，是非有意识的窖藏。笔者认为两地造像的供奉形式与供奉地点也不同。青州地区的北齐像多用于寺院供奉，因此佛像体量和造型皆具有一定的规律性，而国都邺城的佛教信众分属不同阶层，因而临漳地区北齐像大小不一、造型各异，民间性更为凸显。

在注重两地差异的同时，还应注意到青州地区和临漳地区之间的共性与交互性。两地造像皆一改北魏造像的秀骨清像，面相丰满，身体健壮，佛像袈裟轻薄修身，衣纹简洁，反映出北方民族的强健与朴实。两地造像皆表现出对于异域文化的吸收与融合，在信仰方面也均表现出释迦信仰和弥勒信仰的广泛性。临漳地区有青州样式佛立像出土，两地造像皆出现龙吐莲花的母题，这些都说明两地的造像是相互影响的，在强调区域特色的同时，还应考虑到两地区之间的交流与时代大环境。

笔者认为，出土北齐石质佛像鲜明的时代特色，并非突发创造，亦非对于任何一种艺术的全盘吸收，而是在沿袭北魏、东魏时期造像的基础上，融合印度、西域和南朝等艺术风格，加之工匠们的创造力而逐渐形成的审美新风尚，是佛教造像艺术对佛教发展的思考和表达，是佛教本土化的一种表现。北齐王朝在时间上处于纷乱的南北朝时期，在空间上与中亚、西域和南朝之间，交通便利，加之统治集团崇尚胡风等多种因素，形成北齐佛像的新风格，同时山东青州和河北临漳地区作为各地区的政治文化中心，在造像上逐渐显现区域特色。

6世纪末，北齐被北周所灭，随后北周武帝的灭佛政策推行全境，北齐佛像经灭佛事件和朝代更迭后渐渐湮灭，但它为后人留下了宝贵的艺术财富，亦留下了很多问题有待进一步研究和探索。

试论我国古代书籍保护技术的实践及其对当代古籍保护的影响

2017 届　梁家铭

（导师：国家图书馆　陈红彦研究馆员）

第一章　古籍写印用纸张制作技术对古籍保护的作用

与西方早期使用的牛皮纸、羊皮纸等动物皮纸不同，中国的书写材料一直以植物原料为主流，从简牍的竹，到帛书的丝再到纸质文献的麻、树皮、稻草等，甚至包括现已失传的以海苔为原料的侧理纸和以蜜香树树皮、树叶制作的蜜香纸，其原材料中都含有植物纤维，容易受温湿度的影响滋生霉菌和蠹虫，较高的温度和较大的湿度都是蠹虫产生的温床，当然还有比较小众的如蚕茧纸是用蚕丝制作的，虽然不是植物纤维为原料，但同样怕水、怕光、易发霉、易遭虫蛀。

我国很早就有对书写材料加工的经验，秦汉时期使用的是以竹木为基本载体书写的简牍，人们在保存过程中发现竹木因潮湿导致霉变的现象，后来经过摸索就逐渐掌握了一套在使用前进行烘烤、刮削，涂抹液体等防腐处理方法，俗称"杀青"，预防性地防止简牍因潮湿生霉无法长久保存。而对待纸张则有其他的保存保护方法，以材料区别有植物，如黄檗、蓝草，有矿物，如铅丹、石膏，若以制作工艺的不同来论，具体来说最富代表性的则有染、涂两种。

第一节　纸张防蠹技术

一　纸张染色材料的选用

染色也称上色，指用各种方法使物体染上其他色彩的技术。之所以发明染纸，不仅是因为染色后的纸张美观大方，还因为可能有防虫、防腐，延长纸质文献保存时间的功能。1900 年在我国西北边陲发现的敦煌遗书，时间跨度从公元 4—11 世纪，发现时纸张触手如新，至今纸张韧性强，几乎没有虫蛀现象，这成熟的造纸技术，让很多人为此感叹。在研究中发现，敦煌遗书所用纸张在制造过程中"入潢"技术的使用，是现存敦煌遗书免遭虫害的关键。

在魏晋南北朝时期，染潢这一工艺应用就已较为普及，北魏贾思勰《齐民要术》中就有较为成体系的记载："凡打纸欲生，生则坚厚，特宜入潢。凡潢纸灭白便是，不宜太深……入浸檗熟，即弃滓，直至纯汁，费而无益。"[1] 已可看出技术的成熟。染纸液的加工则"檗熟后，漉滓捣而煮之，布囊压讫。复捣煮之，凡三捣三煮，添和纯汁者，其省四倍，又弥明净"。[2]

潢，从水，原本的意思是指积水池，《说文》中说"潢，积水池，从水黄声。"[3] 后用来指染纸。"染潢"实际上也是一种染色工艺，就是用染料将纸张染成黄色，也称"入潢"，是比较普遍使用的防蠹方法，北宋宋祁《宋景文公笔记》载："古人写书，尽用黄纸，故谓之'黄卷'……或曰：'古人何须用黄纸？'曰'檗染之，可用辟蟫'。"

染纸所用黄檗（黄柏）为芸香科植物，具有防蛀防蠹效果，是因黄檗树皮含小檗碱（$C_{20}H_{18}NO_4$）约 1.6%，并含少量黄柏碱（$C_{20}H_{24}NO_4$）、木兰花碱（$C_{20}H_{24}NO_4^+$）、药根碱（$C_{20}H_{20}NO_4$）等多种化学成分。宋罗愿《尔雅翼》载："后世书敕用黄纸，味既苦而虫不生。"一开始黄檗可能是作为黄色染料

---

[1] （北魏）贾思勰：《齐民要术》卷三，中华书局 1985 年版，第 57 页。

[2] 同上。

[3] （东汉）许慎：《说文解字》卷十一，中华书局 2015 年版，第 232 页。

使用，是为了"灭白"，后期人们才发现了它的特殊之处。明方以智《物理小识》卷8《藏书辟蠹》云："古用黄卷，以渍檗，杀虫也。"[1]

南宋时我国还有过一种"以椒染纸"的染纸防蠹法，大体是同黄檗一样也是用以椒类为原材料所制得的液体进行染纸。清代叶德辉在《书林清话》中有具体描述："椒纸者，谓以椒染纸，取其可以杀虫，永无蠹蚀之患也。"[2] 明方以智《物理小识》中对椒纸的做法有详细的记录，并提到："如床榻上待一年后，药性已定其坚如石，永不蒸蛀矣。"[3] 椒纸的椒具体是指哪种植物，一直存有争议，几种代表性的是——钱存训先生认为，椒指花椒种子，吴泰先生认为椒指山椒——花椒的一种，刘仁庆先生则认为椒指山椒或朝天椒。但对椒纸具有抑菌、驱虫的效果，认识基本一致。

二　纸张涂布技术的使用

涂布技术在中国造纸史上早已有之，在汉代造纸技术并不成熟的时期，制作的麻纸不像后来的那么平滑而是比较粗糙，需要经过加工才能使用，常用的方法是将筛子筛过的较为细腻的涂粉填塞进粗糙的纸张缝隙里，来提升纸张的平滑度，再经过研光提高紧实度，降低吸水率，保证较好的使用质量。使用的涂粉通常是白垩（$CaCO_3$ 方解石的碎屑细粉）、瓷土（$Al_2O_3 \cdot SiO_2$）、白石灰（CaO）、生石膏（$CaSO_4$）、蛤粉（蚌壳细末）和铅粉（$PbCO_3$）等，这些物质都可在经过加工之后产生细腻的白色粉末。但它们的缺点是，在没有与胶液混合的时候使用，白粉与纤维之间的连接可能会不够牢固，容易掉粉，有的白粉日久变黄、变黑。

随着技术的发展，纸张变得光滑平整，人们的要求也不断提高，不仅要美观大方还要利于保护书籍，满足收藏者的要求，比较有代表性的是颇负盛名的万年红纸。万年红不是把每张书页都做防蛀处理，而多是用名为万年红的防蛀纸衬作书的扉页、封底或封里，可使全书免遭蠹虫啃食。万年红纸，是广东南海民间工匠发明，本纸多为竹纸。经现代科

---

① （明）方以智：《物理小识》卷八，影印文渊阁《四库全书》第867册，（台湾）商务印书馆1986年版，第905页。

② （清）叶德辉：《书林清话》，岳麓书社1999年版，第136—137页。

③ （明）方以智：《物理小识》卷八，影印文渊阁《四库全书》第867册，（台湾）商务印书馆1986年版，第905页。

技检测，万年红纸所涂橘红色涂料主要成分为四氧化三铅，剧毒，不易分解。明代宋应星在《天工开物》卷下 5《金第十四》中记载了其制作方法："凡炒铅丹，用铅一斤、土硫黄十两、硝石一两，熔铅成汁，下醋点之。滚沸时下硫一块，少顷，入硝少许，沸定再点醋，依前渐下硝、黄。待为末，则成丹矣。"制作过程是先把红丹研细过滤，便于涂刷时涂抹均匀，再用 5% 左右的桃胶酌量调匀，涂于纸上，干燥即可。对于万年红纸的防虫效果，目前看法不一。

《齐民要术》中还记载了用雌黄涂纸治书的方法，"以水研（雌黄）而治书，永不剥落。若于中和用之者，胶清虽多，久亦剥落。"① 此方法与涂布类似，同样是将材料加工然后涂刷于纸上，所以雌黄治书可归于涂布一类，而涂有雌黄的纸的防蠹效果不比黄檗差。雌黄涂纸除用于修改失误之处，本身也有一定的杀虫作用。

另一种较常用的制纸方法是涂蜡，这种方法很早就出现了，唐张彦远《历代名画记》卷 3 中所载："家宜置宣纸百幅，用法蜡之，以备摹写。"涂布所用材料是粉末状，为的是使纸张由粗糙变为精细，而涂蜡的做法是在制作好的纸张上均匀地涂抹一层蜡质，可以单面涂抹也可双面涂抹，涂过蜡的纸张（黄檗染色）就相当于多了一层保护膜，使其具有极高的防潮抗水性能，再经过研光工序让蜡与纸的结合更为紧密，也更有韧性，硬黄纸就是此法制成。涂抹所用的蜡质并非一般的石蜡（矿物蜡），而是川蜡（虫蜡）。这种蜡近乎植物蜡（或动物蜡）②，属于生物蜡，是白蜡虫分泌出来的蜡剂，一般出现在女贞树或白蜡树枝上，可用在医药、食品、日化、家具等多个领域。涂蜡法用途广泛，比如唐代出现的加工纸粉蜡笺就比较特殊也比较有代表性，它是经过多道程序制成，其中就包括涂粉和涂蜡两种工艺，纸质坚韧光滑，大气端庄，是十分高级的加工纸。元代宫廷使用的代表极高品质的明仁殿纸也要经过上蜡研光的步骤。③

---

① （北魏）贾思勰：《齐民要术》卷三，中华书局 1985 年版，第 57 页。

② 刘仁庆：《论硬黄纸——古纸研究之七》，《纸和造纸》，2011 年 4 月第 30 卷第 4 期，第 65—69 页。

③ 刘仁庆：《论明仁殿纸——古纸研究之十五》，《纸和造纸》，2011 年 12 月第 30 卷 12 期，第 62—65 页。

三 纸张原材料的选用

除了对纸张进行处理的方法外，在造纸时，选用的原材料也很重要。现存文献古纸使用的原料有麻、桑皮、藤皮、竹子、檀皮、稻秆等，传统纸张易受到环境的影响，遭虫蛀破损，这也是古人不断改善避蠹工艺的缘由之一。在西藏地区却由于特殊的地理环境而诞生了一种较为特殊的藏纸——以生长在海拔500—2000米山地灌木丛中或潮湿肥沃的丘陵山坡疏林下的狼毒草为主要原料的狼毒草纸。狼毒草纸，具体制作方法和中原造纸术相比，相同的都是将植物用各种方法加工成纸浆，不同的是中原制作纸张是抄纸，藏地则是浇纸，即将一定量的纸浆倒在帘上，搅动让纸浆平均散布在帘面，拣去其中的渣子后，轻轻抬帘，水从帘的网眼中滤掉，同时调整帘的倾斜度，使纸浆在帘上分布更为平整均匀。抬帘后，把帘连同上面的湿纸晾晒干后，揭下整张纸。

狼毒草有毒，用狼毒根制成的纸也有毒，加之高原缺氧的客观状况，以狼毒草为主要原料的狼毒草纸得以历经岁月沧桑而不被虫蛀不被鼠咬。《西藏科学技术史》提到过，藏纸的原料除了上文提到的狼毒草以外，还有一种叫作灯台树的木本植物，同样比较重要。①

第二节 纸张以染涂法处理的科学因素

染、涂之所以能对古籍起保护作用，最关键的是使用的材料，原材料的化学成分对蠹虫有特殊杀伤作用，这才是加工价值的基础，染纸所用的植物黄檗、涂布所用的矿物红丹都是符合防蠹需求的材料，经过实验证明涂过黄檗汁液或者"三椒"汁的纸对书虫有防治的作用。②

黄檗又称檗木，是芸香科黄檗属落叶乔木，树皮灰褐色至黑灰色，木栓层柔软，内皮鲜黄色，黄檗可用的树叶含有生物碱，树皮部分含有小檗碱，小檗碱是一种真生物碱，具抗细菌、抗真菌、抗微生物、抗原

---

① 牛治富主编：《西藏科学技术史》，广东科技出版社2003年版。
② 孙永平：《参考谈谈古籍修复防虫防蛀水预处理的方法》，《图书馆界》2002年第4期，第35—36页。

虫、抗寄生物及对昆虫具拒食剂作用。① 所以用黄檗染出来的纸张不仅能染色还带有特殊的气味，这种气味对蠹虫来说比较苦涩，故而可起到防虫驱虫作用。宋代苏易简《文房四谱·纸谱》云："贞观中，始用黄纸写敕制。……此用白纸，多有虫蠹，宜令今后尚书省颁下诸州并宜用黄纸。"古人虽然没有科学设备用来检测，但根据经验已经知道黄纸与白纸相比，会少受虫蠹之害。相同原理，椒纸也是用椒类的气味避虫的。

1977 年至 1980 年间，中国历史博物馆防蠹纸研究小组及周宝中先生等人对馆藏装有万年红纸的线装书进行研究。在调查明清广东地区出版物时发现，大部分的古籍衬有红纸，大部分衬有红纸的书籍保存较好，同时期未衬红纸的则易受虫蛀，这说明红纸的确有防虫的功能。分析发现未受虫蛀的红纸成分主要为四氧化三铅（Pb_3O_4），次要成分有碱性硫酸铅（$PbO \cdot PbSO_4$）、一氧化铅（PbO）等。② 四氧化三铅就是俗称的铅丹，它是一种鲜橘红色粉末或块状固体，具有毒性，防蠹的有效成分正是来自于制作红纸的铅化合物，根据《天工开物》记载，制作红丹需要铅、硫黄、硝石、醋等原料，经过加热产生化学反应制成红丹，后加入胶料，以水调匀进行涂布才制成万年红纸，对毛衣鱼等有杀伤作用。毒理试验表明：铅丹的半致死量（使试验对象 50% 死亡的剂量）LD50 = 220mg·kg^{-1}。③ 相同原理的还有同样用矿物原料制成的雌黄涂布而成的雌黄纸，雌黄是硫化物矿物，它的化学成分是 As2S$_3$，有剧毒，作为一味中药可用来杀虫、解毒等。现在很少用作药材，但作为一种颜料在中国画中仍在使用，而古时用雌黄涂抹纸上修改错字也可看作是把雌黄作为颜料的一种在使用。

除了植物和矿物质材料，动物材料也可用来制作高质量的加工纸，也同样能产生避虫效果，在宣德磁青笺的基础上制作的羊脑笺，采用涂布的方法制作，从明宣德年间起，这种纸常用来以泥金写经，历久不坏。

① 林明：《中国古代纸张避蠹加工研究》，《图书馆》2012 年第 2 期，第 131—134 页。

② 同上书。

③ 刘仁庆：《论万年红纸——古纸研究之十八》，《纸和造纸》2012 年第 3 期，第 68—71 页。

磁青纸是用植物染料靛蓝染制而成，《天工开物》载："凡蓝五种，皆可为靛。"① 靛蓝是蓝草的加工品，用蓼蓝等含有吲哚酸成分的植物叶子发酵制成，蓝草的种植和加工都颇为复杂，十分费时费力，但易着色，染色效果极为出色，用来染布不易褪色，染纸也是固色效果极佳，同时因为羊脑笺使用了羊脑和顶烟，不仅颜色较磁青纸黑亮，而且耐久防蛀，根据清沈初的《西清笔记》记录："羊脑笺以宣德磁青纸为之，以羊脑和顶烟墨窖藏久之，取以涂纸，砑光成笺……历久不坏，虫不能蚀。"②

还有一种类似于涂布的加工技术就是在制纸的过程中有施胶环节，明清时期施胶技术已经成熟，所用胶料包括淀粉糨糊、动物胶、白芨液、皂荚水等，一般会加入矾制成胶矾水，施于纸张表面。纸张通过施胶后，纸面更为平整光滑，不起毛，纸张的紧度、强度、抗水性更好。③ 涂于纸上的方法和涂布工艺异曲同工，再加上所用胶料有白矾、花椒、皂荚水等物，有避蠹驱虫杀菌的效果。

第三节　制约影响古籍保护的因素

一　古籍保护技术与不同时期的书写材料相关

任何产品都与时代相关，简牍时代，为了更好地保存典籍，竹木需要杀青或涂料处理，这是当时书写载体为竹木所决定的，竹木有竹木的保护方法，丝帛有丝帛的保护方法，使用简牍记录的时候也只会考虑竹木的保存需要和上层阶级的需求，纸张发明之初因为纸质不佳也不会想到染色上蜡等复杂工艺，在纸普及使用后才会考虑如何改进纸的品质以及如何满足使用者的用纸需求。

之前提到的硬黄纸、磁青纸等的使用和改进多与佛教的传播有关。在魏晋南北朝时期，佛道文献为保永传多是黄纸书写，敦煌石窟中发现的佛经，多用黄纸书写，这也是从藏经洞出土写经未见虫蛀的原因之

---

① （明）宋应星：《天工开物》卷上第三，人民出版社2015年版，第70页。

② （清）沈初：《西清笔记》卷二，中华书局1985年版，第13页。

③ 张鹏宇：《中国传统加工纸的施胶工艺》，《文物修复与研究》2016年第00期，第422—426页。

一。① 在晋唐出土或者传世的佛经经卷或者文书中会见到大量使用硬黄纸和黄麻纸的例子，磁青纸因为颜色深蓝配以金银泥写经效果庄严典雅，所以也颇受欢迎。

二　古籍保护技术的应用与地理环境相关

万年红纸的发明、使用与地理环境有关。万年红是广东南海（今佛山）民间造纸工发明的。② 因为广东地处中国南方，为亚热带或热带季风气候，常年温暖潮湿，境内多年平均降水量超 1700 毫米，夏季炎热潮湿，冬天不冷，是蛀虫霉菌生长的有利环境，非常不利于书籍保存，万年红纸采取涂布的加工方法也是因为其原材料不耐水，在制作方法上有局限性，不宜把纸浸入染液中，便要以涂刷之法制成，即以排笔把这种悬浊胶料涂刷在毛边纸或连四纸上，再自然阴干而成。③

三　受政治制度影响

在我国漫长的封建社会历史中，统治者的权威、上层社会的喜好影响着社会生活的方方面面，甚至左右着生产技术的发展和应用，林明在《中国古代纸张避蠹加工研究》中提到，宋代册页装逐渐普及，但自此以后普通文献基本没有用经过染潢的纸张，原因之一是"今台家诰敕用黄，故私家避不敢用""古人抄录书籍，俱用黄纸，后因诏诰用黄色纸，遂易以白纸"④，宋代本身市场经济发展迅速，加上印刷术的推广，正是书籍快速发展的好时机，但目前所见保存成册的书籍多为白纸，可能是因为用黄檗等黄色染料染纸有繁缛之处，更多的确是上层阶级统治者的政策约束。从晋代晋安帝元兴三年（404），桓玄下令曰："古无纸故用简，非主于恭，今诸用简者宜以黄纸代之。"⑤ 确立纸张地位，到唐高宗上元二年（675）政府曾颁布一道诏令："诏敕施行，既为永式，此用白纸多有

---

① 林明：《中国古代纸张避蠹加工研究》，《图书馆》2012 年第 2 期，第 131—134 页。
② 刘仁庆：《论万年红纸——古纸研究之十八》，《纸和造纸》2012 年第 3 期，第 69 页。
③ 同上书，第 71 页。
④ （清）孙从添：《藏书记要》，广陵书社 2010 年版，第 45 页。
⑤ （宋）苏易简：《文房四谱》卷四，中华书局 1985 年版，第 50 页。

虫蠹，宜令今后尚书省颁下诸司诸州县并宜用黄纸"。① 使大量唐文书使用黄色纸张，再到宋"后因诏诰用黄色纸，遂易以白纸"，从书写方便为目的到以保护文档避免虫蛀为出发点再到政治制度约束，于古籍保护有着深刻的影响。

第四节 纸张生产材料及加工技术
应用于古籍保护的局限

保护效果如何是一个综合分析的结果，不只是一种保护方法的效果，还是书籍本身防护方法和保存环境的叠加，古代书籍保护方法的发现和应用，是古人智慧的结晶，是使古代典籍长期保存不致消失的贡献。但是受时代科技水平的制约，以今天的科学技术分析毋庸置疑有其局限之处。

一 防蠹技术效果受多种因素影响

地域的影响，不同地区取材的不同，影响着防蠹技术的应用。就材料而言，狼毒草纸普遍应用在藏区，是因为狼毒草是在这样的地理环境中生长并被选中作为藏经适用的书写刷印材料，在其韧性适合刷印的同时，自身的毒性成为抗虫蛀的屏障。万年红纸因其原料铅丹是十分稳定的化学物质，所以可以保持色泽红艳，经久不褪，对防虫杀虫非常有效，且避蠹作用持久，是个方便有效的保护方法，但它自身也是有缺陷的。就以万年红纸为例，在防蠹效果和防蠹范围以及应用范围上均发现有不足之处。实验观察到一些虫蛀的古籍上，毛衣鱼栖身在万年红纸上，并没有畏避的迹象，驱虫效果并不理想，所以吴利明在其文中说道："我们认为如参照古书的做法将防蠹纸应用在档案保管上，尚值得商榷。"② 中山大学图书馆也发现，在古籍的前后页多夹有万年红纸，但仍被蛀蚀，甚至万年红纸本身也被啃食，或许因为纸中化学成分的作用随着时间的推移慢慢减弱所致。

---

① （唐）李肇：《翰林志》，《中国档案事业史》，中国人民大学出版社1994年版，第136页。
② 吴利明：《万年红防蠹纸》，《档案学通讯》1981年第6期，第55页。

万年红纸还存在真伪问题,万年红纸的真伪不在于颜色,而在于原料,红纸制作相对方便,会出现用橘红色染料冒充铅丹的情况,这种冒充纸颜色与红纸相近,红色还是红色,却没有了防蠹作用,遇到适合蠹虫生存的条件时就会被蛀食啃咬,所以在遇到万年红纸被虫蛀的时候要注意它的真伪。

二 对纸张制作或处理材料认识的局限,或有适得其反的效果

涂布的加工技术在制纸的流程中有施胶环节,明清时期施胶技术已经成熟,所用胶料包括淀粉糯糊、动物胶、白芨液、皂荚水等,一般会加入矾制成胶矾水,施于纸张表面。纸张通过施胶后,外表平整不起毛,纸张的紧度、强度、抗水性更好,还有一定的避蠹驱虫杀菌的效果。但是根据现代科学的研究,酸化是纸张老化的重要原因之一,在纸张处理时加入的矾就是致使纸张因酸致损的祸根,由于当时人的认识局限和对外在美观的追逐,矾的使用在 20 世纪 70—80 年代修复过程中仍在使用。

第二章 写印用墨对古籍保护的影响

我国用墨的传统堪称中华文明的见证者,先秦时就有尚未成型的粉末状墨粉,随着和胶工艺的成熟制墨已经有条件做成颗粒状、圆片状的凝固成形的墨块,及至制胶技术的越来越成熟最后演变为现在我们熟识的墨锭。而作为文房四宝之一的墨在古籍的流传中也有着极为重要的地位,无论是写本还是刻本,墨的良莠直接关系着书籍的整体品质,如果是用烟胶比例失调、制作粗糙的墨来制作书籍不仅影响阅读,还不利于保存,使书籍容易受损。前人描述珍爱的古籍时常用的词语有纸墨晶莹、纸墨莹洁等,亦可见纸墨皆精良,方能出善本,使用墨色光亮、质量上乘的墨,可以保证墨色不脱,书籍的贮存时间也更为长久,有些经过特殊加工的墨所展示出来的防霉防腐防蛀效果也对古籍的保存起积极作用,有的纸张可能已经腐坏破损,但墨迹却能保存较好,这就是好墨的功劳。宋咸淳廖氏世彩堂刻本《昌黎先生集》,被历代藏家视为无上神品,墨色

的出众是其中重要缘由。《中国版刻图录》中描述，此书与柳集齐名，二集字体版式悉同。书法在褚柳间，秀雅绝伦。周密《志雅堂杂抄》《癸辛杂识》称廖刻诸书，用抚州草抄清江纸，造油烟墨印刷者，即指此二书。世无二帙。

我国早期的墨是用松烟制作的松烟墨，烧烟所得的烟灰是稳定碳，制墨所得墨色不易消退，历久不变，宋《梦溪笔谈》中提到石油烟制墨，说它"试扫其煤以为墨，黑光如漆，松墨不及也，遂大为之"[1]，明代油烟墨崛起，在明《墨法集要》中提到"古法惟用松烧烟。近代始用桐油、麻子油烧烟"。[2] 另外还有用豆油等其他油料烧烟制墨，《墨谱法式》中还提到了乌贼墨，乌贼墨汁是由细小黑色颗粒构成的黏稠状的混悬液，不溶于水，是一种吲哚醌类物质，化学性质十分稳定，抗菌抗氧化，贮存时间也更长，但相对来说桐油所得烟最多，而且色泽黑亮，日久则越黑，其余油不但所得烟少，还墨色暗淡，久则日淡一日。同时制墨时所用原料不同、工艺不同，制作出来的质量就可能千差万别。

在制墨的漫长历史中，制墨的程序不断增加，《墨法集要》中把油烟墨的制作归纳有 21 个工序之多，其他如《南学制墨札记》中记载了取烟、研烟。和胶、去渣、收瓶、入盒、入麝、成条 8 个工序，各家的制法略有不同，但基本的工艺区别不大，并未超出整体的制作工艺体系，总的来说，除去材料的准备过程，在这些繁复精细的步骤中"镕胶""用药"是可以对成墨所具备的防虫防蠹功效产生作用的关键步骤。

第一节　和胶过程中影响书籍保护的因素

胶作为一种黏合剂是制墨必不可少的添加物，古人制墨所用胶有鹿角胶、牛胶、驴皮胶、鱼鳔胶等。胶的主要成分为 C、H、O、N 4 种，组成了一种长链糖分子——聚透明质酸，经过制墨时的柞捣加工，聚透

---

① （宋）沈括：《梦溪笔谈》卷二十四，上海古籍出版社 2015 年版，第 158 页。
② （明）沈继孙：《墨法集要》，《四库全书》，上海古籍出版社 1987 年版，第 688—690 页。

明质酸已经与碳粒充分、均匀的混合，[①] 有胶的加入制作出来的墨具有极强的稳定性。炭灰才能更为稳固地附着在纸张上。良好的黏合力让书籍可能得到更为长久的保存。

一 胶墨比例

胶墨的比例也在影响着墨的质量，胶多利久，胶少利新，为了快售多利，商家会出售轻胶墨，这种墨由于胶少墨多，所以颜色浓黑清亮容易出色，利于速售，但它的缺点也十分明显，那就是因为少胶而导致的黏合力的不足，《墨经》云："（轻胶）年远久藏，虑恐色退。"[②] 也就是说时间久了因为胶的不足墨迹就容易褪色、脱落。难以长时间的保存下去。

二 天气影响

《墨谱法式》提到"煮胶要用二月、三月、九月、十月，余月则不成"[③]，可见古人已经注意到天气对制墨的影响，天气太热煮胶就难以凝结，无法成型，对炭灰的黏合力下降，甚至会引起胶的腐臭，天气过于寒冷煮胶就易变成冻干，无法发挥黏结剂的作用。《齐民要术》中提到"合墨不得过二月九月，温时败臭，寒则难干"。[④] 胶和炭灰的结合也受天气影响，过冷过热的天气条件下合墨的效果都不理想，这样的墨容易褪色脱落，影响书籍质量。

第二节　制墨添加物对古籍保护的影响

有些墨中可能会添加各种辅助药剂，有解胶治胶、增加墨色、提高墨光、增添香味的作用，但用药实际能起到的作用远远不止这些，辅料的加入让墨色不脱，黏附力增强，存储效果更为持久，即所谓"使胶力

---

① 王伟：《中国传统制墨工艺研究》，中国科技大学 2010 年博士学位论文，第 50 页。
② （宋）晁贯之：《墨经》，中华书局 1985 年版，第 13—14 页。
③ （宋）李孝美：《墨谱法式》，《四库全书》，上海古籍出版社 1987 年版，第 644 页。
④ （北魏）贾思勰：《齐民要术》卷九，中华书局 1985 年版，第 231 页。

不败，墨色不退，坚如犀石，莹泽丰腴，腻理可爱。此古人用药之妙也"。①

一 添加物的使用

入药的环节出现较早，在三国魏书法家韦诞的《墨法》中就有记载，在古代许多书法名家都喜欢自己制墨，韦诞更是公认的制墨大家，在《墨经》和《墨谱法式》中记载他的"墨法"中使用的添加物并不多，有梣皮汁、鸡子白、朱砂、珍珠等几种，到宋《墨谱法式》中仅入药一项就载有40多种材料，十分繁复。

事实上对用药，古人的意见和做法并不一致，在制墨的过程中用到的辅料种类五花八门，有些具有毒性，比如川乌头的毒性就极大，猪胆、鲤鱼胆也有毒，就连牡丹皮都含有微量毒素，不过并不会对人体产生毒害，同时在制墨中添加物使用的流程、发挥的功用也各不相同，导致使用的效果有益处也有不足，有的药物吸引湿气，有的减退墨色，有的稀释胶性，有的使墨外观俗艳，使用时要注意药性的区别。需要说明的是并不是在入药一个环节会出现添加物，除了最基础的烟灰和胶，其他添加物几乎遍布制墨的各个环节，所使用的添加物的种类也是难以计数，下面简单列出几种重要墨法中所添加的较为常见的辅料（表2—1）。

表2—1　　　　　　　　　部分墨法常见辅料

书名	辅料	流程	种类
《钦定大清会典事例》	朱砂、冰片、飞金	—	朱墨
	苏木	—	独草墨
	生漆、紫草	炸油	—
	白檀、香排草、零陵香	熬水炖胶	—
	飞金、熊胆、冰片、麝香、糯米酒	合墨	—
	生漆、紫草	炸油	三草墨
	白檀、香排草、零陵香	熬水炖胶	—
	猪胆、冰片、麝香、糯米酒	合墨	—

① （明）沈继孙：《墨法集要》，《四库全书》，上海古籍出版社1987年版，第690页。

续表

书名	辅料	流程	种类
《钦定大清会典事例》	白檀香	熬水炖胶	拓墨刻三草墨
	猪胆、冰片、麝香	合墨	—
	丁香、麝香、干漆、鸡子白、朱砂、栀子仁、黄檗、秦皮、苏木、白檀、酸榴皮	煮胶	—
	巴豆	镕胶	—
	梣皮汁、鸡子白、朱砂	合胶	仲将墨
	栀子仁、黄檗、秦皮、苏木、白檀、酸榴皮、碌	煮胶	庭珪墨
《墨谱法式》（宋）李孝美	紫草、秦皮、皂角、苏木、牛角胎、酸石榴皮、青黛甘松、藿香、黄檗、五倍子、巴豆、颖青、碌猪胆汁、藤黄、生龙脑	—	古墨
	秦皮、巴豆、黄檗、栀子仁、甘松香、零陵香、皂角、紫草、灯芯、酸石榴皮、胡桃青皮、呵梨勒、青黛、皂角、草乌头、龙脑、麝香	—	油烟墨
	秦皮、藤黄、鸡子青、生漆、牛角胎、猪胆、鲤鱼胆、甘松、藿香、零陵香、白檀、丁香、龙脑、麝香、地榆、虎杖、卷柏、五倍子、丹参、黄连、黄芦、紫草、郁金、茜根、黑豆、百乐煎、苏木、胡桃青皮、草乌头、牡丹皮、棠梨叶、呵梨勒、皂角、栀子仁、青黛、黄檗、川乌头、酸石榴皮、巴豆、碌、朱砂、乌贼鱼腹中墨	入药	—
《墨法集要》（明）沈继孙	苏木、黄连、海桐皮、香仁、紫草、檀香、栀子、白芷、木鳖子仁	浸油	—
	巴豆	烧烟	—
	绿矾、青黛、麝香、鸡子青、榴皮、藤黄、秦皮、乌头、紫草、苏木、紫矿、银朱、金箔	—	—
	蔷薇露、脑麝、朱砂、藤黄、金箔	增色	—

续表

书名	辅料	流程	种类
《墨史》（元）陆友	紫矿、秦皮、木贼草、当归、脑子	治胶	软帐烟
《墨经》（宋）晁贯之	珍珠、麝香	—	
	椿木、鸡白、珍珠、麝香	—	
	醋石榴皮、水犀角屑、胆矾	—	
	椿木皮、皂角、胆矾、马鞭草	—	
	藤黄、犀角、珍珠、巴豆等十二物	—	
《文房四谱》（宋）苏易简	丁香、麝香、干漆	—	冀公墨
	紫草、秦皮	上色	—
	糯米、龙脑、麝香、秦皮	—	麻子墨
《齐民要术》（北魏）贾思勰	椿皮、鸡子白、珍珠、麝香	筛胶	—

在实际的制作中，内务府的规格要高出一般制墨者许多，会添加白檀、熊胆、冰片等贵重药材，数量控制也十分的严格，其他记载中除去摘引古人制法外，从表2—1可见实际制墨中使用的材料相对普通且各具特色，有着很大的独创性，制墨者对添加物的认知和态度也各不相同，甚至于同一种药材的使用时间和使用方法都完全不同，如《墨法》中多次提到的秦皮（即椿皮）在《齐民要术》中是"以好胶五两浸椿皮汁中"用来解胶，在《文房四谱》中是"入秦皮末色碧"用来增色的，在《墨谱法式》中提到"陶隐居云俗谓之，焚槻皮（秦皮）以水渍之和墨，书色不脱"①，又变成了固墨的作用了。

二　添加物的作用

将上表中可辨别的添加物进行简单分类，可分为植物类添加物、矿物类添加物、动物类添加物几类。

（一）植物类添加物

植物类添加物如表2—2所示。

---

① （宋）李孝美：《墨谱法式》，《四库全书》，上海古籍出版社1987年版，第645页。

表 2—2 植物添加物

名称	作用	名称	作用
冰片	即龙脑，增香/抑菌	胡桃青皮	助色
苏木	助色/抑菌	呵梨勒	助色
生漆	增加坚实度/耐磨、耐腐、驱虫	草乌头	助色
紫草	助色	地榆	助色/抑菌
白檀	碎胶	虎杖	助色/抑菌
香排草	增香	卷柏	助色
零陵香	增香	丹参	助色
糯米酒	应为固型	黄连	助色/抗菌驱虫
白檀香	增香	黄芦	助色
丁香	增香	郁金	助色/增香、抑菌
干漆（生漆）	至坚	茜根	助色
栀子仁	助色	黑豆	助色
黄檗	研无声/抗菌	百乐煎	助色、增香
秦皮（梣皮）	解胶、增色、固墨	牡丹皮	助色、增香/抑菌
酸榴皮	砚中迟散、助色	棠梨叶	助色
甘松	增香	川乌头	胶不劲
藿香	增香/杀菌、防腐	海桐皮	增香
生龙脑	龙脑香，助香/多油脂可能有解胶的作用	香仁	增香
青黛	助色/抑菌	白芷	增香，含挥发油
五倍子	助色/抑菌	紫矿	助色、治胶
藤黄	助色/减黑、抑菌	蔷薇露	增香
皂角	除湿气/清洁	木贼草	治胶
灯芯	助燃	当归	治胶/抑菌、挥发油

　　功能相近的添加物往往会在同一环节相伴出现，《墨史》中紫矿、秦皮、木贼草、当归等都用来治胶，《墨法集要》中为了增香在同一环节使用了苏木、黄连、海桐皮、香仁、紫草、檀香、栀子、白芷等药材，而助色的紫草、秦皮、黄檗或者是酸榴皮和胡桃青皮也是常搭配使用。有些如马鞭草、木鳖子仁等物就很难了解其具体功效，《墨谱法式》中记载丹参入药可助色，但实际效果尚不明确，利用丹参本身的香味增香也未

必能有效，可能是为了销售而加入的名贵药材，具体是为何在制墨中用丹参叙药实在是难以确定。

制墨过程中添加剂的使用，主要是起到以下作用。

1. 防蠹

在制墨的添加物中植物类添加物占有相当一部分比例，而在植物类添加物中又有很大一部分被认定为助色、增香使用，这是根据添加物的生物形态总结出来的，事实上由于科技水平的限制，古人对添加物的了解并不全面，有些植物添加物除了助色增香还发挥着其他的作用。

比如黄檗在《墨谱法式》中记载的作用是研无声、黄连的作用是助色，其实黄檗含小檗碱、棕榈碱、黄檗碱等成分，对抗菌杀虫有所帮助，也可以染色，黄连对书籍的防蠹十分有效，黄连的化学成分中含有小檗碱，是防蠹的有利帮手。

2. 增黑加亮，防止褪色

制墨成功与否的评判标准之一是墨色，品质优良的墨要做到墨汁黑而浓润、胶墨比例适宜，很多添加物使用的最大目的就是为了增加墨的色泽，不脱墨，比如在《齐民要术》《墨经》等著作中皆有记载柊皮可解胶又益墨色，用燃烧后的秦皮末加水用来和墨，可使书色不脱，保存长久，起到固墨的作用，其他如苏木、青黛、五倍子、黑豆等都可增黑，即使不是直接添加使用而是助燃用的灯芯草，在焚烧后也会产生黑色无光，具有黑绒质感的物质，当然添加物过多也可能会导致墨色减退，《墨法集要》就指出"榴皮、藤黄减黑"①，在使用时要注意比例。

（二）矿物类添加物

矿物类添加物如表2—3所示。

表2—3　　　　　　　　　　　矿物添加物

名称	作用	名称	作用
朱砂	增色/防腐、抑菌	金箔	助色
银朱	增色/防腐、驱虫	珍珠	增光

---

① （明）沈继孙：《墨法集要》，《四库全书》，上海古籍出版社1987年版，第690页。

矿物类添加物很多是起增色作用，比如制墨常用的添加物朱砂，它是一种红色硫化汞矿物，作为一味中药材，外用能抑制或杀灭皮肤细菌和寄生虫，而作为一类添加物可以增色，同时它的解毒防腐功能也被熟用，长沙马王堆汉墓出土用朱砂绘制的彩绘丝织品花纹经过 2000 多年仍然鲜艳，用朱砂所制的朱墨也是色泽鲜艳、经久不褪，再如与朱砂极为相似的银朱，《天工开物·丹青》云："凡朱砂、水银、银朱，原同一物。所以异名者，由精粗老嫩而分也。"[①] 可以说朱砂是天然矿物，而银朱是硫黄同汞升炼而成，在《墨法集要》中说它有"助色发艳"的作用，因为银朱是一种遮盖力极强的红色无机颜料素，助色是毫无疑问的，实际上它是硫化汞，所以它也是防虫防蠹的材料，不少夹于书籍中用来防蠹的红纸涂抹的就是银朱。

有些矿物的添加能找到些许发挥的作用，比如珍珠，磨成末入药或是为了增加墨光，其他如金箔虽然没有看到直接效果，但在《墨法集要》中也记载了它有助色作用，但加入功效为解毒敛疮、燥湿杀虫的绿矾和祛腐解毒的胆矾等物的具体作用还不明确，或有杀虫的作用。

（三）动物类添加物

动物类添加物如表 2—4 所示。

表2—4　　　　　　　　　　　　　动物添加物

名称	作用	名称	作用
熊胆	助色	牛角胎	至坚
麝香	引湿/增香、防腐、防蛀	鲤鱼胆	至黑而泽
猪胆	至黑而泽/抑菌	乌贼鱼腹中墨	抗菌、抗氧化
鸡子白	至坚	—	—

1. 附着力

动物类添加物如熊胆、猪胆、鲤鱼胆等物墨色会黑亮而有光泽，用来合墨可增加墨汁的黏稠度，使炭墨颗粒分布更为均匀，在书写时颜色浓黑也更为容易附着在纸张上。而在《墨谱法式》中载有至坚作用鸡子

---

① （明）宋应星：《天工开物》下第十六卷，人民出版社 2015 年版，第 265 页。

白、牛角胎等物用来增加墨的紧实度，改善墨汁黏度，不至于稀散而无法固型。

2. 防蠹

添加物中的麝香是较为不同的一种香料，它是配置高级香料的原料之一，如果在室内放一丁点儿，会满屋幽香，香气特殊。麝香是鹿科动物麝的雄体香囊中的干燥分泌物，因其特殊的香气而备受制墨家的青睐，是制墨过程中被使用较多的一种，从韦诞墨法到冀公墨法都提到了麝香的使用，《齐民要术》中也提到麝香和鸡子白、珍珠一起细筛，使用麝香入药不仅香气袭人还经久不散，除了增香它还有防腐防蠹的作用，《齐民要术》中记载："厨中安麝香、木瓜，令蠹虫不生。"① 麝墨因为有着防腐防蛀的功效，在书画创作中常被使用，可吸湿防蠹，令作品长久保存。

对古人来说添加诸多药剂的目的是固墨型、凝墨光、增墨色、添墨香的，并没有意识到它使用的添加物有很多在药理上有抑菌的作用，可能会带有防腐防蠹功能，即便是知道有些墨能让书画久存，也是寥寥几笔，将事例记于古籍，给今天的研究带来困难。

第三章　修复材料技术的使用对古籍保护的影响

随着时间的推移，古籍破损无可避免，修复成为为古籍续命的重要途径，修复材料的选配对古籍保护的作用不容忽视。安全性无疑应作为选配材料的首要原则。

第一节　修复用糨糊的材料和调制

糨糊，作为黏合剂是修复工作极为重要的材料，根据需要调制糨糊是修复师必须具备的技能。古籍中记载着制作糨糊加入其他材料的方法。现存添加辅助材料制作糨糊的配方见于王士元等编写的《秘书监志·秘书库》中记载："黄蜡一钱，明胶一钱，白矾一钱，白芨一钱，藜芦一

① （北魏）贾思勰：《齐民要术》卷三，中华书局1985年版，第58页。

钱，皂角一钱，茅香一钱，藿香半钱，白面五钱。"其中黄蜡增加细腻感，明胶、白芨增加黏度，白矾避蠹，藜芦灭虫、皂角杀菌，茅香、藿香增香。高濂在《遵生八笺·燕闲清赏笺》中记载了配方"白面一斤……白芨面五钱，黄蔗三钱，白芸香三钱，石灰末一钱，宫粉一钱，明矾三钱"。[①] 这里白芨增加黏度，白芸香增香，石灰末、宫粉提升滑度，明矾、花椒杀虫。明代周嘉胄的《装潢志》中也提到了用白芨做糊。

现代修复普遍选用适合的面粉，将面筋提取，弃置不用，使用所剩余之麦淀粉调制作为黏合剂，保证修复后的古籍不缩皱，纸张呈平整的状态。近年工作中也有在糨糊中添加材料，广西图书馆在调制糨糊时使用的是用黄檗或胡椒、花椒、辣椒为原料的水，将原料粉碎成粉末后浸泡一昼夜，并加水，火煮滤渣取汁，无论是黄檗还是椒类煮出来的汁液都非透明色，所以调制出来的糨糊也非常见的白色，而是带有些微颜色。矾就是硫酸铝，实验发现硫酸铝能产生水解反应并呈酸性。酸对纸张的伤害很大，会加速纸张老化变质，不利于古籍长期保存，白芨和白矾目前都不再使用。修复、装裱装潢时糨糊是必需品，在选用调制上尤其要注意对文献的影响。

第二节　修复配纸

纸寿千年，中国古法造纸的材料和技术是典籍可以传承至今的重要原因。洁净充足的水源和适宜的造纸原料是古法造纸的关键。古法造纸用水不含或仅含少量金属离子是古纸氧化速度低的原因之一。古法造纸的材料，也是古人在不断的试验中，从丰富的植物中筛选出了最适宜的品种。如中国古籍印刷用纸常用竹纸，适宜造纸的就有几十种，古纸具有较明显的地域特征。如浙江、福建、江西以竹料为主；安徽泾县以檀皮和稻草为主；贵州多以构皮为主。

中国国家图书馆收藏的敦煌遗书中留有存世最早的著名的三界寺僧人道真写下的修复工作日记：

---

① （明）高濂撰：《遵生八笺》卷十五，影印文渊阁《四库全书》第871册，（台湾）商务印书馆1986年版，第747页。

长兴五年岁次甲午六月十五日，弟子三界寺比丘道真，乃见当寺藏内经论部袟不全，遂乃启额虔诚，誓发弘愿，谨于诸家函藏，寻访古怀经文，收入寺中，修补头尾，流传于世，光饰玄门，万代千秋，永充供养。

这是古籍修复的一个代表案例。用旧纸粘贴修复，虽难说美观，但却没有破坏。修复选纸要选择与被修复纸张厚度、颜色、韧性尽量一致的补纸。并不是粘接面积越宽越牢固。事实上补丁过厚，黏合剂过稠，使补纸与写经纸边缘高低不平，卷舒中横向易出现新的断裂。

现代修复用纸的选择中，纸张的安全显得尤为重要，选择不当，不但对古籍延寿无益，反而会对古籍造成破坏。所以在修复选纸的时候，测试纸张的酸碱性、主要材料、纤维状况、韧度、薄厚、延展度等必不可少，这些都是对修复效果有重要影响的因素。在修复过程中遵守整旧如旧、最少干预等原则，可取得了较好的效果。

修复配纸时常会将纸张染色，用于染色的原料较多，一般来说染成黄纸最为常见，其他颜色的染纸多是为了与书皮相配，比较传统的有栀子、茶叶、国画颜料、橡碗子、咖啡等，其中栀子、橡碗子比较常用。

除了颜色外，修复后纸张的张力也在考虑范围内，古籍修补后加入衬纸是为了加固脆弱的纸张，减少磨损，使其更加坚固，而在修复后进行托纸也是如此，根据纸张的不同情况再托上一层更坚韧的纸张，提高拉力，提高保护度。

第四章　保存环境的作用与影响

保存环境对书籍的影响也是极为关键的，光、温湿度、尘等是书籍致损的常见因素，古人在书籍的保管环境方面所做出的努力，至今仍有生命力和启示。

第一节　藏书空间的科学性

我们从文献的记载和实物留存中常为古人的智慧所折服。古人以其长期的探索积累经验，将书籍收藏处的防火、防水（潮）、防尘、防虫、防霉、防晒、防盗等做到了极致。

从存储书的库房、放置书的箱、柜、橱、架等，不只能有效降低着尘、光对古籍的侵害，还能降低和避免蠹虫对古籍的损坏。早在秦汉时就有"金匮石室"作为历代档案库。"金匮石室"不仅可以起到防盗、防火、防蛀、防水的作用，还能达到恒温恒湿、避光、避尘的基本要求。

位于北京市东城区南池子大街的皇史宬就是"金匮石室"遗存。"嘉靖十五年七月戊寅，皇史宬成。……时疏辞谢言：皇史宬之建，用以尊藏八庙九帝《宝训》《实录》……石室金匮，不假寸木。"① 由于是皇室主持建造，故用黄琉璃筒瓦和屋顶样式中等级最高的庑殿顶，在建造的过程中不用金木，殿内大厅无梁无柱，整体只利用石料，墙厚达 6 米多，在需要类似木头效果的时候用仿木石料，石料的运用是符合典籍保护的要求的，因整体由石料建造，首先可以调节温湿度，在气候变化十分明显的地域尽量保证温湿度的稳定，做到冬暖夏凉；其次石室也对防火防盗防蛀防水防潮都有帮助作用，危险性与木造建筑比大大降低。

既是"金匮石室"，除了石室也要有金匮，"训录宜再以坚楮书一总作石匮藏之""又以石匮，夏月发润，改制铜匣"。② 皇史宬是石室，装具是金匮，皇史宬的正殿室内筑有石台，石台上就陈放着"金匮"，金匮就是铜制的柜子，密封性好，防尘避光，可以很好地防潮防霉防虫，用来保护典籍最合适不过。清昭梿《啸亭杂录》云："（皇史宬）殿庑七楹，扉牖楹楣以石代之，内贮金漆柜数十，盖古人金匮石室之意。"③

皇史宬整石雕砌，殿内无梁柱，南北墙厚 6 米，东西墙厚 3 米。铜皮樟木"金柜"放置须弥座上。殿内冬暖夏凉，温湿度变化极小，科学实用，与现代库房的管理技术几无二致。明代著名的私人藏书楼天一阁还有了防火通道的设计将生活区与藏书区分开，引进月湖水以防突如其来的火灾等措施，有严格的开阁制度，甚至取名时都采用天一生水，以镇

---

① 佚名：《明世宗实录》卷一八九，《明实录》，台湾本，第 42 册第 3995 页。

② 佚名：《明世宗宝训》卷三，《明实录》，台湾"中央"研究院历史语言研究所校印，第 217—218 页。

③ （清）昭梿：《啸亭杂录续录》卷一，上海古籍出版社 2012 年版，第 277 页。

火灾。由于设计科学，乾隆修四库七阁时对天一阁多有参照，可见其影响。

藏书楼所藏物品有其特殊性，故藏书家们在修建藏书楼时各尽其能，因地制宜，费尽心思，力图保障藏书环境安全，藏书万无一失。有的采用精巧的设计，比如藏书楼的窗户采用两层，多一层窗户会隔绝更多的灰尘，有的藏书楼建于湖中岛上，防火防盗结合，有的意识到了空气的影响，时常在天气晴朗的时候开窗通风，保证藏书楼的空气良好，有的将藏书放在二层，以避潮湿。还有的选址在深山宁静之地，林丛茂密，大量树木组成的群落吸收固定的二氧化碳，合成有机物释放氧气进行光合作用吸收温室气体，减少温差，就起到了降温作用，这样冬暖夏凉气候温润的天气对保存书籍十分适宜。

于 1920 年建的刘承干嘉业堂，是浙江省另一中国近代著名的私家藏书楼，因清帝溥仪所赠"钦若嘉业"九龙金匾而得名。嘉业堂处在亚热带季风气候的环境中，温和湿润，全年气温高，雨季集中，防潮也是要面对的主要问题之一，其一楼房间全部采用专门烧制的青砖铺底，"青砖下铺瓦钵，钵下铺细沙，三层叠加，使青砖离地一尺多，有效阻隔地下潮气，而每层楼均有四五米高，通风隔热；一楼四周墙基有五六尺高，用花岗石砌成，也起到防潮的作用"。[①] 另外嘉业堂的排水管道也很巧妙，排水系统被设置在楼柱之内，下雨时雨水就顺着管道从楼柱内排走，既便于排水又不会产生过多湿气还十分美观。

这些藏书环境的控制很多在今天还在使用，如对库房的温湿度要求恒温恒湿等。不同的是随着保护手段的丰富，灭火有了气体灭火，防盗防水有了安防技防，保护效果更好也更加稳妥。

第二节　装具的作用

如果说藏书建筑是从大环境进行保护，那么装具就是微环境的打造。且古人敏锐地发觉装具的使用因地理、原材料、糨糊等因素而导致的差

[①]　许寅：《"傻公子"作出的"傻贡献"——嘉业堂藏书楼的过去和现在》，载中华书局编辑部《学林漫录》，中华书局 1983 年版，第 17 页。

异，我国南北方地理位置跨度大，气候变化多样，冬天气温低，空气干冷，而夏天雨水多，湿气大，简单来说，北方寒冷干燥，南方闷热潮湿。北方主要任务是防尘防燥，南方要应对潮湿问题。

在气候的影响下，无论是装裱、装潢还是保护措施南北两派都有其独特的方法且很多方法未必能南北通用，书柜、书橱、书架、书箱等装具南北方存在明显差异。北方灰尘大、湿度小，防尘是主要任务之一，故常使用函套作为书籍装具，甚至有时候会做内衬包裹书籍天头地脚来防尘。但这种密闭性较强的函套在南方并不适用。函套的制作要用到的纸板、锦棉和糨糊都是易受潮湿生虫的材质，南方雨水多，空气湿，还是少用函套多用夹板，"书套不用为佳，用套必蛀。虽放于紫檀香楠匣内藏之，亦终难免"①。

而制作夹板的木材的选择也要小心谨慎，不然不仅保护不了书籍反而会污染纸张。"夹板以梓木、楠木为贵，不生虫，不走性，其质坚而轻。花梨、枣木次之，微嫌其重。"② 南方湿度大，霉变机会多，通风尤其重要，很少用书匣书套，用夹板稍多。

装具的制作辅助材料也很重要，"北方书喜包角，南方殊不相宜。包角不透风，则生虫，糊气三五年尚在，则引鼠……又北方多用纸糊布匣，南方则易含潮，用夹板夹之最妥"。③ 这段话充分说明了南北装潢上的差异，包书角是对书籍边角的保护，不仅有实际作用而且美观大方，北方喜欢的包书角在南方却不适用，书角包裹住密不透风很容易滋生霉菌，再加上糨糊是植物性黏合剂，时间一长会生虫，实在是不适合在多雨的南方使用。

中国地域辽阔，南北方地理差异巨大，典籍在保存的过程中装具的选择可因地制宜，现代保护技术和设施的使用，使收藏单位在装具使用上有了更多的选择，无酸纸盒、智能书架等，采取措施无须强求一致。但安全性、规范性则是必需的。

---

① （清）孙从添：《藏书纪要》，广陵书社 2010 年版，第 50 页。
② （清）叶德辉：《藏书十约》，复旦大学出版社 2008 年版，第 305 页。
③ 同上。

第五章 其他保护方法

书籍的保护手段是多方面的，除了前文提到的纸、墨、修复保护以及藏书环境控制等保护手段之外，还有一些其他的对书籍延寿有益的事项需要关注。

第一节 相关规章制度的作用

所谓没有规矩，不成方圆，古时资源稀缺，聚书不易，所以对聚集起来的大量书籍要用心保管才可能久留，这样在书籍的保存、借阅、翻晒等方面制定规则就是必然之举，国有国法，家有家规，无论是官府藏书、书院藏书、寺观藏书还是藏书家藏书都有管理规定。

一 借阅规章

官私藏书在使用上很早就有规则，轻易不肯外借，一旦借出，也会遵从守则。但对借阅的规则早在南北朝《颜氏家训》即有明确的规定："借人典籍，皆须爱护，先有缺坏，就为补治，此亦士大夫百行之一也。"宋元时期的藏书家赵孟𫖯更是留给我们一段爱书格言："善欢书者，澄神端虑，净几焚香，勿卷脑，勿折角，勿以爪侵字，勿以唾揭幅，勿以作枕，勿以作夹刺，随损随修，随开随掩。"天一阁则规定外人不能登阁，藏书楼钥匙分别管理。正是这些规则的存在和人们的遵从，才使古籍生存时间更加久远。

而书院藏书的管理制度有别于官方藏书和私人藏书的特性也增加了制定规则的难度，所谓"立法最难，太密则阅者惮烦，必束之高阁；太疏则散漫无纪，卒归于乌有"。① 故而针对借阅而设置的规章尤属书院藏书最为成熟，书院是我国古代文化教育和学术研究机构，从唐代起，民间有人建书院为讲学所用，这就有了后世书院教书育人的影子，宋初书院建设兴盛一时，又因官学的发展而衰落，至南宋重新发达起来，元代

---

① （清）顾璜：《大梁书院藏书序》，《大梁书院藏书目录》，清光绪二十四年刊本。

书院在政府的支持鼓励下也得到了发展，直到清光绪二十七年（1901）诏令将各省所有书院，于省城改设为大学堂，从此，延续千年的书院制度宣告结束，但其所藏在漫长的文化发展历史中发挥着不可忽视的作用。

历代书院皆以藏书千卷为荣，多建有藏书楼，大者专设藏书楼，藏有经史群籍，小者也孜孜不倦广征书籍，一些声名远播的书院常常是藏书数千卷，又因惜书之情对藏书小心保护，使相当数量的书籍得以以较好的状态保存流传，为藏书保护工作做出了巨大贡献，由于书院存在开放的特性，所以制定的规则也较为细致规范，无论是面向读者的借阅活动，还是针对管理、编目、后勤等人员的管理活动都有相应的章程。

于湖中江书院就规定了借阅要先将书页当面数清，如有脱页缺损者需盖戳回收或进行补抄，"至于孤本、抄本，尤不准借"。① 针对不同类的书籍采用不同措施，多项规定并行最大限度的保护书籍。大顺元年（890）制定的《陈氏家法》还规定，"除现置书籍外，须令添置。于书生中立一人掌书籍，出入须令照管，不得遗失"。② 寺观藏书的管理更加严格，寺观所藏书籍 90% 是宗教类典籍，③ 承载宗教教义的精神花园不容玷污，看管不能不仔细，白居易修香山寺时把散乱的藏经以开元经录校之，绝者续之，亡者补之，最后共得新旧大小乘经律论集 5270 卷，将这些藏书藏于寺庙的西北角三间屋内，并规定了"（寺藏）藏二门，启闭有时，出纳有籍"④。

二 登账编目的作用

"书无目，犹兵无统驭，政无教令，聚散无稽矣"⑤，编目是进行书籍保管的必需，它是书籍管理凭证，便于进行清点补抄工作，避免藏书丢失而无对证，同时它也是一个检索工具，方便读者查阅，还能留下书

---

① 《尊经阁募捐藏书章程》，又作《中江书院尊经阁募送书籍并藏书规条》，光绪浙西村舍汇刻。

② （唐）陈崇：《义门陈氏家法三十三条》，唐大顺元年庚戌（890）四月六日立。

③ 徐建华：《中国佛教寺院藏书的构成及其成因》，《聊城师范学院学报》1999 年第 1 期，第 67—72 页。

④ （清）董诰等编：《全唐文》卷六七六，中华书局 1983 年版，第 6905 页。

⑤ （明）高儒：《百川书志》自序，上海古籍出版社 2005 年版，第 2 页。

院藏书的资料以传后世。

清代藏书家黄丕烈在《季沧苇藏书目》自序中提到"藏书不可无目，且书目不可不详载何代之刻，何时之抄，俾后人所征信也"[1]。可见书目编制的重要性早已为人所知，它不仅有助于全面了解藏书状况，也侧面反映了一个时代的学术发展水平尤其是编目学的发展，给后人研究前人的学术著作提供了有利的线索。[2]

公私藏家收集书籍后多会通过编辑书目加以管理利用，相当数量的藏书目录中都会在序言部分谈及其藏书的由来、集书艰难、告诫子孙等内容，虽然都是寥寥几语，却饱含着藏书人对藏书事业的自豪和对未来的殷殷期盼。如，公藏的《崇文总目》《四库全书总目》，私藏的宋《郡斋读书志》《直斋书录解题》、明叶盛《菉竹堂书目》6 卷，明陆荣陆伸父子据式斋大量藏书编辑的《式斋藏书目录》，还有于每书下都注明刻本，可用来考查明人版刻源流的明嘉靖晁瑮所编的《晁氏宝文堂书目》，清汪士钟编的《汪氏所藏宋元板书目》，叶德辉在民国四年（1915）编撰的《观古堂藏书目》，康有为在民国七年（1918）编撰的《万木草堂藏书目》，丁丙于民国十二年（1923）编辑的《八千楼书目》，明钱曾的《也是园书目》《读书敏求记》、毛晋《汲古阁校刊书目》、胡应麟《二酉山房书目》等数量极多。

藏书体系不同，登账编目方式存在一定的差异。如书院在收到书之后会先登记后上架，在所得书籍达到相当数量后，会有专门人员对所藏书籍进行编目，详细记录所得书籍的各项信息，如岳麓书院的《岳麓书院新置官书总目录》《岳麓书院新捐书目录》和《捐助岳麓书院书籍题名》这些都是帮助我们了解书院的资料。

登账编目是书籍管理无法回避的管理方式，目前这种方式仍在使用。

三 管理人员或机构的设置

公私藏书的规模、管理方法等多个方面都有所不同，公藏多为专门

---

① （清）黄丕烈，《季沧苇藏书目序》，《荛圃藏书题识》，上海远东出版社 1999 年版，第890 页。

② 宋国臣：《明代藏书楼书目编制》，《四川图书馆学报》2006 年第 6 期，第 55—58 页。

机构管理，私藏、藏书家往往也设专人管理，寺观藏书是由本寺观的僧人道士管理。晋惠帝永平元年（291），设秘书寺，掌中外三阁图书，自此，秘书寺成为政府中的一个机构，以专掌管皇宫内外各处图书为职责。①

书院有山长总负责，另设置斋长、看守等把关日常工作，类似西湖书院这样的规模较大的书院对书库的管理有着更高要求，西湖书院的山长除了维持日常的教学和运转外，还要掌管书库，"异时书库官之所掌悉隶焉"，兴化文正书院则规定了斋长管理书籍要"谨守管钥，统归经理，无事不得擅离，有事回家，须禀明山长，择人庖代"。② 从人员管理方面保护书籍，使其达到最好的保护状态，更有利于学生的使用。

第二节　古籍保护药物的使用

古人相信万物相生相克，利用药物防虫避虫古皆有之，在《齐民要术·卷第三·杂说第三十》中有"厨中安麝香、木瓜，令蠹虫不生"。不同地区古籍面对不同的地理环境，所要防治的虫害也不相同，明人邝露提出："用鳗鲡鱼干于室中烧之……及杀白蚁之类。"此法是利用动物制成的粉末的气味来防治白蚁。因南方温热潮湿，白蚁成灾，才研究出了这种专门应对白蚁的防治之法。

因地制宜的思想从处于宁波的天一阁就可看出，宁波市属亚热带季风气候，四季分明，温和湿润，因为担心书籍沾上湿气产生霉变，就在储存典籍的时候避开贴近墙壁等可能会受潮的地方，"西偏一间，安设楼梯。东偏一间，以近墙壁，恐受湿气，并不贮书。惟居中三间，排列大橱十口，内六橱前后有门，两面贮书，取其透风"。③ 且天一阁注重通风工作，多用书橱书架，书橱底盘做高，两面都可以打开，利于通风，"如宁波范氏天一阁式。……其屋俱空楹，以书橱排列，间作坎画形，特有

---

① 张树华：《中国古代藏书的管理制度和管理方法》，《图书馆杂志》1991 年第 5 期，第 17—19 页。

② 佚名：《兴化文正书院藏书凡例》，李希泌、张椒华编：《中国古代藏书与近代图书馆史料》，中华书局 1982 年版，第 76 页。

③ （清）蒋良骐：《十二朝东华录·乾隆朝》卷三十，文海出版社 1963 年版，第 1102 页。

间壁耳。"① "（天一阁）橱下各置石英一块，以收潮湿。"② 并在橱下放石英等吸收水汽，因为环境湿润，书籍要多通风多翻检，每年天一阁在梅季过后，都要定期检查藏书，所以几乎不用函套和帙，以免滋生霉菌。

除了直接放置药物以外，还有一种点燃药物利用烟气的熏蒸杀虫法，将药草点燃对存储书籍的书库进行规模烟熏，《物理小识》中提到用莽草、莴苣熏蒸，熏之及去。

常用的还有樟脑、芸香草、烟叶等防虫药物的投放等。

不足之处是，药物防蠹依靠的是材料本身的化学成分和其挥发的气味的作用，如果时间长了，药物的气味由浓转淡，效果也要大打折扣，而蠹虫经过了一段时间的适应会产生抗药性，药物所能起到的防虫效果就更小了，所以它并不适合大规模的使用，也并非越多越好，越浓越好。熏蒸杀虫法的缺陷也很明显，那就是杀虫不能彻底，只能是治标不治本，1991 年中山大学图书馆对善本书库进行熏杀，次年发现又有幼虫活动，原因就在于库房条件没有得到改善，杀虫之后的存储条件没有跟上，再加上烟熏很难确定虫卵是否被杀灭，所以烟熏之法单独使用效果不大，只能算是一种辅助保护方法。加之一些防虫杀虫药物对人的伤害，现在的冷冻杀虫，温湿度控制防虫使用得更加广泛。

第三节　再生性保护的广泛应用

古代保护手段的限制，兵燹火厄防不胜防，智慧的古人采取传抄、翻刻等多种方式使古籍化身千百，使书籍本身的数量增加，对书籍的流传同样能产生十分有益的效果。

一　印刷术的广泛使用以广流传

从写本时代的传抄为主到唐宋时期的印刷术普遍应用，对于书籍的保存堪称革命。官刻、私刻对涉及统治的经典、关乎民生的书籍不断刊刻、翻刻，以广流传。如元代对关乎农业发展的《农桑辑要》多次刷印，

---

① （清）叶德辉：《藏书十约》，复旦大学出版社 2008 年版，第 311 页。
② （清）蒋良骐：《十二朝东华录·乾隆朝》卷三十，文海出版社 1963 年版，第 1102 页。

一次发行万部，以发展农业。福建现存刻书中医书极为丰富，都说明了这个问题。私人藏书家们更是不惜出资出力，或自己的文集或先人的大作或圣贤之书或稀世罕本皆可纳入刊刻范围，数量之大、范畴之广、内容之足皆足以看作是文化的传播者。

无论是从书籍数量还是书籍类型抑或刊印品质，书院藏书都有出彩之处。唐代丽正书院、集贤书院就有手抄书籍，到南宋，随着雕版印刷技术的推行，有条件的书院皆涉足刻书，形成"书院本"，刻书也就成了书院的基础规制之一。西湖书院刻书数量很多，内容有刊印宋版旧籍，如至正二十三年（1363）所刻宋人岳珂《金陀粹编》28卷、《续编》30卷，还有当代文人著作，如《文献通考》《国朝文类》、至元年间刻《元文类》《蚊雷小稿》《师音集》等等。

书院刊刻的书籍类别十分广泛，有经典史籍，有各书院师生的研究所得、著作讲义等，也有其他天文、算数等供学生增进学识的参考类书籍，南宋时石鼓书院山长戴溪"与湘中诸生集所闻"而成《石鼓论语问答》3卷；明东林书院所刻多是经世治国之书，可见其胸襟广阔；学海堂建文澜阁作为藏书之所，并藏有很多的刻板，刻《学海堂集》4集90卷、《皇清经解》1400卷等；南菁书院于院中设局刻书，有《南菁丛书》144卷、《南菁札记》《皇清经解续编》等书；广雅书院设广雅书局印书，规模很大，且多是经史小学文集之类；诂经精舍初创已有《诂经精舍集》8卷。由于书院文人众多，刊刻书籍能做到编纂后勤于校对，并且追求制作精良不惜成本，故多出善本，"宋元刻书皆在书院"的赞誉充分说明书院刻书，内容丰富，品质上乘，保证了书籍的长久使用。

另外书院也会安排学生手抄经籍的日课，这种抄书虽然从个人所抄数量上来看并不多但却是一个简单易行的办法，对书籍的查漏补缺很有帮助，同时抄书也是古人十分推崇的一种学习方法。

寺观在翻译、著书、整理经文方面贡献很大，甚至有超越官府的时候。唐代长安寺院有译经，多达1300多卷，西明寺藏经多时达5000余卷，成就可观。元明清三朝非常注重寺观藏书的整理。元寺院组织专门人员从事典籍的校、勘、编目、鉴别和注释工作。明寺院在著、译同时，建成校勘、刊印、流通等一整套机构，从组织制度上保障寺院藏书工作顺利完成。①

二 翻刻覆刻与书版的保存利用

由于种种原因典籍常常流散，为广流传，翻刻覆刻方式经常使用，如金代刊刻《赵城金藏》就有其是用毁一套《开宝藏》成就《赵城藏》的方式流传的说法，《赵城藏》保存《开宝藏》的版式和内容，使我国最早的一部雕版大藏以另一部书的面貌出现得以保存，便是典型的例证。

书版在藏书保护中的作用值得我们关注，书版易受环境侵蚀，多有损毁，保存不易，明监中所藏《二十一史》书版多受水患之扰，残缺模糊，原板脆薄，剜补即脱落，要想让书籍重见天日就要进行修补。洪武十五年"帝以国子监所藏书版，岁久残剥，命诸儒考补，工部督匠修治"。② 将存留的旧版修补完毕，可便于传布，永乐二年（1404）明成祖下令工部修补国子监经籍版。洪武至嘉靖、万历年间相递补修了宋绍兴眉山刊本的宋、齐、梁、陈、魏、北齐、周七史的书版，可见修版在保存典籍中的作用。

有些书院存有相当数量刻板，有自刻也有前人所留，元西湖书院山长陈袤的《西湖书院重整书目记》载："西湖精舍因故宋国监为之，凡经史子集，无虑二十余万，皆存焉。"明道书院刊印《程子》一书，是书以山长周应合不受月俸钱五千贯充刻梓费，共有书版 167 片，藏于御书阁，司书掌之。由于书版保存在书院自己手里，方便随时刊印，即使书籍有所丢失或者破损也可及时补印，有助于书籍的保护和流传。

在书版保护和继承方面有突出表现的是西湖书院，西湖书院不仅拥有书院自身所刻的书版还保存着数量庞大的宋国子监书版，"因故宋国监为之，凡经史子集，无虑二十余万，皆存焉。"据《西湖书院重整书目记》载，"因今年来建筑工程匆忙，东迁西移，书版就多有散佚，在风吹日晒中岌岌可危"。后张公昕、赵公植、柴公茂等顾而惜之，为了保护经过风吹雨打而破损不堪的书版，先是移到藏书额尊经阁，后又建屋来收藏保护，由于书版散失甚多，山长黄裳、教导胡师安等人"以书目编类

---

① 徐寿芝：《古代寺观藏书及整理》，《图书馆理论与实践》2003 年第 6 期，第 93—95 页。
② （清）张廷玉：《明史》卷一三八，中华书局 1974 年版，第 3974—3975 页。

摧议补其阙",修补 20 余万宋刻旧版。这种项目不只要记录实绩,保存书目,以保其永传,还要"非独为来者劝,抑亦斯文之幸也欤!"古人已经意识到对书版的保存于修补对文化的传播继承有着不能忽视的作用。

第四节 晾晒除湿祛虫

物理方法对藏书的保护是最为直接的,从藏书本身的问题出发使之更有效的延缓藏书破损、降低藏书破损率,通过通风曝书等方法杀虫防霉、创造一个良好的藏书环境是延长书籍生命的有效手段。

通风对潮热地区的书籍保护十分重要,书院一般设置看守,每日开窗通风,清洁卫生,每月还要给书橱通风数次。中江书院每月"专管须开书橱晾风一二次。"六七月份的时候,管理人员还要"觅精细人晒书一次,晒后邀各总理清查一次"。[1] 以防在晒书过程中丢失书籍。岳麓书院设一名看役,负责"每年梅雨月份,禀请监院晾晒书籍"。兴华文正书院规定了书院每逢夏季六月要举行曝书活动,将书检出曝晒,斋长必由本人监管,以防遗失。

曝书一直是广泛使用的书籍保护办法,从汉代《四民月令》载:"曝经书及衣裳,不蠹"到宋代馆阁的曝书会,即使曝书的时间、天气、方法有所不同,通过翻晒书籍达到去蠹防虫防霉效果的目的却是一样的,从皇家、寺观、书院到个人藏书家都会曝书,《齐民要术》载:"五月湿热,蠹虫将生,书经夏不舒展者,必生虫也。"所以在"五月十五日以后,七月二十日以前,必须三度舒而展之"。[2] 具体要做到晴天时阳光强烈,需把书籍放于屋下阴凉处,不能直接曝晒于阳光之下,不然会因为热气加速蠹虫的繁衍,而在阴雨天气时,更为谨慎。

曝书的方式多数公藏单位已经不再使用,一些气候潮湿地区的寺院等收藏机构仍在使用,可以祛湿防虫,但紫外线和突如其来的天气变化对书的损坏也不容忽视。

---

[1] (清)袁昶:《中江书院尊经阁募捐送书籍并藏书规条》,《尊经阁募捐藏书章程》,中华书局 1982 年版,第 127 页。

[2] (北魏)贾思勰:《齐民要术》卷三,中华书局 1985 年版,第 58 页。

张家坡西周墓地出土青铜器的
科学保护与修复

——兼论青铜器病害科学认知与保护修复技术合理操控

2015 届 杜 平

（导师：故宫博物院 李化元研究馆员）

从 20 世纪 50 年代到 1986 年，中国社会科学院考古研究所沣镐队、沣西发掘队为配合基本建设在陕西省长安县沣河两岸开展田野考古发掘工作。而张家坡正是沣河西岸西周墓地比较集中的地区之一，该地区墓葬集中，年代跨度从先周一直到西周中期，且有大量的家族墓地，尤其以井叔家族墓最为引人注目。井叔墓铜器的发现在西周青铜器的断代中起到了重要作用，并印证了陈梦家先生对传世井叔铜器断代的观点——他认为井叔是其家族一直沿用的称号，所谓井叔不单单指一个人[1]。由此可见，张家坡西周墓地出土的青铜器具有重要的学术价值。然而由于当时各方面条件限制，这批青铜器自考古发掘后只进行了简单的表面清理、除锈、粘接、作旧保护修复工作。

本次保护修复拟从文物出土背景资料、文物基本信息与保存现状、病害评估、绘制病害图、分析检测、保护理念与修复原则、制定保护修复技术路线、完善保护修复后档案展开。同时整个保护修复过程，以科学仪器分析结果为依据，以适应我国的文物保护理念与修复为理论指导，

---

[1] 张长寿、卢连成：《长安张家坡西周井叔墓发掘简报》，《考古》1986 年第 1 期。

探索青铜器保护修复过程中表面清理与除锈、整形、补配、焊接与粘接、缓蚀、封护、作旧等保护修复技术操控的合理范围。

第一章 文物基本信息与保存现状

此次保护与修复的青铜器共计 4 件，现根据考古发掘报告将文物基本信息介绍如下：

（1）青铜鼎 M123∶12，A 型Ⅰ式。圆腹，腹身较深，腹最大径在器身中部，实心柱足。器口平面为圆桃形，窄平沿。双耳鼎弧形，耳侧垂直，耳孔近长方形。耳截面为方形。器足较长。器颈部有纹饰一周，以云雷纹为地，以兽面纹为主题。兽面纹共有 6 个，每个中间有一道垂直小扉棱象征它的鼻子，扉棱左右两旁各饰一眉一目一耳，合成一个兽面。器足上部亦各饰有这样的小扉棱为鼻的兽面纹。口径 20.3 厘米，腹径19.6 厘米，腹深 11.4 厘米，通耳高 24.8 厘米。

（2）青铜簋 M320∶2，C 形Ⅰ式，侈口，卷沿，圆腹，圜底。底稍圆而近平。矮圈足，足裙外侈，下口曲折下垂。腹侧有一对环状耳，耳上部饰有兽头，耳下部有长方形小垂耳，耳体中空，横截面为半圆形。圈足下口接置三足，足短小，蹄状，横截面为实心的椭圆形。器颈部饰有两道凸弦纹。双耳颜色与器体明显不同，显然是与器体分别铸造然后再接合一起，接合处有浇铸接合时溢出的铜液形成的赘块。口径 19.1 厘米，腹径 19 厘米，腹深 9.1 厘米，圈足下口径 17.3 厘米，通耳宽 27.3 厘米，通高 15 厘米。

（3）青铜爵 M163∶37，Ⅲ式，流及尾较短宽。口沿近流处有伞状短柱一对。柱体内圆鼓而外扁平，横截面为半圆形。器腹垂直而深，圜底。腹平面为椭圆形。腹上部有兽首单鋬。三足短而外撇，实心，横截面为扁窄的三角形，如刀状。腹径 6 厘米，腹深 11 厘米，流至尾宽 16.6 厘米，通高 21.5 厘米。

（4）青铜鼎 M145∶1，A 型Ⅱ式。垂鼓腹，腹身较深，腹最大径在器身下部，作倾垂状，实心柱足。侈口，圆唇，窄卷沿，收颈。绹索环状耳，耳截面圆形。腹上部斜直，腹下部外鼓。三足上粗下细，粗壮且长，横截面圆形。器底有弧线三角形铸缝，铸缝内又有三叉形凸起的加强筋。底部烟炱浓重，为实用器皿。口径 19.5 厘米，腹径 19.7 厘米，腹深 11.8 厘米，壁厚 0.2 厘米①。

图1—1 青铜鼎 M123：12
保护修复前

图1—2 青铜簋 M320：2
保护修复前

图1—3 青铜爵 M163：37
保护修复前

图1—4 青铜鼎 M145：1
保护修复前

在保护修复前，根据 2008 年国家文物局颁布的《馆藏青铜器病害与图示》标准，笔者对张家坡西周墓地 4 件青铜器进行了详细的病害统计与评估（见表1—1 和表1—2），并绘制病害图作为保护修复档案存档（附录1—1）。

表1—1　　中国社会科学院考古所藏张家坡西周墓地 4 件青铜器病害统计

序号	器物名称	残缺	裂隙	变形	孔洞	点腐蚀	层状堆积	表面硬结物	瘤状物	全面腐蚀	既往保护修复情况
1	青铜鼎 M123：12			√	√		√	√	√	√	表面清理、除锈

① 中国社会科学院考古研究所编著：《张家坡西周墓地》，中国大百科全书出版社 1999 年版。

续表

序号	器物名称	残缺	裂隙	变形	孔洞	点腐蚀	层状堆积	表面硬结物	瘤状物	全面腐蚀	既往保护修复情况
2	青铜簋 M320：2	√	√			√	√	√		√	表面清理、除锈
3	青铜爵 M163：37		√		√	√	√			√	表面清理、除锈、粘接、作色
4	青铜鼎 M145：1	√	√	√		√	√	√		√	表面清理、除锈

表1—2　中国社会科学院考古所藏张家坡西周墓地4件青铜器病害评估

序号	年代	器物名称	保护修复前的病害评估描述
1	西周	青铜鼎 M123：12	该铜鼎通体完整，只有鼎腹部有轻微裂隙和变形，可能是埋藏环境中挤压所致。一组兽面纹眼睛下部露出黄色铜质表面，腹部铜质较好（可能是考古发掘探铲所致）两足外侧有浇不足（铸造缺陷），足部较多的黄白色粉末状析出。其病害表现为布满全身的土锈与表面硬结物、裂隙
2		青铜簋 M320：2	该铜簋口沿破碎成两块碎片，口沿破碎处因受应力作用产生一条较长的裂隙，一直延伸到一侧耳的根部。通过肉眼观察，口沿破碎处腐蚀严重，一耳和破碎处存在疑似有害锈。耳内与簋底部存在较多范土。两块残片大残片较小残片腐蚀严重。该簋病害主要表现为裂隙、点腐蚀、表面硬结物
3		青铜爵 M163：37	该铜爵存在多处疑似有害锈（口沿、鋬的一侧、腹内部），两只足部有明显裂隙与孔洞（铸造缺陷）。同时存在多处胶粘接、作色痕迹。该铜爵病害主要表现为点腐蚀、裂隙、孔洞
4		青铜鼎 M145：1	该铜鼎因埋藏中挤压存在严重变形，并破碎成大小7块残片。腹部破碎处存在裂隙，肉眼观察破碎茬口处均腐蚀严重，大部分碎片已经完全矿化。铜鼎腹部存在大面积编织纹，并有土锈覆盖。三只足也存在明显铸造缺陷，其中一只明显较短。鼎中心底部有一孔洞（铸造缺陷），和明显的范线、加强筋。该铜鼎的病害主要表现为变形、残缺、裂隙、孔洞、全面腐蚀

中国社会科学院考古所藏张家坡西周墓地 4 件青铜器病害图。

图1—5　青铜鼎 M123：12
器身遍布硬结物

图1—6　青铜簋 M320：2
耳部疑似染有害锈

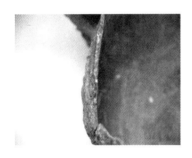

图1—7　青铜簋 M320：2
口沿裂隙

图1—8　青铜簋 M320：2
底部残留范土

图1—9　青铜爵 M163：37
器身点腐蚀

图1—10　青铜鼎 M145：1
器身编织物包裹痕迹

第二章　分析检测——科学认知病害

一　硝酸银定性分析

从疑似染有有害锈的 3 件青铜器取样进行硝酸银定性分析,判断器物是否含有有害氯离子。首先分别从青铜簋 M320:2、青铜爵 M163:37、青铜鼎 M145:1 疑似染有有害锈位置用手术刀刮取少量样品,然后将样品分别用纯净水浸泡,浸泡液用滤纸过滤,再滴入 4—6 滴 50% 的硝酸溶液酸化处理,最后滴入 3% 硝酸银,观察实验现象(见图 2—1),结果见表 2—1。

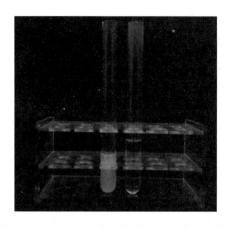

图 2—1　硝酸银溶液滴定后样品变浑浊现象

表 2—1　　　　　　　　　　硝酸银定性分析结果

序号	文物名称	文物编号	现象	是否含有氯离子
1	青铜簋	M320:2	溶液变浑浊	是
2	青铜爵	M163:37	溶液变浑浊	是
3	青铜鼎	M145:1	溶液变浑浊	是

二　X 射线无损探伤分析

X 射线成像技术作为无损检测分析方法,在考古与文物保护领域具有广泛的应用前景。通过观察青铜器 X 射线影像可以判断器物的病害状况、腐蚀程度、修复痕迹、铸造工艺信息，从而为保护修复过程提供科学依据。

1. 青铜鼎 M123：12 的 X 射线成像显示，该鼎底部区域颜色偏暗，且底部不规则分布着 4 枚铜质芯撑，芯撑在 X 射线成像中颜色更为显暗，腹部、足、耳部在 X 射线成像中偏亮，导致这种差异的原因主要有三种：一是底部的腐蚀程度较腹部、耳部严重，铜质较差，吸收 X 射线的能力减弱；二是铜质芯撑对 X 射线的吸收能力较青铜基体弱，所以在 X 射线影像中呈暗影；三是拍摄角度的差异导致不同部位 X 射线的明暗差异（见图 2—2）。

2. 青铜簋 M320：2 的 X 射线影像显示，该簋底部与腹部共不规则分布着 6 枚芯撑，X 射线成像颜色较其他区域为暗，这也是芯撑较其他区域容易腐蚀的表现。口沿断茬至右耳有一条明显裂隙，缝隙处较其他区域影像偏暗，吸收 X 射线的能力较弱，腐蚀程度较其他区域严重。此外底部不规则分布的斑点或为铸造缩孔与气孔（见图 2—3）。

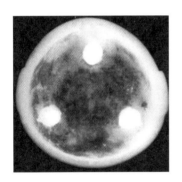 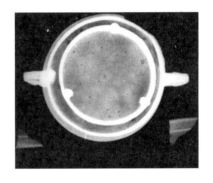

图2—2　青铜鼎 M123：12
的 X 射线成像

图2—3　青铜簋 M320：2
的 X 射线成像

3. 青铜爵 M163：37 的 X 射线成像显示，该爵尾部为接近胶片的黑色，与其他区域颜色对比明显，且有断口，判定尾部为其他材料的补配痕迹。从口沿至腹部大量的裂隙表明爵的粘接痕迹，三足中左侧一足断裂，有明显粘接痕迹，右侧足的黑斑是原始的铸造孔洞。这些信息反映了该爵的原始保护修复情况（见图 2—4）。

4. 青铜鼎 M145：1 的 X 射线影像显示，该鼎碎成 3 块，且变形严重，最小残片 X 射线成像颜色接近黑色胶片，表明腐蚀程度严重（接近矿化）。带耳残片与鼎的底部、腹部不均匀的暗斑区域也是腐蚀现象在 X

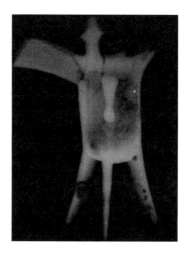

图2—4　青铜爵163∶37的X射线成像

射线下的成像表现。此外，结合实物与X射线成像分析，该鼎三足部位分布着原始铸造痕迹（范线）及以黑色孔洞为中心延伸的三条加强筋（见图2—5、图2—6）。

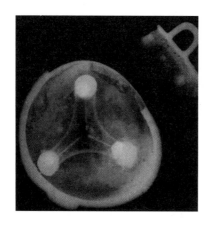

图2—5　青铜鼎M145∶1的X射线成像　　图2—6　青铜鼎M145∶1底部

三　X射线衍射分析（XRD）

X射线衍射技术在青铜器的腐蚀产物分析中具有重要作用，它具有样品用量少，选区小、激光定位、视频显示、多种可选的测量模式及快速检测等特点，通过 X 射线衍射分析，能够全面了解青铜文物锈蚀的物质种类，同时对青铜器腐蚀产物的分析，可以帮助研究者判断器物腐蚀产物的成分、结构类型是否稳定，从而为保护修复采取合理的技术方法提供科学依据[①]。

本文运用这一科学仪器分析手段分别对西周张家坡墓地出土的青铜鼎 M123：12、青铜爵 M163：37 进行分析检测。该工作委托北京北达燕园微构分析测试中心有限公司完成。

测试要求：全岩定量分析；

测试方法：SY/T 5163 - 2010 沉积岩黏土矿物和常见非黏土矿物 X 射线衍射分析方法；

仪器名称：D/max - rA X 射线衍射仪；

实验条件：X 射线：CuKa（0.15418nm）；

管电压：40kV

管电流：100mA

分析检测结果见表 2—2：（取样位置见图 2—7、2—8）

表 2—2　　张家坡西周墓地出土青铜器部分样品 XRD 分析结果

文物序号	文物名称与编号	样品编号	样品描述	分析结果
1	青铜鼎 M123：12	样品 3	腿部黄白色粉末状腐蚀产物	白铅矿 83%，水白铅矿 17%
2	青铜爵 M163：37	样品 1	爵口沿内浅绿色疑似有害锈粉末状腐蚀产物	氯铜矿 32%，副氯铜矿 30%，赤铜矿 17%，孔雀石 20%

四　X 荧光能谱分析（XRF）

X 射线荧光能谱分析在文物保护修复研究的应用主要体现在以下五个方面：（1）研究文物材料的成分与结构，查明各类质地材料的损坏过程和

---

① 李艳萍：《X 射线衍射技术在青铜锈蚀分析中的应用》，《中国文物保护技术协会第四次学术年会论文集》，科学出版社 2005 版，第 444—448 页。

机理，从而对抗质变来保护文物；（2）研究文物的地下埋藏环境；（3）研究文物地上的最佳保存环境，为制定文物保存环境与展陈标准提供科学依据；（4）研究文物的保养技术；（5）研究文物保护修复的传统技术①。

图2—7 青铜鼎取样位置

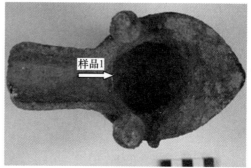
图2—8 青铜爵取样

本文依据科学保护修复需要，对张家坡西周墓地出土4件青铜器均取样进行 XRF 元素成分半定量分析。

测试要求：元素成分半定量分析（数据仅供参考）；

仪器名称：HORRIBA XGT - 7000V，X 射线荧光显微能谱仪；

测试条件：最大电压30kV；电流0.014mA；测试光斑半径1.2mm；半真空气氛，采谱时间100s。分析谱图见图2—9至图2—15，分析结果见表2—3。

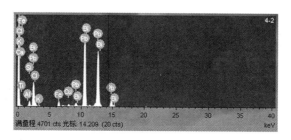
图2—9 铜鼎 M123：12 样品 2 的 XRF 分析谱图

① 崔强、张文元、李燕飞、范宇权、苏伯民：《文物保护与考古中能量色散型 X 荧光光谱仪的应用》，《敦煌研究》2008 年第 6 期，第 104—108 页。

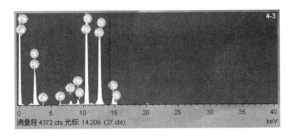

图 2—10　铜鼎 M123：12 样品 3 的 XRF 分析谱图

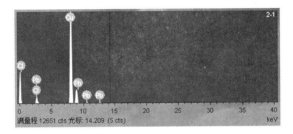

图 2—11　铜爵 M163：37 样品 1 的 XRF 分析谱图

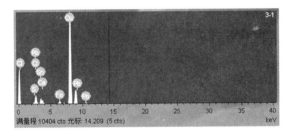

图 2—12　铜簋 M320：2 样品 1 的 XRF 分析谱图

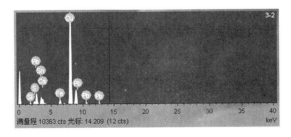

图 2—13　铜簋 M320：2 样品 2 的 XRF 分析谱图

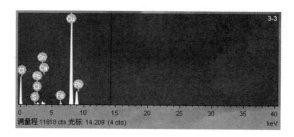

图 2—14　铜簋 M320：2 样品 3 的 XRF 分析谱图

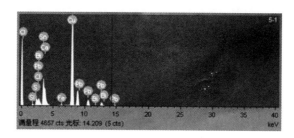

图 2—15　铜鼎 M145：1 样品 1 的 XRF 分析谱图

表 2—3　张家坡西周墓地出土青铜器部分样品 X 射线荧光能谱分析结果

文物名称及编号	样品编号	样品描述	成分（%）								
			Cu	Fe	Sn	Ca	Pb	Cl	S	K	Si
铜鼎 M123：12	样品 2	鼎内白色土锈	0.54	2.05		0.39	78.71	1.4		0.7	12.75
	样品 3	腿部粉末状土锈	1.04	0.64		0.6	97.04				
铜爵 M163：37	样品 1	爵内疑似粉状锈点腐蚀	76.63	0.17		0.23	6.93	13.93			2.12
铜簋 M320：2	样品 1	大残片边缘（矿化严重）	57.19	1.28	27.92	0.73	2.25	9.07	0.19		1.38
	样品 2	小残片边缘（矿化不严重）	55.35	2.05	32.82	1.19	4.86		0.12		3.6
	样品 3	小残片（有明显金属机体）	74.14	1.19	19.46	0.48	1.9	1.15	0.27		1.42
铜鼎 M145：1	样品 1	残片上沿（矿化严重）	27.52	0.29	58.63	1.31	7.04	1.76	0.64		2.55

五 金相显微组织分析（OM）

金相学是研究金属及合金内部组织和结构的学科，是从 19 世纪初开始形成的。随着这一学科研究领域的不断扩大，自 20 世纪 20 年代开始，各国对这一学科领域有了不同的称呼，如在德国用"Metallkunda"（金属学）来表征这一学科；在英国、美国等国家用"Physiacal Metallurgy"（物理冶金）来称呼。金相学成为金属学的一个分支学科，常用来指以研究显微组织为主的部分[1]。通过运用这一现代实验方法，可以对考古发掘出土的金属文物和冶金遗物进行系统分析与研究，阐明中国古代冶金技术的发展历程及对中国社会、经济与文化的作用[2]。

就青铜文物保护修复领域而言，我们可以通过取样、镶样、打磨、抛光、浸蚀一系列程序，在光学金相显微镜下观察金属显微组织及腐蚀产物形貌，进而通过金相组织来判断金属文物的合金类型、加工工艺等，同时这也为研究金属文物的腐蚀类型、制作工艺对腐蚀程度的影响提供了有用信息。本文运用金相学理论及金相实验方法对张家坡西周墓地出土的 4 件青铜器中的部分样品展开分析研究。首先将所取样品进行镶嵌、打磨、抛光，然后用三氯化铁盐酸无水乙醇溶液浸蚀，最后在金相显微镜下观察和拍照。本次实验样品抛光、浸蚀观察、拍照所用的金相显微镜由北京科技大学文物保护和科技考古实验室提供，金相观察显微镜型号为 J12-50，金相照片显微镜型号为 LEICADM4000。样品分析研究结果见表 2—4。

六 扫描电子显微镜—X 射线能谱分析（SEM-EDS）

扫描电子显微镜是一种分辨率极高的精密仪器，它的二次电子成像能分辨百万分之六到十万分之一毫米的物体[3]。扫描电子显微镜配备 X 射

---

① 中国大百科全书总编辑委员会：《中国大百科全书·矿冶》，中国大百科全书出版社 1984 年版，第 350 页。

② 韩汝玢、孙淑云、李秀辉：《中国古代金属材料显微组织图谱总论》，科学出版社 2014 年版，第 3 页。

③ 王增林著：《扫描电子显微镜在考古中的应用简介》，《考古》1994 年第 11 期，第 1043—1046 页。

表2—4　　　　　　　　　　青铜簋 M320：2 样品的金相组织照片

文物名称与编号	样品序号	采样位置	样品形状	金相观察照片（OM）备注
铜簋 M320：2	ZJP - 2	大残片边缘（矿化严重）	块状	
	ZJP - 3	小残片（有明显金属机体）	块状	

线能谱分析仪广泛应用于考古、文物保护领域，在文物的微区形貌观察、腐蚀产物的成分分析方面具有重要作用。在金属文物保护修复中，可对样品进行多元素面扫描和线扫描分布检测，且具有制样简单、分析结果受杂质干扰小、点成分分析结果比较准确等优点[1]。通过对青铜样品的面扫描，可以有效判断青铜的合金类型、腐蚀产物中是否含有对有害锈具有指示作用的氯元素，以及局部相区有无夹杂物或残留物等。

本次保护修复对张家坡西周墓地出土 4 件青铜器中部分样品进行 SEM – EDS 分析；样品在金相样品的基础上在真空状态下喷碳处理，分析设备由中国社会科学院科技考古中心提供，SEM 型号为 QUANTA650，加速电压 20kV，激发电压 20kV；EDS 型号 OXFORD – MaxN50，采谱时间为 50s；本次实验对青铜鼎 M123：12 底部、青铜簋 M320：2 大、小残片上、青铜鼎 M145：1 残片上沿、带耳残片处采集样品进行 SEM – EDS 扫描形貌观察，取样位置及样品信息见表 2—5，青铜合金类型及样品成分分析表 2—6，SEM – EDS 分析图谱见（图 2—16 至图 2—20）。

---

① 国家文物局博物馆司与社会文物司主编：《博物馆青铜文物保护技术手册》，文物出版社 2014 年版，第 46 页。

表 2—5 张家坡西周墓地出土青铜器样品信息及取样位置

文物名称与编号	样品序号	采样位置	样品形状	SEM－EDS分析方式	备注
铜鼎 M123∶12	ZJP－1	底部锈块			底部脱落黑色锈块
铜簋 M320∶2	ZJP－2	大残片边缘（矿化严重）	块状	面扫描、夹杂物扫描	残片断面疑似点腐蚀
	ZJP－3	小残片（有明显金属机体）			
铜鼎 M145∶1	ZJP－4	带耳残片			
	ZJP－5	残片上沿（矿化严重）			残片断面矿化物

表 2—6 张家坡西周墓地出土青铜器样品 SEM－EDS 成分定性分析结果

文物名称与编号	样品序号	成分（wt%）					
		Cu	Sn	Pb	S	Cl	其他
铜鼎 M123∶12	ZJP－1	82.53		1.83		2.57	O 15.64
		10.44		59.22		2.57	O 15.95 As 11.82
铜簋 M320∶2	ZJP－2	54.60	17.93	4.64		9.39	O 13.45
		6.75	49.73	7.32			O 36.20
	ZJP－3	71.38	13.62	3.81	0.68		
		77.15	18.83	4.02			
铜鼎 M145∶1	ZJP－4	66.77				25.18	O 8.05
		52.24				14.15	O 33.61
	ZJP－5	24.41	30.23	4.28		5.60	O 35.49
		53.38				17.14	O 29.49

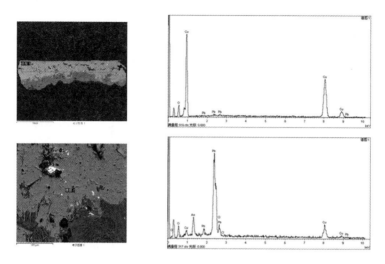

图 2—16　样品 ZJP－1 的 SEM 二次电子像与 X 射线能谱图

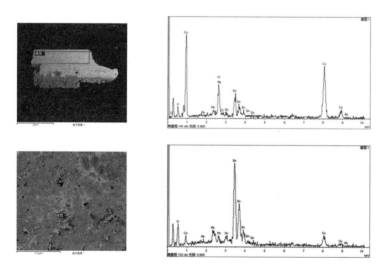

图 2—17　样品 ZJP－2 的 SEM 二次电子像与 X 射线能谱图

七　离子色谱分析（IC）

本次保护修复过程中为了全面掌握文物的原始埋藏信息，以及更科学的认知这几件青铜器的病害成因，亦对张家坡西周墓地出土青铜器部分样品采用了离子色谱分析（IC）方法：该实验委托北京师范大学分析测试中心完成。

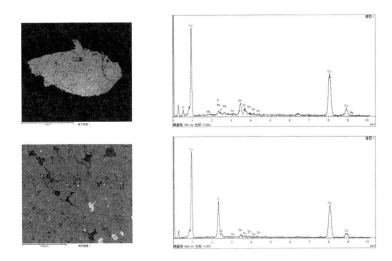

图2—18 样品ZJP-3的SEM二次电子像与X射线能谱图

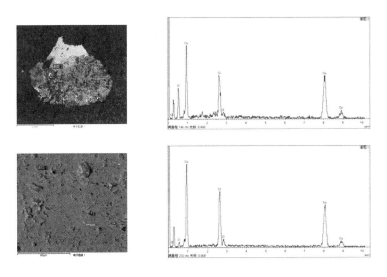

图2—19 样品ZJP-4的SEM二次电子像与X射线能谱图

仪器型号为：

（一）ICS-2100型离子色谱仪

配带CR-ATC的EGC Ⅲ氢氧化钾淋洗液自动发生罐，用来测定Cl$^-$、NO$_3^-$、SO$_4^{2-}$阴离子，色谱分离柱为IonpacAS11阴离子分离柱和AG11阴离子保护柱，ASRS300连续自动再生电解微膜抑制器，流动相为

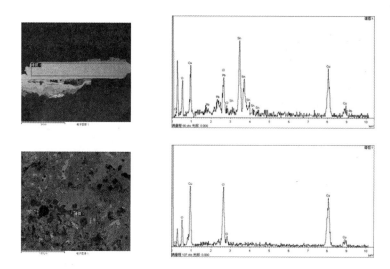

图 2—20 样品 ZJP–5 的 SEM 二次电子像与 X 射线能谱图

3mmol—35mmol 氢氧化钾，以 1.0ml/min 流速梯度淋洗。

用途：分析样品溶液中的阴离子。

（二）DX–600 型离子色谱仪

配带 ED50 电导检测器、GP50 梯度泵，LC20 色谱箱，用来测定 Na^+、K^+、Mg^{2+}、Ca^{2+} 阳离子，色谱分离柱为 IonpacCS12A 阳离子分离柱和 CG12A 阳离子保护柱，CSRS300 连续自动再生电解微膜抑制器，流动相为 20mmol 甲磺酸，以 1.0ml/min 流速等度淋洗。

用途：分析样品溶液中的阳离子。

土壤中阴、阳离子分析结果见表 2—7、表 2—8。

表 2—7　　　张家坡西周墓地出土青铜器部分样品 IC 阴离子分析结果

文物名称 与编号	采样 位置	样品 形状	样品量（mg/L）		
			Cl^-	NO_3^-	SO_4^{2-}
铜鼎 M123：12	鼎内白色土锈	块状	1.98	0.95	5.07
	腿部土锈	粉末	2.03	1.18	3.89
	耳部土锈	块状	2.07	1.37	5.37

表2—8　　　张家坡西周墓地出土青铜器部分样品 IC 阳离子分析结果

文物名称与编号	采样位置	样品形状	样品量（mg/L）			
			Na^+	K^+	Mg^2	Ca^{2+}
铜鼎 M123：12	鼎内白色土锈	块状	3.04	1.22	4.12	20.60
	腿部土锈	粉末	2.88	1.15	4.09	20.47
	耳部土锈	块状	2.14	7.23	1.15	12.89

八　分析检测结论——科学认知病害

通过以上文物保护专家对病害的预评估、氯离子硝酸银定性、X射线成像无损探伤、X射线衍射（XRD）、X射线荧光能谱分析（XRF）、金相显微镜组织分析（OM）、扫描电子显微镜—X射线能谱分析（SEM-EDS）、离子色谱分析（IC）等众多分析检测手段对张家坡西周墓地出土4件青铜器进行全方位的病害科学认知，现根据分析结果将笔者对4件青铜器的病害类型、腐蚀程度、腐蚀产物、保存状况的认知总结如下。

1. 青铜鼎 M123：12 主要病害为表面硬结物，层状堆积；根据X射线成像反映，该鼎总体保存状况良好，但底部不规则分布着几枚芯撑，芯撑较其他部位腐蚀严重。根据XRD、XRF判断，腿部、耳部黄白色土锈成分主要是Pb、Sn的氧化物（可能是PbO、SnO_2）。这与杨军昌先生在其博士论文对张家坡铜器的研究结果是一致的[1]。离子色谱测试土壤中氯离子的含量并不高，但金属阳离子 Ca^{2+} 的含量较高，这也是青铜鼎 M123：12 表面硬结物附着、层状堆积的原因。

2. 青铜簋 M320：2 的病害主要表现为表面硬结物、层状堆积、点腐蚀、裂隙等；通过氯离子硝酸银定性分析，证明耳部的点腐蚀较为严重；根据X射线成像无损探伤，其裂隙一直从口沿延伸到簋的内部，簋的底部及腹部不规则分布的芯撑腐蚀程度也较其他部位严重。通过金相显微观察（OM）和扫描电子显微镜—X射线能谱（SEM-EDS）分析，簋的大小两块残片腐蚀不均匀、同一样品的金相组织中枝晶间界较枝干腐蚀

---

[1]　杨军昌：《陕西关中地区先周和西周早期铜器的技术分析与比较研究》，北京科技大学2002年博士学位论文，第99—101页。

严重，铜簋金相组织照片中，Pb 以杂质的形态存在金相中，有的腐蚀脱落形成孔洞；α + δ 共析体较 α 相腐蚀严重。另外该簋的底部圈足部位存在范土，这也为研究制作工艺提供了原始铸造信息。

3. 青铜爵 M163：37 的病害主要表现为点腐蚀、裂隙、孔洞；爵流的口沿、腹内部取样经硝酸银定性分析，溶液变浑浊，证明了氯离子的存在；经过 X 射线衍射分析，其氯铜矿、副氯铜矿的含量均在 30% 以上，更说明了该爵点腐蚀严重。经 X 射线成像无损探伤鉴定，此爵有大面积的修复痕迹（出土后有粘接、作色痕迹）。另外，该爵足部裂隙受墓葬埋藏环境中的外力所致，孔洞为铸造时的缺陷。

4. 青铜鼎 M145：1 的病害主要有表面硬结物、层状堆积、裂隙、变形、残缺、点腐蚀等；在疑似染有有害锈处取样，经硝酸银滴定分析，使溶液变浑浊，证明了也存在指示有害锈成分的氯离子。再经 X 射线成像无损探伤分析，一块小残片在 X 射线成像的影像近乎黑暗，表明该鼎破碎处腐蚀严重，有些部位已经完全矿化；此外影像中还能看见范线、加强筋、铸造缺陷（孔洞）等原始铸造信息。电子扫描显微镜—X 射线能谱（SEM – EDS）分析，该鼎的样品 Cu 的比重均少于其他 3 件样品，这也证明了此鼎腐蚀程度较其他 3 件器物严重。

因此对于青铜器保护修复工作，在保护修复实施前，不仅仅需要经验丰富的文物保护专家提前会诊，而且要学会运用现代科学仪器分析检测手段，进一步验证专家的诊断、分析文物病害原因、类型、腐蚀程度，最终为实施保护修复技术过程中选择合适材料与科学方法提供依据。

第三章 遵循的保护理念与修复原则

一 不改变文物原状

即保护修复过程不得改变文物的形状结构、材料、颜色与制作工艺等，这也是《中华人民共和国文物保护法》与《中国文物古迹保护准则》中规定的基本保护修复原则。另外遵循不改变原状原则有利于发挥文物应有的历史价值、艺术价值、科学价值，从而展现其历史真实性与完整性。

二 最小干预原则

任何保护修复过程都是干预过程，而文物只有在病害发展、结构劣变状态下我们才会人为干预，而这种干预是本着最小原则帮助文物恢复健康状态、阻止病情恶化。如目前我国青铜器保护修复领域对有害锈、无害锈的处理就涉及这一原则，根据我国国情、古代青铜器的文化内涵、东方人的审美倾向，主张无害锈应予以保留，这不但很好地遵循了最小干预保护原则，而且古代青铜器红斑绿锈的古朴更展现了中华文明绵远悠长。

三 兼容性与安全耐久性

现代意义的科学保护修复主张使用的保护修复材料与文物本体具有良好的兼容性，即新旧材料的更替、理化性能应同文物本体理化特性趋于一致。此外保护修复材料应有尽可能长的寿命年限，室外文物与馆藏文物的保护修复应针对不同环境选用不同的保护修复材料，从而实现因地制宜的延长文物寿命。

四 可再处理性

可再处理一般强调保护修复材料的可再处理性与操控工艺尽可能与原文物制作工艺一致或接近。由于任何的保护修复工作都是暂时的，而不是一劳永逸的，当前的文物保护修复工作只要能遏制文物的劣变、恢复文物一个阶段的健康状态即可。随着时代的进步，科技的发展，我们要为后人研究留下足够空间。如青铜器保护修复在补配材料、缓蚀剂、封护剂的使用方面应具有较强的可再处理性。

五 可识别性与协调性相结合

可识别性是针对保护修复后的效果提出的，过去古玩行的商业修复经常以文物修补的天衣无缝为荣，而现代的文物保护修复多是为考古研究、教育展览提供资料，作为文化载体的文物更多的是为实现社会公共服务职能服务。因此，保护修复文物时一方面要兼顾观众、研究者的心理诉求，另一方面还要使保护修复后的文物协调自然，即传承文化的同时也要愉悦观众。

第四章 保护修复过程中技术的合理操控

一 表面清理、除锈（不改变文物原状、最小干预原则）

青铜器由于受地下埋藏环境影响，出土时大多伴有泥土、锈蚀产物。其中表面土锈遮挡了青铜器的铭文、纹饰，严重影响了青铜器的科学价值、艺术价值。同时土壤中可溶性盐类可以吸附水分、空气中有害气体，加上出土后保存环境的剧烈变化，青铜器容易滋生有害锈。这种含氯离子成分的有害锈不仅能传染，而且发展下去会对青铜器造成穿孔。基于此，青铜器出土后表面清理、治理有害锈是保护修复过程中必不可少的环节。对于不同种类的青铜文物，因其稳定性能不同，所以采用的清理、除锈方法也不一致，选用何种清理、除锈方法应以不损伤文物的特征和最大限度地保留出土文物本身带有的各项信息为基本原则①。即文物保护修复过程中应严格遵循"不改变文物原状""最小干预原则"。在遵循该原则的基础上，结合4件青铜器不同病害特征，采用了以下方法对4件青铜器进行表面清理、除锈（见表4—1、图4—1至图4—6）。

表4—1　　　　　　　　　张家坡西周墓地4件青铜器的除锈方法

序号	年代	器物名称	锈蚀描述	表面清理、除锈方法
1	西周	青铜鼎 M123：12	鼎耳部、腹部、足部及颈部兽面纹饰处布满较厚土锈，有些地方钙化形成表面硬结物	手动机械清理、超声波洁牙机去锈
2		青铜簋 M320：2	簋腹部、圈足、耳部有零星土锈，一耳及口沿断裂处有斑点状点腐蚀	超声波洁牙机去锈、氧化银封护法
3		青铜爵 M163：37	爵鋬部、腹内有斑点状点腐蚀	氧化银封护法
4		青铜鼎 M145：1	鼎破碎处有5厘米左右有害锈蔓延，该鼎矿化严重，保存状况较差	超声波洁牙机去锈、锌粉置换法

---

① 国家文物局博物馆司与社会文物司主编：《博物馆青铜文物保护技术手册》，文物出版社2014年版，第56页。

图4—1　青铜鼎 M123：12
超声波洁牙机除锈

图4—2　青铜簋 M320：2
超声波洁牙机除锈

图4—3　青铜簋 M320：2
氧化银封护法除锈

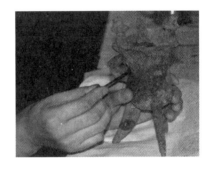

图4—4　青铜爵 163：37
氧化银封护法除锈

图4—5　青铜鼎 145：1
超声波洁牙机除锈

图4—6　青铜鼎 145：1
锌粉置换法除锈

二 整形 (不改变文物原状、最小干预原则)

古代青铜器由于受埋藏环境中墓室坍塌、相互挤压碰撞以及出土后各种人为因素影响，大多数是以支离破碎、变形扭曲的面貌呈现在我们眼前。为了最大程度恢复青铜器的价值（主要是历史价值、艺术价值、科学价值），就需要对变形青铜器加以整形。整形的目的是为了恢复青铜器结构完整，帮助其恢复健康原状，目前常用的青铜器整形方法主要有锤击法、钮压法、顶撑法、加温法等。此外，矫形方法的选择不但要遵循文物保护理念与修复原则，而且还要根据器物的变形程度、金属性能（强度、弹性、塑性）、铜胎厚度、采用相应的整形方法（如对传统修复工艺中锯解法的慎用，加温矫形法应不超过青铜合金再结晶的临界点——250℃，都是矫形过程遵循不改变文物原状的具体体现）。基于此标准，对张家坡西周墓地出土青铜器中有变形情况的青铜鼎 M145：1 选择了扭压法整形。首先用毛巾将青铜鼎包裹住固定在台钳上，再次用木块顶住变形部位的支点，最后利用台钳加压，在保持一定压力的情况下固定在台钳上 24 小时。整形操作如图 4—7 所示：

图 4—7 青铜器 M145：1 整形过程

三 补配 (补配材料的兼容性与安全耐久性、可再处理原则)

补配材料的性能主要指补配环节中所用材料（主要是修补剂与固化剂）的固化时间、固化效果、寿命年限、可塑性、收缩率等性能指标。

青铜器修复中补配材料除满足基本性能要求外，还必须与文物本体有很好的兼容性、安全性。兼容性是指文物与补配材料的理化性能不相互冲突，安全性是指补配材料实施在文物本体上是安全的，并且这些材料对修复人员也应是安全的。可再处理性是指若干年后补配材料老化后我们的后人可以采取措施使文物恢复到修复前状态。此外修复人员在使用补配材料时应预先在相似材料上实验，补配完成后应做好相关文字记录（如比例、固化时间等），并且在写修复报告后尽量将涉及补配内容的补配材料的品牌说明书作为附录。这样在实施青铜器补配技术时才能实现兼容性、安全性、可再处理性的统一。根据以上要求笔者对张家坡西周墓地出土青铜器需要补配的青铜鼎 M145：1 采用美国 P. S. I 公司生产的 QuikCopper（金属胶棒）作为补缺材料[1]。该金属胶棒的主要性能见表4—2，补配前后青铜鼎 M145：1 照片见图4—8、图4—9。

表4—2　　　　　　　　　　　P. S. I 金属胶棒性能表

名称	指标	测试标准
可操作时间	4—7 分钟	
耐温极限	121℃（可连续工作） 149℃（可间歇工作）	
24 小时固化硬度	肖氏 75 – 85D	ASTM D2240
粘接拉伸强度	4. 1 – 5. 5MPa （41. 82 – 56. 1kg/cm²）	ASTM D1002
抗压强度	69 – 97MPa （730. 8 – 989. 4kg/cm²）	ASTM D695
耐化性能	耐油脂、酒精、酮、 烃及酸、碱、盐溶液	
收缩率	小于 1%	
表面电阻	30000MΩ	
绝缘强度	11. 8kV/mm	
不挥发物含量	100%	

---

[1]　王金潮：《美国 P. S. I 公司生产的速成胶在文物修复中的运用》，《东南文化》1995 年第 4 期，第67—68 页。

续表

名称	指标	测试标准
存放期	最佳使用期 12 个月，2—3 年仍可继续使用	
固化后的颜色	紫铜色	

图 4—8　青铜器鼎 M145：1 粘接补配前　　图 4—9　青铜器鼎 M145：1 粘接补配后

四　焊接、粘接（最小干预、可再处理性）

青铜器保护修复中焊接与粘接是经常使用的技术手段。青铜器焊接修复通常指传统的"锡焊法"工艺；中国国家博物馆青铜器修复专家高英先生曾撰文详细介绍了锡焊法的基本理论、焊接技术所需要的工具材料、锡焊法的特点、古代青铜器焊接的条件、焊接技术操作流程、青铜器焊接后加工修整等[1]。传统的青铜器修复技术黏结剂主要使用漆片酒精溶液及矿物颜料、松香油脂及矿物颜料，而随着当代高分子材料技术的发展，许多环氧树脂类胶粘剂广泛应用于青铜器的保护修复当中（如 914 环氧树脂、AAA 超能胶等）。但无论是选择焊接或粘接技术连接青铜器残片都必须在适宜的文物保护理念与修复原则的指导下展开（如锡焊法连接残片不仅牢固，且需要二次保护修复时很容易拆解，具有很强的可再处理性，但前提是青铜器具备金属性，同时锉焊口会一定程度破坏原器物。环氧树脂粘接的优点是适用性广，残片有无金属性都可以连接，缺点是黏结剂老化后会吸附粉尘、颗粒物，且可再处理性较差）。在兼顾文

---

[1]　高英：《中国古代传统青铜器修复技术（一）——铜器焊接》，《中国历史博物馆馆刊》1980 年第 2 期，第 68—193 页。

物保护理念与器物自身特征的基础上，对张家坡西周墓地出土的青铜簋M320：2与青铜鼎M145：1采用以上残片连接方式（见表4—3）。

表4—3　　　　青铜鼎M320：2与青铜簋M145：1连接方法与材料

序号	年代	器物名称	碎片连接方式	焊接、粘接材料与工具
1	西周	青铜簋 M320：2	粘接	914环氧树脂等
2		青铜鼎 M145：1	焊接、粘接结合使用	914环氧树脂、电烙铁、氯化锌、松香、焊锡（四六锡）、去离子水等

五　缓蚀、封护（兼容性、安全耐久与可再处理性原则）

古代青铜器保护修复技术中，缓蚀、封护也是非常的重要步骤。金属缓蚀剂是指防止或延缓金属腐蚀的化学物质或者复合物。封护是指防止或减缓环境（介质）对金属文物造成的伤害，在其表面涂覆天然或合成材料，以防止或减缓器物腐蚀的过程①。同时在缓蚀剂、封护剂的使用标准上，一定要遵循文物保护理念与修复原则。具体表现为以下几点：首先，缓蚀剂、封护剂与青铜文物本体具有很好的兼容性，其理化性能的改变不会导致青铜器的劣变。其次，缓蚀剂、封护剂对文物、人及周围环境应是安全的，这种安全性应在可控范围之内。再次，当缓蚀剂、封护剂因自身材料老化后，应可以用一种材料取代它，并且取代过程中不会造成文物的损伤，这也是上述的可再处理性。最后，青铜文物保存环境也是我们选择缓蚀剂、封护剂的重要标准（即青铜文物保护修复后是室内库房恒温恒湿保管或是大型文物露天存放所选用的缓蚀剂、封护剂是不同的）。

根据以上缓蚀、封护标准要求，笔者对张家坡西周墓地出土的青铜鼎M123：12、青铜簋M320：2、青铜爵163：37采取整体浸泡法缓蚀，M145：1采取减压渗透法缓蚀。减压渗透使用北京光明仪器厂生产的型

---

① 国家文物局博物馆司与社会文物司主编：《博物馆青铜文物保护技术手册》，文物出版社2014年版，第94—102页。

号为 2×Z—2 真空泵，电压 220V，转速 1400r/min，抽气速率 2L/s。首先将青铜鼎 M145：1 放入真空釜中，然后启动真空泵将空气抽出，使真空釜内处于负压 -0.1MPa 状态，最后用皮管将 3% 的 BTA 乙醇溶液抽入真空釜中。减压渗透处理后再使青铜鼎在自然大气压下浸泡 3 小时。操作流程（见图 4—10 至图 4—14）。4 件青铜器由于体积均较小，采用在通风橱内刷涂 Paraloid B-72 的方式封护。（见图 4—14 至图 4—15）。

图 4—10 启动真空泵抽真空

图 4—11 抽真空至 -0.1MPa 状态

图 4—12 3%BTA 乙醇溶液抽入真空釜

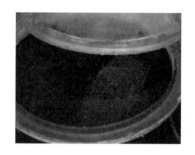

图 4—13 常压下缓蚀处理

图 4—14 青铜簋刷涂 Paraloid B-72

图 4—15 青铜鼎刷涂 Paraloid B-72

六 随色作旧（可识别与协调性相结合原则）

青铜器保护修复过程中作旧通常是对焊接、补配、复制过程中暴露出来的痕迹通过画、喷、涂、点、抹以及化学腐蚀等方法进行遮盖和修饰，使其与周边原物的衔接浑然一体①，同时也是我国传统青铜修复工艺中必不可少的环节。但是在西方文物保护专家看来，随色作旧一方面违背了文物的原真性，另一方面还会使考古、科技史、艺术史等研究人员对青铜器修复部位做出误判。这显然也是与他们倡导的不改变文物原状、可识别文物保护理念相悖的。然而随着我们对现代文物保护理念认识的深入，结合我国文物的文化内涵及东方文化审美情趣，在青铜器作旧操控中与遵循文物保护理念与修复原则方面找到了很好的平衡点——坚持在可识别与协调性相结合的基础上适度随色作旧，也就是随色作旧处理时可以比原器物略低一个色度，同时可以外部随色作旧，内部保持原状。这种处理方式不仅很好地遵循了文物保护理念与修复原则，还能使文物展出时取得良好的展陈效果，从而最大程度上发挥了青铜器蕴含的艺术价值。因此，笔者对张家坡西周墓地出土青铜簋 M320∶2、青铜鼎 M145∶1 适度作旧（色）。作旧后照片见（图4—16 至图4—17）。

图4—16　青铜簋 M320∶2 作色后

图4—17　青铜鼎 M145∶1 作色后

① 国家文物局博物馆司与社会文物司主编：《博物馆青铜文物保护技术手册》，文物出版社2014年版，第88页。

结 语

张家坡西周墓地出土 4 件青铜器的保护修复是在现代文物保护理念的指导下，将我国青铜传统修复工艺与现代科学仪器分析相结合的科学保护修复案例。通过对 4 件青铜器病害的预评估，结合硝酸银定性分析以及 X 射线成像技术、X 射线衍射、X 荧光能谱、金相显微组织分析、扫描电子显微镜—X 射线能谱仪、离子色谱多种科学仪器分析手段，对 4 件青铜器进行了全面的病害科学认知。同时在科学认知病害的基础上，青铜器保护修复过程中表面清理除锈、整形、补配、焊接与粘接、缓蚀、封护、随色作旧等技术都是在适应我国文物保护理念与修复原则的指导下控制在合理操控范围。

青铜器保护修复过程也是科学研究过程，本文对 4 件青铜器 X 射线成像及部分样品的金相显微组织、离子色谱等实验分析涵盖了青铜器腐蚀产物、腐蚀因素、制作工艺等方面的探索。首先，在此次保护修复研究中笔者发现，古代青铜器腐蚀产物中有害氯离子不可能采取某种技术手段完全脱除。因为研究观察发现青铜器锈蚀产物形貌是分层结构，每一层都含有氯离子，并且氯离子进入青铜器基体形成腐蚀沟槽现象普遍存在①。其次，古代青铜器在铸造过程中存在的诸多缺陷（如缩孔、气孔），这些分布较多的物理孔隙成为有害氯离子扩散的通道。此外，粉状锈主要成分氯铜矿、副氯铜矿在中性、弱酸性环境下电离出来的氯离子浓度是有差异的②。以上诸多研究结果均证明了青铜器保护修复后加强环境控制与预防性保护的重要性。古代青铜器的环境控制主要体现在控制库房及展陈环境中的水与氧气；预防性保护是指除文物本体保护修复之外采取的一切保护措施（如加大文物保护资金的投入、深化对文物保护材料的科学研究、健全文物保护法律法规、增强公众文物保护意识、加

---

① 铁付德、陈卫、于鲁冀、关绍康：《古代青铜器的腐蚀及控制》，《文物保护与考古科学》1997 年第 2 期，第 9—15 页。

② 杨小林、李艳萍等：《粉状锈在中性、弱酸性环境中溶解过程的实验研究》，《文物保护与考古科学》2007 年第 1 期，第 36—42 页。

强文物保护专业人才培养等）。这也是当下与未来文物保护研究领域向前科学推进的重要理念之一。

附表　　张家坡西周墓地出土4件青铜器病害图示

序号：1	
名称：铜鼎	
文物编号：M123：12	
年代：西周	
出土地点：陕西省西安市马王镇张家坡西周墓地	
序号：1	
名称：铜鼎	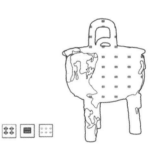
文物编号：M123：12	
年代：西周	
出土地点：陕西省西安市马王镇张家坡西周墓地	
序号：1	
名称：铜鼎	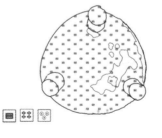
文物编号：M123：12	
年代：西周	
出土地点：陕西省西安市马王镇张家坡西周墓地	

序号：2 名称：铜簋 文物编号： M320：2 年代：西周 出土地点： 陕西省西安市马 王镇张家坡西周 墓地	
序号：2 名称：铜簋 文物编号： M320：2 年代：西周 出土地点： 陕西省西安市马 王镇张家坡西周 墓地	
序号：2 名称：铜簋 文物编号： M320：2 年代：西周 出土地点： 陕西省西安市马 王镇张家坡西周 墓地	
序号：3 名称：铜爵 文物编号： M163：37 年代：西周 出土地点： 陕西省西安市马 王镇张家坡西周 墓地	

序号：3 名称：铜爵 文物编号： M163：37 年代：西周 出土地点： 陕西省西安市马 王镇张家坡西周 墓地	
序号：3 名称：铜爵 文物编号： M163：37 年代：西周 出土地点： 陕西省西安市马 王镇张家坡西周 墓地	
序号：4 名称：铜鼎 文物编号： M145：1 年代：西周 出土地点： 陕西省西安市马 王镇张家坡西周 墓地	

江西明宁靖王夫人吴氏墓
NJM：50 双龙戏珠团花缎地裙的
清理与修复

2015 届　陈美勋

（导师：中国社会科学院考古研究所　王亚蓉
研究员、白云翔研究员）

第一章　绪论

中国古代养蚕织帛的纺织生产活动起源较早①，所以我国纺织生产行业作为手工业门类的重要组成部分具有悠久的社会生产历史。因此，重视纺织考古的研究是对国家经济的发展、手工业技术的演进以及民族文

---

①　根据 20 世纪 50 年代后期发掘的浙江吴兴钱山漾遗址中丝织品、丝绳、丝线及河南仰韶文化遗址中发现的碳化了的丝麻织品等文物，许多学者判断中国古代养蚕织帛的纺织生产活动起源是距今约 4800—5000 年的新石器时代。夏鼐先生《我国古代蚕、桑、丝、绸的历史》（载《考古》1972 年第 2 期）根据在华北黄土地带发掘经验及切割工具等条件对新石器时代就存在养蚕业存疑，认为我国养蚕织帛的纺织生产活动应定为殷商时期。根据汪济英及牟永抗著《关于吴兴钱山漾遗址的发掘》（载《考古》1980 年第 4 期）中认为早在四五千年以前的新石器时代确已存在纺织生产活动，例如江苏吴县草鞋山遗址在良渚文化层中出土麻布；河姆渡遗址有着很多用于纺织的木、角、骨、牙器以及成束的植物纤维等，表明六七千年以前人类已经掌握了原始的纺织技术，其中很可能包括丝织技术。由此推论，钱山漾发现新石器时代丝织绢片，是可以想见的。赵丰的《丝绸史与考古学》（载《丝绸》1987 年第 9 期）中，也认为我国早期的纺织生产活动在新石器时代已经存在。

化的传承具有积极的促进作用。①

纺织考古的学科建立是基于 20 世纪近代考古的快速发展，以及近 50 年我国各时期古代墓葬中纺织文物的大量出土，由此逐渐形成的一门以出土的纺织品、纺织工具或是与纺织有关的图像等为对象进行分析研究的新兴交叉学科。② 由于纺织品是植物和动物纤维材质制作，拥有较强的吸湿性，易腐化侵蚀，或退去颜色、产生色变、碳化等特质，因此很容易受到微生物及昆虫等各方面的侵害，这使得纺织品出土时会出现不同程度的老化，变得脆弱易损，不利于日后的研究、保管和陈列。③ 因此，纺织考古的学科兴起旨在指导考古工作者们科学地对考古出土的纺织品进行保护。纺织考古工作的重点不仅是第一步的考古现场的发掘和应急保护，还要注意第二步的纺织品实验室保护与修复，这两个步骤对纺织品文物生命的延续同等重要。

在中国对于纺织品的发掘和修复研究开始较晚。中华人民共和国成立初期，在中国社会科学院考古研究所所长夏鼐先生带领下启用考古学的思维研究丝绸历史，他是第一个将丝绸之路和丝绸文物结合起来研究的中国学者。④ 80 年代后期沈从文先生来到社科院历史研究所创办的古代服饰研究室，并撰写《中国古代服饰研究》。这本书给中国古代服饰研究领域提供了大批研究实物或图片素材，对我国服饰研究而言具有里程碑式的意义。王㐨先生和王亚蓉先生（现中国社会科学院考古研究所文保中心古代纺织考古部长）协助沈从文先生进行古代服饰研究。自 1972 以来，两位先生进行了长沙马王堆西汉墓、湖北荆州江陵马山一号楚墓、陕西法门寺唐塔地宫、北京大葆台汉墓等一系列重大的纺织品现场保护工作。在开展工作的过程中，他们将纺织考古、纺织品出土保护、纺织品实验考古学的研究相

---

① 《手工业考古论要》中提出对手工业的研究要具有社会文明视野，即"只有从社会文明史的角度出发，才能深刻理解和认识手工业在物质文明发展中的地位和作用，才能真正认识手工业与政治、精神文明之间的相互关联和互动"，"纺织业作为手工业的一个门类，在历史发展过程中逐渐形成一种庞大的产业，并且形成一系列独具特色的技术和产品"。以上参见白云翔《手工业考古论要》，《东方考古》2012 年第 00 期。

② 赵丰、金琳：《纺织考古》，文物出版社 2007 年版，第 27 页。

③ 杨建洲、孙丽娟：《影响出土丝织文物老化因素的研究进展》，《考古与文物》2003 年第 3 期。

④ 夏鼐：《中国文明的起源》，文物出版社 1985 年版，第 35 页。

结合。他们对纺织品修复的理论研究主要从修复的概念、艺术品材料、艺术品唯一性、艺术品修复与实践的关系、修复时如何面对历史信息、审美要求、艺术品的空间性、预防性修复①这8个方面入手，提出多种的解决办法，选择正确的可逆性保护材料。在我国纺织品文物保护修复的发展过程中，经历从简到繁，从实践积累到科学论证的历程。继承传统保护方法的同时，不断探索，研究新技术、新工艺、新方法。

目前，对出土明代女性裙服的学术研究多数仅停留在文献记载和实物图片的研究上，以实物清理与修复为素材开展服饰研究的为数不多。再加上中国服饰研究多注重文献材料，与具体服饰差距大等客观因素，纯粹的由文字和图片出发而做的说明和图解，所得知识实难以全面。本篇论文以社科院考古所前辈们的纺织品文物专业的清理与保护的研究思路为基础，加之笔者在硕士期间参与中国社会科学院考古研究所文保中心古代纺织考古部（以下简称社科院考古所纺织考古实验室）部长王亚蓉先生领导的国家级课题"江西省明宁靖王妃吴氏墓出土纺织品保护修复总体实施方案"，对江西出土的明代藩王墓宁靖王夫人吴氏 NJM：50 双龙戏珠团花缎地裙（以下简称 NJM：50 裙)② 进行清理和修复工作，为论文提供了出土纺织品研究的实物资料。基于以上两点，随着实际修复过程的不断深入，一方面可以对明代女性裙服的纺织品清理与修复保护提供参考资料，另一方面以相关的考古发掘简报及文献史料为研究背景，对 NJM：50 裙的形制、面料等进行探讨。使本论文以 NJM：50 裙作为一个独立的个体为起点，为明代女性裙服较为整体性、系统性的研究提供了可能。

第一节　研究背景

本文的研究背景分别从两个方面进行阐述，一是纺织品清理与修复的实践研究及理论研究现状，二是明代女性服饰研究现状。

① ［意］切萨莱·布兰迪：《文物修复理论》，意大利非洲与东方研究院2006年版，第132页。
② 特别注明：论文研究对象 NJM：50 双龙戏珠暗花缎地裙发表见中国丝绸博物馆编《纺织品考古新发现》，艺纱堂/服饰出版（香港）2002年版。

一　纺织品清理与修复的实践研究及理论研究现状

我国纺织品文物清理与保护的研究在建国之后才慢慢进入人们的视野，因为纺织品是有机物，所以历经数百上千年的埋藏，能够遗留下来的纺织品文物少之又少；可以通过科学考古发掘而重见光明的纺织品文物又极难保存，对于其保护与修复的实践研究也为数不多。迄今，我国关于纺织品文物保护与修复的书籍主要以馆藏或考古发掘的纺织品文物修复报告为主，如 Mario Michelin、詹长法编撰的《文物保护与修复的问题》第 3、4 卷①，该书主要叙述了中意合作文物保护修复培训中全体参加人员的实践过程，并且对文物保护修复的相关问题进行思考。例如修复技术的应用以及方法论的认识，修复实践教学的全过程等。首都博物馆编的《首都博物馆馆藏纺织品保护研究报告》② 是以馆藏的纺织品文物保护与修复的报告为例，为我们展现最新的纺织品修复技术及方法。社科院考古所纺织考古实验室是由老一辈纺织品文物修复师带领下修复考古出土和馆藏文物的专业机构，其发表和出版的著作介绍了专业的修复技术，衍生出指导规范化修复工作的理论成果。如王㐨《字书文物的桑蚕单丝网 PVB 加固技术》③、王亚蓉著《桑蚕单丝网机的改进与推广》④ 详细介绍了先进的桑蚕单丝网 PVB 加固技术，有利于可逆性的修复纺织品文物；王亚蓉著《章服之实——从沈从文先生晚年说起》⑤，书中阐述了老一辈纺织品修复专家的经历和经验，向大众普及我国古代服饰文化知识及修复保护的研究成果。

纺织品文物清理与修复的理论知识需要普及，在推广先进的技术和经验的过程中，需要本身具有一定的修复理论作为指导，促使这一项工作对馆藏和考古发掘的保护走向标准化、规范化。如中国纺织品鉴定保护中心

---

① ［意］Mario Michelin、詹长法：《文物保护与修复的问题》第 3、4 卷，文物出版社 2009 年版，第 45 页。

② 首都博物馆编：《首都博物馆馆藏纺织品保护研究报告》，文物出版社 2009 年版，第 32 页。

③ 同上书，第 45 页。

④ 同上书，第 65 页。

⑤ 王亚蓉：《章服之实——从沈从文先生晚年说起》，世界图书出版公司 2013 年版，第 13 页。

主编的《纺织品鉴定保护概论》①，此书不仅对纺织品文物清理和修复研究的发展历程做了比较详尽的阐述，而且对纺织品文物修复和鉴定等各方面知识做了详细的解释，并且以实际修复纺织品为范例，为我们介绍了怎样安全合理地修复纺织品文物；国家文物局博物馆与社会文物司（科技司）编《博物馆纺织品文物保护技术手册》②，这本书通过对馆藏纺织品文物的保护技术和工艺理论进行系统梳理，针对不同文物病害提出相应的理论性的思路和方法，以及修复完成后文物保存的环境要求，收集并点评大量馆藏文物保护修复案例；中国文化遗产研究院编《天衣有缝——中国古代纺织品保护修复论文集》③，共收录23篇论文，其中最为珍贵的是根据王䜣先生当年修复记录整理出的修复报告及修复技术理论研究。

二　明代女性服饰研究现状

我国关于服饰研究基本上是根据每个朝代社会历史背景及服饰制度，辅以相关的考古服饰资料或传世服饰史料，从服饰制度、服饰款式特点、服饰工艺技术等方面进行综述性的阐释，其中配合论述部分参照的服饰图片资料加以佐证。如沈从文编著《中国古代服饰研究》④，沈先生从不同朝代分类，对不同阶层的着装做出了详尽的细节思考。正是由于这本著作的内容翔实丰富且材料真实，才奠定了中国服饰文化研究的基础，可以作为检阅华夏服饰的工具书；黄能馥、陈娟娟、黄钢编著《服饰中华：中华服饰七千年》⑤，书中研究服饰文化的思路为不少学者和专家都作为研究的理论基础，提出了自己的研究观念，并创作了许多新的著作。周汛、高春明合著或独著的《中国历代服饰艺术》⑥《中国历代妇女妆

---

①　中国纺织品鉴定保护中心主编：《纺织品鉴定保护概论》，文物出版社2002年版，第10页。

②　国家文物局博物馆与社会文物司（科技司）：《博物馆纺织品文物保护技术手册》，文物出版社2009年版，第78页。

③　中国文化遗产研究院：《天衣有缝——中国古代纺织品保护修复论文集》，文物出版社2009年版，第45页。

④　沈从文：《中国古代服饰研究》，商务印书馆2011年版，第3页。

⑤　黄能馥、陈娟娟、黄钢编著：《服饰中华：中华服饰七千年》，清华大学出版社2011年版，第33页。

⑥　高春明：《中国历代服饰艺术》，中国青年出版社2009年版，第43页。

饰》①《中国服饰名物考》②；黄能馥、陈娟娟共同编著的《中国丝绸科技艺术七千年：历代织绣珍品研究》③ 等著作，对我国服饰史的概况有了基本的认识，以历史发展中产生的服饰变化为研究重点，而后加上的丝绸文物照片，和手绘的织物组织结构线描图相互对照等叙述了中华服饰文化传承的过程。宋应星编著《天工开物》④、陈维稷主编《中国纺织科学技术史（古代部分）》⑤、王永礼《古代丝绸色泽保护》⑥、赵翰生《中国古代纺织与印染》⑦ 等书籍对古代服饰的结构、纹样图案、面料、织物结构、色彩基础知识进行介绍；李廷之主编《中国服饰大辞典》⑧ 是以介绍服饰方面的名词解释一类的参考书，有利于笔者在研究过程中对服饰基础知识的了解。以上对于明代女性服饰制度的文献史料参考主要以《明史·舆服志》⑨《三才会图》⑩《大明会典》⑪ 等传世史料为主。对于服饰演变研究断代的标准服饰选取是以考古发掘出土的实物资料为主，如江西省博物馆主编的《江西明代藩王墓》⑫、江西省文物考古研究所著《南昌明代宁靖王夫人吴氏墓发掘简报》⑬、中国社会科学院考古研究所著《定陵》⑭ 等考古发掘简报取材。还可以根据保存完好且色彩鲜艳的明代传世服饰为辅助实物资料，如孔府传世的服饰图录，山东省博物馆主编的《斯文在兹——孔府旧藏服饰》⑮ 中介绍的孔府所藏明代各时期

---

① 周汛、高春明：《中国历代妇女妆饰》，学林出版社 1988 年版，第 45 页。

② 高春明：《中国服饰名物考》，上海文化出版社 2001 年版，第 45 页。

③ 黄能馥、陈娟娟：《中国丝绸科技艺术七千年：历代织绣珍品研究》，中国纺织出版社 2002 年版，第 65 页。

④ （明）宋应星著，潘吉星译注：《天工开物译注》，上海古籍出版社 2008 年版，第 123 页。

⑤ 陈维稷主编：《中国纺织科学技术史（古代部分）》，科学出版社 1984 年版，第 324 页。

⑥ 王永礼：《古代丝绸色泽保护》，西安地图出版社 2009 年版，第 123 页。

⑦ 赵翰生：《中国古代纺织与印染》，中国国际广播出版社 2010 年版，第 46 页。

⑧ 李廷之主编：《中国服饰大辞典》，山西人民出版社 1992 年版，第 88 页。

⑨ （清）张廷玉等撰：《二十五史·明史》，上海古籍出版社 1986 年版，第 138 页。

⑩ （明）王沂、王思义：《三才图会》，上海古籍出版社 1988 年版，第 493 页。

⑪ （明）申时行等修：《明会典：万历朝重修本》，中华书局 1989 年版，第 56 页。

⑫ 江西省博物馆主编：《江西明代藩王墓》，文物出版社 2010 年版，第 483 页。

⑬ 江西省文物考古研究所：《南昌明代宁靖王夫人吴氏墓发掘简报》，《文物》2003 年第 2 期，第 19—34 页。

⑭ 中国社会科学院考古研究所：《定陵》，文物出版社 1990 年版，第 189 页。

⑮ 山东省博物馆主编：《斯文在兹——孔府旧藏服饰》，山东省博物馆 2002 年版，第 67 页。

的服饰实物图片，具有极高的研究价值。

通过对纺织品文物的清理与修复、明代女性服饰研究现状两个方面的研究背景的综述，笔者认为以上著作基本都是以各家见长的研究方向总结概述，缺乏从实践修复过程中采集文物信息，通过研究采集到的信息来佐证制式规律的综合研究方式。所以本文根据实际修复明代 NJM：50 裙所搜集到的直观具体的实物资料为基础，对明代女性服饰相关信息的演变规律进行梳理，研究基础真实完整、清晰有序。

第二节　研究对象

本文的研究对象是基于纺织品修复价值和明代女性裙服的研究价值界定的。

首先，关于纺织品修复价值方面。江西明代宁靖王夫人吴氏墓葬中出土了 40 余件丝、棉、麻纺织品，这些服饰的发掘是迄今为止发现的保存最完整的明代内命妇等级系列服饰。其中，NJM：50 裙发掘出土后由于早期修复技术或客观环境的限制，初次修复该文物的单位未能达到展陈标准的修复成果①，致使馆藏单位对 NJM：50 裙的日常维护和展出存在困难，于是该文物的保管单位委托社科院考古所纺织考古实验室进行第二次修复保护工作。通过对裙子的病害修复，针对裙子第一次与第二次修复方法及修复价值的探讨是很好的切入点。

其次，关于明代女性裙服研究价值方面。女裙古已有之，早在商周时期"裳"是人们遮蔽下体的主要服饰，东汉刘熙编著的《释名·释衣服》有云："裙，下裳也"，在汉代以后又被用作"裳"的代称。汉代以后"下裳"的形制已有了变化，由原来前后两片缝连成一体，为了有所区别，所以改称为"裙"。汉乐府诗中就有提及"缃绮为下裙"之句，这里的"下裙"，就指"下裳"。② 东汉时，妇女下着裙子日益增多，款式越发繁复。隋唐五代贵族妇女的裙以宽博为尚，尤其在唐代，妇女的裙不仅幅宽且以幅长为美，垂坠于地。③ 明代女性的服饰则继承了唐宋时期的风格，洪武元

---

① 赵丰主编：《博物馆纺织品文物保护技术手册》，文物出版社 2009 年版，第 34 页。
② 高春明：《中国历代妇女妆饰》，学林出版社 1988 年版，第 134 页。
③ 周汛、高春明：《中国历代服饰艺术》，中国青年出版社 2009 年版，第 123 页。

年（1368）二月，明太祖诏"复衣冠如唐制"①。《明·舆服志》②有云："衣裳分上下服……大明集礼及会典与古制不易……"。据此，明代女性服饰基本以上衣下裳的穿着成为中国女性服装形制中的常态。但明代女性裙服的发展却跌宕起伏，明太祖建国之初对于稳固朝纲十分重视，认为王朝的长治久安是有待于加强中央集权，即"屏藩帝室""外卫边陲、内资夹辅""镇固边防，翼卫王室"。于是，皇帝分封诸子于各地就藩，并定下一系列严格的制度以维持统治。其中，明代王朝的随葬制度也是其分封制体制的直接体现。明代初期，由于开国皇帝主张构建极端集权的封建王朝以巩固统治，强调封建伦理纲常以辨明等级，服饰风格渐趋保守，服饰制度也等级森严。中后期，随着明朝皇权下放于内阁，商品经济的日益发展，明代初期等级森严的服饰制度随之弱化。各种僭越身份的服饰出现，造就了明代中后期服饰趋向多元化的发展。所以对于明代女性裙服在这三个阶段的大环境下形制的演变规律是有据可寻的，便于我们厘清缘由。

综上所述，一方面基于文物需要进行第二次修复保护的特殊因素，另一方面我们通过搜集清理和修复过程中明代的女性裙服资料，以点带面的整理明代女性裙服相关信息的演变规律。基于上述研究的价值，本文以明代 NJM：50 裙为主要研究对象。

第三节　研究方法

本文以修复和清理 NJM：50 裙的过程出发，通过修复总结实验室修复纺织品文物的专业修复方法；通过实物与平面图录的对比研究找寻其中缺失的信息，并以此对裙子的款式、图案等基本服饰信息进行深入的分析。并且根据 NJM：50 裙的研究思路，旁参考古出土的明代女性裙服的形制、纹样的演变，以此探究 NJM：50 裙的形制等相关资料的来源（表1—1）。

对 NJM：50 裙的研究主要通过以下两个阶段进行。

第一阶段清理与修复 NJM：50 裙，从纺织品修复保护的现状来看，清理与修复纺织品对于纺织品的陈列和科学研究都是至关重要的。目前

① 《明太祖实录》卷26，台湾"中央"研究院历史语言研究所校勘 1962 年影印本，第98页。

② （清）张廷玉等撰：《二十五史·明史》，上海古籍出版社 1986 年版，第78页。

表1—1　　　　　　　　　　　　本文研究方法图示说明

研究阶段	对应章节	研究方法和问题	每阶段对应使用材料
第一阶段 清理与修复 NJM：50 裙	第二章	对 NJM：50 裙的出土情况及墓葬背景进行整理 根据修复方案对 NJM：50 裙进行实验室纺织品修复和整形 探讨修复纺织品文物在修复过程中应遵循的修复原则	NJM：50 裙实物
第二阶段 根据 NJM：50裙的实物进行基本服饰信息研究	第三章	研究 NJM：50 裙的形制及形制源流 浅析双龙戏珠团花纹样在服饰中的应用及演变 宁靖王夫人 NJM：50 裙的纹样与明代服制进行的对比研究 利用电子显微镜对 NJM：50 裙的面料进行探讨	NJM：50 裙实物 古代历史文献 古代陶俑、服装及出土材料

对古代纺织品的保护仍处于探索阶段，笔者通过记录纺织品服饰修复的过程，对文物的修复和保存的问题给予经验总结并对相关单位提供专业建议。该研究具有一定的实际操作的指导作用，因为采取这种把实物修复报告和理论资料整理研究综合起来的方式，对服饰出土后实施实验室清理与修复流程时具有一定的借鉴意义，并且随着纺织品保护实践的展开，这一领域的理论研究也将逐层深入。

第二阶段根据 NJM：50 裙的实物进行基本服饰信息研究，从明代服饰史的发展来看，古代服饰是工艺美术的主要组成部分，而工艺美术史是测定民族文化水平的标准。笔者通过服饰资料去考察特定时期各民族间的相互影响及社会文化发展的轨迹，[1] 由此该时期的风俗习惯、阶级关系、生产方式、文物制度等也能逐渐清晰。服饰是劳动人民自己创造的劳动艺术，其中每个图案都暗含劳动人民对于自己所处社会和时代的理解。我们通过对服饰史料及其相关研究的梳理，对出土明代女性相关服饰品的继承与发展问题给予梳理，即分析整理其风格演变及相关配套服制予以详解；本文是以考古发掘出土的文物为主要研究对象，并且是以

---

[1]　郭沫若为沈从文先生《中国古代服饰研究》作的序，刊登在沈从文《中国古代服饰研究》，商务印书馆 2011 年版。

直接修复发掘的文物为对象所进行的学术研究。相对于其他仅靠对服饰史料的整理得出研究结果而言，笔者是追本溯源地去探索和解答相关纺织品文物修复中存在的问题，更具有说服性。

由于笔者对于纺织品的了解和实验条件的局限，在服饰面料的调查之中，仅利用显微镜进行面料的鉴别，没有利用理化检验法进行辅佐论证，所以对于 NJM：50 裙的面料会有一定范围的推断，这也是论文中提供的实物资料的不足之处。

第二章 NJM：50 裙的清理与修复

笔者在硕士期间参与了社科院考古所纺织考古实验室部长王亚蓉先生领导的"NJM：50 裙的清理和修复"课题，如下是对 NJM：50 裙清理和修复过程的记录，由此进行明代女性裙服实物研究。

第一节 NJM：50 裙的出土情况

2001 年 12 月 4 日，在南昌市西北部新建县的华东交通大学内，江西省文物考古研究所抢救性发掘了 1 座明代墓葬。这是一座单人砖室卷顶墓，坐北朝南。墓室中央放置楠木棺，棺外墓室内浇满松香。因为埋藏环境较好，棺墓封闭紧密，表层物品相当干燥，以丝织品出土尤为丰富，包括大量丝麻纺织品，有棉、麻、绢、缎等品种。该墓葬共出土服饰 42 件，根据出土顺序由上而下分为 7 层。第 1 层，织金缠枝莲花纹缎被一床，覆盖整个棺内。第 2 层，丝织品，共 8 匹，从墓主头部起，南北向纵排，脚部空隙处填塞衣物。第 3 层，杂乱填塞的四季衣物，共 21 件。第 4 层，素缎 1 条，覆盖整个棺内。第 5 层，墓主及包裹物。第 6 层，为垫尸的丝绵重锦褥。第 7 层，灯芯草层。

墓主头戴凤冠，身穿 5 套共 12 件衣物，由内到外依次为：（1）绢织丝绵袄 1 件、配以绢织丝绵裤 1 件、外罩绢织丝绵裙 1 件、脚穿绢袜和缎地弓鞋，裤与裙腿之间的空隙处塞 2 个白棉布丝绵包；（2）素缎夹袄 1 件，配以团凤纹缎地裙 1 件，襕褶裙 1 件，外罩云凤膝襕褶折裙 1 件；（3）妆金团凤纹鞠衣 1 件，配花卉云凤纹裙 1 件；（4）织金云凤纹冠服 1

件，冠服外披戴霞帔 1 件，在霞帔与冠服之间的墓主胸口，置谷纹玉圭 1 件；（5）最外为素缎大衫 1 件，大衫后背两侧均挂一组玉佩。[①]

从出土墓志（图 2—1）记载得知，墓主吴氏生于明正统四年（1439），后嫁朱权世孙奠培（宁靖王）受诰封，身份为"宁靖王夫人"。[②] 根据明代服制规定，亲王及王妃的礼服一般不作装殓，而且在江西藩王鲁荒王、益宣王等墓葬中都没出现以礼服入殓，但宁靖王夫人吴氏却以礼服入殓，就目前江西藩王墓的发掘情况中仅此一例。同时，该墓中出土的女性服饰也是迄今发现最完整的内命妇等级系列礼服。[③] 这些纺织品文物的发现充分反映了明代江南地区丝织业的繁荣昌盛和织造工艺的高超精湛，是研究明代女性服饰的珍贵历史资料。

该墓葬共出土 7 件裙子，出土的裙子一般都由两片一腰组合而成。腰部为布制，长约 110 厘米。两头系带。每一裙片均由三幅半织物拼缝而成，总宽 210 厘米左右。根据宁靖王夫人吴氏的发掘简报记录，编号为 NJM：50 的裙子，记录其定名为团窠双龙戏珠暗花缎裙（图 2—2）。NJM：50 裙长 116 厘米、高 86 厘米，系带长 42 厘米，裙片宽 228 厘米。[④]

图 2—1　南昌明代宁靖王夫人　　　图 2—2　NJM：50 裙（局部）
　　　　吴氏墓志盖

（图片来源：《南昌明代宁靖王夫人吴氏墓发掘简报》，《文物》2003 年第 2 期，第 24 页）

---

① 江西省文物考古研究所：《南昌明代宁靖王夫人吴氏墓发掘简报》，《文物》2003 年第 2 期，第 24 页。

② 同上书，第 19—23 页。

③ 江西省博物馆主编：《江西明代藩王墓》，文物出版社 2010 年版，第 324 页。

④ 江西省文物考古研究所：《南昌明代宁靖王夫人吴氏墓发掘简报》，《文物》2003 年第 2 期，第 24 页。

第二节 NJM：50 裙修复前的保存状况

一 NJM：50 裙修复前的文物状况

根据考古简报的记录，江西明代藩王墓宁靖王夫人吴氏 NJM：50 裙出土于墓主头部，出土后被定名为团窠双龙戏珠暗花缎裙（图2—3）。该裙在出土后经过外单位的紧急修复，文物现状整体完整，但是仍存在有破裂、糟朽、污染、系带断裂、褶皱等病害。根据本次修复前的检查，经过前一次紧急修复后的 NJM：50 裙的裙摆接缝处存在有 8 处开线；裙子的绳边和里衬糟朽严重，还有部分棉麻线散佚；文物在裙腰部分残留有黄色晶体状污染物；在文物主体部分零星存在白色油脂状穿透性污染

NJM：50 裙的修复前正面

NJM：50 裙的修复前反面

图 2—3 NJM：50 裙修复前的保存现状

物；下方裙褶的褶皱中也发现有黑色点状穿透性污染物；裙子系带糟朽严重，其经纬线完全走形，还有部分棉麻线散佚；裙子主体裙褶没有按照原文物的形态整形，导致文物的下摆褶皱排列不齐。

根据裙腰缝线的检测断定为前一次紧急修复时所用的现代缝线，并非文物原始缝线。笔者推断在前一次紧急修复时对需要固定的裙腰没有按照裙子的原始针脚进行缝合，导致文物的裙褶走形并与其原貌差异较大，出现不当修复的病害。根据上述病害描述，此织物的病害综合评估为中度。

对 NJM∶50 裙进行修复前的拍照整理后，使用绘图软件进行文物病害图的绘制。通过绘制病害图，在接下来的清理和修复文物过程中可以根据病害图定位文物受损位置，有利于修复工作的有序开展。并且，也有利于对修复前的文物现状进行记录和存档。（图 2—4）。

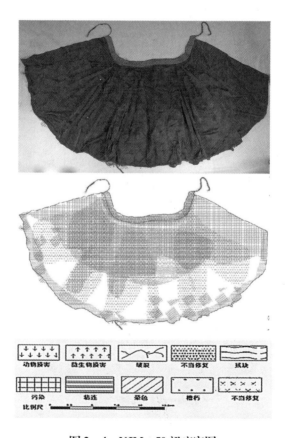

图 2—4　NJM∶50 裙病害图

　　笔者在进行第二次修复前需要对文物进行基本信息采集，包括文字、影像记录等。通过记录裙子的信息，精确的测量数据，有利于文物修复工作的开展。在经历外单位的第一次修复后，不能达到文物展陈和入藏的要求，文物仍然存在残缺、破裂、糟朽等病害。此外，裙子的表面部分也存在严重的污染，如在图片（图2—5）中展示的裙腰部位存在黄色晶体的污染，在下方裙摆褶皱中也发现有黑色的污染物和白色油脂状穿透性污染物等。下图（图2—5）为 NJM：50 裙在第二次修复前的病害细节展示。

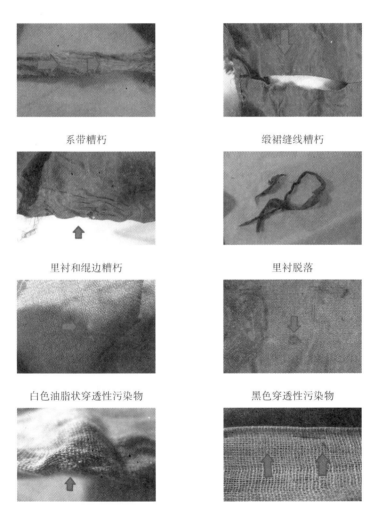

系带糟朽	缎裙缝线糟朽
里衬和绲边糟朽	里衬脱落
白色油脂状穿透性污染物	黑色穿透性污染物
黄色晶状体污染物	深褐色点状污染物

图2—5　文物修复前病害细节展示

二　由裙子的保存现状探讨纺织品文物保护与修复的原则

国内外纺织品修复专家们对纺织品的清理与修复所遵循的原则秉持不同理念。

对于纺织品保护的步骤，国外修复专家们一般分为两个阶段，即"预防性保护"和"损伤处理"①。首先，"预防性保护"的概念是通过对文物收藏环境的合理监控，从而以标准环境使文物的状态达到相对稳定，以此达到永久保护文物的目标。1930 年意大利罗马召开艺术品保护国际研讨会，会上不仅首次提出"预防性保护"概念，还探讨了文物科学保护的理念。其次，"损伤处理"包括"加固处理"和"修复处理"，"加固处理"是指对糟朽、脆弱（包括饱水）文物进行加固技术和加固材料的实验研究，在此基础上对文物进行细节修复处理。②

国内修复专家对纺织品修复和保护研究主要从八个方面开展研究工作：文物材料的构成、文物质变机理、文物地下埋藏环境（特别注意腐蚀文物和质变残损程度）、文物保存环境、文物保养技术、文物修复技术、文物复制技术和文物年代测定技术。对于纺织品文物的清理和修复工作，可分为以下六个步骤：获取信息、文物的鉴别、清洁处理、修复处理、复制处理与文物消毒和贮藏。③

综合以上，国内外纺织品文物修复和保护工作的实质都是以保护纺织品文物的历史价值、艺术价值和科学价值为前提，以可逆性的修复方法为主，对考古出土的文物进行保护性的修复，以至尽可能地保持其原状。

第三节　NJM：50 裙的清理与修复过程

一　制定修复方案

NJM：50 裙的保护修复方案以最小干预原则、可识别原则、可再处

---

① John C Williams, *Preservation of Paper and textiles of Historic and Artistic Value.* 164：189－207（1977）.

② 中国纺织品鉴定保护中心：《纺织品鉴定保护概论》，文物出版社 2002 年版，第 145 页。

③ 同上书，第 146 页。

理原则、不改变原状原则等①为前提，并结合文物修复前的保存状况等综合因素进行考虑后，所制定的修复方案过程为：清洗→加固→两次整形。

二　对 NJM：50 裙进行清理与修复的过程

（一）进行文物修复：清洗

1. 加固里衬

平铺里衬，将桑蚕丝细绢用小喷壶喷水润湿，然后覆盖在里衬上，采用低温热压法使卷曲的里衬展平。值得注意的是必须采用润湿的桑蚕丝细绢覆盖在文物上，这样做一方面是为了避免文物直接受到低温热压，起到保护文物安全的作用；另一方面是利用低温热压时润湿的桑蚕丝细绢所产生的低温水蒸气，使其快速舒展和展平卷曲的里衬。接下来，把展平的里衬按照缎裙的原始缝线痕迹排列位置（图 2—6）。

里衬疏缝固定前　　　　　　　　　　　里衬疏缝固定后

图 2—6　加固裙子里衬

经过细致的观察，笔者察觉里衬和绲边非常脆弱，如果强行进行清洗可能会导致纤维断裂。在王亚蓉老师的指导下决定先用绣花针疏缝里衬，以固定其位置（如图 2—7）；然后剪裁宽 13 厘米，长 113 厘米的桑蚕丝细绢平铺在里衬上，用绣花针固定细绢在里衬外（如图 2—7），使里衬和绲边在经历接下来的清理时起到加固和保护的作用；同时，在清理前，要运用细棉线疏缝固定住裙的褶皱位置，保证文物下水前的褶皱原始痕迹不变，利于后期文物整形工作的实施。

---

① ［意］马里奥·米凯利、詹长法著：《文物保护与修复的问题》，文物出版社 2009 年版，第 120 页。

图2—7 利用桑蚕丝细绢保护脆弱里衬

2. 清洗

因为 NJM：50 裙是历史悠久且质地较为脆弱的纺织品文物，所以在进行清洗前需要注意对文物脆弱部分进行加固保护。在清理时要先准备细绢覆盖在文物的表面，然后才能进行清洗工作（图2—8—1）。这样不仅能避免中性洗涤液直接接触文物，还能保护织物在清洗过程中不会受到羊毛软刷或海绵等工具的轻微磨损。

在进行清洗前，先要在局部做褪色试验，然后将加固好的织物整体小心地轻轻放入清洗槽中（图2—8 之一），利用水的浮力，缓慢地将裙子展开。在展开过程中，应该注意要顺着织物的经纬顺势展开。接下来，用低温的去离子水浸泡织物，使文物充分湿润。浸泡 7 分钟后，以轻微涤荡的方法清洗文物表面的灰尘。"轻微涤荡的方法"是采用双手轻拍覆盖在文物表面上的蚕丝细绢，通过去离子水的涤荡带动结晶体污垢的松动，使其能够均匀地分散在水中。最后，缓慢混入调配适当的中性洗涤溶液到清洗槽中，用羊毛软刷隔着细绢对文物的每个部位进行轻刷。完成初步的清洗后，将清洗槽的一端缓慢抬起，让污水漫流。这种采取细水漫流的方式来润洗织物中残留的洗涤剂，不会使文物受到水流的伤害。完成后对织物残留的水分进行检测，利用 PH 试纸进行酸碱度测试，结果显示为中性（图2—8 之二）则清洗完成。

洗净后，先用吸水脱脂棉纸和白色纯棉毛巾去除文物中残留的水分。然后小心平移文物至平整的桌面上展开平铺，并用吸水棉纸覆盖在文物上，防止污染并帮助吸收多余水分。在去除文物水分时要注意，应该在人工控制下的室内避光阴干，且调控的温度为 16 度和湿度 60% 下恒温恒湿自然干燥（图2—8之三），防止在自然环境下由于温度或湿度的不稳定造成文物的损伤。

图2—8之一 细绢覆盖以保护文物

图2—8之二 清洗完成后用
PH试纸测试显示为中性

图2—8之三 人工控制下自然干燥

（二）进行文物修复：试用稀释后的无水乙醇试剂去除穿透性污染物

由于文物存在白色油脂状穿透性污染物（图2—9之一），所以先尝试用中性洗涤剂、无水乙醇试剂来去除穿透性污染物。在尝试前，必须先做褪色实验，然后进行局部去污实验（图2—9之二）。用小棉棒蘸取按1：1稀释的无水乙醇试剂，然后在NJM：50裙的背面对白色油脂状穿透性污染物进行局部去污实验。在轻柔蘸取污渍的过程中，要顺着织物的经纬方向。局部擦拭实验完成后，再用蒸馏水进行局部清洗，以防止污水滞留形成新的污染。当局部去污实验完成后，把文物置于人工调控的恒温恒湿的室内阴干，然后再去观察实验处是否已经达到去除裙子表面白色油脂状穿透性污染物的目的。最后根据病害图，找寻存在相同病害的位置进行去污处理（图2—9之三）。

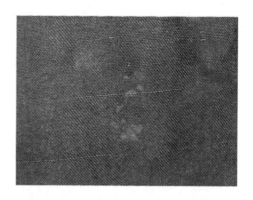

图2—9之一　白色油脂状穿透性污染物

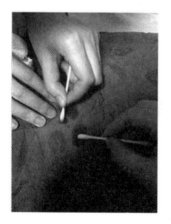

图2—9之二　局部去污实验　　　　图2—9之三　污渍已经去除

（三）彻底清洁后运用桑蚕单丝网PVB加固技术对裙的里衬、绲边和系带进行加固处理

对平整、脆弱或组织已断裂的织物，中国社科院考古研究所纺织考古实验室利用桑蚕单丝网PVB加固技术进行修复。桑蚕单丝网PVB加固

技术的原理是将被喷涂过 PVB 黏合剂的蚕丝网放置在需要加固的脆弱织物处，然后在丝网上覆盖一层聚乙烯膜，最后使用热压法，即利用热压使 PVB 黏合剂溶解后将桑蚕丝网黏附在被修复织物处，达到丝网加固并保护织物的目的。在 1970—1971 年纺织考古专家王㣿先生的团队最早将这项专利技术应用于阿尔巴尼亚两部脆弱的羊皮纸古书的加固上，之后也运用该技术对马王堆的丝织品进行过完善保护。对桑蚕单丝网 PVB 加固技术，王㣿先生认为："对于直接施于文物本身的加固材料，我们确实'以天然材料为主，合成材料为辅的原则'，并力求把合成材料的选取和使用数量，降低到安全、恰好有效的限度以内。"① 换言之，这种技术的优势是可逆性的保护措施，符合现阶段保护和修复纺织品文物的先进科学技术。下面笔者按修复步骤对桑蚕单丝网 PVB 加固技术的修复过程进行介绍。

1. 对天然的洁白桑蚕丝进行染色（图 2—10 之一）

为了符合展陈和修复的需求，要对天然洁白的桑蚕丝进行染色处理，力求使蚕丝颜色与 NJM：50 裙的裙料颜色一致，所以笔者采用"浸染法"对桑蚕丝进行染色加工。使用"浸染法"操作简单，染料分子和织物纤维结合牢固，是纺织品保护修复实验室常用的染色方法。② 首先，将植物染料按一定比例放入去离子水中进行配置，配置过程中可以先用棉线进行配色实验，当棉线颜色与文物所需颜色一致时，其调配的染料就可以对天然洁白的蚕茧进行染色。

其次，对桑蚕茧进行染色，要先用蒸馏水小火煮桑蚕茧，因为天然的蚕茧中蕴含胶质，微煮后便于后续缫丝。小火微煮蚕茧时要用玻璃棒轻压蚕茧，让蚕茧全部浸泡在蒸馏水中，半透明时快速捞起并盛放到装入一定量蒸馏水的烧杯中。如果泡煮时间过长会导致蚕茧中胶质全无，反而会造成丝乱。然后把内部含水的半透明蚕茧放入调配好染料的蒸馏水中小火浸泡 20 分钟，使蚕茧充分上色。最后捞起已经上色的蚕茧放入有 50 毫升蒸馏水的烧杯中备用。

---

① 王㣿：《字书文物的桑蚕单丝网 PVB 加固技术》，《首都博物馆馆藏纺织品保护研究报告》，文物出版社 2009 年版。

② 王越平：《回归自然——植物染料染色设计与工艺》，中国纺织出版社 2013 年版，第 87 页。

图2—10之一 对天然的洁白桑蚕丝进行染色

2. 制作桑蚕单丝网（图2—10之二）

由于单根蚕丝无法在织机上织造，所以运用王亚蓉老师改进的第三代绕网机①进行单根桑蚕丝网的制作。制作出的丝网要求为密度 20×20 根/厘米，具有平纹织物外观，经纬不交织的无膜丝网②。之后运用喷笔对制作好的丝网喷涂2%左右PVB（聚乙烯醇缩丁醛）和乙醇的均匀混合后的胶液。阴干后取下无膜丝网放入黑纸中备用。

图2—10之二 制作桑蚕单丝网

3. 用无膜丝网对裙里衬、绲边和系带进行加固处理（图2—10之三）

第一步先把需要修复的系带用热压法隔着聚乙烯膜整理平整。然后

---

① 王亚蓉：《桑蚕单丝网机的改进与推广》，《首都博物馆馆藏纺织品保护研究报告》，文物出版社2009年版。

② 王骢：《字书文物的桑蚕单丝网PVB加固技术》，《首都博物馆馆藏纺织品保护研究报告》，文物出版社2009年版。

直尺测量文物损害处的大小，按测量后的尺寸裁剪出与需要的文物修复处尺寸相同的丝网。

第二步用镊子小心整理好需要修复处系带的经纬，然后夹取剪裁好尺寸相同的无膜丝网。细心地将丝网严丝合缝地放在系带的所需修复处。

第三步运用热压法隔着聚乙烯膜，将无膜丝网粘黏在文物受损处。这种修复方法是利用 PVB 溶液的热熔性把丝网固定在文物上，但热压法在操作过程中温度不宜过高，压力要适当。

图 2—10 之三　用无膜丝网对系带进行加固处理

接下来，同样采用桑蚕单丝网 PVB 的加固方法对里衬和绲边进行修复处理。社科院纺织考古实验室修复文物的理念是从具有可逆性原则保护文物的角度出发，不随意缝合或者不当取样，而是利用加固保护的方式对脆弱文物进行常规维护。这种理念是符合目前国际文物修复领域所提倡的可逆性原则和保护文物原状的原则。

图 2—11 为修复系带、里衬和绲边前后对比图片。

（四）NJM：50 裙褶的整形

在进行整形修复前，笔者完成了对文物的清洗，并且对裙子的脆弱织物部分包括衬、绲边和系带进行加固修复。尤其注意了在清洗文物前用细棉线疏缝裙子的褶皱，以固定住文物褶皱原来的位置，防止文物遇水后出现变形的现象。由于 NJM：50 裙的整体分为两片，裙子的皱褶有 4 组，每组有 4 个裙褶。裙褶在裙腰处缝合固定位置，穿上裙子时下摆处呈自然垂直并且排列成一条直线。通过对缎裙的整体分析和与明代同类型缎裙的类比研究，笔者计划对 NJM：50 裙进行两次修复整形。

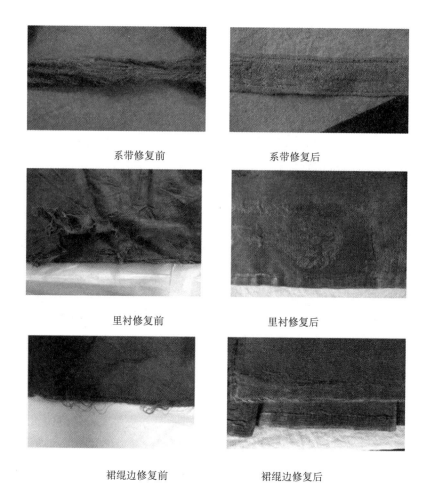

系带修复前　　　　　　　　　　系带修复后

里衬修复前　　　　　　　　　　里衬修复后

裙绲边修复前　　　　　　　　　裙绲边修复后

图2—11　修复系带、里衬和绲边前后对比

1. 第一次修复整形

首先，根据病害图的标识对缎裙的破裂处进行修复，注意要按照原始针迹与折法复原缝合。之后，拆掉防止褶皱变形的细棉线，运用"热压法"按照文物原来的褶皱对文物进行复原整形。在整形褶皱的过程中，要注意一下两个问题。

（1）将蒸馏水装入小喷壶中，在运用热压法前对所需整理部分进行润湿处理，这样运用热压法整理褶皱时会更利于文物褶皱的整形工作。但是直接向文物需要润湿整理的褶皱喷水容易产生水渍，会造成对文物的二次污染。在王亚蓉老师的指导下，笔者采用蒸馏水润湿的桑蚕丝细绢覆盖在需要整理的褶皱处。这样既可以方便缎裙整形工作的开展，也能避免文物遭受再次污染。

（2）在使用热压法对文物整形时温度不宜过高，并且要在文物上铺上桑蚕丝细绢，保护文物不会直接受到热压。

经过第一次整形后 NJM：50 裙的褶皱基本平整，但通过细心的研究观察发现裙子从裙腰到裙摆绲边的褶子并不在一条直线上。当平铺缎裙时，裙摆下摆处参差不齐（图 2—12 之一），提起裙子时裙摆处也无法呈现自然垂直并且排列成一条直线。最后，笔者通过测量发现每组间裙摆的间距大小不一致，裙腰部分两组褶皱间距离也不一致（图 2—12 之二）。

图 2—12 之一　第一次整形后缎裙的裙摆

因此，根据第一次整形后裙褶的状况，笔者参考了河南商丘睢县明代官员夫妇合葬墓出土的同一形制的缎裙（图 2—13）。因为这件裙子是未经修复过，所以保持了文物的原貌，具有很高的参考价值。经过详细对比参考后发现，河南商丘睢县明代官员夫妇合葬墓出土的裙子褶皱相距宽度和位置是有一定规律的，并且提起裙的裙摆处也呈现自然垂直并且排列成一条直线。这与之前经历过一次修复的同形制的NJM：50裙的褶皱位置有着天壤之别，由此笔者推断，NJM：50 裙的褶裥走形，在裙腰部分缝合处褶裥的间距也与文物原始位置相距甚远。

为了证实推断，笔者细心研究了 NJM：50 裙的裙腰缝线部分。NJM：50 裙的裙腰缝线有两种颜色，一种是深棕色缝线（图 2—14 之

图2—12之二 第一次整形后文物的裙摆褶皱

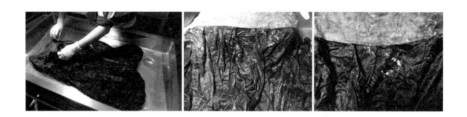

图2—13 河南商丘睢县明代官员夫妇合葬墓出土缎裙

一），经过取样检测为文物原始缝线，缝线的长度为5.5厘米。另外一种为浅黄色缝线（图2—14之二），经过取样检测为现代棉线，应该是前一次修复时所用缝线，缝线长度为32.5厘米。并且笔者还发现裙子折褶的折痕旁有深棕色的原始折痕痕迹。综上所述，可以断定文物在进行前一次修复时对文物的原始裙腰进行过修复，但是在进行裙腰的复原修复时没有按照文物原始痕迹进行复原整理，也没有按照文物原始的裙摆折痕进行整形。综上原因，决定对NJM：50裙进行第二次褶皱复原整形。

2. 第二次修复整形

进行第二次修复的目的是文物复原修复后能达到展出的标准，所以

 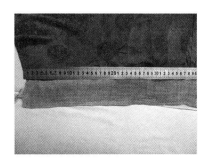

图 2—14 之一　裙腰处的原始缝线　　　　图 2—14 之二　裙腰处的前一次
　　　　　　　　　　　　　　　　　　　　　　　　　修复后的缝线

笔者秉承最小干预性原则，根据裙子的原有缝线痕迹进行复原修复。因为笔者计划按照文物的原始痕迹进行复原，所以决定先拆除裙腰处的深棕色和浅黄色缝线，目的是为了找到文物原始折褶的痕迹，然后根据原始折痕痕迹进行复原修复。

当笔者拆除裙子布腰上的缝线后，发现文物原始固定褶皱位置的缝线已经更换为现代的白色棉线。通过这些白色棉线的发现证实了笔者之前的推断，NJM：50 裙的褶皱因为外单位的前一次紧急修复时受到更改，从而导致裙褶的间距排列无规律，使裙子的裙摆走形。

通过拆除裙腰的缝线，笔者发现了许多亟待修复的病害部分，所以按以下步骤对 NJM：50 裙进行整形的工作。首先，将 NJM：50 裙的裙腰处的缝布拆除，分别对裙子的两片进行整形。先在裙子腰部位置和下摆接近绲边处寻找文物原有的深棕色痕迹，以确定文物原有折痕在缎裙部分的位置。然后，为了使裙褶平直，采用棉绳定位法（图 2—15）。这种方法的原理是找到裙子的腰部和底部部分深棕色的原始痕迹，用棉线定位痕迹后形成一条原始折痕位置的直线。利用小喷壶装入蒸馏水后喷湿第一次修复过的褶皱，使织物经纬展平。接下来再根据棉线的位置用指尖轻微按压裙褶定位的方式定位原始折痕位置，使裙的褶皱折痕的位置与棉线平直的位置一致。最后，运用"热压法"将已经定位好的褶皱轻轻热压固定折痕位置。完成上述步骤后要注意，要运用缝线疏缝后固定住原始褶皱的位置。按照以上步骤，笔乾复原了文物原始的折痕并且完成裙子的第二次修复整形工作（图 2—16）。

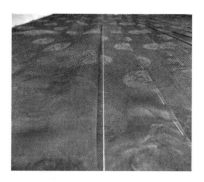

图2—15 进行棉绳定位法

图2—16 第二次修复整形过程前后对比
（其中红线内为已修复的裙褶）

通过复原修复裙腰部分的裙褶，笔者发现 NJM：50 裙在经历第一次修复时，为了确保腰布的长度恰好与裙褶相叠后的长度一致，出现折叠裙子的现象。然而，当笔者完成第二次修复后，基本上可以把裙腰部分严丝合缝的缝合并固定在裙子上，没有出现外单位第一次修复过后，裙腰处强行折叠的现象。

下图（图2—17）展示依次为 NJM：50 裙的修复成果对比照片。

NJM∶50 裙的清理修复前

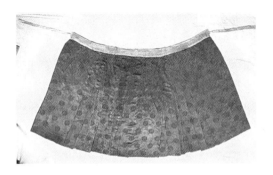

NJM∶50 裙的第一次修复整形后

NJM∶50 裙的第二次修复整形后

图 2—17　NJM∶50 裙修复成果对比

第三章 NJM：50 裙的综合研究

本章以第二章 NJM：50 裙修复和清理中获取的实物信息为基础，以此对 NJM：50 裙的款式、图案等基本服饰信息进行深入的分析，并旁参历代考古出土实物资料，对 NJM：50 裙进行综合研究。

第一节 NJM：50 裙的基本形制

一 NJM：50 裙的基本形制

NJM：50 裙（图 3—1 之一）共用七幅布幅，由两片裙片构成，每片各三幅半，裙腰左右两端缝缀系带，当裙子围系穿着后，除裙子前后一块不打褶外，裙子两侧有大而疏的活褶为其基本的形制（图 3—1 之二）。《朱氏舜水谈绮》书中就对明代女性裙服的制作有详细的记载，明代女裙的开料（图 3—1 之三）由裙腰、裙门、裙胁、裙腰构成，裙子的形制称为"两联式"。裙幅为"自中及左一旁缝四幅，作一联；自中及右一旁缝四幅，作一联，两旁不相两连"。[①] 裙胁为"两胁各做三个褶子"。[②] 明代女裙于联前后裙门之间的裙幅处捏褶，此处即为"胁"。裙门内外无装饰。区分为前外裙门、前里裙门和后裙门、后里裙门。前外裙门和前里裙门叠合，后外裙门和后里裙门叠合。裙腰指裙上端束于腰部之处。棉布为腰头，白色居多，取白头偕老之意。[③] 裙腰两端缝缀有麻布带以系。

二 追溯 NJM：50 裙的形制渊源

汉代刘熙《释名》："裙下裳也，裙，群也，联接裙幅也。"裙的本字作"羣"，其意有二：一指披肩，二指下裳。古代裙、羣两字相通，群者

---

① （清）朱舜水：《朱氏舜水谈绮》，"上海文献丛书"，华东师范大学出版社 1988 年版，第 89 页。

② 同上书，第 45 页。

③ 包铭新：《近代女装实录》，东华大学出版社 2004 年版，第 23 页。

图3—1之一　NJM：50 裙（正面）

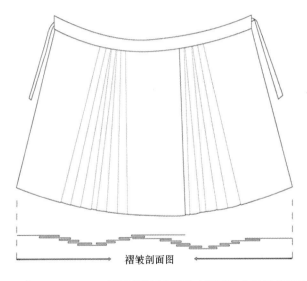

褶皱剖面图

图3—1之二　NJM：50 裙的褶皱剖面图（课题组成员赵芮和绘制）

多也，早期布帛门幅狭窄，一条裙子通常由多幅布帛拼合而成，故称"裙"。① 中国古代女性的裙服基本上是以围系、拼缝的款式见常。其基本形制，一般多做成一片或多片，穿时由前绕后，于背后交叠。② 本文在简要和选取相同或相似前人女裙形制的基础上，本文尝试研究 NJM：50 裙的制作设计思路在中国服装史中的渊源。

---

① 高春明：《中国服饰名物考》，上海文化出版社 2001 年版，第 156 页。
② 周汛、高春明：《中国历代妇女妆饰》，学林出版社 1988 年版，第 234 页。

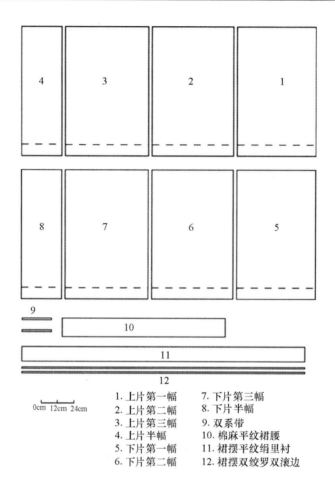

1. 上片第一幅   7. 下片第三幅
2. 上片第二幅   8. 下片半幅
3. 上片第三幅   9. 双系带
4. 上片半幅   10. 棉麻平纹裙腰
5. 下片第一幅   11. 裙摆平纹绢里衬
6. 下片第二幅   12. 裙摆双绞罗双滚边

0cm 12cm 24cm

图3—1之三　NJM：50裙的开料图（课题组成员赵芮和绘制）

从文献史料和考古出土裙服记载研究发现，汉代开始流行妇人下服着裙的风俗。汉乐府《陌上桑》云"缃绮为下裙，紫绮为上襦"，诗中描写了汉代妇女下裳和上襦的着装款式，文中的"裙"指妇女的下裳之服，从考古出土的汉代妇女裙实物中就反映了这一服饰制度。如甘肃武威磨嘴子汉墓出土黄色绢丝绵裙。墓主内上身着浅蓝色绢面丝绵襦，白绢袖端，下穿黄绢丝绵裙。裙腰为白绢，下摆饰以蓝绢边（图3—2）。殓后扎

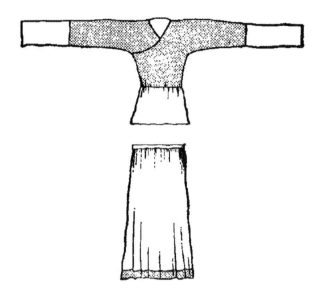

图 3—2　上衣为浅蓝色绢丝绵襦线图　下裳为黄色绢丝绵裙线图

（图片来源：《武威磨嘴子三座汉墓发掘简报》文物出版社 1972 年第 12 期）

三道丝带，无袭。但这些衣饰出土时均已腐朽粉化。[1]

　　长沙马王堆汉墓则出土了完整的素绢裙（图 3—3），[2] 该裙的形制由四幅单层素绢拼成，上窄下宽，呈梯形；裙长 87 厘米，上宽 143 厘米，下宽 158 厘米；制作时先将面料裁为四片；两侧的单片上宽 39.55 厘米，下宽 40.12 厘米；中间的单片上宽 32.95 厘米，下宽 38.88 厘米。四片裙面缝合之后，裙腰也用素绢缝在上端，宽 2 厘米；在裙腰的左右两端，分别延长一截，以代裙带，左带长 40 厘米，右带长 33 厘米。整条裙子没有纹饰，也没有缘边。[3] 从这条裙子可以看出汉代女性的裙服多以拼缝的制作方式和围系的穿着方式。

---

① 甘肃省博物馆：《武威磨嘴子三座汉墓发掘简报》，《文物》1972 年第 12 期。

② 湖南省博物馆编：《长沙马王堆一号汉墓》，文物出版社 1973 年版，第 134 页。

③ （北宋）李昉、李穆、徐铉等学者奉敕编纂：《太平御览》卷六九六，中华书局影印本 1960 年版，第 89 页。

图3—3 素绢裙

(图片来源：《长沙马王堆一号汉墓》文物出版社 1973 年版，第 134 页)

以上两条裙子（图 3—2 和图 3—3）都是以同一方向的褶皱裙幅的款式，因为穿着时裙幅交叠之后，对蹲坐行走会感到有所不便，因此最早在东汉以后，裙上施褶裥已为通例，并以细为美。东汉后，"裙，裹衣也。古服裙不局外，皆有衣笼之"。① 女性穿着裙子不仅日益增多，并且在裙外面多隔以单衣、夹衣、绵袍等长衣，即所谓"上襦下裙"的着装，形成了古代妇女着装的通式之一。②

魏晋南北朝时期由于战乱胡汉杂居现象普遍，客观的给予民族文化互相交融的契机，受鲜卑等北方游牧民族的影响，汉族妇女的服饰在这一时期较之两汉而言有巨大的革新。这种革新表现在北魏孝文帝下令改穿汉服，在统治阶级的干预下，胡服与汉服之间开始互相渗透和影响。"白素为下裙，月霞为上启"③ 描述了魏晋南北朝时期妇女的穿着（如图3—4）。《晋书·五行志》载："武帝泰始初，衣服上检下丰，著衣者皆厌腰，此君衰弱，臣，放纵，下掩上之象也。至元康末，妇人出两裆，加乎交领之上，此内出外也。"④ 如文所述，这时期的女性服饰总的趋势保持以上身襦短小而下裙加长加宽，交领上襦，长裙外着，衣身部分紧身

① （北宋）李昉、李穆、徐铉等学者奉敕编纂：《太平御览》卷六九六，中华书局影印本1960 年版，第 90 页。

② 周汛、高春明：《中国历代妇女妆饰》，学林出版社 1988 年版，第 240 页。

③ 田思阳：《汉乐府女性题材审美论》，中国社会科学出版社 2009 年版，第 145 页。

④ （唐）房玄龄等：《晋书》卷27《五行志上》，中华书局 1974 年版，第 823 页。

合体，袖筒肥大。裙多折裥裙，基本以同一方向折叠裙服，裙长曳地，襦裙合一，腰线升高而用"厌腰"束缚。①（如图3—5）以裙、襦相互搭配的服饰形制不仅满足了当时妇女的着装，而且为唐代妇女的裙式和流行的常服奠定下基础。

图3—4 南北朝时期妇女俑

（图片来源：《南京雨花台石子岗南朝砖印壁画墓 M5 发掘简报》，《文物》2014 年）

图3—5 南北朝邓县妇女画像砖

（图片来源：《中国古代服饰研究》，商务印书馆 2011 年版）

---

① 在《魏晋南北朝妇女的服饰风貌与个性解放》中，周兆望和侯永惠梳理了魏晋南北朝近 400 年的历史中妇女裙服的三次大变革。首次是在三国后期，妇女们创制出了"上长下短"的新款式，突破了传统的服装模式。其次在晋代时期，东晋初"上襦"则更短，而衣带大大加长。最后至南朝宋、齐、梁时期的大变化主要是针对大袖长裙式的服装盛极一时。

由于魏晋南北朝时期袴褶之制的影响，裙腰的褶裥出现以腰的两胁分别叠出方向对称褶裥的折叠方式形式（如图3—6），尚有可能是从男装影响到了女装。这时期的裙腰开始出现左右叠褶的服制款式，此后影响到了唐、元、明、清的女裙形制。

隋唐时期的女性裙服不仅承袭魏晋南北朝时期的女裙风格，并且加以发展。如《隋书·礼仪志》所述的重订服制，主要在社会上中层官服统一式样，实际是总结汉、晋、南北朝以来有关《舆服志》叙述，总括后补短而成。[1] 根据《旧唐书·舆服志》记载"燕服盖古之亵服也，今亦谓之常服"。文中描述了唐代时期妇女们将汉代时穿在深衣内的裙子当成外衣穿着。唐代女性裙幅大多集六幅而成并以宽博为尚，所以唐诗词中常有"六幅罗裙窣地"[2] "裙拖六幅湘江水"[3] 的描述。与宽大的裙幅相适应，与上代相比裙子的长度上也有明显增加。为了穿着修长的裙子，唐代妇女有将裙腰束至胸部，有的干脆束至腋下；有时在地上还拖曳一截，并将裙幅下垂于地上，摆则盖住脚面。隋唐裙幅宽博，为了便于活动，裙上的褶裥也相应地增多，裙子常以两色绫罗拼合而成，形成褶裥裙的效果。周昉《簪花仕女图》和张萱《捣练图》等都绘有唐代贵族妇女们裙裾拖曳至地的式样，都是对当时宽广肥大女裙风格的客观描述。1973 年新疆吐鲁番阿斯塔那 206 号唐墓张雄夫妇墓出土的这件女舞俑（如图3—7），女俑上身黄色短襦，下身穿黄地红条纹长裙，花锦腰带束腰，着装具有盛唐时期特有的雍容大气。[4] 盛唐以后，年轻女子多喜从事户外活动，为了不妨碍日常活动，多将在腰间以带系住裙幅后撩起，以使裙子不会施曳在地。随着奢靡之风盛行，女性裙服的款式也越加繁复多样，逐渐奢华。如《新唐书·五行志》记载："安乐公主使尚方合百鸟毛织二裙，正视为一色，傍视为一色，日中为一色，影中为一色，而百鸟毛状皆见。"所描述的就是安乐公主用百鸟羽毛制作的"百鸟裙"，该裙颜色会随着光线的变化而变化，足见奢华。

---

① 沈从文：《中国古代服饰研究》，商务印书馆 2011 年版，第 245 页。

② 孙光宪：《思帝乡》，《全唐诗》卷 897，中华书局 1960 年版，第 10142 页。

③ 利群玉：《同郑相并歌姬小饮戏赠》，《全唐诗》卷 569，中华书局 1960 年版，第 6602 页。

④ 叶尔米拉、雷欢：《倾国倾城之桃花玉面——吐鲁番阿斯塔那古墓出土仕女俑鉴赏》，《文物鉴定与鉴赏》2014 年第 12 期。

图 3—6　北朝景县封氏墓出土女俑

（图片来源：《中国古代服饰研究》
商务印书馆 2011 年版）

图 3—7　唐代女舞俑

（图片来源：《倾国倾城之桃花玉面——
吐鲁番阿斯塔那古墓出土仕女
俑鉴赏》，《文物鉴定与鉴赏》
2014 年第 12 期）

　　宋辽夏金元时期，女性穿着裙服增多，裙的折褶也越发细密，数量也相应增多；裙子的每道折裥的宽窄相等，制作时被固定于裙腰，但基本上是以同一方向裙褶。宋代女性裙服在五代千褶裙影响下有六幅、八幅、十二幅，且多褶裥。福州南宋黄昇墓出土的一件褐色罗印花褶裥裙①（图 3—8）长 78、腰高 10.7、腰宽 69、下摆宽 158 厘米，整体裙身上窄下宽，下摆呈弧形如扇状，上接横腰，两端系带。质地为二经绞罗，透明轻薄、褶纹飘逸。从黄昇墓出土的这条褶裥裙，可以看出它是在前代裙子的形制基础上排列褶裥的。结构以两联布幅组成的围裙，具有拼缝、围系因素。

---

① 苏佳：《浅析福州南宋黄昇墓出土的丝织品》，《福建文博》2009 年第 4 期。

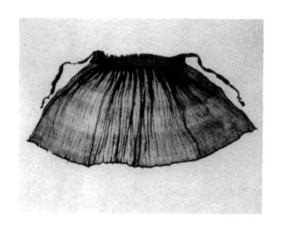

图3—8 南宋黄昇墓出土褐色罗印花褶裥裙

(图片来源:《浅析福州南宋黄昇墓出土的丝织品》,《福建文博》2009年第4期)

明代时期妇女裙幅恢复了汉代女性的服饰风格,形制承袭了唐宋遗风。妇女上衣与下裙的长短因时而变,种类繁多,形式丰富,但百褶裙的样式仍为通式,且折叠的方向也不再仅顺从同一方向,受前朝袴褶之制等影响也出现两胁分别叠出方向对称褶裥的折叠方式,并继续发展。

第二节 NJM：50 裙面料的探讨

明代时期不同品种面料运用在女性服饰中,如同纹样、服色一样是等级文化的外在表现形式。因为宁靖王夫人吴氏其葬制逼拟亲王妃,所以大部分的服饰陪葬品所用面料都极其精美,笔者对 NJM：50 裙的研究不仅对裙的本身织造结构进行剖析,还具有对明代顶级纺织工艺历史的研究价值。秦以前,我国织物已经出现平纹组织及其变化、斜纹组织及其变化、绞经、提花等。秦汉以后,仍运用这些组织生产出纱、罗、绮、锦等各类品种的面料。因为古代的面料在织机上是以经、纬丝线相互交织叠加而织造出的,所以对于纺织品的面料判断主要从外形观察法和理化检验法[1]进行。外形观察法主要利用手持式电子显微镜拍摄和观察内经、纬线按一定的规律相互交织的织物组织结构,以此判断面料的

---

① 赵丰主编:《博物馆纺织品文物保护技术手册》,文物出版社2009年版,第187页。

种类和特点，本文主要采取这理化检验法，以纺织品的纤维鉴定为主，鉴别方法很多，如红外吸收光谱鉴别、双折射率测定法等。

根据手持式电子显微镜拍摄和绘制织物结构图（图 3—9）的分析，裙腰的织物为平纹组织，密度为 20×16 根/平方厘米，经线投影宽 0.50—0.55 厘米，纬线投影宽 0.60—0.65 厘米。纱线 Z 捻向，有捻，但捻度弱。结合织物结构图和文献资料佐证，判断 NJM：50 裙的裙腰面料为苎麻布。从秦汉至宋时期由于苎麻织物具有吸湿放湿快的天然优良特性，所以宜做夏衣。但是宋元以后，棉布在中原逐渐普及，苎麻布开始单以夏服用布流行于世。苎麻布，"苎"同"苧"，同苎麻布。按其精细程度，曾有名称：苎布、绘布、缌布、缌布等。其中以缌布、服琐命名的为极精细的苎麻布。《说文解字》中"纻：细者为绘，粗者为纻"。《急就篇》："荃，细布，本作绘。""白而细疏曰纻。"《礼记注疏》："饰裳在幅曰綼，在下曰緆。"① 明代苎麻"每岁有两刈者、有三刈者，绩为当暑衣裳、帷帐"。②

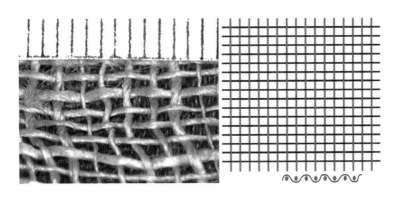

图 3—9　NJM：50 裙的裙腰织物结构

根据拍摄和绘制的织物结构图（图 3—10）观察，织物密度为 40×88 根/平方厘米，经线投影宽 0.25 厘米，纬线投影宽 0.25 厘米。纱线 Z

① 陈维稷：《中国纺织科学技术史（古代部分）》，科学出版社 1984 年版，第 381 页。
② （明）宋应星：《天工开物·乃服》卷六，中国古籍出版社 2013 年版，第 107 页。

捻向，捻度弱。NJM：50裙的裙面面料为暗花缎①，其缎纹组织②是在斜纹的基础上发展而来的，它与提花相结合生产出暗花缎等种类的织物品种。明代宋应星的《天工开物》有记载"凡花分实地与绫地，绫地者光，实地者暗。先染丝而后织者曰缎"。其暗花缎为本色暗花双龙戏珠纹，明线边。它是用织法来显示花纹的，即花纹部分为反五枚缎纹，反面就是缎的背面，缎的背面没有浮线，看上去似平纹，无光泽。缎面地因浮线长所以有光泽。虽然裙面为素色，但地与花纹有明显的区别，即明暗的区别。看上去素雅，但又低调华贵。

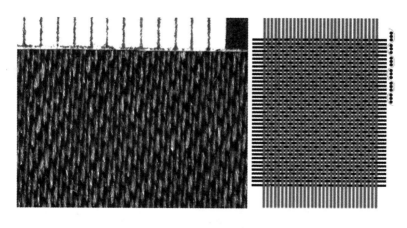

图3—10 NJM：50裙的裙面织物结构

根据手持式电子显微镜拍摄和绘制织物结构图观察（图3—11），NJM：50裙的绲边织物密度为18×32根/平方厘米，经线投影宽0.30—0.35厘米，纬线投影宽0.55—0.60厘米。纱线Z捻向，捻度弱。笔者判断绲边织物结构为二经绞罗③，以两根经丝相绞织入一根纬线，经丝有弱

---

① 中国纺织品鉴定保护中心：《纺织品鉴定保护概论》，文物出版社2002年版，第56页。

② 陈维稷在《中国纺织科学技术史（古代部分）》对缎纹组织解释：在斜纹基础上发展出来，在每一个完全的组织中，缎纹的组织点不是像平纹或斜纹那样排列成连续的线条，而是分散地均匀分布，被浮长较长的纱线所掩盖，从而使织物表面只显现出经线或纬线的独特风格。以上参见陈维稷《中国纺织科学技术史（古代部分）》第290页，科学出版社1984年版，第160页。

③ 陈维稷：《中国纺织科学技术史（古代部分）》，科学出版社1984年版，第296页。

捻、纬线无捻的绞纱组织①。

　　罗是利用绞经组织织出呈椒孔的丝织物，质地较轻薄，丝缕纤细。在春秋战国时期之前已经出现。汉代《释名》："罗，文疏罗也。"《类篇》：罗，帛也。罗在汉代以后经魏晋到隋唐得到进一步发展。宋代成为江南一带名贵的丝织品。《天水冰山录》记载罗的品种有：织金罗、素罗、云罗、遍地金罗、闪色罗、织金妆花罗等。古代丝绸织物中绞经组织出孔隙大、透空，平纹组织较密，因而绞经组织和平纹组织所产生的特性也有所不同，可以使织物产生若隐若现的暗花图案纹样。故将两种基本组织互相搭配、调换，便可以生产出平纹纱、直径纱、实地纱、亮地纱等多种织物。无暗纹的平纹纱组织，称为平纹纱；无暗纹的二经绞罗组织，又称之为"直径纱"；以平纹纱为地，绞经描绘出图片轮廓线，称为"实地纱"；调换其顺序以绞经组织为地，平纹组织起花，称为"亮地纱"。

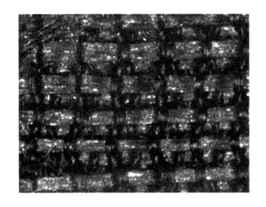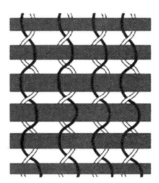

图3—11　NJM：50 裙的裙幅绲边织物结构

　　NJM：50 裙的里衬根据手持式电子显微镜拍摄和绘制织物结构图观察，经由织物结构分析（如图 3—12）织物密度为 14×24 根/平方厘米，经线投影宽 0.70—0.75 厘米，纬线投影宽 0.40—0.45 厘米。纱线捻度

---

① 中国纺织品鉴定保护中心：《纺织品鉴定保护概论》，文物出版社 2002 年版，第 44 页。

弱。NJM：50 裙的里衬判断为绢的平纹组织①，即单层织物中结构最简单的，是对一般的织物较为紧密、纤维较为适中的平纹类素织物的统称，经常用绢来做贴领和裙里。绢为平纹组织，薄透而平整。唐代法门寺地宫出土的冥衣紫红罗地蹙金绣案裙、紫红罗地蹙金绣半臂等，其里料都为质地紧密的红色细绢。

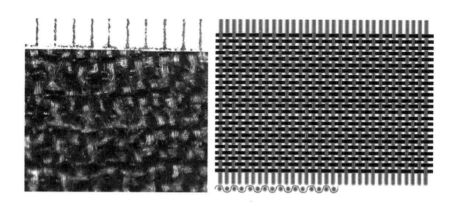

图3—12 NJM：50 裙的里衬织物结构

第三节 NJM：50 裙的双龙戏珠团花纹样研究

NJM：50 裙的纹样为双龙戏珠团花纹（图3—13），每个团花的直径为 4.7 厘米。

在江西宁靖王夫人墓的发掘简报中定名为"团窠"，通过资料整理认为文物纹样的定名存在疑虑。因为"团窠"的原意是指一种由环形纹样形成的圆形区域中设置主题纹样的形式②，是指一种圆形或近似圆形的相对独立的图案，它通常由内、外两部分组成，内部是主题纹样，外部则是一个圆形的环，可以由不同的元素构成。③ 团窠是唐代丝绸图案中一种常见的排列形式，而笔者从实物观察后认为 NJM：50 裙的纹样为"团花"

---

① 中国纺织品鉴定保护中心：《纺织品鉴定保护概论》，文物出版社 2002 年版，第 43 页。

② 赵丰：《耶律羽之墓丝绸中的团窠和团花图案》，《文物》1996 年第 1 期。

③ 王乐、赵丰：《敦煌丝绸中的团窠图案》，《丝绸》2009 年第 1 期。

形状。"团花"一般为四周呈放射状的或旋转式的圆形装饰结构，有小团花和大团花的形制。团花图案总体可分为由单个元素和多种（两个或两个以上）元素组成图案：单个的图案元素作为主体的，如团龙、团凤等；两个或两个以上图案元素进行左右、上下或中心对称组成团花的，如喜相逢等。① NJM：50 裙的双龙戏珠团花纹样在衣料上采取"一二一"的排列方式进行布局（如图3—14）。每幅裙料的幅边宽0.7厘米，图案与右侧幅边间距为0.7厘米，与底面幅边间距为1.5厘米。本文以5个团花的排列为例来说明 NJM：50 裙纹样的布局：当第一列排列有五个等距离的完整团花，左右两个团花的间距为6.2厘米；第二排再排列五个团花时，第二排的五个团花与第一排的作等距离交错排列，且上下两个图案的水平垂坠间距为8.4厘米，因此一幅裙料中的一排的五个团花纹样以中间四只团花是完整，但左、右两边近裙料的边缘处，却只能各布列半只团花。因此，这种上下交错的排列会产生在下一列时一只团花被剖分为两半，但只有这样才能达到交错排列均匀的效果。在纺织机坊的设计术语中把这种布局方法叫作"一二一"排列。

图3—13 双龙戏珠团花图案（课题组成员赵芮和绘制）

---

① 顾茜茜：《中国团花装饰初探》，南京艺术学院2009年硕士学位论文。

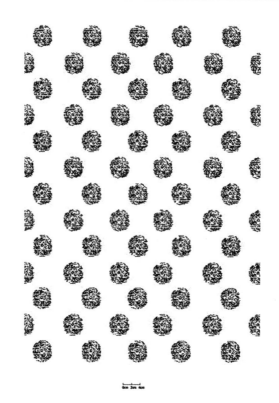

图3—14 双龙戏珠纹样在裙服上的排列方式

"龙"的形象究竟起源于何时，至今无一定论。在新生代第四纪人类出现以后，随着人类进化和对于自然的不断认识，渐渐的人们发现自然的变幻莫测和神奇，于是远古的人类尝试着用原始的思维来解释自然现象，所以开始出现了一种对自然力量的精神崇拜。而随着社会的进步和历史的发展，人们借助想象不自觉地把自然现象和自然力形象化、人格化，逐步开始过渡为对图腾的崇拜。东汉《说文·龙部》记载："龙，鳞虫之长，能幽能明，能细能巨，能短能长，春分而登天，秋分而潜渊。"①中国龙是大自然的象征，然而对龙形象的定义既体现了古人奇特丰富的想象，又寄托了美好的愿望。双龙戏珠纹样是以双龙戏耍（或抢夺）一颗火珠为表现形式，该形象从萌芽、形成再到发展成熟随着历史变迁而变化，每个时期由于思想文化及社会生活的需求都对其产生深远影响，

---

① （汉）许慎：《说文解字》，中华书局2013年版，第78页。

是我国传统工艺常用的纹饰题材。历代双龙戏珠的形制主要是以需要装饰的面积而定，如果所饰面积为长条形，双龙以行龙姿态对称地设在左右两边；如果是正方形或是圆形的，双龙是以上为降龙和下为升龙的对角布局排列。明代乌纱翼善冠（图3—15），出土于明神宗定陵，是明代皇帝上朝时所戴，冠上部有用黄金制成的二龙戏珠形象，代表至高权力。① 在出土的织物上，凡是有龙纹的地方，必然有火珠相伴。综观双龙戏珠纹的"珠"主要有两个含义：一是对太阳的崇拜，庞朴先生以为龙戏之火珠是天象中的大火星，是颗火焰升腾的"火珠"，象征着太阳出海，双龙戏火珠有着对太阳崇拜的含义。② 二是对生命的延续的含义。在中国古代神话中龙为水族之首，龙能飞于天际，也能入潜深渊。《庄子·列御寇》有云："夫千金之珠，必在九重之渊而骊龙颔下。"《埤雅》言："龙珠在颔。""凡珠有龙珠，龙所吐者……"暗含孕育生命的形象表达。就这一观点，追溯龙的形象的产生而言，其形象是集中了许多动物的特点，鹿的角，牛的头，蟒的身，鱼的鳞，鹰的爪，口角旁有须髯、颔下有珠，它能巨能细，能幽能明，能兴云作雨降伏妖魔，是英勇权威和尊贵的象征。所以龙既然是由鱼、鳄、蛇、猪、马、牛等动物拼接起来的被神化了的图腾，古人也许将鳄卵、蛇卵意象化为"珠""卵"视为生命之源，则龙珠即龙卵；双龙戏珠也许从另一含义上来说以雌雄双龙对宝珠的呵护，暗喻古人对生命的呵护、爱抚和期待。

用龙作服饰纹饰（图3—16），最早在西周时期就已经出现，据《尚书·益稷》载："予欲观古人之象，日、月、星辰、山、龙、华虫，作会；宗彝、藻、火、粉米、黼、黻、絺绣，以五彩彰施于五色，作服汝明。"以上12种图案，各有其象征意义。按照历代注疏《周礼·春官·司服》解释，日月星辰，"取其明也"；山，"取其人所仰"；龙，"取其能变化"；华虫，"取其文理"（即取其五彩的外貌）；宗彝，取其忠孝，因有的绘成虎与猿形，虎，"取其严猛"；猿，取其"智"；藻，取其洁净；火，取其光明；粉米，取其"养人"（即取其滋养）；黼，取其"割断"（做事果断之意）；黻，取其"背恶向善"。周代以龙为主的"十二

---

① 中国社会科学院考古研究所著：《定陵》，文物出版社1990年版，第78页。

② 庞朴：《火历钩沉》，《中国文化》，生活·读书·新知三联书店1989年版，第15页。

章纹"用五彩色画与绣的方法装饰于衮服之上。① 到了西周后期，"十二章纹"在帝王服装的装饰上表现得更加精美细腻。

图3—15 明代乌纱翼善冠

（图片来源：《定陵》，

文物出版社1990年版，第78页）

图3—16 双龙

（图片来源：《服饰中华：中华服饰

七千年》，清华大学出版社2011年版）

东周、秦汉时期，因为奴隶制度日趋衰败，代表奴隶主礼器的青铜器逐渐沦为日常器皿。其中，以造型狞厉的"龙的图腾"含义青铜图案逐渐失去市场，但以"龙的吉祥"寓意的式样逐渐融入人们的日常生活。龙纹用途也逐渐广泛，常见于这个时期的帛画中，龙的形象经常被描绘成引领墓主升天的神兽，如湖南长沙陈家大山战国时代楚墓、长沙子弹库楚墓中出土的帛画（在丝织品上的图画）《人物龙凤帛画》《人物御龙帛画》②。双龙被看作是能够往来于生死之间、引导人升入天国的神兽。如汉代马王堆汉墓出土的"非衣"帛画（如图3—17）上的（取自《长沙马王堆一号汉墓》）双龙构成一个"引魂升天"主题，最显著的是一条青色龙和一条赤色龙左右呈对称式排列，飞腾于云天，因此又可称为升龙，这是龙纹作为天国的组景。下层的龙纹也是对称排列，两条升龙交

---

① 黄能馥、陈娟娟、黄钢编著：《服饰中华：中华服饰七千年》，清华大学出版社2011年版，第268页。

② 贺西林：《战国墓葬绘画的风格与图像》，《四川文物》2002年第2期。

互穿过画面中部的谷纹巨璧，龙首张口吐舌相背而上，龙尾则各自垂直于画面下放的两角，盘曲纠结，尾部蜿蜒直达地冥。谷璧蛟龙自然而然地将这一部分分成升天图和祭祀图两个情节。这两组表示天上、冥地的图案呈现了引魂升天的画面，表现了非衣本身用做"幡"的用途。从以上可以看出龙纹的形态初见端倪。①

图 3—17　马王堆 1 号墓 T 型非衣帛画

隋唐时期，因显赫、富贵的气息，龙纹越来越受到统治阶级皇权的喜爱。这一阶段龙的形象肥壮，各个部分的肢体结构清晰，总体形象似蛇与猛兽的结合。隋唐时期的龙除了有着圆实的龙头和修长颈部外，躯干、四肢与尾部均与猛虎的形象十分相似，龙爪均为三爪。这一时期龙纹被广泛装饰于服饰上。唐代末年，记载有宰相元载的宠姬薛瑶英的

---

① 湖南省博物馆编：《长沙马王堆一号汉墓》，文物出版社 1973 年版，第 88 页。

"衣龙绢之衣,一袭无二三两,抟之不盈一握"。这里所记的"龙绢之衣"① 指的就是有龙纹的丝织物。日本正仓院收藏的一件绿地双龙宝相花纹绫（图3—18）②,其上装饰是头在下部,尾在上部的相对倒吊的双龙的主纹。龙体态舒展矫健,呈现了高超的艺术水平。头部略微向下作颔首状,角分叉,前半部分有凸起。眼睛上须毛构成头部外形,头发向上飘逸,发尾处向下卷曲,龙生两翼。地子上装饰云气。1972年阿斯塔那唐墓出土的一件"联珠龙纹绮"（图3—19）③,联珠圈内,两条金龙飞腾相对,共戏一珠,是传统的汉民族二龙戏珠图案,在佛教中又被称为"二龙护法",联珠圈的四周以忍冬纹做辅纹衬托中心的联珠龙纹。整个纹样组合精巧,形象舒展矫健,体现了盛唐强盛之气。与此相类似,还有青海都兰热水墓出土的对龙纹绮以及日本奈良正仓院所藏的龙纹织物,法门寺地宫出土鎏金四天王盝顶银宝函（图3—20）,顶面装饰双龙绕珠纹,两龙作倒姿,左前爪向前抬起至头前。舌头伸出并向上卷起。爪有四指。身躯没有扭转。

图3—18　绿地双龙宝相花纹绫　　　　　图3—19　联珠龙纹绮

（图片来源:《中国织绣服饰全集1:织染卷》,天津人民美术出版社2004年版）

---

① （宋）李昉、扈蒙、李穆等:《太平广记》卷二三七,中华书局1960年版,第68页。
② 中国织绣服饰全集编辑委员会:《中国织绣服饰全集1:织染卷》,天津人民美术出版社2004年版,第78页。
③ 同上书,第90页。

图 3—20　法门寺地宫出土鎏金四天王盝顶银宝函顶

（图片来源：《法门寺地宫发掘简报》《扶风法门寺塔唐代地宫发掘简报》，《文物》1988 年第 10 期）

　　宋代龙纹的发展进入成熟时期，龙的造型基本上奠定了明清时龙纹的基础。宋代龙纹依旧是统治的象征，龙纹中龙足一般都是四爪，[①] 皇帝用五爪龙，亲王用四爪龙。

　　明代时期，龙形象发展风格多样，出土织物上的龙戏珠纹都非常生动。在明代定陵中发掘出的纺织品上的图案有二龙戏珠、龙赶珠、龙爪珠等。从图案的构图形式法则来讲，处理"龙"与"珠"中"力"的均衡关系是决定着画面的关键因素。例如龙赶珠，龙姿态必须是行走状态。如定陵的二龙戏珠中龙的形象，（图 3—21）龙须向后飞散，兽口大开，龙眼直瞪着火珠，一爪前伸，趋向火珠作抓夺状，刻画得非常生动、有力。此外在龙的周围多以云纹、海水等辅纹相配，这样的纹样通常称为海水云龙纹，显示其威武磅礴，象征着封建帝王的威严气势。[②]

---

① 陈传席：《龙的爪数初探》，《美术研究》2014 年第 2 期。

② 王秀玲：《明定陵出土丝织品种（上）》，《收藏家》2008 年第 7 期。

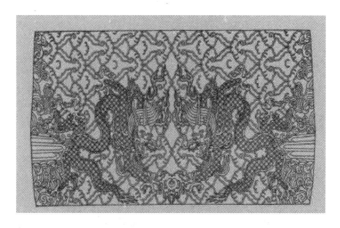

图 3—21 定陵二龙戏珠

(图片来源:《明定陵出土丝织品种(上)》,《收藏家》2008 年第 7 期)

裙是明代皇后的主要服饰之一。从定陵出土的皇后裙服共有 47 条,其中单裙 46 条,夹裙 1 条。出自孝靖后棺内 35 条,孝端皇后棺内 12 条。出土时大部已残碎,有的仅剩残片,保存较好的仅 7 条。面料有绢、绸、纱、缎、罗、妆花缎、妆花绸等。47 条裙中,19 条为素面,16 条有花纹,12 条有膝裥。裙长一般在 70—113 厘米、腰肥在 35—74 厘米、腰宽在 5—9 厘米、下摆在 103—213 厘米、带长 65 厘米左右、宽 2.7 厘米左右。根据保存较好的裙子看,其形制大体相同,一般分为两大片,各三幅半(个别的有四幅和八幅),在腰后部相连一起。① 发掘于定陵的双膝裥裙,纹饰为织金寿字云鹤纹地织金妆花玉女献寿纹。上层膝裥纹样大体可分为上中下三部分,上部饰龙戏珠(如图 3—22);下为落花流水,浪花中饰有灵芝、寿桃和桃花;中间为玉女献寿,是纹饰的主体。②

明代君主专制空前加强,龙纹的形象也加以区分,如只有五爪才能称其为龙,四爪、三爪称为蟒,五爪龙在明代宣德时成为官窑为皇室生产供奉器龙纹的标准;此外龙头牛角称为斗年,龙头有翼,尾似鱼尾者称为飞鱼,这都是用来区别阶级地位等级"别贵贱、分尊卑"。③《明会

① 中国社会科学院考古研究所著:《定陵》,文物出版社 1990 年版,第 86 页。

② 同上书,第 87 页。

③ 陈传席:《龙的爪数初探》,《美术研究》2014 年第 2 期。

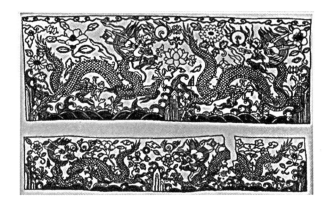

图3—22　定陵的双膝襕裙

（图片来源：《定陵》文物出版社 1990 年版，第 87 页）

典》中规定了亲王妃的冠服制度："（永乐三年）大衫霞帔，衫用大红，纻丝纱罗随用；霞帔以深青为质，金绣云霞凤纹，纻丝纱罗随用；金坠子亦钑凤纹；鞠衣青色，如深衣制，胸背绣云凤纹，纻丝纱罗并各色随用，惟不用黄；燕居服用素。"世子妃冠服："（永乐三年定）与亲王妃同，惟冠用七翟。"明代对于殓装也有着十分明确的规定，从殓装保存比较完好的几座王陵来看，明代大多数亲王、王妃和帝后一样，也身着常服下葬，以礼服入殓目前发现的只有宁靖王夫人吴氏。根据江西宁靖王夫人吴氏墓葬发掘简报中记录的出土凤冠、鞠衣、霞帔及双龙戏珠纹的裙服，与永乐三年（1405）所定郡王妃冠服："（永乐三年定）大衫霞帔，衫用大红，纻丝纱罗随用；霞帔以深青为质，金绣云霞翟纹，纻丝纱罗随用；金坠子亦钑翟纹。"相对比，吴氏殓装形式上逼拟亲王妃。按照明朝制度，亲王夫人为媵妾之属，地位卑下。吴氏服用等级较高的原因，笔者认为有如下两个：第一个靠近明代中期。由于社会经济发展促进纺织业的兴盛，人们不满足于明代初期严格的服饰制度，开始出现不同程度的僭越行为；第二从明代赐服制度，赐服作为皇帝拉拢群臣关系的特殊手段，其根本目的就是通过这种物质手段和方式，强化忠诚。残破墓志透露，其一因为宁靖王"甚贤之"、由皇帝诰封夫人。这属于特恩赐服，其原因比较复杂，主要与亲王和朝廷的亲疏有关，所以每次赐服的服饰衣料为了达到笼络人心的目的，或多或少会有超逾之举，以示亲昵。如永乐十四年（1416），蜀王椿以告发谷府反谋功，赐予其金织衮龙纻丝纱罗衣九袭等。① 再者，吴氏曾生育宁靖王庶四子，及后来的建安简定王朱觐铼。《明史·诸王传》记载："宁献王权，太祖第十七子，世子盘烒先卒，孙靖王奠培嗣。"朱奠培作为朱权的世孙，继承王位，也为亲王。夫人吴氏殁于弘治十五年，其时为奠培之孙宸濠继嗣亲王位，对于历经几代的老夫人应有朝廷恩赐的因素在其中。②

结　论

江西明代藩王宁靖王夫人吴氏以其显赫的身份，在其墓葬中出土了门类丰富、制式造型多样、图案纹样精美，工艺技法精湛及蕴含悠久历史文化的明代女性服饰，并且也是江西藩王墓群中迄今发现最完整的内命妇等级系列礼服。因此，保护好这些珍贵的考古出土实证，对研究明代纺织品科技史具有非常重要的意义。

本文主要记录了社科院考古所纺织品实验室对 NJM：50 裙的专业修复过程，以此为后续明代服饰的修复提供经验。纺织品的清理与修复十分重要，因为出土的纺织品文物长期埋在地下，饱受地下水、土壤、各种微生物、酸碱盐类化学物质等作用，常常会带有污斑、水渍，严重者会破碎、糟朽。所以，出土后的纺织品因环境的骤变更会产生无法弥补的损坏，为了保留这些古人留下的珍贵遗产，对出土纺织品的科学保护就显得非常必要和重要。

在修复 NJM：50 裙之前，笔者对裙子进行了基本信息采集，为下一步做好纺织品的修复和保护工作提供准确的文物信息。由于 NJM：50 裙在修复前，裙褶皱部分的形制在前一次的修复中受到了破坏，所以在裙子的形制研究中，不仅对 NJM：50 裙的形制做了详细的形制分析，还对其形制源流做了综述性的总结，为裙子褶皱的整形工作提供参考资料。在对 NJM：50 裙的面料判断时，针对裙子的不同部分的面料进行判断研

①　王熹：《明代服饰研究》，中国书店 2013 年版，第 78 页。

②　于长英：《明代藩王命妇霞帔、坠子的探索》，《南方文物》2008 年第 1 期，第 87—93 页。

究。借此，可以收集明代纺织面料的织物结构等有效信息。通过记录，为今后的复原纺织品的工作提供纺织材料。本文对 NJM：50 裙的"双龙戏珠团花"的纹样从其来源、发展和在明代服饰的应用上进行了概述，并且以此为实物资料推测吴氏夫人形式上的僭越行为与明朝的赐服制度有一定的关系。明代初期，明朝统治者因现实政治需求，需极力拉拢藩王，所以通常以赐服的形式表达对藩王的恩宠。通过分析江西明代宁靖王夫人吴氏墓葬中装殓及随葬服饰的形制和风格，客观地为明代的赐服制度提供实物资料。

综上所述，本文通过修复江西明代藩王宁靖王夫人吴氏 NJM：50 裙，不仅为纺织考古的服饰制度研究采集了明代女裙的素材，而且介绍了纺织品修复与保护的专业方法，并提供了修复纺织品工作的方案和思路。经历第二次修复后，这件文物基本恢复了原貌，期望能早日展现其华彩于众前，这也是从事文物修复工作者们最大的动力。

江西明代宁靖王夫人吴氏墓
龟背卍字纹绫绵上衣的
修复保护与研究

2017 届　温小宁

（导师：中国社会科学院考古研究所　王亚蓉研究员）

绪　论

一　选题缘起

中国社会科学院考古研究所的纺织考古事业由夏鼐、沈从文两位先生开创，并逐步发展为国内古代纺织品领域等级最高、最专业的修复与保护机构。纺织考古部的王亚蓉先生早年跟随沈从文先生进行中国古代服饰研究；后又参与湖南马王堆汉墓、江陵马山一号楚墓、扶风法门寺地宫等诸多考古发掘的纺织品保护研究，积累了丰富的经验。笔者有幸师从王亚蓉先生，在学习期间协助参与江西丰城明墓、南宋播州土司杨价墓、清东陵等出土纺织品文物的保护工作，收获了一些经验与心得，成为撰写本次毕业论文的重要实践基础。

2016 年 9 月起，笔者开始对江西南昌宁靖王夫人吴氏墓出土的一件龟背卍字纹绫绵上衣（NJM：44）进行独立修复，历时 5 个月修复完成。

目前我国关于绵衣修复的案例极少，且方法不明确。这次工作借助纺织考古已构建的科学理论与指导方法，在实践和理论上做了深入的个案探讨与研究。

二　研究目的

本文拟通过对龟背卍字纹绫绵上衣（NJM：44）的保护修复工作，在实践中展开深入研究，达到三方面的目标。

第一，从实践方面来看，结合绵衣自身的特点，制定科学合理的修复方案，并逐步实施，达到良好的修复效果，以实现这件绵衣在后期的收藏、展陈和研究；在修复过程中记录和总结工作中的难点、重点，为同类纺织品修复提供工作思路和经验技术。

第二，深入了解该服饰的结构形制、制作材料等，获得关于该件文物个案研究的具体信息，补充完善明代服饰实物资料信息。

第三，从理论方面来看，目前从丧葬仪俗角度考察墓葬纺织品的学术研究基本处于空白，本文拟根据吴氏墓出土的纺织品实物，结合古籍文献资料，从这件绵衣入手，探索其在丧葬仪俗中的角色和功能，尽可能还原当时的丧葬形式和相关的礼俗制度等。

三　研究方法

本文主要采用"个案研究""以物证史"等研究方法，首先从龟背卍字纹绫绵上衣入手，进行细致观察和分析，获取服饰的个案信息；其次，以纺织品修复理论为指导，结合实物的具体信息进行修复和保护工作。在进行个案研究时，将同时采用"以物证史""用文物知识和文献相印证"，梳理绵衣材料、结构所包含的物质文化史、工艺发展史和丧葬礼俗的具体信息。

第一章　龟背卍字纹绫绵上衣的基本信息

第一节　绵衣的考古信息

龟背卍字纹绫绵上衣（图1—1）出土于江西省南昌市新建县华东交通大学建筑工地内，出土编号为 NJM：44。该墓由江西省文物考古研究所于 2001 年 12 月发掘，墓主为明代宁靖王夫人吴氏。

图1—1 龟背卍字纹绫绵上衣（NJM：44）

吴氏墓随葬品精美丰富，尤其以出土的 46 件（套）纺织品最为引人关注。由于埋藏环境较好，又未受扰乱，随葬纺织品自上至下多达 7 层，根据考古简报①的信息整理如表 1—1。

表 1—1　　　吴氏墓棺内纺织品出土情况（自上至下）

出土顺序	实物信息	位置	备注
第一层	织金缠枝莲花纹缎被	覆盖整个棺内	一床
第二层	8 匹布料	从墓主头部起，南北纵排，脚部空隙处填塞衣物	3 匹红色杂宝细花缎、4 匹红色四合如意云纹缎、1 匹绿色穿花凤纹䌷
第三层	四季衣物	分布在墓主头部及身体两侧	21 件，绵袄、夹袄、短衣、内衣、巾、鞋等
第四层	素缎丝绵被	覆盖整个棺内	一条

① 江西省文物考古研究所：《南昌明代宁靖王夫人吴氏墓发掘简报》，《文物》2003 年第 2 期，第 20—23 页。

续表

出土顺序	实物信息	位置	备注
第五层	墓主及包裹物	服饰穿于墓主身上，另有衾被等覆盖	墓主身穿 5 套共 12 件衣物，包裹严密
第六层	垫尸褥	墓主身下	丝绵重锦褥
第七层	灯芯草层	棺内最底层	厚约 5 厘米，下铺苓板

龟背卍字纹绫绵上衣出土于棺内第三层，与其他四季衣物一起置于墓主身侧。考古简报将这件绵衣编号为 NJM：44，简报写到其面料为龟背卐字纹花绢，素绢做衬里，内有丝绵，命名为"龟背卐字纹长绢棉袄"。但是这个命名并不符合文物的实际情况，对于制作材料、纹饰等的描述均略有差错。为了方便后期工作，经与王亚蓉老师讨论，将这件服饰重新定名为"龟背卍字纹绫绵上衣"。

第二节　墓主人的身份

出土墓志已残缺，仅有百余字，显示墓主为吴氏，是明代宁靖王（即宁献王朱权世孙朱奠培）之妻，为明代命妇最高等级的"夫人"。吴氏生于正统四年（1439），殁于弘治十五年（1502），下葬于弘治十七年（1504），享年 64 岁。吴氏父亲名吴景琪，母李氏，世家蓟州，其父追随宁献王朱权迁至江西。吴氏生前嫁于宁靖王朱奠培，生一子，后封建安王，娶南城兵马副指挥萧晟次女为妃①。吴氏有孙三人，分别是朱宸洪，朱宸潇，朱宸□。

结合残缺墓志与《明实录》记载，宁靖王的亲王妃是孝陵卫指挥萧昱之女②，而绵衣的主人吴氏只是宁靖王的侧室，并未在正妃之列。吴氏为宁靖王诞下第四子朱觐镰，按明制，亲王诸子年及十岁封为郡王，朱觐镰即封为建安王，位属郡王。明代又有"请封生母"之制：洪武二十

---

① 吴氏墓志残缺只有几个字，此处根据《明实录·明宪宗实录》卷二六九补充完整，台湾"中央"研究院历史语言研究所校印 1962 年版，第 4553 页。

② 《明实录·明英宗实录》卷六十，台湾"中央"研究院历史语言研究所校印 1962 年版，第 1155 页。

五年议准"王妃以下,有所出者称夫人";弘治四年例"亲王庶子受封,其母始封夫人"①。所以,由此推测吴氏受封"夫人",除了墓志中所讲的"王甚贤之",还有一个重要原因是其儿子被封为建安王。

第三节 吴氏墓葬规格探析

墓主吴氏为"夫人",属媵妾之列,在王室宗亲中地位相对较低,按制所享受的丧葬待遇也有限。但比照《明会典·舆服志》中的冠服制度与该墓出土的大衫、霞帔、坠子、鞠衣、凤冠等,可以发现基本符合亲王妃的待遇,甚至墓中"团窠双龙戏珠纹暗花缎裙"的云龙纹更是一种僭越行为。

关于吴氏丧葬逾制,推测原因大致有二。一是,明中后期社会生活中,盛行奢侈之风,丧葬中的违制现象同样十分流行,而且屡禁不止。弘治六年(1493)便有官员请奏"近来贵戚之家坟域、宅第、服饰、土田奢滥无度,下至厮役亦相效尤"②,丘起凤《风俗论》中指出:"更可嗤者,丧家全不考据典礼,镂花绘彩,技穷变工,且藻饰凉伞辇事,火炮狼烟,灼目震耳,不几怛者乎!"③ 丧葬中僭越的现象亦有很多考古实例可以佐证:江苏常州三品武官王洛(1464—1512)之妻盛氏墓中出土了3件狮子补服④,按制只有二品武官或其妻才能使用;泰州刘湘之妻丘氏(1496—1558)入殓时外着织狮子补服,内穿织麒麟补服⑤,丘氏仅为处士之妻,显然逾制。

另外,有赖于吴氏身份特殊。吴氏墓志中提及(朝廷闻丧后)"皇上辍朝彻悬,命有司具葬祭"。"辍朝彻悬"是朝廷为死去的皇室成员或者重要官员举行的一种悼念活动,尤其时日的长短历来是丧葬规格高下的重要标志之一,笔者查阅《明史》《明实录》中皇族女性辍朝记录,贵

---

① 《明会典》(万历朝重修本)卷五五,中华书局1988年版,第346页。

② 《明实录·孝宗实录》卷七六,台湾"中央"研究院历史语言研究所校印1962年版,第1451页。

③ 转引自徐吉军《中国丧葬史》,武汉大学出版社2012年版,第468页。

④ 武进市博物馆:《武进明代王洛家族墓》,《东南文化》1999年第2期,第35页。

⑤ 叶定一:《江苏泰州明代刘湘夫妇合葬墓清理简报》,《文物》1992年第8期,第67页。

妃①、皇太子妃②、皇太子才人③等多辍朝三日或五日。对于藩王王妃等人，明初晋王妃谢氏薨，辍朝三日，朝廷规定其后王妃丧礼按照此制进行；另外，明中后期郡王的丧礼辍朝也仅仅是和重要大臣的丧礼辍朝于年终择日合并举行。吴氏去世后得到朝廷辍朝待遇，可见其地位非同一般。

吴氏虽仅为"夫人"，但从朝廷对于吴氏赐予辍朝和御祭礼遇，可见朝廷对其丧礼很重视，有一定的恩赐。至于吴氏为何受到朝廷这种特殊待遇，笔者查阅了很多资料寻求原因，但是由于宁藩世系庞杂，子嗣繁多，又玉牒散佚，关于吴氏的具体信息暂时不能详陈。不过，从多方面观察，不可否认的是吴氏丧礼确实超过其"夫人"身份。

第二章 龟背卍字纹绫绵上衣的个案分析与扩展研究

第一节 绵衣的结构特征

一 绵衣形制的基本信息

这件绵上衣呈右衽、交领、窄袖、短衣形制，两侧开衩，表里间絮丝绵，衣上有6根系带，具体信息如表2—1。

二 绵衣的结构细节

这件绵衣虽是明代常见的短衣形制，其结构有几个细节特点。

（一）二维平面裁剪

基于中国古代服饰传统的二维平面裁剪方式，这件绵衣表层、衬里

---

① 《明史》卷五九："永乐中，贵妃王氏薨。辍朝五日……"中华书局1974年版，第1465页。

② 《明实录·太祖实录》卷一二一："庚寅，皇太子妃常氏薨。上素服辍朝三日，中宫素服哀临。"台湾"中央"研究院历史语言研究所校印1962年版，第1961页。

③ 《明史》卷五九："万历四十七年二月，皇太子才人王氏薨，命视皇太子妃郭氏例。辍朝五日，不鸣钟鼓。"中华书局1974年版，第1466页。《明史》卷五九，中华书局1974年版，第1467页。《明会典》（万历朝重修本）卷九八，中华书局1988年版，第552页。

表2—1　　　　　　　　　　　龟背卍字纹绫绵上衣形制基本信息

形制分析		形制图示
衣身形式	短衣	
	表层：龟背卍字纹绫	
	衬里：素绢	
	系带：素绢	
制作材质	填充材料：丝绵	
领形	交领	
衣襟形式	右衽	
袖形	窄袖、袖端缩口	
开衩形式	左右开裾	
下摆造型	略有弧度	
系合方式	6根系带，大襟两带与右腋下侧两带相缚；里襟一带与左腋下侧一带相缚	前身（上）、后身（中）、小襟（下）示意

尺寸①（厘米）	袖展	开衩	接袖	袖口	衣身	领宽	系带		下摆
	225	16.5	47.5	15	59	14.5	宽1.5	长22.5	59

注：①此处数据为笔者实测，与考古简报略有出入：原数据为通袖长202厘米、袖口宽11厘米、衣身长57厘米、下摆宽58厘米、领宽9厘米，两侧开衩高约15厘米。

均呈平面连身连袖的造型：前后身及衣袖为前后左右对称形状，衣袖与衣身连裁，肩线与袖中线平直，前身与后身连裁（图2—1）。由于幅宽问题，衣袖处有一条接缝线，通过拼接使通袖长达225厘米。

（二）衣料拼接

衬里下摆处所见的分割线和拼接线较多，应是由于布幅宽度不够，为了节约用料，利用下脚料拼接而成（图2—2中红线部位），采用这种方式来处理衬里并不影响美观。

在服装制作中产生下脚料是在所难免的，注重对材料的再次利用从古至今一直是最普遍的节俭方法①。虽然吴氏生活富足，但在服装制作过

① 祖倚丹、申凯旋、王瑾等：《中国古代服装节约工艺研究》，《丝绸》2015年第11期，第43页。

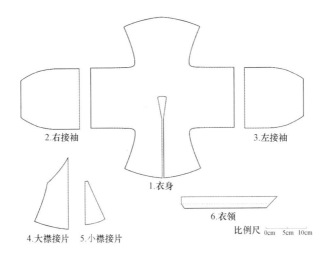

图2—1　龟背卍字纹绫绵上衣裁剪图

程中仍利用剩余下脚料进行拼接，践行节约实用的设计理念和物尽其用
的生活理念。

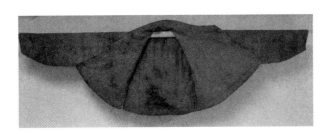

图2—2　绵衣衬里下摆处的拼接痕迹（红线所示）

（三）衣领特征

领子采用直料，两块布料拼接，接缝位于后颈正中处，与后背衣身
中线顺连（图2—3）。

另外，这件绵衣出土后领部开线，结合后期修复，可以进一步观察
其制作细节（图2—4）。制作时首先沿肩线水平剪开一个剪口，再沿衣
身前片斜开一个小剪口（图2—5），领子与衣身沿着虚线位置缝合，阴
影部分嵌在领子内；制作完成后，长虚线为缝合位置，短虚线为裁剪线

（图2—5、右）①。衣身的后颈部位并没有采用挖领裁剪，而是在缝合领子时向内缝嵌形成领窝弧线，所以领子在制作完成后并不能完全铺平，这种方式可以使领子贴合人体，既增加舒适度，又利于保暖。

图2—3 衣领后颈拼接

图2—4 衣领拆开后细节

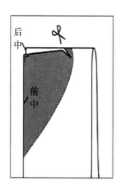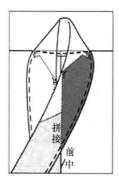

图2—5 衣领制作效果

（四）假中线装饰

领部有一条"假中线"（图2—6、图2—7），这条中线是将布料折叠、熨烫、缝合而成，既减少了裁剪再拼缝的制作工序，又增加了装饰效果。这种类型的领部中线发展到明中后期更为复杂，除了具有美观性，还具有一定的实用性。例如孔府旧藏有一件白地素面金狮补麻短衣的衣领也有类似"假中线"②，其衣领上半部分是独立领口，与衣身拼合形成一条底线；下半部分与衣身为一个整体，两条线均是折叠而成，与上部底线形成顺连效果（图2—8、图2—9）。这样的处

① 对于这件绵衣领子的观察受启发于崔莎莎、胡晓东对此类问题的先行研究，两位的绘图模式可以清晰呈现服饰的形制，此处亦有参考，在此向作者表示感谢。（崔莎莎、胡晓东：《孔府旧藏明代男子服饰结构选例分析》，《服饰导刊》2016年第1期。）

② 祖倚丹、申凯旋、王瑾等：《明代服装中褡裢和分割线的应用特征》，《丝绸》2015年第2期，第42页。

理方式既可以使补子保持完整，不因拼接领口而中断，又增加了美观性和装饰效果，不禁让人惊叹古代先人在服装设计和制作上的智慧。

图 2—6 "假中线"装饰（正面）

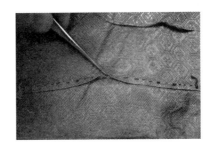

图 2—7 "假中线"装饰（背面）

图 2—8 孔府旧藏狮补白色短衣

图 2—9 狮补白色短衣领口
中线示意图

（五）小袖、缩口

这件绵衣的袖子为小袖形制。绵衣是为了御寒而制，为防止冷风和寒气从袖口进入，古人一直注意对袖子的处理方式，窄袖绵衣考古出土实例有很多，如湖北江陵马山一号楚墓出土编号为 N–1 的素纱绵衣，袖筒自肩腋部向袖口作显著收刹①，形成窄袖（图 2—10）。另外，这件绵衣的袖口采用缩缝，即里、面先平针缝合，然后拉紧缝线至适中的松紧度（图 2—11），这种缩口处理进一步加强绵衣保暖性，同时又具有一定的美观性。

---

① 沈从文：《中国古代服饰研究》，商务印书馆 2011 年版，第 95 页。

图2—10 马山一号楚墓素纱
绵衣呈窄袖式

图2—11 绵衣袖口的缩口细节

（六）系带相缚

这件绵衣有6根系带，分为三组：（1）大襟两系带与右腋下侧两系带分别相缚；（2）另外有一对隐结，即里襟的一系带与左腋下侧一系带相缚。笔者观察到这件绵衣的系带在制作过程中并没有夹缝于衣片之间，而是直接缝于衣身上（图2—12），这种处理既可能是出于固定考虑，也可能是作为内衣穿着不必过分强调美观。

图2—12 系带钉缝细节

第二节　绵衣的制作材料

一　绵衣的表里面料

笔者对绵衣表层面料和衬里取若干处采样点，利用显微镜和织物密度镜采集数据，进行织物组织结构分析（图2—13、图2—14）。

分析结果显示，绵衣表层的面料为暗花绫，提花规整，织造精良。经线，无捻，投影宽0.15毫米，密度68根/平方厘米；纬线，无捻，投影宽0.2毫米，密度46根/平方厘米。1/1平纹作地，1/3Z向斜纹显花。花纹以六边形龟背为骨架，内填卍字。

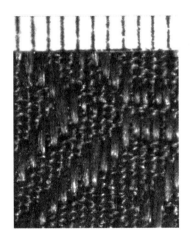 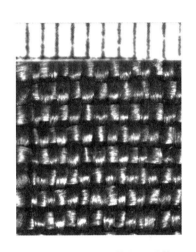

图2—13　绵衣面料织物组织结构　　　　图2—14　衬里织物组织结构

衬里面料为平纹素绢，密度较疏，轻薄柔软。经线，无捻，投影宽0.2毫米，密度26根/平方厘米；纬线，无捻，投影宽0.2毫米，密度15根/平方厘米。1/1平纹组织。绵衣带子的组织结构和衬里趋近一致，推测应是利用衬里剩余材料制作。

二　绵衣的填充材料

这件绵衣表里之间填絮丝绵，按照科学的修复保护原则，笔者在修复过程中将这件绵衣表里进行拆分，取出内絮的丝绵，惊奇地发现其形状近似一件完整的短衣（图2—15），袖筒、衣身相连，未见绵絮拼接的痕迹。考虑到墓主吴氏下葬于1504年，这件绵衣随其他衣物已在棺内埋藏500余年，应是受长期重压，绵絮而趋于一体。由于墓葬污染，丝绵呈现黄褐色。

填絮丝绵是这件绵衣的特色，尤其在后期修复中也是重难点部分和技术关键，由于现有文献中关于丝绵的探讨几乎空白，因此在本节简要梳理相关信息。

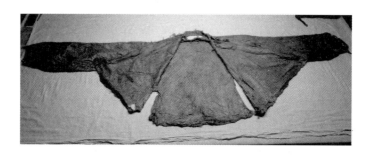

图2—15　绵衣（NJM：44）拆开后取出的丝绵整体

（一）丝绵的材料来源

《小尔雅》记"纩，绵也。絮之细者曰纩也"①，纩、絮、绵皆是指丝绵这种材料，具有保暖性，是我国从古至今一种非常重要的御寒材料。考古发现丝绵的实例最早可以追溯至辽宁朝阳西周墓出土的丝绵袍，马山一号楚墓中出土的多件绵袍、绵帽、裤、衾被等，展示了2000年前楚人冬季御寒所用的丝绵。

早在先秦时期，我国先民便已掌握了养蚕和缫丝的技术，人们选择质量上乘的桑蚕茧缫丝，织造精美丝织物；以次茧、缫丝下脚料以及茧衣②等用来制作丝绵（絮）。除了使用人工养殖的桑蚕，古人在制作丝绵时，还注意到了对野蚕的利用，《广志》记："有柞蚕，食柞叶，可以作绵"③，这是我们可以看到的关于柞蚕④制丝绵最早的记载。

---

① 迟锋释：《小尔雅集释》，中华书局2008年版，第38页。
② 茧衣，茧的最外层是蚕开始吐丝时的一层乱丝，即茧衣。这层丝强度低，不适于织作，缫丝前需先剥掉茧衣，让丝絮暴露出来。
③ 李昉：《太平御览》卷八一九引郭义恭《广志》，中华书局1966年影印版，第3657页。
④ 柞蚕是一种野蚕，另外还有柘蚕、樗蚕、棘蚕、萧蚕等。

（二）丝绵的制作工艺

我国制取丝绵的工艺历史悠久，其中一种方法是漂絮法：将次茧和缫丝下脚料蒸煮后，置于竹席上并浸在河水中，然后捶打冲洗，以捣碎蚕衣分散纤维，取出晒干以后，即成为丝绵。《庄子·逍遥游》曾记载，有一个宋人的家族"世世以洴澼絖为事"，"洴澼絖"即是漂丝絮。《史记·淮阴侯列传》记载韩信未发迹前曾向漂母乞食，漂母便是以漂絮法制作丝绵的专门手工业者。而且颇为有趣的是，古人在漂絮过程中发现残絮遗留在竹席上形成一层薄膜，晾干后成为薄薄的丝绵片可以用于书写，以此受启发生产出早期的"絮纸"①。

劳动人民在长期的生产实践中不断改进工艺，后来逐渐区分出"以精者为绵，粗者为絮"②，元明清时期的《王祯农书》《农政全书》《蚕桑萃编》等农学专著均涉及丝绵（絮）的制作工艺。宋应星的《天工开物》"造绵篇"记载了湖绵使用一种"上弓扩绵"的方法③来制取，具体操作整理如表2—2。

表2—2　　　　　　　　　《天工开物》湖绵制作工艺

工序	操作方法	备注
分茧	挑选质量较差的蚕茧，如有双茧并四五蚕共为茧；出种茧壳的破茧等可以选用制作丝绵	圆正独蚕茧用于抽丝，制作丝线；缫丝锅底零余下脚也可以制取丝绵，叫作"锅底绵"，装在绵衣衾内以御重寒，这种丝绵叫作"挟纩"
煮茧	用稻灰水煮，不宜用石灰	稻灰水是一种溶解稻草灰的水，稻草灰的主要成分是碳酸钾，溶于水呈碱性，可以溶解丝胶；《天工开物》中并未记载煮茧温度和时间的控制要求

① 此部分写作思路得益于国家图书馆开设的"丝绸之路与丝路之绸"公开课。

② 王祯著，王毓瑚校：《王祯农书》，《农器图谱集之十九》"纩絮门"，农业出版社1981年版，第412页。

③ （明）宋应星著，钟广言注释：《天工开物》，广东人民出版社1976年版，第68页。注：笔者在论文写作过程中，向浙江乌镇、湖州等地的朋友咨询，得知《天工开物》中所讲的"上弓扩绵"的方法至今仍然适用。

续表

工序	操作方法	备注
漂洗	蚕茧煮好以后，放到清水里面漂净	
上弓扩绵	将漂净的蚕茧放入清水盆中，用手指头顶开四个，四四数足，用拳头顶开十六拳数，然后套在小竹弓上	《天工开物》特别注明上弓之时要快捷，蚕茧要带水扩开，因为若稍缓水流去，则结块不尽解，而色不纯白。湖绵的高品质正是源于其带水上弓手法之妙
漂洗晒干	蚕茧扩开后再次清洗，然后晒干收藏，以备使用	《天工开物》记载人工制取丝绵效率很低，难于取丝八倍，竟日只得四两余

上表《天工开物》中提到的小竹弓在《王祯农书》记作"绵矩"，"以木框方可尺余，用张茧绵"，南方所用的绵矩是用竹子弯曲而成（图2—16）[1]。《天工开物》所言上弓扩绵的方法难于取丝八倍，只能是上层社会所能享用。普通民众御寒所用的绵絮是通过"絮车"制取的：木架上挂钩绳滑车，下置煮茧汤翁；絮者掣绳转动滑车，将茧钩住多次出没灰汤，逐渐分散丝纤维渐成絮段[2]（图2—17）。为了满足皇族日用、宫廷赏赐、军队物资等庞大的丝绵（絮）用度，百姓还要向朝廷缴纳丝、绵等作为赋税。

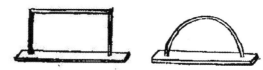

图2—16 《王祯农书》制取丝绵所用的绵矩

以上内容帮助我们了解古代丝绵的相关信息，也为我们进一步了解这件绵上衣（NJM：44）所使用的丝绵背后蕴含的社会物质文化提供了一定的指向与参考。从实物上看，这件绵衣的丝绵即使经历近500年埋藏，出土后仍然具有一定的柔软度和韧性，在显微镜下仔细观察其丝线还有

---

[1] 王祯著，王毓瑚校：《王祯农书》，《农器图谱集之十九》"纩絮门"，农业出版社1981年版，第412页。

[2] 同上。

图2—17　《王祯农书》絮车制取绵絮

一定的光泽。墓主吴氏身份显贵，这些丝绵正是区别于普通百姓使用的"绵絮"，而是所谓的"以精者为绵"，为我们展示了明代贵族所使用的丝绵实物。

第三节　绵衣使用情况的讨论

笔者观察到这件绵衣有两根系带比较特殊，一根有断开后重新缀缝的痕迹，一根部分丝线脱落，用线加固（图2—18、2—19）。用显微镜观察这两根系带缝补所使用的丝线：这种丝线比较老旧、强度较低，推测系带应是由于长期使用而断开；另外，绵衣接袖、侧边等处的缝线也有两种，一种颜色较浅、无捻，一种颜色较深、有捻，或为后期开线使用另外一种丝线缝合，推测这件绵衣可能为墓主生前所穿①。以下结合文献与考古资料，分析墓主的这件绵衣在当时的使用情况。

---

① 吴氏墓出土衣物最初由中国丝绸博物馆进行过初步保护，但是关于这件绵衣是否进行过修复，具体信息不详。绵衣出现两种缝合所用的丝线，一有可能为之前修复所使用，二有可能是墓主生前穿用进行的缝补，但是笔者观察这种丝线强度较低，比较老旧，倾向于第二种可能。并且，结合墓中其他衣物以及丧葬习俗等来看，为墓主穿用的可能性较大。

图 2—18 　绵衣系带缝补痕迹 　　　　　 图 2—19 　绵衣系带缝补痕迹

古代服饰中除了深衣、袍衫等长衣外，还有一种短衣，形制包括襦和袄，内缀衬里的称为"夹袄"，纳絮丝绵的称为"绵袄"，这件绵上衣可算作是由短襦演变而来的一种绵袄，具有保暖的功能。绵衣或袄在古代文献和绘画中多有体现，明代绵袄的搭配有多种方式。

第一，一般作为贴身穿着的冬服小衣或内衣，搭配绵裤，外罩长袍、大衫，男女皆可穿，《金瓶梅》里描写西门庆脱去外衣只穿一件"薄纩（丝绵）短襦"，指的便是绵袄。绵衣（NJM：44）出土的墓葬中也有这种穿着形式，墓主吴氏最内层上身即穿绢织丝绵袄，下身配绢织丝绵裤，外罩绢织丝绵裙①。

第二，配以裙穿着，尤其袄裙成为明代妇女的一种流行搭配。上身穿短衫或短袄，下身搭配马面裙或褶裙的服装形式至明清时期大兴，在《明宪宗元宵行乐图》上可以窥见一斑。宫廷侍女所着上衣均为交领右衽、两侧开衩的短衣，袖口缀以白色袖缘，领缘加白色护领，其中不乏一些女子的服饰通袖以金线和彩色丝绒织出大柿蒂团窠纹样（图 2—20、图 2—21）。不难推测，在元宵节这种冰寒季节，宫女所着短上衣或为绵衣，或以绵衣为内衣外罩短衫、夹袄。作为内衣穿着的夹袄或绵袄，较为朴素；而直接穿于外的，布料讲究，纹饰精美，例如吴氏墓内亦出土了团窠纹缎地妆金凤纹云肩通袖襕女上衣（图 2—22）②、折枝暗花缎地

---

① 　江西省文物考古研究所：《南昌明代宁靖王夫人吴氏墓发掘简报》，《文物》2003 年第 2 期，第 23 页。

② 　图片来源：中国社会科学院考古研究所纺织考古部。

织金妆花八宝璎珞纹云肩夹袄等①，纹饰繁复，织金装饰，显然应为外穿。

图2—20 《明宪宗元宵行乐图》 图2—21 《明宪宗元宵行乐图》
穿袄裙的侍女形象 穿袄裙的侍女形象

图2—22 团翟纹缎地妆金凤纹云肩通袖襕女上衣

第三，绵袄还有一种搭配是外罩比甲。比甲是明代妇女的一件便服，其对襟无袖，两侧开衩，前胸常用纽扣结系。"比甲"之名源于元代，《万历野获编》载元代比甲流传至明，尤其在明代中后期士庶妻女及奴婢间流行，"以为日常服，至织金组绣，加于袄衫"②，下身配裙，《金瓶梅》便屡见述及。一般认为明代比甲的尺寸较长，为了达到穿着层次与色彩的丰富，比甲内的绵袄多为长袄。可以搭配短袄穿着的是背心，这种搭配在《明宪宗元宵行乐图》的婴孩的着装以及明代朱公镇墓中出土的侍女俑（图2—23）可以看到。

———————————

① 江西省文物考古研究所：《南昌明代宁靖王夫人吴氏墓发掘简报》，《文物》2003年第2期，第29—30页。

② 沈德符：《万历野获编》，中华书局1959年版，第47页。

图2—23 明代朱公镀墓中出土的侍女佣

通过以上分析，以及对这件绵衣的观察：其短小适体，袖子为小袖，款式造型利落，用料较为普通，纹饰简约不华丽，便于套穿在袍、衫内，推测应为墓主人的贴身内衣，或为日常穿着。

第三章 龟背卍字纹绫绵上衣的修复和保护

第一节 绵衣的现状及修复技术路线

一 文物的保存现状及分析

按照科学的修复方法，在对纺织品文物进行正式修复前，首先要对文物进行全方位调查评估，然后再"对症下药"，制定修复方案。笔者根据修复理论与实践，对修复前所要考虑的类别与因素整理如表3—1。

根据表中所列几项考察因素，对该绵衣的总体评估如下。

吴氏墓葬埋藏环境较好，自入葬后未经扰乱，该件绵衣出土时位于墓主身侧，与其他四季衣物一起填塞于棺内。该墓于 2001 年发掘时，由中国丝绸博物馆对出土纺织品进行了初步处理和简单修复（但关于这件绵衣是否修复，以及修复部位、方法等信息不详），后一直由江西省文物考古所保存于库房。

表 3—1　　　　　　　　　纺织品文物前期调研评估类别

文物信息	材料、染料、组织结构、纹样艺术、工艺特点等
考古信息	埋藏环境：墓葬规模、墓室环境和地下水、土情况，其他随葬品等
	考古现场：出土现场的情况、第一时间处理方式等
保存现状	保存环境：库房温湿度、光照、空气流通、微生物等信息
	历史修复：出土后是否进行过消毒、清洗、修复等处理
	病害情况：残缺、破裂、污染、微生物损害、动物损害等
价值评估	历史价值：织物所反映某一历史时期纺织品、服饰特征及物质生活
	艺术价值：文物的美学特征
	科学价值：织造工艺、织染技术等对于研究古代纺织技术的价值
	博物馆价值：纺织文物在陈列展示、社会教育、文化传播等方面的价值

绵衣的形制基本完整，未出现大面积残缺，但仍然受到一定程度损伤和污染，主要来自于：第一、泥土和地下水浸泡，多种酸、碱、盐等腐蚀物质侵蚀，丝绸强度下降，出现几处纬线脱落；同时微生物侵害，出现黑色点状霉斑；第二、虽然该绵衣未直接与尸身接触，但是仍不可避免地被尸体的血渍、尸液等污染，绵衣上有明显污渍以及附着块状结晶物；第三、如绵衣为墓主生前所穿用，那么在下葬之前绵衣可能已经受到油渍、汗渍等有机类物质的污染；第四、自 2001 年出土以来，该绵衣经过十几年的外界环境保存，表面上看已经趋于稳定，丝织物的机械强度较好，面料和丝绵手感较柔软，但是由于丝织品对温湿度、光照、空气条件、霉菌虫害等极为敏感，外界因素仍然在影响丝织品纤维的寿命。

这件绵衣存在的主要问题具体如下。

污渍。绵衣的衬里、表层面料均有较大面积的深褐色污渍，主要分布于前身两袖、大襟、小襟、背面袖子，以及绵衣的绢质里层，污迹用手触摸有硬度。整体上有数十处，疑似血渍（图 3—1、图 3—2）。

霉斑。绵衣的龟背卍字纹绫面上有十余个黑色点状污迹，分布较为分散；衬里的同类污迹较为集中，主要分布在袖口及下摆，疑似为霉斑（图3—3）。

油脂。绵衣衬里的袖口处分散有4处黄褐色的块状晶体，大约0.4×0.4厘米大小，疑似油脂类物质（图3—4）。

缝线脱落。绵衣的面料和衬里原缝合处开线较多，最明显一处在领子的脖颈区域，该处面、里上最初制作时的缝线均开线，长达7.5厘米，丝绵外露；前身领子与大襟缝合处开线，长5.5厘米；后身两只袖子的接袖处开线，1—2厘米不等；绢里在下摆开衩的上方有一处开线，长4.5厘米（图3—5、图3—6）。

破裂。绵衣整体保存良好，但是左右两侧腋下部位均有横向破损，长度0.7—1.5厘米不等，丝绵外露（图3—7）。

经纬线糟朽。绵衣面料袖子处有两处经线脱落，只残留纬线（图3—8）。

图3—1 绵衣小襟上的污渍

图3—2 衬里袖子上的污渍

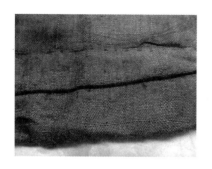

图3—3 衬里霉斑

图3—4 衬里袖口处油脂类结晶

图 3—5　衣领处缝线开线　　　　　图 3—6　衣领处缝线开线

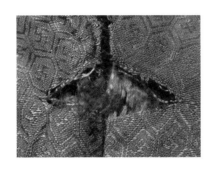 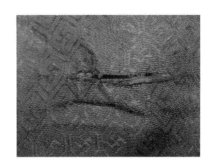

图 3—7　绵衣腋下部位开裂　　　　图 3—8　衣袖丝线糟朽破损

　　另外，该绵衣虽然外观看上去基本完好，但是由于长期在地下环境中受各种因素的侵蚀，其丝织物的质量实际上已劣化，失去了原有的纤维强度。这件绵衣最为特殊的地方在于表里中间絮了一层丝绵，这层丝绵作为有机质文物，若保护不当，极易为微生物提供养料和食物，滋生霉菌。

　　综合以上几点分析，我们必须对该绵衣进行科学研究和修复保护，延缓和控制丝织品的老化进程，以实现纺织品文物的长期保存、展出陈列和后期研究。

　　需要说明的是，图 3—1 至图 3—8 所示为绵衣主要病害类别，限于篇幅未一一将所有病害细节列于此。

二　修复前关键节点的技术探讨

　　目前国内外对于纺织品的修复一般采用意大利专家切萨莱·布兰迪

（Cesare Brandi）提出的：最小干预、可识别性、可逆性、不改变文物原状等原则。结合科学的修复原则、业界前辈多年的实践经验和这件绵衣的自身状况，笔者在制定修复方案之前，首先对需要采取的关键节点进行了初步讨论。

（一）清洗方法的选用

该绵衣保存状况良好，丝织物的纤维强度尚好，但是存在大面积污染，在经过小面积的局部实验观测后，认为适宜采用湿洗法，具体操作将在后文详陈。

（二）丝绵拆离的讨论

该绵衣修复保护中遇到最为特殊的地方在于文物由丝绵填充。丝绵由天然蚕丝加工而成，有丰富的蛋白纤维，是微生物的理想营养源。而且绵衣受到棺液浸泡及地下水、土壤等侵蚀，面和里均受大面积污染，污渍已渗透织物层，使丝绵也受到污染。因此，对于丝绵的清洁和处理是十分必要的。

但是丝绵中蚕丝的湿强力较低，遇到水会严重破坏其内部纤维结构，导致收缩成团，板结僵硬，因此绵衣里面的丝绵不宜直接洗涤。考虑到文物的整体安全以及现有技术水平，笔者经与王亚蓉老师多次讨论和慎重考虑，决定在对绵衣清洗前，首先将丝绵进行拆离，这是目前在最大的安全范围内能做到的有效保护。在拆除过程中尽量将拆除和干预做到最少，选取最优区域拆除，并且做好完备、详细的记录，为后人的进一步研究保留详尽的信息。同时，考虑到后期博物馆展陈效果，在对绵衣清洗之后，将采用新的天然蚕丝绵进行填充。

三 保护修复技术路线的制定

通过周密的思考和充分讨论，笔者制定了修复技术路线图（图3—9）和修复方案①，以指导后期的实际操作。

---

① 修复方案是修复工作的提前与指导，和本章第三节修复过程内容大致一致，此处不再赘述。

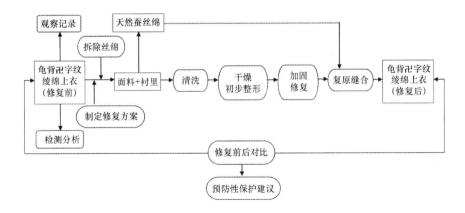

图3—9 龟背卍字纹绫绵上衣修复技术路线

第二节 绵衣的修复过程[①]

实际操作是纺织品文物保护修复的关键，整个过程环环相扣。下文将就这件龟背卍字纹绫绵上衣的修复过程做详细陈述，同时也将逐项探讨技术路线图3—9中各环节制定时的理论依据和思考方式。

一 修复前观察及记录

（一）理论依据和经验方法

修复中不可避免地会对纺织品文物进行直接或间接干预，尤其针对病害将采取一定措施，这时需要我们对原始信息进行详尽记录，以为后人研究提供可靠的参考和依据。修复前需要记录的事项主要有：①文字记录，包括形貌、织造、材质、病害等详细情况的观察描述；②绘图记录，包括服饰尺寸图、病害图、纹样图、面料织造结构图等；③图片记录，包括修复前照片（正背、内外）；病害局部细节照片（破损、污渍、褶皱、纹饰等）；以及其他有价值的资料。[②]

————

① 这件绵衣的修复历经5个月，操作过程中得到了中国社会科学院考古研究所纺织考古部邢文静、马建芳两位老师的诸多帮助，赵芮和在绘图过程中予以指导，在此表示深深的感谢。

② 隆化民族博物馆编著：《洞藏锦绣六百年：河北隆化鸽子洞洞藏元代文物》，文物出版社2015年版，第24页。

对于纺织品文物的病害分类主要参照《中华人民共和国文物保护行业标准——馆藏丝织品病害及图示》（WW／T0013–2008）进行分析，然后借助文字描述、图像拍摄和绘制文物病害图等方式予以详细记录，真实准确地表现出修复保护前的状态。

（二）个案操作

修复前对这件绵衣的形貌、制作材料、尺寸、纹样等进行客观描述和记录（主要内容已穿插在前文介绍，此处不再赘述），观察其病害主要有：污渍、霉斑、破损、褪色、块状结晶，使用规范的病害标识符号绘制的病害图如图3—10。

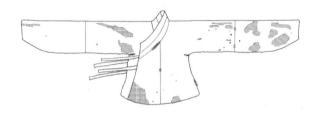

图3—10（a）　龟背卍字纹绫绵上衣病害图（表层前身）

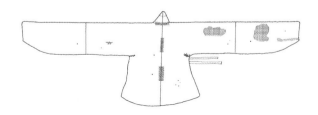

图3—10（b）　龟背卍字纹绫绵上衣病害图（表层后身）

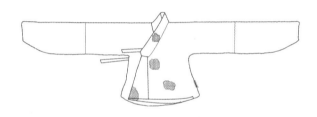

图3—10（c）　龟背卍字纹绫绵上衣病害图（衬里前身）

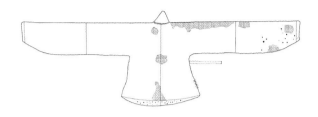

图3—10（d）　　龟背卍字纹绫绵上衣病害图（衬里后身）

注：此处采用 Adobe Photoshop CS 绘制病害图，相比传统手绘，可以实现病害部位的高精度定位。

二　拆除丝绵

（一）理论依据和经验方法

笔者在制定修复方案前参考了业内关于绵衣（以及棉衣、内含填充物的特殊纺织物）的修复案例，以寻求同行经验，但是只有寥寥数例，且记录较为简单，无法获取详细的操作信息。

宁夏回族自治区博物馆的杨丽蔚将枕头、鞋袜、手套、帽子、香包以及内部包裹填充物的特殊服饰等纳入立体纺织品范畴，认为水或者溶剂对于立体纺织物的清洗仅限于表层，甚至部分污染物会通过水或溶剂进入文物内部，一旦保存环境有变，内部污染物又会达到文物表层，危害整体，因此主张对这类文物采用解体和复原修复法，只针对有害部分进行尽可能少的干预①；其修复过一例新疆阿斯塔那古墓群出土的唐黄地褐色几何纹锦鸡鸣枕，将原物拆解清洗后，再按外形及内腔大小选用蓬松棉代替原填充物进行复合。中国丝绸博物馆曾修复过内蒙古出土的一件辽代盘球纹绫绵袍，绵袍破损非常严重，多处缺失，修复人员采用的主要修复步骤是分离衬里、面料、丝绵，清洗面料和衬里，后又利用衬布将面、里和丝绵重新缝合，修复过程中并未放弃原来的丝绵，在后期

---

① 杨丽蔚：《浅议出土立体纺织品文物的解体修复与复原》，《吐鲁番学研究》2014 年第 2 期，第 99—106 页。

拼合中继续使用旧丝绵①。辽宁省博物馆修复南北朝玫紫色地刺绣菱格纹手套，其内里填充的羊毛杂乱无章，掉渣现象严重，修复人员采用白纱覆盖羊毛，然后再用跑针固定②。首都博物馆在对河北隆化鸽子洞出土的暗绿花绫彩绣花蝶护膝（内絮丝绵）和白暗花绫彩绣花鸟婴戏护膝（内絮羊驼绒）修复时采用先拆解清洗，再复原缝合的方法③。

前文已提到，丝绵是由天然蚕丝加工而成，有丰富的蛋白纤维，是微生物的理想营养源。此次修复中的这件绵衣的面和里均受大面积污染，污渍已渗透织物层，使丝绵也受到渗透污染，若不能清除会带来病害隐患。因此，经过反复讨论，权衡利弊，笔者决定拆除原有丝绵，后续再用新的天然蚕丝绵进行填充。

（二）个案操作

遵循最小干预原则，拆除里、面之间的缝线时，笔者和实验室修复人员就拆线区域进行了讨论。为了顺利将丝绵取出，最初设定只拆除衣袖和腋下两侧的缝线，保留下摆、领子、袖口等几处的缝线。具体操作过程如下。

1. 首先观察拆线区的针法、针距，并拍照和文字记录，为后期缝合提供信息（图3—11）；

2. 拆线时用小剪刀谨慎、慢慢剪开缝线，保留线头，辨认针孔，记录缝份宽度等，作为复原缝合时的参考（图3—12、图3—13）；

拆线过程中，笔者观察到绵衣采用面和里分开缝合的方式，比如腋下两侧部分，面的前身和后背缝合，衬里前身和后背缝合，丝绵采用疏缝固定在面、里之间；

3. 拆线过程中发现丝绵袖筒为筒状，为了将丝绵完整取出观察整体，笔者与实验室修复人员再次讨论，决定增加拆线区域，将袖口的缝线拆除；

4. 袖口采用缩口处理，在拆线前测量针距，拍照并用文字记录；在拆除袖口缝线时，意外发现袖口丝绵有数根头发，黑色，发质较硬（图

---

① 黄俐君、叶水芬：《辽代盘球纹绫绵袍的修复》，《文物保护与修复纪实——第八届全国考古与文物保护（化学）学术会议论文集》，岭南美术出版社2004年版，第246—249页。

② 申桂云：《玫紫色地刺绣菱格纹手套的保护修复》，引自中国文化遗产研究院编《天衣有缝：中国古代纺织品保护修复论文集》，文物出版社2009年版，第80—81页。

③ 隆化民族博物馆编著：《洞藏锦绣六百年：河北隆化鸽子洞洞藏元代文物》，文物出版社2015年版，第53—60页。

3—14），用镊子小心取出置入塑料试管，留作后期检测分析；

5. 将丝绵整体取出，观察到丝绵呈黄褐色，略带丝线光泽，形状近似一件完整的短衣，推测绵絮可能是长期受墓葬随葬品重压而趋于一体（图 3—15）。

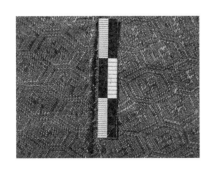

图 3—11　拆线前测量针脚距离，观察针法

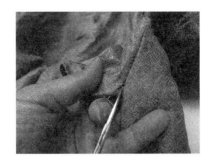

图 3—12　拆线时尽量保留线头留作后期缝合依据

图 3—13　测量、记录缝份宽度

图 3—14　袖口发现数根头发，取样检测

图 3—15　绵衣（NJM：44）拆开后取出的丝绵整体

三 清洗

（一）理论依据和经验方法

纺织品文物的污染主要有三类，一是有机物污染，如尸体腐烂产生的蛋白质脂肪、动物体分解物、排泄物；二是无机物污染，如泥土腐殖质、铁锈、金属腐蚀物等；三是储藏不当产生的霉斑、灰尘等。这些污染物与纺织品文物结合方式不同，可以采用不同的方法。灰尘、泥垢等附着在纤维表面的污染物，可以采用物理方式，例如真空吸尘器、软刷、透明胶带、口香糖等方式处理，简单易行且较为安全①。镶嵌在纤维之间，或是与纤维结合的污染物一般则需要通过清洗来去除。

目前业内常用的清洗方法分为湿洗法和干洗法。

湿洗法主要是利用水来洗涤清除纺织品上的污物、灰尘和杂质，其机理是利用水的溶解和对纤维的浸润作用将污垢去除，在清洗过程中，部分污垢会膨润、松散和溶解，很快被洗掉，那些固结在织物表面和深嵌于织物中的污垢，通过纤维对水的膨润作用得以去除。

但当丝织品上出现例如霉斑、油脂等类型的污染物时，仅仅用水不一定能够达到令人满意的效果，这时就需要在水中加入适当的清洁剂，一般选用中性柔和的水溶液来清洗，特殊情况下会根据织物自身和污染物的特性选用弱酸或弱碱的水溶液，但前提是必须确保织物安全，质地无损坏，颜色无影响。

所以，如果丝织品染色牢度好且其他成分能够经得起水的作用，一般都会采用湿法清洗。清洗用水主要采用去离子水、蒸馏水等，应避免使用自来水。

干洗法主要以有机溶剂的洗涤作用为主，需要时也可加入其他适当的助剂，可用于不溶于水的污斑，或在水溶液中可能会引起褪色的纺织品，以及质地脆弱的丝织品。常用的干洗剂有：乙醇、丙酮、三氯乙烯、乙醚、苯、汽油、乙酸乙酯、松节油等。

---

① 周旸：《纺织品文物污染因素研究》，中国文物保护技术协会编选：《中国文物保护技术协会第二届学术年会论文集》，中国文物保护技术协会 2002 年版，第 287 页。

（二）个案操作

1. 绵衣衬里的袖口区域分散有四处黄褐色的块状晶体，其中一块结晶体附着在织物表面，粘连度较小，采用物理方法去除，使用镊子轻轻取下，置入塑料试管以备后期检测分析。其他几处与织物粘连紧密，在清洗过程中依靠水软化处理。

2. 清洗前准备。

（1）首先拆除绵衣上的编号标签，以免上面的圆珠笔字迹入水后掉色，对文物造成二次污染（待修复结束后再将标签缝回原处）；

（2）进行局部清洗实验，制定清洗方案：这件绵衣织物尚有一定强度，颜色基本褪色，适合采用湿洗方式。第一种方案是选用蒸馏水清洗织物一角和污迹，发现效果不甚明显；第二种方案是在蒸馏水中加入少量中性洗涤剂，用棉签蘸取，轻轻浸润揉刷，对于去除织物上的污染物有明显效果，但是织物整体色泽依旧呈现灰暗效果；第三种方案是采用冰醋酸与蒸馏水按5‰比例混合作为清洗溶剂，实验区域织物颜色较为柔和光泽，清洗效果甚为理想。因此决定将第二和第三种方案结合进行清洗。

3. 清洗过程：整个清洗分为两个阶段，第一阶段是利用中性洗涤剂去除织物污染物，具体操作步骤如下（图片记录如图3—16至图3—18）。

（1）在清洗槽（这种清洗槽是纺织考古部特别定制，长方形，浅而平整，便于人工清洗操作和清洗大面积织物）底部铺上一层电力纺，将织物平铺其上，以避免织物直接接触清洗槽；再在织物上覆盖一层电力纺，以便后期刷洗时保护织物；四周用磁条固定。电力纺质地柔软，抗静电，使用两层电力纺既可以保护织物，又便于清洗后提取；

（2）将适量中性洗涤剂用蒸馏水稀释，缓缓注入清洗槽，水量没过织物即可，温度控制在30度左右，注入时水流尽量沿水槽内壁，以防止对织物造成冲击；

（3）浸泡10分钟左右，使其彻底润湿，注意观察污渍变化情况；浸泡过程中轻轻搅动水溶液，使溶解的污染物均匀地分散于水中；

（4）浸泡结束后，先采用涤荡法清洗织物表面的灰尘，即用双手轻轻拍压织物上覆盖的电力纺，通过水溶剂的涤荡松解污垢。拍打时注意手法轻柔，手掌用力均匀；

（5）再用羊毛软刷隔着电力纺轻轻按压刷洗织物各部位，尤其是污染处。羊毛刷毛尖细柔，带水顺滑，加之电力纺的隔离保护，可以对织物的磨损降至最低。在刷洗时，不仅要注意手的力度，更应注意运刷技巧，尽量将软刷垂直于电力纺轻轻移动，移动时要按照同一个方向，而不是往返来回刷洗；

（6）清洗步骤是衣服前身、两袖—大襟、小襟（将衣服打开）—后背（翻身时注意吸附力）；清洗的同时注意对织物的褶皱处进行平整处理，理顺经、纬方向；观察到清洗过的水呈黄黑色，清除了嵌在纤维之间的泥垢及部分污渍；

（7）漂洗：用蒸馏水漂洗数次直至将洗涤剂彻底清除干净；放水时将聚四氟乙烯膜铺盖在织物上，将水和衣物暂时隔离，以避免水流动的冲击力。

第二阶段利用弱酸溶剂去除织物表面氧化物，恢复织物光泽。具体操作（图片记录如图 3—19 至图 3—21）。

（1）取 7000ml 蒸馏水，按 5‰ 比例将冰醋酸稀释，注入小型清洗槽内；

（2）将织物置入溶液中充分浸泡 15 分钟，观察到水呈土黄色，清除了织物氧化物；

（3）移入清洗槽内漂洗，注意事项与第一阶段清洗类似，尽量使用小水流，防止水流冲击纤维，彻底漂洗干净，直到清洗的水 pH 值为中性。

（4）经过清洗处理，丝织品的纹理和花纹图案更加清晰，色泽显现，另外织物纤维从污垢的束缚中解放出来，触感变软，恢复了一定的弹性和柔韧性，没有出现可见断丝和破损，整体显示出良好的清洗效果。

虽然绵衣衬里有几处污迹仍然无法彻底去除，但是笔者与实验室修复人员商议，决定不再进行下一步清洗处理，主要基于这几点原因：一是清洗后污物和霉菌的生长和破坏力得以抑制，且位于衬里，并不影响整体观察和艺术价值，不必追求彻底的清洗效果；二是清洗后水色清透，已洗不出污垢，任何清洗操作必定会对织物造成损伤和削弱，所以此时应考虑织物受损伤的程度而不是一味追求洁净程度；三是把某些污迹保留下来，既可以显示绵衣作为随葬品，保留其所包含的历史信息，也符合最小干预性原则，即尽量减少对文物施加的技术和干预，让文物保留更多的信息，为后人留下更大的空间。

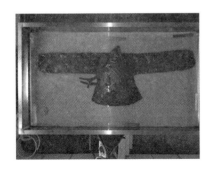

图3—16 将绵衣置于清洗槽内，
上下铺盖电力纺

图3—17 使用羊毛软刷轻轻
按压刷洗织物

图3—18 重点刷洗污渍部位

图3—19 使用5‰比例冰醋酸
稀释溶液浸泡

图3—20 漂洗

图3—21 清洗溶液前后对比

说明：图3—16至图3—21主要展示利用清洗剂溶液和5‰冰醋酸溶液进行清洗的过程；主要针对原病害中的块状结晶、污渍等进行处理。

四 干燥、初步整形

（一）理论依据和经验方法

清洗后的干燥处理是一个不可忽视的细节。织物在彻底漂洗干净后，应移至干燥区，吸干表面多余水分，摆放平整。为防止热氧老化作用，整个干燥过程必须控制光照，尤其是日光，因为文物湿态下对紫外线尤为敏感，褪色现象严重①；同时也应避免高温烘烤，控制温湿度，还要注意控制干燥的速度，若太快则会使织物因收缩不均而开裂，甚至发生卷曲或开裂成很多小块②；干燥过程中还要注意防霉和落尘，织物适宜放在室内通风处自然阴干。整个过程中随时观察文物的干湿状态，待适宜潮湿度时，再继续进行下一步整理工作。

待织物阴干或半干状态时，可以对织物进行整形。业内对于平面织物的整形处理一般采用均匀压力法和单个重物法，处理褶皱、折叠、粘连、压痕或扭曲变形，具体平整方法包括熨烫、沙包、磁铁压覆（图3—22③）、不锈钢针、有机玻璃板（图3—23④）等，其机理主要是织物在潮湿状态下，纤维内部会形成新的次级化学键，此时借助外界压力对织物进行平整，可以使纤维化学键保持这种状态，并且在干燥过程中阻止纤维内部已被重排的分子链恢复到褶皱状态，从而一直保持平整状态⑤；对于立体服饰可制作适形支撑体进行整形，如河北隆化鸽子洞绣花鞋在

---

① 隆化民族博物馆编著：《洞藏锦绣六百年：河北隆化鸽子洞洞藏元代文物》，文物出版社2015年版，第31页。

② 吴顺清、陈子繁、吴昊等：《古墓中出土纺织物的清理与保护研究》，中国文物保护技术协会选编：《中国文物保护技术协会第三次学术年会论文集》，紫禁城出版社2004年版，第159—177页。

③ 吐鲁番学研究院技术保护研究所：《新疆吐鲁番阿斯塔那古墓群出土唐代麻布修复报告》，《吐鲁番学研究》2013年第2期，图版二。

④ 陈扬：《蓝地菱格雁蝶纹锦的修复》，《紫禁城》2008年第11期，第69页。

⑤ 路智勇：《回潮法在纺织品文物保护中的应用》，《东南文化》2008年第6期，转自De Graaf, A. J., "Textile Properties and Flexibility of Testiles", Conservazione e Restauro dei Tessili ［Conservation and Restoration of Textiles］. Proceesings of the International Conference, Como, 1980, edited by F. Pertegato, CISST, Lombardy Section, Milan, 1980, 54–56。

修复过程中，使用雕塑泥制作鞋楦放入鞋内整形（图3—24）①。

图3—22　磁铁压覆平整法　　　　图3—23　有机玻璃板压覆平整法

图3—24　立体支撑整形

图3—22至3—24展示业内同行采用的部分整形方法。

（二）个案操作

绵衣拆除丝绵后面料和衬里两层仍然相连，所以在整形时比起单层平面织物略显复杂，操作方法如下。

1. 首先将洗好的织物从清洗槽内取出，用两层电力纺夹持，轻轻卷起，移至工作台（工作台上预先铺上三层脱浆处理的白棉布）；

2. 用滤纸轻轻按压吸收织物过多水分，以不滴水、无水光、五成干为宜（滤纸柔软吸水而又有一定的韧性，既可以充分吸收织物中的水分，又可以防止纸质纤维断裂残留在织物上）；

① 隆化民族博物馆编著：《洞藏锦绣六百年：河北隆化鸽子洞洞藏元代文物》，文物出版社2015年版，第51页。

3. 整理抚平绵衣衬里和面料，按照衣物形状做粗略整形，破损开裂处用小镊子轻轻理顺经纬线丝路，局部褶皱处采用磁铁压覆法进行平整处理（图3—25）。注意此时衣物因清洗后强度大大降低，动作要谨慎轻柔，避免出现操作损伤；

4. 干燥采用室内自然阴干，随时观察文物干燥进程，注意防霉和落尘。整个干燥过程持续一周（图3—26）。

图3—25　对绵衣部分褶皱采用 **图3—26　自然阴干**
磁铁压覆平整

说明：图3—25展示此次修复所采用的磁铁压覆平整法。

五　丝网加固和针线修复

（一）理论依据和经验方法

考古出土纺织品由于本身弱质特性，加之复杂的埋藏环境影响，出土时强度往往很低，腐烂糟朽，甚至稍碰即损，因此需要进行必要的加固处理以增加其机械强度，便于后期收藏、研究和陈列。近年来业内同行一直进行深入研究，在加固技术上取得了很多成就，目前常用的加固方法大致有表3—2中的几例。

对于纺织品文物的加固应该针对文物的损坏程度、材质、尺寸、形状等进行全面考虑，即使同一件文物也应根据不同部位的糟朽程度采取差异性方法[1]。表中所列几种常见的加固方法综合来看各有利弊，丝网加

---

[1] 严静，王丽琴：《考古出土丝织品加固方法之探讨》，《江汉考古》2008年第2期，第114页。

固和针线加固工艺简便，材料易得，成本较低，安全可逆，相比之下具有良好的优势，如若日后随着科学技术的发展，出现更好的修复手段，可以方便地清除，置换。笔者在修复过程中也采用这两种方法，以下将对其工作机理进行着重介绍。

表3—2　　　　　　　　纺织品文物修复常用加固技术[1]

加固方法		加固机理	优劣
物理方法	夹持加固法	利用玻璃、树脂、无酸卡纸等将织物夹持起来进行加固	适用于织物碎片、小件单层织物，不适用于双层、立体织物
	传统裱托法	类似于中国传统裱画技术	适用于单面有图案的织物，裱托所用糨糊注意防霉防虫
	丝网加固法[2]	以天然蚕丝制成丝网，喷上 PVB 热熔胶，熨烫加热使之与织物粘连	操作简便，可再处理性强、材料耐老化性能优越
	针线加固法	采用针线缝合、补衬进行加固	适用于有一定强度的织物，方法可逆
化学方法	Parylene 加固	利用二甲苯的二聚体经气化，高温裂解成双自由基，自由基自由扩散到织物上发生聚合，形成透明薄膜以此加固	加固后织物能有效防腐防霉，颜色无损伤，但二甲苯对光敏感，不宜展陈，处理后的丝织物变硬，且方法不可逆
	接枝共聚法[3]	接枝反应液，保护材料和织物纤维之间发生接枝共聚作用而增加强度	方法不可逆
生物方法	丝素蛋白加固法	利用与丝织品具有同源性和亲和性的丝素蛋白进行加固	不对丝织品的外观与手感造成影响，但是长远效果有待验证
	微生物加固法	在织物表面布点上蔗糖等有机物，将微生物菌种分布其上，利用微生物菌将蔗糖分子连接成纤维丝而搭接、覆盖于织物上	采用天然有机物质进行加固，对织物外观影响较小，但是长远效果有待验证

注：①奚三彩主编：《古代丝织品的病害及其防治研究》，河海大学出版社 2008 年 11 月版，第 119—121 页。

②王骊：《字书文物的桑蚕单丝网·PVB 加固技术》，转自首都博物馆编《首都博物馆馆藏纺织品保护研究报告》，文物出版社 2009 年版，第 141—147 页。

③张雪莲、唐静娟：《古代丝织品的加固保护》，《文物保护与考古科学》1999 年第 11 卷第 1 期，第 23—29 页。

1. 丝网加固法

丝网加固法所使用的丝网是由天然蚕丝和 PVB 乙醇溶液为基本原料制

成的一种特殊加固材料，最初由中国社会科学院（原中国科学院）考古研究所和中国科学院化学研究所于20世纪70年代修复阿尔巴尼亚两面书写的羊皮书时而发明。其制作方法是选单根蚕丝叠绕成网状（经纬不交织，上下两层叠压，图3—27），再将聚乙烯缩丁醛（PVB）—乙醇溶液（PVB与乙醇一般按3%—6%比例溶解，浓度可据需调整）均匀喷涂到丝网上，以使单根丝网均匀喷挂上黏合剂，丝网交叉点胶结粘住。丝网还可以根据文物糟朽程度调整蚕丝网的密度和黏合剂的用量，同时可以依据被修复文物的颜色，选用经过天然色素染色的蚕茧制作所需色彩的丝网。

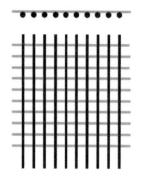

图3—27　丝网结构示意图

PVB是丝网加固中的关键材料，在制作丝网的过程中是两层单丝胶结成网的黏合剂；在加固文物时，又是丝网黏附到文物上的黏合剂。PVB具有热熔性，在加固时可以用热压黏合到文物上；同时又具有液溶性，加固时亦可以用毛笔点蘸乙醇、丙酮等有机溶液，将丝网溶贴在文物上。这两种特性同时也决定了丝网加固的可逆性，后期可用熨斗加热或者乙醇溶解去除丝网。

丝网加固法首先应用在阿尔巴尼亚字书修复上，其后又成功地应用于湖南长沙马王堆汉墓、陕西扶风法门寺地宫等众多重要考古的纺织品修复，以及两面字书、纸张、皮革、壁画揭取等加固工作中，在时间和实践中都得到了极好验证。王亚蓉老师后又对丝网制作使用的绕网机、喷笔等进行改进，操作简便，多年来一直推广和应用。

2. 针线修复

出土织物残片和服饰常常会出现破损，如破洞、裂缝、大面积残缺、经纬线缺失、缝线脱落等现象。针对一些尚有张力和强度的纺织品文物，业内在修复时通常采用织物衬补、补缺整合复原等加以缝补，通过针法技能将材料相近的衬布与原文物缝合，以起到支撑和保护的作用。针线修复是一种纯物理的方法，具有可再处理性、耐老化、手感柔软、保持织物原真性等优点，实践证明它是目前纺织品文物修复相对安全的方法。

针线修复常用跑针、回针、铺针、三角针等多种针法，而且根据文物的实际情况需要灵活运用，并不是一成不变的，该件绵衣的修复中即根据破损情况将多种针法交叉使用。

（二）个案操作

这件绵衣的破损主要是原有的缝线开线、破裂、经纬线糟朽等。对于开线处将在后续"复原缝合"步骤中进行修复，在现阶段主要处理面料腋下破裂、袖子上的经线脱落等部位，操作过程如下。

1. 修复材料的选择和预处理①

（1）制作丝网：使用王亚蓉老师改进的第三代绕网机制作"无膜桑蚕单丝网"，密度为 20×20 根/平方厘米，之后使用喷笔在丝网上均匀喷涂聚乙烯缩丁醛—乙醇溶液，阴干后取下放入黑纸中备用；

（2）选择背衬材料：选择与绵衣面料组织相近的平纹绢作为背衬材料，细绢需经水洗去除现代工艺中的添加剂和浆性，再进行染色，颜色力求与绵衣面料相近；

（3）选择缝线：选用弱捻桑蚕真丝线作为缝线，这种线细软柔和，韧度较好，耐老化，具备一定的强度和弹性，既能给原织物以支撑和保护，又不损坏文物本身。缝线经染色后与绵衣面料颜色趋近一致；

（4）准备缝针：准备不同长短、粗细的缝针，以便针对不同部位和破损程度灵活选用，力求修复时留下的孔洞较小，降低对丝纤维的机械损害。

2. 桑蚕单丝网加固

这件绵衣破裂、经线脱落面积较小，均位于绵衣表层面料上，为了后期展陈的视觉效果，可以只对面料背面进行加固修复，操作步骤如下（图3—28，图3—29）。

（1）将织物表层面料轻轻外翻，在背面加固：用喷壶对需要修复的部位进行局部回潮，用镊子、软毛笔梳理丝线，主要是将破损处仅留的纬线按丝路对拢理顺，然后用熨斗熨平；

（2）将丝网剪成合适大小，顺着丝路轻轻放置在需要加固的位置，

---

① 吴氏墓出土衣物普遍褪色，略显暗黄，中国社科院考古研究所纺织考古部实验室工作人员针对该批文物的特点，对修复中所使用的各种丝网、背衬材料、各色缝线等进行了预处理，笔者只参加了部分工作，在此感谢老师们对这件绵衣修复所做的前期准备工作。

将聚四氟乙烯膜放置在丝网上，用加热的熨斗按压，聚乙烯缩丁醛溶化后将丝网粘在织物上，同时也将破损丝线吻合、固定住。

3. 针线、补衬加固

经过丝网加固的破损处已经具有一定的机械强度，但是破损处较脆弱，受到外力极易再次撕裂，尤其是腋下部位，所以还需要进一步加固（图3—30、图3—31所示为袖子经纬线破损处，图3—32至3—34为腋下开裂处修复图示）。

（1）将补衬所用的细绢做平整处理，根据破损面积剪成合适大小，顺着丝路放置在丝网加固处；

（2）采用绗针针法，将细绢四周与织物破损外缘质地较好的部位缝合在一起，缝完后的效果是正面短线小而整齐，反面长线；

（3）对破损处的丝线进行仔细缝补，这部分操作需要一定的技术技巧，根据实验室技术人员的多年经验，采用"星点缝"，即用极细小的针迹交叉穿引压住丝线，这种方法一是通过缝线向中心的作用力使裂口吻合，二是可以将破损、松散的丝线和毛丝用缝线揽住，使之固定服帖，不易散开和脱落；

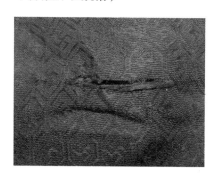

图3—28 用镊子理顺经纬线

（4）整个针线修复过程中，要注意控制缝针的位置，尽可能少缝，减少针线从织物穿过时造成的伤害；其次，把握缝线的松紧程度，不能拉太紧，否则织物表面会由于压力出现凹凸起皱；

（5）采用丝网加固和针线修复方法主要修复了绵衣袖子上经纬线糟朽和腋下的开裂部位，修复后效果良好，首先，缝线的张紧控制得当，织物表面十分美观，破损处远看几乎不见修复痕迹，近看只见细小针迹，符合"可辨识性原则"；其次，有效缝合裂痕，增加织物坚牢度。

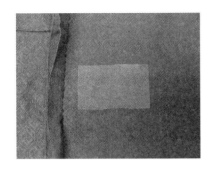

图3—29　将平纹绢放置于
丝网加固处

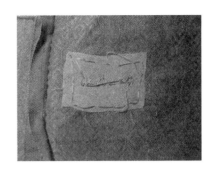

图3—30　采用"星点缝"
进行加固

图3—31　修复后效果

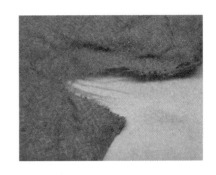

图3—32　绵衣腋下处的开裂细节

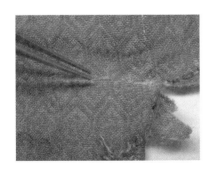

图3—33　用镊子理顺经纬线

图3—34　采用丝网和针线
修复后的效果

说明：①图3—28至图3—31展示衣袖丝线糟朽处的修复过程：理顺经纬线—贴丝网—覆盖细绢—针线固定；

②绵衣腋下开裂处亦采用上述方法进行修复，但是由于腋下略有弧度，在实际操作中难度更大。

六 填絮丝绵、复原缝合

目前业内关于绵衣这种大件服饰拆解后，如何填絮丝绵、复原缝合等并没有相关案例的记载，在王亚蓉老师的指导下，笔者对我国传统丝绵袄（棉袄）的制作工艺进行了考察和学习，并应用于该衣物的修复中。这是整个修复过程中最为关键和难度最大的一步，在实验室老师的帮助下，具体操作如下（图3—35至图3—49所示）。

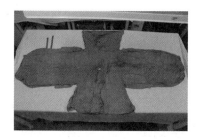

图3—35 背面朝外平铺于工作台

图3—36 平铺丝绵，按衣服
轮廓进行裁剪

图3—37 丝绵裁剪完成后的状态

图3—38 将报纸覆盖在丝绵上

图3—39 衣袖、后身、衣襟等
分别卷起

图3—40 各处卷起后的状态

图3—41　整体由侧边开口翻出

图3—42　表、里均正面朝外，
取出报纸

图3—43　抚平丝绵，整理表、里

图3—44　使用长绗针法固定丝绵

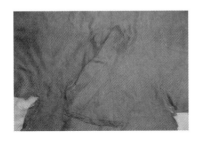

图3—45　缝合衣领：表层缝合后状态

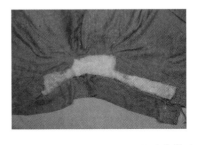

图3—46　缝合衣领：衬里未缝合状态

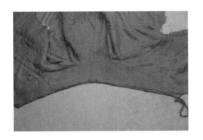

图3—47　缝合衣领：衬里缝合
完毕状态

图3—48　对折肩线，复原缝合

图3—49 缀缝系带

说明：①图3—35至图3—49展示了重新填絮丝绵，复原缝合的主要步骤。②在这个阶段，同时将原病害中的衣领、侧边等处开线进行了修复处理。

1. 在这个环节中，为了方便填絮丝绵，笔者又进一步将衣领拆卸下来，使衣领与衣身分离（拆卸领子时记录原来的针法、针距，针孔等）。

2. 铺絮丝绵。

（1）将面料与衬里按照原有的方式缝合，缝合的位置主要包括袖口、下摆，以及开衩下侧部位，缝合好后对织物整体进行平整（此阶段对原病害中的侧边开线等进行了缝合修复）；

（2）将绵衣的表层面料和衬里翻转过来，使衬里和面料的背面朝外，然后平整地放置在工作台上，衬里背面朝上铺平；

（3）将已进行过专业消毒和防霉处理的丝绵平铺于衣物衬里，按照衣物的外形轮廓进行裁剪，对于小襟及边角处所铺絮的丝绵需要进行接合，要注意稍加捏合，交互重叠，才不易松开或散落；

（4）铺絮好丝绵后，再在丝绵上铺盖报纸，然后将衣服的衣袖、大襟、小襟、后身等轻轻卷起，从侧边开口内轻轻翻出，再依次展平，呈现出的效果为表层面料的正面和衬里的正面朝外（最开始笔者使用棉纸铺盖在丝绵上，但是发现棉纸对丝绵有吸力，撤去的时候容易带动丝绵，后又改用普通报纸，效果良好）；

（5）把报纸从丝绵上轻轻取出，抚平理顺丝绵和绵衣面、衬里；

（6）固定丝绵：为了避免丝绵滑动脱落、不均匀等情形，必须采用长绗针法将丝绵与面料和衬里固定，使用的绗针长度为6—7厘米，以绗针固定时线不能拉紧，必须放松些；

（7）依据原来的针法将衣身开线处缝合（主要是撩针法）、针距（0.2—0.4 厘米）、原针孔进行缝合。

3. 缝合衣领：

（1）将衣领铺絮丝绵，用长绗针固定丝绵，操作方法同上；

（2）缝合衣领时首先将衣身领圈的中心点对准衣领中心点，疏缝固定，然后再依次采用回针针法缝合衣领，在缝合过程中注意避免面料和衬里发生错位。

4. 复原缝合：将绵衣按肩线对折，按照原始针法、针距把开口处依次缝合，主要采用撩针法，便于隐藏针脚；主要缝合区域是袖笼下侧、衣身两侧等位置。

5. 绵衣缝合完毕后，内絮的丝绵较为蓬松，其张力容易对面料和衬里造成影响，因此采用纸板轻压一段时间，既保护了织物，又使整体效果更为真实自然、接近其原来的面貌。

七　修复前后对比

这件龟背卍字纹绫绵上衣经过清洗、加固、更换丝绵、复原缝合等技术手段，历时 5 个月修复完成，整体感观、强度等得到了有效改善，用于收藏、陈列均效果良好，修复前后效果如图 3—50 至图 3—63 所示。

图 3—50　龟背卍字纹绫绵上衣（修复前）

图3—51　龟背卐字纹绫绵上衣（修复后）

图3—52　衣袖丝线糟朽破损
（修复前）

图3—53　衣袖丝线糟朽破损
（修复后）

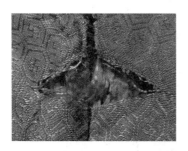

图3—54　腋下部位开裂
（修复前）

图3—55　腋下部位开裂
（修复后）

图3—56 衣领缝线开线
（修复前）

图3—57 衣领缝线开线
（修复后）

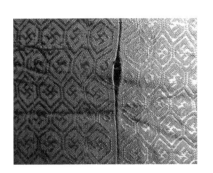

图3—58 接袖处缝线开线
（修复前）

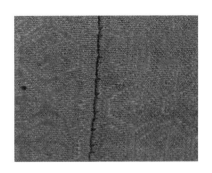

图3—59 接袖处缝线开线
（修复后）

图3—60 衬里污渍
（修复前）

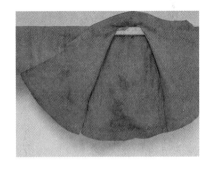

图3—61 衬里污渍
（修复后）

图3—62 大襟边角污渍　　　　　图3—63 大襟边角污渍
（修复前）　　　　　　　　　　　（修复后）

说明：限于篇幅，图3—52至图3—63展示主要病害类别的修复前后对比效果。

第三节　预防性保护建议

纺织品文物通过各种技术手段修复后，已经有效控制了病害隐患，进入相对稳定的状态，但是为了达到长期保护的目的，最主要的是通过严格控制保存环境和采取科学的保护措施来维护，这也是文物保护中所提倡的"预防性保护"。

笔者对这件龟背卍字纹绫绵上衣进行了全程修复和细致观察，充分了解它的特点，以下将结合纺织品文物保存理论和其自身特点提出有针对性的建议。

一　存储包装方案

纺织品文物需要根据自身的形状、材质、老化程度等因素，选择适当的存储和包装形式，目前业内常采用表3—3中几种方式。

这件龟背卍字纹绫绵上衣经修复后，整体强度等得到了有效改善和加强，可以采取折叠式保存，以节省空间。为了避免折痕，折叠时可以用棉纸做成卷轴，利用卷轴弧度对折叠处进行支撑、缓解压力。另外，这件绵衣前身、后背的腋下部位均进行了丝网加固和针线修复，这四处不应折叠，以避免弯曲时对原裂口造成张力。

表3—3　　　　　　　　　纺织品文物存储常用方法[1][2]

存储方式	操作方法	适用范围	优劣
册页式	由脱酸纸板、棉布、透明 PE 塑膜等材料制成册页，对织物进行夹持	残片、服饰饰品等	保存和展示一体，避免对文物进行扰动，只适用于扁平、单面、小面积织物
平摊式	纺织品摊开平放在托板上加以存放	脆弱、不宜卷曲、面积较大的织物	使纺织品纤维获得最大限度放松，减少折叠次数；但占用面积较大
卷轴式	将纺织品卷在硬纸卷或 PVC 管、棉纸为材料的卷轴上	可以卷曲、尺寸较大的衾被、单幅、单片纺织品文物	占用空间较小，但脆弱、厚重纺织品不宜使用
折叠式	传统的折叠衣服的方式	机械强度较好、较完整的纺织品，如服装、旌旗等	节省空间，但经过折叠有折痕，操作不当易断裂
支撑式	用脱脂棉、电力纺、棉布、棉纸等制作立体模型，对纺织品进行支撑、衬托	帽子、暖耳、靴子、鞋等立体纺织品文物	支撑物制作要与文物中空部分的尺寸、形状吻合，否则会因局部张力过大而造成损害

①隆化民族博物馆编著：《洞藏锦绣六百年：河北隆化鸽子洞洞藏元代文物》，文物出版社2015年版，第23页。

②孔旭：《古代纺织品的保护——丝织品文物清洁及贮藏的研究》，东华大学2004年博士学位论文，第53—59页。

　　绵衣填絮了新的丝绵，保存中要避免长期叠压其他物品，以防止丝绵挤压板结，失去弹性，影响感观效果。因此建议采用单独包装形式，选用脱酸纸板制作合适大小的文物包装盒。

　　修复保护项目结束后，绵衣将随吴氏墓其他纺织品文物一起由北京运回江西省文物考古研究所，在运输前，纸盒内部空间可以用海绵、棉纸等合理填充，避免产生位移，纸盒外包装严密，防止尘土及潮湿气体侵入；搬运、运输过程中要注意平行移动，减少震动，以避免文物因滑动或骤然跳动而造成损伤。

二　库存展陈建议

　　影响纺织品文物的环境因素主要包括温湿度、空气条件、光线辐射、昆虫危害、微生物繁殖等，适宜在低温避光的环境下保存。根据《博物馆藏品保存环境试行规范》的建议，纺织品文物保存公认的标准数值为温度20℃，相对湿度控制在50%—60%，同时环境温度日较差在2—5℃范围内，相对湿度日波动值≤5%[①]。因此，库房保存时，绵衣可以放置在抽屉或密集柜内，注意避光；在库房加装空气过滤设备，保持空气清洁，阻止灰尘等诱发细菌和霉菌等微生物。绵衣中絮丝绵，尤其要注意防虫和防霉。

这件绵衣计划后期随吴氏墓内其他珍贵文物进行展出陈列，展陈时纺织品文物尽量放置在独立的展柜中，根据文物个体的特性，分别控制展柜内的环境。对于温湿度、空气等要求与上述一致，尤其要加强光源控制，光照强度40—50lux为宜，光源色温≤2900K，全年曝光量不超过120000lx·h，紫外线≤75mv/lumen，最好能完全避开紫外光。同时，要注意展出的次数和时间，建议每次展示时间最好不超过6个月，撤展后需要进行消毒再进入库房；每次展出后至少要在文物库房保存6个月，待其稳定进入常态后，方可再次出展。

第四章　余论：丧葬礼俗角度下对绵衣（NJM：44）的初步观察

本章节拟以考古资料、文献记载为参考，通过考察龟背卍字纹绫绵上衣在吴氏去世后所举行仪式中的角色，对丧葬礼俗中纺织品使用情况和定位做试探性分析。囿于资料，个案分析的结论具有相对局限性，只希求尽量接近历史事实。不当之处，恳求方家指教。

第一节　墓主装殓和棺内纺织品情况

根据《南昌明代宁靖王夫人吴氏墓发掘简报》的记述可知，出土时，墓主吴氏从头到脚层层包裹，十分严密，从内到外的具体信息整理如下：

---

① 转引自王宏钧《中国博物馆学基础》，上海古籍出版社2001年版，第206页。

第一层：绢织丝绵袄，配绢织丝绵裤，外罩绢织丝绵裙（裤与裙腿之间的空隙处塞两个白棉布丝绵包），各一件，脚穿绢袜和缎地弓鞋；

第二层：素缎夹袄，配团凤纹缎地裙，襕褶裙，外罩云凤膝襕褶折裙，各一件；

第三层：妆金团凤纹鞠衣，配花卉云凤纹裙，各一件；

第四层：织金云凤纹冠服，冠服外披戴霞帔，胸口置谷纹玉圭，各一件；

第五层：素缎大衫，一件；大衫背后两侧各挂一组玉佩。

第六层：包裹绢面小丝绵被，一床；

第七层：包裹素缎丝绵被，一床；

第八层：白棉布，一幅，纵向捆绑；白棉布，三幅，横向捆绑。每幅棉布均撕成三个布条，纵横相交；

第九层：整块绢布包裹；撕成若干布条，对称捆绑；

第十层：缠枝牡丹与荷花纹丝绵缎被包裹。①

其中第一至第五层是墓主身上所穿的服饰，其大衫、霞帔、坠子、鞠衣等，均是礼服，除了材质、颜色等与《明会典》稍有出入，形制更为华丽②。另外，就目前所收集的考古材料，以礼服入殓，仅吴氏一例，其余多见以身着常服下葬，如定陵明神宗和孝端、孝靖两位皇后，明鲁荒王，明益宣王等，礼服或衮服只是随葬于陵墓中③。

除了墓主尸体包裹的层层衣饰衾被外，棺内也填满纺织品，具体分布情况见第一章表1—1。

从考古实物资料可以看出，这些服饰、衾被穿着有序，叠放整齐，层次分明，显然并非随意而为或一次性放置，可以推测经历了一定的装殓程序。

---

① 江西省文物考古研究所：《南昌明代宁靖王夫人吴氏墓发掘简报》，《文物》2003 年第 2 期，第 23 页。

② 丁培利：《四合如意暗花云纹云布女衫的保护修复与研究》，北京服装学院 2014 年硕士学位论文，第 20 页。

③ 刘毅：《明代帝王陵墓制度研究》，人民出版社 2006 年版，第 405 页。

第二节　绵衣（NJM：44）在丧葬仪节中的角色

一　明代丧葬仪俗中装殓概述

为了考察这件龟背卍字纹绫绵上衣在丧葬习俗中的角色和定位，首先应梳理吴氏去世后所经历的丧葬仪式的各个程序。《明实录》《明会典》等官修图书记载了皇室宗亲的丧葬，但基本找不到有关亡者尸体处理和装殓实施的具体记载，只在《明会典·丧礼》中对于"品官丧礼""士庶人丧礼"有详细流程。

吴氏作为亲王之妾，郡王之母，其身份"夫人"为明代命妇最高级别，吴氏丧葬与品官相比，主要流程应该一致，只是内容可能更为完备，规模可能更大。因此，以下将通过品官丧礼规制一窥吴氏所经历的丧葬程序。

（一）初终之礼

逝者死亡后，根据《周礼》《礼记》《仪礼》等上古礼制记载，会举行一系列初终仪式，主要有易服①、招魂、立丧主、治棺、发丧、治尸、浴尸、饭含、袭尸、为铭、设重等，明代大致沿袭了古礼，其中浴尸、饭含、袭尸尤指对亡者尸体进行处理。

1. 浴尸

《明会典》记载，在浴尸之前，需要设帷堂进行哭奠，"执事者设床于室户室之西，去脚、舒簟、设枕、施幄。迁尸于床，南首。覆用殓衾，去死衣"②，即将尸体置于床上，上面覆盖衾被，用衾被遮挡脱去死亡时的衣服，然后亲人进行哭奠。

哭奠结束后，沐者（又叫"御者"）为亡者沐浴尸体，"沐栉，束发用组，抗衾而浴，拭以巾"③，所谓"抗衾"，是沐尸仪节之一，在《礼

---

① 《明会典》卷九六记载：大丧礼中，除皇室成员要易服外，在京官员在"闻丧次日各易素服、乌纱帽、黑角带"；《明会典》卷九九记载：品官丧礼中的易服之礼是指"男子白布衣，披发徒跣；妇人青缣衣，披发不徒跣；女子子亦然。齐衰以下丈夫素冠，妇人去首饰"。

② 《明会典》（万历朝重修本）卷九九，中华书局 1988 年版，第 553 页。

③ 同上。

记·丧大记》和《仪礼·既夕礼记》中均有记载，郑玄注："抗衾，为其裸裎，蔽之也"①，以示对亡者的尊重。沐浴结束后，"浴者举尸，易床设枕，剪须断爪，盛于小囊，大殓纳于棺"，然后"着明衣裳，以方巾覆面，仍以大殓之衾，覆之"②。

2. 饭含

在亡者口中放入米贝、玉贝或饭食等，象征不忍亡者虚口空腹到另外一个世界，早在《礼记·檀弓》中记载"饭用米、贝，弗忍虚也"③，《明会典》亦有饭含记载，关于品官饭含之物，根据官职的不同而有所变化，据《明史》记载为"五品以上饭稷含珠，九品以上饭粱含小珠"④。

3. 袭尸

袭尸即为死者的遗体穿"袭衣"，即洁净的贴身内衣。据《明会典》载：先设床，布置枕头和席，将袭衣放于席上，之后"迁尸于席上而衣之"，为死者穿上贴身衣服；接着去掉死者的脸上面巾，为其"加面衣，设充耳，著握手，纳履若舃"，最后"覆以大殓之衾"⑤⑥。

以上步骤对亡者尸体处理完毕后，还需设灵座、置魂帛、立铭旌等，皆在死后当天进行，挚友和亲厚之人此时举哀哭灵。

（二）小殓

小殓举行于死者去世的第二天早晨，《释名·释丧制》："殓者，敛也，敛藏不复见也"，在这个阶段主要由家属为亡者穿上殓衣并盖上衾被，让亲属有"死者长已矣"的心理准备。

按《明会典》记，小殓时首先"陈其（亡者）殓衣于东序"，在西阶下设床，"施荐席褥"和"铺绞、衾、衣"。侍者净手"举尸"，在男女亲属的帮助下，将遗体移至铺好的绞、衾和衣上，开始包裹尸体。首

① 郑玄注，贾公彦疏：《仪礼注疏》卷三六《士丧礼》第十二，《十三经注疏》，中华书局 1980 年版。

② 《明会典》（万历朝重修本）卷九九，中华书局 1988 年版，第 553 页。

③ 孔玄注，孔颖达正义：《礼记正义》卷一二，《十三经注疏》，中华书局 1980 年版，第 362 页。

④ 《明史》卷六十，中华书局 1974 年版，第 1485 页。

⑤ 《明会典》（万历朝重修本）卷九九，中华书局 1988 年版，第 553 页。

⑥ 刘熙撰：《释名》卷八，中华书局 1985 年版，第 132 页。

先"去枕而舒绢"，即把绢布铺在脑袋下方位置，用叠好的衣服"藉其首"，再卷好衣服塞满亡者两肩空虚处，"又卷衣夹其两胫，取其正方"。最后将其余衣服和衾被盖在尸身上，此时因亲属仍然"欲俟其（亡者）复生，欲时见其面"，所以"未结以绞，未掩其面"①。这里所指的"绞"是指垫在尸体下的布条，用来捆绑尸身。《明会典》指出绞要先放"横者三（幅）于下，以备周身相结"，再放置"纵者一（幅）于上，以备掩首及足也"。明代的"绞"沿袭古礼，《丧大记》云："小殓布绞，纵者一，横者三"，孔颖达《义》云"谓从（纵）者一幅，置于尸下；横者三幅，亦在尸下。从（纵）者在横者之上。每幅之末析为两片，以结束为便也"②（图4—1）。小殓结束后，丧主和家人、近亲进行祭奠和举哀。

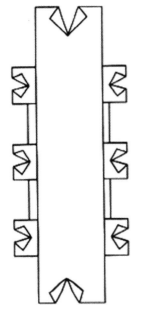

图4—1 宋人聂崇义

（三）大殓

大殓的主要仪式是奉尸入棺，亲属对亡者作最后的告别，举行于死者去世第三天早晨。

按《明会典》记，大殓时侍者先在棺内放置衾被，四边垂于棺外；亡者亲属与侍者净手后为亡者"掩首、结绞"，一同举尸入棺。将亡者生时所落头发、牙齿和浴尸剪下的指甲放于棺角，"又揣其空缺处，卷衣塞之，务令充实，不可摇动""令棺中平满"。盖衾被的顺序是"先掩足，次掩首，次掩左，次掩右"③。孝眷亲友与死者诀别，然后加盖，封钉。丧主和家人亲友致哀哭泣。

以上是明代社会，亲属为亡者所举行的一系列仪式，主要涉及对亡者尸体的处理和装殓，也是我们考察龟背卍字纹绫绵上衣的角色、定位的关键信息。这些仪式举行完毕后还有刻碑志、启殡、及墓、服丧等各

① 《明会典》（万历朝重修本）卷九九，中华书局1988年版，第553页。
② 聂崇义纂辑，丁鼎点校：《新定三礼图》，清华大学出版社2006年版，第535页。
③ 《明会典》（万历朝重修本）卷九九，中华书局1988年版，第553页。

种仪式，此处不再赘述。

二 绵衣（NJM：44）在装殓仪式中的角色推测

通过上文分析，结合吴氏墓的具体情况来看，墓主逝后举行了初终之礼，通过沐浴①、饭含②等来处理尸体，这一系列仪式均是在沐浴阶段完成的。吴氏尸身第八层包裹捆扎着横三纵一的白棉布，第九层由整块绢布撕扯成的布条包裹，这些应是小殓中所谓的"绞"，亡者穿着多层衣饰，用绞捆扎后，便于固定和亲属举尸。确定"绞"后，我们可以清楚地将吴氏穿裹的衣物分为三部分。

1. 绞之内首先有两层丝绵被，一为素缎，一为绢面，即是上文"小殓"仪式中置于"绞"上的"衾"。小殓中放于衾上的殓衣可以推测为吴氏第二层至第五层所穿的素缎夹袄（配三件裙子）、妆金团凤纹鞠衣（配花卉云凤纹裙）、织金云凤纹冠服和素缎大衫；吴氏裤与裙之间塞的两个白棉布丝绵包与文献记载的小殓时"卷衣夹其两胫"的作用一样，都是为了保持尸体方正平整。吴氏贴身所穿的丝绵袄和绵裤，推测应是在沐浴之后，小殓之前所穿的"袭衣"。按洪武五年定，"凡袭衣，（品官）三品以上三，四品、五品二，六品以下一。殓衣，品官朝服一袭，常服十袭，衾十番"③，可见对于袭衣和殓衣的数量随级别而异，但是吴氏所着衣物数量显然与之并不相符，对比考古出土的同时代墓葬殓衣也并无常数，可能是礼制在实施过程中并没有严格遵守，抑或是遵循古人所言"不必尽用"④。

2. 绞之外，吴氏被缠枝牡丹与荷花纹丝绵缎被包裹，从出土时的照片来看，这床缎被在棺内即可以被打开，正如"垂其裔于（棺）四外"（图4—2），推测应是大殓时先置于棺内的衾被，吴氏被绞捆扎后于大殓时迁入棺内，放在这层缎被上。但是考古资料并没有提供这床缎被打开

---

① 吴氏头戴用头发和丝麻混合编织的假发，与未脱落的头发编织缠绕而形成发髻，并插发簪进行固定和装饰，再用褐色缎带缠绕把头发包起来，形成幞头。

② 吴氏下颌有金、银珠各一枚，是在饭含之礼时加入的。

③ 《明史》卷六十，中华书局1974年版，第1485页。

④ 《礼记·丧服大记》提到："小敛，衣十有九称……大敛，君陈衣于庭，百称，大夫陈衣于序东，五十称，士陈衣于序东，三十称。"

的顺序，无法考证是否按"先掩足，次掩首，次掩左，次掩右"掩尸；而且按照袭尸、小殓之后等均有用衾被盖尸的仪式，推测即是使用的这床缎被。吴氏头部及身体两侧塞满袄、裙、裤、巾、袜、鞋等，正是起到"务令（尸体）充实，不可摇动"的作用，只不过按《明会典》记，这些衣物应在缎被之内，而非之外。之后吴氏身上覆盖8匹布料和织金缠枝莲花纹缎被，平整紧实，"令棺中平满"。

图4—2 吴氏墓出土缎被打开图例

通过上述分析和推测，论文所研究的龟背卍字纹绫绵上衣（NJM：44）位于吴氏尸体两侧，应是在大殓时放置在棺内的。大殓之日，亲人先将吴氏尸体平稳放入棺内，再用这件绵衣和其他衣物将棺内填满；在这之前，吴氏去世后已经历了初终之礼、小殓等一系列仪（《三礼图》）中的"绞"式活动。

第三节 绵衣（NJM：44）在丧葬礼俗中的功能

合理推测吴氏所经历的丧葬仪式和绵衣在其中的角色后，这件绵衣（NJM：44）在这个过程中的功能和定位可以从以下几点进行思考。

一 对吴氏尸体的保护

古代人追求死亡后尸体不腐，有意识地采取各种防腐措施。宋人司马光认为，为了保护死者的遗体，在丧葬仪式中需要使用大量衾被、垫褥和衣物，"束以绞给，韬以衾冒，皆所以保肌体也""盖以袭殓，主于保护肌体，贵于柔软紧密"，他还力主大殓时"揣其空缺之处，卷衣塞之，务令充实，不可动摇……令棺中平满"①。亡者去世之初，沐浴净身后用衣物进行严密包裹，可以防止蝇蛆等昆虫进入遗体口鼻，带入细菌②，并有助于隔离空气，对尸体的早期腐败过程有一定的阻滞作用。大殓时，棺内被包裹的尸体和衣物填塞，空气减少，封棺后尸体早期的腐败和棺内物质的氧化会快速消耗掉棺内的氧气，形成缺氧环境。加之尸体的脂肪、蛋白质以及装殓服饰、衾被中大量丝蛋白的分解，可以产生许多有机酸，使棺内环境变为酸性③，这些条件均不利于细菌和微生物的生长繁殖，从而使尸体的腐败过程在一定的时候停止下来。

这件绵衣（NJM：44）正是在大殓时置入棺内的，与其他袄、裤、巾等衣物将棺内空间塞满，造成缺氧状态，同时，吴氏墓使用楠木棺（整木加工）、墓室浇满松香、墓室构筑采用"三合土"④ 等，各种因素综合作用使得吴氏尸体保存完好。

二 托物纾解，传达生者孝思

古人信奉"灵魂不灭"和"事死如事生"的观念，家眷和亲属在亡者去世后，不仅要考虑如何妥善处理遗体，还要引导灵魂顺利到达幽冥世界，处理亡者在阴间的生活。上述一系列繁复的丧葬礼仪程序中可以发现，绵衣（NJM：44）与其他衣物不仅仅是要将棺内空间填满，更要随葬衣衾整体保持平整，以方正之姿进入幽冥世界；充足华丽的衣饰可以

① 司马光：《司马氏书仪》卷五，江苏书局影印本，第57页。
② 霍巍：《关于宋、元、明墓中尸体防腐的几个问题》，《四川大学学报》（哲学社会科学版）1987年第4期，第94—103页。
③ "长沙马王堆一号汉墓古尸研究"编辑委员会，湖南医学院主编：《长沙马王堆一号汉墓：古尸研究》，文物出版社1980年版，第12页。
④ 江西省文物考古研究所：《南昌明代宁靖王夫人吴氏墓发掘简报》，《文物》2003年第2期。

让亡者能死得其所，死得其服，有尊严地离开人世，在另外一个世界继续享受锦衣玉食般的生活。《礼记·祭义》曰："君子生则敬养，死则敬享，思终身弗辱也"，传达出对亡者的侍奉和终极关怀，维系人与鬼神之间阴阳两界的和谐。

失去亲人是一件极其悲痛的事情，不仅通过对遗体的妥善安排来传达生者对亡者的孝思与敬意，更关注的是对生者的感情纾解与抚慰，逐渐让生者承受痛苦与发泄悲伤，坦然面对死亡与超越死亡[①]。这件绵衣（NJM：44）与其他衣饰需要家属亲眷在亡者生前的遗物中精心挑选、准备，陈列在尸床上，最后置入棺内的。在这一系列繁复礼仪过程的执行中，亲属渐渐宽解死亡带来的悲伤与压力，接纳亡者离去的事实，调试生死离别的哀恸。家眷亲友在初终之礼、小殓和大殓中对尸体进行处理，珍惜与亡者最后的时日，作最后的告别。

结 语

考古出土的纺织品文物为研究各个历史时期社会、经济、文化提供了重要的实物资料和物质基础，但是由于种种原因，只有极少数纺织品文物能够保存至今。因此，如何科学、有效地保护好这些重要的文物，充分发挥其作用，是历史和社会赋予文物保护工作者的重要使命。

本文以江西明代宁靖王夫人吴氏墓出土龟背卍字纹绫绵上衣（NJM：44）为个案，以修复保护工作为重点，进行相应的扩展研究，总结来说，主要包括以下几个方面。

第一，在对文物进行修复和保护工作前，首先对绵衣出土墓葬的整体情况、绵衣主人的身份和绵衣的考古信息进行梳理，在宏观角度对其有了概括性的了解。这件绵衣出土于江西明代宁靖王夫人吴氏墓，主人吴氏为亲王之妾，身份为"夫人"，属命妇最高等级。但是吴氏墓随葬品，尤其是纺织品规格较高，直逼亲王妃待遇，其原因一是可能由于明代中后期丧葬僭越逾制现象频现，二是吴氏可能受到朝廷恩赐待遇。

---

① 郑志明：《中国殡葬礼仪学新论》，东方出版社 2010 年版，第 35 页。

第二，本文又从细节角度入手，仔细观察了绵衣的结构特征、制作材料等服饰信息，结合文献和考古资料对其使用情况进行合理推测。

（1）这件绵衣属于明代常见的短衣形制，其裁剪采用中国传统的二维平面裁剪法，经过细致观察，发现其在制作上采用拼接以节约布料，利用假中线装饰衣领，衣领制作并非采用传统挖领而是向内缝嵌形成领窝弧线，小袖缩口处理以利保暖等几个细节特点，颇具特色。

（2）这件绵衣的表层面料是龟背卍字暗花绫，衬里和系带为素绢，中纳的丝绵在古代是一种重要的保暖材料。古代的丝绵取材于次茧、缫丝下脚料或者野蚕茧等，可以通过"漂絮法""上弓扩绵""絮车"等制作而成。发展到明代，丝绵精良的称为"绵"，普通的为"絮"，吴氏绵衣内的丝绵总体质量良好，展示了明代贵族所使用的丝绵实物。

（3）这件绵衣的系带和接袖等有断裂后缝合的痕迹，疑似为墓主生前有穿着使用，本文从文献和考古资料出发，分析了明代绵衣的几种搭配方式；再结合这件绵衣的具体情况来看，其短小适体，袖子为小袖，款式造型利落，用料较为普通，纹饰简约不华丽，便于套穿在袍、衫内，推测应为墓主人的贴身内衣，或为日常穿着。

以上部分对绵衣进行全面、深入、透彻的观察与个案研究，增加了我们对于明代纺织织造技艺和服饰的具体认知，更为真实地了解了古人的物质生活。

第三，本文翔实记录了绵衣的修复全过程，修复工作主要经历了观察记录、拆除丝绵、清洗、干燥、加固修复、填絮新丝绵、复原缝合等几个步骤。这些操作以科学的修复理论为指导，参考了业内多年的工作经验，并结合文物自身的具体特性而制定和实施。在修复过程中，关于丝绵的去留是讨论的重点，后期清洗、重新填絮新丝绵等亦遇到了很多技术困难，通过王亚蓉老师的指导和实验室老师们的帮助，这些难题得以有效解决。笔者通过全程修复和细致观察，充分了解了这件绵衣的特点，结合纺织品文物保存理论和其自身特点，为江西省文物考古研究所和博物馆提出有针对性的预防性建议。

经过 5 个月修复工作，这件龟背卍字纹绫绵上衣的整体感观、强度等得到了有效改善和加强，用于收藏、陈列均效果良好。目前我国已公开的资料中未见关于绵衣的详细修复方案，这次成功的修复实践记录和总结了工作中的难点和重点，将为同类服饰的修复提供工作经验和技术支持，这也是本论文最具特色和实践意义的一部分。

第四，本文将这件绵衣置于所有随葬纺织品的大背景下思考，选取丧葬仪俗角度。通过文献和考古资料分析，推测这件绵衣在吴氏去世后，应是在大殓之时放置于棺内，和其他衣物一起放在墓主身侧主要是为了让棺内充实，尸体不易摇动。这件绵衣还具有一定的功能，一是和其他衣物一起保护吴氏尸体，防止腐烂；二是亲属通过一系列丧葬仪式程序传达孝思和对亡者的尊重，宽解死亡带来的悲伤与压力。

以上这部分研究合理揭示了绵衣的深层次含义，弥补了以丧葬仪俗角度研究随葬纺织品的空白。

由于篇幅和材料限制，本文主要以服饰个案和修复保护为重点，对于丧葬仪俗角度的研究只是浅尝辄止的试探性讨论，缺乏广泛的案例分析与论证，这也是笔者后期重点关注与研究的兴趣点所在。另外，关于纺织品的科学检测方面，这件龟背卍字纹绫绵上衣与吴氏墓其他衣物的样品一齐交由北京服装学院专业检测机构负责，由于检测工作暂未完成，本文未做专门说明，日后待检测完成后将进一步补充和完善。

综上所述，经过专业修复和保护，这件龟背卍字纹绫绵上衣得到了有效保护，在实践和理论上都具备一定的意义，期望其早日展现于世人眼前，发挥其历史、艺术和科学价值。

明清民间信仰中国家力量与地方社会的互动

——以五通信仰为例

2016 届　马梦洁

（导师：中国社会科学院历史研究所　商传研究员）

第一章　绪论

中国民间信仰源远流长，内涵丰富且复杂，民间信仰在中国传统社会民众的日常生活中有着很重要的地位，对于研究民众思维方式、社会行为与关系等都有着重要作用。民间信仰问题是社会史研究中的一个重要方面，取得了一定的成果，尤其改革开放以后，长期以来被误解的宗教信仰、风情礼俗等一系列问题得以进行深入研究，民间信仰作为一种社会现象，包含着丰富的信息，以一个特殊的视角来研究有利于深入理解中国传统社会。20 世纪 20 年代开始，"民间的信仰""民众信仰"等词语开始出现代替了"迷信"，同时学者展开了相关的研究。20 世纪开始最突出的是顾颉刚运用人类学、民俗学的方法开始对北京的妙峰山香会等进行初步研究，在风俗学领域，清末民初的民俗学家张亮采的《中国风俗史》可视为风俗通史的开山之作。另外关于民间信仰的综合性著作也较多，如乌丙安的《中国民间信仰》①，这是我国第一本全面论述中国民间信仰的专著，此书集我国各民族神灵崇拜为一体，资料丰富。中华

---

① 乌丙安著：《中国民间信仰》，上海人民出版社 1996 年版。

人民共和国成立后的一段时期由于特殊的社会大背景，民间信仰研究基本停滞不前，改革开放以后，研究范围与方法都扩大化，宗力、刘群先生认为应该将这样重要的专题作为中国文化的一个侧面深入研究，于是整理和研究编写了《中国民间诸神》①一书，其中收录了自唐宋以迄近代较大范围的神共两百余则并作系统梳理，其中关于五通、五显的资料收录就有几十条，全面详尽，方便资料查阅。近十几年来，尤其是随着社会史研究的发展，民间信仰领域的论著颇丰，比如路遥主编的"民间信仰与中国社会研究系列丛书"共七卷，涉及宗教学、民俗学、历史学、社会学和人类学等五个学科，该丛书将民间信仰视为中国宗教统一体的重要组成部分，按照这个思路分卷按专题展开论述，其中王见川、皮庆生先生所著的《中国近世民间信仰：宋元明清》②认为宋元明清是民间信仰转型阶段，突出特征是地区性神明信仰的兴盛和全国性神明信仰的形成。具体考察某一地区或某一类民间信仰的专著与论文也纷纷问世，如林国平《闽台民间信仰源流》③，这是一部研究福建、台湾两地民间信仰的关系及影响的著作，全书分别研究了闽台民间信仰的由来与社会基础，闽台两地的自然崇拜，闽台祖先与行业祖先崇拜，闽台医药神与瘟神崇拜等。

近年来，研究民间信仰探讨的问题相对集中在三个方面。一是民间信仰的概念、定义以及与宗教的关系，金泽认为民间信仰是一种民众的信仰，与国家宗教相比较，它没有政治上的强迫力量和财政支持；与民族宗教相比，它没有血缘上的全民性，只是在某地域形成可能造成较强影响的民众性，这种组织结构上的松散性，使得民间信仰与民间宗教有所区别。他指出民间信仰是处于宗教与民俗之间，有着聚散的发展现象。而王铭铭在《社会人类学与中国研究》中受西方社会人类学理论影响，将民间信仰概称为"民间宗教"。赵世瑜先生认为"所谓民间信仰，则指普通百姓所具有的神灵信仰，包括围绕这些信仰而建立的各种仪式活动。它们往往没有组织系统、教义和特定的戒律，既是一种集体的心理活动

① 宗力、刘群著：《中国民间诸神》，河北人民出版社1986年版。
② 王见川、皮庆生著：《中国近世民间信仰：宋元明清》，上海人民出版社2010年版。
③ 林国平著：《闽台民间信仰源流》，福建人民出版社2003年版。

和外在的行为表现，也是人们日常生活的一个组成部分"。① 本论文基于民间社会日常生活中的民间信仰角度论述。这里还要提到一点，关于"民间信仰"这一说法，也有许多学者认为应用"民俗信仰"阐述更为妥当，因为本文基于国家与地方互动关系论述，所以以"民间信仰"代替"民俗信仰"可能更为准确。

二是关于全国性、区域性神灵的研究，除了简单介绍神祇本身的论著，基本都与其全国影响或地方社会变迁等结合讨论，这也是问题集中的第三个方面，同样也是研究关注的热点问题，那就是近十几年，许多研究学者都将着眼点逐渐发展到民间社会层面，研究民间信仰所反映的历史信息，包括国家与社会的互动，神灵祭祀仪式与社会变迁的关系等。这方面的论著较多，在此梳理与本论文讨论主题相关方面的论著主要有以下几部。赵世瑜的《狂欢与日常——明清以来的庙会与民间社会》一书"自下而上""走向民间"来讨论庙会或各种民间祭祀活动，由民间庙会这一生活空间向外延展，探索明清社会转型时期的民众生活与大众文化。这部著作是其近十年来关注民间文化与基层社会历史的初步结果。郑振满、陈春声主编的《民间信仰与社会空间》② 一书从国家意识与国家认同、社会风俗与民众心态、神祇崇拜与地方社会变迁、乡村庙宇与家族组织以及社区组织与村际关系几个方面力图把民间信仰作为理解乡村社会结构、地域支配关系和百姓生活的一种途径来研究民间信仰所表达的"社会空间"并揭露其社会文化内涵。唐力行先生在苏州与徽州两地互动与社会变迁比较研究中讨论过两地的民间信仰差异以及传播与互动和相关的民众社会生活，比较研究由地域自然人文条件造成的民间信仰差异。国外学者比较有代表性的论著有日本学者滨岛敦俊的《明清江南农村社会与民间信仰》③，运用了上至12、13世纪反映南宋史实的文献资料，下至20世纪90年代社会调查所获资料等广泛的材料，对元朝后期至19世纪清末为止的中国江南农村社会的民间信仰现象首次进行了系统

① 参见赵世瑜《狂欢与日常——明清以来的庙会与民间社会》，生活·读书·新知三联书店2002年版。

② 郑振满、陈春声主编：《民间信仰与社会空间》，福建人民出版社2003年版。

③ ［日］滨岛敦俊：《明清江南农村社会与民间信仰》，朱海滨译，厦门大学出版社2008年版。

性的研究，从社会经济史的角度出发，进行深入的不同程度的研究，对明清时期在江南地区造成较大影响的城隍信仰及刘猛将军、金总管等江南本土的神祇进行了研究。美国学者韩森《变迁之神——南宋时期的民间信仰》① 将民间宗教（Popular Religion）置于 12、13 世纪的时代背景下论述了民众的选择、当时人们对于人神感应的理解、官府对神祇的赐封、湖州的个案和区域性祠祀的兴起，由此启迪中世纪社会转折等问题。美国学者孔力飞《1768 年，中国妖术大恐慌〈叫魂〉》② 该书通过以小见大的形式，以叫魂这种民间的一种很常见的现象作为切入点，从三个层次分析了民众、地方官员及以皇帝为代表的中央政府三者之间在一个恐慌性谣言中的行为与互动，主要论述了南宋时期的民间信仰问题。如今在民间信仰研究领域，众多学者通过人类学、社会学、民俗学等角度论述，几位国外学者从传统史学角度剖析并取得重要研究成果，也体现了传统史学研究方法的重要性。

另外与本论文有关的是关于信仰正统性与"淫祀"的研究，相关论文有：皮庆生的《宋人的正祀、淫祀观》③ 论述宋代民众祠神信仰十分活跃，所以合法性问题也突出，一些民众祠神信仰也被朝廷、官员、士人以及理学家指斥为"淫祀"，正、淫祀不能完全对立，界限比较模糊，因时因人因地而异。王健《祀典、私祀与淫祀：明清以来苏州地区民间信仰考察》④，通过苏州个案研究讨论祀典神是统治者利用民间信仰治理的辅助手段，私祀的存在形成一个缓冲带，减少国家与民间社会的正面冲突，当民间信仰处于正统对立位置时面对的可能就是禁绝。日本学者井上彻《魏校的捣毁淫祠令——广东民间信仰与儒教》⑤，由魏校政策的具体内容阐明捣毁淫祠的具体实施过程和目的以及针对他的政策广东社会的反应、士大夫的动向。吴建华先生的《汤斌毁"淫祠"事件》⑥ 一

---

① ［美］韩森著：《变迁之神——南宋时期的民间信仰》，包伟民译，浙江人民出版社 1999 年版。

② ［美］孔力飞著：《1768 年，中国妖术大恐慌〈叫魂〉》，上海三联书店 1999 年版。

③ 皮庆生：《宋人的正祀、淫祀观》，《东岳论丛》2005 年第 4 期。

④ 王健：《祀典、私祀与淫祀：明清以来苏州地区民间信仰考察》，《史林》2003 年第 1 期。

⑤ ［日］井上彻：《魏校的捣毁淫祠令——广东民间信仰与儒教》，《史林》2003 年第 2 期。

⑥ 吴建华：《汤斌毁"淫祠"事件》，《清史研究》1996 年第 1 期。

文，就汤斌在苏州任巡抚期间毁以苏州上方山五通祠为代表的"淫祠"事件，探析其发生的原因和效果。

本论文以五通神信仰为例进行研究，关于五通神的起源与演变，已有很多学者做过梳理考述。民俗学领域赵杏根的《五通考述》① 对五显、五通的演变进行了详尽的梳理，他认为五显为尊贵的正神，五通是卑下的邪神。耿敬先生也在其多篇论文中专门讨论过五猖神，五猖为口语，庙上多五显，是婺源本土神，随徽商到各地。耿敬认为五猖神既有善又有恶的属性，这与推崇这一神祇的主体有关，即既依赖政府又受限于政府的徽商。其他的以五通信仰为个案研究区域的社会变迁与发展的论著也颇丰，这里不做一一论述。其中前面提到的唐力行先生的苏州徽州二地民间信仰比较就是以五通信仰为例来进行论述的，由徽商这一媒介将在江南社会流行的神灵由徽州五通传播至苏州，并由此产生一些附会传说②。

通过以上概述可见学界对于民间信仰的研究已有一定的成果，但由于研究对象本身的复杂性、多样性、区域性等特征，对于这方面的研究也较杂乱，另外在研究方法上受其他学科影响较大，传统史学研究方法也应得到重视。不过近年来，尤其是随着社会史研究的发展，关于民间信仰的研究也逐渐脱离表象的探讨，以深入的研究开展并以小见大努力走向历史现场，取得了一定的成绩。另外由于资料相对集中，对于有特色的区域性神灵的考察也有利于深化研究，以小见大并且通过积累个案分析来看时间空间不同条件下传统中国的各个地域社会、推动区域社会史的发展。本文以五通信仰为例考察民间信仰反映的国家与地方的互动，采用文献研究和个案分析的方法研究。选择明清时期考察民间信仰一方面因为民间信仰的复杂性在这样一个时段能够得到很好的体现，尤其是在江南地区。另一方面对于民间信仰的研究必须基于丰富的文献材料，明清时期这方面资料的质量和数量都优于其他时段。根据选定题目，通过查阅文献来获得关于五通信仰源起以及中央祭祀政策等方面的资料，

① 赵杏根：《五通考述》，《苏州大学学报》1993 年第 2 期。

② 参见唐力行等《苏州与徽州——16—20 世纪两地互动与社会变迁的比较研究》，"中国近代社会研究丛书"商务印书馆 2007 年版。

民间信仰本身就较为缺乏系统，信仰之间也易混淆，针对五通神无法细考，也不必细考，从其明清时期受到的禁毁来看国家力量对地方社会的统治，以及作为五通从神的周雄神所遇到的不同结果来探讨地方社会的积极应对与中央的妥协，从而尽可能全面地、正确地了解掌握双方的互动关系。

第二章　明清五通信仰

第一节　五通神的源起

五通神又叫五显、五圣，祖庙在徽州婺源一带，大观三年（1109）赐庙额灵顺，到了宣和五年（1123）封通贶侯、通祐侯、通泽侯、通惠侯、通济侯，故称五通，淳熙元年（1174）改封五通神侯爵为公，曰显应公、显济公、显祐公、显灵公、显宁公。南宋嘉泰二年（1202），进封王爵，曰显聪王、显明王、显正王、显直王、显德王。徽州婺源的五通祖庙传说是在唐光启二年，邑人王瑜城北的园子一天晚上红光烛天，看见五神人从天而下，曰"吾受天命，当食此方，福佑斯人"。说完便升天去。之后邑人便起庙祭拜①。除了徽州地区，其他地方民间五通传说也很普遍，如与婺源相去不远的德兴地区也有五通兴于饶州德兴之说，《夷坚三志》中记载较多，也有说五通神为萧氏五子，如四川绵阳云五显是萧氏五子，以显命名，有仙根，能降妖救难，故以神祀之。也有些地方祭拜甚至不知其姓名来源。五通到底是人是鬼，众说纷纭，有说指唐时柳州之鬼，《龙城录》云：柳州旧有鬼，名五通。也有说是明太祖下令祭拜战争时死者之亡灵，这种说法影响最大，明代田艺蘅的《留青日札》云："即五通神也。或谓明太祖定天下封功臣，梦阵亡兵卒千万请恤。太祖许以五人为伍，处处血食。命江南家立尺五小庙，俗称为五圣堂。"② 朱元

---

① （宋）罗愿纂，赵不悔修：《新安志》卷五，中华书局《宋元方志丛刊》影印本，中华书局1990年版。

② （明）田艺蘅撰，朱碧莲校点：《留青日札》，浙江古籍出版社2012版，第432、428页。

璋在洪武三年（1370）就下令从京城到地方各地都要祭祀为明朝打江山而亡的并且没有后代的功臣，五人为虚数代指，于是各地立小庙五圣堂。总之，不论哪种说法大致上都认为五显神为人神，兴起于婺源，是兄弟五人为神，在宋代被封为封号第一字都是显的王，所以就称为五显；五通则为妖鬼，各地都有，并且很多，每个形象都不大相同，其常作祟于人间，民间百姓因畏惧而祀之为神。又因五显神曾被封为五通候，所以民间将两者混为一谈，谓五通即五显。但其实民间信仰本就来源广泛并于发展传播过程中不断吸收变化，民间身为鬼神之属的五通很早就已普遍，宋代五通神信仰在江南地区流行，一部分是因为其地常年潮湿的特殊地理环境，导致百姓恶疾频发，因此五通神出现使得人们有了祈求平安与健康的对象，而且在江南地区商品经济的发展，传说中五通财神的形象使得人们的求富心理有了寄托。后来发展中有一部分与婺源五显混杂流传，故五通、五显及尊称五圣皆易混淆，有学者试图进行辨析和源起论述，一些较早的史料记载如《夷坚志》认为五通、五显查其源流不尽相同不能混淆，然而正如王振忠先生在其《历史自然灾害与民间信仰——以近600年来福州瘟神"五帝"信仰为例》中所说，他认为古代神、鬼不分，民间信仰本来就缺乏系统，故而在后代两者易混为一谈。[1]吴建华先生在其文章中也提到五通神，要肯定这种信仰的古老性，其源于何时，似无法细考，也不必细考。尤其到了后代"今俗五圣、五显、五通、五猖、五郎不分别矣"。所以本文不细考其区别，讨论对象以源于徽州的五通为主。

第二节　徽州、苏州五通信仰

徽州[2]地处皖南山区，传统意义上大致是指一府六县，即原徽州府属歙、黟、婺源、休宁、祁门、绩溪六县。徽州的社会与文化在明清时代

---

[1]　王振忠：《历史自然灾害与民间信仰——以近600年来福州瘟神"五帝"信仰为例》，《复旦学报》（社会科学版）1996年第2期。

[2]　徽州，因晋太康年间置新安郡所以又称新安。隋开皇年间改置歙州，宋宣和之时改为徽州，元代由州升为路，明清置徽州府，下辖六县。由这一地域所产生的文化称为徽学，其定义与内涵，可参看王振忠先生的《徽学研究入门》，复旦大学出版社2011年版。

具有典型性，是研究传统中国最具有典型意义的区域社会之一。徽文化作为中国封建社会后期的典型是极具地方特色的区域文化，体现了中国封建社会后期民间社会的各个方面，包括经济、社会、生活与文化等，徽州文化作为一种内涵丰富的区域性文化，主要是指从宋、元、明、清以来，在徽州本土衍生后由徽州商帮和一些士人向外传播和辐射逐渐发展并且对其他地域的文化进程产生了影响。明代中叶开始，徽商以其整体力量登上历史舞台，由于山地地形，人口多，田地少，粮食缺乏，人们不得不外出经商谋生，又因为木材等物产丰富，并且地接经济发达地区，利用水利之便可达周边，徽商在其兴盛的几百年中，活动范围广泛，不仅遍布大江南北甚至远涉外洋。民国《歙县志》卷一载："（徽州）田少民稠，商贾居十之七，虽滇、黔、闽、粤、秦、燕、晋、豫，贸迁无不至焉。淮、浙、楚、汉，又其迩焉者矣。"沿江区域向来有"无徽不成镇"之说。而且徽商经营内容繁多，由此资本也相当雄厚。万历时人谢肇淛在《五杂俎》中说："富室之称雄者，江南则推新安，江北则推山右。"① 徽商在其经商过程中除了经济活动以外，民俗信仰也是日常生活中息息相关的内容之一。民间信仰的产生是由于原始社会生产力低下，人们对于自然界中的风雨雷电等各种自然现象和自身的生死疾病无法解释，认为天地之间有一种无形的巨大的力量来支配自然和人类本身，于是便产生了对自然和生理的各种信仰和崇拜。韩森《变迁之神》中认为一方面市场、城市发展，卷入商品经济活动的群体与民间信仰关系密切，商人对于信仰的推动，另一方面因民间信仰带来了许多商业活动如集会等，促进经济的发展。明清以来各大地域性商帮都拥有其自己的信仰与崇拜的神灵，如广东商帮的北帝信仰、福建商帮的妈祖信仰、山陕商帮的关公信仰和江西商帮的许真君信仰等，来自文公故里的"贾而好儒"，徽商把朱熹作为自己信仰的神灵。徽州人民日常生活礼仪遵循朱子《家礼》，如"丧礼，士大夫遵《家礼》行。至齐民富儿，或张乐乐宾，僭名器，信浮屠，靡费钱帛，悖伦害义。今理学昌明，法制详备，皆知礼不可违，渐以随俗为耻矣"。② 徽商"贾而好儒"，一方面促进了徽州的儒

---

① （明）谢肇淛撰，傅成校点：《五杂俎》，上海古籍出版社 2012 年版，第 68 页。

② 张海鹏、王廷元主编：《徽商研究》，安徽人民出版社 2005 年版，第 392 页。

学兴盛，徽州商人不仅在徽州本土兴办塾学、捐修书院，在经商之地也是如此；另一方面儒学对徽商从事商业经营又产生了积极的影响，徽州由于儒学兴盛，徽商中许多人受儒学的教育，有利于他们审时度势，合理细致地分析、开展各类商业活动。徽商“贾而好儒”有几方面的原因，最主要的是在徽商兴起的时代，士农工商的社会等级观念依旧占主流，徽州商人走上经商之道其实更多是迫于生存的压力，而徽州作为朱熹的故乡，同时是新安理学诞生之地，素有“南方邹鲁”之称，于是徽商在经商活动中仍将崇儒视为重要的部分。

徽商的民俗信仰主要还包括祖先崇拜、英雄人物崇拜、自然神崇拜、行业神崇拜等。明清时期徽州的民间信仰既有着普遍性特征还体现了徽州地区性特点。祖先崇拜是徽州人的传统，祠堂遍布，祭祀祖先的仪式与规定也相当严格，祭祖形式多种多样，因为他们认为祖先本身就是一种能够庇佑后代的神灵，且利于宗族维护大家族秩序。徽州商人群体在这一方面表现得更深刻，商人组织最初是与其宗族亲缘组织重合的，他们既能借助宗族势力获取支持，并且能在宗族势力的支持下建立商业垄断。英雄人物崇拜是比较具有特色的一类神灵崇拜，由崇拜英雄进而神化加以信仰，主要包括越国公汪华、程灵洗，战神张巡、许远，还有忠义之神关公等。自然神崇拜在民间广为流传，徽州由于地理条件的原因，自然灾害频繁，人们对于自然界有着畏惧与崇敬的心理，并且有许多在当时无法解释的自然现象，于是人们用自然神来解释，在日常生活中形成了对多种自然神的崇拜，包括列入国家祭祀大典的社稷坛、先农坛、厉坛等天地神灵，民众祭拜山川雷雨风等自然神灵。行业神崇拜是我国历史上普遍流行的信仰，不仅在徽州地区，它是各行各业的人用来保佑自身和保佑本行业兴旺的神灵崇拜，这些神灵中与前面提到的可以有重复的部分，比如关公被许多行业视为行业神，并非单指开创者祖师爷，还有些是该行业的保护神，只是为了现实需要而出现的一个存在。行业神的发展是随着社会分工的细化而进行的，社会分工越细，行业神数目和种类也就越多，而且一个神灵可以作为多个行业的保护神，而一个行业也可以有多个行业神。

徽州本土信仰大多具有直接而狭隘的功利性和实用性，主要表现在比如供奉社神是为了祈求风调雨顺、五谷丰登，信仰城隍是为了期望保一方平安，即使是不得已而祭祀瘟神，那也只是迫于对其的恐惧，怀着畏惧的心态，希望其不要光临人间，本文探讨的徽州的五通信仰的一方面就是如此。对于五猖神的崇拜有正反双重性的因素，一方面是行走于林木间，若遇到五猖神村民认为会致富，这点体现与财神一样的性质，另一方面笔记小说多记载其为淫邪之神，商人在外经商多抱着敬畏与讨好的心态。好恶的双重属性也提醒着商人财富与灾祸并存的道理。其他财神多倾向于从正面规劝商人的行为，如关公重义守信、诚实的道德准则，而五猖神多通过惩罚的手段来警示。"徽郡商业，盐、茶、木、质铺四者为大宗。"①徽商市场以经营盐、茶、木、典为最著。木材贸易是徽商经营的一个传统项目，徽商在各类商业活动中经营木材贸易的时间比较早、人数也较多，所以资本雄厚并且活动范围相对广阔，在徽商各种商业贸易中地位举足轻重。徽人做木材生意，至迟始于宋代。与其他行业相比，"以其赀寄一线于洪涛巨浪中"。古徽州辖歙、黟、休宁、祁门、绩溪、婺源六邑，木商以婺源为著，休宁次之，祁门、歙县等又次之。徽州木商和大多徽州人一样祭拜朱熹，"杭州的徽州木商公所所尊奉的仍是朱熹。《征信录·序》称：'浙之候潮门外徽国文公祠，即徽商木业公所。'规定：'每年九月十五日乃先贤朱子生辰，公所当办香烛贡献，虔忱礼拜。'"②五猖神是木商更为崇拜的一种民间神，即五通信仰，民间多称五猖，五猖神和很多徽州本土的地方神一样作为百姓的保护神出现，但是其在随着徽商走出封闭的山区而逐渐传播扩散。传说他们初为婺源之本土的五种瘟神，其名称依次为"东方第一位风猖神王、南方第二位狂猖神王、西方第三位毛猖神王、北方第四位野猖神王和中央第五位伤猖神王"。徽州的五显庙或五猖殿处处皆有。五猖神除了农业性又具有商业神的性质，是民间公认的财神爷，徽州各村供奉五猖并开展五猖庙会。在休宁海阳镇，每逢农历五月初一的五猖庙会（又称"打猖会"）盛况空前。不仅在徽州本土有五猖神的存在，随着徽州商人的活动，他们信仰

---

① （清）顾公燮等撰：《丹午笔记·吴城日记·五石脂》，江苏古籍出版社1999年版，第326页。

② 唐力行：《商人与中国近世社会》，"中国社会史丛书"，浙江人民出版社1993年版，第99页。

的五猖神也被带到了他们商业活动的地方，尤其是江南地区，大大促进了江南各地民间五通、五显、五神信仰的传播。北宋年间苏州一地就已经出现了五显神的分庙，通常认为它是"徽州商人外出贸易途中建立的"① 徽商出于它的神力能保护旅途平安的考虑，将其带出了徽州。当然也有可能是苏州或江南其他地方本土就有类似五通信仰，毕竟鬼神信仰在中国古代民间各地都广为流传，且无确切记载，只是在徽商带入之后，本土化之后神格及其他都发生了变化，又因为徽州五通影响较大，苏徽二地联系较多，于是认为两者相关。许承尧《歙事闲谭·歙风俗礼教考》记载了徽州一地只要是为了祈福都祭祀五猖，有的说五猖神是五方的正神，就好像天上之五纬，地上之五行；也有的说五猖是五通之类的神祇，但是五行之类的不能说作猖，只有五通类似，猖的意思是猖獗，强悍，五猖大意是指五方比较强大的神，其实并没有实际的指向。而且与五显正神不同，五显曾经甚至都作为正神入国家祀典，与战事没有什么关系。那么作为淫祀的五通军营为什么祭祀它呢？大概是因为徽商出远门经商的多，祭祀五猖可以抵御大灾，就好像行军路上保平安获得胜利，"故亦有称五福者。又俗于神前割鸡沥血，曰剪生，此亦军营之礼。凡大征伐，天子祭军牙六纛，刺五雄鸡血于五酒碗，以酬神焉。亦见明典礼"。② 也是说五猖虽并非唐宋时期的正神，身为淫祀但是能保路途安全故祭祀之，日本史学家斯波义信认为五猖神或称五木商神，在每年的四月初八，纪念如来佛生日时，被各地徽州木商所祭拜。

从历史上看，徽州与苏州长期属于同一行政区，位置上虽同在江南，但地理环境有很大不同，苏州位于平原地区，交通便利，尤其宋代，经济重心南移，"苏常熟，天下足"，到了明清时期，社会经济到达巅峰。而徽州如前面介绍的，位于皖南山区不仅物产贫瘠并且极度封闭，两地发展的差异性导致了徽州向苏州流动的产生，民间信仰就是其中一个方面。区域之间互相作用的状态是由人的互动而带来的包括经济文化等各

① ［美］韩森：《变迁之神：南宋时期的民间信仰》，包伟民译，浙江人民出版社 1999 年版，第 139 页。

② 许承尧撰，李明回、彭超校点：《歙事闲谭》，《安徽古籍丛书·徽学研究资料辑刊》，黄山书社 2001 年版，第 611 页。

方面的互动，徽商这个群体的存在就是重要的媒介。苏州与徽州自古以来就有密切联系，在互相作用上，总的来说，经济上成为江南中心的苏州，吸引着财力雄厚的徽商汇聚到苏州带来了商业资本，增强了其活力。民间信仰的产生和发展都与当地的自然环境和人文社会环境息息相关，苏州地区因为商品经济发展，商业活动较多，来往人也繁杂，于是在传统宗族血缘观念上与徽州不同，他们相对较为淡薄，宗族自身的兴衰无常使得家族神的角色也不那么重要，一定程度上神灵的地缘性特征被强化。苏州地方乡绅对于神灵的信仰更具功利性，会因为自身利益而支持不同的神灵，所以在苏州一地民间信仰的多元性的特征更加明显。被理学压抑的徽州人和徽州信仰在离开了那块土地后，和当地社会文化交融发展充满活力，由徽商带入苏州后影响日益扩大的民间信仰中五通神就是典型的例子。五通神在徽州本土时具有比较单纯的实用性，只是作为百姓的保护神，因为畏惧才祭拜它，且祭祀的人主要是徽州的本土百姓，到了苏州传播发展逐渐多元，神格也发生了变化而比较复杂，祭祀的人阶层不同，行业不同，庙会活动也越来越多且兴盛，而为了经济利益的商业活动更多。关于苏州五通神的来源有不同的传说，有说是南陈顾野王五子死后为神，"或若苏州是陈朝黄门侍郎顾野王的五子，庙以野王墓丘、五子从祠之处上方山香火最盛"[1]。明初的时候朱元璋厘定了国家祀典，专门在都城设立了五显的祠庙，并且要求地方郡县与民间都祭祀，再次承认五显的正神地位，使得祭祀五显的活动又兴盛起来。《集说诠真》中也记载财神可能指陈朝时候黄门侍郎顾希冯公的五个儿子，当时建立了祠庙祭祀他们。明初的时候叫五显灵顺庙，曰显聪、显明、显正、显直、显德。苏州上方山（即楞伽山）上香火尤为兴盛，也尊称为五圣。康熙年间江苏巡抚汤文正毁了祠庙，认为五显正神是讹传，并且把相关的都禁毁，之后在民间改名为五路神，也就是财神。还有一说认为与东晋僧人支遁有关，上方山上有楞伽寺院，也就是五通神庙，每年农历八月十八前后，香烟鼎盛，热闹非凡，形成了苏州著名的上方山庙会。朱逢吉永乐二年在其《游石湖记》中写道："由山麓抵绝顶，可三里，晋时僧人支遁尝栖其上。唐因建梵宇曰楞伽，后立浮屠，岌岌撑太虚；前辟

---

[1] 吴建华：《汤斌毁"淫祠"事件》，《清史研究》1996年第1期。

小殿，列为神像者五。自前代时，城内外暨村落百余里间，男女稚耋，当春夏月，远近各相率舟行，载酒肴杂乐戏具，徒行，乘马驴竹兜，竞以壶磕食器自随；或登以乐神日，肩摩迹接，毕则宴游，以乐太平，逮今如之。"① 当然由附会传说推测起源不可靠，但由此可看出五通神到了苏州这个充满活力的地方社会的表现，明清时期五通神已经成为苏州地区最有影响的神祇之一，其所在的上方山"远近之人奔走如鹜，牲牢酒醴之飨，歌舞笙簧之声，昼夜喧闹，男女杂沓，经年无时间歇，岁费金钱，何止数十百万"。②

第三章　国家祭祀政策与正、淫祀

第一节　近世中央祭祀政策

要理解民间信仰中国家力量与地方社会的互动关系，首先要了解朝廷对于民间信仰的政策和方针，"国之大事，在祀与戎"。中央王朝通过祭祀典章礼仪，宣扬正统的同时对不符合儒家伦理的进行整顿，以维护自身统治。《国语·鲁语上》中对进入国家祀典的各类祭祀的规定阐述："夫圣王之制祀也，法施于民则祀之，以死勤事则祀之，以劳定国则祀之，能御大灾则祀之，能扞大患则祀之。"在北宋后期基本就已建立从朝廷到地方的祀典体系。地方祀典除了朝廷祀典中通祀者还有朝廷承认的地方神祇，通常是对当地社会生产生活影响较大的自然神或是人物神。在宋以前，神明大多只能通过入祀典成为正祀，不过在宋代有所变化，《宋史·礼志八》云：在开宝、皇祐以来，凡天下名在地志，功及生民，宫观陵庙，名山大川能兴云雨者，并加以崇饰，增入祀典③。这是通过"崇饰"宫观的方式将其纳入祀典。熙宁七年（1074）要求地方上报有灵验的祠庙并对其进行加封，诏"应天下祠庙祈祷灵验，而未有爵号并以

---

① （明）朱逢吉：《游石湖记》，《古今游记丛抄》第4册卷十五，第36—37页。

② 汤斌：《禁毁淫祠疏》，乾隆《长洲县志》卷三一《艺文志》，《中国地方志集成·江苏府县志辑》。

③ （元）脱脱等撰：《宋史·礼志八》，中华书局1977年版。

名闻，当议特加礼命，内虽有爵号而褒崇未称者，亦具以闻"。① 凡祠庙赐额、封号，大多在熙宁、元祐、崇宁、宣和之时。基本都是沿袭前代，并加以完善。朝廷制订了一整套严格的关于赐额和加封的申请、审批制度，并且用于实践。这是北宋政府应对民间祠神剧增的一种方式，因为祀典名额有限，所以通过获得封号和赐额也可以成为正祀，这样更方便朝廷统一管理。宋代国家祀典根据祭祀的对象分为大、中、小祀三个级别，地方祀典一般包括朝廷祀典中的天下通祀者，如山川、社稷、风雨雷神等以及被朝廷承认的地方祠祀。一旦进入祀典便可获得如官方祭祀和修葺祠庙等权利，这些跟地方利益关系重大，所以在争取合法性的过程中，地方利益集团积极性相当高。当然在申请封号和赐额过程中，由地方上报有灵验的祠庙等也可以想见地方社会力量的关键性作用。地方利益集团积极争取本地神灵的合法性，这种由祀典为主转向赐额和封号的方式的转变与地方社会力量与信仰的兴起繁荣有很大的关联性。繁荣兴盛的信仰也使得祠神的合法性问题受到更多关注，一些民众祠神信仰被朝廷、官员、士人以及理学家认为是淫祀，会对社会风气、地方治安、经济利益等产生威胁，另外仪式行为的不合法也特别受到关注。具体来说在一些持严格的淫祀观念的理学家看来当时的祠神信仰中符合正祀条件的只有一小部分，大部分是要禁绝的淫祀。一方面将所谓的"淫祠"加以压制，另一方面将"有功于民"的正祀授予封号、庙额重新整编。元代也基本继承并发展了宋代的制度，在其基础上扩展补充。

有明一代又有了一些变化，洪武元年朱元璋就让中书省下令各郡县访求应祀的神祇，崇祀凡有功国家，及惠在民者。洪武三年（1370）朱元璋颁布了所谓的"神号改正诏"，首先认为之前将自然神赋予人神的称号是不符合其性质的，于是命令剥夺或改正过去的神号。"天下神祠，无功于民，不应祭祀者，即为淫祠。有司不得草率致祭。明有礼乐，幽有鬼神，则鬼神有别（秩序得保）。其礼同一，其分自然当正，故此诏示，使天下臣民尽知。"②《太祖实录》洪武三年六月甲子条禁淫祠制云："古

者天子祭天地，诸侯祭山川，大夫、士、庶各有所宜祭。其民间合祭之神，礼部其定议颁降，违方罪之。"朱元璋革除神明的封号，并确立淫祠的原则为无功于民不应当入祀典。大封城隍并区分天下城隍的等级，这是朱元璋多鬼神观的体现，明有礼乐、幽有鬼神，实际是借此将阴与阳各级官僚权力相对应，将君权控制直接伸向各级地方。朱元璋"每岁四月八日、九月二十八日，遣南京太常寺官祭五显"①。张宁撰《句容县五显灵官庙碑》曰在民间"祠庙浸广，香火之盛与道释神等，岁偏州曲县皆知其名号"。这种行为也是因为朱元璋长在江淮地区，知道五通信仰的重要性，通过这种形式稳定民心，确保统治。到了成化年间，全国范围内掀起了一场捣毁淫祠的运动。"举成化八年（1472）进士，授铅山知县……乃尽毁诸淫祠。"② 但成效不大，到了弘治年间，再度兴起毁淫祠、整顿祀典之风。嘉靖年间大规模的礼制改革，儒官大力提倡打击淫祠，嘉靖初年，当时任广东提学副使的魏校认为广东一地重视淫祀造成了社会的不良风气兴盛，发起了覆盖大部分地区的捣毁淫祠的运动。不仅广东地区，明中期全国范围内打击淫祠的活动都比较活跃。淫祠被毁在明代经历了一个变化过程，首先初年制定一系列制度和措施，但是在具体实施结果上值得质疑，到了永乐至成化年间，佛教道教兴盛，寺观建立与寺观活动盛行，影响社会风气和国家对地方社会的控制。在制度一定程度上被破坏的情况下国家采取了一定的措施去维护，拆毁"淫祠"并加强强度，到了弘治至万历年间，开展了大规模的厘正祀典、毁"淫祠"的活动。士大夫希望去除祭祀中不合乎国家精神的信仰对象，尤其是非儒家的因素。弘治初年、嘉靖年间和万历前期中央政府毁"淫祠"的力度最大，从万历中期以后逐渐走向低落，只是地方小范围的禁毁活动。明代中央政府认为淫祠会对财政支出和社会治安以及风气造成不良影响，于是开展了全国性的毁"淫祠"活动来维护国家祭祀制度，原来承担赋役的劳动人口大量流入寺观，祭祀的费用以及寺观经济占据的社会财富等，对国家财政都构成了威胁，在国家财政危机时更是如此。清代基本延续万历中期以后的政策，顺治年间，朝廷屡屡赐额、加封民间神祇，

---

① 《大明会典》卷八五，扬州广陵书社 2007 年版。

② （清）张廷玉等撰：《明史》卷一六一《张昺传》，中华书局 1974 年版。

多赞神祇显灵护国，也陆续派遣官员祭祀重要神祇如东岳庙等。事实上清初致力于政治经济等方面建设来巩固刚建立的政权，他们对于鬼怪之类并不是很迷信，顺治年间甚至禁止聚众烧香并且深信儒家思想有利于加强统治，清代先后将关公大帝、刘猛将军、文昌神纳入国家祭祀体系中，更是地方神祇"儒家化"的体现。康熙年间，为了加强对社会秩序的整顿，另外为了防止反清势力通过民间信仰活动威胁统治，全国境内加强对淫祀的禁绝。康熙九年，朝廷颁布圣谕十六条中明令"黜异端以崇正学"①。雍正皇帝即位后崇儒重道移风易俗。但总的来说清朝中央对于利于民间神灵的赐额加封一直持续到清末。

第二节　正、淫祀观与私祀

那么到底什么是"淫祀"？《礼记·曲礼》云："非其所祭而祭之，名曰淫祀，淫祀无福。"既要有祭祀对象的正当性又要有对象与祭祀者的对应性。《汉书·郊祀志上》认为：天子以至庶人的祭祀都有相应的典礼制度，不合乎制度的都是被禁止的淫祀。"天子祭天下名山大川，怀柔百神，咸秩无文。五岳视三公，四渎视诸侯。而诸侯祭其境内名山大川，大夫祭门、户、井、灶、中溜五祀，士、庶人祖考而已。各有典礼，而淫祀有禁。"可见，凡是不合礼法的崇祀行为都可视为"淫祀"。祭祀方式不合乎制度也可视为"淫祀"。《礼记·祭义》曰："祭不欲数，数则烦，烦则不敬。祭不欲疏，疏则怠，怠则忘。"所以还要保证祭祀的适度性，要适可而止不可为一己私欲过渡滥祀。所以"不正之鬼"和"不当祀而祀者"皆为淫祠。朱熹认为"人做州郡，须去淫祠，若系敕额者，则未可轻去"。朱熹第一次回到徽州婺源扫祭祖墓时就对"五通庙"有过访记，说当地"居民才出门便带纸片入庙，士人之过者必以名纸称门生某人谒庙"。朱熹原来也反对"五通庙"，但经亲戚们劝说也拜谒了神庙。至明代徐光启则特辟"五圣神之显灵"说，认为不论"五圣"是否列入正祀或有否赐额，都应该废弃。然而对于民众来说就信仰本身没有正祀与淫祀之分，这个区分一定程度上是基于国家的角度来说的。在拆毁不

---

① 参见《圣谕广训：集解与研究》，周振鹤撰集、顾美华点校，上海书店出版社 2006 年版。

属于国家祀典的"淫祠"方面，明代有几次大规模的行动。学术界一般认为，明代中后期，即弘治、正德、嘉靖时期是明代地方毁淫祠的高峰①。理学对这波高峰的形成有很大影响，理学家在此过程中起了很大的作用。弘治初年杨子器到任昆山后便开展了毁淫祠的行动，"表彰先贤祠墓，撤毁淫祠百区，悉取土木偶投诸水火，禁绝僧道巫祝游民及四月十五日山神会，尚鬼之俗为一变"②。弘治九年（1496）再次调任常熟，此后直至弘治十二年（1499）任常熟县令。在常熟期间，杨子器继续了昆山时的政策，大力捣毁当地淫祠，城东北处有二郎神祠，堂宇恢宏，但是不在祀典，每当庙会便奢靡成风，社会风气不好，因此杨子器撤毁雕像，将名臣塑像放于其中。杨子器为了在毁淫祠之后扶正人心，非常重视社学的建设，并且大力整治当地的乡贤名宦祠，尽力恢复古礼，这些都是他理学践行的主要内容。禁毁淫祠作为地方社会教化民众端正风气之举只是理学家官员社会全面改革的一部分，以官员为首倡导，地方上士和利益团体配合共同造成了明代中期毁淫祠运动高峰的出现，不过这也从侧面反映了在明代中后期到清初民间信仰活力的增强，使得相关的民间信仰活动增多，比如迎神赛会和其他庙会活动等，易造成奢侈成风和其他不良影响，引起了地方官员的极大关注。所以这样的禁止活动更多程度上并非为了禁绝信仰对象本身，赵世瑜先生曾经在一篇文章中提到，其实"矛头并不是指向宗教领域"，而完全只是整顿地方风俗而已③。

正祀与淫祀虽然看似是完全对立的两面，但是并非完全的非"正"即"淫"。不当祭者而祭之为"淫祀"，这种说法很大程度上值得探讨。什么是不当祭者，在不同时代不同地区不同群体的立场上的定义也并不是完全对立的，并没有那么清晰的界限，民间神祇的丰富与复杂性决定了大量民间私祀的存在。国家与民间社会在信仰领域中有着自己的立场和利益，容易产生一些冲突，所以私祀的存在可以在中间形成一个比较广阔的缓冲带。这是除了所谓的正祀与淫祀之外民间神祇的另一种存在方

① 王健：《明清江南毁淫祠研究——以苏松地区为中心》，《社会科学》2007 年第 1 期。

② 嘉靖《昆山县志》卷九《名宦》，《天一阁藏明代方志选刊》第 9 册，上海古籍书店 1981 年影印版。

③ 赵世瑜：《明清以来妇女的宗教活动、闲暇生活与女性亚文化》，收入郑振满、陈春声主编《民间信仰与社会空间》，福建人民出版社 2003 年版。

式，它们的存在一定程度上是合理且必需的，甚至是更为常态的在民间的一种被士大夫认同和官方默许的形式。如王鏊便以为私祀"抑或有义"。从地方社会考虑，对于某种神祇的支持最大的可能是出于经济利益，地方上的士绅在官方的民间信仰政策中也扮演着重要角色，如明代杨子器毁淫祠和清代汤斌毁五通时，之所以能取得一定的成功，不仅在于得到了统治者的支持，更在于"普遍获得士绅的认同"。而地方士绅其实与普通民众一样，崇敬神明并且有着自己的利益诉求，部分地方祠祀可以满足他们的心理需求。自身存在的功利性期望和现实利益也决定了他们对地方信仰不可能采取非常坚决的态度。而官方上的默认一方面由于民间神灵过于繁杂，不可能都进行吸收利用，更主要是因为暂时未对统治造成较大的威胁，毕竟大多都是地方社会区域化的活动，不像宗教那样戒律仪式严格。私祀的存在是官方和民间社会相互妥协的结果，这是一种避免冲突的缓冲方式，但是就本质来说还是有一定的反正统性，事实上官方的默认只是暂时或一定程度上的，一旦某种神灵信仰对统治造成威胁或者对社会有不好的影响，必然会采取措施进行限制甚至禁绝。

第四章 国家力量与地方社会的互动

第一节 毁"淫祠"五通

国家关于祭祀的政策在地方上执行的直接表现之一就是当地官员的毁淫祠活动。五通信仰因其自身的"淫祠"邪神性质历史上遭到多次禁毁。《坚瓠辛集》卷四中记载苏州之地民俗尚五通神，不仅将其供之家堂，楞伽山上每天也鼓乐演唱。郡守曹凤禁毁五通神，将庙像都拆毁。一天爱妾得了奇怪的疾病，众多良医都无法治疗，爱妾突然张开眼睛对他说："吾乃五通神。民间敬信。汝今禁吾。汝之高曾祖考某某等。吾俱追至。今当拘妾及汝矣。"[1] 曹凤本来不相信，但是紧接着她能说出其祖先的名字，于是心中存疑。因为担心其性命，各处寻遍名医，有人推荐

---

[1] （清）褚人获：《坚瓠集》，浙江人民出版社 2006 年版。

医士王贯。曹凤便立刻请他治疗，王贯诊视之后，开了药令立刻服下，神思顿清。又服了二剂，病全好了，说昨天说的话全是胡言乱语，只是被病迷了心窍。《庚巳编》卷五中也记载了明代苏州知府曹凤的毁五通之举。道光年间江苏按察使裕谦也效仿汤斌禁毁五通，当时上方山五通祠香火复燃，且变本加厉。江苏按察使裕谦闻知，效学汤公，下通知令摧祠毁神，五通神再次遭到打击，连栖身之地也被毁，一时香火断绝。清朝袁枚的笔记小说《子不语》中记载了清朝尹继善也曾毁五通，"我五通大王也，享人间血食久矣，偶然运气不好，撞着江苏巡抚老汤、两江总督小尹，将我诛逐"。[①] 其实更早在宋元时期就有禁毁五通之举，元末刘基在江西高安任官期间就认为五通神作祟，拆毁其像庙。所以其中汤斌发起的全国毁五通只是历史上禁毁事件中的一次而已，但却是规模最大的一次，成效也显著。

汤斌，清代著名理学家，其思想以王学为宗并进行调整，经世致用，顺治九年（1652）进士，康熙二十三年（1684）任内阁学士兼礼部侍郎，后擢升江宁巡抚，他在苏州任巡抚时将移风易俗作为重心，当时江南地区号称天下富饶，但民风奢华，上下吏治败坏，汤斌在任期间，崇尚程朱理学思想，教化百姓。他屡次上疏皇帝减免百姓赋税，重视农业发展以兴本业。当时淮扬有水患，之前的巡抚余国柱仍征赋，五年并征，民不堪重负，汤斌在任期间派人勘察发现田地不可耕，于是上疏请废止实行分年征赋。他下令各州县重视社学建设，讲儒家经典，端正民心，禁止对社会风气有不良影响的活动，大力推行土葬，取消以前的水葬和火葬。他还整修泰伯祠、范公祠等先贤祠宇，弘扬前代先哲正大光明的精神。其中最突出的事件是毁"淫祠"，尤其以苏州上方山五通祠为典型。苏州城西十里，有座楞伽山，因建于隋代的楞伽寺而得名，当地人又称为上方山。它位于石湖之滨，风景秀美，来往的商旅众多，熙攘不绝，山上建有五通祠，苏州城乃至周边百姓都信奉，祭祀的时候歌舞笙簧，昼夜喧闹。五通在苏州地区的影响重大，民间各家各户都祭祀，祈求财富与平安。汤斌认为五通神败坏民风，挥霍浪费，特向皇上上疏《奏毁五通淫祠疏》，并亲自到上方山将五显灵顺庙中的五通神，拖下山来扔到

---

① （清）袁枚：《子不语全集》，河北人民出版社1987年版。

石湖中。《夜雨秋灯录》中记载苏州当时作为江南的经济中心，每当暮春之际，百姓都聚集神庙，奢侈成风，传说有女子在新婚之时称"我非汝家妇矣。五圣将迎我为夫人，法驾将临，汝其速退，勿干神怒也"。丈夫怀疑其有疯病于是请医而妇已僵。当时汤文正任巡抚，刚正不阿，告知其此事，汤斌问首府曰："昨有人控神夺民妇者乎？以其词来。太守曰：有之。饬从者取到。立传赵五官，文正面鞫之，得实。归宝于库，具狱，牒正一真人府，请殛之，真人复文，曰：神虽不正，妇亦淫邪，憎其夫而悦神貌，致启奸图，孽由自作。然阴阳道隔，虽和同强，申革圣神之号，遣发幽都，长为饿鬼，以正其罪，可也。文正命地方官，扑五圣像，居民争毁之，今改为总官堂矣。"① 随后，汤斌又下令各州、县将所有类似的祠庙全部毁掉，用拆下来的砖木材料去修建学宫。自汤斌上方山上取缔五通祠庙后，全国掀起禁毁淫祠之风，福州城内五帝庙祭祀活动兴盛，康熙三十九年，毁五帝庙，拆除的建筑材料用来修建学宫，不许百姓再祭祀，然而这些禁绝都无法彻底，虽曾在江南掀起了一场毁五通的风潮，取得了一定的成功，但事实上五通并未消失，据乾隆《震泽县志》记载："自康熙中巡抚汤斌檄毁上方山庙宇，沉其像于太湖，而民间门外小庙之设亦遂衰废。然今乡村间犹有所谓侍茶筵者，罗列神马至数十，而巍然中坐、祀之备礼则名郡主，云是五通神之母，五通神像并具其旁，是虽不敢公然祀之，而恶习固未能尽革也。"② 《清嘉录》载汤文正"毁五通之后，当地百姓改其为五路祭拜，也就是财神，正月初五日为路头神的诞辰，鞭炮声阵阵，百姓以起早接路头为有福象征"，这种习俗甚至沿袭至今。雍正后期官方又掀起取缔运动，五通信仰在民间仍复涨，道光年间，苏州城五通神祠香火依旧旺盛。道光四年，清宣宗为端正民心下旨禁绝五通，他认为国家祀典有其规定，巫邪之说本来就应禁止。苏州上方山上的五通祠之前曾被多次禁毁，然而日久禁弛，现在陋习如故，甚至不止苏州一地如此，不可不严行饬禁。但仍是收效甚微，屡次取缔，无法根除。

汤斌此举是其推行理学学说的手段之一，并且是得到康熙大力支持

---

① （清）宣鼎：《夜雨秋灯录》三集卷一《汤文正》，黄山书社1986年版，第204页。
② 乾隆《震泽县志》卷二五《风俗》，《中国地方志集成·江苏府县志辑》。

的，甚至可以说这是统治者的政治思想在社会上的反映。汤斌实习教化，以儒学为正统，五通"淫神"必然遭到禁毁，政府的支持和实践者的决心使得毁淫祠运动在实行开始阶段取得了显著效果。蒋竹山认为汤斌之所以能成功地禁毁五通神，反映了清初国家政权的壮大，而明代地方官毁五通神不成功，是国家权力不够强的原因。[1] 汤斌毁五通庙后改建的大多为文昌宫、城隍庙、关帝庙等，是因为这些符合正祀标准并且可以起到正民心教化百姓的作用。然而这种民间信仰的长期性并非行政暴力手段可以禁绝的，五通信仰作为泛神崇拜是民间百姓的精神寄托，借以解释许多无法解释的现象，人们奉其为神，祈求财富和幸福。这种信仰心理力量巨大，不可能从根本上铲除它们的基础，而且地方上士绅利益集团的博弈等在毁淫祠中也扮演着重要的角色。

第二节　五通从神——周雄信仰

五通被禁毁是因为其邪神性质不合乎国家制度，不利于统治，为端民心必然通过强制手段达到统治目的。然而事实上针对的并非信仰本身，是其对社会造成的不好影响使得统治者产生禁毁之心，也就是说信仰对象的形象只要符合国家祭祀政策就算未能列入祀典，一定程度上也能避免禁毁的命运。浙江地区的周雄信仰就是地方社会通过增加义行传说附会到周雄身上，使得作为五通从神的周雄神在国家加强淫祠打击的时候未遭到禁绝。明清地方志收录了大量关于周雄神的记录，虽然各地记载不尽相同，但基本都认为周雄生前是孝子，死于衢州。"杭州新城县渌川埠人，姓周名雄，字仲伟。宋淳熙间，母汪氏感龙浴金盆之瑞而生。母病剧，奉母命祷于婺之五王庙，比归及衢，闻母讣，哀痛哭泣，死舟中，植立不仆，衢人异之，即奉神肉身躯，敛布加漆，建庙祀焉。"[2] 周雄从小跟随父亲在衢州、徽州等地经商，并在衢州城里读过书，长大后一直在这一带从事经商。周雄奉母亲之命在徽州婺源县五通神庙祈福，回程途中死于衢州，这件事传到了衢州孔府曾是周雄同学的孔子后裔孔文远

---

[1]　蒋竹山：《宋至清代的国家与祠神信仰研究的回顾与讨论》，台湾《新史学》1997 年第 2 期。

[2]　嘉庆《西安县志》卷四三"周宣灵王庙"。

那里，孔文远了解周雄一直为人正直孝道，于是就命家人将周雄的尸体打捞上来并建庙，从此衢州百姓开始祭祀。宋理宗端平二年（1235），江西饶州德兴县知县将周雄的孝行事迹上报给了朝廷，因为孝行事迹符合国家宣扬的精神，于是周雄被朝廷敕封为"翊应将军"，获得了与当时江南信奉的"五显神"相称的爵位。紧接着朝廷还给了周雄出生地的周雄庙特权，当地可以按照德兴县五显神庙的标准祭祀，提高了祭祀规格。嘉熙四年（1240），时任杭州新城县知县汪绩，为其出生地的周王庙撰写了《翊应将军庙记》，这是迄今发现最早记载周王庙的碑记资料。从明代的方志中可以确认周雄神是五显神的从神，如弘治《徽州府志》卷五"灵顺庙"条及弘治《衢州府志》卷六"周翊应侯庙"条，"即保安兴福五显王之从神，自宋迄今"。汪绩所撰庙记中提到"徽之婺源五王载祀，多历年所。为之扈而赫声濯灵者，有翊应将军焉"。也就是说五显神入祀典多年，从神中翊应将军最有名。周雄神的广泛传播也是与它身为五显神的从神有很大的关系，它灵应的事件大多发生在婺源或德兴一代，如最初保佑祁门县免受水灾瘟疫等。甚至还通过托梦预知读书人的功名，为当地人所崇祀。到了明代中期以后，五通神虽然还在民间继续流传，但是朝廷没有进一步的封号，其信仰逐渐弱化，甚至因为统治需要在各地开展打击淫祠活动，当时在衢州境内的周王庙也受到冲击，但在当地民众极力反对下，周王庙得到地方上的保护。周雄神虽然也未入祀典，但因为其生前是孝子的义行传说使得在当时的环境下信仰没有减弱，反而越来越强。但事实上至少在弘治年间都未出现周雄生前是孝子的传说，明世宗嘉靖十七年（1538），衢州知府李遂撰写的《周孝子祠记》记载其生前孝行，明嘉靖三十四年（1555），衢州知府邱玳亲自下令为周孝子庙树立牌坊。

周雄孝子传说的人物原型很有可能是周雄出生地新城县的周姓德骥其人，周德骥是元代人，生前孝顺父母，兄嫂年长事之如父母，是新城县有名的孝子。比较看来周雄孝子的传说和周德骥的类似内容较多，而且周雄孝子的说法首次出现是在明代的中期，其借鉴的渊源很有可能是元代的周德骥。那么为什么周德骥的孝行传说要改造到周雄身上，这可能是受明清时期苏州盛行的周容孝子信仰影响。周容是南宋中期常熟县人，有着孝养其母的传说。关于他的事迹，方志上记载他生于乾道

（1165—1173）年间，早失怙，非常孝顺母亲，"察知其妻非孝妇，遂托以他故出之"。人们以周孝子称之。明初地方上报朝廷后，得到"常熟周孝子之神"封号，并列入常熟县祀典，也带动了周边地区孝子传说的出现，他作为苏州府内较为有名的地方神，又同为周姓信仰，于是对浙江各地的周雄信仰也产生了影响。苏州在明清时期作为江南经济中心，人口流动大，社会活力强，民间流行的文化信仰对于周边地区有着很大的影响力，同为周姓，受其影响也编造出浙江地区的周孝子传说。苏州地区的周容信仰在正德年间迎来巅峰期，从周雄信仰的孝子传说最早产生时间上来看，也基本可以推断周雄孝子传说是受苏州府周容孝子信仰影响而产生出来的。事实上，在明中期孝子传说流传之前，周雄信仰甚至一度被禁毁，比如在弘治元年时，衢州府西安县知县曾将府城内周雄庙当作淫祠捣毁，因为周雄信仰中并无太多义行记载，所以不值得被官方吸收，所以在这种没有官方保障的情况下，将信仰对象进行重新塑造就至关重要了，将孝子之说附会到周雄身上并上报事迹就成功的避免了朝廷的打击。周容的孝子义行符合朝廷祭祀政策，所以原先作为五显神从神的周雄神不仅没有被当作淫祠遭毁灭，甚至受到重视，信仰越来越盛，清初当汤斌在江南毁五通时，常熟地方官员曾毁双凤西林庵五圣殿"易名延福庵，改奉周孝子"。周雄神还成为钱塘江流域的水上之神，通过船员商人等活动向其他地区传播开来，可以从各地方志记载中看出，随着商人和船员的活动，一些原本没有周雄庙的地区，也陆续出现了其祠庙。如海宁、余杭、兰溪、金华、常山等原先没有周雄庙的地区，在其被封为江神后也新增了许多庙宇。据复旦大学教授朱海滨先生编著的《祭祀政策与民间信仰变迁》中研究：明清时期周雄庙分布于浙江、安徽、江西、江苏4省，9府，24个县，建有周王庙68座。而反观五通神在地方上虽然仍盛行，但是朝廷屡次毁禁。所以可见一个信仰想要继续发展下去，不仅要有赖以生存的民间社会的基础还要符合中央的祭祀政策，这个可以通过不断地进行改编传说的附会方式得到认同，另外也可以从此例看出不同地区的不同信仰之间的相互影响。

第五章　余论

国家力量与地方社会的互动关系在民间信仰领域的反映一方面是中央用怀柔利用的手段将有影响的地方神祇纳入国家祭祀的内容中，巩固统治，如将地方上有影响的有功于民的神祇信仰进行加封、赐额。这个时候地方社会的应对之举一般都是为了地方利益将在其地影响较大的，能教化百姓的正神上报给朝廷。这虽只是一方面，然而是朝廷治理地方的必需之举并且持续存在。另一方面中央不可能尽顺民心，为了国家统治、财政支出、社会安全与风气等考虑，毁淫祠运动在明清时期也是一直存在的，如汤斌在苏州大毁淫祠五通，虽然此举实施的效果不一定如预期那么好，但是这是一种统治行政手段在地方社会实行的体现，象征意义极为重要。而这个时候地方社会有两种选择，一是为了自身利益和民众心理配合禁毁行动，许多大规模禁毁淫祠行动得以一定程度上的成功，除了统治者意志之外很大原因是地方士绅的配合，第二种是地方百姓可以通过改造地方神的形象使其符合国家祭祀精神，用这种方式也可能逃脱禁毁的命运，比如五通从神周雄神被附会义行传说使其符合国家祭祀政策，避免了被禁毁的命运。

本文以苏州五通被毁和周雄神两者的不同命运为例探讨国家与地方社会在民间信仰领域互动关系的两面性与复杂性。民间信仰是一种古老的民俗现象，历史悠久，内容丰富，既来源于生活，又植根于生活，这是与其他宗教信仰所不同的。它作为一种文化现象，拥有自己存在的空间和土壤，在满足人们心理和精神需要方面，曾经起到了很大的作用。即使在今天，信仰民俗中那种趋吉避凶的心理和禁忌，许多都还处在不断的继承与发展当中。民间信仰作为我国传统文化的重要组成部分，同传统文化的其他问题一样，应贯彻"取其精华去其糟粕"的原则，像传统民间信仰体系中的民俗活动跳五猖、目连戏等都入选为非物质文化遗产应加以重视与保护。研究民间信仰，一定程度上不仅是考察民间信仰自身，而是从它所寄生的历史语境和社会空间方面探讨，以它为核心的民俗文化来看历史。正如陈春声《走向历史现场》中所认为的透过小地方的民间信仰活动看变化的"大历史""大社会"，所谓的民间信仰或地域崇拜体系只是诠释"语境"和"地方"的一个文化工具或分析符号。

北魏末年的政局演变与
元魏宗室的分化

——基于北朝墓志的历史考察

2016 届　郭　妍

（导师：中国社会科学院历史研究所　陈爽研究员）

第一章　选题背景

自太和十八年（494）孝文帝迁都洛阳之后仅仅 40 年左右，北魏统治便告结束，其间经历了太和改制、诸王起兵反叛、尔朱氏起兵、元颢入洛，最后北魏分裂的过程。对于北魏后期错综复杂的政治格局，前辈学者有着深入系统的研究，成果丰厚，但大多数研究的主要史料依据基本不出北朝正史的记述，偶尔引用墓志，也只是作为证史、补史的辅助性资料。而对于北魏宗室在这一过程中占据的位置，产生的影响，既能看到共性，又能看到特性，而墓志又在这中间有了独特的意义，其记载与史书的异同将对了解北魏后期的历史有巨大帮助。

墓志作为中古社会的一种标志性文化现象，其样态，功能固然值得重视。另一方面，为了在史书之外获得对当时历史原貌的了解，需要通过墓志还原历史的真相，梳理历史的线索。随着近年来一些新出土的石刻史料的面世，利用石刻史料尤其是墓志与文献资料相结合，二者的互补使得历史信息的还原与梳理成为可能。存世墓志中，北朝墓志占有相当大的比重，近年来陆续刊布的新出墓志，也以北朝居多，其中尤为值得关注的是北魏末年变乱中影响政局的众多元魏宗室的墓志，如《元天穆墓志》《元渊墓志》《元鸷墓志》《元颢墓志》《元恽墓志》等，众多墓志的发现，不仅丰富了历史的细节，而且提出了新的历史命题。北魏宗室的政治抉择对北魏后期的政治格局有着极大影响，而单方墓志对于研究北魏后期政局以及宗室之间关系的转变虽然具有重要作用，但是仍然需要将多方墓志共同比较、分析，才能探究北魏后期政局的发展变化。

第一节　学术史回顾

以单方墓志为线索，考察个别元魏宗室生平、仕宦是学界研究的一个重点，但是缺少对北魏后期宗室总体动向的关注，忽视了元魏宗室与北魏后期政治格局的重要关联。本文中北魏宗室限定在《魏书》及《北史》确定的世系范围之内，时间自北魏道武帝皇始元年（396）始，终于孝庄帝永安三年（530）尔朱荣之死。北魏宗室作为鲜卑拓跋部族的核心成员经历了中古时代民族融合的关键时期，他们是孝文帝汉化改革的经历者与见证者。如何对待宗王，以及如何将北魏原有的部落政治体系融入汉族王朝的宗室体系，成为北魏统治者亟须解决的问题，这个问题最终直接影响了北魏后期的政局。关于北魏后期政局的总体概况，张金龙的《北魏政治史》① 中以时间为序，对北魏王朝的历史进程进行了详细的论述，且也引用了部分墓志史料；杜士铎主编的《北魏史》② 对北魏时期的政治经济社会文化各个方面进行阐述，而不单单局限于政治史；陈爽的《世家大族与北朝政治》③ 中通过探讨"改降五等"，"分定姓族"的过程，分析了皇权体制的演变过程；罗新、叶炜的《新出魏晋南北朝墓志疏证》④ 对于新出土的墓志进行了全面梳理，在每方墓志后均有详尽的考释。关于北魏宗室相关动态的研究也是一个热点，《论北魏孝文帝的宗室辨族》中将北魏宗室叛乱的原因归结于孝文帝改革中的宗室辨族政策，认为正是这一举措埋下了宗室分裂的种子；《元恽元叉墓志与北魏孝

① 张金龙：《北魏政治史》，甘肃教育出版社2008年版。
② 杜士铎：《北魏史》，北岳文艺出版社2011年版。
③ 陈爽：《世家大族与北朝政治》，中国社会科学出版社1998年版。
④ 罗新、叶炜：《新出魏晋南北朝墓志疏证》，中华书局2005年版。

明帝朝的朋党政治》① 中通过两方墓志讨论的正是由于北魏末年的朋党政
治导致社会矛盾激化，北魏王朝因之崩溃的历史；《孝文帝的顾命大臣和
宣武帝初年的北魏政局》②《高肇专权与北魏宣武帝时期统治集团内部矛
盾》③《灵太后与元叉政变》④ 这三篇论文则梳理了北魏后期的王朝内部
矛盾，并且以皇权为线索，探讨了宗室权力的转移情况。

　　除了这些综合性论述，对于元魏单方墓志的研究也是一个重点，以
单方墓志研究的优势在于可以充分研究某一宗室世系的情况，以及对墓
志中出现的官职、历史事件考证，以补正正史中宗室列传的疏漏，比如
罗新在《中国国家博物馆藏北魏元则、元宥墓志疏解》⑤ 将拓跋良一支
的后代情况补充完整，对于这一世系在当时的政治斗争中所起的作用也
有补充，在缺乏正史资料的情况下，墓志发挥了重要的作用。王则、张
淑华的《释北魏中山王元熙墓志》⑥ 则依据墓志与史籍对照和相互印证，
理清了中山王元熙的享年、宫秩情况、被害之事、葬于何地、在军状况
及熙妃于氏的一些情况，补足了史料的不足，并对墓志书法进行了探讨。
刘莲香、蔡运章的《北魏元苌墓志考略》⑦ 通过墓志文与史书记载的互
相补充，对元苌生平事迹、家族、里籍及葬地都进行了详细的考释，起
到了证史补史的作用，对了解当时的历史状况、丧葬制度以及书法艺术
等都有重要意义，文中对于元苌家族的墓志仅做了简单梳理，但是元珍、
元天穆都是对北魏后期有着重要影响的宗室疏属，该文没有做进一步探
讨，稍显不足。马琳的《北魏元爽墓志考释》⑧ 在考据的基础上将志文

　　① 苏哲：《元怿元叉墓志与北魏孝明帝朝的朋党政治》，《考古学研究》1997 年第 00 期，
第 111—115 页。
　　② 张金龙：《孝文帝的顾命大臣和宣武帝初年的北魏政局》，《兰州大学学报》1989 年第 3
期，第 1—7 页。
　　③ 张金龙：《高肇专权与北魏宣武帝时期统治集团内部矛盾》，《兰州大学学报》1992 年
第 3 期，第 113—120 页。
　　④ 张金龙：《灵太后与元叉政变》，《兰州大学学报》1993 年第 3 期，第 95—101 页。
　　⑤ 罗新：《中国国家博物馆藏北魏元则、元宥墓志疏解》，《中国历史文物》2007 年第
2 期。
　　⑥ 王则、张淑华：《释北魏中山王元熙墓志》，《古籍整理研究学刊》1999 年第 6 期。
　　⑦ 刘莲香、蔡运章：《北魏元苌墓志考略》，《中国历史文物》2006 年第 2 期。
　　⑧ 马琳：《北魏元爽墓志考释》，《史志学刊》2015 年第 3 期。

内容放在宏观的历史环境中分析对于元爽的家学门风、仕宦、婚姻经历进行了研究。此外研究范围仅限于一方墓志的情况也非常多，但是都存在对于墓志之间的综合联系以及所反映的社会问题的分析不够深入的问题，北魏宗室作为政治运动的参与者，其墓志所反映的政治关系应该受到重视。

综合利用墓志的研究论文有闵晓丹的《试论北魏皇族墓志所反映的宗族关系》选取出土北魏皇族墓志材料共计 146 方为研究对象，时间自北魏太和廿年（496）至北周保定四年（564），对墓志资料进行全面梳理，结合北魏历史文献资料，运用数据统计、图表、历史学考据法对北魏皇室宗族关系进行综合研究，但该文因为涉及墓志众多、年代跨度时间长难免有疏漏不足之处。刘军的《北魏宗室阶层研究》从宗室阶层的构成、封爵、所任中央官制、地方官职、经济生活、法律对宗室的控制、日常事务的管理等方面对其进行了系统地研究。作者之后有研究者利用北魏墓志对宗室问题进行了更为细化的研究，例如分析宗室外镇问题的《北魏宗室外镇述论》，孝文帝宗室辨族政策的《论北魏孝文帝的宗室辨族》，宗室与政局之间相互关系的《论北魏宗室阶层对政局的影响》，以元叉政变及元叉墓志为主要研究对象的《北魏宗室族群的分化与元叉政变》，以元愉墓志为线索，着重分析元愉冀州叛乱的《论北魏京兆王元愉冀州叛乱》，以元珍墓志为材料补充分析元珍在北魏后期地位转变原因的《论北魏元珍墓志的史料价值》，综合分析北魏宗室的《北魏宗室的家族制建构与利益分配格局的演变》，认为"宗室改革最后将氏族体制肢解也造成了有服宗亲与出服疏宗的对立"。

总之，面对北魏后期的政治格局，以及宗室在这其中所起的作用，不能用单一的眼光来看待，宗室集团的分合体现了其政治走向，这其中既涉及皇权，也涉及朋党权力的争夺，本文试图以墓志为证据，梳理出以宗室为中心的清晰的政治演变脉络。

第二节　研究方法

本文的研究方法是对某一段时期宗室的活动情况做出统计，以便了解宗室的群体行动的契机与缘由。此外充分利用北魏宗室墓志，不仅仅将墓志作为证史、补史、纠史的工具，而是将北朝墓志作为研究北魏末年社会变乱的独立的文献史料，随着新出土墓志的不断增多，对于这些墓志的研究存在后续不足的缺陷，本文将利用这些墓志结合正史，厘清当时的政治格局演变情况以及宗室之间的复杂关系。

一 北魏宗室辨族的过程及其双重性

关于孝文帝改革的原因、过程、影响等因素学界已多有探讨，不再赘述，在此仅就其改革措施中"宗室辨族"一项予以探讨。"宗室辨族"可以说是导致北魏后期政局动荡，宗室分裂的"始作俑者"，辨族首先"是以华夏五服替换直勤资格，依据与帝室血缘之远近，将宗室成员分置于相应的服纪节点上，享受大小不等的权利；其次是充分发挥五服的辨族功效，剔除出服疏宗，将宗室维持在'当世五属'（即以在位之君为基准，上至高祖、下抵玄孙、旁及五世，五世之外，亲尽而斩）或'四庙子孙'（孝文帝上推四庙，其高、曾、祖、分别是世祖太武帝、恭宗景穆帝、高宗文成帝和显祖献文帝）的有限范围内"。① 宗室辨族对于孝文帝来说，既有遵循汉族古礼的文化意义，又有模仿南朝制度的政治意义，还有减轻经济压力的现实意义，"先皇所以变兹事条，为此别制者，太和之季，方有意于吴蜀，经始之费，虑深在初，割减之起，暂出当时也"。② 孝文帝辨族尽管具有多种动机，但最后这项举措却也为北魏分裂埋下了种子。正如刘军一文中论述"孝文帝辨族的最大弊端在于瓦解了牢固的宗室共同体，使族人离心离德。服内近属与出服疏宗的矛盾逐渐成为政争的焦点之一"。

北魏后期许多对政治、经济现实不满的出服疏宗都开始与朝廷对抗，由此可见孝文帝"宗室辨族"影响之深远，因此有必要对其主要内容及影响予以探讨，以探究这一改革对北魏后期宗室关系变化之影响。

---

① 刘军：《论北魏孝文帝的宗室辨族》，《四川师范大学学报》2013 年第 5 期，第 130—135 页。

② （北齐）魏收撰：《魏书》卷十九上《景穆十二王列传第七上·元遥传》，中华书局 1974 年版，第 446 页。

二 宗室辨族的主要措施和历史影响

对于孝文帝来说，如何保证皇权的稳固才是最大的问题，而他的措施就是利用近亲宗室，给予宗室以相当大的权力，同时打压宗室疏属和代北贵族，这样以皇帝为中心，宗室为辅助的皇权系统就形成了。

> 王爵非庶姓所僭，伯号是五等常秩。烈祖之胄，仍本王爵，其余王皆为公，〔公〕转为侯，侯即为伯，子男如旧。虽名易于本，而品不异昔。公第一品，侯第二品，伯第三品，子第四品，男第五品。①

这是孝文帝关于太和改制诏令的原文，"王爵非庶姓所僭"表明王爵成了北魏宗室的"私属品"，而"制诸远属非太祖子孙及异姓为王"则明确表明只有道武帝一脉才能享受王爵的尊荣，孝文帝将当世五属作为辨别标准，是为了"通过华夏礼制重新架构皇族内部的等级秩序，使皇族成员明确尊卑贵贱……从文化上制度上保证皇族皇位传承顺利，良性运转"。② 这就将宗室疏属排除在了帝位继承的选择之外，虽然对于巩固皇权有积极作用，但是这种做法明显具有双面性。孝文帝一代并未将其弊端消除，因此"降五等"以及"宗室辨族"的行为对北魏后期的政局产生了巨大影响。

（一）太和改制的积极影响

元魏宗室中的景穆、献文诸王在"太和改制"之后得到了孝文帝的重用，太和十七年五月孝文帝曾经"宴四庙子孙于宣文堂，帝亲与之齿，行家人之礼"，③ 孝文帝希望用华夏传统的"孝""礼"来团结宗室，巩固皇权。"时诏延四庙之子，下逮玄孙之胄，申宗宴于皇信堂，不以爵秩为列，悉序昭穆为次，用家人之礼。"④ 孝文帝将部分宗室聚集在自己周

---

① （梁）萧子显撰：《南齐书》卷五七《列传第三十八·魏虏》，中华书局1972年版，第991页。

② 张涛：《北魏皇族研究》，山西大学2013年硕士学位论文。

③ 《魏书》卷七下《高祖纪第七下》，中华书局1997年版，第172页。

④ 《魏书》卷十九中《景穆十二王列传第七中·元澄》，中华书局1997年版，第464页。

围，是为了形成巩固皇权力量在其改革中充当助力，这部分宗室成员无论是之后的迁都还是平定叛乱诸王的时候都起到了中流砥柱的作用，但是这种行为的弊端就在于孝文帝自己将宗室分裂开来，宗室近属与宗室疏属的利益分割不平等，从律法上被确定下来。

食邑制度保证了宗王的经济利益，这种制度的产生一方面是因为以任城王澄，咸阳王禧的诸王与孝文帝关系密切，孝文帝希望借用他们的力量消除保守势力的阻力，另一方面诸王之中本来不赞成迁都或者改制的宗室也会因此而改变意见。

孝文帝死后，"宗室辨族"的政策也逐渐停止实行，但是这一政策导致在宣武帝时期危机集中爆发，皇权统治达到顶点的时候，宣武帝与宗室诸王尤其是受孝文帝遗命辅政——六辅之间的矛盾开始显露出来，"六辅"对于孝文帝来说是集合宗室、汉族官僚的力量维护皇权的制度，但是对于年幼登基的宣武帝来说他迫切需要打击主要宗室的力量来提升自己的威信，建立属于自己的执政体系。

（二）孝文帝死后"六辅"制度的立废

"六辅"之制与北魏传统上的以重臣辅佐太子处理军机大事有着本质区别。首先，"六辅"作为名义上的辅政大臣，其实权甚至要超过皇帝，其次，北魏之前的辅政者中完全没有元魏宗室，全部由代北贵族以及汉族官僚构成，而"六辅"之中却是元魏宗室占四，汉族官僚占二。《魏书》卷七下《高祖纪》，太和二十三年（499）三月：

> 甲辰，诏赐皇后冯氏死。诏司徒勰征太子于鲁阳践阼。诏以侍中、护军将军、北海王详为司空公，镇南将军王肃为尚书令，镇南大将军、广阳王嘉为尚书左仆射，尚书宋弁为吏部尚书，与侍中、太尉公禧，尚书右仆射、任城王澄等六人辅政。①

这种成员构成上的变化以及作用的差别，正是孝文帝重用宗室的体现。孝文帝在临死之前设计"六辅"之制，希望建立以宗室辅助宣武帝的政治格局，在他的设计中宗室占四人，汉族官僚占两人，这样一个体

---

① 《魏书》卷七下《高祖纪第七下》，中华书局1997年版，第185页。

系既可以防止宗室诸王坐大危害宣武帝，又可以利用汉人士族对宗室产生牵制的力量，但是制度本身的漏洞，以及后续情势的发展，最终使得"六辅"之制被废除。

首先是"六辅"的人选问题，咸阳王禧曾经得孝文帝多次谆谆教导，希望其像周公一样能成为辅佐之臣，而不要产生骄怠之心。"高祖笃于兄弟，以禧次长，礼遇优隆"，① 一直受到孝文帝礼遇的元禧在六人之中夺得一席在情理之中。任城王元澄可以说是支持孝文帝的宗室重臣，甚至得到冯太后"德音闲婉，当为宗室领袖"的极高评价，孝文帝迁都遇到阻力之时元澄说服代都旧人，穆泰谋反时又是元澄率军平叛，因此孝文帝病笃之时才会说："朕疾患淹年，气力惙弊，如有非常，委任城大事。"② 广阳王元嘉虽与元澄同为"属尊年老"，但是孝文帝南伐之际曾受过责备："叔祖定非世孙，何太不上类也！"可见孝文帝与元嘉关系并不十分融洽，但是依然将元嘉作为"六辅"之一，可能是出于平衡宗室力量的考虑。宗室的最后一席留给了北海王元详，元详不仅参加了南伐，并且在北巡时"常与侍中、彭城王勰并在舆辇，陪侍左右"。③ 元详既然受孝文帝如此重视，那么他获得一席也并不奇怪。

宣武帝对于元禧、元详、元勰的不满并非没有原因，咸阳王禧作为首辅"而从容推委，无所是非，而潜受贿赂……禧性骄奢，贪淫财色，姬妾数十，意尚不已，衣被绣绮，车乘鲜丽，犹远有简娉，以恣其情。由是昧求货贿，奴婢千数，田业盐铁遍于远近，臣吏僮隶，相继经营。世宗颇恶之"④。元禧贪赃枉法或许宣武帝还能忍受，但是元禧倚仗自己身为宰辅向领军于烈索要羽林则触动了宣武帝的底线，"我是天子儿，天子叔，元辅之命，与诏何异？"⑤ "六辅"本是孝文帝为了维护政局稳定而设立，现在危及皇权本身，宣武帝自然不能容忍。北海王元详同样是"贪冒无厌，多所取纳；公私营贩，侵剥远近；嬖狎群小，所在请托"。因为贪赃枉法而受到宣武帝的不满。宣武帝于"景明二年（501）正月衿

① 《魏书》卷二一上《献文六王列传第九上·咸阳王禧》，中华书局 1997 年版，第 537 页。
② 《魏书》卷十九中《景穆十二王列传第七中·元澄》，中华书局 1997 年版，第 470 页。
③ 《魏书》卷二一上《献文六王列传第九上·北海王详》，中华书局 1997 年版，第 559 页。
④ 同上书，第 537 页。
⑤ 《魏书》卷三一《列传第十九·于烈》，中华书局 1997 年版，第 739 页。

祭，三公并致斋于庙"① 的机会将辅政大权剥夺，至此"六辅"之制已彻底废除，而此时宣武帝年仅 16 岁，距离太和二十三年（499）即位才过了不到两年时间。

宣武帝与宗室诸王之间的分裂最终不断恶化，以至于京兆王元愉在冀州叛乱，事败被杀；咸阳王元禧也谋反被诛，他的子孙多南下投奔萧衍。北海王元详则是"为高肇所谮，云详与皓等谋为逆乱……详贪淫之失，虽闻远近，而死之日，罪无定名，远近叹怪之"。② 灵太后临朝听政时期，出服疏宗——道武帝玄孙元叉掌权之时，发动政变"幽皇太后于北宫，杀太傅、领太尉、清河王怿，总勒禁旅，决事殿中"。

宣武帝时期宗室内部风波不断，这一系列斗争最终的利益获得者，皆是宗室疏属，恩悻，外戚，而他们的背后则是宣武帝元恪，失败的一方都是太和改制后依然站在权力塔顶端的宗室近族，本是皇帝与宗室诸王争夺权力的斗争，最后却成就了双方势力之外的"第三方"势力，不论是提拔高肇、赵修、茹皓，希望借此巩固皇权的宣武帝；还是重用元叉、侯刚、郑俨、徐纥的灵太后，都是为了将权力收归中央，但是随着宗室诸王的势力不断瓦解，新的问题又出现了，宗室权力与皇帝权力之间的分割问题非但没有解决，反而因为一次次的杀戮而更加难以调和，"六辅"制度最终被彻废证明孝文帝希望依靠血缘亲属关系维护统治集团内部稳定的行为业已失败。

三　宣武帝时期的宗室起兵

宣武帝时期外戚高肇专权，可以说高肇是导致诸王起兵的一个主要原因，高肇在正史中记载为"自云本勃海蓚人，五世祖顾，晋永嘉中避乱入高丽"。③ 北魏由于社会动荡，人口迁徙频繁，重视门第，因此经常会出现这种伪托地望的情况。

《魏书》卷八三《高肇传》：

---

① 《魏书》卷三一《列传第十九·于烈》，中华书局 1997 年版，第 739 页。

② 《魏书》卷二一上《献文六王列传第九上·北海王详》，中华书局 1997 年版，第 562 页。

③ 《魏书》卷八三下《列传外戚第七十一下·高肇》，中华书局 1997 年版，第 1829 页。

肇出自夷土，时望轻之。及在位居要，留心百揆，孜孜无倦，世咸谓之为能。世宗初，六辅专政，后以咸阳王禧无事构逆，由是遂委信肇。肇既无亲族，颇结朋党，附之者旬月超升，背之者陷以大罪。以北海王详位居其上，构杀之。又说世宗防卫诸王，殆同囚禁。①

被宣武帝、高肇逼反的宗室不止咸阳王禧一人，高肇利用宣武帝希望借自己巩固皇权的心理，不断打击诸王宗室以上位，"时望轻之"也是导致他心理不平衡的原因。按《魏书》记载北海王元详：

为高肇所谮，云详与皓等谋为逆乱。于时详在南第，世宗召中尉崔亮入禁，敕纠详贪淫，及茹皓、刘胄、常季贤、陈扫静等专恣之状。②

元详身为宗王重臣沦落到与恩倖茹皓为朋党，这一方面说明宗室、恩倖的联合是双方共同的需要，另一方面也说明宗室、外戚、恩倖三方的斗争已经呈白热化阶段，诸王或被禁或被害也象征高肇是这一阶段斗争的胜利者。诸王当然不会坐以待毙，永平元年（508）京兆王元愉在冀州叛乱，关于元愉叛乱的原因，《魏书》记载：

始愉自以职求侍要，既势劣二弟，潜怀愧恨，颇见言色。又以幸妾屡被顿辱，内外离抑。及在州谋逆，愉遂杀长史羊灵引及司马李遵，称得清河王密疏，云高肇谋杀害主上。于是遂为坛于信都之南，柴燎告天，即皇帝位。③

二弟即清河王元怿、广平王元怀，对自己的地位不满是元愉谋反的原因之一，但是不能忽视的是高肇在这一事件中的作用，按照《魏书》

---

① 《魏书》卷八三下《列传外戚第七十一下·高肇》，中华书局1997年版，第1830页。
② 《魏书》卷二一上《献文六王列传第九上·北海王详》，中华书局1997年版，第562页。
③ 《魏书》卷二二《孝文五王列传第十·京兆王愉》，中华书局1997年版，第590页。

的说法元愉是为了"清君侧",铲除高肇才发动的叛乱,这表明高肇与宣武帝是站在同一阵营的。《论京兆王元愉冀州叛乱》① 中认为"宣武帝从根本上扭转了北魏王朝的宗室政策,近属宗王由原先的权力中心被渐趋排挤至统治边缘"。元愉叛乱虽然很快被平定,但是北魏上层的分裂已经无可避免。元愉的叛乱也给了宣武帝、高肇以铲除彭城王元勰的借口,"肇诬勰北与愉通,南招蛮贼……勰既有大功于国,无罪见害,百姓冤之"。《元勰墓志》载:

> 显祖献文皇帝之第六子,高祖孝文皇帝之弟。仕历侍中已下至太师。十七除官。永平元年岁在戊子,春秋卅六,九月十九日己亥薨。追赠使持节侍中假黄钺"都督中外诸军事太师领司徒公,谥曰武宣王"。其年十一月六日窆于长陵北山。②

墓志对于元勰生平、仕宦只是简单提及,应是元勰死时仍然是高肇专权,墓志撰写人只能简略书写。除了元勰墓志,在其妃《李媛华墓志》中也能找到相关线索:

> 武宣出统戎马,入总机权,百揆一人,万务由己,声绩允着,朝野嗟称。岂独外行所招,盖亦内德之助。及崩城结涕,朝哭攒悲,藐尔诸孤,实凭训诱。诞此三良,形兹四国,无事断机,弗劳屡徙,而日就月将,并标声价,齐名三虎,迈响八龙。③

"武宣"即彭城王元勰,"崩城结涕"即元勰被害之事,墓志中记载李媛华三子为元子正、元子攸、元劝,元勰被害之后,李媛华号哭大言

---

① 刘军:《论京兆王元愉冀州叛乱》,《南京晓庄学院学报》2014 年第 4 期,第 18—23 页。
② 《魏故使持节侍中假黄钺都督中外诸军事太师领司徒公彭城武宣王墓志铭》。墓主永平元年(508)九月十九日卒,十一月六日葬。《汉魏南北朝墓志集释》图版 158(以下简称《集释》);《汉魏南北朝墓志汇编》第 54 页(以下简称《汇编》)。
③ 《魏故使持节假黄钺侍中太师领司徒都督中外诸军事彭城武宣王妃李氏墓志铭》。墓主正光五年(525)正月十五日卒,八月六日葬。《汇编》第 148 页,《集释》图版 186。

曰："高肇枉理杀人，天道有灵，汝还当恶死。"① 尽管身为陇西李氏的李媛华与元勰的婚姻有政治因素的影响，但是李媛华帮助元勰在汉族官僚中也应该获得了相当程度的支持。元勰之死不仅牵涉到了外戚高肇，这一事件背后也有宗室疏属的身影，高凉王孤之后代——元珍："字金雀，袭爵艾陵男。世宗时，曲事高肇，遂为帝宠昵。彭城王勰之死，珍率壮士害之。"②

关于元珍墓志刘军在《论北魏元珍墓志的史料价值》③ 中将元珍等宗室疏属的上位视为"宣武帝最忧虑的还是兄终弟及制死灰复燃，皇兄弟受其他势力拥戴篡位夺权。日益紧迫的形势驱使他放弃孝文帝的宗室政策，刻意利用皇族内部的积怨，挑动宗室疏族制衡近属，重用元珍、元苌、元鸷等平文后裔正是宣武帝施政方略的组成部分"。因此起家为禁卫武官，其后掌握禁卫最高指挥权，又获得正三品光禄勋虚衔的元珍，其升迁之路如此之快也不难理解了，作为高凉王的后代，仅仅五代之后封爵就降为了最低的男爵，即使在宣武帝一朝煊赫一时，从他的官位也不难看出元珍的不甘与愤恨，为了获得更高的政治地位正是他帮助宣武帝、高肇打击元勰的原因。

外戚与宗室争夺权力的斗争愈演愈烈，高肇利用宣武帝对宗室的忌惮得以上位，而宣武帝死后，失势的宗室又加入胡太后的阵营，打击高肇。高阳王雍作为宗室近亲在肃宗初期得到重用"肃宗初，诏雍入居太极西柏堂，咨决大政，给亲信二十人"。任城王澄也与高肇有隙"于时高肇当朝，猜忌贤戚。澄为肇间构，常恐不全，乃终日昏饮，以示荒败。所作诡越，时谓为狂"。④ 在孝文帝时期就得到"音韵遒雅，风仪秀逸"评价的任城王想必所作所为只是为了避免高肇的陷害，资望深重的高阳与任城二王也加入了反高肇的阵营当中。加入反高肇阵营的还有清河王怿，"怿才长从政，明于断决，割判众务，甚有声名。司空高肇以帝舅宠

① 《魏书》卷二一下《献文六王列传第九下》，中华书局1997年版，第583页。
② 《魏书》卷一四《神元平文诸帝子孙列传第二·元子思》，中华书局1997年版，第354页。
③ 刘军：《论北魏元珍墓志的史料价值》，《阅江学刊》2015年第1期，第73—80页。
④ 《魏书》卷一九中《景穆十二王列传第七中·元澄》，中华书局1997年版，第473页。

任，既擅威权，谋去良宗，屡潜怿及愉等"。① 由此看来，重要的宗室力量大多加入了反高肇阵营，这实际上也是对于宣武帝的一种对抗表现。这种对抗极大地削弱了北魏王朝的凝聚力，也为北魏后期的社会变乱埋下了隐患。

四 宗王起兵反叛的条件——以元禧、元愉为例

终北魏一朝宗室起兵反叛次数屈指可数，身居中央的宗室由于缺少足够的兵力，因此其行动主要目标是控制皇帝，保证行动的迅速，如果一击不中往往招致失败的结局，而外镇地方的宗室虽然可以调动更多兵力，但也意味着要以一州或一镇的军力与全国对抗，更何况面临重重限制，其失败的可能性也更大。在宣武帝时期发生的著名宗室叛乱有两次，一次是京兆王元愉在冀州发动叛乱，一次是中山王元熙叛乱。

永平元年（508）京兆王元愉在冀州发动叛乱，元愉作为宣武帝的长弟"出入宫掖，晨昏寝处，若家人焉"。② 其叛乱原因应是由于贪纵被宣武帝惩罚，并且在之后被外放冀州，远离中央地位远逊于元怿、元怀二人，生活上则是被宣武帝过度干预，因此才发动叛乱。《论北魏京兆王元愉冀州叛乱》③ 中分析了高肇在此次事件中所扮演的角色，以及宣武帝对于诸王有所忌惮的原因，认为"京兆王元愉兄弟的悲剧命运其实早已注定，正始年间的宗宗变故引燃了导火索，冀州叛乱则完全是被逼无奈的结果"。但是对于北魏来说这也是整个宗室内斗的一场悲剧，负责镇压元愉叛乱的除了顿丘李平，还有安乐王元诠——《元诠墓志》载：

> 元愉滔天，王忠诚首告，表请亲征。敕王都督定瀛二州诸军事，余如故。氛雾克清，除侍中。④

① 《魏书》卷二二《孝文五王列传第十·清河王怿》，中华书局 1997 年版，第 591 页。
② 同上书，第 589 页。
③ 刘军：《论北魏京兆王元愉冀州叛乱》，《南京晓庄学院学报》2014 年第 4 期，第 18—23 页。
④ 《魏使持节骠骑将军冀州刺史尚书左仆射安乐王墓志铭》。墓主永平五年（512）三月廿八日卒，八月廿六日葬。《汇编》第 64 页，《集释》图版 160。

元愉能首告的原因应是元愉起兵之时通知了元诠希望能得到他的响应，但是一来元诠曾经"在州贪秽，政以贿成"一心贪污腐败，参与叛乱的风险对于元诠来说过大，二是元诠曾经是太子中庶子，作为东宫的属官与太子时期的宣武帝有旧，因此他不会支持元愉。

元愉能够发动叛乱的要素有两个，一是按照北魏军制一方刺史能掌握多少兵力，二是行政即州府僚佐是否支持叛乱。《元魏方镇宗室年表》① 中梳理北魏各州郡县任职情况时分析：北魏土地虽广，但是置州过多、地小兵寡，再者外镇宗室调动频繁，这些客观原因都导致外镇宗室在反叛上的有心无力。

除了北魏军制，北魏州军府制度的设计也导致了元愉的失败。北朝时期，刺史普遍加将军号并开府置佐：

> 自魏晋以后，刺史多带将军。开府则州与府各置僚属，州官理民，别驾、治中以下是。府官理戎。长史、司马等官是。后魏旧以州牧亲人，班九条之制，使前政选吏，以待后人。献文帝革制，刺史守宰到官之日，仰自举择，以为选官，若任失所，以闻上论。②

州佐的任用由刺史决定，而府佐则多由朝廷任命，因此州佐与刺史关系密切，二者可谓"荣辱与共"，而府佐直接对朝廷负责，掌握军权的他们对出镇宗室有很强的牵制作用，《北魏州军府制度考论》③ 中将这一制度解释为"实质上就是将军府制度应用于地方刺史制度的产物，无疑是为了适应魏晋以来战乱频繁、地方行政机构军事化之需要"。但是府佐对于出镇宗室的牵制实际上有两种弊端，当宗室年幼不习政事，或者贪图安逸之时，府佐就掌握全部军政大权，例如元愉任徐州刺史时"以彭城王中军府长史卢阳乌兼长史，州事巨细，委之阳乌"。④ 而当宗室心怀二心之时，府佐也成了宗室首先的打击对象，"及在州谋逆，愉遂杀长史

① （清）吴廷燮撰：《二十五史补编》，《元魏方镇年表二卷》，中华书局1995年版。

② （唐）杜佑撰：《通典》卷三二《职官十四·州郡上·总论州佐》，中华书局1988年版，第889页。

③ 钟盛：《魏晋南北朝隋唐史资料28辑》，第70—83页。

④ 《魏书》卷二二《孝文五王列传第十·京兆王愉》，中华书局1997年版，第589页。

羊灵引及司马李遵"，羊灵引与李遵被杀还有另一层原因，羊灵引曾经担任"直寝"：

> 甚为尚书令高肇所昵。京兆王愉与肇深相嫌忌，及愉出镇冀州，肇举灵引为愉长史，以相间伺。灵引私恃肇势，每折于愉。及愉作逆，先斩灵引于门。[1]

自孝文帝一朝至北魏灭亡不过 50 余年，在如此短的时间内北魏承受了孝文帝改革所带来的双重影响，一方面通过"宗室辨族"等措施使得拓跋氏的组群结构由家族向宗族转变，巩固了皇权统治，另一方面也造成北魏宗室有服宗亲与出服疏属之间的分裂，家族秩序的形成使得宗室在家国观念上有了转变，他们的政治行为也因此而受到影响。

宣武帝时期对待诸王的政策与孝文帝时期大相径庭，这是因为宗室对于皇权来说是双刃剑，当皇权需要宗室力量的支持才能稳固的时候，二者相辅相成，而宣武帝初期"六辅"权力过大对皇权构成了威胁，因此宣武帝以高肇打击诸王，其后果就是宗室起兵反叛越来越频繁，严重削弱了宗室的力量，北魏上层本身牢固的共同体也逐渐瓦解，对北魏后期政局带来了严重影响。

北魏地区的行政组成以及州军府制度的设计使得宗王起兵困难之极，这种行政体系也使北魏后期尽管避免不了宗室反叛，但是有效遏制了这些反叛对于政局动荡的影响，使皇权处于一种相对稳定的状态。这一制度与南朝的地方军政管理制度不乏异同点，北魏虽有宗室起兵情况但都很快被镇压，而南朝宗室起兵最后却往往造成社会动荡以至于王朝覆灭，其"幼王出镇""典签制度"都与北魏不同，制度上的差异最终造就了不同的结局，在如何对待宗室的问题上，以及如何稳定王权统治上，南北不同的选择最终造就了不同的结果。

---

① 《北史》卷三九《列传第二十七·羊灵引》，中华书局 1974 年版，第 1434 页。

第三节 孝明帝时期宗室近亲与疏属的对立

一 宗室疏属力量的抬头与元叉政变

宣武帝时期仅是外戚参与了朝政以及对于宗室的打击，北魏宣武帝死后，其子孝明帝即位，最初的政治形势由于宗室重新回到政治舞台中央而有所改变：

> 诏太保、高阳王雍入居西柏堂，决庶政，又诏任城王澄为尚书令，百官总己以听于二王……太保、高阳王雍进位太傅、领太尉，司空、清河王怿为司徒，骠骑大将军、广平王怀为司空……①

孝明帝即位初期似乎又回到了诸王辅政的体系中，但是在同年八月"免太傅、领太尉、高阳王雍官，以王还第"。此次事件的主因是由于"尚书左仆射郭祚、尚书裴植以忠权势日盛，劝雍出忠。忠闻之，逼有司诬奏其罪"。② 于忠在宣武帝时期就坚定地站在皇权一边，在平定元禧叛乱中立下大功，因此他也与宗室有嫌隙，此时于忠能任意罢免宗室重臣，甚至掌握生杀大权，宗室力量衰微至此，灵太后掌政期间出于忠外镇，尽管于忠受到排挤，但是宣武帝打压宗室的政策还是被灵太后继承了，这一次他选定的代言人是道武一系的宗室疏属元叉。

元叉政变与咸阳王元禧的叛变相比有很大不同，宗室疏属元叉主导的政变成功而宗室近亲元禧失败，其背后的原因显示了北魏宗室力量多年的演变情况，首先是元叉政变的同党——刘腾作为中侍中"预在宫卫"，贾粲为"光禄少卿、光禄大夫"，奚康生"领右卫将军"，侯刚为"左卫将军"，而元叉是"领军将军"——掌禁军，元叉政变的主要参与人物无一不与皇宫禁卫有所关联，因此掌握禁军是在都城政变成功的主要条件之一，禁卫武官可以说是保卫皇帝的最后一道防线，而禁军的主

---

① 《魏书》卷九《肃宗纪第九》，中华书局 1997 年版，第 221 页。
② 《魏书》卷三一《列传第十九·于忠》，中华书局 1997 年版，第 743 页。

要统领全部都是元叉的亲信，最后政变的结果也就不言而喻了。窪添庆文也认为元叉政变成功的要素为"领军将军所率领的兵力与宦官的协助成功将皇帝与皇太后分离"。①

其次据《魏书》记载"叉命宗士及直斋等三十人执怿衣袂，将入含章东省，使数十人防守之"。② 这里的宗士和直斋虽然都是禁卫，但还是有些许不同，"（永平）四年（511）七月，诏改宗子羽林为宗士"，③ 因此宗士即由宗室阶层充当的下级武士构成，宗士虽为皇族但是地位卑贱：

> 先是，皇族有谴，皆不持讯。时有宗士元显富，犯罪须鞫，宗正约以旧制。尚书李平奏："以帝宗盘固，周布于天下，其属籍疏远，荫官卑末，无良犯宪，理须推究。请立限断，以为定式。"④

宗士不仅不能享受到皇族的待遇，反而在荫官仕途上举步维艰，并且在经济、法律等方面也缺乏应有的待遇，因此宗士与同为宗室疏属的元叉产生了一种特殊的联系。他们在元叉政变的过程中不遗余力地帮助他，既是同为宗室疏属的亲近感，也是为了政变之后获得更好的仕途所做的一种努力。这种不平等待遇的源头就是孝文帝"改降五等"所引发的，随着王朝逐渐步入稳定期，内部矛盾就逐渐显露出来，元叉正是出服疏宗与有服宗亲二者对抗的代表。

二 中山王元熙起兵事件

北魏宗室面对接二连三的打击自然不会束手待毙，事实上北魏的统治者应该正是出于希望宗室能屏藩中央，才以宗室出镇地方，就是为了防止中央生变，刘腾、元叉的行为自然引来了北魏宗室的反叛，首先是中山王元熙起兵：

---

① ［日］窪添庆文：《魏晋南北朝官僚制研究》，汲古书院 2003 年版，第 399 页。
② 《魏书》卷一六《道武七王列传第四·元叉》，中华书局 1997 年版，第 404 页。
③ 《魏书》卷一一三《官氏志九第十九》，中华书局 1997 年版，第 3004 页。
④ 《魏书》卷一一一《刑罚志七第十六》，中华书局 1997 年版，第 2883 页。

魏相州刺史中山文庄王熙，英之子也，与弟给事黄门侍郎略、司徒祭酒纂。皆为清河王怿所厚，闻怿死，起兵于邺，上表欲诛元义、刘腾。①

这次叛乱同样以失败告终，关于叛乱的目的中山王熙在给友人的信中写道：

皇太后见废北宫，太傅清河王横受屠酷。主上幼年，独在前殿。君亲如此，无以自安，故帅兵民欲建大义于天下。②

叛乱的失败表明宗室疏属元义在与宗室近王的斗争中取得了胜利，即使宗王掌握着所谓的大义名分，仍是无法抗衡居于中央的权臣，元略也在此后投奔萧梁。

元熙起兵与元愉在冀州起兵有很多相似之处，他们都以"清君侧"为口号，名义上目标是高肇、元义，并且他们任职所在都属河北重镇，国之重镇的河北在北魏后期出现两次规模不小的叛乱并非无因。元熙对外貌似获得不少宗室支持，"与并州刺史、城阳王徽，恒州刺史、广阳王渊，徐州刺史、齐王萧宝夤等，同以今月十四日俱发"，③ 三王分别外镇于南北方前线重镇，倘若真与元熙联合想必这次起兵必定影响巨大，但是史书中并无关于三王支持元熙起兵之事的记载，或许是元熙为了号召更多的人追随起兵而故意宣称，何况三王倘若真同谋起兵，元义不可能毫无动作，表文中没有提到的章武王元融就因此受到猜忌。《元融墓志》：

于时权臣执政，生煞在己，以公是太尉中山王从父昆弟，中山既起义邺城，忠图弗遂，便潜相疑嫌，滥致非罪。④

① 《资治通鉴》卷一四九《梁纪五·高祖武皇帝五·普通元年》，中华书局 2011 年版，第 4658 页。
② 《魏书》卷一九下《景穆十二王列传第七下·元熙》，中华书局 1997 年版，第 504 页。
③ 同上书，第 503 页。
④ 志题《使持节侍中司徒公都督雍华岐三州诸军事车骑大将军雍州刺史章武庄王墓志铭》。墓主孝昌三年岁次丁未仲春甲午朔廿七日庚申葬。《汇编》204 页。

与宣武帝、孝明帝时期的诸多恩倖、外戚不同，元叉具有极强的权力意识，他与灵太后的矛盾也日益显露，因此才有了元叉"幽太后"的情景：

> 其后太后从子都统僧敬与备身左右张车渠等数十人，谋杀叉，复奉太后临朝，事不克，僧敬坐徙边，车渠等死，胡氏多免黜。①

灵太后最后诛杀元叉乃是受孝明帝与群臣的要求，对于这位囚禁自己的妹夫，灵太后或许并没有特别的厌恶，而灵太后"亲临哭吊，哀动百寮，自薨及葬，赗赠有加"，也表明或许处死元叉并非出自灵太后本愿，墓志对于元叉的褒扬，以及元叉宗族事后的保全也从另一方面证明其家族即使在元叉失势之后仍然掌握部分权力的事实。

> 自是朝政疏缓，维恩不立，天下牧守，所在贪婪。一二年中，位总禁要，手握王爵，轻重在心，宣淫于朝，为四方之所厌秽。文武解体，所在乱逆，土崩鱼烂，由于此矣。②

随着孝明帝逐渐到了亲政的年纪，他与灵太后母子之间也产生嫌隙，朝政被灵太后亲幸的徐纥、郑俨等人把持，宗室之中城阳王元徽："既居宠任，无所匡弼，与郑俨之徒，更相阿党。"《元徽墓志》：

> 内外总己，朝野属望，悉心正色，知无不为，葵织斯除，衮盖靡设，盐梅雅俗，舟楫生民。及天镜且移，人谋忽改，白囊日警，赤羽交驰。乃作牧帝京，兼开幕府，运筹衽席，制胜庙堂，万里承风，九区斯谧。训范支叶，保乂一人，地兼四履，位穷八命，居盈弥损，在泰俞冲。③

---

① 《魏书》卷一三《皇后列传第一·宣武灵皇后胡氏》，中华书局1997年版，第339页。
② 同上。
③ 志题《魏故使持节侍中太保大司马录尚书事司州牧城阳王墓志铭》。墓主永安三年（530）十二月五日卒，太昌元年（532）十一月十九日葬。墓志1918年洛阳出土。《汇编》299页，《集释》图版145。

"朝野属望"的元徽在北魏末年身负重任,既掌握军权又掌握尚书省的政权,但是他既没有为北魏做出什么功绩,也没有挽救分崩离析的家族,反而对于朝廷给予他的任务多半推诿。东平王略:"灵太后甚宠任之,其见委信,殆与元徽相埒。于时天下多事,军国万端,略守常自保,无他裨益,唯唯具臣而已。"在北魏生死攸关之际,宗王中竟然已无中流砥柱之人,精英一辈不是死于北魏不断的内乱消耗中,便是死于与南朝的南北之战中。

孝明帝一朝以元叉为代表的宗室疏属力量抬头,这是宣武帝对待宗室政策延续的结果,本来用于巩固皇权,与近亲宗室相对抗的力量,在获得了充分的力量以后开始危及皇权本身,外戚、恩悻都在这一过程中充当了重要角色,他们与宗室以及皇帝之间的力量也呈此消彼长的状态,元叉政变成功源于禁军在其中起的作用,位于中央的政变其成功要素之一就是掌握禁军,而中山王元熙起兵失败的原因则与元愉相同,均是败于北魏的州军府制度对于出镇宗室的制约,以元怿、元融、元熙的墓志为线索,将墓志与正史相结合,可以得知北魏后期的一系列政变以及起兵事件,其根本原因都是孝文帝太和改制之后,北魏原有的草原政治文化开始了与王朝政治文化的斗争,政治权力在皇帝、太后、宗室等力量之间有秩序地转移,正是这种变化之中的稳定使得北魏后期尽管存在政争,但仍然比南朝的大规模政治权力转移要稳定。

宗室疏属与核心宗室对立的原因除了双方极强的权力欲,另一个原因就是随着北魏王朝的统治逐渐稳定,到达升迁年龄的宗室越来越多,在官职有限的情况下,以及由于太和改制内侍官职的消失导致争夺官职的竞争越来越激烈。这种情况下宗室与恩悻、外戚之类的掌权者相结合也变成一种必然的趋势。

契胡酋长尔朱荣利用北魏后期社会变乱的机会,扩充力量借孝明帝之死成功上洛,尔朱荣上洛可以说有"天时、地利、人和",孝明帝之死是天时,并、肆之地北控洛阳是地利,鲜卑贵族、六镇兵士、元魏宗室、汉族官僚共同构成了尔朱氏军事集团——这是人和,但是这些尔朱荣的优势都是北魏王朝亲手予人的,朝政的腐败、宗室的离心、六镇的起兵,正是这些造成北魏王朝解体的要素给予了尔朱荣机会。

第四节　河阴之变与北魏宗室的分合

一　与尔朱荣关系密切的北魏宗室

尔朱氏集团中不乏北魏宗室的身影，考诸史料这批宗室成员的构成以及其与尔朱荣相勾结的原因有着某些共通之处，现将其逐一查究。北魏宗室疏属——华山王元鸷在河阴之变时投靠尔朱荣，"朱荣至河阴，杀戮朝士，鸷与荣共登高冢俯而观之，自此后与荣合"。① 尔朱荣接纳元鸷的原因在史书中并无记载，但在《元鸷墓志》中有以下记载：

> 奉敕使诣六州一镇慰劳酋长而还。熙平元年，除散骑常侍，抚巡六镇大使。二年，诏除使持节都督柔玄怀荒抚冥三镇诸军事抚军将军柔玄镇大将。王广设耳目，备加参伍，故能政怀内外，绥和远近，惠可依也，德可怀也。②

元鸷能得到尔朱荣的信任应该与其早年结交有关，长年担任六镇巡抚，军事任务的元鸷，其"广设耳目"的官员中应该有担任领民酋长的尔朱荣，河阴之变时元鸷又担任负责宫廷宿卫的领军将军，二人就此产生进一步的合作关系。孝庄帝诛杀尔朱荣之后，元鸷又与尔朱兆合谋，可见元鸷实际已经背弃北魏宗室集团，或许这与他宗室疏属的身份有重要关系。

咸阳王坦正是元禧之子，元禧在宣武帝时期的政治斗争中失败，但是他的家族依旧是北魏显赫的宗室之一，而元鸷与元坦的矛盾既表现了宗室近族与宗室疏属的斗争，也表明了宗室斗争的原因之一正是由于北魏武人地位下降，重文轻武。

江阳王元继：

---

① 《魏书》卷一四《神元平文诸帝子孙列传第二·华山王鸷》，中华书局 1997 年版，第 350 页。

② 志题《魏故假黄钺侍中尚书令司徒公都督定冀瀛沧四州诸军事骠骑大将军冀州刺史华山王墓志铭》。墓主兴和三年（541）六月九日卒，十月廿二日葬。墓志磁县出土。着录见《汉魏南北朝墓志集释》图版 42。《汇编》342 页。

> 尔朱荣之为直寝也，数以名马奉叉，叉接以恩意，荣甚德之。
> 建义初，复以继为太师、司州牧。①

元继在河阴之变中不仅没有受害，反而因为子元叉早年与尔朱荣有恩而得以保存了权势。

《元继墓志》：

> 具总众美，详兼四德，故能出内丕显，受遇两京，光辅四帝，历年三纪，穷生民之大宝，极人臣之尊贵。自皇魏已来，虽帝子帝弟之亲贤，宗臣重臣之令望，至于绸缪荣庆，被服宠灵，保身全名，与禄终始，未有如王者焉。②

由于与元叉的父子关系以及与尔朱荣相交，元继最终以宗室疏属的身份荣及两朝，在北魏末年局势动荡如斯的境地下最终全身而退。

上党王元天穆也是与尔朱荣关系密切的宗室疏属：

> 路出秀容，尔朱荣见其法令齐整，有将领气，深相结托，约为兄弟。……及荣赴洛，天穆参其始谋，乃令天穆留后，为之继援。③

元天穆与尔朱荣结为异姓兄弟，甚至可以说北魏宗室之中与尔朱荣关系最为密切的人就是元天穆：

> 天穆以疏属，本无德望，凭借尔朱，爵位隆极，当时熏灼，朝野倾悚，王公已下每旦盈门，受纳财货，珍宝充积。而宽柔容物，不甚见疾于时。天穆与荣相倚，情寄特甚。荣常以兄礼事之，而尔

---

① 《魏书》卷一六《道武七王列传第四·江阳王继》，中华书局1997年版，第403页。

② 志题《魏故大丞相江阳王铭》。墓主永安元年（527）卒，永安二年（528）八月十二日葬。《汇编》259页，《集释》图版76。

③ 《魏书》卷一四《神元平文诸帝子孙列传第二·上党王天穆》，中华书局1997年版，第355页。

> 朱世隆等虽荣子侄，位遇已重，畏惮天穆，俯仰承迎。①

二人自结交以后，始终站在同一战线，一方是失意的宗室疏属，一方是具有野心的地方武将，可以说一拍即合。《元天穆墓志》：

> 孝昌三年，牝鸡失德，雄雉乱朝。肃宗暴崩，祸由酖毒。天柱为永世恒捍，王实明德茂亲，同举义兵，克定京邑。除太尉公，爵上党王，食邑三千户。②

"牝鸡失德，雄雉乱朝"是说灵太后临朝执政，而"天柱"代指尔朱荣，尔朱荣入洛之时，元天穆曾举兵相应。北魏末的政局变乱给了尔朱荣、元天穆"捍卫朝纲"，发动河阴之变的理由。

除此之外，阳平王熙子禹，"好内学，每云晋地有福，孝昌末遂诣尔朱荣。建义元年，与荣同入洛"。③ 因为谶纬之学而投靠尔朱氏应该为假，太和改制之后不得于时，与北魏宗室近族对立为真。这些拥立尔朱荣的北魏宗室，除了与宗室近属有矛盾之外，他们本身的共同特质也使其倾向于尔朱荣，"容貌魁伟""容貌魁壮，腰带十围""善射，有能名"，皆是尚武之人，这也是北魏末年文武之争在上层集团的一个缩影，宗室疏属既保留着尚武精神又不满足于自己的地位最终与尔朱荣合流。

反观河阴之变被害的元氏宗室，"有和邃之誉""少而倜傥不恒""少好学，早有令誉""粗涉书史"，都是太和改制之后深受汉化影响的一批北魏宗室，他们重文轻武，但也因为掌权已久而腐败不堪。河阴之变是尔朱荣试图以粗暴、野蛮的手段解决北魏末年的政治弊端的一种方式，这种方式最终表明屠杀不应该是解决问题的途径，因为它不仅没有解决矛盾，反而又使北魏上层宗室集团为了争夺政治主导权产生了进一步的分裂。

---

① 《魏书》卷一四《神元平文诸帝子孙列传第二·上党王天穆》，中华书局 1997 年版，第 356 页。

② 志题《黄钺柱国大将军丞相太宰武昭王墓志》。墓主永安三年（530）九月二十五日卒，普泰元年（531）八月十一日葬。《汇编》276 页，《集释》图版 46。

③ 《魏书》卷一六《道武七王列传第四·元世遵》，中华书局 1997 年版，第 393 页。

二 尔朱荣扶立孝庄帝的缘由

由于注重孝文帝法统是当时朝野人心所向，因此尔朱荣举兵入洛，亟须在洛阳寻找一个代理人的时候，他首先想到的就是孝文帝及其兄弟的后代，因此在铸像决定帝位人选的时候首先考虑的都是孝文帝近亲宗室，而诸多人选中选中元子攸也并非偶然。关于孝庄帝被扶持的缘由，《魏书》记载：

> 荣抗表之始，遣从子天光、亲信奚毅及仓头王相入洛，与从弟世隆密议废立。天光乃见庄帝，具论荣心，帝许之。天光等还北，荣发晋阳。犹疑所立，乃以铜铸高祖及咸阳王禧等六王子孙像，成者当奉为主，惟庄帝独就。师次河内，重遣王相密来奉迎，帝与兄彭城王劭、弟始平王子正于高渚潜渡以赴之。①

关于尔朱荣为何在北魏宗室中选中元子攸的问题将在下面进行探讨。

尔朱荣方面商议帝位人选的人中有尔朱世隆，尔朱世隆"肃宗末，为直斋。转直寝，后兼直合，加前将军"。② 而孝庄帝也"幼侍肃宗书于禁内。及长，风神秀慧，姿貌甚美。拜中书侍郎、城门校尉、兼给事黄门侍郎，雅为肃宗所亲待，长直禁中"。③ 二人应该是在同为禁军将领之时相交，因此尔朱世隆才会向尔朱荣推荐元子攸，但是仅凭尔朱世隆显然无法说服尔朱荣，"犹疑所立"表现了尔朱荣面对众多可能选择时的犹豫。但是有两个原因导致了尔朱荣推元子攸上台，其一"以帝家有忠勋，且兼民望"，元子攸之父元勰在与高肇的政争中被冤杀，失去人心的北魏政权急需元子攸这种能得到朝野认同的宗室来维持统治。其二是元子攸得到汉族官僚的承认与支持，苏小华在《论北魏孝庄政权的构成与衰亡》④ 中分析了元子攸在孝昌初年就秘密建立自己的政治集团，他们向尔

---

① 《魏书》卷七四《列传第六十二》，中华书局1997年版，第1647页。
② 《魏书》卷七五《尔朱世隆》，中华书局1997年版，第1668页。
③ 《魏书》卷十《孝庄纪第十》，中华书局1997年版，第255页。
④ 苏小华：《论北魏孝庄政权的构成与衰亡》，《云南民族大学学报》2010年第4期。

朱荣推荐元子攸为帝。

北魏末年最大的一次分裂来源于北海王元颢的投梁，元颢之父北海王详与元愉一样死于高肇的冤杀，但是"贪冒无厌，多所取纳；公私营贩，侵剥远近"的元详并没有什么好名声，这或许是元颢被排除在帝位人选之外的原因，对于尔朱荣来说一个没有军事能力的皇帝也更易于控制，"少慷慨，有壮气"，并且在讨平关陇起义之战中立下战功的元颢不被尔朱荣接受的原因大概也在于此。总体来说在当时条件下，元子攸是尔朱荣最适合的拥立人选，尽管尔朱荣借此机会遥控北魏朝廷，但是他与孝庄帝的矛盾也起于此，孝庄帝不满做一个傀儡皇帝，因此在即位之初，就希望利用封赏笼络人心，培养自己的势力集团。

三 尔朱荣与孝庄帝势力的演变情况

从元子攸称帝的武泰元年（528）四月至永安二年（529）五月元颢入洛为止，仅仅过了一年有余，但是对于政权的争夺来说却是至关重要的时期，分析这一年尔朱荣与孝庄帝采取的措施，以及对各自宗室支持力量的对比，可以进一步探究这一时期宗室分合情况。

元继、元天穆在上文中已经明确为追随元天穆的北魏宗室，下文将分析其余几位宗室情况，进一步探讨河阴之变前后尔朱荣与孝庄帝方面宗室势力变化的情况。北海王元颢以及其弟元彧分别得到了太傅以及封王的奖赏，元颢其时为相州刺史外镇以御葛荣，元彧在内以为策应，这种加封实际上是尔朱荣对于没有立元颢为帝的一种补偿，而孝庄帝也可以借此机会拉拢二人。《元彧墓志》：

> 寻以诸姬并建，争长熟先，因封改加汝阳郡王，食邑千室。又更封东海郡王，转中书监本将军，复侍中尚书左仆射。①

以墓志撰写内容而言，元彧历任显赫的原因就是"以诸姬并建，争

---

① 志题《魏故使持节侍中太尉公尚书令骠骑大将军都督雍华岐三州诸军事雍州刺史东海王墓志铭》。墓主永安三年（530）七月廿七日卒，太昌元年（532）八月廿三日葬。墓志出土于洛阳。著录见《汇编》290 页，《集释》图版 184。

长熟先"，其任官并无值得称道的政绩，但是河阴之变以后元魏宗室多被屠戮，元顼作为北海王元详之子，其兄元颢又被委以重任，这些都导致元顼得以跻身北魏政权上层。

魏郡王元谌的册封却有深意，元谌本是赵郡王元干的长子，但因为"其父灵王宠爱其弟谧，以为世子"。① 元谌本应与元颢、元子攸地位相同，但是其父是献文六王中唯一的郡王，而他身为长子最后竟无封爵，与其他同辈宗室相比已经落后，就是因为他在迁都之事中与尔朱荣力争，才获得了元子攸的重视。河阴之变以后：

> 洛中士民草草，诗巷伯曰：劳人草草。人怀异虑，或云荣欲纵兵大掠，或云欲迁都晋阳；富者弃宅，贫者襁负，率皆逃窜，什不存一二。直卫空虚，官守旷废……荣所从胡骑杀朝士既多，不敢入洛城，即欲向北为迁都之计。②

这种情况下不论是政治层面还是地理位置上，迁都晋阳对于尔朱荣来说似乎变成必行之事，晋阳所在的并州可以说是尔朱荣的基地，孝庄帝如果去了肯定就是"傀儡"的下场，但是"荣犹执迁都之议，帝亦不能违"，元谌于是成了孝庄帝"代言人"：

> 都官尚书元谌争之，以为不可，荣怒曰："何关君事，而固执也！且河阴之事，君应知之。"谌曰："天下事当与天下论之，奈何以河阴之酷而恐元谌！谌，国之宗室，位居常伯。生既无益，死复何损。正使今日碎首流肠，亦无所惧！"荣大怒，欲抵谌罪，尔朱世隆固谏，乃止。见者莫不震悚，谌颜色自若。后数日，帝与荣登高，见宫阙壮丽，列树成行。乃叹曰："臣昨愚暗，有北迁之意，今见皇居之盛，熟思元尚书言，深不可夺。"由是罢迁都之议。③

---

① 《魏书》卷二一上《献文六王列传第九上·元谌》，中华书局1997年版，第544页。
② 《资治通鉴》卷一五二《梁纪八·高祖武皇帝八·大通二年》，中华书局2011年版，第4744页。
③ 同上书，第4745页。

被史书评价为"性平和,无他才识"的元谌此时敢反抗尔朱荣,这只能解释为是元谌受孝庄帝指示而有的举措,尔朱荣最后改变意见恐与尔朱世隆有关,尔朱世隆久居中央深谙朝中局势,他知道河阴之变之后鲜卑、汉族官僚都对尔朱荣有很大敌意,此时迁都更是会激起他们的反抗,因此尔朱荣才选择自己返回晋阳,安插心腹于北魏中央"遥制朝廷,亲戚腹心,皆补要职,百僚朝廷动静,莫不以申"。① 因此元谌无疑算是孝庄帝方面的人。

广陵王元恭仅仅获得了一个仪同三司的虚职,原因在于元叉当政之时:

> 称疾不起。久之,因托喑病……王既绝言,垂将一纪,居于龙花寺,无所交通。永安末,有白庄帝者,言王不语将有异图;民间游声,又云有天子之气。王惧祸,逃匿上洛,寻见追蹑,执送京师,拘禁多日,以无状获免。及庄帝崩,尔朱世隆等以元晔疏远,又非人望所推,以王潜默晦身,有过人之量,将谋废立,恐实不语,乃令王所亲申其意,且兼迫胁。②

以尔朱世隆的看法,日后被拥立为节闵帝的元恭此时不过在韬光养晦、等待时机,而以孝庄帝曾经怀疑过元恭之事而言,孝庄帝与元恭当不是站在同一阵营,北魏末政局复杂多变,因此元恭选择了不跟随任何一个阵营来保全自己,而最后他在尔朱氏的胁迫之下不得不即帝位的时候,或许就已经验证了他被废之后的赋诗:"朱门久可患,紫极非情玩,颠覆立可待,一年三易换。时运正如此,唯有修真观。"③ 只是北魏后期混乱的政局,元恭也身不由己了。

北魏后期权力转移频繁,宗室疏属、恩倖、皇帝、太后、宗室亲王、权臣都曾经掌握北魏政权,而这种不稳定的情况也是由于皇权、宗室等势力之间多方相互制衡的结果,在北魏复杂的政局背景下,宗室共

---

① 《北史》卷四八《列传第三十六·尔朱荣》,中华书局 1974 年版,第 1757 页。
② 《魏书》卷一一《废出三帝纪第十一·前废帝广陵王》,中华书局 1997 年版,第 273 页。
③ 《北史》卷五《魏本纪第五·节闵帝》,中华书局 1974 年版,第 169 页。

同体已经演变为不稳定的利益共同体，因利益而结合，也因利益而分裂成为北魏后期的政治常态。河阴之变之后，围绕着尔朱氏与孝庄帝的阵营各自显露出来，二者基于利益、现实等因素考虑而展开了斗争，北魏宗室已经丧失了大部分的主动权，孝庄帝以前宗室尚有能力在地方起兵，在中央发动政变，而尔朱荣入洛之后宗室只能成为尔朱氏的附庸，随着即将发生的元颢入洛事件，两个集团又产生了联合，再次证明政局的变化以及宗室的分合取决于利益的获得，而这次的联合并没有持续多久。

第二章　元颢入洛与北魏覆亡

尔朱荣入洛，发动河阴之变之后，危及到了众多官员和元魏宗室，但是仍然有部分宗室得以逃脱，或是因为外镇地方而免遭于难。永安元年（528）四月"汝南王悦、北海王颢、临淮王彧前后奔萧衍"，① 同年十月"萧衍以北海王颢为魏主，号年孝基，入据南衮之铚城"。② 二年"甲戌，车驾北巡，乙亥，幸河内。丙子，元颢入洛……秋七月戊辰，都督尔朱兆、贺拔胜从硖石夜济，破颢子冠受及安丰王延明军，元颢败走"。③ 元悦、元颢、元彧在河阴之变后都选择投奔萧梁，并且在萧衍支持下"北伐"入洛，其中的原因及宗室在中间所起的作用将在此章进行分析。

关于元颢南投萧梁，北上入洛的原因，《魏书》记载为"颢以葛荣南侵，尔朱纵害，遂盘桓顾望，图自安之策"。④ 以此观之，元颢南逃的原因一为葛荣的压力，二为尔朱荣的逼迫，那么真实的原因又是什么？

葛荣第一次在史书上留名是孝昌二年（526）八月"贼帅元洪业斩鲜于修礼，请降为贼党葛荣所杀"，⑤ 葛荣杀死元鸿业之后担任了起义军的

---

① 《魏书》卷十《孝庄纪第十》，中华书局1997年版，第257页。

② 同上书，第260页。

③ 同上书，第262页。

④ 《魏书》卷二一上《献文六王列传第九上·元颢》，中华书局1997年版，第564页。

⑤ 《魏书》卷九《肃宗纪第九》，中华书局1997年版，第244—245页。

领导，"九月辛亥，葛荣败都督广阳王渊、章武王融于博野白牛逻，融殁于阵"。① 随后葛荣就大败北魏宗室领导的平叛部队，并且杀死章武王元融、广阳王元深。

《元融墓志》：

> 及亲御六军，躬行九罚，除公卫将军迁车骑将军领左将军，与前军广阳王先驱遄迈，讨定州逆贼，相持积旬，指期免弥。季秋之末，蚁徒大至，并力而攻。公部分如神，容无惧色，虽田横之致士命，臧洪之获人心，弗能过也。但以少御多，莫能自固，锋镝乱至，取毙不移。②

武泰元年八月"葛荣引兵围邺，众号百万，游兵已过汲郡"。③ 按《魏书》元颢被任命为相州刺史是在当年四月葛荣围逼邺城之时，而《通鉴》记载则是八月"围邺"，二者此处记载有异。鉴于元融和元深的失败，元颢出于畏惧葛荣大军的心理而选择了南投萧梁并非不可能，而在孝庄帝登基之后不久便将元颢派往前线之地的孝庄帝和尔朱荣，未必没有借刀杀人的意思，葛荣百万大军虽是虚指，但是其起兵以来连破郡县，杀死宗室、官吏确是事实。尔朱荣在河阴之变杀死众多元魏宗室，孝庄帝忌惮同样有争夺帝位资格的元颢，这些都使元颢不得不"图自安之策"。

《元颢墓志》：

> 属明皇暴崩，中外惟骇，尔朱荣因籍际会，窥兵河洛，始称废立，仍怀觊觎。群公卿士，罄于锋镝，衣冠礼乐，殆将俱尽，行李异同，莫辩逆顺。公未知鸿雁之庆，独轸麦秀之悲，而北抗强竖，南邻大敌，事在不测，言思后图，遂远适吴越，观变而动。孝庄统

---

① 《魏书》卷九《肃宗纪第九》，中华书局1997年版，第245页。

② 志题《使持节侍中司徒公都督雍华岐三州诸军事车骑大将军雍州刺史章武庄王墓志铭》。墓主孝昌三年（527）岁次丁未仲春甲午朔廿七日葬。著录见《汇编》209页。

③ 《资治通鉴》卷一五二《梁纪八·高祖武皇帝八·大通二年》，中华书局2011年版，第4751页。

历，遥授师傅，盘石之寄，于焉在斯。既而政出权胡，骄恣惟甚，爰自晋阳，远制朝命，征伐非复在国，牧守皆出其门，天下之望，忽焉将改。①

尽管墓志对于元颢投奔萧衍的动机予以美化，但是出于政治利益考虑而不惜背叛国家的元颢，与为了保全王位而与野心勃勃的尔朱荣联手的孝庄帝，此时推动他们相斗争的因素仅仅是利益，亲情与家国的观念在北魏后期已经逐渐淡化，尔朱荣的崛起也证明了军权的重要性。

第三章　元颢集团宗室主要成员构成情况

临淮王元彧与安丰王元延明是元颢集团的主要宗室成员，在《魏书》元彧的相关传记中并没有他加入元颢集团的记载，但是在与元颢一同入洛的萧梁大将陈庆之传中有以下记载"魏孝庄出居河北。其临淮王彧、安丰王延明率百僚备法驾迎颢入洛阳宫，御前殿，改元大赦"。② 以《南史》的说法元彧与元延明是在元颢入洛以后才加入他的阵营，在《魏书》中记载"后元颢入洛，庄帝北巡，先护据州起义兵，不受颢命。颢遣尚书令、临淮王彧率众讨之"，③ 荥阳郑氏的郑先护与孝庄帝有旧，因此奋力抵抗元颢，《魏书》并未完全将元彧与元颢结党之事隐晦，而事实却是含混不清。

《元彧墓志》：

> 方欲乘兹一举，震荡三吴，而瑜时告劳，千金日费，未极武怒，简书言归。蠢彼荆蛮，凭陵畿甸，吊民戡难，非王莫可。东斾始班，南辕遄戒，鬼出电入，折朽摧枯，始若狐狸，终成兕虎。及外司江海，内管喉唇，贤威以兼，负荷伊属，敷陈五教，仪形百揆。吴蜀

---

① 志题《魏故北海王墓志铭》。墓主永安三年（530）七月廿一日卒，太昌元年（532）八月廿三日葬。墓志 1920 年于洛阳出土。著录见《汇编》290 页，《集释》图版 182。

② 《南史》卷六一《列传第五十一·陈庆之》，中华书局 1975 年版，第 1499 页。

③ 《魏书》卷五六《列传第四十四·郑道昭》，中华书局 1997 年版，第 1247 页。

轸惧，朝野归心。①

　　墓志相比史书更是刻意忽略了这段历史，甚至将元彧美化为与萧梁抗争的英雄，任谁也不会想到元彧还有过投奔萧梁的经历。据《魏书》孝庄纪所述元彧与元延明、元颢于建义元年（528）四月一同南逃，而元彧纪中将南逃时间记载为"会尔朱荣入洛，杀害元氏。彧抚膺恸哭，遂奔萧衍……及知庄帝践阼，彧以母老请还，辞旨恳切"。② 按此元彧南逃的主要原因是为了躲避尔朱荣对于宗室的迫害，孝庄帝即位之后大肆封爵的十名宗室之中并没有元彧，因此其得不到孝庄帝的重视也可能是南逃的原因之一，还有一种可能就是他被元延明"挑唆"因此才选择投奔萧梁。元彧"少与从兄安丰王延明、中山王熙并以宗室博古文学齐名"，③ 才学上的意气相投应该是二人成为知己的原因，二人还曾领军与陈庆之有过战斗。元延明一心投萧梁的理由虽然不得而知，可是元彧在元颢失败之后仍然选择留在北魏，而元延明则选择"将妻子奔萧衍，死于江南"。④ 与元彧做出了不同的选择。在元延明墓志中并没有隐晦他与元颢一同对抗孝庄帝的历史，但是对于原因却有不同解释。

　　《元延明墓志》：

　　　　屯邅距运，祸自昵蕃，车驾北巡，事起仓卒，秘事难闻，遂乖奔赴，以斯民望，乃被縶维，咨谋所在，用压群议，皇舆南反，诛赏方行，政出权强，深猜后桀。公位尊德盛，冠带倾心，民恶其上，忌毒惟甚，言思大雅，出自近开，既睹泥莽之形，实深宗祐之虑，方借力善邻，讨兹君侧。而江南卑湿，地非养贤，随贾未归，忽焉

---

　　① 志题《魏故使持节侍中太保领太尉公录尚书事大将军都督定相二州诸军事定州刺史临淮王墓志铭》。墓主永安三年（530）卒，据《汇编》墓志立于中兴元年（531）后。墓志出土于洛阳。著录见《汇编》503页，《集释》图版94。
　　② 《魏书》卷一八《太武五王列传第六·元彧》，中华书局1997年版，第420页。
　　③ 同上书，第419页。
　　④ 《魏书》卷二十《文成五王列传第八·元延明》，中华书局1997年版，第530页。

反葬。①

元延明是何时回到洛阳的并没有记载，可能与元彧一同还北或者与元颢一同入洛，孝庄帝北巡之后"延明在禁中召诸亲宾，安慰京师"。②一面是元延明主动为元颢招揽官员，一面是他不得已才与元颢"同流合污"，事后又不得不逃亡江南。

总体而言，元颢集团的宗室除了元顼、元冠受二人，其余的更多可能是受到胁迫不得已而加入其阵营，元颢入洛的主力阵容是陈庆之的七千白袍军，其后萧衍并未在后勤予以更多的支持，对于南朝的不信任感，对于元颢的作为而感受到的不安全感，都导致宗室更多地选择支持孝庄帝。

> 初，元子攸止单骑奔走，宫卫嫔侍无改于常，颢既得志，荒于酒色，乃日夜宴乐，不复视事……③；颢以数千之众，转战辄克，据有都邑，号令自己，天下人情，想其风政。而自谓天之所授，颇怀骄怠。宿昔宾客近习之徒咸见宠待，干扰政事，又日夜纵酒，不恤军国。所统南兵，凌窃市里。朝野莫不失望。时又酷敛，公私不安。④

如果"元子攸单骑奔走"是事实，那么最后导致元颢不得人心而使"朝野失望"，宗室转而支持孝庄帝的原因就是他"不恤军国"，并且放纵陈庆之所辖士兵恣意妄为而无法管制。

孝庄帝集团主要宗室成员数量不多，孝庄帝即位时曾大肆封赏的诸多宗室在元颢入洛之后更是消失了，有记载的从孝庄帝北巡之人寥寥，而元颢入洛的过程中，其对手除了宗室在地方任职的以外，大多选择观

---

① 志题《魏故侍中太保特进使持节都督雍华岐三州诸军事大将军雍州刺史安丰王谥曰文宣元王墓志铭》。墓主梁中大通二年（530）三月十日卒，太昌元年（532）七月廿八日葬。墓志出土于洛阳。著录见《汇编》286页，《集释》图版168。

② 《魏书》卷八二《列传第七十·常景》，中华书局1997年版，第1805页。

③ 《梁书》卷三二《列传第二十六·陈庆之》，中华书局1997年版，第462页。

④ 《魏书》卷二一上《献文六王列传第九上·元颢》，中华书局1997年版，第565页。

望，其中宗室元孚的态度似乎能代表当时大多数宗室。在此分析《魏书》关于元孚的记载，其一：

> 元颢入洛，授孚东道行台、彭城郡王，孚封颢逆书送朝廷，天子嘉之。颢平，封孚万年乡男。①

然北海未败之日，徐州刺史元孚为其纯臣，莫之敢距，表启相望，迟速唯命。及皇舆返正，神器斯复，轻薄之徒，共生侥幸，诡言要赏，曲道求通，滥及善人，称为己力。②

元孚作为临淮王谭之后代，虽与孝庄帝已是无疑的宗室疏属，而且临淮王元彧还是其兄之子，以此关系而论元孚应该支持元颢一方，另外元孚在担任冀州刺史之时被葛荣所执，因为"兄弟各诬己引过，争相为死"，而免于被害，可见元孚此人非常注重亲情。元颢所赏赐郡王之封爵与孝庄帝赏赐的男爵相比也应该更具有吸引力，但是最终元孚还是站在了孝庄帝一方。可能的解释就是元孚当时作为徐州刺史掌握了元颢可能南撤之路的命脉，也就是在与元颢的对话中掌握了主动权，他很清楚凭借陈庆之七千兵马入洛的元颢在这场战争中的弱点，而孝庄帝一方，一旦尔朱荣与元天穆大军集合，元颢便很可能失败，或许正是元孚在战争中的首鼠两端才让他仅仅获得了男爵的封号。《洛阳伽蓝记》记载"永安中，北海入洛，庄帝北巡，自余诸王，各怀二望，惟徽独从庄帝至长子城。"③"各怀二望"正是对于诸王举措的最好写照。

但是这段历史却不免为史书所讳，宗室的犹豫只能在其他传、纪中能有所了解，广陵王元恭与元颢、元子攸为同辈兄弟，元颢入洛之后其与二人之间的关系并未记载于本传中，只有"孝庄初，封沛郡王，邑一千户，后改封淮阳王"。④

但是在与元子攸交好的清河崔氏——崔光韶的传中记载：

---

① 《魏书》卷一八《太武五王列传第六·元孚》，中华书局 1997 年版，第 427 页。
② 《魏书》卷六五《列传第五十三·李奖》，中华书局 1997 年版，第 1455 页。
③ 《洛阳伽蓝记》卷四，中华书局 2012 年版。
④ 《魏书》卷二一上《献文六王列传第九上·广陵王羽》，中华书局 1997 年版，第 551 页。

及元颢入洛，自河以南，莫不风靡。而刺史、广陵王欣集文武以议所从。欣曰："北海、长乐俱是同堂兄弟，今宗祏不移，我欲受赦，诸君意各何如？"在坐之人莫不失色，光韶独抗言曰："元颢受制梁国，称兵本朝，拔本塞源，以资雠敌，贼臣乱子，旷代少俦，何但大王家事所宜切齿，等荷朝眷，未敢仰从。"长史崔景茂、前瀛州刺史张烈、前郢州刺史房叔祖、征士张僧皓咸云："军司议是。"欣乃斩颢使。①

在广陵王元欣心中只要"宗祏不移"，元子攸与元颢并无差别，因为自己的利益不会受到影响，但是对于在孝庄帝政权中占据重要位置的汉族官僚而言，元颢的存在无疑会让他们的利益受到损害，因此青、齐等州府的世家大族几乎都站在孝庄帝一方，除了清河崔氏和清河房氏，房叔祖此时应该已无官职在身但是作为曾经的"广陵王国郎中令、长广东莱二郡太守、龙骧将军、中散大夫。永安中，安东将军、郢州刺史"。他依然能够在元欣决策的过程中占有一席之地。崔元韶名义上虽然仅仅是"东道军司"作为元欣的副手，但是正是因为他的意见，元欣才改变决定，元欣或许并不是真心支持孝庄帝，而是在汉族官僚的监督下他无法自行其是。

北魏后期政局的混乱真正体现在一个家族的对立，以阳平王元熙为例有正史记载的后代中，就有孝庄帝、尔朱荣、谋反这三种不同的选择，元敬先与元均在元颢入洛之时坚定地支持孝庄帝。据《元均墓志》：

> 庄帝钦咨茂绩，乃除征虏将军通直散骑常侍。天未悔祸，衅钟王室，元颢肆逆，敢弄神器。公志踰子房，义等包胥，投袂而起，有怀匡复，乃缮甲河梁，迎返鸾舆。②

元均与元敬先在元颢入洛之时挺身而出，抗击元颢，可以说是北魏

---

① 《魏书》卷六六《列传第五十四·崔光韶》，中华书局1997年版，第1482—1483页。

② 墓主永安二年（529）六月廿一日卒，武定二年（544）八月廿日与妻合葬。墓志出土于河南安阳。著录于《汇编》360页，《集释》图版68。

宗室中的异数，而元敬先仅为五品的主衣都统，元均虽为三品的征虏将军也仅仅是虚职，以实际利益考虑，二人没有理由为了孝庄帝做到如此地步。元禹在上文已经明确列为尔朱荣阵营，而元忻之则"孝庄之图尔朱荣、元天穆也，忻之密启，临事之日，乞得侍立，手斩二人"。① 在孝庄帝铲除尔朱荣一事上立下大功。家族的四分五裂固然是为了政治利益、个人信仰等因素做出的选择，不同的选择也许是为了在复杂的政治格局下保存家族而做出的决定。

孝庄帝除去尔朱荣之后，一部分宗室更是选择直接加入尔朱氏集团，孝庄帝在没有掌握军权以及政权的时候，仅仅凭借几个亲信，就急于除去尔朱荣虽然逞了一时之快，但他错误地估计了己方的形势，也是毁于对宗室的过分信任，"尔朱兆寇京师，诏世俊以本官为都督，防守河桥。及兆至河，世俊初无拒守意，便隔岸遥拜，时论疾之"。②；"及尔朱兆之入，禁卫奔散，庄帝步出云龙门。徽乘马奔度，帝频呼之，徽不顾而去。"③ 孝庄帝信任的元世俊、元徽在尔朱兆入洛之时选择抛弃孝庄帝，经过北魏末一连串的政局变化之后，宗室对于家国的观念也随着北魏后期王朝逐渐崩溃而有所改变。

北魏孝武帝西迁是因为高欢所代表的怀朔镇集团与孝武帝的冲突爆发，而孝武帝入关中后与宇文泰代表的关陇集团又爆发了正面冲突，结果是孝武帝在进入关中的当年十二月就被杀害，孝武帝之死对于追随他入关的北魏宗室是一个巨大的打击，但是宗室最终与宇文泰妥协，在"反对高欢、拥戴魏室"的理念上联合起来，这种共同体对于巩固脆弱的西魏政权，帮助西魏对抗实力强大的东魏有着重要意义。日后留在东魏的元魏宗室与这部分入关的宗室在待遇上有着极大差距，首先是在东魏，据《北史》齐本纪：

> 天宝十年五月癸未，诛始平公元世、东平公元景式等二十五家，禁止特进元韶等十九家。寻并诛之，男子无少长皆斩，所杀三千人，

① 《魏书》卷一六《道武七王列传第四·元世遵》，中华书局1997年版，第393页
② 《魏书》卷一九中《景穆十二王列传第七中·元嵩传》，中华书局1997年版，第488页。
③ 《魏书》卷一九下《景穆十二王列传第七下·元徽传》，中华书局1997年版，第512页。

并投漳水。①

留在北齐的元魏宗室在这场屠杀之下已经几乎被诛杀殆尽，尽管这种大肆杀戮元魏宗室的举措可能是由于高洋个人的性格原因，但是至高洋时期元魏宗室必然依旧在朝中有着相当大的影响力，才会招致高洋的忌惮。此时除元孝友、元晖业、元斌、元坦等人在此前就已经遇害，经此一事元魏宗室在东魏的势力已经全部瓦解。而在西魏，元魏宗室的待遇却迥然不同，据《周书》：

> 太祖天纵宽仁，性罕猜忌。元氏戚属，并保全之，内外任使，布于列职。孝闵践祚，无替前绪。明、武缵业，亦遵先志。虽天厌魏德，鼎命已迁，枝叶荣茂，足以逾于前代矣。②

元魏宗室能在西魏、北周生存下来的原因应该不仅仅是"天纵宽仁，性罕猜忌"，毕竟他曾经毒杀了投奔于他的孝武帝，元魏宗室与宇文泰关系最初是建立在共同对抗高欢的基础上，在宇文泰逐渐巩固自己的势力，吸纳关陇集团的势力之后，宗室也已经逐渐妥协于宇文泰带给他们的安全感。

大统十六年统领府兵的十二大将军之中，元魏宗室元赞、元育、元廓三人也占了一席之地。西魏政权在东魏数次进攻下，最终能反败为胜，这种团结是必不可少的。而最终大部分延续下来的元魏宗室，事实上也正是出于关中。

元颢与孝庄帝的斗争是北魏末宗室关系变化的一个缩影，从孝文帝时期改革爵制而引发的不平等现象，到宣武帝时期皇权与宗室力量的斗争，孝明帝时期以元乂为代表的宗室疏属挑战皇权，直至元颢借助萧衍的力量与从兄弟元子攸争夺帝位的归属，北魏宗室就已经注定其追求利益的本质，因此不论是元颢集团还是尔朱荣、孝庄帝之集团，其本质只是政治利益共同体之联合与斗争。在元颢与孝庄帝之间游移不定的宗室

---

① 《北史》卷七《齐本纪中第七·显祖文宣帝》，中华书局1974年版，第256页。
② 《周书》卷三八《列传第三十·元伟》，中华书局1971年版，第689页。

正暗示了北魏后期皇权与宗室之间关系的演变，除了宗室另一方值得注意的势力就是汉族官僚，与宗室相比他们反而更坚定地站在孝庄帝一方，不论是孝庄帝登基、元颢入洛、孝庄帝与尔朱氏决裂的过程中，汉族官僚都在其中扮演了重要角色，尤其是宗室出镇的时候，汉人士族利用自己在当地的声望与势力成功干预了宗室的决策，汉族官僚占据了重镇长史、司马这些官职，也说明其势力在北魏后期已经举足轻重，南朝重用宗室的一个原因就是为了改变东晋以来门阀士族掌握权力的局面，利用宗室的力量，抑制士族势力，重振皇权。南朝对待士族的态度导致南朝大量士族北迁，而北朝后期一部分宗室如元延明、元法僧却选择流亡江左，这其中的不同也颇值得探究。

北魏分裂为东魏、西魏之时，宗室力量已经急剧削弱，但是在这种情况下，选择与元魏宗室合作的西魏，却逐渐巩固统治，由弱变强，在保存元魏宗室的情况下，成功实现了王朝权力的转移，而东魏却由于高洋一朝的朝政紊乱，政局不稳而对元魏宗室采取了屠杀的策略，在如何对待前朝宗室的问题上，东魏、西魏采取了不同的手段。

结　语

本文围绕北魏后期政局演变与元魏宗室的分化进行了论述，在史料运用上充分重视元魏墓志所提供的历史信息。在分析政局演变的同时引入墓志，以此分析不同历史事件中元魏宗室分化的具体原因及影响。

孝文帝改革以"当世五属"作为界定宗室范围的标准，这种宗室辨族的活动加速了北魏鲜卑拓跋部族，由草原部落的政治体制向中原王朝政治体制的转变。孝文帝"改降五等"使有服宗亲的地位提高，并且在政治、经济、军事等各方面都与出服疏宗拉开了极大的距离。对于这种差距的不满，以及对于改善现实不平等待遇的诉求，最终影响了北魏后期的政局发展情况，也是造成元魏宗室分化的导火索。

孝文帝死后所设立的"六辅"辅政制度给宗室专权以机会，维护皇权与削弱皇权正是这一制度的两面性，在孝文帝一朝尚能起到巩固皇权作用的宗室，面对年幼的宣武帝也开始放纵自己的行为，而不甘受制放权的宣武帝也对宗室采取了打击措施，为了反击宣武帝以咸阳王元禧、中山王元熙、京兆王元愉为首的宗王起兵叛乱，但都以失败告终。北魏后期的宗室斗争，实际上就是第一家族内部的权力斗争，在经济、政治等方面无法享受到平等权利的家族成员之间进行的斗争。

孝明帝之死是北魏后期政治混乱的证明，灵太后杀子立女的独断专行，宗室的贪赃腐败反而将尔朱荣推向了历史前台，河阴之变尔朱荣屠杀了大量的北魏宗室、汉人士族，但是在墓志之中死于河阴之变一事却多被隐讳，河阴之变前后值得注意的是与尔朱荣关系密切的北魏宗室，元天穆、元鸷、元肃与尔朱荣很早就已结交，而元晔、元凝与尔朱荣有姻戚关系也免遭于难。一些相关信息都在墓志之中找到了对应与解释。

元颢入洛是笔者认为北魏后期宗室最大分裂的表现①，由尔朱荣扶持所拥立的孝庄帝与依靠萧梁而入洛的元颢，二者都已经丧失了北魏皇帝的正统性，但是历史最终还是倾向了更有实力的一方，对于元颢与孝庄帝的不信任也在宗室"各怀二望"的行为中得到证明，这一时期涉及的元颢、元彧、元延明等多方墓志，对于宗室投奔萧衍的举动还是有所避讳，正是这种与正史记载的反差才是墓志最为值得分析与探讨的地方。

尔朱荣死后，尔朱世隆扶立广陵王元羽之子元恭，高欢击败尔朱氏掌握政权之后又扶立章武王元融之子元朗，而元修则成了帝位人选必须考虑的条件之一。孝武帝之后作为协调各种政治势力的名分，以及掌握政权的有力号召而被各方重视，并且最终在高欢的支持下登基称帝。

北魏分裂为东魏、西魏之后宗室的相关动向，本文只予以简单探讨，实际上与孝武帝一同西迁的宗室不多，但是在西魏、东魏对待遗留宗室态度上的巨大差距，使一些宗室断断续续西迁的现象却值得后续研究，西迁的宗室近乎成功地融入了宇文泰的关陇集团和府兵系统，尽管初期可能仅仅是出于荣誉的象征性头衔，以及权力的平衡考虑。

① 注：此处不举东西魏，因为本文主要论述至元颢之死而止，并未过多涉及北魏分裂之事。